Borchert/Hase/Walz

Gemeinschaftskommentar
zum Sozialgesetzbuch –
Schutz der Sozialdaten
(GK-SGB X 2)

Gemeinschaftskommentar zum Sozialgesetzbuch – Schutz der Sozialdaten (GK-SGB X 2)

von

Dr. Günter Borchert
Professor an der Bergischen Universität – Gesamthochschule Wuppertal

Dr. Friedhelm Hase
Professor an der Universität Bamberg

Dr. Stefan Walz
Regierungsdirektor beim Hessischen Datenschutzbeauftragten

Luchterhand

CIP-Titelaufnahme der Deutschen Bibliothek

Borchert, Günter:
Gemeinschaftskommentar zum Sozialgesetzbuch –
Schutz der Sozialdaten (GK-SGB X 2)
von Günter Borchert ; Friedhelm Hase ; Stefan Walz.
Neuwied u. Frankfurt/M. : Luchterhand, 1989
ISBN 3-472-14247-2
NE: Hase, Friedhelm; Walz, Stefan

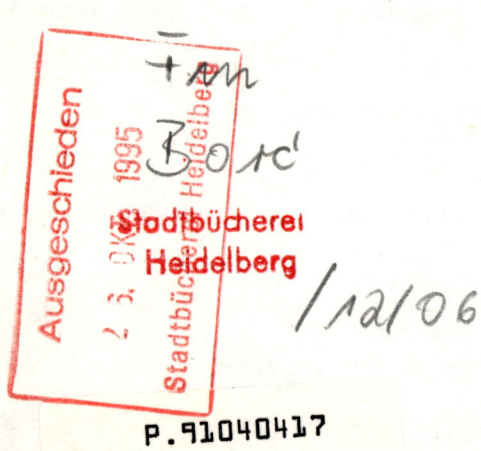

Alle Rechte vorbehalten.
© 1989 by Hermann Luchterhand Verlag, Neuwied und Frankfurt/M.
Das Werk einschließlich aller seiner Teile ist urheberrechtlich geschützt.
Jede Verwertung außerhalb der engen Grenzen des Urheberrechtsgesetzes ist
ohne Zustimmung des Verlages unzulässig und strafbar. Das gilt insbesondere für
Vervielfältigungen, Übersetzungen, Mikroverfilmungen und die Einspeicherung
und Verarbeitung in elektronischen Systemen.
Satz: Fotosatz Froitzheim, Bonn.
Druck: DVG Darmstadt.
Printed in Germany, Mai 1989.

Vorwort

Die Regelungen des Zweiten Kapitels des Zehnten Buchs des Sozialgesetzbuchs gehören zu den wichtigsten Normierungen des bereichsspezifischen Datenschutzes. Ihre systematische Durchdringung wie auch ihre Anwendung in der Praxis haben in zentralen Punkten noch keine befriedigende Lösung gefunden. Erste Kommentierungen, die bald nach Inkrafttreten der Regelungen entstanden, waren verdienstvoll und notwendig für die erste Orientierung über den Sozialdatenschutz in Wissenschaft und Praxis. Einige Kommentatoren haben schon kurz nach Bekanntgabe der Regelungen Interpretationshilfen gegeben, die auch heute noch Gültigkeit haben. Jedoch fehlt bislang ein Kommentar, der unter Einarbeitung der umfangreichen Aufsatzliteratur und Rechtsprechung der vergangenen Jahre die mittlerweile vorhandenen Erkenntnisse und Erfahrungen mit dem Sozialdatenschutz aufbereitet und systematisch weiterentwickelt. Vor allem fehlt auch eine Kommentierung, die das zentrale Datenschutzereignis der achtziger Jahre, nämlich die Volkszählungs-Entscheidung des Bundesverfassungsgerichts, mit einbezieht.

Die Verweisungen der Sozialdatenschutzregelungen auf das Bundesdatenschutzgesetz erforderten eine Kommentierung, die sich nicht nur auf die Regelungen des SGB X, Zweites Kapitel, und auf die hiermit in engem Zusammenhang stehende Regelung des § 35 SGB I beschränkt, sondern die auch einen erheblichen Teil des Bundesdatenschutzgesetzes, der für die Sozialverwaltungen bedeutsam ist, erläutert. Das vorliegende Werk ist damit eine der ersten ausführlichen Kommentierungen zum Bundesdatenschutzgesetz nach dem Volkszählungsurteil.

Zweites zentrales Anliegen der Verfasser ist die Aktualität. Der vorgelegte Kommentar berücksichtigt die am 1. Januar 1989 in Kraft getretenen Regelungen, inbesondere das neue Krankenversicherungsrecht im SGB V mit seinen zahlreichen Datenschutz- und Datenverarbeitungsbestimmungen. Vorliegende Regierungs- und Referentenentwürfe, etwa zum Sozialversicherungsausweis und zum Bundesdatenschutzgesetz, sind soweit wie möglich auf dem neuesten Stand eingearbeitet. Gerade noch ausgewertet werden konnten die im Dezember 1988 im Bundeskabinett verabschiedeten Regierungsentwürfe zur BDSG-Novellierung und zu den Gesetzen für die Sicherheitsbehörden; wesentliche Änderungen gegenüber den früheren Entwurfstexten sind allerdings nicht festzustellen. Nicht mehr behandelt werden konnte der Gesetzentwurf der Fraktionen der CDU/CSU, SPD und FDP für das Rentenreformgesetz 1992 (BT-Drucks. 11/4124 vom 7.3.1989).

Die Autoren dieses Gemeinschaftskommentars konnten außer langjähriger wissenschaftlicher Beschäftigung mit Datenschutzproblemen breite Berufserfahrungen einbringen. Stefan Walz ist Referent beim Hessischen Datenschutzbeauftragten; er bearbeitete federführend die Kommentierungen zu den §§ 68, 70 bis 73, 75, 78 sowie 79 bis 85 SGB X. Friedhelm Hase war als Referent bei einem Spitzenverband von Sozialversicherungsträgern tätig und ist nunmehr Hochschullehrer für Recht an der Universität Bamberg; er bearbeitete federführend die Kommentierungen der §§ 67 und 69 SGB X. Günter Borchert ist Hochschullehrer für Arbeits- und Sozialrecht mit Berufserfahrungen im Bereich der Krankenversicherung; er kommentierte federführend die §§ 35 SGB I, 74, 76 und 77 SGB X. Entsprechend

Vorwort

der Konzeption eines Gemeinschaftskommentars stehen die Kommentierungen der drei Autoren nicht unverbunden nebeneinander, sondern wurden untereinander abgestimmt. Auf einige noch verbleibende abweichende Positionen wird in den jeweiligen Erläuterungen hingewiesen.

Die Autoren danken ihren Gesprächspartnern in Wissenschaft und Praxis für wertvolle Hinweise sowie Peter Nölle und Heinz-Joachim Schäfer, Studenten der Ökonomie an der Bergischen Universität – Gesamthochschule Wuppertal, für wesentliche Unterstützung bei der Erstellung des Abkürzungs-, Literatur- und Stichwortverzeichnisses.

Wuppertal/Bamberg/Wiesbaden, im Januar 1989   Günter Borchert
                                                     Friedhelm Hase
                                                     Stefan Walz

Zitiervorschlag: *Borchert* in GK-SGB X 2, § 74 Rz. 5

Inhaltsverzeichnis

	Seite
Vorwort	5
Abkürzungsverzeichnis	9
Literaturverzeichnis	21
Gesetzestext	41
Einleitung	51

Sozialgesetzbuch (SGB) – Allgemeiner Teil –

Artikel I
Sozialgesetzbuch (SGB)

Erstes Buch (I)
Allgemeiner Teil §§ 1–67

Dritter Abschnitt
Gemeinsame Vorschriften für alle Sozialleistungsbereiche dieses Gesetzbuches §§ 30–67

Erster Titel
Allgemeine Grundsätze §§ 30–37

– Auszug –

§ 35 Sozialgeheimnis 59

Sozialgesetzbuch (SGB) – Verwaltungsverfahren –

Artikel I

Zehntes Buch (X)
Verwaltungsverfahren, Schutz der Sozialdaten, Zusammenarbeit der Leistungsträger und ihre Beziehungen zu Dritten §§ 1–119

Zweites Kapitel
Schutz der Sozialdaten §§ 67–85

Erster Abschnitt
Geheimhaltung §§ 67–78

Inhaltsverzeichnis

	Seite
§ 67 Grundsatz	90
§ 68 Offenbarung im Rahmen der Amtshilfe	117
§ 69 Offenbarung für die Erfüllung sozialer Aufgaben	148
§ 70 Offenbarung für die Durchführung des Arbeitsschutzes	190
§ 71 Offenbarung für die Erfüllung besonderer gesetzlicher Pflichten und Mitteilungsbefugnisse	199
§ 72 Offenbarung für den Schutz der inneren und äußeren Sicherheit	217
§ 73 Offenbarung für die Durchführung eines Strafverfahrens	236
§ 74 Offenbarung bei Verletzung der Unterhaltspflicht und beim Versorgungsausgleich	252
§ 75 Offenbarung für die Forschung oder Planung	262
§ 76 Einschränkung der Offenbarungsbefugnis bei besonders schutzwürdigen personenbezogenen Daten	297
§ 77 Einschränkung der Offenbarungsbefugnis über die Grenze	336
§ 78 Zweckbindung und Geheimhaltungspflicht des Empfängers	343

Zweiter Abschnitt
Schutz der Sozialdaten bei der Datenverarbeitung §§ 79–85

§ 79 Geltung des Bundesdatenschutzgesetzes	354
§ 80 Verarbeitung personenbezogener Daten im Auftrag	426
§ 81 Datenübermittlung	444
§ 82 Veröffentlichung über die gespeicherten Daten	455
§ 83 Auskunft an den Betroffenen	464
§ 84 Löschen von Daten	481
§ 85 Ordnungswidrigkeiten	490

Stichwortverzeichnis — 495

Abkürzungsverzeichnis

a. A.	anderer Ansicht
a. a. O.	am angegebenen Ort
Abk.	Abkommen
abl.	ablehnend
Abs.	Absatz
abw. A.	abweichender Ansicht
ADV	automatisierte Datenverarbeitung
a. E.	am Ende
ÄndG	Änderungsgesetz
a. F.	alte Fassung
AFG	Arbeitsförderungsgesetz
AGKV	Arbeitsgemeinschaft für Gemeinschaftsaufgaben der Krankenversicherung (mit Sitz in Essen)
AIDS	Acquired Immune Deficiency Syndrome
AIFO	Zeitschrift »AIDS-Forschung«
allg.	allgemein
Alt.	Alternative
amtl.	amtlich
Amtl. Begr.	Amtliche Begründung
AmtlMittLVA Rheinpr.	Amtliche Mitteilungen der LVA Rheinprovinz
Amtsbl.	Amtsblatt
ANBA	Amtliche Nachrichten der Bundesanstalt für Arbeit
Anh.	Anhang
Anl.	Anlage
Anm.	Anmerkung
Anz.	Anzeiger
AO	Abgabenordnung; Anordnung
AöR	Zeitschrift »Archiv des öffentlichen Rechts«
AOK	Allgemeine Ortskrankenkasse
ArbG	Arbeitsgericht
ArbSichG	Arbeitssicherheitsgesetz
ArbuSozPol	Zeitschrift »Arbeit und Sozialpolitik«
ArbuSozR	Zeitschrift »Arbeits- und Sozialrecht«
ArchG	Archivgesetz
ArchivPF	Zeitschrift »Archiv für das Post- und Fernmeldewesen«
ArchsozArb	Zeitschrift »Archiv für Wissenschaft und Praxis der sozialen Arbeit«
Art.	Artikel
ArztKH	Zeitschrift »Arzt und Krankenhaus«
ArztR	Zeitschrift »Arztrecht«
ASD	Allgemeiner Sozialdienst
ASiG	Arbeitssicherheitsgesetz
AT	Allgemeiner Teil
AuB	Zeitschrift »Arbeit und Beruf«

Abkürzungsverzeichnis

AÜG	Arbeitnehmerüberlassungsgesetz
Aufl.	Auflage
AuR	Zeitschrift »Arbeit und Recht«
AuS-Ausschuß	Bundestagsausschuß für Arbeit und Sozialordnung
AusfVO	Ausführungsverordnung
AuslG	Ausländergesetz
AVG	Angestelltenversicherungsgesetz
AVV	Allgemeine Verwaltungsvorschrift
Az.	Aktenzeichen
BA	Bundesanstalt für Arbeit
BABl.	Zeitschrift »Bundesarbeitsblatt«
BAföG	Bundesausbildungsförderungsgesetz
BAG	Bundesarbeitsgericht
BÄK	Bundesärztekammer
BAnz.	Bundesanzeiger
BArchG	Bundesarchivgesetz
BAT	Bundesangestelltentarifvertrag
Ba.-Wü.	Baden-Württemberg
BayBgm	Zeitschrift »Der Bayerische Bürgermeister«
BayDSG	Bayerisches Datenschutzgesetz
BayKHG	Bayerisches Krankenhausgesetz
BayLfD	Bayerischer Landesbeauftragter für den Datenschutz
BayVBl.	Zeitschrift »Bayerische Verwaltungsblätter«
BBG	Bundesbeamtengesetz
Bd.	Band
BdO	Bundesverband der Ortskrankenkassen
BDSG	Bundesdatenschutzgesetz
BDSG-Dok.	Dokumentation zum Bundesdatenschutzgesetz
BDSG-E	Entwurf der CDU/CSU-Fraktion und der FDP-Fraktion zur Änderung des Bundesdatenschutzgesetzes, BT-Drucks. 10/4737 vom 28. 1. 1986
BDSG-E '88	Entwurf der BReg zur Neufassung des BDSG, BR-Drucks. 618/88 vom 30. 12. 1988
BEG	Bundesentschädigungsgesetz
Begr.	Begründung
BehindR	Zeitschrift »Behindertenrecht«
Beil.	Beilage
Bek.	Bekanntmachung
BeKV	Berufskrankheiten-Verordnung
Bem.	Bemerkung
Berl.	Berlin
Besch.	Bescheid
Beschl.	Beschluß
Bespr.	Besprechung
betr.	betrifft, betreffend
BetrVG	Betriebsverfassungsgesetz
BewHi	Zeitschrift »Deutsche Bewährungshilfe«
BfA	Bundesversicherungsanstalt für Angestellte

Abkürzungsverzeichnis

BfA-Kommentar	Bundesversicherungsanstalt für Angestellte u. a. (Hrsg.), Sozialgesetzbuch – Zehntes Buch, Verwaltungsverfahren, 3. Aufl. 1986
BfD	Bundesbeauftragter für den Datenschutz
BfV	Bundesamt für Verfassungsschutz
BG	Berufsgenossenschaft; Zeitschrift »Die Berufsgenossenschaft«
BGB	Bürgerliches Gesetzbuch
BGBl.	Bundesgesetzblatt
BGH	Bundesgerichtshof
BGHSt	Entscheidungen des Bundesgerichtshofs in Strafsachen
BGHZ	Entscheidungen des Bundesgerichtshofs in Zivilsachen
BGSG	Bundesgrenzschutzgesetz
BillBG	Gesetz zur Bekämpfung der illegalen Beschäftigung
BKA	Bundeskriminalamt
BKAG	Gesetz über das Bundeskriminalamt
BKGG	Bundeskindergeldgesetz
BKK	Betriebskrankenkasse; Zeitschrift »Die Betriebskrankenkasse«
BKVO	Berufskrankheitenverordnung
BldW	Zeitschrift »Blätter der Wohlfahrtspflege«
BlnDSB	Berliner Datenschutzbeauftragter
BlnDSG	Berliner Datenschutzgesetz
BlStSozArbR	Zeitschrift »Blätter für Steuerrecht, Sozialversicherung und Arbeitsrecht«
BMA	Bundesmin. für Arbeit und Sozialordnung
BMeldDÜV	2. Meldedaten-ÜbermittlungsVO des Bundes
BMF	Bundesmin. der Finanzen
BMI	Bundesmin. des Innern
BMI-Entwurf	Referentenentwurf zur Novellierung des BDSG vom 5.11.1987, abgedruckt in DuD 1987, 577 ff.
BMJFFG	Bundesmin. für Jugend, Familie, Frauen und Gesundheit
BND	Bundesnachrichtendienst
BR	Bundesrat
BRAO	Bundesrechtsanwaltsordnung
BRD	Bundesrepublik Deutschland
BR-Drucks.	Bundesratsdrucksache
BrDSG	Bremisches Datenschutzgesetz
BReg	Bundesregierung
BremLfD	Landesbeauftragter für den Datenschutz Bremen
BRRG	Beamtenrechtsrahmengesetz
BSeuchG	Bundes-Seuchengesetz
BSG	Bundessozialgericht
BSGE	Amtliche Sammlung der Entscheidungen des Bundessozialgerichts
BSHG	Bundessozialhilfegesetz
BStatG	Bundesstatistikgesetz
BT	Bundestag
BT-Drucks.	Bundestagsdrucksache

Abkürzungsverzeichnis

Buchst.	Buchstabe
BVA	Bundesversicherungsamt
BVBl.	Zeitschrift »Bundesversorgungsblatt«
BVerfG	Bundesverfassungsgericht
BVerfGE	Amtliche Sammlung der Entscheidungen des Bundesverfassungsgerichts
BVerfGG	Bundesverfassungsgerichtsgesetz
BVerfSchG	Bundesverfassungsschutzgesetz
BVerwG	Bundesverwaltungsgericht
BVerwGE	Amtliche Sammlung der Entscheidungen des Bundesverwaltungsgerichts
BVG	Bundesversorgungsgesetz
BW	Baden-Württemberg
BW-LfD	Landesbeauftragte für den Datenschutz Baden-Württemberg
bzw.	beziehungsweise
CILIP	Zeitschrift »Bürgerrechte und Polizei«
CR	Zeitschrift »Computer und Recht«
CuR	Zeitschrift »Computer und Recht« (ältere Zitierweise)
DÄBl.	Zeitschrift »Deutsches Ärzteblatt«
DAFTA	Datenschutzfachtagung (Tagungsband)
DANA	Zeitschrift »Datenschutz-Nachrichten«
DAngVers.	Zeitschrift »Die Angestelltenversicherung«
DAVorm	Zeitschrift »Der Amtsvormund«
DB	Zeitschrift »Der Betrieb«
DDR	Deutsche Demokratische Republik
ders.	derselbe
Deutscher Verein	Deutscher Verein für öffentliche und private Fürsorge
DEVO	Datenerfassungsverordnung
DGB	Deutscher Gewerkschaftsbund
dgl.	desgleichen, dergleichen
d.h.	das heißt
dies.	dieselbe(n)
Diss.	Dissertation
DIV	Deutsches Institut für Vormundschaftswesen
DM	Deutsche Mark
DÖD	Zeitschrift »Der Öffentliche Dienst«
DÖV	Zeitschrift »Die Öffentliche Verwaltung«
DOK	Zeitschrift »Die Ortskrankenkasse«
Dok.	Dokumentation
DRiZ	Zeitschrift »Deutsche Richterzeitung«
DRK	Deutsches Rotes Kreuz
DRV	Zeitschrift »Deutsche Rentenversicherung«
DSB	Datenschutzbeauftragter; Zeitschrift »Datenschutzberater«
DSB-Konferenz	Konferenz der Datenschutzbeauftragten des Bundes und der Länder sowie der Datenschutzkommission Rheinland-Pfalz

DSchKomm Rh.-Pf.	Datenschutzkommission Rheinland-Pfalz
DSG	Datenschutzgesetz
DSGebO	Datenschutzgebührenordnung
DSGNW	Datenschutzgesetz Nordrhein-Westfalen
DSRegO	Datenschutzregisterordnung
DSRV	Datenstelle der Deutschen Rentenversicherung
DSVeröffO	Datenschutzveröffentlichungsordnung
DSWR	Zeitschrift »Datenverarbeitung in Steuer, Wirtschaft und Recht«
DuD	Zeitschrift »Datenschutz und Datensicherung«
DÜVO	Datenübermittlungsverordnung
DurchfVO	Durchführungsverordnung
DV	Datenverarbeitung
DVBl.	Zeitschrift »Deutsches Verwaltungsblatt«
DVR	Zeitschrift »Datenverarbeitung im Recht«
E	Entwurf
ebd.	ebenda
EDV	Elektronische Datenverarbeitung
EG	Europäische Gemeinschaft; Einführungsgesetz
EheG	Ehegesetz
EinglVO	Verordnung nach § 47 BSHG (Eingliederungshilfe-Verordnung)
Einl.	Einleitung
einschl.	einschließlich
Entsch.	Entscheidung
Entschl.	Entschließung
Entw.	Entwurf
Erg.	Ergänzung
Erl.	Erlaß; Erläuterungen
ErsK	Ersatzkasse; Zeitschrift »Die Ersatzkasse«
EuGH	Gerichtshof der Europäischen Gemeinschaften
e.V.	eingetragener Verein
f.	folgend(e)
ff.	folgende
FGG	Gesetz über die Angelegenheiten der freiwilligen Gerichtsbarkeit
FGO	Finanzgerichtsordnung
Fn.	Fußnote
FR	»Frankfurter Rundschau«
FS	Festschrift
G	Gesetz
GAL	Gesetz über eine Altershilfe für Landwirte
GBl.	Gesetzblatt
GDD	Gesellschaft für Datenschutz und Datensicherung e.V.
gem.	gemäß

Abkürzungsverzeichnis

GemErl.	gemeinsamer Erlaß
ges.	gesetzlich
GeschlKrG	Gesetz zur Bekämpfung der Geschlechtskrankheiten
GewO	Gewerbeordnung
GFD	Gesetz zur Fortentwicklung des Datenschutzes (NRW)
GG	Grundgesetz
ggf.	gegebenenfalls
GKAR	Gesetz über Kassenarztrecht
GK-SGB I	Burdenski/v. Maydell/Schellhorn, Gemeinschaftskommentar zum Sozialgesetzbuch – Allgemeiner Teil, 2. Aufl. 1981
GK-SGB IV	Krause/v. Maydell/Merten/Meydam, Gemeinschaftskommentar zum Sozialgesetzbuch – Gemeinsame Vorschriften für die Sozialversicherung, 1978
GK-SGB X 3	v. Maydell/Schellhorn, Gemeinschaftskommentar zum Sozialgesetzbuch – Zusammenarbeit der Leistungsträger und ihre Beziehungen zu Dritten, 1984
GKV	Gesetzliche Krankenversicherung
GKVdR	Gesetz über die Krankenversicherung der Rentner
GmbH	Gesellschaft mit beschränkter Haftung
GMBl.	Gemeinsames Ministerialblatt (Bund)
GRG	Gesundheits-Reformgesetz
GS	Großer Senat
GVBl.	Gesetz- und Verordnungsblatt
GVG	Gerichtsverfassungsgesetz
h. A.	herrschende Ansicht
HAG	Heimarbeitsgesetz
Halbs.	Halbsatz
Hbg.	Hamburg
Hbg.DSB	Hamburgischer Datenschutzbeauftragter
HdbJugR	Handbuch des gesamten Jugendrechts, Rechts- und Verwaltungsvorschriften, Loseblatt
HDSB	Hessischer Datenschutzbeauftragter
HDSG	Hessisches Datenschutzgesetz
hess.	hessisch
HGB	Handelsgesetzbuch
Hinw.	Hinweis
HIV	Human Immunodeficiency Virus
h. L.	herrschende Lehre
h. M.	herrschende Meinung
HmbDSG	Hamburgisches Datenschutzgesetz
Hrsg.	Herausgeber
hrsg.	herausgegeben
i. d. F.	in der Fassung
i. e.	im einzelnen
IKK	Innungskrankenkasse
InfuR	Zeitschrift »Informatik und Recht«
insbes.	insbesondere

i. S.	im Sinne
ISBKK	Informationssystem Betriebskrankenkassen
i. S. d.	im Sinne der(s)
i. S. v.	im Sinne von
i. V. m.	in Verbindung mit
IuR	Zeitschrift »Informatik und Recht«
IVSS	Internationale Vereinigung für Soziale Sicherheit
JA	»Juristische Arbeitsblätter«
JArbSchG	Jugendarbeitsschutzgesetz
JB	Jahresbericht
JbSozR	Jahrbuch des Sozialrechts der Gegenwart (hrsg. von Wannagat)
JGG	Jugendgerichtsgesetz
JMBl.	Justizministerialblatt
JR	Zeitschrift »Juristische Rundschau«
JuS	Zeitschrift »Juristische Schulung«
JVBl.	Justizverwaltungsblatt
JWG	Gesetz für Jugendwohlfahrt
JZ	Zeitschrift »Juristenzeitung«
KAG	Kommunalabgabengesetz
Kap.	Kapitel
KBV	Kassenärztliche Bundesvereinigung
KG	Kammergericht
KHG	Krankenhausfinanzierungsgesetz
KJ	Zeitschrift »Kritische Justiz«
Komm.	Kommentar
KOV	Zeitschrift »Die Kriegsopferversorgung«
KpS	Kriminalpolizeiliche Sammlungen
krit.	kritisch
KrV	Zeitschrift »Die Krankenversicherung«
KSchG	Kündigungsschutzgesetz
KV	Kassenärztliche Vereinigung
KVÄndG	Krankenversicherungsänderungsgesetz
KVLG	Gesetz über die Krankenversicherung der Landwirte
KVNG	Krankenversicherungs-Neuregelungsgesetz
KVRS	Die Krankenversicherung in Rechtsprechung und Schrifttum
KVSG	Gesetz über die Krankenversicherung der Studenten
LAG	Landesarbeitsgericht; Lastenausgleichsgesetz
LAK	Landwirtschaftliche Alterskasse
LArchG	Landesarchivgesetz
LBG NW	Landesbeamtengesetz Nordrhein-Westfalen
LDatG Rh.-Pf.	Landesdatenschutzgesetz Rheinland-Pfalz
LDSG BW	Landesdatenschutzgesetz Baden-Württemberg
LDSG SH	Landesdatenschutzgesetz Schleswig-Holstein
LfD	Landesbeauftragte(r) für den Datenschutz

Abkürzungsverzeichnis

LfD-NRW	Landesbeauftragter für den Datenschutz Nordrhein-Westfalen
LfV	Landesamt für Verfassungsschutz
LFZG	Lohnfortzahlungsgesetz
LG	Landgericht
lit.	litera (Buchstabe)
LOG NRW	Landesorganisationsgesetz Nordrhein-Westfalen
LSG	Landessozialgericht
LT	Landtag
LT-Drucks.	Landtagsdrucksache
LVA	Landesversicherungsanstalt
m.	mit
MAD	Militärischer Abschirmdienst
MADG	Gesetz über den Militärischen Abschirmdienst
m.a.W.	mit anderen Worten
MDR	Zeitschrift »Monatsschrift für Deutsches Recht«
MedR	Zeitschrift »Medizinrecht«
MedSach	Zeitschrift »Der medizinische Sachverständige«
MinBl.	Ministerialblatt
Mio.	Million
MiStra	Verwaltungsanordnung über Mitteilungen in Strafsachen
Mitt.	Mitteilung
MittKGSt	»Mitteilungen der Kommunalen Gemeinschaftsstelle für Verwaltungsvereinfachung«
MittLVA Oberfr.	»Mitteilungen der LVA Oberfranken und Mittelfranken«
MittLVA Württ.	»Mitteilungen der LVA Württemberg«
MiZi	Allgemeine Verfügung über Mitteilungen in Zivilsachen
Mrd.	Milliarde
MRRG	Melderechtsrahmengesetz
MünchKomm	Münchener Kommentar zum BGB (hrsg. von Rebmann und Säcker), Bd. 1, 2. Aufl. 1984; Bd. 5, 2. Halbbd. 1987
MuSchG	Mutterschutzgesetz
m.w.N.	mit weiteren Nachweisen
m.W.v.	mit Wirkung vom
NachrLVA Hessen	»Nachrichten der LVA Hessen«
Nachw.	Nachweise
Nds.	Niedersachsen
Nds.DSG	Niedersächsisches Datenschutzgesetz
NdsRPfl.	Zeitschrift »Niedersächsische Rechtspflege«
NDSVeröffO	Niedersächsische Veröffentlichungsordnung
NDV	Zeitschrift »Nachrichtendienst des Deutschen Vereins für öffentliche und private Fürsorge«
n.F.	neue Fassung
NJW	»Neue Juristische Wochenschrift«
Nr.	Nummer
Nrn.	Nummern

NRW	Nordrhein-Westfalen
NStZ	»Neue Zeitschrift für Strafrecht«
NVwZ	»Neue Zeitschrift für Verwaltungsrecht«
NW	Nordrhein-Westfalen
NZA	»Neue Zeitschrift für Arbeits- und Sozialrecht«
o.	oben
o. a.	oben angegeben
Öff.-Gesundh.-Wes.	Zeitschrift »Das öffentliche Gesundheitswesen«
OEG	Gesetz über die Entschädigung für Opfer von Gewalttaten
ÖVD	Zeitschrift »Öffentliche Verwaltung und Datenverarbeitung«
OLG	Oberlandesgericht
o. V.	ohne Verfasserangabe
OVA	Oberversicherungsamt
OVG	Oberverwaltungsgericht
OVGE	Entscheidungen des Oberverwaltungsgerichts
OWiG	Gesetz über Ordnungswidrigkeiten
PC	Mikrocomputer (»personal computer«)
Prot.	Protokoll
PStG	Personenstandsgesetz
RAG	Rentenanpassungsgesetz; Reichsarbeitsgericht
RdA	Zeitschrift »Recht der Arbeit«
Rderl.	Runderlaß
RdJB	Zeitschrift »Recht der Jugend und des Bildungswesens«
RDV	Zeitschrift »Recht der Datenverarbeitung«
RechtsVO	Rechtsverordnung
RefE	Referentenentwurf
RegE	Regierungsentwurf
RehaAnglG	Rehabilitations-Angleichungsgesetz
RGSt	Entscheidungen des Reichsgerichts in Strafsachen
Rh.-Pf.	Rheinland-Pfalz
RiA	Zeitschrift »Recht im Amt«
RKG	Reichsknappschaftsgesetz
RRG	Rentenreformgesetz
Rspr.	Rechtsprechung
RSVwV	Allgemeine Verwaltungsvorschrift über die Statistik in der Rentenversicherung
RV	Zeitschrift »Die Rentenversicherung«
RVÄndG	Rentenversicherungs-Änderungsgesetz
RVG	Reichsversorgungsgesetz
RVO	Reichsversicherungsordnung
RVwV	Allgemeine Verwaltungsvorschrift zum Rentendienst der Deutschen Bundespost
Rz.	Randziffer
RZB	Bestimmungen für das Rentenzahlverfahren

Abkürzungsverzeichnis

S.	Seite
s.	siehe
SaarlDSB	Saarländische(r) Datenschutzbeauftragte(r)
Samml.	Sammlung
sc.	scilicet (nämlich)
Schl.-H.	Schleswig-Holstein
Schl.-H.DSG	Schleswig-Holsteinisches Datenschutzgesetz
SchwBG	Schwerbeschädigtengesetz
SchwbG	Schwerbehindertengesetz
SdL	Zeitschrift »Soziale Sicherheit in der Landwirtschaft«
SDSG	Saarländisches Datenschutzgesetz
SF	Zeitschrift »Sozialer Fortschritt«
SG	Sozialgericht
SGb	Zeitschrift »Die Sozialgerichtsbarkeit«
SGB	Sozialgesetzbuch
SGB I	Sozialgesetzbuch – Allgemeiner Teil (Erstes Buch)
SGB IV	Sozialgesetzbuch – Gemeinsame Vorschriften für die Sozialversicherung (Viertes Buch)
SGB X	Sozialgesetzbuch – Verwaltungsverfahren, Schutz der Sozialdaten, Zusammenarbeit der Leistungsträger und ihre Beziehungen zu Dritten (Zehntes Buch)
SGB X 2	Sozialgesetzbuch, Zehntes Buch, Zweites Kapitel: Schutz der Sozialdaten
SGB X 3	Sozialgesetzbuch, Zehntes Buch, Drittes Kapitel: Zusammenarbeit der Leistungsträger und ihre Beziehungen zu Dritten
SGB V	Sozialgesetzbuch – Gesetzliche Krankenversicherung (Fünftes Buch)
SGB-SozVers-GesKomm	Bley/Gitter u. a., Sozialgesetzbuch – Sozialversicherung, Gesamtkommentar, Loseblatt
SGG	Sozialgerichtsgesetz
SichöD	Zeitschrift »Sicherheit im öffentlichen Dienst«
SozArb	Zeitschrift »Soziale Arbeit«
SozR	Sozialrecht, Rechtsprechung und Schrifttum, bearbeitet von den Richtern des BSG
SozSich	Zeitschrift »Soziale Sicherheit«
SozVers	Zeitschrift »Die Sozialversicherung«
Sp.	Spalte
StAnz.	Staatsanzeiger
Stellv.	Stellvertreter
stellv.	stellvertretend
StGB	Strafgesetzbuch
StPO	Strafprozeßordnung
str.	streitig
StVG	Straßenverkehrsgesetz
SV	Sozialversicherung
SVAG	Sozialversicherungs-Anpassungsgesetz
SVBG	Gesetz über die Sozialversicherung Behinderter

Abkürzungsverzeichnis

SVG	Soldatenversorgungsgesetz
TB	Tätigkeitsbericht
TVG	Tarifvertragsgesetz
u.	und; unten(r)
u. a.	unter anderem(n)
Urt.	Urteil
USG	Unterhaltssicherungsgesetz
USK	Urteilssammlung für die gesetzliche Krankenversicherung
usw.	und so weiter
u. U.	unter Umständen
UV	Unfallversicherung
UVG	Unfallversicherungsgesetz
UVNG	Unfallversicherungs-Neuregelungsgesetz
UVV	Unfallverhütungsvorschriften
UWG	Gesetz gegen den unlauteren Wettbewerb
v.	von; vom
VA	Versicherungsamt
VäD	Vertrauensärztlicher Dienst
VA-WMG	Gesetz über weitere Maßnahmen auf dem Gebiet des Versorgungsausgleichs
VBG	Unfallverhütungsvorschriften der Berufsgenossenschaften
VBL	Versorgungsanstalt des Bundes und der Länder
VDR	Verband Deutscher Rentenversicherungsträger
Verbands-kommentar	VDR (Hrsg.), Kommentar zum Recht der gesetzlichen Rentenversicherung (bearbeitet von Bergner u. a.), Loseblatt
VersR	Zeitschrift »Versicherungsrecht«
VerwArch	Zeitschrift »Verwaltungsarchiv«
Vfg.	Verfügung
VfG-KOV	Gesetz über das Verwaltungsverfahren in der Kriegsopferversorgung
VG	Verwaltungsgericht
VGH	Verwaltungsgerichtshof
vgl.	vergleiche
v. H.	vom Hundert
VO	Verordnung
VOBl.	Verordnungsblatt
VR	Zeitschrift »Verwaltungsrundschau«
VSSR	Zeitschrift »Vierteljahresschrift für Sozialrecht«
VV	Verwaltungsvorschriften
VVDStRL	Veröffentlichungen der Vereinigung der Deutschen Staatsrechtslehrer
VVR	Verwaltungsvorschriften über das Rechnungswesen bei den Trägern der sozialen Krankenversicherung
VwGO	Verwaltungsgerichtsordnung

Abkürzungsverzeichnis

VwPO	Verwaltungsprozeßordnung
VwVfG	Verwaltungsverfahrensgesetz (Bund)
VwVG	Verwaltungsvollstreckungsgesetz
VwZG	Verwaltungszustellungsgesetz
WIdO	Wissenschaftliches Institut der Ortskrankenkassen
WiVerw	Zeitschrift »Wirtschaft und Verwaltung«
WoGG	Wohngeldgesetz
WpflG	Wehrpflichtgesetz
WRV	Weimarer Reichsverfassung
WzS	Zeitschrift »Wege zur Sozialversicherung«
zahlr.	zahlreich
z. B.	zum Beispiel
ZblJugR	Zeitschrift »Zentralblatt für Jugendrecht und Jugendwohlfahrt«
ZBR	»Zeitschrift für Beamtenrecht«
ZDG	Zivildienstgesetz
ZfF	»Zeitschrift für das Fürsorgewesen«
ZfJ	Zeitschrift »Zentralblatt für Jugendrecht«
ZfS	Zeitschrift »Zentralblatt für Sozialversicherung, Sozialhilfe und Versorgung«
ZfSH/SGB	»Zeitschrift für Sozialhilfe und Sozialgesetzbuch«
ZHG	Gesetz über die Ausübung der Zahnheilkunde
Ziff.	Ziffer
zit.	zitiert
ZM	Zeitschrift »Zahnärztliche Mitteilungen«
ZPO	Zivilprozeßordnung
ZRP	»Zeitschrift für Rechtspolitik«
ZSR	»Zeitschrift für Sozialreform«
z. T.	zum Teil
zust.	zustimmend
ZVALG	Gesetz über die Errichtung einer Zusatzversorgungskasse für Arbeitnehmer in der Land- und Forstwirtschaft
ZVersWiss	»Zeitschrift für die gesamte Versicherungswissenschaft«
z. Z.	zur Zeit

Literaturverzeichnis

Die in dieses Verzeichnis aufgenommenen Titel werden in den Erläuterungen i.d.R. nur mit dem Namen des Verfassers zitiert. Gibt es von einem Verfasser mehrere Titel, sind sie, wie durch die Unterstreichungen gekennzeichnet, gekürzt worden.

Adamson, J. Kontrollen zur Wahrung des Sozialgeheimnisses durch die Aufsichtsbehörden, in Eigenmächtigkeit oder Kontrolle der Datenverarbeitung, Tagungsbd. 3. DAFTA (Nov. 1979), Referate und Ergebnisse, 1980, S. 262ff.

Adlhoch, U. Der Schutz des Sozialgeheimnisses beim Verwaltungshandeln der Hauptfürsorgestellen nach dem SchwbG, BehindR 1985, 3ff., 31ff., 51ff.

Ärztekammer Berlin/Berliner Krankenhausgesellschaft Gemeinsame Stellungnahme zu den gemeinsamen Hinweisen und Empfehlungen der Bundesärztekammer und der Deutschen Krankenhausgesellschaft zur HIV-Infektion, 1988

Affeld, D. Für mehr Leistungs- und Kostentransparenz in der GKV, KrV 1984, 284ff., 1985, 5ff., 33ff.

Albrecht, H.-J. Datenschutz und Forschungsfreiheit, CuR 1986, 92ff.

Amelung, K./Schall, H. Zum Einsatz von Polizeispitzeln: Hausfriedensbruch und Notstandsrechtfertigung, Wohnungsgrundrecht und Durchsuchungsbefugnis (OLG München, DVBl. 1973, 221), JuS 1975, 565ff.

Anderson, C.W. Das liberale Paradigma und die weitere Entwicklung der fortgeschrittenen Industriegesellschaft, in Kern, L. (Hrsg.), Probleme der postindustriellen Gesellschaft, 1984, S. 294ff.

André, A. Das Sozialgeheimnis aus der Sicht des Sozialgesetzbuchs, in Eigenmächtigkeit oder Kontrolle der Datenverarbeitung, Tagungsbd. 3. DAFTA (Nov. 1979), Referate und Ergebnisse, 1980, S. 235ff.

ders. Der Entwurf des Ersten Gesetzes zur Änderung des Sozialgesetzbuches, KrV 1988, 5ff.

ders. Der Fortgang der Reformarbeiten am Sozialgesetzbuch, BlStSozArbR 1980, 273ff.

ders. Die Bedeutung des Ersten Gesetzes zur Änderung des Sozialgesetzbuches für die gesetzliche Krankenversicherung, BKK 1988, 333ff.

Arend, P. Sozialgeheimnis und Lehre an Fachhochschulen, BldW 1982, 193ff.

Auernhammer, H. Bundesdatenschutzgesetz (BDSG), Kommentar, 2. Aufl. 1981

ders. Die europäische Datenschutz-Konvention und ihre Auswirkungen auf den grenzüberschreitenden Datenverkehr, in Tagungsbd. 8. DAFTA, 1985, S. 59ff.

Bäumerich, G. AIDS und Sozialhilfe, NDV 1987, 289ff.

Bandisch, G. Mandant und Patient, schutzlos bei Durchsuchung von Kanzlei und Praxis?, NJW 1987, 2200ff.

Barram, V. Datenschutz und Informationsrecht, BldW 1982, 200

Baumbach, A./Lauterbach, W./Albers, J./Hartmann, P. Zivilprozeßordnung, Kommentar, 46. Aufl. 1988

Baur, F.R. Ärztliche Schweigepflicht und Auskunftspflichten des Arztes im Sozialleistungssystem, WzS 1983, 260

ders. Ärztliche Schweigepflicht und Übermittlung von Krankenunterlagen an gesetzliche Krankenkassen (Erwiderung auf Meydam, BlStSozArbR 1982, 211), BlStSozArbR 1982, 380 ff.

ders. Keine Schweigepflicht gegenüber den Krankenkassen?, ArztR 1984, 93 ff.

ders. Schweigepflicht und Offenbarungsbefugnis des Arztes im Rahmen der Mitteilungsvorschriften der RVO, SGb 1984, 150 ff.

Behnke-Gürtler, M. Datenschutz auf dem Weg in die zweite Generation – Schlagschatten eines verbesserten Datenschutzes auf der Grundlage von Berichten der Datenschutzbeauftragten des Bundes und der Länder Bayern und Hessen, Film und Recht 8/1980, S. 402 ff.

dies. Drei Streiflichter zum Dritten Tätigkeitsbericht des Bundesbeauftragten für den Datenschutz. Konflikt – Bericht – Beratung. Absichten und Widersprüche, Film und Recht 11/1981, S. 580 ff.

Beier, B./Lange, W. Der Schutz medizinischer Daten – Offenbarungsakte einer Persönlichkeit?, DuD 1982, 176 ff.

Below, J. Realisierung des Sozialgeheimnisses aus Sicht des Sozialversicherungsträgers, in Gliss H./Hentschel, B. (Hrsg.), Bereichsspezifischer Datenschutz – Technischer Datenschutz, Tagungsbd. 4. DAFTA (Okt. 1980), 1981, S. 84 ff.

ders. Realisierungsmöglichkeiten zur Sicherung des Sozialgeheimnisses, in Eigenmächtigkeit oder Kontrolle der Datenverarbeitung, Tagungsbd. 3. DAFTA (Nov. 1979), Referate und Ergebnisse, 1980, S. 254 ff.

Berchtold, J. Der räumliche Geltungs- und Anwendungsbereich der Vorschriften über die gesetzliche Krankenversicherung, 1987

Berg, W. Informationelle Selbstbestimmung und Forschungsfreiheit, CR 1988, 234 ff.

Bergmann, L./Möhrle, R. Datenschutzrecht, Handkommentar zum BDSG, Loseblatt

Bittmann, F. Das Sozialgeheimnis im Ermittlungsverfahren, NJW 1988, 3138 f.

Bley, H. Rechtsgutachten zu Fragen eines zahnärztlichen Beratungsdienstes der gesetzlichen Krankenversicherung, 1986

ders./Gitter, W. u.a. Sozialgesetzbuch – Sozialversicherung – Gesamtkommentar (SGB-SozVers-GesKomm), Loseblatt

Blohmke, M./Kniep K. Epidemiologische Forschung und Datenschutz, NJW 1982, 1324 f.

Böckenförde, E.-W. Der verdrängte Ausnahmezustand, NJW 1978, 1881 ff.

Böhm, K./Wagner, G. Datenschutz und medizinische Forschung, CR 1987, 621 ff.

Bogs, H. Die Sozialversicherung im Staat der Gegenwart, 1973

Borchert, G. Datenzugang für die Forschung, ÖVD 7–8/1981, S. 18 ff.

ders. Datenschutz, Patienteninteressen und Strukturprobleme im Gesundheitswesen, SozSich 1984, 207 ff.

ders. Die Schweigepflicht des Sozialarbeiters in der sozialen Sicherung, ZfSH/SGB 1982, 170 ff.

ders. Personenbezogene Daten aus der gesetzlichen Krankenversicherung als empirische Basis für wissenschaftliche Untersuchungen: Ein Beitrag zur Datenschutz-Diskussion, DVR 1977, 345 ff.

ders. Rechtliche Verankerung der Datenflüsse in der gesetzlichen Krankenversicherung: Zu den Entscheidungen des BSG über die Informationspflichten der Kassenärzte, SF 1987, 227 ff.

ders. Struktur des Gesundheitswesens und Patientendatenschutz, CR 1988, 391 ff.

Borgs-Maciejewski, H./Ebert, F. Das Recht der Geheimdienste, Kommentar zum Bundesverfassungsschutzgesetz sowie zum G 10, 1986
Bossong, H. Therapeut oder Informant?, Der Konflikt zwischen Sozialarbeit und Polizei, CILIP 1983, 26 ff.
Brackmann, K. Handbuch des Sozialversicherungsrechts, Loseblatt
Britz, G. Das Sozialgeheimnis (§ 35 Sozialgesetzbuch I) – ein Zeugnisverweigerungsrecht in Disziplinarverfahren?, ArchivPF 1985, 256 ff.
Bruns, M. AIDS, Alltag und Recht, MDR 1987, 353 ff.
ders. AIDS im Betrieb und Arbeitsleben, MDR 1988, 95 ff.
Bryde, B.-O. Die Einheit der Verwaltung als Rechtsproblem, VVDStRl. 46 (1988), S. 181 ff.
Büllesbach, A. Ausgewählte Datenschutzprobleme im Bereich der medizinischen und medizinsoziologischen Forschung, in Reichertz, P. L./Kilian, W. (Hrsg.), Arztgeheimnis – Datenbanken – Datenschutz, 1982, S. 176 ff.
ders. Das informationelle Selbstbestimmungsrecht in der sozialen Arbeit – eine schwierige Selbstverständlichkeit, in Frommann, M. u. a., Sozialdatenschutz – Positionen, Diskussionen, Resultate (Arbeitshilfen, Heft 24, hrsg. vom Deutschen Verein für öffentliche und private Fürsorge), 1985, S. 7 ff.
ders./Holst, S. Der Schutz der Sozialdaten. Grundsätze und Erläuterungen anhand praktischer Beispiele, BldW 1982, 187 ff.
Bull, H. P. Das Recht der Informationsbeziehungen und die Sozialarbeit – Gegenwärtiger Stand und künftige Entwicklung, in Frommann, M. u. a., Sozialdatenschutz – Positionen, Diskussionen, Resultate (Arbeitshilfen, Heft 24, hrsg. vom Deutschen Verein für öffentliche und private Fürsorge), 1985, S. 252 ff.
ders. Datenschutz im Gesundheitswesen, Recht und Politik, 1/1983, S. 45 ff.
ders. Gesicherte Ergebnisse, strittige Fragen – Eine Zwischenbilanz, ÖVD 7–8/1980, S. 4 ff.
ders. Rechtliche Grundlagen der Offenbarung von Patientendaten durch Kassenärzte, in Meye, M. R./Schwartz, F.-W., Transparenzprojekte in der GKV – Arzt- und Patientendaten zwischen Anonymität und Offenbarung, 1984, S. 97 ff.
ders./Dammann, U. Wissenschaftliche Forschung und Datenschutz, DÖV 1982, 213 ff.
Bundesärztekammer/Deutsche Krankenhausgesellschaft Gemeinsame Hinweise und Empfehlungen zur HIV-Infektion, Das Krankenhaus 1988, 3 ff.
Bundesbeauftragter für den Datenschutz (Hrsg.), Der Bürger und seine Daten im Netz der sozialen Sicherung, 1983
Bundesversicherungsanstalt für Angestellte u. a. (Hrsg.), Sozialgesetzbuch – Zehntes Buch, Verwaltungsverfahren, Text und Erläuterungen (BfA-Kommentar), 3. Aufl. 1986
Burdenski, W./v. Maydell, B./Schellhorn, W. Gemeinschaftskommentar zum Sozialgesetzbuch – Allgemeiner Teil (GK-SGB I), 2. Aufl. 1981

Casselmann, K.-H./Gundlach, R. Sozialgeheimnis und rechtfertigender Notstand, SGb 1981, 92 ff.

Damian, H.-P. Geheimhaltungspflicht und Zeugnisverweigerung der Sozialarbeiter/Sozialpädagogen – Versuch einer Bestandsaufnahme, NDV 1981, 202 ff.
ders. Schweigerechte und Schweigepflichten in der Vormundschafts- und Familiengerichtshilfe sowie in der Jugendgerichtshilfe, ZfSH/SGB 1981, 198 ff.

ders. Zeugnisverweigerungsrechte in der Sozialarbeit und Sozialpädagogik, BldW 1982, 196 ff.

Dammann, U. Dokumentation zum Bundesdatenschutzgesetz, Bund – Länder – Kirchen – Ausland und Internationales: Rechts- und Verwaltungsvorschriften, Entscheidungssammlung, hrsg. von Simitis, S./Dammann, U./Mallmann, O./Reh, H.-J., Loseblatt

Debold, P./Neuhaus, R./Paquet, R./Schräder, W. F. Leistungs- und Kostentransparenz in der GKV. Konzeptionelle Grundlagen und Anwendungsbeispiele für Modellversuche nach § 223 RVO, Schriftenreihe Strukturforschung im Gesundheitswesen, Bd. 14, 1985

Deneke, J. F. V. Beachtung der ärztlichen Schweigepflicht in der medizinischen Forschung, DÄBl. 1981, 1441 ff.

Denninger, E. Einführung in Probleme des Amtshilferechts, insbesondere im Sicherheitsbereich, JA 1980, 280 ff.

Deutsch, E. Rechtsprobleme von AIDS, 1988

Deutscher Verein für öffentliche und private Fürsorge (Hrsg.), Datenschutz im sozialen Bereich – Beiträge und Materialien (Arbeitshilfen, Heft 20), 1981

ders. Grundsatzthesen zum Schutz der Sozialdaten, Sozialgeheimnis und Schweigepflicht, NDV 1986, 227 ff.

ders. Gutachten vom 12. 11. 1981 – F 6 235/81, 6008 –, NDV 1982, 46 f.

ders. Gutachen vom 15. 9. 1982 – G 185/82 –, NDV 1982, 362

ders. Gutachten vom 24. 7. 1986 – F 6 92/86 –, NDV 1986, 399 ff.

ders. Gutachten vom 28. 7. 1987, NDV 1987, 358 ff.

ders. (Hrsg.), Sozialplanung und Datenschutz, 1987

Dittrich, K./Schlörer, J. Anonymisierung von Forschungsdaten und Identifikation anonymer Datensätze, DuD 1987, 30 ff.

Dreher, E./Tröndle, H. Strafgesetzbuch und Nebengesetze, 43. Aufl. 1986

Drozd, F. Wer ist Betroffener im Sinne des § 67 SGB X? Ist Vertretung zulässig?, MittLVA Oberfr. 1986, 93 ff.

ders. Zur Offenbarung medizinischer Daten im sozialen Bereich, MittLVA Oberfr. 1983, 318 ff.

Eberbach, W. AIDS – rechtliche Verantwortung und Vertrauen, ZRP 1987, 395 ff.

Eberl, R. Der Schutz der Sozialdaten, MittLVA Oberfr. 1981, 333 ff.

Ebsen, I. Informationelle Selbstbestimmung und informationelle Gewaltenteilung im Sozialrecht, IuR 1988, 335 ff.

Ehlers, H. Patientengeheimnis aus der Sicht der Wissenschaft, in Gliss, H./Hentschel, B./Wronka, G. (Hrsg.), Datenschutzrecht und -praxis im Zeichen der BDSG-Novellierung, Tagungsbd. der 6. DAFTA, 1983, S. 119 ff.

Eich, R.-A. AIDS und Arbeitsrecht, NZA Beil. 2/1987, S. 10 ff.

Eisenberg, U. Beschlagnahme von Akten der Jugendgerichtshilfe durch das Jugendgericht, NStZ 1986, 308 ff.

Emrich, D. Die Tätigkeit der Gerichte und der Sozialdatenschutz – Zum Verhältnis des § 35 SGB I zu den Verfahrensordnungen, in Frommann, M. u. a., Sozialdatenschutz – Positionen, Diskussionen, Resultate (Arbeitshilfen, Heft 24, hrsg. vom Deutschen Verein für öffentliche und private Fürsorge), 1985, S. 113 ff.

Erichsen, H.-U./Martens, W. (Hrsg.), Allgemeines Verwaltungsrecht, 8. Aufl. 1988

Eul, L. Rechtsbeziehungen bei Krankenhausbehandlung – Zur Frage der Befristung bei Kostenübernahmeerklärungen für Krankenhausbehandlung und zur Frage von Auskunftspflichten des Krankenhauses gegenüber der Krankenkasse, DOK 1986, 453 ff.
dies. Rehabilitation und Datenschutz, DOK 1988, 77 ff.
dies. Verwaltungsverfahren – Die Neuregelungen des zweiten Kapitels des SGB X – Datenschutz im Sozialbereich, DOK 1981, 449 ff.

Faupel, G. Sozialversicherungsausweis: Überwachungsstaat statt Sozialstaat, SozSich 1988, 18 ff.
Flohr, P. Offenbarung personenbezogener Daten nach dem SGB X, SozVers 1981, 193 ff.
Florian, L. Die Einwilligung des Betroffenen nach § 3 Bundesdatenschutzgesetz und §§ 35 Sozialgesetzbuch I/67 Sozialgesetzbuch X, DRV 1980, 281 ff.
Frank, W./Klinger, R. Schutz von Sozialdaten, 1981
Frankenberg, G. AIDS-Bekämpfung im Rechtsstaat, 1988
Friauf, K. H. Kommentar zur Gewerbeordnung, Teilausgabe: Gewerberechtlicher Teil, Loseblatt
Frommann, M. (Hrsg.), Elektronische Datenverarbeitung in der sozialen Arbeit (Arbeitshilfen, Heft 31 des Deutschen Vereins für öffentliche und private Fürsorge), 1987
ders. Schweigepflicht und Berufsauftrag des Sozialarbeiters. Ein Beitrag zur sozialrechtlichen Funktion des § 203 Abs. 1 Nr. 5 StGB, in ders. u. a., Sozialdatenschutz – Positionen, Diskussionen, Resultate (Arbeitshilfen, Heft 24, hrsg. vom Deutschen Verein für öffentliche und private Fürsorge), 1985, S. 159 ff.
ders. »Soweit eine Offenbarung nicht zulässig ist, besteht keine Zeugnispflicht ...« – § 35 Abs. 3 SGB I und das strafprozessuale Zeugnisverweigerungsrecht staatlich anerkannter Sozialarbeiter/Sozialpädagogen, in Deutscher Verein für öffentliche und private Fürsorge (Hrsg.), Datenschutz im sozialen Bereich – Beiträge und Materialien (Arbeitshilfen, Heft 20), 1981, S. 197 ff.
ders. u. a. Sozialdatenschutz – Positionen, Diskussionen, Resultate (Arbeitshilfen, Heft 24, hrsg. vom Deutschen Verein für öffentliche und private Fürsorge), 1985

Gagel, A. Arbeitsförderungsgesetz, Kommentar, Loseblatt
Gallwas, H.-U. Datenschutz und historische Forschung in verfassungsrechtlicher Sicht, IuR 1987, 150 ff.
Gansel, N. Sieben Bemerkungen, in Gliss, H./Hentschel, B. (Hrsg.), Eigenmächtigkeit oder Kontrolle der Datenverarbeitung, Tagungsbd. 3. DAFTA (Nov. 1979), 1980, S. 267 ff.
Geschwinder, J. Beweisverwertungsverbot für rechtswidrig erlangte Beweismittel, SozVers 1981, 137 ff.
Giese, D. Sozialgesetzbuch – Allgemeiner Teil und Verfahrensrecht (SGB I und X), Kommentar, Loseblatt
ders. Verwaltungsverfahren und Datenschutz nach dem 10. Buch des Sozialgesetzbuches, ZfF 1980, 217 ff.
Gitter, W. Arzt und Sozialdatenschutz, MittLVA Oberfr. 1981, 491 ff.
Gleitze, W. Aspekte des Einsatzes der Automatischen Datenverarbeitung in der Sozialversicherung – Aufsichtsrechtliche Beobachtungen, VSSR 9 (1981), S. 245 ff.

Glimm, U. Über- und zwischenstaatliche Amtshilfe nach der Neuregelung des Verwaltungsverfahrens – Zum Inkrafttreten des Zehnten Buches SGB, DAngVers. 1981, 240 ff.

Gliss, H. Der Datenschutzbeauftragte in der Sozialversicherung, in Gliss, H./ Hentschel, B. (Hrsg.), Bereichsspezifischer Datenschutz – Technischer Datenschutz, Tagungsbd. 4. DAFTA (Okt. 1980), 1981, S. 96 ff.

Göhler, E. Gesetz über Ordnungswidrigkeiten, Kommentar, 8. Aufl. 1987

Graßl, M. Der Schutz der Sozialdaten, Teil 1–2, SichöD 2/1982, S. 9 ff., 3/1982, S. 7 ff.

ders./Weigert, K. Die Neuregelung des Sozialdatenschutzes, DSWR 1981, 113 ff., 140 ff., 186 ff.

dies. Die Neuregelung des Sozialdatenschutzes – Zweifelsfragen und Unstimmigkeiten, DuD 1981, 72 ff.

Greiner, A. »Sozialgeheimnis« und Strafverfolgungsauftrag, Kriminalistik 1981, 167 f.

Greiser, E. Probleme des Datenbedarfs und Datenzugangs für die epidemiologische Forschung, in Juristische Probleme der Datenverarbeitung in der Medizin (Medizinische Informatik und Statistik, Bd. 12), 1979, S. 78 ff.

Groell, R. Vom Umgang mit Akten und Informationen – Kritische Anfragen an den Berufsalltag in der Sozialverwaltung, dargestellt an Fallbeispielen, in Deutscher Verein für öffentliche und private Fürsorge (Hrsg.), Datenschutz im sozialen Bereich – Beiträge und Materialien (Arbeitshilfen, Heft 20), 1981, S. 105 ff.

Grüner, H./Dalichau, G. Sozialgesetzbuch (SGB) mit Kommentar zur RVO, Loseblatt

dies. Verwaltungsverfahren (SGB X), Kommentar, Loseblatt

Gülzow, H. Beschlagnahme von Unterlagen der Mandanten bei deren Rechtsanwälten, Wirtschaftsprüfern oder Steuerberatern, NJW 1981, 265 ff.

Gusy, C. Der Militärische Abschirmdienst, DÖV 1983, 60

Hahne-Reulecke, K. Das Recht der Rechnungshöfe auf Einsicht in Krankenakten, MedR 1988, 235 ff.

Hammer, U. Rechtsprobleme des Beratungsgeheimnisses in der sozialen Praxis, NZA 1986, 305 ff.

Hanisch, R. Datenschutz im Krankenhaus – Zuständigkeitsprobleme und Abgrenzungsfragen, BayVBl. 1983, 234 ff.

Harthun, A. Wer kann die Einwilligung nach § 67 SGB X erteilen?, SGb 1983, 511 ff.

Hartleb, U. Das Urteil des Bundesverfassungsgerichts zum Volkszählungsgesetz und das Sozialrecht, DVR 1984, 99 ff.

ders. Datenschutzpolitik, BABl. 10/1984, S. 25 ff.

Hauck, K./Haines, H. Sozialgesetzbuch (SGB I; SGB IV; SGB X/1, 2; SGB X/3), Kommentar, Loseblatt

Haus, K. H. Der Sozialdatenschutz im gerichtlichen Verfahren, NJW 1988, 3126 ff.

Haverkate, G. Die Einheit der Verwaltung als Rechtsproblem, VVDStRl. 46 (1988), S. 217 ff.

Heil, K./Mörsberger, T. Datenschutz versus Sozialplanung? Ein Beitrag zu § 75 SGB X, in Deutscher Verein für öffentliche und private Fürsorge (Hrsg.), Datenschutz im sozialen Bereich – Beiträge und Materialien (Arbeitshilfen, Heft 20), 1981, S. 222 ff.

Heine, W. Sozialdatenschutz, in v. Maydell, B./Ruland, F. (Hrsg.), Sozialrechtshandbuch, 1988, S. 432 ff.
ders. Zur Prüfungskompetenz des Bundesbeauftragten für den Datenschutz, DRV 1981, 466 ff., 513 ff.
Heinze, M. Geheimzuhaltende Tatsachen im Beweisverfahren – Ein verfahrensrechtlicher Vergleich, in Gitter, W./Thieme, W./Zacher, H. F. (Hrsg.), Im Dienste des Sozialrechts, Festschrift für G. Wannagat, 1981, S. 155 ff.
Henze, K.-G. Der Begriff der Datei und seine Bedeutung im Datenschutzrecht, SdL 1983, 187 ff.
Herding, H. Des Sozialgesetzbuches 10. Teil – Das Orwell-Datum naht – man merkt's!, der niedergelassene arzt 26/1980, S. 34, 37
Herschel, W. Zur Dogmatik des Arbeitsschutzrechts, RdA 1978, 69 ff.
Hertlein Sozialplanung und Datenschutz, BayBgm 1984, 14
Herz, B.-M./Neumann, J. Datenschutz bei der BfA, ÖVD 3/1983, S. 131 ff.
Hesse, H. Sozialgeheimnis und Schutz der Sozialdaten im Sinne des Sozialgesetzbuches, NachrLVA Hessen 1981, 46 ff.
Hessel Gesetz über das Bundeskriminalamt (BKAG), Kommentar
Heußner, H. Bundesdatenschutz und Sozialversicherung, in Grundlagen der Sozialversicherung, Festschrift für K. Brackmann, 1977, S. 333 ff.
Hirsch, G. AIDS-Test bei Krankenhauspatienten, AIFO 1988, 157 ff.
Hodapp, A. Der Schutz der Sozialdaten, SozArb 1981, 159 ff.
Hoffmann, J. Der gesetzliche Auftrag im Sozialrecht, VerwArch. 79 (1988), 314 ff.
Hollmann, A. Formularmäßige Erklärung über die Entbindung von der Schweigepflicht gegenüber Versicherungsunternehmen, NJW 1979, 1923
Hoppe, W. Der Schutz der Sozialdaten in der Bundesanstalt für Arbeit – Zur praktischen Anwendung der Vorschriften des SGB I und X und des BDSG, ZfSH/SGB 1983, 241 ff.
Hottelet, H. Praxisforschung und Datenschutz, in Lang, J. u. a., Datenschutz in der sozialen Arbeit (Institut für Sozialarbeit und Sozialpädagogik, Arbeitsheft 16), 1987, S. 7 ff.
Hübner, H. Datenschutzbeauftragter und Datenschutz bei der LVA Oberfranken und Mittelfranken, MittLVA Oberfr. 1986, 262 ff.
Hümmerich, K. Der Austausch personenbezogener Daten zwischen öffentlicher Verwaltung und freien Trägern, in Deutscher Verein für öffentliche und private Fürsorge (Hrsg.), Datenschutz im sozialen Bereich – Beiträge und Materialien (Arbeitshilfen, Heft 20), 1981, S. 120 ff.
ders. Einverständniserklärung des Bewerbers nach § 3 BDSG, DuD 1978, 135 ff.

Igl, G. Sozialdatenschutz nach dem Sozialgesetzbuch – Eine Übersicht über die wichtigste Rechtsprechung, CuR 1985, 93 ff.

Jahn, K. (Hrsg.), Sozialgesetzbuch (SGB) für die Praxis, Kommentar, Loseblatt
Jakobs, M. C. Ermittlungsverfahren wegen Verstoßes gegen das Betäubungsmittelgesetz. Auskunftsverweigerungsrecht des Gesundheitsamtes bei Auskunftsersuchen der Staatsanwaltschaft, JR 1982, 359 ff.

Kaase, M. u. a. (Hrsg.), Datenzugang und Datenschutz, 1980
Kamlah, R./Schimmel, W./Schwan, E. Kommentar zum Bundesdatenschutzgesetz, in Burhenne, W. E./Perband, K. (Hrsg.), EDV-Recht, Loseblatt

Literaturverzeichnis

Kamps, H. Datenschutz und ärztliche Schweigepflicht in psychiatrischen Landeskrankenhäusern, MedR 1985, 200 ff.
Kanein, W. Ausländerrecht, Kommentar, 4. Aufl. 1988
Karrer, J. Daten- und Persönlichkeitsschutz in der kommunalen Sozialplanung, in Lang, J. u. a., Datenschutz in der sozialen Arbeit (Institut für Sozialarbeit und Sozialpädagogik, Arbeitsheft 16), 1987, S. 103 ff.
ders. Die Neuregelung des Sozialgeheimnisses aus der Sicht eines kommunalen Datenschutzbeauftragten, in Deutscher Verein für öffentliche und private Fürsorge (Hrsg.), Datenschutz im sozialen Bereich – Beiträge und Materialien (Arbeitshilfen, Heft 20), 1981, S. 47 ff.
ders. Neuregelung des Sozialgeheimnisses zum Schutz der Sozialdaten, Kommunalpraxis 1981, 128 f., 154 ff., 179 f.
Kerkau, H.-J. Datenschutz steht Strafverfolgung nicht entgegen, DuD 1983, 109 f.
Kerl, H.-J. Staatsanwalt und Sozialgeheimnis, NJW 1984, 2444 ff.
Kilian, W. Rechtsfragen der medizinischen Forschung mit Patientendaten, 1983
ders. Rechtsprobleme der Behandlung von Patientendaten im Krankenhaus, MedR 1986, 7 ff.
ders./Porth, A. J. (Hrsg.), Juristische Probleme der Datenverarbeitung in der Medizin, 1979
Klässer, W. Aufgaben und Stellung des Datenschutzbeauftragten in der Rentenversicherung, RDV 1986, 242 ff.
ders. Erste Erfahrungen mit dem Sozialgeheimnis, DRV 1982, 160 ff.
ders. Zweieinhalb Jahre Erfahrungen mit dem Sozialdatenschutz, DRV 1984, 386 ff.
Kleinknecht, T./Meyer, K. Strafprozeßordnung, Kommentar, 38. Aufl. 1987
Knemeyer, F.-L. Geheimhaltungsanspruch und Offenbarungsbefugnis im Verwaltungsverfahren, NJW 1984, 2241 ff.
Koch, H./Hartmann, O. K./Casselmann, K.-H. u. a. Die Rentenversicherung im Sozialgesetzbuch unter besonderer Berücksichtigung der Angestelltenversicherung, Kommentar, Loseblatt
Kolb, R. Schutz der Sozialdaten nach dem SGB X zur Neuregelung des Datenschutzes in der Sozialversicherung, in Brückner, K./Dalichau, G. u. a., Beiträge zum Sozialrecht, Festgabe für H. Grüner, 1982, S. 281 ff.
ders. »Sozialgeheimnis und Patientengeheimnis« – Ergebnisse der Veranstaltung III, in Gliss, H./Hentschel, B./Wronka, G. (Hrsg.), Datenschutzrecht und -praxis im Zeichen der BDSG-Novellierung, Tagungsbd. 6. DAFTA, 1983, S. 141 f.
Kraegeloh, W. Zur Neuregelung des Sozialgeheimnisses, VR 1980, 407 ff.
Kramer, B. Die Beschlagnahmefähigkeit von Behördenakten im Strafverfahren, NJW 1984, 1502 ff.
Krasney, O. E. Das Erste Gesetz zur Änderung des SGB vom 20. 7. 1988, NJW 1988, 2644 ff.
Krause, P. Verwaltungsverfahren und Schutz der Sozialdaten nach dem Sozialgesetzbuch im Vergleich mit dem Verwaltungsverfahrensgesetz des Bundes und dem alten Recht, JbSozR 3 (1981), S. 279 ff.
ders./Steinbach, R. Steuer- und Sozialgeheimnis im Gewerberecht, DÖV 1985, 549 ff.
Kreikebohm, R./v. Petersdorff, U./Reineck, H. Der Sozialversicherungsausweis – geeignetes Mittel zur Bekämpfung der Schwarzarbeit?, DAngVers. 1988, 333 ff.

Kreuzer, A. Die Schweigepflicht von Krankenhausärzten gegenüber Aufsichtsbehörden, NJW 1975, 2232 ff.
Kühne, H.-H. Die innerorganisatorische Schweigepflicht des Sozialarbeiters/ Sozialpädagogen aus der Perspektive der Strafrechtsdogmatik, in Frommann, M. u. a., Sozialdatenschutz – Positionen, Diskussionen, Resultate (Arbeitshilfen, Heft 24, hrsg. vom Deutschen Verein für öffentliche und private Fürsorge), 1985, S. 155 ff.
ders. Innerbehördliche Schweigepflicht von Psychologen, NJW 1977, 1478 ff.
Küppers, R. Zu den neuen Geheimhaltungs- und Datenschutzvorschriften im SGB, DuD 1980, 185 ff.
ders. Zur Auskunftspflicht des behandelnden Arztes gegenüber den Trägern der gesetzlichen Unfallversicherung, DVR 1979, 373 ff.
Kummer, P. Datenschutz im sozialgerichtlichen Verfahren, MedSach 1984, 66 ff.
Kunkel, P.-C. Probleme des Sozialdatenschutzes in der Praxis der Jugendämter, ZfJ 1984, 108 ff.
ders. Probleme des Sozialdatenschutzes in der Praxis der Sozialämter, ZfSH/SGB 1985, 49 ff.

v. Landmann, R./Rohmer, G. Gewerbeordnung, Kommentar mit Umweltrecht, Loseblatt
Lang, J. u. a. Datenschutz in der sozialen Arbeit (Institut für Sozialarbeit und Sozialpädagogik, Arbeitsheft 16), 1987
ders. Zum Datenschutz bei Forschung und Planung im Sozialbereich, in Lang, J. u. a., Datenschutz in der sozialen Arbeit (Institut für Sozialarbeit und Sozialpädagogik, Arbeitsheft 16), 1987, S. 13 ff.
Lange, P. Probleme des Persönlichkeitsrechts- und Datenschutzes im Sozialrecht (Eine Analyse der persönlichkeitsrechtstangierenden Normen des Sozialrechts unter besonderer Berücksichtigung des Grundsatzes der Verhältnismäßigkeit), 1982
Lange, W. Zum besseren Verständnis des Datenschutzes in der Medizin, ArztKH 1982, 584 f.
Lauterbach, H./Watermann, F. Unfallversicherung (UV), Kommentar zum 3. und 5. Buch der RVO und zu den die Unfallversicherung betreffenden Vorschriften des SGB I, IV und X, Loseblatt
Leicht, A. Pflicht zur Herausgabe von Datenträgern und Mitwirkungspflichten bei der Aufbereitung von Daten im Strafverfahren, IuR 1986, 346 ff., 390 ff.
Lenckner, T./Winkelbauer, W. Computerkriminalität – Möglichkeiten und Grenzen des 2. WiKG, CuR 1986, 483 ff., 654 ff., 824 ff.
Lennartz, H.-A. Verarbeitung personenbezogener Daten zu wissenschaftlichen Zwecken, RDV 1988, 132 ff.
Leopold, D. AIDS – aus der Sicht der gesetzlichen Krankenkassen, Öff.Gesundh.-Wes. 1987, 181 ff.
Lepke, A. AIDS als arbeitsrechtlicher Kündigungsgrund, DB 1987, 1299 ff.
ders. Zur Darlegungs- und Beweislast für das Vorliegen einer sog. Fortsetzungserkrankung im Sinne von § 1 Abs. 1 Satz 2 1. Halbsatz LFG, DB 1983, 447 ff.
Linnenkohl, K./Rauschenberg, H.-J./Schütz, R. Auf dem Wege zu einem »kollektiven Datenschutz«?, BB 1987, 1454 ff.
Löwe, E./Rosenberg, W. Die Strafprozeßordnung und das Gerichtsverfassungsgesetz, Großkommentar, 24. Aufl. 1984 ff.

Löwisch, M. Arbeitsrechtliche Fragen von AIDS-Erkrankung und AIDS-Infektion, DB 1987, 936 ff.
Loschelder, W. Gesundheitsrechtliche Aspekte des AIDS-Problems, NJW 1987, 1467 ff.
LVA Rheinprovinz Rentenabteilung: Arbeitsanweisungen, in AmtlMittLVA Rheinpr. 1985, 304 ff.

Maas. U. Datenschutz in der sozialen Arbeit – Eine Arbeitshilfe –, 1988
ders. Zur Geheimhaltungspflicht der Familienhelfer, NDV 1986, 359 ff.
Maier, K. Der Datenschutz im Medizinbetrieb der gesetzlichen Rentenversicherung, SozVers 1986, 311 ff.
ders. Die Sphinx des Sozialgeheimnisses bei besonders schutzwürdigen personenbezogenen Daten – Zur Schweigepflicht und Offenbarungsbefugnis von Ärzten und Sozialleistungsträgern bei sensiblen Individualdaten, SGb 1983, 89 ff.
Mallmann, O. Das Spannungsverhältnis zwischen Justiz und Datenschutz – Ist der Datenschutz Sand im Getriebe der Justiz?, DRiZ 1987, 377 ff.
ders./Walz, S. Datenschutz bei Sozial- und Jugendämtern nach der Neuregelung des Sozialgeheimnisses im SGB, NDV 1981, 89 ff.
dies. Datenschutz bei Sozial- und Jugendämtern nach der Neuregelung des Sozialgeheimnisses im SGB, in Deutscher Verein für öffentliche und private Fürsorge (Hrsg.), Datenschutz im sozialen Bereich – Beiträge und Materialien (Arbeitshilfen, Heft 20), 1981, S. 28 ff.
dies. Schutz der Sozialdaten nach dem neuen Sozialgesetzbuch, NJW 1981, 1020 ff.
Marburger, H. Aktuelle Zweifelsfragen in Zusammenhang mit dem Sozialdatenschutz, DÖD 1983, 122 ff.
ders. Auskünfte der Krankenkassen an Arbeitgeber und Sozialdatenschutz, RdA 1986, 307
ders. Auskunftserteilung durch die Sozialleistungsträger und Datenschutz, ZfSH/SGB 1985, 544 ff.
ders. Die Sozialversicherung im 4. Tätigkeitsbericht der Landesbeauftragten für den Datenschutz in Baden-Württemberg, DÖD 1985, 53 ff.
ders. Verarbeitung personenbezogener Daten im Auftrag und Datenschutz, WzS 1985, 106 ff.
Martens, J. Das Zehnte Buch des Sozialgesetzbuches (SGB X), JuS 1980, 769 ff.
Martin-Ballof, A./Schmitz, I. Aktenführung in der öffentlichen Jugendhilfe, SozArb 1983, 536 ff.
Maunz, T./Dürig, G./Herzog, R. Grundgesetz für die Bundesrepublik Deutschland, Kommentar, Loseblatt
v. Maydell, B./Schellhorn, W. Gemeinschaftskommentar zum Sozialgesetzbuch – Zusammenarbeit der Leistungsträger und ihre Beziehungen zu Dritten (GK-SGB X 3), 1984
Medding, J. Das Sozialgeheimnis und seine Durchbrechungen – Ein systematischer Überblick, SGb 1986, 55 ff.
Mehl, H. P. Datenschutz in der Jugend- und Sozialhilfe, NDV 1982, 67 ff.
ders. Datenschutz und Schweigepflicht in der Arbeit der Psychologischen Beratungsstellen, BldW 1984, 217 ff.
ders. Was will und bewirkt der Datenschutz in der öffentlichen Sozialarbeit? Ein grundsätzlicher und kritischer Beitrag, BldW 1982, 183 ff.

Meydam, J. Bereichsspezifischer Datenschutz bei stationärer Behandlung, BlStSozArbR 1982, 211 ff.
ders. Bereichsspezifischer Datenschutz in der GKV, KrV 1982, 125 ff.
ders. Datenverarbeitung der Verbände der sozialen Krankenversicherung und Datenschutz, BKK 1984, 225 ff.
ders. Die Neuregelung des Sozialdatenschutzes im Sozialgesetzbuch – Verwaltungsverfahren (SGB X), DVR 1980, 111 ff.
ders. Die Regelung des Sozialdatenschutzes im Sozialgesetzbuch – Verwaltungsverfahren (SGB X), BlStSozArbR 1980, 278 ff.
ders. Volkszählungsurteil des Bundesverfassungsgerichts und mögliche Konsequenzen für den Sozialdatenschutz, DuD 1985, 12 ff.
Meyer, H./Borgs-Maciejewski, H. Kommentar zum Verwaltungsverfahrensgesetz, 2. Aufl. 1982
Meyer-Teschendorf, K. Die Amtshilfe, JuS 1981, 188 ff.
Möhle, O. Das Sozialgeheimnis und seine befugte Offenbarung nach dem Sozialgesetzbuch, ZfF 1981, 128 ff.
Möhlenbruch, R. Die Neuregelung des Sozialgeheimnisses im X. Buch des SGB – aus der Sicht eines Rehabilitationsträgers, AmtlMittLVA Rheinpr. 1981, 533 ff.
Mörsberger, T. Der Sozialarbeiter im Dilemma zwischen der Notwendigkeit des Informationsaustausches und der Pflicht zur Diskretion, in Deutscher Verein für öffentliche und private Fürsorge (Hrsg.), Datenschutz im sozialen Bereich – Beiträge und Materialien (Arbeitshilfen, Heft 20), 1981, S. 140 ff.
ders. Grundprobleme des Datenschutzes – Eine Arbeitstagung im Deutschen Verein, in Deutscher Verein für öffentliche und private Fürsorge (Hrsg.), Datenschutz im sozialen Bereich – Beiträge und Materialien (Arbeitshilfen, Heft 20), 1981, S. 20 ff.
ders. Informationsmacht und Sozialarbeit, BldW 1984, 53 ff.
ders. Verschwiegenheitspflicht und Datenschutz – Ein Leitfaden für die Praxis der sozialen Arbeit, 1985
ders. Wann Bürger-Daten zu Planungszwecken herausgegeben werden dürfen, in Deutscher Verein für öffentliche und private Fürsorge (Hrsg.), Sozialplanung und Datenschutz, 1987, S. 28 ff.
ders. Wie Klienteninformationen gesetzlich geschützt sind – Die wichtigsten Regelungsprinzipien des Datenschutzes, in Deutscher Verein für öffentliche und private Fürsorge (Hrsg.), Sozialplanung und Datenschutz, 1987, S. 8 ff.
Molitor, W. Strafvereitelung durch Datenschutz? Zur Auslegung der Amtshilfevorschrift des § 68 SGB X, in Frommann, M. u. a., Sozialdatenschutz – Positionen, Diskussionen, Resultate (Arbeitshilfen, Heft 24, hrsg. vom Deutschen Verein für öffentliche und private Fürsorge), 1985, S. 75 ff.
Müller P. J. Die Implementation des Datenschutzes im Bereich der wissenschaftlichen Forschung, in Müller, P. J. u. a., Forschungsfreiheit und Datenschutz im internationalen Vergleich, 1983, S. 146 ff.
v. Münch, I. (Hrsg.), Grundgesetz-Kommentar, Bd. 1: 3. Aufl. 1985; Bde. 2 und 3: 2. Aufl. 1983
Mummler, A. Wahrung der sozialen Geheimnispflicht bei Pfändung von Sozialgeldleistungen, JurBüro 1981, 339 ff.
Munzert, E. Zur informationellen Einheit der Verwaltung, ÖVD/online 5/1987, S. 58 ff.

Literaturverzeichnis

Naase, B. Abrechnungsskandale niedergelassener Ärzte – Entstehungsbedingungen und Bekämpfungsmöglichkeiten, SozSich 1986, 369 ff.
Naeth, H. Der Datenschutz beim Verband Deutscher Rentenversicherungsträger – Probleme, Vorstellungen, Lösungen, in VDR (Hrsg.), Der Datenschutz in der Rentenversicherung, 1980, S. 19 ff.
Nees, A. AIDS aus der Sicht der Sozialhilfe, ZfSH/SGB 1987, 449 ff.
ders. AIDS aus der Sicht der Sozialhilfeträger, Öff.Gesundh.-Wes. 1987, 273 ff.
Neumann-Duesberg, R. Schutz der Sozialdaten, WzS 1981, 193 ff.
ders. Sozialgesetzbuch mit großem Sprung nach vorn – Sozialrechtliches Verwaltungsverfahren und Schutz der Sozialdaten verkündet, Teil 1–2, Ersk 1980, 478 ff., 517 ff.
ders. Sozialrechtliches Verwaltungsverfahren und Schutz der Sozialdaten neu geregelt, BKK 1981, 6 ff.
ders. The point of no return. Der dritte Schritt zur Verwirklichung des Sozialgesetzbuchs – Vorschriften über das Verwaltungsverfahren und den Schutz der Sozialdaten verkündet –, SdL 1980, 465 ff.
Nommensen, H. Einführung eines Sozialversicherungsausweises und Erweiterung der Meldepflichten, BKK 1988, 252 ff.
Nungesser, J. Hessisches Datenschutzgesetz, Kommentar, 1988
Nunius, V. Die Zulässigkeit der Weitergabe von Daten aus der Berufskrankheitenanzeige nach dem SGB X, BG 1981, 334 ff.

Oberfeld, H.-C. Zur Datenübermittlung durch Leistungsträger der Sozialverwaltung innerhalb des öffentlichen Bereiches, SGb 1980, 143 ff.
Oberloskamp, H. Die Freuden des Sozialgeheimnisses, ZblJugR 1981, 185 ff.
Oebbecke, J. Die Einheit der Verwaltung als Rechtsproblem, DVBl. 1987, 866 ff.
Oldiges, M. Einheit der Verwaltung als Rechtsproblem, NVwZ 1987, 737 ff.
Onderka, K./Schade, H. Gilt die Schweigepflicht der Sozialarbeiter/Sozialpädagogen auch innerhalb der Behörde? Ein Beitrag zu § 203 StGB, in Deutscher Verein für öffentliche und private Fürsorge (Hrsg.), Datenschutz im sozialen Bereich – Beiträge und Materialien (Arbeitshilfen, Heft 20), 1981, S. 172 ff.
Ordemann, H.-J./Schomerus, R. Bundesdatenschutzgesetz, 4. Aufl. 1988
Ostendorf, H. Die Informationsrechte der Strafverfolgungsbehörden gegenüber anderen staatlichen Behörden im Widerstreit mit deren strafrechtlichen Geheimhaltungspflichten, DRiZ 1981, 4 ff.
o. V. Datenschutz und Gesundheitswesen – Datenschützer mutmaßen unzulässige Zielverschiebungen, WzS 1985, 37
o. V. Datenverarbeitung und Datenschutz im Zusammenhang mit Effektivität, Effizienz und Qualität im Leistungsbereich der gesetzlichen Krankenkassen, SozSich 1984, 329 ff.
o. V. Empfehlungen zur Beachtung der ärztlichen Schweigepflicht bei der Verarbeitung personenbezogener Daten in der ärztlichen Berufsausübung, Beschlüsse Deutscher Ärztetag, Mainz 1982
o. V. Mitteilungen an das Gewerbezentralregister – Zum Verhältnis von § 153a der Gewerbeordnung zu § 35 SGB I, DOK 1981, 470
o. V. Schutz von Sozialdaten – Herausgabe von Akten des Jugendamtes an das Vormundschaftsgericht im Rahmen eines Adoptionsverfahrens, ZfJ 1984, 286 f.

o. V. Verbesserung des Datenschutzes in der Sozialversicherung – Sozialgesetzbuch praktiziert bereichsspezifischen Datenschutz, Film und Recht 10/1980, S. 546 ff.

o. V. Zur Auslegung des § 75 Sozialgesetzbuch X (Verwaltungsverfahren), NDV 1981, 223 ff.

Pappai, F. Die Versicherungsnummer der Rentenversicherung und ihre Verwendung, RDV 1986, 6 ff.

ders. Erfordert die BDSG-Novelle eine Harmonisierung des Sozialgesetzbuches?, in Gliss, H./Hentschel, B./Wronka, G. (Hrsg.), Datenschutzrecht und -praxis im Zeichen der BDSG-Novellierung, Tagungsbd. 6. DAFTA, 1983, S. 125 ff.

ders. Pflicht oder Befugnis zur Offenbarung von Unfalluntersuchungsberichten der Technischen Aufsichtsbeamten gegenüber Strafverfolgungsbehörden, BG 1987, 632 ff.

ders. Schutz der Sozialdaten nach dem Zehnten Buch des Sozialgesetzbuches, KrV 1980, 255 ff.

ders. Verwendung der Rentenversicherungsnummer bei einzelnen Sozialleistungsträgern, Tagungsbd. 9. DAFTA (Nov. 1985), 1987, S. 301 ff.

Peters, H. Sozialgesetzbuch – Allgemeiner Teil, Loseblatt

Pickel, H. Das Verwaltungsverfahren, Kommentar zum Zehnten Buch des Sozialgesetzbuches (SGB X), Loseblatt

ders. Die Offenbarung personenbezogener Daten zur Erfüllung gesetzlicher Aufgaben im Sozialrecht, DuD 1985, 196 ff.

ders. Einschränkungen der Offenbarungsbefugnis im Sozialrecht, DuD 1986, 100 ff.

ders. Geheimhaltung und Offenbarung von Daten im Sozialrecht, MDR 1984, 885 ff.

ders. Lehrbuch des sozialrechtlichen Verwaltungsverfahrens, 2. Aufl. 1985

ders. Sozialdatenschutz bei der Datenverarbeitung und Anwendung des Bundesdatenschutzgesetzes, ZfSH/SGB 1984, 301 ff.

Platzer, H. Das Verhältnis von Datenschutz und Amtshilfe nach dem X. Buch des Sozialgesetzbuches, Diss. 1986

ders. Schutz der Sozialdaten und Abgabe von Drittschuldnererklärungen durch Sozialleistungsträger, SozVers 1982, 253 ff.

Podlech, A. Anmerkungen zur Konzeption des Sozialdatenschutzes im Bereich der Sozial- und Jugendhilfe, in Deutscher Verein für öffentliche und private Fürsorge (Hrsg.), Datenschutz im sozialen Bereich – Beiträge und Materialien (Arbeitshilfen, Heft 20), 1981, S. 92 ff.

ders. Datenschutzprobleme einer Dokumentation im Vertrauensärztlichen Dienst und der gemeinsamen Forschung im Bereich der gesetzlichen Sozialversicherung, Gutachten im Auftrag der Arbeitsgemeinschaft für Gemeinschaftsaufgaben der Krankenversicherung, 1978

ders. Die Bedeutung des Sozialgeheimnisses für das sozialgerichtliche Verfahren, ZfSH/SGB 1985, 1 ff.

ders. Individualdatenschutz – Systemdatenschutz, in Brückner, K./Dalichau, G. u. a., Beiträge zum Sozialrecht, Festgabe für H. Grüner, 1982, S. 451 ff.

Prochnow, H. Geheimhaltung und Einsichtsrecht bei der Akteneinsicht im Sozialverwaltungsverfahren, in Brückner, K./Dalichau, G. u. a., Beiträge zum Sozialrecht, Festgabe für H. Grüner, 1982, S. 463 ff.

Raible, A. Leistungs- und Kostentransparenz in der gesetzlichen Krankenversicherung, KrV 1985, 197 ff.
Rauschenbach, F. Schweigepflicht und Datenschutz, in VDR (Hrsg.), Leitfaden für die sozialmedizinische Begutachtung in der gesetzlichen Rentenversicherung, 1986, S. 77 ff.
Rebmann, K./Säcker, F.J. Münchener Kommentar zum BGB (MünchKomm), Bd. 1, 2. Aufl. 1984; Bd. 5, 2. Halbbd., 2. Aufl. 1987
Reichertz, P.L./Kilian, W. (Hrsg.), Arztgeheimnis – Datenbanken – Datenschutz, Arbeitstagung, Bad Homburg 1982 (Medizinische Informatik und Statistik, Bd. 38), 1982
Reiter, H. Interdependenzen zwischen sozialrechtlicher Judikatur und Verwaltung, SGb 1987, 89 ff.
Richardi, R. Arbeitsrechtliche Probleme bei Einstellung und Entlassung AIDS-infizierter Arbeitnehmer, NZA 1988, 74 ff.
Riegel, R. Bundespolizeirecht, 1985
ders. Datenschutz bei den Sicherheitsbehörden, 1980
Rische, H. Die Neuregelung des Sozialgeheimnisses in § 35 SGB I und der Schutz der Sozialdaten im SGB X, DRV 1980, 379 ff.
ders. Patientengeheimnis und Sozialgeheimnis – Das Verhältnis zwischen § 76 SGB X und § 203 StGB, in Gliss, H./Hentschel, B./Wronka, G. (Hrsg.), Datenschutzrecht und -praxis im Zeichen der BDSG-Novellierung, Tagungsbd. 6. DAFTA, 1983, S. 131 ff.
ders. Zusammenarbeitspflichten und Sozialdatenschutz – Eine Wende im Bereich des Datenschutzes?, DRV 1983, 550 ff.
Roewer, H. Datenverarbeitung und Informationsübermittlung durch die Verfassungsschutzbehörden, NJW 1985, 773 ff.
Rogall, K. Die Verletzung von Privatgeheimnissen (§ 203 StGB) – Aktuelle Probleme und ungelöste Fragen, NStZ 1983, 1 ff.
Rohrlach, H.-J. Auswirkungen des Deutschen Bundesdatenschutzgesetzes auf die Informationsverarbeitung in der gesetzlichen Rentenversicherung, SozSich 1981, 575 ff.
ders. Datenschutz in der Sozialversicherung der Bundesrepublik Deutschland – Erste Erfahrungen und Wünsche an den Gesetzgeber, DAngVers. 1980, 217 ff.
Roxin, C. Strafverfahrensrecht, 19. Aufl. 1985
Ruland, F. Sozialrecht, in v. Münch, I. (Hrsg.), Besonderes Verwaltungsrecht, 8. Aufl. 1988, S. 365 ff.
ders. Verbände der Leistungsträger als Instrument der Zusammenarbeit, DRV 1988, 359 ff.
ders./Volkert, K. Die Datenstelle der Deutschen Rentenversicherung, Aufgabenstellung und Funktionsweise, CR 1988, 427 ff.
Runge, G. Probleme des betrieblichen Datenschutzbeauftragten beim Einsatz von Kleinrechnern, DuD 1987, 237 ff.

Sachse, M. Nochmals: Mitteilungen an die Ausländerbehörde über die Gewährung von Sozialhilfe an Ausländer, ZfF 1984, 196 f.
Sasdrich, W. Das Erste Gesetz zur Änderung des Sozialgesetzbuches, Kompaß 1988, 457 ff.
ders. Entwurf eines Ersten Gesetzes zur Änderung des Sozialgesetzbuches, Kompaß 1988, 93 ff.

Sbresny, H.-J. Mitteilungen über den Bezug von Sozialhilfe an die Ausländerbehörde, ZfF 1984, 126f.
Schaefer, O. P. Datenschutz und Schweigepflicht in der ärztlichen Praxis bei konventioneller und maschineller Verarbeitung von Patientendaten unter besonderer Berücksichtigung der Übermittlung an Dritte, in Reichertz, P.L./Kilian, W. (Hrsg.), Arztgeheimnis – Datenbanken – Datenschutz. Arbeitstagung, Bad Homburg 1982 (Medizinische Informatik und Statistik, Bd. 38), 1982, S. 91 ff.
Schaffland, H.-J./Wiltfang, N. Bundesdatenschutzgesetz, Kommentar nebst einschlägigen Rechtsvorschriften, Loseblatt
Schatzschneider, W. Die Neuregelung des Schutzes von Sozialdaten im Sozialgesetzbuch – Verwaltungsverfahren, MDR 1982, 6ff.
Schaub, G. Arbeitsrechts-Handbuch, 6. Aufl. 1987
Schedl, I. Randbemerkungen zum 10. Buch des Sozialgesetzbuches (SGB X) – Kritische Anmerkungen zu den Ausführungen von Graßl/Weigert zum SGB X (in DSWR 1981, 113), DSWR 1981, 283f.
Schellhorn, W. Datenschutz im sozialen Bereich – Eine Einführung, in Deutscher Verein für öffentliche und private Fürsorge (Hrsg.), Datenschutz im sozialen Bereich – Beiträge und Materialien (Arbeitshilfen, Heft 20), 1981, S. 15 ff.
Schenke, K. Der Sozialversicherungsausweis – ein Mittel zur Bekämpfung illegaler Beschäftigung, Kompaß 1988, 377 ff.
Schenke, W.-R. Rechtsfragen der Bekämpfung von AIDS, DVBl. 1988, 165 ff.
Schickedanz, E. Amtshilfe, Schweigepflicht und Mißtrauen, MDR 1981, 546 f.
ders. Was das Sozialgericht nicht wissen darf..., RV 1984, 221 f.
Schimanski, W. Aktenvorlage, Akteneinsicht und Datenschutz, SozSich 1987, 207 ff.
Schirmer, H. D. Auswirkungen des Verwaltungsverfahrensrechts und Sozialdatenschutzrechts des SGB X auf das Kassenarztrecht, KrV 1983, 49 ff.
Schlink, B. Das Volkszählungsurteil und seine Bedeutung für das Sozialrecht, ArchsozArb 1984, 201 ff.
ders. Das Volkszählungsurteil und seine Bedeutung für das Sozialrecht, in Frommann, M. u.a., Sozialdatenschutz – Positionen, Diskussionen, Resultate (Arbeitshilfen, Heft 24, hrsg. vom Deutschen Verein für öffentliche und private Fürsorge), 1985, S. 237 ff.
ders. Datenschutz und Amtshilfe, NVwZ 1986, 249 ff.
ders. Die Amtshilfe, 1982
ders. Gewaltenteilung in der Verwaltung – Verfassungsrechtliche Vorgabe für Amtshilfe und Datenschutz im Bereich der sozialen Arbeit, in Frommann, M. u.a., Sozialdatenschutz – Positionen, Diskussionen, Resultate (Arbeitshilfen, Heft 24, hrsg. vom Deutschen Verein für öffentliche und private Fürsorge), 1985, S. 39 ff.
Schmidt, E. Lehrkommentar zur Strafprozeßordnung und zum Gerichtsverfassungsgesetz, 1957 ff.
Schmidt, H. Das Sozialinformationssystem der Bundesrepublik Deutschland, 1978
Schmidt, W. Amtshilfe durch Informationshilfe, ZRP 1979, 185 ff.
ders. Einführung in die Probleme des Verwaltungsrechts, 1982
Schmid-Urban, P. Informationsbedarf in der Sozialplanung, in Deutscher Verein für öffentliche und private Fürsorge (Hrsg.), Sozialplanung und Datenschutz, 1987, S. 17 ff.

dies. Umgang mit erhaltenen Daten, in Deutscher Verein für öffentliche und private Fürsorge (Hrsg.), Sozialplanung und Datenschutz, 1987, S. 64 ff.

Schmitz-Elsen, J. Zur Diskussion um die Schweigepflicht des Beraters als innerorganisatorisches Problem, Caritas-Korrespondenz 6/1984, S. 29 ff.

Schnapp, F. E. Amtshilfe, behördliche Mitteilungspflichten und Geheimhaltung, NJW 1980, 2165 ff.

ders. Grenzen der Amtshilfe in der Sozialversicherung, in Gitter, W./Thieme, W./Zacher, H. F. (Hrsg.), Im Dienste des Sozialrechts, Festschrift für G. Wannagat, 1981, S. 449 ff.

ders. Öffentliche Interessen und private Belange im Verfahren der Sozialleistungsträger, SGb 1980, 177 ff.

ders./Düring, R. Anzeigepflicht der Krankenkassen und Kassenärztlichen Vereinigungen beim Verdacht auf sogenannten Abrechnungsbetrug?, NJW 1988, 738 ff.

Schneider, H. Neuer Sozialversicherungsausweis und erweiterte Meldepflichten, BB 1988, 339 ff.

Schnipper, H.-J. Krankenkassen reagieren pragmatisch – Keine Auskünfte an den Arbeitgeber bei Verletzung arbeitsrechtlicher Normen, DSB 9/1986, S. 10 ff.

Schoch, D. Der Sozialhilfeantrag und die Ermittlung der rechtserheblichen Tatsachen, ZfS 1987, 65 ff.

Schöning, U. Datenschutz bei einem Rentenversicherungsträger am Beispiel der BfA, in VDR (Hrsg.), Der Datenschutz in der Rentenversicherung, 1980, S. 47 ff.

Schönke, A./Schröder, H. Strafgesetzbuch, Kommentar, 23. Aufl. 1988

Schommers, W. Entmündigung, Pflegschaft, Unterbringung – Sozialdatenschutz, Kompaß 1985, 57 ff.

Schroeder-Printzen, G. (Hrsg.), Sozialgesetzbuch – Verwaltungsverfahren (SGB X), Kommentar, 1981 mit Ergänzungsbd. 1984

Schumacher, W./Meyer, E. Bundes-Seuchengesetz mit amtlicher Begründung und ausführlichen Erläuterungen für die Praxis, 2. Aufl. 1982

Schumann, H. Zum Schutz des ärztlichen Berufsgeheimnisses im Strafverfahren wegen betrügerischer Leistungsabrechnung gegen den niedergelassenen Kassenarzt, Gutachten erstattet im Auftrag der Ärztekammer Westfalen-Lippe, 1986

Schwabe, J. Die Notrechtsvorbehalte des Polizeirechts, JZ 1974, 634 ff.

ders. Zur Geltung von Rechtfertigungsgründen des StGB für Hoheitshandeln, NJW 1977, 1902 ff.

Schwan, E. Datenschutz, Vorbehalt des Gesetzes und Freiheitsgrundrechte, VerwArch 66 (1975), S. 120 ff.

Schweinoch, J. Fortschritte im Datenschutz, WiVerw 1980, 1 ff.

Seewald, O. Zu den Voraussetzungen der Seuchenbekämpfung durch Blutuntersuchung und Zwangsinformation, NJW 1988, 2921 ff.

ders. Zur Verantwortlichkeit des Bürgers nach dem Bundes-Seuchengesetz, NJW 1987, 2271 ff.

Sendler, H. Automation in der Sozialversicherung – Rechtsfragen zwischen technischer und sozialer Realisation, 1982

ders. Datenschutz in der gesetzlichen Krankenversicherung, KrV 1980, 269 ff.

ders. Einsatz der EDV für die Bewältigung moderner Aufgaben der gesetzlichen Krankenversicherung unter besonderer Berücksichtigung der Beziehungen zwischen den Leistungsträgern und der Kassenärzteschaft, SF 1984, 221 ff., 250 ff.

ders. Krankenversicherungsschutz und Privatsphäre, DVR 1982, 240 ff.
ders. Patientengeheimnis und Sozialdatenschutz in den medizinischen Gutachterdiensten der Sozialversicherung, dargestellt am Beispiel des Vertrauensärztlichen Dienstes der gesetzlichen Krankenversicherung, MedSach 4/1982, S. 66 ff.
ders. Steuerungswirkungen des Patientengeheimnisses im System der gesetzlichen Krankenversicherung, in Reichertz, P. L./Kilian, W. (Hrsg.), Arztgeheimnis – Datenbanken – Datenschutz, Arbeitstagung, Bad Homburg 1982 (Medizinische Informatik und Statistik, Bd. 38), 1982, S. 66 ff.
ders. Zur Informationspflicht der Kassenärzte gegenüber den Krankenkassen, SGb 1981, 97 ff.
Sieveking, K. Die Offenbarungsbefugnis der Sozialhilfeträger gegenüber Ausländerbehörden – Ein Beitrag zu § 71 Abs. 2 SGB X, in Frommann, M. u.a., Sozialdatenschutz – Positionen, Diskussionen, Resultate (Arbeitshilfen, Heft 24, hrsg. vom Deutschen Verein für öffentliche und private Fürsorge), 1985, S. 50 ff.
Simitis, S. Datenschutz in der Jugend- und Sozialhilfe, NDV 1982, 62 ff.
ders. Datenschutz – Ende der medizinischen Forschung?, MedR 1985, 195 ff.
ders. Datenschutz und wissenschaftliche Forschung, in Waehler, J. P. (Hrsg.), Deutsch-polnisches Kolloquium über Wirtschaftsrecht und das Recht des Persönlichkeitsschutzes, 1985, S. 87 ff.
ders. Programmierter Gedächtnisverlust oder reflektiertes Bewahren: Zum Verhältnis von Datenschutz und historischer Forschung, in Festschrift für W. Zeidler, 1987, S. 1475 ff.
ders. Von der Amtshilfe zur Informationshilfe, NJW 1986, 2795 ff.
ders./Dammann, U./Mallmann, O./Reh, H.-J. Kommentar zum Bundesdatenschutzgesetz, 3. Aufl. 1981
ders./Walz, S. Das neue Hessische Datenschutzgesetz, RDV 1987, 157 ff.
ders./Wellbrock, R. Zur Übermittlung von Daten des Verfassungsschutzes, NJW 1984, 1591 ff.
Sokoll, G. Datenschutz in der Unfallversicherung, DRV 1980, 293 ff.
ders. Probleme des neuen Sozialdatenschutzrechts, in Hauptverband der gewerblichen Berufsgenossenschaften e. V. (Hrsg.), Grundsatzfragen der sozialen Unfallversicherung, Bd. II, Festschrift für H. Lauterbach, 1981, S. 303 ff.
ders. Rechtliche Aspekte der Schweigepflicht und des Datenschutzes bei arbeitsmedizinischen Erhebungen, BG 1981, 400 ff.
Spiegelberg, R. Anonymisierung – Stellenwert im Sozialdatenschutz und Hinweise zur praktischen Durchführung, in Deutscher Verein für öffentliche und private Fürsorge (Hrsg.), Sozialplanung und Datenschutz, 1987, S. 52 ff.
Stein, W. Die Offenbarung von Sozialgeheimnissen gegenüber dem Bewährungshelfer, BewHi 1982, 174 ff.
Steinbömer, F. Amtshilfe und Geheimhaltungspflichten, DVBl. 1981, 340 ff.
Steinhilper, G. (Hrsg.), Arzt und Abrechnungsbetrug – Rechtsfragen zu den Ermittlungsverfahren, 1988
Steinmüller, W. Der Schutz der ärztlichen Schweigepflicht in Sozialversicherung und Sozialverwaltung, in Reichertz, P. L./Kilian, W. (Hrsg.), Arztgeheimnis – Datenbanken – Datenschutz, Arbeitstagung, Bad Homburg 1982 (Medizinische Informatik und Statistik, Bd. 38), 1982, S. 27 ff.
ders. Erfordernisse des Datenschutzes bei der wissenschaftlichen Auswertung von Informationen der gesetzlichen Krankenversicherung (WIdO-Materialien Bd. 6), 1979

Literaturverzeichnis

ders. Personenkennzeichen, Versichertennummer und Personalausweis – Eine systemanalytische und verfassungsrechtliche Studie zu Datenverbund und Datenschutz im Sozial- und Sicherheitsbereich, DVR 1983, 205 ff.
ders. Soziale Auswirkungen und Gestaltungen der Informationstechnologie, in Informationstechnik und Liberalität, 1980, S. 87 ff.
ders./Rieß, J. Die Verwendung der Versicherungsnummer in den Gesetzentwürfen zur Strukturreform im Gesundheitswesen, 1988
ders. u. a. Grundfragen des Datenschutzes, Gutachten im Auftrag des Bundesministeriums des Innern, 1971
Stern, M. Die ärztliche Schweigepflicht im Sozialrecht, SozVers 1977, 90 ff.
Sterzel, D. Das Bankgeheimnis in der Sozialhilfe, in Wendt, S. (Hrsg.), Der Datenschutz und seine Bedeutung für die Beantragung von Sozialhilfeleistungen, 1985, S. 28 ff.
ders. Grundrechtsschutz im Sozialhilferecht, KJ 1986, 117 ff.
Stix Auswirkungen des SGB X auf die Amtshilfe in der Praxis, MittLVA Oberfr. 1982, 193 ff.
Stork, W. Datenschutz und Datensicherungsmaßnahmen bei der DAK, in VDR (Hrsg.), Der Datenschutz in der Rentenversicherung, 1980, S. 29 ff.
Stüwe, E. Die Novellierung des Sozialgeheimnisses, SdL 1980, 259 ff.

Tannen, K.-H. Auskunftsbegehren eines Erben gegen eine Krankenkasse, DRV 1986, 411
Tegtmeyer, H. Der Informationsfluß von der Sozialverwaltung zur Polizei nach dem Zehnten Buch Sozialgesetzbuch, Die Polizei 1981, 185 ff.
Terwey, F.-J. Das Sozialrechtsverhältnis aus der Perspektive der Betreuungspflichten des Leistungsträgers, DRV 1980, 161 ff.
Teubner, G. Organisationsdemokratie und Verbandsverfassung, 1976
Teyssen, J./Goetze, E. Vom Umfang staatsanwaltschaftlicher Ermittlungsrechte am Beispiel des kassenärztlichen Abrechnungsbetrugs, NStZ 1986, 29 ff.
Theuerkauf, W. Datenschutzrechtliche Bestimmungen des SGB X (§§ 67 bis 77) aus der Sicht der Praxis, SGb 1983, 475 ff.
Thieme, W. Das Sozialverfahrensrecht – Rechtsprechung und Schrifttum, JbSozR 2 (1981), S. 255 ff.
Tiedemann, K. Datenübermittlung als Straftatbestand, NJW 1981, 945 ff.
Tipke, K./Kruse, H. W. Abgabenordnung, Finanzgerichtsordnung, Kommentar, Loseblatt
Tomasi, F. Aufgaben und Rechtsstellung des Datenschutzbeauftragten beim Rentenversicherungsträger, MittLVA Baden 1987, 201 ff.
Tuner, L. Amtshilfe durch Abruf von Sozialdaten, ÖVD 1984, 54 ff.
dies. Zur Nachbesserung empfohlen: Die online-Regelungen, ÖVD/online 9/1986, S. 84 ff.

v. Uckermann, E. Freiherr Einwilligung nach BDSG – ein Mißverständnis?, DuD 1979, 163 ff.
Unger, M. Datenschutz und sozialstaatliche Leistungserbringung durch Private, BlStSozArbR 1985, 90 f.

Verband Deutscher Rentenversicherungsträger (Hrsg.), Der Datenschutz in der Rentenversicherung, 1980

ders. (Hrsg.), Kommentar zum Recht der gesetzlichen Rentenversicherung, Bd. I (SGB I/SGB IV), Bd. II (SGB X), bearbeitet von Bergner u. a., Loseblatt (Verbandskommentar)

ders. Verwaltungsvereinbarung zwischen der BA und dem VDR zur Vermeidung von unterschiedlichen Beurteilungen der Leistungsfähigkeit eines Versicherten durch den Rentenversicherungsträger und durch das Arbeitsamt sowie zur Vermeidung von unnötigen Doppeluntersuchungen, DRV 1980, 253 f.

Vieth, W. Verwaltungsverfahren und Datenschutz im Sozialrecht, in Achterberg, N./Krawietz, W./Wyduckel, D. (Hrsg.), Recht und Staat im sozialen Wandel, Festschrift für H. U. Scupin, 1983, S. 923 ff.

Wagner, P. Datenschutz in der Praxis, MittLVA Württ. 1983, 209 ff.

ders. Sozialdatenschutz bei der Weitergabe ärztlicher Unterlagen an Dritte, MittLVA Württ. 1984, 225 ff.

Walcher, S. Strafverfolgung und Sozialdatenschutz – Anmerkungen zu einem Spannungsverhältnis aus der Sicht der Staatsanwaltschaft, in Frommann, M. u. a., Sozialdatenschutz – Positionen, Diskussionen, Resultate (Arbeitshilfen, Heft 24, hrsg. vom Deutschen Verein), 1985, S. 102 f.

Walter, F. R. Zur Auskunftspflicht der Sozialbehörden und Arbeitsämter in Ermittlungs- und Strafverfahren, NJW 1978, 868 ff.

Walz, S. Der Schutz der Sozialdaten bei dezentraler elektronischer Datenverarbeitung, in Frommann, M., Dezentrale Elektronische Datenverarbeitung in der sozialen Arbeit (Arbeitshilfen, Heft 31, hrsg. vom Deutschen Verein), 1987, S. 336 ff.

Wannagat, G. (Hrsg.), Jahrbücher des Sozialrechts der Gegenwart (JbSozR), 1979 ff.

ders. (Hrsg.), Sozialgesetzbuch (SGB), Kommentar zum gesamten Recht des Sozialgesetzbuchs, Loseblatt

Wendt, S. (Hrsg.), Der Datenschutz und seine Bedeutung für die Beantragung von Sozialhilfeleistungen, 1985

Wiese, W. Der Schutz der Sozialdaten, DAngVers. 1980, 449 ff.

ders. Der Schutz der Sozialdaten – Zur Neuordnung des Sozialgeheimnisses, DRV 1980, 353 ff.

ders. Der Schutz der Sozialdaten – Zur Neuordnung des Sozialgeheimnisses, MittLVA Oberfr. 1980, 456 ff.

ders. Die Wahrung des Sozialgeheimnisses aus der Sicht des Bundesbeauftragten für den Datenschutz, in Eigenmächtigkeit oder Kontrolle der Datenverarbeitung, Tagungsbd. 3. DAFTA (Nov. 1979), Referate und Ergebnisse, 1980, S. 243 ff.

ders. Zur Neuordnung des Schutzes der Sozialdaten, ÖVD 1981, 11 ff.

Wilhelmy, H. Das Spannungsfeld zwischen Datenschutz und medizinischer Rehabilitation der Krankenkassen. Datenschutz darf den Versicherten nicht benachteiligen!, DOK 1988, 266 f.

Willenbücher, U./Borcherding, W. Die Offenbarung von Sozialdaten – Jugendamt und Sozialgeheimnis –, ZfSH/SGB 1988, 122 ff.

Winkler, P. Automatische Datenverarbeitung – Möglichkeiten ohne Grenzen?, Computer hat sich auch in der Sozialversicherung durchgesetzt, Ersk 1980, 255 ff.

Witt, C. Die Zusammenarbeit von Klinikum, Polizei, Staatsanwaltschaft und

Literaturverzeichnis

Jugendamt zur Verfolgung und Verhinderung von Kindesmißhandlungen unter den Gesichtspunkten von Datenschutz und Schweigepflicht, Unsere Jugend 1987, 178 ff.

Wolber, K. Das SGB X – verbürgte und verbürokratisierte Rechtsstaatlichkeit, RiA 1981, 24 ff.

ders. Überlegungen zu der beschränkten Anwendungsmöglichkeit von § 1543 e RVO und vergleichbaren Bestimmungen, SozVers 1984, 36 f.

Wollenschläger, M./Kreßel, E. Die Auswirkungen von AIDS im Sozialversicherungsrecht, NZA 1988, 80 ff.

Zeihe, P. A. Gedanken zum Gesundheits-Reformgesetz (SGB V), SGb 1988, 315 ff.

Zeitler, H. Probleme bei der Anwendung von Vorschriften des Sozialgesetzbuches (SGB), Erstes Buch – Allgemeiner Teil – und des Sozialgesetzbuches (SGB), Zehntes Buch, Erstes und Zweites Kapitel – Verwaltungsverfahren, Schutz der Sozialdaten – zur Gewährung von Leistungen der Sozialhilfe, NDV 1983, 82 ff.

Zwenzner, B. Rentenzahl- und Rentenauskunftsverfahren durch den Rentendienst der Deutschen Bundespost, MittLVA Oberfr. 1986, 124 ff.

Gesetzestext

Sozialgesetzbuch – Allgemeiner Teil –
vom 11. Dezember 1975 (BGBl. I S. 3015)

geändert durch:

- Art. 2 § 14 Zwanzigstes Rentenanpassungsgesetz vom 27. 6. 1977 (BGBl. I S. 1040, ber. S. 1744),
- Art. 3 § 5 21. Rentenanpassungsgesetz vom 25. 7. 1978 (BGBl. I S. 1089),
- § 11 Unterhaltsvorschußgesetz vom 23. 7. 1979 (BGBl. I S. 1184),
- Art. 3 Fünftes Gesetz zur Änderung des Arbeitsförderungsgesetzes vom 23. 7. 1979 (BGBl. I S. 1189),
- Art. 3 Zweites Agrarsoziales Ergänzungsgesetz vom 9. 7. 1980 (BGBl. I S. 905),
- Art. II § 28 Sozialgesetzbuch – Verwaltungsverfahren – vom 18. 8. 1980 (BGBl. I S. 1469),
- Art. II § 15 Sozialgesetzbuch (SGB) – Zusammenarbeit der Leistungsträger und ihre Beziehungen zu Dritten – vom 4. 11. 1982 (BGBl. I S. 1450),
- Art. 8 Haushaltsbegleitgesetz 1984 vom 22. 12. 1983 (BGBl. I S. 1532),
- Art. 2 Gesetz zur Erleichterung des Übergangs vom Arbeitsleben in den Ruhestand vom 13. 4. 1984 (BGBl. I S. 601),
- Art. 1 Gesetz zur Verbesserung des Wahlrechts für die Sozialversicherungswahlen vom 27. 7. 1984 (BGBl. I S. 1029),
- Art. 18 Gesetz zur Anpassung rechtlicher Vorschriften an das Adoptionsgesetz vom 24. 6. 1985 (BGBl. I S. 1144),
- § 28 Bundeserziehungsgeldgesetz vom 6. 12. 1985 (BGBl. I S. 2154),
- Art. 4 Drittes Agrarsoziales Ergänzungsgesetz vom 20. 12. 1985 (BGBl. I S. 2475),
- Art. 2 Erstes Gesetz zur Änderung des Schwerbehindertengesetzes vom 24. 7. 1986 (BGBl. I S. 1110),
- Art. 6 § 6 Gesetz zur Neuregelung des Internationalen Privatrechts vom 25. 7. 1986 (BGBl. I S. 1142),
- Art. 30 Zweites Rechtsbereinigungsgesetz vom 16. 12. 1986 (BGBl. I S. 2441),
- Art. 1 Gesetz über Leistungen der gesetzlichen Rentenversicherung für Kindererziehung an Mütter der Geburtsjahrgänge vor 1921 (Kindererziehungsleistungs-Gesetz – KLG) vom 12. 7. 1987 (BGBl. I S. 1585),
- Art. 1 Erstes Gesetz zur Änderung des Sozialgesetzbuches (1. SGBÄndG) vom 20. 7. 1988 (BGBl. I S. 1046),
- Art. 7 Gesetz zur Änderung des Arbeitsförderungsgesetzes und zur Förderung eines gleitenden Übergangs älterer Arbeitnehmer in den Ruhestand vom 20. 12. 1988 (BGBl. I S. 2343) und
- Art. 2 Gesetz zur Strukturreform im Gesundheitswesen (Gesundheits-Reformgesetz – GRG) vom 20. 12. 1988 (BGBl. I S. 2477).

Gesetzestext

Artikel I

Sozialgesetzbuch (SGB)

Erstes Buch (I)
Allgemeiner Teil

Dritter Abschnitt
Gemeinsame Vorschriften für alle Sozialleistungsbereiche dieses Gesetzbuches

Erster Titel
Allgemeine Grundsätze

– Auszug –

§ 35 Sozialgeheimnis

(1) Jeder hat Anspruch darauf, daß Einzelangaben über seine persönlichen und sachlichen Verhältnisse (personenbezogene Daten) von den Leistungsträgern als Sozialgeheimnis gewahrt und nicht unbefugt offenbart werden. Der Anspruch richtet sich auch gegen die Verbände und Arbeitsgemeinschaften der Leistungsträger, die in diesem Gesetzbuch genannten öffentlich-rechtlichen Vereinigungen, der Künstlersozialkasse, die Deutsche Bundespost, soweit sie mit der Berechnung oder Auszahlung von Sozialleistungen betraut ist, und die aufsichts-, rechnungsprüfungs- oder weisungsberechtigten Behörden.

(2) Eine Offenbarung ist nur unter den Voraussetzungen der §§ 67 bis 77 des Zehnten Buches zulässig.

(3) Soweit eine Offenbarung nicht zulässig ist, besteht keine Auskunftspflicht, keine Zeugnispflicht und keine Pflicht zur Vorlegung oder Auslieferung von Schriftstücken, Akten, Dateien und sonstigen Datenträgern.

(4) Betriebs- und Geschäftsgeheimnisse stehen personenbezogenen Daten gleich.

Sozialgesetzbuch – Verwaltungsverfahren –
vom 18. August 1980 (BGBl. I S. 1469)

geändert durch:

— Art. 7 Gesetz zur Bekämpfung der illegalen Beschäftigung (BillBG) vom 15. 12. 1981 (BGBl. I S. 1390),
— Art. I und II § 17 Sozialgesetzbuch (SGB) – Zusammenarbeit der Leistungsträger und ihre Beziehungen zu Dritten – vom 4. 11. 1982 (BGBl. I S. 1450),
— Art. 10 Haushaltsbegleitgesetz 1984 vom 22. 12. 1983 (BGBl. I S. 1532),
— § 10 Gesetz über die Sicherung und Nutzung von Archivgut des Bundes (Bundesarchivgesetz – BArchG) vom 6. 1. 1988 (BGBl. I S. 62),

- Art. 4 Erstes Gesetz zur Änderung des Sozialgesetzbuches (1. SGBÄndG) vom 20. 7. 1988 (BGBl. I S. 1046),
- Art. 10 Gesetz zur Einordnung der Vorschriften über die Meldepflichten des Arbeitgebers in der Kranken- und Rentenversicherung sowie im Arbeitsförderungsrecht und über den Einzug des Gesamtsozialversicherungsbeitrags in das Vierte Buch Sozialgesetzbuch – Gemeinsame Vorschriften für die Sozialversicherung – vom 20. 12. 1988 (BGBl. I S. 2330) und
- Art. 4 Gesetz zur Strukturreform im Gesundheitswesen (Gesundheits-Reformgesetz- GRG) vom 20. 12. 1988 (BGBl. I S. 2477).

Artikel I

Zehntes Buch (X)

Verwaltungsverfahren, Schutz der Sozialdaten, Zusammenarbeit der Leistungsträger und ihre Beziehungen zu Dritten

Zweites Kapitel

Schutz der Sozialdaten

Erster Abschnitt

Geheimhaltung

§ 67 Grundsatz

Eine Offenbarung von personenbezogenen Daten oder Betriebs- oder Geschäftsgeheimnissen ist nur zulässig,
1. soweit der Betroffene im Einzelfall eingewilligt hat oder
2. soweit eine gesetzliche Offenbarungsbefugnis nach §§ 68 bis 77 vorliegt.

Die Einwilligung bedarf der Schriftform, soweit nicht wegen besonderer Umstände eine andere Form angemessen ist; wird die Einwilligung zusammen mit anderen Erklärungen schriftlich erteilt, ist der Betroffene hierauf schriftlich besonders hinzuweisen.

§ 68 Offenbarung im Rahmen der Amtshilfe

(1) Im Rahmen der Amtshilfe sind Vor- und Familiennamen, Geburtsdatum, Geburtsort, derzeitige Anschrift des Betroffenen sowie Namen und Anschriften seines derzeitigen Arbeitgebers zu offenbaren, soweit kein Grund zur Annahme besteht, daß dadurch schutzwürdige Belange des Betroffenen beeinträchtigt werden. Die ersuchte Stelle ist abweichend von § 4 Abs. 3 zur Offenbarung auch dann nicht verpflichtet, wenn sich die ersuchende Stelle die Angaben auf andere Weise beschaffen kann.

(2) Über das Offenbarungsersuchen entscheidet der Leiter der ersuchten Stelle, sein allgemeiner Stellvertreter oder ein besonders bevollmächtigter Bediensteter.

§ 69 Offenbarung für die Erfüllung sozialer Aufgaben

(1) Eine Offenbarung personenbezogener Daten ist zulässig, soweit sie erforderlich ist
1. für die Erfüllung einer gesetzlichen Aufgabe nach diesem Gesetzbuch durch eine in § 35 des Ersten Buches genannte Stelle oder für die Durchführung eines damit zusammenhängenden gerichtlichen Verfahrens einschließlich eines Strafverfahrens,
2. für die Verarbeitung personenbezogener Daten im Auftrag, wenn sie für die Erfüllung einer gesetzlichen Aufgabe nach diesem Gesetzbuch durch eine in § 35 des Ersten Buches genannte Stelle nach § 80 zulässig ist, oder
3. für die Richtigstellung unwahrer Tatsachenbehauptungen des Betroffenen im Zusammenhang mit einem Verfahren über die Erbringung von Sozialleistungen; die Offenbarung bedarf der vorherigen Genehmigung durch die zuständige oberste Bundes- oder Landesbehörde.

(2) Für die Erfüllung einer gesetzlichen oder sich aus einem Tarifvertrag ergebenden Aufgabe sind den in § 35 des Ersten Buches genannten Stellen gleichgestellt
1. die Stellen, die Leistungen nach dem Lastenausgleichsgesetz, dem Bundesentschädigungsgesetz, dem Gesetz über die Entschädigung für Strafverfolgungsmaßnahmen, dem Unterhaltssicherungsgesetz, dem Beamtenversorgungsgesetz und den Vorschriften, die auf das Beamtenversorgungsgesetz verweisen, dem Soldatenversorgungsgesetz und den Vorschriften der Länder über die Gewährung von Blinden- und Pflegegeldleistungen zu erbringen haben und deren aufsichts-, rechnungsprüfungs- oder weisungsberechtigte Behörden,
2. die gemeinsamen Einrichtungen der Tarifvertragsparteien im Sinne des § 4 Abs. 2 des Tarifvertragsgesetzes die Zusatzversorgungseinrichtungen des öffentlichen Dienstes und die öffentlich-rechtlichen Zusatzversorgungseinrichtungen.

§ 70 Offenbarung für die Durchführung des Arbeitsschutzes

Eine Offenbarung personenbezogener Daten ist zulässig, soweit sie zur Erfüllung der gesetzlichen Aufgaben der Unfallversicherungsträger, der Gewerbeaufsichtsämter oder der Bergbehörden bei der Durchführung des Arbeitsschutzes erforderlich ist und schutzwürdige Belange des Betroffenen nicht beeinträchtigt werden oder das öffentliche Interesse an der Durchführung des Arbeitsschutzes das Geheimhaltungsinteresse des Betroffenen erheblich überwiegt.

§ 71 Offenbarung für die Erfüllung besonderer gesetzlicher Pflichten und Mitteilungsbefugnisse

(1) Eine Offenbarung personenbezogener Daten ist zulässig, soweit sie erforderlich ist für die Erfüllung der gesetzlichen Mitteilungspflichten

1. zur Abwendung geplanter Straftaten nach § 138 des Strafgesetzbuchs,
2. zum Schutz der öffentlichen Gesundheit nach § 4 Abs. 1 Nr. 1 bis 4 und Abs. 2 des Bundes-Seuchengesetzes, nach § 11 Abs. 2, §§ 12 bis 14 Abs. 1 des Gesetzes zur Bekämpfung von Geschlechtskrankheiten,
3. zur Sicherung des Steueraufkommens nach den §§ 93, 97, 105, 111 Abs. 1 und 5 bis § 116 der Abgabenordnung oder
4. zur Wehrüberwachung nach § 24 Abs. 8 des Wehrpflichtgesetzes,

soweit diese Vorschriften unmittelbar anwendbar sind. Eine Offenbarung personenbezogener Daten ist zulässig, soweit sie erforderlich ist für die Erfüllung der gesetzlichen Pflichten zur Sicherung und Nutzung von Archivgut nach den §§ 2 und 5 des Bundesarchivgesetzes oder entsprechenden gesetzlichen Vorschriften der Länder, die die Schutzfristen dieses Gesetzes nicht unterschreiten.

(2) Eine Offenbarung personenbezogener Daten eines Ausländers ist zulässig, soweit es nach pflichtgemäßem Ermessen eines Leistungsträgers erforderlich ist, den Ausländerbehörden ausländerrechtlich zulässige Maßnahmen auf Grund der in § 10 Abs. 1 Nr. 7, 9 und 10 und § 11 des Ausländergesetzes bezeichneten Umstände zu ermöglichen. Während der ersten sechs Monate eines Bezugs von Sozialhilfe soll von einer Offenbarung der in § 10 Abs. 1 Nr. 10 des Ausländergesetzes bezeichneten Umstände abgesehen werden.

§ 72 Offenbarung für den Schutz der inneren und äußeren Sicherheit

(1) Eine Offenbarung personenbezogener Daten ist zulässig, soweit sie im Einzelfall für die rechtmäßige Erfüllung der in der Zuständigkeit der Behörden für Verfassungsschutz, des Bundesnachrichtendienstes, des Militärischen Abschirmdienstes und des Bundeskriminalamtes liegenden Aufgaben erforderlich ist. Die Offenbarung ist auf Angaben über Vor- und Familiennamen, Geburtsdatum, Geburtsort, derzeitige und frühere Anschriften des Betroffenen sowie Namen und Anschriften seiner derzeitigen und früheren Arbeitgeber beschränkt.

(2) Über die Erforderlichkeit des Offenbarungsersuchens entscheidet ein vom Leiter der ersuchenden Stelle bestimmter Beauftragter, der die Befähigung zum Richteramt haben oder die Voraussetzungen des § 110 des Deutschen Richtergesetzes erfüllen soll. Wenn eine oberste Bundes- oder Landesbehörde für die Aufsicht über die ersuchende Stelle zuständig ist, ist sie über die gestellten Offenbarungsersuchen zu unterrichten. Bei der ersuchten Stelle entscheidet über das Offenbarungsersuchen der Behördenleiter oder sein allgemeiner Stellvertreter.

§ 73 Offenbarung für die Durchführung eines Strafverfahrens

Eine Offenbarung personenbezogener Daten ist zulässig, soweit sie auf richterliche Anordnung erforderlich ist
1. zur Aufklärung eines Verbrechens oder
2. zur Aufklärung eines Vergehens, soweit sich das Auskunftsersuchen auf die in § 72 Abs. 1 Satz 2 genannten Angaben und auf Angaben über erbrachte oder demnächst zu erbringende Geldleistungen beschränkt.

Gesetzestext

§ 74 Offenbarung bei Verletzung der Unterhaltspflicht und beim Versorgungsausgleich

Eine Offenbarung personenbezogener Daten ist zulässig, soweit sie erforderlich ist
1. für die Durchführung
    a) eines gerichtlichen Verfahrens oder eines Vollstreckungsverfahrens wegen eines gesetzlichen oder vertraglichen Unterhaltsanspruchs oder des an seine Stelle getretenen Ersatzanspruchs oder
    b) eines Verfahrens über den Versorgungsausgleich nach § 53b des Gesetzes über die Angelegenheiten der freiwilligen Gerichtsbarkeit oder
2. für die Geltendmachung
    a) eines gesetzlichen oder vertraglichen Unterhaltsanspruchs außerhalb eines Verfahrens nach Nummer 1 Buchstabe a, soweit der Betroffene nach den Vorschriften des bürgerlichen Rechts, insbesondere nach § 1605 oder nach § 1361 Abs. 4 Satz 4, § 1580 Satz 2, § 1615a oder § 1615l Abs. 3 Satz 1 in Verbindung mit § 1605 des Bürgerlichen Gesetzbuchs, zur Auskunft verpflichtet ist, oder
    b) eines Ausgleichsanspruchs im Rahmen des Versorgungsausgleichs außerhalb eines Verfahrens nach Nummer 1 Buchstabe b, soweit der Betroffene nach § 1587e Abs. 1 oder § 1587k Abs. 1 in Verbindung mit § 1580 des Bürgerlichen Gesetzbuchs zur Auskunft verpflichtet ist,

und diese Pflicht innerhalb angemessener Frist, nachdem er unter Hinweis auf die in diesem Gesetzbuch enthaltene Offenbarungsbefugnis der in § 35 des Ersten Buches genannten Stellen gemahnt wurde, nicht oder nicht vollständig erfüllt hat.

§ 75 Offenbarung für die Forschung oder Planung

(1) Eine Offenbarung personenbezogener Daten ist zulässig, soweit sie erforderlich ist
1. für die wissenschaftliche Forschung im Sozialleistungsbereich oder
2. für die Planung im Sozialleistungsbereich durch eine öffentliche Stelle im Rahmen ihrer Aufgaben

und schutzwürdige Belange des Betroffenen nicht beeinträchtigt werden oder das öffentliche Interesse an der Forschung oder Planung des Geheimhaltungsinteresse des Betroffenen erheblich überwiegt. Eine Offenbarung nach Satz 1 ist nicht zulässig, soweit es zumutbar ist, die Einwilligung des Betroffenen nach § 67 einzuholen oder den Zweck der Forschung oder Planung auf andere Weise zu erreichen.

(2) Die Offenbarung bedarf der vorherigen Genehmigung durch die zuständige oberste Bundes- oder Landesbehörde. Die Genehmigung darf im Hinblick auf den Schutz des Sozialgeheimnisses nur versagt werden, wenn die Voraussetzungen des Absatzes 1 nicht vorliegen. Sie muß
1. den Empfänger,
2. die Art der zu offenbarenden personenbezogenen Daten und den Kreis der Betroffenen,

3. die Forschung oder Planung, zu der die offenbarten personenbezogenen Daten verwendet werden dürfen, und
4. den Tag, bis zu dem die offenbarten personenbezogenen Daten aufbewahrt werden dürfen,

genau bezeichnen und steht auch ohne besonderen Hinweis unter dem Vorbehalt der nachträglichen Aufnahme, Änderung oder Ergänzung einer Auflage.

§ 76 Einschränkung der Offenbarungsbefugnis bei besonders schutzwürdigen personenbezogenen Daten

(1) Die Offenbarung personenbezogener Daten, die einer in § 35 des Ersten Buches genannten Stelle von einem Arzt oder einer anderen in § 203 Abs. 1 und 3 des Strafgesetzbuchs genannten Person zugänglich gemacht worden sind, ist nur unter den Voraussetzungen zulässig, unter denen diese Person selbst offenbarungsbefugt wäre.

(2) Absatz 1 gilt nicht
1. im Rahmen des § 69 Abs. 1 Nr. 1 für personenbezogene Daten, die im Zusammenhang mit einer Begutachtung wegen der Erbringung von Sozialleistungen oder wegen der Ausstellung einer Bescheinigung zugänglich gemacht worden sind, es sei denn, daß der Betroffene der Offenbarung widerspricht,
2. im Rahmen des § 71 Abs. 1 Satz 2.

§ 77 Einschränkung der Offenbarungsbefugnis über die Grenze

Eine Offenbarung personenbezogener Daten gegenüber Personen oder Stellen außerhalb des Geltungsbereichs dieses Gesetzbuchs ist zudem nicht zulässig, soweit Grund zur Annahme besteht, daß dadurch schutzwürdige Belange des Betroffenen beeinträchtigt werden.

§ 78 Zweckbindung und Geheimhaltungspflicht des Empfängers

Personen oder Stellen, denen personenbezogene Daten oder Betriebs- und Geschäftsgeheimnisse offenbart worden sind, dürfen diese nur zu dem Zweck verwenden, zu dem sie ihnen befugt offenbart worden sind. Im übrigen haben sie die Daten in demselben Umfang geheimzuhalten wie die in § 35 des Ersten Buches genannten Stellen.

Gesetzestext

Zweiter Abschnitt

Schutz der Sozialdaten bei der Datenverarbeitung

§ 79 Geltung des Bundesdatenschutzgesetzes

(1) Die in § 35 des Ersten Buches genannten Stellen unterliegen, soweit sie personenbezogene Daten oder Betriebs- oder Geschäftsgeheimnisse in Dateien verarbeiten, nach Maßgabe der §§ 80 bis 85 den Vorschriften des Ersten und Zweiten Abschnitts sowie den §§ 41, 42 Abs. 1 Nr. 2 und § 45 des Bundesdatenschutzgesetzes; die §§ 28 und 29 des Bundesdatenschutzgesetzes sind entsprechend anzuwenden. Für die Zulässigkeit der Datenspeicherung, -veränderung und -nutzung durch die in § 35 des Ersten Buches genannten Stellen ergeben sich die Zwecke aus den diesen Stellen nach diesem Gesetzbuch jeweils vorgeschriebenen oder zugelassenen Aufgaben.

(2) Für Krankenhäuser und Einrichtungen zur Eingliederung Behinderter gelten abweichend vom § 7 Abs. 1 Satz 2 und Abs. 2 Satz 2 auch die §§ 8, 9 und 12 bis 14 des Bundesdatenschutzgesetzes.

(3) Die Vorschriften des Zweiten Abschnitts des Bundesdatenschutzgesetzes gelten abweichend von § 7 Abs. 2 Satz 1 des Bundesdatenschutzgesetzes auch, soweit der Datenschutz durch Landesgesetz geregelt ist. An die Stelle des Bundesbeauftragten für den Datenschutz treten insoweit die nach Landesrecht zuständigen Stellen.

§ 80 Verarbeitung personenbezogener Daten im Auftrag

(1) Für die Verarbeitung personenbezogener Daten im Auftrag gelten neben § 8 Abs. 1 und 3 des Bundesdatenschutzgesetzes die Absätze 2 bis 5.

(2) Eine Auftragserteilung ist nur zulässig, wenn der Datenschutz beim Auftragnehmer nach der Art der zu verarbeitenden Daten den Anforderungen genügt, die für den Auftraggeber gelten. Der Auftraggeber ist verpflichtet, erforderlichenfalls Weisungen zur Ergänzung der beim Auftragnehmer vorhandenen technischen oder organisatorischen Maßnahmen (§ 6 Abs. 1 des Bundesdatenschutzgesetzes) zu erteilen. Ist auf den Auftragnehmer der Zweite Abschnitt des Bundesdatenschutzgesetzes nicht anzuwenden, setzt die Auftragserteilung außerdem voraus, daß sich der Auftragnehmer schriftlich damit einverstanden erklärt hat, daß der Auftraggeber jederzeit berechtigt ist, mit den in § 30 Abs. 2 und 3 des Bundesdatenschutzgesetzes genannten Mitteln die Einhaltung der Vorschriften über den Datenschutz und der ergänzenden Weisungen nach Satz 2 zu überwachen.

(3) Der Auftraggeber hat seiner Aufsichtsbehörde rechtzeitig vor der Auftragserteilung
1. den Auftragnehmer, die bei diesem vorhandenen technischen und organisatorischen Maßnahmen und ergänzenden Weisungen nach Absatz 2 Satz 2,

2. die Art der Daten, die im Auftrag verarbeitet werden sollen, und den Kreis der Betroffenen sowie
3. die Aufgabe, zu deren Erfüllung die Verarbeitung der Daten im Auftrag erfolgen soll,

anzuzeigen. Ist auf den Auftragnehmer der Zweite Abschnitt des Bundesdatenschutzgesetzes anzuwenden, hat er die Anzeige auch an dessen Aufsichtsbehörde zu richten.

(4) Der Auftragnehmer darf die zur Datenverarbeitung überlassenen Daten nicht anderweitig verwenden und nicht länger aufbewahren, als der Auftraggeber bestimmt.

(5) Die Verarbeitung personenbezogener Daten im Auftrag durch nicht-öffentliche Stellen ist nur zulässig, wenn anders Störungen im Betriebsablauf nicht vermieden oder Teilvorgänge der automatischen Datenverarbeitung hierdurch erheblich kostengünstiger besorgt werden können.

§ 81 Datenübermittlung

(1) Die §§ 10 und 11 des Bundesdatenschutzgesetzes gelten nicht für die Offenbarung personenbezogener Daten nach §§ 69 bis 77.

(2) Die Übermittlung personenbezogener Daten auf maschinell verwertbaren Datenträgern oder im Wege der Datenfernübertragung ist auch über Vermittlungsstellen zulässig, wenn auf diese der Zweite Abschnitt des Bundesdatenschutzgesetzes anzuwenden ist. § 80 Abs. 2 Satz 1, Abs. 3 und 4 gilt entsprechend.

§ 82 Veröffentlichung über die gespeicherten Daten

Die Bundesregierung wird ermächtigt, statt der in § 12 Abs. 3 des Bundesdatenschutzgesetzes vorgesehenen Rechtsverordnungen für die in § 35 des Ersten Buches genannten Stellen mit Zustimmung des Bundesrates eine einheitliche Rechtsverordnung zu erlassen und darin zu bestimmen, daß auch veröffentlicht wird, an welche Stellen regelmäßig welche Daten übermittelt werden.

§ 83 Auskunft an den Betroffenen

Für die nach § 13 des Bundesdatenschutzgesetzes zu erteilende Auskunft gilt § 25 Abs. 2 entsprechend.

§ 84 Löschen von Daten

Ist die Kenntnis personenbezogener Daten für die speichernde Stelle zur rechtmäßigen Erfüllung der in ihrer Zuständigkeit liegenden Aufgaben nicht mehr erforderlich und besteht kein Grund zu der Annahme, daß durch die Löschung

Gesetzestext

schutzwürdige Belange des Betroffenen beeinträchtigt werden, besteht abweichend von § 14 Abs. 3 Satz 1 des Bundesdatenschutzgesetzes eine Pflicht zur Löschung; § 71 Abs. 1 Satz 2 bleibt unberührt.

§ 85 Ordnungswidrigkeiten

(1) Ordnungswidrig handelt, wer vorsätzlich oder fahrlässig entgegen § 80 Abs. 4, auch soweit § 81 Abs. 2 Satz 2 auf diese Vorschrift verweist, personenbezogene Daten oder Betriebs- oder Geschäftsgeheimnisse anderweitig verwendet oder länger aufbewahrt, als nach diesen Vorschriften bestimmt worden ist.

(2) Die Ordnungswidrigkeit kann mit einer Geldbuße bis zu fünfzigtausend Deutsche Mark geahndet werden.

Einleitung

Inhaltsübersicht

		Rz.
I.	Die Stellung des Zweiten Kapitels SGB X im Sozialgesetzbuch	1– 4
	1. Das Sozialgesetzbuch	1, 2
	2. Das Zehnte Buch	3, 4
II.	Sozialdatenschutz	5– 8
	1. Informationelles Selbstbestimmungsrecht	5
	2. Geheimnisse, personenbezogene Daten, sensitive Daten	6, 7
	3. Verwaltungsdifferenzierung und Datenschutz	8
III.	Übersicht über das Gesetzgebungsverfahren des SGB X	9–15
IV.	Neue Entwürfe zur bereichsspezifischen Gesetzgebung im Sozialleistungsbereich	16–20

I. Die Stellung des Zweiten Kapitels SGB X im Sozialgesetzbuch

1. Das Sozialgesetzbuch

Mit dem Ziel, die Vorschriften des Sozialrechts **transparenter** zu machen, zu **harmonisieren** und für den Bürger **verständlicher** zu machen, hat der Gesetzgeber unter der Bezeichnung »**Sozialgesetzbuch**« sozialrechtliche Regelungen zusammengefaßt. Das gesetzgeberische Vorhaben des SGB ist bislang unvollendet; fraglich ist, wann die gesetzgebenden Körperschaften die bislang bestehenden Teile des SGB um die geplanten Teile ergänzen werden. Nach den bis Ende 1988 erlassenen Büchern des SGB, nämlich dem **Ersten** und dem **Zehnten** sowie einem ersten Kapitel des **Vierten** Buchs, verlagerten sich die gesetzgeberischen Aktivitäten im Sozialrecht wieder stark auf bereichsspezifische Einzelregelungen. Das **SGB I** enthält als **Allgemeiner Teil** des SGB Vorschriften für alle Rechtsgebiete, die der Gesetzgeber unter der Bezeichnung »Sozialgesetzbuch« zusammenfassen wollte. Sie werden ergänzt durch allgemeine Vorschriften, die im SGB X enthalten sind. Das SGB IV, Erstes Kapitel, enthält gemeinsame Vorschriften für die Sozialversicherung. 1

Als **besondere Teile** waren die Bücher II bis IX vorgesehen mit folgenden Inhalten: 2

SGB II: Ausbildungsförderung
SGB III: Arbeitsförderung
SGB IV: Sozialversicherung mit den Kapiteln 2 (Krankenversicherung), 3 (Unfallversicherung) und 4 (Rentenversicherung),
SGB V: Soziale Entschädigung bei Gesundheitsschäden
SGB VI: Kindergeld
SGB VII: Wohngeld
SGB VIII: Jugendhilfe
SGB IX: Sozialhilfe.

Mit dem am 1. 1. 1989 in Kraft getretenen Gesetz zur Strukturreform im Gesundheitswesen (Gesundheits-Reformgesetz – GRG – vom 20. 12. 1988, BGBl. I

Einleitung

S. 2477) ist allerdings diese lange Zeit zugrundegelegte Gliederung geändert worden. **Krankenversicherungsrechtliche** Regelungen, wie sie bislang im Zweiten Buch der RVO enthalten waren, sind jetzt als **Fünftes Buch** in das SGB eingeordnet worden.

2. Das Zehnte Buch

3 Das SGB X enthält die drei Kapitel **1. Verwaltungsverfahren, 2. Schutz der Sozialdaten** und **3. Zusammenarbeit der Leistungsträger und ihre Beziehungen zu Dritten.**
Das in diesem Kommentar erläuterte Zweite Kapitel wurde auf Vorschlag des AuS-Ausschusses bei den Beratungen zum SGB-Verwaltungsverfahren in das SGB aufgenommen. Es gibt daher in den Gesetzesmaterialien **keine amtliche Begründung** der Bundesregierung (wie bei den Gesetzen, zu denen das Gesetzgebungsverfahren durch einen Entwurf der Regierung initiiert wird), sondern eine Begründung des Berichterstatters des zuständigen Bundestags-Ausschusses (BT-Drucks. 8/4022). Zu Unrecht wird diese Begründung des Ausschuß-Berichterstatters in der Literatur immer wieder als amtliche Begründung bezeichnet. Der Ausschußbericht ist – vergleichbar den amtlichen Begründungen anderer Gesetze – eine wichtige Interpretationshilfe.

4 Das SGB-Verwaltungsverfahren, wie es im Ersten Kapitel geregelt wurde, entstand in Anlehnung an die Verwaltungsverfahrensgesetze des Bundes und der Länder, wobei eine Reihe von abweichenden Vorschriften mit Besonderheiten des sozialen Sicherungssystems begründet wurde.
Die Regelungen zur Zusammenarbeit der Leistungsträger und ihrem Verhältnis zu Dritten fassen – mit Harmonisierungen und Ergänzungen – Vorschriften zusammen, die vorher in sozialrechtlichen Spezialvorschriften enthalten waren. Sie enthalten, wie in den Erläuterungen dieses Kommentars deutlich gemacht wird, Bezüge zum Sozialdatenschutz. Das Dritte Kapitel enthält aber keine Regelungen, die eigenständig Befugnisse zu Informationsverarbeitungen einräumen.
Der Sozialdatenschutz gemäß den Vorschriften des Zweiten Kapitels entstand aus der Diskussion zur Änderung des § 35 SGB I; die Vorschrift regelte den Schutz der Sozialgeheimnisse gegen unbefugtes Offenbaren durch die Leistungsträger, enthielt aber Unklarheiten und führte in der Praxis zudem zu Ergebnissen, welche vielfach als unsachgemäß angesehen wurden. Bei den Beratungen zur Novellierung des § 35 SGB I und zum Sozialdatenschutz waren die Ergebnisse der Datenschutzdiskussion seit Beginn der siebziger Jahre von Bedeutung. Wichtig waren aber auch historisch gewachsene Verschwiegenheitspflichten von Amtsträgern im Sozialleistungsbereich.

Einleitung

II. Sozialdatenschutz

1. Informationelles Selbstbestimmungsrecht

Zentrales Ereignis der Datenschutzdiskussion der achtziger Jahre war die **Entscheidung zum Volkszählungsgesetz** des Bundesverfassungsgerichts (*BVerfGE* 65, 1). Das Gericht erklärte im Anschluß an Teile der wissenschaftlichen Literatur das **Recht** des Bürgers **auf informationelle Selbstbestimmung** als Grundrecht, das sich aus dem allgemeinen Selbstbestimmungsrecht des Art. 2 GG ableiten lasse.
Das **Grundrecht** verbietet grundsätzlich, daß die öffentliche Verwaltung personenbezogene Daten erhebt, verarbeitet und zwischen Verwaltungsstellen austauscht, wenn dies für den Betroffenen nicht vorhersehbar ist. Das Grundrecht gebietet, daß die Verwaltungsträger nur in dem Maße personenbezogene Daten erheben oder verarbeiten, wie dies **erforderlich** ist zur Erfüllung ihrer Aufgaben. Nach dieser Entscheidung stellen sich die Regelungen des Datenschutzes als Konkretisierungen des Grundrechts auf informationelle Selbstbestimmung dar, auch wenn sie nicht nach, sondern vor der Entscheidung in Kraft getreten sind.
Der **Eingriffs-Charakter jeglicher Informationsverarbeitung personenbezogener Daten** erfordert, daß die Befugnisse zur Informationsverarbeitung in einem förmlichen Gesetz geregelt sind, das dem Erfordernis der **Normenklarheit** genügt. Das Gesetz, das Eingriffe in das informationelle Selbstbestimmungsrecht legitimiert und damit den Umfang dieses Grundrechts präzisiert, muß die zulässigen Informationsverarbeitungen auf das Maß des Erforderlichen beschränken und den **Verhältnismäßigkeitsgrundsatz** des Art. 3 GG berücksichtigen. Die Informationsverarbeitung muß für den Betroffenen transparent sein.
Die automatisierte Datenverarbeitung mit ihren besonderen Möglichkeiten der Datenverknüpfung und der sehr schnellen Auswertung sehr vieler Informationen war wesentlicher Auslöser für die Datenschutz-Gesetzgebung. Das **Kriterium** der **automatisierten Datenverarbeitung** hat aber, auch nach der Volkszählungs-Entscheidung, für das Datenschutzrecht an **Relevanz verloren**, da auch eine nicht-dateigebundene Informationsverarbeitung das informationelle Selbstbestimmungsrecht berührt (das Kriterium verliert wohl faktisch auch dadurch an Relevanz, daß die EDV-mäßige Datenverarbeitung ubiquitär geworden ist). Daß gerade automatisierte Datenverarbeitung spezifische Gefährdungen des informatiellen Selbstbestimmungsrechts mit sich bringt, ist dabei nicht strittig.

2. Geheimnisse, personenbezogener Daten, sensitive Daten

Besondere Berufsgeheimnisse, wie das Berufsgeheimnis der Ärzte, gibt es seit langer Zeit. Auch im Sozialrecht gab und gibt es Regelungen, die Amtsträger in bestimmten Funktionen zur Verschwiegenheit verpflichten über die Informationen, die sie in ihrer Funktion erlangt haben. Im Finanzrecht gibt es das Steuergeheimnis der Finanzverwaltung, das Verwaltungsverfahrensrecht gibt den Betroffenen einen Anspruch darauf, daß die Behörden ihre Geheimnisse nicht unbefugt Dritten offenbaren.
An diese Traditionen, die durch dienstrechtliche Verschwiegenheitspflichten der Amtsträger ergänzt werden, knüpfen die Regelungen des Sozialdatenschutzes an. Bedeutsam ist in diesem Zusammenhang der Schutzzweck der Geheimnisschutz-

Einleitung

regelungen: Dieser besteht **nicht nur** darin, den Betroffenen **vor Mißbrauch** seiner Geheimnisse zu **schützen**. Sondern es geht auch oder vor allem um den funktionellen Schutz von Institutionen: Die Verwaltung, speziell die Finanzverwaltung, wird ihre Aufgaben nicht erfüllen können, wenn der Bürger nicht darauf vertrauen kann, daß die ihn betreffenden Informationen grundsätzlich nur im Zusammenhang mit der jeweiligen Verwaltungsaufgabe, speziell der Besteuerung, verwendet werden; die Institutionen Krankenhaus oder Arztpraxis werden ihre Funktionen im Dienste der Volksgesundheit nicht erfüllen können, wenn der Patient nicht darauf **vertrauen** kann, daß die **Patientendaten Dritten** (etwa seinem Arbeitgeber) **nicht zugänglich** sind.

7 **Personenbezogene Daten** waren und sind ein wesentlicher Begriff der Datenschutzgesetze des Bundes und der Länder. Auf der Grundlage ausländischer Diskussionen und literarischer Vorarbeiten bildete der Begriff der personenbezogenen Daten einen wesentlichen Anknüpfungspunkt dieser Gesetze, nachdem klar geworden war, daß es an brauchbaren Maßstäben fehlte, die gesetzlich hätten in Bezug genommen werden können, um »schützenswerte« Geheimnisse oder die gegen Informationseingriffe »schützenswerte« Privatsphäre allgemein zu umschreiben. Die **»Relativität der Privatsphäre«** (*Steinmüller u.a.* Gutachten, S. 53) wurde angesichts technischer Entwicklungen und angesichts der ständig sich ausbreitenden Funktionen öffentlicher Verwaltungen allgemein bewußt. Daß es grundsätzlich **kein »freies Datum«** geben solle, war die daraus entwickelte Erkenntnis, die sich in den Regelungen der Datenschutzgesetze niederschlug.
Die »Empfindlichkeit« oder »Sensitivität« der Daten ist heute, obwohl vom Motiv her ein wichtiger Ausgangspunkt von Datenschutznormen, immer seltener Tatbestandsmerkmal der Datenschutznormen. Auch im SGB werden in den grundlegenden Vorschriften nicht mehr »Geheimnisse« geschützt, sondern personenbezogene Daten, auch wenn sie als »Sozialgeheimnisse« bezeichnet werden. Zum Sprachgebrauch der Vorschriften, der Literatur und auch dieses Kommentars ist noch anzumerken, daß, auch wenn vom **Schutz von Daten** gesprochen wird, immer der **Schutz** betroffener Bürger **vor** einer unerwünschten **Verarbeitung (oder Verwendung)** der sie betreffenden Daten gemeint ist.

3. Verwaltungsdifferenzierung und Datenschutz

8 In Rz. 6 wird verdeutlicht, daß der Datenschutz nicht nur die Funktion hat, den Betroffenen vor Mißbrauch seiner Daten oder sonstiger unerwünschter Datenverarbeitung zu schützen, sondern daß auch und gleichzeitig die **Funktionsfähigkeit von Institutionen** (Finanzverwaltung; Arztpraxen und Krankenhäuser; Sozialverwaltungsbehörden usw.) dadurch geschützt werden soll, daß der Betroffene auf den vertraulichen Umgang mit seinen Daten rechnen kann.
Datenschutz und die Organisation von Institutionen sind folgendermaßen miteinander verknüpft: Eine Informationsweitergabe ist datenrechtlich entweder eine interne Weitergabe innerhalb der Institution oder aber, falls die Information nach außen geht, eine **»Übermittlung«** oder **»Offenbarung«**. Die **Weitergabe nach außen** ist in einer Reihe von Rechtsvorschriften, teilweise erheblich präziser und einschränkender als die **interne Weitergabe**, geregelt. Von wesentlicher Bedeutung ist daher die Abgrenzung der datenspeichernden Stellen. Die datenrechtlichen Normen knüpfen hierbei im Bereich der öffentlichen Verwaltung einschließ-

Einleitung

lich der Sozialverwaltung an am vorgefundenen, historisch gewachsenen und rechtlich geregelten Verwaltungsaufbau. Andererseits aber wird in Zweifelsfällen die Abgrenzung zwischen Teilen der Verwaltung auch von datenrechtlichen Grundsätzen beeinflußt: Einer **einheitlichen multifunktionalen (Sozial-)Verwaltung**, in der personenbezogene Informationen zu den unterschiedlichsten Zwecken intern ausgetauscht werden könnten, dürfte das **informationelle Selbstbestimmungsrecht entgegenstehen**. Datenschutz erlangt somit Bedeutung auch als Mittel zur Strukturierung von Institutionen.

Auch dieser Aspekt hat **nicht nur** den **Schutz einzelner** zum Hintergrund. Es geht ebenso um das sachgerechte Funktionieren von Institutionen. Nicht zuletzt die in Datenschutznormen verankerte »Datenverkehrsordnung« spricht gegen allzu zentralistisch oder allzu komplex organisierte Verwaltungen.

III. Übersicht über das Gesetzgebungsverfahren des SGB X

Gesetzgeberischer Ausgangspunkt der Neuregelungen zum Sozialgeheimnis und zum Sozialdatenschutz war der Entwurf der Bundesregierung eines Sozialgesetzbuchs – Verwaltungsverfahren – (BT-Drucks. 8/2304 vom 4. 8. 1978). Die Motive zur Änderung des § 35 SGB I, der seit dem 1. 1. 1976 in Kraft war, sind ebenso wie die Gegenvorstellungen des Bundesrats ausführlich erläutert in § 35 Rz. 1 ff. Das Jahr 1979 war gekennzeichnet durch intensive Vorarbeiten zur Neuordnung des Sozialdatenschutzes vor allem in der SPD-Fraktion. Die Arbeitsgruppe Sozialgesetzbuch des Arbeitskreises IV der SPD-Bundestagsfraktion legte am 30. 1. 1979 eine umfangreiche Ausarbeitung mit dem Titel »Neuregelung des Sozialgeheimnisses und des Datenschutzes im Bereich des Sozialgesetzbuchs« vor, in dem sich Gliederung und Inhalt der später Gesetz gewordenen Fassung bereits deutlich abzeichnen. Auf dem Hintergrund dieser Überlegungen fand – formal zu § 35 SGB I i.d.F. des Änderungsvorschlags der BT-Drucks. 8/2034 – am 14. 3. 1979 eine umfangreiche Anhörung des Ausschusses für Arbeit und Sozialordnung des Bundestages statt (vgl. Prot. Nr. 57 des AuS-Ausschusses). Grundsatzfragen wie die Einführung des Enumerativprinzips bei den Datenoffenbarungen wurden mit den Vertretern der Verbände und anderen interessierten Institutionen ebenso erörtert wie Einzelprobleme, etwa die Bestimmung des Kreises der zugelassenen Datenempfänger. Auch der Bundesbeauftragte für den Datenschutz war an der Anhörung beteiligt (zu seiner Position vgl. den 2. TB/*BfD* für 1979, S. 26 f.). **9**

Die entscheidende Phase des Gesetzgebungsverfahrens war das erste Halbjahr 1980 mit intensiven und detaillierten Beratungen im AuS-Ausschuß. Dabei war bis März 1980 noch geplant, die Offenbarungsbefugnisse im Anschluß an § 35 I, also im SGB I, zu regeln, und lediglich die jetzigen §§ 79 ff. in das SGB X aufzunehmen (vgl. noch Ausschuß-Drucks. 651 a und b). Die später Gesetz gewordene Konzeption, die gesamte Materie mit Ausnahme der novellierten Grundnorm des § 35 SGB I im Zehnten Buch anzusiedeln, findet sich in den Ausschußunterlagen erstmals erst im April 1980 dokumentiert (Ausschuß-Drucks. 691). **10**

Zu dieser Vorlage brachte die CDU/CSU-Fraktion im AuS-Ausschuß eine Reihe von Änderungsanträgen ein. Vorgeschlagen wurde u. a., das Enumerativprinzip für die Offenbarungsbefugnisse durch Einfügung der Öffnungsklausel »insbesondere« aufzulockern, sowie die Ausdehnung der Geltung des BDSG auf die landes- **11**

Einleitung

unmittelbaren – einschließlich der kommunalen – Leistungsträger zu streichen (vgl. § 79 Rz. 1). Die Ausschußvorlage 691 war auch Beratungsgrundlage für die Konferenz der Datenschutzbeauftragten des Bundes und der Länder, die am 29. 4. 1980 einen ausführlichen Meinungsaustausch zum Sozialdatenschutz durchführte, allerdings ohne einen Beschluß zum laufenden Gesetzgebungsverfahren zu fassen.

12 Die Beratungen des AuS-Ausschusses des Bundestages fanden ihren Abschluß in der Beschlußempfehlung und dem Bericht (BT-Drucks. 8/4022 vom April 1980). Daß diesem Ausschußbericht nicht die Qualität einer amtlichen Begründung zukommt, er aber als wichtige Auslegungshilfe heranzuziehen ist, wurde dargelegt (s. Rz. 3). Der Deutsche Bundestag nahm diese Beschlußempfehlung mit Gesetzesbeschluß vom 22. 5. 1980 an. Gleichzeitig verabschiedete er eine Entschließung, in der die Bundesregierung gebeten wurde, bei einer künftigen Änderung des Strafgesetzbuchs entsprechend §§ 354 und 355 StGB Vorschläge zu machen, um auch Verstöße gegen das Sozialgeheimnis mit einer höheren Strafe zu bedrohen, als dies bisher in § 203 StGB vorgesehen ist (vgl. Plenarprot. 8/218). Dieser Bitte ist die Bundesregierung jedoch bisher nicht nachgekommen.

13 Wegen des bevorstehenden Endes der 8. Legislaturperiode wurden die Beratungen mit solcher Dringlichkeit geführt, daß sich die Ausschüsse des Bundesrates im April/Mai 1980, also noch vor dem offiziellen Gesetzesbeschluß des Bundestages, mit den Änderungsvorschlägen zum Sozialdatenschutz befaßten. Die Empfehlungen der Ausschüsse für Arbeit und Sozialordnung (federführend), Innere Angelegenheiten und Recht des Bundesrates sind zusammengefaßt in der BR-Drucks. 288/1/80 vom 2. 6. 1980. Dem Plenum des Bundesrates wird vorgeschlagen, den Vermittlungsausschuß anzurufen, was dieser auf seiner 488. Sitzung am 13. 6. 1980 auch beschloß. An der Formulierung der Positionen im Bundesrat waren auch die Landesbeauftragten für den Datenschutz beteiligt. So verwundert es auch nicht, daß Kernpunkt der Gegenvorstellungen des Bundesrates die Streichung des jetzigen § 79 und damit die Fortgeltung des Landesdatenschutzrechts für die SGB-Stellen der Länder und Kommunen war (vgl. i. e. BT-Drucks. 8/4216 vom 16. 6. 1980, Nr. 25). Beantragt wurde weiter u. a. die Einfügung des jetzigen § 70 über die Offenbarungsbefugnis für die Durchführung des Arbeitsschutzes und die Aufnahme der Länderpolizeien in den jetzigen § 72, Vorschläge übrigens, die vielfach bereits in den Beratungen des AuS-Ausschusses des Bundestags eine Rolle gespielt hatten (vgl. zum zweiten Punkt den entsprechenden Änderungsantrag durch die CDU/CSU-Fraktion: BT-Drucks. 8/4041 vom 21. 5. 1980; dazu auch § 72 Rz. 1f.).

14 In der Sitzung des Vermittlungsausschusses fand der größere Teil der Anträge des Bundesrats keine Berücksichtigung. Akzeptiert wurden die neuen Vorschriften des § 70 und die Aufnahme auch der vertraglichen Unterhaltsansprüche in die Bestimmung des § 74 sowie einige kleinere Korrekturen. Dagegen wurde das Grundprinzip der bundeseinheitlichen Geltung des BDSG im Sozialleistungsbereich nicht mehr angetastet (vgl. die Beschlußempfehlung des Vermittlungsausschusses vom 26. 6. 1980, BT-Drucks. 8/4330). Der Bundestag stimmte dieser Beschlußempfehlung am 4. 7. 1980 zu (Plenarprotokoll 8/230, S. 18683 (B)). Der Bundesrat akzeptierte sie in seinem Plenum vom 18. 7. 1980 (Prot. der 491. Sitzung, S. 348 (B)).

15 Das Erste und das Zweite Kapitel des SGB sowie die Neufassung des § 35 SGB I sind am 18. 8. 1980 verkündet worden (BGBl. I S. 1469) und am 1. 1. 1981 in Kraft getreten (Art. II § 40 Abs. 1). Das Dritte Kapitel des SGB X – Zusammenarbeit

Einleitung

der Leistungsträger und ihre Beziehungen zu Dritten – stammt vom 4.11.1982 (BGBl. I S. 1450) und ist am 1.7.1983 in Kraft getreten (Art. II § 25 Abs. 1). Gesetzesänderungen erfolgten 1981 (BGBl. I S. 1390), 1983 (BGBl. I S. 1532) und 1988 (BGBl. I S. 62).

IV. Neue Entwürfe zur bereichsspezifischen Gesetzgebung im Sozialleistungsbereich

Seit 1987 gibt es verstärkte Aktivitäten zur gesetzlichen Regelung einzelner **16** Aspekte der Datenverarbeitung im Sozialleistungsbereich. Sie konzentrieren sich in erster Linie auf die Sozialversicherung. Teilweise sind dabei auch Änderungen der §§ 67ff. SGB X vorgenommen worden bzw. vorgesehen. In den Kommentierungen dieses Werkes wird bei den jeweiligen Vorschriften bereits auf diese Änderungen eingegangen.
I. e. sind zu nennen:
(1) Das Gesetz zur Änderung von Vorschriften des SGB über die Übertragung, **17** Verpfändung und Pfändung von Ansprüchen auf Sozialleistungen, zur Regelung der Verwendung der **Versicherungsnummer** und zur Änderung anderer Vorschriften (Erstes Gesetz zur Änderung des Sozialgesetzbuchs – 1. SGBÄndG) vom 20.7.1988 (BGBl. I S. 1046; Entwurf der BReg, BT-Drucks. 11/1004 vom 22.10.87).
Dieses Gesetz, das am 27.7.1988 in Kraft getreten ist, führt einen Fünften Titel in den Ersten Abschnitt des Ersten Kapitels des SGB IV ein. In den §§ 18f und 18g wird i. e. geregelt, ob und in welchem Umfang Sozialleistungsträger und externe Stellen die **(Renten-)Versicherungsnummer** verwenden dürfen. In Art. 4 geht es um die Änderung des § 70 SGB X: Die Bergbehörden (Bergämter, Oberbergämter) werden den in der Vorschrift bereits genannten Gewerbeaufsichtsämtern gleichgestellt (dazu § 70 Rz. 18f.)
(2) Der Gesetzentwurf der Bundesregierung für ein Gesetz zur Einführung eines **18** Sozialversicherungsausweises und zur Änderung anderer Sozialgesetze (BT-Drucks. 11/2807 vom 22.8.1988).
In diesem Entwurf ist beabsichtigt, dem Ersten Kapitel des SGB IV einen Sechsten Abschnitt anzufügen. In den §§ 97ff. SGB IV soll danach die Mitführungspflicht, der Inhalt und das Meldeverfahren für den **Sozialversicherungsausweis** festgelegt werden. Als Meldestellen sollen die Einzugsstellen für den Gesamtsozialversicherungsbeitrag fungieren (§ 105), welche automatisiert zu verarbeitende Dateien anzulegen haben. Als zentrale datenverarbeitende Stelle wird die Datenstelle des VDR eingesetzt (§ 105 Abs. 3). Neu ist insbesondere, daß auch alle ansonsten versicherungsfreien geringfügig Beschäftigten im Zusammenhang mit der Ausstellung des Ausweises gemeldet und gespeichert werden sollen (§ 104). Eine Änderung des SGB X ist in diesem Entwurf nicht vorgesehen.
(3) Das Gesetz zur Einordnung der Vorschriften über die Meldepflichten des **19** Arbeitgebers in der Kranken- und Rentenversicherung sowie im Arbeitsförderungsrecht und über den Einzug des Gesamtsozialversicherungsbeitrags in das Vierte Buch Sozialgesetzbuch vom 20.12.1988 (BGBl. I S. 2330; Entwurf der BReg. BR-Drucks. 120/88 vom 18.3.1988), das am 1.1.1989 in Kraft getreten ist.
Mit diesem Gesetz sind die in zahlreichen Gesetzen verstreuten Bestimmungen über die **Meldepflichten des Arbeitgebers** zusammengefaßt, und als §§ 28a bis 28r

Einleitung

in den Dritten Abschnitt des Ersten Kapitels des SGB IV aufgenommen worden. Zwei Modifizierungen sind dabei auch den §§ 67 ff. SGB X erfolgt:
- die Erweiterung von **§ 69 Abs. 2 Nr. 1** SGB X um die Stellen, die dem Beamtenversorgungsgesetz entsprechende Vorschriften oder das Soldatenversorgungsgesetz ausführen;
- die Ergänzung in **§ 69 Abs. 2 Nr. 2** SGB X um die Zusatzversorgungseinrichtungen des öffentlichen Dienstes (vgl. dazu § 69 Rz. 118).

20 (4) Die weitreichendsten Veränderungen der Datenverarbeitungsnormen im Sozialversicherungsbereich enthält das Gesetz zur Sturkturreform im Gesundheitswesen (Gesundheits-Reformgesetz – GRG) vom 20.12.1988 (BGBl. I S. 2477; Entwurf der BReg. BR-Drucks. 200/88 vom 29.4.1988 bzw. BT-Drucks. 11/2493 vom 15.6.1988), das seit dem 1.1.1989 gilt. Die gesamten Regelungen über die Gesetzliche Krankenversicherung sind in das neue SGB V aufgenommen worden. Das 10. Kapitel enthält eine Reihe von Bestimmungen über die Erfassung, Auswertung und Weitergabe von versicherten- und arztbezogenen Daten (§§ 284 ff.). Auch der Datenaustausch zwischen Krankenkassen und Kassenärztlichen Vereinigungen wird geregelt. Dieses 10. Kapitel des RegE ist in den Beratungen von Bundestag und Bundesrat noch stark geändert worden. Neu aufgenommen wurden z. B. Bestimmungen über die Datenspeicherung und -verwendung durch den Medizinischen Dienst (§ 276 Abs. 2). Die Entwürfe zum GRG sind in der Literatur teilweise heftig kritisiert worden (vgl. z. B. *Steinmüller/Rieß* Versicherungsnummer; differenzierend *Borchert* CR 1988, 396 ff., der in den Datenregelungen des GRG in der Fassung des RefE zwar ebenfalls verfassungsrechtlich Bedenkliches feststellt, aber auch die sachlogisch notwendigen Datenflüsse in einem ausdifferenzierten Medizin- und Krankenversicherungs-System betonte). Art. 4 des GRG bringt eine wichtige Ergänzung und Änderung des § 79 Abs. 1 SGB X, die die Zulässigkeit der Datenverwendung durch die Sozialleistungsträger betrifft (dazu § 79 Rz. 114).

Artikel I

Sozialgesetzbuch (SGB)

Erstes Buch (I)
Allgemeiner Teil

Dritter Abschnitt
Gemeinsame Vorschriften für alle Sozialleistungsbereiche dieses Gesetzbuches

Erster Titel
Allgemeine Grundsätze

– Auszug –

§ 35 Sozialgeheimnis

(1) Jeder hat Anspruch darauf, daß Einzelangaben über seine persönlichen und sachlichen Verhältnisse (personenbezogene Daten) von den Leistungsträgern als Sozialgeheimnis gewahrt und nicht unbefugt offenbart werden. Der Anspruch richtet sich auch gegen die Verbände und Arbeitsgemeinschaften der Leistungsträger, die in diesem Gesetzbuch genannten öffentlich-rechtlichen Vereinigungen, die Künstlersozialkasse, die Deutsche Bundespost, soweit sie mit der Berechnung oder Auszahlung von Sozialleistungen betraut ist, und die aufsichts-, rechnungsprüfungs- oder weisungsberechtigten Behörden.

(2) Eine Offenbarung ist nur unter den Voraussetzungen der §§ 67 bis 77 des Zehnten Buches zulässig.

(3) Soweit eine Offenbarung nicht zulässig ist, besteht keine Auskunftspflicht, keine Zeugnispflicht und keine Pflicht zur Vorlegung oder Auslieferung von Schriftstücken, Akten, Dateien und sonstigen Datenträgern.

(4) Betriebs- und Geschäftsgeheimnisse stehen personenbezogenen Daten gleich.

Inhaltsübersicht

	Rz.
I. Entstehungsgeschichte	1– 5
II. Bedeutung der Vorschrift	6, 7
III. Geschützter Personenkreis	8–11
1. Unbeschränkter Personenkreis	8–10
2. Juristische Personen?	11
IV. Geschützte Information	12–24
1. Sozialgeheimnis	12, 13
2. Personenbezogene Daten	14–18
a) Definition	14
b) Bestimmbarkeit der Person	15, 16
c) Postmortale Geltung des Sozialgeheimnisses?	17, 18

	3. Betriebs- und Geschäftsgeheimnisse (Abs. 4)	19–22
	4. Art der Speicherung	23
	5. Bezug zur SGB-Aufgabe	24
V.	Die SGB-Stellen	25–51
	1. Allgemeines	25
	2. Funktionale, nicht institutionelle Abgrenzung der SGB-Stellen	26–32
	3. Leistungsträger	33–38
	4. Verbände der Leistungsträger	39–41
	5. Arbeitsgemeinschaften der Leistungsträger	42
	6. Verbände und Arbeitsgemeinschaften der Verbände	43
	7. Öffentlich-rechtliche Vereinigungen	44
	8. Künstlersozialkasse	45
	9. Deutsche Bundespost als Zahlstelle	46
	10. Aufsichtsbehörden	47–49
	11. Rechnungsprüfungs-Behörden	50
	12. Weisungsberechtigte Behörden	51
VI.	Weitere Normadressaten nach § 78 SGB X	52
VII.	Pflichten aus § 35 Abs. 1 Satz 1	53–60
	1. Unterlassen des Offenbarens	53–56
	a) Offenbaren	53–55
	b) Offenbarungsbefugnisse	56
	2. Geheimnis-Wahrung	57–60
	a) Vorkehrungen	57–58
	b) Innerbehördliche Geheimniswahrung	59, 60
VIII.	Numerus clausus der Offenbarungsbefugnisse (Abs. 2)	61–66
IX.	Abs. 3	67–71
X.	Abs. 4	72
XI.	Rechtsschutz	73–77
	1. Subjektives öffentliches Recht	73–75
	2. Rechtsmittel	76, 77
	3. Verwertungsverbot?	78
XII.	Verhältnis zu anderen Vorschriften	79
	1. Verwendungsverbot nach § 78 SGB X	79
	2. Strafvorschriften	79
	3. Sonstige	79

I. Entstehungsgeschichte

1 § 35 SGB I ersetzte 1976 Sozialgeheimnis-Vorschriften in sozialrechtlichen Einzelgesetzen. Die Vorschrift lautete in der bis zum 31. 12. 1980 geltenden Fassung, nachdem in einer 1978 erfolgten Gesetzesänderung die Verbände der Leistungsträger in den Kreis der Normadressaten einbezogen worden waren:
»Geheimhaltung
(1) Jeder hat Anspruch darauf, daß seine Geheimnisse, insbesondere die zum persönlichen Lebensbereich gehörenden Geheimnisse sowie die Betriebs- und Geschäftsgeheimnisse, von den Leistungsträgern, ihren Verbänden, den sonstigen in diesem Gesetzbuch genannten öffentlich-rechtlichen Vereinigungen und den Aufsichtsbehörden nicht unbefugt offenbart werden. Eine Offenbarung ist dann nicht unbefugt, wenn der Betroffene zustimmt oder eine gesetzliche Mitteilungspflicht besteht.

(2) Die Amtshilfe unter den Leistungsträgern wird durch Abs. 1 nicht beschränkt, soweit die ersuchende Stelle zur Erfüllung ihrer Aufgaben die geheimzuhaltenden Tatsachen kennen muß.«

Der von der Bundesregierung vorgelegte Gesetzentwurf eines Verwaltungsverfahrens im Sozialgesetzbuch von 1978 (BT-Drucks. 8/2034) sah hierzu eine Erweiterung der befugten Offenbarung innerhalb des Sozialleistungsbereichs vor, und zwar durch Einbeziehung der Verbände der Leistungsträger, der sonstigen im SGB genannten Vereinigungen sowie der Aufsichtsbehörden in den Kreis derjenigen Stellen, die untereinander durch gegenseitiges Offenbaren von Sozialdaten Amtshilfe leisten konnten. Der Bundesrat wollte in seiner Stellungnahme zu dem vorgelegten Gesetzentwurf den Kreis der gegenüber den Sozialbehörden amtshilfeberechtigten Behörden erweitern um die Gerichte, die Justizbehörden sowie diejenigen Stellen, welche in Verfahren wegen öffentlicher Leistungen, Erstattungsforderungen, Abgaben und Kosten und deren Vollstreckung tätig werden. Außerdem wollte der BR ganz allgemein über die »gesetzlichen Mitteilungspflichten« hinaus eine Offenbarung auch dann zulässig machen, wenn »eine Güterabwägung ergibt, daß das Geheimhaltungsinteresse hinter anderen Interessen zurücktreten muß« (BT-Drucks. 8/2034, S. 57).

Diese Gesetzesvorhaben waren der Anstoß, den **Sozialdatenschutz grundlegend neu zu regeln**. Hierbei war auch zu berücksichtigen, daß die seinerzeit geltende Fassung des § 35 keine klaren Abgrenzungen der zulässigen Datenübermittlungen zu enthalten schien, und daß eine präzisere bereichsspezifische Datenschutzregelung die angemessene Konsequenz daraus war, daß die allgemeinen Datenschutzregelungen des BDSG und der Länder-Datenschutzgesetze (soweit vorhanden) als zu unspezifisch bzw. als »Auffang-Datenschutzregelungen« betrachtet wurden.

Vor allem in den folgenden Zusammenhängen war es zu Unklarheiten bei der Anwendung von § 35 a.F. SGB I gekommen, die zum Vorschlag des Bundesrats führten: 2

Bei strafrechtlichen **Ermittlungsverfahren** bemühte sich die Justiz um Zugang zu Daten der Sozialverwaltungen. Wo Versicherungsträger wie Krankenkassen den Datenzugang verwehrten, erfolgten vereinzelt Beschlagnahmen. Diese waren gestützt auf eine **Güterabwägung** und begründet mit der – fragwürdigen – Argumentation, aus § 161 StPO, wonach die Staatsanwaltschaft von allen öffentlichen Behörden Auskunft verlangen kann, ergäbe sich eine entsprechende gesetzliche Mitteilungspflicht der Dateninhaber i.S.d. § 35 Abs. 1 Satz 2 a.F. (*LG Düsseldorf* NJW 1978, 903; *LG Marburg* NJW 1978, 2306; *LG Wuppertal* NJW 1978, 902; *LG Stuttgart* DAVorm 1980, 245).

§ 35 SGB Abs. 2 a.F. regelte die Übermittlung von Sozialdaten im Rahmen der **Amtshilfe**. Die Vorschrift beschränkte die Zulässigkeit der Übermittlung aber auf den Kreis der Leistungsträger, was im Hinblick auf bestehende Verwaltungsroutinen als unzureichend angesehen wurde. Eine Ausweitung der Übermittlungsbefugnisse wurde zudem deshalb als erforderlich angesehen, weil Amtshilfe ein Ersuchen voraussetzt, die Vorschrift daher ein für u.U. notwendig gehaltenes unaufgefordertes Übermitteln nicht zuließ (Beispiel: ein Rentenversicherungsträger informiert eine Krankenkasse über den Abschluß einer Rehabilitationsmaßnahme, der eine anschließende Krankenpflegeleistung folgen soll). 3

§ 35 a.F. wurde auch aufgrund folgender Erwägungen kritisiert: Bei **Forschungsvorhaben**, deren Durchführung als im öffentlichen Interesse liegend betrachtet wurde (zum »öffentlichen Interesse« an Forschung § 75 SGB X Rz. 84ff.), wurde 4 es als unverzichtbar angesehen, daß Wissenschaftler, die nicht zu den Beschäftigten von Sozialleistungsträgern gehörten, **Datenzugang** zu bei den Trägern gespeicherten personenbezogenen Daten erhielten. Die Zulässigkeit derartiger Datenweitergaben, soweit sie erforderlich waren, wurde mit einer Güterabwägung oder mit der sachgerechten Schließung einer planwidrigen Gesetzeslücke begründet (*Borchert* DVR 1977, 359; *Podlech* Dokumentation, S. 98f.) oder de lege ferenda gefordert (*Steinmüller* Erfordernisse, S. 83 ff.).

Es ging also bei der Novellierung einerseits darum, über die bestehenden Offenbarungsbefugnisse (gesetzliche Mitteilungspflicht und Amtshilfe zwischen Leistungsträgern) hinaus weitere Offenbarungsbefugnisse zuzulassen. Andererseits sollte in klarer Weise der Sozialbereich datenrechtlich abgeschottet werden.

5 § 35 in der geltenden Fassung geht im wesentlichen auf einen Vorschlag des AuS-Ausschusses zurück. Die Vorschrift war Bestandteil einer grundlegenden Neuregelung des Sozialgeheimnisses, die unter Anlehnung an das Bundesdatenschutzgesetz abschließend sein und Generalklauseln möglichst vermeiden sollte. In dieser Konzeption wurde § 35 die **Grundnorm** für den Schutz des Sozialgeheimnisses, während das 2. Kapitel des SGB X differenzierte Einzelregelungen enthält (BT-Drucks. 8/4022, S. 80, 95). Der Bundestag hatte sich dem Vorschlag des Ausschusses angeschlossen (BR-Drucks. 288/80, S. 68/69). Der Bundesrat rief u. a. im Hinblick auf § 35 den Vermittlungsausschuß an, der u. a. vorschlug, die rechnungsprüfenden Behörden in den Kreis der zur Geheimniswahrung Verpflichteten aufzunehmen, wie es die Gesetz gewordene Fassung (Zustimmung des Bundestags am 4. 7. 1980, Plenarprotokoll 8/230, S. 18683 (B), des Bundesrats 18. 7. 1980, Plenarprotokoll 491, S. 348 (B)) vorsieht (zum Gesetzgebungsverfahren s. Einl. Rz. 9 ff.).

II. Bedeutung der Vorschrift

6 Die gleichzeitig mit den ersten beiden Kapiteln des SGB X erlassene Regelung löste eine alte Fassung des § 35 SGB I ab, die in Wissenschaft und Praxis zu Unklarheiten geführt hatte (Rz. 2 ff.). Mit der Neuregelung sollte vor allem folgendes geregelt oder klargestellt werden:
– Die Zulässigkeitsvoraussetzungen für eine Datenübermittlung durch die Sozialleistungsträger und die anderen in § 35 genannten Stellen sollten **abschließend** aufgezählt werden.
– Für die Wahrung als Sozialgeheimnis sollte es beim Umfang der geschützten Daten **nicht** auf ihren **Geheimnischarakter** ankommen wie bei § 35 SGB I a. F., sondern weiter gefaßt – wie in den Datenschutzgesetzen des Bundes und der Länder, aber ohne die Einschränkung auf eine dateimäßige Verarbeitung – allein auf die Personenbezogenheit.
– Der Schutz sollte auf Betriebs- und Geschäftsgeheimnisse erstreckt werden.
– Es sollten Konsequenzen aus der Unzulässigkeit der Datenübermittlung klargestellt werden.

7 Eine Anmerkung zur Terminologie: Die Verfasser des vorliegenden Kommentars verwenden den Begriff »**Leistungsträger**« (verwendet in § 35 Abs. 1 Satz 1) zur sprachlichen Vereinfachung oft auch dann, wenn nicht allein Leistungsträger, sondern gleichzeitig mit ihnen die anderen Stellen, die nach § 35 Abs. 1 Satz 2 das Sozialgeheimnis zu wahren haben (»SGB-Stellen«), ebenfalls gemeint sind.

III. Geschützter Personenkreis

1. Unbeschränkter Personenkreis

Die Rechtspflicht der **SGB-Stellen** (Rz. 25 ff.) zur Wahrung des Sozialgeheimnisses besteht gegenüber jedermann. Voraussetzung für das Entstehen und Bestehen der Pflicht ist allein die Tatsache, daß die SGB-Stelle über personenbezogene Daten des Betroffenen oder über Betriebs- und Geschäftsgeheimnisse verfügt. Das Bestehen eines **Sozialrechtsverhältnisses** (*Bley* Sozialrecht, 6. Aufl. 1988, S. 34 ff., S. 57 ff.) wird **nicht vorausgesetzt**; entscheidend ist aber, daß die Daten von der speichernden Stelle in deren **Funktion** als Leistungsträger gespeichert werden, Rz. 24, 28 ff. (kein Sozialdatenschutz also im Zusammenhang mit fiskalischen Hilfsgeschäften der Sozialverwaltung). Neben Leistungsempfängern oder Versicherten können auch deren Familienangehörige, Vermieter, Arbeitgeber oder andere Personen Wahrung ihrer Daten als Sozialgeheimnisse verlangen, auch die mit der Erfüllung von Sozialleistungsansprüchen vertraglich befaßten **Leistungserbringer** wie Kassenärzte. 8

Es ist in Frage gestellt worden, daß die **Informationen über Kassenärzte**, über die die Kassenärztlichen Vereinigungen, Zulassungsausschüsse usw. verfügen, Sozialgeheimnisse i. S. d. § 35 sind (nach *Hauck/Haines-Walloth* Rz. 26 »dürfte« die Frage »zu verneinen sein«). *Schirmer* KrV 1983, 59, ist ebenfalls der Auffassung, daß dies nicht der Fall sei: »Dies ergibt sich aus einer teleologischen Interpretation der ... Vorschrift, deren Schutzbereich ... auf Daten der mit dem Sozialleistungsbereich in Berührung tretenden Bürger in ihrer Rolle beispielsweise als Versicherte oder auch als Arbeitgeber konzentriert ist, nicht jedoch sich auf Personen erstreckt, die wie die Angehörigen der Heilberufe bei der Erbringung von Sozialleistungen für die Sozialleistungsträger mitwirken.« Dieselbe Überlegung wäre konsequenterweise anzustellen hinsichtlich der Daten über Leistungserbringer bei den Sozialleistungsträgern. 9

Die Auffassung *Schirmers* ist abzulehnen. Auch wenn zu berücksichtigen ist, daß die Arztdaten aufgrund der Datenschutzgesetze, des strafrechtlichen Geheimnisschutzes und weiterer Regelungen nicht von den Sozialbehörden und Kassenärztlichen Vereinigungen ohne weiteres an Dritte weitergegeben werden dürfen, besteht kein hinreichender Grund für die von *Schirmer* vorgenommene teleologische Einengung des § 35 (ebenso 6. TB/*BayLfD* S. 66). Ebenso wie dem Versicherten und Leistungsempfänger aus seinen sozialrechtlichen Verknüpfungen mit den SGB-Stellen kein sachwidriger Nachteil entstehen soll, muß dies auch für Kassenärzte und andere gelten; das Angewiesensein der betroffenen Bürger auf Sozialleistungen, das als Begründung für den Sozialdatenschutz herangezogen werden kann, ist nicht notwendigerweise schwerwiegender als die wirtschaftliche Abhängigkeit bei Leistungserbringern von der Zusammenarbeit mit den Leistungsträgern (zur Einbeziehung der Ärztedaten in die Datenschutzvorschriften vgl. jetzt §§ 285, 294 ff. SGB V).

Auf **Staatsangehörigkeit** oder **Wohnsitz** des Betroffenen kommt es nicht an, vgl. *BSGE* 47, 118, 120. 10

2. Juristische Personen?

11 Aufgrund von Abs. 4 sind nicht nur natürliche Personen geschützt, sondern auch juristische Personen und Personenmehrheiten (Rz. 19), soweit es **Betriebs- und Geschäftsgeheimnisse** betrifft (zu weitgehend, weil den Schutz von Personenmehrheiten in unklarer und unnötiger Weise ausdehnend, *Lauterbach/Watermann*, UV, vor § 67 SGB X Anm. 2a; *Bley* SGB-SozVers-GesKomm § 35 SGB I Anm. 4b; *Verbandskommentar* § 35 SGB I Rz. 13).

IV. Geschützte Informationen

1. Sozialgeheimnis

12 Abs. 1 enthält die Legaldefinition, daß **jede personenbezogene Information**, über die eine SGB-Stelle in ihrer Funktion als Sozialleistungsträger (Rz. 25) verfügt, ein Sozialgeheimnis ist.

13 **Unerheblich** ist, ob die Information Geheimnischarakter hat, d.h. ob der Betroffene ein schützenswertes Interesse an der Geheimhaltung hat, s. Rz. 6 sowie § 79 Rz. 22, oder ob die Information Dritten **bereits bekannt** ist (a. A. *Hauck/Haines-Walloth* § 35 SGB I Rz. 38; *BfA-Kommentar* § 67 SGB X Anm. 2; *Neumann-Duesberg* WzS 1981, 195; *Lauterbach/Watermann* UV, vor § 67 SGB X Anm. 7a).

2. Personenbezogene Daten

a) Definition

14 Es gilt der Datenbegriff der Datenschutzgesetze des Bundes und der Länder: »Personenbezogene Daten (sind) Einzelangaben über persönliche oder sachliche Verhältnisse einer bestimmten oder bestimmbaren Person (Betroffener)«, § 2 Abs. 1 BDSG (s. § 79 SGB X Rz. 36).
Auch die Tatsache, daß der Betroffene etwa als Klient einer Sozialbehörde mit dieser in Beziehung steht, ist ein Sozialgeheimnis. Die telefonische Mitteilung einer Sachbearbeiterin eines Arbeitsamts an die Polizei, daß ein von dieser Gesuchter sich arbeitsuchend in den Diensträumen des Arbeitsamts aufhält, ist nur zulässig unter den Voraussetzungen der §§ 68ff. SGB X (*LG Berlin* NDV 1983, 151; *KG Berlin* NDV 1985, 52; beide Entscheidungen betreffen denselben Fall, wobei das KG im Gegensatz zur Vorinstanz – und zu Unrecht, § 68 Rz. 44 – die Mitteilung an die Polizei für zulässig erkannte). Auch die Tatsache, daß bei einem Sozialleistungsträger keine Informationen über einen Betroffenen vorliegen (hieraus kann etwa auf Nichtbestehen eines Arbeitsverhältnisses, auf ein finanziell ungesichertes Alter, auf eine nur in der »Schattenwirtschaft« übernommene Arbeitgeberfunktion, auf Nicht-Zulassung als Kassenarzt oder auf unklare Kindschaftsverhältnisse geschlossen werden), ist in diesem Sinne ein Sozialgeheimnis (vgl. auch § 68 Rz. 42).

b) Bestimmbarkeit der Person
Eine bestimmte Person ist ein durch den Namen und ggf. (bei Verwechslungsmöglichkeiten) zusätzliche Angaben (etwa das Geburtsdatum) gekennzeichneter Betroffener. Darüber hinaus schützen die DSG und das SGB **bestimmbare** Personen (a. A. hinsichtlich des SGB nur *Lauterbach/Watermann* UV, vor § 67 SGB X Anm. 4e; daher war es überflüssig, in § 284 Abs. 1 SGB V zusätzlich zu den »personenbezogenen« auch die **»personenbeziehbaren«** Daten ausdrücklich zu erwähnen), also auch solche, die zwar nicht direkt bezeichnet werden, die aber mit Hilfe von Zusatzinformationen identifiziert werden können. Hier gibt es eindeutige Fälle (Beispiel: Die Person, die im Januar 1988 Oberstadtdirektor von Wuppertal ist), aber im wesentlichen ist Bestimmbarkeit ein unbestimmter Rechtsbegriff: Kommt es auf **Zusatzinformationen** an, über die nur wenige verfügen, oder nur solche Zusatzinformationen, die sich ohne Aufwand (oder ohne erheblichen Aufwand) jeder beschaffen kann? Nach der herrschenden Meinung im Datenschutzrecht (*Dammann* in Simitis u. a., BDSG, § 2 Anm. 37) ist zur näheren Klärung des Bestimmbarkeitsbegriff eine **Risikoanalyse** in Zweifelsfällen erforderlich: Wie groß ist das Risiko, daß jemand, der über anonyme Informationen über einen hinsichtlich seines Namens und seiner Anschrift nicht identifizierten Merkmalsträgers verfügt, mit Hilfe von Zusatzinformationen, über die er ebenfalls verfügt oder die er sich beschaffen kann, den Personenbezug herstellen wird? Ist diese Wahrscheinlichkeit sehr gering, so sind die Informationen nicht durch Datenschutzrecht geschützt, andernfalls handelt es sich um personenbezogene Daten.

Zur **Anonymisierung** von Einzeldaten und zur »faktischen« Anonymisierung bei aggregierten Daten s. § 79 SGB X Rz. 40.

c) Postmortale Geltung des Sozialgeheimnisses?
Nach dem Tode erleidet der Schutz der Persönlichkeit nach der Auffassung des *BGH* (BGHZ 50, 133 – »Mephisto« –) zwar eine Einschränkung, die sich aus der Nicht-mehr-Existenz einer handelnden Person ergebe, der Schutz des Lebensbildes gegen grob ehrverletzende Entstellungen bestehe aber weiter. Auch das strafbewehrte Verbot für Ärzte und andere Berufs- und Personengruppen (§ 203 Abs. 1 bis 3 StGB), Privatgeheimnisse nicht unbefugt zu offenbaren, besteht nach dem Tod des Betroffenen weiter (§ 203 Abs. 4 StGB). Daß das Gebot der Geheimhaltung nach § 35 über den Tod eines Versicherten hinaus dauert, wird vom *BSG* (BSGE 59, 76) vertreten (ebenso *Hauck/Haines-Walloth* § 35 SGB I Rz. 5; abl. 7. TB/*BayDSB* S. 12).

Nach *BVerfGE* 30, 173, 156 (»Mephisto«) erlischt das Persönlichkeitsrecht mit dem Tode (das **Andenken** bleibt nach Art. 1, nicht nach Art. 2 GG geschützt; in der Literatur wird zu dieser Entscheidung vereinzelt in mißverständlicher Weise festgestellt, sie habe das postmortal wirkende Persönlichkeitsrecht statuiert).

Von diesem nachwirkenden Ehrenschutz ist aber der Schutz des Sozialgeheimnisses klar **zu unterscheiden**. Dieser ist mit der Rechtsfähigkeit derjenigen, die den Anspruch nach § 35 haben, verknüpft; das Sozialgeheimnis endet mit dem Tode des Betroffenen (daher stellt sich auch nicht die vom *BSG* (a. a. O.) – konsequenterweise – erörterte Frage, ob nach dem Tode des Betroffenen Rechtsnachfolger/Erben oder Angehörige/Hinterbliebene anstelle des Verstorbenen eine Einwilligung nach § 67 SGB X geben können).

Davon unberührt bleibt die Verpflichtung der Sozialleistungsträger, Daten aufgrund anderer Vorschriften oder des postmortalen Ehrenschutzes gegen die Kenntnisnahme durch Unbefugte zu schützen.

3. Betriebs- und Geschäftsgeheimnisse (Abs. 4)

19 Hinausgehend über den Schutzbereich der DSG werden durch die Regelung des Abs. 4 auch Daten in den Schutz aufgenommen, die sich nicht notwendigerweise auf eine bestimmte oder bestimmbare Person, aber auf einen bestimmten oder bestimmbaren Betrieb oder ein Geschäft beziehen.
Diese Ausweitung, die insoweit den strafrechtlichen Schutz von Privatgeheimnissen nachvollzieht (§ 76 SGB X Rz. 14), berücksichtigt die Tatsache, daß viele SGB-Stellen, insbesondere die Sozialversicherungsträger, neben den Informationen über (potentielle) Leistungsempfänger in großem Umfang Informationen über Betrieb und Geschäfte (beispielsweise **Arbeitgeber** versicherter Mitglieder oder **Erbringer von Sach- und Dienstleistungen** an Versicherte) speichern.

20 Fraglich ist, ob die Regelung bei Betriebs- und Geschäftsgeheimnissen – anders als bei Sozialgeheimnissen i. S. d. Abs. 1, aber in Übereinstimmung mit dem strafrechtlichen Schutz von Betriebs- und Geschäftsgeheimnissen – nur solche Einzelangaben über die Verhältnisse des Betriebs oder Geschäfts betrifft, die Geheimnis-Charakter haben, an deren Geheimhaltung also der Inhaber des Betriebs oder Geschäfts ein **schützenswertes Interesse** hat (so *Podlech* in Grüner/Dalichau, SGB X, Vorbem. VII. 3. b vor § 67 SGB X; ähnlich *Krahmer* in Giese, § 35 SGB I Rz. 15; *Hauck/Haines-Walloth* § 35 SGB I Rz. 27; *Verbandskommentar* § 35 SGB I Anm. 5; a. A., nämlich für die Geltung für **alle betrieblichen Daten**, *Seewald* in Wannagat, § 35 SGB I Rz. 17). Für diese Auslegung spricht zum einen, daß – wie in der Beschränkung der Datenschutzgesetze auf **personenbezogene** Daten deutlich wird – der Schutzzweck des § 35 keinen umfassenden Schutz betriebsbezogener Informationen erfordert. Zum anderen stellt § 35 Abs. 4 Betriebs- und **Geschäftsgeheimnisse** personenbezogenen Daten gleich, während diese in Abs. 1 **als** Geheimnis zu wahren sind. Abs. 4 bezieht sich damit auf einen Begriff des Betriebs- und Geschäftsgeheimnisses im Sinne einer Rechtsfolgenverweisung.
Der Rechtsbegriff der Betriebs- und Geschäftsgeheimnisse findet sich außerhalb des SGB beispielsweise in § 120 Abs. 1 BetrVG und sehr ähnlich in § 17 UWG. Dort ist unzweifelhaft, daß es sich um Informationen handelt, die üblicherweise von einem Unternehmen der jeweiligen Art vertraulich behandelt zu werden pflegen, die nicht offenkundig sind und an deren Nicht-Offenbarung das Unternehmen ein schutzwürdiges Interesse hat.

21 Die **Anzahl der** in einem Unternehmen beschäftigten **Mitarbeiter** läßt Rückschlüsse zu auf die wirtschaftlichen Verhältnisse und kann daher (falls nicht das Unternehmen selbst diese Anzahl veröffentlicht hat und damit mangelndes Interesse an der Geheimhaltung dokumentiert) ein Betriebsgeheimnis sein (3. TB/ *BfDNRW* S. 46f.; *Hauck/Haines-Walloth* § 35 SGB I Rz. 28).
Auch die Tatsache, daß Arbeitgeberbeiträge abgeführt wurden, ist Sozialgeheimnis (4. TB/*Nds. DSB* Ziff. 8.6.).

22 Wie bei personenbezogenen Daten ist auch bei Betriebs- und Geschäftsgeheimnissen der sozialrechtliche Geheimnisschutz an die Voraussetzung geknüpft, daß der Leistungsträger in seiner **Funktion als Leistungsträger** über die Information verfügt (Rz. 24ff.). Wie ihm aber die Geheimnisse bekannt geworden sind, ist unerheblich, *Schellhorn* GK-SGB I, § 35 Rz. 24 (unklar die bei *Lauterbach/Watermann* UV, vor § 67 SGB X Anm. 15 b genannten Fallbeispiele).

4. Art der Speicherung

Die Art der Speicherung der Sozialgeheimnisse ist unerheblich. Der Kreis der geschützten Informationen ist insofern weiter als in den DSG, die (wenn auch mit Ausnahmen) nur Informationen betreffen, die in Dateien (zum Dateibegriff des DSG § 2 Abs. 3 Nr. 3 BDSG, § 79 SGB X Rz. 51 ff.) gespeichert sind. So ist auch bei Informationen, die allein im Gedächtnis des Sachbearbeiters »gespeichert« sind, § 35 zu beachten. Vor allem sind die in **Akten** aufgezeichneten Angaben umfaßt. 23

5. Bezug zur SGB-Aufgabe

Nur solche Informationen sind als Sozialgeheimnis geschützt, die die SGB-Stelle (Rz. 25 ff.) in ihrer Funktion als SGB-Stelle zur Kenntnis erhalten hat. Nicht nach § 35 (aber in den meisten Fällen nach anderen datenschützenden Regelungen wie Landesdatenschutzgesetzen und § 203 StGB) geschützt sind also Informationen, die ein Leistungsträger in seiner Funktion **als Arbeitgeber** oder **bei fiskalischer Tätigkeit** gespeichert hat (AuS-Ausschuß, BT-Drucks. 8/4022, S. 85). 24
Der Bezug zur SGB-Aufgabe ist im übrigen wesentlich für die Abgrenzung der SGB-Stellen, s.u. Rz. 26 ff.

V. Die SGB-Stellen

1. Allgemeines

Abs. 1 nennt die Adressaten der Regelung. Die bedeutsamsten Normadressaten sind die in Satz 1 genannten **Leistungsträger**. Dies rechtfertigt den auch in diesem Kommentar üblichen Sprachgebrauch, von »Leistungsträgern« häufig auch dann zu sprechen, wenn neben den Leistungsträgern auch die anderen verpflichteten Stellen gemeint sind. 25
Mit dem Begriff Leistungsträger knüpft die Regelung an an die **§§ 12, 18 ff. SGB I**, die allerdings **keine vollständige Aufzählung** der Leistungsträger enthalten (Rz. 34), und damit an das SGB mit seinen vorgesehenen zehn Büchern. In Kraft sind das erste, fünfte und zehnte Buch und das erste Kapitel des vierten Buchs, und bis zu ihrer Einordnung in das SGB gelten die in Art. II § 1 SGB I genannten Gesetze als (weitere) besondere Teile des SGB (Rz. 34). Leistungsträger sind alle Stellen, die diese Gesetze auszuführen haben.

2. Funktionale, nicht institutionelle Abgrenzung der SGB-Stellen

26 Viele Körperschaften und Anstalten, die die in Art. II § 1 SGB I genannten Gesetze ausführen, nehmen unterschiedliche Funktionen wahr. Beispielsweise sind alle Körperschaften, denen die Erbringung von Sozialleistungen als Aufgabe zugewiesen ist, auch als **öffentliche Arbeitgeber Träger der Sozialleistung Kindergeld**, und alle öffentlichen Arbeitgeber sind unabhängig von ihrer sonstigen Funktion SGB-Stellen, weil sie Träger der Sozialleistung Kindergeld sind (§ 45 BKGG).
Die Feststellung, ob eine Offenbarung von Sozialgeheimnissen vorliegt, die einer gesetzlichen Erlaubnis nach §§ 67 ff. SGB X bedarf, umfaßt die Feststellung, ob eine Datenweitergabe **nach außen** (dann Offenbaren) oder **innerhalb** der SGB-Stelle (dann kein Offenbaren) erfolgt (Rz. 53). Für diese Feststellung ist die Abgrenzung der SGB-Stellen erforderlich.

27 In Frage kommen hier als Ausgangspunkt (zu weiteren Differenzierungen Rz. 29 ff.) die **institutionelle** Abgrenzung (danach wären Datenweitergaben innerhalb einer Körperschaft oder Anstalt keine Offenbarungen i. S. d. § 35; diese Auffassung vertreten *Hauck/Haines-Walloth* § 35 Anm. 37; *Lauterbach/Watermann* UV, vor § 67 SGB X Anm. 7a) und eine **funktionale** Abgrenzung (danach liegt ein Offenbaren auch bei Datenweitergaben innerhalb einer Körperschaft oder Anstalt vor, wenn die beteiligten Stellen unterschiedliche Funktionen haben).
Für die funktionale Abgrenzung sprechen Grundprinzipien des Daten- und Geheimnisschutzes wie die Zweckbindung (*BVerfGE* 65, 1) und die informationelle Zuständigkeitsverteilung (Einl. Rz. 8; das *BVerfG* nimmt in einem Kammerbeschluß vom 18. 12. 1987 – 1 BvR 962/87 – zur Volkszählung ausdrücklich Bezug auf den »**funktionalen Stellenbegriff**«). Auch der Gesetzgeber des SGB hat diese Abgrenzung herangezogen, wenn er die Deutsche Bundespost in Satz 2 in ihrer speziellen sozialleistungsbezogenen Funktion in den Kreis der Normadressaten einbezieht, aber auch nur in dieser Funktion.

28 Die SGB-Stellen, welche § 35 zu beachten haben, sind demnach wie folgt abzugrenzen: Zunächst muß es sich um einen Leistungsträger oder eine andere Stelle handeln, deren **Aufgabe** im SGB geregelt ist. Ist eine Körperschaft oder Anstalt, eine Vereinigung oder eine Behörde für unterschiedliche soziale Aufgaben zuständig, so gliedert sie sich in mehrere SGB-Stellen. Beispielsweise ist das **Jugendamt** eines Landkreises eine andere Stelle (i. S. d. funktionalen Stellenbegriffs) als das **Sozialamt** derselben Körperschaft (und selbstverständlich gehört der Hausmeister einer städtischen Schule nicht zum Personal der SGB-Stelle »Sozialamt«; wie der *BfDNRW* im 8. TB, S. 64 berichtet, vertritt ein Stadtdirektor – im Zusammenhang mit der Information über Sozialhilfeempfänger an Hausmeister zum Zweck einer kostenlosen Schulmilchspeisung für Kinder aus diesem Personenkreis – eine andere Auffassung). Als Kriterium für diese **Abgrenzung** innerhalb von Organisationen dient das **SGB I**, das in den **§§ 18 bis 28** Sozialleistungen voneinander abgrenzt. (Erst recht ist dann die funktionale Trennung datenrechtlich wesentlich, wenn eine Behörde sowohl bei der Erbringung von Sozialleistungen als auch bei anderen Verwaltungsaufgaben Zuständigkeiten hat; beispielsweise ist das Bundesverwaltungsamt sowohl bei der Einziehung von BAföG-Darlehen als auch bei Aufgaben im Zusammenhang mit dem Zivildienst oder ausländerbezogenen Verwaltungsaufgaben tätig.)

Sozialgeheimnis § 35 SGB I

Unterschiedliche juristische Personen sind auch stets unterschiedliche SGB-Stellen.
Zusätzlich zur aufgabenbezogenen funktionalen Untergliederung der Sozialverwaltungen kommt bei überregional tätigen Körperschaften eine regionale Untergliederung als maßgeblicher Gesichtspunkt hinzu: Wo – wie bei der Bundesanstalt für Arbeit – regionale Verwaltungseinheiten mit selbständig tätigen, gesetzlich verankerten (§ 190 Nrn. 3, 4 AFG) Organen eingerichtet sind, ist jede Regionalverwaltung – im Falle der BA jedes Landesarbeitsamt und jedes Arbeitsamt – eine SGB-Stelle für sich (mit der Folge, daß eine Übermittlung von Sozialdaten von Arbeitsamt zu Arbeitsamt oder von einem Arbeitsamt zum Präsidenten der Anstalt an die rechtlichen Voraussetzungen der §§ 68 ff. geknüpft ist). Dies hat Konsequenzen für die §§ 68 (§ 68 SGB X Rz. 100 ff.) und 72 (§ 72 SGB X Rz. 48 f.) SGB X. Im Gegensatz zur hier vertretenen Auffassung ist die BA selbst der Auffassung, sie sei **ein** Leistungsträger i. S. d. SGB, so ihr Dienstblatt-Rderl. 155/87 vom 23. 12. 1987, S. 5. 29

Ämterübergreifende Stellen bei Körperschaften, die sowohl Zwecke des SGB als auch andere Verwaltungszwecke zu erfüllen haben (etwa die Stadtkasse, die sowohl Sozialhilfe als auch Stadtrats-Aufwandsentschädigungen auszahlt), sind, weil ihre Aufgabe nur lose mit der SGB-Aufgabe verknüpft ist, keine SGB-Stellen. (Zur Wahrung der Sozialgeheimnisse sind sie gleichwohl nach § 78 SGB X verpflichtet.) 30

In den **Kommunalverwaltungen** ist noch die folgende Besonderheit bedeutsam: Zur SGB-Stelle kann der **Leiter der Verwaltung** (Oberkreisdirektor oder Landrat, Oberbürgermeister oder Oberstadtdirektor) gehören, **soweit** er bei der Ausführung des SGB tätig ist. Dies ist dann der Fall, wenn er im Rahmen der Kommunalverfassung die Leitungskompetenz für Jugendamts-, Sozialamts- oder Wohngeldstellen-Zuständigkeiten an sich zieht. Tut der Leiter der Kommunalverwaltung dies nicht, so ist er auch nicht Angehöriger der SGB-Stelle; sondern in der vertikalen Organisationsgliederung endet die SGB-Stelle unterhalb der obersten Verwaltungsleitung bei dem nach dem jeweiligen Kommunalverfassungsrecht für den Sozialbereich zuständigen Mitglied des Vertretungsorgans (Dezernent, Beigeordneter) und oberhalb der Verwaltungsleitung des Sozial-, Jugend- oder sonstigen Amts mit SGB-Funktionen. Im übrigen kann der nach §§ 79 SGB X, 28 BDSG zu bestellende **interne Datenschutzbeauftragte** für mehrere SGB-Stellen der Kommune bestellt werden; der Datenschutzbeauftragte wird bestellt von dem Organ, das nach der jeweiligen Kommunalverfassung für die Datensicherung bei der Körperschaft zuständig ist. 31

An einigen **Beispielen** sollen die Auswirkungen des hier vertretenen funktionalen Behördenbegriffs bei der Anwendung des § 35 verdeutlicht werden: Wenn **Kindergelddaten** bei einem öffentlichen Arbeitgeber Mitarbeitern der Personalstelle zugänglich gemacht werden, handelt es sich um eine Offenbarung von Sozialgeheimnissen, und diese ist nur unter den Voraussetzungen der §§ 67 ff. befugt (9. TB/*BfD* Abschnitt 7.1.3). 32

Zweites Beispiel: Die medizinischen Gutachterdienste der Krankenversicherung; dies waren bis Ende 1988 die Vertrauensärztlichen Dienststellen, die nach dem Gesundheits-Reformgesetz durch den Medizinischen Dienst abgelöst wurden. Nach Abschnitt II Art. 2 §§ 1 f. des – als Bundesrecht in Kraft befindlichen, gem. Art. 79 Abs. 7 des Gesundheits-Reformgesetzes am 1. 1. 1990 außer Kraft tretenden – Gesetzes über den Aufbau der Sozialversicherung vom 5.7. 1934 sind die Vertrauensärzte (§§ 369b RVO, 75 KVLG) in **vertrauensärztlichen Dienst**stellen (VäD) tätig, welche als Abteilung Krankenversicherung (Abt. K) Organisationseinheit der Landesversicherungsanstalten sind (mit einer Ausnahme: in Berlin ist der vertrauensärztliche Dienst Abteilung der AOK Berlin, *Sendler* Patientengeheimnis und Sozialdatenschutz in den medizinischen Gutachterdiensten der Sozialversicherung, dargestellt am Beispiel des Vertrauensärztlichen Dienstes der gesetzlichen Krankenversicherung, MedSach 1982, 66). Funktional besteht eine klare Trennung der Aufgaben der jeweiligen Abteilung Krankenversicherung von den anderen Aufgaben der Landesversicherungsanstalten (wegen der funktionalen Nähe zur Krankenversicherung sind die vertrauensärztlichen Dienste üblicherweise auch räumlich an Krankenkassen angegliedert). Eine Weitergabe von personenbezogenen Daten oder von Betriebs- oder Geschäftsgeheimnissen von der Abt. K an eine andere Organisationseinheit der LVA (oder umgekehrt von dieser an den VäD) ist ein Offenbaren, das einer Rechtfertigung nach §§ 67, 68, 69 oder 75 unter Beachtung von § 76 SGB X bedarf (a. A. die nordrhein-westfälische Landesregierung in ihrer Stellungnahme zum 6. TB des *LfD* LT-Drucks. 10/430, zu C 8a).

Mit dem am 1.1. 1989 in Kraft getretenen Gesundheits-Reformgesetz werden die Vertrauensärztlichen Dienststellen durch einen eigenständigen Medizinischen Dienst abgelöst, §§ 275ff. SGB V, Art. 73 GRG. Damit hat sich die Kontroverse um die datenrechtliche Zuordnung der Vertrauensärzte erledigt: Der Medizinische Dienst ist jeweils eine SGB-Stelle, seine datenrechtlichen Verknüpfungen mit den Krankenkassen und anderen Stellen sind ausdrücklich geregelt, §§ 275ff. SGB V.

3. Leistungsträger

33 § 11 SGB I definiert durch Verweisung auf §§ 18 bis 29 die Leistungsträger (die Aufzählung der Leistungsträger ist aber nicht vollständig, s. Rz. 34f.). Soweit dort auf Stellen Bezug genommen wird, die keine Aufgaben der (unmittelbaren oder mittelbaren) Staatsverwaltung erfüllen, gehören sie nicht zu den Leistungsträgern. Dies sind die Träger der **freien Jugendhilfe** (mit denen gem. § 27 Abs. 2 SGB I die Leistungsträger zusammenarbeiten) und die Träger der **freien Wohlfahrtspflege** (mit denen gem. § 28 Abs. 2 SGB I die Leistungsträger der Sozialhilfe zusammenarbeiten).

Damit ist aber nicht ausgeschlossen, daß die genannten freien Träger unter bestimmten Voraussetzungen aufgrund von § 35 Abs. 1 Sozialgeheimnisse zu wahren haben. Beispiele sind **Beauftragungen gem. § 10 Abs. 5 BSHG** (die mit der Durchführung von Sozialhilfe-Aufgaben betraute Unterorganisation des Wohlfahrtsverbandes ist dann SGB-Stelle nach § 35 Abs. 1 Satz 1) oder Mitgliedschaft in gemeinsamen **Arbeitsgemeinschaften** mit Leistungsträgern nach § 95 BSHG (Anwendungsfall des § 35 Abs. 1 Satz 2).

34 Die Aufzählung der Leistungsträger in §§ 18ff. SGB I ist **unvollständig**. Maßgeblich ist **Art. II § 1 SGB I**: Alle Verwaltungsbehörden, die Leistungen zu erbringen haben, die in einem der dort aufgeführten Gesetze geregelt sind, sind Leistungsträger. Die Bestimmung lautet:

»Bis zu ihrer Einordnung in das Sozialgesetzbuch gelten die nachfolgenden

Sozialgeheimnis § 35 SGB I

Gesetze mit den zu ihrer Ergänzung und Änderung erlassenen Gesetzen als besondere Teile des Sozialgesetzbuchs«:
1. das Bundesausbildungsförderungsgesetz,
2. das Arbeitsförderungsgesetz,
3. das Schwerbehindertengesetz,
4. die Reichsversicherungsordnung,
5. das Angestelltenversicherungsgesetz,
6. das Reichsknappschaftsgesetz,
7. das Handwerkerversicherungsgesetz,
8. das Gesetz über eine Altershilfe für Landwirte,
9. das Gesetz über die Krankenversicherung der Landwirte,
10. das Selbstverwaltungsgesetz,
11. das Bundesversorgungsgesetz, auch soweit andere Gesetze ... die entsprechende Anwendung der Leistungsvorschriften des Bundesversorgungsgesetzes vorsehen, wie es etwa in § 6 Abs. 1, Abs. 3 OEG i. V. m. § 1 des Gesetzes über das Verwaltungsverfahren der Kriegsopferversorgung der Fall ist,
12. das Gesetz über das Verwaltungsverfahren der Kriegsopferversorgung,
13. das Bundeskindergeldgesetz,
14. das Wohngeldgesetz,
15. das Bundessozialhilfegesetz,
16. das Gesetz für Jugendwohlfahrt,
17. das Gesetz über die Angleichung der Leistungen zur Rehabilitation,
18. das Unterhaltsvorschußgesetz,
19. das Vorruhestandsgesetz,
20. der Erste Abschnitt des Bundeserziehungsgeldgesetzes.

In § 25 SGB I sind als Leistungsträger des **Kindergeldrechts** nur die Arbeitsämter aufgeführt. Nach § 45 BKGG wird aber das Gesetz auch von den Körperschaften, Anstalten oder Stiftungen des öffentlichen Rechts durchgeführt, die Angehörige des öffentlichen Dienstes beschäftigen oder Versorgungsbezüge zahlen. In dieser Funktion sind daher die Körperschaften, Anstalten oder Stiftungen SGB-Stellen (vgl. 6. TB/*LfDNRW* S. 78; 4. TB/*LfDBW* S. 23f.). 35

Kindergärten nach dem nordrhein-westfälischen Kindergartengesetz oder entsprechenden Ländergesetzen sind Leistungsträger, da sie Aufgaben nach § 27 SGB I i. V. m. §§ 4 bis 11 JWG wahrnehmen (das Kindergartengesetz ist Ausführungsgesetz zum JWG), 8. TB/*LfDNRW* S. 52.

Wenn eine Verwaltungsstelle sowohl Aufgaben nach dem SGB als auch andere Aufgaben wahrnimmt, so ist für die Anwendbarkeit des § 35 hinsichtlich bestimmter Daten entscheidend, ob die Stelle über die jeweiligen personenbezogenen Daten **als SGB-Leistungsträger** verfügt (Rz. 24).

Bei einigen Aufgaben von Leistungsträgern insbesondere der Kommunalverwaltung ist umstritten, ob es sich um Aufgaben nach dem Sozialgesetzbuch handelt. Beispielsweise ist hinsichtlich der personenbezogenen Informationen der Jugendgerichtshilfe verneint worden, daß es sich um Sozialgeheimnisse i.S.d. § 35 handelt (*LG Bonn* ZblJugR 1986, 67), obwohl die Jugendgerichtshilfe eine Pflichtaufgabe der Jugendämter ist, § 4 Nr. 4 JWG (Einzelheiten beschreibt *Eisenberg* NStZ 1986, 308).

Folgende **Beispiele** seien genannt für Leistungsträger außerhalb der Gebietskörperschaften, die sowohl für Aufgaben nach dem SGB als auch für andere Aufgaben zuständig sind: 36

— **Sozialämter** nehmen keine Aufgabe aus dem SGB wahr, wenn sie nach der Rundfunkgebühren-BefreiungsVO die Vorprüfung von Anträgen vornehmen;
— Sozialversicherungsträger sind gleichzeitig **Arbeitgeber**;
— Hochschulsozialwerke bewirtschaften Mensen und Cafeterien, betreiben Wohnheime und bearbeiten **BAföG**-Anträge;
— Soweit berufsgenossenschaftlichen Prüfstellen im Rahmen ihrer Prüftätigkeit nach dem **Gerätesicherheitsgesetz** Betriebs- und Geschäftsgeheimnisse bekanntwerden, geschieht dies im Rahmen privatrechtlicher Verträge, so daß § 35 nicht anwendbar ist (*Lauterbach/Watermann* UV, vor § 67 SGB X Anm. 15b).

37 Keine Leistungsträger sind Stellen, die Funktionen der sozialen Sicherung wahrnehmen, aber keines der Gesetze ausführen, die nach Art. II § 1 SGB I als besondere Teile des SGB gelten, z. B.:
— Bewährungshelfer sind Teil der Justizverwaltung (*Bley* SGB-SozVersGesKomm, § 35 Anm. 10);
— die Zentralstelle für den Bergmannversorgungsschein;
— die in § 69 Abs. 2 SGB X genannten Stellen und Einrichtungen, auch soweit sie (wie z. B. die Zusatzversorgungskasse für Arbeitnehmer in der Land- und Forstwirtschaft nach § 10 Abs. 1 ZVALG) § 35 entsprechend anwenden, *Hauck/Haines-Walloth* § 35 SGB I Rz. 10.

38 Zu den Leistungsträgern gehören auch die bei den Leistungsträgern gebildeten Ausschüsse, welchen teilweise auch Personen angehören, die nicht Bedienstete oder Organmitglieder der Leistungsträger sind, Beispiele sind der **Jugendwohlfahrtsausschuß** (§ 14 JWG) oder die **Ausschüsse nach** §§ 32, 34, 41, 42 **SchwbG** (im übrigen regelt § 52 SchwbG für einen Teil der Mitglieder dieser Ausschüsse eine persönliche Geheimhaltungspflicht, die neben der stellenbezogenen Geheimhaltungspflicht des § 35 SGB I besteht; vgl. auch *Adlhoch* BehindR 1985, 3, 31, 51).

Nicht zu den Leistungsträgern gehört die **Postbeamtenkrankenkasse** als Einrichtung der sozialen Sicherung außerhalb des SGB-Bereichs. Nicht ganz klar ist daher der Zusammenhang der Darlegungen von *Britz* ArchivPF 1985, 257ff., mit dem von ihm geschilderten Fall (a. a. O., S. 256): Die Bezirksstelle der Postbeamtenkrankenkasse verweigert dem Ermittlungsführer eines Disziplinarverfahrens gegen einen Postbeamten Auskünfte über etwaige Entziehungskuren des Beamten.

4. Verbände der Leistungsträger

39 Verbände der Leistungsträger, die bei ihrer Aufgabenerfüllung über Sozialgeheimnisse verfügen, bestehen im Bereich der Sozialversicherung:
— der VDR (zu dessen als Abteilung eingerichteter Datenstelle der Träger der Rentenversicherung vgl. § 14 DÜVO)
— Krankenkassen-Landesverbände (§ 207ff. SGB V, früher § 414 RVO), wobei diese wie auch die nachfolgend genannten Vereinigungen wohl routinemäßig über personenbezogene Sozialdaten nicht in Erfüllung eigener Aufgaben, sondern bei der Erfüllung von Aufgaben ihrer Mitgliedskassen verfügen, so daß die Regelungen über Auftrags-Datenverarbeitung (§ 80 SGB X) anzuwenden sind, s. aber *Meydam* BKK 1984, 225,

Sozialgeheimnis § 35 SGB I

- Krankenkassen-Bundesverbände (§§ 212ff. SGB V, früher § 414 RVO),
- Verbände nach § 218 SGB V, früher § 406 RVO.

Fraglich ist, ob auch sonstige privatrechtliche Zusammenschlüsse (e. V., BGB-Gesellschaft, nichtrechtsfähiger Verein, GmbH) von Krankenkassen (wie die Verbände und Ortsausschüsse der Ersatzkrankenkassen) von der Regelung erfaßt sind. Dafür spricht der erkennbare Wille des Gesetzgebers, alle mit der Ausführung der Vorschriften des SGB befaßten Stellen zur Wahrung des Sozialgeheimnisses zu verpflichten. Dagegen spricht, daß mit Aufgaben der öffentlichen Verwaltung Privatrechtssubjekte nur dann betraut werden können, wenn es hierfür eine rechtliche Grundlage gibt (wie in § 14 DÜVO hinsichtlich der VDR-Datenstelle); daher wäre es systemwidrig, beliebige privatrechtliche Zusammenschlüsse ohne öffentlich-rechtliche Grundlage als Normadressaten des § 35 aufzufassen.

Eine rechtspolitisch unerwünschte Regelungslücke dürfte bei dieser Auslegung nicht entstehen: Zum einen sind kaum Fallgestaltungen ersichtlich, in denen Private ohne positiv-rechtliche Grundlage Sozialgeheimnisse verwalten. Wo zum anderen privatrechtliche Zusammenschlüsse über personenbezogene Sozialdaten verfügen, müssen sie diese von einem Leistungsträger oder einer anderen SGB-Stelle erhalten haben. Daher gilt für sie § 78 SGB X, der sie zur Geheimhaltungspflicht nach § 35 analog verpflichtet.

Auch Arbeitsgemeinschaften der Leistungsträger sind Verbände, die als solche als Normadressaten in Betracht kommen. Für sie gilt aber die nachfolgend (Rz. 42) erläuterte Spezialbestimmung.

Einige Autoren befassen sich mit der Frage, ob auch solche Verbände zu den **40** Normadressaten gehören, denen neben Leistunsträgern (und/oder anderen SGB-Stellen) Mitglieder angehören, die keine SGB-Stellen sind. *Hauck/Haines-Walloth* § 35 SGB I Rz. 11 und *Podlech* in Grüner/Dalichau, Vorbem. VII.3.c vor § 67 SGB X, nehmen derartige Zusammenschlüsse, etwa den Deutschen Verein für öffentliche und private Fürsorge e.V. – als Beispiel insofern ungeeignet, weil dieser keine Aufgaben hat, zu deren Erfüllung personenbezogene Sozialdaten gespeichert werden –, von der Verpflichtung des § 35 SGB I aus. Nach *Hauck/Haines-Walloth* § 35 SGB I Rz. 11 werden bei nicht eingetragenen Vereinen (z.B. dem Deutschen Städtetag oder dem Deutschen Landkreistag, die freilich als Beispiele ebenso ungeeignet sind) nur die Leistungsträger selbst von § 35 erfaßt, da derartige Vereinigungen nicht Träger von Pflichten sein und vor Gericht verklagt werden können. Ob dies zutrifft und ggf. ein wesentlicher Aspekt sein kann, kann dahingestellt bleiben. Denn entscheidend ist, daß Verbände, die Aufgaben der Interessenvertretung ihrer Mitglieder in der Politik und der Öffentlichkeit wahrnehmen und die ihre Mitglieder allgemein beraten, die aber nicht Sozialverwaltungsaufgaben unter Verwenduung personenbezogener Daten erfüllen, schon aufgrund des funktionalen Stellenbegriffs nicht zu den Normadressaten gehören. Denn ihre Funktion ist nicht die Ausführung von SGB-Normen.

Bei **Zweifelsfragen**, ob ein Zusammenschluß § 35 (direkt, s. § 78 SGB X zur **41** Ausdehnung des Anwendungsbereichs auf Datenempfänger) zu beachten hat, ist das folgende Kriterium maßgeblich: Es geht bei § 35 darum, das informationelle Selbstbestimmungsrecht der Betroffenen in den Fällen zu sichern, in denen sie als potentielle Leistungsempfänger oder in anderen sozialrechtlichen Zusammenhängen Objekt einer personenbezogenen Datenspeicherung sind. Daher kommt

§ 35 dann und nur dann zur Anwendung, wenn Vorschriften des SGB einschließlich seiner besonderen Teile (Art. II § 1 SGB I) auszuführen sind. Wenn daher die satzungsmäßige Aufgabe einer Vereinigung nicht die Ausführung von im SGB geregelten Aufgaben umfaßt, gilt § 35 nicht (direkt), auch wenn die Mitglieder der Vereinigung zwar sämtlich oder zum Teil Leistungsträger i. S. d. SGB I sind, aber ihre Mitgliedschaft nicht ihre Funktion als Leistungsträger betrifft: Die Verarbeitung personenbezogener Sozialdaten muß bei den dem § 35 (direkt) unterworfenen Stellen zur Erfüllung ihrer sozialrechtlichen Aufgabe gehören (was die **Anwendung** des § 35 **nicht** auf die Fälle **beschränkt**, in denen die Verarbeitung der Daten zur Aufgabenerfüllung **erforderlich** ist; auch eine Stelle, die Sozialdaten im Zusammenhang mit der sozialrechtlichen Aufgabenerfüllung speichert und verarbeitet, ohne daß dies erforderlich wäre, ist selbstverständlich zur Wahrung des Sozialgeheimnisses verpflichtet).

5. Arbeitsgemeinschaften der Leistungsträger

42 Nach § 94 Abs. 1 SGB X können die Leistungsträger (und ihre Verbände) zur gemeinsamen Wahrnehmung von Aufgaben zur Eingliederung Behinderter Arbeitsgemeinschaften bilden (vgl. die Verfahrensrichtlinien der Arbeitsgemeinschaft zur Rehabilitation Suchtkranker im Lande Hessen, in Nachrichten der LVA Hessen 1980, 143 ff.; ein weiteres Beispiel bildet die Arbeitsgemeinschaft der Träger berufsgenossenschaftlicher Rehabilitationseinrichtungen).
Daneben gibt es unter der Bezeichnung Arbeitsgemeinschaft Zusammenschlüsse von Leistungsträgern, die der gemeinsamen Wahrnehmung von Aufgaben dienen; ohne daß es die Eingliederung Behinderter betrifft. **Beispiele:** Arbeitsgemeinschaften von Betriebskrankenkassen nach §§ 32 f. der Satzung des Landesverbandes der Betriebskrankenkassen Baden-Württemberg (BKK 1987, 19, 29 f.); Krankenkassen in der Region Dortmund. Für derartige Arbeitsgemeinschaften gilt, was in Rz. 39 ff. allgemein für Verbände ausgeführt wurde.
Arbeitsgemeinschaften sind auch die Körperschaften, die nach den 1989 in Kraft getretenen Vorschriften der §§ 275 ff. SGB V die Funktion des Medizinischen Dienstes der Krankenversicherung haben.

6. Verbände und Arbeitsgemeinschaften der Verbände

43 Nach den u. Rz. 24, 28 genannten Kriterien gibt es soweit ersichtlich keine Vereinigungen von Vereinigungen, die Normadressaten des § 35 bei direkter Anwendung sind. Wo derartige Vereinigungen über Sozialgeheimnisse verfügen, können sie sie nur von Leistungsträgern oder anderen SGB-Stellen erhalten haben und sind daher indirekt Adressaten von § 35 aufgrund § 78 SGB X.

7. Öffentlich-rechtliche Vereinigungen

44 »Die in diesem Gesetzbuch genannten öffentlich-rechtlichen Vereinigungen« (§ 35 Abs. 1 Satz 2) sind die Kassenärztlichen Vereinigungen, die Kassenzahnärztlichen Vereinigungen, die Kassenärztliche Bundesvereinigung, die Kassenzahnärztliche

Sozialgeheimnis § 35 SGB I

Bundesvereinigung (§ 77 SGB V, früher §§ 368 ff. RVO); auch die bei den Vereinigungen gebildeten Zulassungs- und Prüfungs**ausschüsse** sind SGB-Stellen.

8. Künstlersozialkasse

§ 37 KSVG i. d. F. des Gesetzes zur finanziellen Sicherung der Künstlersozialversicherung vom 18. 12. 1987 (BGBl. I S. 2794) lautet:»Die Landesversicherungsanstalt Oldenburg-Bremen führt dieses Gesetz durch. Sie führt dabei die Bezeichnung ›Künstlersozialkasse‹.« Die Künstlersozialkasse, die – zunächst als eigenständige rechtsfähige bundesunmittelbare Anstalt des öffentlichen Rechts – erst nach Inkrafttreten des neuen § 35 SGB I errichtet wurde, war im Gesetz besonders zu nennen, weil sie kein Träger der Versicherung ist: Versicherungsträger sind die BfA und die Krankenkassen; die Künstlersozialkasse ist für die Versicherungsträger als Daten- und Einzugsstelle tätig, §§ 1, 8, 15 ff., 23 ff., 27, 37 KSVG; hierzu ausführlich *Hase* SF 1987, 136 ff. In Konsequenz des funktionalen Stellenbegriffs stellt die Künstlersozialkasse auch nach ihrer Eingliederung in die LVA eine SGB-Stelle für sich dar.   45

9. Deutsche Bundespost als Zahlstelle

Nach §§ 620, 1296 RVO, 73 AVG, 89 RKG, 29, 46 GAL zahlen die Träger der Unfallversicherung und der Rentenversicherung in der Regel die Leistungen durch die Deutsche Bundespost, ebenso wie nach § 66 BVG der Träger sozialer Entschädigungsleistungen.   46
Die Geltung des § 35 für die Post hat zur Folge, daß die Post gehalten ist, organisatorische und technische Vorkehrungen gegen eine Funktionsvermischung ihrer sozialrechtlichen und ihrer sonstigen Funktionen vorzunehmen.
Zum Rentenauskunftsdienst der Deutschen Bundespost s. § 81 SGB X Rz. 5.

10. Aufsichtsbehörden

Allgemeine Aufsichtsbehörden sind die für die Dienstaufsicht, die Fachaufsicht und die Rechtsaufsicht zuständigen Behörden. »Die Dienstaufsicht erstreckt sich auf den Aufbau, die innere Ordnung, die allgemeine Geschäftsführung und die Personalangelegenheiten der Behörde (§ 12 Abs. 1 LOG NRW; entsprechende Regelungen finden sich – wie auch zu den folgenden Erläuterungen – in Vorschriften anderer Bundesländer). »Die Fachaufsicht erstreckt sich auf die rechtmäßige und zweckmäßige Wahrnehmung der Aufgaben« (§ 13 Abs. 1 LOG NRW). »Die Aufsicht über die Körperschaften erstreckt sich darauf, daß sie ihre Aufgaben im Einklang mit dem geltenden Recht erfüllen« (§ 20 LOG NRW).   47
Welche Behörden Aufsichtsbehörden sind, ist im einzelnen landes- oder bundesgesetzlich geregelt, auch für die Aufsichtsbehörden der Bundes- und Landesbehörden, die Sozialgesetze ausführen, welche als Teile des SGB gelten.   48
Für die Sozialversicherung enthält das SGB IV Regelungen über Aufsicht und Aufsichtsbehörden, §§ 87 ff. SGB IV. Es handelt sich grundsätzlich um Rechtsaufsicht (§ 87 Abs. 1 SGB IV), geht aber in manchen Punkten über eine Rechtsauf-

§ 35 SGB I *Sozialgeheimnis*

sicht hinaus und nähert sich der Fachaufsicht (etwa §§ 87, Abs. 2, 85 SGB IV, § 355 RVO, neugefaßt durch Art. 5 GRG). Die Festlegung der Aufsichtsbehörden bei landesunmittelbaren Sozialversicherungsträgern ist landesrechtlich geregelt, so ist etwa in Bayern nach Art. 2 Abs. 2 des Aufgabenübertragungsgesetzes ein Landesprüfungsamt für die Sozialversicherung errichtet. Für die bundesunmittelbaren Sozialversicherungsträger regelt § 90 SGB IV die Zuständigkeit für die Aufsicht. Die Prüfung der Geschäfts-, Rechnungs- und Betriebsführung wurde im GRG speziell neu geregelt, § 274 SGB V. Die Bundesanstalt für Arbeit unterliegt nach § 224 AFG der Rechtsaufsicht des Bundesministers für Arbeit und Sozialordnung.

Allgemeine Aufsichtsbehörden sind auch Stellen, die andere Aufsichtsbehörden überwachen, wie die Oberversicherungsämter im Verhältnis zu den Versicherungsämtern.

Aufsichtsberechtigte Behörden sind auch besondere Kontrollbehörden wie der Bundesbeauftragte für den Datenschutz oder entsprechende Stellen nach Landesrecht (ebenso *Schmidt* DSB 8/1988, S. 24).

Die rechnungsprüfungsberechtigten Behörden, die u. U. auch Aufsichtsbehörden sein können, werden, was auf eine entsprechende Empfehlung des Vermittlungsausschusses im Gesetzgebungsverfahren zurückgeht, gesondert in Abs. 1 Satz 2 genannt (Rz. 50).

49 Aus § 35 Abs. 1 Satz 2 ist nicht abzuleiten, daß die Sozialleistungsträger befugt sind, Sozialgeheimnisse an aufsichts-, rechnungsprüfungs- oder weisungsberechtigte Behörden zu offenbaren (ebenso *Hahne-Reulecke* MedR 1988, 235, 239). Derartige Offenbarungsbefugnisse können sich nur aus § 69 i. V. m. entsprechenden sozialrechtlichen Regelungen ergeben; für die Krankenversicherung ist hierzu die neue Vorschrift § 274 SGB V von Bedeutung; fraglich ist, ob diese Vorschrift (»Die Prüfung hat sich auf den gesamten Geschäftsbetrieb zu erstrecken; sie umfaßt die Prüfung seiner Gesetzmäßigkeit und Wirtschaftlichkeit. Die Krankenkassen und die Verbände der Krankenkassen haben auf Verlangen alle Unterlagen vorzulegen, die zur Durchführung der Prüfung erforderlich sind.«) mit ausreichender Klarheit Eingriffe in das informationelle Selbstbestimmungsrecht von Versicherten und Leistungserbringern regelt.

Aus der Nennung der Aufsichts- und Rechnungsprüfungsbehörden folgt nicht, daß diese selbst eine Aufgabe nach dem SGB erfüllen (so aber 6. TB/*LfDNRW* S. 78); dies ist dann der Fall, wenn sich die Aufsichtsbefugnis aus einem Gesetz nach Art. II § 1 SGB I ergibt.

Die interne Aufsicht und Rechnungsprüfung sind Bestandteil der materiellen Verwaltungsaufgabe der geprüften Behörde, und die entsprechende Informationsverarbeitung stellt keine Zweckänderung gegenüber der Verwaltungsaufgabe dar.

11. Rechnungsprüfungs-Behörden

50 »Die gesamte Haushalts- und Wirtschaftsführung des Bundes einschließlich seiner Sondervermögen und Betriebe wird von dem Bundesrechnungshof... geprüft.... Die Prüfung erstreckt sich auf die Einhaltung der für die Haushalts- und Wirtschaftsführung geltenden Vorschriften und Grundsätze, insbesondere darauf, ob
1. das Haushaltsgesetz und der Haushaltsplan eingehalten worden sind,

2. die Einnahmen und die Ausgaben begründet und belegt sind und die Haushaltsrechnung und die Vermögensrechnung ordnungsgemäß aufgestellt sind,
3. **wirtschaftlich und sparsam** verfahren wird,
4. die Aufgabe mit geringerem Personal- oder Sachaufwand oder auf andere Weise wirksamer erfüllt werden kann« (§§ 88, 90 BHO).
Entsprechende Regelungen gibt es für landesunmittelbare Behörden und Körperschaften; die Rechnungsprüfungsbehörden sind vielfach identisch mit den Aufsichtsbehörden, vgl. Rz. 47f. So wurden beispielsweise die Krankenkassen in Bayern in ihrer Geschäfts- und Rechnungsführung seit Jahrzehnten turnusmäßig vom Bayerischen Landesprüfungsamt für Sozialversicherung geprüft; § 274 SGB V führt seit dem 1.1.1989 in einigen Bundesländern zu neuen Prüfungszuständigkeiten.
Aus der Tatsache, daß die rechnungsprüfenden Behörden in § 35 aufgeführt werden, kann nicht geschlossen werden, daß diese ebenso wie die Leistungsträger Zugang zu Daten haben, die in der Arztpraxis oder im Krankenhaus erhoben wurden (insoweit zutreffend *Hahne-Reulecke* MedR 1988, 239; s. aber § 76 SGB X Rz. 52).
Hauck/Haines-Walloth § 35 SGB I Rz. 19, weisen darauf hin, daß im Zusammenhang mit der Mitgliedschaft der Bundesrepublik Deutschland in den Europäischen Gemeinschaften wohl auch die EG-Kommission rechnungsprüfungsberechtigte Behörde ist, soweit die Bundesrepublik gegenüber dem europäischen Ausrichtungs- und Garantiefonds für die Landwirtschaft Erstattungsansprüche im Rahmen der Landabgaberente (Sozialleistung nach dem SGB aufgrund Art. II § 1 Nr. 8 SGB I, § 41 GAL, auch wenn bei dieser Leistung nicht nur sozialpolitische, sondern auch agrarpolitische Motive wesentlich sind) geltend macht.

12. Weisungsberechtigte Behörden

Weisungsberechtigt sind im Rahmen ihrer Aufsichtsbefugnisse die Aufsichtsbehörden (Rz. 47f.), ferner generell die vorgesetzten Behörden in der unmittelbaren Staatsverwaltung. 51

VI. Weitere Normadressaten nach § 78 SGB X

Neben den SGB-Stellen sind nach § 78 SGB X alle Personen und Stellen zur Wahrung von Sozialgeheimnissen verpflichtet, denen diese offenbart wurden (auf die Erl. zu § 78 SGB X wird verwiesen). 52
Dagegen bedeutet die Gleichstellung anderer Stellen als Empfänger von Sozialgeheimnissen in § 69 Abs. 2 Nr. 1 SGB X nicht etwa, daß sie selbst zu SGB-Stellen werden.

VII. Pflichten aus § 35 Abs. 1 Satz 1

1. Unterlassen des Offenbarens

53 Die Vorschrift verbietet, personenbezogene Daten unbefugt zu offenbaren, und gebietet, sie als Sozialgeheimnis zu wahren. Das Verständnis des Anspruchsinhalts läßt sich leichter vermitteln, wenn man das im Gesetz an zweiter Stelle stehende Offenbarungsverbot vor dem Wahrungsgebot erörtert.

a) Offenbaren

Offenbaren personenbezogener Daten ist das Bekanntgeben der Daten an eine andere Person (aber nicht an den Betroffenen) oder an die Öffentlichkeit in der Weise, daß die Daten weitergegeben oder zum Abruf oder zur Einsichtnahme bereitgehalten werden.

Ein Offenbaren liegt nicht vor, wenn ein Dritter gegen den Willen des Dateninhabers die Daten zur Kenntnis nimmt. Liegt kein zweckgerichtetes Handeln, das auf Einsichtnahme dritter oder der Öffentlichkeit in die Daten gerichtet ist, vor, mangelt es aber an Schutzmaßnahmen gegen unbefugten Zugriff zu den Daten, ist dies nicht ein Fall des Offenbarens, sondern der fehlenden Wahrung des Sozialgeheimnisses, die aber von § 35 in gleicher Weise wie unbefugtes Offenbaren verboten wird (Rz. 57 ff.).

54 Zu klären ist, ob ein Offenbaren voraussetzt, daß einem Dritten, nicht zu den Organen oder zum Personal der speichernden Stelle Gehörenden die Kenntnis der Daten ermöglicht wird, oder ob auch die Weitergabe innerhalb der SGB-Stelle (Rz. 25 ff.) ein Offenbaren darstellt (so 3. TB/*BfDNRW* S. 43; *Schellhorn* GK-SGB I, Rz. 35, 76 f.; *Bley* SGB-SozVers-GesKomm, § 35 Anm. 6b; *Thieme* in Wannagat, § 35 SGB I Rz. 8). Wichtig ist hierbei, den Zusammenhang der hier behandelten Frage mit der Funktion des § 35 zu sehen, die – was das Verbot unbefugten Offenbarens betrifft (zur Wahrung des Sozialgeheimnisses Rz. 57 ff.) – darin besteht, eine Datenweitergabe der speichernden SGB-Stelle an andere Stellen zu regeln; maßgeblich für den Begriff des **Dritten**, an den offenbart wird, ist der oben (Rz. 25 ff.) erläuterte Begriff der SGB-Stelle: Datenweitergabe innerhalb der SGB-Stelle ist kein Offenbaren, Datenweitergabe nach außen ist Offenbaren. Wie oben (Rz. 26 ff.) erläutert, ist die **funktionale** Abgrenzung entscheidend. Erhält jemand Zugang zu den Daten, der – zu dem Zeitpunkt der Datenübermittlung – nicht dieselbe Funktion hat wie der Übermittelnde, so ist die Übermittlung der Sozialdaten ein Offenbaren. Dritte können daher auch Bedienstete derselben Körperschaft oder Anstalt sein, Rz. 28, beispielsweise nach Auffassung des 3. TB/*BfDNRW* S. 44, die Personalabteilung der Sozialbehörde. Zu der Pflicht, Sozialgeheimnisse vor der Kenntnisnahme durch unbefugte Personen innerhalb der Sozialbehörde zu schützen, s. Rz. 57 ff.

55 Eine Bekanntgabe von Daten liegt auch dann vor, wenn der Empfänger die Information schon kennt (*Dammann* in Simitis u.a., BDSG, § 2 Rz. 98). Zwar wird vertreten, eine Offenbarung i.S.d. §§ 67 ff. SGB X sei eine Mitteilung von Daten oder sonstigen Geheimnissen nur dann, wenn der Empfänger die Einzelangabe oder das Geheimnis noch nicht kenne (*Hauck*/*Haines-Walloth* § 35 SGB I Rz. 38; *BfA-Kommentar* § 67 SGB X Anm. 2; *Neumann-Duesberg* WzS 1981, 195; *Lauterbach*/*Watermann* UV, vor § 67 SGB X Anm. 7a). Dies könne die Praxis erleichtern, wenn besondere Personenkreise, z.B. Abgeordnete, Mitglieder von

Sozialgeheimnis § 35 SGB I

Petitionsausschüssen, Ehegatten ohne ausdrückliche Einwilligung Auskünfte zum Sachstand wünschten und über Vorabinformationen verfügten, die sie nur von Betroffenen erfahren haben könnten (*BfA-Kommentar* a.a.O.; u.U. kommt in solchen Fällen eine Einwilligung des Betroffenen in Betracht). Diese Auffassung ist aber im Hinblick auf den Schutzzweck der §§ 35 SGB I, 67ff. SGB X nicht haltbar (ganz abgesehen davon, daß in den genannten Beispielen Informationen offenbart werden sollen, die über die bei ihnen vorhandenen Informationen hinausgehen).

b) Offenbarungsbefugnisse
Offenbaren von Sozialgeheimnissen ist nach Abs. 2 immer dann verboten, wenn 56
die §§ 67 bis 77 SGB X nicht ausdrücklich die Zulässigkeit regeln (s. aber § 81 SGB X Rz. 4). Auf ein schützenswertes Interesse des Betroffenen an der Unterlassung des Offenbarens kommt es nicht an (a.A. nur *Grüner/Dalichau* § 35 SGB I Anm. II.1.).

2. Geheimnis-Wahrung

Sozialgeheimnisse werden in der Weise gewahrt, daß sie nicht unbefugt offenbart 57
werden. Darüber hinaus ergibt sich aus der Pflicht zur Geheimniswahrung, daß die Daten durch positive Vorkehrungen geschützt werden (Ausschuß-Begründung, BT-Drucks. 8/4022, S. 96).

a) Vorkehrungen
Die Sozialgeheimnisse sind durch technische und organisatorische Maßnahmen zu schützen. Durch klare dienstrechtliche Verantwortlichkeiten für Übermittlungen, Unterrichtung der Mitarbeiter über die Anforderungen der §§ 67ff. SGB X sowie durch technische Sicherungen (Einzelheiten § 79 SGB X Rz. 82ff.) kann erfahrungsgemäß ein Verstoß gegen § 35 weitgehend vermieden werden.
Soweit fragwürdige Offenbarungsersuchen anderer Behörden vorliegen, gehören eine Verweigerung der Datenoffenbarung und die Ausschöpfung des Rechtswegs u.U. zu den Pflichten des Leistungsträgers (*Hauck/Haines-Walloth* § 35 SGB I Rz. 34).
Soweit Interessenkollisionen bei Mitarbeitern oder Organmitgliedern zu befürch- 58
ten sind, die dazu führen könnten, daß das Verbot unbefugten Offenbarens nicht eingehalten wird, durch Handlungen, bei denen die Daten außerhalb des ursprünglichen Funktionszusammenhangs verwendet werden, müssen präventive Maßnahmen getroffen werden; so nennen *Hauck/Haines-Walloth* § 35 SGB I Rz. 32 und 7. TB/*BfD* S. 48, als Schutzmaßnahme, daß bei einer Betriebskrankenkasse nicht einem Mitarbeiter der Personalabteilung des Betriebs Aufgaben der betrieblichen Krankenversicherung übertragen werden (ähnlich wenden sich 3. TB/*SaarlDSB* Abschn. 8.2.1 und *Büllesbach/Holst* BldW 1982, 187, 188, dagegen, daß Sachbearbeiter gleichzeitig für Wohngeld und gewerbepolizeiliche Aufgaben zuständig sind). Ausdrücklich gesetzlich geregelt ist die interne Funktionstrennung durch Neuregelungen im Gesundheits-Reformgesetz: Nach § 63 Abs. 3a SGB IV n.F. dürfen Arbeitnehmerdaten von Kassenmitarbeitern und anderen nicht zur Kenntnis von Organmitgliedern gelangen, wenn die Organmitglieder gleichzeitig Funktionen im Personalwesen haben. Für den Fall, daß Beschäftigte

einer Krankenkasse bei dieser versichert sind, regelt § 284 Abs. 4 SGB V die datenrechtliche Funktionstrennung. Im übrigen ist beim parallel liegenden Fall bei der beamtenrechtlichen Beihilfe nach der Rechtsprechung des BAG ebenfalls eine Funktionstrennung von Beihilfestellen- und Personalentscheidungs-Zuständigkeit vorgeschrieben, *BAG* NZA 1988, 53. Generell statuiert *Ebsen* (IuR 1988, 355, 342) eine Verwertungssperre für die Fälle, in denen Offenbarungssperren durch Zuständigkeitsbündelung in einer Person (z. B. Vorgesetzter) zwangsläufig durchbrochen werden.

Zu den Vorkehrungen zur Geheimniswahrung gehört auch, daß Gespräche in den Dienststellen der Leistungsträger von den Bürgern so geführt werden können, daß nicht hierbei geschützte Informationen beim beabsichtigten oder unbeabsichtigten Mithören Unbeteiligten zur Kenntnis gelangen (vgl. 6. TB/*BfDNRW* S. 66, 168 ff.). Der Versand von Sozialdaten in offenen Postsendungen (z. B. Postkarten) hat in der Regel zu unterbleiben (vgl. 5. TB/*BlnDSB* Ziff. 2.4; ebenso *o.V.* DSB 5/1988, S. 11).

b) Innerbehördliche Geheimniswahrung

59 Ärzte und Psychologen als Mitarbeiter einer Sozialbehörde haben oft eine andere Funktion als die Verwaltungssachbearbeiter (vgl. auch § 76 SGB X Rz. 72). Daher ist die Weitergabe von Daten aus dem ärztlichen oder psychologischen Funktionszusammenhang an Sachbearbeiter des Verwaltungsfunktionszusammenhangs ein Offenbaren, das durch § 35 i. V. m. §§ 69, 76 SGB X eingeschränkt ist. So ist nach *SG Hildesheim* (NZA 1985, 543) die BA verpflichtet, die interne Offenbarung von ärztlichen und psychologischen Gutachten auf das erforderliche Maß zu begrenzen. Zu diesem Ergebnis gelangt man auch unabhängig von § 35, da es aus der auf § 203 StGB (ggf. i. V. m. Berufsrecht) beruhenden innerbehördlichen Verschwiegenheitspflicht folgt (§ 76 SGB X Rz. 72).

60 Nach Auffassung der Datenschutzbeauftragten des Bundes und der Länder (Beschluß der Konferenz der Datenschutzbeauftragten des Bundes und der Länder vom 14. 12. 1981, abgedruckt in der von *Damman* bearbeiteten BDSG-Dok., F 2, S. 1: »Eine Offenbarung im Sinne dieser Vorschrift liegt... auch dann vor, wenn personenbezogene Daten innerhalb eines Leistungsträgers weitergegeben werden.«) gehört zu den Verpflichtungen der Leistungsträger aus § 35 auch, durch entsprechende Vorkehrungen dafür zu sorgen, daß innerhalb der Behörde solchen Mitarbeitern der Zugang zu den Daten verwehrt wird, die nicht mit Aufgaben betraut sind, zu deren Erfüllung die Kenntnis der Daten erforderlich ist. Auch *Schellhorn* GK-SGB I, § 35 Rz. 35, 76 f., ist dieser Auffassung, und *Seewald* in Wannagat, § 35 SGB I Rz. 1, sieht in § 35 eine Verpflichtung der Verwaltung zu besonderer Sorgfalt mit Sozialdaten im »Innenbereich«.

Soweit es den Schutz der Daten gegen Kenntnisnahme durch Mitarbeiter betrifft, die einer funktional oder räumlich abgegrenzten Organisationseinheit des Leistungsträgers angehören, ergibt sich diese Verpflichtung daraus, daß eine entsprechende Datenweitergabe als ein Offenbaren i. S. d. § 35 zu werten ist (Rz. 26), sobald auf der Grundlage des funktionalen Behördenbegriffs unterschiedliche speichernde Stellen vorliegen. Dies ist etwa der Fall, wenn Krankenkassen die ihnen als Einzugsstellen für die Rentenversicherungsbeiträge bekanntgewordenen Adressen von Nichtmitgliedern zu Werbezwecken verwenden. Fraglich ist die aus § 35 abgeleitete Pflicht zur innerbehördlichen Geheimniswahrung für die dadurch nicht erfaßten Fallgestaltungen (**Beispiel:** Zwei Sachbearbeiter

Sozialgeheimnis § 35 SGB I

mit verschiedenen Zuständigkeiten arbeiten im selben Dienstraum und können dabei – unbeabsichtigt – Sozialdaten aus dem Zuständigkeitsbereich des jeweils Anderen zur Kenntnis nehmen. Sachgerecht erscheint hier eine Gesetzesauslegung, die den Schutz, der nach §§ 79 SGB X, 5 BDSG für Dateidaten vorzusehen ist, auch für die Aktendaten bei den Leistungsträgern vorschreibt, § 79 SGB X Rz. 70 ff. Denn mit § 35 war gerade die gesetzgeberische Absicht verbunden, personenbezogene Sozialdaten unabhängig von der Speicherungsform zu schützen, Rz. 6).

VIII. Numerus clausus der Offenbarungsbefugnisse (Abs. 2)

Offenbarungsbefugt (Rz. 53) sind die Leistungsträger nur unter den Voraussetzungen der §§ 67 ff. SGB X (zur neben den §§ 67 bis 75 mit den Einschränkungen der §§ 76 f. SGB X bestehenden Offenbarungsbefugnis aus § 81 s. 81 SGB X Rz. 4). Im einzelnen ist auf die Kommentierung dieser Vorschriften zu verweisen. 61

Der Gesetzgeber hat den **Numerus clausus** der Offenbarungsbefugnisse rechtlich verankert, um in möglichst eindeutiger und klarer Weise den Datenverkehr mit Sozialdaten auf das Ausmaß zu beschränken, das bei Abwägung der Datenschutzinteressen mit den höherwertigeren Allgemeininteressen unverzichtbar erscheint (Rz. 4).

Dienst- (§§ 9 BAT, 39 BRRG u. a.) oder prozeßrechtliche (Abs. 3, hierzu Rz. 67 ff.) Auskunftspflichten treten gegenüber dem Offenbarungsverbot zurück (dies gilt auch für landesrechtliche Dienstvorschriften etwa des Inhalts, unter bestimmten Voraussetzungen die Polizei zu informieren). 62

Es wird vertreten, daß es im Falle zwingend gebotener Güter- und Interessenabwägungen Offenbarungsbefugnisse neben den in §§ 67 ff. SGB X genannten geben könne (*Hauck/Haines-Walloth* § 35 SGB I Rz. 42; *Gitter* MittLVA Oberfr. 1981, 497 ff.; *Casselmann/Gundlach* SGb 1981, 92 ff; *Pappai* KrV 1980, 256; *Podlech* in Grüner/Dalichau, Vorbem. VII.5. vor § 67 SGB X: Zugunsten des Betroffenen und bei Bedrohung von Leben oder Gesundheit von Dritten dürfe das Sozialgeheimnis durchbrochen werden bei Güterabwägung; *Grüner/Dalichau* § 35 SGB I Anm. IV.1, meinen, die Anerkennung eines übergesetzlichen Notstandes müsse fraglich erscheinen; *Krahmer* in Giese, § 35 SGB I Rz. 12, hält Rechtfertigungen von Offenbarungen aus übergesetzlichem Notstand für denkbar). 63

Zu dieser Diskussion ist festzustellen, daß neben den vom Gesetzgeber ausdrücklich festgelegten Durchbrechungen des Sozialgeheimnisses, denen ja eine Interessen- und Güterabwägung zugrundeliegt, keine weiteren Durchbrechungen angenommen werden können. Andernfalls wäre der Sinn der mit den §§ 35 SGB I, 67 ff. SGB X vorgenommenen Neuregelung aufgehoben. Unabhängig davon kann § 34 StGB im Einzelfall bei der **strafrechtlichen** Prüfung der Geheimnisoffenbarung durch Bedienstete der Leistungsträger zur Straflosigkeit führen.

Es ist vereinzelt die Auffassung vertreten worden, über § 76 SGB X käme doch – entgegen der Intention der §§ 67 ff. SGB X – eine nach den Gesichtspunkten des »übergesetzlichen« Notstands vorzunehmende Güterabwägung zum Tragen (*P. Lange* S. 251 f.). Denn der Leistungsträger dürfe unter den gleichen Voraussetzungen offenbaren, unter denen ein Arzt offenbarungsbefugt wäre, und Ärzte könnten sich in bestimmten Situationen auf den Rechtfertigungsgrund der Güterabwägung berufen, wenn sie Patientengeheimnisse offenbaren (§ 76 SGB X Rz. 55 ff.). In der Kommentierung zu § 76 SGB X (Rz. 57) wird erläutert, daß diese Argumentation unhaltbar ist, da § 76 SGB X nur als zusätzliche Einschränkung von Offenbarungsbefugnissen bei besonders schutzwürdigen Daten, nicht aber als Ausweitung von Offenbarungsbefugnissen zu verstehen ist.

Im übrigen verwendet der Gesetzgeber die Begriffe der **(un-)befugten** und der **(un-)zulässigen** Offenbarung als Synonyme.

64 Wie in § 37 Satz 2 SGB I ausdrücklich geregelt, sind Offenbarungsbefugnisse in sozialrechtlichen Einzelgesetzen nachrangig. Der **Numerus clausus** kann daher grundsätzlich nur durch eine Änderung der §§ 67 ff. SGB X erweitert werden, s. ausführlich § 67 SGB X Rz. 71 ff.

65 Mit dem BillBG vom 15. 12. 1981 (BGBl. I S. 1390) wurde in die RVO der § 317b eingefügt (übernommen in § 306 SGB V), welcher eine Zusammenarbeit, speziell einen Datenaustausch der Krankenkassen mit anderen Behörden regelt. Diese Vorschrift kann nach den Erläuterungen in Rz. 64 nicht den Katalog der Offenbarungsbefugnisse erweitern, sondern auch für die in § 317b genannte Zusammenarbeit gelten die Offenbarungsbeschränkungen der §§ 67 ff. SGB X. Allerdings ist mit § 317b festgelegt oder klargestellt, daß die Bekämpfung illegaler Beschäftigung zu den Aufgaben der Krankenkassen gehört. Falls man also die Meinung vertritt, daß bis zum Inkrafttreten des BillBG die Bekämpfung illegaler Beschäftigung keine Aufgabe der Krankenversicherung war, wird man in § 317b RVO (seit dem 1. 1. 1989 in § 306 SGB V) i. V. m. § 69 Abs. 1 Nr. 1 SGB X eine Offenbarungsbefugnisse erweiternde Regelung sehen.

Eine Selbstbindung des Gesetzgebers, den Numerus clausus der Offenbarungsbefugnisse nicht zu erweitern, besteht nicht. Es ist also möglich, etwa in § 70 oder § 71 SGB X neue Offenbarungstatbestände zu regeln. Auch neue Offenbarungstatbestände außerhalb der §§ 67 bis 77 SGB X dürften keinen durchgreifenden Bedenken begegnen. Erforderlich wäre aber wegen des rechtsstaatlichen Grundsatzes der Widerspruchsfreiheit der Rechtsordnung und wegen des Grundsatzes der Normenklarheit, daß eine derartige Erweiterung eindeutig formuliert wird (**Beispiel:** »Die Träger haben an ... Angaben über ... zu übermitteln. § 35 Abs. 2 SGB I gilt insoweit nicht.«). Andernfalls stellt § 35 Abs. 2 eine einschränkende Regelung später erlassener Regelungen der Offenbarungsbefugnis dar.

Nicht unter den Numerus clausus des Abs. 2 fallen:
– Einsichtnahmen der Datenschutzbehörden in Ausübung ihrer Aufsichtsbefugnisse in Sozialdaten (§ 79 SGB X Rz. 171);
– Auskünfte an Dritte, die als Betroffene von ihrem datenschutzrechtlichen Auskunftsrecht Gebrauch machen, wenn in den Datensätzen sowohl über den Dritten als auch über den Anspruchsberechtigten nach § 35 Informationen enthalten sind (§ 83 SGB X Rz. 34 ff.);
– Einsichtnahmen der Datenschutzbehörden in Ausübung ihrer Aufsichtsbefugnisse in Sozialdaten, Begründung: § 79 SGB X Rz. 171;
– Einsichtnahmen von Rechnungshöfen und anderen Wirtschaftlichkeitsprüfungsbehörden (etwa nach § 274 SGB V) in Ausübung ihrer Aufsichtsbefugnisse in als Sozialgeheimnis geschützte Daten, Begründung: analog § 79 SGB X Rz. 171 (vgl. auch § 76 SGB X Rz. 52).

Sozialgeheimnis § 35 SGB I

§ 35 betrifft die den Leistungsträgern als Institutionen auferlegten Offenbarungs- 66
beschränkungen und läßt persönliche Berufsgeheimnisse und anderweitige Verschwiegenheitspflichten unberührt, wie sie in Vorschriften des SGB (§§ 715 RVO, 53 SchwbG) und anderer Regelungen (etwa § 203 StGB oder § 8 BAT) geregelt sind.

IX. Abs. 3

Mit Abs. 3 ist klargestellt, daß die Einschränkungen der Offenbarungsbefugnisse 67
nach §§ 35 SGB I, 67 ff. SGB X auch für Datenübermittlungen **gegenüber Gerichten** wirken.
Soweit Prozeßordnungen eine Auskunftspflicht und eine Vorlagepflicht von Akten und anderen Unterlagen regeln, ist das Verhältnis zu § 35 zu klären.
Zu Konflikten über den Umfang der Aktenvorlagepflichten der Leistungsträger 68
gegenüber Gerichten ist es vor allem in sozialgerichtlichen Verfahren gekommen (aus jüngster Zeit s. *Schimanski* SozSich 1987, 207; bei den dort genannten Fällen liegt allerdings nahe, an auf § 67 oder § 69 SGB X gestützte Offenbarungsbefugnisse zu denken). Nach § 119 SGG ist eine Behörde zur Vorlage von Urkunden oder Akten und zu Auskünften (nur dann) nicht verpflichtet, wenn die zuständige oberste Aufsichtsbehörde erklärt, daß das Bekanntwerden des Inhalts dieser Urkunden, Akten oder Auskünfte dem Wohl des Bundes oder eines deutschen Landes nachteilig sein würde oder daß die Vorgänge nach einem Gesetz oder ihrem Wesen nach geheimgehalten werden müssen.
Es wird vertreten, daß im sozialgerichtlichen Verfahren der Geheimhaltungspflicht der hierzu Verpflichteten eine generelle Vorlagepflicht vorgehe, die aus § 119 SGG folgt und eine auf § 69 SGB X gestützte Mitteilungspflicht darstelle (*Grüner/Dalichau* § 35 SGB I Anm. I.3.; *LSG Essen* AmtlMittLVA Rheinpr. 1983, 59 m. Anm. *Schmidinger*). Zum gleichen Ergebnis gelangt *Schickedanz* RV 1984, 222, mit der – nicht überzeugenden – Rechtsmeinung: »Die Beziehungen zwischen dem Sozialgericht und den von ihm um Auskunft oder Aktenvorlage ersuchten Stellen regeln sich nicht nach dem SGB X (Verwaltungsverfahren), sondern nach dem SGG (Gerichtsverfahren); das SGB X findet insoweit keine Anwendung.« Dies ist unzutreffend: Sowohl nach dem Prinzip des Vorrangs des später erlassenen Gesetzes vor dem früheren Gesetz als auch dem Prinzip des Vorrangs des speziellen Gesetzes vor dem allgemeinen Gesetz geht der sozialrechtliche Geheimnisschutz bei Sozialdaten den prozessualen Vorschriften vor, die die Übermittlung von Informationen an Gerichte betreffen. Ebenso äußern sich auch die Materialien: »Die Fälle der gesetzlichen Offenbarungsbefugnis sind in den §§ 67 bis 76 abschließend geregelt. Andere Vorschriften, insbesondere des gerichtlichen Verfahrens, greifen daneben nicht durch« (BT-Drucks. 8/4022, S. 84). Daher ist es im übrigen auch irreführend, zu § 35 Abs. 3 anzumerken, es bestehe danach keine (Auskunfts-, Zeugnis-Vorlegungs- oder Auslieferungs-) **Pflicht**, aber ein Auskunfts-usw.-**Recht** sei dadurch nicht ausgeschlossen (so aber *Bundesverband der Ortskrankenkassen u.a.* Rundschreiben vom 16.1. 1981, S. 4).
Umstritten war auch mehrfach (Nachw. bei *Eisenberg* NStZ 1986, 310) die Aktenvorlagepflicht der Jugendgerichtshilfe gegenüber dem Jugendgericht, s. u. in dieser Rz.

Auch Vormundschaftsgerichte in Adoptionsverfahren (so im ZfJ 1986, 286 beschriebenen Fall) und Verwaltungsgerichte zur Durchführung eines Verwaltungsrechtsstreits über Ansprüche auf laufende Sozialhilfe zum Lebensunterhalt (hierzu Gutachten des *Deutschen Vereins* NDV 1986, 399) haben Jugendämter zur Herausgabe von Akten aufgefordert.
Als Offenbarungsbefugnis kommt in erster Linie § 69 Abs. 1 Nr. 1 in Betracht; ist der Sozialleistungsträger Beklagter, kann er danach nicht unter Berufung auf § 35 Abs. 3 die Herausgabe von Akten an das Gericht verweigern. Weitere im Datenverkehr mit Gerichten relevante Vorschriften des Zehnten Buchs sind §§ 68 (§ 68 SGB X Rz. 31 ff.), 73 (§ 73 SGB X Rz. 10), 74 (§ 74 SGB X Rz. 9). Auch bei Datenübermittlungen an Gerichte sind die zusätzlichen Einschränkungen des § 76 SGB X zu beachten.
Zur **Beschlagnahme** von Akten, die Sozialgeheimnisse enthalten, § 73 Rz. 27 ff. und die folgenden Erläuterungen: Das *LG Bonn* (ZfJ 1986, 68) vertritt die Auffassung, der Beschlagnahme von Akten der Jugendgerichtshilfe beim Jugendamt (dieses hatte die Vorlage im Strafprozeß verweigert, weil der Betroffene der Vorlage widersprochen hatte) stehe § 35 SGB I nicht entgegen, weil diese Vorschrift auf das Verhältnis zwischen Gericht und Gerichtshilfe keine Anwendung finde. Das Gericht stützt sich darauf, daß die Jugendgerichtshilfe ein Prozeßhilfeorgan eigener Art ist. Diese Auffassung ist zutreffend, wenn § 4 Nr. 4 JWG keine eigenständige, zum SGB gehörende Aufgabe des Jugendamts festlegt; sie ist unzutreffend, wenn durch die Aufnahme in den Aufgabenkatalog des § 4 JWG auch die Jugendgerichtshilfe eine Aufgabe nach dem SGB ist (dann hat beispielsweise die Jugendgerichtshilfe im einzelnen zu prüfen, welche tatsächlichen Angaben dem Jugendgericht zu machen sind, wobei eine sorgfältige Abwägung vorzunehmen ist zwischen dem strafprozessualen Interesse an vollständiger Sachaufklärung und dem Interesse an einer Vertrauensbeziehung zwischen dem Jugendlichen und der Jugendgerichtshilfe, *Eisenberg* NStZ 1986, 309). Zur Klärung dieser Frage (die von *Kunkel* ZfJ 1984, 108 ff., in einer ausführlichen Darstellung der Probleme des Sozialdatenschutzes in der Praxis der Jugendämter keine Erwähnung findet) muß auf Darstellungen zum Jugendhilferecht und zur Jugendgerichtsbarkeit verwiesen werden.
In einem im ZfJ 1984, 286 f., mitgeteilten Fall waren in einem Adoptionsverfahren einer volljährigen Frau, für die das Jugendamt bis zu deren Volljährigkeit Amtsvormund war, vom Vormundschaftsgericht ohne nähere Begründung die beim Jugendamt vorhandenen Vorgänge angefordert worden. Zutreffend hat der *HDSB* in seiner Stellungnahme im ZfJ 1984, 287, auch für derartige Fälle die Übermittlungsbefugnisse der §§ 67 bis 77 SGB für relevant erklärt.
Das *LG Goslar* RDV 1987, 202, hatte darüber zu entscheiden, ob ein amtsärztliches Gutachten über mutmaßliche Mißhandlungen einer 13jährigen von der Staatsanwaltschaft auf richterliche Anordnung gem. §§ 98, 94 StPO beim Jugendamt beschlagnahmt werden durften. Da eine wirksame Einwilligung nicht vorlag, stellt das *LG* zutreffend fest, daß § 35 Abs. 3 SGB I der gerichtlichen Beschlagnahmeanordnung entgegenstand.

69 Der Sozialdatenschutz darf vom Gericht auch nicht dadurch umgangen werden, daß in den Fällen, in denen eine Pflicht zur Vorlage von Akten nicht besteht, der Sachbearbeiter als Zeuge über den Inhalt der Akten vernommen wird. Soweit keine Befugnis zur Offenbarung der Sozialdaten besteht, dürfen z. B. in den Fällen des § 54 StPO und des § 376 ZPO keine Aussagegenehmigungen erteilt werden (so der AuS-Ausschuß, BT-Drucks. 8/4022, S. 96; krit. *Krahmer* in Giese, § 35 SGB I Rz. 14; für »**Drogenberater**« verneint das *LG Mainz* NJW 1988, 1744, das Vorliegen eines strafprozessualen Zeugnisverweigerungsrechts; die Entscheidung wurde bestätigt durch einen Nichtannahmebeschluß des *BVerfG* vom 31. 5. 1988 – 2 BvR 367/88 –). Nach den §§ 54 Abs. 1 StPO, 39 BRRG, 61, 62 BBG, 9 BAT, 64, 65 LBG NW kann einer Person des öffentlichen Dienstes die Aussagegenehmigung dann versagt werden, wenn eine Aussage dem Wohl des Bundes oder eines deutschen Landes Nachteile bereiten oder die Erfüllung öffentlicher Aufgaben wesentlich gefährden oder erheblich erschweren würde; dies ist sicherlich der Fall, wenn die Zeugenaussage ein unbefugtes Offenbaren nach § 35 darstellen würde.

Ob dies auch für Zeugenaussagen von Mitarbeitern von Wohlfahrtsverbänden gilt, welche mit der Erfüllung von SGB-Aufgaben betraut wurden, ist nicht eindeutig geklärt. Der *Deutsche Verein* NDV 1982, 46f., bejaht mit einleuchtender Begründung diese Frage.

Sowohl das Gericht als auch der Leistungsträger haben § 35 zu beachten: Das Gericht hat bei der Anforderung von Unterlagen und bei der Einvernahme von Zeugen die Schranken des Sozialdatenschutzes zu prüfen. Insoweit beschränkt § 35 Bestimmungen in Prozeßordnungen, denen zufolge das Gericht die Vorlage von Unterlagen verlangen kann.

Die Prozeßordnungen sehen Ausnahmen von der Vorlagepflicht vor: §§ 69 Abs. 1, 99 Abs. 1 Satz 2 VwGO, 119 Abs. 1 SGG (daß §§ 35 SGB I, 67ff. SGB X i. S. v. § 119 SGG Gesetze darstellen, die die Geheimhaltung gegenüber dem Gericht rechtfertigen, bejaht auch *Meyer-Ladewig* § 119 SGG Rz. 4); 86 Abs. 2 FGO; 383 Abs. 1 Nr. 5 ZPO; 15 Abs. 1 FGG i. V. m. 383 Abs. 1 Nr. 5 ZPO; 54, 96 StPO (zum Verhältnis zwischen § 35 Abs. 3 und § 54 StPO gibt es ein Gutachten des *Deutschen Vereins* NDV 1982, 46). Allerdings handelt es sich hierbei um Ausnahmen von der Vorlagepflicht, die nicht quasi automatisch greifen, sondern sie sind an Entscheidungen von Behörden geknüpft. § 35 Abs. 3 verbietet aber unbefugtes Offenbaren an Gerichte unabhängig von Entscheidungen der Behörden oder der Aufsichtsbehörden im Einzelfall.

Daher wird man dem Regelungsgehalt des Abs. 3 nur gerecht, wenn man in der Vorschrift eine Regelung sieht, die gegenüber den Regelungen der Prozeßordnungen Vorrang besitzt (auch nach *Podlech* in Grüner/Dalichau, Vorbem. VII. 6. vor § 67 SGB X, ist § 35 Abs. 3 SGB I eine auch das Prozeßrecht unmittelbar ergreifende Vorschrift; nach *LG Braunschweig* NdsRPfl. 1986, S. 200 und *VGH Mannheim* 13. 9. 1983 – 4 S 1833/80 – geben die Vorschriften der Prozeßordnungen zum Beweisrecht den Gerichten keine Befugnisse, über die Möglichkeiten der §§ 67 bis 77 SGB X hinaus Sozialgeheimnisse zu erfahren; a. A. *LSG Essen* AmtlMittLVA Rheinpr. 1983, 59 m. Anm. *Schmidinger*).

Der Leistungsträger hat bei gerichtlichen Ersuchen auf Informationsweitergabe **70** eine Plausibilitätsprüfung anzustellen, ob er zum Offenbaren geschützter Daten befugt ist. Gegen gerichtliche Ersuchen, die ein unbefugtes Offenbaren betreffen, hat er den Rechtsweg einzuschlagen. Im Anwendungsbereich des § 119 SGG hat er sich um die Erklärung der zuständigen obersten Aufsichtsbehörde zu bemühen, daß die Vorgänge nach den Vorschriften der §§ 35 SGB I, 67ff. SGB X geheimgehalten werden müssen.

Vor der Versendung von Akten an das Gericht muß der Leistungsträger im einzelnen prüfen, ob der Akteninhalt nicht mehr Sozialgeheimnisse enthält, als er offenbaren darf (*Podlech* in Grüner/Dalichau, Vorbem. VI.2. vor § 67 SGB X; 4. TB/*LfD-NRW* S. 68; a. A. *Hase* in diesem Kommentar, § 69 SGB X Rz. 95ff.). Aus dem Erfordernis, bei der Vorlage von Akten an ein Gericht (etwa nach § 99 Abs. 1 Satz 1 VwGO) die §§ 35 SGB I, 68ff. SGB X zu beachten, folgt, daß das Gericht selbst detailliert prüft und darlegt, inwieweit die mit der Aktenvorlage verbundene Datenoffenbarung **erforderlich** ist, weil nur so der Leistungsträger seine Offenbarungsbefugnis prüfen und beurteilen kann, Gutachten des *Deutschen Vereins* NDV 1986, 399ff. zu §§ 99 Abs. 1 VwGO, 35 SGB I, 69 Abs. 1 Nr. 1 SGB X m. Nachw. auch für die Gegenmeinung, wonach allein der ersuchende Richter und nicht die ersuchte Behörde zur Beurteilung der Rechtmäßigkeit der Aktenvorlage berufen sei (vertreten auch von *Krahmer* in Giese, § 69 SGB X Rz. 4; *Emrich* S. 119; *Hase* a. a. O.).

Nach *BSGE* 60, 284, folgt aus dem informationellen Selbstbestimmungsrecht eines Arbeitnehmers, daß der Arbeitgeber die versorgungsamtliche Feststellung des Schwerbehindertenstatus nicht anfechten kann, denn wäre der Arbeitgeber im entsprechenden Rechtsstreit Verfahrensbeteiligter, so müßten ihm die vom Gericht von Amts wegen zu ermittelnden gesundheitlichen Verhältnisse des Arbeitnehmers bekanntgegeben werden, und dies verbietet § 35.

Soweit Aussagegenehmigungen nach § 118 SGG oder § 98 VwGO i. V. m. § 376 ZPO im Prozeß erteilt werden, sollen diese nach *Grüner/Dalichau* § 35 SGB I Anm. V, nicht von der Verpflichtung zur Wahrung des Sozialgeheimnisses, sondern lediglich von der Pflicht zur Amtsverschwiegenheit befreien, so daß der als Zeuge vernommene Amtsträger zwar generell aussagen darf und muß, aber nur insoweit, wie er keine Sozialgeheimnisse unbefugt offenbart.

71 Eine der Konsequenzen der prozessualen Wirkungen des § 35 liegt darin, daß auch Angehörige von Berufsgruppen, denen im Strafprozeß kein Zeugnisverweigerungsrecht zusteht (s. §§ 52f. StPO), die Aussage insoweit zu verweigern haben, als ihre Zeugenaussage sich als unbefugtes Offenbaren von Sozialgeheimnissen darstellen würde. Dies ist insbesondere für Sozialarbeiter näher erörtert worden (*Damian* BldW 1982, 196ff.).

Abs. 3 betrifft nicht die Frage, ob und wie Geheimnisse, die rechtmäßig zur Kenntnis des Gerichts gelangen, vor der Kenntnisnahme durch die Öffentlichkeit oder durch Verfahrensbeteiligte zu schützen sind (diese Problematik ist durch die Regelung des § 78 SGB X erfaßt).

Wenn eine Beiziehung von Akten aus einem Parallelverfahren im Sozialgerichtsprozeß zwangsläufig dazu führen müßte, daß medizinische Befunde und andere Sozialdaten eines anderen Klägers – und ohne dessen Einwilligung – zur Kenntnis der Verfahrensbeteiligten gelangen würden, ist die Beiziehung wegen Verstoßes gegen § 35 unzulässig (so daß *Hess. LSG* in einer von *Igl* CuR 1985, 95, mitgeteilten Entscheidung).

X. Abs. 4

72 Abs. 4 wird aus systematischen Erwägungen u. Rz. 19ff. erläutert.

XI. Rechtsschutz

1. Subjektives öffentliches Recht

Die wesentliche Bedeutung des § 35 liegt nicht darin, daß er eine Anspruchsgrundlage darstellt für Begehren Betroffener auf Wahrung ihrer Sozialgeheimnisse. Sondern vor allem ist wichtig, daß §§ 35 SGB I, 67 ff. SGB X den Datenverkehr mit Sozialdaten regeln, unabhängig von Prozeßhandlungen der Betroffenen oder von deren Kenntnis über den Umgang mit ihren Sozialdaten. Gleichwohl hat der Betroffene gegen die zur Geheimniswahrung verpflichtete Stelle einen als subjektives öffentliches Recht durchsetzbaren Anspruch (*Schellhorn* GK-SGB I, § 35 Rz. 12 m. Nachw.). 73

Der Betroffene kann verlangen, daß unbefugtes Offenbaren seiner Sozialgeheimnisse unterbleibt. Was aber im übrigen die Geheimniswahrung betrifft, so hat er keinen Anspruch auf Durchführung bestimmter Sicherungsmaßnahmen, *LSG Essen* AmtlMittLVA Rheinpr. 1983, 59.

Die Pflicht nach § 35 besteht neben den datenschutzrechtlichen Berichtigungs- und Löschungspflichten (§ 79 SGB X i. V. m. §§ 14 BDSG, 84 SGB X).

Bei Verletzung der Pflicht der Geheimniswahrung besteht unter Umständen ein Folgenbeseitigungsanspruch (*Bundesverband der Ortskrankenkassen u. a. Gemeinsames Rundschreiben*, § 35 SGB I Anm. 4) oder sozialrechtlicher Herstellungsanspruch (*Bley* Sozialrecht, 6. Aufl. 1988, S. 44) gegenüber der betreffenden SGB-Stelle. In der Praxis sind entsprechende Fallgestaltungen (Beispiel: Pflicht zur Berichtigung falscher übermittelter Daten durch entsprechende Information des Empfängers der falschen Daten) soweit ersichtlich noch nicht aufgetreten. 74

Bei Verletzung der Verpflichtung aus § 35 kann dem Betroffenen ein Schaden entstehen. Beispiel: Die Krankenkasse informiert den Arbeitgeber des Betroffenen widerrechtlich über dessen Gesundheitszustand, und dieser verliert wegen einer darauf gestützten Kündigung wegen Krankheit seinen Arbeitsplatz; das Arbeitsamt informiert eine Bank über die Arbeitslosigkeit des Betroffenen, und dieser erhält deshalb keinen Kredit, welcher ihn vor einer existenzvernichtenden Zwangsvollstreckung bewahrt hätte. In Betracht kommen dann Amtshaftungsansprüche nach § 839 BGB, Art. 34 GG (*Grüner/Dalichau* § 35 SGB I Anm. IV.3.). Was den Geheimnisschutz der Betriebs- und Geschäftsgeheimnisse (Abs. 4) betrifft, so ist Anspruchsinhaber die natürliche Person (im Falle eines einzigen Betriebs- oder Geschäftsinhabers; dann dürfte stets zugleich ein Fall des Abs. 1 vorliegen), die juristische Person oder die Personenmehrheit (im Falle einer gesellschaftlichen Organisation des Betriebs oder Geschäfts), *Podlech* in Grüner/Dalichau Vorbem. VII.3.a vor § 67 SGB X. 75

2. Rechtsmittel

Bei erstmalig drohender unbefugter Offenbarung kommt für die Durchsetzung des Geheimhaltungsanspruchs die **vorbeugende Unterlassungsklage** in Betracht (*BSG* SGb 1979, 283 = BSGE 47, 118, 119); droht eine unbefugte Offenbarung zum wiederholten Male, kann der Berechtigte seinen Anspruch auf Geheimhaltung mit der Unterlassungsklage gerichtlich durchsetzen (*BSG* SGb 1979, 283 f. = BSGE 47, 118, 119). Ein Rechtsschutzbedürfnis für die Klage besteht nur, wenn 76 ein rechtswidriges Vorgehen der SGB-Stelle ernstlich zu befürchten ist (*Grüner/ Dalichau* § 35 SGB I Anm. IV.3.). Bei Eilbedürftigkeit kann auch dann, wenn nicht die VwGO, sondern das SGG anzuwenden ist, das keine dem § 123 VwGO entsprechende Vorschrift enthält, der Erlaß einer einstweiligen Anordnung beantragt werden (*BVerfG* NJW 1978, 693).

Wendet sich der Betroffene gegen eine bereits erfolgte Mitteilung von Tatsachen aus seinem persönlichen Lebensbereich, und ist eine Wiederholungsgefahr z. B. deshalb nicht absehbar, weil der Leistungsträger mit der erfolgten Mitteilung seinen Zweck erreicht hat, kann der Betroffene bei Vorliegen der übrigen Voraussetzungen im Wege der Feststellungsklage nach § 55 Abs. 1 Nr. 1 SGG die Unbefugtheit der Offenbarung von einzelnen Geheimnissen feststellen lassen (*BSG* SGb 1979, 284 m. Anm. *Thieme* = DAngVers. 1979, 310 m. Anm. *Glimm* = BSGE 47, 118, 119).

77 Sind Sozialdaten an Private, welche naturgemäß nicht der Kontrolle durch die Sozial- oder Verwaltungsgerichtsbarkeit unterliegen, übermittelt worden, und soll gegen diese der Anspruch auf Wahrung des Sozialgeheimnisses aus § 78 SGB X geltend gemacht werden, so sind die ordentlichen Gerichte zuständig.

3. Verwertungsverbot?

78 Die Übertragung der Grundsätze der strafprozessualen **Beweisverwertungsverbote** auf andere Rechtsgebiete wie das Ordnungsrecht ist nicht möglich (*Krause/ Steinbach* DÖV 1985, 557). Mit § 78 Satz 1 SGB X ist aber eine Vorschrift geschaffen worden, die in ihrer Wirkung einem generellen Verwertungsverbot unzulässigerweise übermittelter Sozialdaten für den Empfänger gleichkommt (worauf *Krause/Steinbach* a. a. O., in mißverständlicher Weise nicht eingehen), Rz. 79.

XII. Verhältnis zu anderen Vorschriften

1. Verwendungsverbot nach § 78 SGB X

79 Sozialgeheimnisse, die unbefugt offenbart wurden, dürfen nach § 78 Satz 1 SGB X nicht verwendet werden (*VG Schleswig* RDV 1987, 147). Die Verwendung im gerichtlichen Verfahren wäre ein Revisionsgrund, im Strafprozeß nach § 359 Nr. 5 StPO ein Wiederaufnahmegrund (*Hauck/Haines-Walloth* § 35 SGB I Rz. 47).

2. Strafvorschriften

Bedienstete der Leistungsträger haben besondere Berufsgeheimnisse gem. § 203 StGB zu wahren; Verstöße sind strafbewehrt, es handelt sich um Antragsdelikte (§ 205 StGB). Diese Geheimniswahrungspflicht, die sich auf Personen bezieht, ergänzt die Geheimniswahrungspflicht aus § 35, die sich auf Institutionen bezieht. Verstöße gegen die Wahrung des Sozialgeheimnisses können zusammentreffen mit strafbewehrten Verstößen gegen das Datengeheimnis, §§ 5, 41 BDSG (hierzu § 79 SGB X Rz. 197ff.).

3. Sonstige

Auf das Verhältnis des § 35 zu sonstigen Vorschriften wird in Rz. 64 (§ 37 SGB I), 6, 14ff., 55 (BDSG), 59, 66 (§§ 715 RVO, 51ff. SchwbG, 203 StGB) hingewiesen.

Artikel I

Zehntes Buch (X)

Verwaltungsverfahren, Schutz der Sozialdaten, Zusammenarbeit der Leistungsträger und ihre Beziehungen zu Dritten

Zweites Kapitel
Schutz der Sozialdaten

Erster Abschnitt
Geheimhaltung

§ 67 Grundsatz

Eine Offenbarung von personenbezogenen Daten oder Betriebs- oder Geschäftsgeheimnissen ist nur zulässig,
1. soweit der Betroffene im Einzelfall eingewilligt hat oder
2. soweit eine gesetzliche Offenbarungsbefugnis nach §§ 68 bis 77 vorliegt.

Die Einwilligung bedarf der Schriftform, soweit nicht wegen besonderer Umstände eine andere Form angemessen ist; wird die Einwilligung zusammen mit anderen Erklärungen schriftlich erteilt, ist der Betroffene hierauf schriftlich besonders hinzuweisen.

Inhaltsübersicht

	Rz.
I. Entstehungsgeschichte	1–12
1. »Verrechtlichung« der behördlichen Verfügung über personenbezogene Daten	1– 6
2. Zur Entstehung der sozialdatenschutzrechtlichen Offenbarungsregelungen	7–12
II. Funktion und systematische Stellung der Vorschrift	13–22
1. Abschließende Aufzählung der Offenbarungsbefugnisse der Sozialleistungsträger	13–16
2. Vorrang der Einwilligung des Betroffenen?	17–22
III. Bedeutung und rechtliche Qualifikation der Einwilligung des Betroffenen nach § 67 Satz 1 Nr. 1	23–36
1. Die Einwilligung des Betroffenen als Offenbarungsbefugnis	23–34
a) Anwendungsbereich der Einwilligung des Betroffenen	23–29
aa) Datenoffenbarungen im Interesse privater Adressaten	25
bb) Datenoffenbarungen im Interesse der Sozialleistungsträger	26, 27
cc) Datenoffenbarungen im Interesse öffentlicher Stellen außerhalb der Sozialverwaltung	28, 29
b) Ausnahmen vom Vorrang der gesetzlichen Offenbarungsbefugnisse	30–34
2. Rechtliche Qualifikation und Wirkung der Einwilligung	35, 36
IV. Offenbarungsvoraussetzungen nach § 67 Satz 1 Nr. 1 und Satz 2	37–70
1. Offenbarung von personenbezogenen Daten und Betriebs- und Geschäftsgeheimnissen	37–39

2. Einwilligung des Betroffenen ... 40–70
   a) Begriff der Einwilligung ... 40
   b) Einwilligungsbefugnis und Einwilligungsfähigkeit ... 41–45
   c) Einwilligungsbefugnis nach dem Tode des Betroffenen? ... 46–48
   d) Freiwilligkeit der Einwilligung ... 49–63
   aa) Unwirksamkeit bei fehlender Freiwilligkeit ... 49, 50
   bb) »Faktische Zwänge« ... 51, 52
   cc) Einwilligungspflicht nach § 60 Abs. 1 Nr. 1 SGB I? ... 53–63
   e) Einwilligung im Einzelfall (Bestimmtheit der Erklärung) ... 64, 65
   f) Form der Einwilligung ... 66–69
   g) Möglichkeit des Widerrufs der Einwilligung ... 70
V. Gesetzliche Offenbarungsbefugnisse nach §§ 68 bis 77 (§ 67 Satz 1 Nr. 2) ... 71–75
   1. Übergesetzlicher Notstand? ... 71–73
   2. Systematik der Offenbarungsbefugnisse nach §§ 68 bis 77 ... 74, 75

I. Entstehungsgeschichte

1. »Verrechtlichung« der behördlichen Verfügung über personenbezogene Daten

Was ein Geheimnis (oder besser: der Schutz eines Datums) wert ist, darüber **1** geben erst die Regeln Aufschluß, nach denen über die Offenbarung (oder Übermittlung) der geschützten Informationen entschieden wird. Für den Schutz der Sozialdaten und seine – rapide – Entwicklung in den letzten Jahren ist insoweit ein massiver »**Verrechtlichungsschub**« charakteristisch: Die Verfügung der Verwaltung über Bürgerdaten ist durch ein System **gesetzlicher Offenbarungstatbestände** eingegrenzt worden, in denen die Befugnisse der Behörden abschließend festgelegt sind. Strukturierendes Prinzip dieses Wandels ist bisher der **rechtsstaatliche Gesetzesvorbehalt**, der damit eine weitere, neue (»informationelle«) Dimension hinzugewonnen hat. Die Frage nach den Rechtsgrundlagen staatlichen Handelns stellt sich danach – über »Eingriffe« herkömmlicher Art wie über »Leistungen« der Verwaltung weit hinaus – auch für den Umgang der Behörden mit personenbezogenen Informationen, der in der Vergangenheit als »tatsächlicher Vorgang« aus der rechtlichen Betrachtung weithin ausgeschlossen blieb. Auch er bedarf präziser, den Aufgaben der Behörden und den Grundrechten der Betroffenen Rechnung tragender Rechtsgrundlagen, in denen die Verwendungszwecke, denen die Daten jeweils dienen sollen, für die betroffenen Bürger erkennbar festgelegt sind (vgl. *BVerfGE* 65, 1, 44; s. dazu § 69 Rz. 5f.; § 79 Rz. 101ff.).

Man kann in dieser Rechtsentwicklung durchaus eine Bestätigung für die Persistenz liberaler Paradigmen in der heutigen Gesellschaft sehen (vgl. *Anderson* in **2** Kern (Hrsg.), S. 294ff.), läßt sie sich doch zu einem guten Teil als Übertragung **rechtsstaatlich-liberaler** Konstruktionsmuster auf einen neuen Gegenstandsbereich begreifen, in dem der Datenschutz den vertrauten, im Medium des Gesetzes dauerhaft zu verarbeitenden Konflikt zwischen **Individuum** und **Gemeinwesen** wiedererkennt: der »informationellen Selbstbestimmung« (sozusagen dem Grundrecht des einzelnen an »seinen« Daten) treten konkurrierende Belange oder »Werte« gegenüber, die nach Maßgabe des Gesetzes Freiheitseinschränkungen legitimieren. Dementsprechend hat sich das Datenschutzrecht, soweit die Verwendung personenbezogener Daten durch öffentliche Stellen in Rede steht, bisher stark an Vorstellungen und Begriffen orientiert, die durch das rechtsstaatliche **Verwaltungsrecht** vorgeprägt sind. Dies mag unvermeidlich gewesen sein, impliziert aber die Gefahr der Einebnung elementarer Differenzen: Auch bei starker Formalisierung und Technisierung der behördlichen Informations- und Kommunikationspraxis sind Erhebung, Speicherung, Veränderung oder Übermittlung personenbezogener **Informationen** nur sehr bedingt mit den (förmlichen, potentiell rechtsverbindlichen) Verwaltungs**entscheidungen** kommensurabel, auf deren Regulierung und Kontrolle das überkommene Verwaltungsrecht zugeschnitten ist.

3 Daher bleibt etwa fraglich, wie weit die These von dem **»Eingriffscharakter«** des behördlichen Umgangs mit personenbezogenen Daten (auf die sich die datenschutzrechtliche Debatte zunächst – insbesondere in den siebziger Jahren – konzentriert hat, vgl. etwa *Schwan* VerwArch 66 (1975), S. 120, 127 ff.; zahlr. Nachw. bei *Schlink* Amtshilfe, S. 169 ff.) und die darin angelegte Parallele zwischen **»Informationsakten«** und **Verwaltungsakten** letztlich trägt. Vor allem wird vielfach genauer als bisher zu fragen sein, unter welchen Voraussetzungen und bis zu welchem Punkt die **»Zweckbindung«** personenbezogener, von öffentlichen Stellen beanspruchter Informationen durch **Gesetze** festgelegt und wie die Einhaltung solcher Regelungen sichergestellt werden kann. Im Kontext von Information und Kommunikation darf – insbesondere angesichts der (wachsenden) Möglichkeiten der modernen Informationstechnologien – die **Steuerungskapazität des Gesetzes** nicht überschätzt werden. Einiges deutet darauf hin, daß die künftige Entwicklung des Datenschutzrechts von einem stärker verfahrensorientierten Rechtsverständnis bestimmt werden wird, das nicht so sehr die normativen Grundlagen der Verfügung über Daten, sondern eher technische, organisatorische und prozedurale Möglichkeiten der Beobachtung und Kontrolle bestimmter Gefahrenpotentiale in den Vordergrund stellt.

4 Entsprechender **Ergänzungen** des – jedenfalls in der Bundesrepublik bisher deutlich vorherrschenden – **normativ-liberalen Elements** wird der Datenschutz um so mehr bedürfen, als die Schlüsselbegriffe des bisherigen datenschutzrechtlichen Diskurses (wie »Eingriffscharakter« von »Informationsakten«, »Zweckbindungsgrundsatz«, »informationelles Selbstbestimmungsrecht«) nicht auf ein abgeschlossenes, in seinen Grundprinzipien bereits abgeklärtes Rechtskonzept verweisen. Sie sollen eher einen ersten, in mancher Hinsicht experimentellen Zugriff auf **neue Problemkomplexe** ermöglichen, die mit dem turbulenten Übergang von der »Industrie-« zur **»Informationsgesellschaft«** verbunden sind, dessen Konsequenzen (Möglichkeiten, Risiken) heute erst in Ansätzen abzuschätzen sind.

5 All dies nimmt allerdings der Frage nach den **normativen Rechtsgrundlagen** der Verfügung über personenbezogene Informationen nicht ihre – für den Bereich der Sozialverwaltung heute und auf absehbare Zeit zentrale – Bedeutung. Die wichtigste und vermutlich irreversible, durch die bisherige Rechtsentwicklung bewirkte Veränderung dürfte darin bestehen, daß der behördliche Umgang mit personenbezogenen Informationen, für den in der Vergangenheit spezielle Rechtsvorschriften nicht vorhanden (oder nur von peripherer Bedeutung) waren, zum Gegenstand einer **strukturierten rechtlichen Auseinandersetzung** zwischen Behörden und betroffenen Bürgern geworden ist. Das Gesetz fungiert dabei – wie in vielen anderen Fällen (vgl. insbes. die Rechtsprechung zu den ehemals »besonderen

Gewaltverhältnissen« und zur »Wesentlichkeitstheorie«, etwa *BVerfGE* 33, 1, 9 und 125, 159; 40, 237, 249; 47, 46, 78; 57, 295, 321; 58, 257, 268, 274) – als **Medium der »Veröffentlichung«**, das die »Abwägung« zwischen den von den Behörden geltend gemachten Belangen und den Interessen der Betroffenen rechtlich strukturiert und damit (letztlich durch eine unabhängige Instanz entscheidbare) Dissense und Kontroversen über eine zuvor von der Verwaltung mehr oder weniger autonom gesteuerte (»faktische«) Praxis ermöglicht. Es soll, wie es im »Volkszählungsurteil« heißt, die **Zwecke** für die betroffenen Bürger **erkennbar festlegen**, zu denen öffentliche Stellen personenbezogene Informationen verwenden dürfen (vgl. *BVerfGE* 65, 1, 44).

Der Datentransfer – die **Übermittlung** oder **Offenbarung** von Informationen, die 6 im Interesse einer bestimmten Stelle erhoben worden sind – ist offensichtlich einer der neuralgischen Punkte des Datenschutzes. Für ihn müssen **besondere Vorschriften** gelten, soll nicht der Grundsatz unterlaufen werden, daß die **Verwendungszwecke** personenbezogener Daten gesetzlich **festgelegt** sein müssen. Wenig wäre gewonnen, könnten Daten, deren Verwendung für behörden**eigene** Zwecke durch bereichsspezifische und präzise Regelungen einzugrenzen ist, aufgrund allgemein gehaltener Klauseln an **andere** Stellen weitergegeben werden. Mit der Weitergabe werden Daten in der Regel **neuen Verwendungszwecken** zugänglich gemacht (anders ist es nur, wenn Daten im Interesse der übermittelnden Stelle offenbart werden oder wenn übermittelnde und Adressatenstelle dieselben Aufgaben wahrzunehmen haben, vgl. dazu § 69 Rz. 13ff.). Übermittlungsvorschriften, die **»zweckändernde«** Offenbarungen legitimieren sollen, müssen den **konkreten Konflikt** zwischen den jeweiligen Selbstbestimmungs- und Geheimhaltungsinteressen des Betroffenen und den entgegenstehenden, für die Datenweitergabe zwischen den Behörden anzuführenden Belangen nachvollziehbar entscheiden. Daß dazu – spezialgesetzliche – Regelungen erforderlich sind, die den jeweils beteiligten **Stellen**, den **Datenarten, Verwendungszwecken** und **Risiken** Rechnung tragen, hat die neuere Rechtsentwicklung deutlich gemacht (vgl. *W. Schmidt* ZRP 1979, 185, 189f.; *ders.* Einführung, Rz. 133; *Denninger* JA 1980, 280f.; *Schlink* Amtshilfe, S. 149ff., 202f.; *ders.* NVwZ 1986, 249ff.; eingehend dazu § 69 Rz. 13ff.).

2. Zur Entstehung der sozialdatenschutzrechtlichen Offenbarungsregelungen

In genau diesem Kontext – der Tendenz zur Konkretisierung der datenschutz- 7 rechtlichen Übermittlungsvorschriften (dazu *Knemeyer* NJW 1984, 2242f.) – sind die Regelungen des **§ 35 SGB I n.F.** und des **Zweiten Kapitels SGB X** bemerkenswert und für die Entwicklung des Datenschutzrechts insgesamt von exemplarischer Bedeutung, weil in ihnen die Offenbarungsbefugnisse **der Sozialleistungsträger** (und der übrigen in § 35 Abs. 1 SGB I genannten Stellen) erstmals ausdifferenziert und in **einzelnen Tatbeständen** enumerativ aufgeführt sind: Zur Offenbarung von Sozialdaten sind die zu deren Schutz verpflichteten Stellen nur berechtigt, soweit der Betroffene nach § 67 Satz 1 Nr. 1 im Einzelfall **eingewilligt** hat oder eine **gesetzliche Offenbarungsbefugnis** nach §§ 68 bis 77 gegeben ist.

Demgegenüber war es den Bediensteten der Leistungsträger in **Geheimnisschutz-** 8 **vorschriften** »alter Art« (wie §§ 141, 142 RVO, 226 AFG) zwar untersagt, private Geheimnisse, die ihnen in amtlicher Eigenschaft bekannt geworden waren, »**unbe-**

fugt« zu offenbaren. Dabei war dem Gesetz jedoch nicht zu entnehmen, wo die Grenzlinie zwischen »befugter« und »unbefugter« Offenbarung verlief; ihre Bestimmung blieb der Beurteilung der Praxis – in erster Linie also der Verwaltung selbst – überlassen (vgl. *Hauck/Haines-Walloth* § 67 Rz. 2; *Schlink* Amtshilfe, S. 310f.; auch in § 30 VwVfG ist die Offenbarungsbefugnis der Behörden nicht näher bestimmt).

9 § 35 SGB I a.F. (in Kraft vom 1.1. 1976 bis Ende Dezember 1980) hatte demgegenüber einen ersten – halbherzigen – Versuch unternommen, die Offenbarungsbefugnisse der Sozialleistungsträger normativ festzulegen (vgl. § 35 Rz. 1ff.). Nach Abs. 1 Satz 2 dieser Vorschrift war die Offenbarung von Sozialdaten dann nicht unbefugt, wenn der Betroffene **zustimmte** oder eine **gesetzliche Mitteilungspflicht** vorhanden war. Unklar blieb jedoch bereits, ob diese Aufzählung der Offenbarungsbefugnisse abschließend sein sollte, zumal schon die Regierungsbegründung zu der Vorschrift die Offenbarung auch dann als zulässig bezeichnete, wenn sich das Geheimhaltungsinteresse in einer Güterabwägung als nachrangig hinter »noch wichtigeren Interessen« erwies (BT-Drucks. 7/868, S. 28; s. dazu *Verbandskommentar* § 35 SGB I Rz. 11). Umstritten blieb vor allem, ob jede aus einem Gesetz herzuleitende Mitteilungspflicht zur Durchbrechung des Sozialgeheimnisses berechtigen sollte. Besondere Probleme warfen insoweit Regelungen wie § 161 StPO (vgl. dazu auch § 73 Rz. 3) und Rechtsinstitute wie die Amtshilfe (oder einzelgesetzliche Vorschriften, in denen der Sache nach nur die Grundsätze des Art. 35 GG wiederholt werden) auf, die lange vor der Begründung des Sozialdatenschutzes entstanden und vor allem so allgemein gehalten sind, daß sie für den datenschutzrechtlichen Konflikt zwischen den Geheimhaltungsinteressen des Betroffenen und entgegenstehenden öffentlichen Belangen nicht zu sensibilisieren sind. Der Sozialdatenschutz wäre im Ergebnis weitgehend leergelaufen, hätte man auch auf solche Vorschriften gestützte Mitteilungspflichten als Offenbarungsbefugnis i. S. d. § 35 SGB I anerkannt (zu den negativen Erfahrungen mit § 35 SGB I a.F. vgl. auch *Knemeyer* NJW 1984, 2242f.).

10 All diese Schwierigkeiten sind in **§ 35 SGB I n.F.** und den Regelungen der **§§ 67 bis 77** dadurch vermieden, daß an die Stelle einer unscharfen Verknüpfung die **systematische Unterscheidung** und ein neues **»logisches Rangverhältnis«** zwischen **Mitteilungspflichten** und **Offenbarungsbefugnissen** getreten sind. Auskunfts- und Zeugnispflichten und die »Pflicht zur Vorlegung oder Auslieferung von Schriftstücken, Akten, Dateien und sonstigen Datenträgern« können danach eine Offenbarungsbefugnis nicht länger **begründen**, sondern dürfen – umgekehrt – nur erfüllt werden, soweit eine Offenbarungsbefugnis nach den §§ 67 bis 77 besteht (§ 35 Abs. 2 und 3 SGB I n.F.). Offenbarungsbefugnisse werden also durch die einzelnen Tatbestände des Zweiten Kapitels des SGB X, d.h. durch das Datenschutzrecht selbst **konstituiert** und ergeben sich nicht aus anderweitig geregelten Mitteilungs- und Offenbarungsvorschriften (vgl. § 69 Rz. 3 ff., 25).

11 Dies wird durch das **Gesetzgebungsverfahren**, das zur Verabschiedung des § 35 SGB I n.F. und des Zweiten Kapitels SGB X führte (dazu ausführlich Einl. Rz. 9ff.), unterstrichen. Im Regierungsentwurf des SGB X – Verwaltungsverfahren – (BT-Drucks. 8/2034) war zunächst lediglich eine – nicht sonderlich bedeutungsvolle – Ergänzung des § 35 SGB I vorgesehen. Nach einer längeren Diskussion zwischen den am Gesetzgebungsverfahren beteiligten und interessierten Stellen und Einrichtungen (vgl. *Verbandskommentar* § 35 SGB I, Rz. 2; *BfA-Kommentar* vor § 67) legte der AuS-Ausschuß einen erheblich erweiterten Ent-

wurf vor, in dem § 35 SGB I neu gefaßt und das Kapitel über den Schutz der Sozialdaten in das SGB X eingefügt wurden (BT-Drucks. 8/4022). Der Entwurf war insgesamt stark durch das Regelungskonzept der inzwischen verabschiedeten (allgemeinen) Datenschutzgesetze, zumal das des BDSG, geprägt (vgl. § 69 Rz. 2ff.). Der Verabschiedung des Zweiten Kapitels SGB X ging eine Durchsicht der bestehenden Auskunfts-, Mitteilungs- und Offenbarungsvorschriften voraus, die gegenüber dem Sozialgeheimnis abgewogen worden sind (*Hauck/Haines-Walloth* § 67 Rz. 1). Durch die Ausgestaltung der einzelnen Offenbarungstatbestände ist also – zumindest im grundsätzlichen – darüber entschieden worden, ob und in welchem Umfang andere Belange dem Sozialdatenschutz gegenüber vor- oder nachrangig sind.

Gleichwohl ist die **Evolution des Sozialdatenschutzes** – wie bereits erwähnt (vgl. o. **12** Rz. 2ff.) – mit der Verabschiedung des Zweiten Kapitels SGB X keineswegs zum Abschluß gekommen. Die Funktion dieser Kodifikation dürfte in mancher Hinsicht eher in der Begründung einer neuen Sichtweise als in der Fixierung eines ausformulierten Regelwerks zu sehen sein, das für alle Zweifelsfragen bereits fertige Lösungen enthält. Zum Teil stecken die Offenbarungsbefugnisse dieses Kapitels erst, wie insbesondere aufgrund der durch das »**Volkszählungsurteil**« eingeleiteten Diskussion deutlich geworden ist, einen Rahmen ab, dessen Ausfüllung der weiteren Rechtsentwicklung vorbehalten ist (vgl. § 69 Rz. 6, 18ff.; Einl. Rz. 16ff.). Teilweise bleibt fraglich, ob die Offenbarungstatbestände selbst in ihrer gegenwärtigen Fassung dem datenschutzrechtlichen **Grundsatz der Zweckbindung** bereits hinreichend Rechnung tragen, demzufolge der behördliche Umgang mit personenbezogenen Daten gesetzlicher Grundlagen bedarf, die rechtsstaatlichen Bestimmtheitserfordernissen genügen und in denen die Verwendungszwecke der Daten für die Betroffenen erkennbar festgelegt sind (vgl. § 68 Rz. 10).

II. Funktion und systematische Stellung der Vorschrift

1. Abschließende Aufzählung der Offenbarungsbefugnisse der Sozialleistungsträger

Soweit die Vorschrift in **Satz 1** mit der **Einwilligung** des Betroffenen und den **13** **gesetzlichen Offenbarungstatbeständen** nach §§ 68 bis 77 diejenigen Tatbestände aufführt, die zu einer Offenbarung von Sozialdaten berechtigen, ist ihr Regelungsgehalt im wesentlichen mit dem des § 35 Abs. 2 SGB I identisch. **Satz 2** enthält genauere Vorgaben für die Einwilligung. Die Einwilligung des Betroffenen wie die gesetzlichen Offenbarungstatbestände des Zweiten Kapitels SGB X begründen keine Offenbarungs**pflichten**, sondern Offenbarungs**befugnisse** (*Wiese* DRV 1980, 358f.; *Verbandskommentar* Vorbem. §§ 67ff. Rz. 4; vgl. o. Rz. 7ff.). Dies gilt auch für die Offenbarung im Rahmen der Amtshilfe (vgl. § 68 Rz. 13), obwohl der Wortlaut des § 68 dem zu widersprechen scheint.

Die **enumerative** Aufzählung der Offenbarungstatbestände in § 35 Abs. 2 SGB I, **14** § 67 Satz 1 bedeutet vor allem, daß das Sozialdatenschutzrecht – erstmals – beansprucht, die Voraussetzungen der Offenbarung selbst auszuformulieren (vgl. o. Rz. 7f.; 10f; § 69 Rz. 3ff.). Die Aufzählung ist dem klaren Wortlaut der Vorschriften nach **abschließend** (vgl. § 35 Rz. 61ff.; zur Frage des »übergesetzlichen Notstands« vgl. u. Rz. 71 ff. und § 35 Rz. 63). Daraus folgt zunächst, daß im Zeitpunkt der Verabschiedung des Zweiten Kapitels SGB X bestehende Auskunfts- und Mitteilungsvorschriften zur Datenoffenbarung nur berechtigen, soweit sie in den §§ 67 bis 77 berücksichtigt worden sind (§ 35 Abs. 3 SGB I; vgl. o. Rz. 10 f.). Ferner darf die Verwaltung die Offenbarungsbefugnisse des Zweiten Kapitels SGB X nicht von sich aus erweitern.

15 Fraglich ist jedoch, ob § 35 Abs. 2 SGB I und § 67 Satz 1 auch zu entnehmen ist, daß eine **gesetzliche** Erweiterung oder Modifikation der Befugnisse zur Offenbarung von Sozialdaten jeweils einer Revision bzw. Ergänzung der §§ 67 bis 77 bedarf. Dies dürfte zu bejahen sein, zumal auch der Vorbehalt abweichender Regelungen, wie er sich aus § 37 Satz 2 SGB I für die Vorschriften des Ersten und Zehnten Buchs SGB im übrigen ergibt, für das Zweite Kapitel SGB X nicht gilt (vgl. auch § 35 Rz. 64). Eine **»Selbstbindung des Gesetzgebers«** durch einfachgesetzliche Regelungen ist zwar grundsätzlich (wegen der derogierenden Kraft des späteren Gesetzes) nicht möglich, so daß eine gesetzliche Regelung, mit der außerhalb und ohne Änderung des § 35 Abs. 2 SGB I und der §§ 67 bis 77 eine neue Offenbarungsbefugnis geschaffen würde, gültig und zu beachten wäre (eine entsprechende Regelungsabsicht müßte allerdings eindeutig zu erkennen sein). Der Verabschiedung einer solchen Regelung steht jedoch entgegen, daß die Systematik des Sozialdatenschutzes damit aufgebrochen und vor allem seine Überzeugungskraft stark beeinträchtigt wäre. Letztere beruht wesentlich auf der Gewißheit, daß aufgrund der Bestimmungen des Zweiten Kapitels SGB X (d. h. eines relativ kompakten und überschaubaren Regelwerks) bereits **abschließend** über die Befugnisse der Behörden zur Offenbarung von Sozialdaten entschieden werden kann. Die bisherige Gesetzgebungspraxis hat den Grundsatz auch – weithin – respektiert, daß die Offenbarungsbefugnisse der Sozialleistungsträger nur im Wege der Ergänzung der §§ 68 bis 77 erweitert werden können (vgl. zu einem Zweifelsfall § 74 Rz. 29, Punkt 3).

16 Die Offenbarungsvorschriften der §§ 67 bis 77 werden gemeinhin als **»bereichsspezifisches Datenschutzrecht«** bezeichnet und den Regelungen des BDSG gegenübergestellt, das dabei als »Auffanggesetz« erscheint (vgl. Ausschußbericht, BT-Drucks. 8/4022, S. 80; *Verbandskommentar* Vorbem. §§ 67 ff. Rz. 3). Dies ist insofern zutreffend, als die Vorschriften des Zweiten Kapitels SGB X allein auf Sozialdaten, d. h. auf eine – von den datenverwendenden Stellen her eingegrenzte – Teilmenge der von **allen** öffentlichen Stellen verwendeten Daten anwendbar sind. Im übrigen kann der Begriff des »bereichsspezifischen« Rechts nur mit starken Einschränkungen akzeptiert werden, weil er eine – tatsächlich nicht vorhandene – Bestimmtheit und Kohärenz suggeriert. Die §§ 67 bis 77 sind grundsätzlich nicht auf Datenoffenbarungen durch **bestimmte Stellen** zugeschnitten, sondern gelten für **sämtliche Sozialleistungsträger** (und darüber hinaus für weitere Einrichtungen). Mit »Bereich« ist hier also die **gesamte Sozialverwaltung** (einschließlich der in § 69 Abs. 2 aufgeführten Stellen) bezeichnet. Es handelt sich um eine überaus große Zahl verschiedener Behörden und Einrichtungen (von teilweise enormer Größe und Verwaltungskraft), deren Aufgaben sich erheblich voneinander unterscheiden und deren Tätigkeit weithin auch rechtlich unterschiedlich strukturiert ist (vgl. dazu ausführlich § 69 Rz. 7 ff., 21). §§ 67 bis 77 halten also ein beachtliches Abstraktionsniveau ein, das zwischen gänzlich aufgabenneutralen Regelungen (wie denen des Zweiten Abschnitts BDSG) und dem aufgabenspezifischen Recht der einzelnen Sozialleistungsträger (BSHG, AFG,

SGB V, Zweites, Drittes, Viertes Buch RVO usw.) zu verorten ist (vgl. § 69 Rz. 20). Letzteres allein kann angesichts der Ausdifferenzierung der Aufgaben, Befugnisse und Verfahrensweisen der Sozialleistungsträger im vollen Sinne als »bereichsspezifisch« bezeichnet werden; es ist überall dort heranzuziehen, wo die Regelungen der §§ 67 bis 77 lediglich einen ausfüllungsbedürftigen Rahmen abstecken (zum Vorrang bereichsspezifischer Normen aufgrund § 45 BDSG i. V. m. § 79 Abs. 1 vgl. § 79 Rz. 211 ff.).

2. Vorrang der Einwilligung des Betroffenen?

Aus dem formalen Aufbau des § 67 – die Vorschrift nennt die Einwilligung des Betroffenen **vor** den gesetzlichen Offenbarungsbefugnissen nach §§ 68 ff. – wird teilweise gefolgert, der Gesetzgeber habe die Einwilligung »bewußt« an erster Stelle aufgeführt, ihr also eine gewisse **Priorität** einräumen wollen (vgl. *Schellhorn* GK-SGB I, § 35 Rz. 32, wo der Vorschrift ein »gesetzlicher Hinweis für die in § 35 genannten Stellen« entnommen wird, »sich in erster Linie – insbesondere in nicht eindeutigen Fällen – primär um die Einwilligung des Betroffenen zu bemühen«; ähnlich *Neumann-Duesberg* BKK 1981, 25; *Pickel* SGB X, § 67 Anm. 5). Tatsächlich scheint die Legitimität der Datenoffenbarung größer zu sein, wenn sie auf den Willen des Betroffenen, nicht – wie in den §§ 68 ff. – auf davon unabhängige, den Willen des Betroffenen »überwiegende« Belange gestützt wird. In diesem Sinne ist die Offenbarung mit Einwilligung des Betroffenen auch als »Idealfall einer zulässigen Datenoffenbarung« bezeichnet worden (*Schellhorn* GK-SGB I, § 35 Rz. 32). 17

Gegenüber solchen Einschätzungen ist Skepsis angebracht. Die Krise der Privatautonomie, wie sie im Zivilrecht (beispielsweise in der geläufigen Verwendung von Formularverträgen und allgemeinen Geschäftsbedingungen) schon seit langem deutlich geworden ist, verweist auf unausweichliche **Bedingungen**, die dem individuellen Willen durch zunehmende Einbindung in (oder Konfrontation mit) öffentliche(r) wie gesellschaftliche(r) **Organisation** vorgegeben sind. Auch im Sozialbereich wird für autonome individuelle Entscheidungen vielfach wenig Raum bleiben, schon weil die Beziehungen zwischen einzelnem und Sozialverwaltung (bzw. anderen an Sozialdaten interessierten Organisationen, vgl. dazu u. Rz. 25, 28f.) typischerweise asymmetrisch strukturiert sind. Zu einer allzu positiven Bewertung der Durchsetzungschancen individueller Willensmacht besteht jedenfalls wenig Anlaß. Im Ergebnis scheint das Institut der Einwilligung eher die Durchsetzung von Verwaltungsmacht und von Organisationsinteressen in den Fällen zu erleichtern, in denen Datenoffenbarungen auf **gesetzliche** Offenbarungstatbestände nicht gestützt werden können (vgl. dazu u. Rz. 51f.). 18

Die **Praxis** der Datenoffenbarung aufgrund von Einwilligungen der Betroffenen bestätigt dies. In aller Regel dürfte die Initiative zur Abgabe der Einwilligungserklärung nicht vom Betroffenen selbst ausgehen; diesem werden vielmehr vorgedruckte Formulare präsentiert, in denen die in Aussicht genommenen Offenbarungen nur in allgemeinen, für möglichst viele Fälle künftigen Bedarfs offengehaltenen Wendungen umschrieben sind. Dabei wird es sich häufig nicht um Erklärungen handeln, die als Einwilligungen **im Einzelfall** (§ 67 Satz 1 Nr. 1) anzuerkennen sind (vgl. u. Rz. 64f.). 19

Dieser Befund läßt sich dahin zusammenfassen, daß die Einwilligung des Betroffe- 20

§ 67 Geheimhaltung

nen einen prinzipiellen Legitimitätsvorsprung vor den gesetzlichen Offenbarungsbefugnissen nicht beanspruchen kann. Auch den Belangen des einzelnen dürfte in der Regel eher durch eine **gesetzliche** Definition der »informationellen« Befugnisse öffentlicher Stellen Rechnung zu tragen sein. In § 67 Satz 1 ist denn auch – anders als in § 75 Abs. 1 Satz 2 – ein Vorrang der Einwilligung vor den gesetzlichen Offenbarungsbefugnissen keineswegs positiv-rechtlich angeordnet (vgl. *BfA-Kommentar* § 67 Anm. 5; vgl. u. Rz. 21 f.). Daß § 67 Satz 1 die Einwilligung in Ziff. 1 – vor den gesetzlichen Befugnissen – aufführt, ist rechtlich bedeutungslos. Auch wenn man das »**informationelle Selbstbestimmungsrecht**« so versteht, daß der einzelne über die Verwendung ihn betreffender Informationen grundsätzlich selbst entscheiden darf – gesetzliche Offenbarungsbefugnisse (wie die in §§ 68 ff. normierten) lassen die Datenoffenbarung gerade **ohne oder gegen den Willen des Betroffenen** zu, heben einen solchen Vorrang individueller Entscheidungsfreiheit also auf.

21 Daraus folgt, daß Einwilligung des Betroffenen (§ 67 Satz 1 Nr. 1) und gesetzliche Offenbarungsbefugnisse (§ 67 Satz 1 Nr. 2) sich als Rechtsgrundlagen für die Offenbarung von Sozialdaten **wechselseitig ausschließen:** Soweit die Sozialleistungsträger bereits gesetzlich zur Datenoffenbarung berechtigt sind, kommt es rechtlich auf den Willen des Betroffenen nicht an. Der Rückgriff auf die Offenbarungsbefugnis nach § 67 Satz 1 Nr. 1 ist insoweit nicht nur »überflüssig«, sondern **unzulässig**. Öffentlichen Stellen ist es nämlich verwehrt, Maßnahmen als zustimmungsbedürftig zu deklarieren, die sie ohnehin durchführen dürfen, die der Bürger also mit seinem Willen letztlich nicht verhindern kann. Das Institut der Einwilligung des Betroffenen würde zum leeren Schein degradiert, stünde hinter ihm die Befugnis des Verwaltungsträgers, die fragliche Maßnahme auch gegen den Willen des Betroffenen durchzuführen. Umgekehrt muß der Grundsatz gelten, daß ein späterer Rückgriff auf einen gesetzlichen Offenbarungstatbestand ausgeschlossen ist, wenn ein Sozialleistungsträger von einem Betroffenen die Einwilligung zu einer Datenoffenbarung erbeten hat (vgl. u. Rz. 30, 32 ff. und § 75 Rz. 67 f.). Die an der Offenbarung interessierte Stelle (oder Person) hat daher jeweils zu prüfen, ob die Offenbarung bereits gesetzlich zugelassen ist, **bevor** sie den Betroffenen fragt, ob er in die beabsichtigte Offenbarung einwilligt.

22 Grundsätzlich »**verdrängen**« die gesetzlichen Befugnistatbestände somit – per definitionem – die Einwilligung des Betroffenen. Anders ist es nur **ausnahmsweise** dort, wo die Zulässigkeit der Datenoffenbarung nach **positiv-rechtlicher Regelung** (§ 75 Abs. 1 Satz 2, vgl. dazu u. Rz. 27, 32) oder aufgrund **außergewöhnlicher Umstände** (vgl. dazu Rz. 32 f.; § 69 Rz. 54 f., 62) **allein** vom Willen des Betroffenen abhängig ist und daher – umgekehrt – für die Anwendung eines gesetzlichen Offenbarungstatbestandes kein Raum bleibt. Auch dort, wo der Verwaltung hinsichtlich der Durchführung einer datenschutzrechtlich relevanten Maßnahme ein Entscheidungsspielraum eingeräumt ist, kann sie auf die Einwilligung der Betroffenen abstellen, dieser also sozusagen »von sich aus« einen Vorrang vor den gesetzlichen Offenbarungsbefugnissen einräumen (vgl. Rz. 34).

III. Bedeutung und rechtliche Qualifikation der Einwilligung des Betroffenen nach § 67 Satz 1 Nr. 1

1. Die Einwilligung des Betroffenen als Offenbarungsbefugnis

a) Anwendungsbereich der Einwilligung des Betroffenen
Es wurde bereits erwähnt, daß die Vorschriften des BDSG vom 27.1. 1977 (in 23 Kraft ab 1.1. 1978) das Regelungskonzept des Zweiten Kapitels SGB X stark beeinflußt haben (vgl. o. Rz. 11). § 67 Satz 1 Nr. 1 und Satz 2 entsprechen fast wörtlich § 3 Satz 1 Nr. 2 und Satz 3 BDSG (die sich allerdings nicht speziell auf die Offenbarung/Übermittlung von Daten, sondern auf die Datenverarbeitung in allen ihren Phasen beziehen; vgl. dazu § 79 Rz. 61). Ein wichtiger konzeptioneller Unterschied zwischen beiden Vorschriften liegt allerdings darin, daß § 3 BDSG – als eine der allgemeinen Vorschriften des BDSG – auf die Datenverarbeitung **öffentlicher** wie auch **nicht-öffentlicher** Stellen anwendbar ist; § 67 hingegen gilt nur für die Offenbarung von Sozialdaten durch die in § 35 SGB I genannten – **öffentlichen** – Stellen (zu den öffentlichen Stellen i. S. d. Datenschutzrechts gehören auch die privatrechtlich organisierten Verbände der Sozialleistungsträger, vgl. § 35 Rz. 39).

Im **privat-gesellschaftlichen**, insbesondere im wirtschaftlichen – durch vertragsrechtliche Handlungsformen strukturierten – Bereich ist die Einwilligung des 24 Betroffenen die entscheidende Rechtfertigung für die Verwendung geschützter personenbezogener Informationen. Fraglich bleibt jedoch, welche Relevanz sie als Offenbarungsbefugnis für **öffentliche Stellen** haben kann, deren Aufgaben und Befugnisse immer aus gesetzlichen Bestimmungen herzuleiten sein müssen (vgl. auch §§ 31 SGB I, 30 SGB IV), deshalb aber einer – zusätzlichen – Legitimation durch die Einwilligung des Betroffenen typischerweise nicht bedürfen (vgl. auch *Simitis* in Simitis u. a., BDSG, § 3 Rz. 20ff. m. w. N.; *v. Uckermann* DuD 1979, 163, 165; *Schweinoch* WiVerw 1980, 1, 8f.). Die Antwort ergibt sich in erster Linie aus der Unterschiedlichkeit der **Adressatengruppen, in deren Interesse** Sozialdaten offenbart werden können. Als Offenbarungsadressaten kommen grundsätzlich
– andere Sozialleistungsträger,
– öffentliche Stellen außerhalb der Sozialverwaltung sowie
– private Einrichtungen und Personen
in Betracht. Bei der Ausgestaltung der **gesetzlichen** Offenbarungsbefugnisse des Zweiten Kapitels SGB X ist jedoch fast ausschließlich den Belangen der beiden erstgenannten Adressatengruppen Rechnung getragen worden (denen der Sozialleistungsträger insbes. in § 69 Abs. 1 Nr. 1, denen anderer öffentlicher Stellen vor allem in §§ 68, 71, 72 und 73). Auf die §§ 68ff. können also im wesentlichen nur Datenoffenbarungen gestützt werden, die der Erfüllung **öffentlicher Aufgaben** durch **öffentliche Stellen** dienen.

aa) Datenoffenbarungen im Interesse privater Adressaten
Private Belange hingegen hat der Gesetzgeber in den §§ 68ff. nur am Rande und 25 mit großer Zurückhaltung berücksichtigt (vgl. insbes. § 74 Nr. 2; ferner § 75). Auf diesem Hintergrund ist § 67 Satz 1 Nr. 1 vor allem zu entnehmen, daß die Offenbarung von Sozialdaten **im Interesse privat-gesellschaftlicher Adressaten** nicht generell untersagt, in der Regel aber nur mit Einwilligung des Betroffenen

zulässig sein soll. Offenbarungen im Interesse solcher – privater – Adressaten ist das »zivilistische« Element der Einwilligung angemessen, die dem Betroffenen selbst die Entscheidung darüber zuweist, ob und in welchem Umfang die Datenoffenbarung zulässig ist (vgl. *Simitis* in Simitis u.a., BDSG, § 3 Rz. 20). Für die Offenbarung von Sozialdaten im Interesse **öffentlicher Stellen** hingegen kann der Einwilligung des Betroffenen schon aufgrund der Gesetzesbindung der Verwaltung nur eine Randbedeutung zukommen: mit ihr ist es in der Regel unvereinbar, Maßnahmen der Verwaltung an die Einwilligung der Betroffenen zu binden (oder daraus zu legitimieren).

bb) Datenoffenbarungen im Interesse der Sozialleistungsträger

26 Benötigen die in § 35 SGB I genannten Stellen Sozialdaten (die bei anderen Leistungsträgern vorhanden sind) zur Erfüllung ihrer **gesetzlichen Aufgaben nach dem SGB**, so ergibt sich die Zulässigkeit der Offenbarung regelmäßig aus § 69 Abs. 1 Nr. 1 (vgl. aber Rz. 28). Der Weg zur Offenbarungsbefugnis nach § 67 Satz 1 Nr. 1 ist damit – grundsätzlich – **versperrt**, weil die Einwilligung des Betroffenen nicht eingeholt werden darf, soweit die Offenbarung nach §§ 68 bis 77 ohnehin zulässig, vom Willen des Betroffenen also rechtlich gar nicht abhängig ist (vgl. o. Rz. 21).

27 Insbesondere in zwei Fällen ist die Einwilligung des Betroffenen nach § 67 Satz 1 Nr. 1 allerdings auch für die **Aufgabenerfüllung der Sozialleistungsträger** relevant (von der Sonderproblematik der Entbindung von der Schweigepflicht bei besonders schutzwürdigen Daten i.S.v. § 76 i.V.m. § 203 Abs. 1 und 3 StGB ist hier abzusehen; vgl. dazu § 76 Rz. 60ff.). Einmal kann die Einwilligung nach **positivrechtlicher Regelung** (vgl. § 75 Abs. 1 Satz 2, der nach Ansicht eines Teils der Literatur auf die »Eigenforschung« und »Eigenplanung« der Sozialleistungsträger allerdings nicht anwendbar ist, dazu § 69 Rz. 49f. und § 75 Rz. 33ff.) oder aufgrund **besonderer Umstände** (vgl. Rz. 22, 32ff. und § 69 Rz. 54f., 62) **ausnahmsweise Vorrang vor gesetzlichen Offenbarungsbefugnissen** haben (vgl. insbes. Rz. 30ff.). Zum anderen kann (sofern man der hier vertretenen Interpretation von **§ 69 Abs. 1 Nr. 1** folgt) auf die Einwilligung i.S.v. § 67 Satz 1 Nr. 1 dann rekurriert werden, wenn Sozialdaten gegenüber einem anderen Sozialleistungsträger **in dessen Interesse** offenbart werden sollen und die dafür – aufgrund der mit der Offenbarung verbundenen »Zweckänderung« – im Rahmen des § 69 Abs. 1 Nr. 1 erforderliche **spezialgesetzliche Übermittlungsvorschrift** (dazu ausführlich § 69 Rz. 13ff., 20ff.) nicht vorhanden ist. Nur das Fehlen letzterer kann allerdings durch die Einwilligung des Betroffenen kompensiert werden, während im übrigen – auch in »informationeller« Hinsicht! – das Erfordernis **gesetzlicher Grundlagen** des Verwaltungshandelns durch das Einverständnis des Bürgers nicht aufgehoben wird (vgl. Rz. 28).

cc) Datenoffenbarungen im Interesse öffentlicher Stellen außerhalb der Sozialverwaltung

28 Auch als Rechtsgrundlage für die Offenbarung von Sozialdaten **im Interesse öffentlicher Stellen außerhalb der Sozialverwaltung** wird die Einwilligung des Betroffenen nur am Rande relevant sein. Die Belange solcher Stellen sind zwar bei der Ausgestaltung der **gesetzlichen Offenbarungsbefugnisse** nach §§ 68 bis 77 nur in wesentlich engeren Grenzen als diejenigen der Sozialleistungsträger berücksichtigt worden (vgl. insbes. §§ 68, 71, 72 und 73), so daß an sich – aus der

Perspektive des Zweiten Kapitels SGB X – ein erheblich breiterer »Anwendungsbereich« für die Einwilligung i. S. v. § 67 Satz 1 Nr. 1 denkbar wäre. Er kann kaum ausgefüllt werden, weil die Einwilligung immer nur Äquivalent für die – fehlende – gesetzliche Offenbarungsbefugnis nach §§ 68 ff. sein, aber **keine Befreiung vom Vorbehalt des Gesetzes** bewirken kann. Maßnahmen öffentlicher Stellen bedürfen also stets auch dann einer **gesetzlichen** Legitimation, wenn der Betroffene seine Einwilligung i. S. v. § 67 Satz 1 Nr. 1 erklärt hat. Grundsätzlich ist dies auch hinsichtlich der neuen »informationellen« Dimension des rechtsstaatlichen Gesetzesvorbehalts zu beachten: Daß personenbezogene Daten aufgrund der Einwilligung des Betroffenen offenbart werden dürfen, hebt also weder den Grundsatz auf, daß alles staatliche Handeln (i. S. d. tradierten Verständnisses des Gesetzesvorbehalts) gesetzlicher Legitimationsgrundlagen bedarf, noch befreit es von dem (erst in jüngerer Zeit erkannten) Erfordernis der präzisen und für die Betroffenen erkennbaren **gesetzlichen** Festlegung derjenigen Zwecke, zu denen öffentliche Stellen Informationen über Bürger verwenden. Auch Daten, die einem Träger öffentlicher Verwaltung aufgrund einer Einwilligung des Betroffenen offenbart werden könnten, dürfen also jeweils nur zu **gesetzlich bestimmten** Zwecken verwendet werden. Fehlt es an einer entsprechenden Zweckbestimmung, ist bereits die Datenübermittlung unzulässig, auch wenn der Betroffene in die Offenbarung eingewilligt hat.

Gerichte, die als Offenbarungsinteressenten in mehreren **gesetzlichen** Befugnistatbeständen – vgl. insbes. § 69 Abs. 1 Nr. 1 (2. Alt.), 73, 74 Nr. 1 – berücksichtigt worden sind, holen oft – routinemäßig – Einwilligungen der Betroffenen ein, offenbar um datenschutzrechtliche »Risiken« völlig auszuschließen. Die bisherige Praxis gibt zu Bedenken Anlaß, auch wenn man die besonderen Erfordernisse gerichtlicher Aufklärung entscheidungsrelevanter Sachverhalte in Rechnung stellt (vgl. § 69 Rz. 95 ff.). Den Prozeßbeteiligten werden insbesondere im sozialgerichtlichen Verfahren vielfach Einwilligungsvordrucke vorgelegt, in denen sie sich mit der Offenbarung von Sozialdaten und anderen personenbezogenen Informationen **global** einverstanden erklären. Hinter dieser Praxis scheint teilweise die – unzutreffende – Auffassung zu stehen, Sozialdaten seien gegenüber den Sozialgerichten im Grunde ohnehin nicht geschützt (vgl. dazu § 69 Rz. 97). Die Erklärungen dürften oft den Bestimmtheitsanforderungen nicht entsprechen, die an eine Einwilligung **im Einzelfall** zu stellen sind. Darüber hinaus ist die angesprochene Praxis auch deshalb problematisch, weil die in Frage stehenden Datenoffenbarungen häufig bereits nach § 69 Abs. 1 Nr. 1 (2. Alt.) zulässig, von der Einwilligung des Betroffenen also rechtlich gar nicht abhängig sind. Nicht haltbar ist im übrigen die Auffassung, bereits die Klageerhebung schließe eine pauschale Einwilligung in die Offenbarung von Sozialdaten gegenüber dem Gericht ein (vgl. *BSGE* 59, 76, 79). 29

b) Ausnahmen vom Vorrang der gesetzlichen Offenbarungsbefugnisse

Im Grundsatz hat die Einwilligung des Betroffenen somit weder Priorität gegenüber den gesetzlichen Offenbarungsbefugnissen noch stehen beide »alternativ« nebeneinander (so aber *Verbandskommentar* § 67 Rz. 3). Für die Einwilligung bleibt allein Raum, wo gesetzliche Offenbarungsbefugnisse nicht zum Zuge kommen (so wohl auch *BfA-Kommentar* § 67 Anm. 5) und die Datenoffenbarung daher durch den Willen des Betroffenen effektiv blockiert werden kann. Umgekehrt bedeutet dies, daß dort, wo die Zulässigkeit der Datenoffenbarung von der 30

Einwilligung des Betroffenen abhängig ist, dessen Entscheidung in jedem Fall respektiert werden muß und durch die Verwaltung weder sanktioniert noch nachträglich »korrigiert« werden darf (vgl. o. Rz. 20f.).

31 Ganz anders ist im übrigen die Frage zu beurteilen, ob die administrative **Datenerhebung beim Betroffenen** Vorrang vor dem Abruf der Daten bei anderen Behörden hat. Eine entsprechende Regelung ist in § 3c Abs. 1 des Regierungsentwurfs eines Gesetzes zur Änderung des Verwaltungsverfahrensgesetzes des Bundes aus der 10. Wahlperiode (BT-Drucks. 10/4737, S. 18 ff.; ebenso § 3c Abs. 1 i. d. F. des Referentenentwurfs des Bundesinnenministeriums zur Novellierung des BDSG – BMI-Entwurf – vom 5.11.1987, abgedruckt in DuD 1987, 577ff.) vorgesehen. Für einen solchen **Vorrang** der Datenerhebung beim Betroffenen – der sich auch nach geltendem Recht bereits daraus ergibt, daß auf die gesetzlichen Offenbarungsbefugnisse nur die zur Erfüllung der jeweiligen gesetzlichen Zwecke **erforderlichen** Offenbarungen gestützt werden können (vgl. § 68 Rz. 52; § 69 Rz. 73f.) – spricht vor allem, daß der Betroffene dadurch **Kenntnis** davon erhalten kann, welche Stelle zu welchen Zwecken Informationen über ihn verwenden will (vgl. ausführlich § 79 Rz. 124ff.). Dies ist unter verschiedenen Gesichtspunkten wünschenswert. Eine entsprechende Regelung ist auch deshalb unproblematisch, weil die Datenerhebung damit nicht an die Zustimmung des Betroffenen gebunden wird: Der Vorrang der Erhebung beim Betroffenen kann einen späteren Datenabruf bei anderen Stellen nicht blockieren.

32 Als **Ausnahme** von der Regel, daß gesetzliche Offenbarungsbefugnisse die Einwilligung »verdrängen«, ist der **Vorrang der Einwilligung des Betroffenen** allerdings in § 75 Abs. 1 Satz 2 ausdrücklich festgelegt (vgl. o. Rz. 22). Soweit dieser Vorrang reicht, darf natürlich – wenn die Einwilligung verweigert wird, nicht auf gesetzliche Offenbarungsbefugnisse zurückgegriffen werden (vgl. ausführlich § 75 Rz. 67f.). Gleiches gilt, soweit Sozialdaten **aus besonderen Gründen** ausnahmsweise – ohne daß dies in den Regelungen des Zweiten Kapitels bereits ausdrücklich vorgeschrieben wäre – nur mit Einwilligung des Betroffenen offenbart werden dürfen. Als Beispiel dafür läßt sich die Offenbarung personenbezogener Daten gegenüber Arbeitgebern im Rahmen der Arbeitsvermittlung anführen (vgl. § 69 Rz. 62; 10. TB/*BfD* S. 63). Hierher gehört auch § 276 Abs. 1 des neuen SGB V, der für den Fall der Weitergabe von Unterlagen, die der Versicherte freiwillig beigebracht hat, durch die Krankenkasse an den Medizinischen Dienst die Einwilligung nach § 67 Satz 2 verlangt.

33 Ferner kommt eine solche Einschränkung dort in Betracht, wo die Offenbarung von Sozialdaten für den einzelnen **außergewöhnliche Belastungen** mit sich bringen, insbesondere gravierende, in ihren Wirkungen kaum zu übersehende und deshalb schwer zu kontrollierende **Diskriminierungseffekte** freisetzen kann. Dies ist in besonders gelagerten Einzelfällen, aber etwa auch bei der Übermittlung der Befunde von AIDS-Untersuchungen denkbar (vgl. § 69 Rz. 54f.). Da die – generalisierenden – gesetzlichen Offenbarungsbefugnisse nach §§ 68 bis 77 notwendigerweise mehr oder weniger »normale Verhältnisse« voraussetzen, werden sie weder den Besonderheiten **außergewöhnlicher Fallkonstellationen** noch brisanten **neuen Problemstellungen und Gefährdungslagen** gerecht, die bei der Verabschiedung des Zweiten Kapitels SGB X noch nicht absehbar waren. In solchen – der Sache nach durch den Gesetzgeber gar nicht vorentschiedenen – Fällen kann es sachgerecht und aus dem Gesichtspunkt des **Schutzes des Persönlichkeitsrechts** der Betroffenen (Art. 2 Abs. 1 GG) auch rechtlich geboten sein,

ihnen selbst die Entscheidung über die Zulässigkeit der Datenoffenbarung zu überlassen. Ihre Entscheidung muß dann auch hier verbindlich sein, darf also nicht durch einen späteren Rückgriff auf gesetzliche Offenbarungsbefugnisse überspielt werden. Da der Wille der Betroffenen hier besonders ernst zu nehmen ist, sind an die **Bestimmtheit** entsprechender Erklärungen hohe Anforderungen zu stellen. Im Zusammenhang mit der AIDS-Problematik etwa müssen sich Einwilligungserklärungen auf die konkrete Weitergabe von Informationen über die HIV-Infektion bzw. die AIDS-Erkrankung beziehen. Allgemein gehaltene Einwilligungen in die Weitergabe geschützter Sozialdaten reichen nicht aus.

Hinzuweisen bleibt auf eine weitere Relativierung des Grundsatzes, daß neben den gesetzlichen Offenbarungsbefugnissen für die Einwilligung des Betroffenen kein Raum bleibt. Da keineswegs alle Aufgaben der Sozialverwaltung der »gesetzesakzessorischen« oder »-gebundenen« Verwaltung zuzuordnen sind (vgl. § 69 Rz. 30f.), verbleibt den Leistungsträgern hinsichtlich der Durchführung einer Maßnahme rechtlich vielfach ein **Entscheidungsspielraum**. Sie können deshalb vor der Alternative stehen, entweder über die Durchführung einer Maßnahme autonom zu entscheiden und ggf. erforderliche Offenbarungen auf eine gesetzliche Befugnis (insbes. nach § 69 Abs. 1 Nr. 1) zu stützen oder aber die Durchführung der Maßnahme – auch aus Gründen des Datenschutzes – von der Einwilligung des Betroffenen abhängig zu machen. Rechtlich ist letzteres aufgrund des Entscheidungsspielraums unbedenklich, der dem Leistungsträger hinsichtlich der Aufgabenerfüllung zukommt. Auch hier muß ein späterer Rückgriff auf die gesetzlichen Offenbarungsbefugnisse allerdings ausscheiden.

2. Rechtliche Qualifikation und Wirkung der Einwilligung

Schwierigkeiten hat die Bestimmung der **Rechtsnatur** der Einwilligung i.S.v. § 3 Satz 1 Nr. 2 BDSG, § 67 Satz 1 Nr. 1 aufgeworfen. Die konkurrierenden Deutungen verweisen teils auf das Modell der (rechtsgeschäftlichen oder öffentlich-rechtlichen) **Willenserklärung**, teils knüpfen sie bei »geschäftsähnlichen« Erklärungen an, wie sie insbes. im Zivil- und Strafrecht als Rechtfertigungsgründe für die **Verletzung von Persönlichkeitsrechten**, d.h. für die Vornahme »tatsächlicher Handlungen« anerkannt sind (vgl. zum Meinungsstand *Simitis* in Simitis u.a., BDSG, § 3 Rz. 31 ff.; *Auernhammer* BDSG, § 3 Rz. 6 f.; *Hauck/Haines-Walloth* § 67 Rz. 9, 22; *Verbandskommentar* § 67 Rz. 5; *BfA-Kommentar* § 67 Anm. 5). Die Debatte hat im Grunde keine Bedeutung, weil sich die Einwilligung in die Verletzung von Persönlichkeitsrechten zwanglos auf das Grundmuster der **Willenserklärung** zurückführen läßt, das sie lediglich in einigen Punkten **modifiziert**. Daß es bezüglich der Einwilligung i.S.d. § 67 Satz 1 Nr. 1 (bzw. des § 3 Satz 1 Nr. 2 BDSG) vergleichbarer Modifikationen bedarf, um der besonderen Funktion dieser Erklärung Rechnung zu tragen, ist in der Literatur im Grunde kaum kontrovers (vgl. *Auernhammer* BDSG, § 3 Rz. 6 ff.; *Ordemann/Schomerus* BDSG, § 67 Anm. 4.3; *Verbandskommentar* § 67 Rz. 4 ff.; *Hauck/Haines-Walloth* § 67 Rz. 9 ff.; *BfA-Kommentar* § 67 Anm. 5).

Im einzelnen ergeben sich diese Modifikationen daraus, daß mit der Einwilligung nach § 67 Satz 1 Nr. 1 nicht rechtsgeschäftliche Wirkungen erzielt bzw. vertragliche Bindungen begründet, sondern Maßnahmen öffentlicher Stellen

gerechtfertigt werden sollen, die **Persönlichkeitsrechte** einzelner Bürger betreffen. Daraus folgt vor allem, daß Einwilligungen i. S. v. § 67 Satz 1 Nr. 1
- grundsätzlich nur **vom Betroffenen persönlich** erteilt werden können (vgl. u. Rz. 41),
- in ihrer Wirksamkeit **nicht** von der **Geschäftsfähigkeit**, sondern allein von der Fähigkeit des Betroffenen abhängig sind, Bedeutung und Wirkung der Einwilligung zu erkennen (vgl. u. Rz. 42 f.),
- einerseits eine **höhere Verbindlichkeit** als rechtsgeschäftliche Erklärungen haben müssen, weil Datenoffenbarungen nicht rückgängig gemacht und rechtmäßige Maßnahmen öffentlicher Stellen auch durch den Betroffenen nicht nachträglich in rechtswidrige verwandelt werden können (**Anfechtung** wegen Willensmängeln scheidet aus, vgl. u. Rz. 49),
- andererseits aber, da höchstpersönliche Rechtspositionen nicht definitiv aufgegeben werden können, in ihrem Bestand für die Zukunft **weniger gesichert** sind (**Widerruf** bleibt stets möglich, vgl. u. Rz. 70).

IV. Offenbarungsvoraussetzungen nach § 67 Satz 1 Nr. 1 und Satz 2

1. Offenbarung von personenbezogenen Daten oder Betriebs- und Geschäftsgeheimnissen

37 Unter **Offenbarung** (vgl. dazu i. e. § 35 Rz. 53 ff.) i. S. v. §§ 35 SGB I, 67 ff. wird teilweise jede Mitteilung geschützter Informationen an Personen oder Stellen verstanden, die sie noch nicht oder nicht in diesem Umfang oder dieser Form kennen (*Schroeder-Printzen* § 67 Anm. 1; *Pickel* SGB X, § 67 Anm. 2; *BfA-Kommentar* § 67 Anm. 2; Dienstblatt-Rderl. 155/87 der BA vom 23. 12. 1987, Nr. 17). Diese Begriffsbestimmung greift die **strafrechtliche**, an § 203 StGB orientierte **Dogmatik** auf (vgl. *Lenckner* in Schönke/Schröder, StGB, § 203 Rz. 19 m. w. N.; *Pickel* SGB X, § 67 Anm. 2). Dem Regelungsgegenstand des Sozialdatenschutzes wird sie nur bedingt gerecht. Ihm entspricht der **formalere** datenschutzrechtliche Begriff der **Übermittlung** (vgl. § 2 Abs. 2 Nr. 2 BDSG), der nicht, wie der strafrechtliche Geheimnisschutz, nach der vorherigen Kenntnis des Informationsempfängers differenziert. In den §§ 35 SGB I, 67 ff. sind – obwohl das Gesetz den Terminus »Sozialgeheimnis« beibehalten hat – Sozialdaten jeder Art ohne Rücksicht auf ihre »Geheimnisqualität« geschützt (vgl. § 35 Rz. 55). Im übrigen ist die Einengung des **strafrechtlichen** Offenbarungsbegriffs auf die Mitteilung von Informationen, die der Empfänger noch nicht kennt, auf dem Hintergrund der besonderen Konsequenzen einer strafrechtlichen Bewertung individuellen Handelns zu sehen. Bei der Bestimmung der datenschutzrechtlichen Befugnisse öffentlicher Stellen ist ein vergleichbares Bedürfnis nach restriktiver Begriffsbildung nicht gegeben (vgl. § 35 Rz. 28).

38 Offenbarung ist daher in § 35 SGB I und den Regelungen des Zweiten Kapitels SGB X im wesentlichen als **Übermittlung** einer geschützten Information i. S. d. **datenschutzrechtlichen Terminologie** zu verstehen (allerdings ohne die Beschränkung auf in Dateien gespeicherte bzw. durch Datenverarbeitung gewonnene Daten, vgl. § 2 Abs. 2 Nr. 2 BDSG). Ob dem Empfänger die Informationen bereits bekannt gewesen sind, ist rechtlich – für Begriff und Zulässigkeitsvoraussetzungen der Offenbarung – irrelevant; aus der Sicht der offenbarenden Stelle

wird es oft auch nur schwer zu beurteilen sein. Die »adressatlose« Offenbarung – d. h. genauer: die Offenbarung von Sozialdaten gegenüber einem **nicht genau eingegrenzten Adressatenkreis** (Veröffentlichung in Zeitungen, Aushängen u. ä.) – steht rechtlich der Offenbarung gegenüber einem bestimmten Adressaten grundsätzlich gleich. Sie wird allerdings regelmäßig nur zur Erfüllung eigener Aufgaben der offenbarenden Stelle (im wesentlichen nach § 69) und auch hier – schon aufgrund des Kriteriums der Erforderlichkeit – nur in engen Grenzen **zulässig** sein.
Personenbezogene Daten sind nach § 35 SGB I entsprechend der datenschutzrechtlichen Begrifflichkeit (§ 2 Abs. 1 BDSG) alle Einzelangaben über persönliche oder sachliche Verhältnisse einer Person (vgl. im einzelnen § 35 Rz. 6, 13; § 79 Rz. 35 ff.). Zu den **Betriebs- und Geschäftsgeheimnissen** gehören nach der geläufigen Definition (vgl. etwa *Pickel* SGB X, § 67 Anm. 4; *Schroeder-Printzen* § 67 Anm. 4) alle Informationen, die im Zusammenhang mit einem Geschäftsbetrieb stehen, nur einem begrenzten Personenkreis bekannt sind und – bei berechtigtem wirtschaflichen Interesse an der Geheimhaltung – nach dem bekundeten Willen des Betriebsinhabers geheimgehalten werden sollen (s. dazu teilweise abw. § 35 Rz. 20 ff.). **39**

2. Einwilligung des Betroffenen

a) Begriff der Einwilligung
Einwilligung ist die **vor der Offenbarung** erteilte Zustimmung (§ 183 BGB; vgl. BT-Drucks. 8/4022, S. 84). Die nachträgliche Einholung einer Genehmigung kann eine ohne Einwilligung des Betroffenen bereits durchgeführte Offenbarung nicht »heilen« (*Pickel* SGB X, § 67 Anm. 5 a m. w. N.; *Schroeder-Printzen* § 67 Anm. 6; *Verbandskommentar* § 67 Rz. 4; *Hauck/Haines-Walloth* § 67 Rz. 5 m. w. N.). Die Einwilligung muß nicht gegenüber der offenbarenden Stelle abgegeben werden, ist aber **empfangsbedürftig** und muß der offenbarenden Stelle daher vor der Offenbarung zugehen (*Hauck/Haines-Walloth* § 67 Rz. 5 m. w. N.). Aus der Anordnung der **Schriftform** in § 67 Satz 2 wird zu schließen sein, daß der Erklärungsempfänger der offenbarenden Stelle in der Regel die schriftliche Einwilligungserklärung – ggf. in Kopie – vorzulegen hat. Dies ist nur entbehrlich, sofern aufgrund besonderer Umstände hinsichtlich der Einwilligung selbst (§ 67 Satz 2) oder ihrer Weiterübermittlung eine andere als die Schriftform angemessen ist (so auch *Hauck/Haines-Walloth* § 67 Rz. 41). Im Zeitpunkt der Offenbarung muß die Einwilligung noch bestehen (zur **Widerrufsmöglichkeit** vgl. u. Rz. 70). **40**

b) Einwilligungsbefugnis und Einwilligungsfähigkeit
Einwilligungsbefugt ist der **Betroffene**, bei der Offenbarung personenbezogener Daten also die Person, auf die sich die Daten beziehen. Es muß sich nicht um eine an dem Verwaltungsverfahren beteiligte Person handeln (vgl. *Verbandskommentar* § 67 Rz. 9). Sind mehrere Personen betroffen, muß die Einwilligung aller vorliegen (*Schellhorn* GK-SGB I § 35 Rz. 35; *Hauck/Haines-Walloth* § 67 Rz. 10). Die Einwilligungserklärung ist, soweit nicht die Offenbarung von Betriebs- und Geschäftsgeheimnissen in Rede steht, **höchstpersönlich**, kann also grundsätzlich nur vom Betroffenen selbst abgegeben werden (zur Einwilligungsbefugnis bei der Offenbarung von Betriebs- und Geschäftsgeheimnissen vgl. *Pickel* SGB X, § 67 Anm. 5). Dies schließt nicht nur die Vertretung des Betroffenen durch **Bevoll-** **41**

mächtigte aus (*Verbandskommentar* § 67 Rz. 5; *Hauck/Haines-Walloth* § 67 Rz. 10 m. w. N.; *Auernhammer* BDSG, § 3 Rz. 7; *Simitis* in Simitis u. a., BDSG, § 3 Rz. 52 ff.; *Ordemann/Schomerus* BDSG, § 3 Anm. 4.3). Auch **gesetzliche Vertreter** (Eltern, Vormund, Pfleger) können insoweit nicht für den Betroffenen handeln, sofern und solange dieser selbst **einwilligungsfähig** ist (*Hauck/Haines-Walloth* § 67 Rz. 10; *Pickel* SGB X, § 67 Anm. 5 a; vgl. u. Rz. 42).

42 **Einwilligungsfähigkeit** setzt mit Rücksicht auf den besonderen Charakter der Erklärung nach § 67 Satz 1 Nr. 1 (vgl. o. Rz. 35 f.) **Geschäftsfähigkeit** nicht voraus (a. A. *Schroeder-Printzen* § 67 Anm. 6), sondern erfordert lediglich die Fähigkeit des Betroffenen, Bedeutung und Tragweite seiner Entscheidung zu erkennen (*Pickel* SGB X, § 67 Anm. 5 a; *Hauck/Haines-Walloth* § 67 Rz. 9, 11; *BfA-Kommentar* § 67 Anm. 5; *Schellhorn* GK-SGB I, § 35 Rz. 35; *Auernhammer* BDSG, § 3 Rz. 7). Nach **§ 36 SGB I** tritt mit Vollendung des 15. Lebensjahres **Handlungsfähigkeit i. S. d. SGB** ein. Dies ist ein Anhaltspunkt dafür, daß auch die Befähigung zur Abgabe von Erklärungen nach § 67 Satz 1 Nr. 1 in der Regel – sofern nicht besondere Umstände dagegensprechen – von diesem Zeitpunkt an zu bejahen ist (*Schellhorn* GK-SGB I, § 35 Rz. 35; *Verbandskommentar* § 67 Rz. 5; *Hauck/Haines-Walloth* § 67 Rz. 11; *Pickel* SGB X, § 67 Anm. 5 a). Da die Einwilligungserklärung nach § 67 Satz 1 Nr. 1 (soweit personenbezogene Daten in Rede stehen) **höchstpersönlich** ist, ist eine Einschränkung der Handlungsfähigkeit des Minderjährigen nach § 36 Abs. 2 SGB I nur beachtlich, sofern der Betroffene tatsächlich außerstande ist, Bedeutung und Tragweite der Einwilligung in die Offenbarung von Sozialdaten zu erkennen. Eine entsprechende schriftliche Erklärung des gesetzlichen Vertreters hat insoweit also nur indizielle Bedeutung.

43 Bei Personen **unter 15 Jahren** hingegen kann Einwilligungsfähigkeit nicht als Regelfall unterstellt werden; gleiches gilt bei Personen, die nach § 114 BGB beschränkt geschäftsfähig sind. Bei beiden Personengruppen ist auf die individuelle Einsichtsfähigkeit abzustellen. **Geschäftsunfähigkeit** (vgl. § 104 BGB) schließt die hier zu fordernde Einsichtsfähigkeit generell aus (*Hauck/Haines-Walloth* § 67 Rz. 11).

44 Soweit Betroffene über die erforderliche Einsichtsfähigkeit nicht verfügen (was zunächst festzustellen ist!), können **gesetzliche Vertreter** (Eltern, Vormund, Pfleger) für sie nach § 67 Satz 1 Nr. 1 in die Offenbarung von Sozialdaten einwilligen (ausführlich dazu *Drozd* MittLVA Oberfr. 1986, 98 ff.; *Harthun* SGb 1983, 511; vgl. auch *Pickel* SGB X, § 67 Anm. 5 a; *Verbandskommentar* § 67 Rz. 5; *Hauck/Haines-Walloth* § 67 Rz. 11). Vorsicht ist insoweit insbes. hinsichtlich der **Gebrechlichkeitspflegschaft nach § 1910 BGB** geboten, die sowohl für voll geschäftsfähige Pfleglinge mit deren Einwilligung als auch – als »Zwangspflegschaft« – für Geschäftsunfähige bestellt werden kann (vgl. i. e. *Goerke* Münch-Komm, § 1910 Rz. 5 ff., 18 ff.). Die Bestellung der Pflegschaft ist daher **kein Indiz** dafür, daß der Pflegling Bedeutung und Konsequenzen einer Einwilligung i. S. v. § 67 Satz 1 Nr. 1 selbst nicht beurteilen kann. Die Sozialleistungsträger dürfen daher die von einem Pfleger für seinen Pflegling erklärte Einwilligung nicht ohne weitere Prüfung als Rechtsgrundlage von Datenoffenbarungen anerkennen, sondern müssen zunächst geeignete Feststellungen darüber treffen, ob der Pflegling selbst nicht einwilligungsfähig ist. Ferner haben die Leistungsträger zu beachten, daß die **Vertretungsmacht** des Pflegers **beschränkt** ist; daher ist auch zu prüfen, ob die Erteilung der Einwilligung sich »gegenständlich« denjenigen Angelegenheiten zuordnen läßt, für deren Besorgung der Pfleger bestellt worden ist; dies gilt

natürlich auch dann, wenn der Pfleger durch die Einwilligung in die Offenbarung selbst Kenntnis von Sozialdaten derjenigen Personen erlangen will, deren Belange er wahrzunehmen hat.

Nachlaßpfleger i. S. v. §§ 1960 ff. BGB wenden sich bisweilen an Sozialversicherungsträger, um den **Aufenthaltsort** von Personen zu ermitteln, die als **Erben** des von ihnen betreuten Nachlasses in Betracht kommen. Entsprechende Auskünfte können generell auf eine durch den Nachlaßpfleger – in Vertretung des Gesuchten – erklärte Einwilligung i. S. v. § 67 Satz 1 Nr. 1 nicht gestützt werden. Die Vertretungsmacht des Nachlaßpflegers ist auf Geschäfte beschränkt, die der Erhaltung des Nachlasses dienen, schließt aber nicht die Befugnis zur Einwilligung in die Offenbarung geschützter Informationen über potentielle Erben ein. Sucht ein Nachlaßpfleger eine solche Person und kennt eine in § 35 SGB I genannte Stelle deren Aufenthaltsort, so hat diese allerdings die Möglichkeit, die gesuchte Person auf die Nachforschungen des Pflegers hinzuweisen (ebenso *o. V.* DSB 6/1988, S. 10). 45

c) Einwilligungsbefugnis nach dem Tode des Betroffenen?
Noch ungeklärt ist, ob die Offenbarungsbefugnis i. S. v. § 67 Satz 1 Nr. 1 auch **nach dem Tode des Betroffenen** relevant bleibt und **wer** in diesem Fall für den Verstorbenen in die Offenbarung **einwilligen darf** (jeder Rechtsnachfolger bzw. Angehörige oder nur alle gemeinsam?). Die Frage ist vor allem aus dem Blickwinkel privater Offenbarungsinteressenten sowie öffentlicher Stellen außerhalb der Sozialverwaltung von Bedeutung, deren Belange bei der Ausgestaltung der gesetzlichen Offenbarungsbefugnisse nur in engen Grenzen berücksichtigt worden sind (vgl. o. Rz. 24 f., 28). Vorgelagert ist die Frage, ob der Schutz der Sozialdaten überhaupt nach dem Tod des Betroffenen fortbesteht. Auf der Linie der überkommenen Rechtsprechung der Zivil- und Strafgerichte zum Schutz von Persönlichkeitsrechten, derzufolge (mit solchen Rechtspositionen verbundene) höchstpersönliche Befugnisse mit dem Tod des Berechtigten erlöschen (vgl. Nachw. bei *Hauck/Haines-Walloth* § 67 Rz. 10; *Lenckner* in Schönke/Schröder, StGB, § 203 Rz. 25; ausführlich zum postmortalen Persönlichkeitsschutz *Schwerdtner* MünchKomm, § 12 Rz. 190 ff.), wäre dies eher zu verneinen (vgl. aber § 203 Abs. 4 StGB; zum Meinungsstand im Strafrecht *Lenckner* in Schönke/Schröder, StGB, § 203 Rz. 70). Ein Teil der Literatur vertritt denn auch die Auffassung, die Befugnis nach § 67 Satz 1 Nr. 1 **entfalle mit dem Tod des Betroffenen**, könne also von Erben oder Angehörigen nicht ausgeübt werden (*Schellhorn* GK-SGB I, § 35 Rz. 40; mit Einschränkungen auch *Peters* SGB – AT, § 35 Anm. 6). Unklar bleibt allerdings, ob damit tatsächlich die Konsequenz aus dem Erlöschen persönlichkeitsrechtlicher Positionen gezogen werden soll oder ob – im Gegenteil – die Datenoffenbarung auf die in den gesetzlichen Befugnissen nach §§ 68 bis 77 festgelegten Tatbestände eingeengt, der Datenschutz im Ergebnis also noch verstärkt wird. 46

Unklarheiten dieser Art sind vermieden, wenn man den Schutz des Persönlichkeitsrechts – nicht zuletzt im Sinne des umstrittenen »Mephisto-Urteils« des Bundesgerichtshofs (*BGHZ* 50, 133, 136) – über den Tod der geschützten Person hinaus andauern und **Erben** bzw. **Angehörige des Verstorbenen** in die »freigewordene« Rechtsposition einrücken läßt (das Bundesverfassungsgericht hat demgegenüber die Fortwirkung von Persönlichkeitsrechten nach dem Tode verneint und nur einen postmortalen Schutzanspruch gegen Angriffe auf die Menschenwürde anerkannt, vgl. *BVerfGE* 30, 173, 194; vgl. in diesem Zusammenhang auch § 205 47

Abs. 2 StGB, dessen Regelungen über den **Strafantrag** aber auf die **Einwilligung in die Offenbarung** geschützter Informationen nicht übertragen werden können; dazu auch *Lenckner* in Schönke/Schröder, StGB, § 203 Rz. 25). Das BSG hat in einer neueren Entscheidung die **postmortale Geltung** des Anspruchs auf den Schutz des Sozialgeheimnisses im Grundsatz bereits anerkannt, dabei aber die Frage offengelassen, wer (unter welchen Voraussetzungen) für den Verstorbenen in die Offenbarung von Sozialdaten einwilligen darf (*BSGE* 59, 76, 79). Nach Ansicht eines Teils der Literatur soll die Einwilligungsbefugnis »den Hinterbliebenen oder Rechtsnachfolgern« insoweit zustehen, »als sie (!) in dieser Eigenschaft ein berechtigtes Interesse an der Offenbarung haben« (*Hauck/Haines-Walloth* § 67 Rz. 10; vgl. auch *Peters* SGB – AT, § 35 Anm. 6).

48 Da Hinterbliebene oder Rechtsnachfolger danach ihre **eigenen** (»berechtigten«) Interessen unter dem Titel des Persönlichkeitsrechts Verstorbener geltend machen könnten, wird auch diese Konzeption den Bedingungen des Schutzes von **Persönlichkeits**rechten kaum gerecht. Angemessener dürfte es sein, den Tod des Individuums auch im Erlöschen seiner Persönlichkeitsrechte ernst zu nehmen, die damit allerdings nicht schlicht entfallen, sondern (im doppelten Sinne) »aufgehoben« werden und in einen Anspruch auf **soziale Achtung des Andenkens des Verstorbenen** übergehen (vgl. auch § 35 Rz. 17f.). Konkret bedeutet dies, daß der Anspruch auf den Schutz der Sozialdaten mit dem Tod des Betroffenen endet (was schon deshalb nicht im Widerspruch zu § 203 Abs. 4 StGB steht, weil § 35 SGB I alle personenbezogenen Informationen, nicht nur »Geheimnisse« schützt), die Sozialleistungsträger Informationen aber nur offenbaren dürfen, soweit das Andenken des Verstorbenen dadurch nicht beeinträchtigt werden kann. Die Sozialleistungsträger haben daher jeweils zu prüfen, **zu welchen Zwecken** und mit welchen Wirkungen die betreffenden Daten verwendet werden sollen und ob der Zweck die Offenbarung **rechtfertigt**. Dies kann durchaus auch in Fällen zu bejahen sein, in denen die Offenbarung auf eine gesetzliche Befugnis nach §§ 68 bis 77 nicht gestützt werden kann, etwa wenn eine öffentliche Stelle Daten zur Erfüllung einer Aufgabe benötigt, die in den §§ 68 bis 77 nicht berücksichtigt ist; vor allem können auch **private Einrichtungen oder Personen** ein **rechtlich anzuerkennendes Interesse** an der Offenbarung von Sozialdaten haben, die einen Verstorbenen betreffen. Bei der Entscheidung über die Offenbarung ist demnach lediglich zu prüfen, ob die Offenbarung mit Rücksicht auf das Gebot der Achtung des Verstorbenen durch ein **berechtigtes Interesse** des Empfängers legitimiert ist; auf die Einwilligung der Hinterbliebenen oder Rechtsnachfolger hingegen kommt es nicht an.

d) Freiwilligkeit der Einwilligung

aa) Unwirksamkeit bei fehlender Freiwilligkeit

49 Die Einwilligung muß vom Betroffenen **freiwillig** – im Bewußtsein ihrer Bedeutung – erklärt worden sein (vgl. *Schellhorn* GK-SGB I, § 35 Rz. 39; *Hauck/Haines-Walloth* § 67 Rz. 12). Ebenso wie im allgemeinen Datenschutzrecht (*Auernhammer* BDSG, § 3 Rz. 6; *Simitis* in Simitis u.a., BDSG, § 3 Rz. 49) sind daher Erklärungen **unwirksam**, die unter **Zwang, Drohung** oder aufgrund einer **Täuschung** abgegeben worden sind (vgl. *Schellhorn* GK-SGB I, § 35 Rz. 39; *Hauck/Haines-Walloth* § 67 Rz. 12 m.w.N., teilw. allerdings mit zu starker Orientierung an zivilrechtlichen Vorbildern, insbes. hinsichtlich des Rückgriffs auf den Rechts-

gedanken des § 123 Abs. 2 BGB). Darüber hinaus wird die Einwilligung zum Teil auch bei **Irrtum** und vergleichbaren **Fehlvorstellungen** des Betroffenen als unwirksam angesehen, wenn der offenbarende Sozialleistungsträger eine ihm obliegende, im Sozialrechtsverhältnis begründete **Aufklärungspflicht** verletzt hat (vgl. *Hauck/Haines-Walloth* § 67 Rz. 12). Mängel der genannten Art führen jeweils zur **Unwirksamkeit**, nicht zur Anfechtbarkeit der Einwilligung (vgl. o. Rz. 36; z. T. a. A. *Simitis* in Simitis u. a., BDSG, § 3 Rz. 46 ff.).

Im übrigen ist die Einwilligung unwirksam, wenn sie gegen **Verfassung, Gesetz** 50 oder **gute Sitten** verstößt (vgl. *Auernhammer* BDSG, § 3 Rz. 6; *Simitis* in Simitis u. a., BDSG, § 3 Rz. 49 ff.; *Hauck/Haines-Walloth* § 67 Rz. 15). Ein Korrektiv gegenüber Einwilligungen, denen nicht die freie Entscheidung des Betroffenen, sondern Fremdbestimmung und »faktische Zwänge« zugrunde liegen, dürfte sich daraus allerdings nur in extrem gelagerten Fällen gewinnen lassen.

bb) »Faktische Zwänge«

»Faktische Zwänge« können auf der Grundlage vertraglich begründeter Bindungen 51 insbesondere dort wirksam werden, wo der einzelne **organisierter sozialer Macht** konfrontiert ist. Hauptbeispielsfälle dafür sind das Arbeitsverhältnis mit der charakteristischen Abhängigkeit des Arbeitnehmers und das – ungleichgewichtige – Verhältnis zwischen Kreditnehmern und Kreditinstituten. Aus solchen Beziehungen resultierende Zwänge können die Freiwilligkeit der Entscheidung über die Einwilligung in die Offenbarung von Sozialdaten ganz erheblich einschränken (praktisches Beispiel bei *Schnipper* DSB 9/1986, S. 10 f.).

In der Praxis wird es überaus schwierig sein, Zwänge dieser Art auszuschalten, 52 zumal sie sich in der Regel unterhalb der Schwelle bewegen werden, jenseits derer Einwilligungen i. S. v. § 67 Satz 1 Nr. 1 als unwirksam angesehen werden können (vgl. o. Rz. 49 f.). Sie werden sich durch die Willensautonomie des einzelnen kaum auffangen, sondern allenfalls **durch Organisation** bearbeiten lassen. Insofern wird es vor allem darauf ankommen, ob es den Datenschutzbeauftragten des Bundes und der Länder gelingt, Gefährdungen individueller Entscheidungsfreiheit wenigstens teilweise aufzudecken und abzumildern. Entsprechende Kontroll- und Unterstützungsfunktionen haben die Betriebs- und Personalvertretungen im Zusammenhang mit Arbeits- und Dienstverhältnissen wahrzunehmen (allgemein zum »kollektiven Datenschutz« vgl. *Linnenkohl/Rauschenberg/Schütz* BB 1987, 1454 ff.). Die Unwirksamkeit von Einwilligungen nach § 67 Satz 1 Nr. 1 kann sich insbesondere auch aus einem Verstoß gegen die arbeitsrechtlichen Grundsätze über die Einschränkung des Fragerechts des Arbeitgebers ergeben: Informationen, die dem Arbeitgeber danach nicht zugänglich sind, darf er nicht auf dem Umweg über die Einwilligung des Arbeitnehmers einholen (*Simitis* in Simitis u. a., BDSG, § 3 Rz. 50; *Hümmerich* DuD 1978, 138; *Schnipper* DSB 9/1986, S. 11). Auch die **Beratungspflicht der Sozialleistungsträger** kann bei »faktischen Zwängen« gefordert sein. Im übrigen ist darauf hinzuweisen, daß die Einwilligung jederzeit **widerrufen** werden kann (vgl. o. Rz. 36, u. Rz. 70).

cc) Einwilligungspflicht nach § 60 Abs. 1 Nr. 1 SGB I?

Da nach § 67 Satz 1 Nr. 1 – anders als bei den gesetzlichen Offenbarungsbefugnis- 53 sen i. S. v. Nr. 2 – der Betroffene selbst über die Zulässigkeit der Datenoffenbarung entscheidet, darf die Verweigerung der Einwilligung für ihn **keine Rechtsnachteile** nach sich ziehen, denn andernfalls wäre der Grundsatz der Freiwilligkeit aufgehoben. Gleichwohl wird in der Literatur teilweise befürchtet, die Verweigerung der Einwilligung in die Offenbarung von Sozialdaten könne dazu führen, »daß der entscheidungserhebliche Sachverhalt zum Nachteil des Betroffenen nicht aufklärbar ist« (vgl. *Schellhorn* GK-SGB I, § 35 Rz. 39; ebenso *Pickel* SGB X, § 67 Anm. 5 a). Im Rahmen der in das SGB einbezogenen Sozialleistungsbereiche bestehe nach **§ 60 Abs. 1 Nr. 1 SGB I** die Verpflichtung des Betroffenen, auf Verlangen des zuständigen Leistungsträgers der **Erteilung der erforderlichen Auskünfte durch Dritte** zuzustimmen. Dazu gehöre »auch die Einwilligung zur Offenbarung von Sozialgeheimnissen anderer Stellen, wenn sie für die Leistungsbewilligung erheblich sind«: Bei Verletzung dieser Verpflichtung könne der Leistungsträger die beantragte bzw. bezogene Sozialleistung nach § 66 SGB I ganz oder teilweise versagen oder entziehen (vgl. *Schellhorn* a. a. O.).

54 Die damit aufgeworfene Frage dürfte eher von theoretischem Interesse als von praktischer Bedeutung sein, sind doch kaum Fälle denkbar, in denen die Aufklärung entscheidungserheblicher Sachverhalte tatsächlich durch die Verweigerung der Einwilligung in die Offenbarung von Daten blockiert werden kann, die **bei anderen Sozialleistungsträgern** vorhanden sind. Durch die Ausgestaltung der **gesetzlichen Offenbarungsbefugnisse** des Zweiten Kapitels SGB X (vgl. insbes. § 69 Abs. 1 Nr. 1) sind den Sozialleistungsträgern ausreichende Zugriffsmöglichkeiten auf solche Daten eröffnet, soweit sie diese zur Erfüllung ihrer Aufgaben nach dem SGB benötigen. Im übrigen müssen in der Regel ohnehin (soweit nicht ein Datenaustausch zwischen Stellen mit gleicher Aufgabenstellung in Rede steht oder eine spezialgesetzliche Offenbarungsregelung vorhanden ist) zunächst die Möglichkeiten ausgeschöpft werden, den entscheidungserheblichen Sachverhalt **durch Datenerhebung beim Betroffenen** aufzuklären (vgl. o. Rz. 31 und § 69 Rz. 73 f.).

55 Gewisse Einschränkungen können sich allenfalls ergeben, wenn man mit der hier vertretenen Auffassung **im Rahmen des § 69 Abs. 1 Nr. 1** Datenoffenbarungen im Interesse des Offenbarungs**adressaten** (soweit dieser andere Aufgaben als die offenbarende Stelle wahrzunehmen hat) nur auf spezialgesetzlicher Rechtsgrundlage für zulässig hält (vgl. ausführlich dazu § 69 Rz. 13 ff., 20 ff., 88 ff.). Auch mit dieser Einschränkung sollen den Leistungsträgern allerdings nicht entscheidungserhebliche Informationen vorenthalten werden. Aus ihr folgt nur, daß sich die Leistungsträger zur Sachverhaltsaufklärung an die Betroffenen selbst zu halten haben, soweit hinreichend präzise Übermittlungsregelungen nicht vorhanden sind (vgl. § 69 Rz. 74, 91 f.); insofern handelt es sich lediglich um eine Konkretisierung des datenschutzrechtlichen Grundsatzes, daß die Datenerhebung beim Betroffenen **Vorrang** vor anderen Möglichkeiten der Informationsgewinnung hat (vgl. § 69 Rz. 73 f.: § 79 Rz. 124 ff.). Unüberwindliche Aufklärungsschwierigkeiten sind auch unter diesem Gesichtspunkt nicht zu befürchten.

56 Eine gewisse Brisanz kann die aufgeworfene Frage gleichwohl aufgrund der – wenig geglückten – Fassung der Sanktionsnorm des § 66 Abs. 1 SGB I erhalten, der zufolge die Sozialleistungsträger Leistungen »**ohne weitere Ermittlungen**« **versagen** oder **entziehen** können, wenn der Antragsteller oder Leistungsempfänger seine Mitwirkungspflichten nicht erfüllt und die Aufklärung des Sachverhalts hierdurch erheblich erschwert wird. Problematisch ist dabei die Vermengung von Verfahrensfragen mit solchen der materiellen Leistungsentscheidung, die in der gegebenen Form der Gesamttendenz des modernen Sozialrechts zur **Objektivierung der Leistungsvoraussetzungen** widerspricht. Als **Sanktionsmittel** ist die Lei-

Geheimhaltung § 67

stungs**versagung** (bzw. der Leistungsentzug) im Grunde ungeeignet (auch die Leistungsgewährung kann nicht als »Belohnung« – etwa für die Mitwirkung des Betroffenen am Verwaltungsverfahren – qualifiziert werden); sie sollte deshalb von Straf- oder Erzwingungsfunktionen generell entlastet bleiben (im Grundsatz unbedenklich wäre hingegen etwa die Aussetzung der Antragsbearbeitung bei fehlender Mitwirkung des Betroffenen).

Gleichwohl steht der Verwaltung nach der geltenden Fassung des § 66 SGB I die **57** Leistungsversagung (bzw. der Leistungsentzug) als Sanktionsmittel zur Verfügung. Um so wichtiger ist die genaue Bestimmung der **Mitwirkungspflichten nach §§ 60 ff. SGB I**, zu deren Durchsetzung dieses Mittel eingesetzt werden kann. Sie können jedenfalls nicht die Verpflichtung zur Einwilligung in die Offenbarung personenbezogener Daten einschließen, die **bei anderen Sozialleistungsträgern** vorhanden sind:

Mit der Kodifikation des § 35 SGB I n. F. und des Zweiten Kapitels SGB X wird **58** erstmals der Anspruch verfolgt, die Offenbarungsbefugnisse der Sozialleistungsträger in einzelnen Tatbeständen **abschließend festzulegen** (vgl. o. Rz. 7, 10 f., 13 ff.; § 35 Rz. 6, 61 ff.). **Abschließend** sind diese Regelungen auch insofern, als sie angeben, wie weit die Datenoffenbarung **vom Willen des Betroffenen** oder aber von Gesichtspunkten abhängig ist, über die von den Leistungsträgern nach **objektivierten rechtlichen Kriterien** zu entscheiden ist. Das im Zweiten Kapitel SGB X ausbalancierte Verhältnis von (aus der Sicht des Betroffenen) »autonomer« (§ 67 Satz 1 Nr. 1) und »heteronomer« (§ 67 Satz 1 Nr. 2) Verfügung über geschützte Daten darf nicht dadurch aufgehoben werden, daß in die Befugnis i. S. v. § 67 Satz 1 Nr. 1 eine globale Einwilligungs**verpflichtung** zugunsten der Sozialleistungsträger hineingelesen wird. Damit würde für die (bei der Ausgestaltung der gesetzlichen Offenbarungsbefugnisse ohnehin – und zu Recht – in erster Linie berücksichtigten) Sozialleistungsträger eine zusätzliche **Auffang-Offenbarungsbefugnis** begründet, deren Verhältnis zu den gesetzlichen Offenbarungsbefugnissen durch unauflösbare Widersprüche geprägt wäre:

Entweder bedürfte es nämlich der gesetzlichen Offenbarungstatbestände nicht **59** mehr, soweit sie die Offenbarung von Sozialdaten im Interesse der Sozialleistungsträger zulassen (vgl. insbes. § 69 Abs. 1 Nr. 1), weil der Betroffene ohnehin nach § 60 Abs. 1 Nr. 1 SGB I der Erteilung aller »erforderlichen Auskünfte« zuzustimmen, hier also seine Einwilligung i. S. v. § 67 Satz 1 Nr. 1 zu erteilen hätte. Oder es käme – umgekehrt – auf die Erteilung der Einwilligung gar nicht an, weil sich der Leistungsträger bereits auf die gesetzlichen Offenbarungsbefugnisse des Zweiten Kapitels SGB X (zumal auf § 69 Abs. 1 Nr. 1) stützen kann. Die Konturen der gesetzlichen Offenbarungsbefugnisse der Leistungsträger wie auch der Mitwirkungspflichten des Leistungsberechtigten würden durch ein solches unabgeklärtes Nebeneinander von Einwilligung und gesetzlichen Befugnissen verwischt.

Im übrigen sind die Regelungen des SGB I (vgl. Art. II § 23) bereits am 1. 1. **60** 1976 – also lange vor der gesetzlichen Konkretisierung des Sozialdatenschutzes in den einzelnen Tatbeständen des Zweiten Kapitels SGB X – in Kraft getreten. Die Offenbarungsbefugnisse dieses Kapitels enthalten also gegenüber den §§ 60 ff. SGB I nicht nur das **speziellere**, sondern auch das **spätere** Recht. Sie dürfen daher nicht durch Generalklauseln aus dem Allgemeinen Teil des SGB unterlaufen werden, wie sie in § 60 Abs. 1 bezüglich der Mitwirkung des Leistungsberechtigten enthalten sind.

Aus alledem folgt, daß aufgrund des **Vorrangs der Bestimmungen des Zweiten** **61**

Hase 111

Kapitels SGB X die Offenbarung von Sozialdaten durch eine in § 35 SGB I genannte Stelle nicht zu den »Auskünften durch Dritte« gehört, deren Erteilung der Leistungsberechtigte nach § 60 Abs. 1 Nr. 1 SGB I zuzustimmen hat. Die in § 35 SGB I genannten Stellen sind nicht »Dritte« i.S. dieser Vorschrift. Sozialleistungsträger sind demnach nicht berechtigt, die Leistung »**ohne weitere Ermittlungen**« nach § 66 Abs. 1 SGB I zu versagen, wenn der Antragsteller oder Empfänger es ablehnt, in die Offenbarung von Sozialdaten einzuwilligen, die bei anderen Leistungsträgern vorhanden sind. Können in einem solchen Fall die Leistungsvoraussetzungen nicht nachgewiesen werden, so ist die Leistung natürlich auch hier zu versagen. Entscheidend ist jedoch, daß dies **nicht als Sanktion** für die Verweigerung einer Mitwirkungshandlung und daher erst geschehen kann, **nachdem** der Leistungsträger alle erreichbaren Erkenntnisquellen ausgeschöpft hat.

62 Aus den Mitwirkungspflichten des Leistungsberechtigten nach **§ 60 Abs. 1 Nr. 1 SGB I** ergibt sich also **keine Einschränkung des Sozialgeheimnisses** (bzw. der Berechtigung des Betroffenen, über die Einwilligung in die Offenbarung nach § 67 Satz 1 Nr. 1 frei zu entscheiden). Die Vorschrift soll vielmehr verhindern, daß den Leistungsträgern Informationen, die sie zur Entscheidung über Sozialleistungen benötigen, nach allgemeinem Datenschutzrecht oder **aufgrund anderer Geheimnisse** vorenthalten werden können (oder müssen), deren Offenbarung im SGB nicht (abschließend) geregelt ist. Insoweit ist vor allem an Geheimnisse i.S. des § 203 Abs. 1 und 3 StGB, zumal das **Arztgeheimnis** zu denken. Über die Offenbarung solcher Geheimnisse treffen die Regelungen des Zweiten Kapitels SGB X – das gilt auch für § 67 Satz 1 Nr. 1 – keine Aussage. Daher kann die Mitwirkungspflicht nach § 60 Abs. 1 Nr. 1 SGB I hier zum Zuge kommen.

63 In diesem Zusammenhang bedarf das über das Verhältnis zwischen den Offenbarungsbefugnissen des Zweiten Kapitels SGB X und den Mitwirkungspflichten des Betroffenen nach § 60 SGB I soeben Ausgeführte einer Präzisierung, und zwar bezüglich der Fälle, in denen Sozialdatenschutz und der Schutz eines Geheimnisses i.S. des § 203 StGB **ineinandergreifen**. Dies ist einmal in der Weise denkbar, daß Sozialdatenschutz und der Schutz des Geheimnisses sozusagen schlicht zusammentreffen, etwa dort, wo ein Arzt für einen Sozialleistungsträger personenbezogene Informationen (z.B. bei der Durchführung einer Untersuchung) erhebt. Zum andern ist hier auf die – problematische – Regelung des § 76 Abs. 1 zu verweisen, derzufolge die in § 35 SGB I genannten Stellen in bestimmtem Umfang in die Verpflichtung zum Schutz des Geheimnisses nach § 203 Abs. 1 und 3 StGB quasi einbezogen sind (vgl. dazu § 76 Rz. 3f.). In beiden Fallkonstellationen kann die Mitwirkungspflicht nach § 60 Abs. 1 Nr. 1 SGB I auch **im Zusammenhang mit der Offenbarung von Sozialdaten** nach den §§ 67ff. virulent werden. Aus ihr kann sich jedoch immer nur eine Verpflichtung des Betroffenen ergeben, die in § 203 StGB genannten Personen bzw. im Rahmen der Gleichstellung nach § 76 Abs. 1 die in § 35 SGB I genannten Stellen von der (im Zweiten Kapitel SGB X nicht geregelten) **Schweigepflicht i.S.d. § 203 StGB** zu entbinden. Im übrigen bleibt es dabei, daß die Offenbarung dieser Daten einer Rechtsgrundlage **nach dem Zweiten Kapitel SGB X** bedarf. Ist eine gesetzliche Offenbarungsbefugnis nicht gegeben, so ist der Betroffene hier nicht etwa zugleich verpflichtet, auch nach § 67 Satz 1 Nr. 1 in die Offenbarung einzuwilligen.

e) Einwilligung im Einzelfall (Bestimmtheit der Erklärung)

Die Erklärung nach § 67 Satz 1 Nr. 1 ist nur wirksam, wenn der Betroffene **im** **64** **Einzelfall** eingewilligt hat. Mit dieser Formulierung, die eine über § 3 Satz 1 Nr. 2 BDSG hinausgehende Anforderung aufstellt (vgl. allerdings § 79 Rz. 62), sollen **formularmäßige Pauschalerklärungen** ausgeschlossen werden; die Einwilligung muß sich »aus einem konkreten Anlaß auf konkret erkennbare Datenflüsse« beziehen (vgl. Ausschußbericht, BT-Drucks. 8/4022, S. 84). Für eine Differenzierung zwischen einer Einwilligung **im** Einzelfall und einer Einwilligung **für** den Einzelfall ist daher kein Raum (anders *Pickel* SGB X, § 67 Anm. 5c). Offenbarende Stelle, Datenempfänger, zu offenbarende Daten und Zeitpunkt (oder Zeitraum) der Offenbarung müssen in der Einwilligung **bestimmt** sein (vgl. *Hauck/Haines-Walloth* § 67 Rz. 13). **Bestimmbarkeit** reicht grundsätzlich nicht aus (anders *Hauck/Haines-Walloth* § 67 Rz. 13 m. w. N.; wohl auch *Schroeder-Printzen* § 67 Anm. 8), weil es bei der Einwilligung nach § 67 Satz 1 Nr. 1 darauf ankommt, ob dem Betroffenen selbst die Tragweite seiner Erklärung **im Zeitpunkt ihrer Abgabe** bewußt gewesen ist. Insbesondere im Rahmen von Dauerrechtsverhältnissen kann die Einwilligung allerdings mehrere Offenbarungsvorgänge legitimieren, sofern die soeben angeführte Voraussetzung gegeben ist (vgl. *Hauck/Haines-Walloth* § 67 Rz. 14 m. w. N.).

Auch wenn der Sozialdatenschutz grundsätzlich nicht (mehr) zwischen mehr oder weniger schutzwürdigen Daten unterscheidet, kommt der Bestimmtheit der Erklärung dort besondere Bedeutung zu, wo die Datenoffenbarung für den Betroffenen mit **außergewöhnlichen Gefährdungen** von Persönlichkeitsrechten verbunden ist. Aktuelles Beispiel dafür ist die Offenbarung von Informationen über HIV-Infektionen oder AIDS-Erkrankungen (ausführlich dazu § 69 Rz. 51 ff.), bei der sich die Einwilligung jeweils auf die **konkrete Offenbarung** beziehen, insbesondere also die zu übermittelnden Einzelinformationen und den Adressaten festlegen muß.

Es wäre freilich wirklichkeitsfremd, wollte man davon absehen, daß die Praxis den **65** dargelegten und im wesentlichen unstreitigen Anforderungen des § 67 Satz 1 Nr. 1 bisher weithin nicht entspricht. Soweit Einwilligungen i. S. des § 67 Satz 1 Nr. 1 angefordert und erteilt werden, herrschen (zumeist vorgedruckte) **pauschale Formulierungen** vor, die sich nicht so sehr auf »konkret erkennbare Datenflüsse« beziehen, sondern eher von dem Bestreben geprägt sind, die »Reichweite« der Einwilligung möglichst auszudehnen und alle jeweils in Betracht kommenden, unter irgendeinem Gesichtspunkt relevant erscheinenden Daten zu erfassen. Diese Praxis ist häufig in der Verwaltung selbst kontrovers und von Datenschutzbeauftragten des Bundes und der Länder wie auch von Aufsichtsbehörden mehrfach beanstandet worden (vgl. dazu § 79 Rz. 131). Dies unterstreicht, daß die Einwilligung des Betroffenen in der Praxis keineswegs der »Idealfall« einer zulässigen Offenbarung von Sozialdaten ist (so aber *Schellhorn* GK-SGB I, § 35 Rz. 32).

f) Form der Einwilligung

Die Einwilligung bedarf nach § 67 Satz 2 (vgl. auch § 3 Satz 2 BDSG) in der Regel **66** der **Schriftform**. Die Schriftform soll den Betroffenen vor Übereilung schützen, hat daneben aber auch Beweisfunktion (vgl. *Hauck/Haines-Walloth* § 67 Rz. 17). Die Erklärung muß vom Betroffenen eigenhändig unterzeichnet sein (vgl. § 126 Abs. 1 BGB; *Schellhorn* GK-SGB I, § 35 Rz. 38; *Hauck/Haines-Walloth* § 67

Rz. 17; *Auernhammer* BDSG, § 3 Rz. 8). Ein Verstoß gegen die Formvorschrift hat entsprechend § 125 BGB **Nichtigkeit** der Einwilligung zur Folge (*Auernhammer* BDSG, § 3 Rz. 8; *Schroeder-Printzen* § 67 Anm. 7).

67 In Anbetracht der beschriebenen Praxis (vgl. o. Rz. 19f., 65) schreibt § 67 Satz 2 (2. Halbs.) – um die **Warnfunktion der Schriftform** sicherzustellen – vor, daß der Betroffene, sofern die Einwilligung (von ihm!) zusammen mit anderen Erklärungen schriftlich erteilt wird, hierauf (d. h. auf seine eigene Erklärung!) schriftlich besonders hinzuweisen ist (vgl. auch § 3 Satz 2 BDSG). Der Hinweis muß möglichst in räumlicher Nähe der Unterschrift plaziert und (druck)technisch so hervorgehoben werden, daß er bei der Unterzeichnung auffällt und ohne Durchsicht des Gesamttexts zur Kenntnis genommen werden kann (vgl. *Auernhammer* BDSG, § 3 Rz. 8; *Hauck/Haines-Walloth* § 67 Rz. 18).

68 **Ausnahmsweise** kann die Einwilligung **ohne Einhaltung der Schriftform** erklärt werden, wenn wegen **besonderer Umstände** eine andere Form angemessen ist. Auch in diesen Fällen muß der Betroffene seinen Willen deutlich machen und ausreichend über Zweck und Umfang der Datenoffenbarung und die Tragweite seiner Einwilligung informiert sein (*Auernhammer* BDSG, § 3 Rz. 8; *Schellhorn* GK-SGB I, § 35 Rz. 38; *BfA-Kommentar* § 67 Anm. 5). **Mutmaßliche Einwilligungen** sind keine Äußerungen des Willens der Betroffenen und können daher als Rechtsgrundlage für die Offenbarung geschützter Daten nicht anerkannt werden (*Auernhammer* BDSG, § 3 Rz. 8; *Simitis* in Simitis u. a., BDSG, § 3 Rz. 66, 71; *Schellhorn* GK-SGB I, § 35 Rz. 38; grundsätzlich auch *BfA-Kommentar* § 67 Anm. 5; a. A. *Hauck/Haines-Walloth* § 67 Rz. 6ff.; *Verbandskommentar* § 67 Rz. 10). Die im einzelnen umstrittene Rechtsprechung der Straf- und Zivilgerichte, die im Zusammenhang mit **ärztlichen Eingriffen** unter überaus strengen Voraussetzungen – insbesondere bei Bewußtlosigkeit des Patienten – mutmaßliche Einwilligungen als Rechtfertigungsgrund anerkannt hat (vgl. *BGH* JZ 1988, 1021), kann auf das Datenschutzrecht nicht übertragen werden. Auch eine **konkludente** oder **schlüssige Einwilligung** dürfte angesichts der strengen Anforderungen des § 67 Satz 1 Nr. 1 und Satz 2 allenfalls in seltenen Ausnahmefällen in Betracht kommen, in denen der Wille des Betroffenen eindeutig zum Ausdruck kommt und besonders gelagerte Umstände die Schriftform als entbehrlich erscheinen lassen (grundsätzlich **gegen** die Anerkennung konkludenter Einwilligungen *Auernhammer* BDSG, § 3 Rz. 8; *Simitis* in Simitis u. a., BDSG, § 3 Rz. 66, 71; *Schellhorn*S GK-SGB I, § 35 Rz. 38; *Verbandskommentar* § 67 Rz. 10; ähnlich auch *BfA-Kommentar* § 67 Anm. 5; a. A. *Hauck/Haines-Walloth* § 67 Rz. 6f. m. w. N.; zur Zulässigkeit der Offenbarung an den **Petitionsausschuß** auch ohne ausdrückliche Einwilligung X. JB/*Berl. DSB* Ziff. XX und *o. V.* DSB 6/1988, S. 6). Die Erhebung einer gerichtlichen Klage impliziert keine pauschale Einwilligung in die Offenbarung von Sozialdaten (*BSGE* 59, 76, 79; *Haus* NJW 1988, 3126).

69 **Besondere Umstände** i. S. d. § 67 Satz 2 (1. Halbs.) sind gegeben, wenn der Betroffene über die Tragweite seiner Einwilligung ausreichend informiert ist und die Einhaltung der Schriftform im Einzelfall zu einer Erschwerung, Verzögerung oder Verhinderung der Einwilligung führen würde (*Auernhammer* BDSG, § 3 Rz. 8; *Schellhorn* GK-SGB I, § 35 Rz. 38; *BfA-Kommentar* § 67 Anm. 5). Bei der Prüfung der Frage, ob eine andere als die Schriftform angemessen ist, sind strenge Maßstäbe anzulegen (Ausschußbericht, BT-Drucks. 8/4022, S. 84).

Geheimhaltung § 67

g) Möglichkeit des Widerrufs der Einwilligung
Da höchstpersönliche Rechtsgüter nicht definitiv aufgegeben werden können (vgl. 70
o. Rz. 24), ist die Einwilligung i. S. d. § 67 Satz 1 Nr. 1 jederzeit **frei widerruflich**
(*Auernhammer* BDSG, § 3 Rz. 7; *Schellhorn* GK-SGB I, § 35 Rz. 40; *Hauck/
Haines-Walloth* § 67 Rz. 22 m. w. N.). Ein »Vertrauensschutz« bezüglich des Fortbestands der Einwilligung kommt nicht in Betracht (vgl. *Hauck/Haines-Walloth*
§ 67 Rz. 22; z. T. zu sehr an zivilistischen Vorbildern orientiert, Rz. 12). Der
Widerruf ist **nicht formgebunden**, muß den in § 35 SGB I genannten Stellen aber
zugehen. Wirkungen entfaltet er nur **ex nunc**, d. h. bereits erfolgte Offenbarungen
werden nicht nachträglich »unzulässig« (*Hauck/Haines-Walloth* § 67 Rz. 22
m. w. N.; *Pickel* SGB X, § 67 Anm. 5 a; *Schroeder-Printzen* § 67 Anm. 6; *Schellhorn* GK-SGB I, § 35 Rz. 40).

V. Gesetzliche Offenbarungsbefugnisse nach §§ 68 bis 77 (§ 67 Satz 1 Nr. 2)

1. Übergesetzlicher Notstand?

In den §§ 68 bis 77 sind die gesetzlichen Offenbarungsbefugnisse **abschließend** 71
geregelt. Soweit eine Offenbarung danach nicht zulässig ist, bleibt es daher bei der
Entscheidung des Betroffenen nach § 67 Satz 1 Nr. 1. Andere Vorschriften, etwa
solche des gerichtlichen Verfahrens, greifen daneben nicht durch (vgl. Ausschußbericht, BT-Drucks. 8/4022 S. 84). Auch auf einen **übergesetzlichen rechtfertigenden Notstand** i. S. d. § 34 StGB kann die Offenbarung von Sozialdaten nicht
gestützt werden (vgl. § 35 SGB I Rz. 63, außerdem *Schommers* Kompaß 1985, 62
m. w. N.; a. A. *Hauck/Haines-Walloth* § 67 Rz. 24; *Casselmann/Gundlach* SGb
1981, 92, 95 f.).
Dagegen kann nicht eingewandt werden, das Enumerationsprinzip i. S. von § 35 72
Abs. 2 SGB I, § 67 Satz 1 Nr. 2 sei »der Natur der Sache nach« auf gesetzliche
Regelungen beschränkt (*Hauck/Haines-Walloth* § 67 Rz. 24), schließe also den
Rückgriff auf ungeschriebene, **»übergesetzliche«** Befugnisse nicht aus. Dem steht
schon der **Gesetzesvorbehalt** entgegen, den die Verwaltung auch in »Notfällen«
(d. h. in notständischen Situationen i. S. d. Straf- oder Zivilrechts) nicht suspendieren kann. Notständische Gesichtspunkte, wie sie **zugunsten des einzelnen** insbesondere in § 34 StGB anerkannt sind, können die **Befugnisse öffentlicher Stellen**
gegenüber dem Bürger nicht erweitern (vgl. *Erichsen/Martens* S. 230 ff. m. w. N.;
Böckenförde NJW 1978, 1881, 1882 ff.; *Amelung/Schall* JuS 1975, 565, 570 f.;
Schnapp SGb 1980, 177, 181; a. A. *Schwabe* JZ 1974, 636 und NJW 1977, 1902 ff.).
Hinsichtlich der Offenbarung von Sozialdaten gilt dies um so mehr, als der
Gesetzgeber – wie ausgeführt – mit der Konkretisierung der Offenbarungsbefugnisse der Sozialleistungsträger in den Tatbeständen des Zweiten Kapitels SGB X
eine **abschließende** Regelung schaffen wollte (vgl. o. Rz. 71).
Eine besondere Rolle spielt der Gesichtspunkt des übergesetzlichen Notstands 73
derzeit in den Diskussionen über die **HIV-Problematik** (vgl. dazu o. Rz. 33 und
§ 69 Rz. 51 ff., insbes. 56), in denen er teilweise zur Begründung einer Befugnis
der Sozialleistungsträger bzw. der für sie tätigen Ärzte und Bediensteten herangezogen wird, besonders ansteckungsgefährdete Dritte (wie Ehegatten, potentielle
Sexualpartner) auf den Infektionsstatus der von ihnen betreuten Personen hinzuweisen (vgl. *Hinweise und Empfehlungen der Deutschen Krankenhausgesellschaft*

zur HIV-Infektion, Stand 1.12.1987). Daß diese Dritten – zumindest in einem moralischen Sinne – einen Informationsanspruch (in erster Linie gegen den Betroffenen selbst) haben, wird sich kaum bestreiten lassen. Dennoch ist der Rechtfertigungsgrund des übergesetzlichen Notstands für die Leistungsträger kein geeigneter rechtlicher Ansatzpunkt, von dem aus diesem Interesse Rechnung getragen werden könnte. Aus dem Gesichtspunkt des Notstands i. S. d. § 34 StGB kann allenfalls **der einzelne Arzt** bzw. **Bedienstete** von **strafrechtlichen Sanktionen** wegen der Weitergabe geschützter Informationen freigestellt, aber nicht **der Leistungsträger** zu einer Weitergabe hochsensibler personenbezogener Informationen an Dritte ermächtigt werden, zu der er weder nach §§ 68 bis 77 noch aufgrund der Einwilligung des Betroffenen berechtigt ist (vgl. o. Rz. 71).

2. Systematik der Offenbarungsbefugnisse nach §§ 68 bis 77

74 Die gesetzlichen Offenbarungsbefugnisse nach §§ 68 bis 77 lassen die Offenbarung von Sozialdaten zu verschiedenen **Zwecken** zu, die eine Einteilung der Offenbarungsbefugnisse in **drei Gruppen** ermöglichen (vgl. die Aufstellung bei *Hauck/Haines-Walloth* § 67 Rz. 26):
Sozialen Zwecken (teils im engeren, teils in einem weiteren Sinne) dienen die Befugnisse nach §§ **69** (soziale Aufgaben), **70** (Arbeitsschutz), **74** (Erfüllung von Unterhaltsansprüchen und Durchführung des Versorgungsausgleichs) und **75** (Forschung und Planung im Sozialbereich).
An **anderen öffentlichen Zwecken** (oder sog. Gemeinschaftsinteressen) orientieren sich die Offenbarungsbefugnisse nach §§ **71** (Abwendung von Straftaten i. S. d. § 138 StGB; Schutz der öffentlichen Gesundheit; Sicherung des Steueraufkommens; Durchführung der Wehrüberwachung; Sicherung des Archivguts; Belange der Ausländerbehörden), **72** (Schutz der inneren und äußeren Sicherheit) und **73** (Durchführung von Strafverfahren).
Demgegenüber ist die Offenbarungsbefugnis nach **§ 68** – im Rahmen der **Amtshilfe** – dadurch charakterisiert, daß ihr ein bestimmter Offenbarungszweck nicht zuzuordnen ist (vgl. dazu § 68 Rz. 10 f.).

75 Der Gesetzgeber hat demnach bei der Ausgestaltung der gesetzlichen Offenbarungsbefugnisse in erster Linie der Erfüllung der **Aufgaben öffentlicher Stellen** Rechnung zu tragen gesucht, **private Belange** hingegen nur am Rande berücksichtigt (vgl. insbes. § 74 Nr. 2, ferner auch § 75). Ob und in welchem Umfang die Offenbarung von Sozialdaten insoweit zulässig ist, hat demzufolge im wesentlichen der Betroffene selbst nach § 67 Satz 1 Nr. 1 zu entscheiden.

§ 68 Offenbarung im Rahmen der Amtshilfe

(1) Im Rahmen der Amtshilfe sind Vor- und Familiennamen, Geburtsdatum, Geburtsort, derzeitige Anschrift des Betroffenen sowie Namen und Anschriften seines derzeitigen Arbeitgebers zu offenbaren, soweit kein Grund zur Annahme besteht, daß dadurch schutzwürdige Belange des Betroffenen beeinträchtigt werden. Die ersuchte Stelle ist abweichend von § 4 Abs. 3 zur Offenbarung auch dann nicht verpflichtet, wenn sich die ersuchende Stelle die Angaben auf andere Weise beschaffen kann.

(2) Über das Offenbarungsersuchen entscheidet der Leiter der ersuchten Stelle, sein allgemeiner Stellvertreter oder ein besonders bevollmächtigter Bediensteter.

Inhaltsübersicht

		Rz.
I.	Entstehungsgeschichte	1– 6
II.	Bedeutung der Vorschrift	7–12
III.	Amtshilfe (Abs. 1 Satz 1)	13–23
	1. Offenbarungsbefugnis und Offenbarungspflicht	13, 14
	2. Amtshilfeersuchen	15–18
	3. Grenzen der Amtshilfepflicht	19–23
IV.	Beteiligte Stellen (Abs. 1 Satz 1)	24–39
	1. Amtshilfeberechtigte Stellen	24–35
	a) Behörden	24–28
	b) Freie Träger, Kirchen	29, 30
	c) Gerichte	31–35
	2. Offenbarungsverpflichtete Stellen	36–39
V.	Offenbarungsumfang (Abs. 1 Satz 1)	40–53
	1. Datenkatalog	40–46
	2. Einzelfall	47–50
	3. Erforderlichkeit	51–53
VI.	Schutzwürdige Belange des Betroffenen (Abs. 1 Satz 1)	54–78
	1. Prüfungsumfang	54–61
	2. Inhalt	62–78
	a) Schutzwürdige Belange und informationelles Selbstbestimmungsrecht	62–64
	b) 1. Fallgruppe: Sensitive Zusatzinformationen	65, 66
	c) 2. Fallgruppe: Nachteilige Maßnahmen	67–77
	d) 3. Fallgruppe: Vorteilhafte Maßnahmen	78
VII.	Datenbeschaffung auf andere Weise (Abs. 1 Satz 2)	79–86
VIII.	Übermittlungssperre bei Datei-Daten	87
IX.	Verantwortung und Durchführung	88–94
X.	Entscheidungsbefugnis (Abs. 2)	95–106
	1. Funktion der Entscheidungsverlagerung	95– 98
	2. Entscheidungsbefugte Personen	100–106
XI.	Verhältnis zu anderen Vorschriften	107–120
	1. Gleichrangigkeit oder Spezialität	107–109
	2. § 69	110
	3. § 73	111–113
	4. § 72	114–117
	5. § 76	118, 119
	6. § 78	120

I. Entstehungsgeschichte

1 In § 35 SGB I in seiner früheren, bis zum 31. 12. 1980 geltenden Fassung (vgl. § 35 Rz. 1 ff.) war die Datenoffenbarung im Wege der »**Amtshilfe**« nur zwischen den Leistungsträgern, also **innerhalb** der Sozialverwaltung, ausdrücklich geregelt. Abs. 2 sah vor, daß die Amtshilfe unter Leistungsträgern durch das in Abs. 1 statuierte Sozialgeheimnis nicht beschränkt wurde, soweit die ersuchende (SGB-) Stelle die geheimzuhaltenden Tatsachen zur Erfüllung ihrer Aufgaben kennen mußte (vgl. *Hauck/Haines* SGB I, Stand: 1. 9. 1979, § 35 Rz. 17 ff.; ausführlich zur damaligen Rechtslage *Schlink* Amtshilfe, S. 301 ff. mit vielen weiteren Nachw.). Die Fallkonstellation des Datenaustauschs zwischen Leistungsträgern zur Erfüllung ihrer Aufgaben ist jetzt in § 69 Abs. 1 Nr. 1 geregelt (ausführlich zur Rechtsentwicklung § 69 Rz. 1 ff.).

2 Einzelfälle der **Informationshilfe** von Sozialbehörden untereinander oder zwischen Sozialbehörden und dritten Stellen waren auch in einer Reihe **sozialrechtlicher Einzelgesetze** ausdrücklich normiert, etwa in §§ 115, 116 RVO (dazu *Schnapp* FS Wannagat, S. 452 f. m. w. N.) oder in § 117 BSHG. Ein Teil dieser Vorschriften ist mit Inkrafttreten des 1. und 2. Kapitels SGB X am 1. 1. 1981 aufgehoben worden (Zusammenstellung der außer Kraft getretenen Vorschriften bei *Casselmann* BlStSozArbR 1980, 150). Andere blieben in Kraft oder wurden später neu geschaffen (z. B. § 317b RVO, seit dem 1. 1. 1989 § 306 SGB V; dazu § 69 Rz. 64 und § 70 Rz. 10).

3 An Stellen außerhalb der Sozialverwaltung sah § 35 Abs. 1 Satz 2 SGB I (frühere Fassung) eine Datenweitergabe nur bei Vorliegen einer »**gesetzlichen Mitteilungspflicht**« vor. Allerdings galten von den in § 68 genannten Angaben zumindest der Namen und die derzeitige Anschrift in der Regel nicht als (Sozial-)»Geheimnis« und konnten daher im Wege der Amtshilfe weitergegeben werden (*Hauck/Haines-Walloth* § 68 Rz. 3). Dennoch war diese Regelung so eng, daß umstritten war, inwieweit solche Mitteilungspflichten und Auskunftsrechte eine Offenbarung rechtfertigen konnten, die weder bestimmte Informationsinhalte noch bestimmte Informationspflichtige bezeichneten und damit nur als Wiederholung des allgemeinen Amtshilfegebots anzusehen waren (dazu *Schlink* Amtshilfe, S. 307 ff.). Kontrovers war insbesondere, inwieweit die Auskunftspflicht des § 161 StPO gegenüber den Strafverfolgungsbehörden als »gesetzliche Mitteilungspflicht« charakterisiert werden konnte (*Schnapp* NJW 1980, 2165, 2169; *Walter* NJW 1978, 868, 869; ausführlich § 35 Rz. 2; § 73 Rz. 3).

4 Der von der Bundesregierung vorgelegte Gesetzentwurf eines Sozialgesetzbuchs – Verwaltungsverfahren vom 4. 8. 1978 (BT-Drucks. 8/2034) sah in diesem Zusammenhang lediglich eine Erweiterung der befugten Offenbarung **innerhalb** des Sozialleistungsbereichs vor, und zwar durch Einbeziehung der Verbände der Leistungsträger, der sonstigen im SGB genannten Vereinigungen sowie der Aufsichtsbehörden in den Amtshilfeverbund des § 35 Abs. 2 SGB I (a. a. O., S. 26, Art. II § 26 Nr. 1). Der Bundesrat wollte in seiner Stellungnahme zu diesem Gesetzentwurf den Kreis der gegenüber den Sozialbehörden **amtshilfeberechtigten Behörden erweitern** auf die Gerichte, die Justizbehörden sowie diejenigen Stellen, die in Verfahren wegen öffentlicher Leistungen, Erstattungsforderungen, Abgaben und Kosten und deren Vollstreckung tätig werden. Außerdem wollte der Bundesrat ganz allgemein über die »gesetzlichen Mitteilungspflichten« hinaus eine Offenbarung auch dann für zulässig erklären, wenn »eine **Güterabwägung** ergibt,

daß das Geheimhaltungsinteresse hinter anderen Interessen zurücktreten muß«
(BT-Drucks. 8/2034, S. 57).

Die **jetzige Fassung des § 68** ist in den Beratungen des Bundestagsausschusses für 5
Arbeit und Sozialordnung formuliert worden. Dabei wurde ein Antrag der CDU-Fraktion, die Subsidiaritätsklausel des Abs. 1 Satz 2 (dazu u. Rz. 79 ff.) wegen
mangelnder Praktikabilität zu streichen, abgelehnt. Nicht durchgesetzt werden
konnten im Gesetzgebungsverfahren auch die Empfehlungen der zuständigen
Ausschüsse des Bundesrates, die Beschränkung der Offenbarung bei Beeinträchtigung der schutzwürdigen Belange des Betroffenen (Abs. 1 Satz 1, dazu u.
Rz. 54 ff.) und Abs. 2 über die Entscheidungsbefugnis des Leiters der ersuchten
Stelle (dazu u. Rz. 95 ff.) zu streichen. Allerdings beantragte der Bundesrat bei
der Anrufung des Vermittlungsausschusses (BT-Drucks. 8/4216 vom 13. 6. 1980)
eine Änderung des § 68 in der heute gültigen Fassung nicht mehr.

Die **Datenschutzbeauftragten** haben die Aufnahme einer allgemeinen Amtshilfe- 6
norm in den Katalog der Offenbarungsbefugnisse während des Gesetzgebungsverfahrens einhellig **abgelehnt**. Gerügt wurde vor allem die Offenheit der Verwendungszwecke und die durch diese Öffnung des Datenzugangs drohende Störung
des Vertrauensverhältnisses mit den Klienten (vgl. 2. TB/*LfD-NRW* S. 50 f.;
7. TB/*DSchKommRh.-Pf.* S. 10; 2. TB/*Nds. DSB* S. 40; zum Ausnahmecharakter
des § 68 *Wiese* DAngVers. 1980, 454 f.).

II. Bedeutung der Vorschrift

§ 68 soll ermöglichen, daß die wichtigsten **Personalien und Kontaktadressen** eines 7
Versicherten, Versorgungs- oder Hilfeempfängers über die in § 69 ff. im einzelnen
hinsichtlich Empfänger, Anlaß und Umfang spezifizierten Übermittlungsfälle
hinaus allen öffentlichen Stellen für jede öffentliche Aufgabenerfüllung zur Verfügung stehen. In der Begründung des AuS-Ausschusses heißt es dazu:
»Die Vorschrift geht davon aus, daß eine erhöhte Geheimhaltungspflicht, wie sie in
§ 35 SGB I statuiert ist, grundsätzlich auch im Rahmen der Amtshilfe zu beachten
ist. Sie ermöglicht aber im Hinblick auf Art. 35 des Grundgesetzes die Offenbarung
einiger ›weniger empfindlicher‹ Sozialdaten« (vgl. BT-Drucks. 8/4022, zu § 66 =
jetzt § 68).

Die Begründung des Ausschusses gibt Anlaß zu Einwänden. So läßt sich mit guten 8
Gründen in Zweifel ziehen, ob angesichts des offenen Regelungsgehalts des
Amtshilfegebots des Art. 35 Abs. 1 GG (dazu *Schlink* Amtshilfe, S. 55 f., 146; s.
auch *Maunz/Dürig/Herzog* GG, Art. 35 Rz. 1 ff.) eine derart **weitgehende Öffnung der Datenbestände der Sozialverwaltung** für dritte Stellen geboten war. Der
Hinweis auf die angeblich geringere Empfindlichkeit der in § 68 aufgeführten
Angaben verkennt, daß die **Sensitivität** von Daten immer von ihrem Verwendungskontext abhängt, was ja bestätigt wird durch die vom Gesetzgeber anerkannte Möglichkeit, daß auch bei der Weitergabe von Personalien und Anschriften »schutzwürdige Belange« des Betroffenen beeinträchtigt sein können (dazu u.
Rz. 54 ff.). Hinzu kommt, daß § 35 Abs. 1 Satz 1 SGB I in der neuen Fassung
gerade abgeht vom alten Rechtszustand, nach dem nicht alle Einzelangaben über
die persönlichen und sachlichen Verhältnisse des Betroffenen geschützt waren,
sondern nur »Geheimnisse« (vgl. § 35 Rz. 6, 12 ff.).

9 Dateninteressenten, die sich auf § 68 berufen, sind vor allem **Sicherheits- und Ordnungsbehörden** sowie Stellen mit **Vollstreckungsaufgaben** (zur Nichtanwendbarkeit des § 68 bei Informationsersuchen der in § 72 Abs. 1 genannten Stellen vgl. allerdings u. Rz. 114ff.). Die Kenntnis von Namen und Anschriften des Betroffenen ebenso wie seines Arbeitgebers ermöglicht die **Aufenthaltsermittlung**, die **Zustellung von Bescheiden** und Vorladungen, Rückfragen bei der Antragsbearbeitung, die Ermittlung von Zuständigkeiten oder die Durchführung von Pfändungsmaßnahmen. Wegen der häufig unzureichenden Aktualität des Melderegisters ist der Zugriff auf die vielfach präziseren Personalien vor allem bei den Trägern der Kranken- und Rentenversicherung für andere Verwaltungsbehörden von besonderem Interesse.

10 § 68 **durchbricht** das Grundprinzip der Ausgestaltung der Offenbarungsbefugnisse der §§ 67ff., wonach Umfang, Zweck und/oder Adressat der Übermittlung von Sozialdaten vom Gesetzgeber ausdrücklich festgelegt werden. Die Vorschrift erlaubt mithin die Verwendung von Angaben, die beim Bürger zu Zwecken sozialer Aufgabenerfüllung erhoben wurden, zu **nicht näher definierten anderen Verwaltungszwecken**. Wenn das Bundesverfassungsgericht in seinem Volkszählungsurteil die Regelungen über das Sozialgeheimnis zu den gesetzgeberischen Datenschutzaktivitäten zählt, die »in die verfassungsrechtlich gebotene Richtung weisen« (*BVerfGE* 65, 1, 45), ist zweifelhaft, ob auch § 68 dieses Prädikat verdient (bejahend *Meydam* DuD 1985, 12, 18), fehlt es doch an der präzisen und normenklaren Festlegung der zugelassenen **Zweckänderung** bei der Verwendung der Daten durch die empfangende Stelle. Die zu § 69 Abs. 1 Nr. 1 entwickelten **verfassungsrechtlichen Bedenken**, was die Legitimation von Offenbarungen im Interesse des Datenempfängers angeht (vgl. § 69 Rz. 7ff., 20ff.), gelten für § 68 eher noch in verstärktem Maße. Die Anwendung dieser Vorschrift läßt sich daher nur dann vertreten, wenn man die in ihr enthaltenen Übermittlungsrestriktionen (vgl. u. Rz. 11) eng versteht.

11 Immerhin wird die **systemwidrige Beliebigkeit der Nutzung von Sozialdaten** für andere Verwaltungsaufgaben in § 68 durch mehrere materielle und formelle Anwendungsvoraussetzungen jedenfalls teilweise kompensiert. So wird zumindest der übermittlungsfähige **Datenkatalog abschließend** festgelegt (Abs. 1 Satz 1; vgl. u. Rz. 40ff.). Die Offenbarung ist verboten, soweit Grund zu der Annahme besteht, daß **schutzwürdige Belange** des Betroffenen beeinträchtigt werden (Abs. 1 Satz 1), was zumindest eine Mitberücksichtigung der Verwendungszwecke erlaubt (vgl. u. Rz. 54ff.). Die ersuchte Sozialbehörde ist zur Offenbarung nicht verpflichtet, wenn die ersuchende Stelle die erwünschten Angaben **auf andere Weise beschaffen** kann (Abs. 1 Satz 2; vgl. u. Rz. 79ff.). Werden die Sozialdaten aus einer Datei übermittelt, gelten zusätzlich die Einschränkungen der §§ 10 und 11 BDSG, was sich aus § 81 Abs. 1 ergibt (vgl. u. Rz. 87). Schließlich wird die **Entscheidungsbefugnis** über die Offenbarung vom einzelnen Sachbearbeiter weg »nach oben«, d.h. auf den Leiter der ersuchten Stelle, seinen allgemeinen Stellvertreter oder einen besonders bevollmächtigten Bediensteten verlagert (Abs. 2; vgl. u. Rz. 95ff.).

12 § 68 erwähnt zwar als einzige Bestimmung des Sozialdatenschutzes den **Begriff »Amtshilfe«**. Allerdings regeln auch die §§ 69ff. Fälle der Amtshilfe insoweit, als Offenbarungen aufgrund des Ersuchens einer amtshilfeberechtigten Stelle erfolgen (z.B. die Mitteilung über Sozialhilfebezug auf Ersuchen des Ausländeramts nach § 71 Abs. 2). Zum Verhältnis des § 68 zu den §§ 69ff. vgl. u. Rz. 107ff.

Offenbarung i. R. der Amtshilfe § 68

III. Amtshilfe (Abs. 1 Satz 1)

1. Offenbarungsbefugnis und Offenbarungspflicht

§ 68 Abs. 1 spricht zwar davon, daß die dort aufgeführten Daten »im Rahmen der 13
Amtshilfe... zu offenbaren (sind)«. Entgegen diesem mißverständlichen Wortlaut bildet die Vorschrift jedoch keine eigene Rechtsgrundlage für Informationsansprüche anderer Stellen (vgl. *Krahmer* in Giese, SGB X, § 68 Rz. 1). § 68 begründet **keine Verpflichtung zur Amtshilfe**, sondern setzt sie voraus. § 68 räumt eine Offenbarungs**befugnis** ein, wenn ein zulässiges Amtshilfeersuchen vorliegt (*Brackmann* Handbuch, Bd. I/2, S. 233 m). Die **Pflicht** dagegen, die angeforderten Sozialdaten zu übermitteln, muß aus den formellen Amtshilfebestimmungen der §§ 3 bis 7 SGB X, die das Amtshilfegebot des Art. 35 GG konkretisieren, abgeleitet werden (vgl. u. Rz. 19 ff.).
Anders ausgedrückt: **Die §§ 3 bis 7 SGB X** regeln querschnittsgesetzlich die 14
Grundvoraussetzungen **jeder** Amtshilfe der Sozialverwaltung (zusammenfassend *Schnapp* FS Wannagat, S. 456 ff. und *Casselmann* BlStSozArbR 1980, 153), begründen aber für die **personenbezogene** Informationshilfe keine Befugnis. Erst § 68 und die anderen Bestimmungen der §§ 69 ff. schaffen die spezielle Legitimation für die Eingriffe in das Recht auf informationelle Selbstbestimmung, die in der Übermittlung personenbezogener Informationen liegen (vgl. *Schlink* Amtshilfe, S. 324 f.; zum Verhältnis von § 68 zu §§ 3 ff. *Turner* ÖVD 1984, 54 ff.; generell zum Verhältnis von Amtshilfe und Datenschutz *Bull* DÖV 1979, 689 ff.; nach dem Volkszählungsurteil des Bundesverfassungsgerichts zuletzt *Schlink* NVwZ 1986, 249 ff.; *Simitis* NJW 1986, 2795 ff.).

2. Amtshilfeersuchen

Die Offenbarung nach § 68 setzt voraus, daß ein berechtigtes Auskunftsersuchen 15
vorliegt. Die Voraussetzungen für ein **rechtmäßiges Amtshilfeersuchen** richten sich entweder nach spezialgesetzlichen Auskunftsrechten oder nach dem **Verwaltungsverfahrensgesetz**, das jeweils auf die ersuchende Stelle anwendbar ist. Handelt es sich um eine Bundesbehörde, ist § 5 Abs. 1 VwVfG zu prüfen, bei einer Landes- oder kommunalen Behörde die entsprechende Vorschrift des Landes-Verwaltungsverfahrensgesetzes. Dies gilt auch für Stellen im Sinne von § 35 SGB I, insofern sie die Angaben des § 68 für Aufgaben **außerhalb des SGB** anfordern (für den Datenaustausch zu SGB-Zwecken gilt ausschließlich § 69 Abs. 1 Nr. 1, vgl. u. Rz. 25, 110 und § 69 Rz. 123), da § 1 Abs. 1 SGB X die Geltung der Vorschriften des 1. Kapitels des SGB X auf die Verwaltungstätigkeit beschränkt, die »nach diesem Gesetzbuch«, also nach dem SGB, ausgeübt wird.
Zur Rechtfertigung einer Datenanforderung nach § 68 kommt in erster Linie der 16
Fall in Betracht, daß eine Behörde »zur Durchführung ihrer Aufgaben **auf die Kenntnis von Tatsachen angewiesen** ist, die ihr unbekannt sind und die sie selbst nicht ermitteln kann« (§ 5 Abs. 1 Nr. 3 VwVfG, ebenso § 4 Abs. 1 Nr. 3 SGB X). Einschlägig ist auch die Situation, daß die an Informationen interessierte Stelle »zur Durchführung ihrer Aufgaben **Urkunden oder sonstige Beweismittel benötigt**, die sich im Besitz der ersuchten Behörde befinden« (§ 5 Abs. 1 Nr. 4 VwVfG). Diese Formulierungen gehen parallel zu den Anforderungen, die aus

datenschutzrechtlicher Sicht an jede Datenübermittlung zu stellen sind: Sie muß hinsichtlich Anlaß und Umfang zur Erfüllung der Aufgaben der ersuchenden Behörde **erforderlich** sein (dazu u. Rz. 51 ff.). Die Berechtigung des Amtshilfeersuchens steht also unter der Bedingung, daß die ersuchende Stelle sich auf eine **materielle Aufgabennorm** stützen kann, für deren Erfüllung die erbetenen Mitteilungen notwendig sind (vgl. *Schatzschneider* MDR 1982, 7). Gemeint sind damit ausschließlich die öffentlich-rechtlichen Verwaltungsfunktionen, nicht die fiskalischen Hilfstätigkeiten (*Hauck/Haines-Walloth* § 68 Rz. 8). Zu der weiteren Voraussetzung, daß die Daten nicht beim Betroffenen selbst erhoben werden können vgl. u. Rz. 52 f.

17 Amtshilfe liegt nur vor, wenn ein **Ersuchen gestellt** worden ist (vgl. § 4 Abs. 1 VwVfG, § 3 Abs. 1 SGB X). Sozialleistungsträger können also nicht von sich aus Daten unter Berufung auf § 68 an andere Stellen weitergeben. An einem Ersuchen fehlt es auch in bezug auf Angaben, die zwar im Datenkatalog des § 68 Abs. 1 enthalten sind, der ersuchenden Stelle jedoch über ihre Anfrage hinaus zusätzlich mitgeteilt werden. Beispiel dafür wäre, daß nur nach dem Namen und der Anschrift gefragt, aber auch der Geburtstag weitergegeben wird (*Molitor* Strafvereitelung, S. 85 f.).

18 Auch darf sich die Amtshilfe »ihrem Wesen nach nur auf den **Einzelfall** beziehen« (so die Ausschußbegründung, BT-Drucks. 8/4022, S. 84, zu § 66 = jetzt § 68), was allein über den Umfang der offenbarungsfähigen Angaben in der einzelnen Offenbarungssituation allerdings nichts aussagt (so zu Recht *Hauck/Haines-Walloth* § 68 Rz. 8), sondern nur ausschließt, daß eine Behörde für eine andere **dauernd** tätig wird. Dies wäre z. B. dann der Fall, wenn ein Meldeamt von einer Krankenkasse verlangt, ihr in Zukunft die Anschriften sämtlicher Neuanmeldungen von Arbeitnehmern in dem betreffenden Ort mitzuteilen. Kein Offenbarungsersuchen im Einzelfall liegt dann vor, wenn eine Behörde sich den Datenbestand einer anderen Behörde zum **Direktabruf** nach Bedarf bereithalten läßt. Schon deshalb kann unter keinen Umständen auf § 68 ein on-line-Verbund zwischen einer SGB-Stelle und einer sonstigen öffentlichen Stelle gestützt werden (ebenso, wenn auch mit abw. Begründung *Hauck/Haines-Walloth*, der die Unzulässigkeit erst aus der Beeinträchtigung schutzwürdiger Belange ableitet, § 68 Rz. 15; für Verbot auch *Simitis* NJW 1986, 2795, 2805). Zu den Offenbarungseinschränkungen wegen der Einzelfallbezogenheit der Amtshilfe vgl. u. Rz. 47 ff.

3. Grenzen der Amtshilfepflicht

19 Die Amtshilfe**verpflichtung** auf seiten des ersuchten Leistungsträgers und damit die Antwort auf die Frage, ob er die angeforderten Angaben offenbaren **muß**, richtet sich nach **§ 4 Abs. 2 bis 5 SGB X** in Verbindung mit den in § 68 enthaltenen Offenbarungsvoraussetzungen (schutzwürdige Belange etc.; so bereits o. Rz. 13 f.). Vereinzelt wird zwar die Auffassung vertreten, §§ 3 bis 7 SGB X und damit auch § 4 könnten nur bei der Amtshilfe **zwischen zwei Leistungsträgern** angewandt werden (so z.B. *Schroeder-Printzen* § 3 Anm. 2.1; *Casselmann* BlStSozArbR 1980, 151; wie hier *Verbandskommentar* § 3 SGB X Rz. 6). Doch müßten auch die Vertreter dieser Position zumindest für § 68 aus dessen Abs. 1 Satz 2, der § 4 ausdrücklich erwähnt, den Schluß ziehen, daß jedenfalls im Anwendungsbereich dieser Offenbarungsbefugnis die Bestimmung des § 4 auch

Offenbarung i. R. der Amtshilfe § 68

für Ersuchen von Stellen außerhalb der Sozialverwaltung gilt (so zutreffend *Schnapp* DVBl. 1987, 561, 563).

Zunächst darf die ersuchte SGB-Behörde dann keine Hilfe leisten, wenn sie **20** hierzu aus rechtlichen Gründen nicht in der Lage ist (§ 4 Abs. 2 Satz 1 Nr. 1). Sie ist insbesondere zur Erteilung von Auskünften nicht verpflichtet, wenn die Vorgänge **nach einem Gesetz** oder **ihrem Wesen nach geheimgehalten** werden müssen (§ 4 Abs. 2 Satz 2). Zu den Gesetzen, die die Geheimhaltung von Informationen gebieten, gehören die allgemeinen und bereichsspezifischen Datenschutzvorschriften, also auch die Bestimmungen über das **Sozialgeheimnis**. Die **Verzahnung von Amtshilfe und Datenschutzrecht** wird hier ganz deutlich: Die Pflicht zur Informationshilfe mit Sozialdaten kann überhaupt erst geprüft werden, wenn zuvor die Zulässigkeit in Form einer Offenbarungsbefugnis bejaht worden ist. Für **Streitigkeiten** zwischen Behörden außerhalb des Sozialleistungsbereichs und SGB-Stellen, von denen sie Informationen verlangen, hält das **Bundesverwaltungsgericht** im Gegensatz zu den Vorinstanzen den **Rechtsweg** nicht zu den Sozial-, sondern **zu den Verwaltungsgerichten** für gegeben (*BVerwG* DVBl. 1986, 1199 = NVwZ 1986, 467).

§ 4 Abs. 3 zählt abschließend einige Gründe auf, aus denen die ersuchte Behörde **21** die Leistung der Amtshilfe zwar nicht verweigern **muß**, aber ablehnen **darf**. So braucht der um Auskunft gebetene Sozialleistungsträger die erwünschten Informationen dann nicht zu übermitteln, wenn eine **andere Behörde** die Angaben mit **wesentlich geringerem Aufwand** liefern kann (Nr. 1), wenn er selbst die Daten nur mit unverhältnismäßig großem Aufwand zusammenstellen bzw. heraussuchen oder weiterleiten kann (Nr. 2), oder wenn schließlich die **eigene Aufgabenerfüllung ernstlich gefährdet** würde (Nr. 3).

Diese Nrn. 2 und 3 könnten für Sozialversicherungsträger dann relevant werden, **22** wenn sie mit Auskunftsersuchen nach § 68 **überhäuft** werden. Dies wird aber allenfalls für **Arbeitgeberanfragen** in Betracht kommen, denn bei Mitteilungswünschen, die sich auf die Adressen der Versicherten selbst beziehen, kann vielfach nach Abs. 1 Satz 2 auf die Einwohnermeldeämter verwiesen werden (vgl. u. Rz. 83). Die Abstellung oder Vermehrung von Personal eigens zur Bearbeitung von Offenbarungsersuchen kann jedenfalls vom Leistungsträger unter Berufung auf die Nr. 3 verweigert werden (a. A. *Hauck/Haines-Walloth* § 68 Rz. 9).

Der ersuchte Sozialleistungsträger kann darüber hinaus die Offenbarung nach § 68 **23** auch dann verweigern, wenn die ersuchende Stelle sich die Angaben **auf andere Weise beschaffen** kann (§ 68 Abs. 1 Satz 2), und zwar abweichend von § 4 Abs. 3 Nr. 1 auch dann, wenn die Informationsbeschaffung für die ersuchende Stelle dadurch langwieriger oder schwieriger wird (ausführlich dazu Rz. 79 ff.).

IV. Beteiligte Stellen (Abs. 1 Satz 1)

1. Amtshilfeberechtigte Stellen

a) Behörden

24 **Amtshilfeberechtigte Stellen,** die Auskünfte nach § 68 verlangen können, sind nach Maßgabe der folgenden Einschränkungen (vgl. Rz. 25 ff.) **alle Behörden** (vgl. § 4 Abs. 1 VwVfG), wobei als Behörden sowohl im SGB X als auch in den Verwaltungsverfahrensgesetzen des Bundes und der Länder einheitlich diejenigen Stellen definiert werden, »die Aufgaben öffentlicher Verwaltung wahrnehmen« (§ 1 Abs. 2 SGB X, § 1 Abs. 4 VwVfG; zu den Einzelheiten *Hauck/Haines* § 1 Rz. 7 ff.; 20 f. und *Meyer/Borgs-Maciejewski* VwVfG, § 1 Rz. 21 ff.).

25 Amtshilfeberechtigte Behörden können sowohl solche **außerhalb des Sozialleistungsbereichs** wie Stellen **nach § 35 SGB I** sein. Letztere können allerdings nur insoweit auf § 68 zurückgreifen, als sie ausnahmsweise Angaben für die Erfüllung von Aufgaben **außerhalb des SGB** benötigen (vgl. o. Rz. 15), also z. B. Sozialämter bei der Antragsprüfung nach der Rundfunkgebührenbefreiungs VO (vgl. § 35 Rz. 36). Dagegen ist die Datenübermittlung für SGB-Zwecke abschließend in § 69 Abs. 1 Nr. 1 geregelt; § 68 hat insoweit für den Datenaustausch zwischen Leistungsträgern keinen Anwendungsbereich (zur Begründung vgl. u. Rz. 110; a. A. *Verbandskommentar* § 68 Rz. 8; *Neumann-Duesberg* BKK 1981, 26).

26 Wegen der **Gleichrangigkeit des** § 68 mit den speziellen Offenbarungsbefugnissen (dazu Rz. 107 ff.) können prinzipiell auch die Behörden, die in den §§ 70 ff. als Datenadressaten ausdrücklich angesprochen sind, um Mitteilungen nach § 68, d. h. ggf. unter erleichterten Voraussetzungen, ersuchen. Dies gilt insbesondere für die Strafverfolgungsbehörden (§ 73), jedoch nicht für die in § 72 Abs. 1 genannten Dienststellen, die bei jedem Ersuchen die Verfahrensregelung des § 72 Abs. 2 einhalten müssen (vgl. u. Rz. 107 ff., 114 ff.).

27 Die Berechtigung der **Polizeibehörden**, im Rahmen des § 68 um Informationshilfe bei SGB-Stellen zu ersuchen, ergibt sich unmittelbar aus der Ausschußbegründung. Der Gesetzgeber hat von ihrer Aufnahme als Datenadressaten in § 72 ausdrücklich deshalb abgesehen, weil er von einer Zugriffsmöglichkeit auf Sozialdaten nach § 68 ausging (BT-Drucks. 8/4022, S. 85, zu § 69 = § 72).

28 Öffentliche Stellen **außerhalb** des Geltungsbereichs des SGB sowie **über- und zwischenstaatliche Stellen** (z. B. der Internationale Suchdienst des Roten Kreuzes) sind grundsätzlich nicht amtshilfeberechtigt, wenn sie nicht durch entsprechende Abkommen innerstaatlichen Stellen gleichgestellt sind (*Hauck/Haines-Walloth* § 68 Rz. 6).

b) Freie Träger, Kirchen

29 Zu den nach § 68 amtshilfeberechtigten Stellen können auch **privatrechtliche Einrichtungen** gehören, wenn sie als »**beliehene Unternehmen**« materiell Verwaltungstätigkeit ausüben (*Meyer/Borgs-Maciejewski* VwVfG, § 1 Rz. 25). Diese Eigenschaft kommt allerdings den Einrichtungen und Organisationen der **freien Wohlfahrtsverbände** und der freien Jugendhilfe nicht zu, auch wenn sie mit Trägern der Sozial- oder Jugendhilfe zusammenarbeiten, weil sie auch dann nur ihre eigenen Aufgaben als private Organisationen erfüllen. Diese Verbände werden selbst dann nicht Behörden im Sinne des SGB, wenn ihnen etwa nach § 10 Abs. 5 BSHG die Durchführung von Aufgaben übertragen worden ist. Die

Übertragung bezieht sich nämlich nicht auf hoheitliche Tätigkeiten. Wie sich aus § 10 Abs. 5 Satz 2 BSHG ergibt, verbleibt die öffentlich-rechtliche Verantwortung beim Leistungsträger. Entsprechendes gilt im Rahmen des § 18 JWG (vgl. den Gesetzentwurf der BReg. zum SGB-Verwaltungsverfahren, BT-Drucks. 8/2034, S. 30, zu § 1 SGB X). Dies schließt selbstverständlich nicht aus, daß diese Verbände die in § 68 genannten Angaben über § 69 Abs. 1 Nr. 1 erhalten können, wenn mit ihrer Arbeit gleichzeitig eine Aufgabe des offenbarenden Leistungsträgers erfüllt wird.

Amtshilfeberechtigte Behörden können auch **kirchliche Dienststellen** sein, aber nur, insoweit sie vom Staat verliehene Befugnisse ausüben oder Verwaltungsakte erlassen und damit mittelbar Staatsgewalt ausüben, etwa bei der Erhebung der Kirchensteuern (vgl. dazu *Meyer/Borgs-Maciejewski* VwVfG, § 1 Rz. 31; a. A. *Hauck/Haines-Walloth* § 68 Rz. 6). **Kirchlichen Sozialeinrichtungen** können aber wie anderen freien Trägern Sozialdaten nach § 69 Abs. 1 Nr. 1 mitgeteilt werden, wenn sie dem Leistungsträger – in der Praxis insbesondere dem Sozialamt – bei dessen Aufgabenerfüllung behilflich sind. 30

c) Gerichte

Inwieweit **Gerichte** aufgrund des § 68 Sozialdaten erhalten können, ist umstritten. In der Ausschußbegründung zu § 68 wird ausgeführt: »Auch die Gerichte sind amtshilfeberechtigt« (BT-Drucks. 8/4022, zu § 66 = jetzt § 68). Dagegen heißt es in der Begründung des Regierungsentwurfs zum SGB-Verwaltungsverfahren zu den Vorschriften der §§ 3 bis 7 SGB X: »Sie gelten auch für Gerichte, soweit diese keine richterlichen Handlungen, sondern eine Verwaltungstätigkeit ausüben« (BT-Drucks. 8/2034, S. 30). Da Amtshilfe i. S. d. Verwaltungsverfahrensrechts Unterstützungstätigkeit zwischen Stellen ist, die Aufgaben öffentlicher Verwaltung wahrnehmen, ist die Amtshilfeberechtigung der Gerichte in **Verwaltungsangelegenheiten**, also z. B. bei der Vollstreckung von Gerichtskosten, unstrittig (vgl. *Hauck/Haines-Walloth* § 68 Rz. 6; *BfA-Kommentar* § 68 Anm. 2). 31

Allerdings sind ebenso unzweifelhaft Gerichte im Bereich der **rechtsprechenden** Tätigkeit, auch wenn man sie generell in das grundgesetzliche Amtshilfegebot des Art. 35 GG einschließt (vgl. *Maunz/Dürig/Herzog* GG, Art. 35 Rz. 3), **keine Behörden** i. S. d. Verwaltungsverfahrensrechts (*Meyer/Borgs-Maciejewski* VwVfG, § 4 Rz. 8). Eine **restriktive Interpretation** des Amtshilfebegriffs in § 68 mit dem Ziel, das Sozialgeheimnis so eng wie möglich zu verstehen, kommt daher konsequenterweise zu dem Ergebnis, die Gerichte im Hinblick auf die richterliche Tätigkeit auszuschließen (*Kolb* Festgabe Grüner, S. 292 ff.; *Verbandskommentar* § 68 Rz. 2). 32

Betrachtet man die spezifische Funktion des § 68, die in erster Linie darauf abzielt, den Datenempfängern die Kontaktaufnahme mit dem Betroffenen, die Zustellung von Schriftstücken usw. zu ermöglichen (vgl. o. Rz. 9), erscheint eine derart enge Interpretation jedoch nicht geboten. Eine generelle **Schlechterstellung der Gerichte** gegenüber den Behörden bei den Identifikationsdaten des § 68 läßt sich aus der besonderen Schutzwürdigkeit der Sozialdaten nicht ableiten (für Amtshilfeberechtigung der Gerichte *Emrich* in Frommann u. a., Sozialdatenschutz, S. 123; *Podlech* in Grüner, SGB, vor § 67 Abschn. VI 2; *Knopp* SGB-SozVers-GesKomm, § 68 Anm. 3). Dies gilt insbesondere dort, wo die Gerichte – wie im Bereich der **freiwilligen Gerichtsbarkeit** – materiell verwaltungsähnliche Aufgaben erfüllen (vgl. *Meyer/Borgs-Maciejewski* VwVfG, § 1 Rz. 8). Aber auch 33 bei der Vorbereitung und Durchführung **sonstiger Verfahren** können die Gerichte sich bei der Personalienfeststellung im Zusammenhang mit Aufklärungsverfügungen, Beweisbeschlüssen, Ladungen und Zustellungen auf § 68 stützen. Allerdings ist dabei immer vorauszusetzen, daß die Vorschriften der Prozeßordnung bei der Stellung des Ersuchens beachtet worden sind (differenzierend auch *Hoppe* ZfSH/SGB 1983, 249; *Klässer* DRV 1982, 164; *Lauterbach/Watermann* UV, § 68 Anm. 2c).

34 Einschränkungen ergeben sich allerdings im **Zivilprozeß**, in dem statt des Untersuchungsgrundsatzes die **Parteimaxime** gilt. Hier könnten Privatpersonen auf dem Umweg über das Zivilverfahren § 68 für private Zwecke in Anspruch nehmen, in dem sie entsprechende Beweisanträge stellen. Der Bereich der Amtshilfe wird hier verlassen, so daß eine Inanspruchnahme des § 68 ausgeschlossen ist (so zu Recht *Hauck/Haines-Walloth* § 68 Rz. 8).

35 Insoweit Gerichte sich für Mitteilungsersuchen auf § 68 stützen, müssen sie sich allerdings in gleicher Weise wie Behörden die **Offenbarungseinschränkungen** dieser Bestimmung entgegenhalten lassen, also vor allem die Beeinträchtigung schutzwürdiger Belange des Betroffenen (vgl. u. Rz. 62 ff.). Gleiches gilt für den zusätzlichen Sonderschutz des § 76 (vgl. u. Rz. 118 f.).

2. Offenbarungsverpflichtete Stellen

36 Normadressaten der §§ 67ff. und damit auch des § 68 sind prinzipiell alle in § 35 SGB I genannten Leistungsträger und sonstigen Stellen. Der Begriff der ersuchten »**Stelle**« ist dabei, da es um Informationshilfe in Form von Datenübermittlungen geht, entsprechend dem Sprachgebrauch im Datenschutzrecht zu interpretieren.

37 Dies bedeutet zunächst, daß offenbarungsbefugt und damit im Rahmen der Amtshilfe ggf. offenbarungsverpflichtet nur diejenige Stelle ist, die **als speichernde Stelle** »**Herr der Daten**« ist. Wer Daten lediglich **im Auftrag** eines Leistungsträgers verarbeitet (§ 80), ist nicht »Herr der Daten«, hat keine eigene Verfügungsbefugnis über die Angaben und darf ohne Anweisung des auftraggebenden Leistungsträgers keine Sozialdaten offenbaren. Dies gilt insbesondere für Verbände von Leistungsträgern, insoweit sie Versichertendaten lediglich im Auftrag ihrer Mitglieder verarbeiten (vgl. § 80 Rz. 12 ff.). Ist dies der Fall, bleibt die Zuständigkeit und Verantwortlichkeit für die Zulässigkeit der Datenoffenbarung auch im Bereich des § 68 ausschließlich beim einzelnen Leistungsträger.

38 Weitere Konsequenz der Interpretation entsprechend der Begrifflichkeit im Datenschutzrecht ist, daß auch für die Feststellung der amtshilfeverpflichteten Verwaltungseinheit in § 68 der »**funktionale Stellenbegriff**« maßgeblich ist (dazu *Schellhorn* GK-SGB I, § 35 Rz. 47; *Simitis* NJW 1986, 2795, 2800; ausdrücklich auf den funktionalen Stellenbegriff nimmt auch der Beschluß der 1. Kammer des 1. Senats des *BVerfG* vom 18.12.1987 – 1 BvR 962/87 – Bezug). Danach kommt es nicht auf die Behördeneigenschaft im organisationsrechtlichen Sinn, sondern auf die konkrete gesetzliche Zuweisung und Durchführung von Aufgaben nach dem SGB an (vgl. ausführlich § 35 Rz. 26 ff.). Offenbarungsverpflichtete »ersuchte Stelle« ist mit anderen Worten die für den **speziellen Aufgabenvollzug nach dem SGB** zuständige Verwaltungseinheit (Amt, Abteilung, Dezernat usw.), auch wenn sie Teil einer übergreifenden Organisationseinheit ist (ausführlich dazu *Podlech* in Grüner/Dalichau, SGB X, vor § 67 Anm. V 4d), der hierfür den Begriff »Sozial-

Offenbarung i. R. der Amtshilfe **§ 68**

verwaltungsstelle« verwendet; vgl. auch *Hauck/Haines* SGB I, § 35 Rz. 7, der dies allerdings als »funktionale Einschränkung« des Anwendungsbereichs des § 35 SGB I bezeichnet; wie hier auch *Ebsen* IuR 1988, 335, 342). Bei der Informationshilfe von kommunalen Ämtern mit SGB-Aufgaben (z. B. Sozialamt, Jugendamt) an andere Ämter (z. B. Meldeamt) müssen daher die Voraussetzungen des § 68 vorliegen (s. auch *Heine* in SRH, S. 432 ff., 44 1).

Auch die **privatrechtlich verfaßten Verbände der Leistungsträger** (z. B. der Verband Deutscher Rentenversicherungsträger) und Arbeitsgemeinschaften sind als amtshilfepflichtige Stellen jedenfalls insoweit einzustufen, als sie ihnen durch ein Gesetz oder aufgrund eines Gesetzes übertragene Aufgaben wahrnehmen und damit eigenständig öffentliche Verwaltungstätigkeit ausüben (etwa die Datenstelle des VDR aufgrund der 2. DEVO; vgl. dazu § 80 Rz. 18) oder ihnen von Leistungsträgern Teile ihrer Aufgaben übertragen werden (vgl. *Hauck/Haines-Walloth* § 68 Rz. 7). Voraussetzung ist also, daß sie selbst speichernde Stelle sind (vgl. oben Rz. 37). Gerade in diesen Fällen der Schaffung zentraler Datenbestände ist jedoch die sich aus § 81 i. V. m. § 10 Abs. 1 Satz 2 BDSG ergebende faktische Übermittlungssperre (dazu u. Rz. 87) für »Datei-Daten« zu beachten. **39**

V. Offenbarungsumfang (Abs. 1 Satz 1)

1. Datenkatalog

Abs. 1 Satz 1 erlaubt nur die Offenbarung von **Vor- und Familiennamen, Geburtsdatum, Geburtsort, derzeitiger Anschrift** des Betroffenen sowie **Namen** und **Anschriften** seines **derzeitigen Arbeitgebers**. Anders als in § 72 Abs. 1 ist mithin die Mitteilung der früheren Anschriften des Betroffenen sowie der Namen und Anschriften seiner früheren Arbeitgeber nicht zulässig. Dagegen zählt der Geburtsname im Interesse einer sicheren Identifikation zum Familiennamen und ist damit zur Offenbarung zuzulassen (ebenso *Hauck/Haines-Walloth* § 68 Rz. 10; *Brackmann* Handbuch, Bd. I/2, S. 233 m I). **40**

Die »**Derzeitigkeit**« und damit Aktualität der Angaben über die **Anschrift des Betroffenen** und seinen **Arbeitgeber** bedeutet nicht, daß die ersuchte Behörde eigene Ermittlungen anstellen muß, ob diese Angaben noch auf dem neuesten Stand sind (so aber *Krahmer* in Giese, SGB X, § 68 Rz. 5; 5. TB/*BfD* S. 54). Sie darf sogar nicht einmal eigene Erhebungen anstellen, wenn sie die neuen Angaben für ihre eigene Aufgabenerfüllung gar nicht benötigt, etwa weil die Fallbearbeitung bereits abgeschlossen ist. Ohne konkrete Anhaltspunkte auf Inaktualität der Daten kann sie sich damit begnügen, die jüngsten ihr **im Zeitpunkt der Beantwortung** der Anfrage vorliegenden Angaben mitzuteilen (*Hauck/Haines-Walloth* § 68 Rz. 11; *BfA-Kommentar* § 68 Anm. 2). Dagegen kommt es nicht in Betracht, der ersuchenden Stelle zusätzlich bei älteren Daten wegen Zweifeln an deren Richtigkeit den Zeitpunkt ihrer Meldung bzw. Speicherung mitzuteilen, da hiermit ein unerlaubtes Zusatzdatum offenbart würde. Bei »Datei-Daten« findet über § 79 Abs. 1 auch § 14 Abs. 2 Satz 3 BDSG Anwendung (vgl. § 79 Rz. 141; § 84 Rz. 3 ff.). Danach dürfen gesperrte Daten vom Leistungsträger nur noch unter bestimmten Voraussetzungen (z. B. Beweisnot) übermittelt werden. **41**

Die **Negativfeststellung**, daß über einen Betroffenen bei der ersuchten Stelle keine Daten vorliegen, ist prinzipiell ebenfalls ein dem Sozialgeheimnis unterfallendes **42**

Datum (a. A. *o. V.* DSB 4/1982, S. 13; *Klaesser* DRV 1982, 162; wie hier § 35 Rz. 14 und *Marburger* DÖD 1983, 125; ebenso BA-Dienstblatt 155/87, Nr. 17a). Allerdings werden in der Regel der »**Negativauskunft**« keine schutzwürdigen Belange des Betroffenen entgegenstehen. In jedem Fall ist es unzulässig, daß die ersuchte, aber unzuständige Stelle per Abgabenachricht der anfragenden Behörde den zuständigen Leistungsträger mitteilt (vgl. *o. V.* DSB 6/1982, S. 13). Auch hier würde eine zusätzliche Angabe, nämlich die Beziehung des Betroffenen zu der anderen Sozialbehörde, offenbart, was angesichts der gebotenen engen Auslegung des Datenkatalogs des Abs. 1 nicht gerechtfertigt werden kann.

43 Unter der »**derzeitigen Anschrift**« des Betroffenen ist ausschließlich seine **aktuelle Wohnadresse** zu verstehen. Sowohl nach dem allgemeinen Sprachgebrauch als auch nach juristischer Terminologie läßt sich der Begriff der Anschrift nicht als Gattungs- oder Überbegriff verstehen, der auch den **jeweiligen Aufenthalt** einer Person mit umfaßt. Nach ihrem Wortsinn bezeichnet die Anschrift diejenige Adresse, unter der eine Person postalisch oder sonst schriftlich zu erreichen ist. In Gesetzen, die ausdrücklich auf den tatsächlichen Aufenthalt einer Person abstellen, z. B. in § 52 WaffenG, wird dies in der Regel ausdrücklich angesprochen (so zutreffend *Molitor* Strafvereitelung, S. 75, 86 ff.).

44 Daher geht es nicht an, den **momentanen Aufenthaltsort** eines Betroffenen »gewissermaßen als Minus der derzeitigen Anschrift« einzustufen, um damit Hinweise von Sozialbehörden auf die Anwesenheit polizeilich gesuchter Personen in ihren Räumen an **Strafverfolgungsbehörden** zu rechtfertigen bzw. diesen einen direkten Fahndungszugriff zu ermöglichen (so aber das *KG Berlin* im sog. »Berliner Arbeitsamtsfall«, NDV 1985, 52 m. abl. Anm. *Molitor*; ebenso *o. V.* DSB 1/1983, S. 6; *Naeth* in Jahn, SGB, § 68 Rz. 1; so jetzt auch BA-Dienstblatt 155/87, Nr. 29; gegenteiliger Auffassung die Vorinstanz, das *LG Berlin* NDV 1983, 151 m. zust. Anm. *Emrich*; *Krahmer* in Giese, SGB X, § 68 Rz. 5; 5. TB/*BfD* S. 57; wohl auch *Brackmann* Handbuch, Bd. I/2, S. 233 m I). Erst recht wäre damit eine Praxis rechtswidrig, bei der beispielsweise im Sozialamt eine Liste mit gesuchten Personen hinterlegt wird mit der Aufforderung, sie bei Erscheinen umgehend der örtlichen Polizeidienststelle zu melden (*Hauck/Haines-Walloth* § 68 Rz. 37; ebenso das Bayerische Staatsministerium des Innern und der Bayerische Landesbeauftragte für den Datenschutz, 9. TB/*BayLfD* S. 17 und BA-Dienstblatt 155/87, Nr. 29).

45 Ist der Betroffene, über den ein Offenbarungsersuchen eingeht, verstorben, ist zweifelhaft, ob diese Tatsache mitgeteilt werden kann, wird doch der **Tod des Betroffenen** nicht ausdrücklich in § 68 genannt. Schon angesichts des Regelungszwecks des § 68, mit Hilfe der Personalien Kontaktaufnahmen, Zustellungen usw. zu ermöglichen, erscheint es folgerichtig, die Tatsache des Todeseintritts der ersuchenden Stelle offenbaren zu dürfen (so auch *o. V.* DSB 1/1986, S. 18). Vergebliche Zustellungsversuche können damit ebenso vermieden werden wie weitere ergebnislose Offenbarungsersuchen bei anderen Stellen. Vor allem aber **endet das Sozialgeheimnis** nach der in diesem Kommentar vertretenen Auffassung mit dem Tod des Betroffenen (vgl. § 35 Rz. 17 f.).

46 Statt der Anschrift des derzeitigen Arbeitgebers darf nicht die Tatsache offenbart werden, daß der Betroffene beim Arbeitsamt **arbeitslos gemeldet** ist; es darf also nicht das Arbeitsamt gleichsam an die Stelle des Arbeitgebers treten (erörtert bei *Theuerkauf* SGb 1983, 476).

Offenbarung i. R. der Amtshilfe § 68

2. Einzelfall

Nach der Ausschußbegründung bezieht sich § 68 – wegen des **Einzelfallcharakters** 47
der Amtshilfe – ausschließlich »auf **bestimmte** Sozialdaten eines **einzelnen Betroffenen**« (BT-Drucks. 8/4022, zu § 66 = jetzt § 68). Dies ist insofern mißverständlich, als ein Auskunftsersuchen auch auf **mehrere** »einzelne Betroffene« gleichzeitig, d.h. eine Mehrzahl von Personen, gerichtet sein kann (zur Prüfung der schutzwürdigen Belange in diesem Fall vgl. u. Rz. 60). Voraussetzung ist aber immer, daß die anfragende Stelle durch Angabe ihr bereits bekannter Daten die Person(en), über die Sozialdaten offenbart werden soll(en), **ausreichend individualisiert** (vgl. *Wiese* ÖVD 1981, 13).

Am häufigsten wird der Fall sein, daß zwar der Name oder ein Namensteil, nicht 48
aber die Anschrift bekannt ist. Auch der umgekehrte Fall, daß zwar die Anschrift, nicht aber der Name bekannt ist, gehört hierher. Dagegen ist von § 68 nicht das **»Ausforschungsersuchen«** gedeckt, bei dem über den oder die Betroffenen nichts als die Zugehörigkeit zu einer bestimmten Personengruppe bekannt ist (vgl. das *BMA*-Schreiben vom 12. 2. 1982 zu den Anfragen des internationalen Suchdienstes bei den Sozialversicherungsträgern, BKK 1983, 126 = DOK 1983, 251). Unzulässig wäre mithin die Anfrage, Name und Adresse aller Versicherten eines bestimmten Arbeitgebers mitzuteilen (vgl. *Brackmann* Handbuch, Bd. I/2, S. 233m I). Gleiches gilt für die **listenmäßige** Übermittlung der Personalien von Land- und Forstwirten durch eine landwirtschaftliche Berufsgenossenschaft an ein Landesamt für Datenverarbeitung zur Erstellung der Agrarstatistik (vgl. 8. TB/*LfD-NRW* S. 58).

Erst recht unzulässig ist die Übermittlung dann, wenn bereits aufgrund der 49
gezielten Fragestellung der ersuchenden Behörde zwangsläufig ein **zusätzliches**, nicht in § 68 enthaltenes **Datum** mitoffenbart würde. Ein Beispiel hierfür wäre die Anforderung einer **Liste säumiger Arbeitgeber** durch Gewerbebehörden bei einer Krankenkasse (zu diesem Beispiel 3. TB/*LfD-NRW* S. 47).

Ein **Datenabgleich**, eine **Rasterfahndung**, und die Einrichtung einer **on-line-** 50
Verbindung ist im Rahmen des § 68, d.h. unter Beteiligung einer SGB-Stelle einerseits und einer Behörde mit anderen als Sozialaufgaben andererseits, **unzulässig** (zum on-line-Anschluß zwischen SGB-Stellen vgl. § 69 Rz. 77ff.). Dabei kann es dahinstehen, ob diese Rechtsfolge aus dem Gebot des Einzelfallbezugs der Amtshilfe abgeleitet (so für das Direktabrufverfahren oben Rz. 18; a. A. *Hauck/Haines-Walloth* § 68 Rz. 8) oder auf die fehlende Möglichkeit der Prüfung der schutzwürdigen Belange der Betroffenen nach Abs. 1 Satz 2 gestützt wird (vgl. u. Rz. 60f.).

3. Erforderlichkeit

Auch im Rahmen der Amtshilfe nach § 68 dürfen ausschließlich diejenigen Daten 51
offenbart werden, die für die Aufgabenerfüllung der ersuchenden Stelle **erforderlich** sind (vgl. o. Rz. 16; ausführlich zur Erforderlichkeit § 79 Rz. 104ff.). Zunächst dürfen auf keinen Fall mehr Angaben mitgeteilt werden, als angefordert worden sind. Ist der Umfang der erbetenen Daten unklar, etwa weil nur »die Personalien« eines Betroffenen erfragt werden, muß dieser Punkt durch **Rückfrage** bei der ersuchenden Behörde geklärt werden. Ergibt ein Vergleich des angegebenen

Verwendungszwecks (z. B. Zustellung eines Schriftstücks an den Betroffenen) mit den erwünschten Informationen (z. B. auch Anschrift des Arbeitgebers), daß überflüssige Sozialdaten übermittelt werden sollen, ist deren Offenbarung zu verweigern. Generell ist in bezug auf die **Adresse des Arbeitgebers** erhöhte Aufmerksamkeit bei der Prüfung der Erforderlichkeit geboten (vgl. zur Beeinträchtigung schutzwürdiger Belange bei Offenbarung des Arbeitgebers u. Rz. 77). Verantwortlich für die **Prüfung der Erforderlichkeit** ist die ersuchte SGB-Stelle (vgl. u. Rz. 88 ff.).

52 Orientiert man sich an den Kernaussagen des **Bundesverfassungsgerichts zum informationellen Selbstbestimmungsrecht**, ist eine weitere Einschränkung der Erforderlichkeit der Übermittlung personenbezogener Angaben zu beachten: Wenn der einzelne die Befugnis hat, grundsätzlich selbst über die Preisgabe und Verwendung seiner persönlichen Daten zu bestimmen, wenn er deshalb so weitgehend wie möglich wissen muß, was staatliche Behörden über ihn erfahren oder wissen (*BVerfGE* 65, 1, 43), hat dies Konsequenzen für die Datenerhebung. Die **Datenerhebung beim Betroffenen** muß dann **Vorrang vor** der Datenbeschaffung bei anderen Behörden im Wege der **Amts- bzw. Informationshilfe** haben (vgl. ausführlich dazu § 69 Rz. 91 ff.; § 79 Rz. 124 ff.). Dieser Vorrang ist inzwischen weitgehend anerkannt. Er ist im neuen Hessischen Datenschutzgesetz vom 11. 11. 1986 ausdrücklich vorgesehen (§ 12 Abs. 1; ebenso § 10 Abs. 2 Satz 1 BremDSG i. d. F. des ÄndG vom 21. 9. 1987 und § 12 Abs. 1 Satz 3 DSG NW). Gleiches gilt für den Regierungsentwurf zur Änderung des Verwaltungsverfahrensgesetzes des Bundes vom Dezember 1988 (BR-Drucks. 618/88, § 3a Abs. 2 Satz 1). Aus diesem Vorrang ist die Schlußfolgerung zu ziehen, daß schutzwürdige Belange des Betroffenen in der Regel dann beeinträchtigt werden, wenn Angaben im Wege der Informationshilfe bei anderen Stellen angefordert werden, obwohl sie bei ihm selbst erfragt werden könnten. So kommt insbesondere die Offenbarung des Arbeitgebers dann nicht in Betracht, wenn dieser auch vom Betroffenen selbst genannt werden könnte.

53 Selbstverständlich gilt dieser **Grundsatz nicht ausnahmslos**. Wenn eine Rechtsvorschrift die Rückfragen bei dritten Stellen ohne Kenntnis des Betroffenen zwingend voraussetzt, wenn Angaben eines Antragstellers bei anderen Behörden überprüft werden müssen, ist die Zulässigkeit eines Informationshilfeersuchens und der ihm entsprechenden Datenübermittlung nicht von der vorherigen Einschaltung des Betroffenen abhängig (vgl. § 12 Abs. 2 Nrn. 1, 2 HDSG; § 10 Abs. 2, 3 BremDSG; § 12 Abs. 1 Satz 3 i. V. m. § 13 Abs. 2 Satz 1 Buchst. a und c DSG NW). § 3a Abs. 2 Satz 2 Nr. 2 des o. (Rz. 52) erwähnten Gesetzentwurfs der Regierung zur Änderung des Verwaltungsverfahrensgesetzes formuliert die Bedingung für eine Erhebung ohne Mitwirkung des Betroffenen so, daß »die zu erfüllende Verwaltungsaufgabe **ihrer Art nach** eine Erhebung bei anderen ... Stellen erforderlich macht...« (zur Berücksichtigung der Kataloge **zugelassener Zweckänderungen** bei der **verfassungskonformen Auslegung** des geltenden Rechts vgl. § 79 Rz. 113).

VI. Schutzwürdige Belange des Betroffenen (Abs. 1 Satz 1)

1. Prüfungsumfang

Die Offenbarung nach § 68 ist nur zulässig, soweit **kein Grund zur Annahme** 54
besteht, daß dadurch **schutzwürdige Belange des Betroffenen beeinträchtigt** werden (Abs. 1 Satz 1 2. Halbs.; Zweifel an der praktischen Bedeutung dieser Offenbarungseinschränkung äußern *Meydam* BlStSozArbR 1980, 282 und *Schnapp* FS Wannagat, S. 468, allerdings zu Unrecht, wie die folgenden Erläuterungen zeigen). Die Einschränkung der Offenbarungsbefugnis wegen schutzwürdiger Belange findet sich neben § 68 noch in den Bestimmungen der §§ **70, 75 Abs. 1 Satz 1** sowie **77**.
Doch sind die **Anwendungsvoraussetzungen unterschiedlich**: In §§ 70 und 75 ist 55
die Offenbarung personenbezogener Daten zu den dort genannten Zwecken (Arbeitsschutz sowie Forschung oder Planung) nur zulässig, wenn schutzwürdige Belange des Betroffenen nicht beeinträchtigt werden (vgl. dazu § 70 Rz. 20f. und § 75 Rz. 70ff.). In §§ 68 und 77 dagegen wird eine prinzipiell zulässige Offenbarung ausnahmsweise dann unzulässig, wenn **Grund zur Annahme** einer Beeinträchtigung schutzwürdiger Belange besteht (zu dieser Unterscheidung *Molitor* Strafvereitelung, S. 89ff.).
Diese Formulierungsdivergenz folgt der entsprechenden Unterscheidung im 56
BDSG (§ 11 Satz 1 und § 24 einerseits, § 23 Satz 1 andererseits) und ist von Bedeutung für die Frage, ob und wie die ersuchte Sozialbehörde vor der Offenbarung die Geheimhaltungsinteressen des Betroffenen zu überprüfen hat. Bei der Formulierung »**nicht beeinträchtigt werden**« muß vor jeder Offenbarung die **Nichtbeeinträchtigung positiv festgestellt** werden. Diese Feststellung hat die Behörde von Amts wegen zu treffen, wobei die Intensität der Aufklärung der entgegenstehenden Belange von den Folgen für den Betroffenen abhängt (vgl. *Dammann* in Simitis u. a., BDSG, § 11 Rz. 25). Notwendig ist eine eingehende, **am Einzelfall orientierte Prüfung** der Konsequenzen der Übermittlung für den Betroffenen (vgl. *Simitis* in Simitis u. a., BDSG, § 24 Rz. 44).
Anders dagegen bei der in § 68 (und § 77) gebrauchten Fassung (»**kein Grund zu** 57
der Annahme«). Hier reicht eine gleichsam **summarische Prüfung** aus: Die Behörde kann sich auf die ihr zur Verfügung stehenden Informationen beschränken, braucht also in aller Regel **keine zusätzlichen Erkundigungen** vorzunehmen. Sie kann sich damit begnügen, festzustellen, ob von vornherein bestimmte, ggf. auch typisierte (vgl. u. Rz. 65ff.) **Anhaltspunkte** bei dem konkreten Offenbarungsfall in Richtung auf eine Beeinträchtigung weisen (vgl. *Hauck/Haines-Walloth* § 67 Rz. 30; *Simitis* in Simitis u. a., BDSG, § 23 Rz. 64 und 66; zu der gleichlautenden Formulierung in § 12 Abs. 2 Nr. 5 HDSG vgl. *Nungesser* HDSG-Komm., § 12 Rz. 32f.).
Ist der Prüfungsumfang bei der in § 68 verwandten Formulierung mithin geringer, 58
geht andererseits die Einschränkung der Offenbarungsbefugnis weiter. Denn: Wenn die ersuchte Stelle aufgrund vorhandener Erkenntnisse eine Beeinträchtigung der Belange **nicht ausschließen kann**, genügt dies, um die Offenbarung unzulässig zu machen (vgl. *Verbandskommentar* § 68 Rz. 4). Mit dieser »**Vorverlagerung der Sperrwirkung**« in den Bereich einer bloßen, wenn auch durch objektive Anhaltspunkte ausgelösten Annahme wirken sich Zweifelsfälle **zugunsten** des Betroffenen aus (vgl. *Molitor* Strafvereitelung, S. 90f.).

59 Der um Datenoffenbarung ersuchte Leistungsträger kann sich grundsätzlich auf die ihm **vorliegenden** Informationen beschränken bei der Beurteilung der Frage, ob Grund zur Annahme einer Beeinträchtigung besteht (vgl. Rz. 57). Abzulehnen ist daher die Auffassung, die ersuchte Stelle müsse den Betroffenen vor jeder Offenbarung befragen (so aber *Wiese* DRV 1980, 362; für Nachfrage im Regelfall auch *Brackmann* Handbuch, Bd. I/2, S. 233 m I, wie hier *Lauterbach/Watermann* UV, § 68 Anm. 6 d). Liegen allerdings einschlägige Anhaltspunkte vor, kann die Offenbarung nur dadurch zulässig gemacht werden, daß sich die offenbarende Stelle vom Gegenteil überzeugt (*Naeth* in Jahn, SGB, § 68 Rz. 1; *Krahmer* in Giese, SGB X, § 68 Rz. 7.1). Dies kann durch **Befragung des Betroffenen**, aber auch durch Rückfragen bei der ersuchenden Stelle etwa zur Präzisierung des beabsichtigten Verwendungszwecks geschehen.

60 Die Prüfung der möglichen Beeinträchtigung schutzwürdiger Belange hat grundsätzlich **für jeden einzelnen Betroffenen** zu erfolgen. Wird in einem Amtshilfeersuchen um die Übermittlung von Angaben mehrerer Personen gebeten, muß für jede einzelne ermittelt werden, ob Grund zur Annahme einer Interessenbeeinträchtigung besteht. »Unzulässig ist daher z. B. die Offenbarung von Sozialdaten einer ganzen Personengruppe im Rahmen von Ermittlungs- und Fahndungsverfahren, soweit ›– richtiger müßte formuliert werden: weil –‹ hierbei die Beeinträchtigung schutzwürdiger Belange des einzelnen nicht individuell überprüft werden kann« (Ausschußbericht, BT-Drucks. 8/4022, zu § 66 = jetzt § 68). Mit dieser Begründung soll die sog. **Rasterfahndung** mit Sozialdaten **ausgeschlossen** werden (*Neumann-Duesberg* BKK 1981, 26; *Schroeder-Printzen* § 68 Anm. 5). Sie kommmt allerdings schon deshalb nicht in Betracht, weil jedes zulässige Ersuchen im Sinne des § 68 den oder die Betroffenen ausreichend individualisieren muß (vgl. o. Rz. 47, 50; wie hier auch *Verbandskommentar* § 68 Rz. 5; für Zulässigkeit wegen Überwiegens des öffentlichen Interesses jedoch *Knopp* SGB-SozVers-GesKomm, § 68 Anm. 6; *Lauterbach/Watermann* UV, § 68 Anm. 6c).

61 Mangels individueller Prüfbarkeit der schutzwürdigen Belange wäre es in jedem Fall auch **ausgeschlossen**, daß ein Sozialleistungsträger unter Berufung auf § 68 einer dritten Behörde einen direkten Datenzugriff **(on-line-Anschluß)** einräumt (ebenso *Tuner* ÖVD 1984, 56; unklar insoweit *Schellhorn* GK-SGB I, § 35 Rz. 46; zur on-line-Verbindung zwischen Sozialleistungsträgern § 69 Rz. 77 ff.). Auch diese Rechtsfolge ergibt sich allerdings bereits aus dem Erfordernis, daß ein einzelfallbezogenes Ersuchen vorliegen muß (vgl. o. Rz. 18).

2. Inhalt

a) Schutzwürdige Belange und informationelles Selbstbestimmungsrecht

62 Die Definition und Inhaltsbestimmung der »**schutzwürdigen Belange des Betroffenen**« thematisieren die Frage nach dem **Schutzgegenstand von Datenschutz** überhaupt und werden dementsprechend in der Literatur unterschiedlich vorgenommen. § 1 BDSG, der über § 79 auch für die gesamte Sozialleistungsverwaltung gilt, definiert als generelle Aufgabe des Datenschutzes, »der Beeinträchtigung schutzwürdiger Belange der Betroffenen entgegenzuwirken« (zur Kritik an dieser verengten Zielsetzung vgl. § 79 Rz. 22 ff.). Die »schutzwürdigen Belange« als Sperre für die Speicherung oder Übermittlung personenbezogener

Daten finden sich im BDSG an verschiedenen Stellen, etwa in § 11 Abs. 1, in §§ 23 und 24 Abs. 1 und Abs. 2.

Frühere Interpretationsansätze haben immer wieder versucht, die Schutzwürdig- 63
keit von Belangen an der »**Sensitivität**« bestimmter Datengruppen festzumachen und unter Berufung auf die Verfassungsrechtsprechung zum allgemeinen Persönlichkeitsrecht (nur) bestimmte **Persönlichkeitssphären** unter Schutz zu stellen (vgl. etwa *Ordemann/Schomerus* BDSG, § 1 Anm. 1: »engere Persönlichkeitssphäre«; *Schnapp* FS Wannagat, S. 467f.). Diese auch früher bereits kritisierten Ansätze (vgl. z.B. *Reh* in Simitis u.a., BDSG, § 1 Rz. 1, 8) können spätestens nach der **Volkszählungsentscheidung des Bundesverfassungsgerichts** keinen Bestand mehr haben. Mit seiner Feststellung, daß es unter den Bedingungen der modernen automatischen Datenverarbeitung **kein** für sich genommen »**belangloses Datum**« mehr geben kann (*BVerfGE* 65, 1, 45), weist es nachdrücklich auf die »**Relativität**« der schutzwürdigen Belange hin. Entscheidend ist m.a.W. der **Kontext des Verwendungszusammenhangs**, d.h. für welche Zwecke die zu offenbarenden Daten ursprünglich erhoben und nach der Offenbarung verwendet werden sollen (vgl. dazu *Podlech* in Grüner/Dalichau, SGB X, vor § 67 II 2c; *Brackmann* Handbuch, Bd. I/2, S. 233 n; zu dem aus dem informationellen Selbstbestimmungsrecht abgeleiteten Vorrang der Datenerhebung beim Betroffenen vor der Informationsbeschaffung im Wege der Amtshilfe vgl. o. Rz. 52 f.).

Damit wird die Entscheidung des Gesetzgebers des 2. Kapitels des SGB X bekräf- 64
tigt, auch die **Personalien** des Betroffenen **nicht** als »**freie Daten**« zu behandeln, sondern die Zulässigkeit ihrer Weitergabe von einer Prüfung der Verwendungsbedingungen und deren Auswirkungen auf das Persönlichkeitsrecht des einzelnen abhängig zu machen. Die Argumentation der Volkszählungsentscheidung widerlegt auch die im Gesetzgebungsverfahren geäußerte Auffassung des Bundesrates, dem es nicht ersichtlich war, warum die Offenbarung von Namen und Anschriften überhaupt schutzwürdige Belange des einzelnen tangieren könne (vgl. Nr. 21 der Empfehlungen der Ausschüsse zum SGB-Verwaltungsverfahren, BR-Drucks. 288/1/80, S. 19f.; ebenso *Lauterbach/Watermann* UV, § 68 Anm. 6b). Allerdings bestand bereits vor dem Urteil des Bundesverfassungsgerichts in der Kommentarliteratur zum BDSG – bei allen im einzelnen unterschiedlichen Definitionen – weitgehend Einigkeit darüber, daß es für die Prüfung der schutzwürdigen Belange auf die zu erwartenden Konsequenzen der Kenntnisnahme und Verwendung der übermittelten Daten durch den Empfänger ankommt (vgl. *Dammann* in Simitis u.a., BDSG, § 11 Rz. 17).

b) 1. Fallgruppe: Sensitive Zusatzinformationen

Folgt man dieser Leitlinie, läßt sich eine erste Fallgruppe bilden, in denen generell 65
eine Beeinträchtigung schutzwürdiger Belange deshalb zu erwarten ist, weil mit der Datenübermittlung nach § 68 gleichzeitig die Offenlegung einer den Betroffenen **diskriminierenden** oder sonst für ihn **nachteiligen** Information verbunden ist. Zu dieser Fallgruppe können beispielsweise folgende Konstellationen gerechnet werden:
a) Aus der mitgeteilten Adresse kann der Empfänger Schlüsse ziehen, die üblicherweise im sozialen Umfeld diskriminierend wirken. Dies gilt etwa dann, wenn die übermittelte Anschrift ausweist, daß der Betroffene sich in einem **psychiatrischen Krankenhaus** und in einer **Drogenrehabilitationsstätte** aufhält (*Naeth* in Jahn, SGB, Erl. zu § 68). Keine Rolle spielt dabei, ob die Einrich-

tung ausdrücklich bezeichnet wird oder sich mit Hilfe eines Adreßbuchs oder Stadtplans ohne weiteres feststellen läßt (*Brackmann* Handbuch, Bd. I/2, S. 233 m I).

b) Schon die bloße Tatsache, daß bestimmte Stellen über Daten des Betroffenen verfügen, kann nachteilig interpretiert werden, wenn es sich um Ämter oder Einrichtungen handelt, die in erster Linie mit sozial schwächeren oder auffälligen Bevölkerungsgruppen zu tun haben, wie etwa **Drogenberatungsstellen, Jugendämter** (*Kunkel* ZfSH/SGB 1985, 58) usw.

c) Die Mitteilung der Anschrift des bzw. der Betroffenen setzt diese(n) einer Gefährdung von Leben oder Gesundheit aus (z. B. bei Frauen in **Frauenhäusern**, die dort vor ihren (Ehe-)Partnern Schutz suchen).

d) Die Weitergabe des Namens und der Anschrift des Arbeitgebers bzw. Dienstherrn legt die Eigenschaft des Betroffenen als Mitarbeiter einer Behörde offen, zu deren Funktionsbedingungen die geheime bzw. verdeckte Tätigkeit gehört, etwa bei Nachrichtendiensten oder sonstigen **Sicherheitsbehörden**.

66 In allen diesen Fallgruppen ist die Offenbarung nach § 68 unzulässig, wenn keine ausdrückliche **Einwilligung** oder **sonstige eindeutige Bestätigung** dafür vorliegt, daß der Betroffene seine schutzwürdigen Belange nicht gefährdet sieht. Damit ist jedoch nicht entschieden, ob nicht andere Offenbarungsbefugnisse außerhalb von § 68 die Übermittlung der Personalien erlauben (z. B. § 73; zum Verhältnis dieser beiden Normen vgl. u. Rz. 111 ff.).

c) 2. Fallgruppe: Nachteilige Maßnahmen

67 Schwieriger erweist sich die Prüfung der schutzwürdigen Belange in der zweiten Fallgruppe, in der die Datenoffenbarung nach § 68 zwar keine sozial diskriminierenden oder individuell gefährdenden Zusatzinformationen enthält, es aber darum geht, daß die ersuchende Stelle die offenbarten Angaben zu **Maßnahmen gegen den Betroffenen** verwenden will. Dies betrifft vor allem Anfragen bei den Sozialversicherungsträgern. Als Verwendungszwecke kommen **Aufenthaltsermittlungen** und **Zustellungen** im Zusammenhang z. B. mit Straf- oder Ordnungswidrigkeitenverfahren, mit der Vollstreckung öffentlich-rechtlicher Geldforderungen, mit der Einberufung zu Wehr- oder Ersatzdiensten usw. in Betracht (vgl. o. Rz. 9; zu den verfassungsrechtlichen Bedenken in bezug auf die Zulässigkeit derart weitgehender Zweckänderungen vgl. o. Rz. 10).

68 In erster Linie für diese, **in der Praxis häufigere Fallgruppe** kommt es für die Feststellung der »Schutzwürdigkeit« der Interessen des Betroffenen auf die Kontroverse an, ob diese ausschließlich aus der Sicht dessen bewertet werden soll, dessen Daten offenbart werden sollen, oder ob es immer einer Abwägung mit dem Gewicht der öffentlichen Interessen bedarf, das die ersuchende Stelle zur Begründung ihres Datenbedarfs anführen kann (gegen die Berücksichtigung des Offenbarungszwecks überhaupt *Hoppe* ZfSH/SGB 1983, 249).

69 Für eine **ausschließlich subjektive Betrachtungsweise** scheint zunächst die **Ausschußbegründung** zu sprechen, wonach die Beeinträchtigung der Belange dann anzunehmen sei, »wenn der Betroffene ein **aus seiner Sicht** berechtigtes Interesse an der Geheimhaltung hat« (BT-Drucks. 8/4022, zu § 66 = jetzt § 68). Für diese Auffassung läßt sich auch anführen, daß bei §§ 70 und 75 ausdrücklich eine Abwägung der Geheimhaltungsinteressen des Betroffenen mit entgegenstehenden öffentlichen Interessen vorgeschrieben ist, bei § 68 jedoch gerade nicht (vgl. *Schellhorn* GK-SGB I, § 35 Rz. 43; *Krahmer* in Giese, SGB X, § 68 Rz. 7.2;

Offenbarung i. R. der Amtshilfe **§ 68**

Molitor Strafvereitelung, S. 92). Folgt man dieser Auffassung, hat dies Auswirkungen für die Wirkung des **Widerspruchs des Betroffenen** gegen die Offenbarung; er ist grundsätzlich vom Leistungsträger zu beachten.
Überwiegend wird dagegen vertreten, das Geheimhaltungsinteresse des Betroffe- 70
nen müsse »**von der Rechtsordnung anerkannt** sein« (*Verbandskommentar* § 68 Rz. 4; *Kolb* Festgabe Grüner, S. 291), ein »zwingendes öffentliches Interesse« genieße Vorrang (*Hauck/Haines-Walloth* § 68 Rz. 15; für Abwägung ebenfalls *Pappai* KrV 1980, 255, 257), schutzwürdig seien nur »berechtigte Anliegen« (*Lauterbach/Watermann* UV, § 68 Anm. 6b). Bei dieser **objektivierenden Betrachtungsweise** wäre der Widerspruch des Betroffenen unbeachtlich, wenn er nach der Interessenabwägung der offenbarenden SGB-Stelle mißbräuchlich ist (*Brackmann* Handbuch, Bd. I/2, S. 233n). Der Unterschied der beiden Ansätze wird allerdings dadurch relativiert, daß auch einige Vertreter des Vorrangs der subjektiven Komponente nicht jedes »Privatinteresse« ausreichen lassen wollen, sondern nur z. B. eine »von der Rechtsordnung gebilligte Einstellung« o. ä. (vgl. *Molitor* Strafvereitelung, S. 92).
Als Auslegungshilfe läßt sich die **Legaldefinition** des **§ 6 Satz 2 MRRG** heranzie- 71
hen. Danach werden schutzwürdige Belange dann beeinträchtigt, »wenn die Verarbeitung oder sonstige Nutzung, gemessen an ihrer Eignung und ihrer Erforderlichkeit zu dem vorgesehenen Zweck, den Betroffenen **unverhältnismäßig belastet**«. Hinweise dafür, daß nur eine solche objektivierende Abwägungsformel die Regelungsintention des § 68 trifft, können auch aus den gesetzgeberischen Motiven und der sich daraus ergebenden Gesamtsystematik der Offenbarungsbefugnisse abgeleitet werden:
(1) Der Ausschußbericht räumt § 68 bei der Datenoffenbarung zu Zwecken der 72
Strafverfolgung die Rolle eines Auffangtatbestandes ein (vgl. BT-Drucks. 8/4022, zu § 70 = jetzt § 73, dazu u. Rz. 111 ff.). Daraus ergibt sich, daß das Interesse des Betroffenen, sich einem Ermittlungsverfahren bzw. dem Zugriff der Strafverfolgungsbehörden zu entziehen, als solches nicht schutzwürdig ist (vgl. *Neumann-Duesberg* WzS 1981, 199; *Hauck/Haines-Walloth* § 68 Rz. 15; *Naeth* in Jahn, SGB, Erl. zu § 68).
(2) Der Bundesrat hatte im ersten Anlauf zur Novellierung des § 35 SGB I (vgl. BT-Drucks. 8/2034 vom 4. 8. 1978, S. 57; dazu o. Rz. 4) gefordert, Datenoffenbarungen in Verfahren wegen öffentlicher Leistungen, Erstattungsforderungen, Abgaben und Kosten und deren Vollstreckung ausdrücklich in § 35 Abs. 2 SGB I aufzunehmen. Diese Initiative wurde in den Ausschußberatungen des Bundesrats zum SGB X wieder aufgenommen und führte zu der Forderung, einen § 72a betr. die Offenbarung bei der **Vollstreckung öffentlicher Geldforderungen** einzufügen (BR-Drucks. 288/1/80 vom 2. 6. 1980, S. 28). Dem wurde vom Arbeits- und Sozialausschuß des Bundesrates mit der Begründung widersprochen, für die Übermittlung der vollstreckungsrelevanten Daten stehe der § 68 zur Verfügung (a. a. O., S. 29). Aus dem Entstehungsgang der Bestimmungen zum Sozialgeheimnis läßt sich damit die Auffassung untermauern, daß auch für diese Verwaltungszwecke Auskünfte der SGB-Stellen nach § 68 **grundsätzlich zulässig** sein sollten (ebenso *Hauck/Haines-Walloth* § 68 Rz. 15; 2. TB/*LfD-BW* S. 65 f.).
Im Ergebnis bleibt festzuhalten, daß in dieser zweiten Fallgruppe eine **Abwägung** 73
zu treffen ist zwischen der Bedeutung des Informationsinteresses der ersuchenden Stelle einschließlich des dahinter stehenden Verwaltungszwecks und den entge-

genstehenden Vertraulichkeitsinteressen des Betroffenen. Bei diesem Informationsinteresse muß es sich um ein **»überwiegendes Allgemeininteresse«** handeln; nur einem solchen spricht das BVerfG im Volkszählungsurteil die Qualifikation zu, das informationelle Selbstbestimmungsrecht einzuschränken (*BVerfGE* 65, 1, 44). Dabei wird immer vorausgesetzt, daß die erforderlichen Angaben nicht beim Betroffenen selbst erhoben werden können (vgl. o. Rz. 52f.).

74 Legt man diesen Maßstab zugrunde, gehört auch die Datenoffenbarung zur Verfolgung und Ahndung von Verwaltungsunrecht, also von **Ordnungswidrigkeiten**, zu den Anwendungsfällen des § 68 (ebenso *Hauck/Haines-Walloth* § 68 Rz. 15; *Göhler* OWiG, vor § 59 Rz. 65a, der allerdings mißverständlich von einer **generellen** Offenbarungs**pflicht** der Leistungsträger in Bußgeldverfahren spricht). Die Verfolgungsbehörden haben nicht ohne Grund in diesem Bereich prinzipiell die gleichen Ermittlungsrechte wie die Staatsanwaltschaft bei der Verfolgung von Straftaten (§§ 46 Abs. 2, 53 OWiG). Beleg für diese Auffassung ist auch, daß in der neueren Datenschutzgesetzgebung die Verfolgung von Ordnungswidrigkeiten allgemein als Anlaß für eine **zulässige Zweckänderung** der Datenverwendung anerkannt wird (vgl. § 12 Abs. 2 Nr. 4 HDSG; § 3c Abs. 2 Nr. 7 des Entwurfs zur Änderung des Verwaltungsverfahrensgesetzes des Bundes, BR-Drucks. 618/88, Art. 2).

75 **Bagatellfälle** reichen dagegen nicht aus, ein überwiegendes Informationsinteresse der ersuchenden Stelle zu begründen (*Hauck/Haines-Walloth* § 68 Rz. 15; 9. TB/ BayLfD S. 17). Dies gilt für Ordnungswidrigkeiten ebenso wie für Maßnahmen der Verwaltungsvollstreckung oder sonstige Verwendungsabsichten dritter Behörden. Sicherlich ist diese Einschränkung in der Praxis schwer handhabbar (vgl. die Festlegung auf den Mindestbetrag von 100 DM in BA-Dienstblatt-Rderl. 155/87, Nr. 27), doch läuft jede Abwägungsklausel zwangsläufig Gefahr, zu einer im einzelnen unterschiedlichen Kasuistik zu führen. Ganz sicher nicht hingenommen werden müssen jedenfalls Offenbarungen, um die Zusendung von Werbeschriften (!) zu ermöglichen (so aber *Knopp* SGB-SozVers-GesKomm, § 68 Anm. 6).

76 Wird das Vorliegen eines überwiegenden Allgemeininteresses grundsätzlich bejaht, können der Offenbarung nur solche **Geheimhaltungsinteressen** entgegenstehen, die sich aus Besonderheiten des **individuellen Sozialrechtsverhältnisses** ergeben. Ein eventueller **Widerspruch** des Betroffenen oder eine sonstige ablehnende Meinungsäußerung kann dafür ein gewichtiges Indiz sein, ist letztlich für den Leistungsträger jedoch **nicht verbindlich** (vgl. o. Rz. 70, 73). In Betracht kommen hier insbesondere solche Fälle, in denen eine besondere Vertrauensbeziehung mit dem Klienten oder Versicherten besteht, die zu Lasten der effizienten Betreuung des Betroffenen nachhaltig gestört würde, wenn seine Personalien durch den Leistungsträger weitergegeben werden und er dies erfährt (z. B. Jugendamt, Psychologischer Dienst des Arbeitsamtes etc.). Eine weitere Fallgruppe bildet das Vertraulichkeitsinteresse von **Informanten**, die die Sozialbehörde über Mißstände, strafbare Handlungen o. ä. unterrichtet haben (so auch BA-Dienstblatt-Rderl. 155/87, Nr. 26; zum Informantenschutz bei der Auskunft vgl. § 83 Rz. 38).

77 Einen Sonderfall im Rahmen des Datenkatalogs des § 68 bilden dabei die **Arbeitgeberdaten**. Hier ist **besondere Zurückhaltung** geboten, da die Einbeziehung des Arbeitgebers in den Bürger belastende Verwaltungsmaßnahmen zusätzliche negative Effekte haben kann. Nachteilige Auswirkungen auf das Arbeitsverhältnis können vielfach nicht ausgeschlossen werden (*Lauterbach/Watermann* UV, § 68

Anm. 4). Bei **Ermittlungsverfahren** sollte daher der Arbeitgeber nur dann bekanntgegeben werden, wenn die Polizei keine andere, direkte Kontaktmöglichkeit mit dem Betroffenen hat (a. A. *o. V.* DSB 4/1986, S. 23; wie hier BA-Dienstblatt-Rderl. 155/87, Nr. 26). Bei der Beitreibung einer öffentlich-rechtlichen Forderung beeinträchtigt die Mitteilung der Anschrift des Schuldners seine Belange wesentlich weniger als die Nennung des Arbeitgebers, der dadurch von Zahlungsschwierigkeiten seines Arbeitnehmers erfährt (vgl. 2. TB/*LfD-BW* S. 66).

d) 3. Fallgruppe: Vorteilhafte Maßnahmen

Keine schutzwürdigen Belange werden beeinträchtigt, wenn die ersuchende Stelle die Daten des § 68 Abs. 1 anfordert, um dem Betroffenen **günstige** Maßnahmen zu realisieren. In diesen Fällen bedarf es der Prüfung des Informationsinteresses der anfragenden Stelle nur dann, wenn zu befürchten ist, daß die Anschriften dort zusätzlich zu weiteren Verwendungszwecken genutzt werden könnten, auch wenn dies wegen § 78 unzulässig wäre. In solchen Konstellationen gibt es auch keine Bagatellgrenze. In Betracht kommt für diese Fallgruppe insbesondere die beabsichtigte **Zustellung von begünstigenden Verwaltungsakten** durch die ersuchende Behörde. 78

VII. Datenbeschaffung auf andere Weise (Abs. 1 Satz 2)

Die ersuchte Stelle ist abweichend von § 4 Abs. 3 zur Offenbarung auch dann nicht verpflichtet, wenn sich die ersuchende Stelle die Angaben **auf andere Weise beschaffen** kann (§ 68 Abs. 1 Satz 2). Diese Regelung will **verhindern**, »daß den in § 35 SGB I genannten Stellen... die **Funktion von Ersatzmeldebehörden** zukommt« (so die Ausschußbegründung, BT-Drucks. 8/4022, zu § 66 = jetzt § 68). Damit soll sichergestellt werden, daß die Datenbestände der Sozialverwaltung – und hier in der Praxis vor allem die Mitgliederdateien der Sozialversicherungsträger – nicht zu einem allgemein zugänglichen Datenpool für die gesamte übrige öffentliche Verwaltung werden. 79

Die **Abweichung von** § 4 Abs. 3 bedeutet, daß es nicht darauf ankommt, ob eine andere Behörde der ersuchenden Stelle die gewünschten Daten mit wesentlich geringerem Aufwand zur Verfügung stellen könnte (Nr. 1), und daß der ersuchte Leistungsträger nicht darlegen muß, daß die Abwicklung der Datenoffenbarung etwa wegen der hohen Zahl von Anfragen seine eigene Aufgabenerfüllung »ernstlich gefährdet« (Nr. 3; vgl. o. Rz. 21 f.). 80

Die anderweitige Beschaffungsmöglichkeit ist daher nicht schon deshalb zu verneinen, weil sie nur mit **zusätzlichem Aufwand** an Zeit und Kosten wahrgenommen werden kann. Die vom Gesetzgeber gewollte stärkere Abschottung der Datenbestände im Sozialleistungsbereich führt dazu, daß hier **strenge Maßstäbe** anzulegen sind. Auf den Schwierigkeitsgrad der anderweitigen Beschaffung kommt es prinzipiell nicht an (ebenso *Verbandskommentar* § 68 Rz. 5; *Schnapp* FS Wannagat, S. 468). In diesem Zusammenhang Gesichtspunkte der Verhältnismäßigkeit einzubringen (so *Hauck/Haines-Walloth* § 68 Rz. 20, »unzumutbare zeitliche Verzögerung« führt genau die Abwägungskriterien des § 4 Abs. 3 wieder ein, von denen gerade abgewichen werden soll. 81

Der Wortlaut des § 68 Abs. 1 Satz 2 (»... ist... **nicht verpflichtet**...«) stellt die 82

Berufung auf die Nachrangigkeit der Offenbarung von Sozialdaten in das **Ermessen** der ersuchten Stelle. Doch kann der Zweck dieser Übermittlungsbeschränkung, anfragende Stellen prinzipiell auf alternative Datenquellen zu verweisen (vgl. o. Rz. 79), um den Schutz des Sozialgeheimnisses so effizient wie möglich auszugestalten, nur erreicht werden, wenn die Ablehnung der Datenoffenbarung im Fall einer anderweitigen Beschaffungsmöglichkeit grundsätzlich **obligatorisch** ist (ebenso *Hauck/Haines-Walloth* § 68 Rz. 21; *Schroeder-Printzen* § 68 Anm. 6). Nur ausnahmsweise kann eine Auskunft dann in Betracht kommen, wenn dies im Interesse des Betroffenen geboten ist.

83 Die Einschränkung der Übermittlungsmöglichkeiten durch Abs. 1 Satz 2 bringt für die ersuchenden Behörden das Erfordernis mit sich, ihren Informationsbedarf zunächst und vorzugsweise bei Stellen zu befriedigen, deren Datenbestände nach ihrer gesetzlichen Zweckbestimmung **zur Unterrichtung Dritter bestimmt** sind und/oder einem **geringeren Daten- bzw. Geheimnisschutz** unterliegen (a. A. *Eicher/Haase/Rauschenbach* § 68 Anm. 4). Für die Personalien des Betroffenen sind dies in erster Linie die **Melderegister**, für die die Auskunftsmöglichkeiten im MRRG bzw. den Landesmeldegesetzen ausführlich geregelt sind. Für die Anschrift des Arbeitgebers, wenn dessen Name bekannt ist, kann auf das Gewerbeamt oder die **Kammern** verwiesen werden, wenn nicht ohnehin aktuelle **Branchenverzeichnisse** vorliegen. Schließlich kommt eine Reihe von Ämtern in Betracht, bei denen größere Bevölkerungsteile registriert sind, etwa die Ausländerämter oder die Kreiswehrersatzämter für die Wehrpflichtigen.

84 Auf der anderen Seite können ersuchende Stellen nicht unter Hinweis auf § 68 Abs. 1 Satz 2 darauf verwiesen werden, sich die gewünschten Angaben bei Stellen zu beschaffen, die selbst gegenüber dem allgemeinen Datenschutzrecht **verschärften** bereichsspezifischen Bestimmungen unterliegen, also etwa bei **Gesundheitsämtern** (»Arztgeheimnis«) oder bei der **Polizei**.

85 Eine anderweitige Beschaffungsmöglichkeit besteht auch dann, wenn die ersuchende Behörde die erbetenen Daten durch **eigene Erhebungen** selbst ermitteln kann (3. TB/*SaarlLfD* Ziff. 8.3.1; ebenso *Marburger* DÖD 1983, 125). Dieser Weg, Informationen für die eigene Aufgabenerfüllung zu sammeln, hat prinzipiell Vorrang vor Informationshilfeersuchen bei anderen Behörden. Doch stellt sich die Frage der Erhebung am Betroffenen vorbei nicht erst bei der Prüfung von Abs. 1 Satz 2, vielmehr ist in diesem Fall bereits die Erforderlichkeit der Offenbarung zu verneinen (ausführlich o. Rz. 52f.).

86 Was den **Nachweis** seitens der ersuchenden Stelle angeht, wird zumeist verlangt, diese müsse bei jeder Anfrage nach § 68 die vergeblichen **anderweitigen Beschaffungsversuche** angeben (so *Verbandskommentar* § 68 Rz. 5; *BfA-Kommentar* § 68 Anm. 3; *Hauck/Haines-Walloth* § 68 Rz. 25). Diese Forderung ist sicherlich für die normalen Meldedaten berechtigt, bei denen klargestellt werden muß, warum die **Melderegisterauskunft** nicht zum Ziel geführt hat. Dabei genügt auch keineswegs – wie vielfach von Sicherheitsbehörden gehandhabt – die mittels Formular oder Stempel behauptete Unmöglichkeit anderweitiger Beschaffung. Andererseits gibt es für die sog. »**Arbeitgeberanfragen**« (bei welchem Arbeitgeber ist der Betroffene X derzeit beschäftigt?) kaum eine andere Datenquelle als die gesetzliche Kranken- oder Rentenversicherung, so daß in diesen Fällen der ersuchte Leistungsträger in der Regel davon ausgehen kann, daß keine andere Auskunftsmöglichkeit besteht (zur gebotenen Zurückhaltung bei Mitteilung des Arbeitgebers vgl. o. Rz. 77).

VIII. Übermittlungssperre bei Datei-Daten

Werden Daten nach § 68 nicht aus Akten, sondern aus **Dateien** der Sozialleistungsträger offenbart, finden zusätzlich die Bestimmungen der §§ 10 und 11 BDSG Anwendung. Dies ergibt sich aus § 81 Abs. 1. Danach ist die Anwendbarkeit der §§ 10, 11 BDSG auf Offenbarungen nach §§ 69 bis 77 ausgeschlossen, nicht jedoch auf Mitteilungen nach § 68. Diese Regelung hat vor allem zur Konsequenz, daß SGB-Stellen personenbezogene Informationen, die sie von anderen Sozialleistungsträgern erhalten und in Dateien gespeichert haben, nicht im Wege der Amtshilfe weitergeben dürfen (ausführlich dazu § 81 Rz. 6ff.). 87

IX. Verantwortung und Durchführung

Nach dem **allgemeinen Amtshilferecht** ist die ersuchte Behörde für die Durchführung der Amtshilfe verantwortlich. Die ersuchende Behörde trägt dagegen gegenüber der ersuchten Behörde die Verantwortung für die Rechtmäßigkeit der zu treffenden Maßnahme (§ 6 Abs. 2 SGB X, § 7 Abs. 2 VwVfG). Daraus könnte man schließen, daß es ausschließlich Sache der anfragenden Stelle ist, die Notwendigkeit der erbetenen Angaben für die eigene Aufgabenerfüllung zu beurteilen. Im **Datenschutzrecht** – genauer: bei der Übermittlung im Wege der Informationshilfe als Teilbereich der Amtshilfe – muß diese Verteilung der Verantwortlichkeit modifiziert werden. Da jede Datenoffenbarung als Grundrechtseingriff zu qualifizieren ist (vgl. o. Rz. 14), ist es ausschließlich Sache der diesen Eingriff vornehmenden Stelle, also des um Offenbarung ersuchten Leistungsträgers, das Vorliegen der Voraussetzungen für das Vorliegen einer Offenbarungsbefugnis nach den §§ 67ff. zu prüfen (ebenso *Hauck/Haines-Walloth* § 68 Rz. 26f., allerdings unter Hinweis auf die »besondere Fürsorgepflicht« der in § 35 SGB I genannten Stellen; *Verbandskommentar* § 68 Rz. 4). Die **Prüfungskompetenz der übermittelnden Stelle** auch für die Erforderlichkeit beim Empfänger ist daher konsequenterweise in § 14 Abs. 2 Satz 2 i. V. m. Satz 1 HDSG ausdrücklich festgelegt. 88

Im Rahmen des § 68 umfaßt mithin der **Prüfungsumfang** bei der ersuchten Stelle 89
a) die **Amtshilfeberechtigung** der ersuchenden Behörde;
b) die **Erforderlichkeit** der angeforderten Angaben für die Aufgabenerfüllung der ersuchenden Stelle im Einzelfall (ebenso *Wiese* DRV 1980, 362; a. A. *Lauterbach/Watermann* UV, § 68 Anm. 7);
c) den **konkreten Verwendungszweck**, um die möglichen Gründe für eine Beeinträchtigung **schutzwürdiger Belange** des Betroffenen festzustellen (zur Prüfung der schutzwürdigen Belange vgl. o. Rz. 54ff.) und
d) die Bemühungen, die unternommen wurden, um die Daten **auf andere Weise** zu beschaffen.

Um die **sorgfältige Prüfung des Offenbarungsersuchens** zu ermöglichen, aber auch zum Zweck ordnungsgemäßer **Dokumentation**, um später die Zulässigkeit einer erfolgten Übermittlung kontrollieren zu können, müssen Ersuchen um die Offenbarung von Sozialdaten prinzipiell **schriftlich** gestellt werden. Zu den Punkten Verwendungszweck und fehlende Möglichkeit anderweitiger Beschaffung muß das Ersuchen zumindest stichwortartige Angaben enthalten. Kommt in **Ausnahmefällen** die Zulässigkeit einer lediglich **mündlichen** Anfrage in Betracht, müssen die Einzelheiten jedenfalls beim Leistungsträger in einem **Aktenvermerk** festge- 90 halten werden (ebenso das *Gemeinsame Rundschreiben mehrerer Berliner Senatoren* abgedruckt in DSB 5/1985, S. 11f., Ziff. 3). Abzulehnen ist daher der Vorschlag (vgl. *Naeth* in Jahn, SGB, § 68 Rz. 1), das Ersuchen zusammen mit der Antwort urschriftlich an die anfragende Stelle zurückzugeben.

91 **Schriftwechsel** und sonstige Aufzeichnungen über geleistete Amtshilfe sollte der Sozialleistungsträger insbesondere dann **gesondert verwahren**, wenn aus der Funktion der anfragenden Stelle negative Rückschlüsse für den Betroffenen gezogen werden könnten. Damit wäre zu verhindern, daß Anlaß und Zweck von Datenanfragen bei Akteneinsichten o. ä. immer wieder zur Kenntnis genommen werden können. Dieser Anregung des *BfD* (5. TB, S. 54, Ziff. 2.11.2) hat sich der Bundestag angeschlossen (vgl. BT-Drucks. 10/1719, Ziff. II 15 und Plenarprot. Nr. 10/1985 vom 20. 9. 1984).

92 Ausnahmen von der Darlegungspflicht für die Offenbarungsvoraussetzungen, insbesondere den Verwendungszweck, können im Rahmen des § 68 auch nicht für die **Strafverfolgungsbehörden** gemacht werden. Sicherlich mag es Fälle geben, in denen solche Dienststellen aus Geheimhaltungsgründen Anlaß und Zweck ihrer Anfrage nicht nennen wollen oder können. Dann scheidet aber eine Offenbarung nach § 68 aus; die anfragende Stelle ist dann auf die Einhaltung der speziellen Offenbarungsbestimmung des § 73 zu verweisen (vgl. 5. TB/*BfD* S. 54; zum Verhältnis zwischen § 68 und § 73 vgl. u. Rz. 111 ff.). Für die Sicherheitsbehörden des § 72 ist ja die Inanspruchnahme des § 68 ohnehin nicht möglich (vgl. u. Rz. 114 ff.; zur Parallelproblematik bei Offenbarungsersuchen nach § 72 vgl. § 72 Rz. 55 f.).

93 Die Darlegung der Offenbarungsvoraussetzungen durch die ersuchende Behörde und die prinzipielle Befugnis des Sozialleistungsträgers, diese zu überprüfen, bedeuten allerdings nicht, daß dieser in jedem Einzelfall verpflichtet wäre, das Vorliegen der Zulässigkeitsbedingungen **detailliert** festzustellen. Vielfach wird, insbesondere bei wiederholten Anfragen der gleichen Behörde, ausreichen, die **Plausibilität** der gemachten Angaben zu prüfen. Bei **Zweifelsfällen** wiederum können weitere Ermittlungen oder **Rückfragen** bei der ersuchenden Stelle notwendig werden.

94 Doch dürfen solche Praktikabilitätsargumente nicht dazu führen, die inhaltliche Prüfbefugnis auch rechtlich für den Regelfall von vornherein auf eine **Schlüssigkeitsprüfung** zu beschränken, wie dies in § 10 Abs. 2 Satz 2 BDSG-E 1986 vorgesehen war (BT-Drucks. 10/4737; *Hauck/Haines-Walloth* § 68 Rz. 26 und Fn. 58). Nach dieser Bestimmung prüft bei einem Ersuchen um Informationshilfe die übermittelnde Stelle nur, ob das Übermittlungsersuchen »im Rahmen der Aufgaben des Empfängers« liegt, darüber hinaus jedoch nur dann, »wenn hierfür **im Einzelfall besonderer Anlaß** besteht« (ebenso jetzt § 11 Abs. 3 BremDSG, § 14 Abs. 3 DSG NW; anders dagegen § 14 Abs. 2 HDSG; noch restriktiver § 13 Abs. 2 Satz 2 BMI-Entwurf zur Novellierung des BDSG vom 5. 11. 1987, abgedruckt in DuD 1987, 577 ff., wonach bei der Informationshilfe **nur** die **ersuchende** Stelle, also der Offenbarungs**empfänger**, die Zulässigkeit der Übermittlung prüft). Eine solche **Restriktion** wäre mit dem vom Gesetzgeber intendierten besonderen Schutz gerade der Sozialdaten **nicht vereinbar**: Sie kann zu einer Behinderung der Prüfmöglichkeiten der Sozialverwaltung führen, indem die SGB-Stelle zunächst darzulegen hätte, warum sie Zweifel am Vorbringen der ersuchenden Behörde hat.

X. Entscheidungsbefugnis (Abs. 2)

1. Funktion der Entscheidungsverlagerung

Über das Offenbarungsersuchen entscheidet der **Leiter der ersuchten Stelle**, sein **allgemeiner Stellvertreter** oder ein **besonders bevollmächtigter Bediensteter** (Abs. 2). Mit dieser Verfahrensvorschrift wird dem einzelnen Sachbearbeiter des Leistungsträgers die Entscheidung über das Vorliegen der Offenbarungsbefugnis abgenommen und in der Entscheidungshierarchie nach oben verlagert. 95

Bezweckt wird damit eine »**sorgfältige Prüfung**« der Übermittlungsvoraussetzungen (vgl. die Ausschußbegründung, BT-Drucks. 8/4022, zu § 66 = jetzt § 68; krit. dazu *Schnapp* FS Wannagat, S. 468f.), die man sich davon verspricht, daß die Beurteilung der Zulässigkeit der Offenbarung dem in der Regel erfahreneren und/ oder höher qualifizierten Bediensteten übertragen wird. Außerdem soll mit der **Entscheidungskonzentration** beim Behördenleiter oder einem speziell mit der Erteilung von Auskünften betrauten Mitarbeiter eine **einheitliche Handhabung der Auskunftspraxis** sichergestellt werden. Hinzu kommt, daß mit dieser Maßnahme die Sozialbehörde eine **bessere Übersicht** über Art und Zahl der Mitteilungsersuchen hat und somit den Umfang des Zugriffs auf ihre Datenbestände einschließlich der für die Rückmeldungen erforderlichen personellen Kapazitäten hat. 96

Abs. 2 hat den Charakter einer **zwingenden Schutzvorschrift** und nicht nur einer internen Ordnungsvorschrift (offengelassen vom *KG Berlin* NDV 1985, 52). Offenbarungen, die von einer nicht in Abs. 2 genannten Person vorgenommen werden, also insbesondere direkt vom sachbearbeitenden Bediensteten, sind unzulässig und unterliegen demzufolge nach § 78 Satz 1 beim Empfänger einem **Verwertungsverbot** (vgl. § 78 Rz. 13f.). Nur mit einer solchen strengen Auslegung kann sichergestellt werden, daß die mit der Verfahrensregelung intendierten Zwecke (vgl. vorige Rz.) nicht durch eine unkontrollierte Mitteilungspraxis unterlaufen werden. Für diese strikte Interpretation spricht weiterhin der Wortlaut der Norm, der eine Auslegung als bloße Soll-Vorschrift – im Gegensatz etwa zu § 72 Abs. 2 Satz 1 a. E. – nicht zuläßt. Für die rechtliche Konsequenz, einen Verstoß gegen die gesetzlich angeordnete behördeninterne Zuständigkeitsbestimmung des § 68 Abs. 2 **wie eine fehlende sachliche Zuständigkeit** und damit als rechtswidrig zu werten, kann man schließlich anführen, daß die Entscheidungsbefugnis nicht, wie innerbehördlich sonst üblich, durch bloße Beauftragung, sondern nur durch »**Bevollmächtigung**« übertragen werden kann (*Molitor* Strafvereitelung, S. 95ff.). 97

Ungeachtet der Zuständigkeit der Leitung der ersuchten Stelle nach Abs. 2 wird sich in vielen Fällen empfehlen, den **zuständigen Sachbearbeiter** einzuschalten, um die für die Entscheidung über die Mitteilung erforderliche Faktengrundlage, etwa im Hinblick auf das Vorliegen schutzwürdiger Belange im Einzelfall, zu schaffen. Dies gilt in erster Linie dann, wenn dem Offenbarungsersuchen stattgegeben werden soll. 98

2. Entscheidungsbefugte Personen

100 Wer als »**Leiter der ersuchten Stelle**« anzusehen ist, richtet sich nach der jeweiligen Organisationsform des Leistungsträgers unter Beachtung des »funktionalen Stellenbegriffs« (vgl. o. Rz. 38). Bei den **Sozialversicherungsträgern** und ihren Verbänden nimmt diese Funktion der Geschäftsführer ein; er ist für die laufenden Verwaltungsgeschäfte, zu denen auch die Erteilung von Auskünften gehört, zuständig (§ 36 SGB IV, vgl. *Stüwe* SdL 1980, 264). Bei den **Arbeitsämtern** kommt diese Position deren jeweiligen Direktoren zu (§ 213 AFG). Im Bereich der **Unfallversicherung** gelten als Stellen i. S. v. Abs. 2 jeweils die Hauptverwaltung, die Bezirksverwaltung und die Sektionen einer Berufsgenossenschaft (vgl. *Lauterbach/Watermann* UV, § 68 Anm. 8).

101 Bei den **Kommunen** sind SGB-Stellen nur diejenigen Ämter oder Dezernate, die Aufgaben nach dem SGB wahrnehmen (vgl. o. Rz. 38 und § 35 Rz. 31). Leiter der ersuchten Stelle ist das je nach Kommunalverfassung und Organisationsgliederung **für den Sozialbereich zuständige Mitglied des Vertretungsorgans** (Sozialdezernent, Beigeordneter; vgl. dazu § 35 Rz. 31), nicht aber der Amtsleiter des entsprechenden Fachamtes (z. B. Jugendamt, Sozialamt, so jedoch *Bartnitzke* in Frommann u. a., Sozialdatenschutz, S. 33). Allerdings ist die Besonderheit der Entscheidungsstruktur in Kommunen zu beachten: Dort leitet und beaufsichtigt der Bürgermeister, Landrat oder Oberstadtdirektor den Geschäftsgang der gesamten Gemeinde- oder Kreisverwaltung einschließlich der Ämter, die SGB-Aufgaben erfüllen (vgl. z. B. § 70 Hess. Gemeindeordnung; für Entscheidungsbefugnis des Stadtdirektors nach der nordrhein-westfälischen Kommunalverfassung daher 2. TB/*LfD-NRW* S. 62 f., nicht ganz eindeutig *Schellhorn* GK-SGB I, § 35 Rz. 44, 47). Diese Funktionsträger sind insoweit berechtigt, Entscheidungen über Offenbarungen nach § 68 generell oder im Einzelfall an sich zu ziehen; insoweit sie im Rahmen der Zuständigkeitsverteilung selbst für das kommunale Sozialwesen verantwortlich sind, fungieren sie selbst als Leiter i. S. d. Abs. 2.

102 Bei dem »**allgemeinen Stellvertreter**« handelt es sich um denjenigen Vertreter, der den Leiter der ersuchten Stelle in dessen gesamtem Aufgabenspektrum, d. h. nicht nur in bestimmten Teilbereichen, zu vertreten befugt ist (*Verbandskommentar* § 68 Rz. 6). Die Stellvertreterfunktion kann sich aufgrund **gesetzlich** vorgesehener Bestellung (etwa bei den stellvertretenden Geschäftsführern der Sozialversicherungsträger, vgl. § 36 Abs. 2 SGB IV), aufgrund **Satzung** oder aus dem **Geschäftsverteilungsplan** des Leistungsträgers ergeben.

103 Für die Entscheidung über Offenbarungsersuchen nach § 68 kann auch ein **Bediensteter besonders bevollmächtigt** werden (befürwortend im Interesse einer Verminderung des Verwaltungsaufwands *Knopp* SGB-SozVers-GesKomm, § 68 Anm. 9). Diese Verfahrensweise kann sich aus Gründen der Praktikabilität und Beschleunigung der Auskunftserteilung insbesondere empfehlen bei Behörden mit regional verteilten Außenstellen. Auch die Bevollmächtigung **mehrerer** Bediensteter ist bei großen oder dezentral aufgebauten Sozialbehörden durchaus möglich. Doch sollte ihre Zahl möglichst klein gehalten werden, um die vom Gesetzgeber gewünschte Folge der Entscheidungsverlagerung – d. h. die Einheitlichkeit der Auskunftspraxis sowie die qualifiziertere Beurteilungskompetenz – nicht zu gefährden (ebenso *Lauterbach/Watermann* UV, § 68 Anm. 8; *BfA-Kommentar* § 68 Anm. 4; zu weitgehend daher die Streuung im Bereich

der **Arbeitsverwaltung**, wo die Delegation bis hinunter zum »Ersten Sachbearbeiter« möglich ist, vgl. BA-Dienstblatt-Rderl. 155/87, Nr. 22).
Das Gesetz stellt zwar keine besonderen Anforderungen an die **Qualifikation** des **104** für die Bevollmächtigung ausgewählten Mitarbeiters. Doch sollten die inhaltlichen Kriterien der Sachnähe zu den zu entscheidenden Einzelfällen und von zumindest Grundkenntnissen des Sozialdatenschutzrechts erfüllt sein (vgl. *Verbandskommentar* § 68 Rz. 6). In Betracht kommen etwa **Abteilungs-, Nebenstellen-** oder **Abschnittsleiter**. Die Entscheidung über Mitteilungen nach § 68 kann auch, sollte aber wegen der möglichen Aufgabenkollision nicht dem nach § 79 Abs. 1 i. V. m. §§ 28, 29 BDSG zu bestellenden internen Datenschutzbeauftragten übertragen werden (vgl. § 79 Rz. 254).
Die Bevollmächtigung kann auch nur einen **Teil** der möglichen Offenbarungen – **105** etwa **Routineauskünfte** an bestimmte im vorhinein festgelegte Dienststellen – betreffen, während sich der Leiter der SGB-Stelle die übrigen Entscheidungen vorbehält.
Die »besondere Bevollmächtigung« sollte in jedem Fall durch den Leiter der **106** ersuchten Stelle **förmlich** und **schriftlich** erfolgen. Dies ist schon wegen der **Außenwirkung des Abs. 2** (dazu Rz. 97) geboten. Die Bevollmächtigung ist darüber hinaus allen Bediensteten des jeweiligen Sozialleistungsträgers **bekanntzugeben**, damit sie alle wissen, an wen sie Mitteilungsersuchen nach § 68 zur Entscheidung weiterzuleiten haben.

XI. Verhältnis zu anderen Vorschriften

1. Gleichrangigkeit oder Spezialität

Im Verhältnis zu den anderen Offenbarungsbefugnissen der §§ 69 ff. gilt nach **107** bisher weitgehend einheitlich vertretener Auffassung der Grundsatz, daß **§ 68 selbständig** und gleichberechtigt neben diesen Spezialvorschriften steht und diesen gegenüber **nicht nachrangig** ist (vgl. u. a. *Neumann-Duesberg* BKK 1981, 26; *Hauck/Haines-Walloth* § 68 Rz. 24; *Verbandskommentar* § 68 Rz. 8). Dies hat zur Konsequenz, daß **die in §§ 69 ff. genannten Stellen sich bei Informationsersuchen auch auf § 68 stützen können**, wenn sie sich auf die dort aufgeführten Daten beschränken. Anders ausgedrückt: Die in den §§ 69 ff. erwähnten Behörden können unter den Voraussetzungen des § 68 Daten erhalten sowohl für die Zwecke, die ausdrücklich in der jeweiligen speziellen Offenbarungsbefugnis die Durchbrechung des Sozialgeheimnisses legitimieren, als auch für andere Verwaltungszwecke. So könnte beispielsweise das Gewerbeaufsichtsamt die Amtshilfe nach § 68 sowohl für Aufgaben des Arbeitsschutzes (in § 70 genannt) als auch für Zwecke des Immissionsschutzes (in § 70 nicht genannt) in Anspruch nehmen.
Diese Position muß spätestens nach den Ausführungen des **Bundesverfassungsge- 108 richts** im **Volkszählungsurteil kritisch hinterfragt** oder zumindest zusätzlich begründet werden. Wenn der Gesetzgeber für eine Datenübermittlung und den damit verbundenen Eingriff in das informationelle Selbstbestimmungsrecht Adressaten, Anlaß und/oder Datenumfang **im einzelnen** wie in §§ 69 ff. **bereichsspezifisch** regelt und damit eine Zweckänderung bei der Datennutzung zuläßt, bedarf es zusätzlicher Argumente, warum die gleichen Behörden noch eine weitere Möglichkeit der Datenbeschaffung unter erleichterten Voraussetzungen

erhalten sollen (kritisch bereits *Wiese* DRV 1980, 362). Der Ausschußbegründung läßt sich auch nicht generell entnehmen, daß § 68 als »**Auffangnorm**« fungieren soll, sondern nur im Zusammenhang mit Ermittlungs- und Strafverfahren (vgl. dazu Rz. 112 f.).

109 Entscheiden kann hier nur das Argument, daß die Nichtanwendbarkeit des § 68 für die in den §§ 69 ff. genannten Stellen zu der schwer verständlichen **Wertungsdivergenz** führen würde, daß sie, obwohl ihre Informationsinteressen vom Gesetzgeber privilegiert sind, schwerer an Sozialdaten gelangen als andere Behörden mit gegenüber dem Sozialgeheimnis geringer bewerteten Verwaltungszwecken (so *Hauck/Haines-Walloth* § 67 Rz. 38 für die Sicherheitsbehörden). Dies gilt jedoch dann nicht, wenn wegen der **Schwere des Grundrechtseingriffs** bei der Übermittlung an bestimmte Stellen, etwa bei Mitteilungen an die **Nachrichtendienste (§ 72), die speziellen materiellen und verfahrensmäßigen Offenbarungsvoraussetzungen ein solches grundrechtssicherndes Gewicht** erhalten, daß sie nicht mit Hilfe des § 68 unterschritten werden dürfen (vgl. Rz. 114 ff.).

2. § 69

110 Die Normenkonkurrenz von § 68 mit §§ 69 ff. spielt allerdings nur in den Fällen eine praktische Rolle, in denen die Voraussetzungen nach § 68 **geringer** sind als die der jeweiligen speziellen Befugnisnorm. Insofern erscheint die Frage, ob § 68 auch für den **Datenaustausch zwischen Sozialleistungsträgern** zur Erfüllung von Aufgaben nach dem SGB herangezogen werden kann, akademisch. Da § 69 Abs. 1 Nr. 1 in dieser Konstellation für die Zulässigkeit der Übermittlung lediglich die Erforderlichkeit zur Erfüllung der sozialgesetzlichen Aufgaben des offenbarenden oder des empfangenden Leistungsträgers fordert, ist daneben für eine gesonderte Prüfung der schutzwürdigen Belange des Betroffenen kein Raum. Daher hat § 68 neben § 69 Abs. 1 Nr. 1 **keinen sinnvollen Anwendungsbereich** (vgl. auch o. Rz. 25 und § 69 Rz. 123; a. A. *Verbandskommentar* § 68 Rz. 8; etwas einschränkend *Kolb* Festgabe Grüner, S. 301; für prinzipiell alternative Anwendbarkeit auch *Hauck/Haines-Walloth* § 69 Rz. 5).

3. § 73

111 Die in der Praxis bedeutsamste Konkurrenzfrage stellt sich für das **Verhältnis von § 68 zu §§ 72 und 73**. Hierzu wird ganz überwiegend ohne weitere Differenzierung die Auffassung vertreten, daß die in §§ 72 und 73 genannten Ermittlungs- und Sicherheitsbehörden sowie Nachrichtendienste die in § 68 Abs. 1 aufgeführten Angaben auch ohne die einschränkenden Voraussetzungen der speziellen Offenbarungsbestimmungen (Entscheidungsvorbehalte in § 72 Abs. 2, richterliche Anordnung in § 73) erhalten können (vgl. *BMA*-Schreiben vom 16. 11. 1982, abgedruckt in BKK 1983, 126; *Hauck/Haines-Walloth* § 67 Rz. 38; *Verbandskommentar* § 68 Rz. 8; 5. TB/*BfD* Ziff. 2.11.2; zur konkreten Handhabung des Auskunftsverfahrens vgl. das Rundschreiben des *Berliner Senats* vom 22. 3. 1984, abgedruckt im Jahresbericht 1985 des *Berl. DSB* S. 29). Die Gegenmeinung geht dahin, daß die §§ 72 und 73 für die dort erwähnten Behörden eine abschließende Regelung für den Zugang zu Sozialdaten enthalten (so *Wiese* DAngVers. 1980,

457f.; *Graßl/Weigert* DuD 1981, 75; zunächst auch der *Berl.* **DSB** Jahresbericht 1982, S. 14).

Eine **klare gesetzgeberische Wertung** liegt nur für das **Verhältnis von § 68 zu § 73** 112 vor. Die Ausschußbegründung spricht davon, daß § 73 als eine über § 68 hinausgehende Regelung zu verstehen ist und nennt ebenso eindeutig die Konsequenz, daß zur Aufklärung von Verbrechen und Vergehen nach § 73 eine Datenoffenbarung ohne Prüfung der Beeinträchtigung der schutzwürdigen Belange auch dann zulässig ist, wenn sich die zu diesem Zweck angeforderten Angaben mit denen des § 68 Abs. 1 decken (BT-Drucks. 8/4022, zu § 70 = jetzt § 73).

Anders ausgedrückt: Aus dem hohen Rang des staatlichen Strafverfolgungsinter- 113 esses – die Ausschußbegründung erwähnt ausdrücklich die Auskunftspflicht des § 161 StPO gegenüber den Strafverfolgungsbehörden (a.a.O.) – resultiert die Notwendigkeit einer zusätzlichen Möglichkeit der Datenbeschaffung über § 68 hinaus, dann allerdings nur mit richterlicher Anordnung. Die strengeren Voraussetzungen des § 73 sollen mithin nur für die über den Datenkatalog des § 68 Abs. 1 hinausgehenden Daten obligatorisch erfüllt sein. Dies gibt bei Deckungsgleichheit zwischen den Daten des § 68 und denen des § 73 der **Staatsanwaltschaft** und ihren Hilfsbeamten (Polizei) die **Alternative**, entweder die Angaben unter **Berufung auf § 68** anzufordern, sich dann aber die schutzwürdigen Belange des Betroffenen gegebenenfalls entgegenhalten lassen zu müssen, oder den Weg über den **richterlichen Beschluß nach § 73** zu gehen (mißverständlich *Lauterbach/Watermann* UV, § 68 Anm. 2b, wonach § 68 als »Auffangtatbestand« erst dann zur Anwendung kommt, wenn die ersuchende Behörde »keine Möglichkeit hat«, die von ihr gewünschten Angaben im Rahmen der §§ 69 bis 77 zu erhalten).

4. § 72

Weniger eindeutig fallen die gesetzgeberischen Motive zum **Verhältnis von § 68 zu** 114 **§ 72** aus. Fest steht hier nur, daß die **Länderpolizeien** deshalb nicht in den Adressatenkreis des § 72 aufgenommen wurden, weil diesen der Zugriff auf Sozialdaten im Rahmen des § 68, aber auch nur in diesem Rahmen, zustehen sollte (Ausschußbericht, BT-Drucks. 8/4022, zu § 69 = jetzt § 72). Doch besteht zwischen den Offenbarungsbefugnissen der **§§ 72** und **73** ein **wesentlicher Unterschied**: § 73 ermöglicht jedenfalls für die Aufklärung von Verbrechen die Mitteilung sämtlicher erforderlicher Angaben und kann mithin über den Datenumfang des § 68 Abs. 1 weit hinausgehen. Die zusätzliche verfahrensrechtliche Sicherung durch das Erfordernis einer richterlichen Anordnung ebenso wie die erleichterte Zugangsmöglichkeit für die »Personalien« des Betroffenen und seines Arbeitgebers über § 68 stehen mithin in einem sinnvollen Regelungsverhältnis.

Dagegen erweitert der Datenkatalog des § 72 Abs. 1 Satz 2 den des § 68 Abs. 1 nur 115 geringfügig. Hinzu kommen die früheren Anschriften des Betroffenen sowie die Namen und Adressen der früheren Arbeitgeber. Es vermag kaum einzuleuchten, warum nur bei diesen **zusätzlichen** Informationen die **formale Prozedur des § 72 Abs. 2 obligatorisch** einzuhalten ist, bei den in beiden Vorschriften deckungsgleichen Daten dagegen eine Wahlmöglichkeit bestehen soll, die Verfahrensvoraussetzungen zu erfüllen oder nicht. Der Hinweis auf die Möglichkeit, mit Hilfe der Kenntnis über frühere Aufenthaltsorte in der Vergangenheit des Betroffenen zu ermitteln (so *Verbandskommentar* § 68 Rz. 8), genügt nicht. Der gesetzgeberische

Zweck des Verfahrens nach Abs. 2 gilt vielmehr uneingeschränkt für jede Datenanforderung einer in § 72 Abs. 1 genannten Stelle. Die eingehende Prüfung des Amtshilfeersuchens durch besonders qualifizierte Personen auf beiden Seiten und die durch die Unterrichtungspflicht gegebene politische Kontrolle (vgl. Ausschußbericht, BT-Drucks. 8/4022, zu § 69 = jetzt § 72) entspricht den **besonderen Verarbeitungsbedingungen** dieser Sicherheitsbehörden.

116 Dazu gehören die zentrale bundesweite, für den Bürger besonders wenig durchschaubare Speicherung, die teilweise fehlende gesetzliche Regelung oder zumindest sehr weite Formulierung der Aufgabenstellung für die Nachrichtendienste (dazu § 72 Rz. 8f.), die regelmäßig verdeckt und am Bürger vorbei erfolgende Datenerhebung usw. Das Bundesverfassungsgericht hat dem Gesetzgeber die Pflicht auferlegt, angesichts der Gefährdungen durch die Nutzung der automatischen Datenverarbeitung mehr als früher auch **organisatorische und verfahrensrechtliche Schutzvorkehrungen** zu treffen, welche der Gefahr einer Verletzung des Persönlichkeitsrechts entgegenwirken (*BVerfGE* 65, 1, 46). Dann aber erhalten auch bereits bestehende Sicherungen wie die des § 72 Abs. 2 gerade angesichts der geschilderten Verarbeitungssituation bei den Sicherheitsbehörden des Bundes ein erhöhtes Gewicht.

117 Im Ergebnis stehen mithin die Offenbarungsbefugnisse der §§ 68 und 72 nicht gleichrangig nebeneinander, sondern **§ 72 geht als speziellere Norm vor** (a. A. unter Aufgabe seines früheren Standpunkts 5. TB/*BfD* S. 53f.). Die in Abs. 1 genannten Dienststellen können Sozialdaten nur erhalten, wenn in jedem Fall die Verfahrensvoraussetzungen des Abs. 2 eingehalten sind. Für das Bundeskriminalamt gilt diese Aussage mit der Einschränkung, daß § 72 nur dessen präventivpolizeiliche Tätigkeit betrifft. Insoweit das BKA im Bereich der Strafverfolgung agiert, gilt § 73 einschließlich der Möglichkeit, wie die anderen Ermittlungsbehörden auch über § 68 vorzugehen (dazu § 72 Rz. 29, 66).

5. § 76

118 Die Einschränkung der Offenbarungsbefugnis bei besonders schutzwürdigen Sozialdaten (§ 76 Abs. 1) gilt grundsätzlich auch für Offenbarungen nach § 68 (vgl. Ausschußbegründung, BT-Drucks. 8/4022, zu § 73 = jetzt § 76; *Neumann-Duesberg* WzS 1981, 200; *Verbandskommentar* § 76 Rz. 1). Wenn die in § 68 genannten Angaben dem Sozialleistungsträger durch einen Arzt oder eine andere in § 203 Abs. 1 und 3 StGB genannte Person zugänglich gemacht worden sind, darf die Sozialbehörde die Daten nur unter den gleichen Voraussetzungen weitergeben, unter denen der Arzt oder die sonst schweigepflichtige Person selbst offenbarungsbefugt wären. Dies gilt unabhängig davon, ob die Angaben aus Akten oder aus einer Datei mitgeteilt werden. Bei »Datei-Daten« kommt allerdings die Übermittlungssperre des § 10 Abs. 1 Satz 2 BDSG hinzu (vgl. o. Rz. 87).

119 Die praktischen Auswirkungen der Geltung des § 76 bei Offenbarungen nach § 68 sind allerdings gering zu veranschlagen, da es sich bei den Identifikations- und Kontaktdaten des § 68 Abs. 1 um Angaben handelt, die der Leistungsträger in aller Regel durch **Erhebung beim Betroffenen, Mitteilungen des Arbeitgebers** o. ä., nur selten jedoch von Personen unter besonderem Berufsgeheimnis erhalten hat (vgl. § 76 Rz. 11).

Offenbarung i. R. der Amtshilfe § 68

6. § 78

Das Gebot der **Zweckbindung** und die **Geheimhaltungspflicht des Empfängers** 120
(§ 78) gelten auch für die Stellen, die nach § 68 im Wege der Amtshilfe Sozialdaten
erhalten haben. Sie dürfen die ihnen mitgeteilten Angaben nur zu dem Zweck
verwenden, zu dem sie ihnen befugt offenbart worden sind (zu den Einzelheiten
§ 78 Rz. 13 ff.). Nicht zuletzt um die Einhaltung dieser Zweckbindung zu gewährleisten, ist es erforderlich, daß das Offenbarungsersuchen im Regelfall schriftlich
gestellt wird und den vorgesehenen Verwendungszweck zumindest stichwortartig
festlegt (vgl. o. Rz. 90).

§ 69 Offenbarung für die Erfüllung sozialer Aufgaben

(1) Eine Offenbarung personenbezogener Daten ist zulässig, soweit sie erforderlich ist
1. für die Erfüllung einer gesetzlichen Aufgabe nach diesem Gesetzbuch durch eine in § 35 des Ersten Buches genannte Stelle oder für die Durchführung eines damit zusammenhängenden gerichtlichen Verfahrens einschließlich eines Strafverfahrens,
2. für die Verarbeitung personenbezogener Daten im Auftrag, wenn sie für die Erfüllung einer gesetzlichen Aufgabe nach diesem Gesetzbuch durch eine in § 35 des Ersten Buches genannte Stelle nach § 80 zulässig ist, oder
3. für die Richtigstellung unwahrer Tatsachenbehauptungen des Betroffenen im Zusammenhang mit einem Verfahren über die Erbringung von Sozialleistungen; die Offenbarung bedarf der vorherigen Genehmigung durch die zuständige oberste Bundes- oder Landesbehörde.

(2) Für die Erfüllung einer gesetzlichen oder sich aus einem Tarifvertrag ergebenden Aufgabe sind den in § 35 des Ersten Buches genannten Stellen gleichgestellt
1. die Stellen, die Leistungen nach dem Lastenausgleichsgesetz, dem Bundesentschädigungsgesetz, dem Gesetz über die Entschädigung für Strafverfolgungsmaßnahmen, dem Unterhaltssicherungsgesetz, dem Beamtenversorgungsgesetz und den Vorschriften, die auf das Beamtenversorgungsgesetz verweisen, dem Soldatenversorgungsgesetz und den Vorschriften der Länder über die Gewährung von Blinden- und Pflegegeldleistungen zu erbringen haben und deren aufsichts-, rechnungsprüfungs- oder weisungsberechtigte Behörden,
2. die gemeinsamen Einrichtungen der Tarifvertragsparteien im Sinne des § 4 Abs. 2 des Tarifvertragsgesetzes, die Zusatzversorgungseinrichtungen des öffentlichen Dienstes und die öffentlich-rechtlichen Zusatzversorgungseinrichtungen.

Inhaltsübersicht

	Rz.
I. Entstehungsgeschichte	1– 6
II. Bedeutung der Vorschrift	7–24
1. Einheit der Sozialverwaltung?	7–12
2. Der »informationsrechtliche Gesetzesvorbehalt«	13–19
3. § 69 Abs. 1 Nr. 1 als spezialgesetzliche Übermittlungsvorschrift?	20–24
III. Offenbarung zur Erfüllung gesetzlicher Aufgaben nach dem Sozialgesetzbuch (Abs. 1 Nr. 1)	25–94
1. Datenoffenbarungen im Rahmen von Verwendungszwecken der offenbarenden Stelle	28–87
a) Gesetzliche Aufgabe	29–42
b) Aufgabe nach dem Sozialgesetzbuch	43–44
c) Aufgabe einer in § 35 SGB I genannten Stelle	45–48
d) Einzelfälle	49–66
aa) Forschung und Planung	49, 50
bb) AIDS	51–58
cc) Private Empfänger	59–62

Offenbarung für Erfüllung soz. Aufgaben § 69

	dd) Andere Behörden	63–66
	e) Erforderlichkeit der Offenbarung	67–76
	f) Zulässigkeit von on-line-Anschlüsssen	77–81
	g) Zentraldateien	82
	h) Rentenversicherungsnummer, Sozialversicherungsausweis	83–86
	i) Leistungsgrund auf Überweisungsträgern	87
2.	Datenoffenbarungen mit Änderung des Verwendungszwecks	88–94
	a) Zweckbindung und Regelungsbedarf bei Zweckänderung	88–90
	b) Vorrang der Erhebung beim Betroffenen	91–94
IV.	Durchführung eines gerichtlichen Verfahrens (Abs. 1 Nr. 1 2. Alternative)	95–109
	1. Anwendungsbereich	95–101
	2. Gerichtliches Verfahren	102, 103
	3. Zusammenhang mit einer SGB-Aufgabe	104–107
	4. Offenbarungsumfang	108, 109
V.	Datenverarbeitung im Auftrag (Abs. 1 Nr. 2)	110, 111
VI.	Richtigstellung unwahrer Tatsachenbehauptungen (Abs. 1 Nr. 3)	112–114
VII.	Offenbarung für die Erfüllung vergleichbarer Aufgaben (Abs. 2)	115–121
	1. Funktion und Reichweite der Gleichstellung	115–117
	2. Gleichgestellte Behörden und Einrichtungen	118–121
VIII.	Verhältnis zu anderen Vorschriften	122–127

I. Entstehungsgeschichte

§ 69 enthält in Abs. 1 Nr. 1 (1. Alt.) die mit Abstand wichtigste Offenbarungsregelung des Zweiten Kapitels SGB X. Danach ist die – in den übrigen Vorschriften des Kapitels restriktiv geregelte – Offenbarung von Sozialdaten generell zulässig, soweit sie für die **Erfüllung einer gesetzlichen Aufgabe nach dem Sozialgesetzbuch** durch eine in § 35 SGB I genannte Stelle **erforderlich** ist. Daß Sozialleistungsträgern bei der Erfüllung ihrer Aufgaben datenschutzrechtlich ein anderer Status als Stellen und Personen außerhalb der Sozialverwaltung zukommt, hatte sich bereits aus der ursprünglichen, von 1976 bis Ende 1980 geltenden Fassung des § 35 Abs. 2 SGB I ergeben: Durch den Schutz des Sozialgeheimnisses sollte »die Amtshilfe unter den Leistungsträgern« nicht beschränkt werden, »soweit die ersuchende Stelle zur Erfüllung ihrer Aufgaben die geheimzuhaltende Tatsache kennen muß«. Vor allem mit der Fixierung auf die **»Amtshilfe«** unter Leistungsträgern hatte sich diese Regelung als zu eng erwiesen, schien sie doch die Offenbarung von Sozialdaten auf Einzel- oder gar auf Ausnahmefälle zu beschränken, denen ein Ersuchen eines Leistungsträgers zugrunde lag. Demgegenüber wird die Datenoffenbarung in § 69 – wie in § 35 SGB I n. F. – nicht auf eines der Kooperationsmuster des überkommenen Verwaltungsrechts (oder ein bestimmtes technisches Medium) festgelegt. Insbesondere kommt es nach der Vorschrift nicht darauf an, ob die Offenbarung auf ein Einzelersuchen eines Sozialleistungsträgers hin erfolgt. Die strikt **funktionelle** Sicht, in der nicht mehr auf verwaltungsrechtliche Handlungsformen, sondern allein auf die **Erforderlichkeit** der Datenoffenbarung zur **Erfüllung** bestimmter Aufgaben abgestellt wird, ist ersichtlich an dem Vorbild der Datenschutzgesetze des Bundes und der Länder orientiert. Die Generalklausel in § 69 Abs. 1 Nr. 1 ist derjenigen in § 10 Abs. 1 Satz 1 BDSG nachgebildet.

3 An dieser Rezeption des Regelungsansatzes der Datenschutzgesetze ist abzulesen, daß der Sozialdatenschutz, dessen erste Kodifikation mit § 35 SGB I a. F. am 1.1.1976 in Kraft getreten war, sehr bald von der rapiden, bis heute keineswegs abgeschlossenen **Rechtsentwicklung** erfaßt worden ist, die für das Datenschutzrecht insgesamt charakteristisch ist (vgl. *Schlink* Amtshilfe, S. 301 ff.). Diese Entwicklung (s. dazu auch § 67 Rz. 1 ff.) läßt sich grob in drei »Etappen« unterteilen:

— **§ 35 SGB I a. F.** war noch deutlich von dem konventionellen Regelungssatz von Strafvorschriften (wie § 203 Abs. 2 StGB oder §§ 141, 142 RVO a. F.) geprägt, die es den Bediensteten bestimmter öffentlicher Stellen und Einrichtungen verbieten, private **Geheimnisse**, die ihnen in amtlicher Eigenschaft bekanntgeworden sind, »**unbefugt**« zu offenbaren.

— Die Verabschiedung des **§ 35 SGB I n. F.** und der Vorschriften des Zweiten Kapitels SGB X markiert demgegenüber den definitiven Übergang zum Regelungskonzept der Datenschutzgesetze der 70er und frühen 80er Jahre. Dieses orientiert sich nicht länger an dem – an die **Bediensteten** der Verwaltung adressierten – Verbot der unbefugten Offenbarung privater **Geheimnisse**, sondern an der sehr viel weiter reichenden Zielsetzung, die **Verarbeitung personenbezogener Daten schlechthin** – und in erster Linie **institutions**bezogen – zu regulieren. Damit rücken, soweit der Umgang öffentlicher Stellen mit personenbezogenen Daten in Rede steht, die **Aufgaben** dieser Stellen in den Vordergrund: Die Datenschutzgesetzgebung zielt wesentlich darauf, die Datenverarbeitung öffentlicher Stellen auf das zur Erfüllung der jeweiligen Aufgaben erforderliche Maß zu beschränken. Negativer Fixpunkt ist die »**mißbräuchliche**« Verwendung personenbezogener Informationen.

— Grenzen dieses Regelungsansatzes, wie er für die Datenschutzgesetze der 70er und frühen 80er Jahre bestimmend gewesen ist, sind vor allem in der durch das »**Volkszählungsurteil**« des Bundesverfassungsgerichts (*BVerfGE* 65, 1 ff.) ausgelösten Diskussion deutlich geworden. Die Abgrenzung zwischen »legitimer« (für die Erfüllung der Aufgaben der jeweiligen Stelle erforderlicher) und »mißbräuchlicher« (durch entsprechende Aufgaben nicht gedeckter) Datenverwendung bleibt in den – bereichsübergreifenden, daher stark generalisierenden – Regelungen dieser Gesetze abstrakt: Sie ist in dem globalen Verweis auf das zur Erfüllung der Aufgaben der jeweiligen Stelle Erforderliche im Grunde immer schon **vorausgesetzt**. Der Datenschutz stützt sich damit auf Abgrenzungen, die er selbst nicht weiter reflektiert. Demgegenüber tendiert die durch das »Volkszählungsurteil« eingeleitete Rechtsentwicklung dahin, die Frage, welche »Informationsakte« zur Erfüllung der Aufgaben der verschiedenen Stellen erforderlich sind, unter spezifisch datenschutzrechtlichen Fragestellungen aufzufächern und (vor allem bereichsspezifisch) zu konkretisieren.

4 Letzteres läßt sich auch so ausdrücken, daß der Datenschutz »**reflexiv**« geworden ist: er bezieht sich nicht länger auf vorfindliche Unterscheidungen, sondern produziert seine Voraussetzungen sozusagen selbst, indem er eigene Maßstäbe für die Rechtssätze entwickelt, die über Aufgaben und Befugnisse der verschiedenen Stellen Auskunft geben. Vor allem insistiert er darauf, daß Einschränkungen des »informationellen Selbstbestimmungsrechts« einer **gesetzlichen Grundlage** bedürfen, »aus der sich die Voraussetzungen und der Umfang der Beschränkungen klar und für den Bürger erkennbar ergeben und die damit dem rechtsstaatlichen Gebot

Offenbarung für Erfüllung soz. Aufgaben § 69

der Normenklarheit entspricht« (*BVerfGE* 65, 1, 44). Soweit öffentliche Stellen personenbezogene Daten erheben und verwenden, hat der Gesetzgeber den **Verwendungszweck** »bereichsspezifisch und präzise« zu regeln, und die Verwendung der Daten ist auf den gesetzlich bestimmten Zweck begrenzt. Dies gilt jedenfalls dort, wo der Staat die Angabe personenbezogener Daten erzwingt (*BVerfGE* 65, 1, 46; ausführlich dazu § 67 Rz. 1 ff., insbes. Rz. 5 f.).

Diese Grundsätze sind für das **Sozialrecht** und den Sozialdatenschutz unabhängig 5 davon maßgeblich, ob datenschutzrechtlich auf den **Zwang** zur Datenangabe entscheidend abgestellt werden kann; dem »Volkszählungsurteil« ist letzteres nicht zu entnehmen, und im Grunde wäre eine solche Einengung wenig einleuchtend (vgl. *Schlink* ArchsozArb 15 (1984), S. 201, 208). Im Sozialrecht ist das Zwangsmoment nämlich durchaus wirksam, denn dem Bürger ist, soweit er Sozialleistungen beantragt oder in Anspruch nimmt, die Angabe personenbezogener Daten keineswegs freigestellt. Er hat die **Mitwirkungspflichten nach §§ 60 ff. SGB I** zu beachten, insbesondere »alle Tatsachen anzugeben, die für die Leistung erheblich sind« (§ 60 Abs. 1 Nr. 1 SGB I). Da ihm als »Folge fehlender Mitwirkung« die Leistung ganz oder teilweise versagt oder entzogen werden kann (§ 66 Abs. 1 und 2 SGB I), wird er in aller Regel einem weitaus größeren Druck zur Datenangabe als derjenige ausgesetzt sein, der etwa die bei einer Volkszählung gestellten Fragen zu beantworten hat. Letztere betreffen im übrigen Daten, die zumeist erheblich weniger »sensibel« als diejenigen sind, die von den Sozialleistungsträgern erhoben werden.

Grundsätzlich sollte das Recht des Sozialdatenschutzes – wie das Datenschutz- 6 recht insgesamt – nicht als fertiges Ergebnis einer mehr oder weniger abgeschlossenen Entwicklung verstanden werden. Vielfach steckt es eher, zwischen den Aufgaben der verschiedenen Sozialleistungsträger bzw. anderer öffentlicher Stellen (am Rande auch: den Belangen privater »Dateninteressenten«) auf der einen Seite und den Grundrechten der Betroffenen auf der anderen, einen relativ offenen, ausfüllungsbedürftigen Rahmen ab und gibt damit der künftigen Entwicklung eine Richtung vor. In dem Maße, in dem dies der Fall ist, bedarf es selbst der **Fortentwicklung** und **Konkretisierung** (vgl. § 67 Rz. 1 ff.). Dies ist keineswegs nur von theoretischem Interesse, sondern vor allem bei der Frage von praktischer Bedeutung, ob und in welchen Fällen sich aus der Generalklausel des § 69 Abs. 1 Nr. 1 **allein** bereits eine Befugnis zur Offenbarung von Sozialdaten ergibt oder ob es dazu – d. h. zu deren Ausfüllung – einer spezielleren Rechtsgrundlage bedarf. Fraglich ist also, ob es sich bei dieser Vorschrift um eine »gesetzliche Grundlage« i. S. d. »Volkszählungsurteils« handelt, aus der allein sich die in Betracht kommenden Einschränkungen des »informationellen Selbstbestimmungsrechts« schon klar und für die Bürger erkennbar ergeben (s. dazu Rz. 7 ff., 13 ff.; 20 ff.).

II. Bedeutung der Vorschrift

1. Einheit der Sozialverwaltung?

Mit der Formulierung, die Datenoffenbarung sei zulässig, soweit sie »für die 7 Erfüllung einer Aufgabe nach diesem Gesetzbuch durch eine in § 35 des Ersten Buches genannte Stelle« erforderlich ist, erfaßt § 69 Abs. 1 Nr. 1 »zwei völlig verschiedene Möglichkeiten des Offenbarens der Sozialdaten« (*BfA-Kommentar*

§ 69 Anm. 2). Die Offenbarung kann nämlich zur Erfüllung **eigener Aufgaben** der offenbarenden Stelle, sie kann aber auch zur Erfüllung von **Aufgaben des Datenempfängers** (sofern es sich bei ihm nur um eine in § 35 SGB I genannte Stelle handelt) erforderlich sein. Rechtliche Konsequenzen sind jedoch, soweit ersichtlich, aus dieser elementaren Unterscheidung bisher nicht gezogen worden. Sie ergeben sich – wie im folgenden darzulegen ist – insbesondere daraus, daß die Daten bei der Offenbarung zur Erfüllung von **Aufgaben der offenbarenden Stelle** zu den **Zwecken** verwendet werden, zu denen sie erhoben und (in einer Datei oder einem anderen Medium) gespeichert worden sind, während sich die Übermittlung bei der Datenoffenbarung für **Zwecke des Offenbarungsadressaten** in der Regel an **anderen** – aus der Sicht der übermittelnden Stelle wie auch des Betroffenen: **neuen** – Verwendungszwecken legitimiert. Anders ist es hier nur, wenn mit der Übermittlung allein Grenzen der örtlichen Zuständigkeit überwunden werden, datenübermittelnde und datenempfangende Stelle also dieselben Aufgaben wahrzunehmen haben.

8 Soweit die Literatur Funktion und systematische Stellung des § 69 auf einer allgemeineren Ebene behandelt, steht zumeist die zweite Offenbarungsvariante – die Offenbarung für Zwecke der datenempfangenden Stelle – im Vordergrund. Da auch sie ihre Legitimation ohne weiteres in § 69 Abs. 1 Nr. 1 zu finden scheint, ist die Vorschrift häufig als »Vernetzungsregelung« (*Verbandskommentar* § 69 Rz. 1) verstanden worden, die einen »privilegierten Datenverkehr« zwischen den Adressaten von § 69 ermöglicht (*Platzer* S. 96). Man hat in ihr die Rechtsgrundlage eines umfassenden **»Sozialdatenpools«** gesehen (so *BfA-Kommentar* § 69 Anm. 1) und sie zu den wichtigsten Regelungen gezählt, »die das gegliederte System der Sozialverwaltung verzahnen« (*Hauck/Haines-Walloth* § 69 Rz. 3).

9 Dieser Auffassung liegt die Vorstellung zugrunde, sämtlichen in § 35 SGB I angesprochenen Stellen sei ein übergreifender **gemeinsamer**, letzten Endes identischer **Gesamtzweck** zuzuordnen: die »Gewährleistung der sozialen Sicherheit im weiteren Sinne« (so *Hauck/Haines-Walloth* § 69 Rz. 3). Insoweit sei von einer »funktionalen Einheit des Sozialleistungsbereichs« auszugehen (*Platzer* S. 96): Personenbezogene Daten erheben und speichern die einzelnen Stellen jeweils nicht nur für die **eigenen**, sondern zugleich auch für die Zwecke **aller übrigen Sozialleistungsträger**, deren Zugriff auf die Daten lediglich unter dem Vorbehalt der Erforderlichkeit für die Erfüllung ihrer Aufgaben steht. Der Betroffene wird danach durch die Weitergabe der Daten an diese Stellen »weder in seinen berechtigten Interessen beeinträchtigt, noch wird das Vertrauensverhältnis zwischen ihm und der jeweiligen Stelle gestört. Der Betroffene weiß, daß die Daten für ... soziale Zwecke benötigt werden und daher in diesem Rahmen ggf. auch gegenüber Dritten offenbart werden müssen« (*Hauck/Haines-Walloth* § 69 Rz. 2).

10 In diesem Kontext wird sogar die Auffassung vertreten, der Gesetzgeber habe in § 69 zum Ausdruck bringen wollen, »daß das gemeinsame Verwaltungsziel (der Sozialleistungsträger), die Durchführung der sozialen Sicherung, die Behörden gleichsam näher zusammenrücken und damit datenschutzrechtlich einer Einheitsbehörde (!) gleichkommen läßt« (*Platzer* S. 95). An dieser Formulierung wird besonders deutlich, daß hier – wenn auch eingegrenzt auf den Bereich der Sozialverwaltung – das ideologische Konzept der **»Einheit des Staates«** geltend gemacht wird (*Schlink* Amtshilfe, S. 323 m. w. N.; s. auch *Podlech* Dokumentation, S. 55ff.), das für das Recht der Amtshilfe in der Vergangenheit bestimmend war, dort inzwischen aber weithin überwunden ist (eingehend dazu *Schlink*

Offenbarung für Erfüllung soz. Aufgaben § 69

Amtshilfe, S. 62 ff., 322 ff.; *Simitis* NJW 1986, 2795 ff.; vgl. ferner *Bryde* und *Haverkate* VVDStRl. 46 (1988), S. 181 ff.; *Oldiges* NVwZ 1987, 737 ff.; *Oebbecke* DVBl. 1987, 866 ff.; *Munzert* ÖVD/online 5/1987, S. 58 ff.).
Auch den Bedingungen des Sozialleistungsbereichs wird es keineswegs gerecht. 11 Schon die enorme Größe und Ausdehnung des sozialen Sektors, dessen finanzielles Volumen inzwischen das des Bundeshaushalts ganz erheblich übersteigt (das Sozialbudget der Bundesrepublik umfaßte bereits 1986 mehr als 605 Mrd. DM, d. h. 31 % des Bruttosozialprodukts, während der Bundeshaushalt für 1988 mit gut 275 Mrd. DM angesetzt ist), steht der Zusammenfassung aller Sozialleistungsträger zu einer rechtlichen Einheit entgegen. Darüber hinaus verdeutlicht bereits der Katalog der Sozialleistungen und der Leistungsträger, wie er in den §§ 18 bis 29 SGB I enthalten ist, die **Heterogenität der Aufgaben**, die den verschiedenen Sozialleistungsträgern zugewiesen sind. Die Aufgaben etwa der Sozialhilfe- und der Rentenversicherungsträger, der Bundesanstalt für Arbeit und der Jugendämter, der Krankenkassen und der Versorgungsämter usw. sind nicht nur gegenständlich unterschieden, sondern auch rechtlich ganz verschieden ausgestaltet (vgl. u. Rz. 21).
Der Versuch, sämtlichen Sozialleistungsträgern rechtlich einen **einheitlichen** 12 **»Gesamtzweck«** zuzuordnen, fällt daher hinter das Niveau der institutionellen, rechtlich-strukturellen und prozeduralen **Ausdifferenzierung** zurück, das der soziale Sektor längst erreicht hat (vgl. dazu auch *Schlink* Amtshilfe, S. 323; *ders.* Amtshilfe und Datenschutz, in Frommann u. a., S. 39, 47 ff.). Vergleiche mit der stark vereinheitlichten Finanzverwaltung (wie sie etwa bei *Hauck/Haines-Walloth* § 69 Rz. 1, herangezogen werden) sind daher verfehlt. In **funktioneller** Sicht kann zwar festgestellt werden, daß sich die Aufgaben der verschiedenen Sozialleistungsträger (mehr oder weniger) ergänzen, was letzten Endes übrigens auch bezüglich aller übrigen öffentlichen Stellen gilt. Dieser faktische Zusammenhang hebt jedoch die **rechtliche** Unterscheidung zwischen den verschiedenen Aufgaben und Zwecken nicht auf.

2. Der »informationsrechtliche Gesetzesvorbehalt«

Wie bereits angedeutet, hat dies datenschutzrechtliche Konsequenzen, denn wenn 13 die verschiedenen Sozialleistungsträger **unterschiedliche Zwecke** verfolgen, kann auch die Datenübermittlung **zwischen zwei Stellen i. S. d. § 35 SGB I** eine **»zweckändernde«** Übermittlung sein. Dies ist immer dann der Fall, wenn Daten zur Erfüllung von Aufgaben des **Datenempfängers** übermittelt werden und dieser **nicht dieselben Aufgaben** wie die übermittelnde Stelle wahrnimmt. Übermittlungen, die deshalb erforderlich sind, weil die Daten zu Verwendungszwecken benötigt werden, zu denen sie nicht erhoben und gespeichert worden sind, sind aber nur unter strengeren Voraussetzungen als solche Übermittlungen zulässig, die sich an den von der übermittelnden Stelle zu erfüllenden Aufgaben legitimieren. Sie können auf bereichsübergreifende, aufgabenneutrale (»querschnittsgesetzliche«) Regelungen allein nicht gestützt werden, sondern bedürfen einer aufgabenspezifischen, **spezialgesetzlichen Rechtsgrundlage** (vgl. dazu *Schlink* Amtshilfe, insbes. S. 149 ff., 198 ff.; *ders.* NVwZ 1986, 249 ff.; *W. Schmidt* ZRP 1979, 185, 189 f.; *ders.* Einführung, Rz. 133 m. w. N.; *Denninger* JA 1980, 280 ff.). Dieser »informationsrechtliche Gesetzesvorbehalt« folgt weniger aus einer Paral- 14 lele zwischen »Informationsakten« und Verwaltungsakten oder aus dem »Eingriffscharakter« der Datenübermittlung. Diese Gesichtspunkte, in denen die Besonderheiten des Umgangs mit Daten eher verdrängt sind, stehen in der bisherigen Diskussion (vgl. etwa *Schwan* VerwArch 66 (1975), S. 127 ff.; *ders.* in Kamlah/Schimmel/Schwan, BDSG, § 1 Rz. 18 ff.; *Schlink* Amtshilfe, S. 149 ff., S. 198 ff. m. zahlr. N.) allzusehr im Vordergrund (vgl. § 67 Rz. 1 ff.). Er ergibt sich – sozusagen ohne diesen Umweg – daraus, daß das Gesetz (in der Sozialverwaltung wie in vielen anderen Verwaltungsbereichen) als Medium der **»Veröffentlichung«** und **rechtlichen Strukturierung** des (grundrechtsrelevanten) behördlichen Umgangs mit personenbezogenen Informationen heute und auf absehbare Zeit von entscheidender Bedeutung ist: Es soll **rechtliche Auseinandersetzungen** zwischen den Behörden und den betroffenen Bürgern über eine in der Vergangenheit von der Verwaltung mehr oder weniger autonom gesteuerte – allenfalls am Rande rechtlich relevante – Praxis **ermöglichen**, indem es die **Verwendungszwecke personenbezogener Informationen** festlegt (vgl. § 67 Rz. 2 ff., insbes. 5 f.). Dazu bedarf es präziser, dem »rechtsstaatlichen Gebot der Normenklarheit« entsprechender Regelungen (vgl. *BVerfGE* 65, 1, 44), die den Aufgaben der Behörden **und** den Grundrechten der Betroffenen Rechnung tragen.

15 Aufgabenneutrale oder **»querschnittsgesetzliche« Übermittlungsregelungen** sind damit nicht schlechthin unvereinbar. Sie können aber nur Übermittlungen legitimieren, mit denen die Verwendungszwecke konkretisiert werden, zu denen die Daten erhoben und gespeichert worden sind. Diese ergeben sich jeweils aus den gesetzlichen Aufgaben der datenspeichernden und -übermittelnden Stelle, der insoweit Stellen mit übereinstimmender sachlicher Zuständigkeit gleichstehen. Mit »zweckentsprechenden« Datenübermittlungen – deren Erforderlichkeit sich aus den Aufgaben der übermittelnden Stelle (oder von Stellen mit übereinstimmender sachlicher Zuständigkeit) ergibt – muß der Betroffene rechnen. In welchem Umfang sie zulässig sind, läßt sich auch auf der Grundlage aufgabenneutraler Übermittlungsregelungen anhand der bereichsspezifischen Rechtssätze konkretisieren, in denen die Aufgaben der übermittelnden Stelle festgelegt sind.

16 Genau dies ist dort nicht möglich, wo Daten deshalb übermittelt werden sollen, weil sie **in neuen administrativen Zusammenhängen** benötigt werden, in denen sie bisher nicht verwendet werden konnten. Der Betroffene, der Daten gegenüber dem Sozialamt, dem Arbeitsamt, dem Versorgungsamt usw. angibt, weiß lediglich, daß **diese** Stellen die Daten für **ihre** Zwecke verwenden und in diesem Rahmen ggf. offenbaren werden. Mit der Übermittlung der Daten an **andere** Stellen, die sie zur Verfolgung **eigener** Zwecke benötigen, kann und wird der Betroffene auch dann nicht rechnen, wenn die Aufgaben der an den Daten interessierten Stelle an sich präzise normiert sind, es sei denn, er wird ausdrücklich – in einem **Spezialgesetz** – auf die Übermittlungsmöglichkeit hingewiesen.

17 Aufgabenneutrale »Querschnittsgesetze« können die hier zu fordernde Festlegungs- und Begrenzungsfunktion nicht erfüllen, weil sich aus ihnen nicht »für den Bürger erkennbar« und »dem rechtsstaatlichen Gebot der Normenklarheit« entsprechend ergibt, **an welche Stellen** ihn betreffende Daten unter welchen **Voraussetzungen** und in welchem **Umfang** übermittelt werden dürfen. Mit dem globalen Verweis auf »gesetzliche Aufgaben« einer überaus großen Zahl ver-

Offenbarung für Erfüllung soz. Aufgaben § 69

schiedener Stellen ist es insoweit nicht getan. Dies gilt um so mehr, als die Aufgaben der Sozialleistungsträger, legt man einen Vergleich mit der »Eingriffsverwaltung« zugrunde, häufig nur kursorisch und wenig präzise gesetzlich geregelt sind (vgl. etwa *Podlech* in Grüner/Dalichau, SGB X, vor § 67 S. 25f.).
Globale querschnittsgesetzliche Übermittlungsregelungen können im Sozialbereich auch nicht mit Ähnlichkeiten und Berührungspunkten gerechtfertigt werden, die unter **funktionellen** Gesichtspunkten zwischen den Aufgaben verschiedener Leistungsträger zweifellos bestehen. Weil gerade aus ihnen unkontrollierte, datenschutzrechtlich problematische »Informationsfluktuationen« resultieren können, sprechen sie eher für als gegen das Erfordernis klarer **normativer** Abgrenzungen. Schließlich verliert die Veröffentlichungs- und Begrenzungsfunktion des Gesetzes im Sozialbereich auch nicht deshalb an Bedeutung, weil die Sozialleistungsträger, wie *Schlink* (Amtshilfe, S. 325) meint,»weithin die gleichen Befugnisse zur Erhebung derselben Informationen« haben. Diese Vorstellung wird der Ausdifferenzierung der Sozialverwaltung (vgl. dazu o. Rz. 11 f.) weder im allgemeinen noch auch nur dort gerecht, wo die Datenerfassung – im Interesse der Sozialversicherungsträger und der Bundesanstalt für Arbeit – zusammengefaßt ist (vgl. u. Rz. 42). 18

Daß querschnittsgesetzliche Übermittlungsregelungen generell **zweckändernde Übermittlungen besonders geschützter Daten** nicht rechtfertigen können, ist im übrigen auch in **§ 10 Abs. 1 BDSG** (auf Sozialdaten allerdings – von der Amtshilfe nach § 68 abgesehen – nicht anwendbar, vgl. § 81 Abs. 1, dazu § 81 Rz. 6ff.) bereits implizit anerkannt. Das Sozialgeheimnis ist **besonderes Amtsgeheimnis** i. S. v. §§ 10 Abs. 1 Satz 2, 45 Satz 2 Nr. 1 BDSG. Jedenfalls bei Daten, die Geheimnissen i. S. dieser Vorschriften unterliegen und »der übermittelnden Stelle von der zur Verschwiegenheit verpflichteten Person in Ausübung ihrer Berufs- oder Amtspflicht übermittelt worden« sind, können **zweckändernde** Übermittlungen auf eine Auffangnorm wie § 10 BDSG nicht gestützt werden (§ 10 Abs. 1 Satz 2 BDSG). Dies ist auch im Rahmen von § 69 Abs. 1 Nr. 1 zu berücksichtigen. 19

3. § 69 Abs. 1 Nr. 1 als spezialgesetzliche Übermittlungsvorschrift?

Somit kommt es entscheidend darauf an, ob die Generalklausel des § 69 Abs. 1 Nr. 1 als **querschnittsgesetzliche, aufgabenneutrale** oder als **aufgabenspezifische, spezialgesetzliche** Übermittlungsregelung zu qualifizieren ist. Beides scheint begründbar zu sein: Gegenüber einer unzweifelhaft aufgabenneutralen Übermittlungsvorschrift wie § 10 Abs. 1 Satz 1 BDSG (*W. Schmidt* Einführung, Rz. 133; vgl. allerdings *Schlink* Amtshilfe, S. 249ff.) erscheint die Regelung eher als aufgabenspezifisch, da sie »die Erfüllung einer gesetzlichen Aufgabe nach diesem Gesetzbuch durch eine in § 35 des Ersten Buches genannte Stelle« voraussetzt. Gegenüber Regelungen wie denen des AFG, des BSHG, des SGB V, des Dritten oder Vierten Buchs der RVO, die über die Aufgaben und Befugnisse **bestimmter** Sozialleistungsträger Auskunft geben, erscheint sie eher als »Querschnittsgesetz«. Definitions- und Zuordnungsprobleme dieser Art, an denen die Relativität von Begriffen wie »Spezial-« und »Querschnittsgesetz« deutlich wird, sind für Regelwerke (wie das SGB I und X) charakteristisch, die sozusagen auf einer mittleren Ebene generalisieren. 20

Diese Schwierigkeiten lassen sich hier allerdings unschwer lösen, stellt man die 21

Funktion des »informationsrechtlichen Gesetzesvorbehalts« in den Vordergrund. Sollen durch die gesetzliche Regelung die **Verwendungszwecke** personenbezogener Daten klar und **für die Betroffenen überschaubar** festgelegt werden, so kann nicht eine – notwendig aus allgemeinen Generalklauseln bestehende – Regelung als spezialgesetzlich anerkannt werden, die Geltung für **alle** Datenoffenbarungen beansprucht, die zur Erfüllung **sämtlicher** Aufgaben **aller** Sozialleistungsträger erforderlich sind. In § 69 Abs. 1 Nr. 1 ist zwar auf aufgabenspezifisches Recht **verwiesen**, als **Übermittlungsvorschrift** ist die Regelung (innerhalb des ausgedehnten und heterogenen »Sozialbereichs«) jedoch **aufgabenneutral** und **-übergreifend**, weil sie keine Aussage darüber trifft, **welche** der in § 35 SGB I genannten Stellen **wem** und zu **welchen** Zwecken **welche Sozialdaten** übermitteln dürfen. Als globale Verweisungsvorschrift ist die Regelung insoweit ohne Kontur: Wer mit dem Jugendamt oder dem Sozialamt, der Krankenkasse, dem Arbeitsamt oder der Landesversicherungsanstalt zu tun hat und dabei im Gesetz lediglich den Hinweis findet, er müsse damit rechnen, daß ihn betreffende Informationen »zur Erfüllung einer gesetzlichen Aufgabe« nach dem Sozialgesetzbuch allen »in § 35 SGB genannten Stellen« offenbart werden, kann schlechterdings nicht überschauen, wer künftig was und bei welcher Gelegenheit über ihn wissen wird. Der Betroffene wird in aller Regel nicht oder nicht genau darüber informiert sein, welche Stellen in den §§ 35 SGB I, 69 überhaupt angesprochen sind. Noch viel weniger wird er überschauen können, welche gesetzlichen Aufgaben sie im einzelnen wahrnehmen und unter welchen Voraussetzungen zu deren Erfüllung die Offenbarung ihn betreffender Daten erforderlich werden könnte. Auf die zusätzlichen Schwierigkeiten, die sich aus der häufig nur globalen gesetzlichen Umschreibung der Aufgaben der Sozialleistungsträger ergeben, ist bereits hingewiesen worden (vgl. o. Rz. 17).

22 Zusammenfassend ist somit festzustellen, daß § 69 Abs. 1 Nr. 1 – allein – nicht als spezialgesetzliche Übermittlungsvorschrift gelten kann, wie sie zur Legitimation **»zweckändernder« Datenübermittlungen** erforderlich ist. Die Regelung ist also immer dann keine hinreichende Rechtsgrundlage für die Übermittlung, wenn diese der Erfüllung von Aufgaben der datenempfangenden Stelle dient und übermittelnde und datenempfangende Stelle verschiedene Aufgaben wahrzunehmen haben. In diesem Kontext sind die **verfassungsrechtlichen Bedenken** zu sehen, die schon seit längerem und verstärkt nach dem »Volkszählungsurteil« gegen § 69 Abs. 1 Nr. 1 vorgetragen worden sind (vgl. bereits *Wiese* DAngVers. 1980, 449, 455; *ders*. DRV 1980, 353, 356, 363; *Brackmann* Handbuch, Bd. I/2, S. 233 d ff.; *Podlech* in Grüner/Dalichau, SGB X, vor § 67 S. 26 f.; sehr deutlich jetzt auch *Ebsen* IuR 1988, 335 ff., insbes. 341 f.; vgl. ferner *Steinmüller* DVR 1983, 205, 254 ff.). Sie haben zu der Forderung nach einer präziseren, engeren Fassung der Vorschrift geführt (vgl. etwa die *Entschließung der DSB-Konferenz* vom 27./28. 3. 1984, abgedruckt bei *Dammann* BDSG-Dok., Bd. 2 F 12). Es ist allerdings fraglich, ob eine auf dem Abstraktionsniveau von § 69 Abs. 1 Nr. 1 ansetzende, für den gesamten Sozialleistungsbereich geltende Vorschrift überhaupt präziser gefaßt werden kann. Möglich ist jedenfalls auch ihre **verfassungskonforme Anwendung**:

23 Soweit mit der Offenbarung von Sozialdaten diejenigen Verwendungszwecke konkretisiert werden, zu denen die Daten erhoben bzw. gespeichert worden sind, kann bei der Anwendung des § 69 Abs. 1 Nr. 1 grundsätzlich **jede hinreichend bestimmte, dem Leistungsträger gesetzlich zugewiesene Aufgabe** zugrundegelegt

werden. Zu fordern ist also nur eine auf die an der Offenbarung interessierte Stelle zugeschnittene »**Aufgabennorm**«, während es im übrigen nicht darauf ankommt, ob die Vorschrift Aussagen darüber trifft, durch bzw. an welche Stelle unter welchen Voraussetzungen zur Erfüllung der Aufgabe personenbezogene Daten offenbart werden dürfen. Ist die Offenbarung hingegen erforderlich, weil die bei einem Sozialleistungsträger vorhandenen Daten den von einem **anderen Leistungsträger** verfolgten (alternativen) Verwaltungszwecken zugänglich gemacht werden sollen, so sind Aufgabenzuweisungen dieser Art allein nicht ausreichend. Vielmehr bedarf es im Rahmen des § 69 Abs. 1 Nr. 1 einer **aufgabenspezifischen »Übermittlungsnorm«** (im folgenden kurz: »Spezialgesetz« oder »spezialgesetzliche Übermittlungsvorschrift«), aus der sich **konkret** ergibt, zu welchen Zwecken der offenbarungsinteressierten Stelle welche Daten von welcher Stelle übermittelt werden dürfen (Beispiel: § 297 **SGB V** betr. den Datenaustausch zwischen Krankenkassen und den Kassenärztlichen Vereinigungen für Stichprobenprüfungen). Dies muß in dem Gesetz zwar nicht explizit ausgeführt sein, darf **der Sache nach** aber keinem Zweifel unterliegen. Gerade im Sozialleistungsbereich werden sich spezialgesetzliche (»zweckändernde«) Offenbarungen legitimierende) Übermittlungsvorschriften i. d. R. aus den einschlägigen Einzelvorschriften **implizit** ergeben. Anzuführen sind insoweit insbesondere diejenigen Bestimmungen, nach denen die Leistung (oder die Leistungsverpflichtung) einer Stelle von der Leistung (bzw. der Verpflichtung) eines anderen Leistungsträgers **rechtlich abhängig** ist oder konkrete **rechtliche Auswirkungen** auf sie hat, etwa in der Weise, daß die eine Leistung auf die andere **anzurechnen** ist (vgl. etwa §§ 565, 1241f Abs. 3 RVO) oder zur **Beendigung** bzw. zum **Ruhen eines Leistungsanspruchs** führt (vgl. etwa §§ 118 AFG, 1239, 1241d Abs. 2, 1278ff. RVO), **Beitragspflichten** zugunsten eines anderen Leistungsträgers begründet (vgl. z.B. §§ 1385a, 1385b RVO) oder **Erstattungsansprüche** auslöst (vgl. z.B. §§ 105a Abs. 3 AFG, 788, 1504 RVO; § 1395b RVO i. V. m. § 128 AFG; allgemein §§ 43 Abs. 2 Satz 2 SGB I, 102ff. SGB X).

Dem hier vorgeschlagenen, zwischen »zweckentsprechenden« und »zweckändernden« Übermittlungen **differenzierenden** Interpretationsansatz kann nicht entgegengehalten werden, der Gesetzgeber des Zweiten Kapitels SGB X habe entschieden, daß alle zur Erfüllung der Aufgaben der Sozialleistungsträger erforderlichen Datenoffenbarungen in gleicher Weise aus § 69 Abs. 1 Nr. 1 (allein) zu legitimieren sind. Daß besondere Anforderungen an Datenoffenbarungen zu stellen sind, deren Erforderlichkeit sich nicht aus den von der übermittelnden Stelle zu erfüllenden Aufgaben, sondern aus denen einer **anderen** Stelle ergibt, folgt nämlich aus der **Grundrechtsrelevanz** dieser »**Informationsakte**« (vgl. o. Rz. 5, 13ff.), die auch der Gesetzgeber zu beachten hat. Allerdings ist die Grundrechtsrelevanz des behördlichen Umgangs mit personenbezogenen Daten erst in jüngerer Zeit erkannt worden, und die Diskussion über die Konsequenzen daraus ist keineswegs abgeschlossen. Diese Entwicklung konnte dem Gesetzgeber des Zweiten Kapitels SGB X erst in Ansätzen vor Augen stehen (vgl. *Schlink* Amtshilfe, S. 323), so daß es als erforderlich und gerechtfertigt erscheint, die von ihm geschaffene Regelung im Wege verfassungskonformer Auslegung weiter auszudifferenzieren und an die neuere Rechtsentwicklung anzupassen.

24

III. Offenbarung zur Erfüllung gesetzlicher Aufgaben nach dem Sozialgesetzbuch (Abs. 1 Nr. 1)

25 Regelungsgegenstand des § 69 – wie der übrigen Vorschriften der §§ 67 bis 77 – sind nicht Offenbarungs- oder Auskunftspflichten, sondern Offenbarungs**befugnisse** der Sozialleistungsträger. **Offenbarung** ist hier, wie in § 35 SGB I und in den übrigen Vorschriften des Zweiten Kapitels SGB X, im wesentlichen gleichbedeutend mit Übermittlung i. S. d. BDSG (vgl. § 35 Rz. 53 ff.; § 67 Rz. 7 ff., 13, 37 f.). Auskunfts**pflichten** können sich aus anderen Rechtsvorschriften (etwa aus spezialgesetzlicher Anordnung oder aus der Amtshilfepflicht nach § 3) ergeben, erweitern allerdings die Offenbarungsbefugnisse der Sozialleistungsträger nicht: Soweit die Offenbarung nach §§ 67 bis 77 nicht zulässig ist, besteht keine Auskunftspflicht (§ 35 Abs. 2 und 3 SGB I).

26 Als **offenbarende Stelle** kommt nur eine Stelle i. S. des § 35 SGB I in Betracht. Gleiches gilt für die **datenempfangende Stelle**, soweit die Daten zur Erfüllung **ihrer** Aufgaben offenbart werden. Dient die Offenbarung hingegen der Erfüllung von Aufgaben der **offenbarenden** Stelle, so kann sie auch gegenüber anderen Stellen und Personen (wie Gutachtern, Privatpersonen) erfolgen.

27 Aus dem **Grundsatz der Zweckbindung** folgt, daß für die Offenbarung im Rahmen von § 69 Abs. 1 Nr. 1 **unterschiedliche Zulässigkeitsvoraussetzungen** gelten, je nachdem, ob mit ihr

— **von der offenbarenden Stelle** verfolgte Verwendungszwecke konkretisiert oder
— Sozialdaten **anderen, neuen Verwendungszwecken** zugeführt werden sollen

(vgl. o. Rz. 13 ff., u. Rz. 88 ff.).

Im folgenden sind zunächst (Rz. 28 bis 87) die Zulässigkeitsvoraussetzungen von Datenoffenbarungen zu behandeln, deren Legitimation sich an den von der offenbarenden Stelle zu erfüllenden Aufgaben orientiert. Im Anschluß daran (Rz. 88 bis 94) ist auf die strengeren Voraussetzungen einzugehen, die für Offenbarungen gelten, deren Erforderlichkeit sich aus den von einer anderen Stelle verfolgten Zwecken ergibt.

1. Datenoffenbarungen im Rahmen von Verwendungszwecken der offenbarenden Stelle

28 Dient die Datenoffenbarung der Erfüllung von Aufgaben **der offenbarenden Stelle**, so werden mit ihr diejenigen Zwecke verfolgt, zu denen die Daten bei der Verwaltung vorhanden sind; gleiches gilt dort, wo offenbarende und datenempfangende Stelle dieselben Aufgaben wahrzunehmen haben, durch die Offenbarung also nur Grenzen der örtlichen Zuständigkeit überwunden werden (vgl. Rz. 13). In beiden Fällen ist die Offenbarung zur Erfüllung **jeder Aufgabe** zulässig, die sich mit **hinreichender Bestimmtheit** aus dem SGB ergibt. Die **verschiedenen** gesetzlichen Aufgaben eines Leistungsträgers sind dabei prinzipiell **kohärent** und rechtlich als **Einheit** anzusehen. Daher dürfen die Sozialleistungsträger Daten, die für **einen** im Rahmen **ihrer** gesetzlichen Aufgabenstellung verfolgten Zweck erhoben bzw. gespeichert worden sind, zur Erfüllung **aller** ihrer Aufgaben nach dem SGB offenbaren. Der »Zweckbindungsgrundsatz« fordert insoweit keine Differenzierung zwischen den verschiedenen Aufgaben **einer** Stelle, die im übrigen auch praktisch nicht zu realisieren wäre. Dies gilt auch in der

Offenbarung für Erfüllung soz. Aufgaben § 69

zeitlichen Dimension, d. h. soweit einem Leistungsträger gesetzlich **neue Aufgaben** zugewiesen werden: Daten, die zur Erfüllung der bisherigen Aufgaben erhoben bzw. gespeichert worden sind, dürfen grundsätzlich auch zur Erfüllung der neuen Aufgaben verwendet und in diesem Rahmen ggf. offenbart werden. Anderes könnte allenfalls bei gesetzlicher Zuweisung von Funktionen gelten, die von den bisherigen Aufgaben des Leistungsträgers stark abweichen und sich von diesen auch praktisch abgrenzen lassen. Dieser Grundsatz der **Kohärenz aller Aufgaben** ist mit der Einfügung des § 79 Abs. 1 **Satz 2** SGB X durch das GRG vom 20.12.1988 ausdrücklich bestätigt worden (dazu § 79 Rz. 114).

a) Gesetzliche Aufgabe
Der Begriff »**gesetzliche Aufgabe**« in Abs. 1 Nr. 1 ist im Zusammenhang mit §§ 31 SGB I, 30 SGB IV zu sehen, in denen die Frage nach der Geltung des rechtsstaatlichen **Gesetzesvorbehalts** im Bereich der Sozialverwaltung (als Teil der »leistenden Verwaltung«) im Grundsatz eindeutig entschieden ist. Aufgaben der Sozialleistungsträger können sich danach **allein** aus dem Gesetz ergeben. Dies gilt nicht nur deshalb, weil das Handeln der Sozialverwaltung – wie alles staatliche Handeln – der demokratisch-rechtsstaatlichen Legitimation bedarf. Die spezifisch **datenschutzrechtliche Fragestellung** rückt das Erfordernis klarer und präziser Regelungen in den Vordergrund, in denen, was den behördlichen Umgang mit personenbezogenen Daten angeht, die **Verwendungszwecke** für die betroffenen Bürger erkennbar festgelegt und damit begrenzt werden (vgl. o. Rz. 3 ff., 13 ff.; vgl. auch § 67 Rz. 1 ff.). Vor allem auf diese erst in jüngster Zeit erkannte »**informationsrechtliche Dimension**« des rechtsstaatlichen Gesetzesvorbehalts ist bei der Frage abzustellen, welchen **Bestimmtheitsanforderungen** im Rahmen von § 69 Abs. 1 Nr. 1 die gesetzlichen Aufgabenzuweisungen zu genügen haben. 29

I. S. d. neueren Rechtsprechung des Bundesverfassungsgerichts zum »Parlamentsvorbehalt« (vgl. *BVerfGE* 40, 237, 249; 47, 46, 78; 57, 295, 321; 58, 257, 268, 274) wird generell eine **gesetzliche** Entscheidung der – insbesondere unter dem Gesichtspunkt der Grundrechtsverwirklichung – »**wesentlichen**« Fragen zu fordern sein. Allerdings ist zu berücksichtigen, daß bisher die behördlichen Aufgaben und Befugnisse in der **Sozialverwaltung** (wie in der »leistenden Verwaltung« insgesamt), legt man die Rechtsstruktur der herkömmlichen »Eingriffsverwaltung« als Vergleichsmaßstab zugrunde, häufig nur relativ **kursorisch, allgemein** oder mehr oder weniger »**diffus**« kodifiziert sind. Dies dürfte weniger in rechtsstaatlichen Defiziten der Leistungs- gegenüber der Eingriffsverwaltung als in unterschiedlichen historischen Entwicklungsbedingungen und in **strukturellen Besonderheiten der Leistungsverwaltung** begründet sein. Die offeneren und flexibleren Paradigmen der modernen Leistungsverwaltung haben sich erst in den letzten Jahrzehnten herausgebildet und sind vielfach weniger an »allgemeinen Regeln« als an komplexen Situationen und konkret-veränderlichen Bedingungen und Zuständen orientiert. Wo die Verwaltung nicht so sehr rechtlich-ordnend tätig wird, sondern in erster Linie Leistungen erbringt, sind häufig – auch aus der Sicht der Betroffenen – gesetzliche Regelungen aller Einzelheiten entbehrlich. 30

In den verschiedenen Bereichen der Sozialverwaltung ist die **gesetzliche »Regelungsdichte«** überaus **unterschiedlich**. Bereichen wie dem Beitrags- und Leistungsrecht der gesetzlichen Kranken- und Rentenversicherung, in denen das Verwaltungshandeln weitestgehend determiniert ist, stehen andere wie die Jugendhilfe gegenüber, in denen die Aufgaben der Leistungsträger normativ erheblich schwä- 31 cher konturiert sind. Eine »vollständige« normative Bindung des Verwaltungshandelns wäre vielfach illusorisch, zumal dort, wo die Verwaltung auf komplexe Prozesse einzuwirken hat, die durch heterogene und veränderliche Bedingungen je besonderer Einzelfälle geprägt sind (vgl. allgemein auch *Teubner* S. 224 f.). Im Bereich der Sozialverwaltung ist dies z. B. dort besonders deutlich, wo die Erfüllung der Verwaltungsaufgabe langfristig angelegte **Kommunikationsprozesse** mit den Leistungsempfängern und den Aufbau persönlicher **Vertrauensverhältnisse** einschließt. Auch der Komplex berufliche und medizinische »Rehabilitation« etwa ist einer präzisen gesetzlichen Reglementierung nur teilweise zugänglich. Aufgaben dieser Art bedingen einen besonderen Normierungsstil, der sich häufig nicht in präzisen (bestimmte Voraussetzungen mit bestimmten Rechtsfolgen verknüpfenden) »Konditionalprogrammen« niederschlägt, sondern sich auf die Vorgabe **relativ globaler Ziel- und Zweckbestimmungen** beschränkt. Im übrigen sind die Sozialleistungsträger zu einem erheblichen Teil **Großorganisationen** (mit Selbstverwaltungsrecht, vgl. Rz. 32 f.), die bei einer starren, perfektionistischen Regelbindung die Vorteile **formaler Organisation** nicht nutzen könnten. Daß ihnen hinsichtlich der Spezifizierung der organisierten »Zwecke« und »Mittel« und vor allem der »Zuordnung« beider zu konkreten Verwaltungsstrategien **Gestaltungsspielräume** zuzugestehen sind, wird durch die rechtsstaatliche Gesetzesbindung nicht ausgeschlossen.

32 Das **Selbstverwaltungsrecht** schließt, soweit es den Sozialleistungsträgern zugewiesen ist (vgl. insbes. §§ 189 Abs. 1 Satz 1 AFG, 29 Abs. 1 SGB IV), die Befugnis zu »autonomer« Rechtssetzung ein (vgl. *Verbandskommentar* § 69 Rz. 3; *Hauck/ Haines-Walloth* § 69 Rz. 7 m. w. N.; *Rische* DRV 1980, 386; *Lauterbach/Watermann* UV, § 69 Anm. 5 a; *Pickel* SGB X, § 69 Anm. 3 a; vgl. aber *Schroeder-Printzen* § 69 Anm. 4). Die gesetzlichen Aufgaben der öffentlich-rechtlichen Selbstverwaltungskörperschaften werden daher insbesondere durch deren **Satzungsrecht** (vgl. z. B. § 194 Abs. 1 Nr. 3 SGB V für die Krankenkassen), darüber hinaus auch durch andere Regelungen (wie die Anordnungen der Bundesanstalt für Arbeit oder die Unfallverhütungsvorschriften der Unfallversicherungsträger) und durch Vereinbarungen konkretisiert (vgl. *Hauck/Haines-Walloth* § 69 Rz. 7; *Verbandskommentar* § 69 Rz. 3, jeweils m. w. N.).

33 Auch mit den Funktionsvoraussetzungen der Selbstverwaltung wäre ein perfektionistischer, auf die Festlegung aller Einzelheiten gerichteter Normierungsstil schwer vereinbar, da er den öffentlich-rechtlichen Körperschaften keine Gestaltungsspielräume beließe. Dies kommt auch in der Gleichstellung **gesetzlich zugelassener mit gesetzlich vorgeschriebenen** Aufgaben zum Ausdruck, wie sie sich aus §§ 31 SGB I und 30 Abs. 1 SGB IV ergibt. Mit ersteren sind nicht nur die sog. Kann-Leistungen im engeren Sinne, sondern grundsätzlich alle Aufgaben gemeint, die in das Ermessen der Leistungsträger gestellt oder – auf gesetzlicher Grundlage – durch von ihnen selbst gesetztes Recht ausgestaltet sind (*Hauck/ Haines-Walloth* § 69 Rz. 9; *Verbandskommentar* § 69 Rz. 3.3).

34 Aus alledem folgt, daß der Begriff der »gesetzlichen Aufgabe« i. S. v. § 69 Abs. 1 Nr. 1 grundsätzlich **relativ weit** zu fassen ist (vgl. *Verbandskommentar* § 69 Rz. 3). Strukturelle Besonderheiten des Sozialleistungsbereichs und Funktionsbedingungen der Selbstverwaltung dürfen auch im Rahmen des Datenschutzrechts nicht verdrängt werden. Dementsprechend heißt es im Bericht des AuS-Ausschusses: *»Als ›gesetzliche Aufgabe nach dem Sozialgesetzbuch‹ ist jede Aufgabe anzusehen, die sich aus diesem Gesetzbuch ergibt. Sie muß nicht ausdrücklich als Aufgabe*

Offenbarung für Erfüllung soz. Aufgaben **§ 69**

benannt sein; es genügt vielmehr, daß für die Aufgaben eine gesetzliche Grundlage i.S. des IV § 30 SGB vorhanden ist. Zu den gesetzlichen Aufgaben der Träger der gesetzlichen Krankenversicherung im Rahmen des Beitragseinzugs gehört daher z.B. auch eine Strafanzeige oder eine Anzeige an die Gewerbeaufsichtsbehörde, wenn diese Maßnahmen zur Wahrung der Zahlungsdisziplin oder zur Verhütung weiterer Schäden für die Versicherten(-gemeinschaft) erforderlich sind« (BT-Drucks. 8/4022, S. 85).

Bei der Bestimmung der »gesetzlichen Aufgaben« i.S.v. § 69 Abs.1 Nr.1 ist daher grundsätzlich das gesamte, die gesetzlichen Aufgaben der Sozialleistungsträger in den einzelnen Leistungsbereichen konkretisierende Recht heranzuziehen. Im Rahmen und auf der Grundlage der jeweiligen gesetzlichen Bestimmungen ist also nicht nur auf **Rechtsverordnungen** (*Verbandskommentar* § 69 Rz. 3; *Hauck/Haines-Walloth* § 69 Rz. 7; *Lauterbach/Watermann* UV, § 69 Anm. 5 a; *Pickel* SGB X § 69 Anm. 3 a) und **von den Leistungsträgern gesetzte Rechtsvorschriften** (vgl. o. Rz. 32) abzustellen. Auch durch die **Rechtsprechung** können gesetzliche Aufgaben der Leistungsträger konkreter ausformuliert werden (vgl. dazu auch *Reiter* SGb 1987, 89 ff.). 35

Allgemeine Verwaltungsvorschriften können in dem Maße einbezogen werden, in dem sie sich auf gesetzliche Regelungen zurückführen lassen (*Hauck/Haines-Walloth* § 69 Rz. 7), zumal sie, auch wenn sie als Rechtsquelle nicht anerkannt werden, bei entsprechender Verwaltungspraxis wegen Art. 3 Abs. 1 GG rechtlich relevant sind. 36

Wenn gesetzliche Aufgaben nach dem SGB laut Ausschußbericht »nicht ausdrücklich als Aufgabe benannt sein« müssen (BT-Drucks. 8/4022, S. 85), so bedeutet dies darüber hinaus, daß sie den Leistungsträgern in gesetzlichen Vorschriften auch **implizit** oder **inzidenter** zugewiesen sein können (*Verbandskommentar* § 69 Rz. 3.3; *Hauck/Haines-Walloth* § 69 Rz. 11). Oben (Rz. 30 f.) wurde darauf hingewiesen, daß für das Recht der Sozialverwaltung häufig ein relativ kursorischer Normierungsstil charakteristisch ist. Implizite Aufgabenzuweisungen kommen daher vor allem in zwei – nicht immer scharf voneinander abgrenzbaren – Fällen in Betracht. Einmal ergeben sich Aufgaben der Leistungsträger häufig »incidenter aus Vorschriften über die entsprechenden Rechte oder Pflichten des Antragstellers, Leistungsempfängers, Beitragspflichtigen oder dritter Personen oder Stellen« (*Hauck/Haines-Walloth* § 69 Rz. 11). Insoweit gehört grundsätzlich »jede Tätigkeit der Leistungsträger, die erforderlich ist, um die Vorschriften über solche Rechte oder Pflichten anderer zu realisieren«, zu den gesetzlichen Aufgaben dieser Stelle (*Hauck/Haines-Walloth* a.a.O.). Zum anderen können sich gesetzliche Aufgaben auch, ohne explizit als solche bezeichnet zu sein, als **»Annexaufgaben«** aus dem Kontext (oder der vorausgesetzten Logik) ausdrücklicher gesetzlicher Regelungen ergeben (*Verbandskommentar* § 69 Rz. 3.3); dies muß allerdings eindeutig und vor allem für die Betroffenen erkennbar sein. 37

Als Annexaufgabe dieser Art ist etwa die fortlaufende **statistische Auswertung** des eigenen Verwaltungsablaufs (z.B. des Leistungsgeschehens) der Leistungsträger (durch Eingangs-, Erledigungsstatistiken usw.) anzuführen. Sie ist auch ohne ausdrückliche gesetzliche Regelung als Aufgabe der Sozialleistungsträger anzuerkennen, weil die Fortentwicklung der Verwaltungsressourcen der Leistungsträger – und damit eine geordnete Aufgabenerfüllung – ohne kontinuierliche Beobachtung und Auswertung des eigenen Verwaltungsgeschehens nicht gewährleistet wäre. Auch zur Überprüfung der Wirtschaftlichkeit der Verwaltungsabläufe sind Aus- 38 wertungen dieser Art unabdingbar. Diese Annexaufgabe umfaßt allerdings immer nur die Auswertung des Verwaltungsgeschehens, wie es ohnehin, d. h. **unabhängig** von der statistischen Auswertung abläuft. Sie impliziert keine darüber hinausgehende, **eigenständige** statistische Kompetenz, die mit einer Erweiterung der Befugnisse der Leistungsträger gegenüber den Betroffenen, etwa mit einer Berechtigung zur Erhebung, Speicherung, Veränderung oder Übermittlung von Daten verbunden wäre, die für Verwaltungsvollzugszwecke nicht benötigt werden. Andernfalls käme es zu einer **Vermischung von Statistik und Verwaltungsvollzug**, die nicht akzeptabel wäre, weil »die Vielfalt der Verwendungs- und Verknüpfungsmöglichkeiten ... bei der Statistik von der Natur der Sache her nicht im voraus bestimmbar« ist (*BVerfGE* 65, 1, 48): Die datenschutzrechtliche Grundregel, daß Vollzugsdaten nur zu **gesetzlich festgelegten** Zwecken verwendet werden dürfen, würde damit aufgesprengt.

39 In aller Regel werden die Sozialleistungsträger »**Verwaltungsstatistiken**«, wie sie hier in Rede stehen, selbst erstellen. Es sind jedoch Fälle denkbar, in denen sie die Auswertung – sofern sie etwa komplexe Vorgänge betrifft und das entsprechende know how bei dem Leistungsträger nicht vorhanden ist – einer anderen Stelle übertragen. Ferner kann es angezeigt sein, statistische Erhebungen und Auswertungen, die sich auf die Aufgabenerfüllung mehrerer Leistungsträger beziehen, von einem **Verband** oder einer **Arbeitsgemeinschaft** durchführen zu lassen. Sollen dazu personenbezogene »Vollzugsdaten« übermittelt werden, so wird dies grundsätzlich unbedenklich sein (allerdings kann die Sonderregelung des § 75 zu beachten sein, vgl. dazu Rz. 49 f.; § 75 Rz. 31), sofern sichergestellt ist, daß die Daten dadurch nicht zu neuen (Verwaltungsvollzugs-)Zwecken verwendet werden können.

40 Sonderregelungen über statistische Unterlagen im Bereich der Sozialversicherung enthalten **§ 79 SGB IV** und die Allgemeine Verwaltungsvorschrift über die Statistik in der Rentenversicherung (RSVwV) vom 13. 5. 1980 (BAnz. Nr. 92 vom 20. 5. 1980). Sie haben allerdings insofern eine begrenzte Reichweite und betreffen nicht die soeben behandelte Statistikkompetenz **der Sozialleistungsträger**, als sie (jedenfalls primär) der Information des Bundesministers für Arbeit und Sozialordnung bzw. der obersten für die Sozialversicherung zuständigen Verwaltungsbehörden der Länder dienen. Datenschutzrechtliche Probleme werfen sie nicht auf, weil Geschäftsübersichten und »sonstiges statistisches Material« i. S. dieser Vorschriften grundsätzlich **anonymisiert** sind, eine Übermittlung personenbezogener Informationen also nicht stattfindet.

Speziell geregelt ist in **§ 6 Abs. 1–3 AFG** auch die Aufgabe der Bundesanstalt für Arbeit, Arbeitsmarkt- und Berufsforschung zu betreiben bzw. die dafür erforderlichen Unterlagen zu erstellen, zu führen und auszuwerten sowie aus den in ihrem Geschäftsbereich anfallenden Unterlagen Statistiken über Beschäftigung und Arbeitslosigkeit der Arbeitnehmer aufzustellen (vgl. dazu i. e. *Gagel* § 6 AFG Rz. 2 ff., 14 ff.; s. auch § 75 Rz. 35).

41 Die meisten und wichtigsten, in den bereichsspezifischen Regelungen teils ausformulierten, teils nur grob umrissenen Aufgaben der Sozialleistungsträger sind natürlich um die **Erbringung der jeweiligen Sozialleistungen** und – soweit diese aus Beiträgen finanziert werden – die **Erhebung der dazu erforderlichen Mittel** zentriert (vgl. *Hauck/Haines-Walloth* § 69 Rz. 11, wo als weiterer Aufgabenschwerpunkt die Geltendmachung von **Erstattungs- und Ersatzansprüchen** sowie vergleichbarer Ansprüche genannt wird). Daher wird es bei der Offenbarung von

Sozialdaten nach § 69 Abs. 1 Nr. 1 in der Praxis zumeist um die Übermittlung von Daten gehen, die zur Feststellung der **Leistungsberechtigung** (des Leistungsumfangs, der Leistungsdauer) und der **Beitragspflicht** (der Beitragshöhe, der Beitragsdauer) benötigt werden (*Hauck/Haines-Walloth* § 69 Rz. 11).
In der Praxis spielt dabei die **Datenerfassung im Interesse der Sozialversicherungsträger und der Bundesanstalt für Arbeit** eine überragende Rolle, die in einem einheitlichen Verfahren zusammengefaßt ist. Dies ist möglich, weil die »gehobenen Sicherungssysteme« (vgl. *Ruland* Sozialrecht, S. 345) allesamt um das **Beschäftigungsverhältnis** (vgl. § 7 SGB IV), d. h. um **nichtselbständige Arbeit** zentriert sind: Historische Entstehungszusammenhänge und elementare Funktionsprinzipien charakterisieren die Sozialversicherung in ihrem Kern bis heute als »**Arbeitnehmerversicherung**« (vgl. *H. Bogs* Sozialversicherung, S. 315 ff.), wenn sie auch inzwischen für Personen geöffnet worden ist, die keine Arbeitnehmer sind. Die **Meldepflichten des Arbeitgebers** sowie die Aufgaben der **Einzugsstellen** bei der Datenerfassung und -weiterleitung sind seit dem 1. 1. 1989 in §§ 28 a ff. SGB IV geregelt (vgl. dazu Einl. Rz. 19). Meldungen für die **Krankenkassen**, die **Rentenversicherungsträger** und die **Bundesanstalt für Arbeit** sind danach gemeinsam gegenüber den Krankenversicherungsträgern als Einzugsstellen zu erstatten (vgl. §§ 28 a, 28 i SGB IV). Letztere haben dafür zu sorgen, daß die Meldungen rechtzeitig erstattet, die erforderlichen Angaben vollständig und richtig gemacht und die Meldungen rechtzeitig weitergeleitet werden (§ 28 b SGB IV). Als Ermächtigungsnorm für die **Datenerfassungs-Verordnung** (2. DEVO) und die **Datenübermittlungs-Verordnung** (DÜVO), die die Details der Meldungen und Datenflüsse regeln, fungiert jetzt § 28 c SGB IV. Die Übermittlung der Daten an die Rentenversicherung – Datenstelle des VDR und der BfA – richtet sich nach den Vorschriften der 2. DÜVO. Datenstelle und BfA haben die eingehenden Daten an die Bundesanstalt für Arbeit weiterzuleiten, soweit sie von dieser benötigt werden (§ 14 Abs. 2 Satz 1 2. DEVO). Die Datenstelle der Rentenversicherung gibt die ihr übermittelten Daten unverzüglich an die einzelnen Versicherungsträger weiter.

b) Aufgabe nach dem Sozialgesetzbuch
Nur Aufgaben **nach dem Sozialgesetzbuch**, wie sie sich für die einzelnen Leistungsbereiche vor allem aus den in Art. II § 1 SGB I aufgeführten, als besondere Teile des SGB geltenden Gesetzen ergeben, können eine Offenbarungsbefugnis nach Abs. 1 begründen. Dabei sind Rechtssätze einzubeziehen, die an Aufgaben der Leistungsträger nach dem SGB »angelehnt« sind und insofern **unselbständiges Annexrecht zum SGB** (nicht zu verwechseln mit Annexaufgaben **nach** dem SGB, vgl. Rz. 37 f.) enthalten (vgl. *Hauck/Haines-Walloth* § 69 Rz. 10, wo etwa auf das Ersatzkassenrecht der sog. Aufbaugesetzgebung, das Recht der Wiedergutmachung nationalsozialistischen Unrechts in der Sozialversicherung und vor allem das **zwischen- und überstaatliche Sozialrecht** hingewiesen wird), nicht aber Gesetze, die, ohne an Aufgaben nach dem SGB anzuknüpfen, den Sozialleistungsträgern als Organisationen weitere Funktionen oder »Auftragsangelegenheiten« zuweisen (als Beispiel dafür werden bei *Hauck/Haines-Walloth* a. a. O., die Aufgaben der Krankenversicherungsträger bzw. der Bundesanstalt für Arbeit nach dem Lohnfortzahlungsgesetz, dem Kündigungsschutzgesetz und dem Arbeitssicherstellungsgesetz angeführt; ferner ist etwa auf die Zuständigkeit der Krankenkassen für die Auszahlung der Sonderunterstützung nach § 12 Mutterschutzgesetz hinzuweisen).
Nicht zu den gesetzlichen Aufgaben nach dem SGB gehören die »**reinen Verwal-**

tungsfunktionen« der Sozialleistungsträger (Ausschußbericht, BT-Drucks. 8/ 4022, S. 85). Mit dieser wenig geglückten Formulierung soll klargestellt werden, daß Daten, die Sozialleistungsträger »in ihrer Eigenschaft als Arbeitgeber oder für den fiskalischen Bereich benötigen«, nicht nach § 69 offenbart werden dürfen (Ausschußbericht, a. a. O.; vgl. dazu auch *Verbandskommentar* § 69 Rz. 4). Die Offenbarung muß also einen **»unmittelbaren Bezug«** zur Erfüllung einer gesetzlichen Aufgabe nach dem SGB haben (*Hauck/Haines-Walloth* § 69 Rz. 14). Macht ein Leistungsträger zivilrechtliche Regreßansprüche nach §§ 115 ff. SGB X geltend, so ist dies natürlich zu bejahen (vgl. *Pickel* SGB X § 69 Anm. 3 b).

c) Aufgabe einer in § 35 SGB I genannten Stelle

45 Ferner muß es sich um eine Aufgabe handeln, die einer **in § 35 des Ersten Buches genannten Stelle** zugewiesen ist (vgl. dazu § 35 Rz. 25 ff.). Die Aufzählung in § 35 Abs. 1 SGB I ist abschließend (*Pickel* SGB X, § 69 Anm. 2 b). Nicht zu den Stellen i. S. von § 35 SGB I gehören daher u. a. die Träger der freien Jugendhilfe, berufsständische Versorgungseinrichtungen sowie die Versicherungsämter (vgl. *Pickel* SGB X, § 69 Anm. 2 b; *Rische* DRV 1980, 387), wobei letztere im Rahmen von § 93 Abs. 2 SGB IV jedoch Aufgaben von Versicherungsträgern wahrnehmen können. Nicht zu den Stellen i. S. v. § 35 SGB I gehören etwa auch Personen, die für einen anderen als Vormund oder Pfleger bestellt worden sind.

46 Zweifelsfragen können sich – soweit nicht lediglich Datenverarbeitung im Auftrag (§ 80 SGB X, § 8 BDSG) durchgeführt wird – ergeben, wenn eine in § 35 SGB I genannte Stelle einen anderen Leistungsträger bzw. ihren Verband mit der Durchführung einer Aufgabe **beauftragt** hat (§§ 88 ff.) oder in denen ein Verband bzw. eine Arbeitsgemeinschaft (vgl. § 94) **in anderer Weise** in die Wahrnehmung einer Aufgabe nach dem SGB einbezogen, die Aufgabenwahrnehmung also in der einen oder anderen Weise auf andere Stellen i. S. d. § 35 SGB I übertragen worden ist (zum gesetzlichen Auftrag vgl. *Hoffmann* VerwArch 79 (1988) S. 314 ff.). Als Grundregel gilt hier, daß solche Stellen, soweit sie zulässigerweise eingeschaltet worden sind und in diesem Rahmen tätig werden, gesetzliche Aufgaben **der nach dem SGB zuständigen Stellen** wahrnehmen (vgl. dazu *Hauck/Haines-Walloth* § 69 Rz. 13; *Verbandskommentar* § 69 Rz. 3.2; *Rische* DRV 1980, 386).

47 Zivilrechtliche Vorbilder wie das Recht der Stellvertretung oder des Auftrags (wie sie bei *Hauck/Haines-Walloth* § 69 Rz. 13, in den Vordergrund gestellt werden) können dabei allerdings weder für die datenschutzrechtliche noch für die sozialrechtliche Fragestellung maßgeblich sein. Der Sozialleistungsbereich kennt seit langem Einrichtungen und Verfahren der Koordinierung und Kooperation, die diesen Mustern nicht oder nur begrenzt folgen. **Verbände** (deren Bedeutung sich keineswegs darin erschöpft, daß sie nach § 88 Abs. 1 Satz 1 von einem Leistungsträger beauftragt werden können) und **Arbeitsgemeinschaften** sind wesentlich Medien der **gemeinsamen Aufgabenwahrnehmung** mehrerer Leistungsträger. Soweit sich die in den Verbänden institutionalisierte Kooperation zu eigenständigen Funktionen **verselbständigt**, die von den einzelnen Leistungsträgern gar nicht wahrgenommen werden könnten, können dabei (gestützt auf das jeweilige Satzungsrecht) durchaus **eigene Aufgaben der Verbände** – auch i. S. d. § 69 Abs. 1 Nr. 1 – entstehen. Wenn sie auch aufs engste

Offenbarung für Erfüllung soz. Aufgaben § 69

mit den gesetzlichen Aufgaben der Verbandsmitglieder verknüpft bleiben und natürlich nicht länger als diese fortbestehen können, lassen sie sich doch von diesen unterscheiden, weil sie institutionell sozusagen eine Stufe höher gelegt sind (vgl. allerdings zur Datenverarbeitung im Auftrag durch die Verbände der Leistungsträger § 80 Rz. 12ff.).
Rechtsstaatliche Bedenken stehen einer solchen **institutionellen Ausdifferenzierung**, bei der sich gesetzliche Aufgaben der Leistungsträger zu Verbandsaufgaben »verdichten«, jedenfalls im Grundsatz nicht entgegen. Von besonderer Bedeutung sind Verbände dort, wo sie zur Koordinierung dezentral organisierter, als öffentlich-rechtliche Körperschaften verfaßter Sozialleistungsträger eingerichtet worden sind. Die Einschaltung von Verbänden in die Aufgabenwahrnehmung ist daher im Zusammenhang mit dem **Selbstverwaltungsrecht** dieser Körperschaften zu sehen, das besondere Dispositions- und Gestaltungsfreiheiten hinsichtlich der Mittel und Methoden impliziert, die zur Erfüllung der jeweiligen Aufgaben einzusetzen sind (vgl. o. Rz. 31ff.). Darüber hinaus ist im Einzelfall auch zu prüfen, ob der Gesetz- oder Verordnungsgeber dem Verband Aufgaben übertragen bzw. die Übertragung von Aufgaben an den Verband anerkannt hat, wie dies etwa hinsichtlich der zentralen, vom VDR eingerichteten »Datenstelle der deutschen Rentenversicherung« (vgl. § 14 2. DEVO; allgemein zur Datenstelle, *Ruland/Volkert* CR 1988, 76ff.) der Fall ist (vgl. *Verbandskommentar* § 69 Rz. 3.2; a. A. *Hauck/Haines-Küppers* § 81 Rz. 5, wo die Datenstelle als Vermittlungsstelle i. S. v. § 81 Abs. 2 Satz 1 eingestuft wird). 48

d) Einzelfälle

aa) Forschung und Planung
Auf **wissenschaftliche Forschung** und systematische **Planung** ist die moderne Sozialverwaltung zunehmend angewiesen; sie zu betreiben bzw. für ihre Durchführung zu sorgen, gehört daher im jeweiligen – hier nicht eng zu definierenden – Leistungsbereich grundsätzlich auch dann zu den Aufgaben der Sozialleistungsträger i. S. v. § 69 Abs. 1 Nr. 1, wenn eine ausdrückliche gesetzliche Aufgabenzuweisung (wie sie sich etwa in §§ 6 AFG, 17 Abs. 1 Nr. 2 SGB I und 287 SGB V findet) nicht vorhanden ist (vgl. o. Rz. 37–40). Soweit für Zwecke der wissenschaftlichen Forschung oder der Planung im Sozialleistungsbereich Sozialdaten offenbart werden sollen, ist allerdings die **Sonderregelung des § 75** zu beachten (vgl. i. e. § 75 Rz. 33ff., 39). 49

Umstritten ist, ob letztere auch für die – von den Leistungsträgern selbst betriebene oder in Auftrag gegebene – »**Eigenforschung**« und »**-planung**« gilt (so offenbar der AuS-Ausschuß, BT-Drucks. 8/4022, S. 86, wenn er § 75 als Sonderregelung zu § 69 bezeichnet; ferner *Meydam* DVR 1980, 126; *Wiese* DRV 1980, 371; *Hauck/Haines-Walloth* § 67 Rz. 39 m. w. N., § 69 Rz. 50; *Schroeder-Printzen* § 75 Anm. 1) oder ob sich die Zulässigkeit der Datenoffenbarung insoweit allein nach § 69 Abs. 1 Nr. 1 richtet (so *Neumann-Duesberg* ErsK 1980, 520f.; *Rische* DRV 1980, 387; *Kolb* Festgabe Grüner, S. 301f.; *Pickel* SGB X, § 75 Anm. 2b; *Lauterbach/Watermann* UV, § 75 Anm. 5.; *Verbandskommentar* § 69 Rz. 8; *BfA-Kommentar* § 75 Anm. 2). Entstehungsgeschichte (vgl. *Meydam* DVR 1980, 126) und generelle Fassung der Vorschrift können dafür angeführt werden, daß § 75 auch für die von den Leistungsträgern betriebene oder initiierte Forschung und Planung im Sozialleistungsbereich maßgeblich ist. Darüber hinaus wird hinsichtlich der 50 wissenschaftlichen Forschung das Problem einer – wegen Art. 5 Abs. 3 GG bedenklichen – rechtlichen Benachteiligung »fremder« gegenüber der von den Leistungsträgern gesteuerten Forschung gesehen (dazu § 75 Rz. 37; vgl. auch *Hauck/Haines-Walloth* § 67 Rz. 39).

bb) AIDS

51 Fragen der Erkrankung an **AIDS** bzw. der Infektion mit dem **HI-Virus** haben in den letzten Jahren zahlreiche neue Problemstellungen auf den verschiedensten Rechtsgebieten aufgeworfen (allgem. dazu *Frankenberg*; *Deutsch* Rechtsprobleme von AIDS; *Seewald* NJW 1987, 2271 ff. und NJW 1988, 2921 ff.; *Schenke* DVBl. 1988, 165 ff.; *Loschelder* NJW 1987, 1467 ff.; *Eberbach* ZRP 1987, 395 ff.). Aufgrund ihrer emotionalen und politischen Brisanz stellen sie auch für das Recht des Sozialdatenschutzes eine der wichtigsten Herausforderungen dar. Die teilweise komplizierten, in besonderer Weise **grundrechtsrelevanten** Fragestellungen können hier nur angesprochen, nicht erschöpfend behandelt werden. Sie betreffen in erster Linie die ärztliche Schweigepflicht und im Rahmen des Sozialdatenschutzes **§ 76 Abs. 1**, sind aber auch für die Frage nach Voraussetzungen und Grenzen der Offenbarungsbefugnis nach **§ 69 Abs. 1 Nr. 1** relevant, etwa wenn der Betroffene selbst den Leistungsträger von seiner Infektion unterrichtet hat. Fraglich ist insoweit, ob die Offenbarungsbefugnis nach § 69 Abs. 1 Nr. 1 **überhaupt** zum Zuge kommen kann (Rz. 54 f.) und ob sie die Leistungsträger auch zu Offenbarungen **zum Schutz Dritter vor einer Ansteckung** (Rz. 56) legitimiert. Ferner ist zu fragen, ob die Übermittlung von Informationen über eine AIDS-Erkrankung oder HIV-Infektion auch auf **§ 69 Abs. 1 Nr. 1 i. V. m. § 76 Abs. 2 Nr. 1** gestützt werden kann (Rz. 57). Rechtsprobleme können auch bei freiwilligen dem AIDS-Tests auftreten (Rz. 58).

52 Bei allen Rechtsfragen im Zusammenhang mit dem AIDS-Komplex muß dem **besonderen Charakter** dieser Erkrankung bzw. Infektion Rechnung getragen werden. Es gibt gewiß auch andere schwerwiegende, die Betroffenen existenziell belastende Krankheiten. **Einzigartig** dürften aber (bei allen Parallelen, etwa im psychiatrischen Bereich) die in die verschiedensten öffentlich organisierten wie privaten Lebenszusammenhänge (z. B. Arbeits-, Wohnungsbereich) ausstrahlenden **sozialen Diskriminierungseffekte** (zum Thema »AIDS im Betrieb« vgl. *Löwisch* DB 1987, 936 ff.; *Bruns* MDR 1987, 353 ff. und 1988, 95 ff.; *Lepke* DB 1987, 1299 ff.; *Eich* NZA Beilage 2/1987, S. 10 ff. *Richardi* NZA 1988, 74 ff.; *LAG Düsseldorf* NJW 1988, 2970 ff.) sein, von denen die Betroffenen auch dann bedroht sind, wenn sie selbst nicht »krank« sind: bei Infizierten steht keineswegs fest, ob und zu welchem Zeitpunkt sie erkranken werden. Daß die **sozialen Reaktionen** auf die Infektion insofern Besonderheiten aufweisen, darf nicht im Datenschutzrecht – zum Nachteil der Betroffenen – dadurch verdrängt werden, daß AIDS als »Krankheit wie jede andere« hingestellt wird.

53 Da den Sozialleistungsträgern übergreifende **epidemiologische** oder **seuchenpolizeiliche** Aufgaben nicht zugewiesen sind, sind sie mit der AIDS-Problematik nur im Zusammenhang mit der Erfüllung **konkreter Aufgaben nach dem SGB** – z. B. der Gewährung von Sozialhilfe (dazu *Bäumerich* NDV 1987, 289 ff.; *Nees* ZfSH/SGB 1987, 449 ff.; *ders.* Öff.Gesundh.-Wes. 1987, 273 ff.), Krankenversicherungsschutz, Rehabilitationsleistungen (zu den Auswirkungen von AIDS im Sozialversicherungsrecht vgl. *Wollenschläger/Kreßel* NZA 1988, 80 ff.; *Götze* DAngVers. 1988, 17 ff.; *Leopold* Öff.Gesundh.-Wes. 1987, 181 ff.) – befaßt (vgl. aber § 287

Offenbarung für Erfüllung soz. Aufgaben § 69

SGB V betr. epidemiologische Forschungsvorhaben der Krankenkassen und Kassenärztlichen Vereinigungen). Ob sie Informationen über HIV-Infektionen oder AIDS-Erkrankungen **erheben**, **anfordern** und **speichern** dürfen, ergibt sich aus dem jeweiligen aufgabenspezifischen Recht. Dabei ist zu berücksichtigen, daß es für die Gewährung vieler Sozialleistungen jedenfalls auf die bloße (»symptomlose«) HIV-Infektion nicht ankommen kann. Weil die Erwerbsfähigkeit Infizierter auch langfristig wiederhergestellt werden kann, ist z.B. über Rehabilitationsleistungen der gesetzlichen Rentenversicherung nach §§ 1236ff. RVO grundsätzlich ohne Rücksicht auf eine eventuelle Infektion des Versicherten zu entscheiden.

Zweifelhaft ist, ob die Leistungsträger überhaupt nach **§ 69 Abs. 1 Nr. 1** berechtigt 54 sein können, Informationen über HIV-Infektionen oder AIDS-Erkrankungen **weiterzugeben**, die sie im Zusammenhang mit der Erfüllung einer Aufgabe nach dem SGB erlangt haben. Soweit mit der Weitergabe Interessen **des Datenempfängers** verfolgt, die Informationen also bei einem anderen Sozialleistungsträger **neuen Verwendungszwecken** zugänglich gemacht werden sollen, wird dies generell zu verneinen sein. Daß Datenübermittlungen im Interesse des Empfängers (aufgrund der mit ihnen verbundenen »**Zweckänderung**«) im Rahmen des § 69 Abs. 1 Nr. 1 einer spezialgesetzlichen Übermittlungsvorschrift bedürfen (vgl. Rz. 7ff., 20ff., 88ff.), ist dort besonders ernst zu nehmen, wo die Informationsweitergabe für die Betroffenen mit außergewöhnlich schwerwiegenden Belastungen verbunden sein kann. Gesetzliche Regelungen, in denen der Konflikt zwischen den – grundrechtlich abgestützten – Schutzinteressen der betroffenen Infizierten (oder Kranken) und den Belangen der an der Informationsweitergabe interessierten Sozialleistungsträger **entschieden** ist, existieren bisher nicht.

Aber auch soweit mit der Informationsweitergabe **Zwecke der offenbarenden** 55 **Stelle** verfolgt werden sollen, ist zweifelhaft, ob die Offenbarung auf die Befugnis nach § 69 Abs. 1 Nr. 1 gestützt werden kann. Als die gesetzlichen Offenbarungsbefugnisse des Zweiten Kapitels SGB X geschaffen wurden, gab es noch keine Informationen über den AIDS-Komplex. Gegenüber den seinerzeit vorauszusetzenden »normalen Verhältnissen« wie den absehbaren Entwicklungen weist er derart **gravierende Besonderheiten** auf, daß fraglich bleibt, ob die Befugnis nach § 69 Abs. 1 Nr. 1 als **gesetzliche Entscheidung** des Konflikts zwischen den Geheimhaltungsinteressen der Betroffenen und den für eine Datenweitergabe anzuführenden Belangen anzusehen ist. Daher wird es, soweit ein Leistungsträger im eigenen Interesse Informationen über eine HIV-Infektion oder eine AIDS-Erkrankung weitergeben will, sachgerecht und aus dem Gesichtspunkt des **Schutzes des Persönlichkeitsrechts** der Betroffenen (Art. 1 Abs. 1, Art. 2 Abs. 1 GG) rechtlich geboten sein, ihnen selbst die Entscheidung über die Zulässigkeit der Offenbarung zu überlassen: neben der **Einwilligung des Betroffenen** bleibt dann für die Anwendung einer **gesetzlichen** Offenbarungsbefugnis kein Raum (vgl. § 67 Rz. 33).

Will ein Leistungsträger **Dritte** zu deren **Schutz vor einer Ansteckung** über den 56 Infektionsstatus einer Person unterrichten, so stellen sich weitere Rechtsfragen, auf die hier nur hingewiesen werden kann (zur Situation im Krankenhaus vgl. auch *Hirsch* AIFO 1988, 157ff.). Im Rahmen des § 69 Abs. 1 Nr. 1 bleibt vor allem die **Erforderlichkeit** einer solchen Information zweifelhaft, weil das Virus nach heutigem Erkenntnisstand nur durch – ungeschützten – Geschlechtsverkehr und durch Blut-Blut-Kontakte übertragen wird. Daher sind **Schutzpflichten der Leistungsträger** gegenüber Dritten grundsätzlich durch umfassende **Aufklärung über**

Möglichkeiten des Selbstschutzes und durch strikte **Beachtung der erforderlichen hygienischen Vorkehrungen**, nicht durch gezielte Hinweise auf die Infektion bestimmter Personen zu erfüllen. Der Gesichtspunkt des »übergesetzlichen Notstands« kann in diesem Kontext durch den Leistungsträger schon deshalb nicht herangezogen werden, weil er allenfalls einzelne Personen vor Strafbarkeit schützen, die Befugnisse öffentlicher Stellen gegenüber Bürgern aber nicht erweitern kann (vgl. § 67 Rz. 72f.; s. auch § 35 Rz. 63; ausführlich § 76 Rz. 55ff.; in der Tendenz problematisch die Hinweise und Empfehlungen der *Deutschen Krankenhausgesellschaft* zur HIV-Infektion, Stand 1.12.1987, sowie die gemeinsamen Hinweise und Empfehlungen der *Bundesärztekammer und der Deutschen Krankenhausgesellschaft* zur HIV-Infektion, abgedruckt in Das Krankenhaus 1988, 3ff.; krit. dazu Gemeinsame Stellungnahme der *Ärztekammer Berlin und der Berliner Krankenhausgesellschaft*).

57 Auch auf die Offenbarungsbefugnis nach **§ 69 Abs. 1 Nr. 1 i. V. m. § 76 Abs. 2 Nr. 1** wird sich die Weitergabe von Informationen über HIV-Infektionen oder AIDS-Erkrankungen kaum stützen lassen. Mit dieser Sonderregelung soll gewährleistet werden, daß Daten, die »im Zusammenhang mit einer Begutachtung wegen der Erbringung von Sozialleistungen oder wegen der Ausstellung einer Bescheinigung zugänglich gemacht worden sind«, leichter als andere besonders schutzwürdige Daten (§ 76 Abs. 1) offenbart werden können. Die dabei vorausgesetzte Unterscheidung zwischen **»Behandlungs-«** und **»Begutachtungsdaten«** (dazu § 76 Rz. 74) wird der Besonderheit der AIDS-Problematik nicht gerecht. Die Erleichterung der Weitergabe von »Begutachtungsdaten« hat Vereinfachungsfunktion und soll es nicht zuletzt dem Betroffenen ersparen, wegen desselben Sachverhalts von verschiedenen Leistungsträgern untersucht und begutachtet zu werden. Dieser Gesichtspunkt der »Begutachtungsökonomie« wird bei HIV-Infektionen oder AIDS-Erkrankungen durch die gravierenden Belastungen überwogen, die für die Betroffenen mit der Offenbarung verbunden sein können. Folgt man dem nicht (d.h. hält man § 76 Abs. 2 Nr. 1 auch auf die Offenbarung von Informationen über HIV-Infektionen oder AIDS-Erkrankungen für anwendbar), so wird es hier doch jedenfalls erforderlich sein, die Betroffenen **vor jeder (einzelnen) Offenbarung** nach §§ 69 Abs. 1 Nr. 1, 76 Abs. 2 Nr. 1 auf ihr **Widerspruchsrecht nach § 76 Abs. 2 Nr. 1 2. Halbs.** hinzuweisen.

58 Teilweise bieten Leistungsträger – sozusagen als zusätzliche Serviceleistung – **AIDS-Tests auf freiwilliger Grundlage** an, d.h. Untersuchungen, denen sich die Teilnehmer nicht aufgrund der zwischen ihnen und den Leistungsträgern bestehenden Rechtsbeziehungen unterziehen sollen. Solche Untersuchungen dienen allein der **Selbstkontrolle der Teilnehmer**, nicht der Erfüllung gesetzlicher Aufgaben der Leistungsträger nach dem SGB. Die **Bereitstellung** der Untersuchungsmöglichkeit (des Labors, der ärztlichen Betreuung usw.) muß sich allerdings als gesetzliche Aufgabe nach dem SGB (etwa nach § 1305 RVO) qualifizieren lassen, weil die Leistungsträger andernfalls gar nicht tätig werden dürften (vgl. § 30 Abs. 1 SGB IV). **Durchführung** des Tests und **Verwendung seiner Ergebnisse** bleiben hingegen jederzeit und ausschließlich vom **Willen der Betroffenen** abhängig. Befunde solcher Untersuchungen dürfen also nur mit ihrer Einwilligung offenbart werden.

Offenbarung für Erfüllung soz. Aufgaben § 69

cc) Private Empfänger
Steht die Offenbarung pesonenbezogener Daten durch eine in § 35 SGB I 59
genannte Stelle gegenüber **Privaten** oder gegenüber **Stellen außerhalb der Sozialverwaltung** in Rede, die an der Offenbarung ein eigenes Interesse haben, so kann zweifelhaft sein, ob und in welchem Umfang die Offenbarung (auch) der Erfüllung gesetzlicher Aufgaben der offenbarenden Stelle nach dem SGB dient (zu den wichtigsten Fällen vgl. *Hauck/Haines-Walloth* § 69 Rz. 15–20 und – z.T. daran anschließend – im folgenden Rz. 60–66). Im einzelnen wird folgendes gelten:
In dem Umfang, in dem Ansprüche auf einmalige und auf laufende Geldleistun- 60
gen nach § 54 Abs. 2 bis 6 SGB I gepfändet werden können, gehört es zu den Aufgaben der Sozialleistungsträger, im Rahmen der allgemeinen zivilprozessualen Vorschriften an der **Pfändung** mitzuwirken: die Beziehungen zwischen Leistungsträgern und -empfängern bestehen nicht isoliert, sondern sind in den allgemeinen Geschäfts- und Rechtsverkehr eingebunden. Dies schließt die Abgabe der **Drittschuldnererklärung** nach § 840 ZPO **gegenüber Pfändungsgläubigern** ein (*BfA-Kommentar* § 69 Anm. 2.1; *Verbandskommentar* § 69 Rz. 7; *Hauck/Haines-Walloth* § 69 Rz. 19, jew. m. w. N.; a. A. *Platzer* SozVers 1982, 253 ff.). Allerdings setzt die Erklärungspflicht nach § 840 Abs. 1 Satz 2 ZPO das Vorliegen eines Pfändungsbeschlusses nach § 829 ZPO voraus; im Rahmen einer Vorpfändung nach § 845 ZPO oder im Vorfeld einer Vorpfändung dürfen Sozialdaten daher nicht offenbart werden (*BfA-Kommentar* § 69 Anm. 2.1; *Hauck/Haines-Walloth* § 69 Rz. 19, insbes. Fn. 39). Die Offenbarungsbefugnis ist auf die zur Erfüllung der Erklärungspflicht erforderlichen Informationen begrenzt. So ist etwa die Angabe der monatlichen Höhe der Rente nicht erforderlich, wenn ein Rentenversicherungsträger den Gläubiger aus den zur Verfügung stehenden Beträgen in einer einmaligen Zahlung befriedigen kann (vgl. *BfA-Kommentar* § 69 Anm. 2.1 mit weiteren Einzelheiten).
Hinsichtlich der Offenbarung personenbezogener Daten **gegenüber Arbeitgebern** 61
ist darauf hinzuweisen, daß das **Lohnfortzahlungsgesetz** (s. dazu o. Rz. 39) gesetzliche Aufgaben von Sozialleistungsträgern nach dem SGB nicht berührt (vgl. aber § 115). Daher ist es keine Aufgabe der Krankenversicherungsträger i. S. v. § 69 Abs. 1 Nr. 1, dem Arbeitgeber Auskünfte über das Vorliegen sog. **Fortsetzungserkrankungen** von Arbeitnehmern zu erteilen (*Lepke* DB 1983, 449; *Hauck/Haines-Walloth* § 69 Rz. 16; vgl. ferner *Marburger* RdA 1986, 307). – Zum Verfahren über die Feststellung der Schwerbehinderteneigenschaft eines Arbeitnehmers nach § 3 SchwbG darf sein Arbeitgeber aus Gründen des Datenschutzes nicht hinzugezogen werden (*Bayer. LSG* Breith. 1985, 81 ff.).
Bei der **Arbeitsvermittlung** durch die Bundesanstalt für Arbeit nach §§ 3 Abs. 2 62
Nr. 2, 13 ff. AFG handelt es sich um eine Sozialleistung, die in besonderer Weise vom Willen des betroffenen Arbeitnehmers abhängig bleibt; daraus ist zu Recht gefolgert worden, daß personenbezogene Daten im Rahmen der Arbeitsvermittlung nur mit Einwilligung der Betroffenen offenbart werden dürfen (*Hauck/Haines-Walloth* § 69 Rz. 16; einschränkend auch 9. TB/*BfA* BT-Drucks. 10/6816, S. 48; 10. TB/*BfD* BT-Drucks. 11/1693, S. 63 m. Hinw. auf neue Verfahrensregelung der BA). Die gesetzliche Offenbarungsbefugnis tritt insoweit hinter die Einwilligung des Betroffenen zurück (vgl. § 67 Rz. 30 ff.).

dd) Andere Behörden

63 Daß die Erstattung einer Anzeige (und die dabei notwendige Offenbarung von Sozialdaten) **gegenüber den Gewerbeaufsichtsbehörden** (gemeint sind die Gewerbeüberwachungsbehörden i.S.v. § 35 GewO, vgl. *Krause/Steinbach* DÖV 1985, 549, 554 Fn. 30 m.w.N.) zu den gesetzlichen Aufgaben der Sozialversicherungsträger im Rahmen des Beitragseinzugs gehört, soweit sie »zur Wahrung der Zahlungsdisziplin oder zur Verhütung weiterer Schäden der Versicherten(gemeinschaft) erforderlich« ist, wird bereits im Bericht des AuS-Ausschusses hervorgehoben (BT-Drucks. 8/4022, S. 85; dem folgend etwa *Pickel* SGB X, § 69 Anm. 3 b; *Hauck/Haines-Walloth* § 69 Rz. 18; krit. hingegen *Krause/Steinbach* DÖV 1985, 554 ff.; *Heß* in Friauf, GewO, § 35 Rz. 70; vgl. auch *BVerwGE* 65, 1 ff. = DVR 1983, 368 ff.). Die Meldung von Bußgeldentscheidungen der Kranken- und Unfallversicherungsträger und der Bundesanstalt für Arbeit an das **Gewerbezentralregister** (vgl. §§ 149 a Abs. 2 Nr. 3, 153 GewO) hingegen gehört in der Regel nicht zu den Aufgaben dieser Leistungsträger nach dem SGB (vgl. i.e. *Hauck/Haines-Walloth* § 69 Rz. 18; zum Verhältnis zu § 70 vgl. § 70 Rz. 8).

64 Soweit die durch das Gesetz zur Bekämpfung der illegalen Beschäftigung vom 15.12.1981 (BGBl. I S. 1390) eingeführten Regelungen Mitteilungspflichten von Sozialleistungsträgern **gegenüber Ausländerbehörden** enthalten (vgl. §§ 233 b Abs. 2 AFG, 1543 e RVO), sind sie **restriktiv** auszulegen. Sie erfassen, wie sich aus Entstehungsgeschichte und Kontext der Vorschriften ergibt, nur Rechtsverstöße, die im Zusammenhang mit einer illegalen Beschäftigung stehen (im einzelnen dazu *Hauck/Haines-Walloth* § 69 Rz. 17). § 306 Satz 4 SGB V, der § 317 b RVO abgelöst hat, enthält die ausdrückliche Einschränkung, daß die **Krankenkassen** bei der Unterrichtung anderer Behörden keine nach §§ 285 ff. SGB V erhobenen **personenbezogenen Versichertendaten** mitteilen dürfen.

65 Offenbarungen **gegenüber Strafverfolgungsbehörden** können in einer Vielzahl von Fällen zur Erfüllung gesetzlicher Aufgaben **der Sozialleistungsträger** erforderlich sein. Neben Fallkonstellationen, in denen eigene Belange der Sozialleistungsträger (d.h. Organisationsinteressen im engeren Sinne) von einer Straftat betroffen sind, stehen dabei solche, in denen sich Straftaten gegen Personen richten, denen gegenüber die in § 35 SGB I genannten Stellen Betreuungs- oder Fürsorgepflichten zu erfüllen haben (vgl. dazu insbes. *Hauck/Haines-Walloth* § 69 Rz. 20 mit dem Hinweis auf die Aufgabe der Jugend- und Sozialhilfeträger, Kindesmißhandlungen entgegenzuwirken; ferner *Willenbücher/Borcherding* ZfSH/SGB 1988, 130; *Kerl* NJW 1984, 2245; krit. insoweit 8. TB/*NRW-LfD* S. 67; *Mörsberger* Verschwiegenheitspflicht, S. 102; vgl. insgesamt auch § 73 Rz. 44). Sollen Sozialdaten **im Interesse von Strafgerichten bzw. von Strafverfolgungsorganen** offenbart werden, richtet sich die Zulässigkeit, sofern das Strafverfahren (zum Begriff vgl. u. Rz. 102 f.) mit der Erfüllung einer gesetzlichen Aufgabe nach dem SGB durch einen Leistungsträger zusammenhängt, nach § 69 Abs. 1 Nr. 1 **2. Alt.** (dazu u. Rz. 95 ff.), ansonsten nach § **73**.

66 Von großer praktischer Bedeutung ist die Frage, ob und unter welchen Voraussetzungen Sozialleistungsträger **Gerichten** »von sich aus« – zur Erfüllung **eigener** Aufgaben – Sozialdaten offenbaren dürfen, um ein **Entmündigungs-, Unterbringungs-** oder **Pflegschaftsverfahren** zu initiieren. Grundsätzlich wird dies nur in engen Grenzen zulässig sein (vgl. *Schommers* Kompaß 1985, 57 ff.). Nach § **15 Abs. 1 Nr. 4 SGB X** haben die Leistungsträger die Möglichkeit, das Vor-

Offenbarung für Erfüllung soz. Aufgaben § 69

mundschaftsgericht um die Bestellung eines Vertreters von Amts wegen für Personen zu ersuchen, die infolge körperlicher oder geistiger Gebrechen im sozialrechtlichen Verwaltungsverfahren selbst nicht tätig werden können. Soweit dies zur Erfüllung der Aufgaben der Leistungsträger nach dem SGB ausreicht, sind weitergehende Initiativen nicht zulässig (vgl. *Schommers* a.a.O., S. 60).

e) Erforderlichkeit der Offenbarung

§ 69 gestattet die Offenbarung grundsätzlich aller (personenbezogenen bzw. als 67 Betriebs- oder Geschäftsgeheimnis geschützten) Sozialdaten, soweit sie zur Erfüllung der in der Vorschrift bezeichneten Aufgaben **erforderlich** ist. Das Kriterium der »Erforderlichkeit« ist im allgemeinen Datenschutzrecht, aus dem es übernommen worden ist (vgl. §§ 9 Abs. 1, 10 Abs. 1, 11 BDSG; vgl. auch o. Rz. 2f.), umstritten geblieben. Nach dort wohl vorherrschender Auffassung ist der Begriff eng, d.h. mehr oder weniger i.S.d. Formel von der conditio sine qua non auszulegen: Erforderlichkeit ist danach nur zu bejahen, wenn die in Rede stehende Behörde ohne die Datenverarbeitung (Übermittlung, Speicherung usw.) eine Aufgabe nicht oder nicht sachgerecht (etwa nicht vollständig oder zeitgerecht) erfüllen kann (vgl. *Auernhammer* BDSG, § 9 Rz. 4, § 10 Rz. 7; *Dammann* in Simitis u.a., BDSG, § 9 Rz. 20; *Ordemann/Schomerus* BDSG, § 9 Anm. 1.3; *Ruckriegel* BDSG, § 10 Anm. 5).

Weniger strenge Anforderungen stellt die Gegenmeinung, derzufolge (letztlich) 68 nur darauf abzustellen ist, ob die Datenverarbeitung zur Aufgabenerfüllung **»geeignet«** oder **»zweckmäßig«** ist (*Gallwas* BDSG, § 9 Rz. 11; *Schaffland/Wiltfang* BDSG, § 9 Rz. 13; *Tiedemann* NJW 1981, 948; für den Bereich des Sozialdatenschutzes *Hauck/Haines-Walloth* § 67 Rz. 27, § 69 Rz. 31). Mehrere zur Aufgabenerfüllung geeignete und zweckmäßige Mittel stehen danach unter dem Gesichtspunkt der Erforderlichkeit gleichrangig nebeneinander (*Hauck/Haines-Walloth* § 67 Rz. 27). Daraus wird vor allem gefolgert, der Erforderlichkeit der Übermittlung (Offenbarung) personenbezogener Daten könne grundsätzlich nicht entgegengehalten werden, zur Erreichung des Verwaltungsziels seien auch **andere Maßnahmen** geeignet; die Auswahl zwischen verschiedenen geeigneten Maßnahmen werde durch den Grundsatz der Erforderlichkeit nicht vorentschieden, sondern folge in erster Linie dem Grundsatz der Verhältnismäßigkeit (vgl. *Hauck/ Haines-Walloth* § 67 Rz. 27 und § 69 Rz. 31).

Im Gegensatz dazu ist, jedenfalls für den Bereich des Sozialdatenschutzes und 69 insbesondere im Rahmen des § 69, der erstgenannten Auffassung zu folgen und der Begriff der Erforderlichkeit **eng** auszulegen (vgl. *BfA-Kommentar* § 69 Anm. 2; *Verbandskommentar* § 69 Rz. 5; *Schroeder-Printzen* § 69 Anm. 2a; *Lauterbach/Watermann* UV, § 69 Anm. 4b; Ausschußbericht, BT-Drucks. 8/4022, S. 84; ebenso § 79 Rz. 104ff.), wenn dabei auch ein gewisser Entscheidungsspielraum der Verwaltung nicht durch Orientierung an quasi-naturwissenschaftlichen Kausalitätsmodellen verdrängt werden darf. Erforderlichkeit geht, auch als Rechtsbegriff, über bloße Eignung oder Zweckmäßigkeit hinaus, und der Einebnung dieser Differenz stehen vor allem dort Bedenken entgegen, wo es um die Offenbarung besonders geschützter (einem besonderen Amtsgeheimnis i.S.d. § 45 Satz 2 Nr. 1 BDSG unterliegender) Daten geht (vgl. aber Rz. 74).

Der Argumentation, der Gesetzgeber habe in den §§ **68 Abs. 1 Satz 2, 74 Nr. 2** und 70 **75 Abs. 1 Satz 2** zu erkennen gegeben, daß die Datenoffenbarung für den Anwendungsbereich der §§ 68ff. unter dem Gesichtspunkt der Erforderlichkeit gleichrangig neben anderen »Erkenntnismöglichkeiten« stehe (so *Hauck/Haines-Walloth* § 67 Rz. 27), kann nicht gefolgt werden. In § 68 Abs. 1 Satz 2 wird lediglich klargestellt, daß der – strikte – datenschutzrechtliche Erforderlichkeitsgrundsatz auch bei der Offenbarung im Rahmen der Amtshilfe gilt (vgl. dazu § 68 Rz. 79 ff.). § 74 Nr. 2 enthält eine gesetzliche Definition der Erforderlichkeit für die Fälle, in denen die in der Vorschrift angesprochenen auskunftspflichtigen Personen ihre Auskunftspflicht nicht (vollständig) erfüllen (vgl. dazu § 74 Rz. 19 ff.). Auch § 75 Abs. 1 Satz 2 2. Alt. stellt nur – in einer wenig geglückten Formulierung – klar, daß eine Offenbarung nicht erforderlich ist, wenn der verfolgte Zweck (Forschung oder Planung) auch auf andere Weise zu erreichen ist (vgl. § 75 Rz. 46 ff., 53 ff.). Die drei Regelungen können daher im Grunde nur als Bestätigung eines **strikten Verständnisses** des datenschutzrechtlichen Erforderlichkeitsgrundsatzes gelesen werden.

71 Die Frage nach der **Erforderlichkeit der Datenoffenbarung** muß allerdings von der – i. d. R. sehr viel umfassenderen – Frage unterschieden werden, ob die **Verwaltungsmaßnahme** selbst, der die Offenbarung dient oder die mit ihr realisiert werden soll, »erforderlich« ist. Das Datenschutzrecht begrenzt und kanalisiert das Verwaltungshandeln, soweit es den Umgang mit personenbezogenen Daten bzw. Betriebs- oder Geschäftsgeheimnissen einschließt, trifft grundsätzlich aber keine Aussage über seine Erforderlichkeit. Gleichwohl sind beide Fragen **ineinander verschränkt**: im Grundsatz ist die datenschutzrechtliche Fragestellung an die (sozial-)verwaltungsrechtliche angelehnt, sie wirkt aber auch auf diese zurück (vgl. dazu auch *Hauck/Haines-Walloth* § 69 Rz. 30 f.). Diese Rückwirkung ist um so intensiver, je größer der Gestaltungs- und Ermessensspielraum der Verwaltung bei der Erfüllung ihrer Aufgaben ist.

72 Schematisch läßt sich dies folgendermaßen umreißen: Ist das Verwaltungshandeln rechtlich determiniert, hat die Verwaltung also bei der Bestimmung ihrer Aufgaben (des Ob ihres Handelns) und der zu ihrer Erfüllung einzusetzenden Mittel (des Wie des Handelns) keinen Entscheidungsspielraum (gebundene oder gesetzesakzessorische Verwaltung), so kann sie natürlich auf die Möglichkeit alternativer – ebenfalls geeigneter, aber datenschutzrechtlich weniger »belastender« – Verwaltungsmaßnahmen nicht verwiesen werden. Verbleibt der Verwaltung hingegen hinsichtlich der **Aufgabenstellung** (d. h. hinsichtlich des Ob) ein Entscheidungsspielraum, so wird er durch datenschutzrechtliche Gesichtspunkte – nicht nur ausnahmsweise (so *Hauck/Haines-Walloth* § 69 Rz. 31), sondern grundsätzlich – eingeschränkt: das Verwaltungshandeln darf dann, soweit es die Verwendung von Sozialdaten einschließt, nur diejenigen Zwecke verfolgen, die sich aus den jeweils zugrundeliegenden Aufgabennormen klar und für die betroffenen Bürger erkennbar ergeben (vgl. o. Rz. 5, 13 ff.).

73 Entscheidungsspielräume hinsichtlich der bei der Aufgabenerfüllung einzusetzenden **Mittel** (d. h. hinsichtlich des Wie) werden durch das Datenschutzrecht ebenfalls eingeschränkt, und zwar in dem Maße, in dem mehrere, datenschutzrechtlich unterschiedlich zu bewertende Mittel zur Verfügung stehen (vgl. dazu auch *Hauck/Haines-Walloth* § 69 Rz. 31): **Sind die Verwaltungsziele auch durch Maßnahmen zu erreichen, die eine Offenbarung nicht einschließen, so haben diese Vorrang vor der – nicht erforderlichen – Offenbarung.** Anderes gilt ausnahmsweise dort, wo dem Leistungsträger spezialgesetzlich gerade die Wahl zwischen Datenoffenbarung und anderen Maßnahmen eingeräumt ist (vgl. Rz. 74). Die Einschränkung des Verwaltungsermessens ergibt sich insoweit also bereits aus

Offenbarung für Erfüllung soz. Aufgaben § 69

dem datenschutzrechtlichen Grundsatz der Erforderlichkeit, nicht erst aus dem – offeneren – Verhältnismäßigkeitsgrundsatz.

Konkreter stellt sich in diesem Kontext insbesondere die Frage, ob die **datenempfangende Stelle**, sofern die Offenbarung der Erfüllung **ihrer Aufgaben** dienen soll, auf die Möglichkeit der **Erhebung der Daten unmittelbar beim Betroffenen** verwiesen werden kann. Insoweit ist zu unterscheiden: Erfüllt die datenempfangende Stelle **dieselben Aufgaben** wie die offenbarende, so besteht eine solche Verweisungsmöglichkeit nicht, weil durch die Offenbarung Verwendungszwecke konkretisiert werden, zu denen die Daten erhoben bzw. gespeichert worden sind. Eine mehrfache Erhebung derselben Daten für denselben Verwendungszweck ist datenschutzrechtlich nicht geboten. Anderes gilt, wenn die datenempfangende Stelle **andere Aufgaben** als die offenbarende zu erfüllen hat, die Daten durch die Offenbarung also neuen Verwendungszwecken zugänglich gemacht werden sollen. Fehlt die dafür im Rahmen des § 69 Abs. 1 Nr. 1 erforderliche **spezialgesetzliche Übermittlungsregelung** (vgl. Rz. 13 ff., 20 ff., 88 ff.), so darf die an den Daten interessierte Stelle die Daten allenfalls unmittelbar beim Betroffenen erheben (wozu sie berechtigt ist, soweit dies zur Erfüllung ihrer Aufgaben erforderlich ist, vgl. u. Rz. 91 ff.). Ist eine entsprechende spezialgesetzliche Übermittlungsvorschrift hingegen vorhanden, so ist die Frage der Erforderlichkeit **insoweit** gesetzlich vorentschieden und kann grundsätzlich nicht mehr mit dem Argument bestritten werden, die datenempfangende Stelle könne die Daten auch beim Betroffenen selbst erheben. 74

Die Erforderlichkeit der Offenbarung ist immer zu verneinen, wenn die offenbarende Stelle ihre Aufgaben auch ohne die Preisgabe **personenbezogener** Einzelangaben erfüllen kann bzw. wenn es für die Aufgabenerfüllung der datenempfangenden Stelle nicht auf die Kenntnis gerade personenbezogener Informationen ankommt. Reicht die Übermittlung **anonymisierter** oder **statistisch aggregierter** Daten aus, so ist die Offenbarung daher unzulässig. Die Erforderlichkeit i. S. d. § 69 muß stets **im Zeitpunkt der Offenbarung** zu bejahen sein; daß die in Aussicht genommene Sozialleistung selbst erst sehr viel später erbracht werden soll, schließt dies nicht aus (so ist die Ermittlung von Ausfallzeiten für die möglicherweise erst Jahrzehnte später durchzuführende Rentenberechnung natürlich erforderlich). Daß bestimmte Daten irgendwann einmal nützlich sein könnten (**»Speicherung auf Vorrat«**), reicht allerdings nicht aus (vgl. *Auernhammer* BDSG, § 9 Rz. 4). Schließlich ergibt sich aus dem Grundsatz der Erforderlichkeit, daß zur Erfüllung der in § 69 bezeichneten Aufgaben immer nur diejenigen Daten offenbart werden dürfen, welche die offenbarende Stelle unbedingt mitteilen bzw. die datenempfangende Stelle unbedingt kennen muß. In der Regel ist daher die Übersendung vollständiger Akten unzulässig (vgl. *Lauterbach/Watermann* UV, § 69 Anm. 4 b; *Hauck/Haines-Walloth* § 69 Rz. 32; vgl. aber zur Aktenübersendung an Gerichte nach § 69 Abs. 1 Nr. 1 **2. Alt.** u. Rz. 95 ff.). 75

Folgt man im Rahmen des § 69 der hier vertretenen **engen Auslegung** des Begriffs der **Erforderlichkeit** (vgl. Rz. 57 ff.), so kommt dem Grundsatz der **Verhältnismäßigkeit** darüber hinaus nur geringe eigenständige Bedeutug zu. Aus dem Erforderlichkeitsgrundsatz, nicht erst aus Verhältnismäßigkeitserwägungen ergibt sich dann, daß die Offenbarung von Sozialdaten unzulässig ist, wenn das Verwaltungsziel auch durch alternative, eine Offenbarung nicht einschließende Maßnahmen erreicht werden kann (vgl. o. Rz. 69, 73; a. A. *Hauck/Haines-Walloth* § 69 Rz. 31). Auf den Grundsatz der Verhältnismäßigkeit hingegen ist in erster Linie dann zu 76 rekurrieren, wenn die Wahl zwischen mehreren, die Betroffenen unterschiedlich intensiv belastenden Offenbarungsmöglichkeiten besteht; hier hat die Verwaltung – entsprechend dem »Prinzip des geringstmöglichen Eingriffs« – die weniger belastende Maßnahme durchzuführen (vgl. *Hauck/Haines-Walloth* § 69 Rz. 33 ff. und die dort aufgeführten Beispiele). Der Verhältnismäßigkeitsgrundsatz betrifft also – jedenfalls im wesentlichen – das Wie, nicht das Ob der Offenbarung.

f) Zulässigkeit von on-line-Anschlüssen

77 Die Offenbarung ist in § 69 weder auf ein bestimmtes technisches Medium noch auf einen bestimmten verwaltungsrechtlichen Kooperationsmodus festgelegt (vgl. o. Rz. 2). Daher können Sozialdaten nach § 69 Abs. 1 Nr. 1 grundsätzlich auch in der Weise offenbart werden, daß einer Stelle ein **on-line-Anschluß** eingeräumt wird, über den sie Daten bei der speichernden Stelle direkt abrufen kann. Vor allem unter dem Gesichtspunkt des datenschutzrechtlichen Erforderlichkeitskriteriums stellen sich dabei jedoch besondere Probleme (vgl. allgemein *Tuner* ÖVD/online 9/1986 S. 84 ff.). Mit der Einrichtung eines solchen Anschlusses begibt sich die speichernde Stelle der Kontrolle über den (einzelnen) Offenbarungsvorgang. Sämtliche über den Anschluß abrufbaren Daten stehen der angeschlossenen Stelle zur Verfügung, sind ihr also aus der Sicht des Datenschutzrechts mit der Einrichtung des Anschlusses offenbart: Nach **§ 2 Abs. 2 Nr. 2 BDSG** steht es der Übermittlung durch Weitergabe der gespeicherten Daten gleich, wenn die speichernde Stelle die Daten zur Einsichtnahme, namentlich zum Abruf **bereithält** (anders der BMI-Entwurf zur Novellierung des BDSG vom 5. 11. 1987, abgedruckt in DuD 1987, 577 ff.; nach § 3 Abs. 3 Satz 2 Nr. 3b ist nur der **tatsächliche Abruf** der bereitgehaltenen Daten als Übermittlung zu qualifizieren). Ob die einzelne Offenbarung – der Abruf der Daten – zur Erfüllung einer gesetzlichen Aufgabe der datenempfangenden Stelle erforderlich ist, kann nur von dieser selbst, grundsätzlich aber nicht von der offenbarenden Stelle beurteilt werden (vgl. *W. Schmidt* ZRP 1979, 185, 188; *ders.* Einführung, Rz. 133).

78 Demnach schließt die Einrichtung eines on-line-Anschlusses die **globale Vorentscheidung** darüber ein, daß es zur Erfüllung gesetzlicher Aufgaben nach dem SGB erforderlich ist, der abrufenden Stelle den Zugriff auf **alle** über den Anschluß erreichbaren Daten einzuräumen. Die Einrichtung von on-line-Anschlüssen kann daher nur in engen Grenzen zulässig sein. Da sie in aller Regel **im Interesse der abrufberechtigten Stelle** erfolgt, dürfen solche Anschlüsse, soweit sie den Zugriff auf Sozialdaten eröffnen, von vornherein **nur für Stellen i. S. v. § 35 SGB I** geschaffen werden (ebenso *Simitis* NJW 1986, 2795, 2805): Im Interesse des Empfängers ist die Offenbarung von Sozialdaten nach § 69 Abs. 1 Nr. 1 1. Alt. nur zulässig, wenn dieser eine in § 35 SGB I genannte Stelle ist (vgl. o. Rz. 26). Generell ist darüber hinaus als Voraussetzung für die Einrichtung eines on-line-Anschlusses eine **spezialgesetzliche Rechtsgrundlage** erfordert worden, in der konkret festgelegt wird, welchen Stellen zu welchen Zwecken in welchem Umfang eine Abrufmöglichkeit eingeräumt werden darf (vgl. 5. TB/*BfD* BT-Drucks. 9/2386, S. 68; s. auch § 15 HDSG). Dem ist – jedenfalls bezüglich der Datenverarbeitung in der öffentlichen Verwaltung – zumindest für die Fälle zuzustimmen, in denen datenspeichernde und abrufberechtigte Stelle **unterschiedliche Aufgaben** wahrzunehmen haben, die Einrichtung des on-line-Anschlusses also über Grenzen der sachlichen Zuständigkeit hinweg stattfindet (vgl. *W. Schmidt* ZRP 1979, 185, 190; *ders.* Einführung, Rz. 133; allgemein auch *Denninger* JA 1980, 280 ff.; *Meyer-*

Offenbarung für Erfüllung soz. Aufgaben § 69

Teschendorf JuS 1981, 188, 190 ff., wobei die herkömmliche Amtshilfeproblematik im Vordergrund steht). Dementsprechend verlangt z. B. § 15 HDSG bei der Einrichtung automatisierter Abrufverfahren die ausdrückliche Zulassung durch eine Rechtsvorschrift.

Bedürfte insoweit bereits die Offenbarung im Einzelfall einer spezialgesetzlichen 79 Rechtsgrundlage (vgl. Rz. 13 ff., 20 ff. und 88 ff.), so muß dies um so mehr für die Einrichtung einer generellen Zugriffsmöglichkeit auf sämtliche bei der offenbarenden Stelle (bzw. in einer ihrer Dateien) gespeicherten Daten gelten. Problematisch ist daher beispielsweise das Fehlen einer gesetzlichen Festlegung der abrufberechtigten Stellen und der jeweiligen Verwendungszwecke im Rahmen des **Rentenauskunftsverfahrens der Deutschen Bundespost**, weil an ihm zahlreiche Sozialleistungsträger **außerhalb** des Bereichs der gesetzlichen Rentenversicherung beteiligt sind (Einzelheiten bei *Zwenzner* MittLVA Oberfr. 1986, 124 ff.). Grundsätzlich hat sich das Auskunftsverfahren auch nach Auffassung des Gesetzgebers (vgl. Ausschußbericht, BT-Drucks. 8/4022, S. 88, zu § 78 = jetzt § 81) – bewährt. Seine Zulässigkeit sollte durch § 81 Abs. 2 klargestellt werden (vgl. *Schroeder-Printzen* § 81 Anm. 2; *Hauck/Haines-Küppers* § 81 Rz. 5; s. auch § 81 Rz. 5). Ob dies als Rechtsgrundlage ausreichend ist, kann angesichts der Entwicklung des Datenschutzrechts seit Verabschiedung des Zweiten Kapitels SGB X (vgl. o. Rz. 3 ff., 24; § 67 Rz. 1 ff.) bezweifelt weden. Genauer ausgestaltet ist das Verfahren bisher in der Allgemeinen Verwaltungsvorschrift zum Rentendienst der Deutschen Bundespost (RVwV) vom 18. 7. 1985 (BAnz. Nr. 133 vom 23. 7. 1985) und den Bestimmungen für das Rentenzahlverfahren (RZB), die weithin allerdings technische Fragen zum Gegenstand haben. Bezüglich der datenschutzrechtlichen Voraussetzungen der Datenoffenbarung ist in § 10 RVwV nur global auf § 69 Abs. 1 Nr. 1 und Abs. 2 sowie § 81 Abs. 2 verwiesen.

Die soeben dargelegten Grundsätze können allerdings nicht gelten, wenn eine in 80 § 35 SGB I genannte Stelle personenbezogene Daten **für einen (anderen) Sozialleistungsträger** erhebt, speichert oder sonst verarbeitet (auch wenn die Tätigkeit über Datenverarbeitung im Auftrag i. S. v. § 80, § 8 BDSG hinausgeht) und letzterer durch die Einrichtung des on-line-Anschlusses nur die Möglichkeit erhält, von vornherein **für ihn bestimmte** Daten abzurufen; oder wenn – in der umgekehrten Relation – durch die Einrichtung eines Direktzugriffs auf die bei dem zuständigen Leistungsträger gespeicherten Daten eine Stelle instandgesetzt werden soll, für den zuständigen Leistungsträger tätig zu werden. Eine »Zweckänderung« – d. h. die Nutzung der für die Erfüllung der Aufgaben eines Leistungsträgers bestimmten Daten für die Zwecke einer anderen Behörde – ist insoweit nämlich nicht gegeben (vgl. bereits o. Rz. 46 ff.).

Will man die Einrichtung von on-line-Anschlüssen im Verhältnis zwischen Stellen 81 mit **übereinstimmender Aufgabenstellung** auch ohne spezialgesetzliche, die Generalklausel des § 69 Abs. 1 Nr. 1 ausfüllende Rechtsgrundlage zulassen, so setzt dies jedenfalls voraus, daß die abrufberechtigte Stelle zur Erfüllung ihrer Aufgaben unbedingt **selbst** Zugang zu **sämtlichen** über den Anschluß abrufbaren Daten erhalten muß. Die Erforderlichkeit des Anschlusses ist also zunächst **global** zu prüfen. Sie ist nicht gegeben, wenn es ausreicht, daß der datenempfangenden Stelle **im Einzelfall** die jeweils benötigten Daten übermittelt werden. Ferner ist sie etwa zu verneinen, wenn hinsichtlich eines Teils der Daten nicht erkennbar ist, daß und in welchem Zusammenhang er für die Aufgabenerfüllung der abrufberechtigten Stelle überhaupt relevant werden kann. Des weiteren muß auch der einzelne Datenabruf zur Erfüllung der Aufgaben der abrufberechtigten Stelle erforderlich sein. Ob dies der Fall ist, kann grundsätzlich nur die abrufberechtigte Stelle selbst beurteilen (vgl. daher die Regelung in § 15 Abs. 2 Satz 5 i. V. m. § 14 Abs. 2 HDSG). Die abrufberechtigte Stelle hat die **organisatorischen Vorkehrungen** dafür zu treffen, daß die Abrufmöglichkeit nur für die Erfüllung ihrer gesetzlichen Aufgaben genutzt werden kann (vgl. dazu § 9 des BMI-Entwurfs zur Novellierung des BDSG).

g) Zentraldateien

82 In engem Zusammenhang mit der Problematik des on-line-Anschlusses steht die Frage, ob und unter welchen Voraussetzungen in der Sozialverwaltung **Zentraldateien** mehrerer Leistungsträger eingerichtet und betrieben werden dürfen. Für medizinische Daten der Leistungsempfänger ist sie in § **96 Abs. 3** grundsätzlich negativ entschieden. Im übrigen ist wesentlich auf § 69 Abs. 1 Nr. 1 abzustellen, da bei dem Betrieb von Zentraldateien ein permanenter, an dieser Norm zu messender Datenfluß zwischen Leistungsträgern und Zentraldatei eingerichtet wird. Daraus ergibt sich wiederum die Differenzierung danach, ob die an der Datei beteiligten Stellen **dieselben** oder ob sie **unterschiedliche** Aufgaben wahrzunehmen haben. Ist letzteres der Fall, so bedürfen Einrichtung und Betrieb der Datei (bzw. die Übermittlung personenbezogener Daten an sie) einer spezialgesetzlichen Rechtsgrundlage, aus der sich der Kreis der Benutzer und die Zwecke ergeben, denen die Datei dienen soll. Sind lediglich Stellen mit übereinstimmender Aufgabenstellung an der Datei beteiligt, kann hingegen – sozusagen nach allgemeinen Grundsätzen – darauf abgestellt werden, ob Einrichtung und Betrieb der Datei insgesamt und die Datenübermittlung an die Datei bzw. die Inanspruchnahme ihres Datenbestandes zur Erfüllung der jeweiligen gesetzlichen Aufgaben erforderlich sind. Durch Art. 4 des Gesundheits-Reformgesetzes ist m. W. v. 1. 1. 1989 eine Sonderregelung für die UV-Träger geschaffen worden. Sie dürfen für Aufgaben der Gesundheitsvorsorge, der Rehabilitation und der Forschung Zentraldateien errichten (§ 96 Abs. 3 Satz 2). Allerdings hat der einzelne UV-Träger bei der Übermittlung der »besonders schutzwürdigen« Daten an die Zentraldatei die Offenbarungseinschränkung des § 76 zu beachten (§ 96 Abs. 3 Satz 2; s. auch § 75 Rz. 35a).

h) Rentenversicherungsnummer, Sozialversicherungsausweis

83 Ob und unter welchen Voraussetzungen neben den Rentenversicherungsträgern auch **andere Sozialleistungsträger** die **Rentenversicherungsnummer** (vgl. § 1414a RVO; VO über die Vergabe und Zusammensetzung der Versicherungsnummer vom 7. 12. 1987, BGBl. I S. 2532) verwenden dürfen, war ebenfalls unter dem Gesichtspunkt der Erforderlichkeit lange umstritten (vgl. dazu *Hauck/Haines-Walloth* § 69 Rz. 38; *Hartleb* BABl. 10/1984, S. 25 ff.). Für die Krankenversicherungsträger war diese Möglichkeit in der – umstrittenen (vgl. Änderungsentwurf der CDU/CSU-Fraktion, BT-Drucks. 8/1086, S. 1 ff.) – Regelung des bis zum Juli 1988 geltenden § 319 Abs. 4 RVO vorausgesetzt. In anderen Fällen war die Verwendung der Rentenversicherungsnummer auf Kritik gestoßen, vor allem unter dem Gesichtspunkt, daß die Rentenversicherungsnummer sich nicht zu einem funktionellen Äquivalent des – verfassungswidrigen (vgl. Beschluß des Bundestages, Plenarprot. 1085, S. 6201 i. V. m. BT-Drucks. 10/1719) – **allgemeinen Personenkennzeichens** entwickeln dürfe (vgl. 5. TB/*BfD* BT-Drucks. 9/2386,

Offenbarung für Erfüllung soz. Aufgaben § 69

S. 68), über das sich eine Vielzahl verschiedener Dateien zu einem Verbundsystem zusammenschließen läßt (vgl. auch *Steinmüller/Rieß* Versicherungsnummer).
Grundsätzlich ist, was die Verwendung der Rentenversicherungsnummer außerhalb der Rentenversicherung angeht, zwischen zwei unterschiedlichen Konstellationen zu unterscheiden. Sind andere Leistungsträger auf die Verwendung der Versicherungsnummer angewiesen, weil die Erfüllung ihrer Aufgaben den **Austausch von Informationen** über einzelne Versicherte **mit den Rentenversicherungsträgern** einschließt, so stehen einer solchen Verwendung der Nummer Bedenken nicht entgegen, zumal sich hier das Erfordernis des Informationsaustauschs stets aus spezialgesetzlichen Regelungen ergeben dürfte. **84**
Eine darüber hinausgehende Verwendung der Versicherungsnummer für **eigene Zwecke des jeweiligen Leistungsträgers** – d. h. vor allem zum Aufbau eines eigenen Ordnungs- und Identifikationssystems – ist dagegen problematisch, weil sie die Verknüpfung unterschiedlicher, heterogenen Verwendungszwecken dienender Datenbestände ganz entscheidend erleichtert (wenn nicht gar herausfordert), damit aber die zentrale Zielsetzung des Datenschutzrechts in Frage stellt. Eine solche Verwendung der Rentenversicherungsnummer dürfte daher nur **ausnahmsweise** und in engen Grenzen zulässig sein. Da die Entscheidung darüber nicht »punktuell« aus der Sicht einzelner Leistungsträger getroffen werden kann, sondern eine Gesamtbewertung der mit der Verwendung der Versicherungsnummer außerhalb der Rentenversicherung verbundenen Gefahren voraussetzt, muß sie dem Gesetzgeber überlassen bleiben (anders *Hauck/Haines-Walloth* § 69 Rz. 39). **85**
Weniger enge Grenzen sind in dem inzwischen verabschiedeten 1. ÄndG des SGB vom 20. 7. 1988 (BGBl. I S. 1046) gezogen (vgl. *Pappai* RDV 1986, 6 ff.; *Sasdrich* Kompaß 1988, 93 ff. und 457 ff.; *André* KrV 1988, 5 ff.; ders. BKK 1988, 333; *Krasney* NJW 1988, 2644, 2649 f.). Mit ihm ist ein neuer Fünfter Titel in das SGB IV eingefügt worden (§§ 18 f, g). § 18 f SGB IV regelt getrennt (Abs. 1) die generelle Speicherungsbefugnis einiger Leistungsträger (u. a. der Sozialversicherungsträger und der Bundesanstalt für Arbeit) und die eingeschränkte, auf die Offenbarung an die in Abs. 1 genannten Stellen begrenzte Verarbeitungsbefugnis der anderen Sozialbehörden (Abs. 2). Auch die Nutzung der Rentenversicherungsnummer durch Privatpersonen oder Stellen außerhalb des Sozialleistungsbereichs wird im einzelnen festgelegt (Abs. 3). Eine wichtige Einschränkung der Verknüpfbarkeit von Daten in der Sozialversicherung bedeutet allerdings § 290 Satz 3 SGB V. Er untersagt den gesetzlichen **Krankenkassen**, nach dem 1. 1. 1992 die RV-Nummer als Krankenversichertennummer zu verwenden. **86**
Unter dem Gesichtspunkt der Verwendung der Rentenversicherungsnummer **außerhalb der gesetzlichen Rentenversicherung** ist auch der Entwurf eines Gesetzes zur **Einführung eines Sozialversicherungsausweises** von Bedeutung, in dem die Einfügung eines Sechsten Abschnitts (Sozialversicherungsausweis, Meldungen) in das SGB IV vorgesehen ist (BT-Drucks. 11/2807 vom 22. 8. 1988; s. dazu Einl. Rz. 18; *Faupel* SozSich 1988, 18 ff.; *Schneider* BB 1988, 339 ff.; *Kreikebohm/v. Petersdorff/Reineck/Weigand* DAngVers. 1988, 333 ff.; *Schenke* Kompaß 1988, 377; *Nommensen* BKK 1988, 252). Der Ausweis soll die Rentenversicherungsnummer enthalten (§ 97 Abs. 1 Nr. 1 SGB IV) und dem Arbeitgeber bei Beginn der Beschäftigung vorgelegt werden. Bei Gewährung von Krankengeld, Arbeitslosengeld oder -hilfe, Unterhaltsgeld, Übergangsgeld und von laufender Hilfe zum Lebensunterhalt dürfen die Leistungsträger die Hinterlegung des Ausweises ver-

langen; entsprechendes gilt für den Arbeitgeber bei Lohn- oder Gehaltsfortzahlung wegen Arbeitsunfähigkeit. Ob der Ausweis zur Verhinderung von Schwarzarbeit beitragen kann, ist überaus umstritten. Er dürfte allerdings die Verwendung der Rentenversicherungsnummer außerhalb der gesetzlichen Rentenversicherung fördern, damit aber die Verknüpfung der bei verschiedenen Stellen gespeicherten Informationen erheblich erleichtern.

i) Leistungsgrund auf Überweisungsträgern

87 Ob Sozialleistungsträger, soweit sie Geldleistungen bargeldlos auszahlen, den **Leistungsgrund** auf dem **Überweisungsträger** angeben dürfen, ist eine Frage der Erforderlichkeit, nicht der Verhältnismäßigkeit (a. A. *Hauck/Haines-Walloth* § 69 Rz. 35). Kontrovers ist sie vor allem dort, wo die Bezeichnung des Leistungsgrundes (etwa: Sozialhilfe, Arbeitslosenhilfe) für die Betroffenen soziale Nachteile, insbesondere eine Beeinträchtigung des sozialen Ansehens zur Folge haben kann (s. dazu 5. TB/*BfD* BT-Drucks. 9/2386, S. 58). Aus § 55 SGB I (Kontenpfändung) wird gefolgert, daß die Leistungsträger lediglich angeben müssen, daß es sich bei dem überwiesenen Betrag um eine Sozialleistung handelt (vgl. *Hauck/Haines-Walloth* § 69 Rz. 35). Eine genauere Qualifizierung der Leistung (und vor allem der darin liegende Hinweis, daß der Betroffene Sozialhilfe, Arbeitslosenhilfe usw. bezieht) sei jedoch zur Erfüllung der Aufgaben der Leistungsträger nicht erforderlich (*VG Düsseldorf* NJW 1985, 1794 ff.). Fraglich bleibt allerdings, ob insoweit eine generelle Festlegung möglich ist, weil die hier in Rede stehenden Diskriminierungseffekte durch das Datenschutzrecht allenfalls zum Teil zu bearbeiten sind. Eine **prinzipielle** Vorentscheidung für das Verschweigen individueller Problemlagen, mit denen die Leistungsträger befaßt sind, wird sich aus dem Datenschutzrecht kaum herleiten lassen. Gerade unter dem Gesichtspunkt des Abbaus sozialer Diskriminierungen bliebe sie auch fragwürdig.

2. Datenoffenbarungen mit Änderung des Verwendungszwecks

a) Zweckbindung und Regelungsbedarf bei Zweckänderung

88 Dient die Offenbarung nicht der Erfüllung von Aufgaben der offenbarenden Stelle bzw. eines Datenempfängers mit übereinstimmender sachlicher Zuständigkeit, sollen die Daten durch die Offenbarung also bei einer anderen Stelle i. S. v. § 35 SGB I Verwendungszwecken zugeführt werden, für die sie nicht erhoben und gespeichert worden sind, so ist dafür im Rahmen des § 69 Abs. 1 Nr. 1 eine **spezialgesetzliche, aufgabenspezifische Übermittlungsnorm** erforderlich (ausführlich dazu o. Rz. 7 ff., 20 ff.). Die Generalklausel des § 69 Abs. 1 Nr. 1 allein mit ihrem **Global**verweis auf **alle »Aufgabennormen«** nach dem **SGB** genügt dem rechtsstaatlichen Gebot der Normenklarheit insoweit nicht. Aus dem Grundsatz der **Zweckbindung** folgt, daß der Verwendungszweck personenbezogener, von staatlichen Stellen beanspruchter Daten in **aufgabenspezifischen** gesetzlichen Regelungen festgelegt sein muß und die Verwendung der Daten auf den gesetzlich bestimmten Zweck begrenzt ist. Soweit die Offenbarung im Rahmen des § 69 Abs. 1 Nr. 1 zur Erfüllung von Aufgaben der offenbarenden Stelle oder von Stellen mit übereinstimmender sachlicher Zuständigkeit erforderlich ist, wird dieser Grundsatz respektiert: durch die Offenbarung werden die Zwecke verfolgt, zu denen die Daten erhoben und gespeichert worden sind.

Legitimiert sich die Offenbarung hingegen an Aufgaben der datenempfangenden **89**
Stelle und handelt es sich dabei um andere als die von der offenbarenden Stelle
wahrgenommenen, so ist die **Zweckbindung aufgehoben** oder »**unterbrochen**«.
Als Rechtfertigung dafür ist eine Generalklausel wie § 69 Abs. 1 Nr. 1 (allein)
nicht ausreichend, da andernfalls sämtliche Sozialdaten aller Sozialleistungsträger
auch allen übrigen Sozialleistungsträgern zur Erfüllung sämtlicher Aufgaben nach
dem SGB zur Verfügung stünden, einer Zweckbindung mithin gar nicht unterlägen.
Insoweit ist daher eine spezialgesetzliche **Übermittlungsvorschrift** erforderlich,
aus der sich (jedenfalls der Sache nach) eindeutig ergibt, welcher Stelle
welche Daten zu welchen Zwecken offenbart werden dürfen (vgl. dazu. i.e.
Rz. 23).

Diese Grundsätze können natürlich nicht in den Fällen gelten, in denen eine Stelle **90**
i.S.d. § 35 SGB I **für einen (anderen) Sozialleistungsträger** tätig wird, der andere
Aufgaben als sie selbst zu erfüllen hat (vgl. bereits Rz. 46ff., 80). Dabei ist es
gleichgültig, ob es sich um einen gesetzlichen (§ 93) oder einen frei erteilten
Auftrag (§§ 88ff.) oder eine in anderer Weise geregelte Unterstützungsleistung
handelt. Maßnahmen, die von der eingeschalteten Stelle durchgeführt werden,
dienen der Erfüllung der Aufgaben der nach dem SGB **zuständigen Stelle**;
personenbezogene Daten, von denen erstere dabei Kenntnis erlangt, sind von
vornherein **für die zuständige Stelle bestimmt**. Mit ihrer Offenbarung gegenüber
der zuständigen Stelle ist eine **Zweckänderung** nicht verbunden, so daß es im
Rahmen des § 69 Abs. 1 Nr. 1 einer spezialgesetzlichen Übermittlungsvorschrift
nicht bedarf. Dies gilt etwa für Übermittlungen, die im Rahmen des Verfahrens
nach der **2. DEVO/2. DÜVO** erfolgen (vgl. dazu o. Rz. 42): Sozialdaten, die
danach von den Krankenkassen an die zuständigen Leistungsträger weitergeleitet
werden, sind von vornherein in deren Interesse **und zu diesem Zweck** erhoben
worden (s. aber die seit dem 1. 1. 1989 geltenden §§ 28a ff. SGB IV).

In § 69 Abs. 1 Nr. 1 2. Alt. ist im übrigen ein atypischer **Sonderfall** der Offenbarung
im Interesse des Adressaten (Datenempfänger ist **keine** Stelle i.S.v. § 35
SGB I, sondern ein Gericht!) speziell geregelt. Datenoffenbarungen nach dieser
Vorschrift dienen nicht der Aufgabenerfüllung der offenbarenden Sozialleistungsträger,
sondern der Durchführung des (mit dieser Aufgabenerfüllung – nur –
zusammenhängenden) **gerichtlichen Verfahrens** (vgl. u. Rz. 97ff.). Bei formaler
Betrachtung kann man daher auch die Datenübermittlung gegenüber einem
Gericht als »zweckändernde« Offenbarung qualifizieren, wenngleich die justizielle
Kontrolle und Streitentscheidung eher als Möglichkeit anzusehen ist, die rechtlich
geordneten Beziehungen **immanent**, also auch bei der Begründung sozialrechtlicher
Beziehungen immer schon vorausgesetzt ist. In jedem Fall kann natürlich
angesichts der spezifischen Funktionsweise der Gerichte im Rahmen des § 69
Abs. 1 Nr. 1 **2. Alt.** eine spezialgesetzliche, die gerichtlichen Verwendungszwecke
(über das geltende materielle und Prozeßrecht hinaus) genauer festlegende
Rechtsgrundlage nicht gefordert werden.

b) Vorrang der Erhebung beim Betroffenen
Aufgrund der dargelegten Rechtslage (Rz. 7ff., 20ff., 88f.) ist nicht etwa zu **91**
befürchten, den Sozialleistungsträgern könne der Zugang zu personenbezogenen
Informationen, die sie für die Erfüllung ihrer Aufgaben benötigen, umzumutbar
erschwert oder gar versperrt werden. Die hier vertretene Auffasung hat vielmehr
nur die Konsequenz, daß sich die Sozialleistungsträger, wenn sie die benötigten

§ 69 *Offenbarung für Erfüllung soz. Aufgaben*

Daten nicht von einem Leistungsträger mit übereinstimmender sachlicher Zuständigkeit erlangen können und im übrigen eine spezialgesetzliche Übermittlungsregelung nicht vorhanden ist, an die **Betroffenen** selbst halten und die Daten bei ihnen **erheben** müssen (zum Vorrang der Datenerhebung beim Betroffenen vgl. o. Rz. 73 f.; § 67 Rz. 31; § 68 Rz. 52 f. und § 79 Rz. 124 ff.).

92 Dazu sind sie, falls keine speziellen Datenerhebungsnormen bestehen (vgl. § 284 Abs. 1 SGB V), nach **§ 9 Abs. 1 BDSG** berechtigt. § 9 Abs. 1 BDSG, auf den § 79 Abs. 1 verweist, regelt unmittelbar zwar nur die Datenspeicherung und -veränderung, läßt aber den Schluß zu, daß Daten, deren Speicherung zulässig ist, grundsätzlich auch erhoben werden dürfen. Zur **Datenerhebung bei den Betroffenen** sind die Leistungsträger demnach immer dann berechtigt, wenn dies zur rechtmäßigen Erfüllung einer Aufgabe erforderlich ist (ausführlich § 79 Rz. 120 ff.). Soweit soziale Aufgaben in Rede stehen (die Aufgabe i.S.d. § 9 Abs. 1 BDSG also eine gesetzliche Aufgabe nach dem SGB i.S.v. § 69 Abs. 1 Nr. 1 ist), kommen auch solche in Betracht, die im SGB nur kursorisch normiert oder durch autonomes Recht der Leistungsträger konkretisiert sind oder die sich aus den Regelungen des SGB implizit ergeben (vgl. o. Rz. 27 ff.).

93 Demnach sind die rechtlichen Voraussetzungen, unter denen ein Sozialleistungsträger die zur Erfüllung seiner Aufgaben benötigten personenbezogenen Informationen erlangen kann, von seinem Vorgehen abhängig: Will er die Daten selbst (insbesondere beim Betroffenen) **erheben**, so ist er dazu **aufgrund jeder ihm zugewiesenen Aufgabe** berechtigt (vgl. allerdings die enumerative Auflistung der Erhebungszwecke in § 284 Abs. 1 SGB V für die Krankenkassen); es kommt allein darauf an, ob die Kenntnis der Daten zur Erfüllung der Aufgabe erforderlich ist. Will er sich die Daten hingegen von einem anderen Sozialleistungsträger **übermitteln lassen**, bei dem sie zur Erfüllung anderer Aufgaben gespeichert oder sonst vorhanden sind, so ist **außerdem** eine **spezialgesetzliche**, gerade die Übermittlung legitimierende **Rechtsgrundlage** erforderlich. Dieselben Daten sind also unter leichteren Bedingungen beim Betroffenen zu erheben als durch Übermittlung von einem anderen Sozialleistungsträger zu erlangen.

94 Dies ist keineswegs willkürlich, sondern durchaus sachgerechte Konsequenz des Zweckbindungsgrundsatzes. Daß die Datenerhebung beim Betroffenen **Vorrang** vor dem Zugriff auf die Datenbestände anderer Stellen hat (sofern es sich dabei nicht um Stellen mit übereinstimmender sachlicher Zuständigkeit handelt, vgl. o. Rz. 74), ist erwünscht, weil die Betroffenen wissen sollen, welche Stellen welche Informationen über sie besitzen und zu welchen Zwecken sie diese verwenden (»wer was wann und bei welcher Gelegenheit« über sie weiß). Dies liegt auch im Interesse der Verwaltungsträger, schon weil andernfalls eine Korrektur falscher, unvollständiger oder nicht mehr aktueller Informationen erheblich erschwert wäre (vgl. *Schlink* Amtshilfe, S. 323 Fn. 73). Dementsprechend sollte auch in dem – in der 10. Legislaturperiode nicht mehr verabschiedeten – Gesetzentwurf der Bundesregierung und der Koalitionsfraktionen zur Neufassung des BVwVfG (BT-Drucks. 10/4737, Art. 2) klargestellt werden, daß die Datenerhebung beim Betroffenen generell Vorrang vor anderen Formen der Informationsgewinnung hat (§ 3 Abs. 2; ebenso der BMI-Entwurf 1987, § 3a Abs. 2 BVwVfG-E; vgl. auch § 79 Rz. 124 ff.). Dies kann allerdings dann nicht gelten, wenn eine spezialgesetzliche Regelung die Datenübermittlung gestattet, weil die **Hinweisfunktion**, die im anderen Fall durch die Erhebung der Daten beim Betroffenen gewährleistet ist, hier **durch das Gesetz** erfüllt wird.

Offenbarung für Erfüllung soz. Aufgaben § 69

IV. Durchführung eines gerichtlichen Verfahrens (Abs. 1 Nr. 1 2. Alternative)

1. Anwendungsbereich

Nach § 69 Abs. 1 Nr. 1 2. Alt. dürfen Sozialdaten auch offenbart werden, soweit 95
dies für die Durchführung eines **gerichtlichen Verfahrens** einschließlich eines
Strafverfahrens erforderlich ist, das mit der Erfüllung einer gesetzlichen Aufgabe
nach dem SGB durch eine in § 35 SGB I genannte Stelle zusammenhängt (vgl.
allgemein *Emrich* in Frommann u. a., Sozialdatenschutz, S. 113 ff.; *Haus* NJW
1988, 3126; zur Frage der »Zweckänderung« vgl. o. Rz. 90; zur Offenbarung von
Sozialdaten gegenüber Gerichten allgemein § 35 Rz. 67 ff.; gegenüber Strafgerichten § 73 Rz. 39 f., 50 ff.; gegenüber Familiengerichten in Unterhalts- und Versorgungsausgleichssachen § 74 Rz. 4 ff., 11 ff.). Ihrem Wortlaut nach lassen sich unter
die Norm zwei – rechtlich zu unterscheidende – Konstellationen subsumieren.
Bei der **ersten Fallgestaltung** stellt sich die Frage nach der Rechtfertigung der 96
Offenbarung von Sozialdaten **allein aus der Perspektive des offenbarenden Leistungsträgers**: die Offenbarung dient der Erfüllung **seiner** Aufgaben. Dies ist
insbesondere der Fall, wenn ein Leistungsträger zur Erfüllung seiner gesetzlichen
Aufgaben einen Anspruch gerichtlich geltend macht oder ein Strafverfahren
initiiert (zu letzterem vgl. o. Rz. 65 sowie u. Rz. 125). Der Sache nach handelt es
sich insoweit um Offenbarungen nach § 69 Abs. 1 Nr. 1 **1. Alt.**, deren Besonderheit
nur darin liegt, daß der Adressat ein Gericht ist. Die Beurteilung der Zulässigkeit
der Offenbarung ist hier Sache des Sozialleistungsträgers. Allerdings hat er dabei
der spezifischen Funktion des Datenempfängers Rechnung zu tragen, der sich
letzten Endes, auch wenn zunächst die Aufgabenstellung des Leistungsträgers
maßgeblich ist, sein **eigenes** Urteil bilden muß. Daß § 69 Abs. 1 Nr. 1 **2. Alt.** nur das
gerichtliche Verfahren nennt, schließt im übrigen nicht aus, daß nach § 69 Abs. 1
Nr. 1 **1. Alt.** auch eine Offenbarung gegenüber der **Staatsanwaltschaft oder ihren
Hilfsorganen** erforderlich sein kann (Einzelheiten zur Offenbarung an Strafverfolgungsbehörden und zum Verhältnis von § 69 Abs. 1 Nr. 1 und § 73 sind erläutert in
§ 73 Rz. 14, 42 ff.).
Es hätte der **Sonderregelung** in § 69 Abs. 1 Nr. 1 **2. Alt.** jedoch nicht bedurft, ginge 97
es nur um diese, von § 69 Abs. 1 Nr. 1 **1. Alt.** bereits erfaßten Offenbarungen im
Interesse der Leistungsträger. Für sie kann die Vorschrift allenfalls eine klarstellende Funktion beanspruchen. Eigenständige **Regelungsfunktion** hat sie hingegen
für Datenoffenbarungen **im Interesse der Gerichte**. Nach der Begründung des AuS-Ausschusses soll die Regelung »die Tatsachenermittlung in gerichtlichen Streitigkeiten nach dem Sozialgesetzbuch erleichtern« (BT-Drucks. 8/4022, S. 85; vgl. auch
Gutachten *Deutscher Verein* NDV 1987, 358 f.). Einer Offenbarungsbefugnis nach
den §§ 67 ff. bedürfen insbesondere auch die **Sozialgerichte**. Nach dem eindeutigen
Wortlaut von § 35 Abs. 2, 3 SGB I, § 67 Satz 1 ergibt sich die Zulässigkeit der
Offenbarung von Sozialdaten gegenüber Sozialgerichten nicht aus prozessualen
Vorschriften wie § 119 SGG (so aber *LSG Essen* AmtlMittLVA Rheinpr. 1983,
59 f.). Gleichwohl ist dem *LSG Essen* im Ergebnis darin zuzustimmen, daß die
Leistungsträger, sofern ein »Zusammenhangsverfahren« i. S. v. § 69 Abs. 1 Nr. 1
2. Alt. gegeben ist, nicht aufgrund ihrer Pflicht zur Wahrung des Sozialgeheimnisses
vor der Aktenübersendung an das Gericht im einzelnen selbst zu prüfen haben,
welche Aktenbestandteile und Einzelinformationen für die Entscheidung erheblich
sind (vgl. *Haus* NJW 1988, 3126 f.; ferner *Schimanski* SozSich 1987, 207 ff.).

98 Mit der Offenbarungs**befugnis** nach § 69 Abs. 1 Nr. 1 2. Alt. werden **im Interesse der Gerichte** (vgl. dazu auch *Hauck/Haines-Walloth* § 69 Rz. 24, 27) die datenschutzrechtlichen Voraussetzungen dafür geschaffen, daß die Leistungsträger (bei »Zusammenhangsverfahren«) die prozessualen Zeugnis-, Auskunfts- und Vorlagepflichten erfüllen dürfen, soweit als Sozialdaten geschützte Informationen betroffen sind (im Vordergund steht dabei die Vorlage von Akten der Verwaltung, die von den Gerichten zur Sachverhaltsaufklärung benötigt werden; vgl. dazu die Rechtsprechungsübersicht bei *Igl* CuR 1985, 93, 95 f.). Deshalb ist die **Prüfungskompetenz der Leistungsträger eingeschränkt**: sie haben, sofern das Gerichtsverfahren mit der Erfüllung ihrer Aufgaben nach dem SGB **zusammenhängt**, im Rahmen des § 69 Abs. 1 Nr. 1 2. Alt. die **Erforderlichkeit** der Offenbarung nur einer **kursorischen »Schlüssigkeitsprüfung«** zu unterziehen (a. A. die Komm. zu § 35 Rz. 70 und § 73 Rz. 37).

99 Welche Informationen im einzelnen für die gerichtliche Entscheidung »relevant« sein könnten, ist von den Leistungsträgern nicht zu beurteilen, denn die Bedeutung der einzelnen Fakten, Informationen und Vorgänge hängt von der **rechtlichen Bewertung** des Verfahrensgegenstands ab, die **dem Gericht vorbehalten** ist. Angeforderte Akten sind daher, sofern ein **gegenständlicher Bezug** zu dem anhängigen (»Zusammenhangs-«)Verfahren gegeben ist, **grundsätzlich vollständig** zu übersenden (dabei ist auch zu bedenken, daß die in Betracht kommenden gerichtlichen Verfahren weithin vom Amtsermittlungsgrundsatz geprägt sind, vgl. §§ 103, 106 SGG, 86 f. VwGO). Auch eine **Voranfrage** gegenüber dem Gericht, welche Informationen im einzelnen benötigt werden, wäre mit der Logik des gerichtlichen Verfahrens unvereinbar und zudem unpraktikabel. Lediglich **selbständige Aktenteile**, die für das Verfahren **unzweifelhaft ohne Bedeutung** sind und zur gerichtlichen Sachverhaltsaufklärung nichts beitragen können, sind aus dem Gesichtspunkt des Sozialdatenschutzes von der Aktenversendung auszunehmen. Zu weitergehenden Prüfungen hingegen werden die Leistungsträger durch das Erforderlichkeitskriterium in § 69 Abs. 1 Nr. 1 2. Alt. nicht ermächtigt.

100 Eine Berechtigung der Leistungsträger zu einer ins einzelne gehenden Erforderlichkeitskontrolle kann auch nicht daraus abgeleitet werden, daß Offenbarungen im Interesse von Gerichten **aus der Sicht der Leistungsträger** i. d. R. auch der Erfüllung ihrer eigenen Aufgaben dienen (zugleich also auf die – von den Leistungsträgern hinsichtlich der tatbestandlichen Voraussetzungen **in vollem Umfang** zu prüfende – Offenbarungsbefugnis nach § 69 Abs. 1 Nr. 1 **1. Alt.** gestützt werden könnten). Letzteres ist zutreffend, insofern aber irrelevant, als die Offenbarungsbefugnis nach § 69 Abs. 1 Nr. 1 **2. Alt.**, sobald ein Gerichtsverfahren anhängig ist, die Offenbarungsbefugnis im Interesse der Sozialleistungsträger (d. h. § 69 Abs. 1 Nr. 1 1. Alt.) **»überlagert«**. Das gerichtliche Verfahren i. S. v. § 69 Abs. 1 Nr. 1 2. Alt. (d. h. die verbindliche Streitentscheidung durch die staatlichen Gerichte) »transzendiert« die Aufgabenerfüllung der Sozialleistungsträger und begründet eine eigene Logik, nach der nunmehr – allein – über die Zulässigkeit von Datenoffenbarungen zu entscheiden ist.

101 Es wurde bereits darauf hingewiesen (Rz. 25, 98), daß § 69 lediglich die **Befugnis** der Sozialleistungsträger zur Offenbarung von Sozialdaten regelt. Ob und in welchem Umfang sie – sofern eine solche Befugnis gegeben ist – zur Offenbarung (Auskunftserteilung, Vorlage von Akten, Unterlagen usw.) **verpflichtet** sind und ob ihnen Rechtsbehelfe gegen ein gerichtliches Ersuchen zustehen, ergibt sich

Offenbarung für Erfüllung soz. Aufgaben § 69

aus dem jeweiligen **Prozeßrecht** (vgl. § 35 Abs. 3 SGB I; ausführlich dazu § 35 Rz. 67 ff.; § 73 Rz. 37 ff.).

2. Gerichtliches Verfahren

Gerichtliches Verfahren i. S. d. Vorschrift ist grundsätzlich jedes Verfahren vor **102** einem staatlichen Gericht (vgl. *Hauck/Haines-Walloth* § 69 Rz. 25). In erster Linie kommen Verfahren vor den **Sozial-** und **Verwaltungsgerichten**, daneben aber auch **zivilgerichtliche** Verfahren (etwa wegen Erstattungs- und Ersatzansprüchen nach §§ 115 ff., Amtshaftungsansprüchen) in Betracht. Das **Strafverfahren** ist in der Vorschrift ausdrücklich genannt. Die Offenbarungsbefugnis setzt jeweils voraus, daß ein **gerichtliches** Verfahren **anhängig** ist.

§ 69 Abs. 1 Nr. 1 **2. Alt.** begründet daher keine Offenbarungsbefugnis im Rahmen **103** von **behördlichen** Verfahren, auch wenn sie zur **Vorbereitung**, aus **Anlaß** oder **aufgrund** eines gerichtlichen Verfahrens durchgeführt werden. Die Vorschrift ist also beispielsweise auf **staatsanwaltliche** und **polizeiliche Ermittlungsverfahren** ebensowenig anzuwenden (vgl. auch § 73 Rz. 42; a. A. *Verbandskommentar* § 69 Rz. 9; wohl auch *Bittmann* NJW 1988, 3139; vgl. aber zur Offenbarungsbefugnis nach § 69 Abs. 1 Nr. 1 1. Alt. oben Rz. 96) wie auf **Bußgeld-** oder **Disziplinarverfahren** (*Hauck/Haines-Walloth* § 69 Rz. 25, 27). Auch das **Vollstreckungsverfahren**, das den Exekutiv-, nicht den Rechtsprechungsfunktionen zuzuordnen ist, wird von § 69 Abs. 1 Nr. 1 2. Alt. nicht erfaßt (*Hauck/Haines-Walloth* § 69 Rz. 25 mit Hinweis auf § 74 Abs. 1 Nr. 1; a. A. *Verbandskommentar* § 69 Rz. 9).

3. Zusammenhang mit einer SGB-Aufgabe

Eine Offenbarungsbefugnis nach § 69 Abs. 1 Nr. 1 2. Alt. besteht nur, wenn das **104** gerichtliche Verfahren mit der Erfüllung einer gesetzlichen Aufgabe nach dem SGB durch eine in § 35 SGB I genannte Stelle **zusammenhängt**. Ob dies der Fall ist, haben die Sozialleistungsträger selbst zu prüfen. Unproblematisch sind die Fälle, in denen sie an dem Verfahren **notwendig beteiligt** sind. Der hier zu fordernde (in einer allgemeinen Formulierung allerdings nicht zu präzisierende) Zusammenhang wird auch darüber hinaus zu bejahen sein, wenn Maßnahmen, mit denen eine Stelle ihre Aufgaben nach dem SGB erfüllt, für den Gegenstand des Gerichtsverfahrens unmittelbar relevant sind oder wenn der Verfahrensgegenstand durch Handlungen Dritter bestimmt wird, die sich auf die Aufgabenerfüllung der Stelle direkt auswirken. Hat die offenbarende Stelle – etwa durch Erstattung einer Anzeige – den Anstoß zu dem Verfahren gegeben, so indiziert dies den Zusammenhang mit der Erfüllung ihrer Aufgaben nach dem SGB (vgl. dazu auch *Hauck/Haines-Walloth* § 69 Rz. 26).

Nach § 69 Abs. 1 Nr. 1 2. Alt. dürfen Sozialdaten nur zur Durchführung gerichtli- **105** cher Verfahren offenbart werden, die mit der Erfüllung von Aufgaben **der offenbarenden Stelle** zusammenhängen (zur Heranziehung von Vergleichsakten vgl. aber Rz. 107). Es ist danach also nicht zulässig, die bei einem Sozialleistungsträger vorhandenen Sozialdaten zur Durchführung eines Gerichtsverfahrens zu offenbaren, das mit der Aufgabenerfüllung eines **anderen** Sozialleistungsträgers zusammenhängt (a. A. Rderl. der BA 155/87 vom 23. 12. 1987, Nr. 33 a). Andernfalls wäre der Zugriff auf die Gesamtmenge der bei **allen Sozialleistungsträgern** vorhandenen personenbezogenen Informationen, der durch § 69 Abs. 1 Nr. 1 gerade nicht ermöglicht wird (vgl. o. Rz. 7ff., 20ff., 89), sozusagen auf dem Umweg über das gerichtliche Verfahren eröffnet. Im übrigen könnte hier die offenbarende Stelle i. d. R. auch gar nicht beurteilen, ob ein **Zusammenhang** zwischen dem gerichtlichen Verfahren und der Erfüllung der Aufgabe (des **anderen** Leistungsträgers) nach dem SGB besteht, was sie im Rahmen der Offenbarungsbefugnis nach § 69 Abs. 1 Nr. 1 2. Alt. **selbst** zu prüfen hat (vgl. o. Rz. 98, 104; nach dem o. a. Rderl. der BA soll der »andere Leistungsträger« daher vor der Offenbarung der BA bestätigen, daß das Verfahren »zur Erfüllung sozialer Aufgaben erforderlich ist«). Auch die **Erforderlichkeit** der Offenbarung, die von der offenbarenden Stelle – wenn auch eingeschränkt – zu prüfen ist (vgl. o. Rz. 98 ff., 104), wäre aus deren Sicht kaum zu beurteilen.

106 Allerdings ist sehr wohl denkbar, daß ein gerichtliches Verfahren mit der Aufgabenerfüllung **mehrerer Leistungsträger** zusammenhängt. Bei einem Strafverfahren wegen **Abrechnungsbetrugs** (vgl. dazu *Schnapp/Düring* NJW 1988, 738 m. w. N.; *Naase* SozSich 1986, 396ff.; s. auch § 73 Rz. 44) etwa kann dies u. U. hinsichtlich einer großen Zahl von Krankenkassen der Fall sein. Ist der hier zu fordernde Zusammenhang mit der Aufgabenerfüllung der offenbarenden Stelle hingegen nicht gegeben, so kann eine Offenbarung gegenüber Gerichten nur auf eine anderweitige Befugnis nach dem Zweiten Kapitel SGB X, insbes. auf die **Einwilligung des Betroffenen** (vgl. dazu § 67 Rz. 29) gestützt werden.

107 Der von der Datenoffenbarung **Betroffene** muß an dem gerichtlichen Verfahren nicht selbst beteiligt sein (vgl. *Lauterbach/Watermann* UV, § 69 Anm. 7; *Pickel* SGB X, § 69 Anm. 4; *Hauck/Haines-Walloth* § 69 Rz. 26; anders bei § 73, vgl. § 73 Rz. 23). Andernfalls wäre § 69 Abs. 1 Nr. 1 2. Alt. gar nicht praktikabel, weil die Unterlagen der Leistungsträger in aller Regel nicht nur Angaben über den Leistungsberechtigten, sondern auch über Dritte (wie Angehörige und Unterhaltspflichtige, Arbeitgeber) enthalten. Ferner darf das Gericht **Vergleichsakten** heranziehen, wenn es für die Entscheidung des Verfahrens darauf ankommt, wie der Leistungsträger sein Ermessen in anderen Fällen ausgeübt hat (*Lauterbach/Watermann* UV, § 69 Anm. 7; *Pickel* SGB X, § 69 Anm. 4; *Hauck/Haines-Walloth* § 69 Rz. 27; a. A. wohl *BfA-Kommentar* § 69 Anm. 4). Zu prüfen ist jedoch stets, ob es zu diesem Zweck der Offenbarung **personenbezogener** Daten bedarf oder ob die Übermittlung anonymisierter Parallelvorgänge ausreicht.

4. Offenbarungsumfang

108 Die Offenbarungsbefugnis nach § 69 Abs. 1 Nr. 1 2. Alt. bezieht sich auf **alle verfahrensrelevanten Informationen**. Auf welche Weise dem Gericht die Daten offenbart werden sollen (Erteilung von Auskünften, Aktenübersendung usw.), ist im Rahmen von § 69 ohne Belang. Daten, die dem **besonderen Schutz gem. § 76 Abs. 1** unterliegen, dürfen auch dem Gericht nur in den engeren, in dieser Vorschrift gezogenen Grenzen offenbart werden (vgl. § 76 Rz. 85). § 76 Abs. 2 Nr. 1 läßt die Offenbarung von Daten, die im Zusammenhang mit einer Begutachtung wegen der Erbringung von Sozialleistungen oder wegen der Ausstellung einer Bescheinigung zugänglich gemacht worden sind, im Rahmen des § 69 Abs. 1 Nr. 1, d. h. unter erleichterten Bedingungen, zu, räumt dem Betroffenen aber ein

Offenbarung für Erfüllung soz. Aufgaben § 69

Widerspruchsrecht ein. Nach Auffassung des Bundesbeauftragten für Datenschutz müssen die Betroffenen dabei auf jede gegenüber einem Gericht beabsichtigte Offenbarung im Einzelfall hingewiesen werden (9. TB/*BfD* BT-Drucks. 10/ 6816, S. 49f.; zu dieser Frage eingehend § 76 Rz. 80). Die Verwaltung dürfte bisher weithin anders verfahren und es als ausreichend ansehen, wenn der Betroffene zu irgendeinem Zeitpunkt – üblicherweise am Anfang – des Verwaltungsverfahrens allgemein auf die erleichterte Offenbarungsmöglichkeit und das Widerspruchsrecht nach § 76 Abs. 2 Nr. 1 hingewiesen wird. Dafür läßt sich anführen, daß die Anwendung des § 76 Abs. 2 Nr. 1 nicht dazu führen darf, daß Datenoffenbarungen, denen der Betroffene nach der Vorschrift nur widersprechen kann, im Ergebnis von seiner Einwilligung abhängig gemacht, die Unterschiede zwischen § 76 Abs. 1 und Abs. 2 Nr. 1 also eingeebnet werden.
Allerdings bleibt zu bedenken, daß die Offenbarung besonders geschützter Daten **109 gegenüber einem Gericht** für die Betroffenen von anderer Bedeutung als die Offenbarung solcher Daten gegenüber anderen Sozialleistungsträgern, Gutachtern usw. ist, auf die der Betroffene eher eingestellt sein wird und bei der vor allem in der Regel keine »Publikumsöffentlichkeit« hergestellt wird, wie sie mit dem gerichtlichen Verfahren grundsätzlich verbunden ist. Da das Sozialrechtsverhältnis in besonderer Weise auf die **Kooperation** zwischen Behörden und betroffenen Bürgern setzt, spricht dieser Gesichtspunkt dafür, den Betroffenen im Einzelfall auf Offenbarungen hinzuweisen, die gegenüber einem Gericht beabsichtigt sind. Das Widerspruchsrecht nach § 76 Abs. 2 Nr. 1 könnte andernfalls in der Praxis kaum oder nur in den Fällen wahrgenommen werden, in denen die Betroffenen ihren Widerspruch sehr frühzeitig – sozusagen auf Verdacht – erklären.

V. Datenverarbeitung im Auftrag (Abs. 1 Nr. 2)

Die Weitergabe personenbezogener Daten an Personen oder Stellen, die sie **im 110 Auftrag** verarbeiten, ist nach § 2 Abs. 2 Nr. 2 und Abs. 3 Nr. 2 BDSG keine **Datenübermittlung** i. S. d. BDSG. Sie ist aber, wie sich aus § 69 Abs. 1 Nr. 2 ergibt, eine **Datenoffenbarung**, soweit es sich bei den Daten um geschützte Sozialdaten und beim Auftraggeber um eine in § 35 SGB I genannte Stelle handelt (vgl. Ausschußbericht BT-Drucks. 8/4022, S. 85; zu dieser Differenzierung § 80 Rz. 6). Es ist allerdings nicht in diesem begrifflichen Unterschied, sondern allein in der positiven Regelung des § 80 begründet, wenn für die Datenverarbeitung im Auftrag im Rahmen des Sozialdatenschutzes strengere Vorschriften als nach allgemeinem Datenschutzrecht gelten (vgl. i. e. § 80 Rz. 28ff.).
Während dem **Speichermedium** in den gesetzlichen Offenbarungsbefugnissen **111** nach §§ 68 bis 77 im übrigen keine Bedeutung zukommt, ist mit Datenverarbeitung hier wie in §§ 1 Abs. 2, 8 BDSG (vgl. die Verweisung in §§ 79 Abs. 1, 80 Abs. 1) nur die – in der Regel automatische – **Verarbeitung von Dateidaten** gemeint (vgl. § 79 Rz. 10 und *Hauck/Haines-Walloth* § 69 Rz. 42). Hinsichtlich der Zulässigkeitsvoraussetzungen der Datenverarbeitung im Auftrag verweist § 69 Abs. 1 Nr. 2 auf § 80: Entspricht die Auftragserteilung dieser Vorschrift, so darf der Sozialleistungsträger dem Auftragnehmer die zur Durchführung des Auftrags erforderlichen Daten offenbaren, sofern nur die Datenverarbeitung im Auftrag der Erfüllung einer gesetzlichen Aufgabe nach dem SGB dient. Insoweit kommt

natürlich jede auf den Auftraggeber bezogene »Aufgabennorm« (vgl. o. Rz. 23) in Betracht, weil die Daten hier lediglich im Interesse von und für Zwecke des Leistungsträgers durch ein unselbständiges »Hilfsorgan« verarbeitet werden, dessen Tätigkeit dem Auftraggeber zuzurechnen ist (vgl. *Auernhammer* BDSG, § 2 Rz. 15, 19).

VI. Richtigstellung unwahrer Tatsachenbehauptungen (Abs. 1 Nr. 3)

112 Nach § 69 Abs. 1 Nr. 3 dürfen die Sozialleistungsträger Sozialdaten offenbaren, soweit dies für die Richtigstellung **unwahrer Tatsachenbehauptungen** des Betroffenen erforderlich ist. Bezüglich des Begriffs der Tatsachenbehauptung sind die §§ 186, 187 StGB heranzuziehen (*Verbandskommentar* § 69 Rz. 11; *Pickel* SGB X, § 69 Anm. 6a; *Hauck/Haines-Walloth* § 69 Rz. 44). Tatsachen sind danach von **Werturteilen** zu unterscheiden, was im Einzelfall erhebliche Abgrenzungsschwierigkeiten aufwerfen kann (*Schroeder-Printzen* § 69 Anm. 6). Die Äußerung »unzutreffender« Werturteile berechtigt die Sozialleistungsträger nicht zur Offenbarung von Sozialdaten nach Abs. 1 Nr. 3. Allerdings kommt, wie sich aus der keineswegs unproblematischen (nach Art. 5 Abs. 2 GG wird die Meinungsfreiheit nur durch das Recht der **persönlichen** Ehre eingeschränkt!) Vorschrift des § 194 Abs. 3 Satz 2 StGB ergibt, derzufolge auch **Behörden beleidigungsfähig** sind, eine strafrechtliche Verfolgung nach § 185 StGB in Betracht; die Offenbarungsbefugnis kann sich insoweit nur aus Abs. 1 Nr. 1 ergeben.

113 Die Behauptung muß in der **Öffentlichkeit** erfolgt sein (Ausschußbericht, BT-Drucks. 8/4022, S. 85). Ferner muß es sich um eine Behauptung **des Betroffenen** handeln; die Vorschrift berechtigt also nur zur Offenbarung von Sozialdaten, die sich auf denjenigen beziehen, der die Behauptung aufgestellt hat (*Verbandskommentar* § 69 Rz. 11; *Hauck/Haines-Walloth* § 69 Rz. 44). Häufigster Fall wird die Beschwerde eines Sozialhilfeempfängers oder Sozialversicherten über unzureichende Sozialleistungen in der **Presse** oder anderen **Medien** sein. **Unwahr** ist die Behauptung, wenn sie nicht nur aufgebauscht oder in Einzelheiten und Nebensächlichkeiten, sondern ihrem wesentlichen Gehalt nach unzutreffend ist (vgl. *Schroeder-Printzen* § 69 Anm. 6; *Pickel* SGB X, § 69 Anm. 6). Schließlich muß die Behauptung im **Zusammenhang** mit einem Verfahren über die Erbringung von Sozialleistungen stehen. Damit ist außer dem **Verwaltungsverfahren** auch das **gerichtliche** Verfahren gemeint (*Schroeder-Printzen* § 69 Anm. 6; *Hauck/Haines-Walloth* § 69 Rz. 44); die Vorschrift ist auch dann anwendbar, wenn das Verfahren bereits abgeschlossen ist (*Hauck/Haines-Walloth* § 69 Rz. 44). Sie setzt allerdings voraus, daß es sich um ein Verfahren **über die Erbringung** von Sozialleistungen handelt (vgl. §§ 11, 18 ff. SGB I). Behauptungen, die das Sozialrechtsverhältnis, aber nicht die Leistungserbringung (sondern etwa das Beitragsverfahren, dazu *Hauck/Haines-Walloth* § 69 Rz. 44) betreffen, dürfen daher nicht nach Abs. 1 Nr. 3 – ggf. aber nach Abs. 1 **Nr. 1** – richtiggestellt werden.

114 **Erforderlich** ist die Richtigstellung, wenn die behaupteten Tatsachen geeignet sind, das Vertrauen in den Sozialleistungsträger erheblich zu erschüttern (vgl. Ausschußbericht, BT-Drucks. 8/4022, S. 86). Die Richtigstellung, die durch Information der Öffentlichkeit erfolgt und damit Belange des Betroffenen in besonderer Weise betrifft, soll auf sozialpolitisch bedeutsame Fälle beschränkt sein. Prozedural wird dies dadurch sichergestellt, daß sie der vorherigen **Genehmigung**

Offenbarung für Erfüllung soz. Aufgaben § 69

der zuständigen obersten Bundes- oder Landesbehörde (vgl. dazu § 75 Rz. 91 f.) bedarf (Abs. 1 Nr. 3 2. Halbs.).

VII. Offenbarung für die Erfüllung vergleichbarer Aufgaben (Abs. 2)

1. Funktion und Reichweite der Gleichstellung

§ 69 Abs. 2 soll dem Umstand Rechnung tragen, daß auch Stellen und Einrichtun- 115
gen, die in § 35 SGB I **nicht** aufgeführt sind, **sozialrechtliche Aufgaben** zu erfüllen haben und dabei auf Sozialdaten angewiesen sind. Sie werden daher, wie es in dem Bericht des AuS-Ausschusses etwas unscharf heißt, für die Erfüllung ihrer gesetzlichen oder sich aus einem Tarifvertrag ergebenden Aufgaben den in § 35 SGB I genannten Stellen **gleichgestellt** (BT-Drucks. 8/4022, S. 85). Das bedeutet aber nicht, daß diese Stellen insoweit als Sozialleistungsträger i. S. d. § 35 SGB I anzusehen wären (*BfA-Kommentar* § 69 Anm. 7; *Verbandskommentar* § 69 Rz. 12; *Pickel* SGB X, § 69 Anm. 2c).

Vielmehr wird durch Abs. 2 nur eine Übermittlungsbefugnis **an diese Stellen** 116
geschaffen: Sozialleistungsträger dürfen den in Abs. 2 genannten Stellen Sozialdaten auch dann offenbaren, wenn dies zur Erfüllung der (außerhalb des SGB geregelten) gesetzlichen oder der tarifvertraglichen Aufgaben dieser »anderen« Stellen und Einrichtungen erforderlich ist (*Rische* DRV 1980, 386f.; *Verbandskommentar* § 69 Rz. 12; *BfA-Kommentar* § 69 Anm. 7). Geschieht dies, so haben die in Abs. 2 aufgeführten Stellen und Einrichtungen das Sozialgeheimnis nach **§ 78 Satz 2** im selben Umfang wie die in § 35 SGB I genannten Stellen zu wahren (vgl. *Verbandskommentar* § 69 Rz. 12; s. auch § 78 Rz. 10). Im übrigen ist das Handeln dieser Stellen und Institutionen nach **allgemeinem** Datenschutzrecht, nicht nach Sozialdatenschutzrecht zu beurteilen.

Die Gleichstellung nach Abs. 2 betrifft nur die Datenübermittlung an eine in 117
Abs. 2 aufgeführte Stelle **im Rahmen des § 69 Abs. 1**, nicht darüber hinaus auch andere Übermittlungsvorschiften der §§ 67 ff. (a. A. *Neumann-Duesberg* BKK 1981, 28; *Pickel* SGB X, § 69 Anm. 2c). Werden einer in Art. 2 genannten Stelle oder Einrichtung Sozialdaten durch einen Sozialleistungsträger übermittelt, um ihr die Erfüllung **ihrer** gesetzlichen oder tarifvertraglichen Aufgaben zu ermöglichen, so werden die Daten, da sie für solche Zwecke »jenseits des SGB« nicht erhoben und gespeichert worden sind, stets **neuen Verwendungszwecken** zugeführt. Aufgrund des **informationsrechtlichen Gesetzesvorbehalts**, der hinsichtlich des behördlichen Umgangs mit personenbezogenen Daten die Geltung des **Zweckbindungsgrundsatzes** sicherstellt, bedarf die Datenübermittlung an eine in Abs. 2 genannte Stelle oder Einrichtung im Rahmen des § 69 Abs. 1 daher einer **spezialgesetzlichen Übermittlungsvorschrift** (vgl. o. Rz. 7 ff., 20 ff., 88 ff.). Es reicht insoweit also nicht aus, daß dem auf die jeweilige Stelle i. S. v. Abs. 2 anwendbaren Recht lediglich eine **»Aufgabennorm«** zu entnehmen ist; vielmehr bedarf es einer aufgabenspezifischen **»Übermittlungsnorm«**, aus der sich konkret ergibt, welche Sozialdaten welches Sozialleistungsträgers die Stelle zu welchen Zwecken kennen muß (vgl. o. Rz. 23). Übermittlungsnormen in diesem Sinn sind gerade im Recht der Stellen nach Abs. 2 vielfach **implizit** enthalten (im Fall der Einrichtungen nach Nr. 2 ausnahmsweise auch in Tarifverträgen), weil die (das Sozialrechtssystem der Bundesrepublik in erster Linie prägenden) **Sozialleistun-**

gen nach dem SGB häufig konkrete **rechtliche Auswirkungen** (vgl. o. Rz. 23) auf die Erfüllung der sozialrechtlichen Aufgaben der Stellen und Einrichtungen nach Abs. 2 haben. Insbesondere sind Sozialleistungen nach dem SGB auf die Leistung letzterer vielfach anzurechnen (vgl. auch Rz. 121).

2. Gleichgestellte Behörden und Einrichtungen

118 Die Stellen und Einrichtungen, denen aufgrund der Gleichstellung mit den Sozialleistungsträgern Sozialdaten offenbart werden dürfen, sind in Abs. 2 **abschließend** aufgezählt (*Verbandskommentar* § 69 Rz. 22). Mit dem am 1. 1. 1989 in Kraft getretenen Gesetz über die Meldepflichten des Arbeitgebers (G. vom 20. 12. 1988, BGBl. I S. 2330) ist § 69 Abs. 2 ergänzt worden (vgl. dazu Einl. Rz. 19). Klargestellt wurde in Nr. 1, daß Stellen, die das Soldatenversorgungsgesetz durchführen oder Gesetze anzuwenden haben, die das Beamtenversorgungsgesetz in Bezug nehmen, ebenfalls in die Gleichstellung einbezogen sind.

119 Zu den **Stellen i. S. d. Abs. 2 Nr. 1** gehören im einzelnen u. a.:
— die **Ausgleichsämter** als Leistungsträger nach dem Lastenausgleichsgesetz,
— die **Entschädigungsbehörden** als Leistungsträger nach dem Bundesentschädigungsgesetz,
— die **Landesjustizverwaltungen**, die Leistungen nach dem Gesetz über die Entschädigung für Strafverfolgungsmaßnahmen zu erbringen haben,
— die **Wehrbehörden** als Träger der Leistungen nach dem Unterhaltssicherungsgesetz,
— die **Versorgungsdienststellen** als Leistungsträger nach dem Beamtenversorgungsgesetz und
— die Stellen, die nach Landesrecht **Blinden-** und **Pflegegeldleistungen** zu erbringen haben.

Einbezogen sind jeweils auch – wie in § 35 Abs. 1 Satz 2 SGB I – die aufsichts-, rechnungsprüfungs- und weisungsberechtigten Behörden.

120 Für die Erfüllung einer gesetzlichen oder sich aus einem Tarifvertrag ergebenden Aufgabe werden den Sozialleistungsträgern nach **Abs. 2 Nr. 2** die **gemeinsamen Einrichtungen der Tarifvertragsparteien** i. S. d. § 4 Abs. 2 TVG (in erster Linie Pensionskassen oder betriebliche Unterstützungskassen) und die **öffentlich-rechtlichen Zusatzversorgungseinrichtungen** (insoweit ist vor allem die Versorgungsanstalt des Bundes und der Länder anzuführen) gleichgestellt (vgl. i. e. die Übersichten im *Verbandskommentar* § 69 Rz. 14; bei *Naeth* in Jahn, SGB, § 69 Rz. 9). Hierher gehören aufgrund der Gesetzesänderung vom 1. 1. 1989 (vgl. o. Rz. 118) jetzt auch ausdrücklich die **Zusatzversorgungseinrichtungen des öffentlichen Dienstes**, die **keinen** öffentlich-rechtlichen Status haben (vgl. dazu die Begründung zum RegE BT-Drucks. 11/2221 vom 2. 5. 1988, S. 36, zu Art. 11 Abs. 1).

121 Eine Offenbarungsbefugnis gegenüber den genannten Stellen und Einrichtungen besteht nur, soweit sie gesetzliche oder sich aus einem Tarifvertrag ergebende Aufgaben zu erfüllen haben. Der Begriff der **gesetzlichen Aufgabe** ist hier ebenso wie in Abs. 1 Nr. 1 zu bestimmen (vgl. o. Rz. 29 ff.; zum Erfordernis einer **aufgabenspezifischen Übermittlungsvorschrift** vgl. o. Rz. 117). Bei den in Abs. 2 Nr. 1 genannten Stellen müssen sich die Aufgaben aus den dort bezeichneten Gesetzen ergeben (zum unselbständigen Annexrecht vgl. *Hauck/Haines-Walloth*

§ 69 Rz. 23). Der Begriff der sich **aus einem Tarifvertrag ergebenden Aufgabe** ist entsprechend dem Begriff der gesetzlichen Aufgabe zu konkretisieren. Die in Abs. 2 Nr. 1 genannten Stellen benötigen in der Praxis insbesondere Angaben über Rentenleistungen, die nach dem für sie maßgeblichen Recht **anzurechnen** sind; die Einrichtungen i. S. d. Abs. 2 Nr. 2 hingegen sind auf die Hilfe der in § 35 SGB I genannten Stellen vor allem für ihren **Beitragseinzug** angewiesen, brauchen also in erster Linie Angaben über die Lohnsummen der tarifgebundenen Arbeitgeber oder über Arbeitsentgelte der versicherten Arbeitnehmer (*Hauck/Haines-Walloth* § 69 Rz. 23; Ausschußbericht, BT-Drucks. 8/4022, S. 85).

VIII. Verhältnis zu anderen Vorschriften

Ist die Offenbarung von Sozialdaten nach § 69 zulässig, so ist es nicht nur »nicht erforderlich«, sondern grundsätzlich unzulässig, die Betroffenen zur **Einwilligung** i. S. d. § 67 Abs. 1 Nr. 1 aufzufordern. Auf den Willen des Betroffenen kommt es rechtlich nicht an, wenn bereits das **Gesetz** eine Offenbarungsbefugnis begründet (vgl. § 67 Rz. 20 ff.). 122

Über die datenschutzrechtliche Zulässigkeit von Offenbarungen, mit denen die offenbarende Stelle einer (anderen) Stelle i. S. d. § 35 SGB I zur Erfüllung gesetzlicher Aufgaben nach dem SGB **Amtshilfe** (§§ 3 ff.) leistet, ist nach § 69 Abs. 1 Nr. 1, nicht nach **§ 68** zu entscheiden (vgl. § 68 Rz. 25; 110). § 69 Abs. 1 Nr. 1 kann auf den Kooperationsmodus der Amtshilfe nicht eingeengt werden, schließt ihn aber ein (vgl. o. Rz. 1 f., 25, auch zu § 35 Abs. 2 SGB I a. F.). 123

Soweit die **Unfallversicherungsträger** Aufgaben nach dem **SGB** erfüllen, richtet sich die Zulässigkeit der Offenbarung von Sozialdaten nach § 69. **§ 70** ist anwendbar, soweit sie zur Durchführung des Arbeitsschutzes Aufgaben **nach anderen Gesetzen** (z. B. § 139b Abs. 5a GewO) zu erfüllen haben (vgl. *Hauck/Haines-Walloth* § 67 Rz. 40; ausf. § 70 Rz. 8 ff.). 124

Ist die Mitwirkung an der Aufklärung eines Verbrechens oder Vergehens zur Erfüllung einer gesetzlichen Aufgabe nach dem SGB durch eine Stelle i. S. von § 35 SGB I erforderlich, so kann die Offenbarung – im Interesse des Leistungsträgers – nach § 69 Abs. 1 Nr. 1 **1. Alt.** und zugleich – im Interesse der Strafverfolgungsorgane – nach § 73 zulässig sein. Bezugspunkt und Maßstab der Erforderlichkeit der Datenoffenbarung wäre dann im einen Fall die Erfüllung der gesetzlichen Aufgabe nach dem SGB (vgl. dazu o. Rz. 65, 96), im andern die Durchführung des Strafverfahrens (vgl. § 73 Rz. 43). 125

Als Sonderregelung über die **wissenschaftliche Forschung** und die **Planung** im Sozialleistungsbereich ist § 75 auch auf die – an sich unter § 69 Abs. 1 Nr. 1 subsumierbare – »Eigenforschung« oder »-planung« der Sozialleistungsträger anwendbar (vgl. o. Rz. 49 f.; § 75 Rz. 33 ff., 39). 126

Im Rahmen des § 69 wird die Zulässigkeit der Offenbarung bei **besonders schutzwürdigen Daten** durch § 76, bei **Offenbarungen über die Grenze** durch § 77 weiter eingeengt. Die Einschränkung nach § 76 ist allerdings im Interesse der Aufgabenerfüllung der Sozialleistungsträger gem. § 69 Abs. 1 Nr. 1 i. V. m. **§ 76 Abs. 2 Nr. 1** relativiert. 127

§ 70 Offenbarung für die Durchführung des Arbeitsschutzes

Eine Offenbarung personenbezogener Daten ist zulässig, soweit sie zur Erfüllung der gesetzlichen Aufgaben der Unfallversicherungsträger, der Gewerbeaufsichtsämter oder der Bergbehörden bei der Durchführung des Arbeitsschutzes erforderlich ist und schutzwürdige Belange des Betroffenen nicht beeinträchtigt werden oder das öffentliche Interesse an der Durchführung des Arbeitsschutzes das Geheimhaltungsinteresse des Betroffenen erheblich überwiegt.

Inhaltsübersicht

		Rz.
I.	Entstehungsgeschichte	1, 2
II.	Bedeutung der Vorschrift	3–7
III.	Offenbarungskonstellationen	8–12
	1. Vorrang des § 69 Abs. 1 Nr. 1	8–10
	2. Anwendungsfälle des § 70	11, 12
IV.	Die gesetzlichen Aufgaben bei der Durchführung des Arbeitsschutzes	13–19
	1. Arbeitsschutz	13
	2. Unfallversicherungsträger	14, 15
	3. Gewerbeaufsichtsämter	16, 17
	4. Bergämter und andere Behörden	18, 19
V.	Einschränkungen der Offenbarungsbefugnis	20–23
	1. Schutzwürdige Belange	20, 21
	2. Öffentliches Interesse	22, 23
VI.	Verhältnis zu anderen Vorschriften	24–27
	1. § 76	24, 25
	2. § 78	26
	3. § 715 RVO	27

I. Entstehungsgeschichte

1 Diese Vorschrift war weder im **Bericht des Ausschusses für Arbeit und Sozialordnung** (BT-Drucks. 8/4022 vom 14. 5. 1980) noch im ersten Gesetzesbeschluß des **Bundestages** vom 22. 5. 1980 (BR-Drucks. 288/80) enthalten. Dort war lediglich vorgesehen, eine Mitteilungspflicht in § 68 (BT-Drucks. 8/4022) bzw. § 70 (BR-Drucks. 288/80, beide jetzt § 71) »zur Durchführung des Arbeitsschutzes nach § 139 b Abs. 5a GewO« aufzunehmen. Dem **Bundesrat** erschien diese Offenbarungsbefugnis **zu eng** gefaßt; auf Initiative des Bundeslandes Hessen rief der Bundesrat auch in diesem Punkt den Vermittlungsausschuß an und beantragte die Einfügung eines § 69a bei gleichzeitigem Wegfall der o. a. Mitteilungspflicht (vgl. BT-Drucks. 8/4216 vom 16. 6. 1980, Nr. 18). Im Vermittlungsausschuß wurde der Text des vorgeschlagenen § 69a noch leicht i. S. d. dann Gesetz gewordenen Formulierung geändert (vgl. die Beschlußempfehlung des **Vermittlungsausschusses**, BT-Drucks. 8/4330 vom 26. 6. 1980, Nr. 9).

2 Die Begründung betr. § 69a (jetzt: § 71) in der **Anrufung des Vermittlungsausschusses** (BT-Drucks. 8/4216, Nr. 18) gibt die **Motive** für die Schaffung dieser Vorschrift wie folgt wieder:

Offenbarung für Durchführung des Arbeitsschutzes § 70

»Bei dem Informationsaustausch zwischen Berufsgenossenschaften und Gewerbeaufsichtsbehöden, die beide Aufgaben des Arbeitsschutzes wahrnehmen, haben sich im Hinblick auf den alten § 35 SGB I Probleme ergeben. Diese Schwierigkeiten werden durch § 70 Nr. 3 des Gesetzes (sc. gemeint ist die Paragraphenfolge des Gesetzesbeschlusses des Bundestages vom 22. 5. 1980; d. Verf.) nicht beseitigt. Durch die Bezugnahme auf § 139b Abs. 5a GewO werden zum einen nur die bundesunmittelbaren Versicherungsträger als Stellen der Bundesverwaltung angesprochen, zum anderen lediglich solche personenbezogenen Daten erfaßt, welche die Arbeitgeber – wie in § 139b Abs. 5a vorausgesetzt – bereits aufgrund einer Rechtsvorschrift mitgeteilt haben. Personenbezogene Daten und Geheimnisse aufgrund von Feststellungen, welche die Versicherungsträger selbst erheben bzw. treffen, werden durch § 70 Nr. 3 mithin nicht zum Austausch freigegeben. Gerade auch solche Daten sollen aber zur Vermeidung von Doppelarbeit und im Interesse sinnvoller Zusammenarbeit ausgetauscht werden können. Dies ergibt die »Allgemeine Verwaltungsvorschrift über das Zusammenwirken der Träger der Unfallversicherung und der Gewerbeaufsichtsbehörden« vom 28. November 1977 (BAnz. Nr. 225) z. B. in ihrem § 7. In gleichem Umfang muß ein Informationsaustausch durch Rechtsvorschrift sichergestellt werden ...«

II. Bedeutung der Vorschrift

Aus den in Rz. 2 zitierten Motiven ergibt sich, daß es Absicht des Gesetzgebers 3 war, die **Zusammenarbeit der Berufsgenossenschaften und** anderen Träger der Unfallversicherung und **der Gewerbeaufsichtsämter** auf dem Gebiet des Arbeitsschutzes und den dafür erforderlichen Informationsfluß zu gewährleisten, da sich hier die Aufgaben beider Behörden überschneiden (vgl. *Verbandskommentar* § 70 Rz. 1; *Neumann-Duesberg* BKK 1981, 6, 28). Dieses Zusammenwirken sieht § 717 RVO ausdrücklich vor. Auf der Grundlage dieser Bestimmung sind die in Rz. 2 angesprochenen Allgemeinen Verwaltungsvorschriften des Bundesministers für Arbeit und Sozialordnung über das Zusammenwirken der Träger der Unfallversicherung und der Gewerbeaufsichtsbehörden vom 26. 7. 1976 (BAnz. Nr. 142) mit Änderung durch Art. 1 der Allgemeinen Verwaltungsvorschrift vom 28. 11. 1977 (BAnz. Nr. 225) ergangen.

Eine Mitteilung von personenbezogenen Sozialdaten oder von Betriebs- und 4 Geschäftsgeheimnissen kommt dabei insbesondere in Betracht
— bei der Vorbereitung und Durchführung gemeinsamer **Betriebsbesichtigungen** und **Unfalluntersuchungen** (§ 3 Abs. 2, 4 und § 5 AVV) und
— bei der gegenseitigen **Unterrichtung** über Sicherheitsmängel, Arbeitsunfälle und eingeleitete Bußgeldverfahren (§ 7 AVV).

Der Wortlaut des § 70 geht jedoch weit über die Absicherung eines in der 5 behördlichen Praxis eingespielten Informationsaustauschs zur **Vermeidung von Doppelermittlungen** hinaus. Zum einen räumt § 70 keineswegs nur den Unfallversicherungsträgern, sondern auch allen anderen Leistungsträgern i. S. d. § 35 Abs. 1 SGB I eine Befugnis zur Datenübermittlung an Stellen, die den Arbeitsschutz durchführen, ein (dazu Rz. 12). Zum anderen ist der **Begriff »Arbeitsschutz«** keineswegs eindeutig definiert (vgl. Rz. 13); daher wird hier nicht ohne Grund von einer »kaum anwendbaren Generalklausel« gesprochen (vgl. *Wiese* DAngVers. 1980, 449, 456).

6 In der Eile des Gesetzgebungsverfahrens bei der Einführung des § 70 (vgl. o. Rz. 1) wurde offensichtlich auch das **Verhältnis des § 70 zu § 69 Abs. 1 Nr. 1** nicht ausreichend berücksichtigt. Soweit die Unfallversicherungsträger nämlich Aufgaben des Arbeitsschutzes etwa nach der RVO – d. h. also auch nach dem SGB – wahrnehmen, werden personenbezogene Mitteilungen bereits durch § 69 Abs. 1 Nr. 1 legitimiert (i. e. dazu Rz. 8 ff.).

7 Von besonderer Bedeutung ist bei dieser Vorschrift die **Gleichstellung der Betriebs- und Geschäftsgeheimnisse** mit den personenbezogenen Daten durch § 35 Abs. 4 SGB I. Vielfach werden die zu offenbarenden Angaben etwa über Arbeitssicherheit oder Betriebshygiene nicht Daten über einzelne Beschäftigte, sondern über Zustände der Werksanlagen, Mißstände bei betrieblichen Einrichtungen o. ä. betreffen.

III. Offenbarungskonstellationen

1. Vorrang des § 69 Abs. 1 Nr. 1

8 Aus der Begründung zur Einfügung des § 70 in den Offenbarungskatalog des SGB X (vgl. Rz. 2) ergibt sich, daß diese Vorschrift gegenüber § 69 Abs. 1 Nr. 1 eine **Befugniserweiterung** darstellen soll. Dementsprechend richten sich keineswegs alle Datenoffenbarungen zu Zwecken des Arbeitsschutzes nach § 70. Die gegenüber § 69 Abs. 1 Nr. 1 **verschärften Voraussetzungen des § 70**, d. h. die Prüfung der schutzwürdigen Belange bzw. die Abwägung mit dem entsprechenden öffentlichen Interesse (dazu Rz. 20 ff.), finden vielmehr nur dann Anwendung, wenn Aufgaben des Arbeitsschutzes nach Rechtsvorschriften **außerhalb** der in das SGB integrierten sozialrechtlichen Einzelgesetze durchgeführt werden sollen (ebenso *Lauterbach/Watermann* UV, § 70 Anm. 5 b; *Hauck/Haines-Walloth* § 67 Rz. 40; unklar zum Verhältnis von § 69 Abs. 1 Nr. 1 zu § 70 *Brackmann* Handbuch, Bd. I/2, S. 233 r). Soweit mithin **Unfallversicherungsträger** an andere SGB-Stellen oder an Gewerbeaufsichtsämter Daten zur Erfüllung ihrer **eigenen** gesetzlichen Aufgaben nach dem SGB – darunter auch zur Durchführung des Arbeitsschutzes – übermitteln, gilt **ausschießlich § 69 Abs. 1 Nr. 1**. Hierher gehört auch die Datenübermittlung im Zusammenhang mit der Kooperationspflicht zwischen den Trägern der Unfallversicherung und »den für Arbeitsschutz zuständigen Landesbehörden« nach **§ 1543 e RVO**. Gleiches gilt für die Datenübermittlung an **»Zentraldateien«** mehrerer Unfallversicherungsträger zu Präventions- und Rehabilitationszwecken nach **§ 96 Abs. 3 Satz 2 SGB X** (eingefügt durch das GRG m. W. v. 1. 1. 1989).

9 § 69 Abs. 1 Nr. 1 ist anwendbar auch für die Weitergabe von Sozialdaten durch Träger der Unfallversicherung an **Betriebsräte** (ebenso *Lauterbach/Watermann* UV, § 70 Anm. 5 c). Auf der Grundlage des § 712 Abs. 4 RVO sind dazu die Allgemeinen Verwaltungsvorschriften über das Zusammenwirken der technischen Aufsichtsbeamten der Berufsgenossenschaften mit den Betriebsvertretungen vom 28. 11. 1977 (BAnz. Nr. 225) ergangen. Die Offenbarung von Sozialdaten kann sich beispielsweise bei der Zusendung von Abschriften eines Betriebsbesichtigungsberichts (§ 4 Abs. 4 AVV) oder einer Unfallanzeige (§ 5 AVV) ergeben. Im

Offenbarung für Durchführung des Arbeitsschutzes § 70

ersten Fall besteht allerdings für den Unternehmer die Möglichkeit, Betriebs- und Geschäftsgeheimnisse ausdrücklich als geheimhaltungsbedürftig zu erklären. Für den Prüfbeamten der Berufsgenossenschaft besteht dann ein Mitteilungsverbot, wenn der Unternehmer die Weitergabe ablehnt (§ 4 Abs. 6 AVV). In diesem Fall geht jedoch wegen § 37 Satz 2 SGB I die gesetzgeberische Interessenabwägung aus § 70 vor; diese Informationssperre kann also durchbrochen werden, wenn an der Mitteilung an den Betriebsrat ein öffentliches Interesse besteht, das das Geheimhaltungsinteresse des Unternehmens erheblich überwiegt. Der Offenbarungsbefugnis des Trägers der Unfallversicherung korrespondiert in gewissem Umfang ein **Informationsanspruch des Betriebsrats**, den § 89 Abs. 2 BetrVG gegenüber den Arbeitsschutzbehörden z. B. bei Unfalluntersuchungen einräumt.

Soweit **andere SGB-Stellen** an Unfallversicherungsträger oder Gewerbeaufsichtsbehörden Sozialdaten zur Erfüllung ihrer **eigenen** Aufgaben nach dem SGB offenbaren, ist ebenfalls **ausschließlich § 69 Abs. 1 Nr. 1** anzuwenden, auch wenn diese Angaben sich auf den Arbeitsschutz beziehen. Hierher gehört beispielsweise die Mitteilung des Jugendamts an die Gewerbeaufsichtsbehörde, um Verstöße gegen das Jugendarbeitsschutzgesetz hinsichtlich eines Klienten, für dessen Wohl das Jugendamt Sorge tragen muß, abzustellen. Ebenfalls ein Anwendungsfall des § 69 Abs. 1 Nr. 1 ist die speziell geregelte Offenbarungsbefugnis der gesetzlichen Krankenkassen an die für den Arbeitsschutz zuständigen Landesbehörden nach § 306 SGB V (vorher § 317 b RVO, vgl. § 35 Rz. 65; § 69 Rz. 64). Nach dieser Vorschrift erfolgt eine Unterrichtung, wenn sich im Einzelfall konkrete Anhaltspunkte z. B. für Verstöße gegen das Gesetz zur **Bekämpfung der Schwarzarbeit** ergeben. 10

2. Anwendungsfälle des § 70

Soweit **Gewerbeaufsichtsämter** zur Erfüllung der ihnen zugewiesenen Aufgaben (dazu Rz. 16f.) Daten an andere Stellen – auch an die Unfallversicherungsträger – übermitteln, gelten §§ 67ff. überhaupt nicht, da die Gewerbeaufsichtsämter keine Leistungsträger i. S. d. § 35 Abs. 1 SGB I sind. Diese Mitteilungen richten sich vielmehr nach den jeweiligen **Landesdatenschutzgesetzen** (dies übersehen offensichtlich *Knopp* SGB-SozVers-GesKomm, § 70 Anm. 7 und *Pickel* DuD 1985, 196, 199, die davon auszugehen scheinen, daß § 70 auch für die Gewerbeaufsichtsämter eine Übermittlungsbefugnis begründet. Diese Auffassung verkennt jedoch, daß es in § 67ff. ausschließlich um Offenbarungsbefugnisse für Sozialleistungsträger gehen kann). Vorrang vor den Übermittlungsbestimmungen der Landesdatenschutzgesetze haben die einschlägigen bereichsspezifischen Normen: So sieht § 139b Abs. 7 und 8 GewO vor, daß die Gewerbeaufsichtsämter bei konkreten Anhaltspunkten für Verstöße gegen eine Reihe im einzelnen aufgeführter Gesetze – hierzu zählt auch das Gesetz zur Bekämpfung der Schwarzarbeit – die für die Verfolgung und Ahndung solcher Unrechtmäßigkeiten zuständigen Behörden (u. a. die Arbeitsämter und Krankenkassen) informieren. 11

Als **Regelungsbereich für § 70** bleibt mithin nur die Konstellation übrig, daß Unfallversicherungsträger oder andere SGB-Stellen Sozialdaten **an Gewerbeaufsichtsämter** weitergeben, damit diese **ihre** Aufgaben nach der Gewerbeordnung, dem Heimarbeits- oder Jugendarbeitsschutzgesetz usw. (zu den Aufgaben i. e. Rz. 15f.) erfüllen können (die Offenbarungen von Leistungsträgern an Arbeits- 12 schutzbehörden zur Bekämpfung der Schwarzarbeit nach § 306 SGB V und § 1543e RVO richten sich jedoch nach § 69, vgl. o. Rz. 8, 10). Einen speziell geregelten Anwendungsfall enthält die aufgrund § 139b Abs. 5a GewO erlassene **Datenweiterleitungs-VO** vom 19. 6. 1980 (BGBl. I S. 722). Sie schreibt der Bundesanstalt für Arbeit vor, bestimmte ihr bekannte Informationen z.B. über Beschäftigtenstruktur (ggf. Betriebs- oder Geschäftsgeheimnis!) und Arbeitsschutz regelmäßig an die für die Gewerbeaufsicht zuständigen Obersten Landesbehörden zu übermitteln (dazu *Lauterbach/Watermann* UV, § 70 Anm. 5c). Im Ergebnis sind mithin von § 70 die **Berufsgenossenschaften** nur in ihrer Eigenschaft **als offenbarende Stellen**, die **Gewerbeaufsichtsämter** dagegen nur **als empfangende** Stellen betroffen (vgl. *Graßl/Weigert* DSWR 1981, 141). Wegen dieser Unübersichtlichkeit des Anwendungsbereichs des § 70 ist die Kritik nicht unberechtigt, diese Bestimmung stelle einen »unsystematischen Fremdkörper in einem sonst behutsam formulierten Gesetz« dar (vgl. *Wiese* DAngVers. 1980, 449, 456; dagegen *Krause* JbSozR 3 (1981), S. 279, 293).

IV. Die gesetzlichen Aufgaben bei der Durchführung des Arbeitsschutzes

1. Arbeitsschutz

13 Der **Begriff »Arbeitsschutz«** wird unterschiedlich definiert. Am besten faßt man darunter »die Gesamtheit der Normen, durch die dem Arbeitgeber öffentlichrechtliche Pflichten auferlegt werden, um die für den Arbeitnehmer von der Arbeit ausgehenden Gefahren zu beseitigen oder zu vermindern« (vgl. *Schaub* S. 789). Als Unterkategorien lassen sich zweckmäßigerweise bilden

— der **Betriebs- oder Gefahrenschutz** (z. B. Unfallverhütungsvorschriften, Arbeitssicherheitsgesetz usw.),
— der **Arbeitszeitschutz** (Sonn- und Feiertagsarbeit) und
— der **Arbeitsvertragsschutz** (vgl. *Schaub* S. 790; *Herschel* RdA 1978, 69).

Anders ausgedrückt: Arbeitsschutzrecht umfaßt **alle Normen, die öffentlichrechtliche Pflichten zum Schutze der Arbeitnehmer enthalten** (vgl. *Verbandskommentar* § 70 Rz. 4).

2. Unfallversicherungsträger

14 Die **Unfallversicherungsträger** sind in § 22 Abs. 2 SGB I aufgeführt. Zu ihnen gehören

— in der **allgemeinen** Unfallversicherung die gewerblichen Berufsgenossenschaften, die Gemeindeunfallversicherungsverbände, die Feuerwehrunfallversicherungskassen sowie die Ausführungsbehörden des Bundes, der Länder und der zu Versicherungsträgern bestimmten Gemeinden,
— in der **landwirtschaftlichen** Unfallversicherung die landwirtschaftlichen Berufsgenossenschaften sowie die Ausführungsbehörden des Bundes und der Länder,
— in der **See-**Unfallversicherung die See-Berufsgenossenschaften sowie die Aus-

führungsbehörden des Bundes und der Länder (zu den Mitteilungspflichten der See-Berufsgenossenschaften im Rahmen der Wehrüberwachung vgl. § 71 Abs. 1 Satz 1 Nr. 4; dazu § 71 Rz. 38 ff.).

Aufgaben des Arbeitsschutzes obliegen den **Unfallversicherungsträgern** in erster 15 Linie auf den Gebieten der **Unfallverhütung** und der **Ersten Hilfe** (vgl. § 546 RVO), und zwar vor allem durch den Erlaß von Unfallverhütungsvorschriften (§ 708 RVO), deren **Überwachung** durch technische Aufsichtsbeamte (§§ 712 ff. RVO) und ggf. durch die von diesen getroffenen Einzelanordnungen (§ 712 Abs. 1 RVO). Den Berufsgenossenschaften weist § 719a RVO weiterhin die Befugnis zu, **überbetriebliche arbeitsmedizinische und sicherheitstechnische Dienste** einzurichten (vgl. z.B. die arbeitsmedizinischen Dienste der Bau-Berufsgenossenschaften; zur Zulässigkeit der Verwendung der (Renten-)Versicherungsnummer vgl. § 18 f. Abs. 1 Satz 3 SGB IV).

3. Gewerbeaufsichtsämter

Die Aufgaben der **Gewerbeaufsichtsämter** bei der Durchführung des Arbeits- 16 schutzes sind in verschiedenen Gesetzen geregelt (vgl. die Auflistung bei *Knopp* SGB-SozVers-GesKomm, § 70 Anm. 7). Zu nennen ist hier in erster Linie die Kontrolle der Einhaltung der Bestimmungen der **Gewerbeordnung** etwa über die Betriebssicherheit und Betriebshygiene (§§ 120a, 120b GewO) oder über die Sonn- und Feiertagsarbeit (§§ 105a ff. GewO) sowohl im gewerblichen Bereich wie im Handel (§§ 139b, 139g GewO).
Der **Begriff »Gewerbeaufsichtsämter«** knüpft an die bestehenden Ämter mit 17 dieser Bezeichnung und die ihnen üblicherweise übertragenen Aufsichtskompetenzen an. Hierher gehören auch die Kontrolle der Vorschriften des Jugendarbeitsschutzgesetzes (vgl. § 51 JArbSchG), des Mutterschutzgesetzes (vgl. § 20 MuSchG; zur Zulässigkeit der Mitteilung von Schwangerschaften durch die Krankenkasse an die Gewerbeaufsichtsämter vgl. 8. TB/*LfD-NRW* S. 55) sowie des Heimarbeitsgesetzes (vgl. §§ 14 Abs. 2, 16a HAG). Die **Benennung der zuständigen Behörden** und ihre organisatorische Ansiedlung ist Angelegenheit **landesrechtlicher** Bestimmung (vgl. § 155 Abs. 2 GewO; eine Auflistung dieser Normen findet sich bei *Landmann/Rohmer* GewO, § 139b Rz. 15).

4. Bergämter und andere Behörden

Als »Gewerbeaufsichtsämter« i.S.d. § 70 konnten bereits bisher auch solche 18 Behörden gelten, die spezialisiert auf bestimmte Branchen die gleiche Aufgabenstellung im Hinblick auf den Arbeitsschutz haben. Beispiel dafür sind die **Bergämter**, denen für Betriebe unter Bergaufsicht Überwachungsbefugnisse analog den Gewerbeaufsichtsbehörden eingeräumt sind (vgl. z.B. § 2 Nr. 1 VO über die Zuständigkeit nach dem JArbSchG in Hessen vom 17.8.1976, GVBl. I S. 318; wie hier auch *Knopp* SGB-SozVers-GesKomm, § 70 Anm. 7). Die ausdrückliche Aufnahme der **»Bergbehörden«** in § 70 ist m.W.v. 27.7.1988 durch Art. 4 des 1. SGBÄndG erfolgt (G vom 20.7.1988, BGBl. I S. 1046; dazu Einl. Rz. 17). Die Begründung lautet: »Die Ergänzung dient der Klarstellung; denn die Bergbehörden nehmen für den Bereich des Bergbaus an Stelle der Gewerbeaufsichtsämter die Belange des Arbeitsschutzes wahr« (Gesetzentwurf der Bundesregierung zum 1. SGBÄndG, BT-Drucks. 11/1004 vom 22.10. 1987, S. 17; vgl. *Krasny* NJW 1988, 2650).

19 Allerdings lassen es weder der klare Wortlaut noch die Begründung des § 70 zu, auch alle sonstigen Ämter, die zwar in irgendeiner Weise mit der Kontrolle auch arbeitsschutzrelevanter Vorschriften befaßt sind, im übrigen aber **außerhalb des Aufgabenspektrums der Gewerbeaufsichtsämter** tätig sind, einzubeziehen. Nicht hierher gehören mithin beispielsweise die **staatlichen Technischen Überwachungsämter**, aber auch nicht die für die Erteilung von Gewerbeerlaubnissen oder die **allgemeine Gewerbeüberwachung** nach Landesrecht zuständigen kommunalen Ämter (vgl. *Lauterbach/Watermann* UV, § 70 Anm. 6). Daher kann auch die Mitteilung von Beitragsrückständen durch Sozialversicherungsträger an Gewerbeüberwachungsbehörden nicht unter Berufung auf § 70 gerechtfertigt werden (ebenso *Krause/Steinbach* DÖV 1985, 549, 556), abgesehen davon, daß es in diesem Fall an einem direkten Bezug zum Arbeitsschutz fehlt (zur Zulässigkeit einer solchen Offenbarung nach § 69 Abs. 1 Nr. 1 vgl. dort Rz. 63; Zulässigkeit bejaht von *BVerwG* DVBl. 1982, 694 ff.).

V. Einschränkungen der Offenbarungsbefugnis

1. Schutzwürdige Belange

20 Die Offenbarung ist nur zulässig, wenn **schutzwürdige Belange** des Betroffenen nicht beeinträchtigt werden oder das **öffentliche Interesse** an der Durchführung des Arbeitsschutzes das Geheimhaltungsinteresse des Betroffenen erheblich überwiegt. »**Betroffener**« i. S. d. § 70 kann zum einen der **Unternehmer** sein, insbesondere insoweit Betriebs- und Geschäftsgeheimnisse mitgeteilt werden. Betroffen sein kann aber auch der **Arbeitnehmer**, etwa wenn seine Daten deshalb übermittelt werden, weil er von fehlenden Arbeitsschutzmaßnahmen beeinträchtigt worden ist, einen Arbeitsunfall erlitten hat usw.

21 Daß die **schutzwürdigen Belange** des Betroffenen nicht beeinträchtigt werden, muß vor jeder Offenbarung im Einzelfall positiv festgestellt werden (dazu § 68 Rz. 55 f.). **Nachteile** für Arbeitnehmer können z. B. dann befürchtet werden, wenn sich aus Mitteilungen an die Gewerbeaufsichtsbehörden bzw. dem dann folgenden Einschreiten dieser Behörde beim Arbeitgeber schließen läßt, daß sie als **Informanten** über Mißstände in ihrem Betrieb fungiert haben. Im übrigen wird zur Definition der schutzwürdigen Belange und zum Umfang der Prüfung ihres Vorliegens verwiesen auf die ausführliche Kommentierung in § 68 Rz. 54 ff.

2. Öffentliches Interesse

22 Auch wenn schutzwürdige Belange des Betroffenen bzw. sein Geheimhaltungsinteresse durch die Offenbarung beeinträchtigt werden, ist die Datenübermittlung zulässig, wenn das **öffentliche Interesse an der Durchführung des Arbeitsschutzes erheblich überwiegt**. Diese Formulierung entspricht der Abwägungsklausel in § 75 Abs. 1 Satz 1 (dazu ausführlich § 75 Rz. 84 ff.). Allerdings stehen den Vertraulichkeitsinteressen des Betroffenen bei § 70 und § 75 völlig unterschiedliche Rechtsgüter gegenüber: In § 75 geht es um das öffentliche Interesse an der Gewährleistung der Forschungsfreiheit. Bei der Durchführung des Arbeitsschutzes richtet sich das öffentliche Interesse auf den Schutz der **körperlichen Unversehrtheit** und der **Gesundheit** der Beschäftigten. Die Abwägungsformel macht jedenfalls deutlich, daß die schlichte Berufung auf Zwecke des Arbeitsschutzes Datenoffenbarungen nicht automatisch legitimiert, daß mit anderen Worten der **Arbeitsschutz keinen generellen Vorrang** vor den Geheimhaltungsansprüchen der Betroffenen hat. Immerhin kann man dem Hinweis auf § 7 der »Allgemeinen Verwaltungsvorschrift über das Zusammenwirken der Träger der Unfallversicherung und der Gewerbeaufsichtsbehörden« in der Begründung zu § 70 (vgl. o. Rz. 2) entnehmen, daß in den dort aufgezählten Fällen gegenseitiger Unterrichtung in der Regel keine schutzwürdigen Belange des Betroffenen beeinträchtigt werden bzw. das öffentliche Interesse als erheblich überwiegend anzusehen ist.

Letzteres ist in aller Regel auch dann der Fall, wenn ohne die Offenbarung 23 erhebliche Gefährdungen für Leib, Leben oder Gesundheit der Arbeitnehmer nicht beseitigt werden können (ebenso *Verbandskommentar* § 70 Rz. 5; *Neumann-Duesberg* WzS 1981, 193, 202). Dies entbindet die offenbarende Stelle jedoch nicht von der Notwendigkeit, durch Abwägung aller Gesichtspunkte zu ermitteln, ob **im Einzelfall** doch das Geheimhaltungsinteresse als höherrangig zu bewerten ist. Dabei kann sich eine Differenzierung dahingehend ergeben, daß zwar das Interesse des Unternehmers an der Vertraulichkeit seiner Betriebs- oder Geschäftsgeheimnisse zurückstehen muß, nicht jedoch der schutzwürdige Anspruch der einzelnen Arbeitnehmer auf Geheimhaltung ihrer personenbezogenen Sozialdaten.

VI. Verhältnis zu anderen Vorschriften

1. § 76

Der **Sonderschutz** des § 76 Abs. 1 für **besonders sensitive Daten** gilt auch im 24 Rahmen des § 70: So dürfen Angaben, die ein Leistungsträger von einem Arzt erhalten hat, zu Zwecken des Arbeitsschutzes an Gewerbeaufsichtsämter nur dann weitergegeben werden, wenn ein Fall zulässiger Durchbrechung der ärztlichen Schweigepflicht vorliegt (zu den Fallgruppen ausführlich § 76 Rz. 46 ff.). § 76 Abs. 2 Nr. 1 hebt diesen Sonderschutz für die medizinischen, psychologischen 25 usw. Daten nur für die Fälle der Offenbarung zur eigenen gesetzlichen Aufgabenerfüllung (§ 69 Abs. 1 Nr. 1) auf, nicht aber im Rahmen von § 70. Will beispielsweise eine Berufsgenossenschaft die von einem Durchgangsarzt erhaltenen medizinischen Informationen (vgl. § 1543 d RVO) an das Gewerbeaufsichtsamt zur Erfüllung einer eigenen Aufgabe, etwa zur Überprüfung der Einhaltung von Unfallverhütungsvorschriften, leiten, greift nach den o. a. Bemerkungen (Rz. 8) § 69 Abs. 1 Nr. 1 i. V. m § 76 **Abs. 2 Nr. 1**. Erfolgt jedoch die Datenweitergabe, damit das Gewerbeaufsichtsamt die Einhaltung von Regelungen der Gewerbeordnung überprüft – also eine eigene Aufgabe wahrnimmt –, ist § 70 i. V. m. § 76 **Abs. 1** anzuwenden. Diese Unterscheidung belegt die Wichtigkeit der u. Rz. 8 ff. vorgenommenen Differenzierung der Anwendungsfälle des § 70.

§ 93 Abs. 3 Satz 3 SGB X stellt ausdrücklich klar, daß § 76 auch für die Übermitt- 25a lung von Unfallversicherungsträgern an eine – von mehreren dieser Träger gemeinsam errichtete – **Zentraldatei** mit medizinischen Daten der Versicherten gilt (vgl. o. Rz. 8).

2. § 78

26 § 78 über die **Zweckbindung** und die **Geheimhaltungspflicht des Empfängers** gilt auch für Datenoffenbarungen an die **Gewerbeaufsichtsämter** nach § 70. Zwar enthält auch § 139 b Abs. 5 a Satz 4 GewO eine Verwendungsbeschränkung dahingehend, daß die nach der Datenweiterleitungs-VO (s. o. Rz. 12) übermittelten Angaben nur zur Erfüllung der in der Zuständigkeit der Gewerbeaufsichtsbehörden liegenden Aufgaben genutzt werden dürfen. Insoweit diese von der Bundesanstalt für Arbeit übermittelten Informationen jedoch personenbezogene Sozialdaten oder Betriebs- und Geschäftsgeheimnisse darstellen, hat § 78 wegen der Ausschließlichkeit der Offenbarungsbefugnisse nach dem SGB X Vorrang. Dies ist deswegen von Bedeutung, weil § 78 nicht generell auf den Aufgabenkreis der Gewerbeaufsichtsbehörden abstellt, sondern enger auf den Zweck der konkreten Offenbarung im Einzelfall (vgl. § 78 Rz. 16).

3. § 715 RVO

27 § 715 RVO regelt die **Schweigepflicht** der **technischen Aufsichtsbeamten** der Berufsgenossenschaften. Die Offenbarung und Verwertung fremder Geheimnisse wird dort grundsätzlich von der Einwilligung des Betroffenen abhängig gemacht (§ 715 Satz 1 RVO). Die Schweigepflicht wird dagegen gegenüber einer Reihe von Stellen wie Versicherungsträgern, »staatlichen Behörden«, Gerichten usw. bei Rechtsverstößen der Unternehmen aufgehoben (§ 715 Satz 2 RVO). § 715 RVO ist zwar nicht mit Einführung der Bestimmungen über das Sozialgeheimnis aufgehoben worden, wie überhaupt die individualbezogenen Geheimhaltungspflichten (z. B. auch § 203 StGB) neben dem an die Leistungsträger anknüpfenden Sozialdatenschutz anwendbar bleiben (vgl. *Schellhorn* GK-SGB I, § 35 Rz. 102). § 37 Satz 2 SGB I in seiner jetzigen Fassung (eingeführt m. W. v. 1. 7. 1983 durch Art. II § 15 Nr. 1 des Gesetzes vom 4. 11. 1982, BGBl. I S. 1450) stellt jedoch klar, daß die Vorschriften über die Offenbarung von Sozialdaten in § 35 SGB I, §§ 67 ff. – also auch der § 70 – **Vorrang** haben (vgl. *Lauterbach/Watermann* UV, vor § 67 SGB X, § 35 SGB I, Anm. 1 e). Die in § 715 Satz 2 RVO aufgeführten Fälle der Durchbrechung der Schweigepflicht können dementsprechend Datenübermittlungen an andere Stellen nicht rechtfertigen, vielmehr müssen die Voraussetzungen der §§ 67 ff., also vor allem die Erforderlichkeit entweder zur Erfüllung der Aufgaben der Berufsgenossenschaft selbst (§ 69 Abs. 1 Nr. 1) oder der Gewerbeaufsichtsämter zur Durchführung des Arbeitsschutzes (§ 70) gegeben sein (ebenso *Podlech* in Grüner/Dalichau, SGB X, vor § 67 Anm. VII 4; für Außerkrafttreten des § 715 RVO als dem SGB entgegenstehendes Recht *Pappai* BG 1987, 632).

Offenbarung für Erfüllung gesetzl. Pflichten § 71

§ 71 Offenbarung für die Erfüllung besonderer gesetzlicher Pflichten und Mitteilungsbefugnisse

(1) Eine Offenbarung personenbezogener Daten ist zulässig, soweit sie erforderlich ist für die Erfüllung der gesetzlichen Mitteilungspflichten
1. zur Abwendung geplanter Straftaten nach § 138 des Strafgesetzbuchs,
2. zum Schutz der öffentlichen Gesundheit nach § 4 Abs. 1 Nr. 1 bis 4 und Abs. 2 des Bundes-Seuchengesetzes, nach § 11 Abs. 2, §§ 12 bis 14 Abs. 1 des Gesetzes zur Bekämpfung von Geschlechtskrankheiten,
3. zur Sicherung des Steueraufkommens nach den §§ 93, 97, 105, 111 Abs. 1 und 5 und § 116 der Abgabenordnung oder
4. zur Wehrüberwachung nach § 24 Abs. 8 des Wehrpflichtgesetzes,

soweit diese Vorschriften unmittelbar anwendbar sind. Eine Offenbarung personenbezogener Daten ist zulässig, soweit sie erforderlich ist für die Erfüllung der gesetzlichen Pflichten zur Sicherung und Nutzung von Archivgut nach den §§ 2 und 5 des Bundesarchivgesetzes oder entsprechenden gesetzlichen Vorschriften der Länder, die die Schutzfristen dieses Gesetzes nicht unterschreiten.

(2) Eine Offenbarung personenbezogener Daten eines Ausländers ist zulässig, soweit es nach pflichtgemäßem Ermessen eines Leistungsträgers erforderlich ist, den Ausländerbehörden ausländerrechtlich zulässige Maßnahmen auf Grund der in § 10 Abs. 1 Nr. 7, 9 und 10 und § 11 des Ausländergesetzes bezeichneten Umstände zu ermöglichen. Während der ersten sechs Monate eines Bezugs von Sozialhilfe soll von einer Offenbarung der in § 10 Abs. 1 Nr. 10 des Ausländergesetzes bezeichneten Umstände abgesehen werden.

Inhaltsübersicht

	Rz.
I. Entstehungsgeschichte	1– 3
II. Bedeutung der Vorschrift	4– 9
III. Die Mitteilungspflichten und -befugnisse im einzelnen (Abs. 1 Satz 1)	10–41
1. Zur Abwendung geplanter Straftaten nach § 138 StGB (Abs. 1 Satz 1 Nr. 1)	10–15
2. Zum Schutz der öffentlichen Gesundheit (Abs. 1 Satz 1 Nr. 2)	16–24
a) Bundes-Seuchengesetz	16–19
b) Gesetz zur Bekämpfung von Geschlechtskrankheiten	20–24
3. Zur Sicherung des Steueraufkommens (Abs. 1 Satz 1 Nr. 3)	25–37
a) Regelungsbereich der Mitteilungspflichten	25–27
b) Auskunftspflicht über besteuerungserhebliche Sachverhalte	28–31
c) Mitteilungspflicht im Rahmen der Amtshilfe	32
d) Einschränkungen der Mitteilungspflichten	33–35
e) Mitteilungspflicht bei Steuerstraftaten	36, 37
4. Zur Wehrüberwachung (Abs. 1 Satz 1 Nr. 4)	38–40
5. Der Vorbehalt der unmittelbaren Anwendbarkeit (Abs. 1 Satz 1 letzter Halbs.)	41
IV. Abgabepflicht an Archive (Abs. 1 Satz 2)	42–44
V. Offenbarung an Ausländerbehörden (Abs. 2)	45–60

§ 71

1. Entstehungsgeschichte	45, 46
2. Offenbarungsfälle (Abs. 2 Satz 1)	47–50
3. Besondere Ausländergruppen	51–53
4. Pflichtgemäßes Ermessen	54–56
5. Sechs-Monats-Frist bei Sozialhilfebezug (Abs. 2 Satz 2)	57
6. Konsequenzen	58–60
VI. Verhältnis zu anderen Vorschriften	61–65
1. § 69 Abs. 1 Nr. 1	61
2. § 73	62
3. § 76	63, 64
4. Statistische Mitteilungspflichten	65

I. Entstehungsgeschichte

1 Die Regelung des § 71 beruht vor allem auf den **Unsicherheiten in der Anwendungspraxis** des § 35 SGB I in der alten, ab 1. 1. 1976 bis zum 1. 1. 1981 geltenden Fassung (vgl. BGBl. 1975 I S. 3015). Dort war die Auslegung des Begriffes »gesetzliche Mitteilungspflicht« – neben der Einwilligung des Betroffenen und der Amtshilfe zwischen den Leistungsträgern die einzige Rechtfertigung für die Offenbarung von Sozialdaten – immer wieder umstritten (vgl. dazu § 68 Rz. 2 sowie § 35 Rz. 1 ff.). Dies galt vor allem für die Frage, ob die Auskunftspflicht gegenüber der Staatsanwaltschaft und ihren Hilfsbeamten nach § 161 StPO als »gesetzliche Mitteilungspflicht« anzusehen sei, eine Frage, die jetzt durch § 71 – negativ – geklärt ist (vgl. dazu u. Rz. 5).

2 § 71 ist gegenüber der ersten Fassung mehrfach geändert worden. Mit Wirkung vom 1. 1. 1982 wurde Abs. 1 Satz 1 Nr. 3 über die Informationspflichten an die **Finanzämter** neu gefaßt (Art. 7 G vom 15. 12. 1981, BGBl. I S. 1390; Kritik an dieser Novellierung im 3. TB/*LfD-NRW* (1981/82), S. 42). M. W. v. 1. 7. 1983 wurde die Nr. 4 betr. die **Wehrüberwachung** eingefügt (vgl. Beschlußempfehlung des AuS-Ausschusses BT-Drucks. 9/1753, S. 38, 48), ebenso der Abs. 2 über die Offenbarung an die **Ausländerbehörden** (vgl. BT-Drucks. 9/1944, S. 3). Dafür wurde die Bezugnahme auf § 10 AuslG in Nr. 2 gestrichen (vgl. Rz. 45 f.). Außerdem wurde die Überschrift um die Nennung der Mitteilungs**befugnisse** ergänzt (vgl. Art. II § 17 Nr. 8 G vom 4. 11. 1982, BGBl. I S. 1450). Letzteres erfolgte, weil die in § 71 genannten Bestimmungen nur teilweise zu Datenübermittlungen verpflichten, teilweise jedoch nur Erlaubnisse beinhalten, so z. B. § 10 AuslG und § 14 Abs. 1 GeschlKrG (krit. zu dieser Neufassung *Rische* DRV 1983, 550, 557).

3 Die Ersetzung des Wortes »Mitteilungspflichten« durch das Wort »Pflichten« und die Anfügung des Abs. 1 **Satz 2** erfolgte durch das **Bundesarchivgesetz** (BArchG) vom 6. 1. 1988 (BGBl. I S. 62, § 10). Gleichzeitig wurden § 76 Abs. 2 und § 84 entsprechend ergänzt (vgl. § 76 Rz. 82, § 84 Rz. 27 ff.). Umstritten war im Gesetzgebungsverfahren nur das Wort »entsprechenden« vor der Nennung der gesetzlichen (Archiv-)Vorschriften der Länder (vgl. u. Rz. 44). Der Bundesrat sah hier eine zu weitgehende Einschränkung der Regelungsbefugnis der Länder für das Archivwesen, ein Standpunkt, dem die Bundesregierung nicht beigetreten ist (vgl. BT.-Drucks. 11/498 vom 19. 6. 1987, S. 17 f. Nr. 19 und S. 20 f. Nr. 19).

Offenbarung für Erfüllung gesetzl. Pflichten § 71

II. Bedeutung der Vorschrift

Der Ausschußbericht faßt Hintergrund und Funktion des § 71 wie folgt zusammen 4
(BT.-Drucks. 8/4022, S. 85, zu § 68 = jetzt § 71):
»*Die Vorschrift regelt abschließend die Fälle, in denen besondere gesetzliche Mitteilungspflichten dem Sozialgeheimnis vorgehen. Leitgedanke war der Gesichtspunkt des erheblich überwiegenden öffentlichen Interesses. Aus Gründen der Rechtsklarheit und weil die Entscheidung der Frage, ob eine besondere gesetzliche Mitteilungspflicht dem Sozialgeheimnis vorgehen soll, dem Gesetzgeber vorbehalten bleiben soll, wurde auf eine Generalklausel verzichtet und statt dessen einer enumerativen Aufzählung der Vorzug gegeben. Ein Antrag der CDU/CSU-Fraktion, nach dem Wort* »*Mitteilungspflichten*« *das Wort* »*insbesondere*« *einzufügen, wurde von der Mehrheit des Ausschusses abgelehnt, weil eine solche Änderung dem Grundgedanken der Vorschrift zuwidergelaufen wäre.*«

Die Einfügung des Abs. 1 Satz 2 durch § 10 BArchG wird im Gesetzentwurf der 5
Bundesregierung wie folgt begründet (BT-Drucks. 11/498, S. 13 f., zu § 10):
»*Eine Offenbarung von personenbezogenen Daten oder Betriebs- und Geschäftsgeheimnissen im Sinne des Zehnten Buches Sozialgesetzbuch (Sozialdaten) für die historische Forschung war in den §§ 67 ff. des Zehnten Buches Sozialgesetzbuch bisher nicht vorgesehen, da die Benutzung der Archive nicht gesetzlich geregelt war und daher insoweit keine ausreichenden Sicherheitsvorkehrungen zum Schutz der Sozialdaten bestanden. Da diese Vorkehrungen mit dem Bundesarchivgesetz geschaffen werden und auch entsprechende gesetzliche Vorschriften der Länder in Aussicht stehen, besteht kein Grund mehr, das gerade hier bestehende besondere öffentliche Interesse an der historischen Forschung weiterhin unberücksichtigt zu lassen.*
Nach § 71 des Zehnten Buches Sozialgesetzbuch dürfen personenbezogene Daten für die Erfüllung besonderer gesetzlicher Mitteilungspflichten und Mitteilungsbefugnisse offenbart werden. Die in Nummer 1 vorgesehene Ergänzung des § 71 des Zehnten Buches Sozialgesetzbuch soll die Erfüllung der in den §§ 2 und 5 Abs. 7 Satz 1 des Gesetzes enthaltenen Pflichten ermöglichen. Die Bezugnahme auf die übrigen Absätze des § 5 soll insbesondere sicherstellen, daß eine von der sechzigjährigen Schutzfrist des § 5 Abs. 1 Satz 2 abweichende Nutzung von Unterlagen gemäß § 78 Satz 1 des Zehnten Buches Sozialgesetzbuch unzulässig ist; entsprechendes gilt für eine von der Schutzfrist des § 5 Abs. 2 Satz 1 abweichende Nutzung, es sei denn, daß entweder die Einwilligung des Betroffenen vorliegt oder sichergestellt ist, daß schutzwürdige Belange des Betroffenen angemessen berücksichtigt werden.
Die ausdrückliche Erwähnung entsprechender gesetzlicher Vorschriften der Länder trägt dem Umstand Rechnung, daß der überwiegende Teil der Unterlagen mit Sozialdaten im Bereich der Länder anfällt und der Schutz des Betroffenen dort nicht geringer sein darf als im Bereich des Bundes. Als entsprechende Vorschriften sind nur solche Regelungen anzusehen, die dem Betroffenen einen mindestens gleichwertigen Schutz gewährleisten. Wegen des Eingriffscharakters, den eine Nutzung von Unterlagen mit Sozialdaten für den Betroffenen hat, muß es sich bei diesen Regelungen um gesetzliche Vorschriften handeln.«

Als **Gemeinschaftsinteressen**, die der Gesetzgeber als **höherrangig** gegenüber dem 6
Sozialgeheimnis eingestuft hat, enthält § 71 die Verhinderung schwerer Straftaten, die Volksgesundheit, die Sicherung des Steueraufkommens und des Archivgutes sowie ausländerpolitische Zielsetzungen. § 71 statuiert selbst allerdings keine

Mitteilungspflichten, sondern nimmt Bezug auf spezialgesetzlich vorhandene (vgl. *Verbandskommentar* § 71 Rz. 2).

7 Die **abschließende enumerative Auflistung** hat zur Konsequenz, daß aus in § 71 nicht genannten Bestimmungen keine Mitteilungspflichten abgeleitet werden können (zu Auskunftspflichten von SGB-Stellen außerhalb §§ 67 ff. gegenüber Rechnungsprüfungs- oder Datenschutzkontrollbehörden vgl. § 35 Rz. 65, § 79 Rz. 171). **Keine** Mitteilungspflichten i. S. d. § 71 sind mithin die Auskunftspflicht gegenüber der **Staatsanwaltschaft** in § 161 StPO (so auch *Wiese* ÖVD 1981, 14; *Neumann-Duesberg* WzS 1981, 202), die Vorlagepflichten bei **Gerichtsverfahren** in § 119 SGG oder § 99 VwGO (vgl. dazu § 35 Rz. 67 ff.) oder die allgemeinen Auskunftspflichten im Rahmen des Untersuchungsgrundsatzes nach den **Verwaltungsverfahrens**gesetzen (vgl. §§ 24, 26 VwVfG-Bund). Nicht dem § 71 unterfallen auch die Informationspflichten zwischen Leistungsträgern (z. B. §§ 296, 297 SGB V); sie gehören in den Anwendungsbereich des § 69 Abs. 1 Nr. 1 (vgl. *Neumann-Duesberg* BKK 1981, 28; *Lauterbach/Watermann* UV, § 71 Anm. 1). Die Mitteilungen durch die Sozialversicherungsträger an das Gewerbezentralregister sind nicht mehr zulässig, da § 153 a GewO nicht genannt ist (vgl. § 69 Rz. 23 und *o. V.* DOK 1981, 470).

8 Als vorrangige Rechtsvorschriften (vgl. Art. 189 Abs. 2 EWG-Vertrag) können allerdings Normen des **Europäischen Gemeinschaftsrechts** obligatorische Datenübermittlungen auch außerhalb des SGB enthalten (vgl. die Mitteilungspflicht nach der EWG-VO 1408/71 vom 14. 6. 1971, ABl.EG Nr. L 149, S. 2 und der dazu ergangenen DurchführungsVO 574/72 vom 21. 3. 1972, ABl.EG L 74, S. 1; dazu MittLVA Oberfr. 1/1981, S. 95; zu den grenzüberschreitenden Datenoffenbarungen vgl. i. e. die Erl. zu § 77).

9 § 71 nennt – anders als die Mehrheit der §§ 67 ff. – die **Adressaten** der zulässigen Datenoffenbarungen – mit Ausnahme der Ausländerbehörden in Abs. 2 – nicht ausdrücklich. Diese ergeben sich allerdings aus den aufgeführten Einzelgesetzen. Auch enthält § 71 keine explizite Festlegung des übermittlungsfähigen **Datenkatalogs**. Die Erforderlichkeitsprüfung durch den Sozialleistungsträger betrifft nur die Frage, **welche** Daten zur Erfüllung der Mitteilungspflicht unerläßlich sind, anders als bei den anderen Offenbarungstatbeständen jedoch nicht die Frage, **ob** die Mitteilung für die Aufgabenerfüllung der zu unterrichtenden Stelle notwendig ist. Diese letztere Prüfung wird durch die ausdrückliche Aufzählung spezialgesetzlich privilegierter Informationsinteressen obsolet (so auch *Schellhorn* GK-SGB I, § 35 Rz. 36). Entgegenstehende schutzwürdige Belange des Betroffenen können nicht berücksichtigt werden, wenn sie nicht ohnehin implizit in den Mitteilungsvorschriften enthalten sind (vgl. z. B. § 93 AO über den Vorrang der Auskunfseinholung beim Steuerpflichtigen, dazu u. Rz. 28) oder im Rahmen des pflichtgemäßen Ermessens nach Abs. 2 einbezogen werden können (dazu u. Rz. 55 f.).

III. Die Mitteilungspflichten und -befugnisse im einzelnen (Abs. 1 Satz 1)

1. Zur Abwendung geplanter Straftaten nach § 138 StGB (Abs. 1 Satz 1 Nr. 1)

10 Grundsätzlich trifft keinen Bürger die Pflicht, einen anderen **anzuzeigen**. § 138 StGB macht von diesem Prinzip eine Ausnahme für schwere Straftaten gegen die innere und äußere Sicherheit, gegen Leben, persönliche Freiheit und körperliche

Offenbarung für Erfüllung gesetzl. Pflichten §71

Unversehrtheit. Die Liste der Straftaten nach § 138 StGB reicht vom Landesverrat über Mord und Totschlag bis zum Raub. Einschränkungen der Anzeigepflicht ergeben sich aus § 139 StGB.

Eine Anzeigepflicht ist nur gegeben, wenn folgende Voraussetzungen gegeben sind: **11**
a) Der Betroffene muß vom Vorhaben oder der Ausführung eines der in § 138 StGB aufgelisteten Delikte **Kenntnis** erlangt haben.
b) Der Betroffene muß davon »glaubhaft erfahren« haben. An dieses »**glaubhafte Erfahren**« sind wegen des hohen Stellenwerts des Sozialgeheimnisses strenge Anforderungen zu richten. Im Zweifel geht die Geheimhaltungspflicht vor (so zu Recht *Verbandskommentar* § 71 Rz. 4). Vage Hinweise und erkennbar leere Drohungen (z. B. bei einem Psychiatriepatienten) genügen nicht; vielmehr müssen konkrete Anhaltspunkte auf die geplante Tatbegehung vorliegen.
c) Der Betroffene muß seine Informationen zu einem Zeitpunkt erhalten haben, zu der die Ausführung oder der Erfolg der Straftat **noch abgewendet** werden kann. Dies ist auch dann noch der Fall, wenn die Tatbegehung bereits in das Versuchsstadium eingetreten ist (vgl. *Dreher/Tröndle* StGB, § 138 Rz. 4).
d) Es liegt kein **Wegfall** und keine **Einschränkung der Anzeigepflicht** nach § 139 StGB vor. Für die Praxis der Leistungsträger ist in erster Linie die Sonderregelung für Ärzte relevant. Den **Arzt** trifft hinsichtlich der seiner Schweigepflicht unterliegenden Daten dann keine Anzeigepflicht, wenn er sich ernsthaft bemüht hat, den (potentiellen) Täter von der Tat abzuhalten oder den Erfolg abzuwenden, es sei denn, es handele sich um ein besonders schweres Delikt aus einem in § 139 Abs. 3 Satz 1 StGB ausdrücklich festgelegten Katalog (Mord, erpresserischer Menschenraub usw.). Wegen der hohen Schutzwürdigkeit des Sozialgeheimnisses entfällt im Anwendungsbereich des § 71 Abs. 1 Nr. 1 beim Arzt eines Leistungsträgers nicht nur die Anzeige**pflicht**, vielmehr muß man die Anzeige**berechtigung** davon abhängig machen, daß sich der Arzt gegenüber dem Delinquenten entsprechend bemüht hat (so auch *Verbandskommentar* § 71 Rz. 4). Die Sonderregelung des § 139 StGB gilt allerdings nur für den Arzt, nicht für die anderen in § 203 Abs. 1 StGB genannten Sozialberufe mit besonderer Schweigepflicht wie Sozialarbeiter etc. **12**

Adressat der Anzeige ist zum einen »die Behörde«. Damit sind alle öffentlichen Stellen gemeint, die die notwendigen Maßnahmen zur Verhinderung der Straftat einleiten bzw. durchführen können. Dies werden in erster Linie die zur Gefahrenabwehr und Strafverfolgung berufenen Behörden wie die **Polizei** und die **Staatsanwaltschaft** sein. In Betracht kommen aber auch andere Stellen, die eine wirksame Einflußmöglichkeit auf das Verhalten des Täters haben, z. B. die Leitung einer **psychiatrischen Anstalt** bei Drohungen eines Insassen o. ä. Zum anderen kann die Anzeigepflicht auch durch Warnung des **Bedrohten** selbst erfüllt werden. Dieser zweite Weg kann sich etwa dann empfehlen, wenn soziale Bezugspersonen betroffen sind, die selbst besser die Reaktionsmöglichkeiten einschätzen können als z. B. der betreuende Sozialarbeiter. **13**

Durch die Aufnahme des § 138 StGB in den § 71 wird **nicht** der **Leistungsträger** als solcher **anzeigepflichtig**. Verpflichtet bleibt der in §§ 138, 139 StGB genannte Personenkreis. Durch § 71 wird lediglich klargestellt, daß das Sozialgeheimnis der Anzeige solcher Personen nicht entgegensteht, die bei einer SGB-Stelle angestellt bzw. beschäftigt sind (so auch *Schellhorn* GK-SGB I, § 35 Rz. 37). Eine vorherige interne Mitteilungspflicht z. B. eines Arztes an die Leitung des Leistungsträgers, **14** die dann über die Anzeige entscheidet, kann nicht statuiert werden (so aber *Verbandskommentar* § 71 Rz. 4 – unter Berufung auf den Charakter des Sozialgeheimnisses als »Institutionsgeheimnis«). Die die Offenbarung ablehnende Entscheidung des Anstellungsträgers könnte die persönliche Strafbarkeit des von der bevorstehenden Tat informierten Mitarbeiters nicht beseitigen (wie hier *Hauck/ Haines-Walloth* § 71 Rz. 5).

15 Ermittelt die Strafverfolgungsbehörde **von sich aus** wegen einer in § 138 StGB genannten Straftat, etwa weil sie schon aus anderer Quelle informiert wurde, ist § 71 nicht anwendbar (abweichend *Lauterbach/Watermann* UV, § 71 Anm. 6, wonach § 71 in diesem Fall noch solange gilt, wie die Angaben zur Abwendung des geplanten Delikts erforderlich sind). Auskunftsersuchen müssen dann auf die §§ 73 bzw. 68 gestützt werden.

2. Zum Schutz der öffentlichen Gesundheit (Abs. 1 Satz 1 Nr. 2)

a) Bundes-Seuchengesetz

16 Die in Abs. 1 Nr. 2 genannten Anzeigepflichten haben zum Ziel, den Gesundheitsbehörden die rechtzeitige **Bekämpfung** und Eindämmung **ansteckender Krankheiten** zu ermöglichen. Die Verhinderung von Epidemien und der Ausbreitung gefährlicher Krankheiten erhält mithin den Vorrang vor der Wahrung des Sozialgeheimnisses.

17 Den Katalog der **meldepflichtigen Krankheiten** einschließlich des jeweils relevanten Stadiums (Verdacht, gesicherte Diagnose, Tod) enthält § 3 BSeuchG. Er ist abschließend, soweit er nicht durch Rechtsverordnung beschränkt oder erweitert wird (§ 7). Die Immunschwäche AIDS ist in diesem Katalog nicht enthalten. Hierfür gilt allerdings die auf Grund von § 7 BSeuchG ergangene sog. **Laborberichtsverordnung**, die Ärzte zur anonymisierten Meldung positiver HIV-Bestätigungstests an das Bundesgesundheitsamt verpflichtet (VO vom 18. 12. 1987, BGBl. I S. 2819; dazu 16. TB/*HDSB* Ziff. 6.1.4.2). § 4 nennt die **zur Meldung verpflichteten Personen**, nämlich,
— den behandelnden oder sonst hinzugezogenen Arzt (Abs. 1 Nr. 1);
— jede sonstige mit der Behandlung oder Pflege des Betroffenen berufsmäßig beschäftigte Person, also etwa der Pflegedienst im Krankenhaus, die mobile Pflegehelferin des Sozialamts usw. (Abs. 1 Nr. 2);
— die hinzugezogene Hebamme (Abs. 1 Nr. 3);
— die Leiter von Pflegeanstalten, Heimen und ähnlichen Einrichtungen (Abs. 1 Nr. 5).
Die Nennung der Nr. 4 in § 71 Abs. 1 Satz 1 Nr. 2 beruht auf einem Redaktionsversehen (Nachweis bei *Hauck/Haines-Walloth* § 71 Rz. 6 und Fn. 10).

18 § 4 Abs. 2 BSeuchG präzisiert, **welchen Arzt** in Krankenhäusern und Entbindungsheimen die Meldepflicht trifft. In Krankenhäusern ist dies der leitende Arzt, bei mehreren selbständigen Abteilungen der leitende Abteilungsarzt, in Krankenhäusern ohne einen solchen Funktionsträger der behandelnde Arzt. Der auch hier zu beachtende Abs. 3 stellt eine **Verantwortlichkeitshierarchie** für die Mitteilungen über Krankheiten auf. Die Informationspflicht besteht für die in § 4 Abs. 1 Nrn. 2 bis 5 aufgeführten Personen nur, wenn eine in der Reihenfolge dieses Absatzes vorher genannte Person nicht vorhanden oder an der Meldung verhindert ist. Pflegepersonal muß mithin nur dann das Gesundheitsamt einschalten,

Offenbarung für Erfüllung gesetzl. Pflichten § 71

wenn kein Arzt greifbar ist. Die Leiter von Pflegeanstalten und Heimen (§ 4 Abs. 1 Nr. 5) dürfen, wenn sie Kenntnis von einer meldepflichtigen Krankheit in ihrem Zuständigkeitsbereich erhalten, selbst erst dann Sozialdaten offenbaren, wenn dies nicht durch einen Arzt oder ärztliches Hilfspersonal erledigt werden kann.

Adressat der Meldung ist nach § 5 Satz 1 BSeuchG das für den Aufenthalt des 19 Betroffenen zuständige **Gesundheitsamt**, das unverzüglich, spätestens 24 Stunden nach erlangter Kenntnis, zu benachrichtigen ist. Daher kann auf § 71 Abs. 1 Satz 1 Nr. 2 die Information **anderer Leistungsträger** über das Vorliegen meldepflichtiger Krankheiten nicht gestützt werden (vgl. zur Unzulässigkeit von **Warnmeldungen** über Tuberkulosekranke an eine Vielzahl von Sozialämtern 7. TB/*LfD-NRW* S. 59 f.).

b) Gesetz zur Bekämpfung von Geschlechtskrankheiten

Die angeführten Bestimmungen des Geschlechtskrankheitengesetzes enthalten folgende Mitteilungspflichten:

a) Nach § 11 Abs. 2 soll der **behandelnde** Arzt bei Minderjährigen unter bestimm- 20 ten Umständen die Eltern oder sonstigen Erziehungsberechtigten informieren.

b) § 12 regelt die namentliche Meldepflicht des **behandelnden** Arztes an das 21 Gesundheitsamt, die allerdings nur dann eintritt, wenn der Patient bei der Behandlung und Bekämpfung der Auswirkungen nicht kooperiert.

c) § 13 betrifft die Fälle der obligatorischen Meldung an das Gesundheitsamt durch 22 **jeden** Arzt, der eine Geschlechtskrankheit feststellt. Auch hier ist jedoch eine Reihe einschränkender Voraussetzungen für die Zulässigkeit der Mitteilung zu beachten. Im Sozialleistungsbereich wird § 13 die größere Rolle spielen, werden doch mit dieser Vorschrift alle wegen der Erbringung von Sozialleistungen **begutachtenden** und untersuchenden **Ärzte** – etwa der **Vertrauensärztlichen Dienste** o. ä. – in die Meldepflicht einbezogen, die bei Gelegenheit der Durchführung medizinischer Tests Geschlechtskrankheiten feststellen. »**Behandelnde Ärzte**« i. S. v. § 12 gibt es dagegen im wesentlichen nur in den von SGB-Stellen betriebenen Krankenhäusern und Rehabilitationseinrichtungen (vgl. § 79 Rz. 258 ff.).

d) Unklar ist dagegen die Bezugnahme auf § 14 Abs. 1, der eine **allgemeine** 23 **Zusammenarbeitspflicht** der Gesundheitsämter u. a. mit den Jugendämtern und Versicherungsträgern bei der Bekämpfung der Geschlechtskrankheiten statuiert. Aus solchen allgemeinen Kooperationsgeboten lassen sich prinzipiell **keine** personenbezogenen Offenbarungsbefugnisse ableiten, so daß Jugendämter und Krankenkassen personenbezogene Mitteilungen über Geschlechtskranke an das Gesundheitsamt nicht auf diese Bestimmung stützen können; unberührt bleibt natürlich die Unterrichtungspflicht von bei diesen SGB-Stellen beschäftigten Ärzten nach § 13. Unberührt bleibt auch die Konstellation, daß eine SGB-Stelle das Gesundheitsamt zur eigenen Aufgabenerfüllung einschaltet und dabei auch eine Geschlechtskrankheit mitteilt, etwa das Jugendamt im Rahmen der Betreuung erkrankter Jugendlicher. Die Offenbarungsbefugnis ergibt sich dann allerdings aus § 69 Abs. 1 Nr. 1 unter Berücksichtigung des § 76.

Den Katalog der **meldepflichtigen Krankheiten** enthält § 1 GeschlKrG. Auch diese Auflistung ist abschließend, auch hier ist die Immunschwäche AIDS nicht genannt. Bei den Meldepflichten zum Schutz der öffentlichen Gesundheit gilt ebenso wie bei 24 der Pflicht zur Anzeige schwerer Straftaten (vgl. Rz. 14), daß eine **persönliche**

Verantwortlichkeit der Verpflichteten statuiert wird. Für Ärzte, Mitarbeiter des Pflegepersonals usw., die bei einem Leistungsträger im Sinne von § 35 SGB I bzw. bei einer von diesem betriebenen Einrichtung beschäftigt sind, wird ausnahmsweise die Verpflichtung zur Wahrung des Sozialgeheimnisses aufgehoben, wenn die Voraussetzungen der Meldepflicht nach dem BSeuchG oder dem GeschlKrG erfüllt sind. Gleichzeitig liegt ein Fall vor, in dem eine »befugte« Offenbarung i. S. d. strafrechtlichen Berufsgeheimnisses des § 203 Abs. 1 StGB vorliegt. Anders ausgedrückt: Über § 71 Abs. 1 Satz 1 Nr. 2 wird **nicht** die **SGB-Stelle** als solche der Meldepflicht unterworfen (abw. § 76 Rz. 83), was nicht ausschließt, daß sie innerorganisatorische Regelungen zur Einhaltung der Mitteilungspflicht trifft. Dies wird bereits durch die ausdrückliche Inbezugnahme des § 4 Abs. 2 BSeuchG deutlich: Einer präzisen Festlegung des meldepflichtigen Arztes (vgl. Rz. 18) hätte es nicht bedurft, wenn ohnehin alle Krankheitsfälle erst an die Leitung der SGB-Stelle weitergegeben werden müßten, damit dort über die Datenoffenbarung entschieden wird.

3. Zur Sicherung des Steueraufkommens (Abs. 1 Satz 1 Nr. 3)

a) Regelungsbereich der Mitteilungspflichten

25 Der **Datenaustausch** zwischen der **Sozialverwaltung** und den **Finanzbehörden** ist in beiden Richtungen gesetzlich geregelt: Für die Übermittlung an Steuerbehörden gilt § 71 Abs. 1 Satz 1 Nr. 3. Für die Auskunftspflicht der Finanzbehörden gegenüber Sozialleistungsträgern über Einkommens- und Vermögensverhältnisse von Antragstellern, Leistungsempfängern usw. gilt § 21 Abs. 4 SGB X (dazu *Hauck/Haines-Nehls* § 21 SGB X Rz. 8; zur Beschränkung des Informationsanspruchs von SGB-Stellen auf konkrete Einzelfälle vgl. § 79 Rz. 126). § 30 Abs. 4 Nr. 2 AO sieht hierfür eine entsprechende Durchbrechung des Steuergeheimnisses vor (zu den Amtshilfepflichten zwischen Sozialversicherungsträgern und Steuerbehörden nach der alten Rechtslage vgl. *Sendler* BlStSozArbR 1976, 347 ff.).

26 Wie oben (Rz. 2) erwähnt, ist die ursprüngliche Fassung des Abs. 1 Satz 1 Nr. 3 mit Wirkung vom 1. 1. 1982 geändert worden. Die Novellierung erfolgte zwar durch das Gesetz zur Bekämpfung der illegalen Beschäftigung (BGBl. 1981 I S. 1390), jedoch wurde die Unterrichtungspflicht ohne Beschränkung auf diesen Gesetzeszweck erweitert (Kritik hieran im 10. TB/*HDSB* Ziff. 4.1.4). Die Offenbarungsbefugnis war nach der alten Fassung »zur Durchführung der Besteuerung« vorgesehen. Diese Formulierung ließ offen, ob damit nur das Besteuerungsverfahren i. e. S. (vgl. §§ 134–217 AO) gemeint oder auch das Vollstreckungsverfahren eingeschlossen war. Der jetzige Text (**»zur Sicherung des Steueraufkommens«**) stellt klar, daß auch Auskünfte an Finanzämter im Rahmen der Steuer**vollstrekkung** (§ 249 AO) zulässig sein sollen (vgl. die Begründung in BR-Drucks. 368/81, S. 11). Die frühere Kontroverse (vgl. dazu ausführlich *Verbandskommentar* § 71 Rz. 6) ist damit überholt. Die Einfügung der §§ 105 und 111 AO in Abs. 1 Satz 1 Nr. 3 hatte zum Ziel, Datenübermittlungen an die Steuerbehörden auch im Rahmen der Amtshilfe, nicht nur im Rahmen der Auskunftspflicht der §§ 93, 97 AO zu legitimieren (dazu u. Rz. 31 f.).

27 Abs. 1 Satz 1 Nr. 3 enthält drei steuerrechtliche Tatbestände, die Informationspflichten der Sozialleistungsträger mit sich bringen: Zunächst die Auskunftspflicht über **besteuerungserhebliche Sachverhalte** (§§ 93, 97 AO), sodann die **»Amtshilfe-**

Offenbarung für Erfüllung gesetzl. Pflichten § 71

pflicht« gegenüber dem Finanzamt nach § 111 AO und schließlich die Offenbarungspflicht bei **Steuerstraftaten** (§ 116 AO). Diese Aufzählung ist abschließend: § 93a AO, der durch Gesetz vom 19. 12. 1985 (BGBl. I S. 2436) eingefügt worden ist, ist in § 71 Abs. 1 Satz 1 Nr. 3 nicht aufgenommen worden. **Regelmäßige Kontrollmitteilungen** von Sozialbehörden an Finanzämter sind daher nicht zulässig; sie können auch nicht durch die aufgrund § 93a AO zu erlassende Rechtsverordnung eingeführt werden (ebenso 15. TB/*HDSB* Ziff. 11.3.4).

b) Auskunftspflicht über besteuerungserhebliche Sachverhalte
Nach § 93 Abs. 1 Satz 2 AO haben nicht nur die **Beteiligten**, sondern auch 28 **Behörden** die zur Feststellung eines für die Besteuerung erheblichen Sachverhalts erforderlichen Auskünfte zu erteilen. Finanzämter können an der Höhe der bezogenen Sozialleistungen, an den Angaben über anzurechnendes Einkommen oder Vermögen usw. interessiert sein. Nicht am Besteuerungsverfahren Beteiligte – also auch andere öffentliche Stellen wie die Sozialleistungsträger – sollen erst dann zur Auskunft angehalten werden, wenn die Sachverhaltsaufklärung durch die Beteiligten nicht zum Ziele führt oder keinen Erfolg verspricht, § 93 Abs. 1 Satz 3 AO. Diese als Soll-Vorschrift ausgestaltete **Subsidiaritätsklausel** hat für Mitteilungsersuchen gegenüber Sozialbehörden wegen des hohen Schutzgrades des Sozialgeheimnisses **obligatorischen** Charakter (zum Vorrang der Datenerhebung beim Betroffenen als Gebot der Wahrung seines informationellen Selbstbestimmungsrechts vgl. § 68 Rz. 52f.). Der Sozialleistungsträger muß sich in Zweifelsfällen Unterlagen darüber vorlegen lassen, aus denen hervorgeht, daß beim Steuerpflichtigen keine Informationen zu holen waren (so auch *Verbandskommentar* § 71 Rz. 6.1; *Neumann-Duesberg* WzS 1981, 202).
Einzelheiten des **Auskunftsverfahrens** und die Modalitäten der Auskunft sind in 29 § 93 Abs. 2 bis 6 AO geregelt (vgl. dazu *Tipke/Kruse* Kommentar zur AO, § 93 Rz. 4ff.). Zu Beweiszwecken für die Zulässigkeit der Offenbarung empfiehlt sich, daß Sozialbehörden von der Möglichkeit Gebrauch machen, ein **schriftliches Mitteilungsersuchen** zu verlangen (§ 93 Abs. 2 Satz 2 AO; ebenso *Verbandskommentar* § 71 Rz. 6.1).
§ 97 Abs. 1 AO erlegt (auch) Behörden die Pflicht auf, den Finanzbehörden ggf. 30 Bücher, Aufzeichnungen, Geschäftspapiere etc. vorzulegen. Auch hier gilt jedoch der Grundsatz der Subsidiarität gegenüber der Auskunfts- und Vorlagepflicht der Beteiligten (§ 97 Abs. 2 Satz 1 AO; zur »erhöhten Darlegungspflicht« des Finanzamts *Lauterbach/Watermann* UV, § 71 Anm. 8; *Gemeinsames Rundschreiben der Spitzenverbände der Sozialversicherung* § 71 Anm. 3). Aus § 93 Abs. 1 Satz 3 und § 97 Abs. 2 Satz 1 AO ergibt sich mithin folgende **Reihenfolge der Beweismittel**: (1) Auskunft der Beteiligten; (2) Urkundenvorlage der Beteiligten; (3) Auskunft durch Dritte einschließlich anderer Behörden; (4) Urkundenvorlage durch Dritte und andere Behörden (vgl. *Tipke/Kruse* Kommentar zur AO, § 97 Rz. 6).
Die Erwähnung des § 105 AO in § 71 Abs. 1 Satz 1 Nr. 3 kann zu Mißverständnis- 31 sen führen. Diese Vorschrift hebt die **Verschwiegenheitspflichten** öffentlicher Stellen gegenüber den Finanzbehörden insoweit auf, als die Auskunfts- und Vorlagepflicht reicht. Für Sozialleistungsträger hat jedoch § 105 AO keinen zusätzlichen Regelungsgehalt: Das Sozialgeheimnis wird ja bereits durch die Nennung der Mitteilungspflicht an die Steuerbehörden in § 71 eingeschränkt. Über § 71 Abs. 1 Satz 1 Nr. 3 i. V. m. den Bestimmungen der AO über Auskunftspflicht und Amtshilfe hinaus können aus § 105 AO also keine zusätzlichen

Walz 207

Offenbarungsbefugnisse abgeleitet werden (vgl. auch *Verbandskommentar* § 71 Rz. 6.3).

c) Mitteilungspflicht im Rahmen der Amtshilfe

32 Daß die Stellen der Sozialverwaltung auch über die Auskunftspflicht des § 93 hinaus auf Ersuchen des Finanzamts im Wege der **Amtshilfe** zur Durchführung der Besteuerung erforderliche Angaben mitteilen müssen, ergibt sich aus dem in § 71 Abs. 1 Satz 1 Nr. 3 ebenfalls aufgeführten § 111 Abs. 1 AO. Einzelheiten der Amtshilfe ergeben sich aus §§ 112 ff. AO. Da die Auskunfts- und Vorlagepflichten der Behörden nach §§ 93 und 97 AO ebenfalls materiell Amtshilfenormen sind, ist das Verhältnis zu § 111 nicht ganz klar. Für § 111 Abs. 5 AO mit seiner Verweisung auf § 105 AO gilt jedenfalls das o. (Rz. 31) Ausgeführte: § 105 kann auch bei Übermittlungen von Sozialdaten aufgrund eines Amtshilfeersuchens das Sozialgeheimnis nicht weitergehend aufheben, als dies durch § 71 Abs. 1 Satz 1 Nr. 3 ohnehin geschieht.

d) Einschränkungen der Mitteilungspflichten

33 **Einschränkungen** der Auskunfts- und Vorlagepflichten nach §§ 93, 97 AO ergeben sich aus §§ 102 bis 104 AO. Für Sozialleistungsträger in erster Linie relevant ist das in § 102 Abs. 1 Nr. 3c AO eingeräumte **Auskunftsverweigerungsrecht für Ärzte**, wobei dieses Recht durch Abs. 2 auch auf das ärztliche Hilfspersonal erstreckt wird. Soweit die Auskunft nach § 102 verweigert werden darf, müssen auch keine Urkunden, Bücher etc. vorgelegt werden, § 104 Abs. 1 AO. Da § 111 Abs. 1 Satz 2 AO auf § 102 AO verweist, kann auch dem Amtshilfeersuchen auf Übermittlung von Sozialdaten das Auskunftsverweigerungsrecht entgegengesetzt werden.

34 Zwar ist **Adressat** der in § 71 Abs. 1 Satz 1 Nr. 3 genannten Mitteilungspflichten anders als in den Fällen der Nrn. 1 und 2 nicht eine einzelne Person, sondern **der Leistungsträger**. Doch kann er dem Finanzamt die Ablehnungsgründe entgegenhalten, die dem bei ihm beschäftigten Arzt zustehen. Zum gleichen Ergebnis kommt man, wenn man die Auskunftsverweigerungsrechte nicht bereits als Einschränkungen der Mitteilungspflicht nach § 71 betrachtet, sondern über den auch hier anwendbaren § 76 (dazu u. Rz. 63 f.) die Offenbarung medizinischer Daten von den gleichen Voraussetzungen abhängig macht, unter denen der Arzt selbst offenbarungsbefugt bzw. zur Verweigerung der Auskunft berechtigt wäre. Allerdings schließt § 76 im Gegensatz zu § 102 AO nicht nur Ärzte, sondern auch sonstige Träger besonderer Berufsgeheimnisse im Sozialbereich ein.

35 Entscheidend ist das **Ergebnis**: Da im Besteuerungsverfahren Notstandssituationen zur Rechtfertigung von Datenoffenbarungen seitens des Arztes (zur Berufung des Leistungsträgers auf § 34 StGB vgl. allerdings § 35 SGB I Rz. 55 ff.) kaum denkbar sind, bleibt nur die Zulässigkeitsalternative der Einwilligung des Betroffenen. In aller Regel dürfen mithin Leistungsträger ohne ausdrückliche **Entbindung von der Schweigepflicht** medizinische Daten nicht an die Finanzämter weitergeben. Dies gilt auch in den Fällen, in denen jemand einen bestimmten medizinischen Sachverhalt (z.B. Krankheit oder Behinderung) geltend macht, dessen Vorhandensein oder Schweregrad der Leistungsträger auf Nachfrage des Finanzamts bestätigen soll.

Offenbarung für Erfüllung gesetzl. Pflichten § 71

e) Mitteilungspflicht bei Steuerstraftaten

Nach § 71 Abs. 1 Satz 1 Nr. 3 i. V. m. § 116 AO haben die in § 35 SGB I genannten **36**
Stellen Tatsachen, die sie dienstlich erfahren und die den Verdacht einer **Steuerstraftat** begründen, dem Finanzamt mitzuteilen. Diese Mitteilungspflicht setzt, anders als bei §§ 93 und 111 AO, kein Ersuchen der Steuerbehörde voraus. Die Steuerstraftaten sind definiert in § 369 AO. Der Verdacht setzt zureichende tatsächliche Anhaltspunkte voraus (*Tipke/Kruse* Kommentar zur AO, Erl. zu § 116). Vor der Offenbarung hat der Leistungsträger die Verdachtsmomente sorgfältig nachzuprüfen, um eine sich nachträglich als ungerechtfertigt erweisende Übermittlung von Sozialdaten zu vermeiden (vgl. auch *Verbandskommentar* § 71 Rz. 6.3). Ein Fall des § 116 AO liegt insbesondere vor, wenn ein Antragsteller bei einem Leistungsträger Steuerunterlagen einreicht – z. B. zum Einkommensnachweis beim Kindergeld –, die Angaben enthalten, die offensichtlich falsch sind und zu Zwecken der **Steuerhinterziehung** unrichtig gemacht wurden. Keineswegs jedoch darf jede als falsch ermittelte Einkommens- oder Vermögensangabe auf einem Antrag zu einer Meldung an das Finanzamt führen.

Eine Sonderregelung gilt für Daten, die die Bundesanstalt für Arbeit zu Zwecken **37**
der **Arbeitsmarkt- und Berufsforschung** erhoben hat. Mitteilungspflichten der Arbeitsverwaltung an die Finanzbehörden bestehen für diese Angaben nach § 7 Abs. 4 AFG nur, wenn an der Verfolgung der Steuerstraftat ein »zwingendes öffentliches Interesse« besteht oder falsche Angaben vom Auskunftspflichtigen vorsätzlich gemacht worden sind.

4. Zur Wehrüberwachung (Abs. 1 Satz 1 Nr. 4)

Nr. 4 ist m. W. v. 1. 7. 1983 durch Art. II § 17 Nr. 8 des Gesetzes vom 4. 11. 1982 **38**
(BGBl. I S. 1450) in § 71 eingefügt worden. Diese Vorschrift betrifft ausschließlich Offenbarungen durch die **See-Berufsgenossenschaft** in ihrer Funktion als **Wehrersatzbehörde** bei der Wehrüberwachung solcher Wehrpflichtiger, die als Besatzungsmitglieder auf deutschen Schiffen fahren. Sie berücksichtigt die Sondersituation des See-Unfallversicherungsträgers aufgrund der nach § 24 Abs. 8 WpflG ergangenen »Verordnung über die Übertragung von Aufgaben der Wehrersatzbehörden bei der Wehrüberwachung von Wehrpflichtigen auf die See-Berufsgenossenschaft« vom 18. 4. 1968 (BGBl. I S. 310). Nach Auffassung des Gesetzgebers muß die Mitwirkung der See-Berufsgenossenschaft bei der Wehrüberwachung deshalb erhalten bleiben, weil sie über die genauesten Unterlagen verfügt (vgl. den Bericht des 11. Ausschusses, BT.-Drucks. 9/1753, zu § 14 Nr. 8, S. 48).

Anders als § 138 StGB oder § 4 BSeuchG enthält allerdings § 24 Abs. 8 WpflG **39**
selbst keine Mitteilungspflicht, auch nicht die auf der Grundlage dieser Bestimmung ergangene Rechtsverordnung (Rz. 38). Daher kann nur gemeint sein, daß das Sozialgeheimnis insoweit eingeschränkt werden soll, als die Übermittlung von Daten zur See fahrender Wehrpflichtiger an andere Stellen zur Erfüllung der Aufgabe der **Wehrüberwachung erforderlich** ist. Insoweit müssen die gleichen Zulässigkeitsvoraussetzungen wie für die allgemeinen Wehrersatzbehörden gelten. Da das Wehrersatzwesen in bundeseigener Verwaltung durchgeführt wird (vgl. § 14 WpflG), sind mithin die Bestimmungen der §§ 10 und 11 BDSG maßgeblich, allerdings unter Beachtung der Offenbarungseinschränkungen u. a. des § 76.

40 Sollen Sozialdaten von Wehrpflichtigen auf See von der See-Berufsgenossenschaft allerdings in ihrer Funktion **als Unfallversicherungsträger** (zu den Aufgaben vgl. §§ 835 ff. RVO) offenbart werden, gelten selbstverständlich unmittelbar die Offenbarungsnormen der §§ 67 ff.

5. Der Vorbehalt der unmittelbaren Anwendbarkeit (Abs. 1 Satz 1 letzter Halbs.)

41 Die Zulässigkeit der Offenbarung personenbezogener Daten für die Erfüllung der gesetzlichen Mitteilungspflichten und -befugnisse der Nrn. 1 bis 4 setzt voraus, daß die genannten Bestimmungen »**unmittelbar anwendbar**« sind. Diese Formulierung soll »klarstellen, daß sich eine Offenbarungsbefugnis nicht daraus ergibt, daß ein **anderes** Bundesgesetz oder ein Landesgesetz auf eine **entsprechende** Anwendung der genannten Vorschriften verweist« (Ausschußbegründung, BT-Drucks. 8/4022, zu § 68 = jetzt § 71). Sinn dieser Einschränkung ist es, zu verhindern, daß im Wege der gesetzgeberischen Verweisungstechnik das **Enumerationsprinzip** des § 71 ausgehöhlt wird, weil anderenfalls auch in Situationen offenbart werden dürfte, in denen die Abwägung zwischen Übermittlungsinteresse und Sozialgeheimnis anders als in den in § 71 Abs. 1 aufgeführten Fällen nicht unmittelbar vom Gesetzgeber selbst getroffen worden ist (vgl. *Verbandskommentar* § 71 Rz. 3). Zur Abgrenzung ein Beispiel: Zur Durchführung von Verfahren nach den **Kommunalabgabengesetzen**, die vielfach auf die AO verweisen (vgl. z.B. § 4 Hess.KAG), ist eine Offenbarungsbefugnis nach § 71 Abs. 1 Satz 1 Nr. 3 nicht gegeben. Unmittelbare Anwendbarkeit i.S.d. Vorbehalts ist dagegen bei den **Realsteuern** i.S.v. § 3 Abs. 2 AO, also Grundsteuern und Gewerbesteuern, zu bejahen, auch wenn einige AO-Bestimmungen in § 1 Abs. 2 nur für entsprechend anwendbar erklärt werden; die genannten Steuerarten sind ja in der AO unmittelbar angesprochen (a. A. *BMA*-Schreiben an den BMF vom 5.11.1982, Az.: IVa 1-49935-71/1, zust. zit. in *BA*-Dienstblatt-Rderl. 155/87, Nr. 37: keine Offenbarungsbefugnis bei Realsteuern; ebenso *Hauck/Haines-Walloth* § 71 Rz. 7).

IV. Abgabepflicht an Archive (Abs. 1 Satz 2)

42 Der neu eingefügte Abs. 1 Satz 2 (zur Funktion dieser Vorschrift vgl. o. Rz. 5) nimmt Bezug auf §§ 2 und 5 BArchG. § 2 verpflichtet alle Behörden und Gerichte des Bundes sowie die bundesunmittelbaren Körperschaften und Anstalten des öffentlichen Rechts, alle Unterlagen, die sie zu ihrer Aufgabenerfüllung nicht mehr benötigen, dem **Bundesarchiv** bzw. in Sonderfällen auch einem Landesarchiv (Abs. 3) anzubieten und ggf. zu übergeben. § 2 Abs. 4 Satz 1 Nr. 1 stellt klar, daß auch Unterlagen betroffen sind, die dem **Sozialgeheimnis** unterliegen. In der Begründung zum Gesetzentwurf der Bundesregierung wird ausdrücklich darauf hingewiesen, daß mit dieser Regelung verhindert werden soll, daß wegen der Löschungsregelung in § 84 sozialhistorisch bedeutsame Unterlagen der Wissenschaft nicht mehr zur Verfügung stehen (BT-Drucks. 11/498, zu § 2 Abs. 3, S. 9; zum Verhältnis von BArchG zu § 84 vgl. § 84 Rz. 27 ff.). Das im Gesetzentwurf für den Regelfall enthaltene Anonymisierungsgebot für Sozialda-

Offenbarung für Erfüllung gesetzl. Pflichten § 71

ten vor Abgabe an das Bundesarchiv (a. a. O., § 2 Abs. 3 Satz 1) wurde in den endgültigen Gesetzestext nicht übernommen. § 2 Abs. 4 Satz 2 schreibt allerdings dem Archiv vor, die **schutzwürdigen Belange** des Betroffenen zu berücksichtigen und die bei der abgebenden Stelle geltenden Datenschutzvorschriften zu beachten. Diese Regelung entspricht der Anwendung des § 78 auf den Offenbarungsempfänger.

§ 5 BArchG stellt die Schutzfristen für die Nutzung des Archivguts beim Bundesarchiv auf. Die **Regelfrist** für Unterlagen, die dem Sozialgeheimnis unterliegen, beträgt nach § 5 Abs. 3 **80 Jahre** nach dem Entstehen. Unter bestimmten Umständen können die Schutzfristen verkürzt oder verlängert werden (Abs. 4). Für Unterlagen, die noch dem **Arzt-** oder einem **sonstigen Berufsgeheimnis** nach § 203 Abs. 1 und 3 StGB unterliegen, gilt ein generelles **Benutzungsverbot** (§ 5 Nr. 5; zur Zulässigkeit der Offenbarung dieser besonders schutzwürdigen Daten nach § 76 Abs. 2 Nr. 2 vgl. § 76 Rz. 82). Auch nach Wegfall dieses Geheimnisschutzes kann zur Wahrung schutzwürdiger Belange des Betroffenen die Nutzung eingeschränkt oder versagt werden (Abs. 6). 43

Die Nennung der »**entsprechenden**« gesetzlichen Vorschriften der Länder in § 71 Abs. 1 Satz 2 enthält eine »Öffnungsklausel« für **Landesarchivgesetze**, die ebenfalls eine Abgabepflicht von Sozialleistungsträgern und damit eine Durchbrechung des Sozialgeheimnisses für archivfachliche Zwecke vorsehen können. Allerdings dürfen in den Landesarchivgesetzen die in § 5 BArchG aufgestellten Schutzfristen (vgl. o. Rz. 43) nicht unterschritten werden; anderenfalls greift die Offenbarungsbefugnis nicht. Bis 1988 gab es nur in einem einzigen Bundesland, in Baden-Württemberg, ein Landesarchivgesetz (vgl. § 84 Rz. 28). 44

V. Offenbarung an Ausländerbehörden (Abs. 2)

1. Entstehungsgeschichte

Abs. 2 ist m. W. v. 1. 7. 1983 durch Art. II § 17 Nr. 8 des Gesetzes vom 4. 11. 1982 (BGBl. I S. 1450) in § 71 eingefügt worden. Nach der **früheren Fassung** des § 71 Nr. 2 war die Meldung von Ausländern an das Ausländeramt nur im Falle des § 10 Abs. 1 **Nr. 9** AuslG, also bei Gefährdung der öffentlichen Gesundheit oder Sittlichkeit, zulässig. Die Tatsache der Inanspruchnahme von Sozialhilfe durch einen Ausländer, als möglicher Ausweisungsgrund in § 10 Abs. 1 **Nr. 10** AuslG genannt, durfte den Ausländerbehörden nicht mitgeteilt werden (vgl. *Graßl/Weigert* DuD 1981, 74; ebenso 5. TB/*LfD-NRW* S. 64). Geschah dies dennoch – wie in der Verwaltungspraxis häufig –, bestand für diese Kenntnis wegen § 78 Satz 1 ein Verwertungsverbot für das Ausländeramt. 45

Für eine **Änderung** dieser Rechtslage haben sich vor allem die Kommunen und ihre Spitzenverbände eingesetzt. Dies geschah mit dem Argument, daß die im Ausländergesetz vorgesehene Ausweisungsmöglichkeit wegen des Bezugs von Sozialhilfe nicht wahrgenommen werden könne, wenn die Ausländerbehörde davon keine Kenntnis erhalte. Als der Gesetzesbeschluß des Bundestages vom 25. 6. 1982 keine entsprechende Erweiterung des § 71 enthielt, hat der Bundesrat mit dieser Begründung den Vermittlungsausschuß angerufen (vgl. BT-Drucks. 9/1859, Nr. 5; BR-Drucks. 256/82, Nr. 11). Im Vermittlungsausschuß wurde dann die jetzt Gesetz gewordene Fassung ausgehandelt (vgl. BT-Drucks. 9/1944, S. 3), 46 die gegenüber dem Formulierungsvorschlag des Bundesrates die Einschränkungen des »**pflichtgemäßen Ermessens**« (vgl. dazu u. Rz. 54ff.) in Satz 1 und die **Sechs-Monats-Frist** in Satz 2 (dazu u. Rz. 57) enthält (zur Historie ausführlich und krit. 12. TB/*HDSB* Ziff. 4.2.1, 4.2.2 und *Sieveking* in Frommann u. a., S. 50, 53 ff.).

2. Offenbarungsfälle (Abs. 2 Satz 1)

47 § 10 Abs. 1 **Nr. 7** AuslG enthält den Fall, daß ein Ausländer zum Zwecke der **Täuschung unrichtige Angaben** über seine Person, seine Gesundheit, seine Familie, seine Staatsangehörigkeit, seinen Beruf oder seine wirtschaftlichen Verhältnisse macht oder die Angaben verweigert. Der Sozialleistungsträger kann also das zuständige Ausländeramt über den Betrugsversuch eines Ausländers mit dem Ziel, Sozialleistungen zu erschleichen, informieren. Auch die Angabenverweigerung muß zum Zwecke der Täuschung erfolgen. Nicht hierher gehören die Fälle, in denen eine Datenverweigerung lediglich die Verletzung der Mitwirkungspflicht des Betroffenen (§ 60 SGB I) darstellt. Für diese Fälle enthält das SGB bereits selbst die Sanktion, nämlich die Möglichkeit der Leistungsverweigerung (§ 66 SGB I).

48 § 10 Abs. 1 **Nr. 9** betrifft die Situation, daß ein Ausländer die »**öffentliche Gesundheit**« oder »**Sittlichkeit**« gefährdet. Unabhängig von der Mitteilung an das Ausländeramt besteht Anzeigepflicht an die Gesundheitsämter in den in § 71 Abs. 1 Satz 1 Nr. 2 aufgeführten Fällen nach dem Bundes-SeuchenG und dem Geschlechtskrankheiten G (dazu o. Rz. 66 ff.). Parallelen bestehen auch insoweit, als der Leistungsträger nicht bereits den vagen Verdacht einer ansteckenden Krankheit o. ä. zum Anlaß für ein Einschalten der Ausländerbehörde nehmen darf, sondern konkrete Anhaltspunkte vorliegen müssen.

49 § 10 Abs. 1 **Nr. 10** AuslG schließlich enthält den Fall, daß ein Ausländer »den Lebensunterhalt für sich und seine unterhaltsberechtigten Angehörigen nicht ohne **Inanspruchnahme der Sozialhilfe** bestreiten kann oder bestreitet«. Aufgrund dieser Gesetzesformulierung ist eindeutig, daß eine Mitteilungsbefugnis nur für den Fall des Bezugs von »**Hilfe zum Lebensunterhalt**« (§§ 11 ff. BSHG) in Betracht kommt (allerdings unter Berücksichtigung der Sechs-Monats-Frist des Satz 2, dazu Rz. 57). Nicht weitermelden darf dagegen das Sozialamt bzw. der überörtliche Leistungsträger die Gewährung von einmaligen oder gelegentlichen »Hilfen in besonderen Lebenslagen« (§§ 27 ff. BSHG; ebenso Jahresbericht 1983 des *Berl. DSB* S. 15; 12. TB/*HDSB* Ziff. 4.2.3; *Sieveking* in Frommann u. a., S. 62; weitergehend *Krahmer* in Giese, SGB X, § 71 Rz. 6, der auch den Fall einbezieht, daß ein Ausländer z. B. wegen vorsätzlicher Einreise zur Erlangung von Sozialhilfe nach § 120 Abs. 1 BSHG keinen Anspruch auf Hilfe zum Lebensunterhalt erhält).

50 Die Sozialhilfebedürftigkeit muß **vor** der Offenbarung **feststehen**. Diese Voraussetzung liegt noch nicht vor, wenn der Ausländer gleichzeitig einen Antrag bei einem Sozialversicherungsträger gestellt hat, über den noch nicht entschieden ist.

Offenbarung für Erfüllung gesetzl. Pflichten § 71

3. Besondere Ausländergruppen

Ausländer, die eine Aufenthalts**berechtigung** besitzen, können aufgrund der in 51
§ 10 Abs. 1 Nrn. 7, 9 und 10 aufgeführten Gründe nur ausgewiesen werden, wenn
diese Gründe besonders schwerwiegen (§ 11 Abs. 1 AuslG). Ist dem Leistungsträger bekannt, daß ein ausländischer Versicherter oder Hilfeempfänger über eine
Aufenthaltsberechtigung verfügt, dürfen dessen Sozialdaten mithin nur bei einem
besonders gravierenden Fall von Täuschung, Gesundheitsgefährdung oder Sozialhilfebezug weitergegeben werden. Der Hinweis auf § 11 AuslG in § 71 Abs. 2 Satz
1 ist als Einschränkung der Offenbarungsbefugnis bei speziellen Ausländergruppen zu interpretieren. Daher kommt es nicht in Betracht, bei besonders schwerwiegenden Fällen Informationen über aufenthalts**berechtigte** Ausländer auch über
die in Nrn. 7, 9 und 10 genannten Umstände hinaus mitzuteilen. Konsequenz wäre
sonst, daß der Ausländer mit dem besseren Aufenthaltsstatus (Aufenthaltsberechtigung) im Hinblick auf das Sozialgeheimnis schlechter stünde als der Ausländer
mit bloßer Aufenthaltserlaubnis.

Da bei **Asylberechtigten**, heimatlosen Ausländern und ausländischen Flüchtlingen 52
Ausweisungen nur mit schwerwiegenden Gründen der öffentlichen Sicherheit
oder Ordnung legitimiert werden können (§ 11 Abs. 2 AuslG), ist eine Offenbarungsbefugnis nach § 71 Abs. 2 Satz 1 wegen Bezugs von Sozialhilfe für diese
Personengruppe nicht gegeben. Bei **EG-Ausländern** ist eine Ausweisung »nur aus
Gründen der öffentlichen Ordnung, Sicherheit oder Gesundheit« zulässig (§ 12
AufenthaltsG/EWG); hierher gehört jedenfalls nicht der Bezug von Sozialhilfe
(vgl. Ziff. 2.2 der Stellungnahme des BMJFFG zur Rechtslage im Verhältnis von
Sozialhilfe und EG-Recht vom 28. 8. 1986, Az.: – 525 – 3063/1, abgedruckt in der
Hess. Städte- und Gemeindezeitung 11/1986, S. 438ff.). Ausländerrechtliche
Maßnahmen wegen Gefährdung der öffentlichen Gesundheit sind durch § 12
Abs. 6 AufenthaltsG/EWG stark eingeschränkt.

Auch sonstige Ausländergruppen, denen durch internationale Abkommen, z. B. 53
durch das **Europäische Fürsorgeabkommen** nach einem Aufenthalt von fünf
Jahren, Schutz vor Ausweisung wegen Sozialhilfebezugs gewährt ist, kommen für
Meldungen an die Ausländerbehörde aus diesem Grund nicht in Betracht (vgl.
Sieveking in Frommann u. a., S. 60; ebenso Jahresbericht 1983 des *Berl.DSB* S. 15
und Jahresbericht 1985, S. 22f.; s. auch *Kanein* § 10 AuslG Rz. 76ff.).

4. Pflichtgemäßes Ermessen

Die Entscheidung darüber, welche Konsequenzen das **Ausländeramt** aus den vom 54
Leistungsträger erhaltenen Informationen zieht, steht in dessen **Ermessen**. Zu den
»**ausländerrechtlich zulässigen Maßnahmen**« nach Abs. 2 gehört keineswegs nur
die in § 10 AuslG geregelte Ausweisung. Möglich sind auch schwächere Maßnahmen wie die Befristung oder Nichtverlängerung der Aufenthaltserlaubnis, die
Erteilung von Auflagen usw.

Bevor jedoch überhaupt übermittelt wird, muß der Leistungsträger **sein** »pflicht- 55
gemäßes Ermessen« betätigen, ob und inwieweit eine Datenoffenbarung erforderlich ist, um ausländerrechtliche Maßnahmen zu ermöglichen (vgl. zur Ermessensausübung *VG Ansbach* DuD 1987, 40, 47ff.). Diese gesetzliche Forderung verbietet jeden Schematismus wie z. B. die **listenmäßige** Weiterleitung aller Sozialhilfe

beziehenden Ausländer. Die Ermessensausübung betrifft zunächst die **Notwendigkeit** einer ausländerrechtlichen Maßnahme überhaupt; der Leistungsträger muß sich mit anderen Worten Gedanken darüber machen, ob er eine Einschaltung des Ausländeramts für sachgerecht und geboten hält. Die Ermessensausübung bezieht sich sodann auf den **Umfang der Angaben**, den das Ausländeramt zur Einleitung seiner Schritte braucht. Sowohl beim Ob wie beim Wieviel der Offenbarung muß eine pflichtgemäße Ermessensbetätigung den hohen Stellenwert des Sozialgeheimnisses – auch für die Aufgabenerfüllung nach dem BSHG – sowie schutzwürdige Belange des Betroffenen berücksichtigen (zu dieser »**sozialhilferechtlichen Entscheidungsorientierung**« *Sieveking* in Frommann u. a., S. 56).

56 Dies bedeutet **eine Differenzierung nach Einzelfällen und Fallgruppen**. So kann die Unterrichtung des Ausländeramts durch das Sozial- oder Jugendamt, zu dem der betroffene Ausländer eine besondere Vertrauensbeziehung hat, problematischer sein als die Mitteilung durch den Rentenversicherungsträger. Täuschungsfälle nach Nr. 7 sind generell gravierender einzustufen als die bloße Tatsache, Sozialhilfe zu beziehen. Bei Empfängern von Sozialhilfe ist ggf. nach Höhe und Dauer zu differenzieren (vgl. etwa *Sbresny* ZfF 1984, 126f.) – abgesehen von der 6-Monats-Frist des Abs. 2 Satz 2. Als bloße Mitteilungsbefugnis für SGB-Stellen gibt Abs. 2 den Ausländerbehörden nicht das Recht, von sich aus zu bestimmen, welche Fallgruppen von Ausländern ihnen gemeldet werden sollen; der Leistungsträger kann auf die Ausübung seines Ermessens nicht verzichten.

5. Sechs-Monats-Frist bei Sozialhilfebezug (Abs. 2 Satz 2)

57 Nach § 71 Abs. 2 Satz 2 **soll** während der ersten sechs Monate eines Bezugs von Sozialhilfe von einer Mitteilung dieser Tatsache abgesehen werden. Die kurzfristige Angewiesenheit auf Sozialhilfe soll den Ausländer nicht der Gefahr von Maßnahmen nach dem AuslG bis hin zur Ausweisung aussetzen. Die Sollvorschrift ist dahingehend zu verstehen, daß in aller Regel eine Mitteilung über die Zahlung von Sozialhilfe erst **nach Ablauf** von sechs Monaten zulässig ist. Ausnahmen von dieser Regel bedürfen besonderer Gründe; etwa wenn mehrere Tatbestände des § 10 Abs. 1 AuslG gleichzeitig erfüllt sind (»nur in **ganz schwerwiegenden Fällen**«, *Eicher/Haase/Rauschenbach* § 71 Anm. 6). Als Fall für eine sofortige Mitteilung kommt auch in Betracht, daß ein Ausländer ohne Aufenthaltserlaubnis betroffen ist (*Sieveking* in Frommann u. a., S. 63). Auch **nach** Ablauf dieser Frist muß der Leistungsträger sein **Ermessen** walten lassen und die Argumente für und gegen eine Meldung abwägen. Auf keinen Fall kann eine vorzeitige Unterrichtung damit gerechtfertigt werden, daß die Gewährung von Sozialhilfe über ein halbes Jahr hinaus **absehbar** ist (ebenso 12. TB/*HDSB* Ziff. 4.2.3).

6. Konsequenzen

58 Als offenbarende Stellen nach § 10 Abs. 1 **Nrn. 7 und 9** AuslG können **alle Leistungsträger** in Betracht kommen. Informationen über den Bezug von Sozialhilfe (**Nr. 10**) werden in aller Regel vom örtlichen **Sozialamt**, ggf. auch vom überörtlichen Träger, stammen. Die Regelung in § 71 Abs. 2 stellt somit eindeutig klar, daß das Sozialgeheimnis auch zwischen verschiedenen Ämtern der gleichen

Offenbarung für Erfüllung gesetzl. Pflichten § 71

Kommunal- oder Kreisverwaltung gilt, hier also zwischen Sozialamt einerseits und Ausländeramt andererseits (vgl. zu der grundsätzlichen Geltung des »funktionalen Stellenbegriffs« im Anwendungsbereich der §§ 35 SGB I, 67 ff. SGB X, § 35 Rz. 26 ff.).

Angaben über ausländische Hilfeempfänger, die der Sozialhilfeträger unter Mißachtung der Voraussetzungen des Abs. 2 übermittelt hat, unterliegen wegen § 78 Satz 1 bei der Ausländerbehörde einem **Verwertungsverbot** (vgl. 12. TB/*HDSB* Ziff. 4.2.3). 59

Zur Vereinheitlichung der Ermessensausübung, vor allem aber zur Information der Sozialämter über die Fallgruppen, bei denen ausländerbehördliche Maßnahmen überhaupt nicht in Betracht kommen (vgl. o. Rz. 51 f.), empfiehlt es sich dringend, die Offenbarungspraxis an die Ausländerämter innerhalb der Kommunen durch entsprechende **Richtlinien** o. ä. festzulegen (vgl. 10. TB/*HDSB* Ziff. 4.1.3.1). Bisher existieren solche Regelungen nur vereinzelt (vgl. *Sieveking* in Frommann u. a., S. 50 f.; der Text einer Bremer Verwaltungsvorschrift ist abgedruckt auf S. 66 f.). 60

VI. Verhältnis zu anderen Vorschriften

1. § 69 Abs. 1 Nr. 1

Nicht aus § 71 Abs. 2, sondern aus § 69 Abs. 1 Nr. 1 ergibt sich die Offenbarungsbefugnis der Krankenkassen an die Ausländerbehörden, wenn im **Einzelfall konkrete Anhaltspunkte** für Verstöße gegen das Ausländergesetz im Zusammenhang mit der Verfolgung und Ahndung von Ordnungswidrigkeiten nach arbeits- und sozialrechtlichen Gesetzen, insbesondere dem Gesetz zur Bekämpfung der Schwarzarbeit, vorliegen (vgl. **§ 306 SGB V**, insbes. Satz 1 Nr. 8). Eine Parallelvorschrift für die Arbeitsverwaltung enthält **§ 233 b AFG**. Durch die Aufnahme in die sozialrechtlichen Einzelgesetze oder unmittelbar in eines der Bücher des SGB werden diese Unterrichtungspflichten zu gesetzlichen Aufgaben i. S. d. § 69 Abs. 1 Nr. 1 (vgl. § 70 Rz. 8, 10; zur restriktiven Auslegung dieser Informationspflichten vgl. § 69 Rz. 64). 61

2. § 73

Die Offenbarung von Sozialdaten für die Durchführung eines **Strafverfahrens** erfordert nach § 73 eine richterliche Anordnung und beschränkt sich bei Vergehen auf wenige Angaben. Für die Aufklärung von Steuerstraftaten gelten diese Einschränkungen wegen der Geltung der Anzeigepflicht nach § 116 AO (s. o. Rz. 36) nicht. 62

3. § 76

Auch für die Offenbarungen zur Erfüllung besonderer gesetzlicher Mitteilungspflichten und -befugnisse nach § 71 gelten die **Restriktionen des § 76**. Daten, die dem Leistungsträger von einem Arzt oder einer anderen einem besonderen 63

Berufsgeheimnis unterworfenen Person (vgl. § 203 Abs. 1 und 3 StGB) zugänglich gemacht worden sind, dürfen nur unter den Voraussetzungen weitergegeben werden, unter denen diese Person selbst offenbarungsbefugt wäre (§ 76 Abs. 1; ausführlich zu diesen Voraussetzungen § 76 Rz. 46ff.). Die erleichterte Offenbarungsmöglichkeit für Begutachtungs- und Bescheinigungsdaten nach § 76 Abs. 2 Nr. 1 ist für Mitteilungen nach § 71 nicht anwendbar.

64 § 76 entfaltet seine **einschränkende Wirkung** je nach Mitteilungstatbestand unterschiedlich:

a) Die **Anzeigepflicht** für geplante Straftaten nach § 138 StGB rechtfertigt prinzipiell nicht nur angesichts des Schweregrades der aufgeführten Delikte die Durchbrechung des strafrechtlichen Berufsgeheimnisses nach § 203 Abs. 1 StGB. Daß auch die Berufsgruppen unter spezieller Schweigepflicht zur Offenbarung verpflichtet sein sollen, belegen die Sonderregelungen des § 139 StGB für den Geistlichen, den Arzt usw. Für den Arzt gilt die Ausnahme, daß seine Anzeigepflicht auf eine geringe Zahl schwerster Delikte begrenzt ist (s. o. Rz. 12).

b) Auch die ausdrücklichen gesetzlichen Meldepflichten nach dem **BundesseuchenG** und dem **GeschlechtskrankheitenG** haben Vorrang vor den Berufsgeheimnissen; die Normen dieser Gesetze verpflichten ja gerade Geheimhaltungspflichtige zur Mitteilung (vgl. *Eul* DOK 1981, 452 sowie o. Rz. 17ff.).

c) Für Mitteilungen ärztlicher Angaben an die **Steuerbehörden** war oben bereits ausgeführt worden, daß § 102 AO ein Auskunftsverweigerungsrecht von Ärzten und ihrem Hilfspersonal vorsieht, das der Leistungsträger zu berücksichtigen hat (vgl. Rz. 33ff.). Darüber hinaus setzt jedoch § 76 Abs. 1 auch hinsichtlich der von den übrigen in § 203 Abs. 1 und 3 StGB genannten Berufsgruppen dem Leistungsträger zugänglich gemachten Angaben Grenzen hinsichtlich der Weitergabe an das Finanzamt.

d) Für Datenoffenbarungen nach den **Archivgesetzen** greift der Sonderschutz des § 76 Abs. 1 nicht (§ 76 Abs. 2 Nr. 2; dazu § 76 Rz. 82).

4. Statistische Mitteilungspflichten

65 **Nicht personenbezogene Mitteilungspflichten** können sich für Sozialleistungsträger gegenüber Statistischen Ämtern aus verschiedenen **Statistikgesetzen** ergeben, etwa für die Sozialämter aus dem »Gesetz über die Durchführung von Statistiken auf dem Gebiet der Sozialhilfe, der Kriegsopferfürsorge und der Jugendhilfe« vom 15. 1. 1963 (BGBl. I S. 49; vgl. zur Unzulässigkeit der Erhebung der Personalien im Zusammenhang mit dieser Statistik den 2. TB/*LfD-BW* S. 66f.). Eine Auskunftspflicht der SGB-Stellen gegenüber dem BMA bzw. den zuständigen Länderbehörden über **pflegesatzrelevante** Informationen aus den Krankenhäusern enthält der m.W.v. 1. 1. 1989 durch das GRG eingeführte § 28 Abs. 1 KrankenhausfinanzierungsG (vgl. Art. 22 Nr. 7 GRG).

Offenbarung für Schutz der Sicherheit § 72

§ 72 Offenbarung für den Schutz der inneren und äußeren Sicherheit

(1) Eine Offenbarung personenbezogener Daten ist zulässig, soweit sie im Einzelfall für die rechtmäßige Erfüllung der in der Zuständigkeit der Behörden für Verfassungsschutz, des Bundesnachrichtendienstes, des Militärischen Abschirmdienstes und des Bundeskriminalamtes liegenden Aufgaben erforderlich ist. Die Offenbarung ist auf Angaben über Vor- und Familiennamen, Geburtsdatum, Geburtsort, derzeitige und frühere Anschriften des Betroffenen sowie Namen und Anschriften seiner derzeitigen und früheren Arbeitgeber beschränkt.

(2) Über die Erforderlichkeit des Offenbarungsersuchens entscheidet ein vom Leiter der ersuchenden Stelle bestimmter Beauftragter, der die Befähigung zum Richteramt haben oder die Voraussetzungen des § 110 des Deutschen Richtergesetzes erfüllen soll. Wenn eine oberste Bundes- oder Landesbehörde für die Aufsicht über die ersuchende Stelle zuständig ist, ist sie über die gestellten Offenbarungsersuchen zu unterrichten. Bei der ersuchten Stelle entscheidet über das Offenbarungsersuchen der Behördenleiter oder sein allgemeiner Stellvertreter.

Inhaltsübersicht

		Rz.
I.	Entstehungsgeschichte	1, 2
II.	Bedeutung der Vorschrift	3– 8
III.	Offenbarungszweck »rechtmäßige« Aufgabenerfüllung (Abs. 1 Satz 1)	9–13
	1. Erforderlichkeit gesetzlicher Befugnisregelungen	9–11
	2. Gesetzesentwürfe 1986 bis 1988	12, 13
IV.	Auskunftsberechtigte Stellen und deren Aufgaben (Abs. 1 Satz 1)	14–30
	1. Behörden für Verfassungsschutz	14–18
	2. Bundesnachrichtendienst	19–21
	3. Militärischer Abschirmdienst	22–25
	4. Bundeskriminalamt	26–30
V.	Einzelfall (Abs. 1 Satz 1)	31–34
VI.	Datenkatalog (Abs. 1 Satz 2)	35–38
VII.	Verantwortung und Entscheidungsbefugnis (Abs. 2)	39–56
	1. Regelungsziel des Abs. 2	39, 40
	2. Entscheidung auf seiten der Sicherheitsbehörde (Abs. 2 Satz 1)	41–47
	a) Beauftragter	41–44
	b) Kriterien: Verhältnismäßigkeit, Unmöglichkeit anderweitiger Datenbeschaffung	45–47
	3. Entscheidung beim Sozialleistungsträger (Abs. 2 Satz 3)	48–56
	a) Behördenleiter	48, 49
	b) Umfang der Prüfbefugnis	50–56
	aa) Amtshilfeberechtigung und Formalien	50–52
	bb) Erforderlichkeit	53–56
VIII.	Form des Ersuchens und der Offenbarung	57–59
IX.	Unterrichtung der Aufsichtsbehörde (Abs. 2 Satz 2)	60–64
X.	Verhältnis zu anderen Vorschriften	65–68
	1. § 68	65
	2. § 73	66
	3. § 76	67
	4. § 78	68

I. Entstehungsgeschichte

1 Im Gesetzgebungsverfahren gab es mehrere Ansätze, den Kreis der Empfängerbehörden in Abs. 1, der sich auf die Nachrichtendienste des Bundes und der Länder sowie auf das Bundeskriminalamt beschränkt, zu erweitern. In einem Änderungsantrag (BT-Drucks. 8/4041) verlangte die CDU/CSU-Fraktion, auch den **Bundesgrenzschutz** und die durch Landesrecht bestimmten Polizeibehörden aufzunehmen. Dies wurde von der Mehrheit des AuS-Ausschusses abgelehnt. Für die Grenzschutzbehörden sei kein den in Abs. 1 genannten Dienststellen entsprechendes Informationsbedürfnis nachgewiesen worden. **Die Polizeibehörden der Länder** sollten auf Sozialdaten nur im Rahmen des § 68 zugreifen können (vgl. BT-Drucks. 8/4022, zu § 69 = jetzt § 72; zur Amtshilfeberechtigung der Polizei nach § 68 vgl. § 68 Rz. 27, 114). Auch der Bundesrat rief den Vermittlungsausschuß zu dem Zweck an, eine Einbeziehung der Landespolizeibehörden in Abs. 1 zu erreichen (BT-Drucks. 8/4216, Nr. 20). Der Vermittlungsausschuß lehnte jedoch diese Erweiterung ab (BT-Drucks. 8/4330), so daß es beim ursprünglichen Gesetzesbeschluß des Bundestages blieb.

2 Eine weitere Änderungsinitiative der CDU/CSU-Fraktion ging dahin, die in Abs. 1 Satz 1 enthaltene Einschränkung auf den »**Einzelfall**« zu streichen, damit der Zugriff auf Sozialdaten für Ermittlungen nach der Methode der **Rasterfahndung** möglich bleibe (BT-Drucks. 8/4041). Dieser Antrag wurde von der Ausschußmehrheit aber aufgrund der ausdrücklichen Absicht abgelehnt, Bandabgleiche mit Sozialdaten nicht zuzulassen (vgl. BT-Drucks. 8/4022, zu § 69 = jetzt § 72; zur Anwendungsvoraussetzung »im Einzelfall« vgl. u. Rz. 31 ff.).

II. Bedeutung der Vorschrift

3 Der Ausschußbericht faßt die Zielsetzung der Vorschrift wie folgt zusammen: *»Die Vorschrift dient ebenso wie § 68 (= jetzt § 71) dem präventiven Schutz öffentlicher Interessen. Da die Aufgaben der Sicherheitsbehörden nicht in dem Sinn umfassend geregelt sind, daß ihnen besondere gesetzliche Mitteilungspflichten (auch) der in § 35 SGB I genannten Stellen gegenüberstehen, war eine besondere Regelung angezeigt«* (BT-Drucks. 8/4022, S. 85, zu § 69 = jetzt § 72).

4 Diese Ausschußbegründung ist in zweierlei Hinsicht mißverständlich. Zum einen statuiert § 72 – wie alle anderen Offenbarungsbestimmungen der §§ 67 ff. auch – keine Mitteilungs**pflichten** der Sozialleistungsträger, sondern lediglich eine Offenbarungs**befugnis**, wenn ein zulässiges Amtshilfeersuchen vorliegt (vgl. dazu § 68 Rz. 13 ff.). Zum anderen dienen Offenbarungen nach § 72 nicht der Aufgabenerfüllung »der Sicherheitsbehörden«; vielmehr werden aus dem Kreis der Sicherheitsbehörden einige wenige, speziell genannte Ämter herausgenommen, deren Erkenntnisinteressen als so wichtig eingestuft werden, daß sie die Durchbrechung des Sozialgeheimnisses legitimieren.

5 Die Ausschußbegründung stellt klar, daß § 72 nur Offenbarungen betrifft, die an die in Abs. 1 genannten Stellen zur Erfüllung **präventiver** Aufgaben erfolgen. Bei den Geheim- und Nachrichtendiensten spielt diese Einschränkung insofern keine Rolle, als sie ohnehin keine exekutiven Befugnisse haben (i. e. dazu Rz. 14 ff.). Für das **Bundeskriminalamt** (BKA) ergibt sich jedoch eine wichtige Differenzierung: Sofern das BKA zum Zwecke der Strafverfolgung, etwa aufgrund einer

Offenbarung für Schutz der Sicherheit § 72

Beauftragung durch den Generalbundesanwalt (vgl. § 5 Abs. 3 Nr. 3 BKAG), also **repressiv** tätig wird, gilt § 72 nicht. Sozialdaten kann sich das BKA in diesen Fällen nur über § 73 bzw. ggf. über § 68 beschaffen (dies verkennt *Walcher* in Frommann u.a., S. 102, 107f.; seine Kritik an der Privilegierung des BKA gegenüber der Staatsanwaltschaft bei der Informationsermittlung im Rahmen der Strafverfolgung geht daher fehl; gegen die Argumentation von Walcher auch *Bull* in Frommann u.a., S. 252, 257; i.e. vgl. u. Rz. 27ff.).

Vergleicht man die Offenbarungsvoraussetzungen des § 72 mit denen der **allgemeinen Amtshilfenorm** des § 68 – die allerdings neben § 72 nicht alternativ gegeben ist (vgl. u. Rz. 65 und ausführlich § 68 Rz. 114ff.) – im Wortlaut, ergeben sich folgende Unterschiede: 6

a) Die der Offenbarung entgegenstehenden **»schutzwürdigen Belange«** des Betroffenen (§ 68 Abs. 1 Satz 1) werden in § 72 nicht gesondert erwähnt. Allerdings sind sie im Rahmen der Verhältnismäßigkeit des Informationsersuchens mit zu prüfen (vgl. u. Rz. 47; ebenso *Hauck/Haines-Walloth* § 72 Rz. 13; *Wiese* ÖVD 1981, 14).

b) Der offenbarungsfähige **Datenkatalog** ist gegenüber § 68 um die frühere Anschrift des Betroffenen und die Personalien der früheren Arbeitgeber erweitert (vgl. u. Rz. 38), was Nachforschungen in der Vergangenheit des Betroffenen erlaubt.

c) Nicht ausdrücklich in § 72 enthalten ist die Möglichkeit des Sozialleistungsträgers, die anfragende Behörde auf **anderweitige** Methoden bzw. Quellen der Datenbeschaffung zu verweisen (§ 68 Abs. 1 Satz 2). Auch dieser Gesichtspunkt ist jedoch im Rahmen der Erforderlichkeit bzw. Verhältnismäßigkeit zu berücksichtigen (a.A. offensichtlich *Hauck/Haines-Walloth* § 72 Rz. 2, 14); dies gilt insbesondere für die Möglichkeit, die gewünschten Daten direkt beim Betroffenen zu erheben (vgl. u. Rz. 46).

d) Schließlich greift im Rahmen des § 72 die sich aus §§ 68 und 81 i.V.m. § 10 BDSG ergebende **Übermittlungssperre für »Datei-Daten«**, die dem Leistungsträger von Personen oder Stellen unter besonderem Berufs- oder Amtsgeheimnis mitgeteilt worden sind (ausführlich dazu § 81 Rz. 6ff.), nicht.

Gegenüber § 73 besteht bei den Offenbarungsvoraussetzungen insofern ein Unterschied, als es bei § 72 einer richterlichen Anordnung nicht bedarf (zum Verhältnis von § 72 zu § 73 vgl. u. Rz. 66). Auf der anderen Seite bedeutet die Verpflichtung, die Verfahrensvoraussetzungen des Abs. 2 einzuhalten, eine nicht unerhebliche Komplizierung der Anforderung von Sozialdaten (vgl. u. Rz. 41ff.). Diese Differenzen spielen allerdings – wie o. Rz. 5 dargelegt – nur für Informationsersuchen des BKA eine Rolle. 7

§ 72 enthält zwei **Besonderheiten**, die in keiner anderen Norm des Sozialdatenschutzes zu finden sind. Zum einen ist § 72 die einzige Bestimmung, die gleichzeitig die zugelassenen Datenempfänger (differenzierend *Hauck/Haines-Walloth* § 72 Rz. 8), den offenbarungsfähigen Datensatz und das Mitteilungsverfahren regelt. Zum anderen findet sich nur in § 72 eine Pflicht, die **Aufsichtsbehörde** von gestellten Offenbarungsersuchen zu unterrichten (Abs. 2 Satz 2, dazu u. Rz. 60ff.). Damit trägt der Gesetzgeber der besonderen **Verarbeitungssituation** Rechnung, die gerade die Arbeitsweise des Bundeskriminalamtes und der Nachrichtendienste kennzeichnet, etwa die regelmäßig bundesweite Speicherung und 8

Zugriffsmöglichkeit oder die vielfach verdeckte Datenerhebung ohne Kenntnis des Betroffenen, und die auch bei der Weitergabe für sich genommen weniger schutzwürdiger Angaben zu **starken Eingriffen** in das informationelle Selbstbestimmungsrecht des Betroffenen führen kann (vgl. dazu § 68 Rz. 115f.). Schutzwürdige Belange können nicht zuletzt deshalb nachhaltig tangiert sein, weil über die Kenntnis der früheren Anschriften – sei es des Betroffenen selbst, sei es seiner Arbeitgeber – Erkenntnisse über längst vergangene Vorkommnisse in der Biographie des einzelnen gesammelt werden können (vgl. *Verbandskommentar* § 72 Rz. 2).

III. Offenbarungszweck »rechtmäßige« Aufgabenerfüllung (Abs. 1 Satz 1)

1. Erforderlichkeit gesetzlicher Befugnisregelungen

9   Eine zulässige Offenbarung nach § 72 setzt die Erforderlichkeit der übermittelten Sozialdaten für die **rechtmäßige** Erfüllung der Aufgaben der in Abs. 1 genannten Dienststellen voraus. Mit voller Absicht spricht das Gesetz entsprechend der Terminologie in den Übermittlungsbestimmungen der Datenschutzgesetze (vgl. §§ 10, 11 BDSG) von der »rechtmäßigen«, nicht aber wie etwa § 69 Abs. 1 Nr. 1 von der »gesetzlichen« Aufgabenerfüllung. Damit wird der Tatsache Rechnung getragen, daß lediglich die Aufgaben des Bundeskriminalamtes und der Verfassungsschutzämter, nicht jedoch die der beiden Nachrichtendienste Militärischer Abschirmdienst (MAD) und Bundesnachrichtendienst (BND) – von vereinzelten Regelungen abgesehen – **gesetzlich** fixiert sind (i.e. dazu u. Rz. 14ff.).

10 Doch selbst wenn auch die beiden letztgenannten Geheimdienste über einen in Gesetzesform festgelegten **Aufgaben**katalog verfügten, zur verfassungsrechtlichen Legitimierung der Datenverarbeitung auch und gerade durch Sicherheitsbehörden reicht dies heute nicht mehr aus. Spätestens seit der **Volkszählungsentscheidung des Bundesverfassungsgerichts** vom 15.12.1983 (*BVerfGE* 65, 1) steht fest, daß Beschränkungen des informationellen Selbstbestimmungsrechts der Bürger durch die behördliche Verarbeitung ihrer Daten einer »(verfassungsmäßigen) gesetzlichen Grundlage« bedürfen, »aus der sich die Voraussetzungen und der Umfang der Beschränkungen klar und für den Bürger erkennbar ergeben und die damit dem rechtsstaatlichen Gebot der Normenklarheit entspricht« (*BVerfGE* 65, 44; vgl. dazu Einl. Rz. 5 und § 69 Rz. 13ff.). Das Bundesverfassungsgericht hat damit die bereits vor seinem Urteil immer wieder – vor allem, aber nicht nur von den Datenschutzbeauftragten – aufgestellten Forderungen aufgegriffen und bestätigt, wonach ausreichende **gesetzliche** Grundlagen für die Datenverarbeitung insbesondere der Sicherheitsbehörden unverzichtbar sind (vgl. statt vieler 10. TB/*HDSB* (1981) Ziff. 3.3; 11. TB/*HDSB* (1982) Ziff. 3.2; *Riegel* Datenschutz, S. 8f.; zum Regelungsbedarf im Sozialleistungsbereich vgl. § 79 Rz. 100ff.).

11 Was das Bundesverfassungsgericht verlangt, ist mithin nicht lediglich eine gesetzliche Festlegung der behördlichen **Aufgaben** und Verarbeitungszwecke, sondern der für deren Erfüllung eingeräumten **Befugnisse zur Erhebung, Speicherung und Verwendung personenbezogener Angaben** (vgl. *Simitis/Wellbrock* NJW 1984, 1591, 1594f.; *Bäumler* DÖV 1984, 513, 515; Beschlüsse der *Konferenz der Datenschutzbeauftragten* vom 27./28.3.1984 – Ziff. 2.2 –, 24.1.1985, 16.9.1985

Offenbarung für Schutz der Sicherheit § 72

und 27.1. 1986 – Ziff. 3.4–, abgedruckt in *Dammann* BDSG-Dok., Bd. II, F 12, F 19, F 23 und F 26). Die Notwendigkeit **präziser, bereichsspezifischer Befugnisregelungen** in gesetzlicher Form ist inzwischen unbestritten (vgl. Begr. des MAD-Gesetzentwurfs, BT-Drucks. 10/5342, Teil A; Begr. des Entwurfs für ein BVerfSchG, BT-Drucks. 10/4737 Teil A 1, 2; zur Novellierungsbedürftigkeit des BKAG *Riegel* Bundespolizeirecht, S. 3 f.; a. A. allerdings für den Verfassungsschutz auch nach dem Volkszählungsurteil *Roewer* NJW 1985, 773, 774 ff.). Weithin anerkannt ist auch die Konsequenz des Volkszählungsurteils, daß angesichts der erheblichen Intensität des Grundrechtseingriffs, der mit der Datenverarbeitung auch und gerade der Sicherheitsbehörden verbunden ist, fehlende oder nicht ausreichende gesetzliche Grundlagen allenfalls noch für eine Übergangszeit toleriert werden können (vgl. 15. TB/*HDSB* Ziff. 1.1.2; weitergehend i. S. einer absoluten Unzulässigkeit der Offenbarung nach § 72 mangels gesetzlicher Regelungen *Heine* in SRH, S. 432 ff., 445).

2. Gesetzesentwürfe 1986 bis 1988

Um die vom Bundesverfassungsgericht geforderten, bisher gar nicht oder nur 12 ansatzweise und verstreut geregelten Rechtsgrundlagen (vgl. i. e. Rz. 14 ff.) für die Sammlung, Speicherung und Verwertung personenbezogener Informationen durch die in Abs. 1 genannten Sicherheitsbehörden zu schaffen, haben Bundesregierung und die Koalitionsfraktionen von CDU/CSU und FDP in der 10. Legislaturperiode eine Reihe von Gesetzentwürfen vorgelegt. In den Bundestag eingebracht wurden

— der Entwurf eines Gesetzes zur Änderung des **Bundesverfassungsschutzgesetzes** (BT-Drucks. 10/4737 vom 28. 1. 1986, S. 20 ff.),
— der Entwurf eines **Gesetzes über den Militärischen Abschirmdienst** (MAD) (BT-Drucks. 10/5342 vom 17. 4. 1986),
— der Entwurf eines Gesetzes über die informationelle Zusammenarbeit der Sicherheits- und Strafverfolgungsbehörden des Bundes und der Länder in Angelegenheiten des Staats- und Verfassungsschutzes und nachrichtendienstlicher Tätigkeit (**Zusammenarbeitsgesetz** – ZAG, BT-Drucks. 10/5344 vom 17. 4. 1986).

Reformvorschläge zum BKA-Gesetz wurden nicht vorgelegt (vgl. aber u. Rz. 28; zur Notwendigkeit der Änderung des BKAG vgl. *Riegel* Bundespolizeirecht, S. 3 f.).
Die genannten Gesetze sind in der 10. Legislaturperiode nicht mehr verabschie- 13 det worden. Ob ihre Regelungen ausreichen, die Anforderungen des Bundesverfassungsgerichts zu erfüllen, ist umstritten (zur Kritik vgl. z. B. 15. TB/*HDSB* Ziff. 6.3.4., 6.3.5.). Ihre Vorlage an das Parlament bestätigt jedoch, daß sich die Datenverarbeitung durch die Sicherheitsbehörden auf die derzeit vorhandenen unzureichenden Rechtsgrundlagen nur noch übergangsweise (»**Übergangsbonus**«; dazu 15. TB/*HDSB* Ziff. 1.1.2.) und unter Beachtung der Auslegungsprinzipien des Volkszählungsurteils stützen kann. Soweit die Verarbeitungsbefugnisse in den vorgelegten Gesetzentwürfen näher bestimmt und präzisiert werden, können die entsprechenden Bestimmungen zur Auslegung des Tatbestandsmerk-

Walz 221

mals der »rechtmäßigen Aufgabenerfüllung« in Abs. 1 herangezogen werden. Berücksichtigt werden im folgenden auch die Ende 1987 vorgelegten **Referentenentwürfe** des BMI für ein **Bundesverfassungsschutzgesetz** (Stand 19. 11. 1987, abgekürzt zit. RefE-BVerfSchG '87) und für ein **Verfassungsschutzmitteilungsgesetz** (Stand 16. 10. 1987, abgekürzt zit. RefE-VerfSchMiG '87). Bei Bedarf bzw. zur Aktualisierung der vorgenannten Texte wird auch auf die **jüngsten** Regierungsentwürfe vom 30. 12. 1988 Bezug genommen. Sie wurden vorgelegt für ein Bundesverfassungsschutzgesetz (zit. **BVerfSchG-E '88**), für ein MAD-Gesetz (zit. **MADG-E '88**) und für ein BND-Gesetz (zit. **BNDG-E '88**); alle abgedruckt in BR-Drucks. 618/88.

IV. Auskunftsberechtigte Stellen und deren Aufgaben (Abs. 1 Satz 1)

1. Behörden für Verfassungsschutz

14 Auf Bundesebene besteht nach § 2 Abs. 1 des »Gesetzes über die Zusammenarbeit des Bundes und der Länder in Angelegenheiten des Verfassungsschutzes« vom 27. 9. 1950 (BVerfSchG, BGBl. S. 682) das **Bundesamt für Verfassungsschutz.** Es untersteht dem BMI. Aufgrund von § 2 Abs. 2 BVerfSchG und entsprechender Ländergesetze (abgedruckt bei *Borgs-Maciejewski/Ebert* Teil D, S. 265 ff.) gibt es **Landesämter für Verfassungsschutz.**

15 Die Aufgaben der Verfassungsschutzämter sind in § 3 BVerfSchG bzw. den entsprechenden landesrechtlichen Normen aufgelistet. Sie umfassen die Sammlung und Auswertung von Auskünften, Nachrichten und sonstigen Unterlagen über **verfassungsfeindliche Bestrebungen, ausländische Spionage** im Inland sowie gewalttätige Aktivitäten von Ausländern. Außerdem wirken die Verfassungsschutzbehörden bei **Sicherheitsüberprüfungen** von Mitarbeitern in Behörden und in der Privatwirtschaft mit.

16 § 3 Abs. 4 BVerfSchG sieht eine **Amtshilfepflicht** aller Bundes- und Landesbehörden gegenüber dem Bundesamt für Verfassungsschutz vor. Die entsprechenden Ländergesetze enthalten vergleichbare Auskunfts- und Mitteilungspflichten von Landesbehörden gegenüber den Landesämtern für Verfassungsschutz, teilweise sogar ohne voraufgegangenes Informationsersuchen (vgl. § 3 Abs. 1 und 2 des Hessischen Gesetzes über die Errichtung eines Landesamtes für Verfassungsschutz vom 19. 7. 1951, GVBl. I S. 4).

17 Selbstverständlich greift dieser Amtshilfeanspruch gegenüber den in § 35 SGB I genannten Stellen nur, wenn § 72 die Offenbarung zuläßt und darüber hinaus die übrigen Amtshilfevoraussetzungen gegeben sind (zum Verhältnis von Amtshilfepflicht und Offenbarungsbefugnissen vgl. § 68 Rz. 13 f., 19 ff.). Auskunfts- und Aktenübersendungspflichten von Sozialleistungsträgern ohne Anfrage einer in Abs. 1 genannten Stelle – wie etwa im HessVerfSchG vorgesehen – gelten für den Anwendungsbereich des § 72 schon deshalb nicht, weil die Verfahrensregelung in Abs. 2 deutlich macht, daß immer ein förmliches Offenbarungs**ersuchen** des jeweiligen Verfassungsschutzamtes vorliegen muß (dazu u. Rz. 41 ff., 57 ff.). Anders ausgedrückt: Die zulässige Datenoffenbarung nach § 72 kann nicht unter Berufung auf Amtshilfe- oder Mitteilungspflichten in Verfassungsschutzgesetzen erweitert werden.

18 Auch der Gesetzentwurf zur Änderung des BVerfSchG von 1986 sah eine Reihe

derartiger Pflichten vor, so die **Übermittlungspflicht** aller Bundesbehörden von sich aus an das Bundesamt für Verfassungsschutz (BfV) in § 8 Abs. 1, einen Auskunftsanspruch auf Ersuchen gegenüber jeder anderen Behörde (§ 9 Abs. 1 Satz 1) sowie schließlich einen Auskunftsanspruch der Landesämter für Verfassungsschutz gegenüber Bundesbehörden (§ 16 Abs. 1 Satz 1). Allerdings wurde klargestellt, daß eine Datenübermittlung unterbleibt, soweit ihr **besondere gesetzliche Übermittlungsregelungen entgegenstehen** (§ 8 Abs. 3 Satz 2; so bereits jetzt normiert in § 6 Abs. 1 Satz 3 BremVerfSchG; ebenso § 8 Abs. 3 Satz 3 und § 9 Abs. 1 Satz 3 RefE-BVerfSchG '87 sowie § 19 Nr. 3 BVerfSchG-E '88), wozu die Berufs- und besonderen Amtsgeheimnisse sowie spezielle abschließende Zweckbindungsregelungen gehören (Begr. zu § 8, BT-Drucks. 10/4737, S. 54). Sowohl nach geltendem Recht wie – ausdrücklich klargestellt – nach den Novellierungsvorschlägen geht also der Sozialdatenschutz den Mitteilungspflichten an die Verfassungsschutzämter vor.

2. Bundesnachrichtendienst

Für den **Bundesnachrichtendienst** (BND) existiert so gut wie keine gesetzliche 19 Regelung von Aufgaben und Befugnissen. § 1 Abs. 1 Satz 2 des Gesetzes über die parlamentarische Kontrolle nachrichtendienstlicher Tätigkeit des Bundes vom 11. 4. 1978 (BGBl. I S. 453) verweist insoweit auf »Organisationserlasse« der Bundesregierung (dazu i. e. *Verbandskommentar* § 72 Rz. 3; vgl. auch *Maunz* in Maunz/Dürig/Herzog, GG, Art. 87 Rz. 63). Erwähnung findet der Bundesnachrichtendienst u. a. in § 18 Abs. 3 MelderechtsrahmenG (MRRG) als Empfänger von Meldedaten und in Art. 1 des Gesetzes zu Art. 10 GG als Behörde, die zum Öffnen von Briefen und zum Abhören von Telefonaten berechtigt ist.

Rückschlüsse auf die Aufgaben des BND lassen sich aus dem Gesetzentwurf der 20 Bundesregierung für ein Zusammenarbeitsgesetz ziehen (vgl. o. Rz. 12). § 15 Abs. 1 Nr. 1 spricht von der **»außen- und sicherheitspolitischen Informationsgewinnung«**, die Nrn. 2 und 3 betreffen die Abschirmung und Sicherheitsüberprüfung der eigenen Mitarbeiter und Einrichtungen (den gleichen Aufgabenkatalog enthält § 1 Abs. 1 BNDG-E '88). Mit der ausdrücklichen Funktionszuweisung der Aufklärung **im Ausland** wird klargestellt, daß die Sammlung von Erkenntnissen über **inländische** Verhältnisse nicht zu den Aufgaben des BND gehört (vgl. Begr. zu § 15, BT-Drucks. 10/5344, S. 15), hierfür dementsprechend auch keine Sozialdaten angefordert werden dürfen.

Durch die entsprechende Anwendung des § 9 BVerfSchG-E (vgl. Rz. 12), sah 21 der ZAG-Entwurf in § 15 Abs. 4 eine Pflicht zur Übermittlung personenbezogener Informationen an den BND vor, allerdings in gleichem Umfang wie beim Verfassungsschutz begrenzt durch gesetzliche, bereichsspezifische Datenschutz- und Geheimhaltungsbestimmungen (vgl. § 9 Abs. 1 Satz 2 i. V. m. § 8 Abs. 3 Satz 3 BVerfSchG-E; ebenso § 6 BNDG-E '88 i. V. m. § 19 BVerfSchG-E '88).

3. Militärischer Abschirmdienst

22 Auch für den **Militärischen Abschirmdienst (MAD) fehlt** es bisher an einer **gesetzlichen** Regelung von Befugnissen und Aufgaben. Gleich dem BND wird der MAD in § 18 Abs. 3 MRRG erwähnt; seine Tätigkeit unterliegt der Überprüfung durch die Parlamentarische Kontrollkommission für die Geheimdienste (vgl. § 1 Abs. 1 des Gesetzes über die parlamentarische Kontrolle nachrichtendienstlicher Tätigkeit des Bundes). Er gliedert sich in das dem Bundesministerium der Verteidigung unmittelbar unterstellte Amt für den Militärischen Abschirmdienst (MAD) sowie die nachgeordneten MAD-Gruppen auf der Ebene der Wehrbereiche und die MAD-Stellen auf der Ebene der Verteidigungsbezirke (vgl. Begr. des Gesetzentwurfs der Bundesregierung für ein MAD-Gesetz – MADG-E '88, BR-Drucks. 618/88, S. 171; BT-Drucks. 10/5342, S. 5; außerdem *Gusy* DÖV 1983, 60ff.).

23 Aufgaben und Befugnisse sind bisher in nicht veröffentlichten **internen Weisungen** des Verteidigungsministers festgelegt (vgl. die Begr. zum MADG-E, a.a.O.), wobei in der Öffentlichkeit bekannt ist, daß der MAD zur **Erkundung von gegen die Bundeswehr gerichteten sicherheitsrelevanten Aktivitäten** eingerichtet worden ist. Ein vager gesetzlicher Hinweis läßt sich allenfalls Art. 1 des Gesetzes zu Art. 10 GG entnehmen, der auf die Abwehr drohender Gefahren für die Sicherheit der in der Bundesrepublik stationierten NATO-Truppen Bezug nimmt. Im MADG-E, der auch für diesen Nachrichtendienst die verfassungsrechtlich gebotene Konsequenz einer normenklaren bereichsspezifischen Regelung ziehen soll (kritisch zum Entwurf 1986 allerdings *Bäumler* DVBl. 1986, 496ff.), sind die Aufgaben im einzelnen aufgeführt.

24 Die abschließende **Aufgabenbeschreibung** umfaßt zunächst solche Tätigkeiten, die denen des Verfassungsschutzes entsprechen, jedoch auf den Bereich der Dienststellen im Geschäftsbereich des Bundesverteidigungsministeriums, also einschließlich der Bundeswehr, beschränkt sind. § 1 Abs. 2 MADG-E nennt in diesem Zusammenhang die Informationsbeschaffung über Bestrebungen gegen die freiheitliche demokratische Grundordnung (vgl. § 3 Abs. 1 Nr. 1 BVerfSchG) und geheimdienstliche Aktivitäten fremder Nationen. § 1 Abs. 4 MADG-E weist dem MAD die Mitwirkung bei Sicherheitsüberprüfungen zu (vgl. § 3 Abs. 2 BVerfSchG). In § 1 Abs. 3 MADG-E geht es um die Sammlung von Erkenntnissen zur Beurteilung der Sicherheitslage von Einrichtungen der Bundeswehr und von anderen NATO-Militärobjekten.

25 Für die Mitteilungspflichten anderer Behörden gegenüber dem MAD und für dessen Befugnis zur Verarbeitung personenbezogener Daten wird auf den Gesetzentwurf zur Änderung des Bundesverfassungsschutzgesetzes verwiesen §§ 4, 5 des Entwurfs. Den gleichen Auskunftsrechten und Informationspflichten steht für den militärischen Bereich die gleiche **Übermittlungssperre bei besonderen Amts- und Berufsgeheimnissen** gegenüber (§ 6 MADG-E '88 i.V.m. § 19 BVerfSchG-E '88; vorher § 4 Abs. 2 Satz 1 MADG-E i.V.m. § 8 Abs. 3 Satz 2 VerfSchG-E sowie § 4 Abs. 1 Satz 1 Nr. 4 MADG-E i.V.m. § 9 BVerfSchG-E mit zugehöriger Begründung, BT-Drucks. 10/5342, S. 8. Für die in § 35 SGB I genannten Stellen bliebe es somit auch bei unverändertem Inkrafttreten dieses Gesetzentwurfs dabei, daß die **Offenbarungsbefugnis gegenüber dem MAD** sich **ausschließlich nach § 72** richtet (vgl. o. Rz. 18).

4. Bundeskriminalamt

Das Bundeskriminalamt ist vom Bund zur Zusammenarbeit von Bund und Ländern in der Kriminalpolizei nach § 1 des Gesetzes über die Einrichtung eines Bundeskriminalpolizeiamtes (Bundeskriminalamtes – **BKA-Gesetz** – vom 8.3. 1951 BGBl. I S. 165) geschaffen worden. 26

Wie bereits ausgeführt (vgl. o. Rz. 5), kann das Bundeskriminalamt Sozialdaten unter Berufung auf § 72 nur zur Erfüllung seiner **präventiven** Aufgaben anfordern. Die **einzige** präventivpolizeiliche Aufgabenstellung ergibt sich aus § 9 BKAG, das dem Amt den **Personenschutz** und die **Objektsicherung** für bestimmte Mitglieder der Verfassungsorgane überträgt. § 9 Abs. 3 BKAG gibt dem BKA in diesem Zusammenhang die Exekutivzuständigkeiten nach den §§ 10 bis 32 Bundesgrenzschutzgesetz (BGSG); zu den in § 10 BGSG genannten »notwendigen Maßnahmen« kann auch die Ermittlung und Speicherung personenbezogener Daten gehören (vgl. *Riegel* Bundespolizeirecht, § 2 BKAG, Anm. II 1d; § 9 BKAG, Anm. III 1 und § 10 BGSG, Anm. 1a mit allerdings berechtigter Kritik an der pauschalen Befugniszuweisung in § 9 BKAG und der mangelnden Normenklarheit der polizeilichen Generalklausel des § 10 BGSG). Keinesfalls können darüber hinaus undifferenziert die »Aufgaben auf dem Gebiet des **Staatsschutzes**« zur Legitimation von Offenbarungen nach § 72 herangezogen werden (so aber *Hauck/ Haines-Walloth* § 72 Rz. 6). 27

Außerhalb des § 9 BKAG kann das BKA keine eigenen Ermittlungen zu Zwecken der Gefahrenabwehr anstellen. Die **Zentralstellenfunktion** und die informationelle Zuständigkeit des Amtes beziehen sich zwar nicht nur auf die **Strafverfolgung**, sondern auch auf die **Gefahrenabwehr**. Dies ergibt sich sowohl aus § 1 Abs. 1 Satz 2 BKAG, der auch den erst **künftig** aktiv werdenden Straftäter anspricht, als auch aus § 2 Abs. 1 Nr. 7 BKAG, der die Unterstützung der Länder bei der Verbrechens**vorbeugung** erwähnt. Daraus resultiert auch die Befugnis zur Sammlung und Auswertung von Daten zur Gefahrenabwehr einschließlich der vorbeugenden Bekämpfung von Straftätern. Doch bringt diese Zentralstellenfunktion des § 2 BKAG, solange keine ausdrücklich zugewiesenen anderen Kompetenzen wie nach §§ 5 und 9 vorliegen, ausschließlich die Befugnis zur »**informationellen Hilfe**«, keine eigenen Kompetenzen des BKA **zur Anforderung von Daten** bei dritten Stellen (vgl. *Riegel* Bundespolizeirecht, § 1 BKAG, Anm. II 2, § 2 BKAG, Anm. II 1d und III 1b; a. A. i. S. einer Amtshilfepflicht aller Behörden nach Art. 35 GG *Hessel* BKAG-Kommentar, § 2 Anm. 5; s. in diesem Zusammenhang auch § 9 Abs. 5 des BMI-Entwurfs für ein neues BKAG, Stand 1.8.1988, der eine Übermittlungs**befugnis** aller Behörden an das BKA vorsieht, ohne ausdrücklich die entgegenstehenden besonderen Berufs- oder Amtsgeheimnisse zu erwähnen). 28

Der Schwerpunkt der Aufgaben des BKA liegt mithin ganz eindeutig im Bereich der **Strafverfolgung** (§ 5 Abs. 2 BKAG), wobei diese Vorschrift mit ihrer ausdrücklichen Inbezugnahme von §§ 161, 163 StPO noch einmal verdeutlicht, daß dem BKA keine Exekutivaufgaben zu vorbeugenden Straftatenbekämpfung übertragen sind, sondern dies nach § 5 Abs. 1 BKAG ausschließliche Angelegenheit der Länderpolizeien ist (vgl. *Riegel* Bundespolizeirecht, § 5 BKAG, Anm. 2a). Ersuchen um Datenoffenbarungen zu Zwecken der Strafverfolgung sind aber ausschließlich an Hand von § 73 oder ggf. § 68 zu überprüfen (vgl. o. Rz. 5). Im Ergebnis spielt die **Offenbarungsbefugnis nach § 72** für das **BKA** daher, wenn 29 auch vielleicht entgegen der fälschlich geübten Praxis, nur eine **untergeordnete Rolle**.

30 Wie bereits angesprochen (vgl. o. Rz. 1), ist die Aufzählung der in Abs. 1 aufgeführten Sicherheitsbehörden **abschließend**. Die Vollzugspolizeien der Länder können sich nicht auf § 72 berufen, mithin auch nicht die **Landeskriminalämter** (vgl. *Eicher/Haase/Rauschenbach* § 72 Anm. 3). Diese können das BKA auch nicht ersuchen, nach § 72 für ihre Zwecke Daten anzufordern, zu denen sie selbst nach § 68 keinen Zugriff haben (so auch *Tegtmeyer* Die Polizei 1981, 185, 190). Wie die Ausschußbegründung klarstellt (BT-Drucks. 8/4022, zu § 69 = jetzt § 72), gilt § 72 auch nicht für den **Generalbundesanwalt**, der zwar in bestimmtem Umfang dem BKA Aufträge und Weisungen erteilen kann, aber eben nur im Rahmen der Strafverfolgung, bei der nur die Offenbarungsbefugnis des § 73 – oder ggf. des § 68 – eingreift.

V. Einzelfall (Abs. 1 Satz 1)

31 Die Offenbarungsbefugnis nach § 72 ist nur dann gegeben, wenn die Sicherheitsbehörden **im Einzelfall** die angeforderten Sozialdaten zur Erfüllung ihrer Aufgaben benötigen (zur Erforderlichkeit vgl. § 68 Rz. 16, 51). Die Zielsetzung dieser Einschränkung formuliert die Ausschußbegründung so:
»Durch die Worte ›im Einzelfall‹ soll ebenso wie in § 66 (= jetzt § 68; d. Verf.) durch die Bezugnahme auf die Amtshilfe erreicht werden, daß nur die Sozialdaten eines einzelnen Betroffenen offenbart werden dürfen. Unzulässig ist daher z. B. ein Bandabgleich im Rahmen einer einen größeren Personenkreis umfassenden Aktion« (BT-Drucks. 8/4022, S. 85, zu § 69 = jetzt § 72).

32 Daß sich die Amtshilfe ihrem Wesen nach nur auf den Einzelfall, d. h. grundsätzlich auf **bestimmte Sozialdaten einzelner Betroffener** bezieht, wurde bereits zu § 68 ausgeführt (vgl. § 68 Rz. 18, 47ff.). Dieser Bezug auf den Einzelfall wird in § 72 durch seine ausdrückliche Erwähnung noch verstärkt. Voraussetzung für ein zulässiges Auskunftsersuchen nach § 72 ist also immer, daß die jeweilige Sicherheitsbehörde Angaben über eine von ihr **ausreichend individualisierte Person** erfragt. Dies bedeutet jedoch ebensowenig wie bei § 68, daß die in Abs. 1 genannten Behörden nicht gleichzeitig Informationen über mehrere Betroffene verlangen können (vgl. § 68 Rz. 47), immer vorausgesetzt allerdings, daß alle hinreichend bestimmt sind. Hier liegen dann mehrere Einzelfälle vor, die aus verwaltungsmäßigen Gründen in einem Auskunftsersuchen zusammengefaßt sind (vgl. *Lauterbach/Watermann* UV, § 72 Anm. 5). Das Verlangen an einen Sozialversicherungsträger, eine Liste sämtlicher oder nach bestimmten Kriterien ausgewählter Arbeitnehmer eines Arbeitgebers auszuhändigen, wäre mangels ausreichender Spezifizierung der Betroffenen durch § 72 nicht gedeckt (vgl. *Hauck/Haines-Walloth* § 72 Rz. 14).

33 Ermittlungen nach dem Prinzip der **»Rasterfahndung«** oder in sonstiger Form durch den Abgleich von Datenbändern mit Sozialdaten sind im Rahmen des § 72 prinzipiell **unzulässig**; dies stellt die Ausschußbegründung (s. o. Rz. 31) ausdrücklich klar (ganz h. M., ebenso *Pappai* KrV 1980, 258; *Neumann-Duesberg* BKK 1981, 28; *Rische* DRV 1980, 379; *BfA-Kommentar* § 72 Anm. 2). Mit »Einzelfall« ist daher nicht der einzelne Fahndungsfall gemeint (als mögliche Interpretation erwähnt von *Lauterbach/Watermann* UV, § 72 Anm. 5). Die Zulässigkeit einer

solchen Verarbeitungsform kommt auch aufgrund eines rechtfertigenden oder entschuldigenden Notstands in Sondersituationen nicht in Betracht (so aber *Graßl/Weigert* DSWR 1981, 140, 141; vgl. zur Ablehnung des Notstands als Offenbarungsbefugnis § 35 Rz. 63).

Von diesem **Verbot des massenhaften Datenabgleichs** ist das BKA im Anwendungsbereich des § 72 nur insoweit betroffen, als diese Methode der Informationsbeschaffung zu Zwecken der Gefahrenabwehr oder der sog. vorbeugenden Verbrechensbekämpfung eingesetzt werden soll. Unabhängig davon ist die Frage zu beurteilen, ob eine Rasterfahndung nicht zu Zwecken der **Strafverfolgung**, d. h. auf richterliche Anordnung im Rahmen des § 73, durchgeführt werden darf (dazu § 73 Rz. 22). 34

VI. Datenkatalog (Abs. 1 Satz 2)

Im Rahmen des § 72 ist die Offenbarung beschränkt auf folgende Angaben (Abs. 1 Satz 2): 35
a) Vor- und Familiennamen,
b) Geburtsdatum,
c) Geburtsort,
d) derzeitige Anschriften des Betroffenen,
e) frühere Anschriften des Betroffenen,
f) Namen und Anschriften der derzeitigen Arbeitgeber,
g) Namen und Anschriften der früheren Arbeitgeber.

Im Vergleich mit dem **Datenkatalog** des § 68 können also **zusätzlich** die früheren Adressen des Betroffenen (e) sowie Namen und Anschriften seiner früheren Arbeitgeber (g) übermittelt werden.

Unter »**derzeitig**« sind die aktuellsten dem Leistungsträger zur Verfügung stehenden Angaben zu verstehen (ausführlich dazu § 68 Rz. 41). Die »**derzeitige Anschrift**« ist mit der aktuellen **Wohnadresse** des Betroffenen gleichzusetzen, nicht aber mit dem momentanen Aufenthaltsort (eingehend dazu § 68 Rz. 43 f.). Liegen keine Daten über den Betroffenen vor, darf diese Negativfeststellung nur unter den gleichen Voraussetzungen mitgeteilt werden (vgl. § 68 Rz. 42). 36

Ebenso wie bei § 68 darf der ersuchte Leistungsträger bekanntgeben, daß und wann der Betroffene **verstorben** ist (vgl. § 68 Rz. 45; zur postmortalen Geltung des Sozialgeheimnisses generell § 35 Rz. 17f. und § 67 Rz. 46ff.). Die Begründung weicht allerdings etwas ab. Im Vordergrund stehen folgende Argumente: Ermittlungen der in § 72 genannten Behörden bringen in aller Regel erhebliche Eingriffe in das Persönlichkeitsrecht des Betroffenen mit sich (vgl. o. Rz. 8). Häufig beziehen sie das soziale Umfeld des Betroffenen, also unbeteiligte Dritte, mit ein. Sie können sich auch noch nach dem Tod »rufschädigend« – i. S. d. **postmortalen Persönlichkeitsschutzes** – auswirken. Mithin erscheint es sachgerecht, sicherzustellen, daß Ermittlungen, Sicherheitsüberprüfungen usw. unverzüglich abgebrochen werden können, indem der Tod des Betroffenen mitgeteilt wird. 37

Als offenbarungsfähige »inaktuelle« Daten nennt § 72 Abs. 1 Satz 2 die **früheren Anschriften des Betroffenen** sowie die **Namen und Anschriften seiner früheren Arbeitgeber**, und zwar in der Mehrzahl. Der Sozialleistungsträger darf also alle ihm bekannten zurückliegenden Namen und Anschriften weitergeben, nicht nur 38 jeweils eine der aktuellen Information voraufgegangene Angabe. Allerdings wäre die Offenlegung der **Zeiträume**, in denen der Betroffene an einem bestimmten Ort gewohnt und an einer bestimmten Arbeitsstelle beschäftigt war, eine von der Offenbarungsbefugnis des § 72 nicht gedeckte Zusatzinformation (ebenso *BfA-Kommentar* § 72 Anm. 1; *o. V.* DSB 8/1983, S. 9; a. A. *Hauck/Haines-Walloth* § 72 Rz. 9). Der Tag des Einzugs und Auszugs kann unabhängig davon bei den Meldebehörden erfragt werden (vgl. § 18 Abs. 3 MRRG). Auch im übrigen ist der Datenrahmen des § 72 **eng** zu interpretieren. Daher kann die **Ausbildungsstätte** (z. B. Hochschule) nicht unter die Rubrik »Arbeitgeber« gefaßt und dementsprechend nicht übermittelt werden (vgl. *Hauck/Haines-Walloth* § 72 Rz. 11). Bei Anfragen an die Datenstelle der Deutschen Rentenversicherung (DSRV) ist diese nicht befugt, aus der Stammsatzdatei den kontoführenden und damit für die Auskunft zuständigen **Rentenversicherungsträger** mitzuteilen. Zulässig ist nur, daß die DSRV die Anfrage an diese Versicherungsanstalt weitergibt (ebenso 7. TB/*BfD* S. 44 f.).

VII. Verantwortung und Entscheidungsbefugnis (Abs. 2)

1. Regelungsziel des Abs. 2

39 § 72 Abs. 2 legt für die ordnungsgemäße Durchführung der Offenbarung bestimmte **Verfahrensvoraussetzungen** fest, und zwar sowohl bei der die Daten anfordernden Sicherheitsbehörde als auch auf der Seite des Sozialleistungsträgers. Die Entscheidungsbefugnis über Stellung und Beantwortung des Auskunftsersuchens wird bestimmten Funktionsträgern zugewiesen bzw. vorbehalten und damit dem einzelnen Sachbearbeiter entzogen. Auf seiten des BKA und der Nachrichtendienste soll gewährleistet werden, daß das Offenbarungsersuchen nur von einer – jedenfalls formal – »**besonders qualifizierten Person**« gestellt wird (vgl. Ausschußbegründung BT-Drucks. 8/4022, S. 85, zu § 69 = jetzt § 72). Beim ersuchten Leistungsträger liegt die Entscheidungskompetenz bei der **Behördenleitung**.

40 Mit dieser prozeduralen Regelung wird der besonderen Aufgabenstellung und Verarbeitungssituation der in Abs. 1 genannten Dienststellen Rechnung getragen (vgl. o. Rz. 8, 37). Der Gesetzgeber wollte sicherstellen, daß die Zulässigkeitskriterien für die Offenbarung bei beiden beteiligten Stellen in jedem Einzelfall exakt geprüft werden (vgl. *Neumann-Duesberg* BKK 1981, 28). Die Entscheidungskonzentration auf beiden Seiten ermöglicht darüber hinaus, die Anfrage- und Auskunftspraxis einheitlich zu handhaben. Voraussetzung dafür, diese Regelungsziele zu erreichen, ist der **zwingende Charakter des Abs. 2** (ebenso wie bei § 68 Abs. 2, vgl. § 68 Rz. 97). Ist über das Offenbarungsersuchen nicht von dem Beauftragten nach Abs. 2 Satz 1 entschieden worden, oder hat auf seiten der Sozialbehörde nicht der Behördenleiter, sondern ein Sachbearbeiter ohne dessen Autorisierung die Daten weitergegeben, ist die Übermittlung unzulässig.

2. Entscheidung auf seiten der Sicherheitsbehörde (Abs. 2 Satz 1)

a) Beauftragter

Über die Erforderlichkeit des Offenbarungs**ersuchens** entscheidet ein vom Leiter **41** der anfragenden Sicherheitsbehörde bestimmter **Beauftragter**, der die **Befähigung zum Richteramt** haben oder die Voraussetzungen des § 110 Deutsches RichterG (DRiG) erfüllen soll (Abs. 2 Satz 1). Der Beauftragte soll mithin entweder Volljurist sein oder aber vor Inkrafttreten des Richtergesetzes die Befähigung zum höheren Verwaltungsdienst erworben haben (§ 110 DRiG).
Da es sich um eine **Soll-Vorschrift** handelt, wäre eine Abweichung vom Vorliegen **42** dieser Formalqualifikationen im Einzelfall denkbar (vgl. *Schroeder-Printzen* § 72 Anm. 5). Angesichts der Ausstattung aller in Abs. 1 genannten Behörden mit Juristenstellen ist jedoch das Vorliegen solcher Gründe kaum anzunehmen. Theoretisch kann die Beauftragung für ein einzelnes Offenbarungsersuchen erfolgen; auch könnten für Anfragen bei unterschiedlichen Sozialleistungsträgern mehrere Beamte benannt werden. Sinnvollerweise, d. h. im Hinblick auf die angestrebte Konzentration der Entscheidungsbefugnis (vgl. o. Rz. 40), wird jedoch für sämtliche Fälle des Informationsverkehrs mit den in § 35 SGB I genannten Stellen **ein** Beauftragter bestimmt. Offensichtlich ist dies in der Praxis auch geschehen.
Folgt man den Angaben von *Hauck/Haines-Walloth* (§ 72 Rz. 16), wird die **43** Funktion nach Abs. 2 Satz 1 wahrgenommen

— beim Bundesamt für Verfassungsschutz durch den Leiter der Abteilung I,
— beim BND von einem Beamten auf vergleichbarer Ebene,
— beim MAD vom Rechtsberater des Amtschefs und
— beim BKA von seinem Vizepräsidenten.

Die **Beauftragung** durch den Behördenchef sollte in jedem Fall **schriftlich** erfol- **44** gen. Auch sollte sich der Beauftragte auf dem Ersuchsschreiben mit einem Stempel oder Textzusatz als solcher zu erkennen geben, um Rückfragen über die Einhaltung der formalen Qualifikation zu vermeiden (vgl. MittLVA Oberfr. 1/1981, S. 95).

b) Kriterien: Verhältnismäßigkeit, Unmöglichkeit anderweitiger Datenbeschaffung

Bei der Erforderlichkeitsprüfung ist auch »der Verfassungsgrundsatz der **Verhält-** **45** **nismäßigkeit** zu beachten« (Ausschußbegründung, BT-Drucks. 8/4022, S. 85, zu § 69 = jetzt § 72). Was damit gemeint ist, wird im Entwurf zur Änderung des Bundesverfassungsschutzgesetzes 1988 (vgl. o. Rz. 13) wie folgt formuliert: *Von mehreren geeigneten Maßnahmen hat das Bundesamt für Verfassungsschutz diejenige zu wählen, die den Betroffenen voraussichtlich am wenigsten beeinträchtigt. Eine Maßnahme darf keinen Nachteil herbeiführen, der erkennbar außer Verhältnis zu dem beabsichtigten Erfolg steht«* (§ 6 Abs. 2; ebenso § 5 Abs. 2 RefE-BVerfSchG '87). Gleiches soll auch für den MAD gelten (vgl. § 4 Abs. 1 Nr. 1 MADG-E '88 i. V. m. § 6 Abs. 2 BVerfSchG-E '88; für den BND vgl. § 1 Abs. 4 BNDG-E '88).
Die Prüfung der Erforderlichkeit bzw. Verhältnismäßigkeit der Datenanfrage **46** schließt vor allem zwei Fragen ein. Zunächst ist festzustellen, ob die gewünschten

Angaben nicht beim Betroffenen selbst mit seiner Kenntnis erhoben werden können. Die mit dem Offenbarungsersuchen verbundene Bekanntgabe, daß der Betroffene in einer wie auch immer gearteten Verbindung zu polizeilichen oder nachrichtendienstlichen Aufgaben steht, kann damit vermieden werden (zum **Vorrang der Erhebung beim Betroffenen** vgl. § 68 Rz. 52f.). Die zweite Frage bezieht sich darauf, ob die erforderlichen Informationen nicht aus weniger geschützten Datenquellen oder -beständen geholt werden können. Zwar gilt § 68 Abs. 1 Satz 2, wonach der ersuchte Sozialleistungsträger die ersuchende Stelle auf **anderweitige Beschaffungsmöglichkeiten** verweisen kann bzw. muß (dazu § 68 Rz. 79ff.), im Rahmen des § 72 nicht ausdrücklich. Im Ergebnis läuft jedoch die Pflicht, das am wenigsten beeinträchtigende Erkenntnismittel zu wählen (vgl. o. Rz. 45), auf das gleiche heraus. Besteht etwa die Möglichkeit, die aktuellen und früheren Anschriften aus dem Melderegister zu beschaffen (vgl. § 18 MRRG), ist die Offenbarung von Sozialdaten nicht erforderlich.

47 Dagegen bedeutet die Prüfung der Verhältnismäßigkeit der Datenanfrage nicht, daß die Sicherheitsbehörde sämtliche, im Rahmen des § 68 relevanten Gesichtspunkte, die zu einer Beeinträchtigung **schutzwürdiger Belange** des Betroffenen führen könnten (dazu § 68 Rz. 65ff.) und ihr zum Zeitpunkt des Offenbarungsersuchens bekannt sind, berücksichtigen müßte (vgl. *Hauck/Haines-Walloth* § 72 Rz. 13: Berücksichtigung »auf einem niedrigeren Anforderungsniveau«). Im Gegenteil: Gerade die Rückschlüsse, die sich aus den Wohnorten, Arbeitsorten oder Arbeitgebern auf das soziale Umfeld oder die persönlichen Verhältnisse des Betroffenen ziehen lassen und die im Rahmen des § 68 gegen eine Offenbarung sprechen, können für die Aufgabenerfüllung der Nachrichtendienste eine große Rolle spielen. Dennoch gibt es im Einzelfall Konstellationen, in denen der entscheidungsbefugte Beamte die Datenanfrage bei einer SGB-Stelle wegen **Unverhältnismäßigkeit** des Informationseingriffs ablehnen muß. Dies gilt insbesondere bei Klientelbeziehungen mit besonderem Vertrauensverhältnis zwischen Betroffenem und Sozialbehörde (z. B. Beratungsstelle, Jugendamt; vgl. § 68 Rz. 76).

3. Entscheidung beim Sozialleistungsträger (Abs. 2 Satz 3)

a) Behördenleiter

48 Bei der ersuchten Stelle entscheidet über das Offenbarungsersuchen der **Behördenleiter** oder sein **allgemeiner Stellvertreter** (Abs. 2 Satz 3). Anders als nach § 68 Abs. 2 für die Übermittlungsfälle im Rahmen der Amtshilfe kann also die Entscheidung nicht auf einen »besonders bevollmächtigten Bediensteten« übertragen werden (dazu § 68 Rz. 103ff.). Trotz der unterschiedlichen Terminologie besteht **kein Unterschied** zwischen dem »Behördenleiter« in § 72 Abs. 2 Satz 3 und dem **»Leiter der ersuchten Stelle«** in § 68 Abs. 2 (ebenso offensichtlich *Hauck/Haines-Walloth* § 72 Rz. 19). In beiden Fällen ist der Leiter der SGB-Stelle – verstanden i. S. d. »funktionalen Stellenbegriffs« – gemeint (vgl. zu den Einzelheiten § 68 Rz. 100ff.).

49 Um die Entscheidungsprärogative des Behördenleiters bzw. seines allgemeinen Stellvertreters zu wahren, ist es notwendig, den Mitarbeitern des Sozialleistungsträgers, etwa in Form einer **Hausverfügung** oder Geschäftsanweisung, bekanntzugeben, daß sie zu Auskünften an die Nachrichtendienste und das BKA nicht befugt sind, sondern Informationswünsche dieser Stellen unverzüglich an die Behördenspitze weiterzuleiten haben.

b) Umfang der Prüfungsbefugnis

aa) Amtshilfeberechtigung und Formalien
Unterschiedlich beantwortet wird die Frage nach dem **Umfang der Prüfungspflicht** 50
bzw. Prüfungsbefugnis der ersuchten SGB-Stelle. Dabei besteht noch Übereinstimmung insoweit, daß diese zu prüfen hat,
a) ob die ersuchende Behörde zu den in Abs. 1 genannten gehört,
b) ob die erbetenen Angaben sich im Rahmen des Datenkatalogs des Abs. 1 Satz 2 halten,
c) ob sich das Ersuchen auf einen Einzelfall bezieht, und
d) ob die Formalien des Abs. 2 Satz 1 beachtet sind (vgl. *Verbandskommentar* § 72 Rz. 7.2; *Hauck/Haines-Walloth* § 72 Rz. 18).

Die Meinungsdivergenzen betreffen erst die Kontrolle der **Erforderlichkeit** der 51
Datenoffenbarung für die Aufgabenerfüllung der anfragenden Sicherheitsbehörde. Dazu wird die Auffassung vertreten, diese **Entscheidung** liege **allein im Bereich der ersuchenden Dienststelle** (so z.B. *Lauterbach/Watermann* UV, § 72 Anm. 13). Die Offenlegung von Verdachtsmomenten beeinträchtige die Tätigkeit der Nachrichtendienste und ggf. auch die schutzwürdigen Belange des Betroffenen (vgl. *Hauck/Haines-Walloth* § 72 Rz. 2). Folgt man dieser Meinung, genügt es, daß sich die Sicherheitsbehörde darauf beruft bzw. mitteilt, die Datenanfrage sei zur rechtmäßigen Aufgabenerfüllung gestellt und notwendig. Nur bei – allerdings unter diesen Bedingungen nur selten vorstellbaren – Zweifeln an der Schlüssigkeit soll dann eine Einschaltung der nach allgemeinem Amtshilferecht zuständigen Aufsichtsbehörde möglich sein (*Hauck/Haines-Walloth* § 72 Rz. 18).
In diese Richtung gingen auch die Vorstellungen der Regierungskoalition zur 52
Novellierung des Verfassungsschutzrechts in der letzten Legislaturperiode. Nach § 9 Abs. 2 Satz 1 BVerfSchG-E brauchte das Bundesamt für Verfassungsschutz Ersuchen zur Übermittlung personenbezogener Daten gegenüber anderen Behörden nicht zu begründen. Anderenfalls könne eine Offenlegung der Maßnahme eintreten und damit ihr Zweck gefährdet oder aber der Betroffene mehr als notwendig beeinträchtigt werden. (Begr. zu § 9, BT-Drucks. 10/4737, S. 54; einschränkend § 12 Abs. 2 Satz 3 BVerfSchG-E '88: Wegfall der Begründungspflicht nur, soweit dies dem Schutz des Betroffenen dient oder eine Begründung den Zweck der Maßnahme gefährden würde).

bb) Erforderlichkeit
Demgegenüber steht die Position, auch bei Offenbarung an Sicherheitsdienste 53
verbleibe die volle **Verantwortlichkeit** für die Zulässigkeit der Übermittlung **beim Leistungsträger** (für »strenge Prüfung« *Brackmann* Handbuch, S. 233s I; unklar *Schroeder-Printzen* § 72 Anm. 4: »grobe« Rechtmäßigkeitsprüfung; für eigenes Prüfungsrecht der SGB-Stelle auch 4. JB/*BremLfD* S. 24). Daher müsse aus dem Ersuchen »in nachvollziehbarer Weise hervorgehen, auf Grund welcher Zuständigkeits- und Aufgabenregelung es für den konkreten Fall gestellt wurde« (*Verbandskommentar* § 72 Rz. 7.2). Nur dann könne die Sozialbehörde ihrer Pflicht zur Wahrung des Sozialgeheimnisses nachkommen (vgl. *Rische* DRV 1980, 389).

Des Entscheidungsvorbehalts des Behördenleiters hätte es nicht bedurft, wenn lediglich die Formalien des Ersuchens überprüft werden könnten (*Verbandskommentar* a. a. O.; a. A. *Neumann-Duesberg* WzS 1981, 203).

54 Sicherlich ist der Ausgangspunkt dieser Auffassung zutreffend, daß die Verantwortung für die Zulässigkeit der Offenbarung von Sozialdaten nach den §§ 67 ff. und damit auch bei § 72 prinzipiell den offenbarenden Leistungsträger trifft. Dem kann auch nicht die besondere Qualifikation des auf der Seite der Sicherheitsbehörde über das Ersuchen entscheidenden Beamten entgegengehalten werden (Abs. 2 Satz 1). Eine sorgfältige Prüfung von Notwendigkeit und Umfang der Datenanfrage auf seiten der ersuchenden Stelle bedeutet eine zusätzliche verfahrensmäßige Absicherung des Sozialgeheimnisses, **keine Verschiebung der Übermittlungsverantwortung**. Es wäre auch inkonsequent, ausgerechnet für den Bereich, in dem die weitere Verwendung der offenbarten Sozialdaten wegen des weitgehenden Fehlens einschlägiger Rechtsgrundlagen besonders wenig rechtsstaatlich fixiert ist (vgl. dazu o. Rz. 9 ff.), von vornherein eine Verringerung der Übermittlungsverantwortung zu statuieren.

55 Eine zumindest **stichwortartige Angabe** entweder der herangezogenen Aufgabennorm oder des Verwendungszwecks ist daher in der Regel nicht verzichtbar. Für Anfragen des BKA ist dies schon deshalb unabdingbar, weil sonst gar nicht festgestellt werden kann, ob § 72 überhaupt einschlägig ist oder aber – weil es um Strafverfolgung geht – der Weg über § 73 und damit die Einholung einer richterlichen Anordnung beschritten werden müßte. Auch bei den Nachrichtendiensten muß sich keineswegs die gesamte Informationsbeschaffung zwangsläufig unter Verschleierung des Verwendungszwecks vollziehen. Im Gegenteil: Der Hinweis auf eine routinemäßige **Sicherheitsüberprüfung** – eine der Haupttätigkeiten etwa von Verfassungsschutz und MAD – muß nicht nur nicht die Sammlung von Erkenntnissen erschweren, die schutzwürdigen Belange des Betroffenen beeinträchtigt er weniger als eine völlig unbegründete Anfrage, die genausogut eine Verwicklung in Spionagefälle o. ä. betreffen kann.

56 Hinzu kommt, daß die von der ersuchenden Stelle gegebenen Hinweise auf seiten des Sozialleistungsträgers nur dem Behördenleiter zur Kenntnis gelangen dürfen (Abs. 2 Satz 3). Auch aus diesem Grund ist die – in einzelnen Fällen potentiell sicherlich gegebene – Gefahr einer Beeinträchtigung der schutzwürdigen Belange des Betroffenen (vgl. zu diesem Aspekt *Nungesser* HDSG-Komm., § 14 Rz. 14) und der Ermittlungstätigkeit der in Abs. 1 genannten Ämter durch den **Hinweis auf den Ermittlungsgrund** gegenüber der Prüfungsmöglichkeit durch den Leistungsträger in der Regel nachrangig. Ausnahmen sind allerdings in den Fällen zu konzedieren, in denen die Informationssammlung der Nachrichtendienste wegen der besonderen Operationsformen der von den Überprüfungen Betroffenen absolut verdeckt ablaufen muß, etwa bei der Bekämpfung **geheimdienstlicher Tätigkeit**. In diesen Fällen würde ein pauschaler Hinweis auf die rechtmäßige Aufgabenerfüllung ausreichen (zur differenzierten Regelung der Pflicht zur Begründung von Offenbarungsersuchen des Verfassungsschutzes im BVerfSchG-E '88 vgl. o. Rz. 52).

Offenbarung für Schutz der Sicherheit § 72

VIII. Form des Ersuchens und der Offenbarung

Ebensowenig wie in § 68 ist in § 72 die Form des Offenbarungsersuchens und 57 seiner Beantwortung festgelegt. Was aber zum **Erfordernis der Schriftform** bei Amtshilfeersuchen im Rahmen des § 68 gesagt wurde (vgl. § 68 Rz. 90), gilt erst recht für die in § 72 geregelten speziellen Fälle der Informationshilfe an die dort genannten Sicherheitsbehörden. Um die sorgfältige Prüfung des Offenbarungsersuchens durch den Sozialleistungsträger zu ermöglichen, um andererseits auf seiten der anfragenden Stelle die inhaltliche und formelle Zulässigkeit der Anfrage zu dokumentieren und damit nachträglich überprüfbar zu machen, kommen Anforderungen von Sozialdaten in aller Regel nur in schriftlicher Form in Betracht (vgl. *Lauterbach/Watermann* UV, § 72 Anm. 13; *Hauck/Haines-Walloth* § 72 Rz. 17).

Dabei muß das **schriftliche** Offenbarungsersuchen zunächst eine Auflistung der 58 gewünschten Angaben sowie im Regelfall einen zumindest stichwortartigen Hinweis auf die herangezogene Aufgabennorm oder den Verwendungszweck (vgl. dazu o. Rz. 55) enthalten. Darüber hinaus muß dem Anfrageschreiben zu entnehmen sein, daß bei der Sicherheitsbehörde ein Beauftragter i. S. d. Abs. 2 Satz 1 entschieden hat, was mit einem entsprechenden **Textzusatz** oder **Stempel** geschehen kann (vgl. o. Rz. 43). Werden Erkundigungen ausnahmsweise aufgrund ermittlungstechnischer Notwendigkeiten **mündlich**, etwa durch **Kontaktbeamte** der Nachrichtendienste, eingeholt, müssen sie ein von dem Beauftragten nach Abs. 2 Satz 1 ausgestelltes, auf den einzelnen Fall bezogenes legitimierendes Dokument vorweisen können. **Telefonische Auskünfte,** die überhaupt nur in Eil- oder Notfällen zulässig sein können (vgl. *Neumann-Duesberg* WzS 1981, 203), dürfen nur gegeben werden, wenn das Vorliegen der Entscheidung des hierfür bestimmten Beauftragten zunächst versichert und nachträglich schriftlich bestätigt wird.

In allen Fällen, in denen ausnahmsweise kein schriftliches Ersuchen vorliegt, 59 müssen Zeitpunkt, Anlaß und Umfang der Offenbarung sowie die Tatsache, daß die Entscheidung durch den Behördenleiter getroffen worden ist, jedenfalls beim Leistungsträger in einem **Aktenvermerk** festgehalten werden. Derartige Vermerke ebenso wie im Regelfall das Ersuchsschreiben sollte der Leistungsträger von der Akte des Betroffenen **getrennt aufbewahren** (vgl. § 68 Rz. 90f.). Die Mitteilung durch den Sozialleistungsträger braucht dagegen nicht unbedingt schriftlich zu erfolgen. Für die internen Dokumentationszwecke reicht es aus, wenn auf dem Schriftstück, das das Offenbarungsersuchen enthält, die Einzelheiten der Datenweitergabe vermerkt werden. In jedem Fall ist die genaue Beachtung der Förmlichkeiten bei Datenoffenbarungen nach § 72 schon deshalb geboten, weil Verstöße gegen die Verfahrensregelung des Abs. 2 zur Unzulässigkeit der Übermittlung führen (vgl. o. Rz. 40).

IX. Unterrichtung der Aufsichtsbehörde (Abs. 2 Satz 2)

Wenn eine oberste Bundes- oder Landesbehörde für die Aufsicht über die 60 ersuchende Stelle zuständig ist, ist sie über die gestellten Offenbarungsersuchen zu unterrichten (Abs. 2 Satz 2). Der Ausschußbericht nennt als Begründung für diese Informationspflicht die »**politische Kontrolle**« (BT-Drucks. 8/4022, S. 85, zu § 69

= jetzt § 72). Die politisch und parlamentarisch verantwortlichen Instanzen sollen einen Überblick über die Informationsbeziehungen zwischen den ihnen unterstellten Ämtern bzw. Diensten und der Sozialverwaltung erhalten.

61 Diese Regelung unterstreicht den hohen Rang des Sozialgeheimnisses und die Problematik, daß die Datenerhebung und -verwendung mangels gesetzlicher Regelungen bei den Geheim- bzw. Nachrichtendiensten derzeit noch in einer **rechtsstaatlichen »Grauzone«** erfolgt (vgl. o. Rz. 9 ff.). Obwohl also bereits der für die Entscheidung über die Erforderlichkeit von Offenbarungsersuchen bestimmte, besonders qualifizierte Beamte die aus seinem Haus kommenden Anforderungen von Sozialdaten eingehend zu prüfen hat (Abs. 2 Satz 1), bevor er sie an den jeweiligen Leistungsträger weitergibt, wird zusätzlich die **Aufsichtsbehörde** eingeschaltet; sie kann ggf. von der Sicherheitsbehörde einen **Bericht** über die Notwendigkeit der gestellten Informationsersuchen anfordern.

62 Die Unterrichtung muß nicht bei jedem einzelnen Offenbarungsersuchen geschehen; sie kann auch **in angemessenen regelmäßigen Zeitabständen** erfolgen (so die Ausschußbegründung, BT-Drucks. 8/4022, S. 85 f., zu § 69 = jetzt § 72; vgl. auch *Neumann-Duesberg* WzS 1981, 203). Die Informationspflicht gegenüber der Aufsichtsbehörde betrifft nach dem Gesetzeswortlaut **»gestellte«** Offenbarungsersuchen, gilt mithin **im nachhinein**. Dies schließt natürlich nicht aus, daß Offenbarungsersuchen auch schon vor ihrer Absendung an den Leistungsträger der Aufsichtsbehörde vorgelegt werden bzw. auf deren Anordnung hin vorgelegt werden müssen.

63 Die »politische Kontrolle« durch die Aufsichtsbehörde bezieht sich zum einen selbstverständlich auf die **Erforderlichkeit** der gestellten Datenanfragen einschließlich der Einhaltung des Verhältnismäßigkeitsprinzips (vgl. o. Rz. 44 ff.). Auch die **Wahrung der Formalien** (vgl. o. Rz. 58) kann sie überprüfen. Die aufsichtliche Prüfmöglichkeit geht jedoch weiter; sie betrifft auch die Frage, ob die offenbarten Sozialdaten ausschließlich **zweckgebunden** verwendet werden, also die Einhaltung des § 78 (zu dessen Geltung vgl. u. Rz. 68). Dementsprechend **ausführlich** muß die Unterrichtung durch die jeweilige Sicherheitsbehörde ausfallen.

64 Für alle in Abs. 1 genannten Stellen gibt es eine oberste Bundes- oder Landesbehörde als Aufsichtsinstanz. Als **Aufsichtsbehörden** fungieren
a) für das Bundesamt für Verfassungsschutz und das Bundeskriminalamt der Bundesminister des Innern,
b) für den BND der Staatssekretär beim Bundeskanzler,
c) für den MAD der Bundesminister der Verteidigung,
d) für die Landesämter für Verfassungsschutz die Innenminister und Innensenatoren der Länder.

X. Verhältnis zu anderen Vorschriften

1. § 68

65 Im Verhältnis zu § 68 geht § **72** als **speziellere Norm** vor. Die in Abs. 1 genannten Behörden können Sozialdaten nur erhalten, wenn in jedem Fall die Verfahrensvoraussetzungen des Abs. 2 eingehalten sind. Ein Ausweichen auf die erleichterte Offenbarungsmöglichkeit nach § 68 ist nicht möglich (ausführlich dazu § 68

Rz. 114ff.; wie hier *Graßl/Weigert* DuD 1981, 75; a. A. der *BMA* in seinem Schreiben vom 16.11.1982, abgedruckt in BKK 1983, 126). Für das BKA gilt diese Aussage mit der Einschränkung, daß § 72 nur dessen präventivpolizeiliche Tätigkeit betrifft. Insoweit das BKA im Bereich der Strafverfolgung agiert, greift § 73; neben § 73 jedoch besteht für die Ermittlungsbehörden die Möglichkeit, auch über § 68 vorzugehen (vgl. § 68 Rz. 111 ff.).

2. § 73

Das Verhältnis von § 72 zu § 73 wird ausschließlich für das **BKA** relevant, weil nur diese Behörde gleichzeitig präventive Aufgaben erfüllt und zur Aufklärung von Straftaten tätig wird (vgl. o. Rz. 5, 26ff.). Nur § 72 gilt, wenn es um **präventivpolizeiliche** Maßnahmen geht. Ausschließlich § 73 ist dann anzuwenden, wenn das BKA aus eigener Initiative oder aufgrund Beauftragung durch den Generalbundesanwalt Ermittlungen im Rahmen der **Strafverfolgung** anstellt. Daher muß das BKA in seinem Offenbarungsersuchen klarstellen, auf welche der beiden Vorschriften es sich stützt (vgl. o. Rz. 55).

66

3. § 76

Wie alle anderen Offenbarungsbefugnisse ist auch § 72 bei Sozialdaten, die der Leistungsträger von einer Person unter besonderem Berufsgeheimnis erhalten hat, durch § 76 eingeschränkt.

67

4. § 78

Von besonderer Bedeutung ist das **Zweckbindungsgebot** des § 78 Satz 1 für die in § 72 genannten Sicherheitsbehörden. BKA und Nachrichtendienste dürfen die offenbarten Sozialdaten nur zu dem Zweck verwenden, zu dem sie ihnen befugt offenbart worden sind. Die in der Praxis rege **informationelle Zusammenarbeit** der Sicherheits- und Strafverfolgungsbehörden mit- und untereinander darf Sozialdaten, die von Leistungsträgern übermittelt worden sind, nur dann einschließen, wenn die Weitergabe zum gleichen Zweck erfolgt wie die Offenbarung. Die **Sperre des § 78** kann als bereichsspezifisches spezielles Gesetz auch nicht durch gesetzliche Zusammenarbeitspflichten im Sicherheitsbereich überspielt werden, wie sie etwa in § 4 BVerfSchG über den Nachrichtenaustausch zwischen den Verfassungsschutzbehörden (vgl. dazu *Roewer* NJW 1985, 773, 777) enthalten bzw. im Entwurf des sog. »Zusammenarbeitsgesetzes« (vgl. o. Rz. 12) vorgesehen sind (zur Einschränkung der gegenseitigen Unterrichtungspflicht der Verfassungsschutzämter durch gesetzliche Übermittlungs- und Verwertungsverbote vgl. *Ebert* in Borgs-Maciejewski/Ebert, § 4 BVerfSchG Rz. 13; die Zusammenarbeitsnormen des bisherigen ZAG-E sind in die neuesten Entwürfe der Sicherheitsgesetze, d. h. in den BVerfSchG-E '88, den MADG-E '88 und den BNDG-E '88, eingearbeitet).

68

§ 73 Offenbarung für die Durchführung eines Strafverfahrens

Eine Offenbarung personenbezogener Daten ist zulässig, soweit sie auf richterliche Anordnung erforderlich ist
1. zur Aufklärung eines Verbrechens oder
2. zur Aufklärung eines Vergehens, soweit sich das Auskunftsersuchen auf die in § 72 Abs. 1 Satz 2 genannten Angaben und auf Angaben über erbrachte oder demnächst zu erbringende Geldleistungen beschränkt.

Inhaltsübersicht

		Rz.
I.	Entstehungsgeschichte	1– 3
II.	Bedeutung der Vorschrift	4–10
	1. Staatlicher Strafanspruch und Sozialgeheimnis	4
	2. Einschaltung des Richters	5– 8
	3. Systematische Stellung	9, 10
III.	Zur Durchführung eines Strafverfahrens	11–15
	1. Aufklärung eines Verbrechens oder Vergehens	11–13
	2. Offenbarungsadressaten	14, 15
IV.	Offenbarungsumfang	16–24
	1. Erforderlichkeit	16, 17
	2. Differenzierung nach Verbrechen und Vergehen	18–21
	3. Einzelfall	22–24
V.	Richterliche Anordnung	25–40
	1. Untersuchungshandlungen im Ermittlungsverfahren	25–30
	a) Auskünfte, Herausgabe von Unterlagen	25, 26
	b) Beschlagnahme	27–30
	2. Hauptverfahren	31
	3. Zuständigkeit	32
	4. Inhalt	33–36
	5. Prüfung durch den Leistungsträger	37, 38
	6. Konsequenzen aus § 35 Abs. 3 SGB I	39, 40
VI.	Verhältnis zu anderen Vorschriften	41–54
	1. § 68	41
	2. § 69	42–44
	3. § 70	45
	4. § 71	46
	5. § 72	47
	6. § 74	48
	7. § 76	49
	8. § 78	50–54
	a) Strafverfahren	50–53
	b) Kriminalpolizeiliche Sammlungen	54

I. Entstehungsgeschichte

1 Der Ausschußbericht nennt zwei Argumente für die Schaffung des § 73 (vgl. BT-Drucks. 8/4022, S. 86, zu § 70 = jetzt § 73): *»Die Vorschrift geht davon aus, daß § 161 StPO, der insbesondere auch für den Richter gilt, nicht nur als Ausdruck der allgemeinen Amtshilfepflicht zu verstehen ist, sondern in seinem Kern auch an*

Artikel 92 des Grundgesetzes anknüpft, so daß eine über § 68 hinausgehende Regelung erforderlich ist.« Mit dieser unklar formulierten Begründung ist offensichtlich gemeint, daß der **Informationsbedarf der Staatsanwaltschaft**, der durch die **Auskunftspflicht** aller Behörden gegenüber der Strafverfolgungsbehörde abgesichert wird (eben § 161 StPO), ausreichend, d. h. aber über den Datenkatalog des § 68 hinaus, abgedeckt werden muß, um später der unabhängigen Justiz, d. h. dem Strafgericht, die Urteilsfindung auf einer genügenden Faktenbasis zu ermöglichen.

Als zweiter Gesichtspunkt wird angeführt, daß das **Sozialgeheimnis** in seiner Schutzwirkung – was das Strafverfahren angeht – dem **Steuergeheimnis** (vgl. dazu § 30 Abs. 4 Nr. 5a AO) gleichzustellen sei, allerdings ohne den in der AO gebrauchten Begriff der »schweren Vergehen gegen Leib und Leben oder den Staat und seine Einrichtungen« zu verwenden. 2

Hauptmotiv für die Formulierung des § 73 waren aber die in der Vergangenheit immer wieder aufgetretenen Probleme und Spannungen zwischen den Strafverfolgungsbehörden und den Sozialleistungsträgern (vgl. dazu *Neumann-Duesberg* BKK 1981, 28; *Schatzschneider* MDR 1982, 8). Die Sozialverwaltung hatte nach der alten Rechtslage wiederholt erhebliche Schwierigkeiten, das Sozialgeheimnis gegenüber teilweise recht extensiven Auskunftsbegehren zu wahren. Immer wieder kam es zur richterlichen Anordnung der Beschlagnahme von Leistungsakten (vgl. dazu die widersprechenden Urteile des *LG Darmstadt* NJW 1978, 901 und *LG Düsseldorf* NJW 1978, 903 einerseits sowie *LG Wuppertal* NJW 1978, 902 andererseits; aus der Literatur *Walter* NJW 1978, 868 einerseits und *Wiese* DRV 1979, 177 f. andererseits). Ziel war mithin, Auseinandersetzungen darüber, ob die **Auskunftsverpflichtung** nach **§ 161 StPO** eine »**gesetzliche Mitteilungspflicht**« i. S. d. alten § 35 Abs. 1 SGB I darstellte (bejahend *Walter* NJW 1978, 868; vgl. dazu auch § 35 Rz. 2) zu beenden und durch eine klare Festlegung der Informationsverpflichtung der Sozialleistungsträger im Strafverfahren abzulösen (vgl. jetzt die Klarstellung des SGB-Vorrangs in § 161 Abs. 1 Satz 1 und § 474 Abs. 1 Satz 2 RefE des BMI für ein StrafverfahrensÄndG, Stand: 3. 11. 1988). 3

II. Bedeutung der Vorschrift

1. Staatlicher Strafanspruch und Sozialgeheimnis

Die **Differenzierung der offenbarungsfähigen Daten** und damit der Durchbrechung des Sozialgeheimnisses je nach der Schwere des Delikts (dazu u. Rz. 11 ff., 18 ff.) stellt ausdrücklich klar, daß dem Strafanspruch des Staates **kein** allgemeiner Vorrang vor den durch das Sozialgeheimnis geschützten Rechtspositionen, also insbesondere dem Grundrecht auf informationelle Selbstbestimmung, eingeräumt werden soll (vgl. *Mallmann* DRiZ 1987, 377, 379). Nur für die Aufklärung von **Verbrechen** tritt das Sozialgeheimnis grundsätzlich, d. h. vorbehaltlich des § 76 (vgl. dazu u. Rz. 49), hinter dem Strafverfolgungsinteresse zurück (vgl. *Hauck/ Haines-Walloth* § 73 Rz. 2). Diese Zielsetzung war im Gesetzgebungsverfahren keineswegs unumstritten. Dies ergibt sich u. a. aus der – abgelehnten – Beschlußempfehlung des Innen- und des Rechtsausschusses des Bundesrates, die »Offenbarung für Zwecke der Strafrechtspflege sowie ferner in gerichtlichen Verfahren, wenn das Gericht den Sachverhalt von Amts wegen zu erforschen hat«, durch 4

Streichung des § 73 und die Einfügung eines neuen Absatzes in § 35 SGB I von den Regelungen über das Sozialgeheimnis völlig auszunehmen (vgl. BR-Drucks. 288/1/80 vom 2. 6. 1980; krit. dazu *Bull* FR Nr. 132 vom 10. 6. 1980).

2. Einschaltung des Richters

5 Mit dem Erfordernis einer **richterlichen Anordnung** wird die Schwelle für die Beschaffung und Verwertung von Sozialdaten im Strafverfahren heraufgesetzt. Das Ersuchen um die Offenbarung von Sozialdaten wird in den Kreis derjenigen Ermittlungshandlungen aufgenommen, die aufgrund der Schwere des Eingriffs in die Rechtssphäre des Betroffenen nach der StPO dem Richter (Ermittlungsrichter) vorbehalten sind. Mit dieser **zusätzlichen prozeduralen Übermittlungsschranke** unterscheidet sich § 73 von den andern Amtshilfefällen der §§ 68 ff. erheblich. Die ersuchende Behörde kann ihre Informationswünsche nicht direkt beim Leistungsträger geltend machen, sondern muß die unabhängige dritte Gewalt einschalten, die bereits das Ersuchen um Mitteilung von Sozialdaten auf seine Zulässigkeit hin überprüft (vgl. dazu u. Rz. 33 f.).

6 Die richterliche Entscheidung als **Filter** für die Informationswünsche der Ermittlungsbehörden wurde nicht zuletzt deshalb gewählt, weil eine enumerative Aufzählung der Übermittlungsfälle im Bereich der Strafverfolgung unmittelbar in der Offenbarungsvorschrift für schlecht möglich gehalten wurde und angesichts der weitgehenden Befugnisse der Staatsanwaltschaft ein zu starker Zugriff auf Sozialdaten befürchtet wurde (so der Berichterstatter im AuS-Ausschuß, *Gansel* in 3. DAFTA, S. 269 f.; zum Aspekt der Weisungsgebundenheit der Staatsanwaltschaft vgl. u. Rz. 7).

7 Auch zu diesem Punkt gab es Kontroversen im Gesetzgebungsverfahren. Der Bundesrat hatte bei der Anrufung des Vermittlungsausschusses u. a. beantragt, die Befugnis, eine Auskunftserteilung anzuordnen, bei »**Gefahr im Verzug**« auf die **Staatsanwaltschaft** und ihre Hilfsbeamten auszudehnen (vgl. BT-Drucks. 8/4216, Nr. 21), wie dies bei bestimmten Ermittlungshandlungen wie z. B. der Beschlagnahme (§ 98 Abs. 1 Satz 1 StPO) geregelt ist. Eine solche Aufweichung des Erfordernisses einer Entscheidung durch den Richter wurde vom Vermittlungsausschuß abgelehnt (vgl. die Beschlußempfehlung, BT-Drucks. 8/4330). Bereits zuvor hatte sich der Arbeits- und Sozialausschuß des Bundestages nach eingehender Diskussion im Hinblick auf die **Weisungsgebundenheit der Staatsanwaltschaft** gegen eine solche Ausweitung der Anordnungsbefugnis ausgesprochen (vgl. Ausschußbericht BT-Drucks. 8/4022, S. 86). Die zusätzliche Belastung der Gerichte wurde als notwendige Konsequenz dieses Standpunkts in Kauf genommen (vgl. *Hauck/Haines-Walloth* § 73 Rz. 2).

8 Bedeutet das Gebot der Einschaltung des Richters eine verfahrensrechtliche Einschränkung der Offenbarung, besteht auf der anderen Seite nur bei **Vergehen** (Nr. 2) eine präzise Eingrenzung des **übermittlungsfähigen Datensatzes** (vgl. u. Rz. 19 ff.). Zur Aufklärung von **Verbrechen** (Nr. 1) dagegen ist die Offenbarung von Sozialdaten nur durch den Erforderlichkeitsgrundsatz begrenzt (vgl. u. Rz. 16 ff.).

3. Systematische Stellung

§ 73 begründet ebensowenig wie § 68 oder § 72 eine Offenbarungs**verpflichtung** der Sozialleistungsträger, in diesem Fall gegenüber der Staatsanwaltschaft bzw. dem (Straf-)Gericht (zu den Datenempfängern vgl. u. Rz. 14 f.). Die Mitteilungspflichten ergeben sich aus den Bestimmungen der **StPO** über die Erteilung von Auskünften, die Vorlage von Akten usw. (vgl. z.B. §§ 70, 161 StPO). Die Offenbarungs**befugnis** wird erst dann zur Offenbarungspflicht, wenn eine rechtmäßige richterliche Anordnung vorliegt und die Begrenzung der offenbarungsfähigen Daten nicht überschritten wird (vgl. *Hauck/Haines-Walloth* § 73 Rz. 4). Insbesondere im Anwendungsbereich des § 73 gilt die Klarstellung des § 35 Abs. 3 SGB I, daß Auskunfts- und Zeugnispflichten ohne Vorliegen einer Offenbarungsbefugnis nicht greifen (vgl. u. Rz. 39 f. und § 35 Rz. 67 ff.).

§ 73 regelt keineswegs den einzigen Fall, in dem Sozialdaten zur Durchführung eines Strafverfahrens weitergegeben werden dürfen. Offenbarungsbefugnisse zu diesem Zweck können sich auch aus §§ 68, 69 Abs. 1 Nr. 1, 70 und 71 Abs. 1 Satz 1 Nrn. 1 und 3 ergeben (dazu ausführlich u. Rz. 41 ff.). Entscheidend für den Anwendungsbereich des § 73 ist vor allem die Abgrenzung zu § 69 Abs. 1 Nr. 1 a. E., der die Offenbarungsbefugnis zur Durchführung von Strafverfahren enthält, die mit SGB-Aufgaben »zusammenhängen« (vgl. u. Rz. 42; ausführlich § 69 Rz. 65, 102 ff.; s. auch *LG Frankfurt* NJW 1988, 84, mit der Klarstellung, daß bei § 73 **kein** sozialrechtlicher Deliktsbezug erforderlich ist; dazu *Bittmann* NJW 1988, 3138).

III. Zur Durchführung eines Strafverfahrens

1. Aufklärung eines Verbrechens oder Vergehens

Die Offenbarung muß zunächst erforderlich sein »**zur Aufklärung eines Verbrechens oder Vergehens**«. Zu Recht ist diese Formulierung als wenig glücklich bemängelt worden, weil sich das Vorliegen eines Delikts und dessen Schwere eben erst nach der Aufklärung ergibt (vgl. *Verbandskommentar* § 73 Rz. 3). Deshalb ist es besser, sich an die Paragraphenüberschrift »**zur Durchführung eines Strafverfahrens**« zu halten. Der Hinweis auf den Offenbarungszweck der Delikts**aufklärung** stellt immerhin klar, daß »Strafverfahren« hier im engeren Sinne des sog. **Erkenntnisverfahrens** zu verstehen ist, also nur das **Ermittlungs-** und das **Hauptverfahren** (Hauptverhandlung) bis zum Urteil umfaßt (anders dagegen in § 69, wo nur das gerichtliche Verfahren gemeint ist, vgl. u. Rz. 42). Nicht einbezogen sind dagegen die **Strafvollstreckung** und der **Strafvollzug** unter Einschluß der Bewährungs- und Führungsaufsicht (ebenso *Hauck/Haines-Walloth* § 73 Rz. 6; *Lauterbach/Watermann* UV, § 73 Anm. 7b; unklar hinsichtlich des Strafvollstreckungsverfahrens *Büllesbach/Holst* BldW 1982, 189; zum Begriff des Strafverfahrens *Roxin* Strafverfahrensrecht, § 1c, S. 4 f.).

Verbrechen sind nach § 12 Abs. 1 StGB solche rechtswidrigen Taten, die im Mindestmaß mit Freiheitsstrafe von einem Jahr oder darüber bedroht sind. Als **Vergehen** werden durch § 12 Abs. 2 StGB diejenigen rechtswidrigen Taten definiert, die im Mindestmaß mit Freiheitsstrafe von weniger als einem Jahr bzw. mit Geldstrafe bedroht sind. Für die Abgrenzung kommt es auf das abstrakte Strafmaß für die in der richterlichen Anordnung genannte Strafnorm an, gegen die verstoßen worden sein soll, selbstverständlich nicht auf das konkrete Strafmaß im Einzelfall, das ja erst nach der Urteilsverkündung feststeht (vgl. *Eicher/Haase/ Rauschenbach* § 73 Anm. 2; mißverständlich *Knopp* SGB-SozVers-GesKomm, § 73 Anm. 3).

13 Die Aufklärung von **Ordnungswidrigkeiten** unterfällt nicht dem § 73; eine Datenbeschaffung zu diesem Zweck ist nur über § 68 möglich (vgl. dazu § 68 Rz. 74f.) oder über § 69 Abs. 1 Nr. 1, wenn die Verfolgung der Ordnungswidrigkeit zu den gesetzlichen Aufgaben des Leistungsträgers gehört (vgl. z.B. § 1543 e RVO; dazu § 70 Rz. 8, 10).

2. Offenbarungsadressaten

14 Da das Strafverfahren i. S. d. § 73 sowohl das Ermittlungsverfahren als auch das gerichtliche Hauptverfahren umfaßt (vgl. o. Rz. 11), sind **Offenbarungsadressaten** sowohl die Strafverfolgungsbehörden als auch die mit Strafsachen befaßten **Gerichte**. Unter Strafverfolgungsbehörden sind die **Staatsanwaltschaft** und die Polizei – vor allem die **Kriminalpolizei** – zu verstehen, deren Beamte teilweise als »Hilfsbeamte der Staatsanwaltschaft« (§ 152 GVG) fungieren und dann gegenüber »normalen« Polizeibeamten zusätzliche Befugnisse haben. Bei Gefahr im Verzug kann auch der **(Ermittlungs-)Richter** zur Aufklärung eines Delikts aktiv werden, und zwar auch ohne Antrag, wenn ein Staatsanwalt nicht erreichbar ist (§ 165 StPO). Er handelt dann gleichsam als »Notstaatsanwalt« (vgl. *Roxin* Strafverfahrensrecht, § 10 II 2b).

15 Da für die Aufklärung von Ordnungswidrigkeiten § 73 nicht herangezogen werden kann (vgl. o. Rz. 13), gehören die **Bußgeldstellen** und die **Amtsanwaltschaften**, soweit sie mit der Ahndung von Ordnungswidrigkeiten befaßt sind, nicht zu den zugelassenen Datenempfängern. Ebensowenig können sich die Stellen, die mit der Straf**vollstreckung** und dem Straf**vollzug** befaßt sind, für ihr Ersuchen um Mitteilung von Sozialdaten auf § 73 stützen (vgl. o. Rz. 11), also z.B. **Strafvollstreckungskammern, Justizvollzugsanstalten, Bewährungshelfer** usw. (ebenso *Schellhorn* GK-SGB I, § 35 Rz. 60; 4. JB/*BremLfD* S. 24). Zur Verbrechensaufklärung kann auch das **BKA** nur mit einer richterlichen Anordnung an Sozialdaten gelangen, da § 72 nur Offenbarungen für seine präventivpolizeilichen Aufgaben erlaubt (vgl. § 72 Rz. 66).

IV. Offenbarungsumfang

1. Erforderlichkeit

16 Wie bei allen anderen Offenbarungstatbeständen der §§ 67ff. gilt auch bei § 73 die Einschränkung auf die »**Erforderlichkeit**«. Ob überhaupt Sozialdaten zur Tataufklärung benötigt werden und wenn ja, in welchem Umfang, ist zunächst von der den Antrag auf richterliche Anordnung stellenden Staatsanwaltschaft und dann von dem die Anordnung erlassenden Richter genau zu prüfen (zur Prüfung durch den Leistungsträger vgl. u. Rz. 37ff.). Nicht ohne Grund ist Nr. 2 dahingehend formuliert, daß bereits das Auskunfts**ersuchen** sich im Datenkatalog zu beschrän-

Offenbarung für Durchführung eines Strafverfahrens § 73

ken hat. Die Erforderlichkeit ist auch nur dann gegeben, wenn sich die erwünschten Informationen nicht aus anderen, weniger »sensitiven« Datenbeständen anderer Behörden beschaffen oder beim Betroffenen selbst erheben lassen (ausführlich dazu § 72 Rz. 46).

Weiterhin erfordert der **Verhältnismäßigkeitsgrundsatz**, daß die Schwere der zu 17 ermittelnden Straftat mit der durch die Offenbarung drohenden Beeinträchtigung des informationellen Selbstbestimmungsrechts abgewogen wird. »Dabei wird insbesondere die Höhe der Strafe, mit der das aufzuklärende Vergehen bedroht ist, und das Interesse des Betroffenen an der Geheimhaltung privater und intimer Daten (vor allem in Hinblick auf eine etwaige öffentliche Verhandlung) zu berücksichtigen sein« (Ausschußbericht, BT-Drucks. 8/4022, S. 86, zu § 70 = jetzt § 73). Bereits vor der Übermittlung der Sozialdaten ist also der Gesichtspunkt der späteren Offenlegung in der Gerichtsverhandlung zu beachten (vgl. u. Rz. 33, 50ff.). Allerdings geht es zu weit, die Offenbarung »sensibler« Daten nur dann zuzulassen, »wenn das mit der Sache befaßte Gericht die Sozialdaten in der erklärten Absicht anfordert, bei ihrer Erörterung die Öffentlichkeit auszuschließen« (vgl. *Hauck/Haines-Walloth* § 73 Rz. 12). Diese Auffassung übersieht bereits, daß der die Straftat verhandelnde Spruchkörper und das die Offenbarung anordnende Gericht häufig nicht identisch sind.

2. Differenzierung nach Verbrechen und Vergehen

Was den **Umfang** der zulässigerweise zu übermittelnden Sozialdaten angeht, so ist 18 zu unterscheiden: Zur Aufklärung eines **Verbrechens** (vgl. o. Rz. 12) dürfen **alle erforderlichen** Daten offenbart werden. Allerdings ergeben sich aus dem auch für § 73 geltenden § 76 Einschränkungen bei besonders schutzwürdigen Daten (vgl. u. Rz. 49). Die Herausgabe einer Gesamtakte kommt auch bei Verbrechen nicht in Betracht, wenn einzelne, genau zu bezeichnende Unterlagen bzw. deren Kopien für den Ermittlungszweck genügen.

Bei **Vergehen** (dazu Rz. 12) ist die Offenbarung beschränkt auf die in § 72 Abs. 1 19 Satz 2 genannten Angaben (dazu § 72 Rz. 35ff.) sowie auf Informationen über erbrachte oder demnächst zu erbringende Geldleistungen. Die Begrenzung auf **Geld**leistungen bedeutet im Umkehrschluß, daß Mitteilungen über andere Sozialleistungen, etwa über eine Beratung durch das Jugendamt, Maßnahmen der Jugendhilfe, Vermittlung durch das Arbeitsamt usw. nicht gemacht werden dürfen. Auf der anderen Seite sind sinnvollerweise auch **geldwerte** Leistungen, wie etwa die Ausgabe von Einkaufsgutscheinen an Sozialhilfeempfänger, einzubeziehen (ebenso *Knopp* SGB-SozVers-GesKomm, § 73 Anm. 6; a.A. *Schroeder-Printzen* § 73 Anm. 6). Einkünfte und Leistungen außerhalb des SGB (z.B. Arbeitsentgelt), die sich vielfach aus den Antragsunterlagen ergeben, gehören nicht hierher und sind dementsprechend nicht mitteilungsfähig (vgl. *Hauck/ Haines-Walloth* § 73 Rz. 9).

Erbrachte Geldleistungen sind solche Sozialleistungen, die bereits ausgezahlt 20 worden sind. **Demnächst zu erbringende** Geldleistungen sind bereits bewilligte oder voraussichtlich in einem absehbaren Zeitraum zu gewährende, in ihrer Höhe konkret bestimmbare Zahlungen (ebenso *Verbandskommentar* § 73 Rz. 8). Gemeint ist beispielsweise eine Rente für die Gültigkeitsdauer des jeweiligen Rentenanpassungsgesetzes (vgl. *Lauterbach/Watermann* UV, § 73 Anm. 7a). Um die Verantwortlichkeit jedes Leistungsträgers für die Offenbarung nicht zu verwischen, muß er sich, um Auskunft angegangen, auf die von ihm selbst erbrachten Leistungen beschränken. Auch dann, wenn ihm bekannt ist, welche Zahlungen eine andere SGB-Stelle gewährt, muß der Leistungsträger die anfragende Strafverfolgungsbehörde auf diese andere Stelle verweisen.

21 Der Datenkatalog des § 73 Nr. 2 ist ebenso wie bei § 68 Abs. 1 und § 72 Abs. 1 **abschließend** (vgl. § 68 Rz. 40 und § 72 Rz. 35, 38). Bereits ausgeführt wurde (vgl. o. Rz. 19), daß Einkommens- und Vermögensangaben, die dem Sozialleistungsträger zur Anspruchsprüfung oder Leistungsberechnung bekanntgeworden sind, nicht zu den offenbarungsfähigen Informationen zählen. Gleiches gilt für das Bankkonto des Versicherten oder Hilfeempfängers, auf das die Geldleistung überwiesen wurde bzw. werden soll. Als Angaben über Geldleistungen kommen mithin vor allem die **genaue Bezeichnung der Leistung**, ihre **Höhe**, der **Zahlungszeitpunkt** und der **Leistungszeitraum** in Betracht (vgl. *Hauck/Haines-Walloth* § 73 Rz. 9).

3. Einzelfall

22 Die Offenbarung von Daten einer Vielzahl von Betroffenen zur Durchführung einer sog. **Rasterfahndung** bei der Ermittlung von Straftätern ist ebenso wie über § 72 (dazu § 72 Rz. 33) auch über § 73 **unzulässig** (ebenso *Verbandskommentar* § 73 Rz. 9 mit ausführlicher Begr.: a. A. *Lauterbach/Watermann* UV, § 73 Anm. 6). Zwar ist die Beschränkung auf den Einzelfall in § 73 – anders als in § 72 – nicht ausdrücklich enthalten. Da aber auch § 73 einen speziellen Regelungsfall der Amtshilfe darstellt und diese prinzipiell auf die Datenübermittlung einzelner Betroffener abstellt (vgl. § 68 Rz. 47 ff.), läßt sich die Massenübermittlung hier ebensowenig legitimieren wie bei § 68.

23 Vor allem aber setzt die Offenbarungsbefugnis nach § 73 voraus, daß gegen die Person, um deren Sozialdaten es geht, ermittelt wird. Die Strafverfolgung muß sich mit anderen Worten **gegen den Betroffenen** als **Beschuldigten** richten. Gegen ihn muß der für ein Ermittlungsverfahren erforderliche konkrete Anfangsverdacht (vgl. dazu *Kleinknecht/Meyer* StPO, § 160 Rz. 9) vorliegen. Es reicht nicht aus, daß der Versicherte, Sozialhilfeempfänger usw. lediglich als **Zeuge, Hinweisgeber** o. ä. in Betracht kommt (vgl. *Hauck/Haines-Walloth* § 73 Rz. 5).

24 »**Ausforschungsersuchen**« der Strafverfolgungsbehörden an Sozialleistungsträger sind daher nicht zulässig. Beispiel hierfür ist die Aufforderung der Staatsanwaltschaft an die AOK, ihr eine Liste aller in der Vollstreckungsabteilung registrierten Beitragsschuldner zu übersenden. Dies anzuordnen hat das *LG Coburg* (27. 10. 1982 – Qs 121/82 –) mit Hinweis auf das Fehlen eines hinreichend **konkreten Verdachts** gegen einen bestimmten Beschuldigten zu Recht abgelehnt (allerdings wurde versäumt, die Offenbarungsbefugnis nach § 69 Abs. 1 Nr. 1 zu prüfen; dazu § 69 Rz. 65 und u. Rz. 42 ff., 49). Nicht in den Anwendungsbereich des § 73 gehört die Frage nach dem Umfang staatsanwaltschaftlicher Ermittlungsbefugnisse bei **Abrechnungsbetrügereien** von Kassenärzten. Ob beispielsweise Strafverfolgungsbehörden von Kassenärztlichen Vereinigungen routinemäßig oder im Einzelfall die Übersendung der Doppel von Prüfbescheiden verlangen können, richtet sich nach § 69 Abs. 1 Nr. 1, da der Abrechnungsbetrug i. S. dieser Bestimmung mit der gesetzlichen Aufgabenerfüllung nach dem SGB zu tun hat (dazu ausführlich

Offenbarung für Durchführung eines Strafverfahrens § 73

Teyssen/Goetze NStZ 1986, 529, 530 ff.; vgl. auch u. Rz. 42 ff., 49 sowie § 69 Rz. 104 ff., insbes. Rz. 106). Die Zulässigkeit einer regelmäßigen Übersendung wäre allerdings auch bei Anwendung des § 69 Abs. 1 Nr. 1 zu verneinen (ebenso *Teyssen* in Steinhilper (Hrsg.), Abrechnungsbetrug, S. 105, 119).

V. Richterliche Anordnung

1. Untersuchungshandlungen im Ermittlungsverfahren

a) Auskünfte, Herausgabe von Unterlagen
Das Erfordernis, eine richterliche Anordnung einzuholen, gilt zunächst für alle 25 Untersuchungshandlungen der Staatsanwaltschaft bzw. ihrer Hilfsbeamten im Zuge des **Ermittlungs**verfahrens. Als **Antragsteller** wird in der Regel die **Staatsanwaltschaft** als »Herrin des Ermittlungsverfahrens« auftreten. Erscheint aber die schleunige Vornahme richterlicher Untersuchungshandlungen erforderlich, kann auch die Polizei ihre Ermittlungsergebnisse direkt an das Gericht senden (§ 163 Abs. 2 Satz 2 StPO; zu den »richterlichen Nothandlungen« auch ohne Antrag der Staatsanwaltschaft vgl. § 165 StPO und o. Rz. 14). In der polizeilichen Fachliteratur wird im Hinblick auf die Antragstellung nach § 73 der Polizei empfohlen, sofort die Staatsanwaltschaft einzuschalten, wenn für die Deliktsaufklärung Sozialdaten benötigt werden (vgl. *Greiner* Kriminalistik 1981, 167, 168).
In der Praxis geht es vor allem um die **Erteilung von Auskünften** und die 26 **Herausgabe von Akten oder Aktenteilen** durch den Sozialleistungsträger sowie die **Vernehmung** seiner Mitarbeiter **als Zeugen** (vgl. §§ 94 ff., 161, 161 a StPO; zum Sonderproblem der Herausgabe von Datenträgern der automatischen Datenverarbeitung vgl. *Leicht* IuR 1986, 346 ff. und 390 ff.). Bei der Aufklärung von **Vergehen** wird wegen des geringen offenbarungsfähigen Datensatzes in § 73 Nr. 2 in aller Regel nur eine Auskunft und nicht die Vorlage von Dokumenten in Betracht kommen. Die meisten der von SGB-Stellen erlassenen Bescheide etwa enthalten mehr Angaben, als in Nr. 2 zur Mitteilung zugelassen sind. Diese Aussage gilt allerdings nur im Anwendungsbereich des § 73; bei Vergehen **im Zusammenhang mit Sozialleistungen** bestehen die weitergehenden Offenbarungsmöglichkeiten des § 69 Abs. 1 Nr. 1 (vgl. u. Rz. 42).

b) Beschlagnahme
Umstritten ist, inwieweit auch die **Beschlagnahme** von Akten oder Unterlagen des 27 Leistungsträgers für den Fall angeordnet werden kann, daß er sich weigert, die Dokumente herauszugeben (§ 94 Abs. 2 StPO). Dies hängt ab von der Antwort auf die strittige Frage, inwieweit **Behördenakten** überhaupt der Beschlagnahme unterliegen. Zum einen wird argumentiert, § 94 StPO erfahre durch § 96 StPO eine Einschränkung dahin, daß behördliche Akten und andere in amtlicher Verwahrung stehende Sachen nicht als »Gegenstände« i. S. d. § 94 StPO anzusehen seien. Ihre Beschlagnahme sei daher **»schlechthin unzulässig«** (so z. B. *Löwe/Rosenberg* StPO, § 96 Rz. 2). Der Gesetzgeber habe Behördenakten nicht in die Beschlagnahmemöglichkeit einbeziehen wollen (*E. Schmidt* StPO, Teil II, § 96 Rz. 1; ebenso *Hauck/Haines-Walloth* § 73 Rz. 17). Wer sie bejahe, räume der Judikative einen verfassungsrechtlich nicht gerechtfertigten Vorrang gegenüber der Exekutive ein (*Kleinknecht/Meyer* StPO, § 96 Rz. 6). Bei Verweigerung der

Herausgabe müsse sich die Strafverfolgungsbehörde an die der ersuchten Behörde vorgesetzte Dienststelle wenden und ggf. das Mittel der **Dienstaufsichtsbeschwerde** erheben (so für einen Fall der Beschlagnahme von Wohngeldakten das *LG Frankfurt* 6. 10. 1983 – 5/11 Qs 52/83 –). Ggf. muß die Staatsanwaltschaft die Herausgabe vor dem Verwaltungsgericht erzwingen (vgl. *Emrich* in Frommann u. a., Sozialdatenschutz, S. 113, 126).

28 Die **gegenteilige Auffassung** sieht in der Regelung des § 96 StPO kein ausreichendes Argument dafür, Behördenakten generell von der Beschlagnahmefähigkeit auszunehmen. Die Ermittlungspraxis belege die **Notwendigkeit der Beschlagnahme** schon deshalb, weil öffentliche Stellen ihre Unterlagen keineswegs immer freiwillig herausgäben (so *Kramer* NJW 1984, 1502 mit zahlr. weiteren Nachw.; vgl. auch *Emrich* in Frommann u. a., Sozialdatenschutz, S. 128). Sicher ist, daß auch dann, wenn man dieser Meinung folgt, die Beschlagnahme ausschließlich durch den Richter und nicht – wie § 98 Abs. 1 StPO es vorsieht – auch durch die Staatsanwaltschaft und ihre Hilfsbeamten bei Gefahr im Verzug angeordnet werden darf. Selbstverständlich sind in diesem Falle die Beschlagnahmebeschränkungen des § 97 StPO zu beachten. Befunde und Berichte des Hausarztes dürfen also zum Zwecke eines Strafverfahrens gegen den Patienten in den Akten des Leistungsträgers ebensowenig beschlagnahmt werden wie bei dem Hausarzt selbst.

29 Soweit die **Spezialliteratur zum SGB X** dieses Problem anspricht, folgt sie zumeist der **ablehnenden Auffassung** der StPO-Kommentare (vgl. o. Rz. 27). Zum einen wird argumentiert, eine Beschlagnahme widerspreche der Natur der Offenbarungsbefugnisse, die keinen fremden Eingriff in die Pflicht zur Wahrung des Sozialgeheimnisses gestatte, sondern ausschließlich die beabsichtigte, aktive Vermittlung von Informationen durch den Leistungsträger. Die Beschlagnahme überspiele die Offenbarungsverantwortung der Sozialbehörde (*Verbandskommentar* § 73 Rz. 4; dagegen *Emrich* in Frommann u. a., Sozialdatenschutz, S. 126; für § 73 als lex specialis gegenüber §§ 94 ff. StPO *Schatzschneider* MDR 1982, 9). Zum anderen wird auf die Gesetzgebungshistorie abgestellt: Die Beschlagnahme sei schon deshalb in § 35 Abs. 3 SGB I nicht ausdrücklich genannt worden, weil man davon ausgegangen sei, daß sie in bezug auf amtliche Unterlagen bei Behörden nicht möglich sei (*Hauck/Haines-Walloth* § 73 Rz. 17).

30 So sehr die Argumente gegen eine Beschlagnahmefähigkeit von Behördenakten generell oder speziell im Sozialleistungsbereich überzeugen mögen, für die Praxis der Sozialverwaltung ist die Handhabung durch die Gerichte entscheidend. Die **Rechtsprechung** ist **widersprüchlich** (ausführlich aufgearbeitet bei *Kramer* NJW 1984, 1502 ff.; für Beschlagnahme z. B. *LG Stade* MDR 1981, 960; *LG Bonn* NStZ 1985, 40; dagegen z. B. *LG Braunschweig* NJW 1986, 2586; *LG Goslar* RDV 1987, 202; weitere Fälle s. § 35 Rz. 68). Daher sollte der Leistungsträger, der eine Beschlagnahme von Akten oder Dokumenten zu erwarten hat bzw. dem sie von der Strafverfolgungsbehörde angedroht worden ist, ggf. rechtzeitig die **Sperrerklärung** seiner jeweils zuständigen »obersten Dienstbehörde« nach § 96 StPO herbeiführen (ebenso *Hauck/Haines-Walloth* § 73 Rz. 17; vgl. auch *BVerfG* NJW 1984, 2275 betr. eine Sperrerklärung aufgrund des Steuergeheimnisses). Liegt diese vor, steht fest, daß auch die Beschlagnahme unzulässig ist (vgl. *AG Augsburg* CR 1988, 750). Zur Verweigerung der Aussagegenehmigung vgl. u. Rz. 40.

2. Hauptverfahren

Unter »**richterlicher Anordnung**« i. S. v. § 73 sind nicht nur die auf Antrag der 31
Staatsanwaltschaft im **Ermittlungs**verfahren erlassenen Beschlüsse zu verstehen.
Gemeint sind auch die Anordnungen von Beweiserhebungen, der Herbeischaffung als Beweismittel dienender Gegenstände oder die Ladungen von Zeugen
usw., die das (Straf-)Gericht während des **Haupt**verfahrens bzw. der Entscheidung über dessen Eröffnung vornimmt (vgl. § 202, 221, 214 StPO, s. auch o.
Rz. 14).

3. Zuständigkeit

Welches Gericht für die Anordnung **örtlich und sachlich zuständig** ist, ergibt sich 32
aus den einschlägigen Bestimmungen der Strafprozeßordnung. Im **Ermittlungsverfahren** ist im Regelfall das **Amtsgericht** (Ermittlungsrichter) zuständig, in
dessen **Bezirk** die Untersuchungshandlung vorzunehmen ist (§ 162 StPO), also das
Amtsgericht des Ortes, in dem der um Auskünfte oder die Überlassung von
Unterlagen angegangene Leistungsträger seinen Sitz hat. Doch gibt es eine Reihe
von Sonderfällen; so hat z. B. über das Informationsersuchen des Generalbundesanwalts der Ermittlungsrichter beim Bundesgerichtshof zu entscheiden (§ 169
Abs. 1 Satz 2 StPO). Die Strafprozeßordnung entscheidet auch darüber, ob der
einzelne Ermittlungsrichter die Anordnung erlassen kann oder ein Spruchkörper
entscheiden muß. Daß die StPO die »**richterliche**« Anordnung von der des
»**Gerichts**« unterscheidet (vgl. z. B. §§ 162 und 202 StPO), § 73 aber nur von der
»richterlichen« Anordnung spricht, hat insofern keine Bedeutung. **Nach Erhebung der öffentlichen Klage** ist **das für die Hauptverhandlung zuständige Gericht**
i. S. v. § 73 anordnungsbefugt.

4. Inhalt

§ 73 selbst gibt für den **Inhalt der richterlichen Anordnung** nur zwei Vorgaben: 33
Die Beschränkung des offenbarungsfähigen **Datenkatalogs** bei Vergehen (Nr. 2;
vgl. o. Rz. 19 ff.) und generell die Richtschnur der **Erforderlichkeit** zur Deliktsaufklärung bzw. der Verhältnismäßigkeit des Informationseingriffs (vgl. o. Rz. 16 f.).
Der Richter hat zu prüfen, ob **hinreichender Tatverdacht** gegen den Betroffenen
besteht, ob der **Offenbarungsumfang** der Einstufung des Delikts als Verbrechen
oder Vergehen entspricht, und ob die Offenlegung gerade von besonders
geschützten Sozialdaten **notwendig** und auch im Hinblick auf die spätere Hauptverhandlung – **verhältnismäßig** ist (vgl. *Hauck/Haines-Walloth* § 73 Rz. 14).
Beachten muß er auch die Offenbarungseinschränkungen des § 76 (vgl. u. Rz. 49).
Erfolgt keine **gründliche Prüfung** der Offenbarungsvoraussetzungen durch den 34
Richter, besteht die Gefahr, daß für die herkömmliche Ermittlungspraxis der
Strafverfolgungsbehörden lediglich ein **formaler Umweg** über die gerichtliche
Anordnung und damit eine zeitliche Verzögerung eintritt (Kritik an der früheren
Entscheidungspraxis bei *Meydam* BlStSozArbR 1980, 281), nicht aber eine materielle Restriktion des Zugriffs auf Sozialdaten, wie sie vom Gesetzgeber intendiert
ist (vgl. *Wiese* DAngVers. 1980, 458, der Skepsis hinsichtlich der Bereitschaft der

Gerichte äußert, dem Sozialgeheimnis gegenüber dem staatlichen Strafanspruch den gebührenden Stellenwert einzuräumen).

35 Die richterliche Anordnung muß die angezogene **Strafbestimmung** sowie die Auskünfte oder **Unterlagen**, die gegeben bzw. ausgehändigt werden sollen, so präzise wie möglich benennen. Auch die vom Richter getroffene **Abwägung** zwischen Ermittlungs- und Geheimhaltungsinteresse sollte der Begründung des Beschlusses zu entnehmen sein, um dem Leistungsträger die Überprüfung zu ermöglichen (vgl. *Verbandskommentar* § 73 Rz. 11 sowie u. Rz. 37). Dies setzt im Ermittlungsverfahren voraus, daß bereits die Staatsanwaltschaft in ihrem Antrag auf richterliche Anordnung sich zum Vorliegen der materiellen Offenbarungsvoraussetzungen äußert (vgl. *Hauck/Haines-Walloth* § 73 Rz. 15).

36 Die richterliche Anordnung muß sich auf die Offenbarung von Sozialdaten richten. Unzutreffend ist daher die Vorstellung, auch ein **Haftbefehl** könne als richterliche Anordnung angesehen werden, die die Übermittlung von Sozialdaten des zur Haft Ausgeschriebenen rechtfertige (so eine Erwägung des *KG* NDV 1985, 52, die es aber im Ergebnis dahingestellt sein läßt, abl. JB 1985 des *Berl.DSB* S. 22 und *o.V.* DSB 4/1987, S. 25).

5. Prüfung durch den Leistungsträger

37 Der Leistungsträger muß sich die richterliche Anordnung in jedem Fall vorlegen lassen und das Ersuchen sowie die ggf. vom Richter getroffene Abwägung (vgl. o. Rz. 35) zumindest auf Schlüssigkeit hin **überprüfen** (ebenso *Schatzschneider* MDR 1982, 9; a.A. – keine Prüfung – *BfA-Kommentar* § 73 Abschn. 4 und wohl auch *Willenbücher/Borcherding* ZfSH/SGB 1988, 122, 131). Bei Zweifeln an der Rechtmäßigkeit des gerichtlichen Beschlusses steht dem Leistungsträger das Rechtsmittel der **Beschwerde** zur Verfügung (§ 304 StPO). Teilweise wird sogar vertreten, daß er in diesem Fall **verpflichtet** ist, Beschwerde einzulegen (*Verbandskommentar* § 73 Rz. 11; *Schumann* Gutachten, S. 27). Beschwerdegrund kann sowohl die rechtliche als auch die tatsächliche Unrichtigkeit oder Unangemessenheit der Entscheidung sein. Die Beschwerde wird nach § 306 Abs. 1 Satz 1 StPO bei dem Gericht, das die Anordnung erlassen hat, schriftlich eingelegt. In dringenden Fällen kann sie nach § 306 Abs. 1 Satz 2 StPO beim Beschwerdegericht eingelegt werden. Eine Begründung der Beschwerde ist nicht vorgeschrieben, aber zu empfehlen. Die Einlegung der Beschwerde hemmt zwar die Durchführung der Anordnung grundsätzlich nicht (§ 307 Abs. 1 StPO), nach Abs. 2 kann jedoch die **Vollziehung ausgesetzt** werden (zum Ganzen auch *Neumann-Duesberg* WzS 1981, 204).

38 Anders als §§ 68 und 72 enthält § 73 nicht das formale Erfordernis, daß die **Entscheidung über die Offenbarung** beim Leistungsträger der **Behördenleitung** bzw. **Geschäftsführung** vorbehalten ist (vgl. dazu § 68 Rz. 95ff. und § 72 Rz. 48ff.). Dennoch empfiehlt sich diese Verfahrensweise erst recht bei der Datenübermittlung zur Durchführung von Strafverfahren, zum einen wegen der vielfach schwierig zu beurteilenden Zulässigkeitsfragen, zum anderen wegen der möglichen erheblichen negativen Auswirkungen einer unrechtmäßig gegebenen Information für den Betroffenen gerade im Strafverfahren.

Offenbarung für Durchführung eines Strafverfahrens § 73

6. Konsequenzen aus § 35 Abs. 3 SGB I

Nach § 35 Abs. 3 SGB I besteht **keine Auskunftspflicht, keine Zeugnispflicht** und **keine Pflicht zur Vorlegung oder Auslieferung von Schriftstücken, Akten, Dateien und sonstigen Datenträgern**, soweit keine Offenbarungsbefugnis besteht (ausführlich dazu § 35 Rz. 67 ff.). Wie gesehen, spielt diese Vorschrift im Strafverfahren mit seinen zahlreichen Auskunfts-, Vorlage- und Zeugnispflichten eine besonders wichtige Rolle (vgl. z. B. *LG Goslar* RDV 1987, 202 ff.). Ohne richterliche Anordnung, die den Rahmen der Erforderlichkeit und Verhältnismäßigkeit der Offenbarung einhält und bei Vergehen sich auf den in § 73 Nr. 2 enthaltenen Datenkatalog beschränkt, greift keine dieser Pflichten. 39

Liegen die Voraussetzungen des § 73 oder einer anderen für das Strafverfahren einschlägigen Offenbarungsbefugnis (vgl. u. Rz. 41 ff.) nicht vor, muß auch die **Aussagegenehmigung** für Bedienstete von Sozialleistungsträgern im Falle ihrer Ladung als Zeugen (§ 54 Abs. 1 StPO) verweigert werden (vgl. Ausschußbericht, BT-Drucks. 8/4022, S. 96, zu § 35 SGB I; *Kolb* Festgabe Grüner, S. 289). § 35 Abs. 3 SGB I **erweitert** die Möglichkeit zur **Versagung** der Aussagegenehmigung (vgl. § 35 Rz. 69): Bei Beamten z. B. darf die Nichterteilung normalerweise nur dann erfolgen, wenn die Aussage »dem Wohle des Bundes oder eines deutschen Landes Nachteile bereiten oder die Erfüllung öffentlicher Aufgaben ernstlich gefährden oder erheblich erschweren würde« (vgl. § 39 Abs. 3 Satz 1 BRRG, § 62 Abs. 1 BBG und die entsprechenden Bestimmungen in den Landesbeamtengesetzen). Sollen bei einer Zeugenaussage in einem Strafverfahren Sozialdaten offenbart werden, ist aber zunächst das Vorliegen einer Offenbarungsbefugnis nach §§ 67 ff. zu prüfen. Erst wenn diese bejaht worden ist, können die genannten Bedingungen der Beamtengesetze für eine Aussagegenehmigung geprüft werden (so zutreffend *Verbandskommentar* § 73 Rz. 5; für Schweigepflicht trotz fehlerhafter Erteilung der Aussagegenehmigung auch *Schumann* Gutachten, S. 25). 40

VI. Verhältnis zu anderen Vorschriften

1. § 68

Die Anwendbarkeit des § 68 ist durch § 73 nicht ausgeschlossen (ausführlich dazu § 68 Rz. 111 ff.). Strafverfolgungsbehörden und Strafgerichte können also **auch über § 68** – in dem dort begrenzten Umfang – Sozialdaten erhalten (so auch *Verbandskommentar* § 73 Rz. 2; a. A. *Wiese* DRV 1980, 368 und *Graßl/Weigert* DuD 1981, 75). Allerdings können ihnen dann – anders als bei § 73 – die schutzwürdigen Belange des Betroffenen entgegengehalten werden (vgl. Ausschußbericht, BT-Drucks. 8/4022, S. 86, zu § 70 = jetzt § 73). 41

2. § 69

§ 69 Abs. 1 Nr. 1 **2. Alt.** erklärt die Offenbarung aller Sozialdaten für zulässig, die für ein Strafverfahren benötigt werden, das mit der Erfüllung einer gesetzlichen Aufgabe nach dem SGB »**zusammenhängt**« (vgl. dazu § 69 Rz. 65, 102 ff.). Klassischer Fall eines solchen Zusammenhangsdelikts ist der Betrug durch **Erschlei-** 42 chung von Sozialleistungen (vgl. *Mörsberger* Verschwiegenheitspflicht, S. 109f.). Davon zu unterscheiden ist der Betrug zu Lasten Dritter **außerhalb** des Sozialleistungsbereichs, wo nur § 73 greifen kann (so zutreffend *LG Frankfurt* NJW 1988, 84). Nach § 73 zu offenbaren ist auch in Verfahren wegen **Verletzung der Unterhaltspflicht** (ebenso *LG Hamburg* NJW 1984, 1570; a. A. *LG Stade* MDR 1981, 960 und *Kleinknecht/Meyer* StPO § 161 Rz. 6; vgl. auch u. Rz. 48). Da allerdings in diesem Kommentar unter **Strafverfahren** in § 69 Abs. 1 Nr. 1 nur das **gerichtliche** Verfahren verstanden wird (vgl. § 69 Rz. 102f.; ebenso *Hauck/Haines-Walloth* § 69 Rz. 26), käme die 2. Alt. zur Übermittlung von Sozialdaten an die Strafverfolgungsbehörden, also im Rahmen des **Ermittlungs**verfahrens, nicht in Betracht.

43 Dies hindert jedoch nicht, die Weitergabe personenbezogener Informationen an die Staatsanwaltschaften unter die **1. Alt.** des § 69 Abs. 1 Nr. 1 zu fassen, die greift, wenn mit dieser Unterrichtung gleichzeitig eine gesetzliche Aufgabe des offenbarenden Leistungsträgers erfüllt wird (vgl. § 69 Rz. 96). Die Unterscheidung der beiden Zulässigkeitsalternativen des § 69 Abs. 1 Nr. 1 ist im praktischen Ergebnis nur dann von Bedeutung, wenn das Vorliegen der 1. Alt. davon abhängig gemacht wird, daß die Offenbarung auf **Initiative des Leistungsträgers** hin erfolgt (so *Hauck/Haines-Walloth* § 69 Rz. 26; wohl auch *Verbandskommentar* § 69 Rz. 9), etwa durch **Anzeigeerstattung**. Doch besteht kein sachlicher Grund, die Konstellation auszuschließen, daß die **Strafverfolgungsbehörden von sich aus** – etwa auf Grund von Presseberichten oder Hinweisen von Betroffenen – wegen eines sozialleistungsbezogenen Delikts ermitteln. Liegt § 69 Abs. 1 Nr. 1 allerdings vor, muß das um eine richterliche Anordnung nach § 73 angegangene Gericht deren Erlaß ablehnen (so zutreffend das *AG Hamburg* als Vorinstanz zu *LG Hamburg* NJW 1984, 1570).

44 Zu den nach § 69 Abs. 1 Nr. 1 legitimierten Datenoffenbarungen gehören diejenigen im Zusammenhang mit Ermittlungen, die sich gegen Ärzte zur Aufdeckung von **Abrechnungsmanipulationen** richten (vgl. 6. TB/*LfD-BW* S. 117; 8. TB/*LfD-BW* S. 90; 10. TB/*BfD* S. 62; dazu auch § 69 Rz. 16). Allerdings ist dabei die Einschränkung des § 76 zu beachten (dazu u. Rz. 49). Kontroversen über das Vorliegen einer gesetzlichen Aufgabenerfüllung und damit die Anwendbarkeit des § 69 Abs. 1 Nr. 1 gibt es bei Strafanzeigen von Jugendämtern wegen **Kindesmißhandlungen** (befürwortend *Witt* Unsere Jugend 1987, 178, 187; abl. *Kalugin/Theilacker* ZfJ 1987, 61, 63). Je nach Umständen des Einzelfalls kann die Einschaltung der Strafverfolgungsbehörde zur Wahrung des Kindeswohls gerechtfertigt sein (differenzierend *Mörsberger* Verschwiegenheitspflicht, S. 125f.; ebenso *DIV-Gutachten* DAVorm. 1988, 392 für den Amtspfleger; zur Einschränkung durch § 76 Abs. 1, wenn die Information von einem nach § 203 Abs. 1 StGB schweigepflichtigen Sozialarbeiter zugänglich gemacht wurde, vgl. § 76 Rz. 56f.). Die nach § 48 Satz 2 JWG vorgesehene Einschaltung des Vormundschaftsgerichts bei Gefährdung des Kindes schließt dies nicht aus (so aber 8. TB/*LfD-NRW* S. 67).

3. § 70

45 Auch aus § 70 könnte sich eine Offenbarungsbefugnis im Zusammenhang mit einem Strafverfahren ergeben, etwa wenn der **Unfallversicherungsträger** Strafanzeige wegen eines **Verstoßes gegen Arbeitsschutzbestimmungen** erstattet. Inso-

Offenbarung für Durchführung eines Strafverfahrens § 73

weit hierin bereits eine gesetzliche Aufgabe liegt, ist dieser Fall allerdings bereits durch § 69 Abs. 1 Nr. 1 abgedeckt (vgl. § 70 Rz. 8).

4. § 71

§ 73 ist weiterhin nicht einschlägig, wenn bereits auf Grund von § 71 Abs. 1 Satz 1 Nr. 1 eine **gesetzliche Mitteilungspflicht** zur Abwendung geplanter schwerer Straftaten nach § 138 StGB besteht. Ermittelt allerdings die Strafverfolgungsbehörde von sich aus wegen eines in § 138 StGB genannten Verbrechens, greift wieder § 73 (dazu ausführlich § 71 Rz. 10ff.). Informationspflichten gegenüber den **Steuerfahndungsbehörden** im Hinblick auf Steuerstraftaten ergeben sich aus § 71 Abs. 1 Satz 1 Nr. 3 i. V. m. § 116 AO (vgl. § 71 Rz. 36). Konkrete Konsequenz: Die mit der Steuerfahndung betrauten Stellen brauchen, obwohl sie in Stellung und Befugnissen in vielem der Staatsanwaltschaft entsprechen, keine richterliche Anordnung, um zulässigerweise Sozialdaten von einem Leistungsträger zu erhalten (vgl. § 71 Rz. 62).

46

5. § 72

Zum Verhältnis von § 72 und § 73 vgl. § 72 Rz. 66.

47

6. § 74

Zur Durchführung eines Strafverfahrens nach § 170b StGB wegen **Unterhaltspflichtverletzung** kann § 74 Nr. 1a) nicht herangezogen werden, da dort mit der Formulierung »für die Durchführung eines gerichtlichen Verfahrens« nur die **zivilrechtliche** Verfolgung der Unterhaltsansprüche gemeint ist (vgl. § 74 Rz. 8; ebenso *LG Hamburg* NJW 1984, 1570f.). In diesen Fällen sind also Offenbarungen nur unter den Voraussetzungen des § 73 Nr. 2 zulässig (ebenso *Schatzschneider* MDR 1982, 9; zu den Konsequenzen für die Staatsanwaltschaft *Bittmann* NJW 1988 3138, 3139).

48

7. § 76

Auch die Offenbarung nach § 73 unterliegt der Einschränkung des § 76 **Abs. 1** für die besonders schutzwürdigen Daten (vgl. *Pappai* KrV 1980, 255, 258). Die erleichterte Offenbarungsmöglichkeit für **Begutachtungs- und Bescheinigungs-Daten** nach § 76 **Abs. 2 Nr. 1** greift hier nicht. Sie käme nur in Betracht bei Strafverfahren, bei denen eine Offenbarung zum Zweck der Erfüllung einer SGB-Aufgabe und damit nach § 69 Abs. 1 Nr. 1 anzunehmen ist (dazu o. Rz. 42ff.). Dabei wäre aber vor allem bei Betroffenen, die selbst Beschuldigte sind, die Einlegung des Widerspruchs gegen die Offenbarung zu erwarten. Bei staatsanwaltschaftlichen Ermittlungen wegen vermuteter **Abrechnungsmanipulationen** konzentriert sich die Diskussion über die Zulässigkeit der Weitergabe von Ärzten stammender Sozialdaten nach § 69 Abs. 1 Nr. 1 i. V. m. § 76 Abs. 1 darauf, ob die

49

potentielle Mitteilungsbefugnis des Arztes nach § 2 Abs. 4 der Ärztlichen Berufsordnung bejaht wird, und zwar wegen des **Überwiegens des Interesses der Versichertengemeinschaft an einem Schutz vor ungerechtfertigter Inanspruchnahme der Krankenkassen** gegenüber dem Geheimhaltungsinteresse des Versicherten (so 8. TB/*LfD-NRW* S. 54f.; 8. TB/*LfD-BW* S. 90; *Specht* in Steinhilper (Hrsg.), Abrechnungsbetrug, S. 71, 79; ablehnend *Schumann* Gutachten, S. 9ff.; *Bandisch* in Steinhilper (Hrsg.), Abrechnungsbetrug, S. 175, 178ff. und *Schnapp/ Düring* NJW 1988, 738, 741; zur Ablehnung von Rechtsgüterabwägungen als zusätzliche Offenbarungsbefugnisse einschließlich des § 34 StGB vgl. allerdings § 76 Rz. 57, s. auch Rz. 50). Eine andere Argumentation geht von der **Beschlagnahmefähigkeit** von Patientenakten bei Ermittlungsverfahren **gegen den Arzt** aus und leitet daraus die Parallele der Zulässigkeit der Offenlegung auch medizinischer Daten i. S. d. § 76 von Krankenkassen an die Strafverfolgungsbehörden ab (vgl. *Teyssen* in Steinhilper (Hrsg.), Abrechnungsbetrug, S. 105, 118).

8. § 78

a) Strafverfahren

50 § 78 gilt auch für die **Strafverfolgungsbehörden** und die **Strafgerichte**. Die Auffassung, nach der § 78 wie überhaupt die Vorschriften der §§ 67ff. keine Auswirkungen auf die Offenbarung an Gerichte und die Datenverwendung durch sie haben, weil die jeweiligen Prozeßordnungen diesen Bereich abschließend regeln, ist unzutreffend (ausführlich zu dieser Frage § 35 Rz. 67f.).

51 Für den **Strafprozeß** ergibt sich aus dieser Kontroverse jedoch kaum ein Unterschied deshalb, weil die zweckgerechte Nutzung der offenbarten Sozialdaten eben durch die Anwendung der einschlägigen Bestimmungen der StPO erfolgt. So beinhaltet die Datenmitteilung an die Staatsanwaltschaft nach § 73 deren Befugnis, die Information der Sozialbehörde in die **Anklageschrift**, die dem Gericht vorgelegt wird, aufzunehmen. Die Durchführung des Strafverfahrens bringt es dann auch mit sich, daß Sozialdaten in der **öffentlichen Hauptverhandlung** erörtert und damit einem größeren Personenkreis bekannt werden (dazu ausführlich *Verbandskommentar* § 73 Rz. 10).

52 Zwar läßt sich der Aspekt einer späteren Offenlegung in der Hauptverhandlung **vor** der Offenbarung unter dem Blickwinkel der Verhältnismäßigkeit bzw. Erforderlichkeit berücksichtigen (vgl. o. Rz. 17). Der Ausschußbericht (BT-Drucks. 8/ 4022, zu § 70 = jetzt § 73) spricht in diesem Zusammenhang von einer Abwägung zwischen der zu erwartenden Strafhöhe und dem Interesse des Beschuldigten bzw. Angeklagten an der »Geheimhaltung privater und intimer Daten«. Die Möglichkeiten des Gerichts, durch Ausschluß der Öffentlichkeit von der Verhandlung die Kenntnisnahme durch das Publikum einzuschränken, sind allerdings beschränkt (vgl. § 172 GVG und *Kolb* Festgabe Grüner, S. 299f.; *Emrich* in Frommann u. a., Sozialdatenschutz, S. 138ff.). Die Verhandlungen in **Jugendstrafsachen** sind dagegen in aller Regel **nicht öffentlich** (§ 48 Abs. 1 JGG). Aus § 78 ließe sich immerhin eine generelle Pflicht des Strafgerichts ableiten, das Ermessen in § 172 GVG bei der anstehenden Erörterung von Sozialdaten **»sozialgeheimnis-freundlich«** zu betätigen und den **Ausschluß der Öffentlichkeit** sorgfältig zu prüfen (ebenso *Eicher/Haase/Rauschenbach* § 73 Anm. 5; vgl. auch § 78 Rz. 24) oder jedenfalls diese Erörterung »zurückhaltend« vorzunehmen (so *Emrich* a. a. O., S. 140, der

Offenbarung für Durchführung eines Strafverfahrens § 73

im übrigen darauf hinweist, daß § 47 E-VwPO auf Antrag bei Sozialdaten obligatorisch den Ausschluß der Öffentlichkeit vorschreibt).
Eine Mitteilung der dem Strafgericht oder der Staatsanwaltschaft zugeleiteten 53
Sozialdaten an dritte Stellen im Rahmen der **»MiStra« (Verwaltungsanordnung des Bundes und der Länder über Mitteilungen in Strafsachen)** ist wegen § 78 **unzulässig**. Diese Informationen dienen nicht der Durchführung des Strafverfahrens, sondern den Unterrichtungsinteressen der jeweiligen Empfänger (ebenso *Hauck/Haines-Walloth* § 78 Rz. 7). Darüber hinaus besteht inzwischen auf Grund der Ausführungen des Volkszählungsurteils des Bundesverfassungsgerichts (*BVerfGE* 65, 1) Einigkeit darüber, daß die MiStra (ebenso wie die **Mitteilungen in Zivilsachen – »MiZi«**) als bloße Verwaltungsanordnungen als Rechtsgrundlage für Datenübermittlungen generell nicht (mehr) ausreichen, was die Datenschutzbeauftragten der Länder und des Bundes zu wiederholten Malen festgestellt hatten (vgl. nur 9. TB/*HDSB* Ziff. 4.2.3; 12. TB/*HDSB* Ziff. 2.2.1). Der Bundesjustizminister hat dementsprechend im Dezember 1986 den **Entwurf für ein Justizmitteilungsgesetz** vorgelegt (dazu 15. TB/*HDSB* Ziff. 5.1).

b) Kriminalpolizeiliche Sammlungen
Für die Kriminalpolizei ergibt sich das Sonderproblem, daß Sozialdaten, die nach 54
§ 73 zu Zwecken der Strafverfolgung übermittelt wurden, in Kriminalakten und -dateien, den sog. **Kriminalpolizeilichen Sammlungen** (KpS), aufgezeichnet bleiben, obwohl diese nach Freispruch oder Verurteilung des Angeklagten im Einzelfall nur noch präventivpolizeilichen Zwecken dienen. Konsequenz des § 78 ist in diesen Fällen eine Löschungspflicht; für die »Grunddaten« des § 68 besteht darüber hinaus die Möglichkeit, entsprechend dieser Norm bei Fortbestehen der Notwendigkeit präventiver Speicherung die Zustimmung der Sozialbehörde einzuholen (ebenso *Greiner* Kriminalistik 1981, 167, 168; a. A. *Tegtmeyer* Die Polizei 1981, 185, 191).

§ 74 Offenbarung bei Verletzung der Unterhaltspflicht und beim Versorgungsausgleich

Eine Offenbarung personenbezogener Daten ist zulässig, soweit sie erforderlich ist
1. für die Durchführung
   a) eines gerichtlichen Verfahrens oder eines Vollstreckungsverfahrens wegen eines gesetzlichen oder vertraglichen Unterhaltsanspruchs oder des an seine Stelle getretenen Ersatzanspruchs oder
   b) eines Verfahrens über den Versorgungsausgleich nach § 53b des Gesetzes über die Angelegenheiten der freiwilligen Gerichtsbarkeit oder
2. für die Geltendmachung
   a) eines gesetzlichen oder vertraglichen Unterhaltsanspruchs außerhalb eines Verfahrens nach Nummer 1 Buchstabe a, soweit der Betroffene nach den Vorschriften des bürgerlichen Rechts, insbesondere nach § 1605 oder nach § 1361 Abs. 4 Satz 4, § 1580 Satz 2, § 1615a oder § 1615l Abs. 3 Satz 1 in Verbindung mit § 1605 des Bürgerlichen Gesetzbuchs, zur Auskunft verpflichtet ist, oder
   b) eines Ausgleichsanspruchs im Rahmen des Versorgungsausgleichs außerhalb eines Verfahrens nach Nummer 1 Buchstabe b, soweit der Betroffene nach § 1587e Abs. 1 oder § 1587k Abs. 1 in Verbindung mit § 1580 des Bürgerlichen Gesetzbuchs zur Auskunft verpflichtet ist,

und diese Pflicht innerhalb angemessener Frist, nachdem er unter Hinweis auf die in diesem Gesetzbuch enthaltene Offenbarungsbefugnis der in § 35 des Ersten Buches genannten Stellen gemahnt wurde, nicht oder nicht vollständig erfüllt hat.

Inhaltsübersicht

	Rz.
I. Entstehungsgeschichte	1
II. Bedeutung der Vorschrift	2, 3
III. Verfahren wegen Unterhaltsanspruchs (Nr. 1a)	4–10
1. Gesetzlicher Unterhaltsanspruch	4
2. Vertraglicher Unterhaltsanspruch	5, 6
3. Ersatzanspruch	7
4. Gerichtliches Verfahren	8
5. Vollstreckungsverfahren	9
6. Auskunftsberechtigung	10
IV. Verfahren über Versorgungsausgleich (Nr. 1b)	11–14
1. Versorgungsausgleich	11
2. Verfahren nach § 53b FGG	12–14
V. Geltendmachung von Unterhaltsansprüchen (Nr. 2a)	15–25
1. Unterhaltsanspruch	15
2. Auskunftspflichten der Unterhaltspflichtigen	16–18
3. Verletzung der Auskunftspflicht	19–22
a) Anwendungsbereich	19
b) Nichterfüllung	20
c) Mahnung	21
d) Ablauf angemessener Frist	22
4. Auskunftsberechtigter nach § 74	23

5. Nachweise		24
6. Betroffene		25
VI. Geltendmachung eines Versorgungsausgleichsanspruchs (Nr. 2 b)		26–28
VII. Verhältnis zu anderen Vorschriften		29
1. § 73		29
2. § 69		29
3. § 10 a VA-WMG		29

I. Entstehungsgeschichte

Die Vorschrift wurde aufgrund der Beschlußempfehlung des AuS-Ausschusses zum 2. Kapitel in das SGB X aufgenommen. Der endgültige Text folgt dem Vorschlag des Vermittlungsausschusses (BT-Drucks. 8/4330, S. 2 f.). **1**

II. Bedeutung der Vorschrift

Die Vorschrift berücksichtigt, daß bei Verletzung von **Unterhaltsansprüchen** oft **2** Sozialleistungsträger den Ansprüchen bedürftiger Unterhaltsberechtigter ausgesetzt sind (vgl. auch § 48 SGB I). Daher soll ähnlich wie in Fällen der Datenübermittlung zur Erfüllung sozialer Aufgaben ausnahmsweise auch im Zusammenhang mit **Privatrechtsverhältnissen** eine Übermittlung personenbezogener Sozialdaten zulässig sein (vgl. die Ausschußbegründung, BT-Drucks. 8/4022, S. 86).
Entsprechendes gilt im Hinblick auf den **Versorgungsausgleich**, wo im Falle fehlerhaft zu niedriger Ausgleichsforderungen ebenso wie bei fehlerhaft zu niedrigen Unterhaltsleistungen Bedürftigkeit entstehen kann, die zu sozialrechtlichen Ansprüchen führt.
Eine Einschränkung auf bestimmte Arten von Daten besteht nicht. Auch eine **3** Festlegung der Zuständigkeit, wer innerhalb der SGB-Stelle über ein Offenbarungsersuchen zu entscheiden hat, ist nicht erfolgt.
Die Vorschrift regelt **vier Fallgruppen** (Rz. 4 ff., 11 ff., 15 ff., 26 ff.).

III. Verfahren wegen Unterhaltsanspruchs (Nr. 1 a)

1. Gesetzlicher Unterhaltsanspruch

Ein gesetzlicher Unterhaltsanspruch besteht **4**
— zwischen Verwandten in gerader Linie nach §§ **1601 ff. BGB**: Der Unterhalt wird u. U. ganz oder teilweise **in natura** geleistet, im übrigen ist er monatlich im voraus durch Entrichtung einer Geldrente zu gewähren; für die Unterhaltspflicht zwischen dem nichtehelichen Kind und seinem Vater und dessen Verwandten gelten Sondervorschriften (**§§ 1615 a ff. BGB**);
— zwischen Ehegatten nach §§ **1360 ff. BGB**; der Unterhalt wird zum Teil **in natura** (Wohnung, Kleidung, Beköstigung, Wäsche usw.), zum Teil in Gestalt der dafür erforderlichen Geldmittel geschuldet, bei Getrenntleben ist der laufende Unterhalt in Form einer monatlich im voraus zahlbaren Geldrente zu entrichten;
— zwischen **geschiedenen Ehegatten** bei Scheidung vor dem 1. 7. 1977 nach

§§ 58ff. EheG, bei Scheidung nach dem 30. 6. 1977 nach §§ 1569ff. BGB; der Unterhalt umfaßt den gesamten Lebensbedarf, wobei der laufende Unterhalt – außer in Ausnahmefällen – in der Form einer monatlich zu entrichtenden Geldrente zu gewähren ist;
— der Mutter eines nichtehelichen Kindes gegen den Vater befristet nach § **1615 BGB**.

Fraglich ist, ob § 74 Nr. 1a (keinesfalls aber Nr. 2a, Rz. 18, 23) sich auch auf **übergeleitete Unterhaltsansprüche** nach § **90 BSHG** bezieht. Dies ist aus Gründen der Gesetzessystematik nicht der Fall: § 74 regelt Offenbarungen im Interesse Privater, so daß der übergeleitete Anspruch des Sozialhilfeträgers nicht in Betracht kommt. U. U. kann nach § 69 eine Offenbarung gegenüber dem Gericht, vor dem der Sozialhilfeträger den übergeleiteten Unterhaltsanspruch geltend macht, zulässig sein.
Nicht anwendbar ist § 74 für Offenbarungen von Daten, die bei der Bedürftigkeitsprüfung nach §§ 134ff. AFG erhoben wurde, von Arbeitsämtern an Widerspruchsausschüsse oder Sozialgerichte (a. A. ohne Begründung *Schimanski* SozSich 1987, 211).

2. Vertraglicher Unterhaltsanspruch

5   Ehegatten können nach § 1585c BGB (früher nach § 72 EheG) über die Unterhaltspflicht für die Zeit nach der Scheidung einen gerichtlichen Vergleich oder eine privatrechtliche Vereinbarung etwa in Form einer notariellen Urkunde geschlossen haben.
Allgemein kommen als Grundlage vertraglicher Unterhaltsansprüche in Betracht sowohl Verträge, die eine gesetzliche Unterhaltspflicht konkretisieren, als auch beispielsweise Verträge über Unterhalts- und Versorgungsrenten, die im Rahmen der Übergabe eines gewerblichen, landwirtschaftlichen oder freiberuflich geführten Betriebes zwischen nicht in gerader Linie Verwandten vereinbart werden. Derartige vertragliche Ansprüche sind in gleicher Weise wie gesetzliche Unterhaltsansprüche zur Sicherstellung des Lebensunterhalts des Übergebers bestimmt.
6   In Einzelfällen ist hier die sicher nicht immer völlig klare Abgrenzung entscheidend, ob die Verpflichtung zum Zwecke der **Unterhaltssicherung** oder aber ausschließlich als Entgelt für Leistungen oder Dienste eingegangen wurde.

3. Ersatzanspruch

7   Zu Ersatzansprüchen, die an die Stelle von Unterhaltsansprüchen treten können, weisen die Materialien (BT-Drucks. 8/4022, S. 86) auf § 844 Abs. 2 BGB hin. Weitere Grundlagen für einen Ersatzanspruch i. S. d. Regelung bestehen soweit ersichtlich nicht.
Da § 844 Abs. 2 BGB sich nur auf gesetzliche Unterhaltsansprüche bezieht, betrifft auch § 74 insofern nur Ersatzansprüche gesetzlicher, nicht aber vertraglicher Unterhaltsansprüche (a. A. *Schroeder-Printzen* SGB X, § 74 Anm. 3.2).

4. Gerichtliches Verfahren

Es gelten die §§ 621ff., 641lff. ZPO. Die Anwendung des Verwaltungsvollstrek- **8**
kungsrechts kommt bei Ansprüchen der in § 74 genannten Art nicht in Betracht
(a. A. *Schroeder-Printzen* SGB X, § 74 Anm. 3).
Nicht zu den gerichtlichen Verfahren i. S. d. Vorschrift gehört ein **Strafverfahren**
gegen eine Person, die sich ihrer gesetzlichen Unterhaltspflicht vorsätzlich entzieht. Dies folgt aus dem Ziel der Vorschrift, zu ermöglichen, daß Unterhaltsansprüche im Einzelfall realisiert werden. Die Durchführung eines Strafverfahrens
trägt zu dieser Zielsetzung nichts bei. Es kann bei der Durchführung eines
Strafverfahrens allenfalls zur Datenübermittlung nach § 73 Nr. 2 kommen.
Gerichtliche Verfahren i. S. d. Vorschrift sind auch Abänderungsklagen nach § 323
ZPO, Kostenfestsetzungsverfahren in Unterhaltssachen oder Wiederaufnahmeverfahren in Unterhaltsstreitigkeiten.

5. Vollstreckungsverfahren

Für die Zwangsvollstreckung von Unterhaltstiteln gelten wie bei anderen Geldfor- **9**
derungen die §§ 803ff. ZPO.
Soweit Unterhaltsrückstände von den Anspruchsinhabern als Konkursgläubiger
oder im Vergleichsverfahren nach der Vergleichsordnung geltend gemacht werden, sind auch diese Verfahren Vollstreckungsverfahren i. S. d. Vorschrift (*Krahmer* in Giese, SGB X, § 74 Anm. 9).

6. Auskunftsberechtigung

Auskunftsberechtigt ist nur das Gericht, nicht eine Verfahrenspartei oder andere **10**
Person. Dies ergibt sich aus der Systematik der Vorschrift, die nur in Nr. 2
Beteiligte als Auskunftsberechtigte vorsieht, und aus dem eindeutigen Willen der
gesetzgebenden Körperschaften (s. BT-Drucks. 8/4022, S. 86). Für das Vollstrek-
kungsverfahren ist allerdings auch ein Offenbaren an eine andere verfahrenslei-
tende Stelle, nämlich den Gerichtsvollzieher, möglich. Privatpersonen sind im
Rahmen eines gerichtlichen Verfahrens oder eines Vollstreckungsverfahrens auf
Beweisanträge oder Anregungen an das Gericht, die Auskunft einzuholen,
beschränkt (BT-Drucks. 8/4022, S. 86).

IV. Verfahren über Versorgungsausgleich (Nr. 1b)

1. Versorgungsausgleich

Versorgungsanrechte, die Ehegatten in der Ehezeit begründet oder aufrechterhal- **11**
ten haben, werden seit dem 1. 7. 1977 – von Ausnahmefällen abgesehen – bei der
Scheidung einander gegenübergestellt, der zugunsten eines Ehegatten errechnete
Mehrbetrag wird zur Hälfte aufgeteilt und im Regelfall einem Rentenkonto der
gesetzlichen Rentenversicherung zugunsten des Ausgleichsberechtigten gutge-
schrieben, während die Versorgungsanwartschaften des Ausgleichsverpflichteten

entsprechend gekürzt werden; neben dieser Form des Versorgungsausgleichs ist in bestimmten Fällen ein sogenannter schuldrechtlicher Versorgungsausgleich auf Antrag eines Ehegatten möglich (§§ 1587 ff. BGB).

2. Verfahren nach § 53b FGG

12 § 53b FGG, der nach § 621a ZPO vom Familiengericht anzuwenden ist, enthält Verfahrensregelungen zum Versorgungsausgleich.
Das Gericht hat bei der Übertragung und Begründung von Rentenanwartschaften die **Träger der gesetzlichen Rentenversicherung**, bei Beamten, Dienstordnungs-Angestellten, Richtern, Geistlichen und Soldaten auch die **Träger der Versorgungslast** zu beteiligen.
Nach § 53b Abs. 2 Satz 2 FGG kann das Gericht im Verfahren über den Versorgungsausgleich Auskünfte über **Grund und Höhe der Versorgungsanwartschaften** bei den hierfür zuständigen Behörden, Rentenversicherungsträgern, Arbeitgebern, Versicherungsgesellschaften und sonstigen Stellen einholen. Diese Stellen sind nach § 53b Abs. 2 Satz 3 FGG verpflichtet, dem gerichtlichen Ersuchen Folge zu leisten.
Anders als noch im Entwurf des AuS-Ausschusses bezieht sich § 74 Nr. 1b nicht nur auf Abs. 2 Sätze 2 und 3 des § 53b FGG, sondern auf die gesamte Vorschrift. »Das Gericht benötigt nämlich die Auskunft auch, wenn es am Ende nicht zu einem Versorgungsausgleich kommt (z. B. § 1587c BGB) oder wenn eine Vereinbarung der Parteien über den Versorgungsausgleich zu genehmigen ist (§ 1587o BGB)« *Schroeder-Printzen* SGB X, § 74 Anm. 4).

13 Außerhalb des Verfahrens nach § 53b FGG ist § 74 Nr. 1b nicht anzuwenden. Daher besteht nach abgeschlossenem Verfahren auch keine Offenbarungsbefugnis von Amts wegen, wenn sich nachträglich herausstellt, daß dem Gericht eine falsche Auskunft gegeben wurde, was ein Wiederaufnahmeverfahren begründen könnte (*BfA-Kommentar* § 74 Anm. 3).

14 § 11 des Gesetzes zur Regelung von Härten im Versorgungsausgleich vom 21. 2. 1983 (BGBl. I S. 105) ergänzt die in § 53b Abs. 2 FGG enthaltene Regelung über Auskunftspflichten in Angelegenheiten des Versorgungsausgleichs und sieht vor, daß auch für die Ehegatten eine Auskunftspflicht gegenüber dem Gericht besteht. Die Vorschrift kann im Zusammenhang mit den sozialrechtlichen Geheimnisschutzvorschriften dann relevant werden, wenn ein Ehegatte Sozialdaten eines Dritten, des Ehepartners, nach § 74 erhalten hat und das auf den genannten § 11 gestützte Auskunftsbegehren des Gerichts unter **Berufung auf § 78** zurückweisen möchte. Soweit der Leistungsträger nach § 74 übermittlungsbefugt ist, kann der Ehegatte die Auskunft nicht verweigern.

V. Geltendmachung von Unterhaltsansprüchen (Nr. 2a)

1. Unterhaltsanspruch

15 Zu den gesetzlichen und vertraglichen Unterhaltsansprüchen s. Rz. 4ff. Die Einbeziehung vertraglicher Unterhaltsansprüche erfolgte durch den Vermittlungsausschuß, nachdem der Bundesrat darauf hingewiesen hatte, bei Unterhaltsver-

Offenbarung bei Unterhaltspflichtverletzung § 74

einbarungen sei oft schwierig abzugrenzen, ob dem Berechtigten ein vertraglicher Unterhaltsanspruch eingeräumt wird oder ob die gesetzliche Unterhaltspflicht lediglich konkretisiert wird; außerdem würde die Nichtberücksichtigung vertraglicher Unterhaltsansprüche den Abschluß von Unterhaltsvereinbarungen erschweren (BT-Drucks. 8/4216, S. 6).
Die Ersatzansprüche sind – anders als in Nr. 1 a – nicht berücksichtigt worden.

2. Auskunftspflichten der Unterhaltspflichtigen

Die Vorschrift bezieht sich auf **gesetzlich geregelte Auskunftspflichten**. Eine 16
analoge Anwendung anderer Auskunftspflichtregelungen (z. B. § 1379 BGB) ist schon allein wegen des Enumerationsprinzips der §§ 35 SGB I, 67 ff. SGB X nicht möglich.
Die Verpflichtung zur Auskunft, auf die sich die Vorschrift bezieht, gilt nach
— **§ 1605 BGB** bei Verwandten in gerader Linie,
— **§ 1361 Abs. 4 Satz 4** i. V. m. **§ 1605 BGB** bei getrennt lebenden Ehegatten,
— **§ 1580 Satz 2** i. V. m. **§ 1605 BGB** bei geschiedenen Ehegatten,
— **§ 1615a** i. V. m. **§ 1605 BGB** bei nichtehelichen Kindschaftsverhältnissen,
— **§ 1615l Abs. 3 Satz 1** i. V. m. **§ 1605 BGB** bei Schwangerschaft und Geburt nichtehelicher Kinder.
Nach § 1605 Abs. 1 BGB kann Auskunft über die Einkünfte und das Vermögen 17
nur verlangt werden, **soweit** dies zur Feststellung eines Unterhaltsanspruchs oder einer Unterhaltsverpflichtung **erforderlich** ist.
Nach § 1605 Abs. 2 BGB kann vor **Ablauf von zwei Jahren** Auskunft nur verlangt werden, wenn glaubhaft gemacht wird, daß der zur Auskunft Verpflichtete später wesentlich höhere Einkünfte oder weiteres Vermögen erworben hat. Da die Leistungsträger dies bei der Anwendung des § 74 zu beachten haben, ist jedes Auskunftsersuchen **aktenkundig** zu machen, damit das Vorliegen der Voraussetzungen des § 1605 Abs. 2 BGB überprüft werden kann (eine schwächere Anforderung stellt zu Unrecht *Lauterbach/Watermann* UV, § 74 SGB X Anm. 12: Danach »sollte« das Auskunftsersuchen aktenkundig gemacht werden).
Die **Offenbarungsbefugnis** nach § 74 **beschränkt** sich hier auf die Informationen, 18
die der Auskunftsverpflichtete nach den privatrechtlichen Anspruchsgrundlagen auf Auskunftserteilung mitteilen müßte. Dies kann der zuständige Sachbearbeiter u. U. erst nach sorgfältiger **Prüfung der unterhaltsrechtlichen Voraussetzungen** entscheiden.
Die Auskunftspflichten bestehen bei übergeleiteten Ansprüchen nach § 90 BSHG nicht gegenüber dem Träger der Sozialhilfe (Rz. 4). *BGH* NDV 1987, 85; a. A. *Schellhorn* GK-SGB I, § 35 Rz. 67. Der Sozialhilfeträger kann daher nicht wie ein Unterhaltsberechtigter andere Leistungsträger gestützt auf § 74 um Auskunft ersuchen.
Auch an im Ausland lebende Auskunftsberechtigte kann die Offenbarung nach § 74 erfolgen. Hier ist aber die Einschränkung des § 77 zu beachten. Im übrigen kann gerade in solchen Fällen die nach Rz. 21 auch durch den Leistungsträger vorzunehmende Mahnung in Betracht kommen, da dieser hierzu leichter in der Lage ist als der Auskunftsberechtigte.

3. Verletzung der Auskunftspflicht

a) Anwendungsbereich

19 Daß der Auskunftspflichtige seine Pflicht nach Mahnung mit Hinweis gemäß den letzten Worten der Vorschrift nicht oder nicht vollständig erfüllt haben muß, gilt als Zulässigkeitsvoraussetzung für eine zulässige Offenbarung für Nr. 2 (und nicht etwa auch für Nr. 1, wo ein Bezug auf eine Pflicht keinen Sinn ergäbe) der Vorschrift.

b) Nichterfüllung

20 Voraussetzung für das Offenbaren von Sozialdaten ist, daß der Auskunftspflichtige seine Pflicht nicht oder nicht vollständig erfüllt hat.»Fehlt eine Erklärung des Betroffenen, daß er keine Auskunft erteilen werde, wird, sofern sich nicht aus sonstigen Umständen seine Weigerung ergibt, eine vorherige Rückfrage seitens des Leistungsträgers bei dem Betroffenen angezeigt sein« (*Pappai* KrV 1980, 259).

c) Mahnung

21 Weiterhin setzt die Vorschrift voraus, daß der Auskunftsverpflichtete an die Erteilung der Auskunft erinnert und in dieser Mahnung auf die Offenbarungsbefugnis der SGB-Stellen hingewiesen worden ist.

Das Gesetz bezieht sich hierbei, wie sich aus den Materialien ergibt (»die Voraussetzungen der Nummer 2 sind in den in I § 35 genannten Stellen gegenüber nachzuweisen«, BT-Drucks. 8/4022, S. 86), auf eine **Mahnung durch den Auskunftsberechtigten**, nicht durch die SGB-Stelle (a. A. *Wiese* DRV 1980, 369 = MittLVA Oberfr. 1980, 467).

Es spricht aber nichts gegen die Verwaltungspraxis, daß der zur Offenbarung aufgeforderte Leistungsträger den Unterhaltspflichtigen mahnt, wenn ihm gegenüber vom Ersuchenden die Voraussetzungen der Auskunftspflicht nachgewiesen wurden.

Für den Fall, daß die Anschrift des zu Mahnenden unbekannt ist, schlagen die Autoren des *Verbandskommentars* (Rz. 6) vor, die Mahnung müsse nach § 15 VwZG oder den entsprechenden Zustellungsgesetzen der Länder im Wege der öffentlichen Zustellung erfolgen. Diese Auffassung läßt außer acht, daß den Privatpersonen (und um deren Mahnung geht es primär) die Möglichkeiten der Verwaltungszustellungsregelungen nicht zustehen. Da es auf die Mahnung durch den (privaten) Auskunftsberechtigten ankommt, findet das Verwaltungszustellungsrecht keine Anwendung.

Lauterbach/Watermann (UV, Anm. 16) vertreten die Auffassung, in solchen Fällen, genauer: wenn der Unterhaltspflichtige **unbekannt verzogen** sei, genüge der Zustellungs**versuch** der Mahnung. Denn der Unterhaltsverpflichtete, der bei Wohnungsänderung keine Vorsorge getroffen habe, daß ihm Mitteilungen zugehen können, könne sich dann nach Treu und Glauben nicht auf eine unterbliebene Zustellung berufen. Dies mag regelmäßig so sein, es ist aber eine Berufung auf die Grundsätze von Treu und Glauben nur zulässig nach Prüfung der **Umstände des einzelnen Falles**. Ähnlich wie bei den Voraussetzungen einer öffentlichen Zustellung nach § 203 ZPO muß bei der Annahme, eine Mahnung könne nicht zugestellt werden, durch polizeiliche Bescheinigungen oder entsprechende Belege nachgewiesen werden, daß der Aufenthaltsort des Auskunftsverpflichteten nicht ermittelt werden kann (vgl. *Hartmann* in Baumbach u. a., ZPO, § 203 Anm. 1).

d) Ablauf angemessener Frist

Weitere Voraussetzung ist, daß seit der Mahnung eine angemessene Frist verstrichen ist. Wie lange eine angemessene Frist ist, richtet sich nach den Umständen im einzelnen Fall. Der *BfA-Kommentar* (§ 74 Anm. 4) nennt sechs Wochen als angemessene Frist. Im Hinblick darauf, daß dies mehr als sechs Wochen unterhaltslose Zeit für den Unterhaltsberechtigten bedeutet, erscheint eine Frist von **ein bis zwei Wochen** eher angemessen, jedenfalls dann, wenn die Mahnung eine solche Fristsetzung ausdrücklich enthält. 22

Wenn der Leistungsträger die Frage der angemessenen Frist anders als der Auskunftsberechtigte beurteilt und deshalb die Daten-Offenbarung für unzulässig hält, liegt die Verweigerung des Offenbarens in seiner Entscheidungskompetenz. Die Autoren des *Verbandskommentars* halten es in solchen Fällen für zweckmäßig, den Auskunftsverpflichteten zu hören. Dies dürfte aber kaum möglich sein, ohne daß gleichzeitig Sozialdaten über den Auskunftsberechtigten dem Auskunftsverpflichteten mitgeteilt würden. Eine Rechtsgrundlage hierfür ist nur dann in Gestalt von § 69 Abs. 1 Nr. 1 ersichtlich, wenn der Leistungsträger gleichzeitig für Sozialleistungen an den Auskunftsberechtigten, die an die Stelle des nicht geleisteten Unterhalts treten, zuständig ist.

4. Auskunftsberechtigter nach § 74

Die Auskunftsberechtigung nach § 74 Nr. 2 richtet sich nach der materiell-rechtlichen Auskunftsberechtigung gemäß den in der Vorschrift genannten Vorschriften des BGB. Nicht auskunftsberechtigt ist ein Träger der Sozialhilfe, der nach § 90 BSHG einen Unterhaltsanspruch auf sich übergeleitet hat (er hat im übrigen ein Auskunftsrecht aus § 116 BSHG), *BGH* NDV 1987, 85. 23

5. Nachweise

Wer als Auskunftsberechtigter um das Offenbaren von Sozialdaten ersucht, hat gegenüber dem Leistungsträger die Erfüllung der zuvor genannten **Voraussetzungen** zu **belegen**, etwa durch Vorlage von Durchschriften eines Schriftwechsels, aus dem sich ergibt, daß der Auskunftsverpflichtete sich seiner Pflicht entzogen hat (*BfA-Kommentar* § 74 Anm. 4). 24

6. Betroffene

Unter den dargestellten Voraussetzungen können erforderlichenfalls sowohl Daten des Unterhaltsverpflichteten/Auskunftsverpflichteten dem Unterhaltsberechtigten als auch Daten des Unterhaltsberechtigten/Auskunftsberechtigten dem Unterhaltsverpflichteten mitgeteilt werden. Letzteres kommt in Betracht, wenn der Leistungsträger gem. Rz. 20 beim Auskunftsverpflichteten nachfragt. 25

VI. Geltendmachung eines Versorgungsausgleichsanspruchs (Nr. 2b)

26 Zum Versorgungsausgleich s. Rz. 11. Es gelten die Erläuterungen der Rz. 16 ff. über Auskunftspflichten, Auskunftsberechtigung und Nachweise entsprechend. Sowohl beim öffentlich-rechtlichen als auch beim schuldrechtlichen Versorgungsausgleich haben die Ehegatten einen wechselseitigen Auskunftsanspruch bereits vor Beginn eines gerichtlichen Verfahrens über den Versorgungsausgleich. Rechtsgrundlage ist beim öffentlich-rechtlichen Versorgungsausgleich § 1587e Abs. 1 i. V. m. § 1580 BGB, beim schuldrechtlichen Versorgungsausgleich § 1587k Abs. 1 i. V. m. § 1580 BGB.

27 Im Rahmen des öffentlich-rechtlichen Versorgungsausgleichs (Übertragung und Begründung von Rentenanwartschaften) erstreckt sich die Auskunftspflicht auf diejenigen Sachverhalte, die für die Feststellung der auf die Ehezeit entfallenden und auszugleichenden Versorgungen bedeutsam sind.

Beim schuldrechtlichen Versorgungsausgleich müssen die Ehegatten die Tatsachen mitteilen, die zur Feststellung der Ausgleichsrente (§ 1587g BGB) und ggf. für die Abfindung künftiger Ausgleichsansprüche nach § 1587l benötigt werden.

28 Es ist denkbar, daß dem Leistungsträger Tatsachen bekannt werden, die für die materielle Unrichtigkeit einer rechtskräftigen Entscheidung über einen Versorgungsausgleich sprechen. Würde der Ausgleichsberechtigte diese Kenntnis erhalten, könnte der Weg für eine Restitutionsklage nach § 580 ZPO gegeben sein. Da diese Fallgestaltung in § 74 nicht berücksichtigt wird, kommt eine Datenübermittlung an den Ausgleichsberechtigten nicht in Betracht; eine Mitteilung der Daten aus dem Rentenkonto eines früheren Ehegatten an den anderen setzt voraus, daß ein **geltend gemachter** Anspruch aus § 1587e Abs. 1 BGB nicht erfüllt worden ist (*BfA-Kommentar* § 74 Anm. 5).

VII. Verhältnis zu anderen Vorschriften

1. § 73

29 § 74 betrifft nicht ein Datenoffenbaren durch Leistungsträger im Rahmen eines **Strafverfahrens** wegen Unterhaltsverletzung (*LG Hamburg* NJW 1984, 1570). Schon deshalb, aber auch, weil im Rahmen des § 74 Nr. 1a nur die Auskunft gegenüber Gerichten geregelt ist, kann ein Offenbaren an die Staatsanwaltschaft nicht auf § 74 gestützt werden (*LG Hamburg* NJW 1984, 1571 gegen *LG Stade* MDR 1981, 960f.; a. A. wohl auch *Kerl* NJW 1984, 2446).

2. § 69

Datenübermittlungen über Umstände, die den Umfang von Unterhaltsansprüchen bestimmen, bei denen die Voraussetzungen des § 74 (insbes. eine vorausgegangene Mahnung des Betroffenen) nicht gegeben sind, können u. U. auf § 69 Abs. 1 Nr. 1 gestützt werden (7. TB/*LfD-NRW* S. 60 ff.; in dem dort beschriebenen Fall hatte ein Sozialamt, das an die unterhaltsberechtigten Kinder des Betroffenen Sozialhilfe leistete, der geschiedenen Ehefrau des Betroffenen Lohnabrechnungen des Betroffenen ausgehändigt mit der Aufforderung, Unterhaltsabänderungsklage

Offenbarung bei Unterhaltspflichtverletzung § 74

zu erheben; der *LfD-NRW* a.a.O., hält diese Übermittlung auch nach § 69 nicht für gerechtfertigt).

3. § 10a VA-WMG

§ 10a des am 1.1.1987 in Kraft getretenen Gesetzes über weitere Maßnahmen auf dem Gebiet des Versorgungsausgleichs (VA-WMG) vom 8.12.1986 (BGBl. I S. 2317) lautet: »Die Ehegatten oder ihre Hinterbliebenen sind verpflichtet, einander die Auskünfte zu erteilen, die zur Wahrnehmung ihrer Rechte nach den vorstehenden Vorschriften erforderlich sind. Sofern ein Ehegatte oder seine Hinterbliebenen die erforderlichen Auskünfte von dem anderen Ehegatten oder dessen Hinterbliebenen nicht erhalten können, haben sie einen entsprechenden **Auskunftsanspruch gegen** die betroffenen **Versorgungsträger.** Die Ehegatten und ihre Hinterbliebenen haben den betroffenen Versorgungsträgern die erforderlichen Auskünfte zu erteilen.«
Soweit es sich bei den Versorgungsträgern um Sozialleistungsträger handelt, stellt sich die Frage,
— ob diese Bestimmung eine Offenbarungsbefugnis unabhängig von § 74 regelt, oder
— ob der Auskunftsanspruch gegen die Versorgungsträger nach § 10a VA-WMG nur die Konsequenz hat, daß eine Offenbarungs**berechtigung** zu einer Offenbarungs**pflicht** wird.

Das letztere ist der Fall. Denn hätte der Gesetzgeber das Nummerus-clausus-Prinzip der §§ 35 Abs. 2 SGB I, 67 Nr. 2 SGB X durchbrechen wollen, so hätte er dies ausdrücklich klarstellen müssen (§ 35 SGB I Rz. 65, § 67 Rz. 14f.).

§ 75 Offenbarung für die Forschung oder Planung

(1) Eine Offenbarung personenbezogener Daten ist zulässig, soweit sie erforderlich ist
1. für die wissenschaftliche Forschung im Sozialleistungsbereich oder
2. für die Planung im Sozialleistungsbereich durch eine öffentliche Stelle im Rahmen ihrer Aufgaben

und schutzwürdige Belange des Betroffenen nicht beeinträchtigt werden oder das öffentliche Interesse an der Forschung oder Planung das Geheimhaltungsinteresse des Betroffenen erheblich überwiegt. Eine Offenbarung nach Satz 1 ist nicht zulässig, soweit es zumutbar ist, die Einwilligung des Betroffenen nach § 67 einzuholen oder den Zweck der Forschung oder Planung auf andere Weise zu erreichen.

(2) Die Offenbarung bedarf der vorherigen Genehmigung durch die zuständige oberste Bundes- oder Landesbehörde. Die Genehmigung darf im Hinblick auf den Schutz des Sozialgeheimnisses nur versagt werden, wenn die Voraussetzungen des Absatzes 1 nicht vorliegen. Sie muß
1. den Empfänger,
2. die Art der zu offenbarenden personenbezogenen Daten und den Kreis der Betroffenen,
3. die Forschung oder Planung, zu der die offenbarten personenbezogenen Daten verwendet werden dürfen, und
4. den Tag, bis zu dem die offenbarten personenbezogenen Daten aufbewahrt werden dürfen,

genau bezeichnen und steht auch ohne besonderen Hinweis unter dem Vorbehalt der nachträglichen Aufnahme, Änderung oder Ergänzung einer Auflage.

Inhaltsübersicht

	Rz.
I. Entstehungsgeschichte	1– 4
II. Bedeutung der Vorschrift	5–19
1. Andere bereichsspezifische Normen	5– 9
2. Regelungsziele	10–16
a) Ausschußbegründung	10, 11
b) Grundrechtsabwägung	12–16
3. Aufbau und systematische Stellung	17–19
III. Reihenfolge der Offenbarungsvoraussetzungen (Abs. 1)	20–22
IV. Offenbarungszwecke (Abs. 1 Satz 1)	23–44
1. Wissenschaftliche Forschung im Sozialleistungsbereich (Nr. 1)	23–37
a) Sozialleistungsbereich	23, 24
b) Wissenschaftliche Forschung: Kriterien und Institutionen	25–30
c) Offenbarung und interne Datenverwendung	31, 32
d) Eigenforschung der Leistungsträger	33–37
2. Planung im Sozialleistungsbereich (Nr. 2)	38–44
a) Planung: Kriterien und Institutionen	38–41
b) Planung als Aufgabe	42–44
V. Erforderlichkeit (Abs. 1 Satz 1)	45–52

Offenbarung für Forschung und Planung § 75

	1. Bestimmtheit des Vorhabens	45
	2. Nichterforderlichkeit des Personenbezugs	46–52
VI.	Zumutbarkeit der Zweckerreichung auf andere Weise (Abs. 1 Satz 2)	53–56
VII.	Zumutbarkeit der Einholung der Einwilligung (Abs. 1 Satz 2)	57–69
	1. Wirksamkeit der Einwilligung	57–60
	2. Unzumutbarkeit: Fallgruppen	61–66
	3. Konsequenzen	67–69
VIII.	Beeinträchtigung schutzwürdiger Belange (Abs. 1 Satz 1)	70–83
	1. Kriterien	70–74
	2. Maßnahmen: Datensicherung, Form der Veröffentlichung	75–83
IX.	Überwiegendes öffentliches Interesse (Abs. 1 Satz 1)	84–90
X.	Genehmigungsverfahren und Entscheidungsbefugnis (Abs. 2)	91–131
	1. Ablauf des Entscheidungsprozesses (Abs. 2 Satz 1)	91–96
	2. Genehmigungsbehörde (Abs. 2 Satz 1)	97–113
	3. Versagung (Abs. 2 Satz 2)	114–118
	4. Inhalt (Abs. 2 Satz 3)	119–124
	5. Auflagenvorbehalt (Abs. 2 Satz 3 2. Halbs.)	125–127
	6. Form und Rechtscharakter	128–131
XI.	Verhältnis zu anderen Vorschriften	132–142
	1. § 69	132
	2. § 76	133–139
	3. § 78	140, 141
	4. Forschungsklauseln in Landesdatenschutzgesetzen	142

I. Entstehungsgeschichte

§ 75 stellt die erste **bundesgesetzliche** bereichsspezifische Datenschutzregelung im **1** Zusammenhang mit Forschung und Planung dar. Im BDSG ist die »Nutzung zu wissenschaftlichen Zwecken« nur an einer Stelle angesprochen; § 14 Abs. 2 Satz 3 BDSG erlaubt in diesem Fall die Verwendung bereits gesperrter Daten (dazu § 79 Rz. 84). Vorläufer hatte § 75 in einigen **Landesdatenschutzgesetzen**, die schon vor 1981 **Sonderregelungen für die Forschung** trafen (vgl. u. Rz. 5 und 142). Vor Inkrafttreten dieser Norm, d.h. unter Geltung des § 35 SGB I in der früheren Fassung, wurden offensichtlich gelegentlich Forschungsinteressen im Rahmen einer »Güterabwägung« berücksichtigt (vgl. *Hauck/Haines-Walloth* § 75 Rz. 3; *Borchert* DVR 1977, 345, 351ff.) bzw. in »Verhandlungen mit den Amtsleitern« (vgl. *P.J. Müller* Implementation, S. 149, 151) durchgesetzt. Seit Geltung des SGB X hat sich die **Diskussion um das Verhältnis von Datenschutz und Forschung** erheblich intensiviert und in eine Reihe von konkreten Normen und Regelungsvorschlägen umgesetzt (vgl. u. Rz. 6ff.).

Im **Gesetzgebungsverfahren** hat es immer wieder **Änderungswünsche** zu den **2** jeweils aktuellen Textfassungen des § 75 gegeben. Nicht gefolgt wurde dabei der Anregung (vgl. Antrag des Landes Niedersachsen im Innenausschuß des Bundesrates, Prot. 477 vom 28. 5. 1980, S. 65), in Abs. 1 Satz 1 Nr. 1 die Worte »im Sozialleistungsbereich« zu streichen, um die Forschung außerhalb dieses Bereichs nicht zu benachteiligen. Gleiches gilt für den Vorschlag, die Offenbarung zu Planungszwecken (Abs. 1 Satz 1 Nr. 2) nur zuzulassen, wenn die Planung zu den **gesetzlichen** Aufgaben der öffentlichen Stellen gehöre (vgl. Änderungsanträge zu § 72 – jetzt § 75 – der CDU/CSU-Fraktion im Bundestag zu der von SPD und FDP beantragten Neufassung der Neuregelung des Sozialgeheimnisses, Drucks. 691 des AuS-Ausschusses; dazu ü. Rz. 42).

3 Ebenfalls nicht realisiert wurden Überlegungen, an **Datenempfänger nach § 75** die gleichen Anforderungen zu stellen wie an **Auftragnehmer** nach § 80 Abs. 2 bis 4, also bei den forschenden und planenden Institutionen den gleichen Datenschutzstandard wie beim offenbarenden Leistungsträger sowie die Anzeige an die Aufsichtsbehörde zu verlangen (vgl. § 67 Abs. 2 und 4 i. d. F. der Drucks. 651 b/ 8. Wahlperiode des AuS-Ausschusses).

4 Geändert wurde allerdings die **Zuständigkeit für die Genehmigung der Offenbarung** in Abs. 2. In der vom Bundestag zunächst verabschiedeten Fassung vom 22. 5. 1980 (BR-Drucks. 288/80) sollte diese Genehmigung durch den zuständigen Bundes- und Landesminister oder seinen allgemeinen Stellvertreter erteilt werden, und zwar – wie sich aus der Ausschußbegründung ergibt – »**höchstpersönlich**« (BT-Drucks. 8/4022, zu § 72 = jetzt § 75). Auf Intervention der Länder hin wurde im Vermittlungsausschuß (BT-Drucks. 8/4330, Nr. 12) stattdessen die »zuständige oberste Bundes- oder Landes**behörde**« eingesetzt. Begründet wurde diese Änderung bei der Anrufung des Vermittlungsausschusses damit, daß nicht in die Organisationshoheit der Länder eingegriffen werden dürfe (BT-Drucks. 8/4216, Nr. 24).

II. Bedeutung der Vorschrift

1. Andere bereichsspezifische Normen

5 Die **Forschungsklauseln** der in den Jahren 1978/1979 in Kraft getretenen **Landesdatenschutzgesetze** (kritisch dazu *Albrecht* CuR 1986, 92, 97 ff.) weichen vom Regelungsmodell des § 75 teilweise erheblich ab (zum **Vorrang des § 75** vgl. u. Rz. 142). Sie setzen nicht bei den offenbarenden Stellen an und beziehen sich nicht auf bestimmte Datenbestände, wie dies § 75 mit seiner Beschränkung auf Sozialdaten bei SGB-Stellen tut. Ihr Ansatzpunkt ist vielmehr die Festlegung der Normbegünstigten; sie privilegieren als **Datenempfänger** die **Hochschulen** und andere **öffentliche** Einrichtungen mit der Aufgabe **unabhängiger** wissenschaftlicher Forschung (vgl. § 20 LDSG/BW; § 25 LDatGRh.-Pf. und § 15 HDSG frühere Fassung). § 75 dagegen läßt auch private Forschungseinrichtungen als »Nachfrager« von Sozialdaten zu (vgl. u. Rz. 26). Doch gibt es auch eine Reihe von Gemeinsamkeiten. Dazu gehören der **Vorrang der Einwilligung** des Betroffenen bei den Zulässigkeitsvoraussetzungen der Offenbarung (vgl. u. Rz. 22) und die Berücksichtigung der **schutzwürdigen Belange** der »Beforschten« (vgl. u. Rz. 70 ff.).

6 Die **Regelungslandschaft** hat sich seit dem Inkrafttreten des SGB X gründlich **verändert**, wobei sich die **Vorbildwirkung des** § 75 deutlich abzeichnet. Zur Klärung der Interessenlagen und Rechtspositionen im Spannungsfeld zwischen Datenschutz und Wissenschaftsfreiheit haben auch die Stellungnahmen europäischer Institutionen beigetragen (vgl. z. B. die *Erklärung der European Science Foundation* vom 12. 11. 1980 zum Datenschutz und zu der Verwendung personenbezogener Daten für Forschungszwecke, deutsche Übersetzung abgedruckt im 9. TB/*HDSB* S. 75 ff.; *Empfehlung des Ministerkomitees des Europarats* Nr. R (83) 10 zum Schutz personenbezogener Daten für Zwecke der wissenschaftlichen

Offenbarung für Forschung und Planung § 75

Forschung und Statistik, abgedruckt in *Dammann* BDSG-Dok., D 3.4). Das Bundesverfassungsgericht hat in seinem Volkszählungsurteil vom 15.12. 1983 zentrale Aussagen zum Verhältnis von Datenschutz und sozialwissenschaftlicher Methodendiskussion sowie zur Datenverwendung zu Statistikzwecken gemacht (*BVerfGE* 65, 1, 47ff.). Diese Stellungnahmen und die durch sie beeinflußten neueren Regelungsvorschläge liefern zahlreiche Interpretationsaspekte, die auch bei der Auslegung des § 75 heranzuziehen sind.

Die erste **nach** dem Volkszählungsurteil verabschiedete Neuregelung zur Datenverarbeitung für wissenschaftliche Zwecke findet sich in § 33 des neuen **HDSG** vom 11.11. 1986 (GVBl. I S. 309). Auf Bundesebene war § 3a des Koalitionsentwurfs zur Novellierung des BDSG aus der 10. Wahlperiode (BDSG-E, BT-Drucks. 10/4737) zu erwähnen, der die »Zulässigkeit der Nutzung personenbezogener Daten für Zwecke der wissenschaftlichen Forschung« behandelte. Beiden Regelungen ist gemeinsam, daß sie von dem **Vorrang der Einwilligung** ausgehen, ebenso wie § 75 aber ein **Abweichen von diesem Grundsatz** bei überwiegendem öffentlichem Interesse an der Durchführung der Forschung, bei Unzumutbarkeit der Einholung des Einverständnisses sowie bei mangelnder Erreichbarkeit des Forschungszwecks auf andere Weise zulassen. Hinzu kommt das Gebot der **Zweckbindung** i. S. einer ausschließlich wissenschaftlichen Datenverwendung, das für den Bereich der Sozialdaten durch § 78 gewährleistet wird (vgl. u. Rz. 140). Hinzu kommen das **Gebot frühzeitiger Anonymisierung** (§ 33 Abs. 2 HDSG, § 3a Abs. 4 BDSG-E), **Genehmigungsvorbehalte** zugunsten vorgesetzter Stellen (§ 33 Abs. 1 Satz 3 HDSG) und **Einschränkungen für die Veröffentlichung** der Forschungsergebnisse (§ 3a Abs. 6 BDSG-E). Dem gleichen Schema folgen § 16a LDSG Bremen, § 28 des nordrhein-westfälischen Datenschutzgesetzes in der Neufassung vom 15. 3. 1988 (GVBl. S. 160) und **§ 36 des Regierungsentwurfs zur Novellierung des BDSG vom 30.12. 1988** (BR-Drucks. 618/88; krit. zum RefE *Lennartz* RDV 1988, 132, 139ff.). 7

Den spezifischen Datenbedarf von Wissenschaft und Forschung berücksichtigt auch das **Bundesarchivgesetz** vom 6.1. 1988 (BGBl. I S. 62). Nach § 5 Abs. 5 dieses Gesetzes kann die Regelschutzfrist von 30 Jahren auch ohne Einwilligung des Betroffenen verkürzt werden, wenn die Benutzung des Archivguts »für ein wissenschaftliches Forschungsvorhaben... unerläßlich ist,...«. In diesen Kontext gehört schließlich auch die besondere Behandlung wissenschaftlicher Vorhaben bei der Versorgung mit Einzelangaben aus der amtlichen Statistik nach § 16 Abs. 6 des neuen **Bundesstatistikgesetzes** vom 22. 1. 1987 (BGBl. I S. 462), wobei in dieser Vorschrift wieder die Privilegierung der Hochschulen und unabhängigen Forschungseinrichtungen (vgl. oben Rz. 5) auftaucht. Für die Forschung mit Patientendaten ist schließlich auf die einschlägigen Bestimmungen einiger **Landeskrankenhausgesetze** zu verweisen (vgl. z. B. § 36 Rh.-Pf. KHG und §§ 29f. Saarl. KHG). 8

Was die in § 75 Abs. 1 Satz 1 Nr. 2 geregelte Datenverarbeitung für **Planungszwecke** angeht, hat – vergleicht man die Novellierungsvorschläge zu den Länderdatenschutzgesetzen und zum BDSG – nur der hessische Gesetzgeber Regelungsbedarf gesehen. § 32 **HDSG** verlangt eine von der übrigen Verwaltung personell und organisatorisch abgeschottete Verarbeitung, eine frühzeitige Anonymisierung und eine Übermittlung nur ohne Personenbezug. Der Datenbedarf der Planung wird darüber hinaus bereichsspezifisch auch in § **16 Abs. 4 BStatG** angesprochen; für die Empfänger von Statistikdaten zu Planungszwecken gelten das Gebot 9 zweckgebundener Verwendung und das Statistikgeheimnis (§ 16 Abs. 8, 10 BStatG).

2. Regelungsziele

a) Ausschußbegründung

10 Nach der **Ausschußbegründung** hat § 75 die Funktion, unter besonderer Beachtung der Zweckbestimmung des Sozialgeheimnisses die **»unabweisbaren« Bedürfnisse der Forschung und Planung** zu erfüllen. Das besondere Genehmigungsverfahren des Abs. 2 (vgl. u. Rz. 91 ff.) soll sicherstellen, daß die Forschung und Planung mit – personenbezogenen – Sozialdaten ein **»Ausnahmefall«** bleibt und die Offenbarungsvoraussetzungen in jedem Einzelfall sorgfältig geprüft werden (BT-Drucks. 8/4022, zu § 72 = jetzt § 75). Aus diesen Formulierungen geht zwar hervor, daß der Gesetzgeber die Notwendigkeit anerkennt, die Gewinnung empirischer Grundlagen für Forschung und Sozialplanung aus Sozialdaten zu ermöglichen. Daß der Bedarf an Mikrodaten in diesen Bereichen ständig zunimmt, wird von zahlreichen Wissenschaftlern vorgetragen (vgl. die Beiträge von *P.J. Müller; Kruse/Amelung/Ingenkamp; Pflanz/Greiser; Brennecke* in Kaase u. a. (Hrsg.), S. 10 ff., 19 ff., 23 ff., 31 ff.; außerdem *Borchert* DVR 1977, 345 ff.).

11 Doch läßt sich aus der Terminologie (»unabweisbar«, »Ausnahmefall«) sowie der Kumulation der materiellen Zulässigkeitsbedingungen mit dem Genehmigungsvorbehalt des Abs. 2 deutlich eine **restriktive Haltung des Gesetzgebers zum Datenbedarf der Wissenschaft** erkennen (*Mallmann/Walz* NJW 1981, 1020, 1023; vgl. auch u. Rz. 16). Diese Einschätzung wird erhärtet durch den Vergleich mit § 69 Abs. 1 Nr. 3. Nur noch bei der Weitergabe von Informationen zur Korrektur falscher Darstellungen des Betroffenen, in der Praxis insbesondere gegenüber der Presse oder sonstigen Medien, findet sich in Parallele zu § 75 die Pflicht der offenbarenden Stelle, die Zustimmung der obersten Bundes- oder Landesbehörde einzuholen (vgl. § 69 Rz. 112 ff.). Obwohl das Gefährdungspotential für den einzelnen im Fall einer Veröffentlichung seiner Sozialdaten eher größer erscheint als bei der Mitteilung der ihn betreffenden Angaben an Forschungsinstitutionen (wohl andere Einschätzung bei *Hauck/Haines-Walloth* § 75 Rz. 2), trifft der Gesetzgeber in beiden Konstellationen die gleiche restriktive verfahrensrechtliche Schutzvorkehrung.

b) Grundrechtsabwägung

12 In der grundrechtlichen Dimension geht es bei § 75 wie bei allen anderen Forschungsklauseln in allgemeinen oder bereichsspezifischen Datenschutzgesetzen darum, das Grundrecht des Art. 5 Abs. 3 GG, die **Freiheit von Wissenschaft und Forschung**, in Einklang zu bringen mit dem Grundrecht auf **informationelle Selbstbestimmung** aus Art. 2 Abs. 1 i. V. m. Art. 1 Abs. 1 GG, auf das sich die »Beforschten« berufen können. Diese **Abwägung** wird in der Literatur eingehend behandelt (vgl. z. B. *Albrecht* CuR 1986, 92, 95 f.; *Geiger* in Datenschutz und Forschungsfreiheit, 1986, S. 45 ff.; *Büllesbach* in Reichertz/Kilian (Hrsg.), S. 176 ff.; *Bull* DÖV 1982, 213 ff.; *Berg* CR 1988, 234 ff.). Beläßt man es jedoch bei dieser individualisierenden Grundrechtsabwägung, entsteht eine »allzusehr simplifizierende Gegenüberstellung« (*Simitis* in Waehler (Hrsg.), S. 87, 114): Die Sicherung des Informationszugangs der Wissenschaft hat auch eine gesellschaftli-

Offenbarung für Forschung und Planung § 75

che Dimension, er hat zentrale Bedeutung für die Sicherung des Informationsgleichgewichts in einer demokratisch strukturierten Gesellschaft (vgl. auch *Albrecht* CuR 1986, 92, 96).

Ob und inwieweit der einzelne Forscher aus diesen verfassungsrechtlichen Positionen einen **Anspruch auf Datenzugang** bei Behörden ableiten kann, ist zweifelhaft (grundsätzlich bejahend *Berg* CR 1988, 234, 237). Ein solcher Anspruch kann nur insofern auf Art. 5 Abs. 3 GG gestützt werden, als auf die teilhaberechtliche Komponente der Wissenschaftsfreiheit (dazu *BVerfGE* 35, 79, 114ff.) oder – anders ausgedrückt – die »Schutzpflicht des Staates für Wissenschaft und Forschung« (*Gallwas* CR 1987, 836, 837) zurückgegriffen wird (in gleichem Sinn für die Parallelfrage des Datenzugangs zu Archiven *Gallwas* IuR 1987, 150, 153f.; für Heranziehung des Art. 5 Abs. 1 GG *Scherer* in Kaase u. a. (Hrsg.), S. 92, 93ff.). 13

Das Bundesverfassungsgericht hat jedoch in einer jüngeren Entscheidung ein Recht auf Unterstützung eines konkreten Forschungsvorhabens durch Gewährung von Einsicht in Behördenakten ausdrücklich verneint. Allerdings hat es klargestellt, daß der Forscher einen Anspruch auf ermessensfehlerfreie Entscheidung über seinen Offenbarungsantrag hat, bei dem der hohe Stellenwert der Wissenschaftsfreiheit zu beachten ist (*BVerfG* CuR 1986, 832). Die Vorinstanzen (*VG Köln, OVG Münster, BVerwG* CuR 1987, 833ff.) hatten die grundrechtliche Verankerung dieses Anspruchs des Wissenschaftlers weniger stark akzentuiert bzw. nicht berücksichtigt (Kritik deshalb in der Anm. von *Gallwas* CuR 1987, 836f.). 14

Von dieser generellen Rechtslage abgesehen ergibt sich im Rahmen des § 75 ein **Anspruch** des Wissenschaftlers auf **Zugang zu Sozialdaten** für den Fall, daß die Offenbarungsvoraussetzungen bejaht werden, da die Erteilung der Genehmigung dann obligatorisch ist (Abs. 2 Satz 2; vgl. u. Rz. 114ff.; in diesem Sinne auch *Hauck/Haines-Walloth* § 75 Rz. 34). Im übrigen läßt sich die besondere verfassungsrechtliche Privilegierung von Wissenschaft und Forschung zwar bei der Auslegung der Generalklauseln des § 75 einsetzen, vor allem bei der Interpretation des »öffentlichen Interesses an der Forschung«. Eine pauschal postulierte **»forschungsfreundliche« Auslegung** des § 75 würde dagegen die differenzierenden Abwägungsprozesse, die der hohe Rang des informationellen Selbstbestimmungsrechts des einzelnen auch und gerade gegenüber der Verwendung seiner Daten zu Forschungs- und Planungszwecken erfordert, in unzulässigem Maße vereinfachen. 15

Die Frage nach Forschungsfreundlichkeit oder -feindlichkeit des § 75 wird im übrigen von seiten der betroffenen Dateninteressenten sehr unterschiedlich beantwortet. Auf der einen Seite steht Kritik an der »äußerst restriktiven Regelung«, die die unabweisbaren Bedürfnisse der Forschung dem Schutz des Sozialgeheimnisses hintanstelle (*P.J. Müller* Implementation, S. 155f.; vgl. auch *Wolber* RiA 1981, 15). Andererseits gibt es auch positive Einschätzungen: § 75 Abs. 1 verstärke den »heilsamen Druck« auf den Forscher und Planer, sich um die Einwilligung der Personen zu bemühen, die Gegenstand des Projekts sind. Das Genehmigungsverfahren des Abs. 2 zwinge zu einem klaren Konzept für die Datenverwendung (*Heil/Mörsberger* in Deutscher Verein, Hrsg., S. 222, 234). Oder: Forschungsregelungen in Datenschutzgesetzen machten eine präzise Operationalisierung der Forschungshypothesen vor der Erhebung und Verarbeitung erforderlich und brächten damit Vorteile für die Forschungökonomie und -effizienz (so *Martin-Ballof* in Frommann (Hrsg.), Sozialdatenschutz, S. 151, 153). 16

3. Aufbau und systematische Stellung

17 § 75 Abs. 1 weicht insofern von den Offenbarungstatbeständen der §§ 67 ff. ab, als er weder die Übermittlungsvoraussetzungen noch die Datenempfänger noch den Datenkatalog präzise definiert. Vielmehr enthält die Bestimmung gleich **drei** sehr **unbestimmte Rechtsbegriffe**, nämlich »Forschung«, »Planung« und »Sozialleistungsbereich« (krit. daher *Simitis* in Waehler (Hrsg.), S. 87, 97 f.; *Mallmann/Walz* NDV 1981, 89, 92; zur Definition dieser Begriffe vgl. u. Rz. 23 ff., 38 ff.). Zur Kompensation dieser für den einzelnen wenig transparenten Offenheit des Tatbestandes dient das »**verfahrensrechtliche Gegengewicht**« des Genehmigungsverfahrens nach Abs. 2 (vgl. u. Rz. 91 ff.).

18 Weitere Kritikpunkte lassen sich nennen: So werden zwei Bereiche zusammen geregelt, die in Zielsetzung und institutioneller Zuordnung sehr verschieden sind: Geht es bei der **Forschung** in erster Linie um eine wissenschaftlich kritische Aufarbeitung, steht bei der Planung die praktische Handlungsperspektive im Vordergrund (Kritik an dieser »Zwangsverwandtschaft« bei *Heil/Mörsberger* in Deutscher Verein, S. 222, 236 f.; *Wiese* ÖVD 1981, 15). Auch ist der Aufbau der Norm wenig geglückt. Die Prüfungsfolge der Offenbarungsvoraussetzungen muß gegenüber dem Gesetzestext völlig umgestellt werden (vgl. u. Rz. 20). Grundlegender noch ist der Einwand, die Abwägung zwischen öffentlichen Interessen an der Forschung und Planung und den schutzwürdigen Belangen der Betroffenen könne zu einer inhaltlichen Bewertung von Forschung und damit zu einer »**Vorzensur**« durch die Sozialbehörden führen (*P. J. Müller* Implementation, S. 160, 165; vgl. dazu u. Rz. 84 ff.).

19 § 75 ist **keine Aufgabenzuweisungsnorm**; sie begründet für die Sozialleistungsträger keine »gesetzliche Aufgabe« zur Forschung und Planung. Eine solche muß sich eben aus anderen Vorschriften, insbesondere aus den Einzelgesetzen des SGB, ergeben (vgl. u. Rz. 35).

III. Reihenfolge der Offenbarungsvoraussetzungen (Abs. 1)

20 § 75 Abs. 1 ist **unübersichtlich** gefaßt. Die Offenbarungsvoraussetzungen sind in **folgender Reihenfolge** zu prüfen:
(1) Liegt ein Projekt der wissenschaftlichen **Forschung im Sozialleistungsbereich** vor oder **plant** eine öffentliche Stelle **im Rahmen ihrer Aufgaben** im Sozialleistungsbereich?
(2) Werden für dieses Projekt **personenbezogene** (Sozial-)Daten eines Leistungsträgers in dem angeforderten Umfang benötigt **(Erforderlichkeit)**? Ist es **zumutbar**, den Zweck der Forschung oder Planung ggf. **auf andere Weise** zu erreichen?
(3) Ist es, wenn der personenbezogene Datenbedarf feststeht, **zumutbar**, die **Einwilligung** der Betroffenen in die Offenbarung ihrer Daten einzuholen?
(4) Wenn die Zumutbarkeit der Einholung der Einwilligung verneint wird: Werden durch die Offenbarung die **schutzwürdigen Belange der Betroffenen** beeinträchtigt?
(5) Wenn eine solche Beeinträchtigung eintritt: Gibt es ein **überwiegendes öffentliches Interesse** an der Durchführung der Forschung oder Planung?

21 Diese Prüfungsfolge beruht auf folgenden Gesichtspunkten: Zum einen konkretisiert sie den allgemeinen datenschutzrechtlichen Grundsatz der Erforderlichkeit. Personenbezogene Daten dürfen nur dann und in dem Umfang weitergegeben werden, wie aggregierte oder anonymisierte Daten nicht ausreichen. Dies hat zur Konsequenz, daß die Frage, ob der Zweck der Forschung und Planung entweder ohne personenbezogene Daten oder mit Angaben aus anderen Datenquellen zu erreichen ist, **vor** der Zumutbarkeit der Einholung der Einwilligung zu beantworten ist. Diese **Prüfungsfolge entgegen dem Wortlaut des Abs. 1 Satz 2** ist zwangsläufig, weil bei einem Verzicht auf die personenbezogene Offenbarung von Sozialdaten ein Eingriff in das informationelle Selbstbestimmungsrecht des Betroffenen von vornherein vermieden werden kann (wie hier *Verbandskommentar* § 75 Rz. 7f; Prüfung in der Reihenfolge des Gesetzeswortlauts dagegen bei *Neumann-Duesberg* ErsK 1980, 520; *Hauck/Haines-Walloth* § 75 Rz. 23ff.).

Mit der in Rz. 20 angegebenen Prüfungsfolge soll weiterhin sichergestellt werden, 22 daß der in § 75 statuierte **Vorrang der Forschung mit Beteiligung bzw. Zustimmung des Betroffenen** vor den Offenbarungsmöglichkeiten ohne seine Kenntnis bzw. seinen Konsens (vgl. u. Rz. 57) gewahrt wird. Dazu aber ist Voraussetzung, daß die Möglichkeit, die Zustimmung der »Beforschten« zu erlangen, völlig unabhängig davon festgestellt wird, ob ein öffentliches Interesse an der Forschung oder Planung besteht (vgl. u. Rz. 64, 85).

IV. Offenbarungszwecke (Abs. 1 Satz 1)

1. Wissenschaftliche Forschung im Sozialleistungsbereich (Nr. 1)

a) Sozialleistungsbereich

§ 75 ermöglicht die Offenbarung von Sozialdaten nur für die Forschung »**im** 23 **Sozialleistungsbereich**« (Abs. 1 Satz 1 Nr. 1). Damit ist allerdings weder gemeint, daß es eine SGB-Stelle i. S. v. § 35 SGB I sein muß, die das Forschungsvorhaben durchführt (zur sog. »Eigenforschung« vgl. u. Rz. 33ff.), noch reicht es aus, daß unter einer beliebigen Zielsetzung unter Verwendung von Sozialdaten geforscht wird (zur Nichtanwendbarkeit des § 75 auf »rein soziologische oder juristische Forschung« vgl. 2. TB/*Saarl.LfD* Ziff. 8.1). Die vom Gesetzgeber intendierte **Eingrenzung der Forschungszwecke** verlangt eine Affinität administrativer und wissenschaftlicher Verarbeitung. Genauer: Daten, die zunächst für die Zwecke der Sozialverwaltung erhoben bzw. von ihr verarbeitet worden sind, sollen nur einer Forschung zur Verfügung stehen, die sich auf den Sozialleistungsbereich konzentriert (*Simitis* in Waehler, Hrsg., S. 87, 97).

Aus diesem Aspekt einer gewissen **Zweckbindung** lassen sich allerdings nur 24 schwer inhaltliche Konturen für eine Präzisierung der zulässigen Forschungszwecke gewinnen, wenn man die Ausweitung der Forschungsinteressen der Sozialleistungsträger, insbesondere in den Bereichen Prävention und psychosoziale Defizite, mit ihrem entsprechend erweiterten Datenbedarf betrachtet. In jedem Fall ist ein **thematischer Bezug des Forschungsziels auf Inhalte, Träger oder Strukturen des Systems der sozialen Sicherung** zu fordern (vgl. *Wiese* DAngVers. 1980, 459; *Verbandskommentar* § 75 Rz. 3.2), nicht jedoch im engeren Sinne auf die in das SGB aufgenommenen öffentlich-rechtlichen Sozialleistungsbereiche (§ 37 Satz 1 SGB I; wie hier *Brackmann* Handbuch, Bd. I/2, S. 233v; zu eng *Hauck/Haines-Walloth* § 75 Rz. 9, mit ihrer Eingrenzung auf Bereiche mit »Verhaltensspielräumen«). Schon wegen der Kooperationsverpflichtung mit den gemeinnützigen und freien Organisationen in § 17 Abs. 2 SGB I gehört auch die Erforschung von Tätigkeit und Klientel dieser Einrichtungen (z. B. der Wohlfahrtsverbände) zu dem von § 75 angesprochenen Bereich.

b) Wissenschaftliche Forschung: Kriterien und Institutionen

25 Voraussetzung für eine Offenbarung ist nach Abs. 1 Satz 1 Nr. 1 weiter, daß eine **wissenschaftliche Forschung** vorliegt. Dieser Begriff entzieht sich allerdings ähnlich wie der der »Kunst« präziser Definition (vgl. *Simitis* in Kaase u. a. (Hrsg.), S. 83, 88). Ob man nun Forschung als »methodenkritisches Streben nach neuen Erkenntnissen« bezeichnet (*Küchenhoff* DÖV 1964, 603) oder Wissenschaft in den Worten des Bundesverfassungsgerichts als »alles, was nach Inhalt und Form als ernsthafter planmäßiger Versuch zur Ermittlung der Wahrheit anzusehen ist« (*BVerfGE* 35, 79, 113), sinnvoll ansetzen läßt sich vor allem bei der **institutionellen Abgrenzung** der von § 75 begünstigten **Datenempfänger**.

26 Zu den Einrichtungen, deren Projekten der Charakter wissenschaftlicher Forschung zugebilligt werden kann, gehören zunächst die **Universitäten, Hochschulen** und vergleichbaren **öffentlichen** Institutionen, also der Adressatenkreis, der teilweise auch von den Forschungsbestimmungen der Länderdatenschutzgesetze privilegiert wird (vgl. o. Rz. 5; für Beschränkung auf diese Institutionen *Meydam* KrV 1982, 125). Doch beschränkt § 75 die zugelassenen Datenadressaten nicht auf diese Gruppe: Auch privatrechtlich verfaßte **Großforschungseinrichtungen** betreiben wissenschaftliche Forschung; zu dieser Gruppe gehören beispielsweise die Max-Planck-Gesellschaft, die Gesellschaft für Mathematik und Datenverarbeitung usw. (ebenso *Verbandskommentar* § 75 Rz. 4). Gleiches gilt für die **wissenschaftlichen Stiftungen** und **Institute** der großen gesellschaftlich relevanten Gruppen, etwa der Gewerkschaften, Arbeitgeberverbände, Parteien und Kirchen. Auch die wissenschaftlichen Institute der Sozialleistungsträger selbst, z. B. das Wissenschaftliche Institut der Ortskrankenkassen (WIdO), gehören hierher (ebenso *Heine* in SRH, S. 450).

27 Bei den Universitäten und Hochschulen ist das Forschungsprivileg nicht auf die **Professoren** beschränkt. Auch solche Personen, die aufgrund von Prüfungs- oder Promotionsordnungen wissenschaftliche Leistungen zu erbringen haben – z. B. eine **Doktor-** oder **Diplomarbeit** anzufertigen haben – können sich auf § 75 berufen (ebenso *Albrecht* CuR 1986, 92, 97; vgl. auch *Scholz* in Maunz/Dürig/Herzog, GG, Art. 5 Abs. 3 Rz. 113). Allerdings sind dann ggf. die in der Genehmigung festzulegenden Datensicherungsvorkehrungen (vgl. u. Rz. 118, 126) zu verschärfen.

28 Die Grenze ist allerdings dort erreicht, wo es der für die Wissenschaftlichkeit unabdingbaren Unabhängigkeit in bezug auf Forschungsansatz und Forschungsergebnisse ermangelt. Mit anderen Worten ist auch ohne ausdrückliche Erwähnung im Gesetzestext die **Unabhängigkeit** der forschenden Einrichtungen von rein kommerziellen Verwertungsinteressen ungeschriebenes Tatbestandsmerkmal (ebenso *Lang* in Lang u. a., S. 13, 61f.). Das bloße Abstellen auf die »Wissenschaftlichkeit« der Forschungs**methode** (*Hauck/Haines-Walloth* § 75 Rz. 7) verkennt diesen Zusammenhang. Sicherlich bedeutet dies keine Scheidelinie zwischen **Grundlagen-** und **angewandter** Forschung. Auch **Zweck-** oder **Auftragsforschung** kann im Prinzip »wissenschaftlich« sein (vgl. *v. Münch* GG, Art. 5 Rz. 67). Ausgegrenzt werden nur solche Vorhaben – etwa der Marketing-Forschung von

Offenbarung für Forschung und Planung § 75

Pharmaunternehmen –, bei denen die Forschungsziele vom Projektträger bereits unter Gewinngesichtspunkten vorgegeben werden.
Im Rahmen des § 75 ist zwischen **Forschung** und **Lehre** abzugrenzen, soweit man 29 unter letzterer die **Veröffentlichung von Lehrmaterial** in pädagogisch-didaktischer Absicht versteht (vgl. *v. Münch* GG, Art. 5 Rz. 68). Werden beispielsweise Sozialhilfeakten den Studenten einer Fachhochschule zu Lehrzwecken zur Verfügung gestellt, greift § 75 **nicht** (vgl. 4. TB/*LfD-NRW* S. 56f.; differenzierend je nach Ausbildungsordnung 6. TB/*BayLfD* S. 65).
Sicherlich ist es weder die Aufgabe des ersuchten Leistungsträgers noch ist er dazu 30 in der Lage, Wissenschaft zu definieren oder wissenschaftstheoretische Kontroversen zu entscheiden, um die »Wissenschaftlichkeit« eines Forschungsvorhabens zu beurteilen. Die erwähnte **»forschungsfreundliche« Auslegung** (vgl. o. Rz. 15) gebietet, prinzipiell vom Vorliegen dieses Merkmals auszugehen. Allerdings kann der Leistungsträger sowohl die allgemeine **»Seriosität«** der forschenden Institution in Betracht ziehen als auch eine ausreichende **Qualifikation** des mit der speziellen Untersuchung befaßten Personals verlangen. Ein Kriterium für die Wissenschaftlichkeit ist auch eine ausreichend plausible Darstellung des Vorliegens der Offenbarungsvoraussetzungen, also insbesondere der Erforderlichkeit personenbezogener Daten, der Möglichkeit oder Unzumutbarkeit der Einbeziehung der Betroffenen, der fehlenden Beeinträchtigung schutzwürdiger Belange der in das Projekt einbezogenen Personen usw. (zum Inhalt des Offenbarungsersuchens vgl. u. Rz. 96; zu weitgehend *Verbandskommentar* § 75 Rz. 4, der die Darstellung von Forschungsdesign, -hypothesen, -kontext, verwandter Literatur usw. verlangt).
Die **sorgfältige Präsentation des Projekts** ist also sowohl ein Aspekt der Wissenschaftlichkeit des Vorhabens als auch notwendige Grundlage für die Entscheidung der ersuchten Stelle bzw. der Genehmigungsbehörde über die Rechtmäßigkeit der Datenübermittlung (dazu u. Rz. 91ff.).

c) Offenbarung und interne Datenverwendung
Die Anwendung des § 75 setzt voraus, daß Sozialdaten zur Durchführung eines 31 Forschungsprojekts **offenbart** werden. Die Vorschrift ist also nicht anzuwenden, wenn ein Leistungsträger **»im eigenen Haus«** seine eigenen Daten zu Forschungszwecken auswertet, auch wenn er hierfür eine **interne Forschungsgruppe** bildet oder für die Dauer des Vorhabens einen Mitarbeiter einstellt (vgl. *Lauterbach/ Watermann* UV, § 75 Anm. 5c, aa; zur neuen Regelung für die interne Forschung der Krankenkassen vgl. u. Rz. 35a). Auch die Erstellung und Auswertung von **Geschäftsstatistiken**, die aus den Verwaltungsdaten gewonnen wurden, durch den Leistungsträger selbst fällt mithin nicht unter § 75 (vgl. dazu § 69 Rz. 39f.). Damit ist allerdings die Frage nicht beantwortet, inwieweit personenbezogene Auswertungen von Sozialdatenbeständen, auch wenn sie hausintern in der SGB-Stelle erfolgen, einer zusätzlichen Rechtsgrundlage bedürfen (vgl. dazu § 79 Rz. 113f.). Wegen der mit der Verwendung zu Forschungszwecken verbundenen **Zweckänderung** von Verwaltungsdaten verlangt § 33 Abs. 5 HDSG für die interne Verarbeitung ohne Einwilligung der Betroffenen die gleichen Voraussetzungen wie für die Datenübermittlung.
Eine Offenbarung ist auch dann gegeben, wenn Mitarbeiter eines **extern** durchge- 32 führten Forschungsprojekts lediglich formal beim Leistungsträger für einen gewissen Zeitraum angestellt werden, um Sozialdaten für die Durchführung des Forschungsprojekts vorzubereiten oder eine erste Auswertung durchführen zu lassen.

Dieser Weg wird gelegentlich vorgeschlagen, um den Offenbarungsvoraussetzungen auszuweichen (z. B. von *Steinmüller* in Kaase u. a. (Hrsg.), S. 111, 116). Dieser **temporär eingestellte Mitarbeiter** ist jedoch in erster Linie im Interesse der forschenden externen Einrichtung tätig und muß dieser zugerechnet werden; jede andere Auslegung würde die Möglichkeit einer **leichten Umgehung des § 75** eröffnen. Allerdings kann diese Lösung bei der Prüfung der schutzwürdigen Belange der Betroffenen durchaus berücksichtigt werden; wenn die Projektdaten nicht personenbezogen »außer Haus« gegeben werden, sondern nur dem einen Projektmitarbeiter bekannt und von diesem anonymisiert werden, werden die Geheimhaltungsinteressen der Betroffenen sehr viel besser gewahrt (vgl. u. Rz. 76).

d) Eigenforschung der Leistungsträger

33 Die Kriterien des § 75 Abs. 1 und das Genehmigungsverfahren nach Abs. 2 sind in **jedem** Fall der Offenbarung zu Forschungszwecken einzuhalten, also auch dann, wenn Forschung zu den gesetzlich vorgesehenen oder vorausgesetzten Aufgaben (vgl. dazu allerdings u. Rz. 35) eines Leistungsträgers gehört. Gleich, ob die SGB-Stelle selbst das Forschungskonzept aufstellt und nur die Auswertungen extern durchführen läßt, oder ob sie mit der gesamten Realisierung des Vorhabens Fremdforscher beauftragt, in beiden Konstellationen richten sich die Offenbarungsvoraussetzungen nicht nach § 69 Abs. 1 Nr. 1, sondern nach § 75. Anders ausgedrückt: Für die **»Eigenforschung«** der Sozialleistungsträger gibt es **keine Privilegierung**, sie wird vielmehr gleich behandelt wie von externen Forschungsinstitutionen verantwortete Vorhaben. Diese Frage gehört sicher mit zu den kontroversesten Punkten des Sozialdatenschutzes (wie hier *Hauck/Haines-Walloth* § 67 Rz. 39, § 75 Rz. 4 und 8; *Peters* SGB-AT, § 35 Rz. 16; *Wiese* DAngVers. 1980, 459; wohl auch *Schroeder-Printzen* § 75 Anm. 1; entgegengesetzter Auffassung u. a. *Knopp* SGB-SozVers-GesKomm, § 75 Anm. 1; *Pappai* KrV 1980, 255, 259; *Rische* DRV 1980, 379, 387; *Heil/Mörsberger* in Deutscher Verein (Hrsg.), S. 222, 235f.; *Graßl/Weigert* DuD 1981, 75; *Verbandskommentar* § 75 Rz. 2; *Sendler* KrV 1980, 269, 270, 273). Nach der hier vertretenen Auffassung (ebenso § 69 Rz. 50) ist es mithin gleichgültig, ob das Projekt vom Leistungsträger selbst oder von der externen Einrichtung angeregt wurde, in wessen Interesse es vorrangig durchgeführt wird usw.

34 Vorab ist jedoch die **praktische Tragweite** dieser Kontroverse **zu relativieren**: Auch wenn die Offenbarung zu Forschungszwecken i. S. d. Gegenmeinung im Einzelfall als Erfüllung einer gesetzlichen Aufgabe i. S. v. **§ 69 Abs. 1 Nr. 1** begriffen wird, müssen bei der Prüfung der **»Erforderlichkeit«** die **Maßstäbe des § 75 Abs. 1 Satz 2** eingehalten werden. Anders ausgedrückt: Es fehlt an der Erforderlichkeit der Offenbarung immer dann, wenn es möglich ist, die Einwilligung der Betroffenen einzuholen oder den Forschungszweck auf andere Weise zu erreichen (so zu Recht *Neumann-Duesberg* ErsK 1980, 521). Der zentrale Unterschied bei der Privilegierung der Eigenforschung besteht darin, daß das Genehmigungsverfahren des Abs. 2 entbehrlich wird und die zusätzlichen Restriktionen des § 76 für besonders schutzwürdige Daten teilweise, d. h. bei den Begutachtungs- und Bescheinigungsdaten, wegen § 76 Abs. 2 Nr. 1 nicht greifen (vgl. u. Rz. 136).

35 Im SGB und den sozialrechtlichen Einzelgesetzen lassen sich fast **keine Bestimmungen** finden, die einem Sozialleistungsträger eindeutig die **Aufgabe wissenschaftlicher Forschung** zuweisen (in diesem Fall für Anwendbarkeit des § 69

Offenbarung für Forschung und Planung § 75

Abs. 1 Nr. 1 auch 4. TB/*BfD* Ziff. 4.3.2). **§ 6 AFG** fordert von der Bundesanstalt für Arbeit, **Arbeitsmarkt- und Berufsforschung** zu betreiben und sieht dafür sogar eine besondere Auskunftspflicht von Betriebsinhabern und Behörden vor (§ 7 AFG). Nicht in diese Kategorie gehören aber die in diesem Zusammenhang immer wieder genannten §§ 546 und 1305 RVO sowie § 69 Abs. 3 SGB IV (vgl. *Verbandskommentar* § 69 Rz. 8). Daß die Träger der Unfallversicherung mit allen geeigneten Mitteln für die Verhütung von Arbeitsunfällen zu sorgen haben **(§ 546 Abs. 1 RVO)**, daß die Träger der Rentenversicherung allgemeine Maßnahmen oder Einzelmaßnahmen zur Hebung der gesundheitlichen Verhältnisse der versicherten Bevölkerung durchführen sollen **(§ 1305 Abs. 1 Satz 1 RVO)** und daß schließlich im Haushalts- und Rechnungswesen der Sozialversicherungsträger Kosten- und Nutzenuntersuchungen anzustellen sind **(§ 69 Abs. 3 SGB IV)**, kann alle möglichen Aktivitäten notwendig machen, kann aber nur schwerlich als eindeutiger Gesetzesauftrag zur Realisierung von Forschungsprojekten verstanden werden (so aber für § 546 RVO auch *Lauterbach/Watermann* UV, § 75 Anm. 5b; zu § 98 Abs. 3 SGB X vgl. u. Rz. 35a). Andererseits läßt sich aus **§ 95 Abs. 2 SGB X** entnehmen, daß die Sozialleistungsträger »Forschungsvorhaben über den gleichen Gegenstand aufeinander abstimmen« sollen, was voraussetzt, daß ihnen die Befugnis zur Durchführung solcher Vorhaben zusteht.

Der seit dem 1. 1. 1989 geltende § 287 SGB V gibt den **gesetzlichen Krankenkassen** und den **Kassenärztlichen Vereinigungen** ausdrücklich eine Befugnis zur Datenverwendung für bestimmte, zeitlich und im Umfang begrenzte Forschungsvorhaben, allerdings nur für die **interne Forschung**, bei der keine Offenbarung erfolgt. Dies ergibt sich eindeutig aus dem Wortlaut (»... **selbst** auswerten ...«) und der Begründung zu dieser Vorschrift (vgl. die Begr. zu § 312 SGB V-E, BR-Drucks. 200/88, S. 239; das Wort »selbst« ist in den Ausschußberatungen noch eingefügt worden). Für die **Forschung der Unfallversicherungsträger** zu Zwecken der **Prävention** und der **Rehabilitation** enthält seit dem 1. 1. 1989 § 96 Abs. 3 Satz 2 SGB X eine Sonderregelung (s. auch § 18f Satz 2 SGB IV betr. die Versicherungsnummer). Die Befugniserteilung zur Errichtung gemeinsamer Zentraldateien mehrerer Träger setzt offensichtlich voraus, daß die einzelnen Träger **ohne** Einhaltung des § 75 Daten an diese Zentraldatei offenbaren (dürfen). Die Sonderregelung ist aber auf Zentraldateien beschränkt, betrifft also nicht **sonstige** Forschungsvorhaben der Unfallversicherungsträger (s. auch § 69 Rz. 82). 35a

Entscheidend für die hier vertretene Auffassung sind jedoch vor allem folgende Gründe: Schon der Ausschußbericht (BT-Drucks. 8/4022, zu § 72 = jetzt § 75) läßt die Auffassung des Gesetzgebers erkennen, daß § **75** im Verhältnis zu § 69 eine **Sonderregelung** darstellt. Auch wäre § 75 weitgehend bedeutungslos, wenn man die »Eigenforschung« in einem derart weit verstandenen Sinne (vgl. oben Rz. 35) aus seinem Anwendungsbereich herausnähme. Externe Projekte könnten durch »Übernahme« des Forschungsziels durch den Leistungsträger (für Zulässigkeit dieser Erklärung *Lauterbach/Watermann* UV, § 75 Anm. 5c cc) bzw. der einfachen Behauptung eines gleichlautenden eigenen Forschungsinteresses der SGB-Stelle nach den vereinfachten Offenbarungsbedingungen des § 69 Abs. 1 Nr. 1 behandelt werden. Bedenkt man die Ausweitung der Forschungsinteressen im Sozialleistungsbereich in Richtung auf Prävention und soziale Umfeldfaktoren (vgl. § 96 Abs. 3 Satz 2 SGB X), lassen sich kaum noch Projekte vorstellen, die nicht mindestens auch der »Eigenforschung« dienen. Als Beleg für den Vorrang des § 75 SGB X lassen sich auch §§ 67, 68 SGB V anführen. Obwohl diese 36

Vorschriften den Krankenkassen Erprobungsmaßnahmen zur Gesundheitsförderung und zur Rehabilitation sowie deren **wissenschaftliche Auswertung** ausdrücklich als Aufgaben zuweisen, erklärt § 68 Satz 4 SGB V für die Datenoffenbarung § 75 SGB X explizit für anwendbar (vgl. auch die Begr. zu § 76 SGB V-E, BR-Drucks. 200/88, S. 190).

37 Hinzu kommt, daß der **Gefährdungsgrad** der Weitergabe von Sozialdaten an eine **externe** Stelle für das Persönlichkeitsrecht der Betroffenen unabhängig davon ist, ob der außenstehende Forscher ein eigenes Vorhaben durchführt oder aber von einem Leistungsträger beauftragt worden ist (wie hier *Hauck/Haines-Walloth* § 67 Rz. 39). Angesichts der in beiden Konstellationen eintretenden **Zweckänderung** ist zu Recht auch darauf hingewiesen worden, daß dementsprechend für beide Fälle in gleicher Weise die verfahrensrechtliche Absicherung des Genehmigungsvorbehaltes greifen muß (*Hauck/Haines-Walloth* § 75 Rz. 33). Zu bedenken ist nicht zuletzt auch die Kritik daran, daß bei Privilegierung der »Eigenforschung« die von Leistungsträgern abhängige gegenüber der **unabhängigen** externen Forschung bevorzugt und damit die Chancengleichheit nach Art. 5 Abs. 3 GG verletzt wird (vgl. *P. J. Müller* Implementation, S. 165, 168).

2. Planung im Sozialleistungsbereich (Nr. 2)

a) Planung: Kriterien und Institutionen

38 Nach Abs. 1 Satz 1 **Nr. 2** ist die Offenbarung von Sozialdaten zulässig für die **Planung im Sozialleistungsbereich durch eine öffentliche Stelle im Rahmen ihrer Aufgaben.** Für den Begriff »Planung« gibt es ebensowenig eine allgemein anerkannte Begriffsbestimmung wie für den Terminus wissenschaftliche Forschung (vgl. o. Rz. 25). Sehr allgemein formuliert geht es um die zukunftsorientierte Fortschreibung aktueller Daten zur Ermittlung der Rahmenbedingungen für zukünftige Entscheidungen (ähnlich *Hauck/Haines-Walloth* § 75 Rz. 13). Vielfach wird, wenn von Planung im Zusammenhang mit dem System der sozialen Sicherung die Rede ist, von »**Sozialplanung**« gesprochen (vgl. *Heil/Mörsberger* in Deutscher Verein (Hrsg.), S. 222f.; zur Definition der Sozialplanung s. auch *v. Lölhöffel* in Deutscher Verein (Hrsg.), Sozialplanung, S. 1 ff.).

39 Wie bei der Forschung deckt § 75 auch bei der Planung die beiden folgenden **Fallkonstellationen** ab: Zum einen, daß **eine SGB-Stelle plant** und zu diesem Zweck personenbezogene Sozialdaten **offenbart**. Die das Planungsprojekt durchführende Institution kann in diesen Fällen auch ein privates Institut sein (vgl. *Mörsberger* in Deutscher Verein (Hrsg.), Sozialplanung, S. 28, 44; *Lang* in Lang u. a. S. 13, 63). In der zweiten Fallgruppe geht es darum, daß ein Sozialleistungsträger oder eine **andere öffentliche Stelle** Pläne aufstellen will und zu diesem Zweck um die Offenbarung von Sozialdaten durch einen Leistungsträger **ersucht**. Im Unterschied zur Forschung besteht hier also keine Möglichkeit, daß **private** Institutionen, z. B. freie Wohlfahrtsverbände, Sozialdaten zur Planung ihrer Einrichtungen erhalten (vgl. *Lang* a. a. O.). In Übereinstimmung dagegen mit der Regelung der Offenbarung zu Forschungszwecken (vgl. o. Rz. 39 ff.) gibt es auch hier **kein Privileg der »Eigenplanung«**, das die Sozialleistungsträger aus der Anwendung des § 75 herausnimmt, wenn sie zu diesem Zweck aus ihren Datenbeständen übermitteln (a. A. mit ausführlicher Darstellung des Streitstandes *Lang* a. a. O., S. 49ff., der allerdings bei der Beauftragung privater Institute im Rahmen

der »Eigenplanung« dem § 80 entsprechende Vorkehrungen betr. die Auswahl, Kontrollen usw. verlangt, S. 57f.).
Für die inhaltliche **Eingrenzung auf den Sozialleistungsbereich** gilt das zur wissenschaftlichen Forschung Ausgeführte (vgl. o. Rz. 23) entsprechend. Aus diesem Grund wird der Anwendungsbereich des § 75 überdehnt, wenn jede Art öffentlicher Planung, die in irgendeiner Weise soziale Belange zu berücksichtigen hat, hierher gerechnet wird. Dementsprechend bestehen Zweifel, inwieweit der **Bauleitplanung** oder dem **Sozialplan nach dem BauGB** der ausreichende thematische Bezug zum Sozialleistungsbereich eignet (bejahend *Schmid-Urban* in Deutscher Verein (Hrsg.), Sozialplanung, S. 17f.). 40

Die **Abgrenzung der Planung zur Forschung** kann im Einzelfall schwierig sein, da Forschung ja häufig auch unter konkreten Planungsperspektiven stattfindet. Die Unterscheidung zwischen Nr. 1 und Nr. 2 des Abs. 1 spielt aber solange keine Rolle, wie es um das Vorhaben einer öffentlichen Stelle im Rahmen ihrer Aufgaben geht, weil im übrigen die gleichen Zulässigkeitsvoraussetzungen gelten. Die Differenzierung ist mithin in erster Linie dort entscheidend, wo eine **private** Stelle als »Nachfrager« auftritt. 41

b) Planung als Aufgabe
Abs. 1 Satz 1 Nr. 2 verlangt, daß bei der öffentlichen Stelle die Planung **im Rahmen ihrer Aufgaben** liegt. Wie oben Rz. 2 erwähnt, wurde im Gesetzgebungsverfahren bewußt der Zusatz unterlassen, daß es sich um eine »gesetzliche« Aufgabe handeln muß. Nicht erforderlich ist mithin, daß die Planung im Sozialleistungsbereich **ausdrücklich** als Aufgabe der planenden Stelle normiert ist. 42

Für die Sozialleistungsträger konkretisiert **§ 17 SGB I** eine Reihe von **Planungszielen** (vgl. *Verbandskommentar* § 75 Rz. 5). Dazu gehören die optimale Verfügbarkeit von Sozialleistungen, die rechtzeitige und ausreichende Errichtung und Ausgestaltung der sozialen Dienste und Einrichtungen, die Zusammenarbeit zwischen freien Trägern und Sozialbehörden usw. **§ 95 Abs. 1 SGB X** enthält zwar keinen obligatorischen Gesetzesauftrag zur Planung (vgl. zu Abs. 2 o. Rz. 35). Das Gebot zur Kooperation der Leistungsträger bei der Erstellung örtlicher und überörtlicher Pläne über soziale Dienste und Einrichtungen setzt jedoch Planung zwingend voraus. Gerade bei der **gemeinsamen Planerstellung** nach § 95 Abs. 1 Satz 1 Nr. 2 kann ein Austausch von Sozialdaten notwendig werden. 43

Als weitere potentielle Datenadressaten für Planungszwecke im Sozialleistungsbereich mit dem erforderlichen Status einer öffentlichen Stelle kommen neben den Sozialleistungsträgern vor allem die **Sozialministerien** von Bund und Ländern, auf **kommunaler** Ebene die örtlichen **Planungsämter** – etwa zur Ausarbeitung von Behinderten- oder Kindergartenplänen – in Betracht. Auf der gemeindlichen Ebene ist dabei der funktionale Stellenbegriff zu beachten (dazu ausführlich § 35 Rz. 26ff.): Wenn z. B. das städtische Jugendamt dem Planungsamt der gleichen Kommune Sozialdaten weiterleitet, findet § 75 Anwendung (für Geltung des § 69 Abs. 1 Nr. 1 bei »Eigenplanung« dagegen *Lauterbach/Watermann* UV, § 75 Anm. 7). 44

V. Erforderlichkeit (Abs. 1 Satz 1)

1. Bestimmtheit des Vorhabens

45 Die Prüfung der Erforderlichkeit der Offenbarung **personenbezogener** Sozialdaten setzt voraus, daß das durchzuführende **Forschung- oder Planungsvorhaben präzise bestimmt** ist (ebenso *Hauck/Haines-Walloth* § 75 Rz. 12). Nur für eine klar umschriebene Untersuchung läßt sich die Notwendigkeit personenbezogener Datenverwendung beurteilen (vgl. *Simitis* in Waehler (Hrsg.), S. 87, 104). Im Gegensatz zu den Forschungsklauseln in den neueren Datenschutzgesetzen (vgl. § 33 Abs. 1 Satz 1 HDSG, § 36 Abs. 5 BDSG-E '88; dazu o. Rz. 7) findet sich diese Anforderung zwar im Wortlaut des § 75 Abs. 1 nicht. Sie ergibt sich jedoch eindeutig aus dem in Abs. 2 fixierten **Genehmigungsinhalt**; die Festlegung der dort genannten Punkte setzt selbstverständlich ein genau benanntes Vorhaben voraus (vgl. auch § 287 Abs. 1 SGB V: »zeitlich befristetes und im Umfang begrenztes Forschungsvorhaben«, s. o. Rz. 35 a). Zwar gibt es Untersuchungen mit einer offeneren Fragestellung (etwa bei Längsschnittstudien), in der die Erkenntnisziele im einzelnen während des Projektzeitraums verändert werden. Dies schließt jedoch keineswegs aus, den Forschungszweck, den beteiligten Personenkreis usw. klar zu umreißen (krit. *Albrecht* CuR 1986, 92, 97).

2. Nichterforderlichkeit des Personenbezugs

46 Nach der **Ausschußbegründung** kommt der **Erforderlichkeitsprüfung** eine »**große Bedeutung**«« zu (BT-Drucks. 8/4022, S. 86, zu § 72 = jetzt § 75). Reichen für die Durchführung des Forschungs- und Planungsvorhabens **aggregierte** oder **anonymisierte** bzw. **statistische** Angaben aus (vgl. ausführlich zur Anonymisierung § 79 Rz. 38 ff.), fehlt es an der Erforderlichkeit (daher enthält § 287 Abs. 2 SGB V ein Anonymisierungsgebot für Forschungsdaten der Krankenkassen). Von manchen Autoren wird allerdings die Frage der Anonymisierung verquickt mit der Prüfung von Abs. 1 Satz 2, d. h. mit der Zumutbarkeit der Erreichung des Forschungszwecks auf andere Weise (dazu unten Rz. 53 ff.) bzw. der Zumutbarkeit der Einholung der Einwilligung (z. B. *Heil/Mörsberger* in Deutscher Verein (Hrsg.), S. 222, 234; dazu u. Rz. 57 ff.). Zu dieser **Vermischung von Erforderlichkeit** nach Abs. 1 Satz 1 **und Zumutbarkeit** nach Abs. 1 Satz 2 trägt allerdings die in diesem Punkt unklare Ausschußbegründung (a.a.O.) bei. Von der Anonymisierung durch die SGB-Stelle vor der Offenbarung streng zu trennen ist im übrigen das Gebot der frühzeitigen Anonymisierung beim Datenempfänger (vgl. u. Rz. 77; dazu *Karrer* in Lang u. a., S. 103, 120).

47 Der ersuchte Leistungsträger hat mithin zu prüfen, ob er in der Lage ist, das gewünschte Datenmaterial **selbst aggregiert bzw. statistisch aufzubereiten** und dann in dieser Form an die planende bzw. forschende Stelle weiterzugeben. Dies wird angesichts der beträchtlichen Datenverarbeitungskapazität insbesondere der Sozialversicherungsträger und ihrer Verbände in manchen Fällen möglich sein. Gegebenenfalls liegen die gewünschten Informationen bereits aufgrund routinemäßig eingesetzter **Auswertungsprogramme** in Form von z. B. **Geschäftsstatistiken** vor. Beispiel hierfür ist das in mehreren Bundesländern genutzte Sozialhilfe-Abrechnungssystem HES-SIAS, das einen ausführlichen Statistikteil aufweist

Offenbarung für Forschung und Planung § 75

(vgl. auch die nach § 28 Abs. 1 KrankenhausfinanzierungsG zur erstellenden statistischen Unterlagen). Denkbar ist beispielsweise auch, daß ein Mitarbeiter der SGB-Stelle **mündlich** aus den Unterlagen in anonymisierter Form die für die Sozialplanung benötigten Angaben vorträgt, die der Planer in vorbereitete Merkmalslisten einträgt (vgl. *Spiegelberg* in Deutscher Verein (Hrsg.), Sozialplanung, S. 52, 57). Die Frage, ob zwar nicht die ersuchte SGB-Stelle selbst, aber andere Institutionen das für das Projekt erforderliche Datenmaterial zur Verfügung haben, ist im Zusammenhang mit der anderweitigen Zweckerreichung (vgl. u. Rz. 54) zu prüfen.

Die Erforderlichkeit des Personenbezugs bei der Offenbarung kommt insbesondere dann in Betracht, wenn **Erhebungen** bzw. **Nachfragen bei den Betroffenen** – ggf. über einen längeren Zeitraum – vorgenommen werden sollen (z. B. Longitudinalstudien). Doch ist dies keineswegs immer der Fall, nämlich dann nicht, wenn Versand und Zustellung der Erhebungsunterlagen durch den Leistungsträger erfolgen können (dazu *Spiegelberg* in Deutscher Verein (Hrsg.), Sozialplanung, S. 52, 58f.) und, beispielsweise durch die Vergabe einer **Kennziffer**, die Offenbarung der Namen und Anschriften damit entbehrlich wird (vgl. *Lang* in Lang u. a., S. 13, 68f.). Abgesehen davon ist bei solchen Projekten, die den direkten Kontakt mit den »Beforschten« voraussetzen, ohnehin in aller Regel vorher deren Einwilligung zur Weitergabe ihrer Daten einzuholen (vgl. u. Rz. 65). 48

Bei der sogenannten **Stichprobenziehung** kann es erforderlich sein, der forschenden oder planenden Stelle zunächst mehr Personalien zu übermitteln, als später für die Durchführung des Projekts benötigt werden, wenn der offenbarende Leistungsträger nicht selbst in der Lage ist, die Auswahl nach den von den Forschern oder Planern vorgegebenen Kriterien vorzunehmen. Die sofortige Löschung der nicht am Projekt Beteiligten nach endgültiger Feststellung des Samples muß allerdings dann im Genehmigungsbescheid vorgeschrieben werden. 49

Bei der **qualitativen Aktenanalyse** durch Forscher hat die Sozialbehörde zu prüfen, ob nicht Unterlagen genügen, in denen die **Personalien geschwärzt** oder in sonstiger Weise unkenntlich gemacht worden sind. Dies ist allerdings nicht der Fall, wenn Gegenstand der Untersuchung auch die Verbindung zwischen verschiedenen Personen (z. B. familiäre Beziehungen) ist, die nur über die in den Unterlagen enthaltenen Namen verknüpft werden können. 50

Für **Planungs**vorhaben wird es vielfach genügen, sich auf anonymisierte bzw. aggregierte Informationen zu stützen (ebenso *Heil/Mörsberger* in Deutscher Verein (Hrsg.), S. 222, 229). Allerdings ist bei entsprechender Kleinräumigkeit der Datensätze (z. B. Blockseite) wegen der dadurch gegebenen **Reidentifizierbarkeit** von einem Personenbezug auszugehen (vgl. § 79 Rz. 39f.). 51

Das Kriterium der Erforderlichkeit gilt nicht nur für die Frage, ob überhaupt Angaben mit Personenbezug für das Forschungs- bzw. Planungsvorhaben benötigt werden, sondern auch für den **Offenbarungsumfang**. Die forschende bzw. planende Stelle muß hierzu in ihrem Offenbarungs-»Antrag« (dazu u. Rz. 96) ausreichende Hinweise geben; sie muß ggf. hinreichend präzise Selektionskriterien nennen, die dem Leistungsträger die Auswahl bzw. Aufbereitung der notwendigen Informationen im Vorhinein ermöglichen. 52

VI. Zumutbarkeit der Zweckerreichung auf andere Weise (Abs. 1 Satz 2)

53 § 75 verbietet eine Offenbarung von Sozialdaten, soweit es **zumutbar** ist, **den Zweck der Forschung oder Planung auf andere Weise zu erreichen** (Abs. 1 Satz 2 **2. Alt.**). Die Frage der Zumutbarkeit richtet sich an den Datenempfänger. Sie braucht nach der hier vertretenen Auffassung nicht mehr geprüft zu werden, wenn bereits festgestellt ist, daß **personenbezogene** Sozialdaten für die Abwicklung des Projekts nicht benötigt werden (vgl. o. Rz. 46).

54 Eine anderweitige Zweckerreichung kommt vor allem in folgenden beiden Fällen in Betracht: Dem Leistungsträger ist bekannt, daß aggregiertes **Datenmaterial** in vergleichbarer Repräsentativität und Aktualität **bei anderen Stellen** vorliegt (vgl. *Wiese* ÖVD 1981, 16), etwa bei den **Statistikämtern** aufgrund des Mikrozensus oder der Volkszählung (zur Privilegierung der Wissenschaft bei der Datenübermittlung aus der amtlichen Statistik vgl. o. Rz. 8).

55 In Parallele zu § 68 Abs. 1 Satz 2 (dazu § 68 Rz. 83) kann der Forschungszweck auch dann auf andere Weise erreicht werden, wenn die Forscher bzw. Planer zwar personenbezogene Informationen benötigen, diese aber z. B. aus **öffentlich zugänglichen Datenbeständen** beschaffen können (z. B. Stichprobenziehung aus **Adreßbüchern**; wie hier auch *VDR* Auslegungsfragen zum 10. Buch des SGB, 1981, S. 50, zur Frage 60/9). Schließlich gibt es in der empirischen Sozialforschung auch alternative Erhebungsmethoden und Umfrageformen, bei denen zwar bei den Betroffenen, aber ohne Personenbezug erhoben wird (z. B. **Urnenverfahren** o. ä., vgl. *Mohler/Kaase* in Kaase u. a. (Hrsg.), S. 67 ff.).

56 Auf keinen Fall sollte jedoch die Offenbarungsbeschränkung der anderweitigen Zweckerreichung dazu verwandt werden, daß der Leistungsträger eine umfassende **Überprüfung des Forschungsdesigns** sowie der Erhebungs- und Auswertungskonzeption durchführt. Zumindest im Bereich der **wissenschaftlichen Forschung** ist angesichts der auch verfassungsrechtlich abgesicherten Informationsansprüche (vgl. o. Rz. 12 ff.) im Zweifel von einer **korrekten Methodenwahl** auszugehen.

VII. Zumutbarkeit der Einholung der Einwilligung (Abs. 1 Satz 2)

1. Wirksamkeit der Einwilligung

57 Ist festgestellt, daß ein personenbezogener (Sozial-)Datenbedarf der forschenden oder planenden Stelle besteht, muß zunächst geprüft werden, inwieweit es **zumutbar** ist, die **Einwilligung des Betroffenen nach § 67 einzuholen**. Wie bereits oben Rz. 22 erwähnt, normiert § 75 einen klaren **Vorrang der Einwilligung** vor den Offenbarungsmöglichkeiten ohne Kenntnis bzw. Einverständnis der Betroffenen (vgl. Ausschußbericht, BT-Drucks. 8/4022, zu § 72 = jetzt § 75, S. 86). Forschungs- und Planungsprojekte müssen darauf angelegt sein, soweit möglich die Personen, deren Sozialdaten verarbeitet und ausgewertet werden sollen, mit deren Zustimmung in die Durchführung des Vorhabens einzubeziehen (ebenso *Lauterbach/ Watermann* UV, § 75 Anm. 9). Die Kenntnis des einzelnen von Zweck und Umfang der ihn betreffenden Datenverarbeitung ist ein Kernpunkt des Rechts auf informationelle Selbstbestimmung. Dementsprechend strikt sind die Bedingungen zu bestimmen, unter denen die Einholung der Einwilligung nicht zumutbar ist (vgl. u. Rz. 61 ff.).

Offenbarung für Forschung und Planung § 75

Hinsichtlich Form und Inhalt der Einwilligung wird auf § 67 Bezug genommen **58** (vgl. § 67 Rz. 64 ff.). Sie muß mithin für den **Einzelfall**, d. h. das konkret zu benennende Forschungs- oder Planungsprojekt, und **im Regelfall schriftlich** erteilt werden. Wird sie zusammen mit anderen Erklärungen, z. B. auf einem Erhebungsbogen mit Erläuterungen, schriftlich erteilt, muß der Betroffene hierauf schriftlich besonders hingewiesen werden. Eine wirksame Einwilligung setzt voraus, daß dem Betroffenen der übermittelnde Leistungsträger, der Datenempfänger, die Art der zu offenbarenden Angaben, der Kreis der Betroffenen sowie das Forschungs- bzw. Planungsvorhaben mitgeteilt werden; nur dann ist sie **hinreichend bestimmt** (vgl. zu diesem Erfordernis *Ordemann/Schomerus* BDSG, § 3 Anm. 4.2; zu den Voraussetzungen einer wirksamen Einwilligung i. S. eines »informed consent« vgl. § 67 Rz. 64 f.).

Auch bezieht sich die Einwilligung des § 75 zunächst nur auf die **Offenbarung** **59** durch den Leistungsträger. Soll auch die **Speicherung und sonstige Verarbeitung** der erhaltenen Sozialdaten durch die forschende oder planende Stelle abgedeckt werden, muß dies im Text der Einwilligungserklärung deutlich zum Ausdruck kommen. Bei einer **wesentlichen Änderung** in den Zielsetzungen, Rahmenbedingungen oder Durchführungsmodalitäten gilt die früher erteilte Einwilligung nicht mehr; vielmehr muß das Einverständnis dann erneut eingeholt werden (zum nachträglichen Widerruf durch den Betroffenen vgl. § 67 Rz. 70 und *Hauck/ Haines-Walloth* § 75 Rz. 24).

Der Sozialleistungsträger braucht die Einwilligung, um zulässigerweise offenbaren **60** zu dürfen; ihm gegenüber ist daher die Zustimmung zu erklären. Die **Einholung der Einwilligung** bei dem Personenkreis, dessen Daten übermittelt werden sollen, muß ebenfalls der **Leistungsträger**, nicht die forschende oder planende Stelle besorgen. Sonst würden ja bereits in diesem Stadium die Namen und Anschriften der Betroffenen und damit Sozialdaten weitergegeben. Vereinfacht werden kann das Verfahren dadurch, daß die forschende/planende Stelle die Einwilligungsschreiben soweit vorbereitet, daß sie vom Leistungsträger nur noch versandt zu werden brauchen. Die **Rücksendung** der Erklärungen braucht jedoch nicht an den Leistungsträger zu erfolgen, sondern kann auch an die forschende/planende Stelle geschehen, die sie dann vor der Offenbarung der ersuchten Stelle vorlegt. Es versteht sich von selbst, daß die Einwilligung **vor Beginn** der Übermittlung der Sozialdaten vorliegen muß, da nach § 183 BGB unter einer Einwilligung nur die vorherige Zustimmung zu verstehen ist (vgl. § 67 Rz. 40; außerdem *Ordemann/ Schomerus* BDSG, § 3 Anm. 4).

2. Unzumutbarkeit: Fallgruppen

An die **Unzumutbarkeit der Einholung der Einwilligung** sind strenge Maßstäbe **61** anzulegen (vgl. o. Rz. 57). Die Gründe können in der Person des Betroffenen, bei dem um die Offenbarung ersuchten Sozialleistungsträger sowie in der Art des Forschungs- bzw. Planungsvorhabens liegen. Folgende Fallgruppen kommen exemplarisch in Betracht:
(1) Es ist zu befürchten, daß die Bekanntgabe des Vorhabens dem Betroffenen einen **unverhältnismäßigen gesundheitlichen Nachteil** zufügen würde (Parallele zu § 25 Abs. 2 SGB X, vgl. dazu § 83 Rz. 43 ff.). Dies kommt beispielsweise bei **Krebs- oder Psychiatrieforschung** in Betracht, wenn der Patient selbst von

seiner Krankheit oder dem Vorhandensein bestimmter Informationen bei dem Leistungsträger keine Kenntnis hat (vgl. *Stüwe* SdL 1980, 259, 268). Allerdings ist bei der Offenbarung von Gesundheitsdaten zusätzlich die Schranke des § 76 zu beachten (dazu u. Rz. 133 ff.). Die negativen Auswirkungen lassen sich auch nur auf einzelne Versicherte, Klienten etc. bezogen prognostizieren. Keinesfalls kann auch bei solchen »hochsensitiven« Daten **generell** davon ausgegangen werden, daß nachteilige Auswirkungen bei der Bitte um Einwilligung eintreten.

(2) Die **Anschriften** des bzw. der Betroffenen sind **nicht (mehr) bekannt**, etwa bei einer Studie über Nichtseßhafte oder ausländische Arbeitnehmer, die in ihre Heimat zurückgekehrt sind.

(3) Ein **hoher Verwaltungs- oder Kostenaufwand** des Leistungsträgers (vgl. *Verbandskommentar* § 75 Rz. 7.2) ist dagegen nur in **Ausnahmefällen** als Argument tragfähig. Gleiches gilt für die **Eilbedürftigkeit** eines Projekts (vgl. *Hauck/Haines-Walloth* § 75 Rz. 28). Organisatorische Erschwernisse sind prinzipiell ebenso hinzunehmen wie zeitliche Verzögerungen bei der Durchführung des Vorhabens (so zu Recht *Neumann-Duesberg* ErsK 1980, 520; *Wiese* ÖVD 1981, 15). Abzuwägen sind dabei der Aufwand einerseits sowie der Charakter und Umfang der zu übermittelnden Daten andererseits (vgl. *Eicher/Haase/ Rauschenbach* § 75 Anm. 7). Werden z. B. von einer Vielzahl von Personen nur Namen und Anschriften weitergegeben, mag Unverhältnismäßigkeit vorliegen. Bei der Einsicht in die Akten weniger Betroffener durch einen Forscher dagegen kann die Einholung der Einwilligung niemals einen übermäßigen Aufwand darstellen.

63 Andererseits kann von der Einwilligung ggf. dann abgesehen werden, wenn **Sachakten** ausgewertet werden sollen, deren Unterlagen nicht auf einzelne Personen bezogen geordnet sind, sondern gleichförmige Vorgänge für eine Vielzahl von Betroffenen enthalten.

64 Dagegen ist die Einholung der Einwilligung nicht schon deshalb von vornherein unzumutbar, weil angeblich mit einer **geringen Rücklaufquote** der Einverständniserklärungen zu rechnen ist (ebenso 4. TB/*LfD-BW* Ziff. 5.2) bzw. zahlreiche Verweigerungen der Einwilligung erwartet werden (so aber *Verbandskommentar* § 75 Rz. 7.2). Dies kann bei der Analyse eines kleinen Aktenbestandes der Fall sein, weil schon bei wenigen Ablehnungen das gesamte Projekt undurchführbar wird. Bei **Repräsentativuntersuchungen** muß dagegen ggf. in Kauf genommen werden, daß bei hoher Ausfallquote eine **neue Stichprobe** gezogen oder eine neue Grundgesamtheit zusammengestellt werden muß (für Vergrößerung des Erhebungsbestands *Hauck/Haines-Walloth* § 75 Rz. 25). Auf keinen Fall können befürchtete Ablehnungen mit dem Hinweis darauf überspielt werden, daß ein wichtiges öffentliches Interesse an der Forschung oder Planung i. S. v. Satz 1 besteht (so aber *Verbandskommentar* § 75 Rz. 8; wie hier *Wiese* ÖVD 1981, 15); eine Abwägung nach Abs. 1 Satz 1 kommt erst dann in Betracht, wenn der Forschungs- und Planungszweck weder mit Einwilligung noch mit anonymisierten Daten erreicht werden kann (vgl. o. Rz. 22).

65 In all den Fällen, in denen die Betroffenen an der Untersuchung mitwirken sollen, ist es auch zumutbar, sie um ihr Einverständnis in die Datenoffenbarung zu bitten (ebenso *Hauck/Haines-Walloth* § 75 Rz. 28). Dies gilt z. B. dann, wenn **Primärerhebungen** durchgeführt oder gar Längsschnittuntersuchungen mit **wiederholten**

Offenbarung für Forschung und Planung § 75

Befragungen realisiert werden sollen (vgl. *Heil/Mörsberger* in Deutscher Verein (Hrsg.), S. 222, 227).
Sollen Daten **Verstorbener** offenbart und ausgewertet werden, so ist die Kommentierung zur postmortalen Geltung des Sozialgeheimnisses zu beachten (vgl. § 35 Rz. 17f. und § 67 Rz. 46ff.; vgl. auch *Hauck/Haines-Walloth* § 75 Rz. 25). 66

3. Konsequenzen

Wird die Einholbarkeit der Einwilligung **verneint**, ist mit der Prüfung der einer Offenbarung entgegenstehenden **schutzwürdigen Belange** der Betroffenen fortzufahren (vgl. u. Rz. 70ff.). Ist sie dagegen bejaht und realisiert worden, haben jedoch die Betroffenen **keine Einverständniserklärungen** abgegeben, ist die Offenbarung ihrer Sozialdaten **unzulässig**. Dies gilt sowohl für die ausdrückliche Verweigerung als auch für die einfache Nichtbeantwortung der Anfrage. Das Schweigen des Betroffenen kann nicht als konkludente Einwilligung, sondern muß als Ablehnung gewertet werden (*Hauck/Haines-Walloth* § 75 Rz. 24; a. A. *Lauterbach/Watermann* UV, § 75 Anm. 11; *Pickel* SGB X, § 75 Anm. 2b). 67

Bei **Nichterteilung** der erbetenen Einwilligung kommt die Offenbarungsmöglichkeit nach Satz 1 wegen eines **überwiegenden öffentlichen Interesses nicht** in Betracht (ebenso für § 33 HDSG *Lennartz* RDV 1988, 132, 139). Gegenteilige Interpretationen (z. B. *Neumann-Duesberg* ErsK 1980, 520; *Pickel* DuD 1986, 100, 101) widersprechen nicht nur der klaren Nachrangigkeit der Offenbarungsvoraussetzungen des Satzes 1 gegenüber den Alternativen in Satz 2 (vgl. o. Rz. 20ff.). Sie verkennen auch, daß mit einer solchen Verfahrensweise der Bürger in seinem Vertrauen auf seine Befugnis, über die Preisgabe und Verwendung seiner Daten auch im Planungs- bzw. Forschungskontext zu bestimmen (vgl. *BVerfGE* 65, 1, 48), gröblich getäuscht würde. Ihm würde die Ausübungsmöglichkeit seines informationellen Selbstbestimmungsrechts zunächst suggeriert und dann wieder genommen. 68

Liegen die Einwilligungen vor, wird damit das **Genehmigungsverfahren** des Abs. 2 nicht entbehrlich (ebenso *Verbandskommentar* § 75 Rz. 11; a. A. *Lauterbach/Watermann* UV, § 75 Anm. 13d; *Eicher/Haase/Rauschenbach* § 75 Anm. 8). Es entfällt nur dann, wenn überhaupt keine personenbezogenen Sozialdaten übermittelt werden, weil anonymisiertes Datenmaterial ausreicht oder der Forschungs- bzw. Planungszweck »auf andere Weise« erreichbar ist (vgl. o. Rz. 46ff., 53ff.). Abs. 2 umfaßt mit dieser Ausnahme jegliche Offenbarung nach Abs. 1 und nimmt diejenige mit Einverständnis der Betroffenen nicht aus. Dies ist auch sinnvoll, weil die Genehmigungsbehörde gerade auch die **Ordnungsmäßigkeit der Einwilligungserklärungen überprüfen** muß. 69

VIII. Beeinträchtigung schutzwürdiger Belange (Abs. 1 Satz 1)

1. Kriterien

Entfallen die Möglichkeiten von Abs. 1 Satz 2, d. h. die Erteilung der Einwilligung oder die Zweckerreichung auf andere Weise, ist nach Satz 1 zunächst zu prüfen, ob durch die Offenbarung an die forschende/planende Stelle schutzwürdige 70

Belange des Betroffenen beeinträchtigt werden. Der Begriff der »**schutzwürdigen Belange**« ist ausführlich in § 68 Rz. 54 ff. erläutert. Allerdings sind bei der Auslegung dieser Offenbarungseinschränkung im Vergleich zwischen § 75 und § 68 folgende Unterschiede zu beachten:

71 Anders als bei § 68 wird die Unzulässigkeit der Offenbarung in § 75 Abs. 1 Satz 1 nicht darauf abgestellt, ob ein »Grund zu der Annahme« – d. h. die **Möglichkeit** – besteht, daß eine **Beeinträchtigung** eintritt, sie muß vielmehr **tatsächlich** gegeben sein (»... **beeinträchtigt werden**«, zu den Konsequenzen dieser Unterscheidung für Prüfungsumfang und Offenbarungseinschränkung vgl. § 68 Rz. 68 ff. und u. Rz. 86; außerdem *Ordemann/Schomerus* BDSG, § 24 Anm. 2). Im Gegensatz zu den durch § 68 geregelten Amtshilfefällen muß der Betroffene im Anwendungsbereich des § 75 auch nicht befürchten, daß die empfangende Stelle die erhaltenen Angaben zu Zwecken des Verwaltungsvollzugs, also zu konkreten Maßnahmen gegen ihn verwendet. Die zu § 68 entwickelte Fallgruppe der Beeinträchtigung schutzwürdiger Belange durch nachteilige Maßnahmen gegen den Betroffenen (vgl. § 68 Rz. 67 ff.) entfällt also bei § 75. Dennoch kann auch bei der Bekanntgabe von Sozialdaten an Forscher oder Planer zu beachten sein, ob eine im Rahmen des Projekts vorgesehene **Kontaktaufnahme** eine besondere **Vertrauensbeziehung** zwischen der SGB-Stelle und dem Betroffenen negativ tangiert (vgl. § 68 Rz. 76; *Hauck/Haines-Walloth* § 75 Rz. 20).

72 Schließlich spielt auch die Kontroverse, ob die schutzwürdigen Belange ausschließlich aus der Sicht des Betroffenen zu definieren sind oder eine Abwägung mit entgegenstehenden Interessen stattzufinden hat (dazu § 68 Rz. 86 ff.), für § 75 keine Rolle. Da diese Abwägung mit den öffentlichen Forschungs- und Planungsinteressen in Abs. 1 Satz 1 a. E. ausdrücklich vorgesehen ist, sind die schutzwürdigen Belange ausschließlich aus der **subjektiven Perspektive** des Betroffenen zu verstehen (a. A. *Hauck/Haines-Walloth* § 75 Rz. 20, 22).

73 Ob ein solches der Offenbarung entgegenstehendes Interesse des einzelnen bei dem konkret beabsichtigten Forschungs- oder Planungsvorhaben vorliegt, hängt ab von der »Sensitivität« der zu offenbarenden Daten sowie den Modalitäten der weiteren Verarbeitung und Nutzung der erhaltenen Angaben durch die forschende/planende Stelle. Die Forschungsklauseln der Landesdatenschutzgesetze (vgl. o. Rz. 5) verknüpfen dementsprechend die schutzwürdigen Belange der »Beforschten« mit der »**Art der Daten**« und mit der »**Art ihrer Verwendung**« (vgl. *Lang* in Lang u. a., S. 13, 66, mit dem Hinweis auf den Zusammenhang zwischen besonderen Auflagen für die Datenverwendung und dem Grad der Beeinträchtigung schutzwürdiger Belange).

74 Zunächst zur »**Sensitivität**«: Sollen beispielsweise nur Anschriften zur Ziehung einer Stichprobe übermittelt werden, ist das Geheimhaltungsinteresse naturgemäß geringer zu veranschlagen als bei Daten aus der Biographie oder dem sozialen Umfeld. Allerdings kann zu berücksichtigen sein, daß die Adresse selbst eine sensitive Zusatzinformation enthält (dazu § 68 Rz. 65). Diesem Aspekt ist aber wiederum entgegenzuhalten, daß diese Zusatzinformation keiner Verwaltungsbehörde, sondern einer außerhalb des administrativen Vollzugs stehenden Stelle bekannt wird (vgl. o. Rz. 71).

2. Maßnahmen: Datensicherung, Form der Veröffentlichung

Für die persönlichkeitsrechtliche Relevanz der Datenverwendung beim Forscher und Planer ist eine Reihe von Gesichtspunkten zu beachten. Maßgeblich sind vor allem die **Datensicherungsvorkehrungen** beim Empfänger sowie die geplante **Form der Veröffentlichung**. Unverzichtbar sind die Standards, die durch die neueren Forschungsbestimmungen vorgegeben werden; sie greifen die verfassungsrechtlichen Vorgaben auf, die das Bundesverfassungsgericht im Volkszählungsurteil an die Erhebung, Speicherung und Nutzung personenbezogener Daten im Rahmen der amtlichen Statistik stellt (*BVerfGE* 65, 1, 49 ff.). 75
Hierher gehören u. a. folgende Maßnahmen:

(1) Eine sog. **»file-Trennung«** zwischen **Identifizierungsangaben** und den eigentlichen **Forschungs- bzw. Planungsdaten**: Sobald der Forschungs- oder Planungszweck dies erlaubt, sind die Merkmale, mit deren Hilfe ein Personenbezug hergestellt werden kann, gesondert zu speichern (vgl. § 33 Abs. 2 HDSG, § 3 a Abs. 4 Satz 2 BDSG-E, § 36 Abs. 8 BDSG-E '88; § 28 Abs. 3 Satz 2 DSG NW). Eine **Zusammenführung** ist nur zulässig, wenn dies zur Erfüllung der Forschungs- oder Planungszwecke erforderlich ist (§ 36 Abs. 8 Satz 3 BDSG-E '88). Damit soll sichergestellt werden, daß die Projektmitarbeiter bei der täglichen Forschungsarbeit nur mit aggregierten bzw. anonymisierten Angaben umgehen. Es wird die Möglichkeit geschaffen, die Kenntnis der Identität der »Beforschten« auf ganz wenige Personen oder gar nur den Projektleiter zu beschränken. Zugangs- und Zugriffskontrolle können damit effizienter gehandhabt werden. Die Vertraulichkeit wird noch besser geschützt, wenn die Personalien bereits bei der offenbarenden Stelle, z. B. durch einen Angehörigen des Forschungsteams, in Kennziffern umgesetzt werden und bei der forschenden Stelle überhaupt keine personenbezogene Speicherung erfolgt (vgl. o. Rz. 32). 76

(2) Die **frühestmögliche Löschung** der Identifizierungsdaten: Die forschende/planende Stelle hat das erhaltene Datenmaterial zu anonymisieren (dazu *Dittrich/Schlörer* DuD 1987, 30 ff.) bzw. die Personalien zu löschen, sobald der Forschungs- bzw. Planungszweck dies erlaubt (vgl. § 33 Abs. 2 HDSG, § 36 Abs. 8 Satz 1 BDSG-E '88; dazu *Schmid-Urban* in Deutscher Verein (Hrsg.), Sozialplanung, S. 64, 69). Diese Maßnahme findet ihre Parallele in dem generellen Löschungsgebot für Sozialdaten, die zur Aufgabenerfüllung des Sozialleistungsträgers nicht mehr benötigt werden (§ 84). 77

(3) Die **strikte Zweckbindung** bei der Datenverwendung: Eine Verarbeitung der offenbarten Sozialdaten zu anderen als den in dem **konkreten** Projekt angestrebten Forschungs- bzw. Planungszwecken ist unzulässig. Im Anwendungsbereich des § 75 ist diese Rechtsfolge in § 78 ausdrücklich statuiert (vgl. u. Rz. 140 f.). Die Forschungsklauseln im HDSG und im BDSG-Entwurf von 1988 enthalten diese Anforderungen ebenfalls (§ 33 Abs. 3 Satz 1 HDSG, § 36 Abs. 6 BDSG-E '88; ebenso § 28 Abs. 2 Satz 2 DSG NW; auch § 32 Abs. 2 Satz 1 HDSG in bezug auf die Datenverarbeitung für Planungszwecke). Für die bei großen Dienststellen angesiedelten **behördeninternen Planungsabteilungen** hat diese Zweckbindung zur Konsequenz, daß die Datenverarbeitung von der übrigen Verwaltung **personell und organisatorisch getrennt** zu erfolgen hat, um sicherzustellen, daß die Angaben nicht bei Stellen bzw. Fachabteilungen mit Aufgaben des Verwaltungsvollzugs Verwendung finden (vgl. § 32 Abs. 1 Satz 2 HDSG). 78

(4) Die **Veröffentlichung** von Forschungsergebnissen, soweit sie **personenbezogene** 79

Daten enthalten, ist nur zulässig, wenn der Betroffene **eingewilligt** hat. Ausnahmen können gelten, wenn dies zur Darstellung von Forschungsergebnissen über Ereignisse der Zeitgeschichte unerläßlich ist (vgl. § 20 Abs. 3 LDSG-BW, § 28 Abs. 5 DSG NW, § 36 Abs. 10 BDSG-E '88).

80 (5) Über die genannten Punkte hinaus ist generell eine angemessene **Datensicherung** bei der forschenden/planenden Stelle zu verlangen, wobei diese Notwendigkeit selbstverständlich nicht auf die Verarbeitung in Dateien beschränkt ist (dazu eingehend § 79 Rz. 82 ff.), sondern auch für den Umgang mit Sozialakten gilt. In Betracht kommen kann die **Beschränkung der Akteneinsicht** auf einen besonders zugangsgesicherten Raum, das Verbot der Anfertigung von Fotokopien usw. (vgl. *Hauck/Haines-Walloth* § 75 Rz. 21).

81 Die in den Rz. 76 bis 80 genannten Maßnahmen sind Voraussetzung dafür, eine **Beeinträchtigung** der Persönlichkeitsrechte der Betroffenen bei der Durchführung der Forschung oder Planung zu **verhindern**. Daß die schutzwürdigen Belange dennoch tangiert sein können, kann sich aus der besonderen »**Sensitivität**« der verarbeiteten Angaben (vgl. o. Rz. 74), der aufgrund der Besonderheit des Projekts langen Aufrechterhaltung des Personenbezugs (z. B. **Langzeitstudien**) und vergleichbaren Faktoren ergeben.

82 Die dargestellten technischen und organisatorischen Vorkehrungen sind nicht nur im Zusammenhang mit der Frage zu prüfen, inwieweit schutzwürdige Belange der in das Projekt einbezogenen Personen betroffen sind. Sie bilden vielmehr **generell** den für eine **datenschutzkonforme Durchführung** von Forschung und Planung notwendigen Rahmen, gelten also auch bei Vorhaben, die auf der Basis von **Einwilligungen** der Betroffenen ablaufen. Aus dem gleichen Grund sind diese Maßnahmen auch dann zu treffen, wenn im Einzelfall das öffentliche Interesse überwiegt und das Projekt entgegen den (subjektiven) Geheimhaltungsinteressen der Betroffenen durchgeführt wird (vgl. u. Rz. 84 ff.). Sie sind von der forschenden/planenden Stelle **im Offenbarungs»antrag«darzustellen** bzw. nachzuweisen. In der Genehmigung sind die Vorkehrungen durch entsprechende **Auflagen** vorzuschreiben (ebenso *Hauck/Haines-Walloth* § 75 Rz. 21 a. E.; vgl. u. Rz. 126).

83 Keine praktische Bedeutung hat im Rahmen des § 75 die Vorgehensweise, **beim Betroffenen zurückzufragen**, ob und ggf. welche schutzwürdigen Belange er berührt sieht (3. TB/*BfD* S. 15; zu dieser Praxis bei § 68 vgl. dort Rz. 59). In diesen Fällen, in denen ja ohnehin Kontakt mit den in das Projekt einbezogenen Personen aufgenommen wird, ist es prinzipiell zumutbar, sogleich deren Einwilligung einzuholen (vgl. o. Rz. 65).

IX. Überwiegendes öffentliches Interesse (Abs. 1 Satz 1)

84 Werden schutzwürdige Belange des Betroffenen durch die Offenbarung seiner Sozialdaten beeinträchtigt, ist diese dennoch zulässig, soweit das **öffentliche Interesse** an der Forschung oder Planung das Geheimhaltungsinteresse des Betroffenen **erheblich überwiegt**. Diese Abwägungsformel ist die **Schlüsselstelle** der gesamten Forschungs- und Planungsregelung in § 75, bedenkt man die Vielzahl der Konstellationen, in denen sich die Einholung der Einwilligung als unzumutbar erweisen kann (vgl. o. Rz. 61). Legt man das »öffentliche Interesse« zu extensiv aus, kann damit die Schutzwirkung des § 75 erheblich abgeschwächt werden. Wird

Offenbarung für Forschung und Planung § 75

dagegen ein zu strenger Maßstab angelegt, kann der Vorwurf einer »Zensur« von Wissenschaft und Forschung durch die Sozialbehörden auftauchen (vgl. o. Rz. 18).

Bereits klargestellt wurde, daß das »öffentliche Interesse« **nur** in der Abwägung 85 des Abs. 1 **Satz 1**, also im Vergleich mit den Geheimhaltungsinteressen der von der Datenoffenbarung betroffenen Personen, zu prüfen ist. Dagegen kann es nicht zur Auslegung der Zumutbarkeit sei es der Einholung der Einwilligung, sei es der Zweckerreichung auf andere Weise nach Abs. 1 Satz 2 herangezogen werden (so aber *Lauterbach/Watermann* UV, § 75 Anm. 11; *Verbandskommentar* § 75 Rz. 8; vgl. o. Rz. 20, 68).

Zwischen den Begriffen **»schutzwürdige Belange«** und **»Geheimhaltungsinter-** 86 **esse«** in den beiden Alternativen des Abs. 1 Satz 1 besteht inhaltlich **kein Unterschied**. Die Formulierung in § 75 (»...nicht beeinträchtigt werden...«) verlangt jedoch, daß vor jeder Offenbarung die Nichtbeeinträchtigung von der übermittelnden Stelle positiv festgestellt wird (vgl. o. Rz. 71; s. auch § 68 Rz. 56), und zwar bezogen auf den **einzelnen** Versicherten, Sozialhilfeempfänger oder Schwerbehinderten, dessen Daten in die Untersuchung einbezogen werden sollen. Dies läßt sich bei **größeren Personengruppen** nicht realisieren; von der Beeinträchtigung der schutzwürdigen Belange zumindest eines Teils von ihnen ist daher auszugehen. In diesen Fällen ist daher immer mit dem öffentlichen Interesse an der Forschung und Planung abzuwägen; die entgegenstehenden Geheimhaltungsinteressen können dann aber nur aufgrund von Erfahrungswerten in bezug auf die betroffene Gruppe insgesamt gewichtet werden (undurchführbar insoweit die gegenteilige Auffassung von *Pickel* DuD 1986, 100, 101; *Brackmann* Handbuch, Bd. I/2, S. 233 vI).

Die Abwägungsformel betrifft **alle** Offenbarungssituationen nach § 75, gleich ob 87 es um ein Projekt des Sozialleistungsträgers selbst oder das einer externen Institution geht. **Keine Rolle** spielt auch, ob die ersuchende Stelle **öffentlichrechtlichen** oder **privatrechtlichen** Charakter hat. Für die These, allein die »private (?) Forschung« müsse sich der Abwägung stellen (so *Hauck/Haines-Walloth* § 75 Rz. 22), findet sich im Gesetzeswortlaut keinerlei Stütze. Auch die Tatsache, daß sich in § 70 die gleiche Formulierung unter Bezug auf das **»öffentliche Interesse an der Durchführung des Arbeitsschutzes«** findet, widerlegt die Auffassung, bei »öffentlicher« Forschung oder Planung genüge ein »nicht qualifiziertes überwiegendes öffentliches Interesse« (*Hauck/Haines-Walloth* a. a. O.), da in § 70 ja nur behördliche und nicht private Informationsinteressen in die Prüfung einfließen können (vgl. § 70 Rz. 23f.).

Keinesfalls kann auch eine **generelle Privilegierung** der Projekte von **Soziallei-** 88 **stungsträgern** mit der Begründung gerechtfertigt werden, bei diesen sei von dem erheblichen Vorrang des Forschungsinteresses auszugehen. Insofern gilt hier das gleiche wie bei der Ablehnung einer Sonderbehandlung der »Eigenforschung« der Leistungsträger (vgl. o. Rz. 33ff.): Die Privilegierung der von der Sozialverwaltung abhängigen gegenüber der unabhängigen externen Forschung etwa durch die Hochschulen begegnet unter dem Blickwinkel des Art. 5 Abs. 3 GG verfassungsrechtlichen Bedenken (vgl. o. Rz. 37).

Auch reicht es für ein **»erhebliches«** überwiegendes Interesse an der Offenbarung 89 nicht aus, daß die Forschung oder Planung eine gesetzliche Aufgabe der ersuchenden Einrichtung ist (vgl. *Verbandskommentar* § 75 Rz. 9). Bei der Planung kann dies schon deshalb nicht der Fall sein, weil der Status als gesetzliche Aufgabe bereits bei der Prüfung von Abs. 1 Satz 1 **Nr. 2** festgestellt werden muß. Immerhin hat der **gesetzliche Auftrag zur Forschung** für die Abwägung eine gewisse **Indizwirkung** etwa bei Hochschulen oder Universitätsklinika.

90 Im Einzelfall kann jedoch Richtschnur der Beurteilung nur sein, ob die konkrete Untersuchung oder Studie **wichtige Erkenntnisse und Ergebnisse für den Sozialleistungsbereich erwarten** läßt. Die Resultate müssen so bedeutsam sein, daß selbst die Geheimhaltungsinteressen der Betroffenen dahinter zurückstehen müssen (zur Ablehnung einer Offenbarungsgenehmigung wegen Vorrangs des **Adoptionsgeheimnisses** durch den nordrhein-westfälischen Minister für Arbeit, Gesundheit und Soziales vgl. 8. TB/*LfD-NRW* S. 67f.). Im Interesse der **Wissenschaftsfreiheit** muß hier zwar bei den Einrichtungen unabhängiger wissenschaftlicher Forschung ein **großzügiger Maßstab** angelegt werden; sie haben das Recht, ihre Forschungsziele autonom zu definieren (vgl. o. Rz. 30 und u. Rz. 115). Differenzierungen können hier nur in Ausnahmefällen geboten sein: So kann eine breit und professionell angelegte Untersuchung eines universitären Sozialforschungsinstituts die längerfristige Analyse und damit auch Zurverfügungstellung besonders schutzwürdiger Jugendamtsakten rechtfertigen, die auf einen engen Teilaspekt begrenzte Studie eines Einzelforschers dagegen nicht. Bei Zweifeln kann die forschende/planende Stelle ggf. aufgefordert werden, aus ihrer Sicht zu der Relevanz der Forschungsergebnisse und der Vernachlässigung der Geheimhaltungsinteressen Stellung zu nehmen.

X. Genehmigungsverfahren und Entscheidungsbefugnis (Abs. 2)

1. Ablauf des Entscheidungsprozesses (Abs. 2 Satz 1)

91 Die Offenbarung bedarf der **vorherigen Genehmigung** durch die zuständige **oberste Bundes- oder Landesbehörde** (Abs. 2 Satz 1; für die »internen« Forschungsprojekte der Krankenkassen und Kassenärztlichen Vereinigungen ist die »Erlaubnis der Aufsichtsbehörde« einzuholen, § 287 Abs. 1 SGB V). Das Genehmigungsverfahren soll nach dem Willen des Gesetzgebers »sicherstellen, daß die Offenbarung für die Forschung oder Planung ein Ausnahmetatbestand bleibt, dessen Voraussetzungen in jedem Einzelfall sorgfältig zu prüfen sind« (Ausschußbericht, BT-Drucks. 8/4022, zu § 72 = jetzt § 75; zur Notwendigkeit von Ausführungsrichtlinien zu § 75 Abs. 2 3. TB/*BfD* S. 15, ebenso 2. TB/*Saarl.LfD* Ziff. 8.1; vgl. für den Bereich der BA Dienstblatt-Rderl. 155/87, Nr. 41).

92 Die Entscheidung über die Offenbarung ergeht in folgenden **Schritten**:
(1) Die forschende/planende Stelle stellt das **Offenbarungsersuchen** bei der Stelle, deren Sozialdaten zur Verfügung gestellt werden sollen.
(2) Die **Sozialbehörde prüft** das Vorliegen der Voraussetzungen des Abs. 1. Kommt sie zu einem **negativen** Ergebnis, lehnt sie selbst die Bitte der forschenden/planenden Stelle um Datenübermittlung ab; eine Vorlage an die Genehmigungsbehörde findet nicht statt. Nur wenn **bejaht** wird, daß die Bedingungen des Abs. 1 gegeben sind, kommt es zum Genehmigungsverfahren des Abs. 2: Die ersuchte Stelle bittet die zuständige oberste Behörde um Genehmigung (dazu u. Rz. 94f.).
(3) Die **Genehmigungsbehörde prüft**, ob die Voraussetzungen des Abs. 1 vorliegen. Wird dies verneint, teilt sie der offenbarenden Stelle die **Ablehnung** der

Offenbarung für Forschung und Planung **§ 75**

Genehmigung mit. Kommt die oberste Bundes- oder Landesbehörde zu einem befürwortenden Ergebnis, erteilt sie **der Sozialbehörde** die **Genehmigung** zur Offenbarung.
(4) Der **Sozialleistungsträger** teilt dem Forscher/Planer das **Ergebnis** der Überprüfung durch die Genehmigungsbehörde **mit**: Wird die Genehmigung abgelehnt, informiert sie darüber. Wird die Genehmigung aber erteilt, leitet die Sozialbehörde den Datenadressaten die Genehmigungsbedingungen einschließlich der Auflagen vor der Offenbarung zu.
(5) Wird die Genehmigung einschließlich der Auflagen vom Empfänger akzeptiert, d. h. werden keine **Rechtsmittel** eingelegt (dazu u. Rz. 129f.), erfolgt anschließend die Datenübermittlung.

Bereits ausgeführt wurde, daß das **Genehmigungsverfahren bei allen Anwendungsfällen** des Abs. 1 einzuhalten ist mit **Ausnahme** der »anderweitigen Zweckerreichung« durch die Übermittlung lediglich anonymisierter und aggregierter Daten, aber einschließlich der Situation, daß die Einwilligung der Betroffenen vorliegt (vgl. o. Rz. 69). 93

Die **Genehmigung** bewirkt die Zulässigkeit der Offenbarung; sie muß daher **vom Leistungsträger beantragt** und ausschließlich ihm erteilt werden. Adressat der §§ 67 ff. und damit auch des § 75 sind ausschließlich die offenbarenden SGB-Stellen. Eine Beantragung der Genehmigung **durch den Forscher/Planer** direkt bei der Genehmigungsbehörde sieht Abs. 2 **nicht** vor (wie hier *Verbandskommentar* § 75 Rz. 12; *Giese* NDV 1981, 223f.; *Heil/Mörsberger* in Deutscher Verein (Hrsg.), S. 222, 238; *P. J. Müller* Implementation, S. 157 Fn. 1; *Mörsberger* in Deutscher Verein (Hrsg.), Sozialplanung, S. 28, 46f.). Dies ist nicht zuletzt deshalb notwendig, weil sonst die um Offenbarung ersuchte Stelle umgangen würde. Nur der über die erwünschten Sozialdaten verfügende Leistungsträger kann aber »betroffenennah« über die schutzwürdigen Belange sowie die Einholbarkeit von Einwilligungen befinden. Nur er kennt das bei ihm vorhandene Datenmaterial und kann beurteilen, ob er statt personenbezogenen Sozialdaten anonymisierte Angaben liefern kann (Erforderlichkeit, Zweckerreichung auf andere Weise). Auch die dem § 75 nachgebildete Forschungsklausel des neuen HDSG macht ganz deutlich, daß es um eine **verwaltungsinterne Genehmigung** geht; dort wird klargestellt, daß jede übermittelnde Stelle selbst entscheidet, bei Stellen der Landesverwaltung jedoch – zusätzlich – die Genehmigung durch die oberste Landesbehörde notwendig ist (§ 33 Abs. 1 Satz 3 HDSG). 94

Unzutreffend ist daher die Auffassung, antragsberechtigt sei ausschließlich der Offenbarungsempfänger, entscheidungsbefugt und für die Offenbarung verantwortlich nur die Genehmigungsbehörde, dem Leistungsträger werde dagegen die Entscheidung über das Vorliegen der Offenbarungsvoraussetzungen abgenommen (so *Hauck/Haines-Walloth* § 75 Rz. 34, 35, 39; unklar *Lauterbach/Watermann* UV, § 75 Anm. 15, 21). Der Hinweis auf den Wortlaut von Abs. 2 Satz 2 und Satz 3 Nrn. 3 und 4 (so *Hauck/Haines-Walloth* a.a.O.) führt nicht weiter, da die Details des Genehmigungsinhalts keineswegs nur den Forscher/Planer betreffen, sondern der offenbarenden Stelle die Bedingungen für die Zulässigkeit der Datenübermittlung vorgeben. Diese Auffassung verkennt, daß zunächst die **Entscheidungsbefugnis bei der** zur Offenbarung aufgeforderten **SGB-Stelle** liegt, die Genehmigungsbehörde **anschließend** die Kompetenz zur Nachprüfung der von dieser SGB-Stelle befürworteten Übermittlung hat (ebenso *VDR* Auslegungsfra- 95 gen zum 10. Buch des SGB, 1981, S. 50; zum Rechtscharakter der Genehmigung vgl. u. Rz. 129). Konsequent ist daher die Verfahrensregelung im Bereich der Bundesanstalt für Arbeit (vgl. BA-Dienstblatt-Rderl. 155/87, Nr. 41): Die Arbeitsämter haben der Hauptstelle einen »**begründeten Entscheidungsvorschlag**« vorzulegen, »in dem alle für die Genehmigung relevanten Gesichtspunkte behandelt werden«. Voraussetzung ist, daß »die Dienststellen zu dem Ergebnis kommen, daß die Voraussetzungen für eine Offenbarung im Rahmen des § 75 SGB X ... vorliegen«. »Offenbarungsersuchen, denen ... nicht entsprochen werden kann, sind **in eigener Zuständigkeit abzulehnen.**«

96 Ausgangspunkt und Voraussetzung jeder Offenbarung nach § 75 ist das **Offenbarungsersuchen der forschenden/planenden Stelle**. Je ausführlicher dieser »Antrag« formuliert wird, je präziser er auf die Voraussetzungen des Abs. 1 eingeht, desto schneller kann über die gewünschte Datenübermittlung entschieden werden. Der Forscher/Planer sollte daher **folgende Punkte** angeben (vgl. *Hauck/Haines-Walloth* § 75 Rz. 37):

(1) eine genaue Beschreibung des Forschungs- oder Planungsvorhabens,
(2) die Phasen des Projekts, für die Sozialdaten benötigt werden,
(3) die Art der Daten und den Kreis der Betroffenen,
(4) die Möglichkeit oder Unzumutbarkeit, die Einwilligung der Betroffenen einzuholen, ggf. verbunden mit dem Vorschlag für ein Verfahren (z. B. Versendung vorformulierter Zustimmungserklärungen durch den Leistungsträger),
(5) die getroffenen technischen und organisatorischen Vorkehrungen der Datensicherung,
(6) bei Annahme der möglichen Beeinträchtigung schutzwürdiger Belange der Betroffenen den besonderen Stellenwert des Projekts für die Forschung oder Planung im Sozialleistungsbereich (»erheblich überwiegendes öffentliches Interesse«),
(7) die Frist, bis zu der die offenbarten Sozialdaten mit Personenbezug (!) aufbewahrt werden müssen, um den Forschungszweck zu erreichen.

2. Genehmigungsbehörde (Abs. 2 Satz 1)

97 Die Erteilung der Genehmigung ist Sache der für die offenbarenden SGB-Stelle **fachlich** zuständigen obersten Bundes- oder Landesbehörde. Daß in Abs. 2 Satz 1 die fachliche Zuständigkeit gemeint ist, ergibt sich nicht nur aus den Vorstellungen des Gesetzgebers (Ausschußbericht, BT-Drucks. 8/4022, S. 87, zu § 72 = jetzt § 75), sondern ist auch sachgerecht, weil die Feststellungen und Beurteilungen nach Abs. 1 Fachkenntnisse auf den Gebieten der Sozialforschung bzw. Sozialplanung sowie des Sozialrechts voraussetzen.

98 Die Differenzierung zwischen der fachlich zuständigen und der sonstigen obersten Aufsichtsbehörde ist in erster Linie für die **kommunalen Leistungsträger** relevant. Für Städte, Kreise und Gemeinden sind die **Innen**ministerien der Länder oberste allgemeine Kommunalaufsichtsbehörde. Für den in diesem Zusammenhang entscheidenden Sozialleistungsbereich der Kommunen sind dagegen die **Sozial**ministerien in oberster Instanz fachlich kompetent; sie geben die Genehmigung nach Abs. 2. Die – zusätzliche – Einschaltung der Kommunalaufsicht kann allerdings im Einzelfall in Betracht kommen.

99 Bei den **Sozialversicherungsträgern**, deren Einzugsbereich sich über das Gebiet

eines Landes hinaus erstreckt, und den **Bundesverbänden** der Leistungsträger ist oberste Aufsichts- und damit Genehmigungsbehörde nach Abs. 2 der **Bundesminister für Arbeit und Sozialordnung** (§§ 90 Abs. 1, 94 SGB IV, 414 Abs. 4 Satz 3 RVO). Bei **landesunmittelbaren** Versicherungsträgern und deren **Verbänden** haben diese Funktion die **Ländersozialminister bzw. -senatoren** (vgl. § 90 Abs. 2 SGB IV und § 414 Abs. 4 Satz 2 RVO; s. dazu § 35 Rz. 48). Bei **privatrechtlich** verfaßten Verbänden und Arbeitsgemeinschaften (z. B. VDR) genehmigt diejenige Behörde, die fachlich zuständig wäre, wenn diese Zusammenschlüsse eine öffentlich-rechtliche Rechtsform hätten (vgl. *Hauck/Haines-Walloth* § 75 Rz. 36). Dabei ist jedoch immer Voraussetzung, daß die um Offenbarung ersuchten Verbände oder Arbeitsgemeinschaften die Daten als speichernde Stelle und nicht nur als Auftragnehmer besitzen (vgl. § 80 Rz. 12 ff.).

Die Entscheidung über die Genehmigung wird von der zuständigen Behörde als **100** Institution gefällt und nicht, wie es in der Ausschußbegründung (BT-Drucks. 8/4022, S. 87) heißt, von dem jeweiligen Minister oder seinem allgemeinen Stellvertreter höchstpersönlich. In Rz. 4 wurde bereits auf die Änderung des der Ausschußbegründung zugrundeliegenden Gesetzestexts im Vermittlungsausschuß – mit dem Ergebnis der jetzigen Formulierung – hingewiesen.

Ein und dasselbe Forschungs- oder Planungsvorhaben kann die Entscheidung **111** **mehrerer** Ministerien erforderlich machen (vgl. Ausschußbericht, BT-Drucks. 8/4022, S. 87). Dieser Fall kann z. B. eintreten, wenn Sozialdaten sowohl von landes- als auch von bundesunmittelbaren Sozialbehörden offenbart werden sollen, oder ein Projekt Datenmaterial von Leistungsträgern aus verschiedenen Bundesländern erfordert.

Die für die das Projekt durchführende Stelle, also den **Datenempfänger**, ggf. **112** vorhandene **oberste Fachbehörde** ist am Genehmigungsverfahren nach Abs. 2 **nicht** beteiligt. Allerdings kann es aufgrund der Geschäftsordnungen der Bundes- und Landesregierungen geboten sein, daß dieses Ministerium eingeschaltet wird (vgl. Ausschußbericht, a. a. O.). Der fachliche Rat dieser Dienststelle kann insbesondere dann von Nutzen sein, wenn das »öffentliche Interesse« nach Abs. 1 Satz 1 in Frage steht und substantieller Begründung bedarf (so auch *Verbandskommentar* § 75 Rz. 9).

Das Genehmigungsverfahren nach Abs. 2 ist auch dann einzuhalten, wenn das für **113** die Genehmigung zuständige **Ministerium selbst die forschende oder planende Stelle** ist (ebenso *Verbandskommentar* § 75 Rz. 9). Dies ist kein sinnloser Formalismus: Zum einen bleibt es auch in diesen Fällen dabei, daß zunächst die offenbarende Stelle autonom die Voraussetzungen des Abs. 1 prüft. Zum anderen ist die schriftliche (vgl. dazu Rz. 128) Genehmigungserklärung notwendig, um für den Leistungsträger Klarheit darüber zu schaffen, unter welchen Bedingungen und Auflagen er übermitteln darf (auf die Problematik der Interessenkollision bei dieser Konstellation weist allerdings zu Recht *Wiese* DAngVers. 1980, 460, hin; sie wird erhärtet durch das Umfrageergebnis von *P. J. Müller* Implementation, S. 165, nach dem 1982/1983 80 % der in die Umfrage einbezogenen genehmigten Forschungsvorhaben von der genehmigenden oder einer anderen Landesbehörde in Auftrag gegeben worden waren).

3. Versagung (Abs. 2 Satz 2)

114 Die **Genehmigung** darf im Hinblick auf den Schutz des Sozialgeheimnisses nur **versagt** werden, wenn die Voraussetzungen des Abs. 1 nicht vorliegen (Abs. 2 Satz 2). Die Ausschußbegründung formuliert etwas mißverständlich, »diese **Ermessens**beschränkung soll(e) vermeiden, daß die jeweilige politische Spitze über die Genehmigung mittelbar auf die Inhalte der Forschung oder Planung Einfluß nimmt« (Ausschußbericht, BT-Drucks. 8/4022, S. 87). Bei der Prüfung der Tatbestandsmerkmale des Abs. 1 besteht jedoch keinerlei Ermessen, sondern nur ein **Beurteilungsspielraum** hinsichtlich der unbestimmten Rechtsbegriffe. Dieser Beurteilungsspielraum ist allerdings angesichts der **generalklauselartigen Weite** der in Abs. 1 verwandten Begriffe groß, so daß es nicht verwundert, wenn der Vorwurf erhoben wird, »die Administration (werde) zum Richter über Methode und Ziel der Forschung erhoben« (vgl. *Simitis* in Waehler (Hrsg.), S. 87, 108; Kritik auch bei *P.J. Müller/Scheuch* Zentralarchiv für empirische Sozialforschung, Inf. Nr. 13, S. 12, 16; zu den Ergebnissen der einzigen bisher veröffentlichten Untersuchung zur Genehmigungspraxis nach § 75 vgl. *P.J. Müller* Implementation, S. 163ff.).

115 Liegen nach dieser ausschließlich auf den Sozialdatenschutz, also die Tatbestandsmerkmale des Abs. 1, bezogenen rechtlichen Prüfung keine Versagungsgründe vor, **muß** die Genehmigung erteilt werden. Insoweit besteht dann auch über die **Offenbarungsbefugnis** hinaus ein **Anspruch** des Forschers/Planers auf den **Zugang zu Sozialdaten** (vgl. o. Rz. 15; zu den Einschränkungen vgl. allerdings u. Rz. 117). Außerhalb des Abs. 1 liegende Argumente, also z.B. reine Zweckmäßigkeitsgesichtspunkte oder Kritik an der Validität der vom Forscher/Planer gewählten Untersuchungsmethode, dürfen bei der Entscheidung über die Genehmigung nicht herangezogen werden (vgl. *Meydam* BlStSozArbR 1980, 284; *Rische* DRV 1980, 338). Unabhängig davon ist die Frage zu beurteilen, unter welchen Voraussetzungen die Genehmigungsbehörde in ihrer Funktion als Fachaufsicht den ihr unterstellten Sozialleistungsträgern die Genehmigung finanzieller Mittel für ein Forschungs- oder Planungsvorhaben verweigern kann (bejahend *Brackmann* Handbuch, Bd. I/2, S. 233 vI).

116 Soweit es um die Prüfung der Offenbarungsvoraussetzungen des Abs. 1 geht, gilt die in Abs. 2 Satz 2 angeordnete **Beschränkung der Versagungsgründe** nicht nur für die Genehmigungsbehörde, sondern **auch für den offenbarenden Leistungsträger**. Auch er ist nicht befugt, Forschungs- oder Planungsansätze zu zensieren. Mit der erteilten Genehmigung ist der Umfang der von der SGB-Stelle zu übermittelnden Angaben, soweit datenschutzrechtliche Aspekte betroffen sind, verbindlich umschrieben (vgl. *Eicher/Haase/Rauschenbach* § 75 Anm. 9).

117 Doch kann der ersuchte Leistungsträger zusätzlich die Gegenargumente geltend machen, die auch die **Ablehnung der Amtshilfe** rechtfertigen (vgl. § 4 Abs. 3 SGB X). Er kann die Datenübermittlung verweigern, wenn die Auswahl und Aufbereitung der Informationen bzw. Unterlagen nur mit unverhältnismäßig großem Aufwand möglich wäre oder die Erfüllung der eigenen Verwaltungsaufgaben ernstlich gefährden würde. Allerdings sind an das Vorliegen dieser Ablehnungsgründe **strenge** Anforderungen zu stellen, um die Forschungsfreiheit und den zu ihrer Sicherung notwendigen Datenzugang nicht mit Bequemlichkeitskriterien auszuhebeln.

118 Die Genehmigung darf auch dann nicht erteilt werden, wenn bei der die Sozialda-

Offenbarung für Forschung und Planung § 75

ten erhaltenden und verarbeitenden Stelle eine ordnungsgemäße Datensicherung (Zugangs-, Zugriffssicherung usw.) nicht gewährleistet ist. Die **effiziente Datensicherung** beim Empfänger gehört zu den Voraussetzungen des Abs. 1; bei ihrem Fehlen werden die schutzwürdigen Belange der Betroffenen beeinträchtigt (vgl. o. Rz. 75 ff.). Aber auch dann, wenn die Einwilligungen der Betroffenen vorliegen oder das Überwiegen des öffentlichen Interesses an der Forschung oder Planung bejaht wird, muß eine unzulängliche Datensicherung zur negativen Bescheidung des Offenbarungsersuchens führen, nicht zuletzt deshalb, da sonst nicht sichergestellt ist, daß die Zweckbindung und Geheimhaltungspflicht des Datenempfängers (§ 78) eingehalten werden (vgl. o. Rz. 82). Eine Ablehnung kommt allerdings dann nicht in Betracht, wenn die Datensicherung durch entsprechende Auflagen hergestellt werden kann (vgl. u. Rz. 126).

4. Inhalt (Abs. 2 Satz 3)

Den **(Mindest-)Inhalt der Genehmigung** legt Abs. 2 Satz 3 Nrn. 1 bis 4 fest. Sie muß genau bezeichnen 119

(1) den **Empfänger**, d. h. die forschende oder planende Stelle, die die Sozialdaten erhält und auswertet (vgl. u. Rz. 120)
(2) die **Art** der zu offenbarenden personenbezogenen Daten und den **Kreis der Betroffenen** (dazu u. Rz. 121 f.)
(3) die **Forschung** oder **Planung**, zu der die offenbarten Daten verwendet werden dürfen (vgl. u. Rz. 123), und
(4) den **Tag**, bis zu dem die übermittelten Sozialdaten **aufbewahrt** werden dürfen (dazu u. Rz. 124).

Als **Empfänger**angabe (Nr. 1) genügt keinesfalls eine mehr oder weniger allgemeine Institutionsbezeichnung (z. B. Universität X, Institut Y). Sie hat nicht zuletzt die Funktion, die Verantwortlichkeit für den datenschutzgerechten Umgang, für die strikt zweckgebundene Verwertung und die rechtzeitige Löschung der erhaltenen Sozialdaten klarzustellen. Notwendig ist daher die **namentliche Benennung** zumindest des **Projektverantwortlichen**, wenn möglich auch seiner an der Untersuchung beteiligten **Mitarbeiter** (z. B. Herrn Prof. X und seine Mitarbeiter, Herr Y und Frau Z; a. A. *Lauterbach/Watermann* UV, § 75 Anm. 15, der dafür allerdings auch die »Zwischenempfänger« der Sozialdaten in den Bescheid aufnehmen will). 120

Auch bei der Bezeichnung der Daten**art** (Nr. 2) reichen allgemeine Kategorisierungen wie »Sozialdaten«, »Krankheitsdaten«, »Leistungsdaten« u. ä. nicht aus. Nach Möglichkeit ist der **genaue Datensatz** anzugeben, mindestens ist eine inhaltliche und zeitliche Fixierung vorzunehmen (z. B.: »Daten über Unfälle in Behinderteneinrichtungen im Landkreis X von 1982 bis 1984«). 121

Mit dem **Kreis der Betroffenen** (Nr. 2) ist die Personengruppe oder -kategorie gemeint, deren Sozialdaten in die Studie oder Untersuchung einbezogen sind. In aller Regel bedeutet dies keine namentliche Auflistung aller Betroffenen. Sollen aber nur wenige Personen Gegenstand des Vorhabens sein, kommt auch die namentliche Nennung in Betracht (z. B.: »Akten über Pflegefälle mit den Anfangsbuchstaben des Namens A bis D«, »Akten der Heiminsassen Müller und Meier«). 122

Weiterhin muß das **Thema des Forschungs- oder Planungsprojekts genau** formu- 123 liert sein (Nr. 3). Im Genehmigungsbescheid hat die genaue Bezeichnung des Vorhabens die Funktion, die zulässige Datenverwendung abschließend einzugrenzen und damit die Zweckbindung der Informationsverwertung zu gewährleisten. Die Nutzung der übermittelten Angaben zu anderen Forschungs- und Planungszielen, auch wenn sie als »Anschlußprojekte« oder »Ergänzungsstudien« deklariert werden, ist dann unzulässig.

124 Die **präzise Fixierung des Tages**, bis zu dem die offenbarten Daten **aufbewahrt** werden dürfen (Nr. 4), bedeutet den letzten Verfallstermin, bis zu dem die Angaben **personenbezogen** aufgezeichnet bleiben dürfen. Bis zu diesem Tag darf allerdings nicht gewartet werden, wenn der Forschungszweck bereits vorher auf den Personenbezug verzichten kann und mithin die Löschung bereits früher möglich ist (vgl. o. Rz. 77). Dies muß auch im Text der Genehmigung zum Ausdruck kommen (»... dürfen nur solange aufbewahrt werden, wie dies zur Auswertung im Rahmen des Forschungsvorhabens erforderlich ist, längstens bis zum 30. 6. 1989«). Die Notwendigkeit, den letzten Verfallstermin taggenau festzulegen, bedeutet im Umkehrschluß, daß es nicht genügt, lediglich Wochen-, Monats- oder Jahres**fristen** anzugeben. Erweist sich zur Durchführung der Untersuchung eine längere Aufbewahrungszeit als geboten, kann die forschende/ planende Stelle um eine Ergänzung der Genehmigung um einen späteren Löschungstermin nachsuchen. Nach dem genannten Tag sind die personenbezogenen Sozialdaten zu **anonymisieren** oder zu **löschen** bzw. zu vernichten, worauf ebenfalls das Genehmigungsschreiben hinweisen sollte. Entgegen der Regelung in § 84 erfolgt keine Prüfung mehr, ob durch die Löschung schutzwürdige Belange der Betroffenen beeinträchtigt werden (vgl. *Verbandskommentar* § 75 Rz. 10 d).

5. Auflagenvorbehalt (Abs. 2 Satz 3 2. Halbs.)

125 Die Genehmigung steht auch ohne besonderen Hinweis unter dem **Vorbehalt der nachträglichen Aufnahme, Änderung oder Ergänzung einer Auflage** (Abs. 2 Satz 3 2. Halbs.). Auflagen sind Nebenbestimmungen zu Verwaltungsakten (zur Qualität der Genehmigung als Verwaltungsakt vgl. Rz. 129 f.). Normalerweise ist ein **ausdrücklich** erklärter Vorbehalt der späteren Aufnahme, Änderung oder Ergänzung einer Auflage notwendig (§ 32 Abs. 2 Nr. 5 SGB X); im Rahmen des § 75 gilt dies nicht. Werden der Genehmigungsbehörde Tatsachen bekannt, die zur Wahrung des Sozialgeheimnisses weitere Vorkehrungen angezeigt erscheinen lassen, kann sie mithin jederzeit mit dem Instrument der Auflage eingreifen.

126 Nicht nur zur Verminderung des Verwaltungsaufwands, sondern auch und gerade zur bestmöglichen Realisierung der Forschungsfreiheit durch Festlegung klarer Vorgaben ist es geboten, so wenig wie möglich von diesem Vorbehalt der **nachträglichen** und zusätzlichen Auflagen Gebrauch zu machen und statt dessen die zur Gewährleistung des Sozialgeheimnisses erforderlichen Maßnahmen gleich in die Genehmigung aufzunehmen. In Betracht kommen als **gleichzeitige** oder nachträgliche **Auflagen** vor allem die Modalitäten der Offenbarung, des Datenzugangs und der Datenlöschung (vgl. *Hauck/Haines-Walloth* § 75 Rz. 38). So kann beispielsweise vorgeschrieben werden, daß eine **Akteneinsicht** ausschließlich in den **Diensträumen** der offenbarenden Stelle vorgenommen werden darf, daß Unterlagen **nicht kopiert** und aus den Amtsräumen entfernt werden dürfen.

Offenbarung für Forschung und Planung § 75

Auch kann z. B. die Auflage gemacht werden, daß die **ordnungsgemäße Löschung/Vernichtung anzuzeigen** bzw. nachzuweisen ist.
Allerdings dürfen Auflagen nicht dem Zweck der Genehmigung zuwiderlaufen 127
(vgl. § 32 Abs. 3 SGB X). Die Genehmigungsbehörde darf keine solchen zusätzlichen Voraussetzungen aufstellen, die das Forschungs- oder Planungsvorhaben im Ergebnis unmöglich machen. Daher ist eine **Rücksprache** mit der offenbarenden ebenso wie mit der forschenden/planenden Stelle über die Realisierbarkeit ggf. vorgesehener Auflagen angezeigt.

6. Form und Rechtscharakter

Die Genehmigung bedarf der **Schriftform** (ebenso *Verbandskommentar* § 75 128
Rz. 10). Nur so läßt sich die Forderung des Gesetzes nach einer genauen Bezeichnung der Einzelheiten der Offenbarung ordnungsgemäß und für Zweifelsfälle dokumentiert nachkommen.
Die Genehmigung betrifft die Offenbarung der Sozialdaten und wird **gegenüber** 129
der offenbarenden Stelle ausgesprochen (vgl. o. Rz. 94). Im Verhältnis zu der forschenden/planenden Stelle stellt sie keinen Verwaltungsakt dar. Vielmehr handelt es sich um eine **verwaltungsinterne Zustimmung** zum Erlaß eines Verwaltungsakts durch eine andere Behörde, hier also die offenbarende Stelle. Die Verweigerung der Genehmigung kann mithin von der forschenden/planenden Stelle **nicht selbständig** auf dem Verwaltungsrechtsweg angegriffen werden (ebenso *Verbandskommentar* § 75 Rz. 12; a. A. *Heil/Mörsberger* in Deutscher Verein (Hrsg.) S. 222, 241 f.).
Der Bescheid ergeht vielmehr **durch den Sozialleistungsträger**, auch wenn er 130
formal lediglich die Genehmigung und deren Inhalt dem Forscher/Planer mitteilt.
Gegen die **Verweigerung der Offenbarung** oder nach ihrer Auffassung unzumutbare Auflagen stehen der forschenden/planenden Stelle Rechtsmittel zur Verfügung. In einem solchen **Rechtsstreit gegen die SGB-Stelle** wird dann auch die Rechtmäßigkeit des Inhalts der Genehmigung bzw. ihrer Versagung durch die oberste Bundes- oder Landesbehörde inzident mitgeprüft. Richtige Klageart ist die **Verpflichtungsklage**, da der Erlaß eines begünstigenden Verwaltungsakts, nämlich der Erteilung der Offenbarungsgenehmigung, beantragt wird (ebenso *Heil/Mörsberger* in Deutscher Verein (Hrsg.), S. 242).
Hält sich die das Forschungs- oder Planungsvorhaben durchführende Stelle nicht 131
an die im Genehmigungsbescheid erteilten Auflagen, kann die nach Abs. 2 zuständige oberste Bundes- oder Landesbehörde die **Offenbarungsgenehmigung** nach § 47 Abs. 1 Nr. 2 SGB X **widerrufen** (vgl. *Knopp* SGB-SozVers-GesKomm, § 75 Anm. 8). Der Leistungsträger ist dann seinerseits gehalten, den Widerruf gegenüber der forschenden/planenden Stelle auszusprechen.

XI. Verhältnis zu anderen Vorschriften

1. § 69

132 § 75 ist im Verhältnis zu § 69 Abs. 1 Nr. 1 als **Sonderregelung** aufzufassen. Die Voraussetzungen des Abs. 1 und das Genehmigungsverfahren des Abs. 2 sind auch bei solchen Forschungs- und Planungsvorhaben einzuhalten, die von einer in § 35 Abs. 1 SGB I genannten Stelle durchgeführt oder veranlaßt werden und mit einer Offenbarung personenbezogener Sozialdaten verbunden sind (ausführliche Begründung o. Rz. 33ff.).

2. § 76

133 Die Einschränkung der Offenbarungsbefugnis bei besonders schutzwürdigen Daten (§ 76) gilt auch für Datenübermittlungen zu Forschungs- und Planungszwecken nach § 75. § **76** macht für die Offenbarungsfälle des § 75 **keine Ausnahme** (einhellige Auffassung, vgl. u. a. *Wiese* DRV 1980, 353; *Pappai* KrV 1980, 255; *Hauck/Haines-Walloth* § 75 Rz. 31). Daß dies auch vom Gesetzgeber beabsichtigt ist, ergibt sich aus der Ausschußbegründung, die die »Gesundheitsforschung« und die Anwendbarkeit von § 76 ausdrücklich anspricht (vgl. u. Rz. 135).

134 Dementsprechend dürfen Daten, die dem Leistungsträger von einem Arzt zugänglich gemacht worden sind, einer forschenden/planenden Stelle nur unter den Voraussetzungen weitergegeben werden, unter denen der Arzt selbst zur Übermittlung für Forschungszwecke befugt ist. Die **ärztlichen Berufsordnungen** kennen hier mehrheitlich nur die Alternative **Anonymisierung** vor der Offenbarung oder **ausdrückliche** – also nicht konkludente (vgl. § 76 Rz. 63f.) – **Zustimmung** des Patienten (vgl. z. B. § 2 Abs. 7 der Berufsordnung für die nordrheinischen Ärzte, abgedruckt u. § 76 Rz. 17).

135 Diese Rechtslage hat zur Konsequenz, daß Forschung/Planung im Sozialleistungsbereich mit von Ärzten stammenden patientenbezogenen Informationen praktisch **nur mit Einwilligung** der Betroffenen stattfinden kann (vgl. *Steinmüller* in Kilian/ Reichertz (Hrsg.), S. 27, 48; im Ergebnis ebenso *Kilian* Rechtsfragen der medizinischen Forschung mit Patientendaten, S. 74). Für diese Daten gibt es die Möglichkeit der Abwägung von öffentlichem Interesse und Geheimhaltungsinteresse der Patienten nach Abs. 1 nicht. Dazu heißt es in der Ausschußbegründung »*Der Ausschuß* (sc. für Arbeit und Sozialordnung) *hat sich auf Grund der Stellungnahme des Ausschusses für Jugend, Familie und Gesundheit mit der Frage befaßt, ob dadurch insbesondere die Gesundheitsforschung beeinträchtigt werden kann. Er ist zu dem Ergebnis gelangt, daß ... die danach* (sc. nach § 203 Abs. 1 Nr. 1 StGB und dem ärztlichen Standesrecht) *bestehende Rechtslage für den Sozialleistungsbereich nicht ohne zwingenden Grund geändert werden soll*« (BT-Drucks. 8/4022, zu § 72 = jetzt § 75, S. 86).

136 Zwar trifft § 76 Abs. 2 Nr. 1 eine **Ausnahme** für diejenigen besonders schutzwürdigen Daten, die der Leistungsträger »im Zusammenhang mit einer **Begutachtung** wegen der Erbringung von Sozialleistungen oder wegen der Ausstellung einer **Bescheinigung**« erhalten hat (zu diesen Tatbestandsmerkmalen ausführlich § 76 Rz. 74f.), und zwar für den Fall der Offenbarung zur gesetzlichen Aufgabenerfüllung nach § 69 Abs. 1 Nr. 1. Da ein großer Teil der medizinischen, psychologi-

Offenbarung für Forschung und Planung § 75

schen u. a. Datenbestände der Sozialverwaltung unter dieser Ausnahme fällt (vgl. jetzt auch §§ 275 bis 277 SGB V betr. die Erstellung und Weiterleitung von Gutachten durch den Medizinischen Dienst der Krankenversicherung), liegt hier die **entscheidende Privilegierung der »Eigenforschung«** der Leistungsträger: Diese Daten dürften für eigene Forschungs- und Planungsuntersuchungen ohne die Restriktionen des § 76 Abs. 1 offenbart werden. Da aber für eine Anwendung des § 69 Abs. 1 Nr. 1 für die eigene Forschung und Planung der Sozialbehörden kein Raum ist (vgl. o. Rz. 132), verbleibt es bei den Offenbarungsbeschränkungen des Arztrechts für **alle** besonders schutzwürdigen Angaben.

Diese Rechtslage ist für die Datenbeschaffungsmöglichkeiten der Gesundheitsforschung **äußerst restriktiv**. Klagen von Wissenschaftlern über die Behinderung von Datenflüssen durch Datenschutz insbesondere für die epidemiologische Forschung sind zahlreich (vgl. die Beiträge von *Wagner* und *Horbach/Loskant* in Kilian/Reichertz (Hrsg.), S. 117 ff., 127 ff.). So verwundert auch nicht, daß der Wissenschaftliche Beirat der **Bundesärztekammer** bereits 1981 »Empfehlungen zur Beachtung der ärztlichen Schweigepflicht bei der Verarbeitung personenbezogener Daten in der medizinischen Forschung« verabschiedet hat, nach denen unter bestimmten Umständen – sie ähneln denen des § 75 Abs. 1 – die ausdrückliche Einwilligung des Patienten nicht notwendig ist (abgedruckt bei *Kilian/Reichertz* (Hrsg.), S. 12 ff.; Erl. dazu bei *Deneke* in Kilian/Reichertz (Hrsg.), S. 5 ff.). Doch bleibt festzuhalten, daß diese Empfehlungen insoweit mit dem das strafrechtliche Berufsgeheimnis konkretisierenden ärztlichen Standesrecht nicht vereinbar sind (so zu Recht *Hollmann* in Kilian/Reichertz (Hrsg.), S. 169, 175). Diese Situation unterstreicht das Grundproblem des § 76, daß die **Rückverweisung auf Berufsrecht** die Offenbarungsmöglichkeiten von der jeweiligen berufsständischen Einschätzung der externen Informationsinteressen völlig abhängig macht. Abhilfe schaffen können hier nur entsprechende **bereichsspezifische Regelungen**; Beispiel hierfür ist das nordrhein-westfälische Krebsregistergesetz vom 12. 2. 1985 (GVBl. NW S. 125), das ein Melderecht des Arztes an die Forschungseinrichtung vorsieht (vgl. *Böhm/Wagner* CR 1987, 621, 625 f.).

Insoweit im Rahmen des § 75 Sozialdaten offenbart werden sollen, die nicht von Ärzten, sondern von Angehörigen der anderen in § 203 Abs. 1 StGB genannten Berufsgruppen (z.B. **Sozialarbeiter, Berufspsychologen**) dem Leistungsträger zugänglich gemacht worden sind, gibt es kein vergleichbares kodifiziertes Standesrecht, das Regelungen über das Verhältnis von Berufsgeheimnis und Forschungsinteressen enthält (vgl. dazu § 76 Rz. 27). Ob allerdings zumindest in diesem Bereich vom **Einwilligungserfordernis** abgegangen und ein Vorrang des Forschungsinteresses bejaht werden kann, ist zweifelhaft. Jedenfalls kann nicht generell der Sonderschutz des § 76 für psychologische u. ä. Daten niedriger angesetzt werden als bei medizinischen Angaben (für Unzulässigkeit der Auswertung von Akten des Jugendamts ohne Einwilligung des Betroffenen 4. TB/*LfD-BW* S. 91 f.).

3. § 78

Das Gebot der **Zweckbindung** der Datenverwendung und die **Geheimhaltungspflicht** des Empfängers (§ 78) spielen auch im Rahmen des § 75 eine wichtige Rolle. Die forschende/planende Stelle ist bei der Auswertung der übermittelten

Angaben strikt auf das in der Genehmigung (vgl. § 75 Abs. 2 Satz 3 **Nr. 3) genau bezeichnete Projekt** beschränkt (vgl. *Lang* in Lang u. a., S. 13, 73 f.). Auf die Zweckbindung und die notwendige Geheimhaltung sollte auch in der Genehmigung ausdrücklich hingewiesen werden. Sie zu gewährleisten erfordert bei der forschenden/planenden Stelle eine wirksame Datensicherung, d. h. u. a. eine **Abschottung** des Datenbestandes durch effiziente Maßnahmen der Zugangs- und Zugriffskontrolle (zu den Konsequenzen i. e. vgl. § 78 Rz. 13 ff., 29 ff.; vgl. auch o. Rz. 73 ff.). Für diese Erstreckung des Sozialgeheimnisses auf den Datenempfänger ist wiederum die Anwendung des »**funktionalen Stellenbegriffs**« (dazu ausführlich § 35 Rz. 26 ff.) gerade im kommunalen Bereich von besonderer Bedeutung: Erhält beispielsweise das städtische Planungs- und Statistikamt Sozialdaten vom Jugendamt, ist eine Weitergabe an dritte Ämter der gleichen Stadtverwaltung strikt untersagt.

141 Über § 78 i. V. m. § 35 Abs. 3 SGB I wird den mit übermittelten Sozialdaten forschenden oder planenden Personen in gewissem Umfang ein **Zeugnisverweigerungsrecht** eingeräumt bzw. für diesen Datenbestand die **Beschlagnahme verboten** (vgl. § 78 Rz. 30; s. auch *P. J. Müller* Implementation, S. 173 f.). Dies bedeutet eine partielle Abschottung der Forschung auch gegenüber den Gerichten (zu diesem Erfordernis *Simitis* in Waehler (Hrsg.), S. 87, 117 f.).

4. Forschungsklauseln in Landesdatenschutzgesetzen

142 § 75 **geht** als Bundesrecht nach Art. 31 GG den Forschungsbestimmungen in den Landesdatenschutzgesetzen (dazu o. Rz. 5, 7) **vor** (vgl. *Wiese* ÖVD 1981, 16). Die in diesen Normen teilweise als privilegierte Datenempfänger genannten Hochschulen und anderen Einrichtungen mit der Aufgabe unabhängiger wissenschaftlicher Forschung erhalten von den landesunmittelbaren und kommunalen Leistungsträgern – anders als von den übrigen Landes- und Kommunalbehörden – personenbezogene Daten ebenfalls nur unter den Voraussetzungen und nach dem Genehmigungsverfahren des § 75.

Einschränkg. d. Offenbarungsbefugnis b. personenbez. Daten § 76

§ 76 Einschränkung der Offenbarungsbefugnis bei besonders schutzwürdigen personenbezogenen Daten

(1) Die Offenbarung personenbezogener Daten, die einer in § 35 des Ersten Buches genannten Stelle von einem Arzt oder einer anderen in § 203 Abs. 1 und 3 des Strafgesetzbuchs genannten Person zugänglich gemacht worden sind, ist nur unter den Voraussetzungen zulässig, unter denen diese Person selbst offenbarungsbefugt wäre.

(2) Absatz 1 gilt nicht
1. im Rahmen des § 69 Abs. 1 Nr. 1 für personenbezogene Daten, die im Zusammenhang mit einer Begutachtung wegen der Erbringung von Sozialleistungen oder wegen der Ausstellung einer Bescheinigung zugänglich gemacht worden sind, es sei denn, daß der Betroffene der Offenbarung widerspricht,
2. im Rahmen des § 71 Abs. 1 Satz 2.

Inhaltsübersicht

		Rz.
I.	Entstehungsgeschichte	1, 2
II.	Bedeutung der Vorschrift	3– 8
III.	Offenbarungsbeschränkung (Abs. 1)	9–72
	1. Einschränkung der Offenbarungsbefugnisse der §§ 68 ff.	10–13
	2. Inhalt des § 203 Abs. 1 und 3 StGB	14
	3. Berufsgruppen und Berufsgeheimnisse	15–45
	a) Ärzte	16–19
	b) Zahnärzte	20
	c) Apotheker	21, 22
	d) Andere Heilberufe	23–25
	e) Diplom-Psychologen	26, 27
	f) Rechtsanwälte	28, 29
	g) Berater nach Nr. 4	30
	h) Berater nach Nr. 4a	31
	i) Sozialarbeiter oder Sozialpädagogen	32–34
	j) Berufsmäßig tätige Gehilfen	35–37
	k) Personen in der Berufsvorbereitung	38
	l) Verpflichtete nach Abs. 3 Satz 2	39
	m) Bekanntwerden der Daten an Personen in der Berufsfunktion	40–42
	n) Geheimnisbegriff bei Berufsgeheimnissen	43, 44
	o) Abs. 2	44a
	p) Abs. 4	45
	4. Offenbarungsbefugnisse der Schweigepflichtigen bei Berufsgeheimnissen und die Anwendbarkeit im Sozialrecht	46–68
	a) Anwendbarkeit auf Offenbarungen nach § 35 SGB I	46
	b) Gesetzliche Mitteilungspflichten und -befugnisse	47–54
	c) Notstand	55–57
	d) Standes- und Berufsrecht	58, 59
	e) Einwilligung und Entbindung von der Schweigepflicht	60–66
	f) Wahrnehmung berechtigter Interessen	67–68
	5. Vom Arzt zugänglich gemachte Daten	69–72
IV.	Offenbarungserweiterung für Gutachtendaten (Abs. 2 Nr. 1)	73–76

§ 76 *Einschränkg. d. Offenbarungsbefugnis b. personenbez. Daten*

      1. Funktion der Regelung   73
      2. Gutachten und Bescheinigungen   74
      3. Zusammenhang mit Gutachten   75
      4. Erfüllung gesetzlicher Aufgaben   76
   V. Widerspruchsmöglichkeit für den Betroffenen   77–81
      1. Zeitpunkt und Form   77
      2. Adressat des Widerspruchs   78
      3. Konsequenzen des Widerspruchs   79
      4. Pflichten des Leistungsträgers   80, 81
  VI. Offenbarungserweiterung für Archivdaten (Abs. 2 Nr. 2)   82
 VII. Verhältnis zu anderen Vorschriften   82a–89
      1. § 69 SGB X   82a
      2. § 71 SGB X   83
      3. § 75 SGB X   84
      4. § 35 Abs. 3 SGB I   85
      5. §§ 86, 96, 100 SGB X   86, 87
      6. §§ 10, 11 BDSG   88
      7. §§ 87, 88 SGB IV   89
      8. § 277 SGB V   89a
VIII. Praktische Umsetzung; Einzelfälle   90–93

I. Entstehungsgeschichte

1 Die Vorschrift wurde aufgrund der Beschlußempfehlung des AuS-Ausschusses (BT-Drucks. 8/4022, S. 42, 87, § 73 des Entwurfs) aufgenommen, also vor den Beratungen des Bundesrats und dem Vermittlungsverfahren (s. Einl. Rz. 13). Nicht korrekt ist daher die Darstellung von *Steinmüller* DVR 1983, 279: »Dem Bundestagsausschuß **für Gesundheit usw.** blieb es vorbehalten, **in letzter Minute** noch eine fast absolute Privilegierung derjenigen Daten durchzusetzen, um derentwillen ein großer Teil des Gesetzgebungswerks unternommen worden war« (Hervorhebung nicht im Original).
Abs. 2 wurde neu gefaßt und erweitert durch das **Bundesarchivgesetz** (BArchG) vom 6. 1. 1988 (BGBl. I S. 62): Der Inhalt des aus zwei Sätzen bestehenden Abs. 2 wurde die jetzige Nr. 1, und die jetzige Nr. 2 wurde hinzugefügt (s. Rz. 82, § 71 Rz. 3, 42 ff., § 84 Rz. 27 ff.).
2 Die Vorschrift knüpft an an § 11 Satz 2 BDSG und gleichlautende Ländervorschriften: Dort ist für die **Übermittlung** von **personenbezogenen Daten** an Stellen außerhalb des öffentlichen Bereichs (anders als für die Datenübermittlung innerhalb des öffentlichen Bereichs, s. § 10 Abs. 1 Satz 2 BDSG) vorgeschrieben: »Unterliegen die personenbezogenen Daten einem Berufs- oder besonderen Amtsgeheimnis... und sind sie der übermittelnden Stelle von der zur Verschwiegenheit verpflichteten Person in Ausübung ihrer Berufs- oder Amtspflicht übermittelt worden, ist für die Zulässigkeit der Übermittlung« neben in § 11 Satz 1 BDSG genannten Voraussetzungen »erforderlich, daß die gleichen Voraussetzungen gegeben sind, unter denen sie die zur Verschwiegenheit verpflichtete Person übermitteln dürfte.« Im Vergleich mit dieser Regelung fehlt allerdings in § 76 Abs. 1 das Erfordernis, daß die Daten in Ausübung der Berufspflicht übermittelt wurden.

Einschränkg. d. Offenbarungsbefugnis b. personenbez. Daten § 76

II. Bedeutung der Vorschrift

Die Vorschrift **verlängert den Geheimisschutz**, dem personenbezogene Informationen nach § 203 Abs. 1 und 3 StGB (die Vorschrift ist auszugsweise abgedruckt in Rz. 14) unterliegen, auf die Leistungsträger und die anderen in § 35 SGB I genannten Stellen. § 203 Abs. 1 und 3 beziehen sich vor allem auf berufliche Verschwiegenheitspflichten der Ärzte, Rechtsanwälte und der Angehörigen weiterer Berufsgruppen (sowie die Verschwiegenheitspflichten, die die bei Ärzten usw. berufsmäßig tätigen Gehilfen, die Personen, die bei ihnen zur Vorbereitung auf den Beruf tätig sind, sowie die Personen, die das Geheimnis nach dem Tode des zur Wahrung Verpflichteten von dem Verstorbenen oder aus dessen Nachlaß erlangt haben, zu beachten haben). 3

Mit § 76 Abs. 1 soll erreicht werden, daß Informationen, die einem besonderen Berufsgeheimnis unterliegen, bei Sozialleistungsträgern und anderen SGB-Stellen ebenso gegen unbefugtes Offenbaren geschützt sind **wie bei den Angehörigen der entsprechenden Berufe selbst**. 4

Nach *Rische* (in Gliss u. a., S. 137) ist die Vorschrift aus der Sicht des § 203 StGB lediglich deklaratorischer Natur; denn durch § 203 Abs. 2 StGB, dem zufolge Amtsträger und für den öffentlichen Dienst besonders Verpflichtete Privatgeheimnisse ebenso zu wahren haben wie Ärzte usw., werde der Schutz, den § 76 Abs. 1 vorsieht, bereits erreicht. Dies ist **unzutreffend**, da § 203 Abs. 2 Satz 2, 2. Halbsatz ein Offenbarungsprivileg für Zwecke der öffentlichen Verwaltung gegenüber den Offenbarungsverboten der Abs. 1 und 3 enthält, und standes- oder berufsrechtliche Einschränkungen von Offenbarungsbefugnissen der in Abs. 1 und 3 Genannten gelten für die in § 203 Abs. 2 StGB Genannten, sofern sie nicht zugleich unter Abs. 1 oder 3 fallen, nicht.

Abs. 2 Satz 1 regelt eine **Ausnahme** vom verlängerten Geheimnisschutz: Für die Erfüllung sozialer Aufgaben darf eine SGB-Stelle Informationen der in Abs. 1 genannten Art dann auch ohne die Einschränkung des Abs. 1 weitergeben, wenn es sich bei den Informationen um **ärztliche Gutachten** handelt, die der Arzt wegen der Erbringung von Sozialleistungen oder wegen der Ausstellung einer Bescheinigung erstellt hat. Für andere Berufsgruppen nach § 203 Abs. 1 und StGB und die anderen dort genannten Personen gilt Entsprechendes. 5

Abs. 2 Satz 2 gibt aber dem Betroffenen ein **Widerspruchsrecht** gegen die nach Satz 1 unter erheblich abgeschwächten Voraussetzungen gegenüber Abs. 1 zulässige Weitergabe seiner Informationen. Die Folge eines solchen Widerspruchs ist, daß die Daten des Gutachtens oder der Bescheinigung nicht – auch nicht zu Zwecken, die den Betroffenen begünstigen – offenbart werden dürfen und er – sofern eine andere Art der Informationsbeschaffung nicht erfolgt – möglicherweise (unter den **Voraussetzungen des § 66 SGB I**) nicht die sozialrechtlichen Vergünstigungen erhält, für das ärztliche Gutachten oder die Bescheinigung die tatsächlichen Voraussetzungen bestätigt. 6

Die Überschrift der Vorschrift bezeichnet die als Berufsgeheimnisse geschützten Informationen als **besonders schutzwürdig** (die Formulierung ist – ähnlich wie Formulierungen der Datenschutzgesetze – nicht korrekt: schutzwürdig ist nicht die Information, sondern schutzwürdig ist das Interesse des Betroffenen daran, daß unerwünschte Verwendungen der Information unterbleiben). Dies stellt keine Legaldefinition besonders schutzwürdiger Daten dar (synonym wird in der Litera- 7 tur von besonders sensitiven oder – nicht sehr treffend – sensiblen Daten gesprochen); es dürfte auch keine abstrakten Tatbestandsmerkmale geben, die als Abgrenzungskriterien für die Unterscheidung zwischen besonders schutzwürdigen und weniger schutzwürdigen Daten geeignet sind. Denn die Schutzwürdigkeit hängt häufig ab vom Inhalt der Daten, vom Kontext der Verwendung, vom Zweck der Verwendung, von sozialen Funktionen des Betroffenen, vom Zeitpunkt der Verwendung und von der persönlichen oder sachlichen Beziehung des Betroffenen zum Verwender der Information. So ist es auch zu erklären, daß die Rechtsprechung des Bundesverfassungsgerichts, das früher im Rahmen seiner sog. **Sphärentheorie** die Zulässigkeit von Datenerhebungen und -verwendungen u. a. davon abhängig machte, ob der Kern der Privatsphäre des Betroffenen berührt wird oder nicht (*BVerfGE* 27, 1 – »Mikrozensus«), nicht mehr auf die Privatsphäre abstellt (*BVerfGE* 65, 1 – »Volkszählung«.)

8 Auch die Tatsache, daß Informationen als **Berufsgeheimnisse** geschützt werden, ist kein sozialwissenschaftlich begründetes materielles Kriterium ihrer Schutzwürdigkeit. Die Entstehung von Rechtsnormen über Berufsgeheimnisse ist nicht frei von historischen Zufälligkeiten, und sie sind aus politikwissenschaftlicher Sicht stets nicht nur als Durchsetzung der Interessen Betroffener, sondern auch als Durchsetzung der Interessen der Berufsgruppen zu verstehen (vgl. auch zum Schutz von Institutionen durch Datenschutz Einl. Rz. 6). Denkbar ist, daß die Interessen vieler Bürger durch Verwendungen von Daten, die kein Berufsgeheimnis sind wie etwa Informationen über berufliche Leistungen oder das Konsumverhalten, massiver betroffen sind als bei Informationen, die bei Rechtsanwälten oder privatärztlichen Abrechnungsstellen vorhanden sind.

III. Offenbarungsbeschränkung (Abs. 1)

9 Immerhin ist die Existenz eines Berufsgeheimnisses ein **brauchbares Indiz** dafür, daß **besonders schutzwürdige Interessen** Betroffener auf dem Spiel stehen, und dem Gesetzgeber stand soweit ersichtlich kein anderes Kriterium zur Verfügung, wenn er eine Sonderregelung für besonders schutzwürdige Daten anstrebte.

1. Einschränkung der Offenbarungsbefugnisse der §§ 68 ff.

10 § 76 Abs. 1 Satz 1 schränkt die zulässigen Offenbarungen von Sozialgeheimnissen durch SGB-Stellen ein zusätzlich zu den Einschränkungen der §§ 67 bis 75. Zwar wurde auch angenommen, § 76 habe nicht nur eine Beschränkung, sondern auch eine Ausdehnung der Weitergabebefugnisse zum Inhalt (*P. Lange* S. 253). Der Text des Abs. 1 ließe in der Tat isoliert gesehen die Interpretation zu, Berufsgeheimnisse dürften nur (aber stets) unter den Voraussetzungen offenbart werden, die für die Adressaten der Berufsgeheimnis-Regelung gelten. Aber weder die Begründung des AuS-Ausschusses (BT-Drucks. 8/4022, S. 87) noch die Überschrift der Vorschrift noch die systematische Stellung lassen diese Auslegung zu.

11 Die Vorschrift findet immer dann Anwendung, wenn ein Leistungsträger (oder eine andere in § 35 SGB I genannte Stelle) die Zulässigkeit einer Datenübermittlung prüft bei Daten, die er selbst von einem Arzt usw. erhalten hat (»zugänglich gemacht«, Rz. 69 ff.). Anwendungsfall ist also eine **zweite** oder weitere Übermitt-

Einschränkg. d. Offenbarungsbefugnis b. personenbez. Daten § 76

lung von Daten, wobei die Daten vorher vom Arzt an den Leistungsträger übermittelt wurden (beispielsweise Arbeitsunfähigkeitsbescheinigungen, die ein Arzt an eine Krankenkasse geschickt hat; Krankenscheine, die ein Arzt an die Kassenärztliche Vereinigung geschickt hat).
Die Weitergabe solcher Informationen ist unzulässig, falls nicht entweder der Betroffene zugestimmt hat (§ 67) oder kumulativ sowohl die Zulässigkeitsvoraussetzungen nach einer der Vorschriften der §§ 68 bis 75 als auch nach § 76 erfüllt sind.

Die von den Leistungsträgern vorzunehmende Prüfung, ob der Arzt oder der 12 Angehörige anderer in § 203 Abs. 1 und 3 StGB genannter Berufs- oder Personengruppen im entsprechenden Fall die Daten übermitteln dürfte, führt nicht in allen Fällen zu rechtlich unstrittigen Ergebnissen, da die **Offenbarungsbefugnisse** dieser Gruppen in § 203 StGB **nicht eindeutig geregelt** sind.
Die Verweisung auf § 203 StGB ist eine **Tatbestands**verweisung: Die hinsichtlich der weiteren Übermittlung geregelten Informationen müssen **Berufsgeheimnisse** des Arztes (Rz. 43f.) gewesen sein. Eine Einschränkung der Übermittlung aller Informationen, die von einem Arzt usw. stammen, ist nicht festgelegt. Dies folgt aus der Ausschuß-Begründung, das »Arztgeheimnis und die sonstigen Berufsgeheimnisse des § 203 Abs. 1 und 3« StGB werde gewahrt (BT-Drucks. 8/4022, S. 87). Maßgeblich ist demnach der Umfang der Berufsgeheimnisse der einzelnen Berufsgruppen. Da dieser sich jedenfalls bei Ärzten (Rz. 16ff.) auf **alle bei der Berufsausübung erlangen Kenntnisse** erstreckt, kommt eine Offenbarung der von einem Arzt (in seiner Berufsrolle als Arzt) mitgeteilten Angaben ohne die Einschränkung des Abs. 1 nur in Ausnahmefällen – wenn überhaupt – in Betracht. Bedenklich daher die Auffassung von *Naeth* in Jahn, SGB, § 76 SGB X Anm. 3, mit dem Hinweis auf die mangelnde Schutzbedürftigkeit offenkundiger oder nicht geheimhaltungsbedürftiger Informationen. Wie bereits ausgeführt (Einl. Rz. 7), kommt es beim Sozialdatenschutz nicht auf einen speziellen Geheimnischarakter der geschützten Informationen an wie bei § 203 StGB und bei § 35 SGB I a. F., sondern die personenbezogenen Daten werden entsprechend der Konzeption der Datenschutzgesetze **als »Geheimnis«** geschützt.

§ 76 **fordert nicht**, daß der **Zweck** der (Erst-)Übermittlung der Daten durch den 13 Arzt an die SGB-Stelle und der Zweck der (Zweit-)Übermittlung durch die SGB-Stelle **identisch** sind; vielmehr kommen für die von § 76 geregelte Zweitübermittlung alle Zwecke in Betracht, zu denen eine Übermittlung von Sozialdaten zulässig ist; wie u. Rz. 10 ausgeführt, kommt § 76 ja nur in den Fällen zur Anwendung, in denen nach den §§ 67ff. eine Offenbarung erlaubt ist. Während es also auf die Zwecksetzung der vorausgegangenen Datenübermittlung durch den Arzt nicht ankommt, ist fraglich, ob bei unrechtmäßiger (Erst-)Übermittlung durch den Arzt eine Übermittlungssperre für die (Zweit-)Übermittlung besteht (hypothetisches Beispiel: Der Arzt teilt der Krankenkasse die Anschrift des Betroffenen mit, der gar nicht bei dieser versichert ist, und die zuständige Kasse erfragt bei der erstgenannten Kasse die Anschrift). Eine Rechtsgrundlage für ein derartiges Verwertungsverbot (vergleichbar § 78) ist nicht ersichtlich.

2. Inhalt des § 203 Abs. 1 und 3 StGB

14 Die Abs. 1 und 3 des § 203 StGB, auf die § 76 Bezug nimmt, lauten:
»(1) Wer unbefugt ein fremdes Geheimnis, namentlich ein zum persönlichen Lebensbereich gehörendes Geheimnis oder ein Betriebs- oder Geschäftsgeheimnis, offenbart, das ihm als
1. Arzt, Zahnarzt, Tierarzt, Apotheker oder Angehörigen eines anderen Heilberufs, der für die Berufsausbildung oder die Führung der Berufsbezeichnung eine staatlich geregelte Ausbildung erfordert,
2. Berufspsychologen mit staatlich anerkannter wissenschaftlicher Abschlußprüfung,
3. Rechtsanwalt, Patentanwalt, Notar, Verteidiger in einem gesetzlich geordneten Verfahren, Wirtschaftsprüfer, vereidigtem Buchprüfer, Steuerberater, Steuerbevollmächtigten oder Organ oder Mitglied eines Organs einer Wirtschaftsprüfungs-, Buchprüfungs- oder Steuerberatungsgesellschaft,
4. Ehe-, Erziehungs- oder Jugendberater sowie Berater für Suchtfragen in einer Beratungsstelle, die von einer Behörde oder Körperschaft, Anstalt oder Stiftung des öffentlichen Rechts anerkannt ist,
4a. Mitglied oder Beauftragten einer anerkannten Beratungsstelle nach § 218b Abs. 2 Nr. 1,
5. staatlich anerkanntem Sozialarbeiter oder staatlich anerkanntem Sozialpädagogen oder
6. Angehörigen eines Unternehmens der privaten Kranken-, Unfall- oder Lebensversicherung oder einer privatärztlichen Verrechnungsstelle
anvertraut worden oder sonst bekanntgeworden ist, wird mit Freiheitsstrafe bis zu einem Jahr oder mit Geldstrafe bestraft.«
»(3) Den in Absatz 1 Genannten stehen ihre berufsmäßig tätigen Gehilfen und die Personen gleich, die bei ihnen zur Vorbereitung auf den Beruf tätig sind. Den in Absatz 1 und den in Satz 1 Genannten steht nach dem Tode des zur Wahrung des Geheimnisses Verpflichteten ferner gleich, wer das Geheimnis von dem Verstorbenen oder aus dessen Nachlaß erlangt hat.«

3. Berufsgruppen und Berufsgeheimnisse

15 § 203 Abs. 1 und 3 StGB nennt ausdrücklich eine Reihe von Berufen und mit Angehörigen der Berufe verknüpften Personen, andere Personen werden allgemein mit Bezug auf ihre berufliche oder ehrenamtliche Tätigkeit angesprochen. Auch soweit es hierbei nicht um **Beruf**sgeheimnisse im engeren Sinne geht, werden die geschützten Informationen nachfolgend vereinfachend als Berufsgeheimnis bezeichnet. Die nachfolgenden Erläuterungen beschränken sich auf Personengruppen, die im Zusammenhang mit Sozialdaten relevant sind.
Die Schweigepflicht der nach § 203 StGB zur Wahrung des Berufsgeheimnis Verpflichteten gilt grundsätzlich auch **innerhalb des Betriebs oder der Behörde**; so darf sich nach *BAG* NJW 1987, 1509, der Träger einer Beratungsstelle nicht dadurch Informationen über Kontakte eines bei ihm angestellten Diplom-Psychologen verschaffen, daß er in einer Telefondatenanlage die vom Psychologen in Dienstgesprächen angewählten Zielnummern speichert.

Einschränkg. d. Offenbarungsbefugnis b. personenbez. Daten § 76

a) Ärzte

Ärzte sind diejenigen, die nach der Bundesärzteordnung von 1961 (BGBl. I **16** S. 1885) oder einer dieser entsprechenden vorausgegangenen Regelung die Approbation oder Bestallung als Arzt erhalten haben. Das ärztliche Berufsrecht ist in der Bundesärzteordnung und in den von den Ärztekammern als autonome Satzungen erlassenen **Berufsordnungen** geregelt; zu deren Regelungen, verstanden als Befugnisnorm für Eingriffe in das informationelle Selbstbestimmungsrecht, s. den Hinweis in Rz. 48. In den Berufsordnungen ist die Verschwiegenheit der Ärzte ausdrücklich festgelegt. Als Beispiel (und mit Hinweis auf einige der Abweichungen in anderen Kammerbezirken) wird nachfolgend die Schweigepflicht-Vorschrift aus der Berufsordnung für die nordrheinischen Ärzte wiedergegeben:

»**§ 2 Schweigepflicht** **17**

(1) Der Arzt hat über das, was ihm in seiner Eigenschaft als Arzt anvertraut oder bekannt geworden ist, zu schweigen. Dazu gehören auch schriftliche Mitteilungen des Patienten, Aufzeichnungen über Patienten, Röntgenaufnahmen und sonstige Untersuchungsbefunde.

(2) Der Arzt hat die Pflicht zur Verschwiegenheit auch seinen Familienangehörigen gegenüber zu beachten.

(3) Der Arzt hat seinen Gehilfen und die Personen, die zur Vorbereitung auf den Beruf an der ärztlichen Tätigkeit teilnehmen, über die gesetzliche Pflicht zur Verschwiegenheit zu belehren und dies schriftlich festzuhalten.

(4) Soweit der Arzt von der Schweigepflicht entbunden worden ist oder der Schutz eines höheren Rechtsgutes dies erfordert, ist der Arzt zur Offenbarung befugt, aber – vorbehaltlich besonderer gesetzlicher Bestimmungen – nicht verpflichtet.

(5) Der Arzt ist auch dann zur Verschwiegenheit verpflichtet, wenn er im amtlichen oder privaten Auftrag eines Dritten tätig wird, es sei denn, daß dem Betroffenen vor der Untersuchung oder Behandlung bekannt ist oder eröffnet wurde, inwieweit die von dem Arzt getroffenen Feststellungen zur Mitteilung an Dritte bestimmt sind.

(6) Wenn mehrere Ärzte gleichzeitig oder nacheinander denselben Patienten untersuchen oder behandeln, so sind sie untereinander von der Schweigepflicht insoweit befreit, als der Patient nicht etwas anderes bestimmt.« (In der Berufsordnung der Ärztekammern Bayern, Hessen, Rheinland-Pfalz, Saarland und Schleswig-Holstein lautet in der entsprechenden Vorschrift der letzte Halbsatz: »als das Einverständnis des Patienten anzunehmen ist«, in Niedersachsen und Berlin: »als der Patient nicht etwas anderes bestimmt«, in Hamburg dagegen ist die gegenseitige Unterrichtung nur erlaubt, soweit eine Entbindung von der Schweigepflicht besteht.)

»(7) Zum Zwecke der wissenschaftlichen Forschung und Lehre dürfen der Schweigepflicht unterliegende Tatsachen und Befunde nur insoweit mitgeteilt werden, als dabei die Anonymität des Patienten gesichert ist oder dieser ausdrücklich zustimmt.« (In der Berufsordnung der Hamburger Ärzte ist statt der gesicherten Anonymität weniger einschränkend vorausgesetzt, daß berechtigte Interessen des Patienten nicht verletzt werden. In Baden-Württemberg gibt es in § 1 der Berufsordnung eine Soll-Vorschrift, vor der epidemiologischen Forschung mit personenbezogenen Daten eine Ethikkommission anzurufen.)

§ 76 Einschränkg. d. Offenbarungsbefugnis b. personenbez. Daten

Eine Empfehlung der Bundesärztekammer zur Forschung mit medizinischen Daten, welche entgegen der zitierten Regelung in Abs. 7 vorsah, daß die Verarbeitung personenbezogener Daten in der medizinischen Forschung auch unter gewissen Voraussetzungen ohne ausdrückliche Einwilligung der Patienten oder Probanden gerechtfertigt sein könne (Deutsches Ärzteblatt 1981, 1443), wurde vom »Deutschen Ärztetag« abgelehnt und ist unbeachtlich.

18 Ärtze sind auf vielfältige Weise mit dem sozialen Sicherungssystem und den SGB-Stellen verknüpft. Die bedeutsamsten Beziehungen sind die folgenden:

Die Träger der gesetzlichen **Krankenversicherung** sind mit Kassen- und Vertragsärzten durch die Regelungen des Kassenarztrechts und die Bestimmungen des Ersatzkassenvertrags verknüpft; ferner sind Ärzte in den Krankenhäusern tätig, welche Vertragspartner der Kassen sind. Ärzte des Medizinischen Dienstes (vor Inkrafttreten des Gesundheits-Reformgesetzes: Vertrauensärzte) arbeiten nach §§ 275 ff. SGB V mit den Krankenkassen zusammen, vgl. auch den übernächsten Absatz dieser Rz.

Die Träger der gesetzlichen **Rentenversicherung** sind als Leistungsträger von Leistungen der medizinischen Rehabilitation mit den Ärzten der Rehabilitationseinrichtungen verknüpft. Die Einrichtungen werden teilweise von den Rentenversicherungsträgern selbst betrieben, teilweise sind sie auf vertraglicher Grundlage mit den Kostenträgern tätig. So erhalten die Träger der gesetzlichen Rentenversicherung von Ärzten oder Zahnärzten Sozialdaten für die Prüfung, ob eine Gesundheitsmaßnahme durchzuführen oder ob Rente wegen geminderter Erwerbsfähigkeit zu gewähren ist (*BfA-Kommentar* § 76 Anm. 3.1; dort ist zu § 203 Abs. 1 Nr. 1 weiterhin erläutert, es seien aber auch Psychotherapeuten, z. B. im Rahmen psychosomatischer Rehabilitationsmaßnahmen, einzubeziehen. Dieser Hinweis geht jedoch fehl, da es außer Berufspsychologen mit staatlich anerkannter wissenschaftlicher Abschlußprüfung nach § 203 Abs. 1 Nr. 2 StGB, die u. U. psychotherapeutisch tätig sein können, keine nichtärztlichen Psychotherapeuten mit staatlich geregelter Ausbildung gibt).

Der **Medizinische Dienst** der Krankenversicherung wird nach § 278 SGB V als Arbeitsgemeinschaft und rechtsfähige Körperschaft geführt. Er löst den **vertrauenärztlichen Dienst** ab, der von den Landesversicherungsanstalten (Abteilung K – Krankenversicherung – der jeweiligen Anstalt) betrieben wurde. *Wagner* MittLVA Württ. 1984, 225, 226, gibt Hinweise zu den typischen Inhalten vertrauensärztlicher Gutachten und zur zahlenmäßigen Bedeutung am Beispiel einer LVA.

Die Träger der gesetzlichen **Unfallversicherung** sind mit Ärzten verknüpft, die als sog. Durchgangsärzte die medizinischen Feststellungen bei Arbeitsunfällen treffen oder die als Gutachter den Grad der Minderung der Erwerbsfähigkeit nach § 581 RVO feststellen.

Nach § 60 der auf der Grundlage von § 710 RVO erlassenen **Unfallverhütungsvorschrift** VBG 1 hat der Unternehmer für die arbeitsmedizinisch untersuchten Versicherten eine Gesundheitsdatei zu führen. »Der Unternehmer hat die Datei und dessen Entlassung aufzubewahren. ... Die in der Datei enthaltenen Angaben sind der Berufsgenossenschaft zu übergeben, wenn der Unternehmer sie nicht selbst aufbewahren kann« (§ 60 Abs. 3). Vgl. auch § 12 der Unfallverhütungsvorschrift »Arbeitsmedizinische Vorsorge«, § 17 der VBG 119 »Schutz gegen gesundheitsgefährlichen Staub«, § 14 der VBG 121 »Lärm«, § 9 der VBG 100 »Arbeitsmedizinische Vorsorge«.

Einschränkg. d. Offenbarungsbefugnis b. personenbez. Daten § 76

Die **Versorgungsverwaltung** ist als Leistungsträger medizinischer Maßnahmen mit 19
dem ärztlichen Versorgungssystem verknüpft. Ferner ist sie als Gutachterdienst
für die Feststellung von Behinderungen nach dem Schwerbehindertengesetz zuständig.
Die **Sozialhilfeverwaltung** ist als Leistungsträger medizinischer Maßnahmen mit
dem ärztlichen Versorgungssystem verknüpft. Für besondere Aufgaben der
Sozialhilfe sind nach § 28 Abs. 2 SGB I die Gesundheitsämter zuständig.

b) Zahnärzte
Ihre Berufsausübung ist im Gesetz über die Ausübung der Zahnheilkunde von 20
1952 (BGBl. I S. 221) geregelt. Die Verknüpfung mit SGB-Stellen sind im wesentlichen die gleichen wie bei den Ärzten. Vor allem die GKV ist betroffen (vgl. § 285
Abs. 4 SGB V).

c) Apotheker
Apotheker sind diejenigen, die ein Studium der Pharmazie absolviert und sich 21
einer einjährigen praktischen Ausbildung unterzogen haben. Die meisten von
ihnen sind als Betreiber öffentlicher Apotheken freiberuflich tätig, daneben gibt
es Apotheker vor allem in Krankenhäusern (in der pharmazeutischen Industrie
tätige Pharmazeuten sind im vorliegenden Zusammenhang nicht relevant).
In den von den Landesapothekerkammern (außer der Apothekerkammer Hamburg) erlassenen Berufsordnungen ist u. a. die **Verschwiegenheitspflicht der Apotheker** geregelt. Beispielsweise lautet § 2 der Berufsordnung für Apotheker der
Apothekerkammer Nordrhein: »Der Apotheker ist zur Verschwiegenheit über
alle Vorkommnisse verpflichtet, die ihm in Ausübung seines Berufes bekannt
werden. Darüber hinaus hat er alle unter seiner Leitung tätigen Personen, die
nicht der Berufsordnung unterliegen, schriftlich zur Verschwiegenheit zu verpflichten.«
Damit wird – knapper in der Formulierung, aber inhaltlich im wesentlichen gleich –
die berufsrechtliche Verschwiegenheitspflicht ebenso wie bei Ärzten festgelegt.
§ 203 StGB stellt insoweit (d. h., wenn bundes- und landesrechtliche Regelungen
der Informationsübermittlung beispielsweise für Krebsregister oder zur Gefahrenabwehr bei Arzneimittelrisiken nicht anwendbar sind) hinsichtlich beider Berufsgruppen eine Blankettnorm dar, die durch das Berufsrecht ausgefüllt wird.
Apotheker sind Vertragspartner der GKV hinsichtlich der Lieferung der von 22
Kassen-/Vertragsärzten verordneten Arzneimittel an die Versicherten. Die Träger
der gesetzlichen Krankenversicherung erhalten Versicherungs-Daten von Apothekern übermittelt auf jährlich hunderten Millionen Arzneiverordnungsblättern zum
Zweck der Abrechnung (im übrigen bildet eine Stichprobe dieses Datenmaterials
anonymisiert die empirische Grundlage für den sog. GKV-Arzneimittelindex, der
Preis-, Mengen- und Strukturentwicklungen bei kassenärztlichen Verordnungen
transparent macht). Seit dem 1.1.1989 findet für den Datenaustausch zwischen
Apotheken und Krankenkassen § 300 SGB V Anwendung.

d) Andere Heilberufe
Angehörige anderer Heilberufe benötigen für die Berufsausübung oder die Füh- 23
rung der Berufsbezeichnung eine staatlich geregelte Ausbildung:
§ 203 Abs. 1 Nr. 1 StGB meint hier, wie sich aus der Verbindung mit Abs. 3 ergibt,
nicht solche Berufe, deren Angehörige als **Gehilfen** der Ärzte, Zahnärzte, Tier-

ärzte und Apotheker tätig sind. Es wird also eine gewisse Selbständigkeit der Tätigkeit vorausgesetzt, wobei die Abgrenzung nicht immer ganz eindeutig vorzunehmen ist.

24 Eine Berufsgruppe, deren Angehörige die Erlaubnis besitzen, neben Ärzten und Zahnärzten selbständig Heilkunde auszuüben, sind **Heilpraktiker**. Sie gehören aber **nicht** zum Personenkreis des § 203, denn die Berufsausübung ist nicht an eine staatlich geregelte Ausbildung geknüpft, sondern lediglich an eine staatliche Erlaubnis nach dem Heilpraktikergesetz.

25 Nach der Art der regelmäßigen Berufsausübung könnten die folgenden Berufsgruppen als Adressaten des § 203 Abs. 1 Nr. 1 StGB u. a. in Betracht kommen: Hebammen und Entbindungspfleger, Masseure und medizinische Bademeister, Heilgymnasten, Zahntechniker (hierzu speziell Rz. 36).

Demgegenüber ergibt sich aber aus dem Heilpraktikergesetz, daß die selbständige Ausübung der Heilkunde am Menschen den Ärzten, Zahnärzten und Heilpraktikern vorbehalten sein soll. Konsequenterweise sind die im vorigen Absatz genannten Berufe den nichtärztlichen Heilberufen zuzuordnen, deren Ausübung – wenn auch in partieller Selbständigkeit – in Abhängigkeit von ärztlichen Anordnungen erfolgt. Die Berufe werden daher hier unter § 203 Abs. 3 StGB subsumiert und im Zusammenhang mit dieser Vorschrift erörtert (anders die h. M., s. *Schönke/Schröder-Lenckner* § 203 StGB Rz. 35).

26 e) Diplom-Psychologen
Das Studium der Psychologie mit dem Abschluß Diplom-Psychologe ist an wissenschaftlichen Hochschulen möglich.
Die GKV ist mit Diplom-Psychologen verknüpft, die bei der stationären Krankenbehandlung oder in Kur- und Spezialeinrichtungen tätig sind. Möglich, aber wohl recht selten ist eine Beteiligung von Diplom-Psychologen in der ambulanten Behandlung psychisch kranker Versicherter, insbesondere im Rahmen des Delegationsverfahrens bei der sog. Großen Psychotherapie nach den Psychotherapie-Richtlinien zu § 368p RVO (vgl. hierzu *Borchert/Elsen* SF 1978, 253ff.) bzw. § 92 SGB V.
In der Rentenversicherung werden Diplom-Psychologen gutachtlich tätig, wenn es um die Beurteilung geht, ob berufsfördernde Maßnahmen durchzuführen sind (*BfA-Kommentar* Anm. 3.2).
Auch im Bereich der Jugendhilfe werden in leitenden Funktionen (neben Sozialarbeitern/Sozialpädagogen) Diplom-Psycholgen eingesetzt. In Beratungsstellen kommunaler und freier Träger sind vielfach Psychologen als Erziehungsberater, Familienberater oder in anderen psychosozialen Funktionen tätig, hierbei zum Teil auch bei Aufgaben nach den JWG oder dem BSHG.
Eine bundesgesetzliche Regelung für die Berufsausübung der Diplom-Psychologen gibt es nicht (ein Gesetzentwurf über die Ausbildung und Berufsausübung solcher Diplom-Psychologen, die nach einer Zusatzausbildung als Psychotherapeuten tätig sind, wurde 1978 als Referentenentwurf vorgelegt, nach Bedenken insbesondere des BMA aber wieder zurückgezogen). Für die Mitglieder des Berufsverbandes deutscher Psychologen e. V. existiert ein verbandsinterner Ehrenkodex, die »**Berufsethischen Verpflichtungen für Psychologen**«, der die Grundlage darstellt für eine Ehrengerichtsbarkeit, die innerhalb des Verbandes besteht (*Mörsberger* Verschwiegenheitspflicht, S. 56). Auszüge aus den Berufsethischen Verpflichtungen lauten (nach *Mörsberger* a. a. O., S. 185f.):

»Der Psychologe ist verpflichtet, über alle Informationen, die ihm in seiner Berufstätigkeit über andere Menschen zugehen, Verschwiegenheit zu bewahren. Nur unter besonderen Umständen kann diese Verpflichtung eingeschränkt werden, und dies auch lediglich in geringstmöglichem, sachlich gebotenem Ausmaß.

— Vor Beginn seiner beruflichen Tätigkeit wird der Psychologe alle dabei beteiligten Instanzen auf seine Verpflichtung zur Verschwiegenheit und auf deren jeweilige Einschränkungen hinweisen, sofern diese Beteiligten nicht schon als entsprechend informiert gelten können.
— Der Psychologe verpflichtet alle Personen zu entsprechender Verschwiegenheit, die ihn in seiner Arbeit unterstützen und dabei Zugang zu Informationen bekommen, die der Verschwiegenheit unterliegen.
— Einschränkungen erfährt die Verschwiegenheit – nach Maßgabe der einschlägigen juristischen Bestimmungen – in Fällen unmittelbarer schwerer Gefahr für den Betroffenen oder für andere Menschen.
— Sofern es zur Aufgabe des Psychologen gehört, über einen Menschen in irgendeiner Weise zu berichten oder sich gutachtlich über ihn zu äußern, hat sich der Psychologe vor Beginn der Informationsbeschaffung zu vergewissern, daß dieser Mensch (bzw. diese ihm verantwortlichen Personen) sich über die damit verbundene Einschränkung der Verschwiegenheit und ihrer Konsequenzen im klaren sind.
— Sofern es das Wohl eines Menschen notwendig macht, darf der Psychologe mit Fachkollegen oder mit kompetenten Fachleuten anderer Arbeitsgebiete über diesen Menschen in Gedankenaustausch treten. Solche Kommunikationen haben sich auf das fachlich nötige Ausmaß zu beschränken. Unbedingte Voraussetzung dabei ist, daß Verschwiegenheit gegenüber allen Personen gewährleistet ist, die vom verantwortlichen Psychologen nicht ausdrücklich einbezogen wurden. In vielen Fällen wird das besondere Vertrauensverhältnis zu einem Menschen erfordern, daß sich der Psychologe von der Verschwiegenheitsverpflichtung entbinden läßt, ehe er mit Dritten in fachliche Kommunikation tritt.
— Die unmittelbar aus diagnostischen oder ähnlichen Untersuchungen stammenden Unterlagen sollen in der Regel – unter Einbehaltung der zuvor genannten Verschwiegenheitsgrundsätze – nur anderen Psychologen zugänglich gemacht werden. Gegebenenfalls kann damit aber auch i. S. d. Bestimmungen des vorigen Punktes verfahren werden.
— Der Psychologe hat dafür Sorge zu tragen, daß alle Unterlagen, die vertrauliche Informationen enthalten, so aufbewahrt werden, daß sie nicht in unbefugte Hände geraten können. Das gilt speziell auch für den Fall, daß der Psychologe aus irgendwelchen Gründen – zeitweilig oder für immer – aufhört, seine Berufstätigkeit auszuüben.
— Bei allen Publikationen sind die veröffentlichten Daten soweit zu modifizieren, daß sie keine Identifizierung der betroffenen Person ermöglichende Hinweise enthalten, es sei denn, die betroffenen Personen hätten sich ausdrücklich damit einverstanden erklärt, daß ihre Identität erkennbar bleibt. Bei unmündigen Personen ist diese Entscheidung von den für sie verantwortlichen Vertretern zu treffen.
— Von Kollegen oder anderen Fachleuten stammende, einen bestimmten Menschen betreffende Aussagen dürfen diesem nur dann offenbart werden, wenn die Urheber jener Aussagen ausdrücklich ihre Einwilligung gegeben haben.«

Die berufsethischen Verpflichtungen des Psychologenverbandes können im Unterschied zu den berufsrechtlichen Bestimmungen der Ärzte und Apotheker wegen ihrer privatrechtlichen Rechtsnatur nicht als konkretisierende Ausfüllung des § 203 StGB angesehen werden. Sie verweisen ja auch selbst zu den Einschränkungen der Verschwiegenheitspflicht auf die »einschlägigen juristischen Bestimmungen«, also insbesondere auf die Verschwiegenheitsnorm des § 203 StGB.

f) Rechtsanwälte

28 Hierbei handelt es sich um die Personen, die nach der Bundesrechtsanwaltsordnung als Rechtsanwälte zugelassen wurden. In der BRAO sind auch berufliche Verpflichtungen der Rechtsanwälte geregelt, eine ausdrückliche Regelung der beruflichen Verschwiegenheitspflicht gibt es dort nicht. Unter Bezugnahme auf § 177 Abs. 2 Nr. 2 BRAO hat die Bundesrechtsanwaltskammer, der Verband der regionalen Anwaltskammern, »Grundsätze des anwaltlichen Standesrechts« festgestellt und veröffentlicht. § 42 der »Grundsätze« lautet:

»(1) Die Pflicht zur Verschwiegenheit erstreckt sich über die gesetzliche Schweigepflicht (§ 203 StGB) hinaus auf alles, was dem Rechtsanwalt in Ausübung seines Berufs anvertraut worden oder ihm anläßlich seiner Berufsausübung bekannt geworden ist, soweit nicht das Gesetz oder die in der Rechtssprechung entwickelten Grundsätze Ausnahmen zulassen.

(2) Beide Pflichten bestehen auch über die Beendigung des Auftragsverhältnisses hinaus und auch dem gegenüber, dem die betreffende Tatsache bereits von anderer Seite mitgeteilt worden ist, sowie gegenüber anderen Rechtsanwälten und gegenüber Familienangehörigen.

(3) Der Rechtsanwalt hat seine Mitarbeiter und Angestellten zur Beachtung dieser Grundsätze anzuhalten.«

Von Interesse im vorliegenden Zusammenhang ist auch § 38 der »Grundsätze«: »Will der Rechtsanwalt Handakten vernichten, die er nicht mehr aufbewahren muß (z.B. auf Grund der Bundesrechtsanwaltsordnung oder der Abgabenordnung), so muß er dafür sorgen, daß kein Unbefugter vom Inhalt dieser Akten Kenntnis erlangt.«

Auch wenn das anwaltliche Standesrecht seit Anfang 1988 anläßlich einer Entscheidung des *BVerfG* eingehender als früher diskutiert wird und das Fehlen der Rechtsnormqualität der »Grundsätze« allgemein bewußt wurde, gehören diese Verschwiegenheits- und Geheimniswahrungspflichten zu den unstreitig bestehenden Berufspflichten des Rechtsanwalts.

Kontakte zwischen Rechtsanwälten und den SGB-Stellen entstehen vor allem aus deren Tätigkeit als Prozeßbevollmächtigte der Leistungsträger und der gegnerischen Prozeßparteien sowie als Bevollmächtigte und Beistände im Verwaltungsverfahren nach § 13. Anders als bei den zuvor genannten Berufen kommt bei Rechtsanwälten daher die Anwendung des § 76 Abs. 2 nicht in Betracht, da sie nicht die Funktion haben, wegen der Erbringung von Sozialleistungen Gutachten zu erstellen oder für die Erfüllung sozialer Aufgaben Bescheinigungen auszustellen. Die Anwendbarkeit des Abs. 1 ist durch die folgende Überlegung eingeschränkt (*Lauterbach/Watermann* UV, § 76 SGB X, Anm. 5c):

29 Soweit Rechtsanwälte als Bevollmächtigte und Beistände Betroffener auftreten und in dieser Funktion Informationen an die Leistungsträger geben, gelten ihre Äußerungen als vom Mandanten selbst vorgetragen, d.h. als beim Betroffenen

erhoben. Daher sind sie **nicht** vom Träger des Berufsgeheimnisses **»zugänglich gemacht«**.
Die anderen in Nr. 3 genannten Berufe sind im vorliegenden Zusammenhang nicht relevant.

g) Berater nach Nr. 4
Träger entsprechender Beratungsdienste sind die Kommunen und freie Träger der Wohlfahrtspflege. Die Anerkennung durch eine Behörde oder Körperschaft, Anstalt oder Stiftung des öffentlichen Rechts, welche das Gesetz voraussetzt, erfolgt entweder dadurch, daß die Behörde usw. selbst Träger des Beratungsdienstes ist, oder durch förmliche Anerkennung staatlicher Behörden, sicherlich auch durch Kostenübernahme von Diensten der Beratungsstelle (es wäre wohl ein Verstoß gegen das öffentlich-rechtliche Sparsamkeitsgebot, Kosten für Beratungsdienste zu übernehmen, wenn diese nicht die Voraussetzungen einer »Anerkennung« erfüllen, die die Kostenträger ja auch durch Nachweise über Qualifikationen der Berater, über die räumliche Ausstattung usw. zu überprüfen pflegen). Andere Formen der Anerkennung sind denkbar, aber wohl nicht praktisch relevant. 30

Mitarbeiter sind oft Diplom-Psychologen (Nr. 2) oder Sozialarbeiter oder Sozialpädagogen (Nr. 5). Auch ehrenamtliche Berater kommen als Schweigepflichtige in Betracht.
Der *BfA-Kommentar* § 76 SGB X Anm. 3.4, nennt als Beispiel Berater für Suchtfragen, wenn Entziehungskuren wegen chronischen Alkohol- oder Medikamentenmißbrauchs oder wegen Drogenabhängigkeit beantragt werden.

h) Berater nach Nr. 4a
Die Vorschrift bezieht sich auf Einrichtungen, wie sie in § 218b StGB vorausgesetzt werden. Die Erläuterungen zu Nr. 4 gelten entsprechend. Informationsübermittlungen von Beratungsstellen an SGB-Leistungsträger dürften kaum (allenfalls im Zusammenhang mit sog. sonstigen Hilfen nach §§ 200e–200g RVO) vorkommen. 31

i) Sozialarbeiter oder Sozialpädagogen
Sozialarbeiter und Sozialpädagogen werden an Fachhochschulen ausgebildet. Auch die an den früheren Fachschulen ausgebildeten Fürsorger sind Sozialarbeiter i. S. d. Gesetzes, da der Beruf des Fürsorgers durch den des Sozialarbeiters abgelöst wurde. 32

Einsatzgebiete von Sozialarbeitern und Sozialpädagogen im Bereich der sozialen Sicherung beziehen sich vor allem auf
— Jugendhilfe: Heimleitung und Leitung von Jugendfreizeiteinrichtungen, Jugend-Sozialarbeit, Jugendgerichtshilfe, Adoptionsvermittlung;
— Sozialhilfe: Sozialarbeit in Sozialämtern oder Rehabilitations-Einrichtungen, auch in Gesundheitsämtern;
— Kranken-, Unfall-, Rentenversicherung: Soziale Dienste in Krankenhäusern und Rehabilitationseinrichtungen sowie bei den Versicherungsträgern.

Sozialarbeiter und Sozialpädagogen im öffentlichen Dienst sind nicht nur nach § 203 Abs. 1 StGB zur Verschwiegenheit verpflichtet, sondern **auch nach Abs. 2**: Die Vorschrift lautet (auszugsweise):
»Ebenso wird bestraft, wer unbefugt ein fremdes Geheimnis ... offenbart, das

ihm als 1. Amtsträger... anvertraut oder sonst bekanntgeworden ist. Einem Geheimnis im Sinne des Satzes 1 stehen Einzelangaben über persönliche oder sachliche Verhältnisse eines anderen gleich, die für Aufgaben der öffentlichen Verwaltung erfaßt worden sind; Satz 1 ist jedoch nicht anzuwenden, soweit solche Einzelangaben anderen Behörden oder sonstigen Stellen für Aufgaben der öffentlichen Verwaltung bekanntgegeben werden und das Gesetz dies nicht untersagt.«

33 Es wird vertreten, für die Sozialarbeiter und Sozialpädagogen im öffentlichen Dienst gehe § 203 Abs. 2 dem Abs. 1 vor. *Frommann* (Schweigepflicht, S. 166ff.) erörtert ausführlich die Problematik und stellt zusammenfassend zutreffend fest (a.a.O., S. 204): Anders als von einem freiberuflich Tätigen, dessen Berufsausübung nach allgemein gefestigter Anschauung durch die Wahrnehmung strikt vertrauensgebundener Aufgaben geprägt ist, wird vom Sozialarbeiter sowohl Verschwiegenheit verlangt als auch die Offenbarung von Informationen. Alle Versuche, dem Sozialarbeiter eine eindeutige und widerspruchsfreie Handlungsorientierung zu ermöglichen, die auf eine Abschwächung seiner Verschwiegenheitspflichten im Vergleich mit Ärzten hinauslaufen, können nicht überzeugen:
— »Als Sozialarbeiter« nach § 203 Abs. 1 StGB ist der Sozialarbeiter auch dann tätig, wenn er gleichzeitig Amtsträger ist.
— »Als Sozialarbeiter« ist der Sozialarbeiter nicht nur dann tätig, wenn er Einzelfunktionen ausübt, die seine spezifische Ausbildung erkennen lassen, sondern bei allen berufstypischen Tätigkeiten.
— Die Verschwiegenheitspflicht des Sozialarbeiters bezieht sich nicht nur auf die Informationen, die seine Dienststelle als Sozialgeheimnis zu wahren hat.
— Für eine konkludente oder mutmaßliche Einwilligung des Klienten in die Informationsweitergabe durch den Sozialarbeiter besteht bei Sozialarbeitern kein Grund, die Interpretationen weiter auszuweiten, als es bei Ärzten der Fall ist.
34 Die Bedeutung dieser Erkenntnis für die Anwendung des § 76 liegt in folgendem: Die Voraussetzungen, unter denen der Sozialarbeiter oder Sozialpädagoge offenbarungsbefugt wäre (§ 76 Abs. 1), unterscheiden sich nicht prinzipiell von den Voraussetzungen, wie sie für Ärzte gelten.

j) Berufsmäßig tätige Gehilfen
35 Nach § 203 Abs. 3 StGB stehen die berufsmäßig tätigen Gehilfen der in Abs. 1 Genannten diesen gleich (*Schroeder-Printzen* in der Kommentierung des § 76 nennt zu § 203 Abs. 3 allerdings irrtümlich die in § 203 Abs. 2 aufgeführten Personengruppen).
Wie in Rz. 25 erläutert, werden hierzu entgegen der h.M. alle Heilberufe außer Ärzten (schweigepflichtig nach § 203 Abs. 1 Nr. 1), Zahnärzten (schweigepflichtig ebenfalls nach § 203 Abs. 1 Nr. 1) und Heilpraktikern (für welche keine öffentlich-rechtliche Verschwiegenheitsnorm existiert) gezählt. Ferner gehören hierzu alle, die verwaltend die heilkundlichen Tätigkeiten unterstützen, nach der Rechtsprechung (*LG Oldenburg* NJW 1982, 2615) sogar auch der Verwaltungsleiter eines Krankenhauses.
36 Neben dem Büro- und Verwaltungspersonal einschließlich der Anwaltsgehilfen oder Arzthelferinnen, Zahnarzt- oder Apothekenhelferinnen und neben Praktikanten sind hier staatlich geregelte Gesundheitsberufe wie die folgenden zu nennen:

Einschränkg. d. Offenbarungsbefugnis b. personenbez. Daten § 76

— Krankenschwestern, Krankenpfleger, Pflegehelfer;
— Pharmazeutisch-technische Assistenten, medizinisch-technische Assistenten, Apothekerassistenten;
— Hebammen, Entbindungspfleger, Wochenpflegerin;
— Beschäftigungs- und Arbeitstherapeuten;
— Diätassistenten;
— Masseure oder/und medizinische Bademeister, Krankengymnasten;
— Logopäden.

Zahntechniker und Augenoptiker, auch die in einem Gesetzentwurf des Berliner Senats vorgesehenen Medizinphysiker (Ärzte-Zeitung vom 1.5. 1987) dürften nicht zu den in § 203 gemeinten Berufsgruppen gehören, weil bei ihren beruflichen Tätigkeiten technische Verrichtungen im Vordergrund stehen und nicht ein persönliches Vertrauensverhältnis, wie es die wesentliche Begründung für die Berufsgeheimnisse der Gesundheitsberufe darstellt. Der in einer Zahnarztpraxis angestellte Zahntechniker ist allerdings unzweifelhaft Gehilfe des Zahnarztes.

Bei **ehrenamtlichen** Helfern fehlt es am Tatbestandsmerkmal der Berufsmäßigkeit; sie sind nicht nach dieser Vorschrift strafbar (möglicherweise aber nach einer anderen Vorschrift in § 203 StGB). Werden durch ehrenamtliche Helfer einer Arztpraxis oder psychologischen Beratungsstelle personenbezogene Daten an einen Sozialleistungsträger übermittelt, ist § 76 ebenso anzuwenden wie bei einer Datenübermittlung durch den Arzt oder Psychologen persönlich (Rz. 69). Gleiches gilt für mithelfende Familienangehörige der in § 203 Abs. 1 StGB genannten Berufe Tätigen, wie sie insbesondere in Arztpraxen tätig sind. 37

k) Personen in der Berufsvorbereitung
Strafbar machen können sich auch die Personen, die bei den in Abs. 1 Genannten zur Vorbereitung auf **den** (!) Beruf tätig sind, also diejenigen, die im Zuge der geregelten Berufsausbildung eine praktische Zeit absolvieren. Dies betrifft etwa Mediziner im praktischen Jahr bzw. den Arzt im Praktikum, Sozialarbeiter und -pädagogen im praktischen Jahr oder angehende Pharmazeuten/Apotheker. 38

Es kommt nicht darauf an, daß der sich auf den Beruf Vorbereitende denselben Beruf anstrebt wie die schweigepflichtige Person, bei der er tätig ist (*Schönke/ Schröder/Lenckner* § 203 StGB Rz. 65). Auch wer etwa den Beruf der Arzthelferin anstrebt und hierzu ein Praktikum bei einem Arzt absolviert, ist schweigepflichtig.

Nicht anwendbar ist die Vorschrift bei Berufen, bei denen die Vorbereitung auf den Beruf keine praktische Tätigkeit erfordert, auch wenn es sich um in Abs. 1 genannte Berufe handelt: Ein Student der Sozialwissenschaften etwa, der ein Erkundungspraktikum in einer Beratungsstelle nach Nr. 4 ableistet, mag damit die Vorstellung verbinden, nach Erlangung des Diploms in der Beratungsstelle leitend zu arbeiten; er ist aber nicht zur Vorbereitung auf den Beruf tätig, weil der Beruf eines Diplom-Sozialwissenschaftlers in § 203 nicht genannt wird. (Um in derartigen Fällen keine bedenklichen Strafbarkeitslücken entstehen zu lassen, kann im übrigen empfohlen werden, die Praktikanten für den öffentlichen Dienst nach den Regelungen des Verpflichtungsgesetzes zu verpflichten, damit sie ebenso wie Amtsträger schweigepflichtig nach § 203 Abs. 2 werden.)

l) Verpflichtete nach Abs. 3 Satz 2

39 Hier kommen vor allem Praxisnachfolger in Arztpraxen in Betracht. Die Strafnorm ist unabhängig davon anwendbar, ob die Übergabe der Berufsgeheimnisse aus dem Nachlaß an den Praxisnachfolger oder sonstigen Dritten rechtmäßig war. Nach Erkenntnissen des *BayLfD* ist es vielfach üblich, bei Aufgabe einer Arztpraxis die Patientenunterlagen einem privaten Archiv zur Aufbewahrung auszuhändigen. Auch Ärztekammern übernehmen diese Aufgabe.

m) Bekanntwerden der Daten an Personen in der Berufsfunktion

40 § 203 StGB regelt die Offenbarung von Geheimnissen, die der Arzt **als Arzt** zur Kenntnis erhalten hat (entsprechend bei anderen Berufen). Straffrei bleibt der Arzt, der Privatgeheimnisse offenbart, die ihm in anderer Funktion bekanntgeworden sind. Jedoch sind es **keineswegs nur »medizinische Daten«** (Diagnosen, Behandlungsabläufe o. ä.), die dem Schutz der Strafvorschrift im Medizinbetrieb unterliegen (s. auch Rz. 44).

Auch wenn ein Arzt nicht therapeutisch, sondern als Gutachter tätig ist (etwa bei Entscheidungen über den Grad der Behinderung, über das Vorliegen einer Berufskrankheit, über Arbeitsunfähigkeit oder über arbeitsmedizinische Eignungs-Voraussetzungen), wenn er also nicht im (alleinigen) Interesse des Patienten, sondern als Dritter arbeitet, erhebt er die jeweiligen Daten **als Arzt** und ist zur Verschwiegenheit verpflichtet (*Maier* SozVers 1986, 311; *Rauschenbach* S. 77; a. A. *LSG Essen* AmtlMittLVA Rheinpr. 1983, 60). Dies ist in Abs. 5 der in Rz. 17 zitierten Berufsordnung ausdrücklich geregelt (daß auch in Gesundheitsämtern, die in der Regel nicht therapeutisch, sondern gutachtlich tätig sind, die ärztliche Schweigepflicht »selbstverständlich« gelte, wird beispielsweise im Zusammenhang mit AIDS auch vom Bundesgesundheitsministerium hervorgehoben). Es gilt entsprechend für die anderen Berufs- und Personengruppen in § 203 Abs. 1 und 3 StGB (*Onderka/Schade* S. 176 ff.: a. A. *Mörsberger* Verschwiegenheitspflicht, S. 67 f. 114, für den Fall, daß Ärzte oder Psychologen Gutachten für ein Gericht oder im Zusammenhang mit Sozialleistungen erstellen, mit dem unzutreffenden Hinweis, dies sei »wohl unstreitig«). Hierbei kann es zu Abgrenzungsproblemen kommen, wenn eine klare Berufsrolle, die deutlich werden läßt, wann der Verschwiegenheitspflichtige in der Berufsrolle tätig wird, nicht gegeben ist. Dies sei am Beispiel der Sozialarbeiter erläutert:

41 Sozialarbeiter nehmen neben sozialberatenden und betreuenden Funktionen gutachtliche (Beispiel: Jugendgerichtshilfe) und verwaltende (Beispiel: Sachbearbeiter im Innendienst eines ASD) Aufgaben wahr. Dies hat, wie in Rz. 33 f. erläutert, zur Diskussion geführt, ob die Verschwiegenheitspflicht nicht nur auf einen Teil der Tätigkeitsbereiche der Sozialarbeiter beschränkt ist. Denkbar wäre auch, einen als Sozialarbeiter Ausgebildeten und Beschäftigten insoweit vom strafrechtlichen Verschwiegenheitsgebot freizustellen, wie er Tätigkeiten ausführt, die ebenso ein anderer Bediensteter der Dienststelle, der nicht zu dem Personenkreis des § 203 Abs. 1 gehört, ausführen könnte (daß dies in der Praxis als Orientierungshinweis gegeben wird, berichtet *Frommann* Schweigepflicht S. 167 f.). Der *Deutsche Verein* NDV 1986, 230 empfiehlt eine Abgrenzung nach dem Kriterium, ob dem Sozialarbeiter Informationen in einer auf persönlichem Vertrauensverhältnis aufbauenden Beratungssituation mitgeteilt wurden. Dies wäre eine einengende Interpretation des § 203 Abs. 1 Nr. 5 (wohl auch: Nr. 4), die durchaus vertretbar erscheint, wenn auch die Abgrenzung in der Praxis immer wieder zu

Einschränkg. d. Offenbarungsbefugnis b. personenbez. Daten § 76

Unklarheiten führen dürfte. Im Hinblick auf die Bedeutung dieser Frage (nicht nur für Strafverfahren, sondern vor allem) für die Anwendung des § 76 erscheint **de lege ferenda** eine Klärung wünschenswert.

Nicht nur die Informationen über Patienten, Klienten, Mandanten Beratene sind Berufsgeheimnisse, sondern auch alle anderen persönlichen Geheimnisse (von Familienangehörigen der Patienten, von Wohnungsnachbarn, von Arbeitgebern usw.), die bei der Berufsausübung zur Kenntnis genommen werden. Fraglich, aber wohl ohne praktische Relevanz ist, ob auch Informationen über Berufskollegen und Helfer Berufsgeheimnisse sind (hypothetisches Beispiel: in der **Teambesprechung** oder **Supervisionssitzung** erfährt ein Psychotherapeut oder Berater von sexuellen Kontakten eines Kollegen mit einer Klientin und erwägt, deshalb Strafanzeige zu erstatten). Wenn in der vorliegenden Kommentierung der Terminus Patientendaten verwendet wird, so dient dies zumeist der sprachlichen Vereinfachung, auch wenn Angehörigendaten ebenfalls gemeint sind. 42

n) Geheimnisbegriff bei Berufsgeheimnissen

Ein Geheimnis i. S. d. § 203 StGB ist eine nur einem begrenzten Personenkreis bekannte Information über eine natürliche Person, an deren Geheimhaltung die Person ein aus ihrer Sicht begründetes Interesse hat oder bei Kenntnis der Umstände haben würde (vgl. *Schönke/Schröder-Lenckner* § 203 StGB Rz. 5). 43

Der Geheimnisbegriff des StGB unterscheidet sich demnach von dem des SGB (§ 35 SGB I Rz. 12 ff.): Offenkundigkeit schließt nach dem StGB Vorliegen eines Geheimnisses aus, nach dem SGB nicht. Fehlendes begründetes Interesse an der Geheimhaltung durch den Betroffenen schließt Geheimnis nach dem StGB aus, nach dem SGB nicht.

Gemeinsam ist beiden Arten von Geheimnissen, daß es sich um personenbezogene Einzelangaben handelt, § 35 SGB I Rz. 14.

Da nach den ärztlichen Berufsordnungen, die die strafrechtliche Verschwiegenheitspflicht konkretisierend ausfüllen, der Arzt über alles, was ihm in seiner Eigenschaft als Arzt anvertraut oder bekannt geworden ist, zu schweigen hat (s. auch Rz. 17), führt der Geheimnisbegriff nicht dazu, daß die Verschwiegenheitspflicht sich nur auf einen Teil der dem Arzt bekannt gewordenen personenbezogenen Patientendaten bezieht. Eine Ausnahme besteht nur für **offenkundige**, beispielsweise in der Presse veröffentlichte Daten; sie unterliegen aber schon deshalb nicht der Verschwiegenheitspflicht, weil unterstellt werden kann, daß der Arzt von ihnen Kenntnis nicht (nur) in der Berufsfunktion erhält. Für die anderen Berufe, soweit es keine entsprechenden berufsrechtlichen Regelungen gibt, ist der hier erläuterte Geheimnisbegriff entscheidend. Dies hat für § 76 die Konsequenz, daß die Einschränkung der Offenbarungsbefugnis für Übermittlungen durch die Leistungsträger (und die anderen in § 35 SGB I genannten Stellen) in diesen Fällen nicht für alle beruflich zur Kenntnis genommenen personenbezogenen Daten der Berufsangehörigen, sondern nur für die Berufs**geheimnisse** gilt. 44

o) Abs. 2

Wie die in § 203 Abs. 1, 3 StGB genannten Personen werden nach Abs. 2 weitere, mit öffentlichen Aufgaben betraute Personen bei Verletzung von Privatgeheimnissen bestraft. Auf diese Vorschrift wird aber in § 76 Abs. 1 nicht Bezug genommen. 44a

p) Abs. 4

45 Nach § 203 Abs. 4 StGB sind die Abs. 1 und 3 auch anzuwenden, wenn der Täter das fremde Geheimnis **nach dem Tode des Betroffenen** unbefugt offenbart. Für § 76 ist dieser postmortale Geheimnisschutz ohne Belang, weil das Sozialgeheimnis des § 35 SGB I mit dem Tode des Betroffenen erlischt, § 35 SGB I Rz. 18 (davon unberührt bleibt die Verpflichtung, zur Wahrung des Andenkens Verstorbener deren Daten nicht preiszugeben). Daher steht § 76 nicht entgegen, daß im Falle des Streits zwischen Behörden über einen Erstattungs- oder Ersatzanspruch medizinische Daten Verstorbener als Beweismittel verwendet werden.

4. Offenbarungsbefugnisse der Schweigepflichtigen bei Berufsgeheimnissen und die Anwendbarkeit im Sozialrecht

46 Die Leistungsträger dürfen nach § 76 Abs. 1 die besonders schutzwürdigen Daten nur unter den Voraussetzungen offenbaren, unter denen die Ärzte selbst dies dürften. Diese Voraussetzungen werden nachfolgend erörtert, wobei die Übertragbarkeit der ärztlichen Offenbarungsbefugnisse auf Offenbarungen der Leistungsträger jeweils gesonderter Erörterung bedarf.

a) Anwendbarkeit auf Offenbarungen nach § 35 SGB I

Da § 76 eine **zusätzliche Einschränkung** der Offenbarungsbefugnisse der §§ 67 bis 75 regelt, führen nicht alle Offenbarungsbefugnisse der Träger von Berufsgeheimnissen auch nach § 76 zu Offenbarungsbefugnissen der Leistungsträger bei Daten, die ihnen von Trägern von Berufsgeheimnissen zugänglich gemacht worden sind. Sondern die Offenbarungsbefugnisse der Berufsgeheimnisträger sind nur insoweit anwendbar auf Offenbarungen der Leistungsträger, wie sich nicht aus den §§ 67 ff. oder aus anderen Rechtssätzen ergibt, daß die Offenbarungsbefugnisse nicht für Leistungsträger gelten können. Diese Frage wird nachfolgend jeweils im Anschluß an die Offenbarungsbefugnisse der Berufsgeheimnisträger behandelt.

b) Gesetzliche Mitteilungspflichten und -befugnisse

47 Bei den Offenbarungsbefugnissen der in § 203 Abs. 1 und 3 genannten Berufs- und Personengruppen lassen sich unterscheiden:
— auf **Einwilligung** des Betroffenen,
— auf **gesetzlicher Grundlage**,
— auf **anderer Rechtsgrundlage**
beruhende Befugnisse.

Ein Zeugnisverweigerungsrecht steht im übrigen nicht allen Schweigepflichtigen zu, vgl. § 35 SGB I Rz. 69.

48 Die Offenbarungsbefugnisse der in § 203 Abs. 1 und 3 Genannten sind zunächst die in Rechtsnormen geregelten Befugnisse. Derartige Durchbrechungen der Verschwiegenheitspflicht, die nicht auf einer Einwilligung des Betroffenen beruhen (Rz. 60 ff.), erfordern als Eingriffe in das informationelle Selbstbestimmungsrecht bei besonders schutzwürdigen Daten eine **gesetzliche** Grundlage. Allein eine autonome Satzung einer Selbstverwaltungskörperschaft genügt nicht als Rechtsgrundlage für die Offenbarungsbefugnis bei Berufsgeheimnissen (*Rogall* NStZ 1983, 7), auch Vereinbarungen und Richtlinien der gemeinsamen Selbstverwaltung der Krankenkassen und Kassenärztlichen Vereinigungen, wie sie im Kassenarztrecht üblich sind, genügen für sich genommen nicht. Die in Satzungen der Kassenärztlichen Vereinigungen sowie in Vereinbarungen und Richtlinien (insbesondere nach § 92 SGB V), etwa in der die verwendeten Formulare enthaltenden Vordruck-Vereinbarung, enthaltenen Regelungen der Datenübermittlungen der Kassen- und Vertragsärzte sind dennoch gültig, da sie in Regelungen der RVO – seit dem 1.1.1989: des SGB V – ihre Grundlage haben (teilweise a.A. zum vor dem 1.1.1989 geltenden Recht *Bull* in Meye/Schwartz). Die oben genannten Bestimmungen der Berufsordnungen für Ärzte (Rz. 17) und Apotheker (Rz. 21) verdanken ihre Geltung, soweit sie als Rechtsgrundlage für Offenbarungsbefugnisse herangezogen werden können, gesetzlichen Ermächtigungen zum Erlaß von Berufsordnungen in den Heilberufsgesetzen der Länder. Da diese nicht den Anforderungen des Volkszählungs-Urteils an die Normenklarheit genügen, kommen sie aber nicht als gesetzliche Grundlage für Eingriffe in das informationelle Selbstbestimmungsrecht in Betracht, s. *Borchert* KrV 1989, 35 ff. Dies ist deshalb von geringer praktischer Bedeutung, weil gesetzlich begründete Offenbarungsbefugnisse weitgehend den Regelungen der Berufsordnungen entsprechen, *Borchert* a.a.O.

Die gesetzliche Grundlage braucht **kein Bundesgesetz** zu sein, es genügen Landesgesetze (a.A. *Kühne* Schweigepflicht, S. 156f.). § 203 StGB ist insoweit eine Blankettnorm, die durch landesrechtliche Regelungen ausgefüllt sein kann. Ein Beispiel hierfür bilden – neben den schon genannten berufsrechtlichen Regelungen – Landesgesetze über die Errichtung und den Betrieb von Krebsregistern, etwa KrebsregisterGNRW vom 12.2.1985, GVBl. S. 125.

Wichtige bundesrechtliche Vorschriften, die Offenbarungsbefugnisse und -verpflichtungen regeln, beziehen sich auf **49**
— die Prävention schwerer Straftaten und die Verfolgung von Straftaten,
— gesundheitspolizeiliche und personenstandsrechtliche Verwaltungsaufgaben,
— Gesundheitswesen und Arbeitsschutz (Rz. 50 ff.),
— öffentliche Jugendhilfe (Rz. 53).

Im einzelnen:
— § 138 StGB; hierzu, auch in der für Ärzte nach § 139 Abs. 3 StGB modifizierten Form, s. § 71 Rz. 8 ff.
— Mitteilungspflichten sind festgelegt im Bundesseuchengesetz und im Gesetz zur Bekämpfung von Geschlechtskrankheiten, hierzu s. § 71 Rz. 14 ff. Die Mitteilungspflicht von Leistungsträgern nach § 71 wird daher nicht durch § 76 eingeschränkt. Während in § 71 auf die Meldepflicht von Ärzten nach §§ 3, 4 Abs. 1 Nrn. 1 bis 4 BSeuchG Bezug genommen wird, wird dort § 6 Abs. 4 des Gesetzes nicht herangezogen: diese Vorschrift verpflichtet auch Krankenhäuser und Geburtshilfe-Einrichtungen nur Mitteilung meldepflichtiger Tatbestände.
— §§ 16 ff. PStG regeln die Verpflichtung u.a. von Ärzten, über Geburten Mitteilung zu machen.
— Nach § 10 Abs. 1 Nr. 9 des Ausländergesetzes kann ein Ausländer ausgewiesen werden, wenn er die öffentliche Gesundheit gefährdet, und nach Abs. 2 dürfen den mit der Ausführung des Gesetzes betrauten Behörden die erforderlichen Auskünfte erteilt werden. *Gitter* MittLVA Oberfr. 1981, 497, sieht hierin eine Offenbarungsbefugnis in Form einer gesetzlichen Mitteilungspflicht für Ärzte bzw. SGB-Stellen. Dem ist hinsichtlich der Offenbarung durch eine SGB-Stelle

§ 76 *Einschränkg. d. Offenbarungsbefugnis b. personenbez. Daten*

entgegenzuhalten, daß deren Mitteilungspflichten insoweit in § 71 abschließend geregelt sind; allgemein ist festzustellen, daß die Vorschrift des Ausländergesetzes nicht mit hinreichender Bestimmtheit entsprechend den Anforderungen an Eingriffsnormen in das informationelle Selbstbestimmungsrecht die Voraussetzungen und die zu übermittelnden Informationen bezeichnet. Daher gehen die speziellen Geheimnisschutzregelungen des StGB und des SGB vor.

50 — § 1543d RVO verpflichtet den behandelnden Arzt zu Auskünften gegenüber dem Träger der **Unfallversicherung** (hierzu *Küppers* DVR 1979, 373ff. m. Nachw. auch für die Gegenansicht).

— Mitteilungspflichten für Ärzte aus Unfallverhütungsvorschriften wurden in Rz. 18 genannt.

— Die Regelungen des **Kassenarztrechts**, etwa nach dem bis Ende 1988 geltenden Recht (§ 368 Abs. 2 Satz 2 RVO), nach dem seit Inkrafttreten des Gesundheits-Reformgesetzes geltenden Recht (§§ 294ff. SGB V), geben den Kassenärzten die Befugnis zu Datenübermittlungen an die Kassenärztlichen Vereinigungen und die Krankenkassen (*BSG* NJW 1986, 1574).»Hat also ein Rentenversicherungsträger vom Kassenarzt eine Information erhalten, so bestehen Übermittlungsbeschränkungen gegenüber der Krankenkasse... nicht« (*Sendler* Automation, S. 217). Die Konsequenz dieser Auffassung ist beispielsweise, daß § 76 Abs. 1 – sofern diese Vorschrift anwendbar ist, d. h. nicht von § 76 Abs. 2 Satz 1 für nicht anwendbar erklärt wird – einem Informationsaustausch zwischen Medizinischem Dienst und Krankenkasse oder zwischen Kassenärztlicher Vereinigung und Krankenkasse im Rahmen des § 69 hinsichtlich solcher Versicherten-Informationen nicht entgegensteht, die eine der beteiligten Stellen vom Kassenarzt erhalten hat.
Keine Mitteilungspflicht ergibt sich aus § 100, s. Rz. 87.

— Informationspflichten von Krankenhäusern und Krankenärzten sind in § 301 SGB V (und waren vor dem 1.1.1989 in § 373 Abs. 2 RVO) geregelt.

— In Ermittlungsverfahren gegen Kassenärzte und Apotheker wegen betrügerischen Abrechnungen gegenüber Krankenkassen (*Naase* SozSich 1986, 369; *Schumann*) erhalten Staatsanwälte auch Krankenscheine von Kassen oder Kassenärztlichen Vereinigungen (entsprechende Beschlagnahmen von Patientenkarteien beim Arzt sind nach Auffassung des *LG Bochum* NJW 1988, 1533, zulässig; das Gericht versäumt es allerdings, soweit aus den in der NJW veröffentlichten Gründen ersichtlich, die Problematik des Geheimnisschutzes zu erörtern). Offenbarungsbefugnisse der Kassen und Kassenärztlichen Vereinigungen nach § 69 Abs. 1 Nr. 1 werden nach Auffassung des *LfD-NRW* (8. TB, S. 53ff.) nicht durch § 76 eingeschränkt, weil die ärztliche Berufsordnung in § 2 (vgl. Rz. 17) eine Rechtsgüterabwägung zulasse, und der Schutz der Versichertengemeinschaft vor ungerechtfertigter Inanspruchnahme überwiege das Geheimnisschutzinteresse der betroffenen Patienten. Diese Begründung ist unzutreffend (Rz. 57), das Ergebnis richtig (§ 73 Rz. 50ff.).

— Nach *LG Koblenz*, NJW 1983, 2100, kann die Patientenkartei eines Zahnarztes, dem die Hinterziehung von Steuern vorgeworfen wird, als Beweismittel beschlagnahmt werden. Daraus folgt, daß § 76 Abs. 1 (soweit trotz § 76 Abs. 2 Satz 1 anwendbar) es nicht ausschließt, daß auch ein Leistungsträger in einem entsprechenden Ermittlungsverfahren gegen einen Arzt bei ihm gespeicherte Daten über Patienten-Arzt-Kontakte im Rahmen des § 73 erforderlichenfalls an die Staatsanwaltschaft offenbart. Allerdings begründet das *LG Koblenz* seine Entscheidung recht kursorisch mit dem Hinweis, der Schutz des Interesses der Patienten habe hintanzustehen, wenn der Arzt selbst beschuldigt und zur Aufklärung der Tat der Einblick in die Patientenkartei nötig sei. Das Gericht erschließt die Zulässigkeit der darin liegenden Einschränkung des Patientengeheimnisses aus einer analogen Anwendung des § 97 Abs. 2 Satz 3 StPO. Ob hier eine stärker differenzierende Betrachtung angezeigt wäre, kann im vorliegenden Zusammenhang offen bleiben. Denn im Rahmen des § 73 käme eine Übermittlung von Patientenunterlagen, die mehr enthalten als die in § 72 Abs. 1 Satz 2 genannten Angaben, ohnehin nur zur Aufklärung eines Verbrechens in Frage; in solchen Fällen begegnet die Zulässigkeit der Datenübermittlung auch bei besonders schutzwürdigen Daten nach Meinung der Verfasser keinen Bedenken (vgl. im übrigen § 73 Rz. 50ff.).

Über die Beschlagnahme von Patientenunterlagen im strafrechtlichen Ermittlungsverfahren wegen fahrlässiger Tötung durch den behandelnden Arzt hatte das *LG Hildesheim* NStZ 1982, 394, zu entscheiden. Nach Auffassung des Gerichts werden Krankenpapiere vom Beschlagnahmeverbot des § 97 Abs. 1 StPO nur dann erfaßt, wenn der behandelte Patient Beschuldigter in einem Strafverfahren ist. Hierzu gilt die Anmerkung zur Entscheidung des *LG Koblenz* in dieser Rz. entsprechend.

— Nach § 71 Abs. 4 der StrahlenschutzVO ist der ermächtigte Arzt verpflichtet, **51** Gesundheitsakten über beruflich strahlenexponierte Personen bestimmten Dienststellen vorzulegen oder zu übergeben.

— Nach § 31 der GefahrstoffVO hat der zu Vorsorgeuntersuchungen ermächtigte Arzt dem Arbeitgeber und dem untersuchten Arbeitnehmer eine Bescheinigung über das Untersuchungsergebnis auszustellen.

— Als Mitteilungspflicht erkennt das *OVG Lüneburg* (NJW 1984, 2652) in einer **52** nicht rechtskräftigen Entscheidung eine landesrechtliche Bestimmung, nach welcher dem Landesrechnungshof ein Einsichtsrecht in Akten – auch in Patientenakten einer Universitätsklinik – zusteht: Das Interesse der Patienten an der Geheimhaltung sie betreffender ärztlicher Unterlagen müsse zurücktreten, wenn überwiegende Belange des Gemeinwohls oder vorrangige Einzelinteressen dies zwingend gebieten, und dies sei der Fall, wenn der niedersächsische Landesrechnungshof von seinem in der Haushaltsordnung des Landes verankerten Recht auf Akteneinsicht zum Zweck der Rechnungsprüfung Gebrauch mache. Diese Rechtsauffassung (krit. schon *Kreuzer* NJW 1975, 2232ff.) ist in der vom OVG formulierten Allgemeinheit nicht zutreffend, weil das Recht der Patienten auf informationelle Selbstbestimmung es gebietet, nur solche Datenweitergaben zuzulassen, die zur Erfüllung des legitimen Zwecks erforderlich sind. Bevor eine unbeschränkte Einsicht in Patientenakten in Betracht kommt, muß die Rechnungsprüfung mit anonymisierten Unterlagen oder auf andere datenschutzrechtlich unbedenkliche Weise sich als nicht ausreichend erwiesen haben, etwa in der Weise, daß es konkrete Hinweise auf unrichtige Rechnungsbelege für gar nicht existierende Patienten gibt, denen nur durch Einsicht in die Original-Akten nachgegangen werden kann (a. A. *Hahne-Reulecke* MedR 1988, 239, 241, die generell die Einsicht in Patientenakten durch Rechnungshöfe für unzulässig hält). Soweit diese Voraussetzungen vorliegen, ist es auch den Rechnungsprüfungs- und Aufsichtsbehörden der Leistungsträger im Rahmen ihrer Befugnisse (etwa nach §§ 87f. SGB IV, 274 SGB V; nach Abs. 1 Satz 5 der zuletzt genannten, durch das Gesundheits-Reformgesetz neu eingeführten Vorschrift haben die Krankenkassen auf Verlangen der Aufsichtsbehörde alle Unterlagen vorzulegen und alle Auskünfte zu erteilen, die zur Durchführung der Prüfung erforderlich sind) möglich, Einsicht in besonders schützenswerte personenbezogene Daten zu nehmen, ohne daß § 76 dem entgegensteht. Ein Offenbaren i. S. d. §§ 35 SGB I, 67 ff. SGB X, stellt es nicht dar, wenn einem Rechnungshof Einblick in Unterlagen mit personenbezogenen Sozialdaten gegeben wird, § 35 SGB I Rz. 65.

53 — § 48 JWG verpflichtet das Jugendamt (und damit die dort tätigen Sozialarbeiter, Sozialpädagogen oder Psychologen), das Vormundschaftsgericht bei allen Maßnahmen zu unterstützen, welche die Sorge für die Person Minderjähriger betreffen. Es hat dem Vormundschaftsgericht Anzeige zu machen, wenn ein Fall zu seiner Kenntnis gelangt, in dem das Vormundschaftsgericht zum Einschreiten berufen ist. Derartige Mitteilungspflichten beschränken sich auf Informationen, die außerhalb eines vertraulichen Beratungskontakts bekannt geworden sind. In jedem Fall haben die Bediensteten bei entsprechenden Mitteilungen die Erforderlichkeit zu überprüfen. Im übrigen ist § 48 JWG in § 71 nicht aufgeführt.

— Mitteilungsbefugnisse für Bedienstete des Jugendamtes (mit beruflichen Verschwiegenheitspflichten nach § 203 Abs. 1 und 3) können sich weiterhin aus den Betreuungspflichten im Rahmen des Pflegekinderwesens (§ 31 JWG) ergeben.

54 Die hier genannten Offenbarungsbefugnisse der Berufsgeheimnisträger führen ohne Einschränkungen zu Offenbarungsbefugnissen der Leistungsträger: Soweit etwa ein Kassenarzt befugt ist, Patientendaten an eine Kassenärztliche Vereinigung zu übermitteln, ist diese befugt, die Daten an die Krankenkasse weiterzugeben, soweit §§ 67 ff., insbesondere § 69, dieses Offenbaren als zulässig regelt. Dies ist anders bei den nachfolgend beschriebenen Offenbarungsbefugnissen.

c) Notstand

55 § 34 StGB lautet: »Wer in einer gegenwärtigen, nicht anders abwendbaren Gefahr für Leben, Leib, Freiheit, Ehre, Eigentum oder ein anderes Rechtsgut eine Tat begeht, um die Gefahr von sich oder einem anderen abzuwenden, handelt nicht rechtswidrig, wenn bei Abwägung der widerstreitenden Interessen, namentlich der betroffenen Rechtsgüter und des Grades der ihnen drohenden Gefahren, das geschützte Interesse das beeinträchtigte wesentlich überwiegt. Dies gilt jedoch nur, soweit die Tat ein angemessenes Mittel ist, die Gefahr abzuwenden.«

Rechtfertigenden Notstand bei Tatbestandsverwirklichung von Strafrechtsnormen zum Schutz von Privatgeheimnissen erkannte die Rechtsprechung in folgenden Fallgestaltungen:

— Ein Arzt warnt Angehörige des Patienten vor einer von diesem ausgehenden Ansteckungsgefahr (*RGSt* 38, 62; die Problematik dürfte infolge von AIDS-Erkrankungen erheblich an Relevanz zunehmen).

— Ein Arzt weist die Führerscheinbehörde auf die krankheitsbedingte Fahruntauglichkeit des Patienten hin (*BGH* NJW 1968, 2288); in einem Verfahren der Entziehung einer Fahrerlaubnis hält das *VG München* 2. 12. 1987 – M 6 K 86.2730 – die Verwertung von Krankenpapieren über die Behandlung in einem Bezirkskrankenhaus für zulässig, ohne auf mögliche Verwertungshindernisse einzugehen.

56 Sehr umstritten ist, ob ein (vor Inkrafttreten des § 34 StGB **übergesetzlicher** und

Einschränkg. d. Offenbarungsbefugnis b. personenbez. Daten § 76

auch heute noch mitunter als »übergesetzlich« bezeichneter) Notstand i. S. d. § 34 StGB eine Offenbarung von Sozialgeheimnissen zu rechtfertigen vermag. Die Frage könnte in Fällen der folgenden Art relevant werden:
— Die Krankenkasse kennt aus vom Kassenarzt stammenden Daten die AIDS-Erkrankung des Versicherten. Darf sie dessen Ehefrau zu deren Schutz darüber informieren? (Im übrigen bestehen Überlegungen, Patientendaten über AIDS zu anonymisieren, so daß die Krankenkasse die im Fall unterstellte Kenntnis über die Krankheit nicht mehr erhalten könnte, Ärzte Zeitung 5. 5. 1987.)
— Die Sozialverwaltung erhält durch einen Arzt Kenntnis von einer krankheitsbedingten Fahruntauglichkeit eines Bürgers. Darf sie – gegebenenfalls nach ergebnisloser Ausschöpfung anderer Schutzmöglichkeiten wie etwa eines Appells an den Bürger, seine Fahrerlaubnis zurückzugeben – die Führerscheinbehörde informieren (abl. TB 1987 des *DSB* Schl.-H.; *VG Schleswig* RDV 1987, 147, allerdings mit der Begründung, daß im zu entscheidenden Fall die Voraussetzungen der Offenbarungsbefugnis für das Offenbaren durch einen Arzt nicht vorlagen; bejahend 6. TB/*LfD-NRW* S. 70 f.; 8. TB/*LfD-NRW* S. 55 f.).
— Das Jugendamt erhält durch einen Sozialarbeiter, der im Amt oder in einer anderen Stelle beschäftigt ist, Kenntnis von Kindesmißhandlungen, und der Sachbearbeiter befürchtet schweren Schaden für das Kind durch weitere Mißhandlungen, wenn er nicht die Polizei zum – präventiven oder strafrechtlich ermittelnden – Tätigwerden auffordert (*Gitter* MittLVA Oberfr. 1981, 497 f.).

Mehrere Autoren (*Maier* SGb 1983, 91; *Casselmann/Gundlach* SGb 1981, 95 f.; *Neumann-Duesberg* WzS 1981, 196 f.; *BfA-Kommentar* S. 375 f.; *Lauterbach/ Watermann* UV, § 76 Anm. 7 bee, sind der Auffassung, in derartigen Fällen sei eine Übermittlung von Sozialdaten zulässig, mit den Begründungen, daß die Übermittlung zum Schutz höherrangiger Rechtsgüter unabweisbar sei oder daß § 76 ausdrücklich den Sozialverwaltungen den Bezug auf alle Rechtfertigungsgründe einräume, auf die Ärzte usw. sich berufen können.
Dagegen wird unter Bezugnahme auf Erörterungen zum **»Fall Traube«** (der seinerzeit in einem Unternehmen der Kernenergiegewinnung an leitender Stelle tätige *Traube* war durch Sicherheitsbehörden entgegen den einschlägigen Vorschriften in einem sogenannten »Lauschangriff« in seiner Privatwohnung heimlich überwacht worden, und dieses Vorgehen war mit Notstand gerechtfertigt worden) vorgebracht (*Steinmüller* DVR 1983, 287; differenzierend *P. Lange* S. 230 ff., 240, 253), daß der »übergesetzliche« Notstand staatliche Maßnahmen nicht rechtfertigen kann. Denn für staatliches Verhalten gilt der Vorbehalt des Gesetzes, und es bestehen gesetzlich geregelte Verfahren über die Möglichkeiten der Behörden, zum Schutz wichtiger Rechtsgüter einzuschreiten. Für andere Notstandsmaßnahmen besteht kein Bedarf, und durch ihre Zulassung würde die Befugnis des Staates, in Grundrechte einzugreifen, in unüberschaubarer und kaum kontrollierbarer Weise ausgedehnt. (Zur Klarstellung sei zu dieser Auffassung angefügt, daß aus der Rechtswidrigkeit einer staatlichen Notstandsmaßnahme noch nicht folgen muß, daß der handelnde Amtsträger nicht aufgrund § 34 StGB straffrei bleibt.)
Die Verfasser dieses Kommentars schließen sich der zuletzt genannten Auffassung an: »Übergesetzlicher« **Notstand** kann **keine Begründung für grundrechtsein-**

57

schränkende hoheitliche Maßnahmen sein. Es ist allein Aufgabe der Gesetzgebung, in Fällen der oben genannten Art die Handlungsmöglichkeiten der Behörden zu regeln; die Behörden können sich ihren Handlungsspielraum nicht in eigener Verantwortung gestalten. Soweit das geltende Recht Lücken enthält, die im Ergebnis als unerträglicher Verstoß gegen das Gebot der Rechtsgüterabwägung erscheinen, so ist allein der Gesetzgeber zur Schließung dieser Lücken aufgerufen.

Diese Überlegungen erscheinen insbesondere im Kontext der §§ 35 SGB I, 67ff. SGB X zwingend: Das erklärte und im Gesetzestext eindeutig formulierte Ziel der Gesetzgebung war es, einen **numerus clausus** der Offenbarungsbefugnisse zu regeln (§ 35 SGB I Rz. 61ff., § 67 Rz. 13ff.). Die Annnahme, über § 76 werde gleichwohl eine durch (in den §§ 68ff. nicht berücksichtigten) Notstand gerechtfertigte Offenbarung zugelassen, führt zu unauflösbaren Widersprüchen.

Ob diese Auffassung in Fällen der oben genannten Art unannehmbare Konsequenzen mit sich bringt, kann im übrigen bezweifelt werden: Es kann vermutet werden, daß in Gesprächen mit dem Betroffenen der erforderliche Schutz Dritter erreicht werden kann (insbesondere im Fall Kindesmißhandlung ist nicht wahrscheinlich, daß polizeiliche Maßnahmen geeigneter sind als sozialpädagogische). Wo dies nicht zutrifft, ist ein Restrisiko dergestalt unvermeidbar, daß der Staat nicht in allen Fällen in der Lage ist, Leben und Gesundheit der Bürger gegen Einwirkungen durch Krankheitsträger, Gewalttätige usw. zu schützen. Wer dieses Restrisiko nicht akzeptiert, muß sich die Frage nach seinen rechtspolitischen Vorstellungen beispielsweise zur Vermeidung von Straßenverkehrsunfällen, verursacht durch »ganz normale« Führerscheininhaber, entgegenhalten lassen.

Im übrigen werden in der Literatur (*Gitter* MittLVA Oberfr. 1981, 497f.) im Zusammenhang mit durch Notstand gerechtfertigten Offenbarungen auch Fallgestaltungen erörtert, die möglicherweise Anwendungsfälle der §§ 69 Abs. 1 Nr. 1, 76 Abs. 2 Satz 1 sind. Wenn beispielsweise der Krankenkasse oder Berufsgenossenschaft Daten zugänglich werden, die auf ein Ansteckungsrisiko der Arbeitskollegen eines kranken Arbeitnehmers schließen lassen und präventive Maßnahmen erfordern, so kann eine dies bezweckende Datenübermittlung aufgrund §§ 69 Abs. 1 Nr. 1, 76 Abs. 2 Satz 1 gerechtfertigt sein (vgl. § 3 BeKV).

d) Standes- und Berufsrecht

58 Wie in Rz. 48 ausgeführt, kann Standes- und Berufsrecht Durchbrechungen der Verschwiegenheitspflicht des § 203 StGB nur dann begründen, wenn eine gesetzliche Ermächtigung zum Erlaß entsprechender berufsrechtlicher Bestimmungen vorliegt.

Unklar *Bull* in Meye/Schwartz, S. 103: Es werde »kaum als strafbar angesehen werden können«, was die Berufsordnung erlaubt. Dies wäre jedenfalls dann nicht zutreffend, wenn eine Berufsordnung die in § 203 geregelte oder vorausgesetzte Verschwiegenheitspflicht der Berufsangehörigen durch unklare oder weitgehende Ausnahmen zulassende Bestimmungen aufweichen würde (allenfalls ein Verbotsirrtum könne dann u. U. zur Straffreiheit führen).

59 Im übrigen ist auch keine relevante Fallgestaltung ersichtlich, in der ein Leistungsträger vom Arzt zugänglich gemachte Daten weitergeben möchte unter Voraussetzungen, unter denen allein eine berufsrechtliche Regelung dem Arzt die Weitergabe gestatten würde.

e) Einwilligung oder Entbindung von der Schweigepflicht

Die Einwilligung der Betroffenen in die Weitergabe ihrer Daten durch den **60**
Berufsgeheimnisträger, beispielsweise des Patienten in die Datenweitergabe durch den Arzt, stellt einen Rechtfertigungsgrund für eine – sonst verbotene – Offenbarung dar.
Wie in der entsprechenden Situation bei Offenbarungen durch Leistungsträger ist bei der Anwendung des § 203 fraglich, ob eine Offenbarungsbefugnis auch dann eine Offenbarung rechtfertigt, wenn der Arzt eine Entbindung von der Schweigepflicht angefordert hat, diese aber verweigert wurde.
Die Einwilligung ist keine rechtsgeschäftliche Erklärung. Sie kann auch von Geschäftsunfähigen und beschränkt Geschäftsfähigen wirksam erklärt werden, wenn diese über die erforderliche **Einsichtsfähigkeit** verfügen, um die Tragweite der Einwilligung zu verstehen. Bestehen insoweit Zweifel, so ist zusätzlich zu der Einwilligung des Betroffenen die des Personensorgeberechtigten einzuholen. Bei fehlender Einsichtsfähigkeit kommt es allein auf die Einwilligung des Personensorgeberechtigten an, allerdings sprechen wohl in den praktisch relevanten Fallgestaltungen ethische Aspekte gegen eine Datenoffenbarung, wenn der Betroffene ausdrücklich widerspricht.
Die Einhaltung einer bestimmten Form ist für die Entbindung von der Schweigepflicht zu § 203 StGB – anders als in § 67 – nicht vorgesehen (s. aber Rz. 63 ff., § 100 und die Erl. zu § 67).
Formularmäßige Entbindungen von der Schweigepflicht (krit. *Hollmann* NJW **61**
1979, 1923) sind selbstverständlich nur wirksam, wenn sie die betreffende Datenübermittlung mit hinreichender Bestimmtheit kennzeichnen. Dennoch werden Vordrucke mit allgemein gehaltenen Formulierungen immer wieder verwendet, was beispielsweise der *DSB Schl.-H.* in seinem 7. TB (unter 4.5.2) bemängelt: »Einige Vordrucke enthalten Formulierungen wie: ›Ich entbinde die Ärzte, die mich bisher untersucht und behandelt haben oder die mich in Zukunft untersuchen und behandeln werden... von der ärztlichen Schweigepflicht.‹ Der Landesbeauftragte hat erhebliche Zweifel, ob derartige Klauseln den rechtlichen Anforderungen an deren Bestimmtheit entsprechen.« Ähnliche Beispiele zitiert *Wendt* (Hrsg.), S. 1, 3; abl. auch 17. TB/*HDSB*.
Die Leistungsträger für Rehabilitationsleistungen verwenden einheitlich Formulare zum Ausfüllen durch den Rehabilitanden bei der Beantragung von Leistungen der beruflichen Rehabilitation, welche weitgehende Befreiungen von der ärztlichen Schweigepflicht vorsehen. Auch die Zustimmung zur Datenweitergabe an alle Stellen, welche mit der Rehabilitationsmaßnahme befaßt sind, wird erwartet, ohne daß stets vorhersehbar ist, um welche Stellen es sich handeln wird (Kritik bei *Unger* BlStSozArbR 1985, 91).
Grundsätzlich ist eine Einwilligung zu einer Geheimnisoffenbarung nach § 203 **62**
StGB nur wirksam, wenn sie einer **freien Willensentscheidung** des Betroffenen entspricht. Schwierig ist dieser Grundsatz aufrechtzuerhalten in Fällen einer ökonomischen oder sozialen Abhängigkeit; beispielsweise knüpfen Unternehmen der privaten Lebens- und Krankenversicherung Vertragsabschlüsse an die Bedingung, daß der Betroffene – in mehr oder minder hinreichend bestimmtem Umfang – behandelnde oder gutachtende Ärzte von der Schweigepflicht entbindet. Die in diesen Fällen gegebene Diskrepanz zwischen Privatautonomie und faktischen Zwangssituationen erscheint unüberwindlich. Ähnlich schwierig ist folgende Fallgestaltung zu bewerten: Nach Erkenntnissen des *DSB Hbg.* veranlassen Arbeitge-

ber ihre Arbeitnehmer, Ärzte (auch Krankenkassen) von der Schweigepflicht zu entbinden, um dann von den Ärzten oder von Krankenkassen Näheres zu den Ursachen von Fehlzeiten zu erfahren (Die Neue Ärztliche 17. 1. 1986; Kieler Nachrichten 16. 1. 1986). Hier bestehen ernstliche Zweifel an einer freien Willensentscheidung der Betroffenen, und es liegt nahe, derartige Einwilligungen für unwirksam zu halten. Eine anscheinend gängige Praxis der Kassen in solchen Fällen ist es, die Auskünfte aus den Kassenunterlagen nicht den Arbeitgebern, sondern den Arbeitnehmern zu geben, damit diese noch einmal entscheiden können, was ihr Arbeitgeber erfahren darf. (*Nicolay* nach Hannoversche Allgemeine Zeitung vom 13. 9. 1986). (Nach Auffassung der Autoren dieses Kommentars bedarf es **de lege ferenda** einer arbeits- und dienstrechtlichen Regelung, die – in Zusammenhängen wie Kündigung wegen Krankheit oder gesundheitsbezogenen Fragen im Bewerbungsverfahren – die Informationsansprüche von Arbeitgebern und Dienstherrn abschließend festlegt und unzumutbare Zwangssituationen für Arbeitsuchende und Arbeitnehmer ausschließt; so im Ansatz auch § 29 DSGNW).

63 Die Entbindung von der Schweigepflicht nach den Berufsgeheimnissen kann auch **stillschweigend** oder **durch konkludentes Handeln** erklärt werden. Praktisch bedeutsam ist die Fallgestaltung, daß der Betroffene von der Weitergabe seiner Daten weiß und ihr nicht widerspricht; auch kommt es vor, daß er den Adressaten der Datenweitergabe selbst angibt (es wird erörtert, ob die Aushändigung des Krankenscheins mit der Angabe der Klasse an den Arzt als konkludente Einwilligung in die Weitergabe des ausgefüllten Krankenscheins an Kassenärztliche Vereinigung und Kasse ausgelegt werden kann, abl. *Bull* in Meye/Schwartz, S. 83f.; diese Diskussion liegt aber insofern neben der Sache, als als Rechtfertigungsgrund für entsprechende Weitergaben nur die **Verpflichtungen aus dem Sozialrechtsverhältnis** und dem Kassenarztrecht ernsthaft in Betracht kommen, *Borchert* SF 1987, 229). Bei Zweifeln über die entsprechende Kenntnis des Betroffenen ist aber eine Aufklärung durch den Schweigepflichtigen und die Frage nach der Entbindung von der Schweigepflicht notwendig. Dies hat der *Deutsche Verein* speziell für die Tätigkeit der Sozialarbeiter und Sozialpädagogen in Empfehlungen folgendermaßen präzisiert (NDV 1986, 230): »Zielt der Arbeitskontakt« des Sozialarbeiters/Sozialpädagogen »mit dem Klienten eindeutig und für diesen erkennbar auf die Informationszuarbeit an andere Personen/Stellen, ist (i. S. konkludenter Einwilligung) von einer Befugnis zu entsprechender Offenbarung auszugehen. Entsprechendes gilt, wenn der Sozialarbeiter/Sozialpädagoge im Rahmen eines Verwaltungsverfahrens selbst zu entscheiden hat.« – »Zielt die Informationspreisgabe durch den Klienten ausschließlich auf eine persönliche Hilfe des Sozialarbeiters/Sozialpädagogen, die den Angeboten der in § 203 Abs. 1 Nr. 4 und 4a StGB genannten Einrichtungen entspricht – also absolute Verschwiegenheit methodische Voraussetzung für die Erfüllung des beruflichen Auftrags ist – oder sichert der Sozialarbeiter/Sozialpädagoge im Rahmen des ihm erteilten Arbeitsauftrags Verschwiegenheit zu, so bedarf jede Offenbarung von persönlichen Geheimnissen i. S. d. § 203 StGB – sofern keine gesetzliche Mitteilungspflicht gegeben ist – der Einwilligung des Betroffenen.« – »Handelt es sich nicht um persönliche Hilfe«, bei der die absolute Verschwiegenheit einzuhalten ist, oder nicht um einen Fall, in dem eine eindeutige Zuordnung zu den Fallgruppen einerseits der eindeutigen Informationszuarbeit und andererseits der absoluten Vertraulichkeit nicht möglich ist, so »ist davon auszugehen, daß Klienten wissen,

Einschränkg. d. Offenbarungsbefugnis b. personenbez. Daten § 76

daß ihre gegenüber einem öffentlich bediensteten Sozialarbeiter/Sozialpädagogen preisgegebenen Informationen dessen Dienststelle zur Verfügung gestellt werden (konkludente Einwilligung).«

Soweit eine **konkludente** Einwilligung im Rahmen des § 67 ein Offenbaren 64 rechtfertigt (§ 67 Rz. 68), gilt dies bei besonders schützenswerten Daten auch in den Fällen, in denen ein Arzt ein Offenbaren auf eine konkludente Einwilligung stützen kann. Falsch wäre es anzunehmen, § 76 schwäche die Anforderungen an eine Einwilligung nach § 67 ab (unklar *Pickel* Lehrbuch, S. 495). *Lauterbach/ Watermann* UV, § 76 SGB X Anm. 7 bcc, machen darauf aufmerksam, daß dem Rechtfertigungsgrund der konkludenten Einwilligung in der berufsgenossenschaftlichen Praxis größere Bedeutung zukommt, etwa bei der Weitergabe der Ergebnisse arbeitsmedizinischer Untersuchungen (dies ist allerdings insoweit irrig, als es gesetzliche Mitteilungsbefugnisse für derartige Daten gibt, § 70 Rz. 13 ff.).

Auch eine **mutmaßliche** Einwilligung ist als Rechtfertigungsgrund anerkannt 65 (*Schönke/Schröder-Lenckner* § 203 StGB Rz. 27), etwa bei Bewußtlosigkeit eines Patienten, dessen Krankheitszustand der Arzt einem anderen Arzt zur Mitbehandlung mitteilen möchte, Rz. 17. Eine mutmaßliche Entbindung von der Schweigepflicht kommt aber nur dann in Betracht, wenn die Offenbarung der Daten eindeutig im Interesse des Betroffenen liegt und wenn dem Offenbarenden nichts bekannt ist, das für einen entgegenstehenden Willen des Betroffenen spricht. Im Zweifel darf der Schweigepflichtige keine mutmaßliche Einwilligung unterstellen, sondern er hat soweit möglich eine ausdrückliche Einwilligung einzuholen.

Wenn innerhalb eines Beratungs-Teams in der psychosozialen Versorgung Klienten-Informationen besprochen werden oder wenn bei der Supervision ein erfahrener Sozialarbeiter oder Psychologe Einblick in die Klienten-Dokumentation eines Sozialarbeiters nimmt, kann dies durch mutmaßliche Einwilligung gerechtfertigt sein (*Damian* NDV 1981, 205); bei Kenntnis des Klienten von der Teamarbeit oder der Supervision kommt aber eine konkludente Einwilligung in Betracht, und wann ohne diese Kenntnis eine mutmaßliche Einwilligung vorliegt, ist sorgfältig zu prüfen. Die Teamberatung bei der Bundesanstalt für Arbeit, bei welcher Psychologen und Arbeits- oder Berufsberater gemeinsam bei Ratsuchenden Informationen erheben, hält im übrigen der *BfD* für überprüfungswürdig (9. TB, S. 50).

Soweit die Offenbarung von unter § 76 fallenden Informationen durch den Lei- 66 stungsträger an Vierte aufgrund einer Einwilligung des Betroffenen zulässig sein soll (Rz. 47), gelten die Anforderungen des § 67. **Mutmaßliche Einwilligungen scheiden daher als Offenbarungsgründe für Leistungsträger aus** (§ 67 Rz. 68). Allerdings ist unter Hinweis auf Extremfälle auch für die Wirksamkeit einer mutmaßlichen Einwilligung argumentiert worden (*Gitter* MittLVA Oberfr. 1981, 496). Eine solche Situation könne etwa dann eintreten, wenn der Versicherte im Ausland vermutlich ums Leben gekommen ist, aber noch nicht nach dem Verschollenheitsgesetz für tot erklärt werden konnte und seine Frau zur Geltendmachung von Leistungsansprüchen dringend auf die Weitergabe medizinischer Daten durch den Leistungsträger angewiesen ist; *Maier* SGb 1983, 92 f., hält eine mutmaßliche Einwilligung für rechtfertigend, wenn die Offenbarung in einer Notsituation des Betroffenen und in dessen überwiegenden Interesse nach einer Güterabwägung und (als zusätzliche Einschränkung) dann, wenn der Betroffene wegen Abwesenheit im Ausland oder im Hinblick auf eine physische oder psychische Beeinträchtigung nicht gefragt werden kann. Hier kann aber die

Offenbarung durch den Leistungsträger auf § 69 Abs. 1 Nr. 1 gestützt werden. § 76 bringt deshalb keine Einschränkung, weil der Arzt im Hinblick auf die mutmaßliche Einwilligung »offenbarungsbefugt wäre« (§ 76 Abs. 1), und nur dies macht § 76 Abs. 1 zur Voraussetzung, nicht aber die Identität der Rechtfertigungsgründe für die beiden Offenbarungen.

f) Wahrnehmung berechtigter Interessen

67 Die wohl h. M. der strafrechtlichen Literatur (*Dreher/Tröndle* StGB, § 203 Anm. 31) erkennt die Wahrnehmung berechtigter Interessen als weitere Offenbarungsbefugnis an. Beispielsweise darf der Arzt zur Wahrnehmung eigener Interessen im gerichtlichen Verfahren, in dem er seine Honorarforderung geltend macht, oder zur Abwehr unbegründeter Strafverfolgung wegen Abrechnungsbetrugs oder fahrlässiger Körperverletzung (*Gitter* MittLVA Oberfr. 1981, 497, sieht hier zu Recht auch einen Fall rechtfertigenden Notstands), die hierfür erforderlichen Daten aus dem Patienten-Arzt-Verhältnis vorbringen.

Auch **berechtigte Interessen Dritter** können die Offenbarung rechtfertigen, beispielsweise Übermittlung von Patientendaten an ein Gericht, das gegen den Patienten wegen Betrugs gegenüber dessen privater Krankenversicherung ermittelt.

68 Der Gesichtspunkt der Wahrnehmung berechtigter Interessen kann nach dem Text der §§ 68 ff. eine Datenübermittlung nicht zulässig machen. Dies bedeutet, daß Wahrnehmung berechtigter Interessen allgemein auch bei der Übermittlung besonders schützenswerter Daten nicht deshalb in Betracht kommt, weil Ärzte sich in berufs- und strafrechtlichen Zusammenhängen darauf berufen können.

Allerdings stellen die §§ 68 bis 75, wenn dies vom Gesetzgeber auch nicht ausdrücklich so formuliert wurde, Regelungen zur Wahrung berechtigter Interessen dar, die eine Offenbarung von Sozialgeheimnissen rechtfertigen können. Dieser Gesichtspunkt führt zu folgender Auslegung: Was **für den Arzt** – soweit nicht seine gesetzlichen Mitteilungspflichten angesprochen sind – die **Wahrnehmung berechtigter Interessen** darstellt, ist **für den Leistungsträger** Berücksichtigung der **gesetzgeberischen Wertungen der §§ 68 bis 75**. Er darf also im Rahmen dieser Vorschriften dann unbeschadet der Regelung des § 76 Abs. 1 Daten offenbaren, wenn der Arzt dies in Anwendung des Rechtfertigungsgrundes der Wahrnehmung berechtigter Interessen dürfte. So rechtfertigt sich beispielsweise mit § 69 Abs. 1 Nr. 1 die Weitergabe von Krankenscheinen von den Kassenärztlichen Vereinigungen an die Krankenkassen (vgl. seit dem 1. 1. 1989 die Spezialnorm des § 296 SGB V).

Verfehlt wäre es dagegen, für die sozialrechtlich gebotenen Datenübermittlungen gestützt auf § 76 neben den im Strafrecht anerkannten Rechtfertigungsgrund einen weiteren Rechtfertigungsgrund, die »Offenbarung zur Wahrung sozialrechtlicher Mitwirkungspflichten«, anzunehmen (so aber *Rische* in Gliss u. a., S. 138).

Beachtung hat die Frage gefunden, inwieweit wegen § 76 die Befugnis von Kassenärztlichen Vereinigungen oder Krankenkassen eingeschränkt ist, Krankenschein- und Rezept-Daten der Staatsanwaltschaft zu übermitteln, damit oder während diese gegen den Arzt wegen Abrechnungsbetrugs ermitteln (*Teyssen/Goetze* NStZ 1986, 29; *Schumann*; *Schnapp/Düring* NJW 1988, 741). Der Kassenarzt wäre wegen des Rechtfertigungsgrundes der Wahrnehmung berechtigter Interessen befugt, die Krankenscheine der Staatsanwaltschaft zu übergeben. Dies ergibt sich zum einen daraus, daß er zu seiner Entlastung vom Strafvorwurf eigene

Einschränkg. d. Offenbarungsbefugnis b. personenbez. Daten § 76

berechtigte Interessen haben könnte, die Daten zu offenbaren, zum anderen daraus, daß berechtigte Interessen der Versichertengemeinschaft vorhanden sind (zu dieser Rechtsproblematik vgl. auch o. Rz. 50).

5. Vom Arzt zugänglich gemachte Daten

Voraussetzung für die Anwendbarkeit des § 76 ist, daß die personenbezogenen **69** Daten dem Leistungsträger von einem Arzt (oder einer anderen Person nach § 203 Abs. 1 oder 3 StGB) **zugänglich gemacht worden sind**, wenn also das Berufsgeheimnis offenbart wurde oder (im Sprachgebrauch der Datenschutzgesetze) die Daten an den Leistungsträger übermittelt wurden.
Hierbei kommt es nicht darauf an, ob der Träger des Berufsgeheimnisses persönlich die Daten übermittelt hat, oder ob seine Hilfspersonen (die nach Rz. 35 ff. regelmäßig, aber nicht in allen Fällen selbst Träger des Berufsgeheimnisses sind) dies getan haben. Denn nur bei dieser Auslegung kann der mit dem Gesetz angestrebte verlängerte Geheimnisschutz sichergestellt werden.
Ob die Vorschrift auch dann Anwendung findet, wenn sich der Leistungsträger **70** ohne entsprechenden Willen des Arztes Einblick in die Daten verschafft hat, ist eine nur theoretisch zu erörternde Frage; sie ist im Hinblick auf den Schutzzweck der Vorschrift zu bejahen.
Welche Einschränkungen bestehen für die Datenübermittlung durch den Leistungsträger, wenn vom Arzt übermittelte Daten vermischt und verarbeitet wurden oder identisch sind mit Daten, die auch von einer Person ohne berufliche Verschwiegenheitspflicht (etwa dem Versicherten selbst) zugänglich gemacht wurden? Dies ist relevant etwa in den Fällen, in denen auf Formularen Angaben vom Betroffenen selbst gemacht werden, bevor der Arzt Angaben über den Betroffenen im Formular anbringt, oder in den Fällen, in denen der Betroffene das ärztliche Angaben enthaltende Formular dem Leistungsträger überreicht. Der Schutz des § 76 sei bei Offenbarung vom Versicherten selbst »verbraucht«, meint *Sendler* (Automation, S. 217), welcher wohl übersieht, daß es Fälle geben kann, in denen der Betroffene eine Einwilligung zur Datenverarbeitung zurückzieht, wodurch der Schutz des § 76 wieder relevant wird. Die Lösung kann nur sein, daß bei jeder einzelnen Angabe zu prüfen ist, ob sie (ausschließlich) von einem Arzt oder einer anderen in § 203 Abs. 1 oder 3 des StGB zugänglich gemacht worden ist. Soweit dies zutrifft, gilt stets § 76.
Nach Auffassung von *Schumann* (S. 9) »muß es« für die Anwendbarkeit des § 76 **71** »ohne Bedeutung... sein, ob der Leistungsträger die Information unmittelbar vom Arzt usw. oder durch Vermittlung Dritter erhält«. Hier ist zu unterscheiden: Erhält der Leistungsträger die Daten von der Praxishelferin des Arztes, so ist diese Datenübermittlung dem Arzt selbst zuzurechnen. Erhält aber der Leistungsträger von einer Person, die datenrechtlich mit dem Arzt keine Einheit bildet, sind die Daten auch nicht von einem Arzt zugänglich gemacht. Im übrigen bezieht sich *Schumann* (a. a. O.) auf eine Weitergabe von Krankenscheinen des Kassenarztes durch die Kassenärztliche Vereinigung an den Leistungsträger, so daß sich die Anwendbarkeit des § 76 trotz *Schumanns* unzutreffender Begründung aus den §§ 35 Abs. 1 Satz 2 SGB I, 78 SGB X ergibt.
Auch der Fall, daß das Berufsgeheimnis des Arztes dem Leistungsträger nicht direkt vom Arzt, sondern von einem anderen Leistungsträger zugänglich gemacht

wurde, ist kein Anwendungsfall des § 76 Abs. 1 (a. A. *Lauterbach/Watermann* UV, § 76 SGB X Anm. 4), obwohl der Text auch diese Auslegung zuließe. Wieweit dann (wenigstens) eine Zweckbindung nach § 78 besteht, wird in § 78 Rz. 9f. erläutert.

72 Wichtigste Auslegungsfrage zum Begriff des Zugänglich-Machens ist, ob Geheimnisse einer SGB-Stelle »zugänglich gemacht« wurden, wenn die in § 203 Abs. 1 oder 3 genannte Person als Bediensteter **Teil dieser Stelle** ist. Die Frage wird bejaht vom *BayLfD* 7. TB, S. 15f.; vom *SaarlLfD* 5. TB, Ziff. 4.1.1.; von *Rische* in Gliss u. a., S. 136, unter Bezugnahme auf die innerbehördliche Verschwiegenheitspflicht; *Maier* SGb 1983, 90; verneint von *Podlech* ZfSH/SGB 1985, 8, der sogar die Übermittlung von einem Vertrauensarzt an die ihn beauftragende Krankenkasse nicht in die Anwendungsvoraussetzungen des § 76 Abs. 1 SGB X einbeziehen möchte; *Naeth* in Jahn, SGB, § 76 SGB X Anm. 2; *Verbandskommentar* § 76 SGB X Rz. 5; *Knopp/Schneider-Danwitz/Schroeter* § 76 Anm. 3, unter Bezugnahme auf *Gitter* MittLVA Oberfr. 1981, 491; *Casselmann/Gundlach* SGb 1981, 95; *Lauterbach/Watermann* UV, § 76 SGB X Anm. 6; *LSG Essen* Datenschutzberater 2/1983, S. 12 = AmtlMittLVA Rheinpr. 1983, 59 m. Anm. *Schmidinger*.

Für die Auffassung, die Daten seien **auch vom intern tätigen Arzt** »zugänglich gemacht«, spricht zunächst, daß die Berufsgeheimnisse auch Datenweitergaben innerhalb der Einrichtung berühren, in der der Geheimnisträger (der Arzt, Psychologe usw.) tätig ist.

Der Grundsatz der innerbetrieblichen Verschwiegenheitspflicht ist im Arbeitssicherheitsgesetz ausdrücklich geregelt. Nach § 8 I sind Betriebsärzte und Fachkräfte für Arbeitssicherheit bei der Anwendung ihrer arbeitsmedizinischen und sicherheitstechnischen Fachkunde weisungsfrei. »Betriebsärzte sind nur ihrem ärztlichen Gewissen unterworfen und haben die Regeln der ärztlichen Schweigepflicht zu beachten.« Das ArbeitssicherheitsG (ASiG) gibt dem Betriebsarzt, auch wenn er Arbeitnehmer des Betriebsinhabers ist, keine Befugnis, diesem Geheimnisse von Betriebsangehörigen zu offenbaren. Das Ergebnis arbeitsmedizinischer Untersuchungen darf dem Arbeitgeber mitgeteilt werden, sofern dies erforderlich ist, den Aufgaben aus § 3 ASiG nachzukommen. Hiernach hat der Betriebsarzt u. a. den Arbeitgeber zu beraten bei Fragen des Arbeitsplatzwechsels sowie der Eingliederung und Wiedereingliederung Behinderter in den Arbeitsprozeß.

Eine neuere höchstrichterliche Entscheidung zur innerbetrieblichen bzw. innerbehördlichen Schweigepflicht bestätigt diese Überlegungen: Der Arbeitgeber eines Psychologen mit staatlich anerkannter wissenschaftlicher Ausbildung darf sich über die vom Psychologen betreuten Personen nicht dadurch Kenntnis verschaffen, daß er bei der automatischen Erfassung der geführten dienstlichen Telefongespräche die Zielnummer erfaßt, *BAG* NZA 1987, 515.

§ 76 soll die Berufsgeheimnisse »verlängern« auf die Leistungsträger. Da der innerhalb des Leistungsträgers tätige Arzt das Berufsgeheimnis zu wahren hat, wird der Schutzzweck des § 76 nur dann erreicht, wenn der Leistungsträger bei den von diesem Arzt stammenden Daten genauso beachten muß wie bei Daten, die von einem extern tätigen Arzt stammen.

Ferner hat der in den Diensten des Sozialleistungsträgers tätige Arzt – jedenfalls regelmäßig – eine **andere Funktion** als die mit Verwaltungsaufgaben betrauten Mitarbeiter; beispielsweise erstellt der Arzt der Versorgungsverwaltung ein Gutachten, das er an die Verwaltungskräfte weitergibt zur Umsetzung in eine versorgungsrechtliche Entscheidung. Es ist daher eine Konsequenz aus der Abgrenzung von speichernden Stellen und von SGB-Stellen auf der Grundlage des funktionalen

Einschränkg. d. Offenbarungsbefugnis b. personenbez. Daten § 76

Stellenbegriffs (§ 35 SGB I Rz. 26ff.), den Arzt auch dann datenrechtlich abgegrenzt von dem Sozialleistungsträger anzusehen, wenn er diesem dienstrechtlich zuzuordnen ist. Unproblematisch ist die Situation im Krankenversicherungsbereich, wo die Ärzte des »Medizinischen Dienstes« eindeutig einer separaten SGB-Stelle in Form einer kassenübergreifenden Arbeitsgemeinschaft angehören (vgl. § 278 SGB V).
Ob es Fälle gibt, in denen keine funktionelle Trennung zwischen dem Arzt und dem Verwaltungsbeamten eines Leistungsträgers vorliegt, ist fraglich; bei anderen Schweigepflichten wie Sozialarbeitern ist es zumindest nicht auszuschließen. In diesen Fällen gibt es keine durchschlagenden Argumente, daß die Daten durch § 76 Abs. 1 besonders geschützt werden.

IV. Offenbarungserweiterung für Gutachtendaten (Abs. 2 Nr. 1)

1. Funktion der Regelung

Die **Rückausnahme** bezweckt, Datenflüsse zwischen Sozialleistungsträgern wegen 73 der Erbringung von Sozialleistungen nicht übermäßig einzuschränken und einheitlichen Begutachtungen, soweit sie in § 96 (die Vorschrift war bei Inkrafttreten der §§ 35 SGB I, 76 SGB X noch nicht erlassen, ihr Grundgedanke wurde aber schon eingehend erörtert) vorgesehen sind, nicht die Grundlage zu entziehen. Weitergehend vertreten die Autoren des *BfA-Kommentars* Anm. 4.4, die Auffassung, der Datenfluß unter den Leistungsträgern in bezug auf die besonders schutzwürdigen Daten solle grundsätzlich nicht eingeschränkt werden.
An welche routinemäßig anfallenden Datenflüsse hierbei gedacht wurde, ist nicht im einzelnen festzustellen. Sicherlich fällt der Informationsaustausch zwischen Krankenkassen und vertrauensärztlichen Dienststellen (seit Inkrafttreten des GRG: Medizinischer Dienst; zum Datenaustausch vgl. speziell § 276 SGB V) darunter, wohl auch Mitteilungen der Versorgungsämter über Grad und Art der Behinderung an Renten- und Unfallversicherungsträger oder Entlassungsberichte von Rehabilitationseinrichtungen der Rentenversicherung an Träger der Krankenversicherung (vgl. *Maier* SozVers 1986, 316). Fraglich erscheint, ob Datenflüsse von Krankenkassen an Berufsgenossenschaften über Vorerkrankungen auf der Grundlage ärztlicher Verordnungen mit der Rückausnahme als zulässig festgestellt werden sollten, wie es *Lauterbach/Watermann* UV, § 76 SGB X Anm. 10, annehmen.

2. Gutachten und Bescheinigungen

Daten, die im Zusammenhang mit Begutachtungen und Bescheinigungen im 74 Sinne der Vorschrift entstehen, unterscheiden sich von den anderen Daten des § 76 Abs. 1 dadurch, daß der Hauptzweck der Datenverwendung beim Arzt usw. nicht in der diagnostischen oder therapeutischen Behandlung des Betroffenen liegt oder in der Gewinnung von an den Betroffenen gerichteten Informationen, sondern daß Dritte (Leistungsträger) über den Betroffenen informiert werden zu dem Zweck, eine Verwaltungsentscheidung zu treffen.
Die Abgrenzung zwischen diesen beiden Arten von Angaben ist nicht immer

eindeutig, da Bescheinigungen – etwa über eine vorübergehend eingeschränkte Belastbarkeit des Betroffenen – sowohl die Therapie begleiten und ergänzen als auch gutachtlichen Charakter haben können (die Arbeitsunfähigkeitsbescheinigung des Kassenarztes ist nicht nur Voraussetzung für die Sozialleistung Krankengeld, sondern ist auch therapeutische Maßnahme: »Verordnung einer Arbeitsbefreiung«). Mit dem 6. TB/*BayLfD* S. 66f., wird die Abgrenzung wie folgt vorgenommen: Unter § 76 Abs. 2 Satz 1 fallen nur Daten, die **gezielt** auf die Prüfung der Voraussetzungen für eine Sozialleistung ausgerichtet sind, daher also beispielsweise nicht Daten aus dem Patienten-Arzt-Verhältnis, die erst später zur Begründung eines Leistungsantrags beigezogen werden.
Lauterbach/Watermann UV, § 76 SGB X Anm. 9b, meinen, die Verwaltungsentscheidung müsse sich nicht auf Sozialleistungen beziehen, die gegenüber dem von der Offenbarung Betroffenen erbracht werden. Dies dürfte nur für seltene Fallgestaltungen relevant sein und paßt im übrigen nicht zu Satz 2: Soll unter Umständen der Betroffene der Offenbarung widersprechen dürfen und damit die Konsequenz auslösen können, daß einem anderen nach § 66 Abs. 1 Satz 1 SGB I eine Leistung ganz oder teilweise versagt oder entzogen wird?

3. Zusammenhang mit Gutachten

75 Der Gesetzestext bezieht die Rückausnahme des Abs. 2 nicht nur auf die Daten **in** Gutachten und Bescheinigungen, sondern auf die **im Zusammenhang** damit zugänglich gemachten Daten. Diese unklare Begriffsbildung ist kritikwürdig. Sie setzt im übrigen voraus, daß Leistungsträger von Ärzten, Psychologen usw. besonders schutzwürdige Daten erhalten, die sie nicht benötigen; denn wenn ein ärztliches Gutachten über etwa die Arbeitsfähigkeit oder den Grad der Behinderung der Sozialverwaltung vorliegt, so benötigt sie keine Daten, die – das Gutachten stützend oder auch relativierend – mit ihm irgendwie »zusammenhängen«.
Den Gesetzesverfassern war die Unschärfe der Regelung bekannt: Wie im Ausschußbericht (BT-Drucks. 8/4022, S. 87) mit klärender Zielsetzung ausgeführt wird, sollen durch die Rückausnahme nicht erfaßt werden »die üblichen Anamnese-, Befund- und Diagnosedaten des behandelnden Arztes«, die im Zusammenhang mit einer Begutachtung entstehen. Nach Auffassung von *Gitter* MittLVA Oberfr. 1981, 500, der sich eine Reihe von Autoren angeschlossen haben (*Lauterbach/Watermann* UV, § 76 Anm. 9c; *Spitzenverbände der Sozialversicherung* Rundschreiben vom 16. 1. 1981), findet diese Feststellung der Gesetzesmaterialien im Gesetz selbst keine Stütze und ist unbeachtlich.
Nach der juristischen Methodenlehre sind Ausnahmebestimmungen im Zweifel eng auszulegen; dies gilt auch für § 76 Abs. 2 (*Steinmüller* DVR 1983, 290). Es muß sich demnach um einen klar beschreibbaren »Zusammenhang« handeln, nicht um eine diffuse Anknüpfung an die Gutachten- oder Bescheinigungs-Inhalte. Hierfür spricht auch – neben dem erklärten Willen eines gesetzgebenden Organs – der Normzweck des § 76 als besondere Schutzvorschrift. Entsprechend vertritt das *BVA* (Schreiben an den BdO vom 24. 6. 1986, Az. I 4 – 7010.0/II – 472/81) die Auffassung, Entlassungsberichte von Rehabilitationseinrichtungen an Krankenversicherungsträger sind Behandlungsdaten, die nicht zur Begutachtung, sondern zur Durchführung von Rehabilitationsmaßnahmen erstellt wurden, so daß § 76 Abs. 1 anzuwenden ist.

Einschränkg. d. Offenbarungsbefugnis b. personenbez. Daten § 76

4. Erfüllung gesetzlicher Aufgaben

Die Bezugnahme auf § 69 Abs. 1 Nr. 1 beschränkt die Rückausnahme auf Daten- 76
übermittlungen der Sozialleistungsträger (und der anderen Stellen) zum Zweck
der Erfüllung ihrer gesetzlichen Aufgaben (§ 35 SGB I Rz. 24, 34). Weder die
anderen zugelassenen Offenbarungszwecke der §§ 68, 70 bis 75 noch die Erweiterung des § 69 in Abs. 2 auf weitere Stellen können eine Übermittlung besonders
schutzwürdiger Daten rechtfertigen, falls § 76 Abs. 1 sie nicht zuläßt. Die hinsichtlich der nach § 69 Abs. 2 gleichgestellten Stellen abweichende Auffassung von
Lauterbach/Watermann UV, § 69 SGB X Anm. 12c, ist nach der Volkszählungs-Entscheidung *BVerfGE* 65, 1, nicht mehr vertretbar; das danach geltende Gebot
der Normenklarheit (a. a. O., S. 44, 54) für Gesetze, die das informationelle
Selbstbestimmungsrecht einschränken, führt aber zur Forderung an den Gesetzgeber, § 69 Abs. 2 in § 76 Abs. 1 Satz 1 ausdrücklich anzuführen, wenn die Vorschrift
sich auch auf die dort genannten Stellen erstrecken soll.

V. Widerspruchsmöglichkeit für den Betroffenen

1. Zeitpunkt und Form

Der durch die Rückausnahme entgegen Abs. 1 zulässig gewordenen Datenüber- 77
mittlung kann der Betroffene widersprechen. Dies hat nach § 66 SGB I unter den
zusätzlichen dort geregelten Voraussetzungen unter Umständen zur Folge, daß
der Betroffene Sozialleistungen nicht oder nicht in dem Umfang oder nicht
frühzeitig erhält, auf die er nach Gutachtenlage Anspruch hätte.
Die Autoren des *Verbandskommentars*, § 76, S. 6; *Lauterbach/Watermann* UV,
§ 76 SGB X Anm. 12b, vertreten die Auffassung, der Widerspruch des Betroffenen sei nur wirksam, wenn er die zu unterlassene Offenbarung genau bezeichne;
ein genereller oder pauschal erklärter Widerspruch genüge nicht. Dies ist falsch:
es gibt keinen Grund anzunehmen, der Betroffene sei gehindert, pauschal einer
Übermittlung seiner besonders schutzwürdigen Daten durch den Leistungsträger
zu widersprechen. Hier liegt ja mit dem durch Willensbekundung wirksamen
Verbot von Offenbarungen keineswegs dieselbe Situation vor wie bei der der
Erlaubnis einer Offenbarung begründenden Einwilligung des Betroffenen nach
§ 67, die sich ja in der Tat auf genau bezeichnete Übermittlungen beziehen muß,
in pauschaler Form also unbeachtlich ist.

2. Adressat des Widerspruchs

Der Widerspruch richtet sich gegen die Offenbarung der besonders geschützten 78
Daten durch den Leistungsträger an einen Dritten. Der Leistungsträger (oder die
andere SGB-Stelle) ist daher die Stelle, bei der der Widerspruch einzulegen ist,
und die im Rahmen der in Rz. 80f. erläuterten Grundsätze gehalten ist, den
Betroffenen auf die Möglichkeit des Widerspruchs hinzuweisen.
Denkbar ist, daß der Betroffene schon bei der Offenlegung der Daten gegenüber
dem Arzt darauf hinweist, daß er (zwar nicht der Übermittlung durch den Arzt an
den Leistungsträger, aber) der weiteren Übermittlung durch den Leistungsträger

§ 76 *Einschränkg. d. Offenbarungsbefugnis b. personenbez. Daten*

an den Dritten nicht zustimmen wird. Es gehört zu den Fürsorgepflichten des Arztes, diesen Widerspruch mit den besonders geschützten Daten an den Leistungsträger zu übermitteln, damit dieser ihn beachten kann.

3. Konsequenzen des Widerspruchs

79 Der Widerspruch macht mit sofortiger Wirkung das Offenbaren unzulässig. Zu klären ist, ob ein Widerspruch Rechtswirkungen entfaltet, wenn der Datenempfänger die Daten bereits erhalten hat. Nach *Lauterbach/Watermann* UV, § 76 SGB X Anm. 12b, hat ein gegen die Offenbarung verspätet erhobener Widerspruch für die Vergangenheit keine Wirkung. Nach *VGH Ba.-Wü.* ZBR 1984, 317, kann der Betroffene wirksam der Verwertung von Gutachten widersprechen, die dem Gericht von einer am Verfahren unbeteiligten Behörde bereits vorgelegt wurden.

Der Gesetzestext schließt es nicht aus, die Vorschrift in der Weise zu interpretieren, daß auch ein nach erfolgtem Offenbaren geäußerter Widerspruch Rechtswirkungen entfaltet (**Verwertungsverbot**; Pflicht zur **Rückgabe der Daten** vom Empfänger an den Leistungsträger). Auf diese Weise würde das informationelle Selbstbestimmungsrecht optimal berücksichtigt. So hat in einer von *Igl* CR 1985, 95, mitgeteilten Entscheidung der *VGH Ba.-Wü.* erkannt, daß aufgrund § 76 Abs. 2 im Prozeß die Berücksichtigung des Inhalts von ärztlichen Gutachten, die dem Gericht von einer am Verfahren unbeteiligten Behörde bereits vorgelegt worden sind, dann nicht möglich ist, wenn der Betroffene widerspricht.

Diese Wirkung tritt aber nicht mehr ein, wenn die Verwaltungs- oder sonstige Entscheidung, für die der Empfänger die Daten verwertet, getroffen wurde.

Nach Auffassung von *Lauterbach/Watermann* UV, § 76 SGB X Anm. 12c, soll der Widerspruch unter bestimmten Voraussetzungen unbeachtlich sein, nämlich wenn sich bei Beachtung »nicht für ihn, sondern allein für die Versichertengemeinschaft oder Dritte... Nachteile ergeben«, die Voraussetzungen für eine Auskunftsverpflichtung nach §§ 60ff. SGB I vorliegen und wenn »nicht besondere schutzwürdige Belange anzuerkennen sind«. Eine Begründung für diese Korrektur des Gesetzestexts geben *Lauterbach/Watermann* nicht. Das Verhalten eines Leistungsträgers, der erst den Betroffenen über die Möglichkeit, der Offenbarung besonders schützenswerter Informationen zu widersprechen, aufklärt und nach erfolgtem Widerspruch gleichwohl offenbart, könnte auch nur als rechtswidrig bezeichnet werden.

Nach *Kolb* Festgabe Grüner, S. 288, stellt der Widerspruch kein absolutes Offenbarungshindernis dar, sondern läßt die Möglichkeit offen, unter den engeren Voraussetzungen des Abs. 1 zu offenbaren. Dies trifft aber nur zu, wenn der Betroffene nicht aus einer Mitteilung über die Möglichkeit zu widersprechen schließen konnte, daß sein Widerspruch ein Offenbaren ausschließt.

4. Pflichten des Leistungsträgers

80 § 76 enthält keine Regelung darüber, ob und in welcher Weise der Betroffene über eine vorgesehene Offenbarung oder **über sein Widerspruchsrecht informiert werden** soll. Der *BfD* hat im zuletzt im 9. TB, S. 49f. die Auffassung vertreten, vor

Einschränkg. d. Offenbarungsbefugnis b. personenbez. Daten § 76

einer Aktenübersendung, wenn die Akten unter § 76 fallende Daten enthalten, habe der Leistungsträger den Betroffenen über die Absicht der Aktenversendung aufzuklären. Auch der Innenausschuß des Deutschen Bundestags ist der Auffassung, daß das nach § 76 Abs. 2 mögliche Widerspruchsrecht des Betroffenen nur wahrgenommen werden könne, wenn dieser von der beabsichtigten Offenbarung wisse, BT-Drucks. 10/1719.
Nach einer in der Literatur vorzufindenden Auffassung (etwa *Verbandskommentar* § 76, S. 6) wäre es unsinnig, die Vorschrift in der Weise auszulegen, daß eine vorherige Anfrage beim Betroffenen, ob er der Übermittlung zustimmt, geboten ist. Denn hätte der Gesetzgeber dieses Ergebnis angestrebt, hätte er davon absehen können, überhaupt eine Ausnahme von der Ausnahme des Abs. 1 zu regeln: dann wäre auch zur Erfüllung von gesetzlichen Aufgaben der Leistungsträger die Übermittlung besonders schutzwürdiger Daten an die vorherige Einwilligung des Betroffenen geknüpft. (Wenn für diese Auffassung zusätzlich die Formulierung der Vorschrift, der Betroffene »kann« der Offenbarung widersprechen, angeführt wird, so überzeugt das nicht.) Dennoch solle nach Auffassung der Autoren des *Verbandskommentars* im Zusammenhang mit der Entgegennahme von Leistungsanträgen auf die Widerspruchsmöglichkeit hingewiesen werden.
Hierfür spricht auch (unter der Annahme, es handle sich um eine Vorschrift mit praktischer Relevanz) der Hinweis auf die Frage, wie jemand einer Offenbarung soll widersprechen können, von der er nichts weiß (*Mallmann/Walz* NDV 1981, 92 und NJW 1981, 1023; *Neumann-Duesberg* WzS 1981, 205).
Insgesamt zeigt sich, daß es sich um eine Vorschrift ohne eindeutigen Regelungsgehalt handelt, da weder eine Hinweis- und Anfrage-Rechtspflicht der Leistungsträger (so aber *Mallmann/Walz* NJW 1981, 1023) noch eine Ignorierung der Vorschrift durch die Leistungsträger vom Gesetzgeber gewollt sein kann. So wird man die Regelung letztlich nur als programmatische Willensäußerung des Gesetzgebers verstehen dürfen, insbesondere bei besonders schutzwürdigen Daten das informationelle Selbstbestimmungsrecht Betroffener ernst zu nehmen. Je unerwarteter eine Datenübermittlung solcher Daten für den Bürger (vor allem für denjenigen, der – wenn auch als Laie – Verständnis für die Datenflüsse der sozialen Sicherung erworben hat) ist, um so eindeutiger folgt aus diesem Grundrecht eine Hinweispflicht der Sozialverwaltungen.
In der Praxis bietet sich an, auf Formularen darauf hinzuweisen, sofern die **81** erhobenen Daten als Daten behandelt werden sollen, die nicht besonders schutzwürdig i. S. d. § 76 Abs. 1 sind.
Nach *Naeth* in Jahn, SGB, § 76 Anm. 4, wird die Vorschrift geringe praktische Bedeutung haben, denn in der Regel enthielten die Anträge auf Sozialleistungen an hervorgehobener Stelle eine Erklärung, wonach der Antragsteller in die Weitergabe von Daten, die im Rahmen seines Begutachtungsverfahrens angefallen sind, einwilligt. In diesem Fall sei das Widerspruchsrecht erloschen. Dies ist falsch: eine entsprechende Einwilligungserklärung ist – sofern sie nicht wegen zu unpräziser Formulierung ohnehin ungültig ist – frei widerruflich, ebenso wie allgemein die Einwilligung nach § 67 widerruflich ist, § 67 Rz. 70.

VI. Offenbarungserweiterung für Archivdaten (Abs. 2 Nr. 2)

82 Mit dem **Bundesarchivgesetz** (BArchG) vom 6.1.1988 (BGBl. I S. 62) wurde die jetzige Nr. 2 neu in die Regelung aufgenommen. Damit wurde für Archivdaten, bei denen eine das Patienten-Arzt-Verhältnis belastende Verwertung nicht zu befürchten ist, eine weitere Ausnahme von der Einschränkung der Offenbarungsbefugnis bei besonders schutzwürdigen Daten vorgesehen. Zur Bedeutung der Archivregelungen im Sozialbereich s. im übrigen § 71 Rz. 42 ff., § 84 Rz. 27 ff.

VII. Verhältnis zu anderen Vorschriften

1. § 69 SGB X

82a Zur Bedeutung des § 69 in bezug auf § 76 Abs. 2 s. Rz. 76.
Wenn eine SGB-Stelle Daten zulässigerweise nach §§ 69, 76 von einer anderen SGB-Stelle empfangen hat, so sind ihr die Daten nicht von einer Person nach § 203 Abs. 1 oder 3 zugänglich gemacht worden. Die Einschränkung des § 76 gilt für eine nochmalige Offenbarung der Daten, nunmehr durch diese SGB-Stelle, nicht mehr (zur Anwendung des § 78 für diesen Fall s. § 78 Rz. 8). Diese Folge entspricht möglicherweise nicht den Zielen der Gesetzgebung, ergibt sich aber zwingend aus dem Gesetz.

2. § 71 SGB X

83 Die in § 71 Abs. 1 Satz 1 Nrn. 1 und 2 genannten gesetzlichen Mitteilungspflichten gelten sowohl für die SGB-Stellen als auch für die Normadressaten des § 203 Abs. 1 und 3 StGB. Ärzte, Verteidiger oder Rechtsanwälte sind aber nach § 139 StGB in manchen Fällen des § 138 StGB straffrei, wenn sie sich ernsthaft bemüht haben, den Täter von der Tat abzuhalten oder den Erfolg abzuwenden.
Soweit die Mitteilungspflichten der SGB-Stellen und der Normadressaten des § 203 Abs. 1 und 3 StGB gleich sind, liegt für eine entsprechende Mitteilung der SGB-Stelle, der die betreffenden Daten von der Person nach § 203 Abs. 1 oder 3 StGB zugänglich gemacht wurden, die Voraussetzung des § 76 I vor. Nach *Verbandskommentar* § 76 Rz. 6.2, hat in diesen Fällen die SGB-Stelle sich vor einer Mitteilung der Daten beim Arzt usw. zu erkundigen, ob er seiner Mitteilungspflicht bereits nachgekommen ist, da bestimmte Einschränkungen der Pflichtigkeit bestehen, über deren Vorliegen zunächst nur er befinden kann. Dies ist unzutreffend: Auch bei Einschränkungen der Pflichtigkeit wäre der Arzt usw. offenbarungs**befugt**, und allein darauf kommt es nach § 76 an.
Gitter MittLVA Oberfr. 1981, 497, ist der Auffassung, § 71 sei bei Daten von Ärzten usw. nicht anwendbar, § 76 sei lex specialis. Dem ist entgegenzuhalten, daß § 76 keine eigenständige Offenbarungsbefugnisregelung darstellt, sondern allein eine Einschränkung anderer Offenbarungsbefugnisregelungen.

Einschränkg. d. Offenbarungsbefugnis b. personenbez. Daten § 76

3. § 75 SGB X

Nach der Begründung des AuS-Ausschusses zu § 75 (BT-Drucks. 8/4022, S. 86, zu **84**
§ 72) richtet sich die Zulässigkeit der Gesundheitsforschung mit personenbezogenen Daten in erster Linie nach dem ärztlichen Standesrecht i. V. m. § 203 Abs. 1 Nr. 1 StGB. Damit wird bestätigt, daß § 76 auch bei Offenbarungen nach § 75 gilt (dazu § 75 Rz. 133 ff.). Für die anderen in § 203 Abs. 1 und 3 StGB geregelten Privatgeheimnisse sind ebenfalls die Offenbarungsverbote auch bei ForschungsDV zu beachten.

4. § 35 Abs. 3 SGB I

Wie in § 35 SGB I Rz. 67 ff. näher erläutert, gelten die §§ 35 Abs. 2 SGB I, 67 ff. **85**
SGB X auch für die Datenübermittlungen der Leistungsträger an Gerichte; damit ist auch die Einschränkung der Offenbarungsbefugnisse des § 76 zu beachten (dies gilt wegen § 78 auch für die Datenweitergaben der besonders geschützten Daten durch die Gerichte, wenn sie sie von einem Leistungsträger erhalten haben); a. A. *Schimanski* SozSich 1987, 210. Auch der *BfD* sieht das Erfordernis, bei der Übersendung von Akten durch die Bundesanstalt für Arbeit an Sozialgerichte, wenn die Akten ärztliche Gutachten (gleiches gilt bei psychologischen Gutachten) enthalten, § 76 zu beachten; der Betroffene ist über eine beabsichtigte Aktenübersendung aufzuklären, um von seinem Widerspruchsrecht nach § 76 Abs. 2 Satz 2 Gebrauch machen zu können (9. TB, S. 50 f.).

5. §§ 86, 96, 100 SGB X

§ 86 verpflichtet die SGB-Stellen zu enger Zusammenarbeit. Enge Zusammen- **86**
arbeit umfaßt auch den Austausch von Informationen; bei dieser Form von Zusammenarbeit gelten die Offenbarungsbeschränkungen der §§ 67 ff. einschließlich des § 76.
Nach § 96 Abs. 1 sollen ärztliche Untersuchungen oder psychologische Eignungsuntersuchungen, die ein Leistungsträger veranlaßt, so vorgenommen und ihre Ergebnisse so festgehalten werden, daß sie auch bei der Prüfung der Voraussetzungen anderer Leistungsträger verwendet werden können. Die Untersuchungsbefunde sollen bei der Feststellung, ob die Voraussetzungen einer anderen Sozialleistung vorliegen, verwertet werden.
Es ist die Frage aufgeworfen worden, in welchem Verhältnis die Begriffe »Untersuchungsbefunde« und »verwertbare Untersuchungsergebnisse« in § 96 einerseits, »die im Zusammenhang mit einer Begutachtung wegen der Erbringung von Sozialleistungen oder wegen der Ausstellung einer Bescheinigung (erhobenen) Daten« in § 76 andererseits zueinander stehen (*Rische* DRV 1983, 552), und in der Weise beantwortet worden, daß »die weitere Auslegung des § 96 auch auf die Offenbarungstatbestände des 2. Kapitels ausstrahlen« müsse (*Rische* a. a. O.). In der Tat dürften »verwertbare Untersuchungsergebnisse« i. S. d. § 96 das gleiche sein wie »Zusammenhangsdaten« i. S. d. § 76; daß aber damit eine weite Interpretation dieser Zusammenhangsdaten einhergehen müßte, ist nicht einsichtig.
Es ist die Möglichkeit erörtert worden, daß die Vorschrift »einen den Sozialdaten-

schutz ankratzenden Gesetzesauftrag umfassen« mag, *Wagner* MittLVA Württ. 1984, 227). Demgegenüber ist aber festzuhalten, daß eine Offenbarungsbefugnis in den betreffenden Fällen (abgesehen von Fällen der Einwilligung des Betroffenen) allein aus den §§ 69, 76 hergeleitet werden kann.

Die Übermittlung eines Krankenhaus-Entlassungsberichts und anderer ärztlicher Unterlagen, die nicht selbst Gegenstand einer Begutachtung nach § 369b RVO sind, durch eine Krankenkasse an den gutachtenden Vertrauensarzt ist deshalb nur mit Einwilligung des Betroffenen zulässig (vgl. 9. TB/*BfD* S. 53). Entsprechendes gilt seit Inkrafttreten des GRG für Datenflüsse zum Medizinischen Dienst (vgl. § 276 Abs. 1 Satz 1 SGB V).

§ 96 Abs. 3 SGB X verbietet die Bildung einer Zentraldatei mehrerer Leistungsträger für Daten der ärztlich untersuchten Leistungsempfänger. Der letzte Satz des § 96 Abs. 3, angefügt durch das GRG, ist ohne Regelungsgehalt: Was er besagt, gilt schon wegen § 37 Satz 2 SGB I.

87 § 100 regelt Auskunfts**pflichten** von Ärzten und Angehörigen anderer Heilberufe; die Vorschrift setzt eine Offenbarungs**befugnis** auf gesetzlicher Grundlage oder durch Einwilligung des Betroffenen voraus. Auf die Einschränkung der Offenbarungsbefugnis nach § 76 hat § 100 keinen Einfluß.

6. §§ 10, 11 BDSG

88 § 79 regelt die Anwendbarkeit des BDSG für die Leistungsträger. Dessen §§ 10f. betreffen die Übermittlung von Daten, die einem Berufsgeheimnis unterliegen. Das Konkurrenzverhältnis zwischen diesen Vorschriften und § 76 ist in § 81 geregelt: die §§ 10 und 11 BDSG gelten nicht.

7. §§ 87, 88 SGB IV

89 Nach §§ 87, 88 SGB IV kann die Aufsichtsbehörde die Geschäfts- und Rechnungsführung des Versicherungsträgers prüfen, und die Versicherungsträger haben hierfür auf Verlangen alle Unterlagen vorzulegen und alle Auskünfte zu erteilen. Dieses Zur-Verfügung-Stellen von Daten an Rechnungshöfe ist kein Offenbaren i. S. d. §§ 35 SGB I, 67ff. SGB X (§ 35 SGB I Rz. 65). Es stellt sich gleichwohl die Frage, ob diese Datenübermittlungspflichten durch nach § 76 Abs. 1 analog bestehende Offenbarungsverbote eingeschränkt sind.

Dies ist in der Tat nach Maßgabe der in Rz. 52 erläuterten Grundsätze für Offenbarungen zum Zweck der Rechnungsprüfung der Fall. Ob sich die Praxis der Aufsichtsbehörden darauf einstellen wird, auch ohne daß es einer höchstrichterlichen Entscheidung bedarf, bleibt abzuwarten.

8. § 277 SGB V

89a Nach § 277 Abs. 1 Satz 2 kann der Versicherte Mitteilungen des Medizinischen Dienstes an den Leistungsträger widersprechen. Diese Regelung ist insofern irreführend, als der Versicherte ein solches Widerspruchsrecht wegen § 37 Satz 2 SGB I schon aufgrund §§ 76 Abs. 2 Nr. 2 hat.

Einschränkg. d. Offenbarungsbefugnis b. personenbez. Daten **§ 76**

VIII. Praktische Umsetzung; Einzelfälle

Die praktische Umsetzung des § 76 Abs. 1 wird erleichtert, wenn routinemäßig die 90
in § 76 geschützten Daten getrennt von den anderen Daten gespeichert werden,
etwa in der Form, daß zu Gutachten nach § 76 Abs. 2 eine Beiakte angelegt wird,
sofern über das Gutachten hinaus Daten nach § 76 Abs. 1 aufzubewahren sind.
Dann entfällt die Notwendigkeit, bei vorgesehenen Offenbarungen in jedem
Einzelfall die Voraussetzungen nach § 76 zu prüfen und die besonders geschützten
Daten ggf. zu löschen, bevor eine Offenbarung nach §§ 67 bis 75 erfolgt.
Durch § 203 StGB besonders geschützte Daten müssen in der Aktenführung
kenntlich gemacht werden und ggf. in den Akten getrennt aufbewahrt werden
(vgl. *Deutscher Verein* DV 1986, 230). »Schon im Posteingang sollten derartige
Unterlagen mit besonderer Diskretion behandelt werden.«
Ein Beispiel für besondere Schutzvorkehrungen von Patientendaten im Rahmen 91
der kassenärztlichen Versorgung stellt das Gutachterverfahren gem. Nr. 5.4. der
(nach der Vorgänger-Vorschrift des § 92 SGB V – des § 368p RVO – erlassenen)
Psychotherapie-Richtlinien dar (die Richtlinien, eine hierzu abgeschlossene Psychotherapie-Vereinbarung zwischen Kassenverbänden und der Kassenärztlichen
Bundesvereinigung sowie ein hierzu veröffentlichtes gemeinsames Rundschreiben
der RVO-Kassen-Bundesverbände ist etwa zu finden in Bundesmantelvertrag
Ärzte/Zahnärzte, Loseblatt, 1986): Der Arzt, der das bei gewissen psychotherapeutischen Behandlungen vorgesehene Gutachterverfahren beantragt, setzt eine
Chiffre-Nummer fest, die sich aus dem Anfangsbuchstaben des Nachnamens des
Patienten und dessen Geburtsdatum eindeutig bilden läßt. Er gibt den Antrag
(unter Verwendung vorgeschriebener Formblätter und eines besonderen roten
Briefumschlags) an die Kasse weiter, wobei die Kasse das Vorliegen der versicherungsrechtlichen Voraussetzungen prüft, von dem Krankheitsbefund, der im
verschlossenen roten Umschlag übersandt wurde, aber keine Kenntnis nimmt. Die
Gutachter, die die Zweckmäßigkeit der beantragten psychotherapeutischen
Behandlung zu beurteilen haben, erhalten nur Unterlagen, die die Chiffre-Nummer, nicht aber den Namen des Patienten enthalten.
Rehabilitationseinrichtungen der Rentenversicherungsträger teilen den Kranken- 92
kassen nicht mehr alle Informationen mit, die der Entlassungsbericht an den
Rentenversicherungsträger enthält, sondern nur die auf dem Deckblatt des Entlassungsberichts enthaltenen Daten über Zeitdauer und Art der Reha-Maßnahme
(*Maier* SozVers 1986, 316). Der gesamte Entlassungsbericht wird der Krankenkasse nur noch auf deren ausdrückliche Anforderung im Einzelfall überlassen,
wenn der Versicherte dem nicht widersprochen hat.
Wilhelmy DOK 1988, 266f., hat diese Praxis kritisiert und betont, daß die Ziele
des Rehabilitationsverfahrens es erforderten, daß die Träger die vollständigen
Entlassungsberichte untereinander austauschen. Allerdings wird dies von *Wilhelmy* nicht näher begründet, und aus seinen Darlegungen wird auch nicht klar,
warum es nicht angemessen sein sollte, die Zustimmung des Betroffenen zum
Informationsaustausch einzuholen.
Rentenversicherungsträger erhalten nicht selten Informationen von Ärzten, die 93
Anlaß zu Überlegungen geben können, Entmündigungsverfahren einzuleiten.
Schommers Kompaß 1985, 60 ff., weist darauf hin, daß § 69 Abs. 1 Nr. 1 die hierzu
vorzunehmenden Informationsübermittlungen rechtfertigen könnte, daß sie aber
wegen § 76 nicht zulässig sind.

§ 77 Einschränkung der Offenbarungsbefugnis über die Grenze

Eine Offenbarung personenbezogener Daten gegenüber Personen oder Stellen außerhalb des Geltungsbereichs dieses Gesetzbuchs ist zudem nicht zulässig, soweit Grund zur Annahme besteht, daß dadurch schutzwürdige Belange des Betroffenen beeinträchtigt werden.

Inhaltsübersicht

	Rz.
I. Bedeutung der Vorschrift	1– 4
II. Anwendungsbereich	5–11
1. Offenbarung »über die Grenze«	5, 6
2. Beeinträchtigung schutzwürdiger Belange	7, 8
3. Wann besteht »Grund zur Annahme« der Beeinträchtigung?	9–11
III. Verhältnis zu anderen Vorschriften	12–17
1. Vorrangiges internationales Recht?	12–15
2. § 67	16
3. § 78	17

I. Bedeutung der Vorschrift

1 Auch für Datenübermittlungen an Stellen außerhalb des Geltungsbereichs des SGB gilt das sozialrechtliche Verbot, Daten unbefugt zu offenbaren (*BSGE* 47, 118, zu § 35 a. F. SGB I).

2 Die Vorschrift berücksichtigt, daß im Ausland nicht immer gleiche Datenschutzstandards bestehen wie in der Bundesrepublik Deutschland. Wenn Sozialdaten ins Ausland übermittelt werden sollen, ist daher **zusätzlich zu den §§ 67 ff.** zu prüfen, ob wegen einer unzureichenden Datenschutzgesetzgebung oder -praxis im Empfängerland schutzwürdige Belange des Betroffenen beeinträchtigt werden könnten. Ebenso wie in § 76 ist damit eine **zusätzliche Einschränkung** der Offenbarungsbefugnisse neben den §§ 67 bis 75 festgelegt (ist vorgesehen, von einem Arzt zugänglich gemachte Daten an einen Empfänger im Ausland zu übermitteln, sind beide einschränkenden Zusatzregelungen kumulativ zu prüfen.)
§ 77 ist die **Parallelvorschrift zu § 11 Satz 3 BDSG**: »Für die Übermittlung an Behörden und sonstige Stellen außerhalb des Geltungsbereichs dieses Gesetzes sowie an über- und zwischenstaatliche Stellen finden die« Zulässigkeitsvoraussetzungen für Datenübermittlungen, insbesondere die Voraussetzung, daß schutzwürdige Belange des Betroffenen nicht beeinträchtigt werden,»nach Maßgabe der für diese Übermittlung geltenden Gesetze und Vereinbarungen Anwendung.«
Der letzte Satzteil ist in die Formulierung des § 77 nicht aufgenommen worden; hieraus ergeben sich aber wegen der Einschränkungen der §§ 67 bis 76 keine Ausweitungen der Übermittlungsbefugnisse im Vergleich zum Anwendungsbereich des § 11 Satz 3 BDSG. Diese Vorschrift ist im Gegensatz zu anderen Vorschriften des BDSG nicht bei Sozialdaten unmittelbar anzuwenden, wie sich aus § 81 Abs. 1 ergibt.

3 Datenübermittlungen ins Ausland kommen im Bereich der sozialen Sicherung vor bei der **Erbringung von Sozialleistungen im Ausland** etwa im Zusammenhang von Rentenzahlungen an Deutsche mit Wohnsitz im Ausland oder an Ausländer, die

Einschränkg. d. Offenbarungsbefugnis über die Grenze § 77

in der Bundesrepublik Rentenanwartschaften erworben haben (vgl. *Ruland/ Volkert* CR 1988, 427, 429; *Zwenzner* MittLVA Oberfr. 1986, 124, 130, zum Rentendienst der Deutschen Bundespost für die in die Türkei zu zahlenden Vertragsrenten nach dem Deutsch-Türkischen Sozialversicherungsabkommen und andere Auslandsrentenzahlungen; *Zwenzner* MittLVA Oberfr. 1986, 131 weist darauf hin, daß der Postrentendienst nach der »Allgemeinen Verwaltungsvorschrift über das Einfordern von Rentenjahresbescheinigungen und in der gesetzlichen Unfallversicherung« vom 4. 12. 1972 einmal jährlich Lebensbescheinigungen für Auslandszahlungsberechtigte anfordert, es sei denn, daß es sich um Zahlungen nach Österreich, Polen, in die Niederlande oder in die Türkei handelt oder der Leistungsträger im Einzelfall verzichtet hat). In diesem Zusammenhang darf auch die RV-Nummer an ausländische Stellen mitgeteilt werden (vgl. Antwort des BMA auf eine kleine Anfrage im Bundestag, BT-Drucks. 11/2300 vom 11. 5. 1988). Datenübermittlungen erfolgen auch (vom und) ins Ausland im Zusammenhang mit 4 der Erbringung von Krankenversicherungsleistungen im Ausland entsprechend den bestehenden Sozialversicherungsabkommen. Generell kann sich im Bereich der Sozialversicherung aus §§ 4f. SGB IV das Erfordernis ergeben, Sozialdaten ins Ausland zu übermitteln.

Zum Anwendungsbereich des § 77 gehören auch Fälle wie die folgenden (s. auch Rz. 5f.):

Ein Konsulat eines ausländischen Staates in der Bundesrepublik bittet das Sozialamt um Anschriften sozial bedürftiger Familien der entsprechenden Nationalität, um diese sozial zu betreuen. Eine ausländische Dienststelle bittet um Auskünfte über Minderjährige im Vollzug des **Haager Minderjährigenabkommens**. Ein Unterhaltsberechtigter mit Wohnsitz im Ausland bittet um Auskünfte über den im Inland lebenden Unterhaltsverpflichteten nach § 74 (§ 74 Rz. 18).

II. Anwendungsbereich

1. Offenbarung »über die Grenze«

Die Vorschriften des Zweiten Kapitels gelten – wie nach § 1 die des Ersten Kapitels 5 – für alle Behörden, die Aufgaben nach dem SGB ausführen; **räumlich gilt daher das SGB** – von Ausnahmen abgesehen – auf dem **Gebiet der Bundesrepublik Deutschland und des Landes Berlin** (Art. II § 22 SGB I enthält die übliche Berlin-Klausel).

Die **Überschrift** des § 77 ist **mißverständlich**, denn Offenbarung »über die Grenze« ist keineswegs gleichbedeutend mit »Offenbarung... gegenüber Personen oder Stellen außerhalb des Geltungsbereichs dieses Gesetzbuchs«: **Botschaften und Konsulate** und die Ständige Vertretung der DDR sind nicht »Ausland« und unterliegen nicht den Vorschriften des SGB. Für Übermittlungen an diese Stellen gilt § 77 (entsprechend zu § 11 BDSG: *Dammann* in Simitis u.a., BDSG, § 11 Rz. 33). (**Private Stellen** von Ausländern, die in der Bundesrepublik aktiv sind, wie in der Rechtsform eines e. V. betriebene freie Träger der Wohlfahrtspflege, haben **keinen** exterritorialen Status, so daß für eine Auskunft des Sozialamts an den – fiktiven – »türkischen Sozialverein« § 77 nicht anzuwenden wäre; es kommt nicht darauf an, ob bekannt geworden ist, daß der »Sozialverein« etwa Informationen an türkische Geheimdienste weitergibt.)

6 Andererseits ist § 77 bei Übermittlungen über die Grenze **nicht anzuwenden, wenn** für den Empfänger die **Vorschriften des SGB gelten**. Beispiel: Eine Außenstelle der Bundesanstalt für Arbeit vermittelt im Ausland Arbeitsplätze im Inland. Zum Begriff des Offenbarens wird auf § 35 SGB I Rz. 53 ff. verwiesen. Auf die technische Durchführung der Offenbarung (mündlich, schriftlich, über Datenfernverarbeitung usw. kommt es nicht an; über einen On-line-Anschluß zwischen der BfA und der Pensionsversicherungsanstalt der Angestellten in Wien berichtet etwa der BfD 6. TB, BT-Drucks. 10/877, S. 33).

Beispielsweise ist § 77 anzuwenden, wenn der inländische Sozialleistungsträger sich – unter Nennung des Namens eines potentiellen Leistungsempfängers – bei einer ausländischen Stelle über Leistungsvoraussetzungen erkundigt (etwa Rückfragen des Jugendamts über Familienverhältnisse, Unterhaltspflichten). Erfolgt die Rückfrage über eine deutsche Botschaft oder ein deutsches Konsulat, so hat diese im Ausland tätige deutsche Stelle wegen § 78 die Einschränkung des § 77 zu beachten; der rückfragende Leistungsträger darf die Botschaft nicht einschalten, wenn deren Auskunftseinholung im Ausland gegen § 77 verstoßen würde.

Nach *Hauck/Haines* (Rz. 4) ist eine Anwendung des § 77 nur bei Offenbarungen nach §§ 68 bis 70 und 75 denkbar. Daß § 77 bei §§ 72 und 71 nicht in Betracht kommt, ist offensichtlich; für §§ 74 und 73 ist dies aber nicht der Fall, und zur Anwendung des § 77 neben § 67 wird u. Rz. 16 Stellung genommen.

Eine Eingrenzung des Anwendungsbereichs kann sich aus der Existenz **vorrangiger Regelungen** ergeben, Rz. 12 ff.

2. Beeinträchtigung schutzwürdiger Belange

7 Zum Begriff der schutzwürdigen Belange s. § 68 Rz. 54 ff., § 70 Rz. 20 ff.

Die Autoren des *BfA-Kommentars* (Anm. 1 und 2) schränken die Anwendbarkeit des § 77 auf die Fälle ein, in denen Grund zur Annahme besteht, daß **besondere** schutzwürdige Belange beeinträchtigt würden, die auf besonderen Gründen politischer oder rechtsstaatlicher Art beruhen. Im gleichen Sinne äußert sich (widersprüchlich, da es vorher heißt, der Begriff der schutzwürdigen Belange in § 77 sei weiter als der des § 68 Abs. 1 Satz 1) der *Verbandskommentar* (Rz. 3): Gemeint sei »in erster Linie«, daß durch § 77 verhindert werden solle, daß der Betroffene durch die Offenbarung **rechtsstaatswidrigen Repressionen ausgesetzt** wird; dies wäre z. B. dann nicht der Fall, wenn durch die Offenbarung wirtschaftliche Belange des Betroffenen berührt werden (so auch *Pickel* DuD 1986, 105). Die von den Autoren angeführte Begründung, der AuS-Ausschuß habe mit der hier u. Rz. 11 zitierten Aufzählung einen Unterschied zum Begriff der schutzwürdigen Belange in den §§ 68, 70 deutlich machen wollen, überzeugt nicht. Zwar folgt aus der offensichtlichen Zweckbestimmung der Vorschrift, daß sie solche schutzwürdigen Belange betrifft, die **gerade durch die Datenübermittlung ins Ausland** beeinträchtigt werden könnten. Aber daß hinsichtlich des § 77 die Schutzwürdigkeit enger abgegrenzt werden soll als an anderen Stellen, ist abzulehnen. Die Besonderheit bei § 77 ist nicht die Schutzsphäre des Betroffenen, sondern, daß gerade **der Auslandsbezug** die Schutzsphäre tangieren könnte. § 77 soll daher nicht die Einschränkung der Offenbarungsbefugnisse der §§ 68, 70 bei Übermittlungen ins Ausland auch auf § 69 oder § 74 übertragen (wo Offenbarungen nicht an die Voraussetzung geknüpft sind, daß schutzwürdige Belange nicht beeinträchtigt werden oder werden können), sondern sieht nur eine **Einschränkung bei**

Einschränkg. d. Offenbarungsbefugnis über die Grenze § 77

auslandsspezifischen Beeinträchtigungsmöglichkeiten vor. Insofern (aber auch nur insofern) ist die einengende Interpretation des Anwendungsbereichs der Vorschrift zutreffend.

Keineswegs kann aber die Vorschrift eingeengt werden auf Fälle einer rechts- 8 staatswidrigen Datenverwendung von Sozialdaten durch den Empfänger (zutreffend *Hauck/Haines-Walloth* Rz. 2 gegen *Naeth* in Jahn, SGB, Erl. zu § 77 SGB X; *BfA-Kommentar* Anm. 2; *Lauterbach/Watermann* UV, Anm. 6). So sind bei einer Offenbarung nach §§ 68, 77 auch wirtschaftliche Belange des Betroffenen relevant; und sollte beispielsweise in der Gesellschaftsordnung des Auslands eine Unterhaltsverpflichtung für nichteheliche Kinder anders als in der BRD mit einem solchen Makel behaftet sein, daß ein unterhaltspflichtiger Geschäftsmann seine Kundschaft verlieren würde, so wäre dies ein Aspekt, der bei der Berücksichtigung schutzwürdiger Belange ein Hindernis für eine Datenübermittlung nach §§ 74, 77 sein könnte.

3. Wann besteht »Grund zur Annahme« der Beeinträchtigung?

Grund zur Annahme einer Beeinträchtigung schutzwürdiger Belange besteht 9 immer dann, wenn die Datenschutzstandards im Ausland unter denen der BRD liegen.

Dies ist dann der Fall, wenn im entsprechenden Ausland **Datenschutzregelungen nicht vorhanden** sind (ähnlich *Mallmann/Walz* NJW 1981, 1024; *Pickel* DuD 1986, 105); weiterhin dann, wenn datenschützende Rechtsnormen zwar vorhanden sind, es aber Anhaltspunkte dafür gibt, daß diese **in der Praxis nicht eingehalten** werden. (Diese Anhaltspunkte können auch mit den Besonderheiten des Einzelfalls zusammenhängen; Beispiel: Übermittlung von Asylbewerberdaten an das Herkunftsland).

Bei den Staaten, die die **Europaratskonvention zum Datenschutz** unterzeichnet 10 haben, kann ein ausreichender Standard der Datenschutzregelungen unterstellt werden. In Europa sind es u. a. noch (neben den osteuropäischen Staaten) Italien, Portugal, die Türkei und Griechenland (dort ist ein Gesetz in Vorbereitung), die keine Datenschutzgesetze erlassen haben.

Schwierig ist die Anwendung der Vorschrift in den Fällen, in denen im Ausland 11 Datenschutznormen vorhanden sind und soweit ersichtlich auch – in dem Maße, wie die Datenschutznormen in der BRD befolgt werden – eingehalten werden, in denen aber die ausländischen Datenschutznormen nicht die – relative – Strenge und Klarheit der Regelungen der §§ 35 SGB I, 67 ff. SGB X haben. Dies gilt insbesondere für die Zweckbindung der Datenverwendung, Auskunfts- und andere Individualrechte des Betroffenen oder Sanktionen bei unzulässiger Datenverwendung.

Es entspricht dem Stellenwert des informationellen Selbstbestimmungsrechts, dann, wenn insofern **Zweifel** auftauchen, **von einem Offenbaren ins Ausland abzusehen** oder die Zweifel durch Rückfrage beim Betroffenen auszuräumen.

Ebenso besteht bereits dann Grund zur Annahme der Beeinträchtigung schutzwürdiger Belange des Betroffenen infolge der Datenübermittlung, wenn – wie im Falle eines Direktzugriffs – keine Möglichkeit besteht, im Einzelfall zu prüfen, ob schutzwürdige Belange beeinträchtigt werden (*Hauck/Haines-Walloth* § 77 Rz. 5). Als zweites Kriterium ist zu prüfen, ob die Übermittlung ins Ausland dem

Betroffenen konkrete Nachteile bringen könnte; auch nach Auffassung des AuS-Ausschusses (BT-Drucks. 8/4022, S. 87) werden schutzwürdige Belange des Betroffenen insbesondere dann beeinträchtigt, wenn die offenbarten Daten zu einer rassischen, religiösen oder politischen Diskriminierung des Betroffenen führen könnten oder geeignet sind, Rückschlüsse auf Verstöße des Betroffenen gegen Rechtsvorschriften anderer Staaten zuzulassen; man hat hier wohl insbesondere an osteuropäische Staaten gedacht.

III. Verhältnis zu anderen Vorschriften

1. Vorrangiges internationales Recht?

12 Die in EG-Verordnungen über soziale Sicherheit (insbes. die VO [EWG] Nr. 1408/71 vom 14.6.1971, ABl. EG Nr. L 149/2 i.V.m. der DurchführungsVO [EWG] Nr. 574/72, ABl. EG Nr. C 139/65) enthaltenen Offenbarungspflichten gehen als vorrangiges Recht den innerstaatlichen Rechtsvorschriften über den Sozialdatenschutz vor (*Pickel* Lehrbuch, S. 497).
Allerdings ist sehr fraglich, ob das innerstaatliche Recht auch dann dem überstaatlichen Recht weichen muß, wenn es zu grundgesetzwidrigen Konsequenzen führen würde (Nachw. bei *Hauck/Haines-Walloth* § 77 Rz. 9, der sich gegen die überwiegend vertretene Ansicht für den Vorrang des § 77 ausspricht; vgl. allerdings *BVerfGE* 73, 339, 340, 378 ff.: Das Gericht wird seine Gerichtsbarkeit über die Anwendbarkeit von abgeleitetem Gemeinschaftsrecht nicht mehr ausüben und dieses Recht mithin nicht mehr am Maßstab der Grundrechte überprüfen, solange die Europäischen Gemeinschaften einen wirklichen Schutz der Grundrechte gegenüber der Hoheitsgewalt der Gemeinschaften generell gewährleisten).

13 **Zwischenstaatliche Verträge** sind anders als überstaatliches Recht dem einfachen Gesetzesrecht **nicht generell übergeordnet**, denn ihnen kommt das Privileg der Art. 24, 25 GG nicht zu. Haben sie Offenbarungsbefugnisse oder -pflichten zum Inhalt, so kann sich die Frage nach Widersprüchlichkeiten zu den §§ 67 ff. stellen. *Hauck/Haines-Walloth* (§ 77 Rz. 8) vertritt allerdings die Auffassung, da § 77 weder dem Wortlaut noch dem Sinn von zwischenstaatlichen Verträgen widerspreche, sei die Anwendbarkeit der Vorschrift durch derartige Verträge nicht eingeschränkt. Auch die Autoren des *Verbandskommentars* (§ 77 Rz. 2) gehen »grundsätzlich« davon aus, daß die Bundesrepublik Deutschland keine zwischenstaatlichen Vorschriften zugelassen hat, durch die die schutzwürdigen Belange der betroffenen Personen beeinträchtigt werden, und ergänzen: »Ist die zwischenstaatliche Vorschrift über Offenbarungsverpflichtungen auslegungsfähig, so hat die Interpretation im Sinne der Datenschutzvorschriften im Geltungsbereich des SGB (§ 30 Abs. 1 SGB I) zu erfolgen.« Im Widerspruch hierzu möchte *Pickel* SGB X, § 77 Anm. 2, »mit Rücksicht auf die besondere Stellung des Völkerrechts« die Pflicht zur Amtshilfe als gesetzliche Aufgabe der Sozialleistungsträger ansehen, die dem § 77 vorgehe.
Demgegenüber ist festzuhalten, daß zwischenstaatliche Verträge in keiner Weise zu einer Einschränkung der §§ 67 bis 77 führen können.
Unzutreffend ist daher die Erläuterung im *BfA-Kommentar* (Anm. 3) im Hinblick darauf, daß die BRD mit fast allen europäischen Staaten und mit zahlreichen Staaten außerhalb Europas Abkommen über Fragen der Sozialen Sicherheit

abgeschlossen habe, sei die Prüfung, ob schutzwürdige Belange des Betroffenen beeinträchtigt werden, nur in verhältnismäßig wenigen Fällen vorzunehmen.
Von einer uneingeschränkten Geltung der sozialrechtlichen Datenschutzvorschriften einschließlich des § 77 gehen offensichtlich auch zwischenstaatliche Sozialversicherungsabkommen aus. Beispielsweise lautet Art. 15 der Durchführungsvereinbarung zum Sozialversicherungsabkommen zwischen der BRD und den USA: »Die Verwendung von Informationen über eine Person, die auf Grund des Abkommens von einem Vertragsstaat an den anderen weitergegeben wurden, richtet sich nach dem jeweiligen innerstaatlichen Recht über den Schutz der Geheimhaltung und Vertraulichkeit personenbezogener Daten.«
Art. 28 des Sozialversicherungsabkommens zwischen der BRD und Marokko, Art. 7 bzw. 14 bzw. 7 der Durchführungsvereinbarung zum Sozialversicherungsabkommen zwischen der BRD und Tunesien bzw. der Türkei bzw. Finnland lauten jeweils: »Werden personenbezogene Daten oder Betriebs- oder Geschäftsgeheimnisse aufgrund dieses Abkommens oder einer Vereinbarung zu seiner Durchführung von einem Vertragsstaat in den anderen weitergegeben, so gilt sowohl für die Weitergabe als auch für die Verwendung das jeweilige innerstaatliche Recht über den Schutz von personenbezogenen Daten sowie Betriebs- und Geschäftsgeheimnissen.«
Art. 16 Abs. 1 des Abkommens zwischen der BRD und Kanada über Soziale Sicherheit (BGBl. 1988 II S. 28, 56) lautet: »Für die Weitergabe von personenbezogenen Daten bei Anwendung dieser Vereinbarung gilt das Datenschutzrecht der Vertragspartei, deren Stelle die Daten weitergibt. Sofern nicht die Offenlegung nach den Rechtsvorschriften einer Vertragspartei erforderlich ist, sind diese Daten vertraulich und nur zur Durchführung dieser Vereinbarung und der Rechtsvorschriften, auf die sie sich bezieht, zu verwenden.« Abs. 2 bezieht sich speziell auf die Einsichtnahme von Akten, Abs. 3 bezieht juristische Personen in den Schutz der Vorschrift ein.
Auskunfts- und Offenbarungsregelungen in Regierungs- oder Verwaltungsvereinbarungen ohne Gesetzeskraft haben selbstverständlich ebenfalls keinen Vorrang vor § 77.

2. § 67

§ 77 dürfte vorwiegend als zusätzliche Einschränkung von Offenbarungsbefugnissen aus § 69, seltener aus §§ 68 (s. § 68 Rz. 24ff.), 70 bis 75, kaum aus § 67 relevant werden. Dennoch stellt sich die Frage, ob bei Auslands-Datenübermittlungen, die durch eine Einwilligung des Betroffenen gerechtfertigt sind, es einer Überprüfung nach § 77 bedarf oder ob hier – wie bei der zusätzlichen Einschränkung des § 76 – der Vorrang der Einwilligung eine Prüfung entbehrlich macht.
Zu bedenken ist hierbei, daß kaum ein Betroffener sich über die Risiken eines ungenügenden Datenschutzes im Ausland im klaren sein dürfte, so daß fraglich ist, ob eine Einwilligung in eine Datenübermittlung auch dann erteilt worden wäre, wenn der Betroffene befürchten müßte, daß – um ein hypothetisches Beispiel zu nennen – die Geheimpolizei im Ausland freien Zugang zu den Daten bei den Sozialleistungsträgern hat.
Daher erscheint es geboten, § 77 auch bei Übermittlungen nach § 67 anzuwenden (a. A. *Hauck/Haines-Walloth* § 77 Rz. 4), auch wenn dies der Praxis der Träger,

§ 77 *Einschränkg. d. Offenbarungsbefugnis über die Grenze*

sich bei Datenübermittlungen ins Ausland durch Einwilligungen abzusichern, hinderlich ist, oder schon **beim Einholen einer Einwilligung** auf eventuell bestehende Datenschutzrisiken im Datenempfängerstaat **hinzuweisen**, so daß die daraufhin erteilte Einwilligung auch diesen Aspekt umfaßt.

3. § 78

17 Über § 78 wird § 77 nicht nur für die nach §§ 67 bis 70, 73 bis 75 übermittelnden Leistungsträger, sondern auch für solche Empfänger von als Sozialgeheimnis geschützten Daten relevant, die die Daten nach einer der Vorschriften der §§ 67 bis 75 erhalten haben.
Zu der Fallgestaltung, daß der inländische Leistungsträger Rückfragen an ausländische Stellen über die dortige Botschaft leitet, s. Rz. 6.
Aufgrund des **Territorialitätsprinzips** (*Glimm* DAngVers. 1981, 240; krit. *Berchtold* S. 21 ff.) und der Regelungen der §§ 1 SGB X und – für die Sozialversicherungen – 3 ff. SGB IV gilt § 78 nicht für Datenempfänger im Ausland (ausgenommen deutsche Botschaften, Vertretungen oder Konsulate und im Ausland tätige Behörden). Dies war sicherlich ein Grund für den Gesetzgeber, die Regelung des § 77 zu erlassen (*Hauck/Haines-Walloth* § 77 Rz. 2). Im übrigen sind die Leistungsträger verpflichtet, bei Offenbarungen durch entsprechende Vereinbarungen oder Hinweise für Einhaltung der Zweckbindung zu sorgen (§ 78 Rz. 32, 34).

§ 78 Zweckbindung und Geheimhaltungspflicht des Empfängers

Personen oder Stellen, denen personenbezogene Daten oder Betriebs- und Geschäftsgeheimnisse offenbart worden sind, dürfen diese nur zu dem Zweck verwenden, zu dem sie ihnen befugt offenbart worden sind. Im übrigen haben sie die Daten in demselben Umfang geheimzuhalten wie die in § 35 des Ersten Buches genannten Stellen.

Inhaltsübersicht

	Rz.
I. Entstehungsgeschichte	1, 2
II. Bedeutung der Vorschrift	3– 7
III. Normadressaten	8–12
IV. Zweckbindung (Satz 1)	13–25
1. Auswirkungen	13–15
2. Offenbarungszweck	16–19
3. Einzelfälle	20–25
V. Geheimhaltungspflicht des Empfängers (Satz 2)	26–30
1. Vorrang der Zweckbindung	26–28
2. Umsetzung der Geheimhaltungspflicht	29, 30
VI. Maßnahmen zur Durchführung des § 78	31–34
VII. Verhältnis zu anderen Vorschriften	35–37
1. § 69 Abs. 1 Nr. 2	35
2. § 73	36
3. § 75	37

I. Entstehungsgeschichte

Die frühere Fassung des § 35 SGB I von 1976 (vgl. dazu § 35 Rz. 1) enthielt noch 1 keine **Verlängerung der Zweckbindung und der Geheimhaltungspflicht auf den Empfänger** von Sozialdaten. Vorbilder für eine derartige Konstruktion fanden sich dagegen in den 1978 in Kraft getretenen Datenschutzgesetzen: So nahmen z. B. Art. 18 Abs. 5 BayDSG und § 7 Abs. 3 LDatG Rh.-Pf. bei der Übermittlung an nicht-öffentliche Stellen die Pflicht zur zweckgebundenen Verwendung durch den Datenadressaten auf. Etwas abweichend verlangt § 10 Abs. 1 Satz 2 BDSG als Voraussetzung für die Zweitübermittlung von Daten unter einem besonderen Berufs- oder Amtsgeheimnis die **Zweckgleichheit mit der Erstoffenbarung** (dazu § 81 Rz. 9ff.; zu den weitergehenden Zweckbindungsregelungen in den BDSG-Novellierungsentwürfen und in den neugefaßten Landesdatenschutzgesetzen vgl. § 79 Rz. 111ff.).

Im Gesetzgebungsverfahren war § 78 **unumstritten**. Änderungsanträge wurden 2 nicht gestellt. Allerdings hatten einige Datenschutzbeauftragte in ihren Stellungnahmen zum Gesetzentwurf eine weitergehende Regelung vorgeschlagen. Nach ihrer Ansicht sollte die **Zweckbindung** nicht nur für die Datennutzung **nach** einer Offenbarung verbindlich werden, sondern auch **innerhalb** des Sozialleistungsträgers. Der Gesetzgeber sollte m. a. W. auch die interne Zweckbindung festschreiben, nach der Angaben nur zu dem Zweck gebraucht werden dürfen, zu dem sie von der speichernden Stelle **erhoben** worden sind. Konsequenterweise sollte diese generelle Zweckbindungsbestimmung nicht bei den Offenbarungsvorschriften der §§ 67 ff. SGB X plaziert sein, sondern im Anschluß an § 35 im 1. Buch des SGB. Diese Anregungen sind im Gesetzgebungsverfahren nicht aufgegriffen worden. Allerdings ist heute – dies hat das Volkszählungsurteil des Bundesverfassungsgerichts zum »informationellen Selbstbestimmungsrecht« klargestellt (*BVerfGE* 65, 1) – auch innerhalb von SGB-Stellen das Zweckbindungsgebot bei der Datenverwendung zu beachten (vgl. unten Rz. 9). Konsequenz dieses Prinzips sind die Regelungen der §§ **284 Abs. 3** und **285 Abs. 3 SGB V**, die die **Verwendung** der von den Krankenkassen und den Kassenärztlichen Vereinigungen **erhobenen** Versichertendaten auf die enumerativ aufgelisteten Zwecke (vgl. §§ 284 Abs. 1, 285 Abs. 1 SGB V) begrenzen.

II. Bedeutung der Vorschrift

3 Die in § 78 enthaltene Zweckbindung (Satz 1) und die Geheimhaltungspflicht des Empfängers (Satz 2) zielen darauf ab, das **Sozialgeheimnis auf die Datenverwendung nach einer Offenbarung zu erstrecken**. Die Sozialdaten hält der Gesetzgeber für in solchem Maße schutzwürdig, daß sie auch nach der Weitergabe an Dritte ihre Herkunft nicht verleugnen und den über die allgemeinen Datenschutzgesetze hinausgehenden Schutz »mitnehmen« sollen. Sichergestellt werden soll dadurch zum einen die Erfüllung der durch §§ 35 SGB I, 67 ff. SGB X geweckten Erwartung des Bürgers, daß seine Daten von den Sozialbehörden ausschließlich im Zusammenhang mit sozialen Aufgaben und von dritten Stellen nur in den vom Gesetz ausdrücklich und abschließend genannten Ausnahmefällen (§§ 68, 70 ff.) verwendet werden. § 78 steht in Parallele zu allen bereichsspezifischen Datenschutzbestimmungen, die nicht nur eine besondere Geheimhaltung »sensitiver« Angaben bzw. eine verstärkte informationelle Abschottung bestimmter Berufsgruppen oder Teile der Verwaltung vorsehen, sondern diesen **speziellen Geheimnisschutz** auch den **Datenadressaten**, also behördenexternen Personen und Stellen, auferlegen. So bezieht beispielsweise § 16 Abs. 1 BStatG vom 22. 1. 1987 (BGBl. I S. 462) die Empfänger von Einzelangaben in das Statistikgeheimnis ein. § 30 Abs. 2 und 3 AO unterwirft auch bestimmte Personen außerhalb der Steuerverwaltung dem Steuergeheimnis.

4 Besondere Bedeutung hat dabei die Zweckbindungsregelung des Satzes 1 vor allem für die Fälle der Datenübermittlung aufgrund der **gesetzlichen Offenbarungsbefugnisse** nach §§ 68 bis 77. In diesen Fällen erfährt ja der Betroffene vielfach nicht, daß und zu welchem Zweck zu seiner Person gespeicherte Angaben ausgetauscht werden. Hat der Klient, Versicherte usw. dagegen dem Leistungsträger seine **Einwilligung** in die Weitergabe erteilt, ist diese Erklärung nur wirksam, wenn er zuvor über Datenumfang und Verwendungszweck genau unterrichtet wurde und der Offenbarungszweck präzise formuliert ist (vgl. § 67 Rz. 64). Die Reichweite der Zweckbindung ergibt sich in diesem Fall aus der Einwilligung. Der Datengebrauch außerhalb des durch die Einwilligung gedeckten Zwecks ist unzulässig (*Verbandskommentar* § 78 Rz. 1).

5 Daneben erfüllt das durch § 78 realisierte **»Prinzip der Konstanz der Sozialdaten«** (*Podlech* ZfSH/SGB 1985, 1, 6) aber auch die weitere Funktion, das Vertrauen der offenbarenden Stelle in die sozialdatenschutzgerechte Verwendung der mitgeteilten Informationen abzusichern (so auch *Verbandskommentar* § 78 Rz. 1). Die

besonderen Schutzregelungen für Sozialdaten haben ja keineswegs nur den Sinn, die Persönlichkeitsrechte der Betroffenen zu gewährleisten, die strikte Begrenzung der Offenbarungsfälle in den §§ 68 ff. und die dadurch bewirkte weitgehende Abschottung der Datenbestände der Sozialverwaltung stellen vielmehr eine **strukturell notwendige Voraussetzung für eine optimale Tätigkeit** dieses Teils der staatlichen Administration dar (vgl. dazu Einl. Rz. 6). Konsequenzen ergeben sich daraus insbesondere für die Frage, welche Stelle den Offenbarungszweck definiert und wie eng dieser zu fassen ist (vgl. u. Rz. 17 f., 33).

Die Kombination von Zweckbindung und Geheimhaltungspflicht der Datenempfänger führt dazu, daß die **Anforderung von Sozialdaten** durch dritte Stellen soweit wie möglich **auf die Sozialleistungsträger selbst kanalisiert** wird (vgl. *Neumann-Duesberg* WzS 1981, 193, 205). Wenn es sich nicht auszahlt, Sozialdaten von Stellen außerhalb der Sozialverwaltung zu beschaffen, weil diese nur in dem engen Rahmen des Zwecks der Erstübermittlung weiteroffenbaren dürfen (vgl. Rz. 15), besteht kein Anreiz mehr, den Schutz der §§ 67 ff. auf dem Weg über dritte Stellen zu umgehen. Dann ist es sinnvoller, sogleich den Leistungsträger um die gewünschten Angaben anzugehen. Erreicht wird damit, daß möglichst nur die Sozialbehörden, die das Vorliegen der Offenbarungsvoraussetzungen am besten oder gar ausschließlich – etwa bei den »schutzwürdigen Belangen« in § 68 – zu beurteilen vermögen, über die Weitergabe entscheiden. Die Mitteilung von Sozialdaten »aus zweiter oder dritter Hand« wird durch § 78 wirksam beschränkt (vgl. *Hauck/Haines-Walloth* § 78 Rz. 2). 6

Die Schutzwirkung des § 78 Satz 1 steht in engem **Zusammenhang mit** der Einschränkung der Offenbarungsbefugnis bei besonders schutzwürdigen Daten in § 76. § 76 Abs. 1 »verlängert« die besonderen Berufsgeheimnisse der Ärzte, Sozialarbeiter, Mitarbeiter von Beratungsstellen usw. dadurch, daß die weitere Übermittlung der von diesen Personengruppen dem Leistungsträger zugeleiteten Angaben nur unter Beachtung der für die Angehörigen dieser Berufe verschärften Geheimhaltungspflichten zulässig ist (zu den Einzelheiten vgl. § 76 Rz. 46 ff.). Die durch §§ 67 ff. limitierten Offenbarungszwecke; deren Einhaltung durch den Datenempfänger § 78 Satz 1 verlangt, werden also für die besonders sensiblen Daten erheblich eingeengt; sie müssen zusätzlich die Durchbrechung der speziellen Berufsgeheimnisse erlauben. Die Beachtung dieser berufsspezifischen Geheimhaltungspflichten als Voraussetzung für die Übermittlung durch die SGB-Stelle und die anschließende Zweckbindung beim Empfänger sind notwendige Korrelate eines Sonderschutzes für besonders vertraulich zu behandelnde Informationen im Sozialleistungsbereich. 7

III. Normadressaten

Das Gebot zweckgebundener Verwertung übermittelter Sozialdaten **(Satz 1)** gilt für **alle Datenempfänger**, gleich ob sie Behörden, private Einrichtungen und Stellen oder Privatpersonen sind. Ganz überwiegend wird dagegen die Auffassung vertreten, nicht unter § 78 fielen die **SGB-Stellen**, denen nach § 69 Abs. 1 Nr. 1 Sozialdaten offenbart worden sind. Aus Wortlaut und Regelungszusammenhang ergebe sich, daß die Sozialleistungsträger von Satz 1 nicht betroffen sein könnten. Aus der Eingangsformulierung von Satz 2, die Bezug nimmt auf die in Satz 1 genannten Stellen (»**Im übrigen** haben sie... geheimzuhalten...«), gehe hervor, 8 der Adressatenkreis von Satz 1 müsse mit dem des Satzes 2 identisch sein. Da aber Satz 2 nur solche Stellen dem Sozialdatenschutz unterwerfen könne, die ihm nicht ohnehin unterlägen (vgl. u. Rz. 10), müßten die SGB-Stellen auch aus dem Anwendungsbereich der Zweckbindung des Satzes 1 ausgeklammert werden (*Eul* DOK 1981, 449, 453; *Neumann-Duesberg* WzS 1981, 193, 205; *Hauck/Haines-Walloth* § 78 Rz. 5; *Verbandskommentar* § 78 Rz. 2).

9 Diese **Wortlaut-Argumentation** mag auf den ersten Blick einleuchten. Ihr widerspricht jedoch zunächst, daß der Ausschußbericht keinen Hinweis auf eine Sonderstellung der SGB-Stellen im Hinblick auf die Zweckbindung nach Offenbarung enthält. Auch hat der Gesetzgeber bei der Einschränkung der Offenbarungsbefugnis für besonders schutzwürdige Daten in § 76 Abs. 2 Nr. 1 eine Privilegierung der Leistungsträger verankert, nicht jedoch in § 78. Schließlich bliebe im einzelnen zu belegen, warum gerade die Stellen der Sozialverwaltung die Möglichkeit einer zweckungebundenen Nutzung ihnen von anderen Leistungsträgern übermittelter Daten haben müssen (zu dem irrigen Konzept von der Einheit der Sozialverwaltung und einem den gesamten Sozialleistungsbereich übergreifenden »Gesamtzweck« vgl. ausführlich § 69 Rz. 7ff.). Gute Gründe sprechen daher für die **Gegenmeinung**, die die **SGB-Stellen in den Anwendungsbereich des § 78 Satz 1 einbezieht** (vgl. *Eicher/Haase/Rauschenbach* § 78 Anm. 4; offengelassen in *BfA-Kommentar* § 78 Anm. 2). Die Kontroverse wird allerdings dadurch entschärft, daß nach dem Urteil des Bundesverfassungsgerichts zum Volkszählungsgesetz 1983 das **Zweckbindungsprinzip** in gewissem Umfang **Verfassungsrang** besitzt (*BVerfGE* 65, 1, 46). Auch im Sozialleistungsbereich dürfen, auch wenn die Anwendbarkeit des § 78 verneint wird, Daten nur dann abweichend von dem ursprünglichen Zweck der Erhebung und Speicherung – und damit auch der Speicherung nach der Offenbarung durch eine andere SGB-Stelle – verwendet werden, wenn dafür eine besondere Rechtsgrundlage besteht (ausführlich dazu § 79 Rz. 111 ff.).

10 § 78 **Satz 2** dagegen, nach dem die Datenempfänger die erhaltenen Angaben »in demselben Umfang geheimzuhalten haben **wie** die in § 35 des Ersten Buches genannten Stellen«, kann sich logischerweise nur an **Dritte** wenden, die **nicht** selbst **Sozialleistungsträger** sind. Dazu gehören auch die in § 69 Abs. 2 genannten Behörden, die den Leistungsträgern ja nur hinsichtlich der Anwendung des § 69 Abs. 1 Nr. 1, also der Offenbarungsmöglichkeit zur Erfüllung sozialer Aufgaben, gleichgestellt sind (vgl. i. e. dazu § 69 Rz. 115 ff.).

11 An **Privatpersonen** richtet sich § 78 vor allem in den Fällen der Offenbarungsbefugnisse nach § 69 Abs. 1 Nr. 1 und § 74 Nr. 2. § 69 Abs. 1 Nr. 1 betrifft den Fall, daß ein Sozialleistungsträger zur Erfüllung seiner Aufgaben Privatpersonen informiert, z. B. das Jugendamt die **Pflegeeltern** (vgl. u. Rz. 22) oder das Amt für Ausbildungsförderung den **BAföG-Empfänger** im Bewilligungsbescheid über das Einkommen der Eltern (6. TB/*LfD-NRW* S. 78). Bei § 74 Nr. 2a und b erhält der Unterhaltsberechtigte bzw. Ehepartner Sozialdaten zur außergerichtlichen Geltendmachung eines Unterhalts- bzw. Versorgungsausgleichsanspruchs (vgl. dazu § 74 Rz. 15 ff., 26 ff.). Da bei Privatpersonen gegenüber Behörden von geringeren Rechtskenntnissen auszugehen ist, bedarf es zur Gewährleistung von Zweckbindung und verlängerter Geheimhaltung nach § 78 **besonderer Vorkehrungen** (vgl. u. Rz. 32f. und *BfA-Kommentar* § 78 Anm. 4).

12 Zum Adressatenkreis des § 78 gehören auch die **Gerichte** (ausführlich *Emrich* in Frommann u. a. Sozialdatenschutz, S. 113, 136 ff.). Die Auffassung, die Verfah-

rensordnungen gingen den §§ 67ff. vor, die Informationsbeschaffung der Gerichte bei dritten Stellen richte sich ausschließlich nach der jeweils geltenden Prozeßordnung (vgl. *LSG Essen* AmtlMittLVA Rheinpr. 1983, 59 m. Anm. *Schmidinger*), ist unzutreffend (vgl. ausführlich § 35 Rz. 67ff.). § 69 Abs. 1 Nr. 1 a. E. und § 74 Nr. 1 sprechen ja ausdrücklich Datenoffenbarungen an die Gerichte an. Es gilt die **»Selbständigkeit des Enumerativprinzips der §§ 68 bis 75 gegenüber den Verfahrensordnungen«** (so *Podlech* ZfSH/SGB 1985, 1, 2). Zu den Auswirkungen auf das gerichtliche Verfahren vgl. u. Rz. 23f. und § 73 Rz. 50ff.

IV. Zweckbindung (Satz 1)

1. Auswirkungen

Satz 1 beschränkt die Verwendungsmöglichkeit von Sozialdaten für den Empfänger auf den Zweck, zu dem sie ihm **befugt** offenbart worden sind. Der Sozialleistungsträger muß ihm also die Sozialdaten aufgrund einer Einwilligung des Betroffenen oder einer der gesetzlichen Offenbarungsbefugnisse der §§ 68ff. übermittelt haben. Die Gesetzesformulierung ist nun keineswegs so zu verstehen, daß ein Dritter unbefugt weitergegebene Angaben zu beliebigen Zweck nutzen kann. Im Gegenteil: »**Unbefugt** offenbarte Sozialdaten dürfen (sc. überhaupt) **nicht verwertet** werden« (Ausschußbericht, BT-Drucks. 8/4022 zu § 75 = jetzt § 78; ihm folgend die einhellige Auffassung, z. B. *Schatzschneider* MDR 1982, 6, 10; *BfA-Kommentar* § 78 Anm. 3; 7. TB/*LfD-NRW* bei Nichtbeachtung des Widerspruchs nach § 76 Abs. 2 Nr. 1). Dies gilt z. B. für die Straßenverkehrsbehörde, die unzulässigerweise Gesundheitsdaten über die Fahreignung einer Person vom Sozialamt erhalten hat (vgl. *VG Schl.-H.* RDV 1987, 146, 147). 13

Stellt die offenbarende Stelle **nachträglich** die Unzulässigkeit der bereits erfolgten Offenbarung fest, trifft sie die Pflicht zur unverzüglichen **Unterrichtung des Empfängers**, um dieses **Verwertungsverbot** auszulösen (vgl. *BfA-Kommentar* § 78 Anm. 3). Der Empfänger muß die unbefugt erhaltenen, in **Dateien** gespeicherten Angaben darüber hinaus nach § 14 Abs. 3 Satz 2 BDSG bzw. der entsprechenden Norm im Landesdatenschutzgesetz löschen, weil das Verwertungsverbot die Nutzung dieser Daten zur Erfüllung der Aufgaben der speichernden Stelle unmöglich und damit die Speicherung unzulässig macht (zur Löschungs- bzw. Vernichtungspflicht in diesen Fällen vgl. § 84 Rz. 8 und *BfD* (Hrsg.), Der Bürger und seine Daten im Netz der sozialen Sicherung, S. 41). Sind private Institutionen betroffen, ergibt sich die Löschungspflicht aus § 27 Abs. 3 Satz 2 BDSG. 14

Die Zweckbindung gilt auch für die **Weiterübermittlung durch den Datenempfänger**, also für die gesamte Offenbarungskette. Allerdings kommt eine weitere Offenbarung durch den Datenempfänger zulässigerweise nur in Betracht, wenn diese im ursprünglichen Offenbarungszweck eingeschlossen war (so zu Recht *Wiese* ÖVD 1981, 11, 16; *Knopp* SGB-SozVers-GesKomm, § 78 Anm. 1; *Hauck/Haines-Walloth* § 78 Rz. 4). Sind beispielsweise der Staatsanwaltschaft nach § 73 Sozialdaten zur Aufklärung eines Verbrechens mitgeteilt worden, schließt dieser Übermittlungszweck die Weiterleitung der Informationen an das **Strafgericht** für das Verfahren über dieses Verbrechen, etwa mit der Anklageschrift, ein. Dies gilt auch für die weitere Offenbarung durch das Gericht an Dritte bei der Durchführung der öffentlichen Hauptverhandlung (ausführlich dazu und zu den Konse- 15 quenzen des § 78 für den Umgang der Strafgerichte mit Sozialdaten § 73 Rz. 50 ff.).

2. Offenbarungszweck

16 Die Zweckbindung kann wirksam nur greifen, wenn der in Satz 1 genannte Offenbarungszweck präzise definiert ist (zur praktischen Umsetzung vgl. u. Rz. 33). Dieser Offenbarungszweck ist nicht gleichzusetzen mit den in den einzelnen Vorschriften der §§ 67 ff. bzw. in deren Überschriften genannten allgemeinen Übermittlungszwecke. Gemeint ist vielmehr der **konkrete Zweck des jeweiligen Offenbarungsersuchens** im Zusammenhang mit einem konkreten Vorgang (*Verbandskommentar* § 78 Rz. 3; *Hauck/Haines-Walloth* § 78 Rz. 6). So können nach § 75 mitgeteilte Sozialdaten nur für das konkrete genehmigte **Forschungs- oder Planungsprojekt** ausgewertet werden, nicht für beliebige andere Vorhaben der Forschung oder Planung (vgl. § 75 Rz. 140). Bei Gerichten ist Übermittlungszweck das **einzelne gerichtliche Verfahren** (vgl. *Podlech* ZfSH/SGB 1985, 1, 8 f.). Soweit Sozialdaten pauschal für die »Erfüllung der Aufgaben« anderer Behörden weitergegeben werden dürfen – wie dies etwa in §§ 70 und 72 formuliert ist –, ist mithin keineswegs die beliebige interne Verwendung durch den Empfänger für die verschiedensten gesetzlichen Aufgaben legitimiert. Vielmehr ergibt sich die zu beachtende Zwecksetzung aus dem einzelnen Übermittlungsfall (**Beispiel** aus dem Sozialleistungsbereich: § 297 Abs. 2 bis 4 SGB V über die ausschließliche Verwendbarkeit der zwischen Krankenkasse und Kassenärztlicher Vereinigung ausgetauschten Daten **für Stichprobenprüfungen**).

17 Nun kann es vorkommen, daß zwischen der offenbarenden SGB-Stelle und dem Datenempfänger ein **Dissens** oder Mißverständnis über die genaue Zwecksetzung der Übermittlung besteht oder daß der Sozialleistungsträger den Verwendungszweck gegenüber dem Ersuchen ausdrücklich **eingeschränkt** hat. Maßgeblich ist hier der Zweck, der von der offenbarenden Sozialbehörde festgelegt wurde: Sie ist für die Einhaltung der Voraussetzungen der gesetzlichen Offenbarungsbefugnisse in erster Linie verantwortlich.

18 Ist dem Datenempfänger die Zweckbestimmung zu eng formuliert, muß er die offenbarende Stelle um eine entsprechende **Erweiterung** ersuchen. Erst recht muß er bei einer später beabsichtigten **Zweckänderung** der Datennutzung die **Zustimmung des übermittelnden Leistungsträgers** einholen (vgl. *Schellhorn* GK-SGB I, § 35 Rz. 78). In beiden Fällen muß die übermittelnde Stelle erneut das Vorliegen der Offenbarungsvoraussetzungen prüfen. Noch einmal: Wenn die Datenanforderung zum zulässigen Zweck a erfolgt, die Offenbarung aber zum engeren Zweck a1 oder zum anderen Zweck b, muß die empfangende Stelle oder Person diese Entscheidung respektieren (vgl. *Dammann* in Simitis u. a., BDSG, § 10 Rz. 20).

19 Beruht die Offenbarung auf einer **Einwilligung** des Betroffenen (§ 67 Satz 1 Nr. 1, Satz 2), wird der zulässige Verwendungszweck durch diese Einwilligung fixiert (vgl. o. Rz. 4). Dies darf jedoch nicht dazu führen, die enge Zweckbindung dadurch auszuhebeln, daß die Einverständniserklärung entsprechend weit gefaßt wird. Eine wirksame Einwilligung ist davon abhängig, daß die beabsichtigte Offenbarung hinsichtlich Datenumfang und Verwendungszweck präzise bestimmt wird (vgl. § 67 Rz. 64).

3. Einzelfälle

Die Ausübung von **Aufsichtsbefugnissen und die Rechnungsprüfung** sind als 20
Bestandteil der materiellen Verwaltungstätigkeit der diesen Kontrollen unterworfenen Behörde anzusehen. Dies gilt sowohl für die SGB-Stellen (vgl. *Deutscher Verein* Grundsatzthesen, Nr. 18, NDV 1986, 227, 228; s. auch § 35 Rz. 49) selbst wie für die Behörden, denen Sozialdaten befugt offenbart worden sind. Die Offenbarung von Sozialdaten im Rahmen des für die Aufsicht und Rechnungskontrolle Erforderlichen stellt demnach **keine** unzulässige **Zweckänderung** dar (vgl. § 12 Abs. 3 BDSG-E '88, BR-Drucks. 618/88; § 13 Abs. 4 HDSG); ihr steht § 78 Satz 1 nicht entgegen.

In der Kommentar- und Aufsatzliteratur findet sich ebenso wie in den Tätigkeits- 21
berichten der Datenschutzbeauftragten eine Fülle von **Anwendungsfällen** des § 78. So ist es **Kreditinstituten** untersagt, bei Überweisungen von Sozialleistungen die Kenntnis des Überweisungszwecks für bankvertragliche Konsequenzen, z. B. für den Entzug von Überziehungskrediten oder Mitteilungen an Kreditauskunfteien (z. B. die Schufa) zu nutzen (*Kunkel* ZfJ 1984, 108, 110).

Pflegeeltern, die das Jugendamt im Interesse einer kindgerechten Erziehung über 22
die Situation in der Familie der leiblichen Eltern unterrichtet hat (vgl. o. Rz. 11), dürfen diese Informationen nur im Rahmen der Personensorge für das Pflegekind verwenden (vgl. *Mallmann/Walz* NDV 1981, 89, 91).

Aus § 78 wird weiterhin das Erfordernis einer Beschränkung der Aktenversen- 23
dung bzw. der Akteneinsicht bei Unterlagen von SGB-Stellen, die von einem Sozialgericht beigezogen wurden, abgeleitet. Die Übersendung solcher **Beiakten an andere Sozialgerichte** sei nur mit Zustimmung der aktenführenden Stelle erlaubt. Bei Antrag eines Beteiligten bestehe abweichend von § 61 Abs. 1 Satz 2 SGG kein Ermessen des Vorsitzenden in bezug auf den **Ausschluß der Öffentlichkeit** von der Sitzung mehr; § 78 erfordere eine interpretatorische Verschärfung dahingehend, daß dem Antrag stattgegeben werden müsse (vgl. *Podlech* ZfSH/SGB 1985, 1, 6ff.; z. T. a. A. *Haus* NJW 1988, 3126, 3128f.).

Generell wird man aus § 78 das Gebot einer **»sozialgeheimnisfreundlichen« Ausle-** 24
gung von Vorschriften in Prozeßordnungen, die die Bekanntgabe von Sozialdaten an Verfahrensbeteiligte oder Dritte vorsehen, interpretieren können (dazu für das Strafverfahren § 73 Rz. 50ff.). Grenze hierfür ist allerdings immer die Wahrung des – ebenfalls verfassungsrechtlich abgesicherten – Grundsatzes des rechtlichen Gehörs (Art. 103 Abs. 1 GG).

Entsprechend der Situation bei den Gerichten kann die »Verlängerung« des 25
Sozialgeheimnisses auf den Empfänger auch bei der **Sitzungsöffentlichkeit** im Rahmen des **verwaltungsgerichtlichen Vorverfahrens** berücksichtigt werden, etwa dort, wo für Widerspruchsausschüsse in der Regel die mündliche und öffentliche Verhandlung angeordnet ist (vgl. 5. TB/*LfD-Saarland* S. 26f.).

V. Geheimhaltungspflicht des Empfängers (Satz 2)

1. Vorrang der Zweckbindung

26 Wer befugtermaßen Sozialdaten erhalten hat, muß diese **in demselben Umfang** geheimhalten wie die in § 35 SGB I genannten Stellen (Satz 2). Aus dieser vielleicht **mißverständlichen Formulierung** ist der Schluß gezogen worden, Satz 2 räume den Datenempfängern auch die Offenbarungsbefugnisse der § 68 ff. ein. Da der »Umfang« der Geheimhaltung von Sozialdaten durch die Bestimmungen über das Sozialgeheimnis und den Sozialdatenschutz festgelegt wird, müßten dementsprechend die Angaben unter den Voraussetzungen der Offenbarungsbefugnisse weiterübermittelt werden dürfen (in diesem Sinne *Neumann-Duesberg* BKK 1981, 6, 29; offensichtlich ebenso *Knopp* SGB-SozVers-GesKomm, § 78 Anm. 2, allerdings insofern in Widerspruch zu Anm. 1).

27 Nimmt man diesen Standpunkt ein, wird der Zweckbindungsgrundsatz des Satzes 1 völlig ausgehebelt. Er bestimmt, daß eine Zweitübermittlung von Sozialdaten nur zulässig ist, wenn diese im ursprünglichen Offenbarungszweck einbezogen war (vgl. o. Rz. 15). Hinzu kommt, daß die Offenbarungsbefugnisse der §§ 67 ff. auf Sozialleistungsträger zugeschnitten sind, die von Satz 2 betroffenen Personen und Stellen aber gerade keine Einrichtungen der Sozialverwaltung sind. Richtigerweise hat mithin **Satz 1 Vorrang vor Satz 2**: Die **Übermittlungssperren durch die Zweckbindung** sind strikt zu respektieren, nur »im übrigen« gilt die besondere Geheimhaltungspflicht (ebenso *Verbandskommentar* § 78 Rz. 5; *Eicher/Haase/Rauschenbach* § 78 Anm. 3; *Hauck/Haines-Walloth* § 78 Rz. 1, 11; offengelassen bei *Brackmann* Handbuch, Bd. I/2, S. 234). Selbstverständlich ist damit nicht ausgeschlossen, daß der Betroffene dem Datenempfänger seine Einwilligung in die erneute Weitergabe seiner Sozialdaten erteilt oder die offenbarende Stelle dieser zusätzlichen Offenbarung zustimmt. Voraussetzung dafür ist allerdings, daß auch für die Mitteilung an den Drittempfänger eine Offenbarungsbefugnis nach § 68 ff. gegeben wäre, wenn der Leistungsträger direkt an ihn übermitteln würde.

28 Der strikte Vorrang des Zweckbindungsprinzips führt auch dazu, daß **spezialgesetzliche Übermittlungspflichten der empfangenden Stelle** in bezug auf die erhaltenen Sozialdaten **nicht** greifen (*Verbandskommentar* § 78 Rz. 5; zu den Auswirkungen auf die **informationelle Zusammenarbeit der Sicherheitsbehörden** vgl. § 72 Rz. 68). Mitteilungs**pflichten** für Sozialdaten und damit der ausnahmsweise Vorzug externer Verwaltungsinteressen vor dem Sozialgeheimnis – etwa der Steuerbehörden oder der Gesundheitsämter – sind in § 71 Abs. 1 abschließend festgelegt, und zwar begrenzt auf die Sozialleistungsträger. Dem Datenempfänger bleibt es ggf. unbenommen, die offenbarende Stelle auf eine nach seiner Ansicht bestehende Mitteilungspflicht aufgrund von § 71 aufmerksam zu machen.

2. Umsetzung der Geheimhaltungspflicht

29 Die Regelung in Satz 2 normiert für den **Datenempfänger** zunächst die **Pflicht zur aktiven Wahrung des Sozialgeheimnisses** (§ 35 Abs. 1 SGB I). Er muß wie ein Sozialleistungsträger alle Maßnahmen treffen, die eine unzulässige, d. h. zweckwidrige Verwendung der erhaltenen Sozialdaten verhindern. Die Vorkehrungen zur Verhinderung unbefugten Zugriffs bzw. der zweckwidrigen Weiterübermittlung müssen der besonderen Sensitivität von Sozialdaten entsprechen (zur Wahrungspflicht des § 35 Abs. 1 SGB I und deren Konsequenzen ausführlich § 35 Rz. 57 ff.). Dazu gehört als notwendige Voraussetzung, daß der Empfänger bei der Speicherung oder Aufnahme in Akten die **Herkunft der Informationen** von Stellen der Sozialverwaltung **mitregistriert**, wenn sich dies nicht ohnehin aus dem Inhalt der Angaben ergibt. Angezeigt sein kann auch die **getrennte Führung** bzw. deutliche Kennzeichnung **von Akten** oder Aktenteilen, die von Sozialleistungsträgern übersandt worden sind (so für beigezogene Sozialunterlagen im Rahmen der Strafverfolgung *Walcher* in Frommann u. a, S. 102, 111). Bei den Gerichten beispielsweise läßt sich nur dadurch gewährleisten, daß bei Akteneinsicht und -versendung der Sozialdatenschutz für die von Sozialbehörden überlassenen Beiakten, Gutachten etc. eingehalten wird (vgl. o. Rz. 22).

Über die Geheimhaltungspflicht des Satzes 2 mit der Bezugnahme auf § 35 SGB I **30** findet weiterhin die Regelung des § **35 Abs. 3 SGB I** Anwendung. Danach besteht, soweit eine Offenbarung nicht zulässig ist, weder eine Auskunftspflicht noch eine Zeugnispflicht oder Pflicht zur Vorlegung oder Auslieferung von Schriftstücken, Akten, Dateien oder sonstigen Datenträgern. Mithin werden auch das dem Leistungsträger bzw. seinen Mitarbeitern bei Fehlen einer Offenbarungsbefugnis zustehende **Zeugnis-** bzw. **Auskunftsverweigerungsrecht** und das daraus resultierende **Beschlagnahmeverbot** (vgl. § 35 Rz. 68 f.; § 73 Rz. 30) **auf den Datenempfänger** – gleich ob Behörde oder Privatperson – **erstreckt** (vgl. *Hauck/Haines-Walloth* § 78 Rz. 9; ebenso offensichtlich *Dammann* in Simitis u. a., BDSG, § 10 Rz. 14). So könnten sich beispielsweise Eltern, denen das Jugendamt zur Betreuung eines Pflegekindes nach § 69 Abs. 1 Nr. 1 Sozialdaten mitgeteilt hat (vgl. o. Rz. 21), auch gegenüber dem Gericht auf § 78 berufen (zur Berufung von Privatpersonen auf § 78 gegenüber dem Gericht *Podlech* ZfSH/SGB 1985, 1, 6). Anders ausgedrückt: Da für den Empfänger von Sozialdaten deren Weiterübermittlung nur zulässig ist, wenn diese im ursprünglichen Offenbarungszweck enthalten war (vgl. o. Rz. 15), ist auch nur in diesen Fällen eine Pflicht zur Aussage oder Aktenvorlage usw. gegeben. Bewirkt wird damit, daß Strafverfolgungsbehörden, Gerichte usw. ihre Datenwünsche direkt bei den Sozialleistungsträgern anmelden müssen, die ja über entsprechende Offenbarungsbefugnisse (z. B. § 69 Abs. 1 Nr. 1, § 73, § 74 Nr. 1) verfügen (zu diesem Steuerungseffekt für Datenanfragen vgl. o. Rz. 6).

VI. Maßnahmen zur Durchführung des § 78

Zweckbindung (Satz 1) und verlängerte Geheimhaltungspflicht (Satz 2) bringen für **31** den Datenempfänger erhebliche Beschränkungen bei der Verwendung der erhaltenen Informationen mit sich. Da die Bindung an den Offenbarungszweck im allgemeinen Datenschutzrecht bisher erst teilweise verankert ist (vgl. o. Rz. 9), kann die offenbarende Stelle nicht ohne weiteres mit der Kenntnis und damit Einhaltung der durch § 78 statuierten Nutzungsrestriktionen durch die Datenempfänger rechnen. Gilt dies schon für Behörden und sonstige öffentliche Stellen, muß von dieser **Unkenntnis** erst recht bei **Privatpersonen** ausgegangen werden (vgl. *Hauck/Haines-Walloth* § 78 Rz. 14). Auch den **Gerichten** ist vielfach die Erstreckung des Sozialgeheimnisses nicht bekannt, gehen sie doch vielfach fälschlich vom Vorrang der jeweils für sie geltenden Verfahrensordnungen bei der Ermittlung der prozeßrelevanten Daten aus (vgl. o. Rz. 12).

32 Daher empfiehlt es sich dringend, daß der offenbarende Sozialleistungsträger geeignete Vorkehrungen trifft, um die Gerichte, Behörden sowie privaten Stellen und Personen, denen er Sozialdaten übermittelt, über die Konsequenzen aus § 78 zu unterrichten. Dazu gehört vor allem ein – am besten **schriftlicher** – **Hinweis** auf das Gebot der zweckgebundenen Verwertung und das Verbot der Weiterübermittlung außerhalb des Offenbarungszwecks (vgl. *Kunkel* ZfJ 1984, 108, 110; *Schellhorn* GK-SGB I, § 35 Rz. 79; *Karrer* Kommunalpraxis 1981, 154, 156). In Betracht kommen kann auch die Unterzeichnung einer entsprechenden »**Verpflichtungserklärung**« durch den Datenadressaten.

33 Zu diesen Maßnahmen zählt es auch, daß die offenbarende Stelle für eine **präzise Fixierung des Übermittlungszwecks** Sorge trägt. Hat die anfordernde Stelle ihre Informationswünsche nur allgemein – etwa unter Berufung auf »Amtshilfe« oder mit Hinweis auf eine Paragraphenziffer – begründet, muß der Leistungsträger eine genaue Erläuterung verlangen (zur Sonderproblematik des Informationsersuchens von Sicherheitsbehörden vgl. § 72 Rz. 57 f.). Sonst kann er weder das Vorliegen einer Offenbarungsbefugnis beurteilen noch mit einer zweckgebundenen Datenverwendung rechnen. Insbesondere dann, wenn die einschlägige Offenbarungsbefugnis den vom Datenempfänger genannten Verwendungszweck nur teilweise abdeckt (vgl. o. Rz. 17 f.), muß die Sozialbehörde hierauf hinweisen. Bei Offenbarungen nach § 75 ergibt sich die Zweckbindung aus dem Genehmigungsbescheid nach Abs. 2, der ja das konkrete Forschungs- bzw. Planungsprojekt benennen muß (dazu § 75 Rz. 140).

34 Datenempfänger im **Ausland** stehen außerhalb des Geltungsbereichs des SGB und können daher direkt durch § 78 nicht gebunden werden (vgl. *Hauck/Haines-Walloth* § 78 Rz. 5). Dennoch sollten auch sie durch den deutschen Leistungsträger auf die Einhaltung der Zweckbindung hingewiesen oder ggf. verpflichtet werden (vgl. § 77 Rz. 17). Selbstverständlich können damit auf dem jeweiligen nationalen Recht der empfangenden Stelle beruhende Mitteilungspflichten nicht aufgehoben werden. Steht die Respektierung des Übermittlungszwecks durch den ausländischen Empfänger ernsthaft in Zweifel und droht dadurch die **Beeinträchtigung schutzwürdiger Belange** des Betroffenen, wird die Offenbarung über die deutsche Grenze hinweg wegen § 77 unzulässig (vgl. § 77 Rz. 9, 11).

VII. Verhältnis zu anderen Vorschriften

1. § 69 Abs. 1 Nr. 2

35 Keine Anwendung findet § 78 Satz 1 bei der **Datenverarbeitung im Auftrag**. Zwar definiert § 69 Abs. 1 Nr. 2 die Weitergabe von Sozialdaten durch einen Sozialleistungsträger an eine die Datenverarbeitung in seinem Auftrag durchführende Stelle als (befugte) Offenbarung (vgl. § 69 Rz. 110 ff. und § 80 Rz. 6 f.) – im Gegensatz zum allgemeinen Datenschutzrecht, das den Datenaustausch zwischen Auftraggeber und Auftragnehmer nicht als »Übermittlung« charakterisiert (vgl. § 2 Abs. 2 Nr. 2 i. V. m. Abs. 3 Nr. 2 BDSG). Doch gilt für die Auftragsverarbeitung von Sozialdaten **ausschließlich § 80 Abs. 4**. Er enthält eine eigene Zweckbindungsregelung, wonach der Auftraggeber die zur Datenverarbeitung überlassenen Daten nicht anderweitig verwenden darf, als der Auftraggeber es bestimmt (i. e. dazu § 80 Rz. 42 f.).

2. § 73

Zur Zweckbindung bei der Offenbarung für die Durchführung eines Strafverfahrens nach § 73 vgl. o. Rz. 15 und § 73 Rz. 50 ff. **36**

3. § 75

Zu den Auswirkungen des § 78 auf die Rechtsstellung von Forschern und Planern, **37**
die Sozialdaten nach § 75 erhalten haben, vgl. § 75 Rz. 140 f.

Zweiter Abschnitt
Schutz der Sozialdaten bei der Datenverarbeitung

§ 79 Geltung des Bundesdatenschutzgesetzes

(1) Die in § 35 des Ersten Buches genannten Stellen unterliegen, soweit sie personenbezogene Daten oder Betriebs- oder Geschäftsgeheimnisse in Dateien verarbeiten, nach Maßgabe der §§ 80 bis 85 den Vorschriften des Ersten und Zweiten Abschnitts sowie den §§ 41, 42 Abs. 1 Nr. 2 und § 45 des Bundesdatenschutzgesetzes; die §§ 28 und 29 des Bundesdatenschutzgesetzes sind entsprechend anzuwenden. Für die Zulässigkeit der Datenspeicherung, -veränderung und -nutzung durch die in § 35 des Ersten Buches genannten Stellen ergeben sich die Zwecke aus den diesen Stellen nach diesem Gesetzbuch jeweils vorgeschriebenen oder zugelassenen Aufgaben.

(2) Für Krankenhäuser und Einrichtungen zur Eingliederung Behinderter gelten abweichend vom § 7 Abs. 1 Satz 2 und Abs. 2 Satz 2 auch die §§ 8, 9 und 12 bis 14 des Bundesdatenschutzgesetzes.

(3) Die Vorschriften des Zweiten Abschnitts des Bundesdatenschutzgesetzes gelten abweichend von § 7 Abs. 2 Satz 1 des Bundesdatenschutzgesetzes auch, soweit der Datenschutz durch Landesgesetz geregelt ist. An die Stelle des Bundesbeauftragten für den Datenschutz treten insoweit die nach Landesrecht zuständigen Stellen.

Inhaltsübersicht

	Rz.
I. Entstehungsgeschichte	1– 2a
II. Bedeutung der Vorschrift	3–12
1. Verweisungen auf das BDSG	3– 9
2. Abgrenzung des Anwendungsbereichs	10–14
III. Die anwendbaren Vorschriften des BDSG (§ 79 Abs. 1 Satz 1)	15–257
1. Umfang der Kommentierung	15, 16
2. Die für anwendbar erklärten BDSG-Vorschriften im Überblick (§ 79 Abs. 1 Satz 1)	17–21
3. Aufgabe und Gegenstand des Datenschutzes (§ 1 BDSG)	22–34
a) Mißbrauch und informationelle Selbstbestimmung	22–24
b) Datenverarbeitung (§ 1 Abs. 1 BDSG)	25, 26
c) Datei und Akte (§ 1 Abs. 2 Satz 1 BDSG)	27–29
d) Interne Dateien (§ 1 Abs. 2 Satz 2 BDSG)	30–33
e) Medienprivileg (§ 1 Abs. 3 BDSG)	34
4. Begriffsbestimmungen (§ 2 BDSG)	35–55
a) Personenbezogene Daten (§ 2 Abs. 1 BDSG)	36–42
b) Datenverarbeitung (§ 2 Abs. 2 BDSG)	43–46
c) Speichernde Stelle (§ 2 Abs. 3 Nr. 1 BDSG), Dritter (§ 2 Abs. 3 Nr. 2 BDSG)	47–50
d) Datei (§ 2 Abs. 3 Nr. 3 BDSG)	51–55
5. Zulässigkeit der Datenverarbeitung (§ 3 BDSG)	56–63
a) BDSG oder andere Rechtsvorschrift (§ 3 Satz 1 Nr. 1 BDSG)	56–60

b)	Einwilligung (§ 3 Satz 1 Nr. 2 BDSG)	61–63
6.	Rechte des Betroffenen (§ 4 BDSG)	64–69
7.	Datengeheimnis (§ 5 BDSG)	70–81
	a) Personelle und sachliche Reichweite (§ 5 Abs. 1 BDSG)	70–78
	b) Verpflichtung (§ 5 Abs. 2 BDSG)	79–81
8.	Technische und organisatorische Maßnahmen (§ 6 BDSG)	82–93
	a) Umfang der Realisierungspflicht (§ 6 Abs. 1 BDSG)	82–87
	b) Konkrete Vorkehrungen	88–92
	c) Verordnungsermächtigung (§ 6 Abs. 2 BDSG)	93
9.	Anwendungsbereich (§ 7 BDSG)	94–96
10.	Verarbeitung personenbezogener Daten im Auftrag (§ 8 BDSG)	97
11.	Datenspeicherung und -veränderung (§ 9 Abs. 1 BDSG)	98–119
	a) Vorhandene Verarbeitungsbefugnisse	98–99
	b) Regelungsbedarf nach dem Volkszählungsurteil	100–103
	c) Erforderlichkeit	104–110
	d) Zweckbindung und Aufgabenbezug (§ 79 Abs. 1 Satz 2)	111–114
	e) Einzelfälle	115–119
12.	Datenerhebung (§ 9 Abs. 2 BDSG)	120–131
	a) Anwendungsvoraussetzungen	120–123
	b) Vorrang der Datenerhebung beim Betroffenen	124–126
	c) Hinweispflicht	127–131
13.	Datenübermittlung innerhalb des öffentlichen Bereichs (§ 10 BDSG) und an Stellen außerhalb des öffentlichen Bereichs (§ 11 BDSG)	132
14.	Veröffentlichung über die gespeicherten Daten (§ 12 BDSG)	133
15.	Auskunft an den Betroffenen (§ 13 BDSG)	134
16.	Berichtigung, Sperrung und Löschung von Daten (§ 14 BDSG)	135–141
	a) Berichtigung (§ 14 Abs. 1 BDSG)	135–140
	b) Sperrung und Löschung (§ 14 Abs. 2, 3 BDSG)	141
17.	Durchführung des Datenschutzes (§ 15 BDSG)	142–146
	a) Reichweite der Durchführungspflicht (§ 15 Satz 1 BDSG)	142–144
	b) Konkrete Maßnahmen (§ 15 Satz 2 BDSG)	145, 146
18.	Allgemeine Verwaltungsvorschriften (§ 16 BDSG)	147
19.	Bundesbeauftragter für den Datenschutz (§§ 17 bis 21 BDSG)	148–196
	a) Umfang der Kommentierung	148, 149
	b) Aufgaben des Bundesbeauftragten für den Datenschutz (§ 19 BDSG)	150–184
	aa) Institutionelle Zuständigkeit (§ 19 Abs. 1 Satz 1 BDSG)	150–154
	bb) Gegenstand und Reichweite der Datenschutzkontrolle (§ 19 Abs. 1 Satz 1 BDSG)	155–161
	cc) Beratung (§ 19 Abs. 1 Satz 2 BDSG)	162–165
	dd) Tätigkeitsbericht (§ 19 Abs. 2 Satz 2 BDSG)	166, 167
	ee) Unterstützungspflichten der speichernden Stellen und Befugnisse des Bundesbeauftragten (§ 19 Abs. 3 BDSG)	168–173
	ff) Dateienregister (§ 19 Abs. 4 BDSG)	174–179
	gg) Zusammenarbeit mit anderen Kontrollinstanzen (§ 19 Abs. 5 BDSG)	180–184
	c) Beanstandungen durch den Bundesbeauftragten für den Datenschutz (§ 20 BDSG)	185–191

	aa) Voraussetzungen (§ 20 Abs. 1, 2 BDSG)	185–187
	bb) Verfahren (§ 20 Abs. 1, 3, 4 BDSG)	188–191
d)	Anrufung des Bundesbeauftragten für den Datenschutz (§ 21 BDSG)	192–196

20. Straftaten (§ 41 BDSG)   197–207
    a) Tathandlungen (§ 41 Abs. 1 BDSG)   197–200
    b) Einschränkungen und Qualifizierungen (§ 41 Abs. 1 bis 3 BDSG)   201–203
    c) Konkurrenzen mit anderen Strafnormen   204–207
21. Ordnungswidrigkeiten (§ 42 Abs. 1 Nr. 2 BDSG)   208–210
22. Weitergeltende Vorschriften (§ 45 BDSG)   211–216
23. Beauftragter für den Datenschutz (§ 79 Abs. 1 Satz 1 2. Halbs. i. V. m. §§ 28, 29 BDSG analog)   217–257
    a) Bestellung (§ 28 BDSG)   217–248
      aa) Regelungsziele   217–220
      bb) Zur Bestellung verpflichtete Stellen (§ 79 Abs. 1 Satz 1 1. Halbs.)   221–224
      cc) Voraussetzungen der Bestellpflicht (§ 28 Abs. 1 BDSG)   225, 226
      dd) Persönliche Eignungsvoraussetzungen (§ 28 Abs. 2 BDSG)   227–233
      ee) Organisatorische Zuordnung (§ 28 Abs. 3 Satz 1 BDSG)   234–237
      ff) Weisungsfreiheit (§ 28 Abs. 3 Satz 2 BDSG)   238–240
      gg) Benachteiligungsverbot (§ 28 Abs. 3 Satz 3 BDSG)   241–243
      hh) Unterstützungsgebot (§ 28 Abs. 4 BDSG)   244, 245
      ii) Form und Verfahren der Bestellung (§ 28 Abs. 1 BDSG)   246–248
    b) Aufgaben des Beauftragten für den Datenschutz (§ 29 BDSG)   249–257
      aa) »Sicherstellungsauftrag« und Entscheidungsbefugnis (§ 29 Satz 1 BDSG)   249–251
      bb) Aufgabenspektrum (§ 29 Satz 3 BDSG)   252–255
      cc) Einschaltung des externen Datenschutzbeauftragten (§ 29 Satz 2 BDSG)   256–257
IV. Krankenhäuser und Einrichtungen zur Eingliederung Behinderter (§ 79 Abs. 2)   258–265
    1. Regelungsziel und Anwendungsbereich   258–261
    2. Die anwendbaren Vorschriften   262–265
V. Geltung des BDSG für die landesunmittelbaren Leistungsträger und die Kommunen (§ 79 Abs. 3)   266–277
    1. Umfang der Anwendung des BDSG (Satz 1)   266–272
    2. Kontrollbefugnis der Landesbeauftragten für den Datenschutz (Satz 2)   273–277

I. Entstehungsgeschichte

1 § 79 war im Gesetzgebungsverfahren die wohl **umstrittenste Vorschrift**. Initiativen zur Streichung dieser Bestimmungen gab es sowohl im Bundestag wie im Bundesrat. Sie richteten sich vor allem darauf, die Ausdehnung der Geltung des **Bundesdatenschutzgesetzes** auf die Sozialverwaltung der **Länder** und der **Kommunen** (Abs. 3; dazu i. e. Rz. 266 ff.) zu verhindern. So wurde ein Antrag der CDU-Fraktion, Abs. 3 zu streichen, von der Mehrheit des Ausschusses für Arbeit und

Sozialordnung abgelehnt (vgl. den Ausschußbericht, BT-Drucks. 8/4022, S. 88, zu § 76 = jetzt § 79).
In gleicher Sache rief der Bundesrat den Vermittlungsausschuß an (BT-Drucks. 8/ **2**
4216, Nr. 25a), auch dort gab es aber keine Mehrheit für die Streichung des § 79 (vgl. die Beschlüsse des Vermittlungsausschusses, BT-Drucks. 8/4330). Auch die Landesdatenschutzbeauftragten, die sich im Gesetzgebungsverfahren übereinstimmend gegen diese Regelung gewandt hatten, fanden beim Gesetzgeber kein Gehör (vgl. z.B. 9. TB/*HDSB* Ziff. 3.3; 7. TB/*DSchKomm.Rh.-Pf.* Ziff. 3.3; 2. TB/*LfD*/*NRW* S. 50).
Abs. 1 Satz 2 ist durch Art. 4 des GRG m. W. v. 1. 1. 1989 eingefügt worden (dazu **2a** u. Rz. 112, 114). Die **Begründung** dazu lautet (vgl. BR-Drucks. 200/88, S. 240):
»Die Änderung bringt zum Ausdruck, daß die Speicherung und Veränderung personenbezogener Daten nicht nur für einzelne Teilaufgaben, sondern auch für mehrere Aufgaben der Leistungsträger erfolgen können muß. Veränderungen in der Aufgabenstellung der Leistungsträger durch Rechtsänderungen im jeweiligen Leistungsrecht bedingen auch veränderte Zweckbestimmungen. Dadurch wird sichergestellt, daß bereits gespeicherte Daten für neu hinzukommende Aufgaben verwendet werden können. Anderenfalls müßten für neue Aufgaben Daten erhoben werden, die bereits bei den Leistungsträgern vorhanden sind, was zu einem unnötigen Datenfluß sowie vermeidbarer Verwaltungstätigkeit und Belastung der Bürger führen würde.«

II. Bedeutung der Vorschrift

1. Verweisungen auf das BDSG

Vorrangiges Regelungsziel des § 79 ist die Schaffung eines **einheitlichen Daten-** **3** **schutzrechts für alle Sozialleistungsträger** und damit eines einheitlichen Schutzes der Sozialdaten bei der Datenverarbeitung aller in § 35 Abs. 1 SGB I genannten Stellen (vgl. Ausschußbericht, BT-Drucks. 8/4022, S. 87; zu Motivation und Kritik dieses Regelungsziels vgl. u. Rz. 266 ff.). Dieses Ziel wird regelungstechnisch in mehreren Schritten erreicht: Zunächst unterwirft **Abs. 1 Satz 1** alle SGB-Stellen der Geltung des Ersten und Zweiten Abschnitts des BDSG.
Für die **bundesunmittelbaren Sozialleistungsträger**, also etwa die Bundesversiche- **4** rungsanstalt für Angestellte und die Bundesanstalt für Arbeit, ergab sich durch das Inkrafttreten des SGB X insoweit (vgl. jedoch Rz. 12) keine neue Rechtslage, weil sie bereits vorher ohnehin das BDSG anzuwenden hatten. Dagegen wurde die Geltung der für die Behörden und öffentlichen Stellen des Bundes anwendbaren Vorschriften des Zweiten Abschnitts des BDSG durch Abs. 1 erstreckt auf die **in privatrechtlicher Rechtsform organisierten Verbände der Sozialleistungsträger**, also etwa den Verband Deutscher Rentenversicherungsträger und den Verband der Angestelltenkrankenkassen. Damit hat sich die frühere Streitfrage, ob diese Verbände als öffentliche Stellen i. S. d. BDSG einzustufen sind oder ob sie den für private Vereine und Verbände geltenden Bestimmungen des Dritten Abschnitts des BDSG folgen müssen (vgl. dazu *Heußner* FS Brackmann, S. 344 ff.; *ders.* ZVersWiss 1978, 59 f.; vgl. *Auernhammer* BDSG, § 7 Rz. 10; *Verbandskommentar* § 79 Rz. 1), erledigt.
Abs. 3 stellt klar, daß auch die Behörden und sonstigen öffentlichen Stellen der **5**

Länder und **Kommunen** sowie die **landesunmittelbaren** Körperschaften und Anstalten des öffentlichen Rechts (einschließlich deren Vereinigungen) aus dem Sozialleistungsbereich in die Geltung des Ersten und Zweiten Abschnitts des BDSG einbezogen sind (vgl. dazu ausführlich u. Rz. 266 ff.). Für diese Stellen, also etwa fast alle gesetzlichen Krankenkassen, die Landesversicherungsanstalten, aber auch die Versorgungsverwaltung und die Sozialhilfeträger galt bis zum Inkrafttreten des 2. Kapitels des SGB X das jeweilige Datenschutzgesetz ihres Landes.

6 **Abs. 2** schließlich führt zur Anwendbarkeit der wichtigsten Vorschriften des Zweiten Abschnitts des BDSG auch auf die **Krankenhäuser** und **Einrichtungen zur Eingliederung Behinderter**, soweit diese **von Sozialleistungsträgern betrieben werden** (i. e. dazu Rz. 258 ff.). Nach ganz überwiegender Auffassung (vgl. *Simitis* in Simitis u. a., BDSG, § 22 Rz. 82 m. w. N.) sind abweichend davon alle sonstigen Krankenhäuser, die von öffentlichen Stellen (z. B. Kommunen) unterhalten werden, als »**Wettbewerbsunternehmen**« anzusehen und nach dem für private Unternehmen geltenden Dritten Abschnitt des BDSG zu behandeln (vgl. u. Rz. 260 f.). Diese Rechtsfolge ergibt sich aus § 7 Abs. 1 Satz 2 BDSG und den entsprechenden Bestimmungen der Landesdatenschutzgesetze (vgl. z. B. § 3 Abs. 7 HDSG).

7 Die Anwendbarkeit des BDSG wird zusätzlich kompliziert durch die verschiedenen **Modifikationen**, die §§ 80 bis 85 etwa für die Datenverarbeitung im Auftrag oder die Löschung im Sozialleistungsbereich treffen. Außerdem werden in Abs. 1 **Ordnungswidrigkeits- und Strafbestimmungen** aus dem Fünften Abschnitt des BDSG in Bezug genommen (§§ 41, 42 BDSG) und die Bestimmungen der §§ 28, 29 BDSG über die Bestellung eines **betrieblichen Datenschutzbeauftragten** für »entsprechend« anwendbar erklärt. Auch die Norm über den **Vorrang bereichsspezifischer Vorschriften** (§ 45 BDSG) wird herangezogen.

8 Insgesamt ist § 79 wegen dieser zahlreichen Verweisungen sehr unübersichtlich gefaßt. Zu Recht ist daher der »**Verweisungswirrwarr**« kritisiert worden (*Meydam* BlStSozArbR 1980, 278, 280). Der besseren Verständlichkeit zuliebe hätte gesetzgebungstechnisch viel dafür gesprochen, die beabsichtigten Regelungen stattdessen auszuformulieren (zu den verwiesenen Vorschriften i. e. vgl. u. Rz. 17 ff.).

9 Abs. 1 statuiert eine sog. »**dynamische« Verweisung**. Im Gegensatz zur »statischen Verweisung« wird dabei das in Bezug genommene Gesetz – hier das BDSG – nicht i. d. F. bei Inkrafttreten des SGB X (also am 1. 1. 1981), sondern mit seinen jeweiligen Änderungen und Ergänzungen angewendet. Sollte also das BDSG in seinem Ersten und Zweiten Abschnitt oder den anderen Bestimmungen, auf die in Abs. 1 verwiesen wird, novelliert werden, wird diese Rechtslage auch für die in § 35 Abs. 1 SGB I genannten Stellen gelten. Daß das BDSG – insbesondere nach dem Urteil des Bundesverfassungsgerichts zum Volkszählungsgesetz vom 15. 12. 1983 – in Kürze novelliert werden muß, ist übereinstimmende Auffassung aller politischen Kräfte. Eine Reihe von Entwürfen liegt seit der letzten Legislaturperiode vor. In der folgenden Kommentierung werden in erster Linie der Gesetzentwurf der Bundesregierung und der Koalitionsfraktionen von CDU/CSU und FDP aus der vorigen Wahlperiode (BT-Drucks. 10/4737 vom 28. 1. 1986, zit.: BDSG-E) und der Gesetzentwurf der BReg zur Neufassung des BDSG (BR-Drucks. 618/88 vom 30. 12. 1988, zit.: BDSG-E '88) herangezogen und der noch geltenden Gesetzesfassung gegenübergestellt (vgl. u. Rz. 16).

Geltung des BDSG § 79

2. Abgrenzung des Anwendungsbereichs

§ 79 bildet die Einleitungsnorm für den 2. Abschnitt des 2. Kapitels SGB X über **10**
den »Schutz der Sozialdaten **bei der Datenverarbeitung**«. Datenverarbeitung wird
dabei im Sinne der Datenschutzgesetze des Bundes und der meisten Länder
verstanden, d.h. als Speicherung, Übermittlung, Veränderung und Löschung
personenbezogener Daten in und aus **Dateien** (vgl. § 1 Abs. 2 Satz 1 BDSG und
die entsprechenden Vorschriften der Landesdatenschutzgesetze mit Ausnahme
Hessens, Bremens und Nordrhein-Westfalens, die auch die **Akten** einbeziehen;
zur Einbeziehung der Daten**erhebung** in §§ 284, 285 SGB V vgl. u. Rz. 123). In
Abs. 1 (»**soweit**...«) wird dies noch einmal ausdrücklich klargestellt. Anders
ausgedrückt: §§ 79ff. und die in Bezug genommenen Normen des BDSG gelten
nicht, soweit es um die Speicherung bzw. Aufzeichnung, Veränderung sowie die
Löschung bzw. Vernichtung von Sozialdaten geht, die in **Akten** registriert und
aufbewahrt werden (zur Definition des Dateibegriffs und zur Abgrenzung von
Akte und Datei vgl. u. Rz. 51ff.). Diese Einschränkung auf die dateimäßige
Datenverarbeitung erklärt sich aus dem ursprünglichen Regelungshintergrund der
Datenschutzgesetze, den besonderen Gefährdungen dieser Form des Datenumgangs, insbesondere der **automatisierten Verarbeitung**, für das Persönlichkeitsrecht des einzelnen zu begegnen.

Keine Rolle spielt die Abgrenzung zwischen Akten und Dateien allerdings für die **11**
Übermittlung von Sozialdaten. Eine Weitergabe an Dritte ist in jedem Fall nur
zulässig, wenn eine **Offenbarungsbefugnis** nach §§ 67ff. vorliegt (§ 35 Abs. 2
SGB I, vgl. dazu § 35 Rz. 61). Unterschiedliche Verfahrensweisen bzw. rechtliche
Vorgaben kann es – abgesehen von den bereichsspezifischen Verarbeitungsnormen – bei verschiedenen Sozialleistungsträgern im Ergebnis also nur bei der
Aufnahme, Aufbewahrung und Löschung von Sozialdaten in Akten geben, nicht
bei der Datenverarbeitung in und aus Dateien – es gilt einheitlich das BDSG – und
nicht bei der Datenoffenbarung aus Akten oder Dateien – es gelten einheitlich
§§ 67ff.

In einem Punkt gehen die §§ 79ff. über den Schutzbereich der Datenschutzgesetze **12**
hinaus: Entsprechend § 35 Abs. 4 SGB I für die Offenbarung beziehen sie auch bei
der Speicherung, Veränderung und Löschung in den Dateien der Sozialleistungsträger neben den personenbezogenen Daten die **Betriebs- und Geschäftsgeheimnisse** mit ein (zur Definition vgl. § 35 Rz. 20ff.).

Die §§ 79ff. normieren ausschließlich die Verarbeitung von **Sozial**daten, d.h. von **13**
Angaben, die den Leistungsträgern zur Erfüllung ihrer Aufgaben **nach dem SGB**
zur Verfügung stehen (zur Definition vgl. § 35 Rz. 12ff.). Dies ergibt sich zum
einen aus der Überschrift vor § 79, die nur vom Schutz der **Sozial**daten bei der
Datenverarbeitung spricht, vor allem aber aus dem Regelungszusammenhang mit
§ 35 SGB I und §§ 67ff. SGB X, die ebenfalls nur dem **Sozialgeheimnis** unterliegende Daten betreffen.

Die §§ 79ff. gelten also nicht für die Verarbeitung der Daten von **Beschäftigten** **14**
der Sozialleistungsträger (vgl. *BfA-Kommentar* § 79 Anm. 2). Deren Schutz richtet sich nach dem allgemeinen Datenschutzrecht: Für Bedienstete von Stellen der
Sozialverwaltung des **Bundes** sind aufgrund der Verweisung in § 7 Abs. 3 BDSG
die §§ 23 bis 27 BDSG anzuwenden. Für die Mitarbeiterdaten bei den Sozialleistungsträgern der **Länder** und **Gemeinden** greift das jeweilige Landesdatenschutzgesetz; vielfach wird dabei ebenfalls auf die §§ 23ff. BDSG verwiesen (vgl. z.B.

§ 5 Abs. 2 Nds.DSG; eine abweichende landesspezifische Vorschrift enthält § 34 HDSG). Sonderregelungen enthalten § 63 Abs. 3 a SGB IV und § 284 Abs. 4 SGB V (in Kraft seit dem 1.1. 1989), die verhindern sollen, daß **Mitgliedern von Selbstverwaltungsorganen** bzw. **Personalsachbearbeitern** der Krankenkasse Leistungs- bzw. Gesundheitsdaten der beim Leistungsträger Beschäftigten zur Kenntnis gelangen. Die §§ 79 ff. haben weiterhin keine Bedeutung für die Daten, die ein Leistungsträger **außerhalb seiner SGB-Aufgaben**, etwa zu fiskalischen Zwecken (Unterhaltung des Fuhrparks, Gebäudeverwaltung usw.) bereithält.

III. Die anwendbaren Vorschriften des BDSG (§ 79 Abs. 1 Satz 1)

1. Umfang der Kommentierung

15 Im folgenden können die für die SGB-Stellen geltenden BDSG-Bestimmungen nicht in allen Einzelheiten erläutert werden. Dafür muß auf die umfangreiche Kommentar- und Aufsatzliteratur verwiesen werden (vgl. statt vieler die Standardkommentare von *Simitis/Dammann/Mallmann/Reh*; *Ordemann/Schomerus*; *Schaffland/Wiltfang* oder *Auernhammer*; zur Entwicklung der Rechtsprechung zum BDSG vgl. die Aufsatzserie von *Gola* in der NJW, zuletzt NJW 1987, 1675 ff.). Die folgenden Ausführungen beschränken sich auf die **wichtigsten Auslegungsfragen**, insbesondere solche, die für die Sozialverwaltung von praktischer Bedeutung sind. Früher heftig diskutierte, inzwischen aber ausgestandene Kontroversen wie etwa zum Datei-Begriff werden allenfalls stichwortartig angesprochen. **Literatur- und Rechtsprechungshinweise** werden nur sparsam gegeben.

16 Andererseits sollen (vgl. o. Rz. 9) die in der letzten Legislaturperiode vorgelegten Reformvorschläge der Bundesregierung bzw. der **Koalition** zum BDSG (vgl. den Gesetzenwurf der Bundesregierung, BR-Drucks. 65/86 und den gleichlautenden Gesetzentwurf der Koalitionsfraktionen von CDU/CSU und FDP, BT-Drucks. 10/4737, im folgenden zit. als BDSG-E) ebenso einbezogen werden wie der BDSG-Entwurf der Bundesregierung aus der laufenden Wahlperiode (BR-Drucks. 618/88 vom 30. 12. 1988, im folgenden zit. als BDSG-E '88). Ebenfalls berücksichtigt werden sollen die neueren Gesetzgebungsarbeiten in den Bundesländern, insoweit sie vor dem Hintergrund des Volkszählungsurteils des Bundesverfassungsgerichtes Interpretationshilfen liefern können. Zu nennen sind hier vor allem die bereits verabschiedeten Novellierungen, d.h. z.B. das Hessische Datenschutzgesetz (HDSG) vom 11. 11. 1986 (GVBl. I S. 309) sowie das Bremische Datenschutzgesetz i.d.F. des ÄndG vom 8. 9. 1987 (GBl. Nr. 33 1987, S. 235). Dies geschieht allerdings immer unter dem Vorbehalt, daß die Datenschutzvorschriften der Länder wegen § 79 Abs. 1 und 3 mit Ausnahme der Bestimmungen über die Kontrollbefugnis der Datenschutzbeauftragten für Sozialleistungsträger unmittelbar nicht gelten.

2. Die für anwendbar erklärten BDSG-Vorschriften im Überblick (§ 79 Abs. 1 Satz 1)

17 § 79 Abs. 1 Satz 1 verweist auf
— den Ersten Abschnitt des BDSG, der die »**Allgemeinen Vorschriften**« enthält;

- den Zweiten Abschnitt des BDSG, der die Überschrift »**Datenverarbeitung der Behörden und sonstigen öffentlichen Stellen**« trägt;
- bestimmte **Straf- und Bußgeldbestimmungen** des BDSG, nämlich § 41 sowie § 42 Abs. 1 Nr. 2;
- § 45, der den Vorrang spezieller Einzelgesetze, der sogenannten »**bereichsspezifischen Datenschutzvorschriften**«, vor dem BDSG festlegt, und
- §§ 28, 29, die die Bestellung und die Aufgaben des **betrieblichen Datenschutzbeauftragten** regeln.

Im einzelnen sind im **Ersten Abschnitt** des BDSG folgende Bestimmungen enthalten: **18**
- § 1 Aufgabe und Gegenstand des Datenschutzes
- § 2 Begriffsbestimmungen
- § 3 Zulässigkeit der Datenverarbeitung
- § 4 Rechte des Betroffenen
- § 5 Datengeheimnis
- § 6 Technische und organisatorische Maßnahmen.

Der **Zweite Abschnitt** umfaßt folgende Normen: **19**
- § 7 Anwendungsbereich
- § 8 Verarbeitung personenbezogener Daten im Auftrag
- § 9 Datenspeicherung und -veränderung
- § 10 Datenübermittlung innerhalb des öffentlichen Bereichs
- § 11 Datenübermittlung an Stellen außerhalb des öffentlichen Bereichs
- § 12 Veröffentlichung über die gespeicherten Daten
- § 13 Auskunft an den Betroffenen
- § 14 Berichtigung, Sperrung und Löschung von Daten
- § 15 Durchführung des Datenschutzes in der Bundesverwaltung
- § 16 Allgemeine Verwaltungsvorschriften
- § 17 Bestellung eines Bundesbeauftragten für den Datenschutz
- § 18 Rechtsstellung des Bundesbeauftragten für den Datenschutz
- § 19 Aufgaben des Bundesbeauftragten für den Datenschutz
- § 20 Beanstandungen durch den Bundesbeauftragten für den Datenschutz
- § 21 Anrufung des Bundesbeauftragten für den Datenschutz.

Für die vorstehend aufgelisteten Vorschriften enthält § 79 Abs. 1 Satz 1 jedoch die **20** Einschränkung, daß sie nur »**nach Maßgabe der §§ 80 bis 85** (SGB X)« gelten. Dieser **Vorbehalt** hat folgende Auswirkungen:
- § 8 BDSG über die Auftragsverarbeitung wird wesentlich erweitert durch § 80.
- §§ 10 und 11 BDSG, die die Voraussetzungen für die Zulässigkeit der Datenübermittlung regeln, gelten wegen § 81 Abs. 1 nicht für die Offenbarung von Sozialdaten nach §§ 69 bis 77. Die Regelung der Offenbarungsbefugnisse im SGB X ist abschließend. Bedeutung haben §§ 10 und 11 BDSG nur im Rahmen des § 68 (vgl. § 68 Rz. 87 und § 81 Rz. 6 ff.).
- § 12 BDSG betreffend die Veröffentlichung von Dateien wird ergänzt durch § 82.
- § 13 BDSG, der die Datenauskunft regelt, wird durch § 83 für bestimmte »sensible« Daten modifiziert.
- § 14 BDSG, der sich mit der Sperrung bzw. Löschung von Daten befaßt, wird durch § 84 in einem wichtigen Punkt geändert.

— Für die §§ 41 und 42 BDSG schließlich finden sich speziell für den Sozialbereich zusätzliche Bußgeldtatbestände in § 85.

Die genannten, durch §§ 80ff. modifizierten BDSG-Bestimmungen werden der besseren Übersichtlichkeit wegen nicht im Rahmen des § 79 erläutert, sondern separat bei der jeweiligen SGB-Vorschrift.

21 Die Anwendung des BDSG im Sozialleistungsbereich wird nicht nur durch die Sondernormen der §§ 80ff. tangiert. § 79 Abs. 1 Satz 1 nimmt ausdrücklich § 45 BDSG in Bezug, der den **Vorrang bereichsspezifischer Vorschriften** statuiert. Spezialbestimmungen in sozialrechtlichen Einzelgesetzen, die sich mit der Verarbeitung von Sozialdaten befassen, haben daher Priorität vor dem BDSG (vgl. § 1325 RVO, der in § 45 Satz 2 Nr. 6 BDSG ausdrücklich genannt ist, i.e. u. Rz. 211 ff.).

3. Aufgabe und Gegenstand des Datenschutzes (§ 1 BDSG)

a) Mißbrauch und informationelle Selbstbestimmung

22 Die in § 1 Abs. 1 BDSG formulierte Aufgabe des Datenschutzes, »**Mißbrauch**« beim Umgang mit personenbezogenen Daten zu verhindern, um damit der Beeinträchtigung **schutzwürdiger Belange** der Betroffenen entgegenzuwirken, gab schon immer Anlaß zu Mißverständnissen und verkürzten Interpretationen. Der Begriff »Mißbrauch« weckt Assoziationen an **vorsätzliches** Fehlverhalten von datenverarbeitenden Stellen bzw. deren Bediensteten, oder auch an »Mißtrauen« gegenüber den Personen, die bei der Datenverarbeitung beschäftigt sind. Schon begrifflich läßt sich Mißbrauch aber erst feststellen, wenn die Grenzen des zulässigen »**Gebrauchs**« personenbezogener Informationen abgesteckt sind. Diese Festlegung des **Rahmens zulässiger Datenverarbeitung** ist aber die eigentliche Aufgabe des Datenschutzes (vgl. dazu den Beschluß der *DSB-Konferenz* zu den Auswirkungen des Volkszählungsurteils vom 27./28. 3. 1984, abgedruckt in *Dammann* BDSG-Dok., F 12, Ziff. 1.2), gelegentlich, wenn auch ebenfalls mißverständlich, als »**Datenverkehrsordnung**« bezeichnet (abl. nach wie vor *Ordemann/ Schomerus* BDSG, 4. Aufl. 1988, Einl. S. 35 ff.). Unter »Mißbrauch« ist dann schlicht und einfach die »Nichtbeachtung der für die Verarbeitung personenbezogener Daten geltenden Regeln« (vgl. *Damann* in Simitis u. a., BDSG, § 1 Rz. 20), also die **Unzulässigkeit der Verarbeitung** ohne subjektiven Vorwurfscharakter, zu verstehen.

23 Das Bundesverfassungsgericht hat in seinem Volkszählungs-Urteil vom 15. 12. 1983 die Zielsetzung des Datenschutzes in erster Linie an dem individuellen Persönlichkeitsrecht des einzelnen festgemacht und die grundrechtliche Verankerung des Datenschutzes in Gestalt eines »**informationellen Selbstbestimmungsrechts**« des einzelnen statuiert (*BVerfGE* 65, 1). Mit seiner Forderung nach konkreten bereichsspezifischen Verarbeitungsvorschriften (a.a.O., S. 44, 46) hat das Gericht den Zusammenhang hergestellt, daß nur eine Regelung, die Umfang und Grenzen zulässiger Datensammlung und Datenverwendung, also den »Gebrauch« personenbezogener Angaben, präzise festlegt, das Persönlichkeitsrecht des Bürgers vor den Risiken der Verarbeitung seiner Daten angemessen zu schützen vermag.

24 Aus dieser doppelten, aber miteinander verschränkten Zielsetzung, die das Bun-

Geltung des BDSG § 79

desverfassungsgericht vorgegeben hat, ziehen die neueren Gesetzgebungsarbeiten zum Datenschutz die entsprechenden Konsequenzen. Der BDSG-E definiert in § 1 Abs. 1 den Zweck des Gesetzes dahingehend, »den einzelnen davor zu schützen, daß er durch die Verarbeitung personenbezogener Daten in Dateien... in seinem Persönlichkeitsrecht... verletzt wird« (ähnlich § 1 Abs. 1 BDSG-E '88). Noch klarer werden die beiden Gesichtspunkte des **informationellen Selbstbestimmungsrechts** einerseits und der »**Datenverkehrsordnung**« andererseits in § 1 Nr. 1 HDSG miteinander verknüpft, wenn es dort heißt: »Aufgabe des Gesetzes ist es, die **Verarbeitung** personenbezogener Daten durch öffentliche Stellen **zu regeln, um**... das **Recht des einzelnen zu schützen**, selbst über die Preisgabe und Verwendung seiner Daten zu bestimmen, soweit keine Einschränkungen in diesem Gesetz oder in anderen Rechtsvorschriften zugelassen sind,...«.

b) Datenverarbeitung (§ 1 Abs. 1 BDSG)

Unter **Datenverarbeitung** versteht das BDSG abschließend die vier Phasen der **Speicherung, Übermittlung, Veränderung** und **Löschung** personenbezogener Daten (§ 1 Abs. 1 BDSG). Diese einzelnen Phasen sind in § 2 Abs. 2 BDSG näher definiert (vgl. u. Rz. 43 ff.). Die Phase der Daten**erhebung**, also die Beschaffung von Angaben beim Betroffenen selbst (etwa mit Hilfe von Formularen oder Vordrucken) oder bei dritten Behörden oder Privatpersonen wird nur an einer Stelle angesprochen: § 9 Abs. 2 BDSG verlangt bei der Erhebung den Hinweis entweder auf die Freiwilligkeit oder auf die Rechtsgrundlage für die Auskunftspflicht des Betroffenen (vgl. u. Rz. 120 ff.). 25

Auch der BDSG-E (vgl. o. Rz. 16) behielt diese Phaseneinteilung und damit die Beschränkung der Anwendbarkeit des Gesetzes auf diese Verarbeitungsphasen bei (vgl. § 1 Abs. 1 i. V. m. § 2 Abs. 2 Nr. 1 BDSG-E). Allerdings sollte die **Erhebung** statt dessen in § 3a BVwVfG geregelt werden (vgl. BR-Drucks. 65/86, S. 18 f.; jetzt BR-Drucks. 618/88). Damit wird dem **Eingriffscharakter** bereits der Beschaffung personenbezogener Angaben (vgl. *Reh* in Simitis u.a., BDSG, § 1 Rz. 18b) Rechnung getragen. Noch konsequenter ist es, auf diese Phaseneinteilung gänzlich zu verzichten und **jede Verwendung** personenbezogener Daten dem gesetzlichen Schutzbereich zu unterstellen, wie dies in § 2 Abs. 2 Satz 1 HDSG geschieht. Zumindest sollten die **Erhebung** und die **Nutzung** von Angaben als zusätzliche Phasen eingeführt werden (so § 3 Abs. 2 DSG NW i. d. F. vom 15. 3. 1988, GVBl. 15/1988, S. 160 ff.). Fortschritte in dieser Richtung hat das **GRG** m. W. v. 1. 1. 1989 gebracht: Die Datenschutzvorschriften für den Bereich der **gesetzlichen Krankenversicherung** beziehen jetzt die **Erhebung** ausdrücklich in die Regelung ein (vgl. §§ 284 Abs. 1, 285 Abs. 1 SGB V. i. d. F. des GRG). § 79 Abs. 1 Satz 2 nennt neben der Speicherung und Veränderung ausdrücklich die **Datennutzung** (dazu u. Rz. 45, 76; ebenso jetzt §§ 1 Abs. 1, 3 Abs. 4 **BDSG-E '88**). 26

c) Datei und Akte (§ 1 Abs. 2 Satz 1 BDSG)

Nach § 1 Abs. 2 Satz 1 BDSG schützt das Gesetz nur personenbezogene Daten, die in **Dateien** verarbeitet werden. Welche Daten zu welchem Zweck gespeichert, verändert oder gelöscht werden dürfen bzw. müssen, beantwortet also das BDSG nur insoweit, als die Verarbeitung in Dateien geschieht, gleich ob diese **manuell** oder **automatisiert** geführt werden (zur Begriffsbestimmung vgl. u. Rz. 51 ff.). Das Gesetz stellt der Datei die **Akte** gegenüber; soweit personenbezogene Angaben in Akten aufgezeichnet oder aus ihnen weitergegeben werden, greift das BDSG 27 nicht. Die Nichtanwendbarkeit des BDSG auf Akten bedeutet nicht die völlige Schutzlosigkeit der in ihnen enthaltenen personenbezogenen Informationen. Die besonderen Berufsgeheimnisse des § 203 StGB beispielsweise greifen ohne Rücksicht auf den Datenträger, von dem die weitergegebene Information stammt.

28 Nimmt man die Ausführungen des Bundesverfassungsgerichts zum informationellen Selbstbestimmungsrecht ernst, kann es in Zukunft nicht bei einem solchen »Zwei-Klassen-Schutz« bleiben (krit. auch 15. TB/*HDSB* Ziff. 2.3.1) Belanglose Verarbeitungsformen gibt es ebensowenig wie belanglose Daten (vgl. *Simitis/Walz* RDV 1987 157, 162f.). Das **Abgehen vom Dateibezug** gerade beim Sozialgeheimnis bietet den besten Beweis für die These, daß Risiken für den Bürger keineswegs nur bei der dateimäßigen oder gar automatisierten Verarbeitung der ihn betreffenden Angaben entstehen können, sondern daß sensitive, weit in die Persönlichkeitssphäre des einzelnen reichende Angaben sich auch und gerade in Akten befinden (für die Geltung der die Akten betr. Regelungen im DSG NW auch für Sozialleistungsträger auf Landes- und kommunaler Ebene daher *Weyer* DSG NW-Komm., § 2 Rz. 10).

29 Damit ist allerdings die Frage, ob für Akten und Dateien weitgehend identische Regelungen gelten sollen und ob beide Bereiche in einem oder mehreren Gesetzen angesprochen werden sollen, nicht zwangsläufig beantwortet. Die Bundesregierung hat sich insoweit für eine **Teilung** entschieden: Das BDSG soll auf Dateien beschränkt bleiben; Datenschutznormen für **Akten** sollen in das **Verwaltungsverfahrensgesetz** des Bundes aufgenommen werden (vgl. §§ 3a ff. des Änderungsentwurfs zum BVwVfG, BR-Drucks. 618/88, S. 53ff.; ebenso der BMI-Entwurf 1987, DuD 1987, 589ff.; anders § 2 Abs. 2 Satz 1, Abs. 6 HDSG). Da § 79 Abs. 1 Satz 1 jedoch nur auf das **BDSG** verweist, nicht jedoch auf das Verwaltungsverfahrensgesetz des Bundes, würde bei einer solchen Aufteilung der Datenumgang mit Akten bei SGB-Stellen – immer abgesehen von der Offenbarung – nur dann datenschutzrechtlichen Regelungen unterworfen, wenn entweder die Verweisung in § 79 Abs. 1 Satz 1 erweitert würde oder aber die geänderten Verwaltungsverfahrensnormen auch in das 1. Kapitel des SGB X übernommen würden (zur Einbeziehung von Datensammlungen **ohne** Dateicharakter in **vorrangige bereichsspezifische Normen** des Sozialleistungsbereichs vgl. § 304 Abs. 3 SGB V über die Aufbewahrungsfristen bei Krankenscheinen und Verordnungsblättern, dazu § 84 Rz. 12, 14).

d) Interne Dateien (§ 1 Abs. 2 Satz 2 BDSG)

30 Für personenbezogene Daten, die **nicht zur Übermittlung an Dritte bestimmt** sind und in **nichtautomatisierten Verfahren** verarbeitet werden, gilt von den Vorschriften des BDSG nur § 6, der technische und organisatorische Maßnahmen der Datensicherung vorschreibt. Mit dieser Sonderregelung werden die sogenannten »internen Dateien« privilegiert. Für sie gelten **weder die materiellen Zulässigkeitsbestimmungen** (§§ 3, 9ff. BDSG) **noch** greifen die **Individualrechte** des Bürgers auf Auskunft usw. Sicherzustellen ist hier lediglich, daß Einsicht, Zugriff und Weitergabe unbefugt nicht möglich sind. Dies setzt insbesondere voraus, daß die internen Daten als solche gekennzeichnet und von den »normalen«, nach dem BDSG geschützten, Daten abgetrennt sind (vgl. *Auernhammer* BDSG, § 1 Rz. 12). Die Anlage zu § 6 BDSG ist allerdings nicht anwendbar, da sie nur Vorkehrungen für die **automatisierte** Verarbeitung aufführt.

31 Die Bedeutung dieser Ausnahme für »interne Dateien« in der Praxis muß aller-

dings aus mehreren Gründen erheblich relativiert werden. Im Verwaltungsvollzug sind interne Dateien äußerst selten, da das Gesetz voraussetzt, daß auch die nur gelegentliche Übermittlung von Angaben bestimmungsgemäß ausgeschlossen ist (vgl. *Auernhammer* BDSG, § 1 Rz. 11). Stützt sich beispielsweise der Sachbearbeiter auch nur in Einzelfällen bei Auskünften auf seine Handkartei, die er subjektiv nur als internes Arbeitsmittel betrachtet, fällt diese Datei bereits voll unter das BDSG. Die **Privilegierung entfällt** auch dann, wenn von der manuellen auf die automatisierte Verarbeitung umgestiegen wird, wenn etwa – wie es dem derzeitigen Trend in der Datenverarbeitung entspricht – eine interne Handkartei auf einen dem Sachbearbeiter zur Verfügung stehenden **Personal-Computer** übernommen wird (vgl. *Walz* in Frommann (Hrsg.), Dezentrale elektronische Datenverarbeitung, S. 336, 342 ff.).

Für SGB-Stellen ist weiterhin zu bedenken, daß § 35 SGB I für Sozialdaten eine umfassende **Pflicht zur »Wahrung« des Sozialgeheimnisses** statuiert. Diese Wahrungspflicht (vgl. § 35 Rz. 57 ff.) gilt für Akten, »interne« oder normale Dateien in gleicher Weise. 32

Wird entgegen der auf die interne Nutzung beschränkten Zweckbestimmung einer Datei dennoch aus ihr übermittelt, gelten voll die Übermittlungsbestimmungen des BDSG (vgl. die entsprechende Klarstellung in § 1 Abs. 3 Nr. 2 Satz 3 BDSG-E '88). Für Sozialleistungsträger ist diese **Rückausnahme** nicht relevant, da in **jedem Fall** der Offenbarung die Zulässigkeit anhand der §§ 67 ff. zu prüfen ist. Werden daher Sozialdaten aus internen Dateien von SGB-Stellen weitergegeben, setzt die Zulässigkeit dieser Mitteilung das Vorliegen einer Offenbarungsbefugnis voraus. 33

e) Medienprivileg (§ 1 Abs. 3 BDSG)

Das sog. **»Medienprivileg«** klammert die von den Funk- und Printmedien **»ausschließlich zu eigenen publizistischen Zwecken«** verarbeiteten Daten aus dem Schutz des BDSG aus (§ 1 Abs. 3 BDSG). Betroffen sind die Dateien von Presse-, Rundfunk- und Filmunternehmen. Unter die Ausnahmebestimmung fallen z. B. rechtlich selbständige Zeitschriftenverlage, denen ein Sozialleistungsträger die Herausgabe seines **Mitgliederorgans** übertragen hat. Dagegen gehören die Presseabteilungen von Behörden und öffentlichen Stellen und damit auch von SGB-Stellen nicht in die Sonderkategorie des § 1 Abs. 3 BDSG (vgl. *Auernhammer* BDSG, § 1 Rz. 18). 34

4. Begriffsbestimmungen (§ 2 BDSG)

§ 2 BDSG enthält die **Definition der wichtigsten Begriffe** des BDSG. Bei deren Übertragung in das SGB über § 79 Abs. 1 sind jeweils die für den Sozialdatenschutz spezifischen Besonderheiten zu beachten. 35

a) Personenbezogene Daten (§ 2 Abs. 1 BDSG)

§ 79 Abs. 1 Satz 1 verwendet selbst bei der Verweisung auf das BDSG den Begriff der **»personenbezogenen Daten«**. § 2 Abs. 1 BDSG gibt dafür die Definition »Einzelangaben über persönliche oder sachliche Verhältnisse einer **bestimmten** oder **bestimmbaren natürlichen** Person (Betroffener)«. § 35 Abs. 1 SGB I bestimmt teilweise wortgleich die dem Sozialgeheimnis unterfallenden Sozialdaten als »Einzelangaben über (die) persönlichen und sachlichen Verhältnisse« (aus- 36 führlich dazu § 35 Rz. 12 ff.). Allerdings gibt es einen wichtigen Unterschied insofern, als das BDSG seinen Schutzbereich auf Informationen beschränkt, die sich auf **natürliche Personen** beziehen. Ausgeschlossen sind **juristische Personen** wie Kapitalgesellschaften, Vereine etc. Wegen der Gleichstellung von Personen**bezug** und Personen**beziehbarkeit** im Datenschutzrecht ist die unsaubere Terminologie im neuen Krankenversicherungsrecht wenig hilfreich. Während § 284 Abs. 1 Satz 1 SGB V die »**personenbeziehbaren**« zusätzlich zu den »**personenbezogenen**« Daten nennt, spricht § 287 Abs. 2 SGB V nur die »personenbeziehbaren« Angaben an, obwohl das Anonymisierungsgebot bei Forschungsvorhaben zweifellos auch die Daten mit Personenbezug im **engeren** Sinne erfassen soll.

37 § 35 Abs. 4 SGB I und § 79 Abs. 1 Satz 1 schließen **Betriebs- und Geschäftsgeheimnisse** (zur Definition vgl. § 35 Rz. 19 ff.) in den Sozialdatenschutz ein, auch wenn sie **nicht-personenbezogene Angaben** enthalten. Der Anspruchsberechtigte nach § 35 Abs. 1 SGB I (»**Jeder**«) braucht also keine natürliche Person und damit nicht »**Betroffener**« im Sinne des BDSG zu sein (vgl. *Knopp* SGB-SozVers-GesKomm, § 67 Anm. 3 a). Anders ausgedrückt: § 79 Abs. 1 erklärt die Regelungen des BDSG abweichend von § 2 Abs. 1 BDSG auch für die dateimäßige Verarbeitung von Betriebs- und Geschäftsgeheimnissen für anwendbar.

38 Da die Sozialverwaltung in erster Linie die Aufgabe hat, Sozialleistungen an **einzelne** Berechtigte (Versicherte, Hilfeempfänger usw.) zu gewähren, und sie zu diesem Zweck die Angaben der Betroffenen unter deren **Namen** oder **unverwechselbarer Nummer** (z. B. RV-Nummer) speichert, besteht kein Zweifel, daß es sich bei dem Großteil der Datensammlungen im Sozialleistungsbereich um personenbezogene Informationen handelt. Schwierige Abgrenzungsfragen können sich allerdings stellen, wenn es um die »**Bestimmbarkeit**« einer Person geht, sich der Personenbezug bestimmter Angaben also nicht direkt den beigefügten Personalien des Betroffenen entnehmen läßt. Mangels Bestimmbarkeit sind Sammelangaben, **aggregierte** und **anonymisierte** Angaben keine Einzelangaben im Sinne von § 2 Abs. 1 BDSG (vgl. *Auernhammer* BDSG, § 2 Rz. 4). Eine Anonymisierung liegt nach der Umschreibung in § 31 Abs. 1 Satz 1 Nr. 2 BDSG dann vor, wenn sich Daten weder auf eine bestimmte Person beziehen noch eine solche erkennen lasen (ähnlich § 3 Abs. 5 BMI-Entwurf vom 5. 11. 1987). Die neuere Legaldefinition des § 45 Satz 1 StVG i. d. F. des Änderungsgesetzes vom 28. 1. 1987 (BGBl. I S. 486) bestimmt als anonymisiert solche Daten, »die keinen Bezug zu einer bestimmten oder bestimmbaren Person ermöglichen« (vgl. auch § 304 Abs. 1 Satz 3 SGB V: »Bezug zum Arzt und Versicherten nicht mehr herstellbar«).

39 Bestimmbarkeit oder auch **Personenbeziehbarkeit** liegt jedoch dann vor, wenn mit Hilfe von **Zusatzwissen**, über das die datenverarbeitende Stelle verfügt, auf Einzelpersonen zurückgeschlossen werden kann. Die Personenbeziehbarkeit von Daten und damit die Anwendbarkeit des BDSG bleibt auch dann erhalten, wenn zwar Name und Anschrift einer Person nicht bekannt sind, sich aber durch Vergleich und Kombination der über sie bekannten Merkmale herausfinden lassen, ein Vorgang, der als »**Deanonymisierung**« oder »**Reidentifizierung**« bezeichnet wird. So reicht es etwa zur Anonymisierung eines detaillierten Fragebogens oder Antragsvordrucks entgegen einer verbreiteten Vorstellung nicht aus, die Kopfzeile mit den Personalien des Betroffenen zu schwärzen oder zu entfernen (vgl. *Dammann* in Simitis u. a., BDSG, §42 Rz. 41). Bei der Offenbarung von Sozialdaten an die Statistikämter zur Aufstellung der **Sozialhilfestatistik** setzt die Anonymisierung der Hilfeempfänger voraus, daß auch auf Merkmale wie den

Anfangsbuchstaben des Namens, die Gemeindekennziffer etc. verzichtet wird (vgl. Beschluß der *DSB-Konferenz* vom 28./29. 9. 1981, abgedruckt bei *Dammann* BDSG-Dok., F 1).

Allerdings muß die Reidentifizierung **ohne »unverhältnismäßig großen Aufwand** **40** **an Zeit, Kosten und Arbeitskraft«** (so die Umschreibung in § 16 Abs. 6 BStatG) möglich sein. Sind komplizierte, aufwendige Nachforschungen oder spezielle Rasterprogramme notwendig, um den Rückbezug herzustellen, wird in der Regel keine Personenbeziehbarkeit mehr vorliegen. Anders ausgedrückt: Eine sogenannte **»faktische Anonymisierung«**, bei der individuelle Informationen aus dem Datenmaterial nur mit völlig unverhältnismäßigem Aufwand gewonnen werden könnten, reicht für die Nichtanwendbarkeit des BDSG ebenso aus wie für den Wegfall des Schutzes des Sozialgeheimnisses (vgl. § 35 Rz. 15). Welche Anforderungen an diese »faktische Anonymisierung« zu stellen sind, kann je nach Einzelfall unterschiedlich sein. Sie hängt vom Umfang des Zusatzwissens der die Daten speichernden oder empfangenden Stelle ebenso ab wie von deren technischen Verarbeitungskapazitäten.

Beispiele für anonymisierte Daten sind die **Übersichten** und **statistischen Materia-** **41** **lien**, die die Versicherungsträger nach § 79 SGB IV dem BMA bzw. den Sozialministerien der Länder über ihre Verbände zuzuleiten haben.

In vielen Fällen weisen personenbezogene Daten einen **Doppelbezug** auf. Anga- **42** ben über familiäre Verhältnisse (Eltern, Geschwister, mitversicherte Familienangehörige) beispielsweise betreffen sowohl den Antragsteller oder Versicherten als auch die Familienmitglieder. In diesen Fällen sind alle namentlich genannten Personen **»Betroffene«** i. S. v. § 2 Abs. 1 BDSG und haben den Anspruch auf Wahrung des Sozialgeheimnisses nach § 35 Abs. 1 SGB I, wenn auch in unterschiedlichem Umfang, d. h. bezogen nur auf »ihre« Daten (zum Auskunftsanspruch bei »Doppelbezug« vgl. § 84 Rz. 10). Speichert die Krankenkasse zu den Daten des **Versicherten** auch die Personalien des Arztes, ist der Versicherte auch insoweit als »Betroffener« anzusehen. Der **Arzt** dagegen ist »Betroffener« nur in bezug auf seine Personalien und die gespeicherten Behandlungsdaten, nicht jedoch, was die sonstigen Angaben (z. B. Arbeitsunfähigkeitszeiten des Patienten/ Versicherten) angeht (Beispiel von *Dammann* in Simitis u. a., BDSG, § 2 Rz. 57).

b) Datenverarbeitung (§ 2 Abs. 2 BDSG)

In § 2 Abs. 2 BDSG werden die vier schutzrelevanten Phasen der Datenverarbei- **43** tung näher umschrieben. Dabei spielt die Definition der **Übermittlung** (Nr. 2) für den Bereich des Sozialdatenschutzes nur im Rahmen des § 68 eine untergeordnete Rolle (vgl. § 68 Rz. 87). Für SGB-Stellen ist nach §§ 67ff. der Begriff der **»Offenbarung«** maßgeblich, der in einigen Aspekten von der Umschreibung der Übermittlung im BDSG abweicht (vgl. u. Rz. 48f. und § 35 Rz. 53ff.).

Als **Speichern** wird in Nr. 1 das Erfassen, Aufnehmen oder Aufbewahren von **44** Daten auf einem Datenträger zum Zwecke ihrer weiteren Verwendung bezeichnet. Diese Definition gilt selbstverständlich auch für den Begriff der **»Datenspeicherung«** in § 79 Abs. 1 Satz 2. Datenträger kann jedes Medium sein, auf dem Daten aufgezeichnet und aufbewahrt werden können. In der manuellen Datenverarbeitung kommen etwa **Karteikarten** oder **standardisierte Antragsformulare** in Betracht. Im Bereich der automatisierten Datenverarbeitung sind vor allem **Bänder, Disketten und Festplatten** zu nennen; das SGB V verwendet hierfür den neuen Sammelbegriff der **»maschinell verwertbaren Datenträger«** (vgl. z. B. § 284

Abs. 1 Sätze 2, 3 und Abs. 2 SGB V). Die der Speicherung vorgelagerte Datenerhebung, also die Informationsbeschaffung beim Betroffenen oder bei Dritten, gehört nicht zur Speicherung (vgl. oben Rz. 25.) Beide Vorgänge können aber zusammenfallen, etwa wenn der Sachbearbeiter einer Sozialbehörde Angaben eines Betroffenen im mündlichen Gespräch direkt in seinen Arbeitsplatz-Computer eingibt.

45 In Nr. 3 wird die »**Veränderung**« als die inhaltliche Umgestaltung gespeicherter Daten definiert. Diese Phase der Datenverarbeitung spielt deshalb eine wichtige Rolle, weil damit auch gewisse Formen der Datenauswertung in den Schutzbereich des BDSG einbezogen werden. Hauptanwendungsfall in der Praxis ist die **Verknüpfung** gespeicherter Daten bei gleichzeitiger Erzeugung eines neuen bzw. veränderten Informationsgehalts, das heißt z.B. die Kombination verschiedener Angaben und ihre Zusammenstellung unter neuen Suchkriterien, Arbeitsvorgänge also, die man vielfach unter Datenverarbeitung im engeren Sinne versteht (vgl. *Auernhammer* BDSG, § 2 Rz. 12; zu den Abgrenzungsfragen in bezug auf Speicherung und Löschung vgl. i.e. *Dammann* in Simitis u.a., BDSG, § 2 Rz. 119 ff.). Werden also Daten mittels Veränderung verwendet oder ausgewertet, muß sich dieser Vorgang an den Zulässigkeitsvoraussetzungen des BDSG (vgl. dazu u. Rz. 57) messen lassen (praktisches Beispiel u. Rz. 115). Kaum noch Bedeutung hat die Phase der Daten**veränderung** allerdings, wenn die **Nutzung** als neue bzw. zusätzliche Phase der Datenverarbeitung ausdrücklich geregelt und damit auch jede **Auswertung** einbezogen wird, wie dies mit dem neuen Satz 2 des § 79 Abs. 1 für den **Sozialleistungsbereich** geschieht (vgl. auch § 284 Abs. 3 SGB V, der für den Krankenversicherungsbereich die Daten**verwendung** normiert; in § 2 Abs. 2 HDSG wird daher auf die »Veränderung« völlig verzichtet). Die »**Verknüpfung**« als eine Unterkategorie der Datennutzung wird erstmals ausdrücklich angesprochen in § 297 Abs. 4 SGB V.

46 Unter **Löschung** schließlich versteht das Gesetz das Unkenntlichmachen gespeicherter Daten (Nr. 4; vgl. § 84 Rz. 21 ff.). Dies kann bei manuellen Unterlagen durch Schwärzen, Radieren oder auch durch Vernichtung des beschriebenen Papiers erfolgen. Bei Datenträgern der automatisierten Datenverarbeitung kommt das Überschreiben, das Unkenntlichmachen durch Entmagnetisierungsvorgänge oder ebenfalls die Vernichtung des Datenträgers insgesamt in Betracht. Auf keinen Fall reicht es aus, Datenbestände dadurch als gelöscht zu deklarieren, daß der Zugang bzw. der Zugriff zu den entsprechenden Datenträgern durch technische oder organisatorische Maßnahmen verhindert wird (vgl. *Ordemann/ Schomerus* BDSG, § 2 Anm. 2.4). Andererseits genügt es, den **Personenbezug aufzuheben** und die übrigen im Datensatz enthaltenen Angaben anonymisiert gespeichert zu lassen (so das Regelungsmodell des § 287 SGB V).

c) Speichernde Stelle (§ 2 Abs. 3 Nr. 1 BDSG), Dritter (§ 2 Abs. 3 Nr. 2 BDSG)

47 »**Speichernde Stelle**« ist jede Stelle, die Daten für sich selbst speichert oder durch andere speichern läßt. »**Dritter**« ist jede Person oder Stelle außerhalb der speichernden Stelle mit Ausnahme des Betroffenen selbst und derjenigen Personen und Stellen, die Auftrags-Datenverarbeitung durchführen.

48 Die Abgrenzung zwischen speichernder Stelle und Dritten ist im Anwendungsbereich des BDSG vor allem für die Frage von Bedeutung, ob bzw. wann eine Datenübermittlung vorliegt. **Datenweitergabe innerhalb einer speichernden Stelle** ist nämlich keine Übermittlung und unterliegt nicht deren Zulässigkeitsvorausset-

zungen; für sie ist nur das **Datengeheimnis** (§ 5 BDSG) einschlägig. Im Bereich des SGB kommt es jedoch in diesem Zusammenhang auf die Definitionen der Begriffe »**Leistungsträger**« und »**Offenbarung**« an. Wer i. S. d. §§ 35 SGB I, 67 ff. SGB X offenbarende Stelle bzw. Dritter ist, wie der Leistungsträger nach § 35 Abs. 1 SGB I abzugrenzen ist, ob interne Mitteilungen innerhalb einer SGB-Stelle ebenfalls eine Offenbarung darstellen können, wird in § 35 Rz. 25 ff., 54, 60 ausführlich erläutert.

Abweichungen zwischen BDSG und SGB ergeben sich insoweit auch im Bereich der **Auftrags-Datenverarbeitung**. Nach dem BDSG setzt die Übermittlung begrifflich die Bekanntgabe von Daten an einen Dritten voraus; als Dritten versteht das Gesetz jedoch nicht die Einrichtungen, die Daten im Auftrag verarbeiten. Anders ausgedrückt: Nach dem BDSG ist die Bekanntgabe von Daten von der speichernden Stelle an den Auftragnehmer **keine Übermittlung**. Im Gegensatz dazu stellt jedoch § 69 Abs. 1 Nr. 2 klar, daß dann, wenn ein Sozialleistungsträger sich einer anderen Stelle zur Verarbeitung seiner Daten bedient, sehr wohl eine **Offenbarung** vorliegt (vgl. zu den Einzelheiten § 69 Rz. 110 ff. und § 80 Rz. 6 f.). Insoweit kommt es anders als in § 2 Abs. 2 Nr. 2 2. Halbs. BDSG auch nicht darauf an, ob SGB-Stellen ihre Sozialdaten innerhalb oder außerhalb der Grenzen der Bundesrepublik Deutschland von Auftragsrechenzentren verarbeiten lassen. 49

Relevant ist schließlich die Feststellung, wer **speichernde Stelle** ist, für die Ermittlung des **Normadressaten für die Individualrechte** der Betroffenen auf Auskunft, Berichtigung usw. Derartige Ansprüche können immer nur an die Stelle gerichtet werden, die Daten **für sich selbst** speichert, nie jedoch an Auftragnehmer (vgl. § 83 Rz. 9). Wenn also Landesverbände der gesetzlichen Krankenversicherung im Auftrag der angeschlossenen Krankenkassen Sozialdaten verarbeiten, kann sich der Versicherte für die Durchsetzung seiner Auskunfts- und Löschungsrechte ausschließlich an die letzteren wenden (vgl. dazu auch § 80 Rz. 44). 50

d) Datei (§ 2 Abs. 3 Nr. 3 BDSG)

§ 79 Abs. 1 Satz 1 beschränkt die Anwendung des BDSG auf die Verarbeitung von Sozialdaten sowie von Betriebs- und Geschäftsgeheimnissen in **Dateien** (vgl. o. Rz. 10). Somit hat für die Anwendung des Zweiten Abschnitts des 2. Kapitels des SGB X der Dateibegriff gleichermaßen Schlüsselfunktion wie für den Schutzbereich des BDSG selbst. § 2 Abs. 3 Nr. 3 BDSG definiert die Datei als »**gleichartig aufgebaute Sammlung von Daten**, die nach bestimmten Merkmalen erfaßt und geordnet, nach anderen bestimmten Merkmalen umgeordnet und ausgewertet werden kann, ungeachtet der dabei angewendeten Verfahren«. Zentrale Merkmale einer Datei sind also der gleichartige Aufbau, mithin die **Formatierung**, sowie die **Umordenbarkeit**. 51

Der Dateibegriff gehörte nach Inkrafttreten des BDSG zu den umstrittensten Punkten des Gesetzes, bot doch eine restriktive Interpretation die Möglichkeit zur »Flucht aus dem BDSG«. In der Praxis sind jedoch inzwischen nur noch wenige Streitfragen übrig geblieben. Für Sozialleistungsträger wird deren Relevanz zusätzlich dadurch relativiert, daß die Abgrenzung der Datei für die Offenbarung nach §§ 67 ff. keine Rolle spielt. 52

Ganz unstreitig erfüllt der gesamte Bereich der **automatisierten** Verarbeitung die Kriterien des Dateibegriffs. Wegen der maschinellen Umsortierungsmöglichkeiten spielt dabei die Voraussetzung des gleichartigen Aufbaus der Datensammlung 53 eine untergeordnete Rolle. § 3 Abs. 2 BDSG-E '88 zieht daraus die Konsequenz, auf dieses Merkmal bei der automatisierten Verarbeitung gänzlich zu verzichten (ebenso § 2 Abs. 3 Nr. 4a BremDSG und § 2 Abs. 5 Nr. 1 HDSG).

54 Zu den **manuellen Dateien** gehören Karteien, Sammlungen von standardisierten Fragebögen, Antragsvordrucken usw., auch wenn sie beispielsweise in Leitzordnern einsortiert sind. Dagegen fehlt es am Dateicharakter bei **Mikrofilmen**, die nur fortlaufend gelesen, nicht aber umgeordnet werden können. Die Umordenbarkeit muß sich nicht mit Hilfe der personenbezogenen Daten selbst ergeben, sie kann auch mit anderen Identifizierungsmerkmalen wie Nummern, Zeichen usw. realisiert werden (vgl. *Auernhammer* BDSG, § 2 Rz. 25).

55 Als **Gegensatz** zur Datei versteht das Gesetz die **Akte**. Gemeint ist damit im Regelfall eine chronologisch geordnete Sammlung von Unterlagen, Schreiben, Vermerken und sonstigen Dokumenten, die normalerweise auch in einen Aktendeckel eingeheftet sind. Eine Rückausnahme bilden nach § 2 Abs. 3 Satz 3 letzter Halbs. BDSG wiederum diejenigen **Aktensammlungen**, die **durch automatisierte Verfahren umgeordnet und ausgewertet** werden können. Sie fallen voll unter das BDSG. Hierzu rechnen beispielsweise **Aktendokumentations- und -hinweisysteme**, mit denen Akteninhalte erschlossen und bestimmte Unterlagen in Akten auffindbar gemacht werden können. In der Praxis kann diese Fallgruppe möglicherweise in der Zukunft eine zunehmende Rolle spielen, wenn Sachbearbeiter Handkarteien, die bisher den Charakter interner Dateien hatten und als Hilfsmittel zur Erschließung der bei ihnen geführten Akten dienten, in Personal-Computer einspeichern (vgl. dazu o. Rz. 31). Auch die **Inhalte** der erschlossenen Akten unterliegen dann den BDSG-Regelungen. Ein ausdrücklich angesprochenes **Aktenerschließungssystem** findet sich in § 276 Abs. 2 Satz 5 SGB V für den **Medizinischen Dienst der Krankenversicherung**. Das BDSG greift allerdings nur insoweit, als § 276 SGB V i. V. m. den in Bezug genommenen Vorschriften keine Sonderregelung enthält (vgl. u. Rz. 57).

5. Zulässigkeit der Datenverarbeitung (§ 3 BDSG)

a) BDSG oder andere Rechtsvorschrift (§ 3 Satz 1 Nr. 1 BDSG)

56 Nach § 3 Satz 1 BDSG ist die Speicherung, Übermittlung, Veränderung und Löschung personenbezogener Daten (Datenverarbeitung i. S. v. § 1 Abs. 1 BDSG) nur zulässig, wenn einer der **drei** folgenden **Erlaubnistatbestände** vorliegt:

57 (1) Eine **Rechtsvorschrift außerhalb des BDSG** erlaubt die Datenverarbeitung. Gemeint sind damit für SGB-Stellen vor allem die bereichsspezifischen Bestimmungen in den besonderen Büchern des SGB oder in sozialrechtlichen Einzelgesetzen und in den auf ihrer Grundlage ergangenen Rechtsverordnungen (z. B. §§ 284 ff. SGB V, DEVO, DÜVO). Diese speziellen Bestimmungen haben nach § 45 BDSG, auf den § 79 Abs. 1 Satz 1 ebenfalls verweist, ausdrücklich Vorrang vor dem BDSG. Es kommen nicht nur Rechtsvorschriften des **Bundesrechts**, sondern auch solche des **Landesrechts** (z. B. Ausführungsgesetz zum BSHG) in Betracht (vgl. *Auernhammer* BDSG, § 3 Rz. 5; weitere Beispiele u. Rz. 99; zur Anwendung des § 45 BDSG vgl. u. Rz. 211 ff.).
(2) Eine Bestimmung im BDSG erlaubt die Datenverarbeitung (vgl. Rz. 60).
(3) Der Betroffene hat in die Verarbeitung **eingewilligt** (vgl. Rz. 61 ff.).
Liegt keiner dieser Zulässigkeitsfälle vor, ist die Datenverarbeitung verboten. Sie

steht insoweit unter einem »**Verbot mit Erlaubnisvorbehalt**« (vgl. *Ordemann/ Schomerus* BDSG, § 3 Anm. 1; *Auernhammer* BDSG, § 3 Rz. 1).

Bei der Frage, auf welcher Regelungsebene eine Rechtsvorschrift i. S. des ersten **58** Erlaubnistatbestandes angesiedelt sein und welche Präzision sie haben muß, um eine Erlaubnis zur Verarbeitung personenbezogener Daten zu begründen, muß differenziert werden. In den Kommentierungen zum BDSG wird regelmäßig auf die Rechtsnorm im **materiellen** Sinne abgestellt. Dazu gehören **Gesetze** und **Rechtsverordnungen** (vgl. o. Rz. 7), aber auch autonome **Satzungen** von Körperschaften des öffentlichen Rechts (vgl. *Auernhammer* BDSG, § 3 Rz. 4). Einigkeit besteht andererseits darüber, daß behördeninterne Regelungen wie **Richtlinien, Erlasse** oder **Verwaltungsvorschriften keine Verarbeitungsbefugnis** begründen, sondern allenfalls durch Rechtsvorschrift gesetzte Verarbeitungsbefugnisse **konkretisieren** können. Bei der Auslegung des Begriffs »erlaubt« wird teilweise für ausreichend gehalten, daß lediglich die Aufgabe, die die datenverarbeitende Behörde zu erfüllen hat, in der Rechtsvorschrift enthalten ist (vgl. *Ordemann/ Schomerus* BDSG, § 3 Anm. 3.2). Dagegen verstehen andere den Begriff »Erlaubnis« in § 3 Satz 1 Nr. 1 BDSG enger dahingehend, es müsse eine ausdrückliche Gestattung oder Anordnung der jeweiligen Phasen der Datenverarbeitung vorliegen (vgl. *Auernhammer* BDSG, § 3 Rz. 2).

Nach dem Volkszählungsurteil des Bundesverfassungsgerichts steht fest, daß **59** (auch) im Sozialleistungsbereich der »**informationsrechtliche Gesetzesvorbehalt**« gilt, der eine präzise bereichsspezifische Festlegung von Verarbeitungs**befugnissen durch den Gesetzgeber** verlangt (vgl. dazu ausführlich u. Rz. 100 ff. und § 69 Rz. 13 ff.).

Das BDSG selbst enthält folgende Erlaubnistatbestände: **60**
— § 9 Abs. 1 für die Speicherung,
— §§ 10, 11 für die Übermittlung,
— § 9 Abs. 1 für die Veränderung, und
— § 14 Abs. 3 Satz 1 für die Löschung.

Für den Sozialleistungsbereich spielen allerdings die Zulässigkeitsvorschriften für die **Übermittlung** in §§ 10, 11 BDSG – außer für § 68 (s. § 68 Rz. 87) – keine Rolle, da auch für die Übermittlung aus den Dateien der Sozialleistungsträger ausschließlich die Offenbarungsbefugnisse der §§ 67 ff. maßgeblich sind. Alle genannten Bestimmungen beziehen die Verarbeitungsbefugnis auf die **rechtmäßige Aufgabenerfüllung** der datenverarbeitenden Stelle (zu der Frage, inwieweit damit die Anforderungen des »informationsrechtlichen Gesetzesvorbehalts« – dazu o. Rz. 59 – erfüllt werden, vgl. u. Rz. 100 ff.).

b) Einwilligung (§ 3 Satz 1 Nr. 2 BDSG)

§ 3 Satz 1 Nr. 2 BDSG läßt schließlich als Begründung für die Zulässigkeit der **61** Datenverarbeitung die **Einwilligung des Betroffenen** zu. Dabei geht es nur um die Einwilligung zu den Phasen Speicherung, Veränderung und Löschung. Die Einwilligung zur **Übermittlung** von Sozialdaten ist in § 67 geregelt. Was die förmlichen Anforderungen an eine wirksame Einwilligung geht, besteht völlige Wortgleichheit zwischen den beiden Vorschriften: insoweit wird auf die Erläuterung zu § 67 verwiesen (§ 67 Rz. 40 ff.).

Dagegen ist § 67 Satz 1 Nr. 1 bei den materiellen Voraussetzungen insoweit **62** präziser gefaßt, als die Einwilligung die Verarbeitung nur in dem Umfang gestattet, »**soweit**« der Betroffene zugestimmt hat, und das auch wiederum nur »**im**

Einzelfall« (zu dieser Voraussetzung vgl. § 67 Rz. 64). Obwohl der Text des § 3 Satz 1 Nr. 2 BDSG diese Voraussetzungen nicht enthält, gelten sie auch dort, stellen sie doch unverzichtbare Voraussetzungen an ein Einverständnis des Bürgers dar, das sein informationelles Selbstbestimmungsrecht beachtet. Auch die Anforderungen z. B. an die vorherige Information des Betroffenen über die Verwendungszwecke, die Art der zu verarbeitenden Daten usw. entsprechen sich bei beiden Vorschriften (vgl. *Simitis* in Simitis u. a., BDSG, § 3 Rz. 82 ff.).

63 § 4 Abs. 2 BDSG-E '88 zieht aus den Bedingungen, die sich für eine wirksame Einwilligung aus dem vom Bundesverfassungsgericht statuierten Recht auf informationelle Selbstbestimmung ergeben, die notwendigen Konsequenzen: Die Information des Betroffenen vor Erteilung der Einwilligung wird inhaltlich erweitert: der Betroffene ist dabei auch auf den **Zweck der Speicherung** und einer vorgesehenen Übermittlung hinzuweisen (vgl. ähnlich § 12 Abs. 4 Satz 1, 2 HDSG). Nach § 4 Abs. 2 BDSG-E '88 muß die verarbeitende Stelle den Betroffenen »auf Verlangen« auch auf die **Folgen der Verweigerung** der Einwilligung hinweisen (vgl. auch § 12 Abs. 4 Satz 5 HDSG). Für den Sozialleistungsbereich besteht hier die Sonderregelung des § 66 Abs. 3 SGB I, wonach der Leistungsberechtigte schriftlich darauf hingewiesen werden muß, wenn ihm wegen fehlender Angaben Sozialleistungen versagt oder entzogen werden sollen (zur »Einwilligungspflicht« aufgrund § 60 Abs. 1 SGB I vgl. § 67 Rz. 53 ff.).

6. Rechte des Betroffenen (§ 4 BDSG)

64 § 4 BDSG führt die **Rechte des Betroffenen** gegenüber der datenverarbeitenden Stelle auf, die – was Behörden und öffentliche Stellen angeht – im Zweiten Abschnitt des BDSG im einzelnen ausgestaltet sind. Die in der Kommentarliteratur diskutierte Frage, ob der Bürger seine Rechte in erster Linie direkt aus § 4 oder erst aus den Einzelbestimmungen des Zweiten Abschnitts ableiten kann, ob also § 4 **rechtsbegründenden** oder lediglich **deklaratorischen** Charakter hat, hat keine praktische Bedeutung (vgl. einerseits *Reh* in Simitis u. a., BDSG, § 4 Rz. 1; *Auernhammer* BDSG, § 4 Rz. 1 und andererseits *Ordemann/Schomerus* BDSG, § 4 Anm. 1).

65 Im einzelnen enthält § 4 BDSG die Rechte auf Auskunft (§ 13 BDSG), Berichtigung (§ 14 Abs. 1 i. V. m. Abs. 2 Satz 1 BDSG), Sperrung (§ 14 Abs. 2) bzw. Löschung (§ 14 Abs. 3 Satz 2). SGB-Stellen müssen jedoch die **Sonderregelungen** der §§ 83 und 84 beachten:

— Für die **Auskunft** nach § 13 BDSG erklärt § 83 die Vorschrift des § 25 Abs. 2 SGB X für entsprechend anwendbar, also die Verpflichtung bzw. Möglichkeit für den Sozialleistungsträger, bei eventuell gesundheitsbeeinträchtigenden Daten einen Arzt bzw. bei einer potentiellen Entwicklungsgefährdung einen besonders befähigten Mitarbeiter in die Erteilung der Auskunft einzuschalten (zu den Einzelheiten vgl. § 83 Rz. 43 ff.).

— § 84 kehrt das in § 14 Abs. 2 und 3 BDSG vorgesehene Verhältnis von Sperrung und Löschung um. Nicht mehr zur Aufgabenerfüllung benötigte Daten sind von den Sozialleistungsträgern prinzipiell zu löschen und nicht lediglich zu sperren, wenn der **Löschung** nicht schutzwürdige Belange des Betroffenen entgegenstehen (Einzelheiten in § 84 Rz. 11 ff.).

Ein weiteres, im BDSG nicht enthaltenes Recht statuiert § 76 Abs. 2 Nr. 1 a. E., 66
den **Widerspruch** des Betroffenen **gegen die Offenbarung** seiner im Zusammenhang mit einer Begutachtung erhobenen Angaben (dazu § 76 Rz. 77 ff.). Eine solche ausdrückliche Widerspruchsmöglichkeit gegen die Übermittlung von Angaben kennt das BDSG nicht; Widersprüche von Betroffenen können allenfalls im Rahmen der Abwägung der »schutzwürdigen Belange« berücksichtigt werden (vgl. z. B. § 68 Rz. 69 f.).

Einen **Schadensersatzanspruch** wegen unrichtiger oder rechtswidriger Datenverar- 67
beitung sieht das geltende BDSG nicht vor. Eine entsprechende Regelung ist jedoch in § 7 BDSG-E '88 enthalten. Die teilweise in den Landesdatenschutzgesetzen vorgesehenen Schadensersatzansprüche (vgl. z. B. § 20 HDSG) können gegen die landesunmittelbaren Sozialleistungsträger dieser Bundesländer nicht gerichtet werden, da wegen § 79 Abs. 3 das materielle Landesdatenschutzrecht für diese SGB-Stellen nicht gilt (vgl. dazu u. Rz. 271). Selbstverständlich sind Schadensersatzansprüche aus anderen Anspruchsgrundlagen, z. B. aus der **Amtshaftung** (§ 839 BGB, Art. 34 GG), ebensowenig ausgeschlossen wie der sozialrechtliche **Herstellunganspruch**.

Wenn § 79 Abs. 1 die Verweisung auf das BDSG nicht auf personenbezogene 68
Daten beschränkt, sondern auf **Betriebs- oder Geschäftsgeheimnisse** erweitert (vgl. o. Rz. 12), gilt dies auch für die in § 4 BDSG aufgeführten Rechte. Auskunft, Berichtigung, Sperrung und Löschung können also auch in bezug auf diese zweite Datenkategorie verlangt werden (vgl. dazu o. Rz. 65 und u. Rz. 134 ff.).

Daß die Aufzählung in § 4 BDSG nicht abschließend ist, wird daraus deutlich, daß 69
ein zentrales Recht des Bürgers dort nicht genannt ist: § 21 BDSG räumt jedermann die Möglichkeit ein, sich mit Eingaben und Beschwerden über Bundesbehörden, also auch SGB-Stellen auf Bundesebene, **an den Bundesbeauftragten für den Datenschutz zu wenden** (vgl. u. Rz. 192 ff.). Entsprechendes gilt für die öffentlichen Stellen auf Landes- oder kommunaler Ebene; das **Anrufungsrecht** des einzelnen richtet sich dort an die jeweiligen Landesbeauftragten für den Datenschutz (vgl. u. Rz. 274 ff.).

7. Datengeheimnis (§ 5 BDSG)

a) Personelle und sachliche Reichweite (§ 5 Abs. 1 BDSG)

§ 5 BDSG betrifft alle Personen, die entweder in der datenverarbeitenden Stelle 70
selbst oder bei Auftragnehmern **bei der Datenverarbeitung beschäftigt** sind. Diesen Mitarbeitern wird es untersagt, »geschützte personenbezogene Daten **unbefugt** zu einem anderen als dem zur jeweiligen rechtmäßigen Aufgabenerfüllung gehörenden Zweck zu verarbeiten, bekanntzugeben, zugänglich zu machen oder sonst zu **nutzen**«.

Die zentrale Bedeutung des § 5 BDSG liegt in seiner Auswirkung auf die Daten- 71
flüsse **innerhalb** der datenverarbeitenden Stelle, das heißt auf die Weitergabe zwischen den Bediensteten des gleichen Leistungsträgers mit unterschiedlichen Funktionen und dementsprechend verschiedenem Datenbedarf. Denn während **Normadressat** der übrigen BDSG-Vorschriften nicht **der einzelne Mitarbeiter**, sondern immer die speichernde Stelle ist, begründet § 5 BDSG eine unmittelbare eigenständige Verantwortung der Beschäftigten selbst (vgl. *Auernhammer* BDSG, § 5 Rz. 1).

72 Der Anspruch auf Wahrung des Sozialgeheimnisses nach § 35 Abs. 1 SGB I richtet sich dagegen ebenfalls nur gegen den Leistungsträger, nicht aber an die einzelnen Bediensteten. Allerdings hat das Gebot der »Wahrung« des Sozialgeheimnisses eine »behördeninterne« Komponente, insofern es auch innerhalb einer SGB-Stelle eine funktionsbezogene Abschottung der Datenbestände voraussetzt (vgl. § 35 Rz. 60). Dabei geht § 35 SGB I insofern weiter, als dieses »**Wahrungsgebot**« sich nicht wie § 5 BDSG nur auf die dateimäßige Verarbeitung von Sozialdaten beschränkt, sondern auch die Akten einbezieht.

73 Die Abgrenzung des Personenkreises, der »**bei der Datenverarbeitung beschäftigt**« ist, hat nach Inkrafttreten des BDSG Interpretationskontroversen ausgelöst, insbesondere im Hinblick auf die Notwendigkeit der förmlichen Verpflichtung nach Abs. 2 (dazu u. Rz. 79 ff.). Selbstverständlich ist eine Befassung mit Vorgängen der automatisierten Datenverarbeitung nicht notwendig; das Datengeheimnis beschränkt sich also nicht auf die im **Rechenzentrum** Beschäftigten. Vielmehr sind alle diejenigen betroffen, zu deren dienst- oder arbeitsvertraglichen Aufgaben es gehört, personenbezogene Daten in Dateien zu verarbeiten, für die Verarbeitung vorzubereiten, also beispielsweise zu erheben, oder sonstige Hilfs- oder Begleitfunktionen wahrzunehmen. Einbezogen sind also auch die Sachbearbeiter in den **Fachabteilungen** des Leistungsträgers, die mit Sozialdaten umgehen (vgl. *Auernhammer* BDSG, § 5 Rz. 2). Ausgeschlossen sind dagegen Personen, die lediglich mit Wartungs- oder Reinigungsarbeiten im Gebäude oder im Rechenzentrum zu tun haben; die »verpflichtete Putzfrau« stellt eine Karikatur der Anwendung des § 5 dar (a. A. *Dammann* in Simitis u. a., BDSG, § 5 Rz. 7).

74 Ausgeschlossen sind dagegen beispielsweise die **Mitglieder von Organen** der Sozialleistungsträger, da sie möglicherweise zwar personenbezogene Sozialdaten zur Kenntnis erhalten (vgl. § 63 Abs. 3 SGB IV), jedoch keine Beschäftigten i. S. v. § 5 BDSG sind (vgl. *Dammann* a. a. O.; *Auernhammer* BDSG, § 5 Rz. 2).

75 Dem Begriff »**unbefugt**« kommt nur **deklaratorische** Bedeutung zu. Dadurch soll hervorgehoben werden, daß »befugte« Datenverarbeitung nur diejenige ist, die sich nach den Bestimmungen des BDSG bzw. den bereichsspezifischen Rechtsvorschriften vollzieht oder für die eine Einwilligung des Betroffenen vorliegt (vgl. *Ordemann/Schomerus* BDSG, § 5 S. 90). Die Befugnis des einzelnen Beschäftigten im Hinblick auf den Datenumgang, die zugelassenen Verwendungszwecke und Auswertungen kann konkretisiert sein durch **Dienstanweisungen**, Hausverfügungen, spezielle Anweisungen von Vorgesetzten, den Umfang von Benutzeridentifikationen oder die Verwendungsbedingungen für Passworte. Auch der im übrigen berechtigte Benutzer verstößt gegen § 5 BDSG, wenn er Daten über seine Berechtigung hinaus verwendet; diese Konstellation kann sich vor allem beim vergleichsweise schwer zu kontrollierenden Einsatz von Personal-Computern ergeben.

76 § 5 BDSG verbietet jede unzulässige **Nutzung**. Der Oberbegriff der Nutzung wird beispielhaft aufgefächert in die Handlungen **Verarbeiten, Bekanntgeben** und **Zugänglichmachen**. Da das Bekanntgeben bzw. Zugänglichmachen **nach außen** im Begriff der Übermittlung (§ 2 Abs. 2 Nr. 2 BDSG) und diese wiederum im Begriff der Verarbeitung (§§ 1 Abs. 1 BDSG, vgl. o. Rz. 25) bereits enthalten ist, macht die Wortwahl des § 5 Abs. 1 deutlich, daß die Regelung der **internen** Verwendung im Vordergrund steht. Darauf zielt auch die Normierung der »**Datennutzung**« in § 79 Abs. 1 Satz 2 ab (§ 3 Abs. 4 BDSG-E '88 definiert die Nutzung als jede Verwendung, die keine Phase der Datenverarbeitung darstellt,

also im gleichen internen Sinn). Der Verstoß kann darin bestehen, daß die Nutzung überhaupt nicht behördlichen Aufgaben dient (z.B. Verwendung bzw. Bekanntgabe für private Zwecke). Ein weiterer Fall ist gegeben, wenn der Datengebrauch die behördeninterne Geschäftsverteilung bzw. **konkrete Aufgabenzuweisung** der einzelnen Bediensteten mißachtet (z.B. Sachbearbeiter ruft Daten des Versicherten Z ab, obwohl er nur für die Versicherten mit den Anfangsbuchstaben A–M zuständig ist). § 5 BDSG wird im übrigen immer dann verletzt, wenn die **Datensicherungsvorkehrungen** der Anlage zu § 6 Abs. 1 Satz 1 BDSG (vgl. u. Rz. 82ff.) umgangen werden (z.B. unbefugte Eingabe in den Speicher).

Verstöße gegen das Datengeheimnis können unterschiedlich **sanktioniert** sein. **77** Sind die Daten unzulässigerweise übermittelt, verändert oder abgerufen worden, greift über § 79 Abs. 1 Satz 1 die Strafvorschrift des § 41 BDSG (vgl. u. Rz. 197ff.). Wer das **Datengeheimnis** bricht, kann nach § 203 Abs. 1 StGB strafbar sein, wenn er einer der dort aufgeführten Berufsgruppen unter einem **besonderen Berufsgeheimnis** angehört (z.B. Sozialarbeiter). Wohlgemerkt: Ein Bruch des Datengeheimnisses ebenso wie eines besonderen Berufsgeheimnisses nach § 203 Abs. 1 StGB kann auch dann gegeben sein, wenn keine unzulässige Offenbarung i.S.d. §§ 35 SGB I, 67ff. SGB X gegeben ist, da nur eine Datenweitergabe innerhalb der speichernden (SGB-)Stelle vorliegt. In Betracht kommt schließlich auch ein Verstoß gegen die **allgemeine Amtsverschwiegenheit** (§ 203 Abs. 2 StGB) sowie gegen dienst- und arbeitsvertragliche Verpflichtungen (zum Verhältnis dieser Normen zu § 5 BDSG vgl. *Dammann* in Simitis u.a., BDSG, § 5 Rz. 14).

§ 5 Abs. 1 erstreckt das Datengeheimnis auch auf die Beschäftigten derjenigen **78** Stellen, die personenbezogene Daten lediglich **im Auftrag** verarbeiten. Es gehört nach § 80 Abs. 2 zu den Pflichten des Auftraggebers, vor Auftragserteilung dafür Sorge zu tragen, daß auch beim Auftragnehmer die Einhaltung des Datengeheimnisses gewährleistet ist (vgl. § 80 Rz. 30).

b) Verpflichtung (§ 5 Abs. 2 BDSG)

§ 5 Abs. 2 BDSG verlangt von den SGB-Stellen, ihre bei der Datenverarbeitung **79** Beschäftigten bei der Aufnahme ihrer Tätigkeit **auf das Datengeheimnis zu verpflichten**. Der betroffene Personenkreis ist in Rz. 73f. im einzelnen umschrieben. Diese Verpflichtung sollte schon aus Beweisgründen in jedem Falle **förmlich** erfolgen. In der Praxis hat sich die Handhabung durchgesetzt, die betroffenen Bediensteten **Verpflichtungserklärungen** unterzeichnen zu lassen. Entsprechende Vordruckmuster sind überall im Gebrauch (vgl. das Muster für die Bundesverwaltung, abgedruckt bei *Auernhammer* BDSG, S. 413). Mit der schriftlichen Fixierung wird für die Behördenleitung, aber auch für eventuelle Kontrollen durch den Datenschutzbeauftragten, dokumentiert, daß die Verpflichtung tatsächlich erfolgt ist.

Beschränkt man sich jedoch auf den bloßen Unterzeichnungsakt, wird die Ver- **80** pflichtung zur leeren Förmlichkeit. Unverzichtbar ist daher eine eingehende **Belehrung** des Mitarbeiters über die konkret für seinen jeweiligen Arbeitsplatz geltenden Bestimmungen, und zwar nicht nur des BDSG, sondern auch der bereichsspezifischen Datenschutzbestimmungen, also insbesondere der §§ 67ff. (vgl. § 9 Satz 2 HDSG, der diese Unterrichtungspflicht ausdrücklich festschreibt). Ggf. sind die für den Datenschutz und die Datensicherung einschlägigen Dienstanweisungen oder Merkblätter dem Betroffenen auszuhändigen und zu erläutern.

Es ist insbesondere eine Aufgabe des **Datenschutzbeauftragten des Leistungsträgers**, für eine ausreichende Information der Bediensteten zu sorgen (vgl. § 29 Satz 3 Nr. 3 BDSG, dazu u. Rz. 252).

81 Wegen § 79 Abs. 3 muß die Verpflichtung auch bei SGB-Stellen auf der **Landes- und kommunalen** Ebene nach § 5 Abs. 2 BDSG und nicht nach der entsprechenden Bestimmung über das Datengeheimnis in den Landesdatenschutzgesetzen erfolgen. Allerdings muß sich die Unterrichtung der Mitarbeiter bei diesen Leistungsträgern auch auf die einschlägigen Zulässigkeitsnormen der jeweiligen Landesdatenschutzgesetze beziehen, wenn diese Stellen Daten auch für Aufgaben außerhalb des SGB verarbeiten. Zu beachten ist schließlich, daß bestimmte Landesdatenschutzgesetze den Kreis der auf das Datengeheimnis zu Verpflichtenden enger fassen als das BDSG. Art. 13 BayDSG beispielsweise beschränkt sich auf die Bediensteten, die mit Vorgängen der **automatisierten** Datenverarbeitung befaßt sind. Auch in diesen Ländern ist in den SGB-Stellen nach § 5 BDSG zu verfahren, es sind also auch die lediglich mit **manuellen** Dateien umgehenden Mitarbeiter zu verpflichten (vgl. 4. TB/*BayLfD* S. 30f.). Die Verpflichtung auf das Datengeheimnis wird auch in § 5 Satz 2 BDSG-E '88 beibehalten.

8. Technische und organisatorische Maßnahmen (§ 6 BDSG)

a) Umfang der Realisierungspflicht (§ 6 Abs. 1 BDSG)

82 § 6 Abs. 1 Satz 1 BDSG schreibt **technische und organisatorische Maßnahmen** zur sogenannten »Datensicherung« vor (krit. zu dieser Terminologie Dammann in Simitis u. a., BDSG, § 6 Rz. 2ff.). Damit sind alle Vorkehrungen gemeint, die die **datenverarbeitende Stelle** treffen muß, um die unzulässige Verarbeitung oder sonstige unbefugte Verwendung der von ihr gespeicherten personenbezogenen Daten zu verhindern. Das Gebot ausreichender Datensicherung gilt für alle Dateien, gleich ob sie **manuell** oder **automatisiert** geführt werden oder nur »internen« Charakter haben (vgl. o. Rz. 30). Es gilt auch für Stellen, die im Auftrag Daten verarbeiten. Der beauftragende Sozialleistungsträger ist nach § 80 Abs. 2 Satz 2 verpflichtet, bei unzureichenden Vorkehrungen dem **Auftragnehmer** Weisungen zur Ergänzung der vorhandenen Maßnahmen zu geben (vgl. § 80 Rz. 31f.).

83 Die Anlage zu § 6 Abs. 1 Satz 1 BDSG führt – nach dem Wortlaut auf die **automatisierte** Datenverarbeitung beschränkt – eine Reihe von Zielvorgaben für eine effiziente Datensicherung auf. Diese Anforderungen umschreiben jedoch auch die Zielsetzung für den **manuellen** Umgang mit personenbezogenen Daten. Dies zeigt insbesondere Nr. 10, wonach »die innerbehördliche ... Organisation so zu gestalten (ist), daß sie den besonderen Anforderungen des Datenschutzes gerecht wird«. Die Realisierung dieser Anforderung ist unverzichtbar, um den Anspruch des Bürgers auf Wahrung des Sozialgeheimnisses (§ 35 SGB I) zu erfüllen. Insoweit verschränken sich die Normfunktionen des Daten- und des Sozialgeheimnisses. Datensicherung ist mithin ganz wesentlich **Organisationsaufgabe** und daher vor allem auch Gegenstand der **Leitungsverantwortung** des Sozialleistungsträgers; im Sozialleistungsbereich schließt sie wegen § 35 SGB I die Akten und Aktensammlungen mit ein. Im übrigen verzichtet § 6 ebenso wie die zugehörige Anlage darauf, einen abschließenden oder auch nur beispielhaften Katalog erforderlicher Schutz**maßnahmen** selbst gesetzlich vorzugeben, sondern beschränkt sich auf die Festlegung der Sicherungs**ziele**.

§ 6 Abs. 1 Satz 2 BDSG stellt die Verpflichtung zur Datensicherung unter den **84** Grundsatz der **Verhältnismäßigkeit**. Die zu treffenden Vorkehrungen werden in Relation zu dem »**angestrebten Schutzzweck**« gesetzt. Abgewogen werden mit anderen Worten einerseits die Faktoren Aufwand, Kosten und Arbeitskraft für die zu realisierende Datensicherung, andererseits die potentiellen Risiken für eine Gefährdung des informationellen Selbstbestimmungsrechts des einzelnen. Die Anlage zu § 6 Abs. 1 Satz 1 BDSG trifft für den Bereich der automatisierten Verarbeitung eine weitere Einschränkung, sollen sich doch die Maßnahmen zusätzlich an der »**Art** der zu schützenden personenbezogenen Daten« ausrichten.

Diese **doppelte Relativierung** durch den Verhältnismäßigkeitsgrundsatz ist jedoch **85** für den Sozialleistungsbereich von allenfalls geringer Bedeutung. Sozialdaten gehören regelmäßig zu den sensibleren Angaben über den einzelnen (»Art der Daten«), was ja gerade gesetzgeberisches Motiv für die Sonderregelung des Sozialdatenschutzes gewesen ist. Der »angestrebte **Schutzzweck**« ist demgemäß angesichts der möglichen Gefährdungen für das Persönlichkeitsrecht des einzelnen durch unzulässigen Datenumgang im Sozialleistungsbereich prinzipiell **hoch** anzusetzen.

Eine Differenzierung innerhalb der Sozialdaten kann sich dadurch ergeben, daß **86** die vom Gesetz selbst als »**besonders schutzwürdig**« deklarierten Informationen vor allem ärztlicher und psychologischer Herkunft (vgl. § 76) zusätzlicher Absicherung bedürfen (zu den praktischen Auswirkungen dieses Sonderschutzes vgl. § 76 Rz. 90 f.).

Dementsprechend kann für die Verarbeitung von Sozialdaten Leitlinie nur sein, **87** daß ein **hoher Sicherungsstandard unverzichtbar** ist. Hinzu kommt, was generell für die Auslegung des § 6 BDSG gilt: Mit der rapiden technischen Entwicklung insbesondere der automatisierten Datenverarbeitung sowie der Informations- und Kommunikationstechnologien wachsen die Risiken unbefugter Datenverwendung. Dementsprechend verschärft sich in gleichem Maße der Maßstab der Erforderlichkeit nach § 6 Abs. 1 Satz 2 BDSG. Dies läßt sich insbesondere auch Abs. 2 entnehmen: Die Vorschrift betrifft zwar zunächst nur die Ermächtigung der Bundesregierung zur Fortschreibung der Anlage zu § 6 Abs. 1 Satz 1 BDSG, zeigt aber generell die Meßlatte, die der Gesetzgeber mit Rücksicht auf die Technikentwicklung an eine wirksame Datensicherung legt: Die Vorgabe lautet, daß die Schutzmechanismen dem »**Entwicklungsstand fortschrittlicher Verfahren, Einrichtungen oder Betriebsweisen**« entsprechen müssen.

b) Konkrete Vorkehrungen

In den Jahren seit Inkrafttreten des BDSG (1978) hat sich in der automatisierten **88** Datenverarbeitung eine Vielzahl von Sicherungsmaßnahmen als fester Bestandteil jeder ordnungsgemäßen, datenschutzgerechten Verarbeitung etabliert. Dies gilt entsprechend dem bisherigen Technikstand in erster Linie für den Betrieb von **Rechenzentren**: organisatorische Maßnahmen wie zum Beispiel das Vier-Augen-Prinzip, technische Schritte wie **Passwortschutz**, abgestufte Benutzer- und **Zugriffsberechtigungen, Protokollierung** von Datenzugriffen und vieles andere mehr gehören längst zum festen Repertoire. Obwohl § 6 BDSG im Prinzip die Auswahl der notwendigen Schritte im Einzelfall der datenverarbeitenden Stelle überläßt – immer vorausgesetzt, ausnahmslos alle und nicht nur einige wenige in der Anlage zu § 6 aufgelisteten Zielvorgaben werden erfüllt (vgl. *Ordemann/Schomerus* BDSG, § 6 Anm. 1.1 sowie Anm. 1 zur Anlage zu § 6) –, bestehen für die Datensicherung in Rechenzentren angesichts des inzwischen vielfach erreichten und damit als Maßstab gültigen Sicherungsstandards Wahlmöglichkeiten nur noch in sehr eingeschränktem Maß.

89 Den Schwerpunkt möglicher Schwachstellen bildet heute vor allem der Einsatz von **Personal-Computern**, der auch in der Sozialverwaltung ständig zunimmt. Die Probleme des technischen Zugriffsschutzes, der Verwendungsbeschränkungen auch für den im übrigen berechtigten Benutzer sind bisher noch nicht befriedigend gelöst. Solange die technischen Sicherungsmöglichkeiten insbesondere mangels entsprechender Software für PC's noch so gering sind wie heute, müssen um so schärfere organisatorische Maßnahmen realisiert werden, um die Zielvorgaben des § 6 BDSG – insbesondere bei der Zugangs-, Abgangs- und Transportkontrolle – zu erreichen (zu den Datensicherungsmaßnahmen speziell für Personal-Computer vgl. u. a. 15. TB/*HDSB* Ziff. 9; Der *Berliner Datenschutzbeauftragte* Isolierte Rechner-Personal-Computer, Grundsätze zum Datenschutz, Broschüre, September 1986; *Innenministerium Baden-Württemberg* Hinweise zum Bundesdatenschutzgesetz für die private Wirtschaft, Staatsanzeiger vom 2. 7. 1986, S. 4, abgedruckt auch in DSB 11/1986, S. 21; im besonderen zum Schutz von Sozialdaten bei dezentraler elektronischer Datenverarbeitung *Walz* in Frommann (Hrsg.), Dezentrale Elektronische Datenverarbeitung, S. 336, 344 ff.).

90 Datensicherung kann sich angesichts der rapiden Verbreitung elektronischer Datenverarbeitung sowie der zunehmenden Vernetzung von Datenbeständen heute weniger denn je mit nachträglichen Korrekturen an eingespielten, lediglich unter den Kriterien der effizienten Verarbeitung konzipierten Verfahren zufriedengeben. Datensicherung gehört in das **Planungsstadium** des DV-Einsatzes. § 6 BDSG konsequent anzuwenden kann bedeuten, von vornherein dem Verkäufer einer DV-Anlage bzw. eines Verarbeitungssystems vertraglich die Implementierung bzw. Programmierung zusätzlicher Sicherungsmöglichkeiten abzuverlangen. Eventuell ergibt sich aus § 6 BDSG sogar die Pflicht, vom Kauf der Produkte eines bestimmten Herstellers abzusehen, weil diese nicht über den nötigen Zugriffsschutz verfügen.

91 **Normadressat** des § 6 ist zunächst die jeweilige datenverarbeitende Stelle bzw. deren Leitung. Doch gehört es gerade auch zum Aufgabenspektrum des behördeninternen Beauftragten für den Datenschutz, sich bei der Datensicherung einzuschalten und ggf. zusätzliche Maßnahmen zu verlangen (vgl. § 29 Satz 1 und Satz 3 Nr. 2 BDSG, der über § 79 Abs. 1 Satz 1 2. Halbs. auch für Sozialleistungsträger entsprechend gilt; Einzelheiten dazu u. Rz. 253).

92 Im Rahmen dieses Kommentars kann kein detaillierter Katalog zu realisierender Datensicherungsmaßnahmen aufgestellt werden, der für jede SGB-Stelle in gleicher Weise und abschließend gültig wäre (vgl. aber die umfangreiche Liste möglicher Maßnahmen in den Grundsätzen zur Datensicherung in der Bundesverwaltung des *BMI* vom 19. 1. 1978, GMBl. 1978, S. 43; auch abgedruckt bei *Dammann* BDSG-Dok., A 5; s. auch die ausführliche Kommentierung zu der Parallelnorm § 10 HDSG bei *Nungesser* HDSG-Komm., § 10 Rz. 24 ff.). Jeder Leistungsträger hat die Aufgabe, ein **umfassendes Datensicherungskonzept** für die von ihm vorgehaltenen Sozialdaten aufzustellen (so ausdrücklich für die **Krankenkassen** und **Kassenärztlichen Vereinigungen** in Form von **Dienstanweisungen** vorgeschrieben in § 286 Abs. 3 SGB V). Dieses Konzept wird je nach räumlichen Gegebenheiten, Einsatzformen der automatisierten Datenverarbeitung (z. B. Rechenzentrum oder Personal-Computer), Arbeitsfeldern der Bediensteten,

»Sensitivität« der verwendeten Angaben usw. von Leistungsträger zu Leistungsträger variieren. Aus der umfangreichen Spezialliteratur wird hier lediglich verwiesen auf *Dworatschek/Büllesbach/Koch u. a.* Personalcomputer und Datenschutz, 2. Aufl. 1988.

c) Verordnungsermächtigung (§ 6 Abs. 2 BDSG)

Abs. 2 des § 6 räumt der Bundesregierung die **Ermächtigung** zum Erlaß einer **Rechtsverordnung** ein, mit der die Anlage zu § 6 nach dem **jeweiligen Stand der Technik und Organisation** fortgeschrieben werden kann (nicht mehr enthalten im BDSG-E '88). Von dieser Ermächtigung hat die Bundesregierung bis heute keinen Gebrauch gemacht. Die Diskussion um die neuere Datenschutzgesetzgebung hat auch deutlich gemacht, daß allenfalls in Einzelpunkten Ergänzungsbedarf besteht. Dies ergibt sich nicht zuletzt daraus, daß § 6 bzw. dessen Anlage kein festes Maßnahmenbündel vorgibt, sondern – wie ausgeführt (s. Rz. 83) – lediglich Zielvorgaben formuliert, die auch bei fortschreitender DV-Entwicklung unverändert gültig bleiben. Vorrangig ist also nicht in erster Linie eine Änderung des Anforderungsprofils an eine wirksame Datensicherung, sondern die Feststellung der konkret erforderlichen Maßnahmen und ihre Umsetzung in Verfahren, Programme und Behördenorganisation. 93

9. Anwendungsbereich (§ 7 BDSG)

§ 7 BDSG legt den **Anwendungsbereich** des Zweiten Abschnitts des BDSG fest. Abs. 1 und Abs. 2 spielen im Bereich des SGB keine Rolle, da § 79 Abs. 1 und Abs. 3 die Geltung des BDSG für den Sozialleistungsbereich selbst festlegt. § 79 Abs. 1 Satz 1 nennt als Normadressaten **die in § 35 SGB I genannten Stellen** (vgl. § 35 Rz. 25 ff.); Abs. 3 Satz 1 bezieht die SGB-Stellen auf Landes- und kommunaler Ebene in den Anwendungsbereich des BDSG ein (vgl. o. Rz. 3 ff.). 94

Auslegungsfragen des § 7 BDSG stellen sich nur im Zusammenhang mit § 79 Abs. 2, also im Hinblick auf die **Krankenhäuser** und Einrichtungen zur Eingliederung Behinderter, die von Sozialleistungsträgern betrieben werden (vgl. dazu i. e. Rz. 260 f.). 95

§ 7 Abs. 3 BDSG betrifft die Verarbeitung von **Beschäftigtendaten**. Die Vorschrift hat daher für den Sozialdatenschutz keine Bedeutung. Berührungspunkte zwischen beiden Materien ergeben sich allerdings dann, wenn der **Dienstherr** bzw. öffentliche Arbeitgeber partiell die Funktion einer **SGB-Stelle** wahrnimmt (z. B. beim Kindergeld, vgl. § 35 Rz. 26) oder von einem Leistungsträger offenbarte Daten verwendet, bei denen er die **Zweckbindung** nach § 78 beachten muß. 96

10. Verarbeitung personenbezogener Daten im Auftrag (§ 8 BDSG)

§ 8 Abs. 1 und 3 BDSG gelten wegen der Verweisung in § 80 Abs. 1 auch für die Auftragsdatenverarbeitung durch SGB-Stellen (Erl. i. e. in § 80 Rz. 25 ff.). 97

11. Datenspeicherung und -veränderung (§ 9 Abs. 1 BDSG)

a) Vorhandene Verarbeitungsbefugnisse

98 § 9 Abs. 1 BDSG erklärt das **Speichern und Verändern** (zu den Begriffen vgl. o. Rz. 44f.) personenbezogener Daten für zulässig, »wenn es zur **rechtmäßigen Erfüllung** der in der Zuständigkeit der speichernden Stelle liegenden **Aufgaben** erforderlich ist«. Die Vorschrift ist mithin **Befugnisnorm** für die Datenverarbeitung im Sinne des Gesetzesvorbehalts des § 3 Satz 1 BDSG (vgl. o. Rz. 56f.). Die Prüfung der Speicherung bzw. Veränderung anhand des Maßstabs der »**Erforderlichkeit zur Aufgabenerfüllung**« ist nur dann vorzunehmen, wenn keine speziellen Verarbeitungsvorschriften in sozialrechtlichen Einzelgesetzen (d. h. eine »**andere Rechtsvorschrift**« i.S.v. § 3 Satz 1 Nr. 1 BDSG oder eine Einwilligung des Betroffenen nach § 3 Satz 1 Nr. 2 BDSG) vorliegen.

99 Der Sozialleistungsbereich kennt eine ganze Fülle von **bereichsspezifischen Verarbeitungsvorschriften**. Hier nur einige wenige **Beispiele**:

— § 45 Satz 2 Nr. 7 BDSG nennt selbst unter den dem BDSG vorgehenden Bestimmungen den **§ 20 AFG**, der die Zulässigkeit der Frage des Arbeitsamtes nach der Zugehörigkeit eines Arbeitsuchenden zu Parteien und Gewerkschaften unter bestimmten Umständen bejaht.

— **§ 28a SGB IV** bestimmt den Inhalt, d. h. insbesondere den Datenkatalog, der vom Arbeitgeber an die Krankenkassen abzugebenden und dort zu speichernden Meldungen über die beschäftigten Arbeitnehmer; Einzelheiten des Verfahrens ergeben sich aus der **DEVO** und der **DÜVO**.

— **§ 18f SGB IV** bestimmt im einzelnen, welche Behörden innerhalb wie außerhalb des Sozialleistungsbereichs die Rentenversicherungs-Nummer in welcher Weise nutzen dürfen (vgl. dazu *Pappai* RDV 1986, 6ff.; *Krasney* NJW 1988, 2649f.; krit. 8. TB/*BayLfD* S. 12f; s. auch § 69 Rz. 86).

— **§ 12 Abs. 3 BErzGG** erlaubt ausdrücklich, daß die nach dem BKGG erhobenen Einkommensdaten auch für die Berechnung des einkommensabhängigen Erziehungsgeldes verwendet werden dürfen (dazu 10. TB/*BfD* S. 29).

— Die **Sozialversicherungs-Rechnungs-VO** wiederum gehört zu den von § 45 Satz 2 Nr. 8 BDSG für vorrangig erklärten »Vorschriften über die Verpflichtung zur Verarbeitung (und damit auch Speicherung) personenbezogener Daten bei der Rechnungslegung«.

— Eine umfassende Regelung der von den gesetzlichen Krankenkassen, den Kassenärztlichen Vereinigungen und dem Medizinischen Dienst zu speichernden Daten über Versicherte, Ärzte und Leistungserbringer sowie deren Verwendung und Weitergabe enthalten §§ 276f., 288ff. des durch des GRG eingeführten SGB V.

b) Regelungsbedarf nach dem Volkszählungsurteil

100 § 9 Abs. 1 BDSG macht die Legitimation des Sozialleistungsträgers zur Speicherung und Veränderung davon abhängig, daß die zu speichernden Daten im Zusammenhang mit in der Zuständigkeit der jeweiligen SGB-Stelle liegenden Aufgaben benötigt werden. Die **rechtmäßige Aufgabenerfüllung** im Rahmen der Zuständigkeit ist allerdings für sich genommen kein sehr trennscharfes Kriterium für die Festlegung des Verarbeitungsrahmens, muß sich doch nach diesem Maßstab jedes dem Rechtsstaatsgebot verpflichtete Verwaltungshandeln richten. Für den Sozialleistungsbereich ergibt sich allerdings insofern eine in den anderen Verwaltungssektoren nicht in gleichem Maße gegebenen **Präzisierung der Aufgabenstellung** dadurch, daß die einzelnen Sozialleistungen und die für ihre Abwicklung zuständigen Leistungsträger in den §§ 18ff. SGB I im einzelnen aufgeführt und einander zugeordnet sind sowie zahlreiche Einzelvorschriften (vgl. o. Rz. 99) sich mit der Verwendung personenbezogener Daten befassen.

Die Diskussion nach dem Volkszählungsurteil des Bundesverfassungsgerichts (*BVerfGE* 65, 1) hat jedoch gezeigt, daß die **Durchnormierung des Sozialrechts**, was die Bestimmung von Verarbeitungsbefugnissen angeht, dennoch nicht ausreicht (vgl. den Beschluß der *DSB-Konferenz* zu den Auswirkungen des Volkszählungsurteils vom 27./28. 3. 1984, abgedruckt bei *Dammann* BDSG-Dok., F 12, Ziff. 2.6; ebenso *Schlink* ArchSozArb 1984, 201, 209; a. A. *Meydam* DuD 1985, 12, 19). Das Bundesverfassungsgericht hat die Sozialdaten in die Kategorie der »zwangsweise erhobenen« Angaben eingestuft, für die es – wie in diesem Kommentar mehrfach ausgeführt wird (vgl. § 67 Rz. 5f., § 69 Rz. 5f.) – eine bereichsspezifische und präzise Bestimmung der Verwendungszwecke durch den Gesetzgeber verlangt (*BVerfGE* 65, 1, 45). Dieser »**informationsrechtliche Gesetzesvorbehalt**« hat beispielsweise zur Konsequenz, daß Daten**offenbarungen** nach § 69 Abs. 1 Nr. 1 einer speziellen Rechtsgrundlage bedürfen, wenn die datenempfangende Stelle einen anderen Zweck verfolgt als den ursprünglichen Verwendungszweck der offenbarenden Stelle (dazu ausführlich § 69 Rz. 7ff., 20ff., 88ff.).

101

Angesichts des weitgehenden Eingriffs in das informationelle Selbstbestimmungsrecht des einzelnen, der sich auch und gerade aus der Verarbeitung von Sozialdaten durch SGB-Stellen ergeben kann, wird es für eine Reihe von Tätigkeitsgebieten der Leistungsträger auch für die Verarbeitungsphasen **Speicherung** und **Veränderung** auf Dauer nicht mehr akzeptiert werden können, daß die Legitimation lediglich auf § 9 Abs. 1 BDSG i. V. m. einer sozialrechtlichen Aufgabennorm gestützt wird (krit. zur Regelungspräzision des § 9 BDSG auch *Simitis* NJW 1984, 398, 400). Jüngste Beispiele für die Entwicklung hin zu bereichsspezifischen Verarbeitungs**befugnissen** im Sozialleistungsbereich sind die 1988 erfolgten Kodifizierungen der Speicherung und Verwendung der (Renten-)Versicherungsnummer und der Datenverarbeitung der Krankenkassen (vgl. Einl. Rz. 17ff. und o. Rz. 99).

102

Ungeachtet dieser Regelungsnotwendigkeiten gilt schon jetzt als Mindestvoraussetzung zur Erfüllung der verfassungsrechtlichen Vorgaben für den Sozialleistungsbereich, daß zumindest die **Zuweisung der Aufgabe**, für die die Informationen verarbeitet werden sollen, **durch eine Rechtsnorm** erfolgt, auch wenn dies im Gegensatz etwa zu Art. 14 BayDSG im Gesetzeswortlaut nicht explizit zum Ausdruck kommt (vgl. auch § 31 SGB I über den Vorbehalt des Gesetzes in bezug auf die Rechte und Pflichten im Sozialleistungsbereich). Anzuknüpfen ist dabei an den Begriff der »**gesetzlichen Aufgabe**« in § 69 Abs. 1 Nr. 1, der in § 69 Rz. 29ff. eingehend erläutert ist.

103

c) Erforderlichkeit

Dreh- und Angelpunkt für die Absteckung des Verarbeitungsrahmens nach § 9 Abs. 1 BDSG ist das Kriterium der »**Erforderlichkeit**«. Erforderlich ist nur das **unverzichtbare Minimum** (vgl. § 69 Rz. 69) an Daten mit Personenbezug, das die speichernde Stelle für die Erfüllung nicht nur irgendwelcher von mehreren ihr

104

gestellten Aufgaben, sondern – enger – für einen **präzise bestimmten Verwendungszweck** braucht (zur **Zweckdefinition** und **Zweckbindung** vgl. u. Rz. 111 ff.).

105 Zur Begründung der Erforderlichkeit reicht es nicht aus, daß personenbezogene Angaben für die jeweilige Verwaltungstätigkeit des Leistungsträgers dienlich oder nützlich wären, d. h. den Verwaltungsvollzug erleichtern könnten. Unvereinbar mit einer auf einen konkreten Verwendungszweck bezogenen Speicherungsnotwendigkeit ist auch die Datensammlung **auf Vorrat**, d. h. zu unbestimmten oder noch nicht im einzelnen bestimmbaren Zwecken (vgl. *BVerfGE* 65, 1, 46; *Büllesbach* in Frommann u. a., Sozialdatenschutz, S. 7, 14 f.; so bereits zur Rechtslage vor der Entscheidung des Bundesverfassungsgerichts *Ordemann/Schomerus* BDSG, § 9 Anm. 1.3). Wo **anonymisierte** Angaben ausreichen, wie vielfach beispielsweise in der Sozialplanung, bedarf es keiner personenbezogenen Angaben (vgl. auch § 75 Rz. 46 ff.).

106 Der strenge Verarbeitungsmaßstab der »Erforderlichkeit« braucht dann nicht angelegt zu werden, wenn eine **Einwilligung** des Betroffenen (§ 3 Satz 1 Nr. 2 BDSG) vorliegt. Allerdings wird man auch dann verlangen müssen, daß die gesammelten Daten jedenfalls zur Erfüllung der Aufgabe des Leistungsträgers **»dienlich«** sind, also die Erfüllung ohnehin vorhandener Aufgaben der speichernden Stelle erleichtern, nicht aber zu Datensammlungen ohne jeden Bezug zum Aufgabenspektrum führen (vgl. 2. TB/*NRW-LfD* S. 119). Die Einwilligung kann mit anderen Worten nicht zur Erweiterung der (hoheitlichen) Befugnisse der Verwaltung führen (vgl. § 67 Rz. 28).

107 Auch aus den Regelungen über die **Zusammenarbeit der Leistungsträger untereinander** im Dritten Kapitel des SGB X (§§ 86 ff.) läßt sich keine Erweiterung des Verarbeitungsrahmens für die einzelne SGB-Stelle ableiten, wenn nicht entsprechend den gesetzlichen Vorgaben neue speichernde Stellen geschaffen werden, wie etwa bei den **Arbeitsgemeinschaften** nach § 94. Ganz deutlich wird dies bei § 96: Trotz der generell gebotenen Zusammenarbeit der Leistungsträger bei ärztlichen und psychologischen Tests (Abs. 2) bleibt es dabei, daß der Umfang der einzelnen Untersuchungsmaßnahme und damit auch der damit zusammenhängenden Datenspeicherung sich nur nach dem vom veranlassenden Leistungsträger gesetzten Verwendungszweck richtet; Erweiterungen bedürfen der Zustimmung des Betroffenen (§ 96 Abs. 1 Satz 2 sowie Abs. 2 Satz 3 2. Halbs.; vgl. dazu *v. Maydell* GK-SGB X/3, § 96 Rz. 16 ff.). »**Zentraldateien**« mehrerer Leistungsträger, die für mehrere SGB-Stellen Angaben auf Vorrat vorhalten könnten, sind ausdrücklich verboten (§ 96 Abs. 3 Satz 1; hierzu und zur Ausnahme für Unfallversicherungsträger ausführlich § 69 Rz. 82; s. auch *Schellhorn* in SRH, S. 398 f.).

108 Der Verarbeitungsmaßstab der »Erforderlichkeit« betrifft ausschließlich das Verhältnis des zur Speicherung vorgesehenen Datenkatalogs zu der vom Leistungsträger zu erfüllenden Aufgabe bzw., präziser, zu dem vorgesehenen Verwendungszweck. Dies gilt unabhängig davon, ob die Datenverarbeitung in manuellen Dateien oder automatisiert vorgenommen werden soll. Die **automatisierte** Verarbeitung braucht mithin nicht gesondert begründet zu werden, wenn feststeht, daß die Aufzeichnung der Daten als solche notwendig ist (so aber irrtümlich *Kamps* MedR 1985, 200, 206). Anders ausgedrückt: § 9 Abs. 1 BDSG stellt für die **Automatisierung** der Verarbeitung keine zusätzlichen Rechtmäßigkeitsvoraussetzungen auf (vgl. *Dammann* in Simitis u. a., BDSG, § 9 Rz. 18 f.). Von den Zulässigkeitsbedingungen her werden manuelle und automatisierte Dateien gleich behandelt (zu den zusätzlichen Kriterien für **automatisierte Abrufverfahren** vgl.

jedoch § 69 Rz. 77ff. sowie § 9 BDSG-E '88, BR-Drucks. 618/88). Eine Ausnahme bildet das »**Automationsverbot**« des § 276 Abs. 2 Satz 5 SGB V, der dem Medizinischen Dienst nur ein maschinell geführtes Aktenregister, nicht aber eine Vollspeicherung erlaubt.

Allerdings endet die Gleichbehandlung dort, wo bisher **manuell** geführte »**interne**« 109 Dateien (vgl. § 1 Abs. 2 Satz 2 BDSG) auf **automatisierte** DV umgestellt, beispielsweise auf einen PC übernommen werden. In diesem Fall sind nicht mehr nur die technischen und organisatorischen Maßnahmen der Datensicherung (§ 6 BDSG) zu treffen, sondern die gespeicherten Daten voll auf ihre »Erforderlichkeit« zu überprüfen (vgl. o. Rz. 31).

Keine Speicherungsbefugnis besteht für unzulässigerweise übermittelte Daten. Die 110 »rechtmäßige« Aufgabenerfüllung setzt die Rechtmäßigkeit der Erhebung bzw. des Erwerbs der zu verwendenden Daten voraus (vgl. *Auernhammer* BDSG, § 9 Rz. 5). **Unzulässig gespeicherte** Daten sind nach § 14 Abs. 3 Satz 2 zu löschen (vgl. i. e. § 84 Rz. 8). Werden die ursprünglich benötigten Daten für den jeweiligen Verwendungszweck nicht mehr gebraucht, wären sie nach § 14 Abs. 2 Satz 2 BDSG lediglich zu sperren. Nach der Sonderregelung des § 84 für den Sozialleistungsbereich tritt dagegen eine Löschungspflicht ein, wenn kein Grund zur Beeinträchtigung schutzwürdiger Belange des Betroffenen besteht (vgl. § 84 Rz. 13ff.).

d) Zweckbindung und Aufgabenbezug (§ 79 Abs. 1 Satz 2)

Im Verhältnis von Erhebung, Speicherung und **Verwendung** von (Sozial)-Daten 111 gilt das **Gebot der Zweckbindung** als Ausfluß des informationellen Selbstbestimmungsrechts (vgl. *BVerfGE* 65, 1, 46; 13. TB/*HDSB* Ziff. 3.4.2 Nr. 6; *Deutscher Verein* Grundsatzthesen zum Schutz der Sozialdaten Nr. 7 und 10, NDV 1986, 227f.; zur Zweckänderung bei der **Offenbarung** vgl. ausführlich § 69 Rz. 88ff.). Es findet sich in allen **neueren Datenschutzgesetzen** bzw. -entwürfen (vgl. § 12 Abs. 1 BDSG-E '88; § 3c Abs. 1 des Entwurfs zur Änderung des BVwVfG, BR-Drucks. 618/88, S. 54; §§ 11 Abs. 1, 13 Abs. 1 HDSG; § 13 DSG NW; § 10b BremDSG). »**Pilotfunktion**« für den Sozialleistungsbereich haben die Regelungen über die **Zweckbindung der Versicherungsnummer** (§ 18f. SGB IV) sowie der Versichertendaten bei **Krankenkassen** und **Kassenärztlichen Vereinigungen** (§§ 284 Abs. 3, 285 Abs. 3 SGB V). So schwierig es im einzelnen sein mag, den Erhebungs- bzw. Speicherungszweck in den einzelnen Sozialleistungsbereichen genau einzugrenzen, so ergeben die zitierten Bestimmungen doch ganz eindeutig: Der **Zweckbegriff** ist in jedem Fall **enger** als der der (gesetzlichen) **Aufgabe** (vgl. u. Rz. 114), was selbstverständlich nicht ausschließt, daß Daten von vornherein gleichzeitig für **mehrere Zwecke** erhoben und gespeichert werden.

Der (oder die) Verwendungszweck(e) kann (können) sich ergeben aus einer 112 bereichsspezifischen Erhebungsvorschrift (vgl. § 284 Abs. 1 SGB V mit den im einzelnen aufgelisteten Erhebungszwecken bei den gesetzlichen Krankenkassen) oder – bei freiwilliger Erhebung – aus dem dem Betroffenen bei Einholung der Einwilligung genannten Zweck. Der Verwendungszweck kann auch resultieren aus einer **konkreten** gesetzlichen **Aufgaben**- oder Befugnisbeschreibung der Stelle, die die Daten erhebt bzw. speichert (vgl. *Baumann* in Tagungsbd. der 8. DAFTA, S. 17, 21; s. dazu o. Rz. 100ff.; **insoweit** wäre die Feststellung des Satzes 2 des § 79 Abs. 1, daß sich die Zwecke aus den Aufgaben ergeben, ohne jeden neuen Regelungsgehalt). Sind die Sozialdaten von einer anderen SGB-Stelle übermittelt worden, ist die Zweckbindung nach § 78 zu beachten (vgl. § 78 Rz. 9).

113 Sollen Sozialdaten zu einem **anderen Zweck** zusammengeführt, ausgewertet oder in sonstiger Weise verwendet werden als für den (für die) für den (für die) sie erhoben und gespeichert worden sind, bedarf es mithin einer **zusätzlichen Rechtsgrundlage** entweder in sozialrechtlichen Normen (ebenso für die **Versichertendaten** bei den **Krankenkassen**: jetzt § 284 Abs. 3 SGB V mit der Erlaubnis der Zweckänderung nur für den Fall, daß dies durch Rechtsvorschriften des SGB »angeordnet« oder »erlaubt« ist) oder – über die Verweisung in § 79 Abs. 1 Satz 1 – im BDSG (vgl. die Kataloge zugelassener Zweckänderungen in § 12 Abs. 2 BDSG-E '88, § 3c Abs. 2 des ÄndE zum BVwVfG vom 30. 12. 1988 ähnlich § 13 Abs. 1 i. V. m. § 12 Abs. 2 HDSG). Die **Ausnahmekataloge erlaubter Zweckänderungen** in den vorgenannten Gesetzentwürfen sind auch im Sozialleistungsbereich bereits nach dem geltenden Recht zumindest sinngemäß zu beachten, stellen sie doch Kriterien für eine **verfassungskonforme Interpretation** der generalklauselartigen Verarbeitungsvorschriften des BDSG dar.

114 Daraus folgt weiter, daß kein Leistungsträger sich bei Abweichung vom Erhebungszweck allein darauf berufen kann, er werte nur seine »**eigenen**« **Daten** aus (vgl. 12. TB/*HDSB* Ziff. 3.2.3.5.2). Vielmehr ist es durchaus konsequent, wenn § 287 SGB V für die zweckändernde Nutzung von Versichertendaten für **Forschungsvorhaben** eine eigene Regelung (vgl. o. Rz. 36) trifft. Eine gleichsam beliebige Verwendungsbefugnis kann auch nicht dadurch erreicht werden, daß der Zweck möglichst weit und konturlos definiert (zur Zweckdefinition in der gesetzlichen Krankenversicherung vgl. *Meydam* DuD 1985, 12, 18: »Durchführung des Krankenversicherungsverhältnisses«; s. aber jetzt detailliert § 284 Abs. 1 SGB V; vgl. o. Rz. 112; abl. zur Bezugnahme auf die Aufgaben angesichts des breiten Aufgabenspektrums der SV-Träger *Ebsen* IuR 1988, 335, 338) oder gar von einer angeblichen **Zweckeinheit** des gesamten Sozialleistungsbereichs (!) ausgegangen wird (in diesem Sinne *Hartleb* DVR 1984, 99, 111; zu den Gegenargumenten eingehend § 69 Rz. 9ff.). Daher ist die faktische **Gleichsetzung** der zulässigen **Verwendungszwecke** mit **allen** vorgeschriebenen oder zugelassenen Aufgaben der Leistungsträger, wie sie der neue Satz 2 des § 79 Abs. 1 zwar nicht dem Wortlaut (dazu o. Rz. 112), wohl aber der Intention der Gesetzesautoren nach offensichtlich herstellen soll, verfassungsrechtlich nicht unbedenklich; sie bedeutet eine starke Abschwächung des Zweckbindungsprinzips (vgl. die Begr. zu Art. 4 GRG, BR-Drucks. 200/88, S. 240, s. o. Rz. 2a; teilw. abw. A. allerdings in § 69 Rz. 28). Zu Recht hat der Bundesrat im Gesetzgebungsverfahren Zweifel daran geäußert, ob es sinnvoll sei, neben den krankenkassenspezifischen Spezialnormen und ohne Rücksicht auf die anstehende Novellierung des BDSG eine generalklauselartige Verwendungsregelung für den gesamten Sozialleistungsbereich in das SGB X aufzunehmen (vgl. Nr. 146 der Stellungnahme des Bundesrates zum GRG, BT-Drucks. 11/2493).

e) Einzelfälle

115 Daß die Zusammenführung und Auswertung an verschiedenen Stellen einer Krankenkasse gespeicherter Daten zu Zwecken der **Prüfung der Anspruchsvoraussetzungen** für die Erbringung von Leistungen sowie zur **Überwachung der Wirtschaftlichkeit der kassenärztlichen Tätigkeit** in den einschlägigen Bestimmungen der RVO eine ausreichende Rechtsgrundlage hatte, wurde zumeist bejaht (vgl. 6. TB/*NRW-LfD* Ziff. 8a, S. 53f.). Dagegen ließ sich eine alle Versicherten umfassende patientenbezogene Speicherung und Zusammenführung der in den

Arzneimittelverordnungen enthaltenen Angaben – die als »**Veränderung**« i. S. v. § 9 Abs. 1 BDSG zu qualifizieren ist (vgl. 7. TB/*BfD* S. 49) – zum Zweck der »**versichertenbezogenen Arzneimittelberatung**« nicht auf § 223 RVO stützen, der ausdrücklich die Überprüfung in Anspruch genommener Leistungen auf – im vorhinein auszuwählende – »**geeignete Fälle**« beschränkte (4. TB/*LfD-BW* S. 15f.; 12. TB/*HDSB* Ziff. 3.2.3.5; 6. TB/*NRW-LfD* Ziff. 8a, S. 55ff.; krit. zum Regelungsgehalt des § 223 RVO auch *Ebsen* IuR 1988, 335, 340; zum Datenschutz bei den vom BMA in Auftrag gegebenen **Modellversuchen** zur Leistungs- und Kostentransparenz vgl. *Raible* KrV 1985, 197, 205 f.). Die zulässigen **Erhebungs- und Verwendungszwecke** für die **Versichertendaten** der Krankenkassen sind mit Inkrafttreten des GRG am 1. 1. 1989 jetzt **abschließend** gesetzlich geregelt (vgl. § 284 SGB V). Die Zulässigkeit der maschinellen Erfassung von Versichertendaten zur **Wirtschaftlichkeitskontrolle** ist auf Stichprobenprüfungen beschränkt (§ 284 Abs. 2 SGB V).

Die Speicherung von »vormerkenden« **Verrechnungsersuchen** eines Sozialversicherungsträgers durch eine andere SGB-Stelle, ohne daß eine aktuelle Forderung des ersuchten Leistungsträgers vorliegt, ist als »Vorratsspeicherung« nicht zulässig. Die Schuldnereigenschaft eines Versicherten, Beitragszahlers usw. darf nur bei Vorliegen eines fälligen Anspruchs gespeichert werden und ist nach Durchführung der Verrechnung zu löschen. Die bloße Möglichkeit, daß irgendwann einmal eine verrechenbare Gegenforderung (vgl. § 52 SGB I) beim ersuchten Leistungsträger entsteht, reicht für die Erforderlichkeit der Speicherung nicht aus (so zutreffend *Schlenker* DSB 12/1985, S. 21 f. gegen *o. V.* DSB 10/1985, S. 14 ff.). 116

Werden Angaben aus **Sozialhilfeanträgen** durch eine **Gemeinde**, die lediglich die Aufgabe der Weiterleitung des Vordrucks an den Leistungsträger hat, gespeichert bzw. werden die Abschriften oder Kopien gesammelt (= Datei!), ist dies wegen der fehlenden Erforderlichkeit für die Aufgabenwahrnehmung durch die Kommune nicht zulässig (vgl. 2. TB/*LfD-BW* S. 63; 9. TB/*Rh.-Pf.DSchKomm.* S. 32; 16. TB/*HDSB* Ziff. 7.1). Anderes kann dann gelten, wenn der Anträge entgegennehmenden Gemeinde auch eine Beratungspflicht zukommt (vgl. im Hinblick auf die Rechtslage nach der Bayerischen Gemeindeordnung in diesem Sinne 7. TB/*BayLfD* S. 13). 117

Die **generelle** Überprüfung der in Anträgen auf Sozialleistungen angegebenen Einkommensverhältnisse durch automatisierten oder listenmäßigen Abgleich oder regelmäßige Rückfrage bei den Finanzämtern ist unverhältnismäßig. Die Einholung von Auskünften ist auf Einzelfälle oder Fallgruppen zu beschränken, bei denen konkrete Anhaltspunkte für Mißbrauch gegeben sind oder Unstimmigkeiten vorliegen, die mit dem Antragsteller nicht zu klären sind. Daher ist die **generelle Erhebung und Speicherung der Steuernummer** durch Sozialleistungsträger unzulässig (Beschluß der *DSB-Konferenz* vom 15. 6. 1983 zur Durchführung des novellierten Kindergeldgesetzes, abgedruckt in *Dammann* BDSG-Dok., F 8, Nr. 2.2). 118

Nicht gespeichert werden dürfen die Daten der Familienangehörigen von Mitgliedern der gesetzlichen Krankenversicherung, bei denen die Prüfung der Anspruchsberechtigung ergeben hat, daß sie **keinen** Anspruch auf **Familienversicherung** nach § 10 SGB V haben. Schon die einschlägigen Fragebogen sind so zu gestalten, daß nicht alle persönlichen Daten des Familienmitglieds erfragt werden, wenn bereits wegen Fehlens **einer** Voraussetzung das Nichtbestehen von Ansprüchen gegen die Krankenkasse feststeht (vgl. 8. TB/*BfD* S. 31). Insoweit besteht 119 zwar Veranlassung zur **Erhebung**, nicht aber zur **Erfassung** bzw. Speicherung i. S. v. § 284 Abs. 1 Satz 1 Nr. 1 und § 288 SGB V.

12. Datenerhebung (§ 9 Abs. 2 BDSG)

a) Anwendungsvoraussetzungen

120 § 9 Abs. 2 BDSG ist die einzige Vorschrift im BDSG, die sich mit der **Erhebung** von Daten befaßt. Sie verlangt, daß für den Fall, daß der Betroffene auf Grund einer **Rechtsvorschrift** befragt wird, er auf diese, ansonsten auf die **Freiwilligkeit** seiner Angaben hinzuweisen ist. Die Datenerhebung stellt keine Phase der Datenverarbeitung i. S. v. § 1 Abs. 1 BDSG dar und ist dementsprechend auch nicht im Gesetz definiert. § 3a des Gesetzentwurfs zur Änderung des Verwaltungsverfahrensgesetzes des Bundes vom 30. 12. 1988 (BR-Drucks. 618/88, S. 52 ff.) bestimmt den Begriff »Erhebung« als das »im Rahmen öffentlich-rechtlicher Verwaltungstätigkeit« betriebene »Beschaffen von Informationen über persönliche und sachliche Verhältnisse einer natürlichen Person beim Betroffenen oder bei anderen Personen oder Stellen«. § 9 Abs. 2 BDSG betrifft allerdings nur die Situation, daß Informationen **beim Betroffenen selbst eingeholt** werden.

121 § 9 Abs. 2 BDSG trifft keine Aussage über die Voraussetzungen für die **Zulässigkeit** der Erhebung. Fällt die Erhebung mit der Speicherung zusammen, wie etwa bei der unmittelbaren Eingabe von mündlich mitgeteilten Angaben eines Betroffenen in einen PC, müssen die Kriterien des § 9 Abs. 1 über die Rechtmäßigkeit der Speicherung erfüllt sein. Doch besteht seit dem Volkszählungsurteil des Bundesverfassungsgerichts weitgehend Konsens darüber, daß bereits die der Speicherung vorgelagerte Phase der Erhebung von Daten einen Eingriff in das informationelle Selbstbestimmungsrecht des einzelnen mit sich bringt (zum **Grundrechtseingriff durch Datenerhebung** *Schlink* NVwZ 1986, 249, 251 f.; speziell für das Sozialrecht *Ebsen* IuR 1988, 335, 336 f.). Auch für die Datenerhebung muß mithin entweder eine **spezielle Rechtsgrundlage** außerhalb des BDSG (zu § 60 SGB I vgl. u. Rz. 122) vorliegen oder die Erforderlichkeit zur Aufgabenerfüllung – bzw. präziser: zur Realisierung eines bestimmten Verwendungszwecks innerhalb der Aufgabenstellung des Leistungsträgers (vgl. o. Rz. 104) – nachgewiesen werden.

122 Mit der Anerkennung der **Eingriffsqualität** der – insbesondere der **zwangsweisen** – **Datenerhebung** ist die frühere Kontroverse, ob § 9 Abs. 2 BDSG nur dann greift, wenn die erhobenen Angaben für die spätere Speicherung in einer Datei vorgesehen sind, überholt (in diesem Sinne *Ordemann/Schomerus* BDSG, § 9 Anm. 2, a. A. *Gallwas u. a.* BDSG, § 9 Rz. 16; wie hier für die Geltung des § 9 Abs. 2 BDSG auch bei Aufzeichnung in Akten 8. TB/*NRW-LfD* S. 62 f.). Dementsprechend kann auch nicht wegen des ausdrücklichen Dateibezuges in § 79 Abs. 1 die Geltung des § 9 Abs. 2 BDSG für den Sozialleistungsbereich völlig verneint werden (so aber *Hauck/Haines* § 79 Rz. 23; dagegen zu Recht das *BVA* in einem Schreiben vom 19. 1. 1982, zit. bei *Lauterbach/Watermann* UV, § 79 Anm. 6).

123 Eine ausdrückliche Eingrenzung der Datenerhebung auf den erforderlichen Umfang findet sich in der für den SGB-Bereich **zentralen Erhebungsnorm des § 60 SGB I** (vgl. dazu *Burdenski* GK-SGB I, § 60 Rz. 3 ff.). Nach dieser Vorschrift ist der Antragsteller oder Empfänger von Sozialleistungen ausschließlich zur Angabe von für die Leistung »**erheblichen**« Tatsachen und zur Zustimmung zur Erteilung

»erforderlicher« Auskünfte verpflichtet. Soweit vorhanden, sollen für die Erhebung **Vordrucke** verwandt werden (§ 60 Abs. 2 SGB I, ausführlich zur Formulargestaltung und Mitwirkungspflicht *Schoch* ZfS 1987, 65 ff.; zur Erforderlichkeit bei der Erhebung *Deutscher Verein* Grundsatzthesen zum Schutz der Sozialdaten Nrn. 11 und 12, NDV 1986, 227 f.). Mangels Erforderlichkeit sollte beispielsweise auf den Erhebungsformularen für das einkommensabhängige Kindergeld nur die nach § 11 Abs. 1 BKGG maßgebliche Summe der positiven Einkünfte, nicht aber die Aufschlüsselung der einzelnen Einkunftsarten erfolgen (vgl. Beschluß der *DSB-Konferenz* vom 15. 6. 1983, abgedruckt in *Dammann* BDSG-Dok., Nr. 2.1). Jüngstes Beispiel für SGB-spezifische – und gegenüber § 60 SGB I vorrangige (vgl. § 37 Satz 1 SGB I) – Erhebungsnormen sind die §§ 284 und 285 SGB V im Bereich der gesetzlichen Krankenversicherung.

b) Vorrang der Datenerhebung beim Betroffenen
Folgt man den Vorgaben des Bundesverfassungsgerichts im Volkszählungsurteil, ist über das Erfordernis einer Rechtsgrundlage hinaus bei der Erhebung noch eine weitere Rechtmäßigkeitsvoraussetzung zu beachten: Wenn der Bürger wissen soll, was welche Stelle über ihn aus welchem Grund und zu welchem Zweck weiß bzw. in Erfahrung bringen will (*BVerfGE* 65, 1, 43), müssen personenbezogene Daten in erster Linie beim Betroffenen selbst eingeholt werden. Anders ausgedrückt: Das verfassungsrechtliche **Gebot der Transparenz der Datenverarbeitung** für den Betroffenen hat den Vorrang der Datenbeschaffung beim Bürger selbst zur notwendigen Konsequenz (vgl. auch § 67 Rz. 31). Daher ist folgerichtig, wenn zum Beispiel § 3 a Abs. 2 des Entwurfs zur Änderung des BVwVfG (vgl. o. Rz. 120) und § 12 Abs. 1 HDSG den **Vorrang der Erhebung beim Betroffenen selbst** ausdrücklich vorschreiben.

124

Diesem Prinzip steht der **Untersuchungsgrundsatz** des § 20 SGB X, wonach die Behörde den Sachverhalt von Amts wegen ermittelt und Art und Umfang der Ermittlungen bestimmt, nicht entgegen. Das Prinzip der **Amtsermittlung** bedeutet dann, wenn es um personenbezogene Angaben geht, keine Wahlfreiheit bei den Mitteln der Informationsbeschaffung (ebenso *Sterzel* KJ 1986, 117, 134 f.). Der Weg über die Auskünfte des Betroffenen bzw. seine Zustimmung zu Auskünften Dritter nach § 60 SGB I (dazu § 67 Rz. 53 ff.) hat Vorrang.

125

Die Richtschnur, sich bei Datenerhebungen zunächst an den Betroffenen selbst zu wenden, ist nicht nur rechtliche Pflicht. Sie sollte zu den Arbeitsprinzipien einer auf **Durchsichtigkeit** und **Bürgerbeteiligung** ausgerichteten Sozialverwaltung ohnehin gehören. Dies gilt erst recht, wenn eine Erhebung bei dritten Stellen mit sich bringt, daß Sozialdaten des Betroffenen offenbart werden müssen, wie etwa bei **Kontrollrückfragen** von Sozialämtern bei Kreditinstituten (dazu *Sterzel* in Wendt [Hrsg.], Datenschutz, S. 23, 28 ff.) oder Finanzämtern (vgl. § 21 Abs. 4 SGB X, dazu § 71 Rz. 25). Die mit einer solchen Anfrage zwangsläufig verbundene Offenbarung ist nach § 69 Abs. 1 Nr. 1 nur dann erforderlich und damit zulässig, wenn die benötigten Angaben nicht zuvor beim Antragsteller, Versicherten o. ä. festgestellt werden konnten (vgl. § 68 Rz. 52 f., 85; zur Unzulässigkeit von pauschalen Erklärungen über die Befreiung vom Bankgeheimnis und von der ärztlichen Schweigepflicht *Ebsen* IuR 1988, 335, 337 Fn. 26).

126

c) Hinweispflicht

127 Der **Hinweis auf die Rechtsvorschrift** nach § 9 Abs. 2 BDSG darf sich nicht auf die bloße Nennung des **Paragraphen** und der **Fundstelle** des Gesetzes beschränken (so aber für den Regelfall das *BVA* in einem Schreiben vom 19. 1. 1982, zustimmend zit. von *Lauterbach/Watermann* UV, § 79 Anm. 6). Einen echten Informationswert für den Bürger hat der Hinweis nur, wenn zumindest stichwortartig der **Inhalt** der herangezogenen Bestimmung bzw. der **Verwendungszweck** der erhobenen Angaben genannt wird (§ 3a Abs. 3 Satz 3 des ÄndE für ein BVwVfG vom 30. 12. 1988, BR-Drucks. 618/88, sieht ausdrücklich eine **Aufklärungspflicht** über die Rechtsvorschrift auf Verlangen des Betroffenen zusätzlich vor.). Dabei geht es um die Rechtsvorschrift, die die **Auskunftspflicht** statuiert; die Bekanntgabe lediglich der Aufgabennorm, zu deren Erfüllung die Angaben erforderlich sind, genügt nicht (vgl. 10. TB/*BfD* S. 47). Nicht einschlägig sind auch Bestimmungen, die zwar den Leistungsträger zur Erstellung von **Sekundärstatistiken** verpflichten, nicht aber den Bürger zur Auskunft; Beispiel hierfür ist § 79 Abs. 1 SGB IV (vgl. 11. TB/*Rh.-Pf.DSchKomm.* S. 54 ff.).

128 Hat die **Nichtbeantwortung nachteilige Folgen** für den Betroffenen, ist er bereits nach allgemeinen verwaltungsrechtlichen Grundsätzen ausdrücklich darauf hinzuweisen (vgl. *Ordemann/Schomerus* BDSG, § 9 Anm. 3; ebenso *Auernhammer* BDSG, § 9 Rz. 19; so jetzt auch ausdrücklich bestimmt in § 12 Abs. 4 Satz 5 HDSG). Für Sozialleistungen gilt darüber hinaus § 66 Abs. 3 SGB I, wonach eine Nichtbeantwortung von Fragen nur dann mit Leistungsversagung bzw. -entzug sanktioniert werden darf, wenn der Leistungsberechtigte auf diese Konsequenz unter Fristsetzung schriftlich hingewiesen worden ist.

129 Gibt es keine Rechtsvorschrift, die die Erhebung beim Betroffenen legitimiert, muß er auf die **Freiwilligkeit** seiner Angaben hingewiesen werden. Dieser Freiwilligkeitshinweis ersetzt nicht ohne weiteres die **Einwilligung** in die der Erhebung folgende Datenspeicherung. Ergibt sich die geplante Speicherung ohne weiteres und unzweifelhaft aus dem Kontext der Erhebung, kann eine Einwilligung in »anderer Form«, d. h. schlüssig bzw. formlos, vorliegen (vgl. § 3 Satz 2 BDSG; *Auernhammer* BDSG, § 9 Rz. 19; *Dammann* in Simitis u. a., BDSG, § 9 Rz. 46). In der Regel sollten jedoch der Hinweis auf die Freiwilligkeit sowie die Einholung der Einwilligung zur Speicherung oder ggf. weiterer geplanter Verwendungsformen sorgfältig getrennt werden. Dies gilt natürlich insbesondere dort, wo der Bürger aus dem Zusammenhang der Erhebungssituation nicht von einer späteren Speicherung ausgehen muß, wie z. B. bei telefonischen Befragungen o. ä.

130 Der Hinweis auf die Freiwilligkeit muß **eindeutig** erkennen lassen, daß weder eine **Rechtspflicht zur Auskunft** besteht noch eine Entscheidung, mit der Sozialleistungen gewährt werden, von den Angaben abhängt (vgl. *Dammann* in Simitis u. a., BDSG, § 9 Rz. 44). Ist letzteres der Fall, muß über diese **Obliegenheit** entsprechend differenziert aufgeklärt werden, d. h. auf die **Mitwirkungspflicht** nach § 60 SGB I (vgl. o. Rz. 123) hingewiesen werden. Nicht ausreichend eindeutig sind Bemerkungen wie z. B. »Wir wären Ihnen für die Ausfüllung dankbar« o. ä.

131 **Fehlt** der Hinweis auf die Freiwilligkeit, ist sowohl die Erhebung wie die anschließende **Speicherung unzulässig** (vgl. *Auernhammer* BDSG, § 9 Rz. 19). Unter Vorspiegelung einer Rechtspflicht registrierte Angaben müssen gelöscht werden (vgl. 7. TB/*LfD-NRW* S. 57). Diese Konsequenz unterstreicht die große Bedeutung des § 9 Abs. 2 BDSG für die Verwaltungspraxis. Sie verlangt eine sorgfältige Vorbereitung und eine präzise Ausgestaltung von Vordrucken, insbesondere von

Antragsformularen. Datenkataloge sind sorgfältig nach auf Auskunftspflicht beruhenden einerseits sowie freiwilligen Angaben andererseits zu trennen; beide Rubriken müssen auch optisch auf dem Formular deutlich unterschieden und mit den verschiedenen Hinweisen auf die Rechtslage versehen werden. Die fehlende Beachtung des § 9 Abs. 2 BDSG sowie der entsprechenden Bestimmungen der Landesdatenschutzgesetze gehörte bisher zu den hauptsächlichen Kritikpunkten, die die Datenschutzbeauftragten der Länder und des Bundes auf Grund ihrer Kontrollpraxis vortrugen (vgl. z.B. 3. TB/*LfD-BW* Ziff. 2.2; 4. TB/*LfD-BW* Ziff. 2.3; 10. TB/*DSchKomm. Rh.-Pf.* S. 35f.).

13. Datenübermittlung innerhalb des öffentlichen Bereichs (§ 10 BDSG) und an Stellen außerhalb des öffentlichen Bereichs (§ 11 BDSG)

Diese beiden Vorschriften finden nach § 81 Abs. 1 für die Offenbarung von Sozialdaten nach §§ 69 bis 77 **keine Anwendung**. Lediglich § 10 spielt im Zusammenhang mit der Datenoffenbarung im Wege der Amtshilfe nach § 68 eine gewisse Rolle (vgl. dazu § 81 Rz. 6ff.). **132**

14. Veröffentlichung über die gespeicherten Daten (§ 12 BDSG)

Für die **Veröffentlichung** von Dateien der Sozialleistungsträger sieht § 82 eine **Sonderregelung** vor. Die Erläuterungen zu § 12 BDSG finden sich daher in der Kommentierung zu dieser Vorschrift (vgl. § 82 Rz. 18ff.). **133**

15. Auskunft an den Betroffenen (§ 13 BDSG)

Die für die SGB-Stellen relevanten Bemerkungen zu § 13 BDSG sind in der Kommentierung von § 83, der Sonderregelung für den Sozialleistungsbereich, enthalten (vgl. vor allem § 83 Rz. 9ff.). **134**

16. Berichtigung, Sperrung und Löschung von Daten (§ 14 BDSG)

a) Berichtigung (§ 14 Abs. 1 BDSG)
Personenbezogene Daten sind zu berichtigen, wenn sie **unrichtig** sind (§ 14 Abs. 1 BDSG). Dies gilt wegen der Erweiterung in § 79 Abs. 1 Satz 1 im Sozialleistungsbereich auch für nicht-personenbezogene **Betriebs- und Geschäftsgeheimnisse**. Die **Berichtigung** hat die datenverarbeitende SGB-Stelle **von Amts wegen** vorzunehmen, und zwar unverzüglich, nachdem ihr die Unrichtigkeit bekannt geworden ist. Dies kann, muß aber nicht durch eine Mitteilung des Betroffenen geschehen. § 4 Nr. 2 BDSG unterstreicht, daß auf die Berichtigung auch ein **subjektiver Anspruch** des Betroffenen besteht. **135**

Warum die Daten falsch sind, ob z.B. aus **Versehen** bei der Datenerfassung, auf Grund **unzutreffender Angaben** des Betroffenen selbst, oder wegen **nachträglicher Änderung** der tatsächlichen Verhältnisse (häufiges Beispiel: Personenstand), spielt keine Rolle. War bei unrichtigen Daten schon die Speicherung unzulässig, geht die Pflicht zur **Löschung** vor (*Auernhammer* BDSG, § 14 Rz. 3). Ob Daten allerdings richtig oder falsch sind, kann aus mehreren Gründen problematisch sein. Am einfachsten ist die Antwort, wenn Fehler bei unveränderlichen »hard facts« vorliegen, etwa ein falsches Geburtsdatum. Sind jedoch Angaben **nach** der **136**

Speicherung unrichtig geworden, ist zu differenzieren je nach dem Datei- bzw. Speicherungszweck: Muß nämlich die ursprüngliche Information aufgezeichnet bleiben, etwa um Sozialleistungsansprüche zu belegen (etwa Personenstand zum Zeitpunkt der Antragstellung, der sich inzwischen geändert hat), so bleibt sie als Beleg über den tatsächlichen Zustand zum Zeitpunkt der Speicherung richtig (vgl. *Ordemann/Schomerus* BDSG, § 14 Anm. 2) Ggf. muß allerdings ein entsprechender **Zusatz** zugespeichert werden (vgl. auch § 3f Abs. 1 des Entwurfs zur Änderung des BVwVfG, BR-Drucks. 618/88, der die Korrektur falscher Angaben in **Akten** durch einen berichtigenden **Vermerk** vorsieht).

137 Eine ähnliche Problematik stellt sich bei Diagnosen in Patientendateien, übrigens nicht zuletzt in von Sozialleistungsträgern betriebenen **Krankenhäusern**, für die wegen der Verweisung in § 79 Abs. 2 ebenfalls der § 14 BDSG gilt (vgl. u. Rz. 262). Die Aufzeichnung von **Verdachtsdiagnosen**, die sich später als unzutreffend erweisen, also z. B. die Speicherung falscher Arbeitsunfähigkeitsdiagnosen im Datensatz eines Arbeitnehmers bei einem KV-Träger (vgl. § 292 Abs. 1 Satz 3 SGB V), kann nicht ohne weiteres berichtigt werden, weil sie die Beurteilung des behandelnden Arztes zum damaligen Zeitpunkt ja richtig wiedergeben. Allerdings muß auch in diesen Fällen – ggf. durch die Aufnahme eines Datums- oder sonstigen erläuternden Zusatzes – der Kontext der inzwischen unrichtig gewordenen Angabe hergestellt werden (zur Berichtigung durch Zusatzinformationen vgl. *Mallmann* in Simitis u. a., BDSG, § 14 Rz. 9).

138 Um die Frage, ob der Betroffene oder die datenverarbeitende Stelle die **Beweislast** für die Richtigkeit trägt, gibt es in der Kommentarliteratur zum BDSG eine Kontroverse (vgl. *Auernhammer* BDSG, § 14 Rz. 6 m. w. N.), die jedoch heute geklärt sein sollte. Denn: Geht man wie das Bundesverfassungsgericht im Volkszählungsurteil (*BVerfGE* 65, 1) davon aus, daß Datenverarbeitung prinzipiell einen Eingriff in das informationelle Selbstbestimmungsrecht des einzelnen darstellt, folgt daraus zwangsläufig, daß die **speichernde Stelle** die Zulässigkeit dieses Eingriffs und damit die Richtigkeit der von ihr verarbeiteten Angaben zu belegen hat. Gelingt ihr dies nicht, kann aber auch der Betroffene nicht beweisen, daß seine Version zutrifft, sind die bestrittenen Daten nach § 14 Abs. 2 Satz 1 BDSG zu **sperren** (dazu § 84 Rz. 8).

139 Rechtfertigen besondere Umstände die Annahme, daß personenbezogene Daten unrichtig gespeichert sind, muß dem Betroffenen die **Datenauskunft** ebenso **kostenfrei** erteilt werden wie in dem Fall, daß auf Grund der Auskunft – bzw. der dann vom Betroffenen beanspruchten Korrektur – eine Berichtigung durchgeführt wurde (§ 13 Abs. 4 Satz 4 BDSG, § 3 Nrn. 1 und 2 Datenschutzgebührenordnung des Bundes, vgl. dazu § 83 Rz. 58).

140 Die Berichtigung bei der speichernden Stelle vermag allerdings nicht zu verhindern, daß die falschen Daten bei all den Stellen gespeichert bleiben, die sie auf Grund regelmäßigen Datenaustauschs oder bei einer Übermittlung im Einzelfall erhalten haben. § 14 Abs. 1 BDSG gibt dem Bürger keinen Anspruch darauf, daß die datenverarbeitende Stelle auch die **Datenempfänger** von der Berichtigung verständigt. Allerdings kann sich eine solche Pflicht im Einzelfall, insbesondere auf dem Hintergrund des Volkszählungsurteils des Bundesverfassungsgerichts, aus allgemeinen verwaltungsrechtlichen Grundsätzen (z. B. **Folgenbeseitigungsanspruch** o. ä.) ergeben (vgl. *Mallmann* in Simitis u. a., BDSG, § 14 Rz. 28). § 18 Abs. 6 BDSG-E '88, BR-Drucks. 618/88 (s. o. Rz. 16) sieht ausdrücklich eine Unterrichtungspflicht gegenüber solchen Stellen vor, denen im Rahmen der

Geltung des BDSG § 79

regelmäßigen Datenübermittlung die falschen Angaben weitergegeben worden sind, wenn dies zur Wahrung schutzwürdiger Belange der Betroffenen erforderlich ist (ebenso, allerdings unter Einbeziehung auch der Übermittlungsempfänger im Einzelfall, § 19 Abs. 5 HDSG). Von einer solchen Gefährdung der Interessen des Betroffenen ist bei anspruchsrelevanten Daten im Sozialleistungsbereich prinzipiell auszugehen.

b) Sperrung und Löschung (§ 14 Abs. 2, 3 BDSG)
Die Regelungen des § 14 Abs. 2 und 3 BDSG über die **Sperrung** und **Löschung** 141 werden im Zusammenhang mit der einschlägigen Sonderregelung des § 84 erläutert (§ 84 Rz. 3 ff.).

17. Durchführung des Datenschutzes (§ 15 BDSG)

a) Reichweite der Durchführungspflicht (§ 15 Satz 1 BDSG)
§ 15 Satz 1 BDSG enthält die Verpflichtung der **obersten Bundesbehörden** sowie 142 der **bundesunmittelbaren Körperschaften und Anstalten** des öffentlichen Rechts unter der Rechtsaufsicht eines Bundesministeriums, die Ausführung des BDSG und der bereichsspezifischen Datenschutzvorschriften im eigenen »Geschäftsbereich« **sicherzustellen**. Als Beispiele (»insbesondere«) für zu treffende Maßnahmen werden in § 15 Satz 2 BDSG die Erstellung einer Dateien-Übersicht und die Überwachung der Ordnungsmäßigkeit der Datenverarbeitung genannt (vgl. u. Rz. 145 f.). **Normadressaten** des § 15 BDSG im Sozialleistungsbereich sind also beispielsweise der Bundesminister für Arbeit und Sozialordnung, die Bundesanstalt für Arbeit und die Bundesversicherungsanstalt für Angestellte (vgl. *Dammann* in Simitis u. a., BDSG, § 15 Rz. 2 f.).
Doch gilt die **Durchführungspflicht** des § 15 BDSG wegen § 79 Abs. 3 auch für die 143 entsprechenden Behörden auf Landes- und Kommunalebene. In einer Reihe von Landesdatenschutzgesetzen findet sich im übrigen eine dem § 15 BDSG vergleichbare Bestimmung (z. B. § 5 Abs. 1 HDSG, § 16 NDSG). Demzufolge haben auch die **obersten Landesbehörden** (z. B. Landessozialminister), die **Gemeinden**, die **Landkreise** und die sonstigen der Aufsicht des Landes unterstehenden **Körperschaften, Anstalten und Stiftungen** des öffentlichen Rechts (z. B. AOK, LVA) für ihren Organisationsbereich die Ausführung der Vorschriften über das Sozialgeheimnis und den Sozialdatenschutz sicherzustellen. Die Anforderungen des § 15 BDSG gelten auch für die betroffenen Sozialbehörden in den Ländern, die keine Parallelvorschrift im Landesgesetz kennen (vgl. die abweichende Vorschrift des Art. 26 BayDSG).
§ 15 BDSG ergänzt die ohnehin aus der Verbindlichkeit des SGB unmittelbar 144 resultierende Pflicht aller SGB-Stellen, das Sozialgeheimnis zu wahren und den Sozialdatenschutz zu gewährleisten. Die Norm stellt klar, daß die Verantwortung für die konkrete Realisierung in der Verwaltungspraxis auch bei den Aufsichtsbehörden und den Verwaltungsorganen der Körperschaften bzw. Anstalten jeweils für den **nachgeordneten Bereich** liegt. Die wegen § 79 Abs. 1 Satz 1 2. Halbs. i. V. m. §§ 28, 29 BDSG obligatorische **Bestellung** eines internen Beauftragten **für den Datenschutz** (vgl. u. Rz. 217 ff.) stellt nur eine der notwendigen Maßnahmen dar. Daher ist die Auffassung, wegen dieser Bestellungspflicht sei § 15 BDSG für den Sozialbereich bedeutungslos (so *BfA-Kommentar* § 79 Anm. 3, zu § 15

BDSG), unzutreffend. Vielmehr zielt die Forderung des § 15 auf ein **Gesamtkonzept für Datenschutz und Datensicherung** ab, das der besonderen Schutzwürdigkeit von Sozialdaten Rechnung trägt und auf die spezifische Verarbeitungssituation des jeweiligen Geschäftsbereichs zugeschnitten ist (vgl. zur Organisation des Datenschutzes bei der BA auf Grund § 15 Satz 1 BDSG *Hoppe* ZfSH/SGB 1983, 241, 246f.; zu den Maßnahmen bei der BfA *Schöning* in VDR (Hrsg.), Datenschutz, S. 47ff.; bei der DAK *Stork* a.a.O., S. 29ff.; beim VDR *Naeth* a.a.O., S. 19ff.). Bestandteil eines solchen Konzepts muß insbesondere eine **Dienstanweisung, Hausverfügung** o. ä. zum Datenschutz sein, die die Pflichten und Befugnisse der Beschäftigten beim Umgang mit Sozialdaten festgelegt. Für die **gesetzlichen Krankenkassen**, den Medizinischen Dienst der Krankenversicherung sowie die Kassenärztlichen Vereinigungen ist die Pflicht, eine Dienstanweisung zum Datenschutz und zur Datensicherung zu erlassen, in §§ 286 Abs. 3 und 276 Abs. 2 Satz 4 SGB V ausdrücklich vorgesehen und deren Inhalt in wesentlichen Punkten vorgegeben (Verarbeitungsverfahren, Datensatzbeschreibung, Eingabekontrolle usw.).

b) Konkrete Maßnahmen (§ 15 Satz 2 BDSG)

145 Als wichtige Schwerpunktvorkehrungen nennt § 15 Satz 2 die Führung einer **Übersicht** über die Art der gespeicherten Sozialdaten, über die Verwendungszwecke und die regelmäßigen Empfänger sowie die **Überwachung** der ordnungsgemäßen Anwendung der für die Verarbeitung von Sozialdaten eingesetzten **Programme** (Einzelheiten dazu bei *Dammann* in Simitis u.a., BDSG, § 15 Rz. 13ff.; zur obligatorischen Dateienübersicht bei den gesetzlichen Krankenkassen, den Kassenärztlichen Vereinigungen und dem Medizinischen Dienst vgl. die Sonderregelungen der §§ 286 Abs. 1 und 2 sowie 276 Abs. 2 Satz 4 SGB V). Diese beiden Aufgaben weist § 29 BDSG innerhalb des Leistungsträgers dem **behördeninternen Datenschutzbeauftragten** zu (vgl. § 29 Satz 3 Nrn. 1 und 2 BDSG; dazu u. Rz. 252). Aber auch wenn § 29 Satz 1 BDSG davon spricht, der Beauftragte selbst habe die Ausführung der Datenschutzvorschriften »sicherzustellen«, unterstreicht § 15 BDSG ganz deutlich, daß die Verantwortung der Aufsichtsbehörde bzw. der Behördenspitze des Leistungsträgers unberührt bleibt. Diese hat ggf. sogar die Pflicht, den Beauftragten zur Erfüllung der ihm durch § 29 BDSG übertragenen Funktionen anzuhalten (vgl. u. Rz. 250f.).

146 Im BDSG-E der Koalition aus der 10. Wahlperiode wurde noch eine weitere Maßnahme ausdrücklich eingeführt: Nach § 15 Satz 2 Nr. 2 BDSG-E (BT-Drucks. 10/4737) war dafür Sorge zu tragen, daß »bestimmte **Regelfristen für die Löschung** ... festgelegt werden« (ebenso § 16 Abs. 2 Satz 2 Nr. 6 BDSG-E '88). Eine solche Fristsetzung für die Dauer der Speicherung gehört bereits jetzt zu den notwendigen Bestandteilen eines umfassenden Datenschutzkonzepts (ausdrücklich vorgeschrieben in § 6 Abs. 1 Nr. 5 HDSG). Dies gilt auch und gerade für den Sozialleistungsbereich, für den § 84 den Vorrang der Löschung vor der Sperrung explizit vorsieht (vgl. § 84 Rz. 24; zur Kritik an fehlenden Löschungsfristen im Informationssystem der Ortskrankenkassen – IDVS II – vgl. 14. TB/*HDSB* Ziff. 3.2.3.3).

18. Allgemeine Verwaltungsvorschriften (§ 16 BDSG)

Diese Vorschrift enthält für die obersten **Bundesbehörden** über die Maßnahmen des § 15 BDSG hinaus die Verpflichtung, für ihren jeweiligen Geschäftsbereich und bezogen auf dessen spezifische Datenschutzerfordernisse **allgemeine Verwaltungsvorschriften** zur Ausführung des BDSG zu erlassen. Dies schließt selbstverständlich auch mit dem BDSG zusammenhängende oder auf es verweisende **bereichsspezifische Normen** wie die §§ 79 ff. ein (vgl. *Auernhammer* BDSG, § 16 Rz. 4). Die Pflicht gilt wegen § 79 Abs. 3 auch für die im Sozialleistungsbereich zuständigen obersten **Landesbehörden**. Soweit in sozialrechtlichen Einzelgesetzen obersten Bundesbehörden oder Landesbehörden die Verpflichtung zum Erlaß allgemeiner Verwaltungsvorschriften auferlegt wird (vgl. § 768 RVO für die Eigenunfallversicherung), können auch dort Bestimmungen zur Sicherung des Sozialdatenschutzes aufgenommen werden. Im jüngsten Entwurf zur BDSG-Novellierung vom 30. 12. 1988 ist eine dem § 16 BDSG entsprechende Vorschrift allerdings nicht mehr enthalten.

147

19. Bundesbeauftragter für den Datenschutz (§§ 17 bis 21 BDSG)

a) Umfang der Kommentierung

§§ 17 und 18 BDSG betreffen die Bestellung und die Rechtsstellung des Bundesbeauftragten für den Datenschutz (im folgenden abgekürzt BfD) und werden hier nicht näher kommentiert. Dagegen werden die folgenden Bestimmungen im einzelnen erläutert:
— § 19 BDSG, der die **Aufgaben** des Bundesbeauftragten und die Pflichten der Behörden ihm gegenüber festlegt,
— § 20 BDSG, der die Voraussetzungen und das Verfahren bei **Beanstandungen** durch den Bundesbeauftragten regelt, sowie
— § 21 BDSG, der jedem Betroffenen das Recht einräumt, sich mit einer **Eingabe** an den Bundesbeauftragten zu wenden.

148

Die Aufgaben und Kompetenzen des **Bundesbeauftragten** für den Datenschutz betreffen ausschließlich SGB-Stellen des Bundes (vgl. u. Rz. 150 ff.). Bei Leistungsträgern auf Landes- und kommunaler Ebene bleibt es, wie sich aus § 79 Abs. 3 ergibt, bei den Zuständigkeiten der jeweiligen **Landesbeauftragten** für den Datenschutz bzw. der Datenschutzkommission in Rheinland-Pfalz (vgl. u. Rz. 273 ff.). **Ein Großteil der folgenden Erläuterungen gilt für den Bundesbeauftragten wie für die Landesbeauftragten für den Datenschutz in gleicher Weise.** Auf Übereinstimmungen wie Divergenzen wird bei den einzelnen Abschnitten noch einmal ausdrücklich hingewiesen.

149

b) Aufgaben des Bundesbeauftragten für den Datenschutz (§ 19 BDSG)

aa) Institutionelle Zuständigkeit (§ 19 Abs. 1 Satz 1 BDSG)

Der Bundesbeauftragte für den Datenschutz kontrolliert die Einhaltung der Datenschutzvorschriften (dazu i. e. Rz. 155 ff.) bei allen in § 35 SGB I genannten Stellen, soweit sie
— Bundesbehörden,

150

— bundesunmittelbare Körperschaften oder Anstalten oder
— Vereinigungen »solcher« – also bundesunmittelbarer – Körperschaften und Anstalten

sind.

151 Zum Zuständigkeitsbereich des Bundesbeauftragten rechnen mithin zum Beispiel die **Bundesanstalt für Arbeit** einschließlich aller regionalen Arbeitsämter und die **Bundesversicherungsanstalt für Angestellte**, generell alle Sozialversicherungsträger, deren Zuständigkeitsbereich sich über das Gebiet eines Bundeslandes hinaus erstreckt (vgl. § 90 Abs. 1 SGB IV). Auch die **Bundesverbände der Sozialversicherungsträger** gehören hierher, soweit sie selbst öffentlich-rechtliche Körperschaften sind (wie z. B. der AOK-Bundesverband). Kein Zweifel besteht auch, daß Bundesverbände von Leistungsträgern, die in der Form eines privat-rechtlichen Vereins organisiert sind, dann der Kontrollbefugnis des Bundesbeauftragten unterliegen, wenn ihnen ausschließlich bundesunmittelbare SGB-Stellen angehören (wie z. B. der Verband der Angestellten-Ersatzkassen e. V.).

152 Ein Sonderproblem bildet jedoch der **Verband Deutscher Rentenversicherungsträger**, dem neben der BfA auch die Landesversicherungsanstalten der Länder angehören. Nach dem Wortlaut des § 19 Abs. 1 Satz 1 i. V. m. § 7 Abs. 1 Satz 1 BDSG greift die Kontrollkompetenz des Bundesbeauftragten hier deshalb nicht, weil der Vereinigung nicht ausschließlich bundesunmittelbare Leistungsträger angeschlossen sind. Nicht anwendbar wäre jedoch auch das am Sitz des VDR in Frankfurt geltende Hessische Datenschutzgesetz, weil sich dieses Gesetz (§ 3 Abs. 1) nur auf Vereinigungen von **hessischen** öffentlichen Stellen bezieht. Wären nur **landesunmittelbare** SGB-Stellen aus verschiedenen Bundesländern betroffen, könnte entsprechend der Situation in vergleichbaren länderübergreifenden Institutionen nach dem Prinzip des Sitzlandes verfahren werden; mithin wäre dann aus diesem Grund das am Sitz des VDR gültige Hessische Datenschutzgesetz einschlägig. Betrachtet man jedoch den hohen »Bundesanteil« des VDR, der sich aus der Mitgliedschaft u. a. der Bundesversicherungsanstalt für Angestellte und der Bundesknappschaft ergibt, erscheint es sachgerecht, die **Zuständigkeit des Bundesbeauftragten** anzunehmen (so auch der BfD selbst, vgl. 3. TB/*BfD* S. 39 f.; *Heine* in SRH, S. 455). Für diese Lösung spricht auch das Argument, daß die Bundesverbände der gesetzlichen Krankenkassen als eigenständige Körperschaften des öffentlichen Rechts (vgl. § 212 Abs. 4 SGB V) zum Kompetenzbereich des BfD ohne Rücksicht darauf gehören, ob sie »**Mischverbände**« sind oder nicht (vgl. *Verbandskommentar* § 79 Rz. 6). Daher ist es weder rechtlich geboten noch praktikabel, die Kontrollbefugnis für den VDR und seine Datenstelle allen Datenschutzbeauftragten zuzusprechen und die Durchführung der Kontrolle in einem Verwaltungsabkommen zu regeln (s. aber *Maurer* BayVBl. 1983, 353 ff.; vgl. auch 5. TB/*BayLfD* S. 22 f.).

153 Bei **Datenverarbeitung im Auftrag** durch eine SGB-Stelle des Bundes erstreckt sich die Kontrollbefugnis des Bundesbeauftragten nicht auf den Auftragnehmer, wenn dieser nicht selbst eine Bundesbehörde ist. Auch gibt es keine Verpflichtung des Auftraggebers, vertraglich vom Auftragnehmer die Unterwerfung unter die Überwachung des Bundesbeauftragten zu verlangen (so aber einige Landesdatenschutzgesetze, vgl. z. B. § 4 Abs. 2 Satz 1 HDSG). Vielmehr darf der Bundesbeauftragte nur prüfen, ob der Auftraggeber den Auftragnehmer unter besonderer Berücksichtigung der Eignung der von diesem getroffenen Datensicherungsmaß-

nahmen sorgfältig ausgewählt hat (§ 8 Abs. 1 Satz 2 BDSG) und ob die weiteren Voraussetzungen des § 80 bei der auftraggebenden Stelle eingehalten sind (z. B. die rechtzeitige Mitteilung an die Aufsichtsbehörde nach § 80 Abs. 3). Nach § 80 Abs. 2 Satz 3 ist es vielmehr Pflicht des Auftraggebers, sich ggf. selbst vertraglich Überwachungsbefugnisse einräumen zu lassen (vgl. § 80 Rz. 33f.).
Die institutionelle Zuständigkeit des Bundesbeauftragten gilt auch für die in § 79 **154** Abs. 2 genannten **Krankenhäuser** und Einrichtungen zur Eingliederung Behinderter, soweit sie von bundesunmittelbaren Leistungsträgern betrieben werden (vgl. dazu u. Rz. 258ff.).

bb) Gegenstand und Reichweite der Datenschutzkontrolle (§ 19 Abs. 1 Satz 1 BDSG)
Der Bundesbeauftragte für den Datenschutz kontrolliert nach § 19 Abs. 1 Satz 1 **155** BDSG die Einhaltung der Vorschriften »**dieses Gesetzes**« – gemeint ist das **BDSG** – sowie »**anderer Vorschriften über den Datenschutz**«. Mit diesen »anderen Vorschriften« sind die **bereichsspezifischen** Datenschutzbestimmungen angesprochen, von denen einige in § 45 BDSG ausdrücklich genannt werden (vgl. u. Rz. 211ff. und o. Rz. 99). In den Landesdatenschutzgesetzen wird der Umfang der Kontrollkompetenz der Datenschutzbeauftragten mit der gleichen Formulierung wie im BDSG umschrieben.
Eine der **zentralen Meinungskontroversen** über die Auslegung des BDSG – **156** ebenso wie der entsprechenden Normen in den Landesdatenschutzgesetzen – betrifft die Frage, ob der Bundesbeauftragte die Einhaltung bereichsspezifischer Datenschutznormen außerhalb des BDSG generell überprüfen kann oder nur dann, wenn es um eine Datenverarbeitung **in Dateien** geht. Die Befürworter einer **Beschränkung auf Datei-Daten** (vgl. ausführlich *Heine* DRV 1981, 466ff. und 513ff. m.w.N.; *Henze* SdL 1983, 187, 202ff.) verweisen unter anderem darauf, daß § 45 BDSG unter vorrangigen Vorschriften ausdrücklich nur solche versteht, die auf in Dateien gespeicherte personenbezogene Daten anwendbar sind. Hinzu kommt nach ihrer Auffassung die sich aus dem Schutzbereich des BDSG ergebende Zielsetzung (vgl. § 1 Abs. 2 Satz 1 BDSG), ausschließlich die besonderen Risiken der dateimäßigen, insbesondere der automatisierten Verarbeitung zu bekämpfen. Ein weiteres Argument beruft sich auf die Formulierung des Einsichtsrechts in § 19 Abs. 3 Satz 2 Nr. 1 BDSG, das nicht generell für alle Akten eingeräumt wird, sondern nur für die, die im Zusammenhang mit der (zu ergänzen: dateimäßigen) Verarbeitung personenbezogener Daten stehen (vgl. u. Rz. 172). Hintergrund dieses Standpunkts ist schließlich die Befürchtung, mit einer Entfernung vom Dateibezug entwickle sich das Kontrollrecht des Datenschutzbeauftragten zu einer umfassenden materiellen Verwaltungskontrolle.
Speziell für den Sozialleistungsbereich wird schließlich die Auffassung vertreten, **157** der Wortlaut des § 79 Abs. 1 Satz 1 1. Halbs. erledige die Streitfrage nach der Reichweite der Prüfungskompetenz des Bundesbeauftragten für den Datenschutz, weil dort die Verweisung auf den Zweiten Abschnitt des BDSG ausdrücklich auf die Verarbeitung von Sozialdaten in Dateien beschränkt wird (so *Hauck/Haines* § 79 Rz. 23; *Henze* SdL 1983, 188, 203). Dieser Hinweis verkennt jedoch die **Funktion des Dateibezugs** in § 79 Abs. 1: Seine Funktion ist es, den Anwendungsbereich der §§ 79 ff. abzugrenzen von dem der Offenbarungsbefugnisse nach §§ 67 ff., die unbestrittenermaßen ja auch für in Akten aufgezeichnete Sozialdaten Gültigkeit haben. Es geht mithin keineswegs darum, über den im BDSG ohnehin

enthaltenen Dateibezug hinaus für den Schutz der Sozialdaten bei der Datenverarbeitung und die Kontrollmöglichkeiten des Datenschutzbeauftragten gerade in diesem Bereich eine zusätzliche Beschränkung vorzuschreiben.

158 Die **Gegenmeinung** wird vor allem von den Datenschutzbeauftragten selbst vertreten (vgl. u. a. 2. TB/*BfD* Ziff. 2.5.3, 2.5.5; 3. TB/*BfD* S. 11 ff.; 5. TB/*BfD* Ziff. 1.3.3; s. auch *Dammann* in Simitis u. a., BDSG, § 19 Rz. 14). Auch sie berufen sich auf den Wortlaut des § 19 Abs. 1 Satz 1 BDSG, wonach dort für die neben dem BDSG »anderen Vorschriften über den Datenschutz« **keine Eingrenzung auf Dateien** enthalten ist. Gegen eine derartige Beschränkung spricht weiter, daß eine Vielzahl sensitiver Daten gerade in Akten aufgezeichnet werden, und dies nicht zuletzt in Bereichen der Verwaltung, für die besondere Amts- oder Berufsgeheimnisse gelten. Bestes Beispiel hierfür ist der Sozialleistungsbereich selbst; eine Überprüfung der Einhaltung der Offenbarungsbestimmungen der §§ 67 ff. wäre, wenn es um eine Datenweitergabe aus einer Sozialakte geht, vom Datenschutzbeauftragten nicht überprüfbar.

159 Sicherlich spricht einiges dafür, daß der Gesetzgeber des BDSG bei der Regelung der Kontrollbefugnis des Datenschutzbeauftragten nur die Verarbeitung in Dateien im Auge hatte (so überwiegend die Kommentarliteratur, vgl. z. B. *Auernhammer* BDSG, § 19 Rz. 2; *Ordemann/Schomerus* BDSG, § 19 Anm. 2; a. A. jedoch *Dammann* in Simitis u. a., BDSG, § 19 Rz. 14). Diese Interpretation aus dem Blickwinkel des Gesetzgebers kann heute nicht aufrechterhalten werden. Spätestens seit dem Urteil des Bundesverfassungsgerichts zum Volkszählungsgesetz steht fest, daß **jede Datenverarbeitung**, zumindest wenn es um zwangsweise erhobene Angaben geht, **das Persönlichkeitsrecht des Bürgers tangiert** und einen Eingriff in sein informationelles Selbstbestimmungsrecht bedeutet, und dies ganz unabhängig von dem Medium, auf dem seine Daten aufgezeichnet oder gespeichert werden. Der Tätigkeit der unabhängigen Datenschutzbeauftragten wiederum hat das Bundesverfassungsgericht eine »erhebliche Bedeutung für einen effektiven Schutz des Rechts auf informationelle Selbstbestimmung« zugesprochen (vgl. *BVerfGE* 65, 1, 46). Auf diesem Hintergrund kann eine Restriktion der Kontrollkompetenz des Datenschutzbeauftragten auf die dateimäßige Verarbeitung heute nicht mehr vertreten werden.

160 In **Hessen** sind die **Akten** in den Anwendungsbereich des Datenschutzgesetzes und mithin auch in die Überwachungsbefugnis des Hessischen Datenschutzbeauftragten einbezogen worden (§§ 2 Abs. 2, 24 Abs. 1 des HDSG vom 11. 11. 1986). Gleiches gilt nach dem **Bremischen** Datenschutzgesetz i. d. F. des ÄndG vom 8. 9. 1987 (GBl. Nr. 33/87, S. 235, § 2 Abs. 2 i. V. m. § 20 Abs. 1) und nach § 22 i. V. m. § 2 Abs. 1 **DSG NW** vom 15. 3. 1988. Insoweit ergibt sich auch für den Sozialleistungsbereich in diesen Ländern eine **Klarstellung der Kontrollkompetenz** des Landesbeauftragten für die Verarbeitung in Akten (ebenso *Weyer* DSG NW-Komm., § 22 Rz. 4). Selbstverständlich bleibt es wegen § 79 Abs. 3 Satz 1 auch in den genannten Bundesländern dabei, daß die §§ 79 ff. **materiell** nur für Dateien und nicht für Akten der SGB-Stellen gelten (vgl. o. Rz. 10).

161 Einen Mittelweg geht die Regelung im Regierungsentwurf zur BDSG-Novellierung aus der laufenden Wahlperiode (vgl. BR-Drucks. 618/88). Nach § 22 Abs. 1 Nr. 2 BDSG-E '88 kann sich der Bundesbeauftragte jedenfalls dann **im Einzelfall** auch bei Datenverarbeitung außerhalb von Dateien einschalten, wenn sich aus der **Eingabe** eines Bürgers oder aus anderen Quellen hinreichende **Anhaltspunkte** für einen Datenschutzverstoß ergeben (ebenso § 19 Abs. 1 Nr. 2 des BDSG-Entwurfs

von 1986; diese Regelung ist allerdings von den Datenschutzbeauftragten in ihrer Entschließung vom 14.3.1986, abgedruckt in *Dammann* BDSG-Dok., F 27, II.11, als Einschränkung gegenüber der bisherigen Rechtslage verstanden und daher nachdrücklich kritisiert worden). Immerhin entspricht diese Regelung, d.h. die Anerkennung der Kontrollkompetenz auch für Akten jedenfalls bei Bürgereingaben, der in manchen Bundesländern – unter Ausklammerung der grundsätzlichen Interpretationskontroverse – geübten Verwaltungspraxis. Doch ist andererseits an diesem Regelungsvorschlag zu kritisieren, daß die im Regierungsentwurf ebenfalls vorgesehenen Ergänzungen des Verwaltungsverfahrensgesetzes des Bundes um Datenschutzbestimmungen für Akten (BR-Drucks. 618/88, zu §§ 3 a ff.; allerdings ohne Gültigkeit für den Sozialleistungsbereich, vgl. § 2 Abs. 2 Nr. 3) dann nur in einzelnen Beschwerdefällen überprüfbar wären.

cc) Beratung (§ 19 Abs. 1 Satz 2 BDSG)
Im Vordergrund der Tätigkeit des BfD ebenso wie der Landesbeauftragten für **162** den Datenschutz steht die **Beratung** der Behörden in Fragen des Datenschutzes (§ 19 Abs. 1 Satz 2 BDSG). Schon aus dem Verhältnis von Satz 1 (»...kontrolliert...«) zu Satz 2 (»**Zu diesem Zweck**... Empfehlungen geben... **beraten**...«) ergibt sich, daß der Gesetzgeber die beratende und empfehlende Aktivität als Teilelement der Kontrolle ansieht. Vorrang gebührt der **präventiven Intervention** der Datenschutzbeauftragten vor der nachträglichen Beanstandung oder Kontrolle schon deshalb, weil die Vermeidung von Verarbeitungsrisiken und Datenschutzverstößen im Vorhinein das Recht auf informationelle Selbstbestimmung der Bürger sehr viel intensiver zu schützen vermag als nachträgliche Korrekturen oder Mängelrügen (vgl. dazu *Ordemann/Schomerus* BDSG, § 19 Anm. 2; *Auernhammer* BDSG, § 19 Rz. 3; zu eng daher *Naeth* in VDR (Hrsg.) Datenschutz, S. 19, 25 f.). Selbstverständlich läßt sich aus diesem Verständnis der Rolle des Datenschutzbeauftragten nicht ableiten, daß Stellen, die vom Datenschutzbeauftragten geprüft werden, sich darauf berufen können, es hätte zunächst eine Beratung erfolgen müssen.

Insgesamt ist die **Gestaltung der Kontrolltätigkeit** des BfD im BDSG nur ansatz- **163** weise geregelt. Welche der möglichen Kontaktformen zu den Behörden gewählt wird, von welcher der gesetzlich eingeräumten Befugnisse im einzelnen Gebrauch gemacht wird, steht im **Ermessen** des Datenschutzbeauftragten (ebenso *Dammann* in Simitis u.a., BDSG, § 19 Rz. 19, 21). Ganz sicher kann der Vorrang der Beratungstätigkeit nur dann gewahrt werden, wenn auf der Seite der datenverarbeitenden Stellen sowohl der Wille als auch die organisatorischen Vorkehrungen vorhanden sind, den Datenschutzbeauftragten rechtzeitig zu informieren bzw. einzuschalten. Dies bezieht sich insbesondere auf die Entwicklung von Datenverarbeitungsverfahren und die Ausarbeitung von Datensicherungskonzepten, bei denen bereits in der Vorbereitungsphase die Weichen für eine datenschutzgerechte Ausgestaltung gestellt werden müssen. Ein kooperatives Verhältnis zwischen dem Datenschutzbeauftragten (dazu auch *Dammann* in Simitis u.a., BDSG, § 19 Rz. 18) und den von ihm zu kontrollierenden Stellen kann sich mit anderen Worten nur dann entwickeln, wenn die **Unterstützungspflicht** nach § 19 Abs. 3 Satz 1 BDSG nicht nur reaktiv verstanden, d.h. auf vorherige Anfragen oder Informationsersuchen des Datenschutzbeauftragten bezogen wird (vgl. dazu u. Rz. 168 ff.). Der hessische Gesetzgeber hat diese Schlußfolgerung gezogen und die datenverarbeitenden Stellen verpflichtet, den Hessischen Datenschutzbeauftragten über die Entwicklung automatisierter Verarbeitungsverfahren rechtzeitig und umfassend zu unterrichten (§ 29 Abs. 3 HDSG).

164 Als Anlässe, die zu **Beratungen** oder **Empfehlungen** durch den Datenschutzbeauftragten führen, sind die verschiedensten **Konstellationen** denkbar:
— Es liegt das **Beratungsersuchen** eines Sozialleistungsträgers vor, der beispielsweise dem Datenschutzbeauftragten eine DV-Verfahrensbeschreibung, ein Datensicherungskonzept, eine Dienstanweisung zum Datenschutz o. ä. zur Stellungnahme vorlegt.
— Beratungsbedarf hat sich auf Grund einer **Kontrolle** der Datenverarbeitung **vor Ort** ergeben, unabhängig davon, ob eine Beanstandung nach § 20 BDSG ausgesprochen werden mußte.
— Der Datenschutzbeauftrage geht einer **Eingabe** nach § 21 BDSG nach und stellt dabei Datenschutzmängel fest.
— Von anderen Datenschutzbeauftragten oder von Aufsichtsbehörden für den privaten Bereich, mit denen der Bundesbeauftragte zusammenwirken soll (vgl. § 19 Abs. 5 BDSG), kommen einschlägige **Hinweise**.
— Auch eine vergleichende Auswertung des **Dateienregisters**, etwa im Hinblick auf den Umfang des Datenkatalogs bei Behörden mit gleichen Aufgaben, kann zu Nachfragen und Hinweisen des Datenschutzbeauftragten führen.
— Schließlich kann der Datenschutzbeauftragte völlig aus eigener Initiative Empfehlungen zur Verbesserung des Datenschutzes aussprechen.

165 Auch die **Form der Beratung** gegenüber den datenverarbeitenden Stellen liegt im **Ermessen** des Datenschutzbeauftragten. In Betracht kommen unter anderem schriftliche Stellungnahmen, telefonische Auskünfte, Besprechungen mit Mitarbeitern von SGB-Stellen usw. Der BfD kann seine Stellungnahme auch auf einen oder mehrere Teilbereiche des angesprochenen Problems beschränken. Äußert er sich nicht, kann dies nicht einer positiven Bestätigung der datenschutzrechtlichen Unbedenklichkeit gleichgesetzt werden (so auch *Ordemann/Schomerus* BDSG, § 19 Anm. 2, der allerdings fälschlich von »Zustimmung« spricht).

dd) Tätigkeitsbericht (§ 19 Abs. 2 Satz 2 BDSG)

166 Der Bundesbeauftragte für den Datenschutz hat dem Bundestag regelmäßig **jährlich** einen **Tätigkeitsbericht** vorzulegen (§ 19 Abs. 2 Satz 2, Zwei-Jahres-Turnus in § 24 Abs. 1 BDSG-E '88). Für die Landesbeauftragten für den Datenschutz gilt gegenüber ihren Landesparlamenten ebenfalls eine Berichtspflicht, wenn auch mit unterschiedlichen Fristen. Der Tätigkeitsbericht hat in erster Linie die Funktion, die Aktivitäten des Datenschutzbeauftragten gegenüber der Legislative zu dokumentieren. Für die datenverarbeitenden Stellen gibt er einen Überblick über die Schwerpunkte der Anregungen und Kritik des Datenschutzbeauftragten. Die parlamentarische Behandlung des Tätigkeitsberichtes kann zu Beschlüssen des Bundestages bzw. der Landtage führen, die die jeweils zuständigen obersten Bundes- oder Landesbehörden zum Eingreifen oder zur Stellungnahme auffordern oder eine Änderung der Verwaltungspraxis anregen.

167 So hat es in den letzten Jahren auf Landes- und Bundesebene eine Fülle von **Parlamentsbeschlüssen zum Sozialdatenschutz** gegeben. Dazu nur zwei Beispiele: In einem Beschluß des **Bundestages** werden die Sozialleistungsträger aufgefordert, Offenbarungsersuchen von Sicherheitsbehörden nicht in der Sozialleistungsakte selbst, sondern getrennt aufzuzeichnen (vgl. § 68 Rz. 91).

Der **Hessische Landtag** hat sich in einem Beschluß zum 14. Tätigkeitsbericht des Hessischen Datenschutzbeauftragten dessen Auffassung über die Unzulässigkeit kassenübergreifender Datenzugriffe im derzeitigen Datenverarbeitungssystem der Ortskrankenkassen (IDVS II) angeschlossen und die Krankenkassen und deren Verbände aufgefordert, datenschutzrechtliche Anforderungen an Verfahren zur Verarbeitung von Versicherten- und Patientendaten bereits im Planungsstadium zu erfüllen (vgl. Beschlußempfehlung und Bericht des Innenausschusses des Hessischen Landtages, Drucks. 11/6231 vom 18. 6. 86, Nr. 3).

ee) Unterstützungspflichten der speichernden Stellen und Befugnisse des Bundesbeauftragten (§ 19 Abs. 3 BDSG)

Nach § 19 Abs. 3 Satz 1 BDSG sind die SGB-Stellen des Bundes verpflichtet, den Bundesbeauftragten und seine Beauftragten bei der Erfüllung ihrer Aufgaben zu unterstützen. Als **Beispiele** für diese **Unterstützungspflicht** nennt das Gesetz in § 19 Abs. 3 Satz 2 **168**

— die **Auskunft** zu Fragen des Datenschutzbeauftragten,
— die Gewährung von **Einsicht in alle Unterlagen** und Akten, die im Zusammenhang mit der Verarbeitung personenbezogener Daten stehen, und
— die Gewährung **jederzeitigen Zutritts** in alle Diensträume.

Diese Aufzählung ist, wie gesagt, nur **exemplarisch**. In Rz. 163 wurde bereits ausgeführt, daß zur Unterstützungspflicht auch die **unaufgeforderte Unterrichtung** des Datenschutzbeauftragten gehören kann, z. B. die vorherige und rechtzeitige Information über geplante DV-Verfahren (so für automatisierte Verfahren ausdrücklich § 29 Abs. 3 HDSG und § 20 Abs. 4 Satz 2 BremDSG, die auch für die landesunmittelbaren Leistungsträger dieser Bundesländer gelten). Ganz generell läßt sich aus dieser Unterstützungspflicht das **Gebot einer kooperativen Zusammenarbeit** zwischen der SGB-Stelle und dem Datenschutzbeauftragten ableiten. Dies gilt nicht zuletzt für die zügige Bearbeitung von Informationsersuchen des Datenschutzbeauftragten. **169**

Den **Unterstützungs- bzw. Informationspflichten** der Leistungsträger korrespondieren die entsprechenden **Rechte des Datenschutzbeauftragten**. Er hat mit anderen Worten einen **Anspruch** auf Auskunft, Einsicht bzw. Zutritt. Diesen **Befugnissen** können **Berufs- oder besondere Amtsgeheimnisse** selbstverständlich nicht entgegengehalten werden (so aber die Finanzverwaltung für das Steuergeheimnis, vgl. z. B. 2. TB/*BfD* Ziff. 2.3; 3. TB/*BfD* Ziff. 3.3). Es wäre widersinnig, ausgerechnet der zur Datenschutzkontrolle berufenen Institution die verschärften Geheimhaltungsvorschriften entgegenzuhalten, deren Einhaltung sie gerade überprüfen soll. Dementsprechend kann auch nicht unter Berufung auf das **Sozialgeheimnis** eine Kontrolle von Datenschutzvorgängen im Sozialleistungsbereich abgelehnt oder nur auf Verlangen oder mit Zustimmung des Betroffenen zugelassen werden (so aber – wenn auch ohne ausdrückliche Erwähnung des Sozialgeheimnisses – *Auernhammer* BDSG, § 19 Rz. 5). § 19 Abs. 5 Satz 1 BDSG-E und § 22 Abs. 2 Satz 1 BDSG-E '88 bekräftigen den Grundsatz, daß die Überwachungsbefugnis des BfD auch diejenigen Daten einschließt, die einem Berufs- oder besonderen Amtsgeheimnis unterliegen. Einschränkungen sind für das Post- und Fernmeldegeheimnis sowie das Steuer- und das Arztgeheimnis vorgesehen – bei letzteren gibt es ein Widerspruchsrecht des Betroffenen –, nicht jedoch für das **170**

Sozialgeheimnis (§ 19 Abs. 4 Satz 3 Nrn. 2 und 3 BDSG-E, § 22 Abs. 2 Satz 4 Nrn. 2 und 3 BDSG-E '88).

171 Die Bekanntgabe von Sozialdaten an den Datenschutzbeauftragten im Zusammenhang mit der Beantwortung von Fragen oder der Gewährung von Einsicht in Akten oder Dateien stellt auch **keine Offenbarung** i. S. d. §§ 67 ff. dar. Allenfalls wäre zu überlegen, ob der Datenschutzbeauftragte in diesen Fällen als »aufsichtsberechtigte Behörde« i. S. d. § 35 Abs. 1 Satz 2 SGB I anzusehen ist (*Schmidt* DSB 8/1988, S. 24) und damit für die ihm überlassenen Sozialdaten ebenfalls dem Sozialgeheimnis unterliegt. Die **Verschwiegenheitspflichten** des Bundesbeauftragten ergeben sich im übrigen aus § 18 Abs. 4 und 5 BDSG.

172 Ausdrücklich vom Einsichtsrecht des Datenschutzbeauftragten erfaßt sind »alle Unterlagen und Akten..., die **in Zusammenhang** mit der Verarbeitung personenbezogener Daten stehen« (§ 19 Abs. 3 Satz 2 Nr. 1 BDSG). Das Gesetz nennt selbst beispielhaft die **gespeicherten Daten**, also die Dateien, und die **Datenverarbeitungsprogramme**. Bei Programmen ist allerdings die Einsicht nicht auf die schriftliche Darstellung des Verfahrens, die Programmdokumentation u. ä. beschränkt, vielmehr kann die Verarbeitung auch »in Aktion« überprüft werden (vgl. *Ordemann/Schomerus* BDSG, § 19 Anm. 4.1). Der Zusammenhang mit der dateimäßigen Verarbeitung ist weit zu interpretieren: Werden Angaben gleichzeitig in Akten und in Dateien geführt, besteht das Einsichtsrecht in die manuellen Unterlagen schon deshalb, um feststellen zu können, ob die in der Datei enthaltenen Angaben richtig und zulässigerweise gespeichert sind oder ob die in der Datei enthaltenen Hinweise auf den Akteninhalt zutreffen (ebenso *Ordemann/Schomerus* a. a. O.).

173 Die Prüfungskompetenzen der Datenschutzbeauftragten bestehen **neben** und **unabhängig** von denen anderer Behörden, deren Kontrollbefugnisse die Beachtung von Datenschutzvorschriften einschließen. Dies gilt etwa im Verhältnis zwischen dem Bundesbeauftragten für den Datenschutz und dem **Bundesversicherungsamt**, dem nach § 90 Abs. 1 SGB IV die Aufsicht über die bundesunmittelbaren Versicherungsträger zukommt (in diesem Sinne auch das Rundschreiben des *BVA* vom 19. 8. 1982, BKK 1982, 450 f.). Die gleiche Überschneidung der Kontrollmöglichkeiten ergibt sich im Verhältnis zwischen den Landesbeauftragten für den Datenschutz und den für die landesunmittelbaren Versicherungsträger zuständigen Aufsichtsbehörden (§ 90 Abs. 2 SGB IV) oder den für die gesetzliche Krankenversicherung zuständigen Prüfabteilungen der Landesversicherungsanstalten.

ff) Dateienregister (§ 19 Abs. 4 BDSG)

174 Das **Dateienregister** des Datenschutzbeauftragten erfüllt vor allem zwei Funktionen (vgl. *Dammann* in Simitis u. a., BDSG, § 19 Rz. 44): Zum einen dient es als **Hilfsmittel für die Kontrolltätigkeit**. So erleichtert die Kenntnis der gemeldeten Dateien die Vorbereitung auf Datenschutzprüfungen vor Ort. Oder: Schon bei der Anmeldung von Dateien läßt sich der Datenkatalog auf die Erforderlichkeit der einzelnen Angaben zur Aufgabenerfüllung und damit auf die Zulässigkeit der Verarbeitung durchsehen (mißverst. *Ordemann/Schomerus* BDSG, § 19 Anm. 5.1). Auch ein Vergleich von Dateien mit gleicher Aufgabenstellung ermöglicht Korrekturen am gespeicherten Datenumfang, wenn beispielsweise das automatisiert verarbeitete Mitgliedsverzeichnis einer gesetzlichen Krankenkasse mehr Daten enthält als die entsprechende Datei einer anderen Kasse (vgl. § 288 SGB V).

175 In seiner zweiten Funktion ist das Register ein Instrument der **Transparenz für den Bürger**. Das Register kann **von jedem eingesehen** werden (§ 19 Abs. 4 Satz 2).

Damit kann der Bürger feststellen, wo möglicherweise Daten über ihn gespeichert sind, wo er dementsprechend seine Rechte auf Berichtigung, Sperrung oder Löschung oder aber auch auf Einschaltung des Datenschutzbeauftragten zur Überprüfung möglicher Verstöße (vgl. § 21 BDSG) geltend machen muß.

176 Meldepflichtig für ihre Dateien nach § 19 Abs. 4 Satz 3 BDSG sind alle in § 35 SGB I genannten Stellen auf **Bunde**sebene (vgl. § 35 Rz. 33ff.). Zu melden sind zum Register des Bundesbeauftragten nur die »**automatisch** betriebenen Dateien, in denen **personenbezogene Daten** gespeichert werden« (§ 19 Abs. 4 Satz 1 BDSG). Allerdings gilt für Sozialleistungsträger im Gegensatz zu dieser Vorschrift die Erweiterung in § 79 Abs. 1 auf Dateien, in denen **Betriebs- oder Geschäftsgeheimnisse** aufgezeichnet sind. In einigen Landesdatenschutzgesetzen wird die Meldepflicht erstreckt auch auf **manuelle** Dateien (vgl. z. B. § 26 Abs. 1 i. V. m. § 6 Abs. 1 HDSG; ebenso die Novellierungsentwürfe zum BDSG, vgl. § 19 Abs. 7 Satz 1 BDSG-E und § 24 Abs. 5 Satz 1 BDSG-E '88). Da die **Registervorschriften in den Landesgesetzen** in dem jeweiligen Abschnitt über den Landesbeauftragten für den Datenschutz enthalten sind, richtet sich wegen § 79 Abs. 3 Satz 2 die Meldepflicht der landesunmittelbaren bzw. kommunalen Leistungsträger ausschließlich nach den landesrechtlichen Normen (vgl. dazu 3. TB/*BayLfD* S. 19 und u. Rz. 276).

177 Durch die Technikentwicklung hat sich der Kreis der Dateien, die »automatisch betrieben« werden, erweitert. Hierzu gehören nicht nur die auf herkömmlichen DV-Anlagen in zentralen **Rechenzentren** verarbeiteten Datensammlungen, sondern auch **Personal-Computer** bis hin zur **programmierbaren Textverarbeitung** (zur Definition der Datei vgl. o. Rz. 51ff.). Bloße Speicherschreibmaschinen erfüllen dagegen die Voraussetzung der Umordenbarkeit (vgl. § 2 Abs. 3 Nr. 3 BDSG) und damit der dateimäßigen Verarbeitung nicht. **Interne** Dateien, deren Inhalt nicht zur Übermittlung an Dritte bestimmt ist, sind bei manueller Führung nicht meldepflichtig (§ 1 Abs. 2 Satz 2 BDSG, vgl. dazu o. Rz. 30ff.), werden es aber, sobald sie automatisiert betrieben werden.

178 Die Einzelheiten über Form und Frist der Meldung zum Dateienregister, die mitzuteilenden Angaben usw. sind nicht in § 19 BDSG selbst, sondern in der **Datenschutzregisterordnung** (DSRegO) vom 9. 2. 1978 (BGBl. I S. 250) geregelt. Als Anlage zu dieser Verordnung gibt es ein Muster-Formblatt für die Dateimeldung. Details werden an dieser Stelle nicht kommentiert (vgl. dazu die Amtl. Begr. zur DSRegO, abgedruckt bei *Auernhammer* BDSG, S. 408ff.; die Registerverordnungen der Länder sind abgedruckt bei *Dammann* BDSG-Dok., Bd. 1).

179 Wichtig ist jedoch, daß es nicht bei der erstmaligen Dateimeldung sein Bewenden haben darf. Vielmehr sind **Änderungen**, etwa in der Dateibezeichnung, im gespeicherten Datensatz oder in der Aufgabenstellung, für die die Datei eingesetzt wird, ebenso wie die **Auflösung** von Dateien ebenfalls dem Datenschutzbeauftragten mitzuteilen (§ 3 Abs. 2 DSRegO). Dies setzt innerbehördliche organisatorische Maßnahmen voraus, um eine **laufende Aktualisierung der Dateiübersicht** (vgl. o. Rz. 145) zu gewährleisten. An dieser Aufgabe hat maßgeblich der interne Beauftragte für den Datenschutz mitzuwirken (§ 29 Satz 3 Nr. 1 BDSG, dazu u. Rz. 252).

gg) Zusammenarbeit mit anderen Kontrollinstanzen (§ 19 Abs. 5 BDSG)

180 Nach § 19 Abs. 5 BDSG wirkt der Bundesbeauftragte für den Datenschutz auf die Zusammenarbeit mit den Behörden und sonstigen öffentlichen Stellen, die für die Kontrolle der Einhaltung der Vorschriften über den Datenschutz in den Ländern zuständig sind, sowie mit den Aufsichtsbehörden nach § 30 hin. Hauptziel dieser Vorschrift ist es, die Effizienz der Datenschutzkontrolle durch **Koordination** von Standpunkten und Maßnahmen der verschiedenen Datenschutzinstanzen zu erreichen. Dies kann durch **Erfahrungs- und Informationsaustausch**, durch Mitteilung über ausgesprochene Empfehlungen oder Beanstandungen oder in anderen Formen geschehen. Auslegung und Anwendung des Datenschutzrechts können damit über Ländergrenzen hinweg einheitlicher werden. Doch bleibt es bei der **Kontrollautonomie** der einzelnen Datenschutzinstanzen jeweils für ihren Bereich; soweit dabei unterschiedliche Standpunkte und Interpretationen verbleiben, entspricht dies den üblichen Auswirkungen des Föderalismus. Zwischen den Datenschutzbeauftragten in Bund und Ländern besteht völlige Gleichberechtigung; eine bundesweite »Koordinierungsaufgabe« des Bundesbeauftragten für den Datenschutz auf Grund von § 19 Abs. 5 BDSG gibt es nicht (vgl. *Auernhammer* BDSG, § 19 Rz. 10; *Ordemann/Schomerus* BDSG, § 19 Anm. 6).

181 Das Zusammenarbeitsgebot mit den anderen Datenschutzinstanzen findet sich auch in einer Reihe von Landesdatenschutzgesetzen. Für den Datenschutz im öffentlichen Bereich erfolgt die Koordination im wesentlichen durch die **Konferenz der Datenschutzbeauftragten des Bundes und der Länder**. Im Arbeitskreis Sozialwesen dieser Konferenz wird der Meinungsaustausch über die speziell den Sozialleistungsbereich und den Sozialdatenschutz betreffenden Fragen geführt. Die Aufsichtsbehörden für den nicht-öffentlichen Bereich nach § 30 BDSG – das sind vor allem die Innenministerien der Länder – haben sich im sog. **»Düsseldorfer Kreis«** zusammengeschlossen. An diesem Kreis sind auch die Datenschutzbeauftragten beteiligt, die gleichzeitig die Funktion der Aufsichtsbehörde wahrnehmen (z.B. der Hamburgische Datenschutzbeauftragte). Damit ist auch die nötige Informationsverbindung zwischen den beiden Koordinierungsgremien des öffentlichen und des privaten Bereichs gewährleistet.

182 Eine effiziente **Kooperation von Datenschutzbeauftragten und regionalen Aufsichtsbehörden** ist nicht zuletzt an der Schnittstelle zwischen der Datenverarbeitung **bei öffentlichen und bei privaten Stellen** angezeigt. Dazu ein Beispiel: Arbeiten eine Sozialbehörde und ein freier oder gemeinnütziger Träger zusammen und tauschen zu diesem Zweck Daten aus, kann die Einhaltung der Zweckbindung nach § 78 bei dem freien Träger nur von der Aufsichtsbehörde für den privaten Bereich überprüft werden. Oder: Werden nach § 80 zulässigerweise private Stellen von Sozialleistungsträgern mit der Verarbeitung von Sozialdaten beauftragt, können Prüfungen beim Auftragnehmer nur von der auftraggebenden SGB-Stelle selbst (vgl. § 80 Abs. 2 Satz 3; s. dazu § 80 Rz. 33) oder von der Aufsichtsbehörde, nicht aber von den Landesdatenschutzbeauftragten durchgeführt werden.

183 Obwohl die Datenschutzbestimmungen des SGB X bereits seit mehreren Jahren in Kraft sind, besteht nach wie vor ein unverändert **großer Koordinationsbedarf**. Zwar sind viele Rechtsfragen des Sozialgeheimnisses inzwischen bundesweit geklärt. Auf der anderen Seite erfordert die zunehmende **Gesetzgebungsarbeit** im Gefolge des Volkszählungsurteils des Bundesverfassungsgerichts (vgl. dazu Einl. Rz. 16 ff.) eine laufende Abstimmung. Gleiches gilt für die ständige Zunahme der

Geltung des BDSG § 79

Automation auch und gerade im Sozialleistungsbereich. Bundesweit durchgeführte **Forschungsvorhaben** oder **Modellversuche**, wie etwa der des Bundesministers für Arbeit und Sozialordnung über die Leistungs- und Kostentransparenz in der gesetzlichen Krankenversicherung (dazu o. Rz. 115; vgl. auch *Raible* KrV 1985, 197ff.), sind ohne Annäherung der Datenschutzstandards nicht sinnvoll durchführbar.

Zur Koordination ihrer Standpunkte im Sozialleistungsbereich hat die **Konferenz** 184 **der Datenschutzbeauftragten der Länder und des Bundes** in den vergangenen Jahren eine Reihe von **Beschlüssen** gefaßt. Sie befassen sich u. a. mit

— der Sozialhilfestatistik (Beschluß vom 28./29. 9. 1981),
— mit der Geltung des SGB X innerhalb von Stadt- und Kreisverwaltungen,
— mit der entsprechenden Anwendung der §§ 28 und 29 BDSG auf die Kommunen (beide vom 14. 12. 1981),
— der Datenerhebung und -übermittlung im Zusammenhang mit der Durchführung des Bundeskindergeldgesetzes (Beschluß vom 15. 6. 1983),
— den Auswirkungen des Volkszählungsurteils (Beschluß vom 27./28. 3. 1984, Ziff. 2.6 zur Sozial- und Gesundheitsverwaltung) und
— der Änderung des Bundesdatenschutzgesetzes, die über § 79 Auswirkungen auch für den Sozialleistungsbereich hat (Beschluß vom 14. 3. 1986; alle Beschlüsse sind abgedruckt in *Dammann* BDSG-Dok., Bd. 2, Teil F.).

c) **Beanstandungen durch den Bundesbeauftragten für den Datenschutz (§ 20 BDSG)**

aa) **Voraussetzungen (§ 20 Abs. 1, 2 BDSG)**

Die **förmliche Beanstandung** nach § 20 BDSG und den entsprechenden Bestimmungen in den Landesdatenschutzgesetzen stellt das **schärfste Reaktionsmittel** 185 des Datenschutzbeauftragten dar. Von ihm wird nur Gebrauch gemacht, wenn es mit den Mitteln der Beratung oder Empfehlung (s. o. Rz. 162ff.) nicht gelungen ist, den Datenschutzverstoß zu verhindern oder zu beheben. Doch ist der Beanstandung nicht zwangsläufig eine Beratungsphase vorgeordnet (so aber *Ordemann/Schomerus* BDSG, § 20 Anm. 1.2; wie hier *Dammann* in Simitis u. a., BDSG, § 20 Rz. 8). Sie hat auch dann zu erfolgen, wenn bei einer erstmaligen Datenschutzprüfung vor Ort erhebliche Mängel festgestellt werden. In aller Regel werden Beanstandungen in den **Tätigkeitsbericht** des Datenschutzbeauftragten (vgl. o. Rz. 166f.) aufgenommen, um die umfassende Information des Parlaments und der Öffentlichkeit über erhebliche Datenschutzverstöße zu gewährleisten.

Nach dem Gesetzeswortlaut des § 20 Abs. 2 BDSG muß der Bundesbeauftragte 186 für den Datenschutz immer dann beanstanden, wenn es sich um **erhebliche Mängel** handelt. Nur bei unerheblichen Verstößen kann er von einer Beanstandung absehen. Bei der Beurteilung der »Erheblichkeit« besteht allerdings ein gewisser **Spielraum** (vgl. *Dammann* in Simitis u. a., BDSG, § 20 Rz. 7). In der Praxis greifen daher die Datenschutzbeauftragten zur förmlichen Beanstandung nur als letztes Mittel. Insbesondere dann, wenn die festgestellten Mängel inzwischen **beseitigt** sind und keine »Wiederholungsgefahr« besteht, ist eine Beanstandung wenig sinnvoll. Dem trug § 20 Abs. 2 BDSG-E insoweit Rechnung, als auf

Walz 403

die Beanstandung auch bei inzwischen abgestellten Verstößen verzichtet werden konnte (ebenso jetzt § 23 Abs. 2 BDSG-E '88).

187 Anlaß zur förmlichen Beanstandung kann der Verstoß gegen Datenschutzbestimmungen auf allen Regelungsebenen sein, gleich ob es sich um das **BDSG** selbst oder **bereichsspezifische Datenschutzgesetze**, um **Verordnungen** oder **Erlasse** handelt. Auch die Nichtbeachtung von Normen, die von der datenverarbeitenden Stelle selbst gesetzt sind (z. B. **Dienstanweisungen**) können gerügt werden (vgl. *Ordemann/Schomerus* BDSG, § 20 Anm. 1.1). Die in § 20 Abs. 1 BDSG neben Rechtsverstößen ebenfalls genannten »sonstigen Mängel« lassen sich kaum definieren, weil sie wegen des umfassenden Anwendungsbereichs der materiellen Zulässigkeitsbestimmungen des BDSG und sonstiger Einzelgesetze immer gleichzeitig Rechtsverstöße darstellen. Dies gilt insbesondere für den häufigsten Beanstandungsgrund, nämlich **fehlende Datensicherungsvorkehrungen**, für die ja § 6 BDSG und die zugehörige Anlage erschöpfende Vorgaben setzen (vgl. o. Rz. 82 ff.).

bb) Verfahren (§ 20 Abs. 1, 3, 4 BDSG)

188 Wer **Adressat** der förmlichen Beanstandung ist, ergibt sich aus § 20 Abs. 1 Satz 1 BDSG. Soweit SGB-Stellen den Status einer bundesunmittelbaren Körperschaft oder Anstalt haben, ist die Beanstandung gegenüber dem **Vorstand** oder dem sonst **vertretungsberechtigten Organ** auszusprechen. Bei Sozialversicherungsträgern bedeutet dies im Umkehrschluß, daß es nicht ausreicht, die Beanstandung an die Geschäftsführung zu richten (vgl. § 35 SGB IV). Von der Beanstandung bei Stellen nach § 35 SGB I, die die Rechtsform einer Körperschaft oder Anstalt haben, unterrichtet der Bundesbeauftragte gleichzeitig auch die zuständige Aufsichtsbehörde (§ 20 Abs. 1 Satz 2 BDSG). Bei bundesunmittelbaren Versicherungsträgern ist dies in der Regel das Bundesversicherungsamt (§ 90 Abs. 1 SGB IV; vgl. die Übersicht der Aufsichtsbehörden in § 35 Rz. 48).

189 Entsprechende Regelungen gelten nach den Landesdatenschutzgesetzen für die **landesunmittelbaren Leistungsträger** in der Rechtsform einer Körperschaft des öffentlichen Rechts (z. B. § 27 Abs. 1 Satz 1 Nr. 2 HDSG). Auch hier ist die Beanstandung an den Vorstand – etwa einer AOK oder LVA – zu richten. Bei sonstigen **Landessozialbehörden** (z. B. Versorgungsämter) ist die oberste Landesbehörde, also in der Regel das Sozialministerium, einzuschalten. Sind **Kommunen** betroffen, ergibt sich der Adressat aus der jeweiligen Gemeindeverfassung (d. h. z. B. bei Städten mit Magistratsverfassung wie in Hessen – §§ 9, 66 HGO – ist dies der **Magistrat** und nicht der Bürgermeister).

190 Die Beanstandung besteht aus der Mitteilung des festgestellten **Sachverhalts** und der datenschutzrechtlichen **Würdigung**. Zusätzlich kann der Bundesbeauftragte nach § 20 Abs. 3 gleichzeitig mit der Beanstandung auch **Vorschläge** zur Beseitigung der Mängel und zur sonstigen Verbesserung des Datenschutzes machen. Außerdem setzt er eine Frist, innerhalb derer die betroffene Stelle ihre **Stellungnahme** zur Beanstandung abgegeben haben muß (§ 20 Abs. 1 Satz 1 2. Halbs.). Diese Stellungnahme soll auch eine Darstellung der **Maßnahmen** enthalten, die auf Grund der Beanstandung des Bundesbeauftragten getroffen worden sind (§ 20 Abs. 4 Satz 1 BDSG) oder die in Angriff genommen werden sollen. Sozialleistungsträger in der Rechtsform einer Körperschaft oder Anstalt leiten eine Abschrift ihrer Stellungnahme auch ihrer Aufsichtsbehörde zu (§ 20 Abs. 4 Satz 2 BDSG).

Der Bundesbeauftragte für den Datenschutz hat **kein Weisungsrecht** gegenüber 191
den seiner Kontrolle unterliegenden Stellen. Bei Datenschutzverstößen kann er
weder die Verarbeitung untersagen noch eine Änderung der Verarbeitung anordnen. Auch die Beanstandung selbst hat **keine rechtsverbindliche Wirkung** und ist
daher auch kein Verwaltungsakt (vgl. *Auernhammer* BDSG, § 20 Rz. 3). Werden
die Datenschutzmängel auf Grund der Beanstandung nicht abgestellt oder nur
unzureichende Korrekturen vorgenommen, kann dies der Bundesbeauftragte in
seinen Tätigkeitsbericht aufnehmen. Darüber hinaus kann er sich jederzeit an den
Deutschen Bundestag wenden (§ 19 Abs. 2 Satz 4 BDSG). Selbstverständlich kann
er auch die jeweilige Aufsichtsbehörde auffordern, mit ihren aufsichtlichen Mitteln für die Herstellung der Rechtmäßigkeit der Datenverarbeitung Sorge zu
tragen.

d) Anrufung des Bundesbeauftragten für den Datenschutz (§ 21 BDSG)
Nach § 21 BDSG kann sich jedermann an den Bundesbeauftragten für den 192
Datenschutz wenden, wenn er der Ansicht ist, daß von Sozialleistungsträgern, die
öffentliche Stellen des Bundes sind (vgl. o. Rz. 150 ff.), gegen den Sozialdatenschutz verstoßen bzw. das Sozialgeheimnis verletzt worden ist. Das **Anrufungsrecht des Betroffenen** besteht unabhängig davon, ob es um den Umgang mit
seinen **Sozialdaten** in Akten oder Dateien geht (vgl. o. Rz. 158 ff.). Auch die
Verletzung von Betriebs- und Geschäftsgeheimnissen kann im Sozialleistungsbereich wegen der ausdrücklichen Erweiterung in § 79 Abs. 1 zum Gegenstand des
Anrufungsrechts gemacht werden. Selbstverständlich kann jeder Bürger dem
Datenschutzbeauftragten auch dann, wenn er nicht selbst betroffen ist, Hinweise
auf Mißstände oder Mängel geben, die der BfD dann zum Anlaß für ein Tätigwerden vom Amts wegen nehmen kann (vgl. *Dammann* in Simitis u. a., BDSG, § 21
Rz. 12, 17).
Andere Rechte wie die **klageweise Geltendmachung** von Ansprüchen etwa auf 193
Berichtigung, Löschung usw. oder auf **Anrufung des Petitionsausschusses** des
Bundestages bleiben unberührt (vgl. *Auernhammer* BDSG, § 21 Rz. 1).
Ob der Datenschutzbeauftragte bei der **Ermittlung des Sachverhalts** auf Grund 194
einer Eingabe der datenverarbeitenden Stelle die Personalien des Eingebers nennt
oder nicht, hängt ganz vom Einzelfall ab. Viele Anfragen und Beschwerden lassen
sich nur unter Angabe von identifizierenden Merkmalen wie dem Namen, der
Versicherungsnummer o. ä. nachprüfen. Im Zweifelsfall wird der Datenschutzbeauftragte das Einverständnis des Betroffenen einholen. Auf keinen Fall besteht
ein Anspruch der um Stellungnahme gebetenen Behörde, vom Datenschutzbeauftragten die **Identität** der Person zu erfahren, die sich an ihn gewandt hat.
Auch gibt es keine rechtliche Verpflichtung für den BfD, dem betroffenen 195
Leistungsträger **Gelegenheit zur Äußerung** vor der Beantwortung von Anfragen
und Eingaben zu geben, wenn dies auch in der Regel für die Sachverhaltsaufklärung notwendig ist. Bei der bloßen rechtlichen Beurteilung von Datenschutzfragen ist dagegen die Einschaltung möglicherweise tangierter (SGB-)Stellen vielfach
entbehrlich. Auch die Information des Leistungsträgers über die dem Eingeber
erteilte Antwort steht im Ermessen des BfD.
Die **Beantwortungspflicht** der angefragten Stelle ergibt sich aus der Unterstüt- 196
zungs- und Auskunftspflicht nach § 19 Abs. 3 Satz 1 BDSG (vgl. o. Rz. 168, 170).
Eingaben, für die die Zuständigkeit eines Landesbeauftragten für den Datenschutz gegeben ist, gibt der Bundesbeauftragte an diesen zur Bearbeitung weiter

(zum Anrufungsrecht nach den Landesdatenschutzgesetzen vgl. u. Rz. 275 und *Dammann* in Simitis u. a., BDSG, § 21 Rz. 29 ff.).

20. Straftaten (§ 41 BDSG)

a) Tathandlungen (§ 41 Abs. 1 BDSG)

197 § 79 Abs. 1 verweist für die in § 35 SGB I genannten Stellen ausdrücklich auf die Strafnorm des § 41 BDSG. Nach dieser Bestimmung macht sich **strafbar**, wer vom BDSG geschützte personenbezogene Daten, die nicht offenkundig sind,
— übermittelt,
— verändert,
— abruft oder
— sich aus in Behältnissen verschlossenen Dateien verschafft.

Wegen der ausdrücklichen Erweiterung in § 79 Abs. 1 gilt für den Sozialleistungsbereich diese Strafvorschrift nicht nur für **personenbezogene Sozialdaten**, sondern auch für **Betriebs- oder Geschäftsgeheimnisse** (vgl. *Auernhammer* BDSG, § 41 Rz. 1). Wegen der Beschränkung des BDSG auf die Datenverarbeitung in bzw. aus **Dateien** greift § 41 nicht, wenn es um unzulässigen Datenumgang mit Akten geht. Selbstverständlich können dann andere Straftatbestände erfüllt sein (vgl. u. Rz. 204 ff.).

198 Der Wortlaut des § 79 Abs. 1 Satz 1 könnte dahingehend mißverstanden werden, daß die SGB-Stellen selbst der Strafvorschrift des § 41 BDSG unterworfen werden. Strafbar machen können sich jedoch immer nur **natürliche Personen**. Zum **Täterkreis** kann u. a. das Personal der Sozialleistungsträger oder der im Auftrag verarbeitenden Stellen gehören; aber auch außenstehende Dritte kommen, etwa beim unzulässigen Abruf, in Betracht (vgl. *Dammann* in Simitis u. a., BDSG, § 41 Rz. 3; *Auernhammer* BDSG, § 41 Rz. 4).

199 Die beiden in der Praxis relevantesten Tathandlungen sind die **unbefugte Übermittlung** und der **unzulässige Abruf**. Unter **Übermittlung** ist entsprechend der Definition in § 2 Abs. 2 Nr. 2 BDSG sowohl das **aktive Weitergeben** von Informationen an Dritte als auch das **Bereithalten** von Dateien **zur Einsicht** bzw. **zum Abruf** zu verstehen (vgl. allerdings die Änderung des Übermittlungsbegriffs in § 3 Abs. 3 Satz 2 Nr. 3b des Entwurfs zur Novellierung des BDSG, wonach nicht mehr das Bereithalten zum Abruf, sondern nur noch die Einsicht bzw. der Abruf selbst die Übermittlung darstellt). In der Terminologie des Sozialdatenschutzes ist mithin die **unbefugte Offenbarung** aus **Dateien** der SGB-Stellen nach § 41 BDSG strafbar. Das Anzeigenlassen auf dem Bildschirm oder die Anfertigung eines Ausdrucks sind Formen des **Abrufs** bereitgehaltener Daten. Ist dieser unberechtigt möglich, zeigt dies, daß die Zugriffskontrolle nach Ziff. 5 der Anlage zu § 6 Abs. 1 Satz 1 BDSG (vgl. o. Rz. 82 ff., insbes. Rz. 88 ff.) nicht funktioniert hat.

200 Die in § 41 Abs. 1 BDSG aufgeführten Fälle des Datenumgangs sind dann »unbefugt«, wenn sich ihre Zulässigkeit weder aus sozialrechtlichen Einzelgesetzen noch aus §§ 67 ff., dem BDSG selbst oder auf Grund einer Einwilligung des Betroffenen ergibt. Auch der Verstoß gegen behördeninterne Regelungen, die das Datengeheimnis nach § 5 BDSG konkretisieren, z. B. Dienstanweisungen oder Benutzerberechtigungen, gehört hierher (vgl. *Dammann* in Simitis u. a., BDSG, § 41 Rz. 21). Alle Tathandlungen des § 41 stellen, wenn sie von Bediens-te-

ten der speichernden (SGB-)Stellen oder deren Auftragnehmer begangen werden, gleichzeitig einen Verstoß gegen das Datengeheimnis nach § 5 BDSG dar (vgl. o. Rz. 76 ff.).

b) **Einschränkungen und Qualifizierungen (§ 41 Abs. 1 bis 3 BDSG)**
Die Strafbarkeit wird eingeschränkt auf Daten, »die nicht **offenkundig** sind«. Bei Sozialdaten wird eine solche »Offenkundigkeit« in den seltensten Fällen anzunehmen sein. Denkbar wäre eine Konstellation etwa im Zusammenhang mit § 69 Abs. 1 Nr. 3, daß Sozialdaten bereits in den Medien veröffentlicht und damit allgemein bekanntgeworden sind. 201

Damit die Strafbarkeit eintritt, muß die Tat **vorsätzlich** begangen sein, weil nicht, wie es § 15 StGB verlangt, die Fahrlässigkeit ebenfalls ausdrücklich unter Strafe gestellt ist. Eine Erhöhung des Strafmaßes tritt nach § 41 Abs. 2 dann ein, wenn der Täter gegen **Entgelt** oder in **Bereicherungs- oder Schädigungsabsicht** handelt. Ein Anwendungsfall für diesen qualifizierten Tatbestand wäre der Verkauf von Versichertenanschriften einer AOK an den Vertreter einer privaten Krankenversicherung (diesen Fall berichtet der 5. TB/*NRW-LfD* S. 57). 202

Die Strafverfolgung setzt einen **Antrag** voraus (§ 41 Abs. 3). Diesen Antrag kann nicht der Sozialleistungsträger selbst stellen, sondern **nur der Betroffene**, dessen Persönlichkeitsrecht durch die unbefugte Datenverarbeitung verletzt worden ist (vgl. *Auernhammer* BDSG, § 41 Rz. 10; *Dammann* in Simitis u. a., BDSG, § 41 Rz. 33; a. A. *Bergmann/Möhrle* BDSG, § 41 Rz. 8). Die SGB-Stelle kann jedoch den betroffenen Versicherten, Klienten usw. auf den Verstoß und sein Strafantragsrecht hinweisen. 203

c) **Konkurrenzen mit anderen Strafnormen**
Die durch § 41 BDSG sanktionierten Straftaten können gleichzeitig unter eine ganze Reihe anderer Strafnormen fallen. Mitarbeiter von SGB-Stellen, die mit der unbefugten Übermittlung gleichzeitig ihr **besonderes Berufsgeheimnis** nach § 203 Abs. 1 StGB brechen, sind auch nach dieser Vorschrift strafbar; diese Konkurrenz kann sich allerdings nur dann ergeben, wenn die Sozialdaten aus Dateien übermittelt werden. Nicht jede unbefugte Offenbarung nach §§ 67 ff. erfüllt also die Tatbestandsvoraussetzungen des § 41 BDSG, sondern nur die unrechtmäßige Bekanntgabe von Sozialdaten aus **Dateien** (vgl. o. Rz. 197). 204

Für die Mitarbeiter der Sozialleistungsträger ist weiterhin § 203 Abs. 2 StGB über das **allgemeine Amtsgeheimnis** zu prüfen. Mit dem Zweiten Gesetz zur Bekämpfung der Wirtschaftskriminalität vom 15. 5. 1986 (BGBl. I S. 721) sind weitere Strafbestimmungen für rechtswidrige Datenverarbeitung geschaffen worden. So kann beispielsweise ein unberechtigter Abruf nach § 41 Abs. 1 Nr. 2 BDSG gleichzeitig eine unbefugte **Ausspähung** i. S. d. § 202 a StGB darstellen (ausführlich dazu *Lenckner/Winkelbauer* CuR 1986, 483 ff., 654 ff. und 824 ff.). 205

Auch die **Datenschutzgesetze der Länder** enthalten dem § 41 BDSG entsprechende Strafvorschriften. Sie gelten jedoch für die SGB-Stellen auf Landes- und kommunaler Ebene nicht. Entgegen dem etwas mißverständlichen Wortlaut des § 79 Abs. 3 Satz 1, der § 41 BDSG nicht ausdrücklich erwähnt (dazu u. Rz. 271), richtet sich auch für sie bzw. ihr Personal die Strafbarkeit nach dem Bundesdatenschutzgesetz. 206

Auch soweit einzelne Landesgesetze dem Landesbeauftragten für den Datenschutz ein Strafantragsrecht einräumen (z. B. § 25 Abs. 3 Satz 2 LDSG BW), ist 207 dieses im Sozialleistungsbereich nicht anwendbar, weil sonst der materielle Schutzgehalt des § 41 BDSG überschritten würde (vgl. u. Rz. 277).

21. Ordnungswidrigkeiten (§ 42 Abs. 1 Nr. 2 BDSG)

208 Aus dem Katalog der Ordnungswidrigkeiten des § 42 Abs. 1 BDSG gilt nach § 79 Abs. 1 für den Sozialleistungsbereich nur die **Nr. 2**. Danach handelt ordnungswidrig, wer vorsätzlich oder fahrlässig entgegen § 28 Abs. 1 BDSG nicht oder nicht rechtzeitig einen **behördeninternen Datenschutzbeauftragten** bestellt. Die **Bestellungspflicht** für Sozialleistungsträger ergibt sich aus der entsprechenden Anwendung des § 28 BDSG, die in § 79 Abs. 1 Satz 1 2. Halbs. angeordnet ist (dazu u. Rz. 217ff.).

209 Nach § 42 Abs. 2 BDSG kann eine **Geldbuße** bis zu 50000 DM verhängt werden. Obwohl § 79 Abs. 1 diesen Abs. 2 des § 42 nicht ausdrücklich in Bezug nimmt, steht dies der Bußgeldbewehrung nicht entgegen (so aber *Hauck/Haines* § 79 Rz. 25; wie hier *Naeth* in Jahn, SGB, § 79 Rz. 18 und 20; *Pickel* ZfSH/SGB 1984, 307; *Verbandskommentar* § 79 Rz. 1). Daß nur die Nr. 2 des § 42 Abs. 1 erwähnt wird, soll lediglich klarstellen, daß die anderen Bußgeldtatbestände dieser Vorschrift für den Sozialleistungsbereich keine Anwendung finden sollen.

210 Die Bußgelddrohung richtet sich an die Personen, die für die Bestellung **verantwortlich** sind (i.e. dazu *Simitis* in Simitis u.a., BDSG, § 42 Rz. 11ff.). Bei Versicherungsträgern ist dies im Normalfall der **Geschäftsführer**, da die Bestellung zu den laufenden Verwaltungsgeschäften zu zählen ist (vgl. § 36 Abs. 1 SGB IV) es sei denn, daß der Vorstand sich die Entscheidung vorbehalten hat (so offensichtlich bei der DAK, vgl. *Stork* in VDR (Hrsg.), Datenschutz, S. 29). Auch für den sonstigen Sozialleistungsbereich kann auf den in § 28 Abs. 3 Satz 1 BDSG angesprochenen **»gesetzlich oder verfassungsmäßig berufenen Leiter«** der SGB-Stelle zurückgegriffen werden (vgl. u. Rz. 235).

22. Weitergeltende Vorschriften (§ 45 BDSG)

211 § 45 Satz 1 BDSG statuiert den **Vorrang der sog. bereichsspezifischen Datenschutzvorschriften** vor den Regelungen des BDSG. Damit wird die **Subsidiarität des BDSG** unterstrichen. Eine Vorschrift des BDSG ist danach nur anwendbar, wenn für denselben Sachverhalt keine Datenverarbeitungs- oder Datenschutzregelung in einem spezielleren Einzelgesetz **des Bundes** enthalten ist. Auch wenn § 79 Abs. 3 Satz 1 die Anwendbarkeit des § 45 BDSG nicht explizit ausspricht, gilt der Vorrang der bereichsspezifischen Norm auch für die Sozialleistungsträger der Länder und Kommunen (vgl. *Auernhammer* BDSG, § 45 Rz. 1 a. E.). **Ländergesetze,** die Verarbeitungsregelungen enthalten (z.B. Ausführungsgesetze zum BSHG über den Datenaustausch zwischen örtlichen und überörtlichen Trägern), bekommen zwar durch § 45 BDSG keinen Vorrang, erlauben allerdings als **»andere Rechtsvorschrift«** i.S.v. § 3 Satz 1 Nr. 1 BDSG eine Verarbeitung auch abweichend vom BDSG (dazu o. Rz. 57).

212 § 45 Satz 2 BDSG enthält ohne Anspruch auf Vollständigkeit einen ganzen **Katalog vorrangiger Vorschriften.** Den SGB-Bereich speziell betrifft die Nr. 6, die auf § 1325 RVO verweist. § 1325 Abs. 2 RVO enthält die **Mitteilungspflicht** der

Rentenversicherungsträger an die Versicherten über den Versicherungsverlauf. Der Abs. 4 des § 1325 RVO regelt die **Rentenauskunft** (zu weiteren sozialrechtlichen Verarbeitungsnormen vgl. o. Rz. 99). Dieses Beispiel zeigt, daß immer sorgfältig zu prüfen ist, **inwieweit** die bereichsspezifische Regelung das BDSG verdrängt (zur Prüfung der »**Deckungsgleichheit**« ausführlich *Simitis* in Simitis u. a., BDSG, § 45 Rz. 18 ff.). Denn weder die regelmäßige Mitteilungspflicht des RV-Trägers noch der Anspruch auf Rentenauskunft schließen das **Auskunftsrecht** nach § 13 BDSG i. V. m. § 79 Abs. 1 aus. Erst recht bleibt es bei der Möglichkeit, die Auskunft nach § 13 BDSG bei gespeicherten Daten zu verlangen, die nichts mit dem Versicherungsverlauf zu tun haben (vgl. § 83 Rz. 6).

§ 45 Satz 2 Nr. 1 BDSG erwähnt unter den vorrangigen Bestimmungen auch § 35 SGB I über das **Sozialgeheimnis** (eingefügt auf Grund einer Empfehlung des AuS-Ausschusses, BT-Drucks. 8/4022, S. 77, § 32 b). Dies erscheint insofern **überflüssig**, als § 35 SGB I i. V. m. §§ 67 bis 77 – was die **Offenbarung** von Sozialdaten aus **Dateien** angeht – ohnehin als speziellere Normen vorgehen, für den Datenumgang in und aus **Akten** aber gar kein Konkurrenzverhältnis mit dem BDSG entstehen kann (so zu Recht *Wiese* DAngVers. 1980, 449, 463; vgl. u. Rz. 214). Hinzu kommt, daß § 81 Abs. 1 selbst noch einmal ausdrücklich festlegt, daß die Übermittlungsbestimmungen der §§ 10 und 11 BDSG hinter den das Sozialgeheimnis konkretisierenden Offenbarungsvorschriften der §§ 69 bis 77 zurücktreten müssen (krit. daher auch *Henze* SdL 1983, 187, 201). Was die Verarbeitung von Datei-Daten im Sozialleistungsbereich im übrigen angeht, regelt § 79 mit seinem Maßgabe-Vorbehalt (vgl. o. Rz. 20) selbst das Verhältnis zwischen SGB- und BDSG-Normen präzise. 213

Nach § 45 BDSG Vorrang genießen können nur solche Rechtsvorschriften des Bundes, die sich auf die **dateimäßige** Datenverarbeitung beziehen, weil das BDSG ja nur diese Verarbeitungsform regelt (vgl. *Simitis* in Simitis u. a., BDSG, § 45 Rz. 16). Einen solchen direkten Bezug findet man nur in wenigen Gesetzen bzw. Verordnungen, insbesondere solchen, die Datenspeicherungen und Datenflüsse in automatisierter Form regeln, wie etwa §§ 296 und 297 SGB V sowie die DEVO und die DÜVO. Es genügt jedoch, daß die bereichsspezifische Norm die Verarbeitung bzw. den Schutz generell, d. h. ohne Rücksicht auf den Datenträger, vorsieht, weil dann die dateimäßige Verarbeitung mit einbezogen ist. Ein Beispiel hierfür ist die Einschränkung des Frage- und Hinweisrechts und damit – in datenschutzrechtlicher Teminologie – die Begrenzung der Speicherungs- und Offenbarungsbefugnis der Arbeitsverwaltung nach §§ 20 und 22 AFG, die § 45 Satz 2 Nr. 3 BDSG ausdrücklich nennt. 214

Die Subsidiarität des BDSG gilt gegenüber allen fachspezifischen Bestimmungen, gleich ob sie **bei Inkrafttreten** des BDSG bereits bestanden – wie etwa § 1325 RVO – oder erst **danach** Gültigkeit erlangt haben wie z. B. § 12 Abs. 3 BErzGG (vgl. o. Rz. 99). Der BDSG-E verzichtete völlig auf einen Katalog beispielhafter Spezialnormen, die dem BDSG vorgehen, nicht zuletzt weil diese Auflistung ständig mit der Zunahme der bereichsspezifischen Gesetzgebung fortgeschrieben werden müßte. Dementsprechend sollte § 45 aufgehoben und durch einen neuen § 1 Abs. 5 ersetzt werden, der ohne weitere Konkretisierung generell »besondere **datenschutzrechtliche** Regelungen« in Rechtsvorschriften des Bundes vorgehen ließ (ähnlich § 3 Abs. 3 Satz 1 HDSG). Dagegen greift § 1 Abs. 5 BDSG-E '88 wörtlich die Formulierung des § 45 Satz 1 auf, läßt aber ebenfalls die Einzelbeispiele des jetzigen § 45 Satz 2 entfallen. 215

216 § 45 Satz 3 stellt klar, daß das BDSG die Geltung der **besonderen Berufsgeheimnisse** des § 203 Abs. 1 StGB, also etwa für Ärzte, staatlich anerkannte Sozialarbeiter etc., **nicht berührt**. Soweit diese Personengruppen Daten an Sozialleistungsträger weitergeben, erkennt § 76 die Geltung der besonderen Berufsgeheimnisse für die Weiterübermittlung durch den Leistungsträger ausdrücklich an (vgl. dazu § 76 Rz. 11 ff.). Auch für Bedienstete von Sozialleistungsträgern bleibt die Geheimniswahrungspflicht nach § 203 Abs. 1 StGB von der Verpflichtung zur Einhaltung des Sozialgeheimnisses nach § 35 SGB I unberührt (vgl. § 35 Rz. 78).

23. Beauftragter für den Datenschutz (§ 79 Abs. 1 Satz 1 2. Halbsatz i. V. m. §§ 28, 29 BDSG analog)

a) Bestellung (§ 28 BDSG)

aa) Regelungsziele

217 Nach dem BDSG ebenso wie nach den meisten Landesdatenschutzgesetzen (vgl. aber § 5 Abs. 2 HDSG) besteht für die Stellen der öffentlichen Verwaltung keine **gesetzliche** Pflicht, einen **behördeninternen Beauftragten für den Datenschutz** zu bestellen. Allerdings wurde in einigen Bundesländern den Stellen der Landesverwaltung die Betrauung eines Bediensteten mit den Angelegenheiten des internen Datenschutzes durch **Erlaß** vorgeschrieben und den Kommunen eine entsprechende Vorgehensweise empfohlen (vgl. z. B. den damaligen Erlaß des Hess. Ministers des Innern vom 2. 10. 1978, StAnz. S. 2011). Gleiches gilt beispielsweise auch für die Dienststellen im Geschäftsbereich des Bundesministers des Innern (vgl. den Erlaß vom 11. 7. 1977, abgedruckt bei *Auernhammer* BDSG, S. 414). Eine entsprechende Empfehlung für die gesamte Bundesverwaltung enthalten die »Grundsätze zur Datensicherung in der Bundesverwaltung« (GMBl. 1978 S. 43; abgedruckt auch bei *Dammann* BDSG-Dok., Bd. I A 5; vgl. Ziff. II 1). In der Kommentierung zu § 15 (vgl. o. Rz. 144) wurde auf diesen Punkt bereits im Zusammenhang mit der Pflicht zur Sicherstellung des Datenschutzes hingewiesen (vgl. auch *Auernhammer* BDSG, § 15 Rz. 2; *Dammann* in Simitis u. a., BDSG, § 15 Rz. 12 f.).

218 Ob per Erlaß vorgeschrieben oder nur empfohlen: Die Bestellung innerbehördlicher Datenschutzbeauftragter hat sich **in der Praxis bewährt** und weitgehend durchgesetzt, wenn auch mit Unterschieden in der organisatorischen Zuordnung und der Aufgabenbeschreibung im einzelnen. Auch eine Reihe von Sozialleistungsträgern hat bereits seit oder sogar schon vor dem Inkrafttreten des BDSG bzw. der Landesdatenschutzgesetze – also vor der Geltung des SGB X – diese Maßnahme getroffen (exemplarisch dazu *Stork* für die DAK und *Schöning* für die BfA, in VDR (Hrsg.), Datenschutz, S. 29, 29 f. und S. 47, 49 ff.).

219 Die §§ 28, 29 BDSG schreiben den privatrechtlichen Unternehmen, Vereinen und Verbänden unter gewissen Voraussetzungen die Bestellung eines **Beauftragten für den Datenschutz** vor. § 79 Abs. 1 Satz 1 verlangt die **entsprechende Anwendung** dieser Bestimmungen auf die in § 35 SGB I genannten Stellen. Daß die §§ 28, 29 BDSG nicht unmittelbar, sondern nur entsprechend auf die Sozialleistungsträger angewendet werden können, hat seinen Grund darin, daß diese auf den nichtöffentlichen Bereich zugeschnittenen Normen bei Behörden und öffentlich-rechtlichen Körperschaften nur im Rahmen der für die öffentliche Verwaltung typi-

schen organisatorischen Strukturen umgesetzt werden können (vgl. z. B. u. Rz. 250).
Für die Einführung der **gesetzlichen Bestellungspflicht** gerade für den Sozialleistungsbereich gibt der Ausschußbericht (BT-Drucks. 8/4022) keinerlei Begründung. Doch liegen die Argumente auf der Hand. Zum einen wird damit dokumentiert, daß es um die Verarbeitung **besonders schutzwürdiger** Informationen über den einzelnen geht, die auch zusätzlicher Schutzmechanismen bedarf, die **obligatorisch** gegeben sein müssen und nicht von der Bereitschaft des einzelnen Leistungsträgers abhängen dürfen. Zum zweiten wird mit dem Bezug auf die §§ 28, 29 BDSG für den internen Beauftragten ein **Stellenprofil** vorgegeben, das von Fachkunde, Weisungsfreiheit usw. (dazu i. e. u. Rz. 227 ff.) geprägt ist. Damit wird die Stellung der Bediensteten, die diese Funktion wahrnehmen, und damit entsprechend ihre Chance, behördenintern optimal für den Datenschutz zu wirken, gesetzlich abgesichert. Nicht zu vergessen sind schließlich die positiven Erfahrungen mit den bereits vor Inkrafttreten des 2. Kapitels des SGB X als Datenschutzbeauftragte in der Sozialverwaltung tätigen Bediensteten (vgl. o. Rz. 218).

220

bb) Zur Bestellung verpflichtete Stellen (§ 79 Abs. 1 Satz 1 1. Halbs.)

Die Pflicht zur Bestellung eines internen Beauftragten für den Datenschutz trifft grundsätzlich **alle** in § 35 SGB I genannten Stellen (vgl. o. Rz. 3 ff.). Eingeschlossen ist auch die **Deutsche Bundespost**, insoweit sie Sozialdaten im Zusammenhang mit der Berechnung und Auszahlung von Leistungen verarbeitet (vgl. §§ 620 Abs. 1, 1296 Abs. 1 RVO; wie hier auch *Wiese* ÖVD 1981, 11, 16). Auch andere Behörden, die nur in einzelnen Abteilungen Aufgaben nach dem SGB erfüllen, unterliegen für diese Bereiche der Bestellungspflicht, z. B. das **Bundesverwaltungsamt** insoweit, als es mit der Durchführung des BAföG befaßt ist (vgl. § 63 BAföG; zu den Kommunen vgl. u. Rz. 223 f.). Gleiches gilt für **personalführende Stellen**, insoweit sie nach § 45 BKGG für die öffentlichen Bediensteten das Kindergeld verwalten (vgl. 2. TB/*Hamb. DSB* S. 101). **Örtliche Zweigstellen** – etwa einer AOK – brauchen keinen eigenen Beauftragten, anders regionale Untergliederungen mit gewisser institutioneller Eigenständigkeit wie z. B. die **Arbeitsämter** (abl. für die Bezirksverwaltungen der **Berufsgenossenschaften** *Lauterbach/Watermann* UV, § 79 Anm. 10).

221

Dagegen geht es zu weit, die Bestellungspflicht nach § 79 Abs. 1 Satz 1 auch auf die **aufsichts-, rechnungsprüfungs- und weisungsberechtigten Behörden** auszudehnen (so aber *Wiese* ÖVD 1981, 11, 16; offensichtlich auch *Auernhammer* BDSG, vor § 28 Rz. 4), wenn sie nicht selbst ohnehin Sozialleistungsträger sind. Diese Behörden verarbeiten Sozialdaten weder regelmäßig noch zur eigenen Aufgabenerfüllung; sie kommen mit Sozialdaten nur **bei Gelegenheit** der Ausübung ihrer Aufsichts- bzw. Prüfungsbefugnisse in Kontakt (vgl. zu diesem Kriterium *Simitis* in Simitis u. a., BDSG, § 28 Rz. 31). Betroffen sind schließlich auch die **Krankenhäuser** nach § 79 Abs. 2 (vgl. u. Rz. 265; ebenso *Pickel* ZfSH/SGB 1984, 301, 303; a. A. *Naeth* in Jahn, SGB, § 79 Rz. 21).

222

Auch die **Städte, Landkreise** und sonstigen **kommunalen Gebietskörperschaften** sind in ihrer Eigenschaft als Sozialleistungsträger etwa im Bereich der Sozial- und Jugendhilfe gehalten, einen Beauftragten für den Datenschutz zu bestellen (ebenso *Graßl/Weigert* DuD 1981, 72, 77). In dieser Frage herrschte nach dem Inkrafttreten der Bestimmungen über den Sozialdatenschutz eine erhebliche

223

Rechtsunsicherheit: Eine Reihe von kommunalen Spitzenverbänden auf Bundes- und Landesebene lehnte die Anwendbarkeit der §§ 28, 29 BDSG auf die Kommunen ab und empfahl, keine Beauftragten nach § 79 zu bestellen. Als Begründung wurde vor allem angeführt, hier liege ein unzulässiger **Eingriff** in die verfassungsrechtlich garantierte **Organisationshoheit** der Kommunen vor (vgl. die in den MittKGSt 1981, 32 wiedergegebene Auffassung der *Bundesvereinigung der kommunalen Spitzenverbände*).

224 Die Datenschutzbeauftragten der Länder haben von Anfang an übereinstimmend die **Gegenposition** vertreten (vgl. 10. TB/*HDSB* Ziff. 4.1.3.3; Beschluß der *DSB-Konferenz* vom 14. 12. 1981, abgedruckt bei *Dammann* BDSG-Dok., Bd. II, F3). Zum einen verarbeitet gerade die kommunale Sozialverwaltung in erheblichem Maße besonders sensitive Daten über Bürger und ihr soziales Umfeld (z.B. bei den Jugendämtern). Zum anderen mag zwar der Gesetzgeber bei dem Verweis auf §§ 28, 29 BDSG vom Modell der Sozialversicherungsträger mit ihrer einheitlich strukturierten Behördenorganisation ausgegangen sein, in die sich ein interner Datenschutzbeauftragter leichter eingliedern läßt. Auf der anderen Seite blieb der Nachweis aus, warum gerade die Besonderheiten der kommunalen Verwaltungsstruktur eine solche Maßnahme unmöglich machen. Diesen Besonderheiten kann ohne Schwierigkeiten bei der Regelung der Zuordnung bzw. Einbindung dieses Beauftragten Rechnung getragen werden (so auch 10. TB/*HDSB* a. a. O.; vgl. u. Rz. 229, 235). Die Kontroverse ist wohl inzwischen ausgestanden. Auch die kommunalen Spitzenverbände haben die entsprechende Geltung der §§ 28, 29 BDSG für ihre Mitglieder inzwischen anerkannt (vgl. z.B. Informationen des *Hessischen Städtetages* 3/1982, S. 44f.; ebenso *Karrer* Kommunalpraxis 1981, 179).

cc) Voraussetzungen der Bestellungspflicht (§ 28 Abs. 1 BDSG)

225 § 28 Abs. 1 BDSG macht die obligatorische Einrichtung von Beauftragten für den Datenschutz von einem **Mindestquorum bei der Datenverarbeitung regelmäßig und ständig beschäftigter Personen** abhängig. Verarbeitet der Leistungsträger seine Sozialdaten **automatisiert**, genügen fünf Bedienstete (Satz 1), bei ausschließlich **manuellen** Dateien (z.B. Karteien) sind mindestens zwanzig Beschäftigte erforderlich (Satz 2).

226 Bei fast allen in § 35 SGB I genannten Stellen sind diese Voraussetzungen ohne weiteres erreicht, so daß auf die Kriterien nicht im einzelnen eingegangen wird. Bei manchen Leistungsträgern wird sogar das Gros der Belegschaft mit der Verarbeitung von Sozialdaten beschäftigt sein, bei den Verbänden dagegen ein geringerer Prozentsatz. Bei den **Kommunen** ergeben sich Probleme bei der Erfüllung des Quorums allenfalls dann, wenn man die Mitarbeiter der – Aufgaben nach dem SGB wahrnehmenden – Ämter jeweils getrennt rechnet (so *Neumann-Duesberg* WzS 1981, 193, 206). Richtig ist aber das Gegenteil: Ungeachtet der funktionalen Segmentierung der Kommunalverwaltung in einzelne Ämter richtet sich die Bestellungspflicht nicht an den einzelnen Amtsleiter, sondern an die jeweilige Verwaltungsspitze der Kommune (vgl. o. Rz. 223f. und § 35 Rz. 31). Das Quorum muß daher unter **Addition** der Mitarbeiter aller Stellen der Kommunalverwaltung festgestellt werden, in denen Aufgaben nach dem SGB wahrgenommen werden.

dd) Persönliche Eignungsvoraussetzungen (§ 28 Abs. 2 BDSG)

Zum Beauftragten für den Datenschutz darf nur berufen werden, wer die zur 227
Erfüllung seiner Aufgaben erforderliche **Fachkunde** und **Zuverlässigkeit** besitzt.
Fehlen diese Voraussetzungen, liegt keine wirksame Bestellung vor (vgl. *Simits* in
Simitis u. a., BDSG, § 28 Rz. 127). Es greift dann die Sanktion des § 42 Abs. 1
Nr. 2 BDSG (vgl. o. Rz. 208).

Maßstab für die **Fachkunde** sind die nach § 29 BDSG vom Beauftragten für den 228
Datenschutz zu erfüllenden Aufgaben. Sie umfaßt daher Kenntnisse über die
Organisation und die Geschäftsabläufe des Leistungsträgers, über die **Anlagen
und Programme** der Datenverarbeitung sowie über die **Vorschriften** zum Datenschutz und zur Datensicherung (vgl. *Schaffland/Wiltfang* BDSG, § 28 Rz. 22; a. A.
o. V. DSB 5/1981, S. 11; weitergehend *Peters* CuR 1986, 790, 796 f.). Die Gewichtung hängt ab von den speziellen Verhältnissen bei der jeweiligen SGB-Stelle.
Ohne gründliche Einarbeitung wird sich kaum ein Bediensteter finden lassen, der
auf allen drei genannten Gebieten gleich umfangreiche Kenntnisse aufzuweisen
hat. Um so mehr kommt es bei großen Leistungsträgern mit umfangreicher
Datenverarbeitung darauf an, daß dem Datenschutzbeauftragten qualifizierte
Spezialisten in einzelnen Fachgebieten als Unterstützung zur Seite gestellt werden
(vgl. *BfA-Kommentar* § 79 Anm. 4; *Auernhammer* BDSG § 28 Rz. 9; *Schöning* in
VDR (Hrsg.), S. 52: »Projektgruppe Datenschutz« bei der BfA).

Wird bei **Kommunen** der allgemein für den behördeninternen Datenschutz 229
zuständige Mitarbeiter **zusätzlich** als Beauftragter auch für den Sozialdatenschutz
ernannt – was zulässig ist (vgl. 10. TB/*HDSB* Ziff. 3.1.3.3; 3. TB/*Saarl. LfD*
Ziff. 8.2.2) –, muß verlangt werden, daß er sich ggf. umgehend Kenntnisse über
die Sonderprobleme der Datenverarbeitung im Sozialamt, Jugendamt usw. verschafft (für Trennung des Sozial-DSB vom allgemeinen behördlichen DSB *Mörsberger* Verschwiegenheitspflicht, S. 115).

Die gebotene **Zuverlässigkeit** ist schwer zu definieren. Genannt werden als 230
Kriterien charakterliche Einigung, Integrität, Verhandlungsgeschick, Verschwiegenheit und andere Qualifikationen mehr (vgl. *Schaffland/Wiltfang* BDSG, § 28
Rz. 23; *Auernhammer* BDSG, § 28 Rz. 10). Maßgeblich wird wohl vor allem sein,
ob der in Aussicht genommene Mitarbeiter genügend **persönliches Durchsetzungsvermögen** hat, um im Einzelfall auch gegen kurzfristige Interessen der
Behördenleitung, etwa an der Vermeidung von Ausgaben, zu handeln (so *Ordemann/Schomerus* BDSG, § 28 Anm. 2).

Diese letztere Eigenschaft ist gefährdet, wenn der Beauftragte in dieser Funktion 231
in **Interessenkonflikt** mit seinen anderen Dienstaufgaben gerät (vgl. § 5 Abs. 2
Satz 1 HDSG). Klassisches Beispiel hierfür ist der **Leiter der EDV-Abteilung**, da
er sich gleichsam selbst kontrollieren müßte (so auch die Vorläufigen Verwaltungsvorschriften zum BDSG des *Hess. Ministers des Innern* StAnz. 1981, S. 425,
Ziff. 9.3). Interessenkollisionen können sich auch bei den **Leitern von Fachabteilungen** ergeben, die in großem Umfang mit der Verarbeitung von Sozialdaten
befaßt sind (vgl. *Klässer* RDV 1986, 242, 244). Daher kommen etwa die Amtsleiter der kommunalen Sozialverwaltung für dieses Amt nicht in Betracht. Generell
scheiden alle Bediensteten aus, die maßgeblich über die Einführung und Anwendung der – insbesondere automatisierten – Datenverarbeitung zu entscheiden
haben (vgl. 16. TB/*HDSB* Ziff. 2.2.1; zur Interessenkollision zwischen der Funktion des internen DSB einer Berufsgenossenschaft mit der des Geschäftsführers
einer ihrer Bezirksverwaltungen vgl. 10. TB/*BfD* S. 70).

232 Mitarbeiter der **Innenrevision** haben den Vorteil, durch ihre Querschnittsfunktion intensive Kenntnisse der Geschäftsabläufe aufzuweisen und nicht in den Datenumgang im Rahmen der Sachbearbeitung eingebunden zu sein. Darüber hinaus ist ihre Rolle als behördeninterne Prüfer von den anderen Bediensteten anerkannt. Außerdem hat die Innenrevision oder Rechnungsprüfung ohnehin die **Ordnungsgemäßheit der Datenverarbeitung** zu kontrollieren, was eine Reihe von Datenschutzaspekten einschließt (vgl. dazu *Guß/Polaszek* DOK 1986, 712 ff.; in diesem Sinne auch *Schaffland/Wiltfang* BDSG, § 28 Rz. 38; abl. *Simitis* in Simitis u. a., BDSG, § 28 Rz. 123 und *Auernhammer* BDSG, § 28 Rz. 14, weil die Innenrevision auch den Datenschutzbeauftragten überprüfen müsse). Viele der in der **Rentenversicherung** ernannten Beauftragten sind wohl vor allem aus diesen Gründen gleichzeitig Leiter der Rechnungsprüfungsämter (vgl. *Klässer*, RDV 1986, 242, 244; gegen die insoweit geäußerten Bedenken des Bundesrechnungshofs JB 1982/ *Bln.DSB* S. 15 und *Forum »Sozialdatenschutz«* der 10. DAFTA, DSB 12/1986, S. 15). In einem in der Literatur erwähnten Fall einer **Ersatzkasse** ist der Leiter der **Grundsatzabteilung** bestellt worden (vgl. *Stork* in VDR (Hrsg.), S. 29 f.).

233 Eine völlige **Freistellung** von anderen dienstlichen Aufgaben kann normalerweise nicht verlangt werden (vgl. *o. V.* DSB 5/1981, S. 11) und ist offensichtlich auch nicht üblich (so für den Bereich der RV-Träger *Klässer* RDV 1986, 242, 244). Bei Leistungsträgern, die in großem Umfang Sozialdaten verarbeiten, ist dies jedoch nur dann vertretbar, wenn in anderer Form, etwa durch zugeordnete Hilfskräfte, eine ausreichende interne »Datenschutzkapazität« gewährleistet ist.

ee) Organisatorische Zuordnung (§ 28 Abs. 3 Satz 1 BDSG)

234 Der Beauftragte für den Datenschutz ist dem gesetzlich oder verfassungsmäßig berufenen Leiter der in § 35 Abs. 1 SGB I genannten Stelle unmittelbar zu unterstellen (§ 28 Abs. 3 Satz 1 BDSG analog; ebenso bereits die »Grundsätze zur Datensicherung in der Bundesverwaltung« des BMI vom 19. 1. 1978, GMBl. 1978, S. 43, Ziff. II 1: »direkt der obersten Führungsebene verantwortlich«; zum Sozialleistungsbereich vgl. 8. TB/*BayLfD* S. 14). Diese **unmittelbare Unterstellung** soll unterstreichen, daß es sich beim Datenschutz um eine **originäre Aufgabe der Behördenleitung** handelt. Sie findet ihren Ausdruck im Recht des Beauftragten, ohne Einhaltung des »Dienstwegs« und ohne Zwischenschaltung von unmittelbaren Vorgesetzten direkt bei der Leitung des Sozialleistungsträgers die sich aus seiner Aufgabenerfüllung nach § 29 BDSG ergebenden Angelegenheiten vorzutragen (vgl. *Ordemann/Schomerus* BDSG, § 28 Anm. 1: »**direktes Vortragsrecht**«).

235 Als Leiter i. S. d. § 28 Abs. 3 Satz 1 BDSG ist bei **Sozialversicherungsträgern** nicht der Vorstand, sondern die **Geschäftsführung** bzw. der Geschäftsführer (§ 36 SGB IV) anzusehen, weil die interne Überwachung des Datenschutzes die Überprüfung laufender Verwaltungsgeschäfte zum Gegenstand hat (vgl. *Verbandskommentar* § 79 Rz. 2). In der Praxis wird die Zuordnung zur Geschäftsführung generell gehandhabt (vgl. *Klässer* RDV 1986, 246 für den Bereich der Rentenversicherung; *Stork* für die DAK und *Schöning* für die BfA, in VDR (Hrsg.), S. 29, 50). Das Gebot der direkten Unterstellung und der Vermeidung einer Interessenkollision bedeutet auch, daß nicht ein Mitglied der Geschäftsführung oder der Geschäftsführer selbst Beauftragter für den Datenschutz werden kann (vgl. *Auernhammer* BDSG, § 28 Rz. 11). Auf der **Gemeindeebene** hat die unmittelbare Zuordnung zum leitenden Verwaltungsbeamten (Stadtdirektor, Bürgermeister)

oder zu dem für den Sozialbereich zuständigen Mitglied des Vertretungsorgans (z. B. Sozialdezernent, Stadtrat) zu erfolgen.

Die unmittelbare Unterstellung betrifft ausschließlich die Wahrnehmung der Aufgaben nach § 29 BDSG, ist also **strikt funktionsbezogen**. Der Beauftragte für den (Sozial-)Datenschutz bleibt dann, wenn er daneben weitere Aufgaben hat, mit diesen Tätigkeitsgebieten in die Behördenhierarchie eingegliedert. 236

Prinzipiell steht das Erfordernis einer direkten Unterstellung unter die Verwaltungsspitze der Bestellung eines **externen** Beauftragten, der nicht Bediensteter des Sozialleistungsträgers ist, nicht entgegen. Für den nicht-öffentlichen Bereich wird diese Lösung auch einhellig für zulässig gehalten (vgl. *Auernhammer* BDSG, § 28 Rz. 13 m. w. N.; *Schaffland/Wiltfang* BDSG, § 28 Rz. 47 ff.). Für Sozialleistungsträger erscheint dieses Modell allenfalls dann tragbar, wenn der außenstehende Beauftragte dem gleichen Zweig der Sozialverwaltung angehört, also etwa der Beauftragte eines Arbeitsamtes für ein anderes Arbeitsamt zuständig ist. Angesichts der starken Unterschiede der Rechtsgrundlagen und der sonstigen Verarbeitungsvoraussetzungen zwischen den verschiedenen Zweigen des Sozialleistungsbereichs ist sonst die notwendige Fachkunde (vgl. o. Rz. 228) nicht sichergestellt (ohne diese Einschränkung bejaht von *Hauck/Haines* § 79 Rz. 25). Vorzugswürdig ist aber in jedem Fall die Beauftragung eines Bediensteten aus dem eigenen Haus (vgl. 2. TB/*Hbg. DSB* S. 100, der die Übertragung eines Teils der Aufgaben des behördlichen Datenschutzbeauftragten auf das – externe – Organisationsamt für unbedenklich hält). 237

ff) Weisungsfreiheit (§ 28 Abs. 3 Satz 2 BDSG)

Der Beauftragte für den Datenschutz ist bei Anwendung seiner Fachkunde auf dem Gebiet des Datenschutzes **weisungsfrei**. Auch diese Weisungsfreiheit ist strikt funktionsbezogen, sie gilt ausschließlich für seine Beratungs- und Kontrolltätigkeit nach § 29 BDSG, nicht für die sonstigen Dienstaufgaben. Das **Weisungsverbot** richtet sich an die Behördenleitung, weil der Beauftragte ja nur ihr unterstellt ist. Insbesondere wäre es unzulässig, den Beauftragten durch Anweisungen auf Grund des Direktionsrechts des Arbeitsgebers bzw. Vorgesetzten bei seiner Arbeit zu behindern, z. B. ihm zu untersagen, die bei der Datenverarbeitung tätigen Personen zu informieren, oder ihn aufzufordern, von ihm gefertigte Mängelbeanstandungen inhaltlich zu ändern. Auch darf er nicht gehindert werden, sich zur Klärung von fachlichen und rechtlichen Zweifelsfragen mit dem zuständigen Landesbeauftragten bzw. dem Bundesbeauftragten für den Datenschutz in Verbindung zu setzen (§ 29 Satz 2 BDSG analog, vgl. dazu u. Rz. 256). 238

Allerdings tangiert es die unabhängige Anwendung der Fachkenntnisse des Beauftragten nicht, wenn ihn die Behördenleitung oder Geschäftsführung **anweist**, bestimmte Tätigkeiten **nach § 29 BDSG** durchzuführen, z. B. die ordnungsgemäße Anwendung eines bestimmten Datenverarbeitungsprogramms zu überprüfen. Anders ausgedrückt: Die Verantwortlichen des Leistungsträgers haben ungeachtet der Weisungsfreiheit die Erfüllung der gesetzlichen Pflichten durch den Beauftragten zu überprüfen (so auch *Ordemann/Schomerus* BDSG, § 28 Anm. 3.2). Die Weisungsfreiheit verlagert nicht die **Entscheidungskompetenz** (vgl. *Simitis* in Simitis u. a., BDSG, § 28 Rz. 148). 239

Selbstverständlich beinhaltet die Weisungsfreiheit des Beauftragten nicht die Befugnis, seinerseits anderen Mitarbeitern oder Fachabteilungen Weisungen auf dem Gebiet des Datenschutzes oder der Datensicherung zu geben. Diese Kompe- 240 tenz kann ihm aber bei der Bestellung oder später eingeräumt werden (vgl. *Schaffland/Wiltfang* BDSG, § 28 Rz. 27; *Auernhammer* BDSG, § 29 Rz. 1; s. auch u. Rz. 251).

gg) Benachteiligungsverbot (§ 28 Abs. 3 Satz 3 BDSG)

241 Der Beauftragte für den Datenschutz darf wegen der Erfüllung seiner Aufgaben nicht benachteiligt werden. Der Beauftragte, der seine Tätigkeit nach § 29 BDSG ernst nimmt, kann und wird immer wieder in Situationen geraten, in denen er mit der Leitung des Sozialleistungsträgers in **Meinungsverschiedenheiten** oder Interessenkonflikte gerät, etwa bei Mängelrügen, Ausgabenwünschen für Datensicherungsmaßnahmen, aber auch bei der erforderlichen zeitlichen Freistellung von seinen anderen Aufgaben. Um daraus resultierende »Bestrafungsmaßnahmen« zu verhindern, gilt das **Nachteilsverbot** des § 28 Abs. 3 Satz 3 BDSG. Es richtet sich nicht nur gegen **direkte disziplinarische Maßnahmen**, sondern auch und gerade gegen **faktische Schlechterstellungen** und Zurücksetzungen des Beauftragten, also z. B. die Umgehung bei Beförderungen, die Isolierung des Beauftragten innerhalb der Behördenhierarchie, die bewußte Ausdünnung seines Tätigkeitsgebiets usw. (vgl. *Ordemann/Schomerus* BDSG, § 28 Anm. 3.3).

242 Allerdings ist die **Abberufung** des Beauftragten und die Betrauung eines anderen Bediensteten mit dieser Funktion durch das Nachteilsverbot nicht ausgeschlossen. Dies gilt allerdings nur dann, wenn sich diese Abberufung im Zusammenhang mit sonstigen Personalveränderungen, wegen der Beförderung des Beauftragten usw. ergibt, oder notwendige Konsequenz der **Untätigkeit** bzw. Unfähigkeit des Funktionsträgers ist (vgl. *Auernhammer* BDSG, § 28 Rz. 16). Unter das Nachteilsverbot fällt jedoch der Fall, daß abberufen wird, weil der Beauftragte wegen der sorgfältigen Durchführung seiner Aufgaben unbequem geworden ist.

243 Steht der Beauftragte im Angestelltenverhältnis und ist er damit kündbar, bietet das Nachteilsverbot zwar **keinen echten Sonder-Kündigungsschutz** nach § 15 KSchG wie etwa bei den Betriebsräten. Doch wäre eine Kündigung unwirksam, wenn eine Umgehung des Nachteilsverbots beabsichtigt ist, wenn die Auflösung des Dienst- bzw. Arbeitsverhältnisses in Wirklichkeit der Ahndung von Aktivitäten dient, die mit der Funktion des Beauftragten zusammenhängen. Insofern enthält § 28 Abs. 3 Satz 3 BDSG einen **funktionsbezogenen Kündigungsschutz** (wie hier *Simitis* in Simitis u. a., BDSG, § 28 Rz. 157). Auch die Novellierungsentwürfe zum BDSG sehen keinen echten Kündigungsschutz für betriebliche Datenschutzbeauftragte vor. Vielmehr wird nur die Abberufung erschwert; der Widerruf der Bestellung ist nur bei **wichtigem Grund** (§ 626 BGB analog) zulässig (vgl. § 28 Abs. 3 Satz 4 BDSG-E, § 32 Abs. 3 Satz 4 BDSG-E '88).

hh) Unterstützungsgebot (§ 28 Abs. 4 BDSG)

244 Der Beauftragte für den Datenschutz ist von der Leitung der Sozialbehörde, der Geschäftsführung des Sozialversicherungsträgers usw. bei der Erfüllung seiner Aufgaben zu unterstützen. Diese **Unterstützungspflicht** hat organisatorische, finanzielle und zeitliche Auswirkungen. Die Behördenleitung hat den Beauftragten über alle datenschutzrelevanten Vorgänge zu **unterrichten** und ihm die Arbeit durch organisatorische Vorkehrungen zu erleichtern, z. B. dadurch, daß ihm der **Zugang** zu den Räumen der Fachabteilungen und des Rechenzentrums eingeräumt wird. Die **Einsichtsmöglichkeit** in die erforderlichen Unterlagen ist sicherzustellen. Berechtigte Beanstandungen sind durch entsprechende Rundschreiben,

Dienstanweisungen usw. abzustellen (vgl. i. e. dazu *Schaffland/Wiltfang* BDSG, § 28 Rz. 68 und *Auernhammer* BDSG, § 28 Rz. 17). Bereits erwähnt wurde (vgl. o. Rz. 228), daß bei großen Leistungsträgern mit umfangreichen DV-Anlagen dem Datenschutzbeauftragten geeignetes Fachpersonal zur Seite gestellt werden muß (vgl. *BfA-Kommentar* § 79 Anm. 4).

Die Technik der Datenverarbeitung unterliegt ebenso raschem Wandel wie das 245 Sozial- und Datenschutzrecht. Will der Beauftragte die zur Erfüllung seiner Aufgaben erforderliche Fachkunde beibehalten oder muß er sich nach seiner Bestellung in Teile der Materie erst einarbeiten, muß die speichernde Stelle ihm die Möglichkeit zur **Aus-, Fort- und Weiterbildung**, etwa durch den Besuch von Lehrgängen oder Fachkongressen, ermöglichen (vgl. *Ordemann/Schomerus* BDSG, § 28 Anm. 3.4).

ii) Form und Verfahren der Bestellung (§ 28 Abs. 1 Satz 1 BDSG)

§ 28 Abs. 1 Satz 1 BDSG verlangt eine **schriftliche** Bestellung. Die Funktion des 246 behördlichen Datenschutzbeauftragten muß mit anderen Worten ausdrücklich und schriftlich dokumentiert zugewiesen werden. Mit diesem Erfordernis ist es z. B. unvereinbar, wenn lediglich im Geschäftsverteilungsplan bei einem Bediensteten diese Aufgabe eingesetzt oder hinzugefügt wird. Außerdem sind gewisse inhaltliche Mindestanforderungen einzuhalten. Das Bestellungsschreiben sollte eine **genaue Aufgaben- und Befugnisbeschreibung** ebenso enthalten wie die Präzisierung der **organisatorischen Stellung** (vgl. dazu *Simitis* in Simitis u. a., BDSG, § 28 Rz. 83). Dies ist unverzichtbar, damit der Beauftragte die Möglichkeit hat, sich bei seiner Überwachungstätigkeit auf diese schriftliche Festlegung gegenüber den anderen Bediensteten zu berufen. Ist der Beauftragte für den (Sozial-)Datenschutz nur für Teile einer Behörde zuständig, sollte auch sein **Kompetenzbereich** ausgewiesen werden, also z. B. bei **Kommunen** diejenigen Ämter, die Aufgaben nach dem SGB wahrnehmen oder in sonstiger Weise mit Sozialdaten umgehen. Für den Fall, daß bisher keine schriftliche Bestellung erfolgt ist, hat der Leistungsträger diese mit den hier genannten Anforderungen umgehend nachzuholen.

Um effizient arbeiten zu können, müssen Existenz, Aufgaben und Befugnisse des 247 behördlichen Beauftragten allen Mitarbeitern bekannt sein bzw. zur Kenntnis gebracht werden, ggf. durch **Rundverfügung, Aushang, Hausmitteilung** o. ä. (vgl. 3. TB/*Nds.DSB* Ziff. 5.4.1).

Die Bestellungspflicht tritt nach § 28 Abs. 1 Satz 1 BDSG spätestens **einen Monat** 248 nach Erfüllung des Mindestquorums der bei der Datenverarbeitung, sei es automatisch, sei es manuell, beschäftigten Personen (vgl. o. Rz. 225) ein. Der Gesetzeswortlaut, der auf die »Aufnahme ihrer (bezogen auf die datenverarbeitende Stelle) Tätigkeit« abstellt, ist insoweit mißverständlich (vgl. *Simitis* in Simitis u. a., BDSG, § 28 Rz. 80).

b) Aufgaben des Beauftragten für den Datenschutz (§ 29 BDSG)

aa) »Sicherstellungsauftrag« und Entscheidungsbefugnis (§ 29 Satz 1 BDSG)

Die Aufgaben des von den Sozialleistungsträgern zu bestellenden Datenschutzbe- 249 auftragten sind in § 29 BDSG angesprochen. Danach hat der Beauftragte die **Ausführung des BDSG** sowie anderer Vorschriften über den Datenschutz **sicherzustellen**. Entsprechend der hier vertretenen Interpretation der Formulierung in

§ 19 Abs. 1 Satz 1 BDSG für den Bundesbeauftragten für den Datenschutz sind unter den genannten »**anderen Vorschriften**« auch solche zu verstehen, die sich auf den Umgang mit Daten außerhalb von Dateien beziehen (s. o. Rz. 158 f.). Die Einschränkung der Überwachungsaufgabe auf die dateimäßige Verarbeitung (so etwa *Verbandskommentar* § 79 Rz. 2; *Lauterbach/Watermann* UV, § 79 Anm. 10; *Heine* DRV 1981, 466, 469) wäre im Sozialleistungsbereich besonders wenig verständlich, weil der Beauftragte dann die Einhaltung der Offenbarungsbestimmungen der §§ 67 ff., soweit Akten tangiert sind, nicht kontrollieren könnte. Daher wird offensichtlich bei einer Reihe von Sozialversicherungsträgern die **Prüfkompetenz für die Akten** jedenfalls durch Dienstanweisung eingeräumt (vgl. *Klässer* RDV 1986, 242, 246) oder durch Personalunion mit der Innenrevision faktisch hergestellt (vgl. *Hübner* MittLVA Oberfr. 1986, 266).

250 Der **Sicherstellungsauftrag** des behördlichen Datenschutzbeauftragten bedeutet nicht, daß er im Außenverhältnis gegenüber betroffenen Bürgern Verantwortlichkeit für die ordnungsgemäße bzw. rechtmäßige Datenverarbeitung trägt. Seine dienstliche Verantwortung beschränkt sich auf das **Innenverhältnis** zur jeweiligen Behördenleitung, Geschätsführung usw. (vgl. *Auernhammer* BDSG, § 29 Rz. 1 f.). Da die lediglich »entsprechende« Anwendung des § 29 BDSG bedeutet, daß gegenüber dem betrieblichen Datenschutzbeauftragten in der Privatwirtschaft **Anpassungen** an die Besonderheiten der Behördenstruktur im Sozialleistungsbereich erforderlich bzw. zulässig sind (vgl. o. Rz. 219), können sich sowohl bei der Ausgestaltung dieses »Sicherstellungsauftrags« als auch bei der Umschreibung des Aufgabenkatalogs Abweichungen ergeben. Solange der Kernbereich des Aufgabenspektrums des § 29 BDSG nicht angetastet wird, haben die Behördenleitungen einen **Spielraum** bei der Zuweisung von Funktionen und Kompetenzen an den Beauftragten.

251 Die Position des behördeninternen Datenschutzbeauftragten ist vor allem die eines sachkundigen **Beraters der Behördenleitung**. Dies hat zur Konsequenz, daß er zunächst keine Weisungs- oder Eingriffsbefugnisse gegenüber den Fachabteilungen bzw. Fachämtern hat. Derartige Möglichkeiten können ihm allerdings durch Organisationsakt, also z. B. durch eine entsprechende Hausverfügung oder Dienstanweisung, eingeräumt werden (vgl. o. Rz. 240; zur Schriftlichkeit der Bestellung s. Rz. 246). Aber noch einmal: Die **Gesamtverantwortung** für die datenschutzgerechte Verarbeitung von Sozialdaten bleibt unter allen Umständen beim jeweiligen **Leitungsorgan** der SGB-Stelle (vgl. *Simitis* in Simitis u. a., BDSG, § 29 Rz. 3). Dies gilt auch gegenüber der **Aufsichtsbehörde** sowie dem jeweiligen **Bundes- oder Landesdatenschutzbeauftragten**.

bb) Aufgabenspektrum (§ 29 Satz 3 BDSG)

252 Die **Aufgaben** des Beauftragten sind in § 29 Satz 3 BDSG nur **beispielhaft** (»insbesondere«) aufgeführt. Genannt sind

— die **Führung einer Dateienübersicht** (als Pflicht der SGB-Stellen selbst statuiert in § 15 Satz 2 Nr. 1 BDSG; vgl. dazu o. Rz. 145),
— die **Überwachung der Ordnungsmäßigkeit** der Datenverarbeitung,
— die Belehrung bzw. **Fortbildung** des bei der Datenverarbeitung beschäftigten Personals und
— die **Mitwirkung bei der Auswahl** der mit Datenverarbeitung befaßten Mitarbeiter (ausführlich dazu *Simitis* in Simitis u. a., BDSG, § 29 Rz. 31 ff.)

Geltung des BDSG § 79

Weitere Einzelaufgaben lassen sich unschwer hinzufügen (vgl. i.e. *Klässer* RDV 253
1986, 242, 255 ff. betr. RV-Träger; *Peterek* AuB 1986, 65 ff. betr. BA; *Marburger
WzS* 1986, 33 ff. betr. GKV). Schwerpunkt der Tätigkeit des internen Datenschutzbeauftragten muß die Sorge dafür sein, daß **ausreichende** technische und organisatorische Vorkehrungen der **Datensicherung** nach § 6 BDSG bzw. der Anlage dazu getroffen werden (zu den erforderlichen Maßnahmen vgl. ausführlich o. Rz. 88 ff.; speziell zu den Kleinrechnern *Runge* DuD 1987, 287 ff.). Bei der Durchsetzung der **Individualrechte** von Betroffenen etwa auf die Akteneinsicht (§ 25 SGB X), auf Berichtigung, Sperrung oder Löschung ist der behördliche Beauftragte ebenfalls gefragt. Um die Beachtung der Zulässigkeitsvorschriften über die Speicherung, Übermittlung usw. zu gewährleisten, soll er entsprechende **Dienstanweisungen**, die auf die Besonderheiten der Verarbeitung in den jeweiligen Fachabteilungen zugeschnitten sind, ausarbeiten bzw. an ihrer Erarbeitung mitwirken (vgl. *Auernhammer* BDSG, § 29 Rz. 10) und ihre Einhaltung überprüfen. Bei Sozialleistungsträgern geht es insbesondere um hausinterne Regelungen, die für den einzelnen Sachbearbeiter übersichtlich und verständlich die Offenbarungsbefugnisse nach §§ 67 ff. darstellen.

Dagegen ist es problematisch, den internen Beauftragten als »**besonders bevoll-** 254
mächtigten Bediensteten« nach § 68 Abs. 2 einzusetzen und über Offenbarungsersuchen im Wege der Amtshilfe entscheiden zu lassen (vgl. dazu § 68 Rz. 103 ff.). Hier besteht die Gefahr einer Vermischung exekutiver Aufgaben mit der Beratungs- und Kontrollfunktion (vgl. *Klässer* RDV 1986, 242, 246).

Je früher der Datenschutzbeauftragte eingeschaltet wird, desto eher kann er 255
Datenschutz- und Datensicherungsmängel **im vorhinein** vermeiden helfen. Dies gilt beispielsweise bei **Systementscheidungen**, bei der Einführung von **Datenverarbeitung**, bei der **Auswahl von Hard- und Software** oder bei der Vergabe von **Auftrags-DV**. Eine **vorherige Konsultation** des Beauftragten ist durch eine entsprechende Ausgestaltung der Entscheidungsabläufe und der einschlägigen Dienstanweisungen sicherzustellen (vgl. *Simitis* in Simitis u.a., BDSG, § 29 Rz. 5 f.).

cc) Einschaltung des externen Datenschutzbeauftragten (§ 29 Satz 2 BDSG)

§ 29 Satz 2 BDSG gibt dem betriebsinternen Datenschutzbeauftragten das Recht, 256
sich in Zweifelsfällen **an die Aufsichtsbehörde** nach § 30 BDSG zu wenden. Diese Vorschrift ist im Sozialleistungsbereich nicht direkt anwendbar, weil die Aufsichtsbehörden nach § 30 nur für private datenverarbeitende Stellen, nicht jedoch für die Kontrolle des Datenschutzes in der öffentlichen Verwaltung zuständig sind (ebenso *Verbandskommentar* § 79 Rz. 2). Doch kommen statt dessen zum einen die **Aufsichtsbehörden nach dem SGB** in Betracht, etwa für SV-Träger die Aufsichtsbehörden nach § 90 SGB IV (so *Lauterbach/Watermann* UV, § 79 Anm. 10 a.E.). Vor allem aber kann sich der Datenschutzbeauftragte des Leistungsträgers in Zweifelsfällen an den für seine Stelle zuständigen **Datenschutzbeauftragten des Bundes oder des Landes** wenden (ebenso *Klässer* RDV 1986, 242, 246; *Hübner* MittLVA Oberfr. 1986, 265), und zwar auch **ohne** vorherige Information oder Genehmigung der Behördenleitung. Diese Möglichkeit wird auch durch die gesetzlich garantierte Weisungsfreiheit abgesichert (§ 28 Abs. 3 Satz 2 BDSG, dazu o. Rz. 238). Nur wenn diese Einschaltungsmöglichkeit gegeben ist, läßt sich auch von seiten des Landes- bzw. Bundesdatenschutzbeauftragten das vom Gesetz erwartete kooperative Verhältnis (vgl. o. Rz. 169) herstellen. Nicht

ohne Grund macht § 5 Abs. 2 i. V. m. § 29 HDSG behördlichen Beauftragten den Kontakt mit dem Hessischen Datenschutzbeauftragten ausdrücklich zur Aufgabe.

257 Selbstverständlich bleibt davon die Pflicht des internen Datenschutzbeauftragten unberührt, Mängel und Verstöße **bei seiner Behördenleitung anzuzeigen** und sich für deren Abhilfe einzusetzen. Auch ändert sich nichts daran, daß verantwortlicher Adressat für von den externen Datenschutzbeauftragten ausgesprochene Empfehlungen, Mängelrügen oder Beanstandungen die jeweilige Behördenleitung oder Geschäftsführung bzw. das zuständige Vertretungsorgan bleibt.

IV. Krankenhäuser und Einrichtungen zur Eingliederung Behinderter (§ 79 Abs. 2)

1. Regelungsziel und Anwendungsbereich

258 § 79 Abs. 2 erklärt die §§ 8, 9 und 12 bis 14 aus dem Zweiten Abschnitt des BDSG auf **Krankenhäuser** und **Einrichtungen zur Eingliederung Behinderter** für anwendbar (zu diesen Vorschriften i. e. u. Rz. 262 ff.). Gemeint sind nur solche Einrichtungen, die von einer in § 35 Abs. 1 SGB I genannten Stelle **wegen oder in ihrer Eigenschaft als Leistungsträger nach dem SGB** betrieben werden, also etwa die Unfallkliniken der Berufsgenossenschaften, die Rehabilitationsheime der Rentenversicherungsträger, die Kurkliniken der gesetzlichen Krankenkassen oder die Knappschaftskrankenhäuser (zu letzteren vgl. 5. TB/*BfD* S. 65 f.). Diese SGB-Krankenhäuser und -Einrichtungen sind wiederum von der Verweisung des § 79 Abs. 2 nur insoweit tangiert, als sie Daten in Erfüllung ihrer **Sozialleistungsaufgaben** verarbeiten, also nicht bei der Behandlung von **Privatpatienten** (so zutreffend *Pickel* ZfSH/SGB 1984, 301, 303; *Kamps* McdR 1985, 200, 206).

259 Nicht betroffen sind die **Krankenhäuser der Kommunen**. Die Gemeinden und Landkreise sind zwar ebenfalls Sozialleistungsträger (dazu o. Rz. 223 und § 35 Rz: 28), ihre Krankenanstalten haben sie aber zu ihrer Aufgabenerfüllung im Rahmen der **Daseinsvorsorge** eingerichtet (ebenso *Graßl/Weigert* DSWR 1981, 186, 187; *Hauck/Haines* § 79 Rz. 27). Der Datenschutz dort richtet sich nach dem jeweiligen Datenschutzrecht des Landes bzw. den speziellen **Krankenhausgesetzen**, falls diese Datenschutznormen enthalten (dazu noch u. Rz. 261).

260 Nach § 79 Abs. 2 sollen § 7 Abs. 1 Satz 2 und Abs. 2 Satz 2 BDSG auf Krankenhäuser und Behinderteneinrichtungen nicht angewandt werden. Diese Vorschriften des BDSG bestimmen, daß auf öffentlich-rechtliche Unternehmen, die am Wettbewerb teilnehmen, nicht die Regelungen für die öffentliche Verwaltung, sondern die Normen für Privatunternehmen (§§ 22 ff. BDSG) Geltung finden. Ziel dieser Gleichstellung ist es, Wettbewerbsnachteile der öffentlich-rechtlichen Unternehmen auf Grund der für den öffentlichen Bereich strengeren Regelungen für die Zulässigkeit der Datenverarbeitung zu vermeiden (vgl. *Auernhammer* BDSG, § 7 Rz. 12). In der Literatur wird ganz überwiegend davon ausgegangen, daß Krankenhäuser untereinander jedenfalls insoweit in Konkurrenz stehen, als sie Krankenversorgung auf Grund von Behandlungsverträgen durchführen, daß also Krankenhäuser der öffentlichen Hand einschließlich der Sozialleistungsträger **öffentlich-rechtliche Wettbewerbsunternehmen** i. S. d. § 7 BDSG bzw. der entsprechenden Bestimmungen in den Landesdatenschutzgesetzen sind (vgl. *Simitis* in Simitis u. a., BDSG, § 22 Rz. 82 m. w. N.).

§ 79 Abs. 2 hebt nun diese in § 7 Abs. 1 Satz 2 und Abs. 2 Satz 2 BDSG **261** eingeräumte **datenschutzrechtliche Gleichstellung mit privaten Unternehmen** für die Krankenhäuser und Behinderteneinrichtungen der Sozialleistungsträger auf. Dementsprechend müssen sie sich – datenschutzrechtlich gesehen – wie **öffentliche** (SGB-)Stellen, nicht mehr wie Stellen des nicht-öffentlichen Bereichs behandeln lassen. Damit wird zwar einerseits eine mögliche Lücke im Sozialdatenschutz geschlossen. Auf der anderen Seite führt die generelle Anwendbarkeit der §§ 8, 9 und 12 bis 14 BDSG auf die Krankenanstalten und Rehabilitationseinrichtungen auch der **landesunmittelbaren** Sozialleistungsträger dazu, daß die in verschiedenen Landeskrankenhausgesetzen enthaltenen weitergehenden Datenschutzregelungen (vgl. etwa Art. 26 BayKHG, § 29 Saarl.KHG und § 36 KHG Rh.-Pf.) nicht greifen (Kritik an dieser Rechtslage bei *Schatzschneider* MDR 1982, 6, 10, mit Zweifeln auch an der Gesetzgebungskompetenz des Bundes).

2. Die anwendbaren Vorschriften

Im einzelnen verweist Abs. 2 auf folgende **BDSG-Normen**: **262**
— § 8 BDSG über die **Datenverarbeitung im Auftrag**, der durch § 80 ergänzt wird,
— § 9 BDSG mit den Zulässigkeitsvoraussetzungen für die **Datenspeicherung und -veränderung**,
— § 12 BDSG über die **Veröffentlichung**, der durch § 82 ergänzt wird,
— § 13 BDSG über das **Auskunftsrecht** des Betroffenen, der durch § 83 eingeschränkt wird, und schließlich
— § 14 BDSG, der die **Berichtigung, Sperrung und Löschung** regelt und durch § 84 modifiziert wird.

Selbstverständlich gelten auch der Erste Abschnitt des BDSG und die anderen in § 79 Abs. 1 Satz 1 genannten Bestimmungen für die SGB-Krankenhäuser und -Behinderteneinrichtungen (vgl. *BfA-Kommentar* § 79 Anm. 5), da Abs. 2 ja nur das Konkurrenzverhältnis zwischen dem Zweiten Abschnitt des BDSG und dem für öffentlich-rechtliche Wettbewerbsunternehmen geltenden Dritten Abschnitt des BDSG klären will (vgl. o. Rz. 260 f.).

Die Übermittlungsvorschriften der §§ 10 und 11 BDSG nimmt Abs. 2 nicht in **263** Bezug; wegen § 81 Abs. 1 gelten sie ja für die Übermittlung von Sozialdaten mit Ausnahme von Anwendungsfällen des § 68 (dazu § 81 Rz. 6 ff.) ohnehin nicht. Krankenhäuser und Behinderteneinrichtungen nach Abs. 2 dürfen ebenso wie die sie betreibenden Leistungsträger Patienten- oder Klientendaten nur offenbaren, wenn eine **Befugnis nach §§ 67 ff.** gegeben ist. Von besonderer Bedeutung sind bei diesen Einrichtungen einerseits die Offenbarungseinschränkung des § 76 Abs. 1, andererseits die Mitteilungspflichten nach § 71 Abs. 1 Satz 1 Nr. 2 (vgl. dazu § 71 Rz. 16 ff.) im Hinblick auf die dort beschäftigten Ärzte und Pflegekräfte. Zu beachten ist, daß § 79 Abs. 2 die dort genannten Stellen als **eigenständige, dem (Sozial-)Datenschutzrecht unterliegende Stellen** ansieht. Auch im Verhältnis zwischen dem Krankenhaus und dem es unterhaltenden Leistungsträger liegt also immer eine an §§ 67 ff. zu messende Offenbarung vor. Für **Krankenhäuser i. S. v. § 108 SGB V** richtet sich die Zulässigkeit der Übermittlung von Patientendaten an die gesetzlichen Krankenkassen nach § 301 SGB V.

264 Die von Abs. 2 verlangte Abweichung von § 7 Abs. 1 Satz 2 BDSG betrifft nicht die §§ 15 bis 21 BDSG, die ja gerade ausdrücklich auch für öffentlich-rechtliche Wettbewerbsunternehmen für anwendbar erklärt werden. Relevant ist dies in erster Linie für die in §§ 19 bis 21 BDSG geregelten Aufgaben und Befugnisse des Bundesbeauftragten für den Datenschutz. Krankenhäuser und Einrichtungen zur Eingliederung Behinderter, die von **bundesunmittelbaren** Leistungsträgern betrieben werden, unterliegen damit der **Kontrollzuständigkeit des Bundesbeauftragten für den Datenschutz**. In den **Ländern** greift wegen § 79 Abs. 3 Satz 2 die Überwachungskompetenz des auch für den jeweiligen Träger der Einrichtung zuständigen **Landesbeauftragten für den Datenschutz** (vgl. *BfA-Kommentar* § 79 Anm. 5).

265 Wegen der durch § 79 Abs. 2 statuierten autonomen Stellung der Krankenhäuser im Verhältnis zu ihren Trägern (vgl. oben Rz. 263) besteht auch eine **separate Pflicht zur Bestellung eines internen Beauftragten für den Datenschutz** (ebenso 3. TB/*BayLfD* S. 20; *Pickel* ZfSH/SGB 1984, 301, 303; *o.V.* DSB 10/1981, S. 16, allerdings beschränkt auf »selbständige« Beleghäuser; a. A. *Naeth* in Jahn, SGB, § 79 Rz. 21). Diese Lösung ist auch deshalb sinnvoll, weil die Belegeinrichtungen sich zumeist an anderen Orten befinden als die sie betreibenden Leistungsträger und bei Krankenhäusern wegen des hohen Anteils medizinischer Daten spezifische Datenschutzprobleme auftauchen. Eine »Mitbetreuung« durch den Datenschutzbeauftragten des Trägers wäre daher weniger effizient.

V. Geltung des BDSG für die landesunmittelbaren Leistungsträger und die Kommunen (§ 79 Abs. 3)

1. Umfang der Anwendung des BDSG (Satz 1)

266 Zentrales Anliegen des Gesetzgebers des 2. Kapitels des SGB X war die Schaffung eines **bundesweit einheitlichen** Schutzes der Sozialdaten (vgl. o. Rz. 3). Zu diesem Zweck setzt § 79 Abs. 3 Satz 1 die Anwendung der Landesdatenschutzgesetze auf die **Sozialverwaltung auf Landes- und Kommunalebene** sowie die **landesunmittelbaren Körperschaften und Anstalten** im Sozialleistungsbereich einschließlich deren Vereinigungen außer Kraft (vgl. o. Rz. 5). Daß diese Stellen statt dessen den in § 79 Abs. 1 Satz 1 aufgeführten Normen des BDSG unterworfen wurden, war im Gesetzgebungsverfahren heftig umstritten (vgl. o. Rz. 1 f.).

267 Der Ausschußbericht (BT-Drucks. 8/4022, S. 87 f., zu § 76 = jetzt § 79) rechtfertigte die Notwendigkeit eines bundeseinheitlichen Sozialdatenschutzes mit folgenden Argumenten:
— Der **Datenverkehr** zwischen bundes- und landesunmittelbaren Leistungsträgern dürfe nicht durch die Geltung jeweils unterschiedlichen Datenschutzrechts beeinträchtigt werden.
— Für den **Bürger** wäre ein von Land zu Land unterschiedlicher Schutz seiner Sozialdaten bei der Datenverarbeitung unverständlich.
— Die **»sozialrechtlich gebotenen« Sonderregelungen** der §§ 80 ff. müßten bundesweit gelten.

268 Diese Argumentation konnte aus folgenden Gründen nicht überzeugen:
— Für den **Datenverkehr** zwischen den Sozialbehörden war es unmaßgeblich, ob auf die **Speicherung** und **Löschung** jeweils unterschiedlich Bundes- oder Lan-

desdatenschutzrecht anzuwenden gewesen wäre. Die Zulässigkeit der Daten**übermittlung** (»Datenverkehr«) zur Erfüllung von Aufgaben nach dem SGB war bzw. ist ja ohnehin bereichsspezifisch einheitlich in § 69 Abs. 1 Nr. 1 geregelt.

— Für ein Unverständnis des Bürgers über die unterschiedliche Rechtslage in Bund und Ländern wäre nur dann Anlaß gewesen, wenn er einen verschiedenen bzw. gegenüber dem BDSG geringeren **Schutzumfang** nach der Rechtslage in den Ländern hätte befürchten müssen. Dies war aber 1981 beim Inkrafttreten des SGB X nicht der Fall, weil die Landesdatenschutzgesetze inhaltlich sehr weitgehend am BDSG ausgerichtet waren, teilweise sogar zugunsten des Betroffenen über den Standard des BDSG hinausgingen. Eine Auseinanderentwicklung zeichnet sich erst in jüngster Zeit ab (HDSG von 1986, BrDSG von 1987, DSG NW von 1988, vgl. o. Rz. 16), wobei die Individualrechte im Verhältnis zum BDSG jeweils verbessert werden (vgl. zum HDSG *Simitis/Walz* RDV 1987, 157, 159 ff.).

— Die Einheitlichkeit des Datenschutzrechts im gesamten Sozialleistungsbereich **269** wurde mit einem gravierenden Nachteil erkauft: Bei Sozialbehörden, die in übergreifende Verwaltungseinheiten integriert sind, d. h. vor allem in den **Kommunen** entstand eine **komplizierte Überlagerung** von insgesamt drei Datenschutzregelungen: SGB und BDSG in den Ämtern, die Sozialleistungen abwickeln; das jeweilige Landes-Datenschutzgesetz für den Rest der Behörde. Dies dient weder der Verwaltungsvereinfachung noch der Durchschaubarkeit für Bedienstete und Bürger; es gab erhebliche **Implementationsschwierigkeiten** in den Ländern und Kommunen.

— Schließlich sind dem Bürger mit dem Inkrafttreten des 2. Kapitels des SGB X und der generellen Geltung des BDSG spezielle, nur in einigen Landesgesetzen vorgesehene **Rechte** und Vorteile, wie etwa der **Anspruch auf Schadensersatz** wegen unzulässiger Datenverarbeitung (vgl. z. B. § 8 Abs. 2 HDSG a. F. = jetzt § 20 HDSG), gegenüber den Sozialleistungsträgern **abgeschnitten** worden (vgl. *Wiese* ÖVD 1981, 11, 16; vgl. allerdings jetzt § 4 Abs. 3 BDSG-E und § 7 BDSG-E '88, die ebenfalls einen Schadensersatzanspruch vorsehen). Auch die jetzige Serie der Novellierungen der Landesdatenschutzgesetze (vgl. o. Rz. 268) läßt den Sozialleistungsbereich unberührt.

Kritik am **verfehlten Ansatz** und den **komplizierenden Auswirkungen** des mit **270** Abs. 3 verfolgten Regelungsziels kam daher nicht nur aus den Bundesländern im Gesetzgebungsverfahren und von den Datenschutzbeauftragten (Nachw. o. Rz. 1 f.), sondern auch von zahlreichen Stimmen aus der Literatur (vgl. z. B. *Wiese* DAngVers. 1980, 462; *Graßl/Weigert* DuD 1981, 72, 76; *Schedl* DSWR 1981, 283, 284; *Mallmann/Walz* NJW 1981, 1020, 1024). In seiner Stellungnahme zum BDSG-E '88 hat der **Bundesrat erneut** verlangt, die Anwendung des BDSG auf SGB-Stellen der Länder und Kommunen **abzuschaffen** (vgl. BR-Drucks. 618/88 – Beschluß – vom 10. 2. 1989, Nr. 86).

§ 79 Abs. 3 Satz 1 ist darüber hinaus **mißverständlich** formuliert (vgl. o. Rz. 8). **271** Beim ersten Lesen könnte man meinen, Landes- und kommunale Leistungsträger sollten nur den Zweiten Abschnitt des BDSG, nicht dagegen den Ersten Abschnitt sowie die sonstigen in Abs. 1 genannten Bestimmungen anwenden. Das Gegenteil ist jedoch der Fall: Abs. 3 Satz 1 soll lediglich verhindern, daß über die »Subsidiaritätsklausel« des § 7 Abs. 2 Satz 2 BDSG doch wieder Landesdatenschutzrecht zum Tragen kommt (so richtig *Graßl/Weigert* DuD 1981, 72, 77). Anders ausgedrückt: Mit der Formulierung »abweichend von § 7 Abs. 2 Satz 1 BDSG« wird der **Nachrang des Zweiten Abschnitts des BDSG gegenüber bestehenden Landesdatenschutzgesetzen** für den Sozialleistungsbereich **aufgehoben**.

272 Davon ausgenommen, d. h. für Landes- und kommunale Stellen in jedem Falle unanwendbar sind die §§ 15 bis 21 BDSG und damit die Vorschriften über den Bundesbeauftragten für den Datenschutz (§§ 17 bis 21). Ihm dürfen auf Grund der **verfassungsrechtlichen Kompetenzverteilung** zwischen Bund und Ländern keine Befugnisse zur Überwachung von Länder- oder Kommunalverwaltungen zustehen (vgl. Verbandskommentar § 79 Rz. 4f.). Aus dieser Rechtslage zieht § 79 Abs. 3 **Satz 2** die gebotene Schlußfolgerung, daß die Kontrolle der Einhaltung des Datenschutzes bei den Sozialleistungsträgern auf Landes- und Kommunalebene den »nach Landesrecht zuständigen Stellen« obliegt (dazu i. e. u. Rz. 273 ff.).

2. Kontrollbefugnis der Landesbeauftragten für den Datenschutz (Satz 2)

273 § 79 Abs. 3 Satz 2 stellt noch einmal klar, daß auf die SGB-Stellen der Länder, Kreise und Gemeinden aus dem Zweiten Abschnitt des BDSG die Normen der §§ 17 bis 21 über den Bundesbeauftragten für den Datenschutz keine Anwendung finden. Die Datenschutzüberwachung bei diesen Leistungsträgern ist vielmehr Sache der »**nach Landesrecht zuständigen Stellen**«, das sind in Rheinland-Pfalz die **Datenschutzkommission** und in den übrigen Ländern die **Landesbeauftragten für den Datenschutz**.

274 Auch Abs. 3 Satz 2 ist, ebenso wie Satz 1, **mißverständlich** gefaßt. Treten die Datenschutzkontrollinstanzen der Länder »**insoweit**«, d. h. im Rahmen der Anwendung des Zweiten Abschnitts des BDSG, »**an die Stelle** des Bundesbeauftragten für den Datenschutz«, könnte man dies so verstehen, daß Aufgaben und Befugnisse der Landesbeauftragten bei Sozialleistungsträgern materiell nicht aus dem jeweiligen Landesdatenschutzgesetz, sondern aus §§ 19 und 20 BDSG herzuleiten wären. In der Tat wird die Auffassung vertreten, aus den Landesdatenschutzgesetzen könnten für die Sozialverwaltung in Ländern und Kommunen keine Pflichten begründet werden, die über §§ 19 bis 21 BDSG hinausgehen (so *Hauck/Haines* § 79 Rz. 29; ohne Begründung als »vertretbar« bezeichnet von *Verbandskommentar* § 79 Rz. 5).

275 Nun wäre diese Kontroverse zu vernachlässigen, wenn es keinerlei **Divergenzen** hinsichtlich Rechtsstellung und Befugnissen zwischen dem Bundesbeauftragten und den Landesbeauftragten für den Datenschutz gäbe. Dies ist jedoch nicht der Fall; Abweichungen sind u. a. bei den Voraussetzungen des **Anrufungsrechts** (vgl. dazu *Dammann* in Simitis u. a. BDSG, § 21 Rz. 29 ff.), bei der Abwicklung von **Beanstandungen** (vgl. *Dammann* a. a. O., § 20 Rz. 22 ff.) und bei der **Einbeziehung von Akten** in die Kontrollbefugnis (dazu oben Rz. 160) festzustellen. Der wichtigste praktisch relevante Unterschied betrifft das von den Beauftragten zu führende **Dateienregister**. Nach § 19 Abs. 4 BDSG sind zum Register beim Bundesbeauftragten nur die **automatisch betriebenen** Dateien zu melden. In einer Reihe von Landesdatenschutzgesetzen ist dagegen das Register auch für **manuell** geführte Dateien bestimmt (z. B. § 26 Abs. 1 HDSG, vgl. o. Rz. 176). Teilweise wird abweichend vom BDSG auch eine **Veröffentlichung des Dateienregisters** angeordnet (vgl. § 26 Abs. 3 HDSG, § 13 Schl.-H.DSG).

Geht man von der bereits erwähnten (vgl. o. Rz. 272) verfassungsrechtlichen **276** Vorgabe aus, daß es Angelegenheit der Länder ist, ihre Datenschutzkontrollinstanzen einzurichten und mit Befugnissen zu versehen, ist es klar, daß sich die **Überwachungskompetenzen** ebenso wie der Umfang der **Meldepflicht** zum Register ausschließlich nach den Landesdatenschutzgesetzen richten (so auch *Heine* DRV 1981, 466, 469 Fn. 22; 15. TB/*HDSB* Ziff. 2.2.3.1 und *Graßl/Weigert* DuD 1981, 72, 77, die im übrigen zu Recht darauf hinweisen, daß die den § 19 Abs. 4 BDSG konkretisierende DSRegO auf öffenliche Stellen in den Ländern gar nicht angewendet werden kann; die Meldepflicht der landesunmittelbaren Sozialleistungsträger zum Register der Landesbeauftragten auf **automatisierte** Dateien beschränken will dagegen offensichtlich *Henze* SdL 1983, 188, 200). Das Register hat nicht nur eine Transparenzfunktion für den Bürger, der sich einen Überblick über vorhandene Dateien verschaffen will, in denen er möglicherweise gespeichert sein könnte. Das Dateienregister ist auch, wenn nicht in erster Linie, ein Hilfsmittel des Datenschutzbeauftragten zur Vorbereitung von Kontrollen, zur Prüfung der Rechtmäßigkeit der angemeldeten Dateien und damit der Datenverarbeitung. Kontrollbefugnisse und Dateienregister stehen also in unmittelbarem Zusammenhang (vgl. o. Rz. 174; außerdem 3. TB/*BayLfD* S. 199). Für die **Meldepflicht von SGB-Stellen des Landes und der Kommunen** sind mithin ausschließlich die Normen des jeweiligen **Landes**datenschutzgesetzes maßgeblich.

Dieser **Vorrang** gilt auch für alle anderen **landesrechtlichen Besonderheiten**, die **277** im Hinblick auf Aufgaben und Befugnisse der Landesbeauftragten für den Datenschutz bestehen (zur Ausnahme beim Strafantragsrecht vgl. o. Rz. 206; zu den verfassungsrechtlich bedenklichen Versuchen, **im BDSG selbst** die Kontrollkompetenz der Landesbeauftragten zu beschneiden, vgl. § 22 Abs. 6 BDSG-E '88). Von diesen Abweichungen in den Landesgesetzen abgesehen gilt für die Landesbeauftragten für den Datenschutz das o. Rz. 150 bis Rz. 196 für den Bundesbeauftragten Ausgeführte entsprechend (vgl. o. Rz. 149). Ihre örtliche Zuständigkeit richtet sich nach dem **Sitz des Leistungsträgers**, ihre Kontrollbefugnisse enden jedoch nicht zwangsläufig an den Grenzen des jeweiligen Bundeslandes. So hat beispielsweise der für das Sozialamt im Land X zuständige Datenschutzbeauftragte die Einhaltung des Datenschutzes auch in dem von diesem Amt geführten Freizeitheim im Land Y zu überwachen (so zutreffend *o. V.* DSB 10/1983, S. 16 für »unselbständige« Einrichtungen der SGB-Stellen). Eine ergänzende Zuständigkeit des Datenschutzbeauftragten des Landes Y ist nicht gegeben.

§ 80 Verarbeitung personenbezogener Daten im Auftrag

(1) Für die Verarbeitung personenbezogener Daten im Auftrag gelten neben § 8 Abs. 1 und 3 des Bundesdatenschutzgesetzes die Absätze 2 bis 5.

(2) Eine Auftragserteilung ist nur zulässig, wenn der Datenschutz beim Auftragnehmer nach der Art der zu verarbeitenden Daten den Anforderungen genügt, die für den Auftraggeber gelten. Der Auftraggeber ist verpflichtet, erforderlichenfalls Weisungen zur Ergänzung der beim Auftragnehmer vorhandenen technischen und organisatorischen Maßnahmen (§ 6 Abs. 1 des Bundesdatenschutzgesetzes) zu erteilen. Ist auf den Auftragnehmer der Zweite Abschnitt des Bundesdatenschutzgesetzes nicht anzuwenden, setzt die Auftragserteilung außerdem voraus, daß sich der Auftragnehmer schriftlich damit einverstanden erklärt hat, daß der Auftraggeber jederzeit berechtigt ist, mit den in § 30 Abs. 2 und 3 des Bundesdatenschutzgesetzes genannten Mitteln die Einhaltung der Vorschriften über den Datenschutz und der ergänzenden Weisungen nach Satz 2 zu überwachen.

(3) Der Auftraggeber hat seiner Aufsichtsbehörde rechtzeitig vor der Auftragserteilung
1. den Auftragnehmer, die bei diesem vorhandenen technischen und organisatorischen Maßnahmen und ergänzenden Weisungen nach Absatz 2 Satz 2,
2. die Art der Daten, die im Auftrag verarbeitet werden sollen, und den Kreis der Betroffenen sowie
3. die Aufgabe, zu deren Erfüllung die Verarbeitung der Daten im Auftrag erfolgen soll,

anzuzeigen. Ist auf den Auftragnehmer der Zweite Abschnitt des Bundesdatenschutzgesetzes anzuwenden, hat er die Anzeige auch an dessen Aufsichtsbehörde zu richten.

(4) Der Auftragnehmer darf die zur Datenverarbeitung überlassenen Daten nicht anderweitig verwenden und nicht länger aufbewahren, als der Auftraggeber bestimmt.

(5) Die Verarbeitung personenbezogener Daten im Auftrag durch nicht-öffentliche Stellen ist nur zulässig, wenn anders Störungen im Betriebsablauf nicht vermieden oder Teilvorgänge der automatischen Datenverarbeitung hierdurch erheblich kostengünstiger besorgt werden können.

Inhaltsübersicht

		Rz.
I.	Entstehungsgeschichte	1
II.	Bedeutung der Vorschrift	2– 7
III.	Das Auftragsverhältnis	8–24
	1. Rechtliche Kriterien	8–10
	2. Abgrenzung zum sozialrechtlichen Auftrag	11
	3. Datenverarbeitung durch die Verbände der Sozialversicherungsträger	12–18
	4. Weitere Abgrenzung des Anwendungsbereichs	19–21

	5. Tatsächliche Kriterien	22–24
IV.	Verweisung auf § 8 BDSG (Abs. 1)	25–27
V.	Stellung und Pflichten des Auftraggebers (Abs. 2)	28–35
	1. Anforderungen an den Datenschutz beim Auftragnehmer (Abs. 2 Satz 1)	28–30
	2. Ergänzende Weisungen des Auftraggebers (Abs. 2 Satz 2)	31, 32
	3. Zusätzliche Kontrollbefugnisse des Auftraggebers (Abs. 2 Satz 3)	33, 34
	4. Form der Auftragserteilung	35
VI.	Anzeigepflicht (Abs. 3)	36–40
	1. Anzeige an die Aufsichtsbehörde des Auftraggebers (Abs. 3 Satz 1)	36–38
	2. Anzeige an die Aufsichtsbehörde des Auftragnehmers (Abs. 3 Satz 2)	39, 40
VII.	Stellung und Pflichten des Auftragnehmers (Abs. 4)	41–46
	1. Verwendung und Aufbewahrung nach Bestimmung des Auftraggebers	41–44
	2. Weitere Pflichten	45, 46
VIII.	Auftragserteilung an nicht-öffentliche Stellen (Abs. 5)	47–51
	1. Zweck der Vorschrift	47
	2. Nicht-öffentliche Stellen	48
	3. Vermeidung von Störungen im Betriebsablauf	49
	4. Kostengünstigere Verarbeitung	50, 51
IX.	Verhältnis zu § 76	52

I. Entstehungsgeschichte

Gegenüber der Textfassung des Ausschußberichts (BT-Drucks. 8/4022, zu § 77 = jetzt § 80) enthält die Gesetz gewordene Formulierung des § 80 eine wichtige **Änderung in Abs. 5**. Dort war in der Ausschußversion die Verschärfung der Zulässigkeitsvoraussetzungen für die Auftrags-Datenverarbeitung in allen Fällen vorgesehen, in denen Stellen außerhalb des Sozialleistungsbereichs als Auftragnehmer eingeschaltet werden sollten. Die erleichterte Möglichkeit der Auftragsverarbeitung sollte mit anderen Worten nur bei Beauftragung von SGB-Stellen untereinander gelten. Die vom Bundesrat bei der Anrufung des Vermittlungsausschusses beantragte Streichung dieses Absatzes (vgl. BR-Drucks. 288/80, Nr. 27) erfolgte zwar nicht. Im Vermittlungsausschuß (BT-Drucks. 8/4330) und infolgedessen im endgültigen Gesetzestext wurde Abs. 5 aber dahingehend geändert, daß die Erschwerung der Auftragsverarbeitung von Sozialdaten nur noch bei der Einschaltung »**nicht-öffentlicher Stellen**« gilt. Damit wurde dem Anliegen des Bundesrats Rechnung getragen, daß öffentlich-rechtliche Rechenzentren der Länder und Kommunen auch den Sozialleistungsträgern für ihre Datenverarbeitung zur Verfügung stehen (ausführlich zur Entstehungsgeschichte *Lauterbach/Watermann* UV, § 80 Anm. 1; zu Abs. 5 u. Rz. 47 ff.).

1

II. Bedeutung der Vorschrift

2 § 80 trägt der Tatsache Rechnung, daß die **Auftrags-Datenverarbeitung** gerade im Sozialleistungsbereich sehr **verbreitet** ist. Ursache hierfür ist vor allem, daß bei der Antragsbearbeitung und Berechnung von Sozialleistungen – etwa in der Sozialversicherung, aber auch bei den laufenden Leistungen der Sozialhilfe – in großem Umfang schematisierte Massendatenverarbeitung anfällt, die entweder die Bearbeitungskapazität des einzelnen Leistungsträgers überschreitet oder aus Gründen der Verwaltungsökonomie die **Einschaltung externer Rechenzentren** geboten erscheinen läßt. Das neue **Krankenversicherungsrecht** mit seinem intensivierten Datenaustauschsystem (vgl. §§ 295 ff. SGB V) erhöht den Stellenwert der Auftrags-DV beträchtlich.

3 § 80 **verschärft** für die SGB-Stellen die Voraussetzungen für die Zulässigkeit der Auftrags-Datenverarbeitung gegenüber den im BDSG enthaltenen Anforderungen. Dabei bleibt es allerdings beim **Grundmodell des BDSG**: Die Verarbeitung von Daten im Zusammenhang mit der Behördentätigkeit ist Bestandteil der materiellen Verwaltungsaufgabe; die Auslagerung der technischen Verarbeitungsvorgänge auf dritte Stellen verschiebt nicht die Zuständigkeit und Verantwortlichkeit für die Aufgabenerfüllung. Die **auftraggebende** Stelle bleibt Herr der Daten und für die materielle Zulässigkeit der Datenverarbeitung verantwortlich (vgl. *Auernhammer* BDSG, § 8 Rz. 1). Zielsetzung der Auftragsregelungen in den Datenschutzgesetzen ist es, zusätzliche Datenschutzrisiken durch die Einschaltung externer Stellen für die Verarbeitung zu vermindern oder zu vermeiden. Die Erhöhung der Anforderungen für den Sozialleistungsbereich durch § 80 trägt dem besonderen Rang des Sozialgeheimnisses bzw. der besonderen »Sensitivität« der Sozialdaten Rechnung.

4 Gegenüber § 8 BDSG führt § 80 **zusätzliche Pflichten** auf beiden Seiten des Auftragsverhältnisses ein: Der Auftraggeber ist verpflichtet, den Datenschutzstandard beim Auftragnehmer laufend zu beobachten und erforderlichenfalls Weisungen für ergänzende Datensicherungsvorkehrungen zu erteilen (§ 80 Abs. 2 Sätze 1 und 2). Der Auftraggeber muß die Art der Verwendung und die Aufbewahrungsfristen dem Auftragnehmer vorgeben (§ 80 Abs. 4). Aufsichtsbehörden müssen vor der Auftragserteilung unterrichtet werden (§ 80 Abs. 3). Bestimmte Auftragnehmer müssen sich verschärfte Kontrollen durch den Auftraggeber gefallen lassen (§ 80 Abs. 2 Satz 3). Für private Stellen wird die Meßlatte so hoch gelegt (§ 80 Abs. 5), daß sie nur ausnahmsweise für die Verarbeitung von Sozialdaten in Betracht kommen.

5 Die in § 35 SGB I genannten Stellen haben § 80 auch auf **Betriebs- und Geschäftsgeheimnisse** anzuwenden, obwohl diese im Text der Vorschrift nicht noch einmal ausdrücklich erwähnt werden. Diese Rechtsfolge ergibt sich aus der generellen Einbeziehung der Betriebs- und Geschäftsgeheimnisse in die Regelungen über den Schutz der Sozialdaten bei der Datenverarbeitung in § 79 Abs. 1 Satz 1 (mit gleichem Ergebnis, aber anderer Begründung *Hauck/Haines* § 80 Rz. 14).

6 Zu beachten ist § 69 Abs. 1 Nr. 2, der eine vom BDSG abweichende Rechtslage schafft (vgl. § 69 Rz. 110 f.). Nach § 69 Abs. 1 Nr. 2 stellt die Weitergabe von Sozialdaten vom Auftraggeber an den Auftragnehmer eine **Offenbarung** dar, die nur zulässig ist, soweit sie für die Aufgabenerfüllung der SGB-Stelle erforderlich ist. Nach dem BDSG dagegen gibt es im Verhältnis zwischen Auftraggeber und Auftragnehmer keine Datenübermittlung, weil eine Übermittlung nur an einen

Verarbeitung personenbez. Daten im Auftrag § 80

»Dritten« stattfinden kann, der Auftragnehmer aber nicht· als Dritter definiert wird (§ 2 Abs. 2 Nr. 2 und § 2 Abs. 3 Nr. 2 BDSG; vgl. dazu § 79 Rz. 47ff.). Daß die **Versicherungsnummer** bei der Auftragsverarbeitung verwendet und somit vom Auftraggeber an den Auftragnehmer offenbart werden darf, sieht ausdrücklich der seit dem 27. 7. 1988 geltende § 18f Abs. 4 SGB IV vor.
Im Anwendungsbereich des BDSG **außerhalb** des Sozialleistungssektors greift 7 mithin das für die Übermittlung geltende Prinzip, daß die Datenweitergabe für die Aufgabenerfüllung erforderlich sein muß, für die Datenverarbeitung im Auftrag nicht. Quantitative oder qualitative Einschränkungen des dem Auftragnehmer zur Verfügung gestellten Datenmaterials lassen sich daher allenfalls über den Grundsatz ableiten, »daß die Einschaltung anderer Stellen nicht zu einer vermeidbaren Gefährdung der schutzwürdigen Belange des Betroffenen führen darf« (vgl. *Dammann* in Simitis u. a., BDSG, § 8 Rz. 5). Die Einstufung der Weitergabe von Sozialdaten an den Auftragnehmer als »Offenbarung« hat als wichtigste praktische Konsequenz, daß die **Offenbarungsbeschränkungen** der §§ 76 und 77 bei der Einschaltung externer Stellen zu beachten sind (vgl. u. Rz. 52 und *Verbandskommentar* § 80 Rz. 2).

III. Das Auftragsverhältnis

1. Rechtliche Kriterien

Das Vorliegen einer Auftrags-Datenverarbeitung nach § 80 i. V. m. § 8 BDSG 8 muß nach mehreren Seiten sorgfältig abgegrenzt werden. Zunächst liegt ein Auftrag in diesem Sinne nur vor, wenn er sich ausschließlich auf die Verarbeitung personenbezogener Daten bezieht und nicht auch noch andere Tätigkeiten zum Gegenstand hat, für die die Datenverarbeitung nur Grundlage oder Folge ist (vgl. *Auernhammer* BDSG, § 8 Rz. 1). Der Auftragnehmer darf mit diesen Daten keinen eigenen Geschäftszweck oder keine eigene Verwaltungsaufgabe erfüllen wollen, mithin **kein eigenes materielles Verarbeitungsinteresse** an diesen Daten haben.
Ist dies jedoch der Fall, bedeutet eine Datenweitergabe in den Begriffen des 9 BDSG eine Übermittlung an Dritte; für Sozialdaten muß das Vorliegen einer Offenbarungsbefugnis außerhalb von § 69 Abs. 1 Nr. 2 geprüft werden. Beispielsfall für dieses Abgrenzungsproblem ist die Durchführung von **Organisationsuntersuchungen** bei einem Leistungsträger durch eine externe Stelle: Werden die Untersuchungsmodalitäten, das Auswertungskonzept usw. von dieser externen Stelle ausgearbeitet und durchgeführt, beruht die damit zusammenhängende Datenverarbeitung auf einer eigenen inhaltlichen Tätigkeit der das Projekt durchführenden Behörde oder Firma, so daß in diesem Fall keine Auftrags-Datenverarbeitung vorliegt (zu den Offenbarungsvoraussetzungen bei Organisationsuntersuchungen vgl. 16. TB/*HDSG* Ziff. 7.2.1).
Entscheidend für die Qualifizierung als Auftrag ist nicht die **Rechtsnatur des** 10 **Vertragsverhältnisses** zwischen Auftraggeber und Auftragnehmer. Der Auftrag zur Datenverarbeitung kann privat- oder öffentlich-rechtlich sein, er kann entgeltlich oder kostenlos ausgestaltet sein (vgl. *Dammann* in Simitis u. a., BDSG, § 8 Rz. 3). Dem entspricht, daß als Auftragnehmer prinzipiell öffentliche Stellen jeder Art ebenso in Betracht kommen wie private Unternehmen, Vereine usw. (hier

sind allerdings die Einschränkungen nach § 80 Abs. 5 zu beachten). Auftragsverhältnisse können auch durch aufsichtsrechtliche Weisungen von vor- an nachgeordnete Behörden in bezug auf die Datenverarbeitung entstehen. Es ist jedoch auch der in der Verwaltungshierarchie umgekehrte Fall denkbar, daß sich nachgeordnete Behörden der von ihren vorgesetzten Stellen betriebenen Rechenzentren bedienen oder örtliche bei überörtlichen Leistungsträgern verarbeiten lassen.

2. Abgrenzung zum sozialrechtlichen Auftrag

11 Der Auftrag nach § 80 ist nicht zu verwechseln mit dem **sozialrechtlichen Auftrag** nach **§ 88 SGB X**. Bei letzterem überträgt ein Leistungsträger einem anderen oder seinem Verband die Wahrnehmung eines Teils seiner **materiellen** Verwaltungsaufgaben nach dem SGB (vgl. *v. Maydell* GK-SGB X 3, § 88 Rz. 24 ff.), nicht aber lediglich die technische Hilfsfunktion der Datenverarbeitung. Die zur Durchführung der übertragenen Aufgabe von dem als Auftragnehmer fungierenden Leistungsträger eingesetzte Datenverarbeitung fällt demgemäß nicht unter § 80, vielmehr gehen die **Zuständigkeit** und die **Verantwortung** für diese Datenverarbeitung auf den **Auftragnehmer** über (vgl. *Rische* DRV 1982, 550f.). Haben mehrere Versicherungsträger über ein von ihnen gemeinsam benutztes Rechenzentrum wechselseitig direkten Zugriff auf ihre Datenbestände, um den Versicherten auch bei Ortswechsel usw. umgehend beraten und ihm Leistungen erbringen zu können, kann darin die gegenseitige Übertragung materieller SGB-Aufgaben liegen, die eines förmlichen Auftrags nach § 88 SGB X bedarf (so zum bundesweiten System IDVS II der Ortskrankenkassen 14. TB/*HDSB* Ziff. 3.2.3.2.; auch das *BVA* vertritt die Auffassung, daß Inhalt eines Auftrags nach § 88 auch die Verarbeitung von Daten sein kann, vgl. DSB 8/1987, S. 19).

3. Datenverarbeitung durch die Verbände der Sozialversicherungsträger

12 Unter § 80 fällt auch die Datenverarbeitung der **Verbände der gesetzlichen Krankenversicherung** für ihre Mitgliedskassen (vgl. aber Rz. 18). Die **Landesverbände** haben zwar nach § 211 Abs. 2 Nr. 8 SGB V (vor dem 1. 1. 1989 wortgleich geregelt in § 414e Satz 2 Buchst. h RVO) die eigenständige Aufgabe, ihre Mitgliedskassen zu unterstützen, »insbesondere durch Entwicklung und Abstimmung von Verfahren und Programmen für die automatische Datenverarbeitung, den Datenschutz und die Datensicherung sowie den Betrieb von Rechenzentren **in Abstimmung** mit den Mitgliedskassen«. Die **Bundesverbände** der Krankenkassen trifft eine fast identische Pflicht nach § 217 Abs. 2 Nr. 9 SGB V (vorher § 414f Satz 2 Buchst. e RVO), allerdings mit dem Unterschied, daß dort nicht der Betrieb von Rechenzentren selbst, sondern die Abstimmung über die wirtschaftliche Nutzung von Rechenzentren angesprochen wird. Aus dieser ausdrücklich gesetzlich zugewiesenen **Unterstützungs- und Abstimmungsaufgabe der Verbände** im Bereich von Datenverarbeitung und Datenschutz ist der Schluß gezogen worden, eine Verarbeitung im Auftrag der Einzelkassen nach § 80 könne nicht in Betracht kommen, vielmehr handele es sich um eine »eigenständige Datenverarbeitung« der Verbände (vgl. *Marburger* WzS 1985, 106, 112f.; ausführlich *Meydam* BKK 1984, 225ff.). Auch werde die Zielsetzung des § 80 in dieser Konstellation

Verarbeitung personenbez. Daten im Auftrag § 80

verfehlt, weil die von dieser Vorschrift vorausgesetzte zusätzliche datenschutzrechtlich relevante Gefährdung bei der Verarbeitung durch die Verbände ausgeschlossen sei (vgl. *Meydam* BKK 1984, 227f.). Hingewiesen wird schließlich auf die spezifischen Formen der Abstimmung und Willensbildung in Kassenverbänden, die mit Weisungen von Einzelkassen zur Datenverarbeitung oder zum Datenschutz nach § 80 nicht vereinbar seien (vgl. *Meydam* BKK 1984, 226).

Diese Auffassung muß aus mehreren Gründen **abgelehnt** werden. Verwechselt 13 wird die **technische Unterstützungsaufgabe** bei der **Programmentwicklung** und dem **Rechenzentrumsbetrieb** mit einer eigenen datenschutzrechtlichen Verarbeitungsbefugnis. Wer Sozialdaten verarbeitet, tut dies entweder als Leistungsträger im Zusammenhang mit der Erfüllung seiner materiellen SGB-Aufgabe oder als Auftragnehmer; eine dritte Möglichkeit gibt es nicht. Wer den Verbänden bei der Verarbeitung der Daten ihrer Mitgliedskassen die Eigenschaft als Auftragnehmer abspricht, muß sie als Leistungsträger qualifizieren, was sie aber unstreitig nicht sind (so auch *Meydam* BKK 1984, 227). Die Eigenschaft als **speichernde Stelle** für Sozialdaten hat immer auch die **Entscheidungsbefugnis** über das Vorliegen von Offenbarungsbefugnissen nach §§ 67ff. zur Folge. Konsequenz der Auffassung von den Kassenverbänden als eigenständigen datenverarbeitenden Stellen wäre daher, daß den Verbänden alternativ oder kumulativ zu den Mitgliedskassen eine eigene Offenbarungszuständigkeit gegeben wird, eine Konsequenz, die von den Befürwortern der Gegenmeinung übersehen wird.

Irrig ist auch die **Ablehnung der Auftragsverarbeitung** mit dem Argument, daß 14 den Landesverbänden der **Betrieb von Rechenzentren** (in Abstimmung mit den Mitgliedskassen) als gesetzliche Aufgabe ausdrücklich zugewiesen ist. Daß gerade die Bereithaltung von DV-Kapazität für die Auftragsverarbeitung zugunsten dritter Stellen eine gesetzliche Aufgabe darstellen kann, zeigen die zahlreichen Ländergesetze über gemeinsame kommunale Rechenzentren oder landesweite Datenverarbeitungs-Verbünde.

Im Gesetzgebungsverfahren zum GRG ist die Aufwertung der Rolle der Landes- 15 verbände beim Betrieb von Rechenzentren eindeutig **abgelehnt** worden. Die noch im Gesetzentwurf der Bundesregierung (BR-Drucks. 200/88) enthaltene Formulierung »**mit Wirkung**« für die Mitgliedskassen wurde zugunsten des bisher geltenden Rechts (»**in Abstimmung...**«) korrigiert (vgl. § 220 Abs. 2 Nr. 8 i.d.F. des Entwurfs und des verabschiedeten Gesetzestexts). Die Zuständigkeit für den Betrieb von Rechenzentren verbleibt damit grundsätzlich bei der einzelnen Kasse (vgl. dazu auch *BSGE* 61, 75ff.). Korrekterweise unterscheidet § 294 SGB V nur zwischen den (einzelnen) Krankenkassen und den »**mit der Datenverarbeitung beauftragten Stellen**«.

Die Feststellung, ob eine Auftrags-Datenverarbeitung vorliegt, ist weiterhin völlig 16 unabhängig davon, ob beim **Auftragnehmer** – hier beim Verband der Krankenkassen – ein hohes **Datenschutzniveau** zu erwarten ist oder nicht. Daß der Datensicherungsstandard beim Auftragnehmer höher ist als beim Auftraggeber, ist in der Praxis häufig der Fall, etwa im Verhältnis von Landesrechenzentren mit hohem DV-technischem Wissen zu den Kreisen und Gemeinden, die bei ihnen verarbeiten lassen. In diesen Fällen fehlt es jedoch nicht am Auftragsverhältnis, vielmehr bedarf es keiner zusätzlichen Datenschutzweisungen des Auftraggebers.

Es muß also dabei bleiben, daß die Leistungsträger der sozialen Krankenversiche- 17 rung, also die **Mitgliedskassen**, alleinige **speichernde Stellen** für die Sozialdaten ihrer Mitglieder auch dann bleiben, wenn die Verarbeitung im Rechenzentrum des Landesverbands stattfindet (ausdrücklich als Möglichkeit vorgesehen jetzt auch in § 295 Abs. 3 Nr. 4 SGB V über die **Weiterleitung von Abrechnungsunterlagen**). Demgemäß sind auch in diesen Fällen die Regelungen des § 80 einschließlich der entsprechenden Anzeigepflichten nach Abs. 3 einzuhalten (ebenso 2. TB/*LfD-BW* S. 53 und 14. TB/*HDSB* Ziff. 3.2.3.2.). Die »**spezifisch verbänderechtliche Komponente** der Datenschutzproblematik« im Bereich der gesetzlichen Krankenversicherung (vgl. *Meydam* BKK 1984, 225, 227) kann gleichwohl im Rahmen der Anwendung des § 80 zu bestimmten Modifikationen führen. So läßt sich beispielsweise die Anzeige an die Aufsichtsbehörde nach Abs. 3 bei landesweit oder bundesweit einheitlichen Programmen vereinfachen, etwa durch eine Sammelanzeige aller an einem Verbandsrechenzentrum angeschlossenen Mitgliedskassen. Auch sind die Einwirkungsmöglichkeiten der Einzelkassen als Auftraggeber bei der Programm- und Verfahrensentwicklung abgeschwächt zu einer Beteiligung in den entsprechenden **Abstimmungs- und Entscheidungsgremien** (vgl. auch die vertraglichen Festlegungen der Spitzenverbände der Krankenkassen und der Kassenärztlichen Bundesvereinigung über die Einzelheiten der Übermittlung der Abrechnungsunterlagen). Dies schließt jedoch nicht aus, daß **Einzelweisungen**, z. B. auf Ausdruck bestimmter Listen aus dem eigenen Datenbestand, weiterhin möglich bleiben (zur Verantwortlichkeit der einzelnen BKK gegenüber dem Bundesverband der Betriebskrankenkassen bei Verarbeitung im Rahmen des bundesweiten Informationssystems ISBKK vgl. 9. TB/*BfD* S. 51 f.; zur Letztverantwortung der Verbandsmitglieder vgl. *Ruland* DRV 1988, 359, 367 ff.).

18 Ist einem Verband von Leistungsträgern nicht nur die technische Unterstützung, sondern eine **genuine Verarbeitungsaufgabe** zugewiesen, ist der Verband selbst speichernde Stelle mit allen Verantwortlichkeiten und Befugnissen für die Offenbarung. Dies gilt beispielsweise für die Datenstelle des Verbands Deutscher Rentenversicherungsträger, insoweit diese nach § 14 DEVO die Erteilung und den Abgleich der Rentenversicherungsnummern aller Versicherten in der Bundesrepublik durchzuführen hat (ausführlich dazu *Ruland/Volkert* CR 1988, 427 ff.).

4. Weitere Abgrenzung des Anwendungsbereichs

19 Die Einschaltung von **Vermittlungsstellen** zur Übermittlung von Sozialdaten im Wege des Datenträgeraustauschs oder der Datenfernübertragung nach § 81 Abs. 2 stellt nach der Gesetzessystematik **keine Auftrags-Datenverarbeitung** dar. Daß diese Abgrenzung allerdings nur schwer nachzuvollziehen ist, wird in § 81 Rz. 27 f. erläutert. Einige Regelungen des § 80 sind im Verhältnis zwischen Leistungsträger und Vermittlungsstelle entsprechend anzuwenden (§ 81 Abs. 2 Satz 2; dazu § 81 Rz. 34 ff.).

20 An die in § 80 verschärften Bedingungen für die Zulässigkeit der Auftrags-Datenverarbeitung müssen sich auch die von SGB-Stellen betriebenen **Krankenhäuser** und **Einrichtungen zur Eingliederung Behinderter** halten. § 79 Abs. 2 verweist zwar auf den ersten Blick nur auf § 8 BDSG, doch ist das Regelungsziel dieser Vorschrift zu beachten: Die Anwendung des § 79 Abs. 2 bewirkt, daß SGB-Krankenhäuser nicht als Wettbewerbsunternehmen und damit nicht nach den Regelungen über private datenverarbeitende Stellen behandelt werden, sondern als

öffentliche Stellen betrachtet und den Leistungsträgern gleichgestellt werden. In der Konsequenz gelten für sie alle Vorschriften der §§ 79 ff. (dazu § 79 Rz. 262 ff.) einschließlich des § 80.

Keine Auftrags-Datenverarbeitung liegt vor, wenn Mitarbeiter von SGB-Stellen **21** Sozialdaten **zu Hause** auf **Personal-Computern** verarbeiten. In diesem Fall wird nicht die technische Durchführung der Verarbeitung auf einen Dritten übertragen, sondern ein Teil der Sachbearbeitung außerhalb der Dienststelle durchgeführt. Angesichts der Unkontrollierbarkeit der Verwendung und des Datensicherungsstandards bei häuslichen Personal-Computern sollte jedoch die Leitung der SGB-Stelle **auf keinen Fall** die **Erlaubnis** zu einer solchen Verarbeitung erteilen. Sie würde damit mehrere von § 79 i. V. m. § 6 BDSG geforderte Schutzmechanismen mißachten (vgl. zu dieser Problematik 15. TB/*HDSB* Ziff. 9.5).

5. Tatsächliche Kriterien

Neben diesen rechtlichen Abgrenzungen sind für die Annahme einer Datenverar- **22** beitung im Auftrag entscheidend die **tatsächlichen Umstände der Durchführung**. Es reicht aus, daß der Auftragnehmer bei einer einzigen Phase der Datenverarbeitung, also beispielsweise nur bei der Erfassung oder nur bei der Auswertung, eingesetzt ist (vgl. *Dammann* in Simitis u. a., BDSG, § 8 Rz. 3). Bei der Auswertung gilt dies allerdings nur für die technische Hilfestellung aufgrund der Vorgaben des Leistungsträgers; wird die Auswertung von einer dritten Stelle aufgrund von Konzepten, die sie autonom entwickelt hat, durchgeführt, liegt keine Auftrags-Datenverarbeitung vor (deswegen läßt sich das externe **Auswerten** von Antworten auf **Versichertenumfragen** erst bei genauerer Kenntnis der Umstände des Einzelfalls qualifizieren, zu diesem Beispiel *Marburger* WzS 1985, 106, 107). Nach § 2 Abs. 2 Nr. 4 BDSG ist auch das **Löschen**, also das Unkenntlichmachen **23** gespeicherter Daten, eine Phase der Datenverarbeitung (vgl. § 79 Rz. 46). Auch die Einschaltung externer Stellen zur Vernichtung von Datenträgern fällt daher unter § 80 (vgl. *Lauterbach/Watermann* UV, § 80 Anm. 3). Gleiches gilt für die außer Haus vergebene Umspeicherung bzw. zusätzliche Aufzeichnung von Sozialdaten auf anderen Datenträgern, also zum Beispiel die **Mikroverfilmung** oder das Fotokopieren von Karteien (vgl. *Marburger* WzS 1985, 106, 107).

Da §§ 79 ff. ausschließlich auf in **Dateien** gespeicherte Sozialdaten Anwendung **24** finden (vgl. § 79 Rz. 10), gelten die Anforderungen des § 80 nicht, wenn Leistungsträger **Akten** oder Aktenteile an dritte Stellen sei es zur Mikroverfilmung, sei es zur Vernichtung weitergeben (so zutreffend *Lauterbach/Watermann* UV, § 80 Anm. 3). Allerdings liegt auch in diesen Fällen eine Offenbarung vor. Dementsprechend muß geprüft werden, ob die Auftragsverarbeitung zur Erfüllung der gesetzlichen Aufgaben des Leistungsträgers erforderlich ist (§ 69 Abs. 1 Nr. 1; vgl. o. Rz. 6); die Offenbarungseinschränkungen für besonders schutzwürdige Sozialdaten nach § 76 sind zu beachten (vgl. u. Rz. 52). Aus der aus § 35 Abs. 1 SGB I abzuleitenden Pflicht, positive Vorkehrungen zur Wahrung des Sozialgeheimnisses zu treffen (vgl. dazu § 35 Rz. 57 ff.), ergeben sich **vergleichbare Anforderungen** auch für die externe Bearbeitung von Akten. Auch in diesen Fällen sind klare Festlegungen über die Rechte und Pflichten aus dem Auftragsverhältnis, die Dauer der Aufbewahrung, die Art der Vernichtung usw. notwendig.

IV. Verweisung auf § 8 BDSG (Abs. 1)

25 § 80 Abs. 1 bestimmt, daß neben seinen Abs. 2 bis 5 auch § 8 Abs. 1 und 3 BDSG Anwendung findet. § 8 Abs. 1 Satz 1 BDSG unterstreicht das Prinzip der **Verantwortlichkeit des Auftraggebers**. Klargestellt wird, daß auch bei der Datenverarbeitung durch einen Auftragnehmer die auftraggebende Stelle als speichernde Stelle i. S. d. BDSG anzusehen ist. Sie bleibt verantwortlich für die Einhaltung der Regelung über die Zulässigkeit der Datenverarbeitung durch den Auftragnehmer und sie bleibt **Adressat der Pflichten** zur Veröffentlichung, Auskunftserteilung, Berichtigung, Sperrung und Löschung der Sozialdaten, die vom Auftragnehmer gespeichert werden (vgl. *Auernhammer* BDSG, § 8 Rz. 2). Daraus ergibt sich im Umkehrschluß beispielsweise, daß der Auftragnehmer nicht berechtigt ist, selbständig über das Vorliegen von Offenbarungsbefugnissen nach §§ 67ff. zu entscheiden (vgl. o. Rz. 13).

26 § 8 Abs. 1 Satz 2 BDSG verlangt, daß der **Auftragnehmer** unter besonderer Berücksichtigung der Eignung der von ihm getroffenen technischen und organisatorischen Maßnahmen **sorgfältig ausgewählt** wird. Diese Anforderung wird durch die spezielle Regelung des § 80 Abs. 2 Satz 1 noch ergänzt (vgl. u. Rz. 28ff.). Der Abs. 2 von § 8 wird allerdings nicht in Bezug genommen. Er bestimmt u. a., daß die Verarbeitung durch den Auftragnehmer nur im Rahmen der Weisungen des Auftraggebers zulässig ist. Dieser Grundsatz ist jedoch nicht etwa für den Sozialleistungsbereich aufgehoben, er wird vielmehr durch die detaillierten Regelungen von § 80 Abs. 2 bis 5, insbesondere von Abs. 4, präzisiert, so daß die Verweisung entbehrlich erschien (vgl. *Verbandskommentar* § 80 Rz. 2; *Hauck/Haines* § 80 Rz. 4).

27 § 8 Abs. 3 BDSG hat die Verarbeitung von Daten durch private Dienstleistungsunternehmen im Bundesbesitz zum Gegenstand. Betroffen sind auch solche Unternehmen, bei denen bundesunmittelbaren Sozialleistungsträgern die Mehrheit der oder alle Anteile gehören bzw. die Mehrheit der oder alle Stimmen zustehen. Soweit diese **privatrechtlich organisierten »Bundesgesellschaften«** für eine öffentliche Stelle des Bundes, der Länder oder der Kommunen – also auch aus dem Sozialleistungsbereich – personenbezogene Daten verarbeiten, sind auf sie die §§ 15 bis 21 BDSG entsprechend anzuwenden. Sie unterliegen also im Bereich dieser Auftragsdatenverarbeitung insbesondere der **Kontrolle durch den Bundesbeauftragten für den Datenschutz** (§§ 19, 20 BDSG). In den Datenschutzgesetzen der Länder finden sich dem § 8 Abs. 3 entsprechende Bestimmungen über die Ausdehnung der Kontrollkompetenz der Landesbeauftragten für den Datenschutz auf private Verarbeitungsunternehmen in öffentlichem Besitz (vgl. § 4 Abs. 3 HDSG). Da die in § 8 Abs. 3 BDSG genannten Stellen einerseits privatrechtlich organisiert sind, andererseits nicht zum Adressatenkreis des § 35 Abs. 1 SGB I gehören, zählen sie zu den nicht-öffentlichen Stellen im Sinne von § 80 Abs. 5: Ihre Einschaltung zur Verarbeitung von Sozialdaten ist mithin nur unter den dort zusätzlich genannten Voraussetzungen möglich (vgl. u. Rz. 47ff.).

V. Stellung und Pflichten des Auftraggebers (Abs. 2)

1. Anforderungen an den Datenschutz beim Auftragnehmer (Abs. 2 Satz 1)

§ 8 Abs. 1 Satz 2 statuiert zunächst für den Auftraggeber das Gebot, den Auftrag- 28
nehmer unter besonderer Berücksichtigung der **Eignung** der von diesem getroffenen **technischen und organisatorischen Maßnahmen der Datensicherung** sorgfältig auszuwählen. § 80 Abs. 2 Satz 1 legt den inhaltlichen Maßstab für die **Auswahl des Auftragnehmers** fest: Eine Auftragserteilung ist nur zulässig, wenn der Datenschutz beim Auftragnehmer nach der Art der zu verarbeitenden Daten den Anforderungen genügt, die der Sozialleistungsträger bei eigener Verarbeitung einhalten müßte. Dabei kommt es jedoch nicht nur auf die technischen und organisatorischen Datensicherungsvorkehrungen an; die vom Auftragnehmer einzuhaltenden Anforderungen beziehen sich auch auf die Gewährleistung der **Zulässigkeit der Datenverarbeitung** (vgl. *Hauck/Haines* § 80 Rz. 6), zum Beispiel also auf die Verhinderung unbefugter Offenbarungen durch den Auftragnehmer. Mit diesen strengen Anforderungen an die Auftragserteilung soll sichergestellt werden, daß der Schutz des Sozialgeheimnisses durch die Einschaltung externer Stellen nicht verringert wird (vgl. *Lauterbach/Watermann* UV, § 80 Rz. 5).

Für das verlangte **Datenschutzniveau beim Auftragnehmer** weist § 80 Abs. 2 Satz 1 29
auf die »Art der zu verarbeitenden Daten« hin. Mit dieser Formulierung wird Bezug genommen auf den Wortlaut der Anlage zu § 6 Abs. 1 Satz 1 BDSG, der die Intensität der Datensicherung von der **»Sensitivität«** der zu verarbeitenden Angaben abhängig macht (vgl. § 79 Rz. 84 ff.). Gibt ein Sozialleistungsträger beispielsweise nur Anschriften außer Haus, damit die Mitgliederzeitschrift versandt werden kann (zu diesem Beispiel *BfA-Kommentar* § 80 Anm. 2), braucht der Auftragnehmer nicht das gleiche Datenschutzniveau nachzuweisen, wie wenn ihm die Verarbeitung von besonders schutzwürdigen Daten im Sinne von § 76 übertragen wird (vgl. *Hauck/Haines* § 80 Rz. 6). In jedem Falle haben aber **kommerzielle Fremdverarbeitungsfirmen** die Vorgaben des 4. Abschnitts des BDSG einzuhalten (z.B. die Meldepflichten gegenüber der Aufsichtsbehörde nach § 39 BDSG; vgl. u. Rz. 40).

In der praktischen Umsetzung setzt eine zulässige Auftragserteilung zweierlei 30
voraus: Zum einen eine **präzise, schriftliche Festlegung** der vom Auftragnehmer zu treffenden Datenschutzmaßnahmen (ausführlich zum Inhalt der vertraglichen Abmachung bei Auftragsverhältnissen u. Rz. 35), zum anderen die **Kontrolle ihrer Realisierung**. Der Auftraggeber kann sich nicht auf schlichte Erklärungen des Auftragnehmers verlassen, in der Regel muß er sich vor Ort davon überzeugen, daß die notwendigen bzw. zugesicherten technischen und organisatorischen Vorkehrungen auch tatsächlich getroffen sind (vgl. *Dammann* in Simitis u. a., BDSG, § 8 Rz. 6; *Verbandskommentar* § 80 Rz. 3; *Marburger* WzS 1985, 108). Zu den zu überprüfenden Maßnahmen gehört auch die ordnungsgemäße Verpflichtung der Mitarbeiter des Auftragnehmers auf das Datengeheimnis nach § 5 BDSG (ausführlich dazu *Marburger* WzS 1985, 108 f.; für ggf. zusätzlich eine Verpflichtung auch nach dem Verpflichtungsgesetz *Lauterbach/Watermann* UV, § 80 Anm. 4).

2. Ergänzende Weisungen des Auftraggebers (Abs. 2 Satz 2)

31 Reicht das vom Auftragnehmer vorzulegende **Datensicherungskonzept** nicht aus oder ergibt sich bei der Prüfung vor Ort, daß noch Datenschutzmängel bestehen, ist die auftraggebende SGB-Stelle verpflichtet, **Weisungen** zur Ergänzung der beim Auftragnehmer vorhandenen technischen und organisatorischen Maßnahmen zu erteilen (§ 80 Abs. 2 Satz 2). Dies gilt nicht nur für die Zeit **vor der Auftragserteilung**, sondern auch später, wenn sich **während der Auftragsdurchführung** Schwachstellen oder Verstöße in bezug auf Datenschutz oder Datensicherung zeigen (vgl. *Verbandskommentar* § 80 Rz. 3). Zusätzliche Weisungen können sich aber auch dann als notwendig erweisen, wenn beispielsweise durch Änderung der Gerätekonfiguration oder Vermehrung von Online-Zugriffsmöglichkeiten erhöhte Verarbeitungs- oder Zugriffsrisiken eintreten (vgl. *Hauck/Haines* § 80 Rz. 7). Um der Verantwortung für die Einhaltung des Datensicherungskonzepts und der erteilten Weisungen gerecht zu werden, muß der Auftraggeber beim Auftragnehmer in gewissen Abständen **begleitende Kontrollen** durchführen (vgl. *Dammann* in Simitis u. a. BDSG, § 8 Rz. 6; *Verbandskommentar* § 80 Rz. 3). Werden die Weisungen nicht befolgt, ist der Datenverarbeitungsauftrag zu **entziehen** (vgl. *Lauterbach/Watermann* UV, § 80 Anm. 7). Festgelegt werden sollte auch, daß der Auftragnehmer bei ihm aufgetretene Datenschutzmängel oder -verstöße umgehend dem Auftraggeber zu melden hat (vgl. *Dammann* in Simitis u. a., BDSG, § 8 Rz. 11).

32 Die aufgezeigten Pflichten des Auftraggebers vor der Auftragserteilung und während der Auftragsdurchführung gelten zunächst völlig unabhängig davon, ob der Auftragnehmer selbst eine SGB-Stelle ist, ob es sich um ein öffentlich-rechtliches Rechenzentrum oder ein privates Verarbeitungsunternehmen handelt. In der Praxis ergeben sich jedoch daraus erhebliche **Abstufungen** bei der Intensität der **Kontrollpflicht des Auftraggebers**. Eine SGB-Stelle, die ihre Daten im Rechenzentrum ihres Verbandes oder in einem Kommunalen Gebietsrechenzentrum verarbeiten läßt, wird sich in aller Regel auf die Einhaltung der zugesicherten Sicherungsmaßnahmen verlassen dürfen. Auch werden in diesen Fällen vielfach die DV-technischen Spezialkenntnisse auch in bezug auf die Datensicherung bei den Auftragnehmern größer sein als bei den auftraggebenden Leistungsträgern. Auf der anderen Seite ist insbesondere bei der Einschaltung kleiner Privatfirmen zur Datenerfassung oder Datenvernichtung große Vorsicht geboten (vgl. dazu 17. TB/*HDSB* Ziff. 8.2.2.1), immer vorausgesetzt, daß die Vergabe der Arbeiten nach § 80 Abs. 5 überhaupt zulässig ist.

3. Zusätzliche Kontrollbefugnisse des Auftraggebers (Abs. 2 Satz 3)

33 Für die Auftragserteilung an Stellen, die nicht dem Zweiten Abschnitt des BDSG unterliegen, stellt § 80 Abs. 2 Satz 3 eine zusätzliche Voraussetzung auf. In diesen Fällen muß sich der Auftragnehmer **schriftlich** damit **einverstanden erklären**, daß der Auftraggeber jederzeit berechtigt ist, mit den in § 30 Abs. 2 und 3 BDSG genannten Mitteln die Einhaltung der Vorschriften über den Datenschutz und der ergänzenden Weisungen nach Abs. 2 Satz 2 zu überwachen. Da auf alle in § 35 SGB I genannten Stellen nach § 79 Abs. 1 Satz 1 und Abs. 3 der Zweite Abschnitt des BDSG anzuwenden ist, gilt für SGB-Stellen diese Zusatzbedingung nicht, und zwar auch dann nicht, wenn sie wie einige Verbände von Leistungsträgern privatrechtlich verfaßt sind (vgl. *Hauck/Haines* § 80 Rz. 8, Fn. 4; *Lauterbach/ Watermann* UV, § 80 Anm. 8). Andere privatrechtlich organisierte Auftragnehmer müssen dagegen eine solche **Unterwerfungsklausel** akzeptieren, wenn sie Sozialdaten im Auftrag verarbeiten wollen. Dies gilt aber auch für öffentliche Stellen auf Länder- und kommunaler Ebene außerhalb des Sozialleistungsbereichs, also zum Beispiel für das Kommunale Gebietsrechenzentrum, das BSHG-Daten im Auftrag eines Sozialhilfeträgers verarbeitet. Für die Einverständniserklärung mit den zusätzlichen Prüfbefugnissen des Auftraggebers (dazu u. Rz. 34) verlangt § 80 Abs. 2 Satz 3 ausdrücklich die **Schriftlichkeit** (zur Erforderlichkeit der schriftlichen Fixierung des Auftragsverhältnisses insgesamt vgl. Rz. 35).

Mit dem Verweis auf **§ 30 Abs. 2 und 3 BDSG** sind folgende **Kontrollmittel des Auftraggebers** gemeint: Zum einen kann er vom Auftragnehmer die unverzügliche Beantwortung von Auskünften über die Durchführung des Auftrages verlangen. Weiterhin hat er das Recht, vor Ort beim Auftragnehmer Prüfungen und Besichtigungen vorzunehmen sowie in die die Datenverarbeitung betreffenden Unterlagen – etwa Programmbeschreibungen – Einsicht zu nehmen (vgl. *Auernhammer* BDSG, § 30 Rz. 4ff.). 34

4. Form der Auftragserteilung

Für die Auftragserteilung schreiben weder § 8 BDSG noch § 80 die **Schriftform** vor. Dies ergibt bereits der Umkehrschluß aus § 80 Abs. 2 Satz 3, der das Schriftlichkeitserfordernis für die Einverständniserklärung mit den zusätzlichen Kontrollmaßnahmen des Auftraggebers ausdrücklich erwähnt (vgl. o. Rz. 33). In der Praxis ist jedoch eine schriftliche Vereinbarung in allen Fällen der Auftragsdatenverarbeitung **unverzichtbar**. Nur mit schriftlichen Festlegungen kann die auftraggebende SGB-Stelle sowohl die ordnungsgemäße Verarbeitung beim Auftragnehmer absichern als auch die Erfüllung ihrer Pflichten als Auftraggeber dokumentieren (vgl. auch *Lauterbach/Watermann* UV, § 80 Anm. 9; *Naeth* in Jahn, SGB, Rz. 9; in § 10 Abs. 2 Satz 2 RegE zum BDSG vom 30. 12. 1988, BR-Drucks. 618/88, ist die Schriftlichkeit ausdrücklich vorgeschrieben). So müssen beispielsweise die **Datensicherungsmaßnahmen** beim Auftragnehmer im einzelnen festgelegt sein. Auch spätere Weisungen während der Auftragsdurchführung sollten prinzipiell schriftlich erteilt werden (vgl. *Pickel* ZfSH/SGB 1984, 301, 304). In die dem Auftrag zugrunde liegende schriftliche Abmachung gehören weiterhin die genaue Fixierung der **Verarbeitungsschritte**, die der Auftragnehmer vornehmen soll, die Beschreibung der **Datensätze**, die zum Auftragnehmer gelangen sollen sowie die Modalitäten des **Datentransports**. Festzulegen ist weiterhin die Behandlung der **Verarbeitungsergebnisse** (z. B. Rück- oder Weiterversendung von Listen) und die Dauer der **Aufbewahrungs- bzw. Löschungsfrist** sowohl für die Originalbelege (z. B. Antragsformulare) als auch für die gespeicherten Daten (i. e. zu den Vertragsinhalten *Marburger* WzS 1985, 106, 110f.). Die Schriftlichkeit der Vereinbarung empfiehlt sich nicht zuletzt deshalb, um die Erfüllung der Anzeigepflicht an die Aufsichtsbehörden nach § 80 Abs. 3 (dazu u. Rz. 36ff.) zu erleichtern und die von § 80 Abs. 4 vorausgesetzte genaue Umschreibung der Pflichtenstellung des Auftragnehmers (dazu u. Rz. 41 ff.) im einzelnen zu belegen. 35

VI. Anzeigepflicht (Abs. 3)

1. Anzeige an die Aufsichtsbehörde des Auftraggebers (Abs. 3 Satz 1)

36 Der Auftrag**geber** hat seiner **Aufsichtsbehörde** rechtzeitig **vor** der Auftragserteilung folgende Punkte **anzuzeigen**:
 a) den Auftragnehmer, die bei diesem vorhandenen technischen und organisatorischen Maßnahmen und die ergänzenden Weisungen nach Abs. 2 Satz 2,
 b) die Art der Daten, die im Auftrag verarbeitet werden sollen, und den Kreis der Betroffenen, sowie
 c) die Aufgabe, zu deren Erfüllung die Verarbeitung der Daten im Auftrag erfolgen soll.

37 Ziel dieser Regelung ist es, »der Aufsichtsbehörde Gelegenheit (zu) geben, noch vor der Auftragserteilung durch **Beratung** und ggf. mit den ihr sonst zur Verfügung stehenden **Aufsichtsmitteln** tätig zu werden« (vgl. Ausschußbericht, BT-Drucks. 8/4022, zu § 77 = jetzt § 80). Die Anzeigen geben der Aufsichtsbehörde eine Übersicht darüber, wo die ihr unterstehenden Sozialleistungsträger Daten außer Haus verarbeiten lassen (vgl. *Hauck/Haines* § 80 Rz. 9). Aufgrund der Mitteilung der Auftragserteilung hat die Aufsichtsbehörde die Möglichkeit, zum Beispiel zusätzliche Datensicherungsvorkehrungen zu verlangen. Fehlt die Unterwerfungsklausel betreffend die zusätzlichen Kontrollmaßnahmen des Auftraggebers nach § 80 Abs. 2 Satz 3, kann sie die Ergänzung verlangen. Die Aufsichtsbehörde kann beispielsweise auch die Präzisierung von Löschungs- und Aufbewahrungsfristen fordern, wenn der Vertrag unklare oder keine Regelungen enthält. Die Anzeigepflicht an die Aufsichtsbehörde bei der Auftragsverarbeitung von Sozialdaten in § 80 Abs. 3 dokumentiert ebenso wie in den anderen Fällen der Einschaltung der vorgesetzten Stellen in § 69 Abs. 1 Nr. 3 und § 75 Abs. 2, daß der Gesetzgeber in der Vergabe von DV-Arbeiten »außer Haus« ein **zusätzliches Gefährdungsrisiko** für den Schutz der Sozialdaten sieht.

38 Modifikationen der Anzeige an die Aufsichtsbehörde können sich bei bestimmten Formen der Auftragserteilung anbieten. Werden einer Stelle wiederkehrende Aufträge erteilt, bei denen es jeweils um die gleichen mitzuteilenden Angaben geht, ist es zulässig, zugleich mit der ersten Auftragserteilung auch schon die weiteren anzuzeigen (vgl. *Hauck/Haines* § 80 Rz. 9). Verarbeiten mehrere Leistungsträger im Rechenzentrum ihres Verbandes aufgrund eines landes- oder bundesweiten Programms, sollte es ausreichen, das Datensicherungskonzept und die Datensatzbeschreibungen nur einmal ausführlich darzustellen und der Aufsichtsbehörde zuzuleiten, im übrigen aber eine Liste der beteiligten SGB-Stellen beizufügen (ebenso *Lauterbach/Watermann* UV, § 80 Anm. 11). Bei Daueraufträgen ist jedoch eine regelmäßige Aktualisierung notwendig (vgl. *Lauterbach/Watermann* a.a.O.). Die Anzeige hat »**rechtzeitig**« zu erfolgen. Die Aufsichtsbehörde muß also ausreichend Zeit zur Prüfung der vom Auftraggeber eingereichten Unterlagen haben. Sollte nach angemessener Frist keine Reaktion der Aufsichtsbehörde vorliegen, sollte sich der Sozialleistungsträger dennoch vergewissern, daß bei ihr keine Bedenken gegen den vorgelegten Auftrag bestehen.

Verarbeitung personenbez. Daten im Auftrag § 80

2. Anzeige an die Aufsichtsbehörde des Auftragnehmers (Abs. 3 Satz 2)

Ist auf den Auftragnehmer der Zweite Abschnitt des BDSG anzuwenden, hat der **39** Auftrag**geber** die Anzeige auch an die **Aufsichtsbehörde des Auftragnehmers** zu richten (§ 80 Abs. 3 Satz 2). Diese zusätzliche Meldepflicht betrifft also Fälle, in denen der Auftragnehmer entweder eine **SGB-Stelle** nach § 35 SGB I oder eine sonstige öffentliche Stelle **des Bundes** ist. Daraus ergibt sich im Umkehrschluß, daß eine Anzeige an die Aufsichtsbehörde bei der Einschaltung von Stellen der **Landes-** oder **Kommunalverwaltung** (z. B. Landes- oder Gebietsrechenzentren) nicht erforderlich ist. § 80 Abs. 3 Satz 2 gibt bei der Auftragsverarbeitung von Sozialdaten die Möglichkeit, daß auch auf der Auftragnehmerseite die Aufsichtsbehörde mit ihren Mitteln eingreift, zum Beispiel mangelnde Datensicherungsvorkehrungen beanstandet. Im Regelfall wird sich bei Mängeln des Auftrags jedoch die Aufsichtsbehörde des Auftragnehmers an die Aufsichtsbehörde des Auftraggebers wenden und diese um Unterrichtung und Einschaltung des betroffenen Leistungsträgers bitten. Selbstverständlich ist nur eine Anzeige notwendig, wenn für Auftraggeber und Auftragnehmer die gleiche Aufsichtsbehörde zuständig ist.
Bei den **privatrechtlich** verfaßten Verbänden der Leistungsträger nach § 35 Abs. 1 **40** SGB I (z. B. der Verband Deutscher Rentenversicherungsträger e. V.) gibt es keine Aufsichtsbehörde i. S. v. § 80 Abs. 3, so daß die **Anzeigepflicht entfällt** (zu den Aufsichtsbehörden im Sozialleistungsbereich vgl. § 35 Rz. 48). Den Auftragnehmer selbst, der unter den Zweiten Abschnitt des BDSG fällt, trifft keine eigene Anzeigepflicht. **Private Unternehmen** allerdings, die geschäftsmäßig als Dienstleistungsunternehmen Auftrags-Datenverarbeitung betreiben, haben ihrer **Aufsichtsbehörde i. S. v. § 40 BDSG** zu dem bei dieser geführten Register unter anderem die Verantwortlichen der Geschäftsleitung, die Geschäftszwecke, die Art der eingesetzten automatisierten Datenverarbeitungsanlagen und die Art der von ihnen gespeicherten personenbezogenen Daten mitzuteilen. Dieses Register nach § 39 BDSG kann von jedem eingesehen werden (§ 40 Abs. 1 Satz 2 BDSG); für die Aufsichtsbehörde des Sozialleistungsträgers und diesen selbst besteht mithin die Möglichkeit, über derartige Privatfirmen vor Auftragserteilung Informationen einzuholen.

VII. Stellung und Pflichten des Auftragnehmers (Abs. 4)

1. Verwendung und Aufbewahrung nach Bestimmung des Auftraggebers

Der Auftragnehmer hat zunächst dafür Sorge zu tragen, daß die dem Auftragge- **41** ber zugesicherten Vorkehrungen der **Datensicherung eingehalten** bzw. realisiert und die zusätzlichen Weisungen des Auftraggebers befolgt werden. Auftragnehmer nach § 80 Abs. 2 Satz 3 (dazu o. Rz. 33f.) müssen ggf. zusätzliche Kontrollen durch den Auftraggeber dulden und ihm die geforderten Auskünfte über die Datenverarbeitung erteilen.
Die **Abhängigkeit des Auftragnehmers von den Vorgaben des Auftraggebers** wird **42** verstärkt durch § 80 Abs. 4. Danach darf der Auftragnehmer die ihm überlassenen Sozialdaten nicht anderweitig verwenden und nicht länger aufbewahren, als der Auftraggeber bestimmt. Verstöße dagegen können nach § 85 als **Ordnungswidrigkeit** geahndet werden (vgl. § 85 Rz. 6ff.). § 80 Abs. 4 setzt voraus, daß in den

§ 80 Verarbeitung personenbez. Daten im Auftrag

getroffenen Abmachungen zwischen Auftraggeber und Auftragnehmer sowohl der Verwendungszweck als auch die Dauer der Befugnis zur Verarbeitung der erhaltenen Sozialdaten präzise festgelegt wird (vgl. o. Rz. 35). Allerdings kann sich auch ohne schriftliche Festlegung des Verwendungszwecks die **Zweckbindung** aus den Umständen der Auftragserteilung ergeben. Gibt beispielsweise ein Sozialleistungsträger Anschriften der Versicherten zum Versand seiner Hauszeitung an einen privaten Verlag, hat er damit zumindest konkludent den Verwendungszweck festgelegt (vgl. § 85 Rz. 8). Nach Abschluß der Versendungsaktion sind die Adressen zu löschen bzw. die Datenträger an die SGB-Stelle zurückzugeben.

43 **Regelungsziel** des § 80 Abs. 4 ist es nach der Ausschußbegründung, eine über § 78 hinausgehende **Zweckbindung** und eine möglichst **rasche Löschung** der zur Datenverarbeitung im Auftrag überlassenen Daten zu gewährleisten (BT-Drucks. 8/4022, zu § 77 = jetzt § 80). Gemeint ist damit, daß die Verarbeitungsvorgaben für den Auftragnehmer schärfer sind als für den sonstigen Empfänger von Sozialdaten: Der Auftragnehmer hat sich strikt an die im einzelnen konkretisierten Vorstellungen des Auftraggebers über die Behandlung der Daten zu halten. Dagegen trifft die Verantwortlichkeit für die Einhaltung der Zweckbindung des § 78 ausschließlich die Person oder Stelle, die Sozialdaten erhalten hat; die offenbarende Stelle hat darauf nach der Übermittlung keinen Einfluß mehr.

44 § 80 Abs. 4 unterstreicht, daß der **Auftragnehmer** nur »**Erfüllungsgehilfe**« ist, während die auftraggebende Stelle »Herr der Daten« und deren Verarbeitung bleibt (vgl. *Auernhammer* BDSG, § 8 Rz. 7). In Rz. 25 wurde bereits darauf hingewiesen, daß ausschließlich der Auftrag**geber** Adressat der Individualrechte des Betroffenen ist. Der Auftragnehmer ist zum Beispiel daher nicht befugt, von sich aus **Auskünfte an den Betroffenen** zu erteilen; dies kann er nur auf Anweisung des Auftraggebers tun (vgl. § 83 Rz. 9). Auch ist es nicht Aufgabe des Auftragnehmers, selbst Sozialdaten zu offenbaren und über das Vorliegen von **Offenbarungsbefugnissen** zu entscheiden (vgl. o. Rz. 25).

2. Weitere Pflichten

45 Hat der Auftragnehmer Zweifel an der Rechtmäßigkeit von Weisungen des Auftraggebers, besteht schon aus allgemeinen vertragsrechtlichen Grundsätzen die Nebenpflicht, den Auftraggeber auf den möglichen Datenschutzverstoß hinzuweisen. Nach § 4 Abs. 2 Satz 2 HDSG besteht für den Auftragnehmer sogar die Rechtspflicht, den Auftraggeber in diesen Fällen auf die angenommene **Rechtswidrigkeit des Auftrags hinzuweisen** (ebenso § 10 Abs. 3 Satz 2 BDSG-E '88). Allerdings besteht keine Pflicht des Auftragnehmers, sich auf die Verarbeitung beziehende Weisungen des Auftraggebers auf ihre Übereinstimmung mit den Vorschriften des SGB bzw. des BDSG hin zu überprüfen. Dies gilt insbesondere für Offenbarungen; hier muß sich der Auftragnehmer darauf verlassen können, daß der eine Offenbarung an Dritte anweisende Auftraggeber das Vorliegen der Voraussetzungen selbst geprüft hat. Trotz der Verantwortlichkeit des Auftraggebers kann der Auftragnehmer bei **offensichtlichem Rechtsverstoß** die Durchführung der Weisung **verweigern** (ebenso *Auernhammer* BDSG, § 8 Rz. 7; *Dammann* in Simitis u. a., BDSG, § 8 Rz. 20).

46 Nach § 6 **BDSG** und den entsprechenden Vorschriften der Landesdatenschutzgesetze richtet sich die Pflicht, ausreichende Datensicherungsmaßnahmen zu treffen,

Verarbeitung personenbez. Daten im Auftrag § 80

ausdrücklich **auch** an den **Auftragnehmer** (§ 79 Rz. 82). Auch wenn es der Auftraggeber versäumt hat, nach § 80 Abs. 2 im Rahmen der Auftragserteilung für einen ausreichenden technischen und organisatorischen Datenschutz beim Auftragnehmer Sorge zu tragen, muß der Auftragnehmer Datenschutzvorkehrungen realisieren, die der besonderen Sensitivität von Sozialdaten Rechnung tragen. Nach Nr. 8 der Anlage zu § 6 Abs. 1 Satz 1 BDSG hat der Auftragnehmer **in eigener Verantwortung** zu gewährleisten, daß personenbezogene Daten nur entsprechend den Weisungen des Auftraggebers verarbeitet werden können (**Auftragskontrolle**).

VIII. Auftragserteilung an nicht-öffentliche Stellen (Abs. 5)

1. Zweck der Vorschrift

Die Verarbeitung personenbezogener Daten sowie von Betriebs- oder Geschäftsgeheimnissen im Auftrag durch **nicht-öffentliche Stellen** ist nach § 80 Abs. 5 nur zulässig, wenn anders Störungen im Betriebsablauf nicht vermieden oder Teilvorgänge der automatischen Datenverarbeitung hierdurch erheblich kostengünstiger besorgt werden können. Diese Vorschrift bringt eine weitere **Erschwerung** für die Beauftragung von Privatfirmen; nach § 80 Abs. 2 Satz 3 müssen sich diese ja bereits den zusätzlichen Kontrollbefugnissen des Auftraggebers unterwerfen (dazu o. Rz. 33 f.). Indem der Gesetzgeber derart hohe Hürden aufrichtet, macht er deutlich, daß er in der Einschaltung privater Stellen bei der Verarbeitung von Sozialdaten ein besonderes Gefährungsrisiko sieht. Dementsprechend sind nach der Ausschußbegründung die in § 80 Abs. 5 genannten Voraussetzungen eng auszulegen (vgl. BT-Drucks. 8/4022, zu § 77 = jetzt § 80). 47

2. Nicht-öffentliche Stellen

Aus der Entstehungsgeschichte (vgl. Rz. 1) war bereits abgeleitet worden, daß die privatrechtlich verfaßten **Verbände der Leistungsträger** nicht unter Abs. 5 fallen, also nicht als »nicht-öffentliche Stellen« im Sinne dieser Vorschrift anzusehen sind. Zielsetzung der Änderung des Abs. 5 im Gesetzgebungsverfahren gegenüber der Textfassung des Ausschußberichtes war es nicht, an diese Verbände als Auftragnehmer zusätzliche Anforderungen zu stellen, sondern vielmehr umgekehrt auch die öffentlichen Rechenzentren außerhalb des Sozialleistungsbereiches ohne die Konditionen des Abs. 5 zur Auftragsverarbeitung zuzulassen. Unter Abs. 5 fallen mithin vor allem Unternehmen, die nach dem **Vierten Abschnitt des BDSG geschäftsmäßig** personenbezogene Daten im Auftrag als **Dienstleistungsunternehmen** verarbeiten (vgl. § 31 Abs. 1 Satz 1 Nr. 3 BDSG). Hierher rechnen auch die Unternehmen in privatrechtlicher Rechtsform, die ganz oder mehrheitlich im Besitz der öffentlichen Hand sind (vgl. § 8 Abs. 3 BDSG und die entsprechenden Bestimmungen der Länderdatenschutzgesetze; dazu o. Rz. 27). Anzuwenden ist § 80 Abs. 5 auch in den Fällen, in denen eine **Betriebskrankenkasse** ihre Daten auf den Rechnern des Trägerunternehmens verarbeiten läßt (zum Beispiel das Volkswagenwerk, dazu 7. TB/*BfD* S. 47f.). 48

3. Vermeidung von Störungen im Betriebsablauf

49 Private Stellen dürfen Sozialdaten im Auftrag verarbeiten, wenn anders **Störungen im Betriebsablauf** der auftraggebenden SGB-Stelle **nicht vermieden** werden können. Unter diese Kategorie lassen sich zum einen die Fälle eines **unvorhergesehenen Arbeitsanfalls** zählen, dessen Bewältigung die vorhandene Verarbeitungskapazität überschreiten würde. Denkbar ist insbesondere die Situation, daß durch kurzfristig umzusetzende Gesetzesänderungen, denen ein Anspruch der Sozialleistungsberechtigten auf pünktliche Zahlung gegenübersteht, ein vorher nicht berechenbarer Verarbeitungsbedarf entsteht. In diesen Fällen könnte die Verarbeitung kurzfristig außer Haus gegeben werden. Nach Beseitigung der Störung im Betriebsablauf muß jedoch die Auftragsverarbeitung wieder rückgängig gemacht werden.

4. Kostengünstigere Verarbeitung

50 Von erheblich größerer Bedeutung ist die zweite Zulässigkeitsalternative des Abs. 5, die eingreift, wenn Teilvorgänge der automatischen Datenverarbeitung durch die private Stelle **erheblich kostengünstiger** besorgt werden können. Dabei ist ein **Kostenvergleich** nicht nur mit der hauseigenen Verarbeitung durch den Sozialleistungsträger selbst zu treffen, sondern auch mit der Auftragsverarbeitung durch eine andere **öffentliche** Stelle innerhalb oder außerhalb des Sozialleistungsbereichs. Legt man diese Vorschrift nicht **eng** aus, wie dies der Ausschußbericht fordert (vgl. o. Rz. 47), könnte hier ein Einfallstor für eine umfassende Privatisierung der Verarbeitung von Sozialdaten liegen. Im Regelfall werden nur **einzelne Teilvorgänge** für eine erheblich preisgünstigere Verarbeitung außer Haus in Betracht kommen, also beispielsweise die Datenerfassung oder die statistische Datenauswertung (vgl. *Hauck/Haines* § 80 Rz. 12).

51 Im Gesetzgebungsverfahren wurde ein Antrag der CDU/CSU-Fraktion, nicht nur **Teilvorgänge** der automatischen Datenverarbeitung zu erfassen, sondern auch die Möglichkeit vorzusehen, in Fällen geringen Arbeitsanfalls die **gesamte** automatische Datenverarbeitung externen nicht-öffentlichen Stellen oder Einrichtungen zu übertragen, wenn sich daraus wesentlich geringere Kosten ergeben, von der Mehrheit des Ausschusses abgelehnt (vgl. Ausschußbericht, BT-Drucks. 8/4022, zu § 77 = jetzt § 80). Dennoch wird unzutreffenderweise die Auffassung vertreten (vgl. *Hauck/Haines* § 80 Rz. 13; *Lauterbach/Watermann* UV, § 80 Anm. 16), daß nach dem Gesetzeswortlaut die **Auslagerung der gesamten Verarbeitung** nicht ausgeschlossen sei. Diese Kontroverse erscheint jedoch wenig praxisrelevant, da einzelne Verarbeitungsschritte, in der Regel zumindest die Erfassung im Zusammenhang mit den Antragsformularen, beim Sozialleistungsträger verbleiben.

IX. Verhältnis zu § 76

52 Die Weiterleitung von Sozialdaten vom Auftraggeber an den Auftragnehmer stellt nach **§ 69 Abs. 1 Nr. 2** eine Offenbarung dar. Dementsprechend gelten auch im Auftragsverhältnis die **Offenbarungsbeschränkungen des § 76** (vgl. o. Rz. 7). Große praktische Bedeutung hat diese Regelung für die **Mikroverfilmung** von

Unterlagen der Sozialleistungsträger, die Daten enthalten, die von einem Arzt oder einer sonst nach § 203 Abs. 1 StGB schweigepflichtigen Person zugänglich gemacht worden sind. Da sich für die Datenübermittlung zum Zwecke der Mikroverfilmung die Durchbrechung des ärztlichen Berufsgeheimnisses ohne ausdrückliche **Einwilligung** des Patienten nicht rechtfertigen läßt, kann die Mikroverfilmung solcher Unterlagen in der Regel **nur von den Leistungsträgern selbst** durchgeführt werden (ebenso *Marburger* WzS 1985, 106, 111f.; 8. TB/*LfD-BW* S. 95; vgl. auch Art. 26 Abs. 4 Satz 4 BayKHG, wonach medizinische Patientendaten nur im behandelnden Krankenhaus oder in einem anderen Krankenhaus mikroverfilmt werden dürfen). Zu beachten ist, daß dies auch für die in § 76 Abs. 2 Nr. 1 genannten **Begutachtungsdaten** gilt. Die erleichterte Offenbarungsmöglichkeit für diese Angaben bezieht sich ausdrücklich nur auf die Offenbarung zur gesetzlichen Aufgabenerfüllung nach § 69 Abs. 1 **Nr. 1**, nicht jedoch auf die Offenbarung im Zusammenhang mit der Auftragsverarbeitung nach **Nr. 2**.

§ 81 Datenübermittlung

(1) Die §§ 10 und 11 des Bundesdatenschutzgesetzes gelten nicht für die Offenbarung personenbezogener Daten nach §§ 69 bis 77.

(2) Die Übermittlung personenbezogener Daten auf maschinell verwertbaren Datenträgern oder im Wege der Datenfernübertragung ist auch über Vermittlungsstellen zulässig, wenn auf diese der Zweite Abschnitt des Bundesdatenschutzgesetzes anzuwenden ist. § 80 Abs. 2 Satz 1, Abs. 3 und 4 gilt entsprechend.

Inhaltsübersicht

		Rz.
I.	Entstehungsgeschichte	1
II.	Bedeutung der Vorschrift	2–5
III.	Geltung der §§ 10, 11 BDSG bei Offenbarungen nach § 68 (Abs. 1)	6–21
	1. Grundsatz	6, 7
	2. Reichweite	8–10
	3. Weiterübermittlung und Berufsgeheimnis	11–14
	4. Weiterübermittlung und Sozialgeheimnis	15–18
	5. Andere besondere Amtsgeheimnisse	19
	6. Grenzen der Offenbarungssperre	20
	7. Verbleibende Anwendungsfälle des § 68	21
IV.	Übermittlung über Vermittlungsstellen (Abs. 2 Satz 1)	22–33
	1. Zulässigkeitsvoraussetzungen	22
	2. Erforderlichkeit einer Offenbarungsbefugnis	23, 24
	3. Vermittlungsstelle	25–28
	4. Anwendbarkeit des Zweiten Abschnitts des BDSG	29, 30
	5. Maschinell verwertbare Datenträger	31–33
V.	Entsprechende Anwendung von Auftragsbestimmungen (Abs. 2 Satz 2)	34–39
	1. Datenschutzanforderungen an Vermittlungsstellen	34–37
	2. Anzeigepflichten	38, 39

I. Entstehungsgeschichte

1 § 81 war im Gesetzgebungsverfahren inhaltlich **nicht umstritten**. Abs. 1, der die Nichtanwendbarkeit der Übermittlungsvorschriften des **BundesdatenschutzG** (§§ 10, 11 BDSG) neben den Offenbarungsbefugnissen der §§ 69ff. bestimmt (dazu u. Rz. 6ff.), setzt allerdings die generelle Geltung des Bundesdatenschutzrechts auch für die Sozialleistungsträger in Ländern und Kommunen, wie sie § 79 Abs. 3 vorschreibt (dazu § 79 Rz. 266ff.), voraus. Dementsprechend forderten diejenigen, die sich gegen eine Erstreckung des BDSG auch auf die kommunalen und landesunmittelbaren Leistungsträger wandten (vgl. dazu § 79 Rz. 270), konsequenterweise entweder die Streichung des Abs. 1 (so z.B. die Änderungsanträge der CDU/CSU-Bundestagsfraktion vom April 1980 zur Drucks. 691 des AuS-Ausschusses zu § 78 = § 81) oder die ausdrückliche Erwähnung für die Sozialbehörden der Länder und Kommunen, daß auch die den §§ 10 und 11 BDSG entsprechenden Übermittlungsvorschriften der Landesdatenschutzgesetze von

den Offenbarungsnormen der §§ 69ff. verdrängt werden sollten (vgl. die Anrufung des Vermittlungsausschusses durch den Bundesrat, BR-Drucks. 8/4216, Nr. 25, Buchst. c). Der Vermittlungsausschuß hat jedoch diesen Antrag nicht in seine Beschlußempfehlung (BR-Drucks. 421/80) aufgenommen.

II. Bedeutung der Vorschrift

§ 81 enthält in seinen beiden Absätzen zwei völlig unterschiedliche Regelungen. Abs. 1 bekräftigt den **Vorrang der bereichsspezifischen Offenbarungsnormen im SGB** vor den allgemeinen Übermittlungsbestimmungen des BDSG. Abs. 2 regelt einen Sonderfall der Weitergabe von Sozialdaten, nämlich unter **Einschaltung von »Vermittlungsstellen«**. 2

Nicht nur aus diesem Grund – der Zusammenfassung von Regelungen mit völlig unterschiedlicher Zielsetzung in einem Paragraphen – erscheint die Formulierung des § 81 **wenig geglückt**. Abs. 1 ist für die Abgrenzung der Anwendungsbereiche von SGB und BDSG bei der Datenweitergabe **aus Dateien überflüssig**, weil § 45 Satz 2 Nr. 1 BDSG unter den vorrangigen Rechtsvorschriften ausdrücklich auch § 35 SGB I erwähnt; § 35 Abs. 2 SGB I läßt aber die Übermittlung von Sozialdaten explizit nur bei Vorliegen einer Offenbarungsbefugnis nach §§ 67 bis 77 SGB X zu. Die Anwendung der §§ 10, 11 BDSG für Sozialdaten ist mithin schon aufgrund dieser Regelung ausgeschlossen (alternativ wäre die Aufnahme des § 35 SGB I in § 45 Satz 2 BDSG **redundant**, vgl. dazu § 79 Rz. 213). Wenn es aber nur darum gehen sollte, die Übermittlungsvoraussetzungen der §§ 10, 11 BDSG bei Offenbarungen »im Rahmen der Amtshilfe«, d. h. bei Offenbarungen nach **§ 68, zusätzlich** gelten zu lassen (zu dieser Frage ausführlich u. Rz. 7ff.), hätte man dies direkt in § 68 aufnehmen sollen. 3

Auch die Fassung des **Abs. 2** begegnet mehreren **Einwänden**. Zum einen werden Sozialdaten, wenn sie über eine **»Vermittlungsstelle«** weitergeleitet werden, dieser Stelle offenbart. Abs. 2 räumt m. a. W. eine **zusätzliche Offenbarungsbefugnis** für die Sozialleistungsträger ein; wegen der enumerativen Beschränkung der Offenbarungsbefugnisse in § 67 Satz 1 Nr. 2 auf die §§ 68 bis 77 hätte dieser Fall mithin systematisch korrekt im Ersten Abschnitt des 2. Kapitels des SGB X geregelt werden müssen (so auch *Dammann* in Simitis u. a., BDSG, § 10 Rz. 46e). Konsequenterweise müßte es auch »Offenbarung« statt »Übermittlung« heißen (ebenso *Wiese* DAngVers. 1980, 449, 463). 4

Zweifelhaft ist zum anderen der **Regelungsbedarf** für den Abs. 2. Nach der Gesetzesbegründung soll der Fortbestand des **Rentenauskunftsverfahrens** der Deutschen Bundespost gesichert werden (Ausschußbericht, BT-Drucks. 8/4022, zu § 78 = jetzt § 81; s. auch § 69 Rz. 79). Doch wenn es, wie in diesem Fall, Aufgabe der »Vermittlungsstelle« ist, Sozialdaten des einen Leistungsträgers an einen anderen weiterzugeben (dazu u. Rz. 25ff.), ist schwer erkennbar, warum dies keine **Datenverarbeitung im Auftrag** darstellen soll, die in § 80 ausführlich geregelt ist (für Verzichtbarkeit und Streichung aus diesem Grund daher auch die Änderungsanträge der CDU/CSU-Fraktion vom April 1980 zur Drucks. 691 des AuS-Ausschusses). 5

III. Geltung der §§ 10, 11 BDSG bei Offenbarungen nach § 68 (Abs. 1)

1. Grundsatz

6 Werden Sozialdaten **aus Dateien** übermittelt, wären wegen der Verweisung auf den Zweiten Abschnitt des BDSG in § 79 Abs. 1 für die Verarbeitung von »Datei-Daten« die Übermittlungsvorschriften der §§ 10, 11 BDSG prinzipiell anwendbar. Bereits oben (Rz. 3) wurde allerdings darauf hingewiesen, daß die §§ 35 SGB I, 67 ff. SGB X als vorrangige Rechtsvorschriften nach § 45 Satz 2 Nr. 1 BDSG die Übermittlungsregelungen des BDSG verdrängen. Ungeachtet dessen statuiert Abs. 1 noch einmal den **Vorrang der Offenbarungsbestimmungen der §§ 69 bis 77**. Dies stellt noch einmal den abschließenden Charakter der Offenbarungsbefugnisse des SGB X klar, der unabhängig davon gelten soll, ob die Leistungsträger ihre Sozialdaten aus Akten oder aus Dateien weitergeben.

7 Allerdings fehlt § 68 bei der Aufzählung der vorrangigen Bestimmungen. Daher geht die einhellige Auffassung bei »Datei-Daten« von einer **kumulativen** Geltung der Übermittlungsvoraussetzungen der §§ 10, 11 BDSG und der Voraussetzungen für die Offenbarung im Rahmen der Amtshilfe nach § 68 aus (vgl. u. a. *Hauck/Haines-Walloth* § 68 Rz. 22; *Verbandskommentar* § 68 Rz. 7 und § 81 Rz. 1; *Pickel* ZfSH/SGB 1984, 301, 305; *Wiese* ÖVD 11, 16).

2. Reichweite

8 Allerdings ist es nicht ganz leicht, festzustellen, welchen **zusätzlichen Regelungsinhalt** die §§ 10, 11 BDSG bei der Informationshilfe nach § 68 haben (krit. dazu *Naeth* in Jahn, SGB, § 81 Rz. 1; abl. zu der Vermutung, es könne sich um ein Redaktionsversehen bei der Gesetzgebung handeln, *Verbandskommentar* § 81 Rz. 1). Denn: **§ 10 Abs. 1 Satz 1 BDSG** macht die Zulässigkeit der Übermittlung davon abhängig, daß sie zur rechtmäßigen Erfüllung der in der Zuständigkeit der übermittelnden Stelle oder des Empfängers liegenden Aufgaben erforderlich ist. Dieses Kriterium gehört aber ohnehin zu den Voraussetzungen einer rechtmäßigen, auf den Einzelfall orientierten Amtshilfe nach § 68 (vgl. dazu § 68 Rz. 15 ff.). **§ 10 Abs. 2 BDSG** spielt deshalb eine untergeordnete Rolle, weil die dort als Datenempfänger genannten öffentlich-rechtlichen Religionsgesellschaften nur in Ausnahmefällen amtshilfeberechtigt sind (vgl. § 68 Rz. 16 und *Hauck/Haines-Walloth* § 68 Rz. 23). Den in **§ 11 Satz 1 BDSG** genannten nicht-öffentlichen Stellen bzw. Privatpersonen sowie den in **§ 11 Satz 3 BDSG** aufgeführten ausländischen, über- und zwischenstaatlichen Behörden fehlt ebenfalls die Berechtigung zur Amtshilfe (für letztere offensichtlich a. A. *Hauck-Haines-Walloth* a. a. O.). **§ 11 BDSG** ist mithin im Zusammenhang mit § 68 überhaupt **nicht anwendbar** (so auch *Verbandskommentar* § 81 Rz. 1; *Lauterbach/Watermann* UV, § 81 Anm. 4c).

9 Somit kann im wesentlichen nur die für den Datenaustausch zwischen Behörden und öffentlichen Stellen und mithin bei der Amtshilfe zu beachtende Übermittlungsbeschränkung des **§ 10 Abs. 1 Satz 2 BDSG** relevant werden (ebenso *Hauck/Haines-Walloth* § 68 Rz. 23). Nach dieser Bestimmung ist die Übermittlung von Daten, die einem Berufs- oder besonderen Amtsgeheimnis i. S. d. § 45 Satz 2 Nr. 1 bzw. Satz 3 BDSG unterliegen und der übermittelnden Stelle von der zur Verschwiegenheit verpflichteten Person in Ausübung ihrer Berufs- und Amts-

pflicht übermittelt worden sind, nur zulässig, wenn der Empfänger die Daten zur Erfüllung des gleichen Zwecks benötigt, zu dem sie die übermittelnde Stelle erhalten hat.

Zwei Fallkonstellationen sind hier zu unterscheiden: 10
(1) Zum einen die **Weiterübermittlung** von Angaben, die einem Leistungsträger von einem Arzt oder einer anderen Person unter einem speziellen **Berufsgeheimnis** (z.B. Mitarbeiter von Beratungsstellen, vgl. § 203 Abs. 1 StGB) mitgeteilt worden sind (§ 45 **Satz 3** BDSG; dazu Rz. 11ff.).
(2) Zum anderen die Offenbarung von Daten, die der Leistungsträger von einer Stelle erhalten hat, die bzw. deren Mitarbeiter besonderen »Vorschriften über die Geheimhaltung von dienstlich erworbenen Kenntnissen« unterliegen. Zu diesen **besonderen Amtsgeheimnissen** zählt § 45 Satz 2 Nr. 1 BDSG neben u.a. dem **Steuer-** und **Statistikgeheimnis** auch – wie bereits in Rz. 3 und 6 erwähnt – das **Sozialgeheimnis**. Somit ist auch die Mitteilung von Sozialdaten zwischen SGB-Stellen betroffen (dazu Rz. 15ff.).

3. Weiterübermittlung und Berufsgeheimnis

Im ersten Fall gilt allerdings ohnehin der **verlängerte Geheimnisschutz** des § 76 11 Abs. 1. Danach setzt die Offenbarung solcher Angaben durch den Leistungsträger voraus, daß die Bedingungen für die zulässige Durchbrechung der besonderen Schweigepflicht vorliegen (dazu ausführlich § 76 Rz. 46ff.).
Nimmt man § 10 Abs. 1 Satz 2 BDSG als weitere Offenbarungsvoraussetzung 12 hinzu (dazu *Verbandskommentar* § 68 Rz. 7), muß zusätzlich die **Identität des Verwendungszwecks** bei der **Erstübermittlung** an den Leistungsträger mit dem bei der **Zweitübermittlung** von diesem an eine dritte Stelle gegeben sein. Ärzte, Sozialarbeiter und die Angehörigen der sonstigen schweigepflichtigen Berufsgruppen geben Informationen über Versicherte, Leistungsempfänger, Klienten usw. in aller Regel im Zusammenhang mit Leistungen nach dem SGB an die verschiedenen Stellen der Sozialverwaltung. Leiten diese die erhaltenen Informationen zum gleichen Zweck, also zur Erfüllung von Aufgaben **nach dem SGB**, weiter, richtet sich dies ausschließlich nach § **69 Abs. 1 Nr. 1**; eine Offenbarung für sozialrechtliche Zwecke nach § **68** kommt nicht in Betracht (vgl. § 68 Rz. 25, 110; § 69 Rz. 123).
Bei der Informationshilfe nach § 68 kann es sich mithin bei den Adressaten nur um 13 Behörden handeln, die die gewünschten Sozialdaten für andere Verwaltungszwecke **außerhalb des SGB** benutzen wollen. Eine solche **Zweckänderung** und damit die **Zweit**übermittlung durch den Leistungsträger ist dann wegen § 10 Abs. 1 Satz 2 BDSG **unzulässig**. Im Ergebnis tritt somit für die von schweigepflichtigen Personen mitgeteilten, in Dateien registrierten Sozialdaten in aller Regel – über § 76 hinaus – eine völlige **Übermittlungssperre** ein.
Die **praktischen Auswirkungen** dieser Erstreckung des Berufsgeheimnisses sind 14 allerdings eher **gering**. Die nach § 68 Abs. 1 offenbarungsfähigen Personalien des Betroffenen und seines Arbeitgebers (vgl. dazu § 68 Rz. 40ff.) stammen in aller Regel nicht von Ärzten oder sonstigen einem besonderen Berufsgeheimnis unterliegenden Personen, sondern werden **von den Leistungsträgern selbst erhoben**, d.h. von den Betroffenen auf Formularen angegeben oder von den Arbeitgebern gemeldet (so z.B. für den Bereich der Bundesanstalt für Arbeit *Hoppe* ZfSH/SGB

1983, 241, 249). Im übrigen erscheint auch kaum plausibel, warum die Informationshilfe mit besonders schutzwürdigen »Datei-Daten« derart restriktiver gehandhabt werden soll als der Fall, in dem die Angaben Akten entnommen werden (am Sinn dieser Regelung zweifelnd auch *Graßl/Weigert* DSWR 1981, 186, 188).

4. Weiterübermittlung und Sozialgeheimnis

15 Viel spricht daher dafür, den Sinn der Anwendbarkeit des § 10 Abs. 1 Satz 2 BDSG im Rahmen des § 68 in erster Linie in der zweiten der oben (Rz. 10) dargestellten Fallkonstellationen zu sehen, der **Erstübermittlung zwischen Leistungsträgern**. Hat eine in § 35 Abs. 1 SGB I genannte Stelle von einer anderen Stelle, die dem Sozialgeheimnis unterworfen ist, die in § 68 Abs. 1 genannten Informationen erhalten, tritt auch in dieser Situation bei Anwendung des § 10 Abs. 1 Satz 2 BDSG eine **Übermittlungssperre** ein, weil bei der **Weiterübermittlung** an andere Verwaltungsbehörden im Rahmen des § 68 der ursprüngliche Offenbarungszweck, die Erfüllung sozialer Aufgaben, nicht mehr eingehalten würde (vgl. o. Rz. 13; s. auch *Hauck/Haines-Walloth* § 68 Rz. 23). Das **Gebot der Zweckidentität** schließt mit anderen Worten die Offenbarung von Sozialdaten, die ein Leistungsträger **von einem anderen Leistungsträger erhalten** und bei sich in einer **Datei** gespeichert hat, nach § 68 aus.

16 Mit dieser **faktischen Übermittlungssperre** habe der Gesetzgeber – so meinen *Hauck/Haines-Walloth* – die Nutzung der **»Zentraldateien«** der Sozialleistungsträger als Ersatzmelderegister verhindern wollen. Sozialleistungsträger, die über solche »Zentraldateien« verfügten, sollten nicht allein deshalb zum Adressaten vielfacher Offenbarungsersuchen werden. So sei z.B. die Weitergabe von Angaben aus den Dateien **der Datenstelle des VDR**, die von den Krankenkassen im Rahmen der Durchführung der DÜVO geliefert würden, unzulässig (*Hauck/Haines-Walloth* § 68 Rz. 22f.).

17 Doch muß beachtet werden, daß Auskünfte aus einer solchen »Zentraldatei« eine in § 35 Abs. 1 SGB I genannte Stelle nur dann in eigener Verantwortung geben darf, wenn sie diese Datei aufgrund eigener gesetzlicher Zuständigkeit und mithin als selbst **speichernde Stelle** führt. Dies steht zwar für die von der **Datenstelle des VDR** verwalteten Dateien der Rentenversicherten nicht in Zweifel, weil durch Rechtsvorschrift eine eigene Zuständigkeit begründet ist (vgl. § 80 Rz. 18). In aller Regel führen dagegen z.B. die **Bundes- oder Landesverbände der Sozialversicherungsträger** »zentrale« Dateien für ihre verbandsangehörigen Körperschaften als Datenverarbeitung im Auftrag (dazu ausführlich § 80 Rz. 12ff.). Als **Auftragnehmer** sind sie für die Beantwortung von **Offenbarungsersuchen** nach § 68 **nicht zuständig**; nur das Verbandsmitglied, z.B. die einzelne Krankenkasse, hat als speichernde Stelle über das Vorliegen der Offenbarungsvoraussetzungen für »seine« Sozialdaten zu befinden (vgl. § 80 Rz. 16).

18 Auf der anderen Seite geht das durch § 79 Abs. 1 in Verbindung mit § 81 Abs. 1 und § 10 Abs. 1 Satz 2 BDSG statuierte **Verbot der Weiteroffenbarung** von Sozialdaten über den **Schutz** von »Zentraldateien« **vor übermäßiger Inanspruchnahme** (s. o. Rz. 16) hinaus. Jede SGB-Stelle hat aufgrund § 68 Abs. 1 Satz 2 ohnehin die **Möglichkeit**, anfragende Stellen auf das Melderegister oder andere leichter zugängliche Datenquellen zu verweisen (vgl. § 68 Rz. 79ff.) und damit zu

verhindern, als »Ersatzmelderegister« für eine Vielzahl anderer Behörden zu dienen. Selbst wenn man die Auffassung vertritt, dem Leistungsträger verbleibe auch bei anderweitiger Beschaffungsmöglichkeit die Alternative, dennoch selbst Informationshilfe zu leisten (anders dieser Kommentar, vgl. Erl. zu § 68), gilt dies in all den Fällen nicht mehr, in denen in Dateien gespeicherte, **von anderen Sozialleistungsträgern mitgeteilte** Sozialdaten von dritten Behörden nach § 68 erbeten werden; hier muß die um Auskunft ersuchte SGB-Stelle die Offenbarung **ablehnen**. Dies kann sie allerdings nur, wenn die Herkunft der Daten aus dem Sozialleistungsbereich ihr (noch) bekannt bzw. als zusätzliches Merkmal gespeichert ist.

5. Andere besondere Amtsgeheimnisse

Die Anwendbarkeit des § 10 Abs. 1 Satz 2 BDSG mit der Fallgruppe des »**besonderen Amtsgeheimnisses**« beschränkt sich nicht auf die Konstellation der Erstübermittlung durch eine SGB-Stelle. Die gleiche Rechtsfolge tritt ein, wenn beispielsweise dem **Steuergeheimnis** unterliegende Angaben an Stellen nach § 35 Abs. 1 SGB I geliefert werden, wie dies in § 21 Abs. 4 SGB X vorgesehen ist. Regelmäßige Datenübermittlungen finden etwa im Zusammenhang mit der Abwicklung des einkommensabhängigen Kindergeldes zwischen Steuerverwaltung und Kindergeldkassen statt. 19

6. Grenzen der Offenbarungssperre

Die Offenbarungssperre tritt ausschließlich für »**Datei-Daten**« und nur in Fällen der **Informationshilfe nach § 68** ein. Werden die von einer Behörde außerhalb des Sozialleistungsbereichs erbetenen Daten vom Leistungsträger **aus Akten** mitgeteilt, bleibt es bei der Offenbarungsbefugnis nach § 68, auch wenn die ursprünglich übermittelnde Behörde Adressat eines besonderen Amtsgeheimnisses ist. Unberührt bleiben auch für »Datei-Daten« die Möglichkeiten der Offenbarung **nach den §§ 70 ff.**, die ja ebenfalls materielle Fälle der Amtshilfe darstellen (vgl. § 68 Rz. 12). 20

7. Verbleibende Anwendungsfälle des § 68

Aus der Anwendbarkeit des § 10 Abs. 1 Satz 2 BDSG im Rahmen des § 68 ergibt sich mithin insgesamt gesehen eine erhebliche **Restriktion der Zulässigkeit der Informationshilfe mit Sozialdaten**. Auskünfte nach § 68 dürfen **nur in folgenden Fällen** gegeben werden: 21
a) Die Daten sind **beim Betroffenen erhoben** und beim Leistungsträger in einer Akte festgehalten oder in einer Datei gespeichert.
b) Die Daten stammen von Personen oder Stellen, die **keinem** besonderen Amtsoder Berufsgeheimnis unterliegen und befinden sich in Dateien oder Akten.
c) Der Leistungsträger hat die Daten von Personen oder Stellen erhalten, die einem besonderen Berufs- oder Amtsgeheimnis unterliegen, aber diese ausschließlich in einer **Akte** aufgezeichnet. Werden die Daten parallel in einer

Datei gespeichert, greift wieder die Übermittlungssperre, auch wenn die Mitteilung vermeintlich nur aus der Akte erfolgt (a. A. offensichtlich *BfA-Kommentar* § 68 Anm. 5). Auch bei der Auskunft aus Akten ist allerdings in diesen Fällen der verlängerte Geheimnisschutz des § 76 Abs. 1 zu beachten.

IV. Übermittlung über Vermittlungsstellen (Abs. 2 Satz 1)

1. Zulässigkeitsvoraussetzungen

22 § 81 Abs. 2 Satz 1 erklärt die Übermittlung von Sozialdaten auch über »**Vermittlungsstellen**« für zulässig. Für die Anwendung des Abs. 2 müssen folgende Voraussetzungen erfüllt sein:
(1) Der übermittelnde Leistungsträger muß eine **Offenbarungsbefugnis** nach den §§ 67 ff. im Verhältnis zum Datenempfänger haben (dazu Rz. 22 f.).
(2) Die zwischengeschaltete Stelle betreibt keine Datenverarbeitung im Auftrag, sondern hat den Charakter einer »**Vermittlungsstelle**« (dazu Rz. 25 ff.).
(3) Auf diese Vermittlungsstelle ist der **Zweite Abschnitt des BDSG** anzuwenden (dazu Rz. 25 f.).
(4) Die Übermittlung erfolgt auf **maschinell verwertbaren Datenträgern** oder mittels **Datenfernübertragung** (dazu Rz. 31 ff.).

2. Erforderlichkeit einer Offenbarungsbefugnis

23 Selbstverständlich macht die Tatsache, daß in den Austausch von Sozialdaten eine Vermittlungsstelle eingeschaltet wird, das Vorliegen einer **Offenbarungsbefugnis** der übermittelnden SGB-Stelle nicht entbehrlich. Wie bereits erwähnt (vgl. o. Rz. 5), hatte der Gesetzgeber bei der Regelung des Abs. 2 vor allem den **Rentenauskunftsdienst der Deutschen Bundespost** im Auge (zur Einordnung der Datenstelle des VDR als »Vermittlungsstelle« vgl. *Hauck/Haines* § 81 Rz. 5; abw. A. § 69 Rz. 48). Das Rentenauskunftsverfahren wird von den Rentenrechnungsstellen durchgeführt, die sich zur technischen Durchführung der Übermittlung der posteigenen Rechenzentren bedienen (vgl. *Naeth* in Jahn, SGB, § 81 Rz. 2). Angeschlossen sind Stellen, die bei der Gewährung von Sozialleistungen die im Postzahlungsverfahren gezahlte Rente berücksichtigen müssen, also z. B. die Träger der Sozialhilfe oder der Beamtenversorgung (i. e. *Malotki* BABl. 1973, 384 ff.; *Zwenzner* MittLVA Oberfr. 1986, 124 ff.; s. auch § 69 Rz. 79). Mitgeteilt werden im Rahmen dieses Verfahrens auch die Sterbefälle für die Zahlungseinstellung der Leistungsträger; sie werden nach § 4 der 2. BMeldDÜV von den Meldebehörden übermittelt. Die Befugnis zur Offenbarung ergibt sich aus § 69 **Abs. 1 Nr. 1**, wenn andere Sozialbehörden Adressaten sind, aus § 69 **Abs. 2**, wenn z. B. mit der Durchführung des BeamtenversorgungsG befaßte Behörden Mitteilungen erhalten.

24 Damit nicht zu verwechseln ist die **Offenbarung** der zur Weiterleitung vorgesehenen Sozialdaten vom Leistungsträger **an die Vermittlungsstelle**. Hierfür bietet Abs. 2 selbst die notwendige Befugnis (vgl. oben Rz. 4). Abs. 2 greift aber insoweit lediglich die Offenbarungsbefugnis des § 69 Abs. 1 Nr. 1 wieder auf (so zutreffend *Wiese* DAngVers. 1980, 449, 463). Es muß also verlangt werden, daß

die **Einschaltung der Vermittlungsstelle als solche** ebenfalls für die Aufgabenerfüllung des übermittelnden Sozialleistungsträgers **erforderlich** ist (vgl. *Verbandskommentar* § 81 Rz. 2, der insoweit nicht ganz nachvollziehbar die »Zweckmäßigkeit« verlangt). Für die Vermittlungsstelle selbst ist, was die Weiterleitung an die Adressaten angeht, natürlich ebenso wie bei einem Auftragnehmer bei der Datenverarbeitung im Auftrag das Vorliegen einer Offenbarungsbefugnis nicht mehr zu prüfen (vgl. *Gemeinsames Rundschreiben der Spitzenverbände der Sozialversicherung* vom 16. 1. 1981, § 81 Abschnitt 2).

3. Vermittlungsstelle

Was eine »**Vermittlungsstelle**« ist, wird im Gesetz nicht definiert. Dieser Begriff findet sich auch in anderen Vorschriften über die Datenverarbeitung und den Datenschutz nicht. Jedenfalls macht die Regelung in § 81 statt in § 80 deutlich, daß es sich bei den Vermittlungsstellen **nicht** um **Auftragnehmer** i. S. d. Bestimmungen über die Datenverarbeitung im Auftrag (§§ 8 BDSG, 80 SGB X) handeln soll. Allerdings hilft auch eine Charakterisierung als »**Relaisstation**«, die nur eine **technische Verteilerfunktion** ohne weitere DV-Aufgaben wahrnimmt (so *Verbandskommentar* § 81 Rz. 2), kaum weiter. Praktikabler sind die Kriterien, nach denen eine Vermittlungsstelle dann vorliegt, wenn 25

26

(1) von mehreren Stellen zulässigerweise Daten eingehen,
(2) diese Daten in einem gemeinsamen Bestand gesammelt und
(3) jeweils an die Stelle übermittelt werden, die Daten zu ihrer Aufgabenerfüllung benötigt (vgl. *BfA-Kommentar* § 81 Anm. 3.2).

Allen Definitionsversuchen ist jedoch gemeinsam, daß die **Abgrenzung zur Datenverarbeitung im Auftrag** schwerfällt. Das Beispiel des Rentenauskunftsverfahrens der Bundespost verdeutlicht, daß auch die als »Vermittlungsstelle« bezeichnete Einrichtung Daten ordnet und aufbereitet und damit zum Zweck der Weiterübermittlung verarbeitet. Dies gilt auch für die anderen Stellen, die in der Literatur als Vermittlungsstelle deklariert werden, etwa das **Landesversorgungsamt** Hessen als »Kopfstelle der Länder« in der Vereinbarung über die Durchführung des Beitrags- und Meldeverfahrens für die Bezieher von Versorgungskrankengeld (vgl. 7. JB/ *BremLfD* S. 52). 27

Jedenfalls ist die **größere Zahl** der an die zentrale Verarbeitung angeschlossenen Stellen allein **kein taugliches Unterscheidungskriterium**. Die **Verbände der Leistungsträger**, die ebenfalls Daten von einer Vielzahl von SGB-Stellen »sammeln« und an eine Reihe anderer Behörden weitergeben, sind eindeutig Auftragnehmer im Sinne des § 80 und nicht Vermittlungsstellen (vgl. § 80 Rz. 12 ff.). Allerdings wird die Bedeutung dieser Abgrenzung dadurch relativiert, daß § 81 Abs. 2 Satz 2 die wichtigsten Bestimmungen für die Auftragsverarbeitung von Sozialdaten auch bei der Einschaltung von Vermittlungsstellen für anwendbar erklärt (vgl. u. Rz. 34 ff.). 28

4. Anwendbarkeit des Zweiten Abschnitts des BDSG

29 Vermittlungsstellen dürfen für die Übermittlung von Sozialdaten nur eingesetzt werden, wenn sie dem **Zweiten Abschnitt des BDSG** unterliegen. Damit kommen nur in Betracht

(1) **öffentliche Stellen der Bundesverwaltung**,
(2) **alle in § 35 Abs. 1 SGB I genannten Stellen** einschließlich der privatrechtlich verfaßten Verbände der Leistungsträger (vgl. § 80 Rz. 39; *Knopp* SGB-Soz-Vers-GesKomm, § 79 Anm. 3, zu eng *Pickel* ZfSH/SGB 1984, 301, 305).

Diejenigen Stellen, die bei der **Deutschen Bundespost** mit der Berechnung oder Auszahlung von Sozialleistungen betraut sind, fallen nicht nur als Bundesbehörden unter den 2. Abschnitt des BDSG, sondern werden von § 35 Abs. 1 Satz 2 SGB I ausdrücklich als Adressaten des Sozialgeheimnisses genannt.

30 Private Einrichtungen (z.B. Service-Rechenzentren o.ä.) sind ebenso ausgeschlossen wie öffentliche Stellen, die den Landesdatenschutzgesetzen unterworfen sind. Behörden der Landes- und Kommunalverwaltung außerhalb des Sozialleistungsbereichs, insbesondere **Landes- und kommunale Gebietsrechenzentren**, können also die Funktion einer »Vermittlungsstelle« i.S.d. § 81 nicht wahrnehmen (vgl. 7. JB/*BremLfD* S. 52f.), obwohl sie aufgrund der für sie geltenden jeweiligen Länderdatenschutzgesetze im Hinblick auf die Datensicherung das gleiche Schutzniveau aufweisen müssen wie Bundesbehörden oder SGB-Stellen. Hier wiederholt sich die Ungleichbehandlung, wie sie beispielsweise auch in § 80 Abs. 2 Satz 3 über die zusätzlichen Kontrollrechte bei Auftragnehmern außerhalb der Geltung des 2. Abschnitts des BDSG zum Ausdruck kommt (vgl. § 80 Rz. 33). Stellen auf Landes- und Gemeindeebene können mithin als »Zwischenträger« bei der Übermittlung von Sozialdaten nur insoweit eingesetzt werden, als sie den Status des **Auftragnehmers** nach § 80 innehaben.

5. Maschinell verwertbare Datenträger

31 § 81 Abs. 2 bezieht sich nur auf die Konstellation, daß Sozialdaten auf »**maschinell verwertbaren Datenträgern**« oder »**im Wege der Datenfernübertragung**« übermittelt werden.

32 Maschinell verwertbare Datenträger sind vor allem Magnetbänder, Magnetplatten und Disketten; Lochkarten und Lochstreifen werden immer weniger verwendet. **Datenfernübertragung** kann mit herkömmlichen Stand- oder Wählleitungen oder über die neuen Kommunikationsdienste der Bundespost (Datex-P, Bildschirmtext, Teletex usw.) erfolgen. Unter § 81 Abs. 2 fällt auch die **Kombination** beider Verfahren: Die Vermittlungsstelle erhält von den angeschlossenen Leistungsträgern Datenbänder etc., speichert sie in den eigenen Rechnern und gibt sie im Wege der Datenfernübertragung an andere SGB-Stellen weiter.

33 Datenträgeraustausch und **Datenfernverarbeitung** werden im Sozialleistungsbereich mit und ohne Mitwirkung von Vermittlungsstellen in großem Umfang praktiziert, und zwar nicht nur **zwischen Sozialleistungsträgern**, sondern auch mit **externen Behörden**, etwa zwischen der Bundesanstalt für Arbeit und den Finanzbehörden der Länder bei der Abwicklung des einkommensabhängigen Kindergel-

Datenübermittlung § 81

des. Im Vordringen ist dabei die technisch komfortablere Methode der Datenfernverarbeitung, das **Direktabrufverfahren** (zu den Zulässigkeitsvoraussetzungen für **on-line-Anschlüsse** an Datenbestände von Sozialleistungsträgern vgl. § 69 Rz. 77 ff. und *Tuner* ÖVD 1984, 54, 56).

V. Entsprechende Anwendung von Auftragsbestimmungen (Abs. 2 Satz 2)

1. Datenschutzanforderungen an Vermittlungsstellen

Abs. 2 Satz 2 ordnet die **entsprechende Anwendung von § 80 Abs. 2 Satz 1, Abs. 3** 34 **und Abs. 4** an. Auch dies verdeutlicht die enge Verwandtschaft von »Vermittlungsstellen« mit solchen Stellen, die Datenverarbeitung im Auftrag durchführen (vgl. o. Rz. 27).
Nach § **80 Abs. 2 Satz 1** ist eine Auftragserteilung nur zulässig, wenn der Daten- 35 schutz beim Auftragnehmer nach der Art der zu verarbeitenden Daten den Anforderungen genügt, die für den Auftraggeber gelten. Im Anwendungsbereich des § 81 hat dies zur Folge, daß **Vermittlungsstellen** den **Datenschutzstandard** haben müssen, der die Wahrung des Sozialgeheimnisses und die Einhaltung der Bestimmungen über den Sozialdatenschutz in gleichem Umfang gewährleistet, wie wenn der Leistungsträger selbst verarbeiten bzw. direkt die Datenübermittlung durchführen würde. Dies geht über die Anwendung des Zweiten Abschnitts des BDSG, dem die Vermittlungsstellen nach Abs. 2 Satz 1 ohnehin unterliegen müssen, hinaus.
Insbesondere die technischen und organisatorischen Maßnahmen der **Datensiche-** 36 **rung** (ausführlich dazu § 79 Rz. 82 ff.) müssen der besonderen Schutzbedürftigkeit der Sozialdaten Rechnung tragen. Zu beachten ist insbesondere die Anforderung von Nr. 9 der Anlage zu § 6 Abs. 1 Satz 1 BDSG, wonach zu gewährleisten ist, daß bei der **Übermittlung** der Daten sowie beim **Transport** von Datenträgern diese nicht unbefugt gelesen, verändert oder gelöscht werden können **(Transportkontrolle)**. Im einzelnen sind die durch § 80 Abs. 2 Satz 1 verlangten Vorkehrungen erläutert in § 80 Rz. 28 ff.
Zwar wird **Satz 2** des § **80 Abs. 2** bei den entsprechend geltenden Bestimmungen 37 nicht erwähnt; Satz 2 ist jedoch eine zwangsläufige Folge der Zulässigkeitsvoraussetzung in Satz 1: Wenn die Vermittlungsstelle keinen ausreichenden Datenschutz bietet, müssen die betroffenen Leistungsträger entweder ergänzende Datenschutz- und Datensicherungsforderungen stellen oder die Einschaltung der Vermittlungsstelle unterlassen.

2. Anzeigepflichten

§ **80 Abs. 3 Satz 1** entsprechend anzuwenden bedeutet, daß ein Sozialleistungsträ- 38 ger seiner **Aufsichtsbehörde rechtzeitig** vor der Datenübermittlung über eine Vermittlungsstelle
a) die **Vermittlungsstelle** sowie die bei dieser vorhandenen technischen und organisatorischen **Maßnahmen der Datensicherung**,
b) die **Art der Daten**, die über die Vermittlungsstelle geleitet werden sollen, sowie den **Kreis der Betroffenen**, um deren Angaben es geht,

c) und die **gesetzliche Aufgabe**, zu deren Erfüllung die Offenbarung über die Vermittlungsstelle erfolgt,

anzuzeigen hat (vgl. § 80 Rz. 36ff.). Die Anzeige ist nach **§ 80 Abs. 3 Satz 2** auch an die Aufsichtsbehörde der Vermittlungsstelle zu richten (vgl. § 80 Rz. 39f. und *Knopp* SGB-SozVers-GesKomm. § 82 Anm. 4).

39 Die Vermittlungsstelle darf – so die Konsequenz aus der analogen Geltung des **§ 80 Abs. 4** – die ihr zur Weiterleitung überlassenen Daten nicht anderweitig verwenden und nicht länger aufbewahren, als es der bzw. die offenbarenden Sozialleistungsträger bestimmen (vgl. eingehend § 80 Rz. 42ff.). Mitarbeiter von Vermittlungsstellen, die gegen dieses Gebot vorsätzlich oder fahrlässig verstoßen, handeln ordnungswidrig und können mit einer Geldbuße bis zu 50 000 DM belegt werden (§ 85, zu den Einzelheiten vgl. § 85 Rz. 6f.).

§ 82 Veröffentlichung über die gespeicherten Daten

Die Bundesregierung wird ermächtigt, statt der in § 12 Abs. 3 des Bundesdatenschutzgesetzes vorgesehenen Rechtsverordnungen für die in § 35 des Ersten Buches genannten Stellen mit Zustimmung des Bundesrates eine einheitliche Rechtsverordnung zu erlassen und darin zu bestimmen, daß auch veröffentlicht wird, an welche Stellen regelmäßig welche Daten übermittelt werden.

Inhaltsübersicht

	Rz.
I. Entstehungsgeschichte	1
II. Bedeutung der Vorschrift	2– 9a
1. Regelungsziele	2– 7
2. Verfehlte Transparenzfunktion	8– 9a
III. § 12 BDSG als Rechtsgrundlage der Veröffentlichungspflicht	10–17
IV. Inhalt, Zeitpunkt und Ort der Veröffentlichung (§ 12 Abs. 1 Satz 1 BDSG)	18–34
1. Inhalt	18–27
2. Zeitpunkt	28, 29
3. Ort	30–33
4. Bisherige Bekanntmachungen (§ 12 Abs. 1 Satz 2 BDSG)	34
V. Ausnahmen von der Veröffentlichungspflicht (§ 12 Abs. 2 BDSG)	35, 36
VI. Inhalt und Reichweite der Verordnungsermächtigung	37–39

I. Entstehungsgeschichte

Zu dieser Vorschrift rief der Bundesrat den Vermittlungsausschuß an und verlangte die völlige Streichung. § 82 solle eine einheitliche Veröffentlichungspraxis für die gespeicherten Daten im gesamten Sozialleistungsbereich in Bund und Ländern ermöglichen (dazu u. Rz. 2). Mit der – ebenfalls beantragten (vgl. § 79 Rz. 1f.) – Streichung des § 79 und damit der Verhinderung der Geltungsausdehnung des BDSG auf die landesunmittelbaren und kommunalen Leistungsträger werde jedoch dieser Bestimmung die Grundlage entzogen (BT-Drucks. 8/4216 vom 16. 6. 1980, Nr. 25d). Der Vermittlungsausschuß hat diesen Antrag jedoch nicht beschlossen (vgl. Beschlußempfehlung des Vermittlungsausschusses, BT-Drucks. 8/4330). 1

II. Bedeutung der Vorschrift

1. Regelungsziele

§ 82 verfolgt im wesentlichen zwei Regelungsziele: Zum einen sollen die Voraussetzungen für eine **bundesweit einheitliche Handhabung** aller Sozialleistungsträger **bei der Veröffentlichung** ihrer Dateien geschaffen werden. Die Bundeseinheitlichkeit des Sozialdatenschutzes – Konsequenz aus § 79 Abs. 3 – soll sich auch bei der Veröffentlichungspraxis der SGB-Stellen durchsetzen. Zu diesem Zweck ermäch- 2 tigt § 82 die Bundesregierung zum Erlaß einer bundesweit einheitlich zu befolgenden Rechtsverordnung.

3 Zum zweiten soll eine **Erweiterung** der Veröffentlichungspflicht ermöglicht werden. Über § 12 Abs. 1 Nr. 4 BDSG und die entsprechenden Normen der Landesgesetze hinaus soll die bundeseinheitliche Verordnung vorschreiben können, daß bei **regelmäßigen** Datenübermittlungen auch die jeweils an den einzelnen Empfänger **mitgeteilten Daten** aufgeschlüsselt bekanntgegeben werden. Nach der Ausschußbegründung hat § 82 die Aufgabe, für den Bereich des SGB mehr Transparenz zu ermöglichen (vgl. BT-Drucks. 8/4022, zu § 79 = jetzt § 82).

4 § 82 ist eine der Vorschriften, nach deren Maßgabe die in § 79 Abs. 1 Satz 1 und Abs. 3 statuierte Anwendung des Zweiten Abschnitts des BDSG für alle in § 35 SGB I genannten Stellen modifiziert wird (vgl. § 79 Rz. 20).

Sie gibt die Möglichkeit, von Abs. 3 des § 12 BDSG **abzuweichen**, der der Bundesregierung und den Landesregierungen jeweils getrennt für ihren Zuständigkeitsbereich Verordnungsermächtigungen zur näheren Bestimmung des Organs und des Verfahrens der Veröffentlichung einräumt. Für die Länder galt § 12 Abs. 3 BDSG allerdings nur für die Übergangszeit bis zur Verabschiedung eigener Landesdatenschutzgesetze (vgl. § 7 Abs. 2 Satz 1 Nr. 2 BDSG).

5 Der Bund hat von seiner Ermächtigung durch Erlaß der **Datenschutzveröffentlichungsordnung des Bundes** vom 3. 8. 1977 Gebrauch gemacht (BundesDSVeröffO, BGBl. I S. 1477). Die **Rechtslage in den Ländern** ist dagegen **unterschiedlich**: Einige Landesdatenschutzgesetze haben dem BDSG entsprechende Veröffentlichungsbestimmungen; auf ihrer Grundlage sind die einschlägigen Verordnungen ergangen (z. B. § 12 NdsDSG). In einer Reihe von Ländern existiert dagegen für die speichernden Stellen überhaupt keine Publikationspflicht für ihre Dateien, so etwa in Baden-Württemberg, Bayern, Hamburg, im Saarland und seit 1987 auch in Hessen. In Bayern, Hessen und Schleswig-Holstein ist es Aufgabe des **Datenschutzbeauftragten**, aufgrund der Meldungen zu dem bei ihm geführten Dateienregister die Veröffentlichung der Dateien vorzunehmen (vgl. Art. 7 Abs. 3 BayDSG, § 26 Abs. 3 HDSG, § 13 Abs. 1 LDSG-SH). Dementsprechend bestanden vor Inkrafttreten des SGB X für die SGB-Stellen unterschiedliche Rechtsgrundlagen für die Veröffentlichung ihrer Dateien. Auch der heutige Rechtszustand ist jedoch nicht einheitlich (ausführlich dazu u. Rz. 11 ff.).

6 Hinter der Motivation des Gesetzgebers für die Schaffung des § 82 (vgl. o. Rz. 2 f.) steht folgende Vorstellung von einer effektiven **Transparenzfunktion der Veröffentlichung** für den Bürger: Der Bürger weiß in der Regel nicht, welche Behörde oder sonstige öffentliche Stelle Daten über ihn gespeichert hat. Um festzustellen, wo er seinen Auskunfts- und ggf. Berichtigungs- und Löschungsanspruch anbringen kann, müßte er »ins Blaue hinein« bei den verschiedensten Stellen anfragen, was unzumutbar ist. Statt dessen sieht er in den Dateiveröffentlichungen nach, in welchen angegebenen Datenbeständen seine Angaben enthalten sein könnten, und wendet sich nur an die jeweils für ihn relevanten speichernden Stellen (vgl. die Amtl. Begr. zur DSVeröffO des Bundes, Ziff. I 1, abgedruckt bei *Auernhammer* BDSG, S. 376 ff.). Für den Sozialleistungsbereich kann die Durchschaubarkeit für den Bürger mit Hilfe des § 82 noch weiter verbessert werden: Statt der länderweise unterschiedlichen Ausgestaltung des Veröffentlichungsverfahrens wird einheitlich festgelegt, wo, wann und wie die Sozialbehörden Zwecksetzung und Inhalt ihrer Dateien offenlegen müssen.

7 Neben dieser Funktion, Grundlage der Kontroll- und Abwehrrechte des einzelnen

Veröffentlichung über gespeicherte Daten § 82

zu sein, soll die Veröffentlichung darüber hinaus der **Publizität der behördlichen Datenverarbeitung** dienen und die DV-Aktivitäten der Verwaltung für öffentliche Kritik und Kontrolle offenlegen (vgl. *Simitis* in Simitis u. a., BDSG, § 12 Rz. 1, 3f.).

2. Verfehlte Transparenzfunktion

Von diesem **Idealbild** ist die **Realität** jedoch **weit entfernt** (krit. *Dammann* ZRP 1980, 81ff.). Die Erwartungen an die obligatorische Dateienveröffentlichung haben sich weder im Bund noch in den Ländern erfüllt. »Den durchschnittlichen Betroffenen erreicht (sc. der Bundesanzeiger, in dem die Dateien der Bundesbehörden zu veröffentlichen sind) kaum... Auch um die Verständlichkeit der Eintragungen steht es teilweise schlecht... Der Versuch einer benutzerorientierten Darstellung (wurde) gar nicht erst unternommen« (vgl. *Dammann* ZRP 1980, 83f.). 8

Die gleiche Beschreibung läßt sich auch für die Situation in den Ländern verwenden; die dort für die Publikation vorgesehenen **Staatsanzeiger** oder sonstigen **amtlichen Bekanntmachungsblätter** werden in der Bevölkerung kaum zur Kenntnis genommen. Plastisch formuliert: »Amtsblätter gehören nun einmal nicht zur bevorzugten Lektüre des Durchschnittsbürgers« (*Simitis* in Simitis u. a., BDSG, § 12 Rz. 5).

Aufgrund dieser Erfahrungen mit der **fehlenden Bürgerfreundlichkeit** der Veröffentlichung ist deren Abschaffung und damit die **Aufhebung des § 12** in den vorliegenden Novellierungsentwürfen zum BDSG durchweg vorgesehen. Dies gilt für den Gesetzentwurf der Fraktionen von CDU/CSU und FDP zur Änderung des Bundesdatenschutzgesetzes aus der 10. Wahlperiode (vgl. BT-Drucks. 10/4737, Art. 1, Nr. 14) ebenso wie für den Gesetzesantrag der Länder Bremen, Hamburg, Hessen, Nordrhein-Westfalen und Saarland betr. den Entwurf eines Gesetzes zum Schutz personenbezogener Daten vom 28. 2. 86 im Bundesrat (BR-Drucks. 121/86, S. 18) und den Regierungsentwurf zur BDSG-Novellierung vom 30. 12. 1988 (BR-Drucks. 618/88). Im neuen Hessischen Datenschutzgesetz vom 11. 11. 1986 (GVBl. I S. 309) ist dieser Schritt bereits vollzogen (statt dessen erfolgt die Veröffentlichung des Dateienregisters des Datenschutzbeauftragten, § 26 Abs. 3 HDSG). Auch die Neuregelungen in Bremen und Nordrhein-Westfalen haben die Veröffentlichung inzwischen abgeschafft (vgl. Art. 1 Ziff. 14 ÄndG des BrDSG vom 8. 9. 1987, GBl. 33/1987, S. 235, sowie das DSG NW vom 15. 3. 1988, GVBl. 15/1988, S. 160). 9

Entgegen diesem Trend schreibt allerdings § 286 Abs. 2 SGB V den **Krankenkassen** und **Kassenärztlichen Vereinigungen** vor, ihre Datenübersicht »in geeigneter Weise zu veröffentlichen« (anders noch § 295 Abs. 4 des Entwurfs, BR-Drucks. 200/88, S. 79, der einen Aushang in den Geschäftsräumen vorsah). Diese Regelung geht wegen des Vorrangs bereichsspezifischer Normen aufgrund von § 79 Abs. 1 Satz 1 i. V. m. § 45 BDSG (dazu § 79 Rz. 211ff.) dem § 12 Abs. 1 BDSG vor. 9a

III. § 12 BDSG als Rechtsgrundlage der Veröffentlichungspflicht

10 So ist es auch nicht verwunderlich, daß die Bundesregierung bis heute von der ihr in § 82 eingeräumten Ermächtigung keinen Gebrauch und die **bundeseinheitliche Verordnung über die Veröffentlichung** im Sozialleistungsbereich **nicht erlassen** hat. Allerdings heißt dies keineswegs, daß deshalb keine Veröffentlichungspflicht bestünde. Im Gegenteil: Solange § 12 BDSG nicht im Zuge einer BDSG-Novellierung aufgehoben wird, bleibt es bei der durch § 79 Abs. 1 Satz 1 und Abs. 3 angeordneten Verweisung auf § 12 BDSG für alle SGB-Stellen.

11 Im einzelnen gilt daher folgendes:
(1) Die Sozialleistungsträger und ihre Verbände auf **Bundesebene** veröffentlichen wie früher nach § 12 Abs. 1 BDSG sowie der Datenschutzveröffentlichungsordnung des Bundes.
(2) Für alle SGB-Stellen der **Länder** und **Gemeinden** besteht ebenfalls die Pflicht zur Veröffentlichung nach § 12 Abs. 1 BDSG (vgl. *Auernhammer* BDSG, § 12 Rz. 2; zu den Krankenkassen und Kassenärztlichen Vereinigungen vgl. o. Rz. 9a). Dies gilt auch für die Länder, deren Landesdatenschutzgesetze keine dem § 12 BDSG entsprechende Vorschrift kennen (s. o. Rz. 5; ebenso 3. TB/LfD-NRW Ziff. 8.1, *Knopp* SGB-SozVers-GesKomm, § 82 Anm. 2; *Lauterbach/Watermann* UV, § 82 Anm. 2). Denn § 79 Abs. 3 macht unzweifelhaft deutlich, daß der Zweite Abschnitt des BDSG auch bei abweichender Länderregelung Anwendung finden soll (vgl. § 79 Rz. 266). Hatten Sozialleistungsträger bereits vor Inkrafttreten des SGB X am 1. 1. 1981 ihre Dateien nach dem für sie geltenden Landesrecht veröffentlicht, war eine erneute Bekanntgabe allerdings nicht erforderlich.

12 Die DSVeröffO des **Bundes** kann jedoch **keine** Geltung für die Sozialleistungsträger in **Ländern** und **Gemeinden** beanspruchen. Ihr Geltungsbereich ist ausdrücklich auf öffentliche Stellen des Bundes beschränkt (§ 1; ebenso für den insoweit gleichgelagerten Fall der Datenschutzregisterordnung des Bundes *Graßl/Weigert* DuD 1981, 72, 77).

13 Die **SGB-Stellen in den Ländern** mit eigener Veröffentlichungsordnung (vgl. o. Rz. 5) geben ihre Dateien vielmehr in entsprechender Anwendung von deren Bestimmungen bekannt. Diese **Landesverordnungen** präzisieren für ihren jeweiligen regionalen Geltungsbereich, was unter dem in § 12 Abs. 1 Satz 1 BDSG genannten, für den Bereich der speichernden Stelle bestehenden »Veröffentlichungsblatt für amtliche Bekanntmachungen« zu verstehen ist (z. B. Staatsanzeiger usw.). Keinesfalls veröffentlichen also landesunmittelbare Leistungsträger im Bundesanzeiger.

14 Allerdings sind diese **Landesverordnungen nicht mehr direkt anwendbar**, da deren Ermächtigungsnorm sich in der Veröffentlichungsvorschrift des Landesgesetzes befindet und dessen materielle Bestimmungen für SGB-Stellen nach Inkrafttreten des SGB X nicht mehr gelten (vgl. o. Rz. 11). Die Ermächtigung in § 12 Abs. 3 Satz 2 BDSG an die Landesregierungen zum Erlaß entsprechender Rechtsverordnungen greift hier nicht, weil sie nur für die Übergangszeit bis zur Verabschiedung eigener Landesdatenschutzgesetze gedacht war (vgl. Rz. 3; unklar zu dieser Frage *Hauck/Haines* § 82 Rz. 7; *Pickel* ZfSH/SGB 1984, 301, 306).

15 Die Sozialbehörden in Ländern **ohne** Bestimmung über die Veröffentlichung von Dateien im Landesdatenschutzgesetz und dementsprechend ohne konkretisie-

rende Rechtsverordnung (vgl. o. Rz. 5) richten sich **direkt** und ausschließlich nach § 12 Abs. 1 Satz 1 BDSG: Sie veröffentlichen in ihrem amtlichen Bekanntmachungsblatt (dazu und zu den Möglichkeiten, darüber hinaus auch in Tageszeitungen, periodisch erscheinenden Zeitschriften o. ä. die gespeicherten Daten offenzulegen, vgl. u. Rz. 32).

Aufgrund der sich direkt aus § 79 Abs. 1 Satz 1 und Abs. 3 in Verbindung mit § 12 Abs. 1 BDSG ergebenden **Rechtspflicht zur Veröffentlichung** läßt sich die Auffassung nicht halten, Sozialleistungsträger in Ländern mit Landesgesetz ohne Veröffentlichungspflicht würden erst dann erfaßt, wenn der Bund die Verordnung nach § 82 erlassen hat (mißverständlich in diesem Punkt *Graßl/Weigert* DSWR 1981, 186, 188). **16**

Die Veröffentlichungspflicht bezieht sich ausschließlich auf **Sozial**daten, die vom Leistungsträger in **Dateien** gespeichert werden (zum Begriff der Datei vgl. § 79 Rz. 51ff.). Dementsprechend verwendet § 82 folgerichtig den Begriff »übermitteln« und nicht »offenbaren«. Einbezogen sind auch hier wegen der Erstreckung in § 79 Abs. 1 die Betriebs- und Geschäftsgeheimnisse. **17**

IV. Inhalt, Zeitpunkt und Ort der Veröffentlichung (§ 12 Abs. 1 Satz 1 BDSG)

1. Inhalt

Nach § 12 Abs. 1 Satz 1 Nr. 1 BDSG muß die Veröffentlichung zunächst »**die Art**« der von den in § 35 SGB I genannten Stellen selbst oder in ihrem Auftrag **gespeicherten** personenbezogenen Daten enthalten (auf dem nach § 3 der DSVeröffO des Bundes zu verwendenden Muster ist allerdings der besseren Übersichtlichkeit wegen zunächst die Rubrik »betroffener Personenkreis« aufgeführt.). Darunter ist der im einzelnen aufgelistete **Datenkatalog**, d. h. die einzelne Bezeichnung des Datenfeldes, zu verstehen, also etwa die Angaben Name, Vorname, Verweildauer, Diagnose u. ä. Nur so kann der Bürger feststellen, ob die Datei möglicherweise Informationen über ihn enthält. Diese detaillierte Darstellung entspricht im übrigen auch den Anforderungen, die für die Dateimeldung an das Dateienregister (vgl. z. B. § 2 Abs. 1 Bundes-DSRegO) gelten. **18**

Offenzulegen sind auch die »**Aufgaben**, zu deren Erfüllung die Kenntnis dieser Daten erforderlich ist« (§ 12 Abs. 1 Satz 1 Nr. 2), auch hier eine Parallele zur Registermeldung (vgl. § 2 Abs. 1 Nr. 4 Bundes-DSRegO). Diese Erläuterung ermöglicht es, die Notwendigkeit des Datenkatalogs nach Nr. 1 anhand der vom Leistungsträger genannten Verwendungszwecke zu überprüfen. Mit dieser Zielsetzung sind allgemeine Angaben wie »Aufgaben nach dem SGB« oder »Durchführung der RVO« selbstverständlich nicht vereinbar. Zwar ist es nicht notwendig, alle denkbaren Aufgaben, zu denen die Nutzung der Angaben irgendwann einmal vonnöten sein kann, zu nennen (so zu Recht *Ordemann/Schomerus* BDSG, § 12 Anm. 2.2). Doch sind die primären Verarbeitungsabsichten **präzise** zu definieren, also z. B. »Führung der Amtsvormundschaft«, »Vollstreckung von Rückgriffsforderungen«, »Beitragsentrichtung Arbeitgeber« o. ä. **19**

Die speichernde Stelle ist weiterhin verpflichtet, in ihrer Veröffentlichung den »**betroffenen Personenkreis**« zu nennen (§ 12 Abs. 1 Satz 1 Nr. 3). Damit ist die Personengruppe gemeint, deren Daten eingespeichert worden sind. Auch hier sind – immer auf dem Hintergrund, daß es um die Herstellung von Transparenz **20**

§ 82   *Veröffentlichung über gespeicherte Daten*

für den Bürger geht – konkrete Bezeichnungen geboten, also z. B. nicht nur »Leistungserbringer«, sondern z. B. »Ärzte« usw.

21 Die Veröffentlichungspflicht umfaßt auch die **Stellen, an die** die Sozialleistungsträger **regelmäßig** Daten übermitteln (§ 12 Abs. 1 Satz 1 Nr. 4). Dazu zählen nur die Stellen, »denen bei Eintritt der jeweiligen Voraussetzung bestimmte personenbezogene Daten übermittelt werden, ohne daß es dafür einer besonderen Entscheidung der speichernden Stelle bedarf« (vgl. die Amtl. Begr. zur DSVeröffO, abgedruckt bei *Auernhammer* BDSG, S. 376 ff., zu § 3). Gemeint ist damit u. a. die Bereitstellung von Datenbeständen für den **Direktabruf** durch andere Stellen, weil bereits das Bereithalten zum Abruf nach § 2 Abs. 2 Nr. 2 BDSG eine Übermittlung des gesamten Datenbetandes darstellt (vgl. *Auernhammer* BDSG, § 12 Rz. 6; i. e. zum Übermittlungsbegriff § 79 Rz. 43, 48f.). Weiterhin gehört hierher u. a. der durch Rechtsvorschrift oder Verwaltungsvereinbarung geregelte **Datenträgeraustausch** (vgl. z. B. § 295 Abs. 2 SGB V).

22 Eine **regelmäßige** Datenoffenbarung aus Dateien von SGB-Stellen an Dritte zu Zwecken, die **außerhalb** der Aufgabenwahrnehmung nach dem SGB liegen, kann es nicht geben, da die §§ 68, 70ff. als materielle Amtshilfenormen die Weitergabe nur jeweils **im Einzelfall** zulassen (vgl. § 68 Rz. 50). Regelmäßige Übermittlungen i. S. d. § 12 Abs. 1 Satz 1 Nr. 4 BDSG spielen sich in der Praxis in erster Linie zwischen Sozialleistungsträgern ab, etwa im Rahmen der Durchführung der Datenübermittlungsverordnung (DÜVO).

23 **Zu Sozialleistungszwecken** können aber auch **Stellen außerhalb des SGB** regelmäßig Sozialdatenbestände erhalten. Beispiel hierfür ist der Datenträgeraustausch zwischen den **Finanzverwaltungen** der Länder und der **Bundesanstalt für Arbeit** im Zusammenhang mit der Berechnung des einkommensabhängigen Kindergeldes nach dem BKGG (vgl. 6. TB/*Nds. DSB* Ziff. 14.7). Hierher gehört auch die jährliche Bereitstellung von Betriebsdaten durch die Bundesanstalt für Arbeit für die **Gewerbeaufsichtsbehörden** der Länder nach der Datenweiterleitungsverordnung vom 19. 6. 1980 (BGBl. I S. 722; dazu § 70 Rz. 12; vgl. auch *Hoppe* ZfSH/SGB 1983, 241, 246).

24 **Nicht** veröffentlicht zu werden brauchen die nach § 81 eingeschalteten **Vermittlungsstellen**, weil an sie zwar eine Offenbarung stattfindet (vgl. § 81 Rz. 24), sie jedoch nicht als »Dritte« i. S. d. Übermittlungsbegriffs des BDSG (§ 2 Abs. 2 Nr. 2 BDSG) anzusehen sind.

25 Schließlich ist noch die **»Art der zu übermittelnden Daten«** bekanntzugeben. Was unter Datenart zu verstehen ist, wurde in Rz. 18 erläutert. Anzugeben sind nach § 12 Abs. 1 Satz 1 Nr. 5 zusammengefaßt alle Daten, die insgesamt an die in Nr. 4 angesprochenen regelmäßigen Empfänger mitgeteilt werden.

26 Dagegen muß **nicht** aufgeschlüsselt werden, **welcher Datenadressat** im einzelnen **welche Angaben** übermittelt erhält – genau daran kann aber ein großes Interesse des Betroffenen bestehen. Diese Ausdehnung und Präzisierung der Veröffentlichung könnte nur die in § 82 vorgesehene Rechtsverordnung der Bundesregierung bringen, die ja ausdrücklich auch die Bekanntgabe verlangen kann, »an welche Stellen regelmäßig welche Daten übermittelt werden« (s. o. Rz. 3). Diese **Konkretisierung** entspricht im übrigen den Anforderungen an die Meldungen zum Dateienregister des Bundesbeauftragten für den Datenschutz: Nach § 2 Abs. 1 Nr. 6 Bundes-DSRegO vom 9. 2. 1978 (BGBl. I S. 250) sind mitzuteilen u. a. die »Arten der zu übermittelnden Daten . . . aufgegliedert nach den in Nummer 5 genannten Stellen«.

Im Ergebnis steht die Veröffentlichung, was ihren **Informationsgehalt** angeht, 27
zwischen dem Dateienregister und der Auskunft. Sie bringt dem Bürger weniger,
als er durch Nutzung seines Rechts auf Einsicht in das Dateienregister erfahren
kann. Sie bringt ihm aber insofern mehr als die Auskunft, als diese die regelmäßigen
Datenempfänger und die ihnen zugeleiteten Informationen nicht umfaßt, jedenfalls
dann nicht, wenn Tatsache, Adressat und Umfang der Übermittlung nicht in dem zu
seiner Person gespeicherten Datensatz enthalten sind (vgl. dazu *Ordemann/
Schomerus* BDSG, § 12 Anm. 2.5; i. e. § 83 Rz. 10f.). Selbstverständlich ist die
Auskunft insofern anders gelagert, als mit ihr nicht Datenarten, sondern die
konkret gespeicherten Angaben erfragt werden.

2. Zeitpunkt

Die Veröffentlichung hat »**unverzüglich nach der ersten Einspeicherung**« zu 28
erfolgen. Dies führt, konsequent angewandt, im Ergebnis dazu, daß die Veröffentlichungen verzettelt werden und sich je nach Errichtungszeitpunkt der Datei auf
eine Vielzahl von Publikationsorganen verteilen. Für den Bürger wird daher der
Transparenzeffekt stark geschmälert, allenfalls kompensiert durch die in § 12
Abs. 1 Satz 2 gegebene Möglichkeit, auf Antrag auch die bisherigen Bekanntmachungen zu erhalten (dazu u. Rz. 34). Um diesem negativen Effekt zu begegnen,
sieht § 2 Bundes-DSVeröffO »**Sammel**«-**Veröffentlichungen** vier Mal im Jahr vor.
Sie finden jeweils in der **vierteljährlich** ersten Ausgabe des **Bundesanzeigers** statt.
Die Pflicht zur unverzüglichen Veröffentlichung gilt nicht nur für neu errichtete 29
Dateien, sondern auch für nachträgliche Änderungen, etwa der Speicherung
zusätzlicher Datenarten (vgl. *Simitis* in Simitis u.a., BDSG, § 12 Rz. 27). Als
Modifikation zu beachten ist jedoch nach § 5 DSVeröffO die Sammlung und
Ordnung der zu veröffentlichenden Angaben durch oberste **Bundes**behörden für
ihren Geschäftsbereich, z. B. durch das BMA für die Dateien der Berufsgenossenschaften (vgl. *Lauterbach/Watermann* UV, § 82 Anm. 2) und der sonstigen bundesunmittelbaren Sozialleistungsträger.

3. Ort

§ 12 Abs. 1 Satz 1 nennt als Ort der Bekanntmachung der Dateien das für den 30
Bereich des jeweiligen Sozialleistungsträgers bestehende »**Veröffentlichungsblatt
für amtliche Bekanntmachungen**«. Welches Publikationsorgan darunter zu verstehen ist und in welchem Verfahren die Veröffentlichung zu erfolgen hat, ist in den
nach § 12 Abs. 3 BDSG bzw. den entsprechenden Landesnormen erlassenen
Verordnungen näher geregelt. Wie bereits erwähnt (vgl. o. Rz. 28), ist für
Sozialbehörden und -verbände auf **Bundesebene** primäres Bekanntmachungsblatt
der **Bundesanzeiger** (§ 1 Satz 1 Bundes-DSVeröffO). Die Bekanntgabe im **eigenen
amtlichen Mitteilungsorgan** ist zusätzlich und fakultativ (§ 1 Satz 2 DSVeröffO).
In den **Ländern** bestehen ähnliche Regelungen (vgl. etwa § 1 NDSVeröffO, GVBl. 31
1978, S. 656; zu der lediglich **analogen** Anwendbarkeit der landesrechtlichen
Veröffentlichungsordnungen s. o. Rz. 13f.). Viele Sozialleistungsträger unterhalten eigene Organe für ihre **amtlichen Bekanntmachungen**, so etwa im Bereich der
gesetzlichen Rentenversicherung die BfA- und LVA-Mitteilungen.

32 Unbeschadet der vorgeschriebenen Formen der Offenlegung ihrer Dateien ist es den in § 35 SGB I genannten Stellen unbenommen, freiwillig an weiteren Stellen, etwa in den **örtlichen Tageszeitungen**, Veröffentlichungen vorzunehmen. Dies erhöht die Transparenz für die Betroffenen, weil etwa die Tagespresse von mehr Bürgern gelesen wird als amtliche Mitteilungsblätter (vgl. o. Rz. 8).

33 Für weitere Einzelheiten des Verfahrens der Veröffentlichung wird an dieser Stelle auf die jeweiligen **Veröffentlichungsordnungen** verwiesen (vgl. die Zusammenstellung in *Dammann* BDSG-Dok., Bd. I). Oberstes Prinzip dieses Verfahrens ist die **Übersichtlichkeit**; u. a. wird deshalb für die Veröffentlichungen in allen Verordnungen ein obligatorisch zu verwendendes **Muster** vorgegeben.

4. Bisherige Bekanntmachungen (§ 12 Abs. 1 Satz 2 BDSG)

34 Auf Antrag sind dem Betroffenen die **bisherigen Bekanntmachungen zugänglich zu machen** (§ 12 Abs. 1 Satz 2). Damit soll dem negativen Effekt der Zersplitterung der Veröffentlichungen entgegengewirkt und der Tatsache Rechnung getragen werden, daß für den Versicherten, Sozialhilfeempfänger und sonstigen Klienten der Sozialverwaltung die Bekanntmachungsblätter »seines« Leistungsträgers vielfach ebenso schwer zugänglich sind wie der Bundesanzeiger oder die Staatsanzeiger der Länder. Im Interesse der **Bürgerfreundlichkeit** sollte diese Information über zurückliegende Veröffentlichungen in der Regel durch **Zusendungen** erfolgen. Die Einräumung der Möglichkeit, die Bekanntmachungen in den Amtsräumen des Leistungsträgers einzusehen (vgl. *Auernhammer* BDSG, § 12 Rz. 11), hilft dem Betroffenen nur bei wohnortnahen Sozialbehörden weiter (wenig bürgernah auch der Hinweis von *Ordemann/Schomerus* BDSG, § 12 Anm. 3, der Bundesanzeiger sei bei nahezu allen Behörden und öffentlichen Bibliotheken einsehbar). Eine nähere Regelung der Art und Weise der Zugänglichmachung nach § 12 Abs. 1 Satz 2 ist in den Datenschutzveröffentlichungsordnungen nicht enthalten.

V. Ausnahmen von der Veröffentlichungspflicht (§ 12 Abs. 2 BDSG)

35 § 12 Abs. 2 BDSG enthält eine Reihe von **Ausnahmen von der Veröffentlichungspflicht**, wovon jedoch für den Sozialleistungsbereich einzig **Nr. 2** von Interesse ist. Nach dieser Vorschrift bezieht sich die Bekanntmachungspflicht nicht auf »die personenbezogenen Daten, die deshalb nach § 14 Abs. 2 Satz 2 gesperrt sind, weil sie aufgrund gesetzlicher Aufbewahrungsvorschriften nicht nach § 14 Abs. 3 Satz 1 gelöscht werden dürfen«. Gemeint sind hier die sog. **archivierten Daten**, deren Kenntnis für den Leistungsträger zur Erfüllung seiner Aufgaben nicht mehr erforderlich ist, die aber wegen entsprechender Aufbewahrungsbestimmungen etwa für Prüfungs- und Kontrollzwecke noch vorgehalten werden müssen. Diese archivierten Daten unterliegen wegen § 13 Abs. 2 BDSG auch nicht der Auskunftspflicht (vgl. § 83 Rz. 12), so daß ihre Veröffentlichung – als Vorstufe des Auskunftsanspruchs – entbehrlich erschien (vgl. *Auernhammer* BDSG, § 12 Rz. 13).

36 Bei der Verweisung auf § 14 BDSG ist für den Sozialleistungsbereich die Besonderheit des **§ 84** zu beachten: Sozialdaten, die zur Aufgabenerfüllung nicht mehr

benötigt werden, für die auch keine gesetzlichen Aufbewahrungsvorschriften die weitere Vorhaltung vorschreiben, sind nicht nur zu sperren und **fakultativ** zu löschen (so § 14 Abs. 2 Satz 2 i. V. m. § 14 Abs. 3 Satz 1 BDSG), vielmehr unterliegen sie unter den Voraussetzungen des § 84 der **Pflicht zur Löschung** (dazu § 84 Rz. 8f.).

VI. Inhalt und Reichweite der Verordnungsermächtigung

§ 82 ermächtigt die Bundesregierung, statt der Datenschutz- Veröffentlichungsordnungen des Bundes und der Länder, aber auch für die Länder ohne einschlägige Regelung in ihren Landesdatenschutzgesetzen, eine für alle speichernden Stellen im Sozialleistungsbereich **bundesweit einheitlich geltende Rechtsverordnung** zu erlassen (vgl. o. Rz. 2). Wegen Art. 80 Abs. 2 GG bedarf diese Rechtsverordnung der Bundesregierung der **Zustimmung des Bundesrats**, da auch das SGB X zustimmungspflichtig war. Diese Verordnung gibt es bis heute nicht (vgl. o. Rz. 10). Angesichts des in den neueren Kodifikationen und Entwürfen zum Datenschutzrecht in Bund und Ländern feststellbaren Trends, die Veröffentlichung ganz abzuschaffen (vgl. o. Rz. 9), steht der Erlaß einer Verordnung nach § 82 auch **nicht mehr zu erwarten**. 37

Der **Inhalt der Verordnungsermächtigung** und damit die in einer solchen Verordnung möglichen Bestimmungen ergeben sich zunächst aus der Verweisung auf § 12 Abs. 3 BDSG. Danach könnten nähere Regelungen für das Veröffentlichungsblatt und das **Verfahren** der Veröffentlichung getroffen werden. Beispielsweise könnte festgelegt werden, daß alle, mithin auch die SGB-Stellen auf Landes- und kommunaler Ebene, im Bundesanzeiger ihre Dateien bekanntmachen müßten. Einzelheiten für die sammelweise Bekanntmachung sowie für vereinfachte Formen der Publikation könnten bestimmt werden. Kurz: Die bisher in den Datenschutz-Veröffentlichungsordnungen enthaltenen Vorschriften könnten, zugeschnitten dann auf die beabsichtigte bundesweite Geltung, auch in die neue Rechtsverordnung nach § 82 übernommen werden. 38

Zusätzlich gibt § 82 die Befugnis, auch zu bestimmen, an welche Stellen regelmäßig welche Daten übermittelt werden, also die Zuordnung von Datenkatalogen zu Datenempfängern. Damit könnte die vielfältige **Verzahnung der ständigen Datenflüsse** im Sozialleistungsbereich transparenter gemacht werden (vgl. o. Rz. 3). 39

§ 83 Auskunft an den Betroffenen

Für die nach § 13 des Bundesdatenschutzgesetzes zu erteilende Auskunft gilt § 25 Abs. 2 entsprechend.

Inhaltsübersicht

		Rz.
I.	Entstehungsgeschichte	1
II.	Bedeutung der Vorschrift	2– 8
	1. Funktion und systematische Stellung	2– 5
	2. Verhältnis zu anderen Auskunftsregelungen	6– 8
III.	Auskunftspflichtige Stelle (§ 13 Abs. 1 Satz 1 BDSG)	9
IV.	Umfang der Auskunft (§ 13 Abs. 1 Satz 1 BDSG)	10–14
V.	Antrag (§ 13 Abs. 1 Satz 1, 2 BDSG)	15–18
VI.	Das Verfahren der Auskunftserteilung (§ 13 Abs. 1 Satz 3 BDSG)	19–26
	1. Form der Auskunftserteilung	19, 20
	2. Modalitäten der Durchführung	21–25
	3. Rechtsmittel	26
VII.	Generelle Ausnahmen von der Auskunftspflicht (§ 13 Abs. 2 BDSG)	27, 28
VIII.	Ausnahmen von der Auskunftspflicht im Einzelfall (§ 13 Abs. 3 BDSG)	29–41
	1. Auskunftsverbot	29
	2. Gefährdung der Aufgabenerfüllung (Nr. 1)	30–32
	3. Gefährdung der öffentlichen Sicherheit oder Ordnung (Nr. 2)	33
	4. Geheimhaltung aufgrund Rechtsvorschrift oder dem Wesen nach (Nr. 3)	34–40
	a) Kollision von Auskunftsrecht und Sozialgeheimnis Dritter	34–39
	b) Sonstige Fälle	40
	5. Übermittlung an Sicherheits- und Finanzbehörden (Nr. 4)	41
IX.	Indirekte Auskunft (§ 25 Abs. 2)	42–52
	1. Unterschiede Datenauskunft/Akteneinsicht	42
	2. Vermittlung durch den Arzt (Abs. 2 Satz 1, 2)	43–48
	a) Ermessensfälle (Satz 1)	43–45
	b) Sollvorschrift (Satz 2)	46–48
	3. Beeinträchtigung der Persönlichkeitsentwicklung (Abs. 2 Satz 3)	49, 50
	4. Recht auf Vollauskunft (Abs. 2 Satz 4)	51, 52
X.	Gebührenpflichtigkeit der Auskunft (§ 13 Abs. 4 BDSG)	53–60
	1. Prinzip und Praxis (Abs. 4 Satz 1)	53–55
	2. Datenschutzgebührenordnung (Abs. 4 Satz 2 bis 4)	56–60
	a) Geltung	56
	b) Inhalt	57–60

I. Entstehungsgeschichte

Im **Gesetzgebungsverfahren** sind zu § 83 keine inhaltlichen Änderungsvorschläge gemacht worden. Einige der Anträge, die sich gegen eine Geltung des BDSG auch für die landesunmittelbaren bzw. kommunalen Sozialleistungsträger wandten und deshalb die Streichung des § 79 forderten (zu dieser Diskussion ausführlich § 79 Rz. 1f., 266ff.), verlangten allerdings konsequenterweise in § 83 neben dem Hinweis auf § 13 BDSG die ausdrückliche Inbezugnahme der entsprechenden Auskunftsbestimmungen der **Landes**datenschutzgesetze (vgl. z. B. die Änderungsanträge der CDU/CSU-Fraktion im AuS-Ausschuß, Ausschußdrucks. 691/8. Wahlperiode). Inkonsequent war insoweit die Anrufung des Vermittlungsausschusses durch den Bundesrat, der den Hinweis auf die Datenschutzvorschriften des Landesrechts zwar für §§ 80 und 81, nicht aber für §§ 83 und 84 verlangte (BT-Drucks. 8/4216, Nrn. 25, 26). 1

II. Bedeutung der Vorschrift

1. Funktion und systematische Stellung

Der Auskunftsanspruch des Betroffenen gegenüber der SGB-Stelle, die Sozialdaten über ihn speichert, ergibt sich nicht aus § 83. **Anspruchsgrundlage** für die Auskunft ist vielmehr **unmittelbar § 13 Abs. 1** im Zweiten Abschnitt des **BDSG**, auf den § **79 Abs. 1 Satz 1** verweist. Entsprechend dem Anwendungsbereich der §§ 79 ff. betrifft § 13 BDSG nur die Auskunft aus **Dateien** des Sozialleistungsträgers. Will der Betroffene wissen, was in **Akten** des Leistungsträgers über ihn aufgezeichnet ist, muß er das **Einsichtsrecht nach § 25 SGB X** geltend machen. 2

Funktion des Auskunftsanspruchs gegenüber der speichernden Stelle ist es, dem Bürger Kenntnis von den ihn betreffenden Datenverarbeitungsvorgängen zu verschaffen, damit er die Möglichkeit erhält, selbst festzustellen, ob die über ihn erhobenen und registrierten Informationen richtig und zulässigerweise gespeichert sind. Der Auskunftsanspruch ist Voraussetzung dafür, die **Gegenrechte** des einzelnen auf Berichtigung, Löschung usw. geltend zu machen. Damit gehört er zum **Kernbereich des Grundrechts auf informationelle Selbstbestimmung**, nach dem der Bürger wissen muß, wer welche Daten zu welchem Zweck über ihn sammelt und verwendet (vgl. *BVerfGE* 65, 1, 43). Ziel des § 83 ist die **Modifizierung des Auskunftsanspruchs** bei Angaben über **gesundheitliche** und die Persönlichkeitsentwicklung betreffende Verhältnisse. Entsprechend angewandt wird Abs. 2 des § 25 SGB X, der für das Akteneinsichtsrecht bei solchen Daten die Einschaltung eines Arztes bzw. eines psychologisch erfahrenen Bediensteten vorsieht (ausführlich dazu *Molitor* in Deutscher Verein, Datenschutz, S. 246, 248ff.). 3

In § 83 wird die Bestimmung des § 13 BDSG **insgesamt** in Bezug genommen, also insbesondere einschließlich der in Abs. 3 enthaltenen **Einschränkungen des Auskunftsanspruchs**. Für das Recht auf Datenauskunft gegenüber Sozialleistungsträgern werden mit anderen Worten die Ausnahmetatbestände des § 13 Abs. 3 BDSG und die Einschränkungen für medizinische und psychologische Daten nach § 25 Abs. 2 SGB X kumuliert. 4

Da § 79 Abs. 1 Satz 1 den Anwendungsbereich der in Bezug genommenen BDSG- 5

Vorschriften auch auf **Betriebs- und Geschäftsgeheimnisse** erweitert (vgl. § 79 Rz. 12), erstreckt sich der Auskunftsanspruch auch auf diese Angaben (ebenso *Knopp* SGB-SozVers-GesKomm, § 83 Anm. 2).

2. Verhältnis zu anderen Auskunftsregelungen

6 Über § 79 Abs. 1 Satz 1 i. V. m. § 45 BDSG haben die **speziellen Vorschriften in sozialrechtlichen Einzelgesetzen** über die Auskunftspflicht von Sozialbehörden **Vorrang** vor den allgemeinen Regelungen des BDSG (vgl. § 79 Rz. 211 ff.; s. auch *Dammann* in Simitis u. a., BDSG, § 13 Rz. 98). Hierzu gehören u. a. § 1325 Abs. 4 und 5 RVO über die Erteilung von Rentenauskünften sowie die entsprechenden Normen des § 104 Abs. 4 und 5 AVG und § 108h Abs. 4 und 5 RKG (so ausdrücklich § 45 Satz 2 Nr. 6 BDSG). Die Einzelheiten der Antragstellung und Mitteilung ergeben sich aus der Zweiten Verordnung über die Erteilung von Rentenauskünften an Versicherte der gesetzlichen Rentenversicherung vom 5. 8. 1977 (BGBl. I S. 1486). Dieser Vorrang nach § 45 BDSG gilt allerdings nur insoweit, als die spezielle Norm den gleichen Regelungsgegenstand hat wie der allgemeine Auskunftsanspruch (zu dieser »**Deckungsgleichheit**« ausführlich *Simitis* in Simitis u. a., BDSG, § 45 Rz. 17 ff.). Dies ist aber bei § 13 BDSG im Verhältnis zu den genannten Bestimmungen nicht der Fall: § 13 BDSG gibt ein jederzeitiges Auskunftsrecht über **alle** gespeicherten Daten, während zum Beispiel § 1325 Abs. 4 RVO nur die Auskunft über die **Höhe** der bisher erworbenen Rentenanwartschaft umfaßt (vgl. § 79 Rz. 212). Gerade der Rentenversicherungsträger erhebt und speichert jedoch in vielfältigen anderen Zusammenhängen Daten über die Versicherten, zum Beispiel bei der Antragstellung für Rehabilitationsleistungen.

7 Auch die **Auskunftspflicht der Krankenkasse** über die in Anspruch genommenen **Leistungen** und deren **Kosten** nach § 305 Abs. 1 SGB V tangiert wegen des unterschiedlichen Regelungsgegenstandes das Auskunftsrecht nach § 13 BDSG bzw. § 83 SGB X nicht. Dies war in der Entwurfsfassung des GRG (§ 311 Abs. 1 Satz 2 2. Halbs.) noch ausdrücklich klargestellt (ebenso in der Begr., vgl. BR-Drucks. 200/88, S. 238, zu § 311 SGB V).

8 Ganz generell ist eine **Normenkongruenz** nur dort zu prüfen, wo es um Auskunftsansprüche **gegen den Sozialleistungsträger** geht. Auskunftsrechte gegenüber am Sozialleistungssystem beteiligten Dritten, also etwa Ärzten oder Sachleistungserbringern, schließen die Geltendmachung des § 13 BDSG gegenüber der datenspeichernden SGB-Stelle nie aus. Auf derartige Informationsmöglichkeiten bei dritten Personen oder Stellen braucht sich der Betroffene nicht verweisen zu lassen.

III. Auskunftspflichtige Stelle (§ 13 Abs. 1 Satz 1 BDSG)

9 **Adressat des Auskunftsanspruchs** nach § 13 BDSG ist immer die in § 35 SGB I genannte Stelle. Dies gilt auch bei Datenverarbeitung **im Auftrag**; der Auftragnehmer ist nicht berechtigt, Auskünfte an den Betroffenen zu erteilen, wenn der auftraggebende Leistungsträger ihn dazu nicht ausdrücklich aufgefordert oder ermächtigt hat. Dies gilt auch und gerade bei den Verbänden von Leistungsträgern, die Rechenzentren für ihre angeschlossenen Mitglieder betreiben (ausführ-

lich dazu § 80 Rz. 12 ff.). Über den Auskunftsanspruch zu **entscheiden** hat ausschließlich die **speichernde Stelle**, das heißt die einzelne Kasse, Versicherungsanstalt usw. (vgl. § 80 Rz. 44; zu dem auch hier maßgeblichen »funktionalen« Stellenbegriff s. § 35 Rz. 26 ff.).

IV. Umfang der Auskunft (§ 13 Abs. 1 Satz 1 BDSG)

Auskunft kann über **sämtliche** zur Person des Betroffenen gespeicherten Sozialdaten verlangt werden. Gemeint sind dabei die konkreten Daten**inhalte**, nicht lediglich die Datenarten (also nicht: »Gespeichert sind über Sie Name und Vorname«, sondern: »Gespeichert sind die Angaben Name: Müller, Vorname: Hans«). Umfaßt sind prinzipiell auch Angaben mit **Doppelbezug**, also Daten, die auch andere Personen betreffen (vgl. *Dammann* in Simitis u. a., BDSG, § 13 Rz. 19; *Auernhammer* BDSG, § 2 Rz. 7; bei diesen Daten können sich allerdings Einschränkungen aus § 13 Abs. 3 Nr. 3 ergeben, vgl. dazu u. Rz. 34 ff.). Mitzuteilen sind dem Betroffenen auch die Angaben über die Herkunft von Informationen und deren Übermittlung (letzteres wird in § 13 Abs. 3 Nr. 4 vorausgesetzt; s. auch § 17 Abs. 1 Satz 1 BDSG-E '88), über die Veränderung und Löschung von Teilen des Datensatzes, über angebrachte Sperrvermerke (vgl. § 14 Abs. 2 Satz 3 BDSG) jeweils allerdings nur insofern, als sie im Datensatz des Antragstellers der Auskunft enthalten sind (wie hier *Auernhammer* BDSG, § 13 Rz. 3; a. A. *Schaffland/ Wiltfang* BDSG, § 13 Rz. 4, nach deren Auffassung Angaben über den Datenlieferanten und den Datenempfänger nicht »zur Person« des Betroffenen gespeichert sind). Der Auskunftsanspruch bezieht sich nicht auf Daten von **familienversicherten Angehörigen**; diese haben ein eigenes Auskunftsrecht (vgl. die Begr. des RegE zu § 311 SGB V, BR-Drucks. 200/88, S. 238), es sei denn, daß Angaben von Familienmitgliedern im Datensatz des Versicherten gespeichert sind (»Doppelbezug«, vgl. auch u. Rz. 34 ff.; zum Doppelbezug s. außerdem § 79 Rz. 42).

10

Dagegen geht § 13 nicht so weit wie § 26 Abs. 2 BDSG für den nicht-öffentlichen Bereich, wonach bei automatisierter Datenverarbeitung Auskunft auch über die Personen und Stellen gefordert werden kann, an die die Daten des einzelnen **regelmäßig übermittelt** werden (so – aber ohne Beschränkung auf die automatisierte Verarbeitung – ausdrücklich § 18 Abs. 1 Nr. 3 HDSG).

11

Der Auskunftsanspruch schließt grundsätzlich auch **gesperrte Daten** ein (vgl. *Dammann* in Simitis u. a., BDSG, § 13 Rz. 20). Dies gilt nicht für die sog. »**archivierten« Daten**, d. h. löschungsreife Angaben, die nur deshalb gespeichert bleiben, weil eine gesetzliche Aufbewahrungsvorschrift dies bestimmt (vgl. u. Rz. 27). Das Auskunftsrecht greift auch nicht bei sog. **internen Dateien**, d. h. **manuell** geführten Dateien, deren Angaben nicht zur Übermittlung an Dritte bestimmt sind (§ 1 Abs. 2 Satz 2 BDSG, zur internen Datei vgl. § 79 Rz. 30 ff.). Schließlich kann ein Betroffener nicht verlangen, bereits **gelöschte** Daten mitgeteilt zu bekommen (vgl. *VG Berlin* 9. 6. 1982, abgedruckt in *Dammann* BDSG-Dok., § 13 Abs. 1 E 2).

12

§ 1 Abs. 3 Nr. 1 BDSG-E '88 schließt die Geltung der materiellen Datenschutzvorschriften und mithin auch das Auskunftsrecht ebenfalls für »automatisierte Dateien« aus, »die ausschließlich aus verarbeitungstechnischen Gründen vorübergehend erstellt und nach ihrer verarbeitungstechnischen Nutzung automatisch

13

gelöscht werden«, also z.B. **Zwischen- und Hilfsdateien**. Dieser Regelungsvorschlag kann für die Handhabung nach der derzeitigen Rechtslage übernommen werden, weil es sich dabei nicht um die vom Gesetz gemeinten, zur Aufgabenerfüllung der datenverarbeitenden Stelle angelegten Datensammlungen handelt.

14 Keine Auskunftsverpflichtung gilt nach § 17 Abs. 2 Satz 1 Nr. 3 BDSG-E '88 auch bei den **Protokollierungsdaten**, die ausschließlich zum Zwecke der **Datensicherung** gespeichert sind (ebenso § 18 Abs. 3 HDSG; mit Begrenzung auf eine Drei-Monatsfrist § 17 Abs. 2 Nr. 3 BMI-Entwurf zur Novellierung des BDSG vom 5.11.1987, abgedruckt in DuD 1987, 577ff.). Die im Entwurf enthaltene Begründung, schutzwürdige Belange des Betroffenen würden dadurch nicht beeinträchtigt (BR-Drucks. 618/88, S. 121, zu § 17 Abs. 2 BDSG), ist allerdings in dieser pauschalen Form nicht haltbar. Bei voller Aufzeichnung der eingegebenen Datensätze – etwa für die Zugriffs- oder Übermittlungskontrolle (Nrn. 5 und 6 der Anlage zu § 6 Abs. 1 Satz 1 BDSG) – lassen sich Rückschlüsse nicht nur auf den Bediener des Datenverarbeitungsgeräts, sondern auch auf den Betroffenen ziehen, z.B. auf die Empfänger seiner Daten, Art und Zeitpunkt seines Kontakts mit der speichernden Stelle usw. Ein Ausschluß vom Auskunftsrecht läßt sich allenfalls dann vertreten, wenn die **strikte Zweckbindung** bei den zu Datensicherungszwecken registrierten Angaben beachtet wird (vgl. ausdrücklich § 13 Abs. 5 HDSG und § 10b Abs. 4 BremDSG) und ausgeschlossen ist, daß diese Daten auch für Verwaltungsaufgaben genutzt werden.

V. Antrag (§ 13 Abs. 1 Satz 1, 2 BDSG)

15 Um Auskunft zu erhalten, muß der Betroffene einen **Antrag** stellen. Anders als etwa in den Sondervorschriften der RVO über die Mitteilung in Rentenangelegenheiten (vgl. § 1325 Abs. 2 S. 1 RVO) gibt es mithin keine Datenauskunft von Amts wegen. Im Zweiten Abschnitt des BDSG ist für die öffentliche Verwaltung auch **keine Pflicht zur Benachrichtigung** über die erstmalige Datenspeicherung geregelt, wie sie § 26 Abs. 1 BDSG für speichernde Stellen in der Privatwirtschaft vorschreibt (ebenso für die öffentlichen Stellen außerhalb des SGB in Hessen § 18 Abs. 2 HDSG).

16 Für den Auskunftsantrag besteht **kein Formzwang**; er kann schriftlich, mündlich oder telefonisch gestellt werden (zu den Anforderungen an die Identifizierung des Berechtigten vgl. u. Rz. 22). Die Antragstellung kann auch durch den **gesetzlichen Vertreter** oder einen **Bevollmächtigten**, zum Beispiel einen Rechtsbeistand oder Rechtsanwalt, erfolgen. Im übrigen ist auch hier die sozialrechtliche Handlungsfähigkeit des § 36 SGB I maßgeblich: Wer das **15. Lebensjahr vollendet** hat, kann Anträge auf Sozialleistungen stellen und damit selbständig Daten über sich preisgeben (dazu § 67 Rz. 42f.); entsprechend muß ihm auch der Auskunftsanspruch zustehen (vgl. *Schroeder-Printzen* § 83 Anm. 2.2). Soweit das BDSG keine Verfahrensregelung enthält, sind die Bestimmungen des 1. Kapitels SGB X anzuwenden (vgl. § 1 Abs. 1 SGB X).

17 In dem Antrag soll **die Art der personenbezogenen Daten**, über die Auskunft erteilt werden soll, **näher bezeichnet** werden (§ 13 Abs. 1 Satz 2 BDSG). Damit soll der speichernden Stelle, insbesondere wenn es sich um große Behörden mit umfangreichen und vielfältigen Datenbeständen handelt, das **Auffinden** der den Antragsteller betreffenden Angaben erleichtert werden. Bezeichnet der Betrof-

fene die Daten nicht näher, so hat der Leistungsträger ihn danach zu fragen, ob er eine **volle** oder eine **gezielte** Auskunft über einzelne Vorgänge haben will (vgl. *Schaffland/Wiltfang* BDSG, § 13 Rz. 9). Die Sozialbehörde kann den Klienten oder Versicherten auffordern, den Vorgang, aus dem der Datenbestand über ihn entstanden ist, durch **Angabe des Aktenzeichens**, der Geschäftsnummer o. ä. zu konkretisieren. Zumindest die gewünschte Datenkategorie (z. B. »Wohngelddaten«) sollte genannt werden.

Allerdings handelt es sich nur um eine **Soll-Vorschrift**, die den Auskunftsanspruch inhaltlich nicht beschränkt (vgl. *VG Saarlouis* in Dammann, BDSG-Dok., § 13 Abs. 1 E 1). Nicht mit § 13 Abs. 1 BDSG zu vereinbaren ist daher eine Praxis, bei der mangels Angabe einer Versicherungsnummer die Auskunft verweigert wird (so aber *Naeth* in VDR (Hrsg.), S. 19, 24). Erst recht gilt dies für die Fälle, in denen eine nähere Spezifizierung dem Auskunftssuchenden gar nicht möglich ist, zum Beispiel, weil er selbst über keine Unterlagen mehr verfügt oder bisher in keinem sozialrechtlichen Verhältnis zu dem speichernden Leistungsträger stand (zu den Einzelheiten der näheren Bezeichnung durch den Antragsteller vgl. *Dammann* in Simitis u. a., BDSG, § 13 Rz. 29 ff.). [18]

VI. Das Verfahren der Auskunftserteilung (§ 13 Abs. 1 Satz 3 BDSG)

1. Form der Auskunftserteilung

Die speichernde Stelle bestimmt das **Verfahren**, insbesondere die Form der Auskunftserteilung, **nach pflichtgemäßem Ermessen** (§ 13 Abs. 1 Satz 3). Prinzipiell kann die Auskunft in den verschiedensten Formen gegeben werden; in Betracht kommen die Auflistung des Datensatzes, ein Speicherauszug, die Kopie der Karteikarte, die Abschrift der Bildschirmmaske, aber auch die Gewährung der Karteieinsicht oder die mündliche Kenntnisgabe direkt am Bildschirm. Telefonische Mitteilungen sind möglich, der Regelfall wird allerdings die **schriftliche** Erteilung der Auskunft sein. Hat der Betroffene seine Angaben in schriftlicher Form vorliegen, kann er am besten die inhaltliche Richtigkeit und die Zulässigkeit der Datenspeicherung überprüfen. [19]

Ursprünglicher Zweck der Ermessensregelung für das Auskunftsverfahren war insbesondere, bei Gesundheitsdaten an Stelle der direkten Information des Betroffenen die Vermittlung durch ein **Arztgespräch** zu ermöglichen. Es sollte der Tatsache Rechnung getragen werden, »daß der über Gesundheitsdaten auskunftbegehrende Patient gesundheitlich nicht in der Lage sein könnte, die Offenbarung der Wahrheit über seinen Gesundheitszustand zu ertragen« (vgl. Bericht zu § 11 BDSG i. d. F. des Antrags des Innenausschusses, BT-Drucks. 7/5277). Das gleiche Motiv liegt der Regelung des § 25 Abs. 2 SGB X zugrunde (vgl. *BfA-Kommentar* § 25 SGB X Anm. 3). Für den Anwendungsbereich des SGB X ist diese Möglichkeit der **indirekten Auskunft** wegen § 83 **nur unter den Voraussetzungen des § 25 Abs. 2 SGB X** gegeben; § 13 Abs. 1 Satz 3 BDSG ist in diesem Punkt durch die in § 25 Abs. 2 genannten Bedingungen (vgl. u. Rz. 43 ff.) abschließend konkretisiert (vgl. *Hauck/Haines* § 83 Rz. 3). [20]

2. Modalitäten der Durchführung

21 Die Auskunft ist binnen angemessener **Frist** nach Antragstellung zu erteilen, die zwei bis drei Wochen nicht übersteigen sollte (vgl. *Auernhammer* BDSG, § 13 Rz. 6). In diesem Zeitrahmen kann bei automatisierter Verarbeitung der nächste turnusmäßige Datenausdruck abgewartet werden. Bei berechtigtem Interesse des Antragstellers an einer schnelleren Auskunft ist die sofortige Beantwortung geboten (vgl. *Dammann* in Simitis u. a., BDSG, § 13 Rz. 36).

22 Der Auskunftsanspruch steht ausschließlich dem Betroffenen zu (zur Geltendmachung durch gesetzliche Vertreter und Bevollmächtigte vgl. o. Rz. 16). Um das Sozialgeheimnis zu wahren, muß der Leistungsträger sicherstellen, daß Sozialdaten im Auskunftsverfahren nicht an unbefugte Dritte gelangen. Zur **Identifizierung des Betroffenen**, aber auch zu internen Nachweiszwecken, sollte der Auskunftsantrag grundsätzlich **schriftlich** gestellt werden. Dabei genügt es nur bei »Routinedaten« (z. B. Personalien), wenn der Absender und die Person, für die die Auskunft gewünscht wird, übereinstimmen. In Zweifelsfällen oder bei »sensiblen« Angaben gelten schärfere Anforderungen; es muß dann z. B. eine **beglaubigte Unterschrift** verlangt werden (vgl. *Dammann* in Simitis u. a., BDSG, § 13 Rz. 38; so für die Handhabung beim VDR auch *Naeth* in VDR (Hrsg.), S. 24). Abweichend von § 13 Abs. 1 Satz 3 SGB X sollte ein Bevollmächtigter seine **Vollmacht** nicht erst auf Verlangen der Behörde, sondern bereits bei Einreichung des Auskunftsantrags schriftlich nachweisen. **Ausnahmen vom Prinzip der schriftlichen Auskunft** sind dann möglich, wenn der Betroffene persönlich beim Leistungsträger erscheint oder telefonische Mitteilung wünscht und dem zuständigen Sachbearbeiter persönlich bekannt ist.

23 Erhält der auskunftsuchende Bürger durch Hinweise in der Auskunft Kenntnis von Unterlagen in **Akten** des Leistungsträgers und verlangt dann Kopien dieser Papiere, richtet sich dieser Anspruch nach § 25 Abs. 5; die Verwaltung muß die **Ablichtungen** zur Verfügung stellen, wenn der Betroffene ein rechtliches Interesse geltend macht und die übrigen Ausschlußgründe nicht gegeben sind (vgl. 5. TB/ *BfD* S. 58).

24 Entscheidend für eine umfassende Information des Bürgers ist die **Verständlichkeit der Auskunft**. Mit DV-spezifischen Kürzeln, verschlüsselten Merkmalen usw. ist ihm nicht gedient. Der Betroffene muß ohne besondere Vorkenntnisse und ohne Inanspruchnahme technischer Hilfsmittel in der Lage sein, festzustellen, welche konkreten Daten zu seiner Person gespeichert sind (vgl. *Damman* in Simitis u. a., BDSG, § 13 Rz. 40). Falls **Verwendungszweck und Rechtsgrundlage** sich nicht aus dem Sozialrechtsverhältnis oder aus dem Betroffenen bereits bekannten Unterlagen ergeben, sind diese ebenfalls bekanntzugeben. Dies ergibt sich zwar nicht aus dem Wortlaut des § 13 Abs. 1 BDSG (abl. daher *Dammann* a. a. O.), aber aus der verfassungsrechtlichen Qualifizierung des Auskunftsanspruchs als verfahrensrechtlicher Vorkehrung zum Schutz des informationellen Selbstbestimmungsrechts (vgl. *BVerfGE* 65, 1, 46 und o. Rz. 3). Dementsprechend wird in den neueren Datenschutzgesetzen und -entwürfen das Auskunftsrecht in dieser Richtung erweitert (vgl. § 17 Abs. 1 Satz 1 BDSG-E '88; § 18 Abs. 1 Satz 1 Nr. 2 HDSG; § 18 Abs. 1 Satz 1 Nr. 2 DSG NW).

25 Die Auskunft muß für den Betroffenen **aus sich heraus verständlich** sein. Daher ist es nicht zulässig, lediglich pauschal auf bereits zugesandte **Bescheide** und die dort aufgeführten Angaben zu verweisen, abgesehen davon, daß in den meisten Fällen in derartigen Bescheiden nur eine Teilmenge der tatsächlich gespeicherten Daten enthalten ist.

3. Rechtsmittel

Die **Gewährung** der Auskunft stellt **keinen Verwaltungsakt** dar. Bei Nichtgewäh- 26
rung ist daher die **Leistungsklage** zu erheben (vgl. *Knopp* SGB-SozVers-GesKomm, § 83 Anm. 1). Die **Ablehnung** der Auskunft dagegen ist ein **Verwaltungsakt** (vgl. *Auernhammer* BDSG, § 13 Rz. 5), der nach § 36 SGB X mit einer Rechtsbehelfsbelehrung zu versehen ist. Für eine Klage ist das Gericht zuständig, das für einen Rechtsstreit über die der Auskunft zugrundeliegende Materie zuständig wäre (vgl. *Neumann-Duesberg* WzS 1981, 193, 206). Ein Auskunftsanspruch gegen die Bundesanstalt für Arbeit beispielsweise ist wegen des Bezugs zum AFG beim **Sozialgericht** geltend zu machen. Da Klagen auf Sozialhilfe aufgrund §§ 40 VwGO, 51 SGG vor das **Verwaltungsgericht** gehören, gilt dies ebenfalls für Auskunftsansprüche gegen das Sozialamt.

VII. Generelle Ausnahmen von der Auskunftspflicht (§ 13 Abs. 2 BDSG)

Nach § 13 Abs. 2 BDSG gibt es keinen Auskunftsanspruch in den Fällen des § 12 27
Abs. 2 Nr. 1 und Nr. 2 BDSG. Die Verweisung auf Nr. 1 schließt das Auskunftsrecht bei den Nachrichtendiensten, Strafverfolgungs- und Finanzbehörden aus und ist im Sozialleistungsbereich nicht relevant (vgl. aber u. Rz. 41). Nr. 2 betrifft eine Teilmenge der gesperrten Daten, die sogenannten **»archivierten« Daten**. Zwar unterliegen auch die gesperrten Daten prinzipiell der Auskunftspflicht (vgl. o. Rz. 12). Dies gilt jedoch nicht für Angaben, die zur Aufgabenerfüllung des Leistungsträgers nicht mehr erforderlich sind und auch wegen der schutzwürdigen Belange der Betroffenen nicht länger gespeichert bleiben müßten, trotz der an sich gebotenen Löschung (§ 14 Abs. 3 Satz 1 BDSG mit der Verschärfung des § 84 für den Sozialleistungsbereich, s. dazu § 84 Rz. 8f.) aber wegen außerhalb des BDSG liegender Normen, das heißt **gesetzlichen Aufbewahrungsvorschriften**, weiterhin in gesperrter Form vorgehalten werden müssen. Diese »archivierten« Daten hat man deshalb vom Auskunftsrecht ausgenommen, weil sie nur noch für Prüf- und Kontrollzwecke aufbewahrt bleiben müssen, ihre Bereithaltung zur jederzeitigen Auskunft aber einen übermäßigen Verwaltungsaufwand darstellen würde (vgl. *Auernhammer* BDSG, § 12 Rz. 13).

Der Ausschluß der Auskunfts**pflicht** bedeutet jedoch **nicht**, daß die speichernde 28
(SGB-)Stelle einem Auskunfts**verbot** unterliegt (vgl. *Dammann* in Simitis u. a., BDSG, § 13 Rz. 51; *Auernhammer* BDSG, § 13 Rz. 8). Sie darf dem Betroffenen also auch diese »archivierten« Daten mitteilen. Wird die »Datensperre« aufgehoben, werden die Angaben wieder reaktiviert und zulässigerweise (vgl. § 14 Abs. 2 Satz 3 2. Halbs. BDSG) im aktuellen Verwaltungsvollzug verwendet, greift wieder der reguläre Auskunftsanspruch des § 13 Abs. 1 BDSG.

VIII. Ausnahmen von der Auskunftspflicht im Einzelfall (§ 13 Abs. 3 BDSG)

1. Auskunftsverbot

29 § 13 Abs. 3 BDSG enthält eine Reihe von Ausnahmetatbeständen, in denen »die Auskunftserteilung **unterbleibt**«. Dies gilt jedoch nach dem Gesetzeswortlaut nur, **»soweit«** die Ausschlußgründe vorliegen; alle übrigen Daten sind dem Betroffenen mitzuteilen. Die unterschiedliche Formulierung in Abs. 2 (»Absatz 1 gilt nicht...«) und Abs. 3 (»...unterbleibt«) bedeutet, daß in den Fallgruppen des Abs. 3 ein **Auskunftsverbot** besteht. Für ein **Ermessen** der speichernden Stelle bleibt kein Spielraum, wenn sie das Vorliegen eines der Ausnahmefälle des Abs. 3 bejaht (vgl. *Dammann* in Simitis u.a., BDSG, § 13 Rz. 52; *Auernhammer* BDSG, § 13 Rz. 11). Allerdings gibt es bei den zahlreichen unbestimmten Rechtsbegriffen insbesondere in Nr. 1 und Nr. 3 einen erheblichen **Beurteilungsspielraum**.

2. Gefährdung der Aufgabenerfüllung (Nr. 1)

30 Die Ausnahmefälle des Abs. 3 sind für den Sozialleistungsbereich von ganz unterschiedlicher praktischer Relevanz. **Nr. 1** untersagt die Auskunft für den Fall, daß sie die **rechtmäßige Erfüllung** der in der Zuständigkeit der speichernden Stelle liegenden Aufgaben **gefährden** würde. Diese Formulierung hat die bei Verabschiedung des BDSG gehegte Befürchtung zum Hintergrund, die Tätigkeit einzelner Behörden könne dadurch lahmgelegt werden, daß sie durch eine Vielzahl von »querulatorischen« Auskunftsanträgen überschwemmt würden (vgl. *Ordemann/Schomerus* BDSG, § 13 Abs. 3.1; abl. zur Anwendbarkeit der Nr. 1 in einem solchen Fall *Schaffland/Wiltfang* BDSG, § 13 Rz. 18). Diese Situation der **übermäßigen Inanspruchnahme** durch massenhafte Auskunftsersuchen hat es seit Inkrafttreten des BDSG im Jahre 1978 bei keiner öffentlichen Stelle gegeben. Vor allem aber ist für den Sozialleistungsbereich die Offenlegung der gespeicherten Daten geradezu ein **Gebot** der sozialrechtlichen Aufgabenerfüllung und eine notwendige Konsequenz der Vertrauensbeziehung zwischen dem Bürger und dem Leistungsträger. Zu Recht ist daher die noch in § 311 Abs. 1 Satz 3 SGB V-E enthaltene Aufforderung an die Krankenkassen, Satzungsbestimmungen »gegen unangemessene Auskunftsverlangen« zu treffen, in der endgültigen Gesetzesfassung gestrichen worden (vgl. § 305 SGB V).

31 Die Regelung der Nr. 1 greift allerdings dann, wenn sich die **Gefährdung** der Aufgabenerfüllung nicht durch die (massenhafte) Auskunftserteilung, sondern **durch die Auskunft selbst**, d. h. die **Bekanntgabe** an den Betroffenen, ergibt. Die typische Konstellation besteht darin, daß der Betroffene sich über den Stand der laufenden Ermittlungen informieren will und die Gefahr besteht, daß er weitere Feststellungen vereiteln oder gezielt beeinflussen will (vgl. *Dammann* in Simitis u.a., BDSG, § 13 Rz. 54, 58). Diese Situation kann auch bei Sozialleistungsträgern eintreten, z. B. bei **Ermittlungen** der Arbeitsämter zur Bekämpfung der illegalen Beschäftigung. Die Auskunft muß jedoch (wieder) erteilt bzw. nachgeholt werden, wenn die **»Verdunkelungsgefahr«** entfallen ist.

32 Nr. 1 ist nicht anzuwenden, wenn die Sozialbehörde ihre Aufgabenerfüllung dadurch beeinträchtigt sieht, daß sie dem Betroffenen mit der Auskunft geheim-

haltungsbedürftige Daten Dritter offenlegt. Die Fälle der Geheimhaltung von »Informanten« o. ä. sind in Nr. 3 geregelt (vgl. u. Rz. 34ff.).

3. Gefährdung der öffentlichen Sicherheit oder Ordnung (Nr. 2)

Nr. 2 verhindert die Auskunft bei **Gefährdung der öffentlichen Sicherheit oder Ordnung** oder für den Fall, daß sie sonst dem **Wohle des Bundes oder eines Landes Nachteile** bereiten würde. Nr. 2 ist noch mehr als die Nr. 1 auf die Ordnungsverwaltung zugeschnitten und spielt für den Sozialleistungsbereich keinerlei Rolle (vgl. *Molitor* in Deutscher Verein, Datenschutz, S. 246, 252). Völlig zu Recht hatte daher der **Ausschuß für Arbeit und Sozialordnung** diesen Ausschlußgrund, der im Regierungsentwurf zum SGB X für das Akteneinsichtsrecht nach § 25 vorgesehen war (BT-Drucks. 8/2034 vom 4. 8. 1978, § 24 Abs. 2), mit folgender Begründung gestrichen: »Der Akteninhalt zum Beispiel bei den Landesversicherungsanstalten, Ortskrankenkassen oder ähnlichen Trägern ist nicht geeignet, daß durch sein Bekanntwerden das Wohl des Bundes oder eines Landes gefährdet werden könnte. Weder das Bundesarbeitsministerium noch das Bundesinnenministerium sind in der Lage gewesen, einschlägige Beispielsfälle zu nennen« (vgl. BT-Drucks. 8/4022, S. 81, zu § 24 = jetzt § 25). Diese Argumentation gilt selbstverständlich in gleicher Weise für die Datenauskunft nach § 13 BDSG. 33

4. Geheimhaltung aufgrund Rechtsvorschrift oder dem Wesen nach (Nr. 3)

a) Kollision von Auskunftsrecht und Sozialgeheimnis Dritter

Die für die Praxis im Sozialleistungsbereich bedeutsamste Bestimmung über die Auskunftsverweigerung ist § 13 Abs. 3 **Nr. 3** BDSG. Soweit personenbezogene Daten oder die Tatsache ihrer Speicherung nach einer **Rechtsvorschrift** oder **ihrem Wesen nach**, namentlich wegen der **überwiegenden berechtigten Interessen einer dritten Person**, geheimgehalten werden müssen, hat die Auskunftserteilung zu unterbleiben. Diese Nr. 3 ist deshalb von praktischer Bedeutung, weil § 83 für die Auskunft aus Dateien zwar auf Abs. 2 (dazu u. Rz. 42ff.), nicht aber auf Abs. 3 des § 25 SGB X verweist, der den Schutz von Vertraulichkeitsinteressen Dritter bei der Akteneinsicht regelt. Da alle personenbezogenen Daten bei Sozialleistungsträgern dem **Sozialgeheimnis** des § 35 SGB I und damit einer die Geheimhaltung anordnenden Rechtsvorschrift unterliegen, geht es bei der Anwendung der Nr. 3 im Sozialleistungsbereich vor allem um die Frage, inwieweit das die Daten dritter Personen schützende Sozialgeheimnis die Auskunft an den Betroffenen einschränkt. Als Dritte, deren Anspruch auf Wahrung des Sozialgeheimnisses bei der Datenauskunft an den Betroffenen tangiert sein könnte, kommen etwa Angehörige oder sonstige Bezugspersonen, die dem Sozialleistungsträger Informationen über den Betroffenen gegeben haben, in Betracht (vgl. *Knopp* SGB-SozVers-GesKomm, § 83 Anm. 6c), immer natürlich nur dann, wenn Angaben über sie im Datensatz des Antragstellers gespeichert sind. 34

Legt man als Maßstab für die Zulässigkeit der Offenbarung von Daten mit Bezug auch auf dritte Personen im Rahmen der Auskunft an den Betroffenen ausschließlich die Offenbarungsbefugnisse der §§ 67ff. zugrunde, kommt sie nur in Betracht, wenn entweder diese Dritten **eingewilligt** haben oder die Offenbarung für den 35

Zweck der Auskunftserteilung als **gesetzliche Aufgabe** im Sinne des § 69 Abs. 1 Nr. 1 bewertet wird, allerdings dann mit der Einschränkung des § 76 (so für das Akteneinsichtsrecht *Hauck/Haines* § 25 SGB X Rz. 16f.). Die Gegenposition erklärt das Sozialgeheimnis (zugunsten Dritter) für »**auskunftsfest**«, so daß es durch die Verpflichtung zur Einsichts- bzw. Auskunftsgewährung nicht durchlöchert werden dürfe (vgl. *Molitor* in Deutscher Verein, Datenschutz, S. 252f.).

36 Dem ist entgegenzuhalten, daß eine Position, die jedes **Datum mit Drittbezug** als Sozialdatum nach § 35 SGB I gegenüber dem Betroffenen geheimhalten will (so auch *Krahmer* in Giese, SGB X, § 25 Rz. 9), in erster Linie das Akteneinsichtsrecht nach § 25, aber auch das hier in Rede stehende Auskunftsrecht vielfach erheblich einschränken würde. Dies gilt vor allem für die Sozialleistungsträger, deren Aufgabenerfüllung die Zusammensetzung eines komplexen Datenbildes über den Klienten und seine Bezugspersonen voraussetzt (z. B. Sozialamt, Jugendamt). Eine Datenauskunft ohne diese **Kontextdaten** wäre bruchstückhaft, unvollständig und möglicherweise sogar irreführend. Dem Sozialgeheimnis des Dritten würde pauschal ein Vorrang vor dem Auskunftsanspruch des Betroffenen eingeräumt.

37 Auch wenn man richtigerweise davon ausgeht, daß bei Angaben mit Drittbezug auch der Dritte den Schutz des Sozialgeheimnisses reklamieren kann (vgl. § 35 Rz. 8; § 79 Rz. 42), muß dem Leistungsträger die in § 13 Abs. 3 Nr. 3 (2. Fallgruppe) BDSG vorgesehene Möglichkeit gegeben werden, **abzuwägen**, ob die Geheimhaltungsinteressen des Dritten das Interesse des Betroffenen an einer **vollständigen Datenauskunft** überwiegen. Das Auskunftsrecht des Betroffenen ist eine gesteigerte Rechtsposition (vgl. o. Rz. 3), der gegenüber das aus dem Sozialdatenschutz resultierende Offenbarungsverbot nicht generell Vorrang beanspruchen kann. Die gleiche gesetzliche Wertung gilt für den Fall des **Akteneinsichtsrechts** im Rahmen der Prüfung des § 25 Abs. 3 (abl. *Hauck/Haines* § 25 SGB X Rz. 18f.), allerdings nur dann, wenn der die Einsicht begehrende »Beteiligte« gleichzeitig Betroffener ist (wie hier ausführlich *Dammann* in Simitis u. a., BDSG, § 13 Rz. 66f.).

38 Ein **überwiegendes Geheimhaltungsinteresse** ist zum Beispiel bei Angehörigen oder Bezugspersonen gegeben, die – wie etwa die leiblichen Eltern bei der **Inkognitoadoption** – den berechtigten Wunsch haben, daß der Auskunftssuchende keinen Kontakt mit ihnen aufnehmen kann oder sonstige Informationen über sie erhält. Betroffen sind weiterhin Personen, die der Sozialbehörde Informationen über persönliche oder wirtschaftliche Verhältnisse des Betroffenen gegeben haben, vor allem dann, wenn der Leistungsträger auch noch Vertraulichkeit zugesichert hat (z. B. Nachbar als **Informant** über Kindesmißhandlungen; vgl. dazu auch die Parallele bei den schutzwürdigen Belangen des § 68, § 68 Rz. 76). Dagegen gibt es kein berechtigtes Interesse des behandelnden oder untersuchenden **Arztes** an der Nichtbekanntgabe von Diagnosen und Befunden. Dies ergibt schon der Umkehrschluß aus § 25 Abs. 2 i. V. m. § 83, der für diese Datenkategorie ja eine besondere Handhabung bei der Auskunft vorschreibt (vgl. u. Rz. 42ff.).

39 Noch einmal: Grundprinzip der Auskunftserteilung sollte die möglichst **lückenlose Information des Betroffenen** über die zu seiner Person gespeicherten Daten auch dann sein, wenn diese Angaben gleichzeitig dritte Personen betreffen. Nur so kann dem hohen Stellenwert des Auskunftsanspruchs für die Transparenz der Datensammlung und -verwendung der Leistungsträger Rechnung getragen werden. Das Sozialgeheimnis Dritter steht der Auskunft nicht in jedem Fall, sondern

nur dann entgegen, wenn auf Grund einer **Interessenabwägung** das Überwiegen des Geheimhaltungsinteresses festgestellt wird. Davon ist auszugehen, wenn die dritte Person ausdrücklich um Vertraulichkeit gebeten hat und/oder sie ihr zugesichert wurde (vgl. *Schaffland/Wiltfang* BDSG, § 13 Rz. 21), oder wenn auf Grund der Erfahrungen des Leistungsträgers in vergleichbaren Fallkonstellationen die Kenntnisnahme durch den Betroffenen zu Nachteilen für die dritte Person führen kann.

b) Sonstige Fälle
Das Recht auf Auskunft gegenüber der speichernden Stelle wird auch insoweit **40** eingeschränkt, als **sonstige** von der Rechtsordnung als schutzbedürftig anerkannte **Geheimhaltungsinteressen** (»...ihrem Wesen nach« geheimzuhalten) vorliegen, die durch die Bekanntgabe an den Betroffenen nachhaltig beeinträchtigt würden (vgl. *Dammann* in Simitis u.a., BDSG, § 13 Rz. 72). Solche Fälle werden **im Sozialleistungsbereich selten** sein, da es ja immer nur um Daten geht, die im Datensatz des Betroffenen abgespeichert sind. Denkbar sind Überschneidungen der von Nr. 1 und Nr. 3 geregelten Konstellationen (vgl. o. Rz. 31 zur Auskunftsverweigerung wegen »Verdunkelungsgefahr«).

5. Übermittlung an Sicherheits- und Finanzbehörden (Nr. 4)

Die Erteilung der Auskunft unterbleibt nach § 13 Abs. 3 **Nr. 4** BDSG, soweit sie **41** sich auf die Übermittlung personenbezogener Daten **an** die in § 12 Abs. 2 Nr. 1 BDSG genannten Behörden bezieht. Bei diesen Behörden handelt es sich um die Verfassungsschutzämter, den Bundesnachrichtendienst und den Militärischen Abschirmdienst, das Bundeskriminalamt, die Behörden der Staatsanwaltschaft und der Polizei sowie die Bundes- und Landesfinanzbehörden. Der Betroffene erhält somit vom Sozialleistungsträger keine Information über das Vorliegen und den Umfang einer Offenbarung nach §§ 68, 71 Abs. 1 Satz 1 Nr. 3, 72, 73 an die genannten Dienststellen. Zweck dieser Ausnahmevorschrift ist die konsequente **Weiterführung der Auskunftsrestriktion** nach § 13 Abs. 2 i. V. m. § 12 Abs. 2 Nr. 1 BDSG: Der einzelne soll auch nicht auf dem Umweg über andere Stellen erfahren können, welche Daten über ihn bei den **Sicherheits-, Strafverfolgungs- und Steuerbehörden** bekannt und gespeichert sind (vgl. *Auernhammer* BDSG, § 13 Rz. 16; weitergehend § 13 Abs. 3 Nr. 4 BDSG-E: Keine Auskunft auch insoweit, als sie sich auf die Übermittlung **von** den Verfassungsschutzbehörden usw. bezieht; ebenso § 17 Abs. 2 Satz 2 BDSG-E '88). Möglich ist eine Bekanntgabe an den Betroffenen in diesen Fällen nur dann, wenn die betroffene Dienststelle ihr Einverständnis erteilt.

IX. Indirekte Auskunft (§ 25 Abs. 2)

1. Unterschiede Datenauskunft/Akteneinsicht

§ 83 verweist für die Datenauskunft nach § 13 BDSG auf § 25 Abs. 2 SGB X. Diese **42** Norm gilt allerdings nicht unmittelbar, sondern nur »**entsprechend**«, weil ihr Wortlaut auf das Akteneinsichtsrecht und nicht auf das Auskunftsrecht aus

Dateien zugeschnitten ist. Außerdem beschränkt sich § 25 Abs. 2 auf den Anwendungsbereich des Abs. 1, das heißt auf die am Verwaltungsverfahren »**Beteiligten**«; bei der Datenauskunft dagegen soll die Vermittlungsmöglichkeit über den Arzt gegenüber jedem **Betroffenen** gegeben sein, dessen Sozialdaten gespeichert sind (vgl. *Hauck/Haines* § 83 Rz. 3 ff.). Selbstverständlich stellt sich die Frage einer Sonderbehandlung für medizinische und psychologische Daten nach § 25 Abs. 2 nur dann, wenn zuvor das Vorliegen des Auskunftsanspruchs nach § 13 BDSG bejaht wurde (zur Geltung des § 25 SGB X für das Einsichtsrecht des Versicherten in die **Akten** des **Medizinischen Dienstes** der Krankenversicherung vgl. § 276 Abs. 3 SGB V).

2. Vermittlung durch den Arzt (Abs. 2 Satz 1, 2)

a) Ermessensfälle (Satz 1)

43 Soweit im Datensatz des Betroffenen **Angaben über gesundheitliche Verhältnisse** enthalten sind, **kann** die Sozialbehörde statt der direkten Auskunftserteilung diese Daten dem Betroffenen durch einen Arzt vermitteln lassen (§ 25 Abs. 2 **Satz 1**). Für diese fakultative **Einschaltung eines Arztes** sind im Gesetz keine besonderen Voraussetzungen aufgestellt. Die indirekte Vermittlung sollte sich jedoch strikt am Normzweck des Abs. 2 orientieren, nämlich der Notwendigkeit einer **fachmännischen Erläuterung** als Hilfe zum Verständnis der gespeicherten Daten. **Diagnosen** beispielsweise können, insbesondere in der teilweise groben Kategorisierung des vielfach in der Sozialversicherung verwandten ICD-Schlüssels, zu erheblichen Mißverständnissen beim Betroffenen führen, wenn keine eingehende Erklärung erfolgt. Die Vermittlung durch den Arzt kommt mithin in erster Linie bei medizinischen Daten in Betracht, die von begutachtenden Ärzten übermittelt worden sind und die der Betroffene noch nicht kennt. Dies gilt dagegen nur in Ausnahmefällen bei solchen Informationen, die der Patient bzw. Versicherte selbst gegenüber dem Leistungsträger angegeben hat.

44 Der vom Leistungsträger eingeschaltete Arzt kann ein **Arzt des Medizinischen Dienstes** (vgl. die »anderen Aufgaben« i. S. v. § 275 Abs. 4 SGB V) oder sonstiger beim Leistungsträger oder einem seiner Krankenhäuser beschäftigter Mediziner sein. Aber auch der behandelnde **Hausarzt** und schließlich der **gutachtende Arzt** selbst können mit der Auskunftserteilung über die gesundheitlichen Verhältnisse beauftragt werden. Wie der Betroffene generell einen Bevollmächtigten auswählen und mit der Einholung der Auskunft beauftragen kann (vgl. o. Rz. 16), muß er allerdings auch im Fall der indirekten Vermittlung nach § 25 Abs. 2 die Möglichkeit haben, gegenüber dem Leistungsträger einen **Arzt seines Vertrauens** als vermittelnde Person zu benennen. Eine Befugnis des Leistungsträgers zur Offenbarung an einen Arzt, der ohne Zustimmung des betroffenen Patienten Kenntnis von dessen Daten erhalten soll, um die indirekte Auskunft zu erteilen, besteht nicht.

45 Das »**Vermittelnlassen**« erfolgt in der Weise, daß die Sozialbehörde den Datenausdruck o. ä. dem Arzt übersendet und dem Betroffenen mitteilt, daß seine Daten bei diesem Arzt zur Auskunftserteilung zur Verfügung stehen.

b) Sollvorschrift (Satz 2)

Der Sozialleistungsträger **soll** die gespeicherten Daten durch einen Arzt vermitteln lassen, soweit zu befürchten ist, daß die Kenntnisnahme dem Betroffenen einen unverhältnismäßigen **Nachteil**, insbesondere **an der Gesundheit**, zufügen würde (§ 25 Abs. 2 **Satz 2**). Mit dieser Soll-Vorschrift **verpflichtet** das Gesetz den Leistungsträger für den **Regelfall**, bei Befürchtung einer unverhältnismäßigen Gesundheitsschädigung des Antragstellers einen Arzt einzuschalten, wenn nicht besondere Umstände dieser Handhabung im Einzelfall entgegenstehen. 46

Die **gesundheitlichen Beeinträchtigungen** können sowohl physischer als auch psychischer Natur sein. Sie treten erfahrungsgemäß insbesondere dann ein, wenn der Betroffene unvorbereitet von einer ihm noch nicht bekannten schweren Krankheit erfährt, oder wenn er ohne ärztliche Kommentierung Angaben aus Gutachten mitgeteilt bekommt, die sich mit schweren Erkrankungen oder der voraussichtlichen Lebensdauer befassen (*Verbandskommentar* § 25 SGB X Rz. 6). Dem Leistungsträger müssen Anhaltspunkte für solche möglichen Gesundheitsschäden vorliegen. Bei besonders schwerwiegenden Diagnosen, bei denen die Möglichkeit besteht, daß der behandelnde Arzt sie dem Betroffenen in ihrer vollen Tragweite nicht bzw. noch nicht eröffnet hat (z. B. Lungenkrebs, HIV-Infektion o. ä.), sollte grundsätzlich die Vermittlung über den Arzt erfolgen. 47

Die Feststellung, ob der zu erwartende gesundheitliche Nachteil »**unverhältnismäßig**« ist, setzt die **Abwägung** zwischen dem Auskunftsinteresse einerseits und dem Schutz der möglicherweise gefährdeten körperlichen oder seelischen Integrität andererseits voraus; diese Gefährdung muß angesichts des hohen Ranges des Auskunftsanspruchs eindeutig überwiegen. Hat der für die Auskunft zuständige Sachbearbeiter Zweifel, ob ein Arzt mit der Erteilung der Auskunft beauftragt werden sollte, empfiehlt sich die vorherige Anhörung des behandelnden oder ggf. auch des gutachtenden Arztes (vgl. *Krahmer* in Giese, SGB X, § 25 Rz. 8). 48

3. Beeinträchtigung der Persönlichkeitsentwicklung (Abs. 2 Satz 3)

Soweit die Auskunft Angaben umfaßt, die die **Entwicklung und Entfaltung der Persönlichkeit** des Beteiligten **beeinträchtigen** können, kann bzw. soll – bei Gefahr unverhältnismäßiger Gesundheitsschädigung – ebenfalls die Vermittlung eines **Arztes** in Anspruch genommen werden. Zusätzlich besteht die Alternative, daß die Datenauskunft auch durch einen **Bediensteten der Behörde** vermittelt werden kann, der durch Vorbildung sowie Lebens- und Berufserfahrung dazu geeignet und befähigt ist (§ 25 Abs. 2 **Satz 3**). Auch hier geht es darum, daß niemand deshalb Schaden nehmen soll, weil er unvermutet belastende Einzelheiten aus den mitgeteilten Daten erfährt (vgl. *Molitor* in Deutscher Verein, Datenschutz, S. 256). Bei den Angaben, die die Persönlichkeitsentwicklung gefährden können, kann es sich zum Beispiel um Informationen über frühere familiäre Verhältnisse, über das Vorleben oder die Tätigkeit der Eltern, um schlechte Beurteilungen über die Vermittlungsfähigkeit bei Arbeitsämtern, über die negative Einschätzung von Pflegeeltern bzw. Pflegekindern bei Jugendämtern oder um sonstige soziale Umfelddaten mit stigmatisierender Wirkung handeln. 49

Als **besonders qualifizierte Bedienstete des Leistungsträgers** kommen u. a. Psychologen oder Mitarbeiter von Beratungsstellen in Betracht, die Erfahrungen mit schwierigen Klientenkontakten haben. Es gehört zu den Führungsaufgaben der 50

4. Recht auf Vollauskunft (Abs. 2 Satz 4)

51 Die Möglichkeit bzw. Verpflichtung zur Vermittlung der Auskunft über einen Arzt oder einen besonders qualifizierten Bediensteten der Sozialbehörde **beschränkt** den Auskunftsanspruch des Betroffenen nach § 13 BDSG **inhaltlich** jedoch **nicht** (§ 25 Abs. 2 **Satz 4**; vgl. den Ausschußbericht, BT-Drucks. 8/4022, S. 81, zu § 24 = jetzt § 25). Wenn der Betroffene also trotz Hinweises bzw. Belehrung des Leistungsträgers über die möglichen negativen Folgen der Mitteilung seiner Daten auf der direkten Auskunft besteht, das heißt zum Beispiel den originalen Datenauszug sehen bzw. in die Hand bekommen will, kann ihm dies nicht verweigert werden (ebenso *Hauck/Haines* § 83 Rz. 5; *Lauterbach/Watermann* UV, § 83 Anm. 3; 11. TB/*HDSB* Ziff. 5.3). Der Betroffene kann mit anderen Worten entweder die Vermittlung durch den Arzt von vornherein ablehnen oder nach dem Vermittlungsgespräch immer noch die **Erteilung einer direkten Vollauskunft** verlangen. Das Auskunftsinteresse des Betroffenen wird vom Gesetz eindeutig höher bewertet als der Schutz vor möglichen negativen Reaktionen auf den Auskunftsinhalt: »Der mündige Bürger soll selbst entscheiden, was für Risiken er auf sich nehmen will« (*Wiese* DAngVers. 1980, 449, 452).

52 Bereits erwähnt wurde (vgl. o. Rz. 20), daß § 25 Abs. 2 i. V. m. § 83 die **Form der Auskunftserteilung** bei Angaben über gesundheitliche Verhältnisse abschließend festlegt. Der Leistungsträger kann also nicht »nach pflichtgemäßem Ermessen« (vgl. § 13 Abs. 1 Satz 3 BDSG) ein Verfahren wählen, das entgegen § 25 Abs. 2 Satz 4 dem Betroffenen die direkte Auskunft über seine medizinischen Daten, insbesondere die **Mitteilung der Diagnose**, vorenthält. Dieser Anspruch besteht auch gegenüber den **Krankenkassen** im Rahmen der Auskunft nach § 305 SGB V (dazu o. Rz. 7). Dies macht die Streichung der noch im Entwurf enthaltenen Formulierung deutlich, wonach dem Versicherten die »**Art der Erkrankung**« nicht offengelegt werden sollte (vgl. GRG-Entwurf der BReg, BR-Drucks. 200/88, zu § 311 Abs. 1 Satz 2 SGB V-E).

X. Gebührenpflichtigkeit der Auskunft (§ 13 Abs. 4 BDSG)

1. Prinzip und Praxis (Abs. 4 Satz 1)

53 Die Auskunftserteilung ist **gebührenpflichtig** (§ 13 Abs. 4 **Satz 1** BDSG). Der Zweite Abschnitt des BDSG und damit § 13 gilt wegen § 79 Abs. 3 Satz 1 auch für die Sozialleistungsträger auf Landes- und kommunaler Ebene (dazu ausführlich § 79 Rz. 266 ff.). Das Prinzip der Gebührenpflicht der Auskunft gilt mit anderen Worten für den gesamten Sozialleistungsbereich, auch für die Sozialbehörden in den Ländern, die – wie z. B. Hessen – die Auskunftsgebühr in ihren Landesdatenschutzgesetzen bereits vor Inkrafttreten des SGB X abgeschafft oder nie ein Entgelt eingeführt hatten (z. B. Baden-Württemberg, vgl. § 12 Abs. 4 LDSG-BW; Kritik an dieser Konsequenz des § 79 Abs. 1 und 3 im 13. TB/*HDSB* Ziff. 2.5.2).

54 Die konkrete Verweisung auf § 13 BDSG in § 79 bzw. § 83 geht als speziellere

Auskunft an Betroffenen § 83

Regelung den Verfahrensregelungen des 1. Kapitels SGB X vor (vgl. o. Rz. 16). Insoweit besteht für die Auskunftserteilung **eine Ausnahme von der generellen Kostenfreiheit** des Verwaltungsverfahrens im Sozialleistungsbereich nach § 64 Abs. 1 (wie hier *Knopp* SGB-SozVers-GesKomm, § 83 Anm. 8; *Hauck/Haines-Küppers* § 83 Rz. 7; a. A. wegen Vorrangs des § 64 Abs. 1 *Schroeder-Printzen* § 83 Anm. 5).

Die Gebührenpflicht für Auskünfte entspricht nicht mehr dem Stand der neueren 55 Datenschutzgesetzgebung und -diskussion. Sie widerspricht – zumindest im öffentlichen Bereich – dem vom Bundesverfassungsgericht statuierten Charakter des Auskunftsrechts als verfahrensrechtlicher Schutzvorkehrung zur Sicherung des informationellen Selbstbestimmungsrechts (vgl. o. Rz. 3) und dem – gerade in der Sozialverwaltung besonders wichtigen – Gebot der Transparenz der Datenverarbeitung. In den neueren Entwürfen und Gesetzen wird bzw. ist daher die **Auskunftsgebühr abgeschafft** (vgl. § 18 Abs. 1 Satz 1 HDSG: »gebührenfrei«; § 18 Abs. 1 Satz 1 DSG NW: »gebührenfrei«; § 13 Abs. 6 Satz 1 BDSG-E: »unentgeltlich« mit der Ausnahme bei »mutwilligen« Auskunftsverlangen; Unentgeltlichkeit ohne diese Ausnahme in § 17 Abs. 6 BDSG-E '88). Soweit bekannt, sehen fast alle Sozialleistungsträger inzwischen generell von einer Gebührenerhebung ab. Zu nennen sind u. a. die **Bundesanstalt für Arbeit** (nach der im 11. TB/*BfD* S. 54 f., zit. Weisung) und der **Verband Deutscher Rentenversicherungsträger** (vgl. den Hinweis im 14. TB/*HDSB* Ziff. 13.2.2).

2. Datenschutzgebührenordnung (Abs. 4 Satz 2 bis 4)

a) Geltung

Angesichts der nur noch **geringen praktischen Bedeutung** der Auskunftsgebühr im 56 Sozialleistungsbereich und ihrer auch für den Anwendungsbereich des BDSG vorgesehenen **Abschaffung** (vgl. o. Rz. 55) sollen im folgenden die Gebührenvorschriften nur kurz erläutert werden. Die Bundesregierung hat von der Ermächtigung in § 13 Abs. 4 Satz 2 BDSG, die Einzelheiten der Gebührenpflicht durch Rechtsverordnung näher zu regeln, durch Erlaß der **Bundes-Datenschutzgebührenordnung** vom 22. 12. 1977 (BGBl. I S. 3153) Gebrauch gemacht. Diese Verordnung konkretisiert die Maßstäbe für die Gebührenerhebung, die der Gesetzgeber in den Sätzen 3 und 4 des § 13 Abs. 4 BDSG vorgegeben hat. Allerdings gilt die Bundesdatenschutzgebührenordnung nach dem von ihr in § 1 selbst festgelegten Geltungsbereich nur für die Sozialbehörden des **Bundes** und die bundesunmittelbaren Körperschaften des öffentlichen Rechts bzw. deren Verbände (vgl. *Auernhammer* BDSG, § 13 Rz. 18 für die Rechtslage im Verhältnis BDSG/LDSG; für die Parallelproblematik bei der DSchVeröffO vgl. § 82 Rz. 12 ff.). Von den übrigen in § 35 SGB I genannten Stellen kann sie nur **entsprechend** angewandt werden (zur Rechtslage in den Ländern vgl. o. Rz. 53 und 55; s. außerdem *Dammann* in Simitis u. a., BDSG, § 13 Rz. 107).

b) Inhalt

§ 2 Bundes-DSGebO legt für die Auskunft eine **Pauschalgebühr** von 10 DM fest. 57 Wenn § 13 Abs. 4 Satz 3 BDSG die Deckung des unmittelbar entstehenden Verwaltungsaufwands anspricht, bedeutet dies nicht, daß im Einzelfall bei höheren Kosten für die Vorbereitung und Erteilung der Auskunft auch eine höhere

Gebühr gefordert werden kann. Auch besteht **keine Automatik der Kostenerstattung**; jede SGB-Stelle hat – wenn sie die Dateninformation nicht ohnehin kostenlos erteilt – sorgfältig zu prüfen, ob die Auskunft nicht gebührenfrei erteilt werden kann oder sogar muß.

58 Obligatorisch ist die **Befreiung von der Gebühr** dann, wenn durch besondere Umstände die Annahme gerechtfertigt wird, daß personenbezogene Daten unrichtig oder unzulässig gespeichert werden, und wenn die Auskunft zur Berichtigung, Sperrung oder Löschung gespeicherter personenbezogener Daten geführt hat (vgl. § 13 Abs. 4 Satz 4 BDSG, § 3 Nr. 1 und 2 Bundes-DSGebO). Doch sieht § 3 Nr. 3 BundesDSGebO eine zusätzliche Ausnahme vor, wenn es sich um eine **mündliche oder einfache schriftliche Auskunft** handelt. Damit dürfte bei Auskünften unter Einschaltung eines Arztes nach § 25 Abs. 2 die Gebührenpflicht in der Regel entfallen, weil die Auskunft ja mündlich vermittelt wird (vgl. *Hauck/Haines* § 83 Rz. 7). Auf Grund von § 3 Nr. 3 DSGebO des Bundes sind die Leistungsträger gehalten, insbesondere bei automatisiert gespeicherten Daten Auskunftsprogramme zu verwenden, die Auskünfte mit minimalem Verwaltungsaufwand erlauben, so daß die Gebührenbefreiung für die »einfache schriftliche Auskunft« eintreten kann (vgl. dazu die Amtl. Begr. zu § 3 der Bundes-DSGebO, abgedruckt bei *Auernhammer* BDSG, Anhang, S. 399 ff.).

59 Zu beachten ist auch die **Härteklausel** des § 4 Bundes-DSGebO, nach der von der Einziehung der Gebühr ganz oder teilweise abgesehen werden kann, wenn die Erhebung nach Lage des einzelnen Falles eine besondere Härte bedeuten würde. Dies gilt insbesondere dann, wenn die **finanzielle Lage des Antragstellers** entweder erfahrungsgemäß (zum Beispiel Sozialhilfeempfänger) oder auf Grund der Kenntnis der Sozialbehörde im Einzelfall selbst die Entrichtung der Pauschalgebühr von 10,- DM unzumutbar machen würde. Darüber hinaus trifft die auskunftspflichtigen Stellen die Verpflichtung, den Antragsteller darüber zu informieren, unter welchen Voraussetzungen (z. B. Angabe von Suchmerkmalen o. ä.) er seine Datenmitteilung kostenlos erhalten kann (vgl. 13. TB/*HDSB* Ziff. 2.5.2; *Dammann* in Simitis u. a., BDSG, § 13 Rz. 94).

60 Die **Negativauskunft**, also die Mitteilung, daß keine Daten gespeichert sind, ist **gebührenfrei**. Die Bundes-Datenschutzgebührenordnung gilt auch nur für Auskünfte nach § 13 BDSG, nicht für Informationspflichten der Leistungsträger in sozialrechtlichen Einzelgesetzen, die wie zum Beispiel die Mitteilung über die Rentenanwartschaft nach § 1325 Abs. 2 RVO kostenlos erteilt werden (zu diesem Vorrang vgl. § 45 Satz 1 Nr. 6 BDSG und § 6 Bundes-DSGebO; s. auch o. Rz. 6 ff.).

§ 84 Löschen von Daten

Ist die Kenntnis personenbezogener Daten für die speichernde Stelle zur rechtmäßigen Erfüllung der in ihrer Zuständigkeit liegenden Aufgaben nicht mehr erforderlich und besteht kein Grund zu der Annahme, daß durch die Löschung schutzwürdige Belange des Betroffenen beeinträchtigt werden, besteht abweichend von § 14 Abs. 3 Satz 1 des Bundesdatenschutzgesetzes eine Pflicht zur Löschung; § 71 Abs. 1 Satz 2 bleibt unberührt.

Inhaltsübersicht

	Rz.
I. Entstehungsgeschichte	1, 2
II. Bedeutung der Vorschrift	3–10
1. Regelungsziele	3– 6
2. Verhältnis von § 84 zu § 14 BDSG	7–10
III. Gegenstand und Voraussetzungen der Löschungspflicht (§ 84 1. Halbs.)	11–20
1. Dateibezug und Vorrang spezieller Rechtsvorschriften	11, 12
2. Wegfall des Speicherungszwecks	13–15
3. Schutzwürdige Belange des Betroffenen	16–20
IV. Konsequenzen der Löschungspflicht	21–26
V. Verhältnis von Löschungspflicht und Abgabepflicht an Archive (§ 84 2. Halbs.)	27–31

I. Entstehungsgeschichte

Im **Gesetzgebungsverfahren** war § 84 – die Norm enthielt damals nur den **1. Halbsatz** – unumstritten; dementsprechend wurden keine inhaltlichen Formulierungsänderungen vorgeschlagen. Allerdings wurde wie bei den voraufgegangenen Bestimmungen (vgl. § 83 Rz. 1) in einer Reihe von Stellungnahmen, die sich gegen die Anwendung des BDSG auch auf Leistungsträger der Landes- und Kommunalebene wandten, die Aufnahme eines zusätzlichen Verweises auf die entsprechenden Sperrungs- und Löschungsvorschriften der Landesdatenschutzgesetze gefordert. 1

Der **2. Halbsatz** ist erst durch das **Bundesarchivgesetz** vom 6. 1. 1988 (BGBl. I S. 62, vgl. § 10 Nr. 3) in die Vorschrift gekommen (vgl. i. e. u. Rz. 27 ff.; zu § 71 Abs. 1 Satz 2 vgl. § 71 Rz. 42 ff.). Dies geschah auf Anregung des AuS-Ausschusses, der wiederum einen entsprechenden Vorschlag des Bundesrates im Gesetzgebungsverfahren der letzten Wahlperiode übernommen hat (vgl. BT-Drucks. 10/3072 vom 26. 3. 85, S. 18, Nr. 22). Zur Begründung führte der Ausschuß an, es widerspreche dem Grundsatz der **Normenklarheit**, in § 84 ausdrücklich die Löschung zu regeln, die der Löschung möglicherweise vorangehende **Abgabe an das Archiv** aber nicht zu erwähnen. Der Innenausschuß des Bundestages hat sich diesem Vorschlag angeschlossen (vgl. BT-Drucks. 11/1215, S. 9, 11). 2

II. Bedeutung der Vorschrift

1. Regelungsziele

3 Ziel des § 84 1. Halbs. ist die **Verschärfung der Löschungspflicht** bei Sozialdaten gegenüber den Regelungen im BDSG. Dies geschieht durch die Umkehrung des Verhältnisses von Sperrungspflicht und Löschungspflicht – konkret: den Vorrang der Löschung – bei Wegfall des Speicherungszwecks der rechtmäßigen Aufgabenerfüllung. Angesichts der Sensitivität von Sozialdaten soll das Gefährdungsrisiko durch überlange Aufbewahrung reduziert werden (vgl. dazu *Hauck/Haines* § 84 Rz. 1). Hintergrund dieser gesteigerten Löschungspflicht ist die Tatsache, daß gesperrte Daten zwar einem relativen Nutzungsverbot unterliegen, dennoch aber unter bestimmten Voraussetzungen wieder verfügbar gemacht werden können. **Gesperrte Daten** dürfen zwar grundsätzlich nicht mehr verarbeitet, insbesondere übermittelt oder sonst genutzt werden, Ausnahmen bestehen jedoch dann, wenn »die Nutzung zu wissenschaftlichen Zwecken, zur Behebung einer bestehenden Beweisnot oder aus sonstigen, im überwiegenden Interesse der speichernden Stelle oder eines Dritten liegenden Gründen unerläßlich ist oder der Betroffene in die Nutzung eingewilligt hat« (§ 14 Abs. 2 Satz 3 BDSG, zu diesen Voraussetzungen i. e. *Auernhammer* BDSG, § 14 Rz. 13).

4 Gesperrte Daten sind mit anderen Worten zwar aus dem laufenden Verwaltungsvollzug herausgenommen, aber wieder reaktivierbar unter Voraussetzungen, die vom Betroffenen nicht zu kontrollieren sind. Auch sieht das Gesetz für gesperrte Angaben keine zeitliche Begrenzung der Aufbewahrung vor. Nur die **Löschung** gibt also dem einzelnen die »**Gewißheit des Vergessens**«. Verkürzt formuliert: Bedeutet die **Sperrung** nur ein »**relatives Nutzungsverbot**«, gewährleistet die **Löschung** einen »**absoluten Nutzungsausschluß**«.

5 Das Bundesverfassungsgericht hat in seiner Volkszählungs-Entscheidung die Bedeutung der Löschung für den Betroffenen bei Wegfall des Speicherungszwecks unterstrichen, wenn es darauf hinweist, daß eine **Datensammlung »auf Vorrat«** für künftige, bei Speicherung noch nicht bestimmbare Zwecke mit dem informationellen Selbstbestimmungsrecht nicht zu vereinbaren ist (*BVerfGE* 65, 1, 46). Die **Novellierungsentwürfe zum BDSG** übernehmen die Regelung des § 84 und statuieren auch für das allgemeine Datenschutzrecht den **Vorrang der Löschung** vor der Sperrung (vgl. § 14 Abs. 3 BDSG-E, BT-Drucks. 10/4737; § 18 Abs. 2 Nr. 2 und Abs. 3 BDSG-E '88, BR-Drucks. 618/88). Für die Datenverarbeitung in Akten wird allerdings an der Sperrung festgehalten (vgl. § 3f des Änderungsentwurfs zum BVwVfG, BR-Drucks. 618/88, Art. 2).

6 § 84 2. Halbs. stellt klar, daß die Löschungspflicht nicht greift, bis das **Bundesarchiv** oder das zuständige Landesarchiv über die Übernahme der von den bundesunmittelbaren Sozialleistungsträgern nach §§ 2 und 5 des BundesarchivG oder aufgrund entsprechender Landesarchivgesetze anzubietenden Unterlagen entschieden haben (vgl. u. Rz. 27 ff.).

2. Verhältnis von § 84 zu § 14 BDSG

Ungeachtet der **Modifikation in § 84** ergibt sich die Pflicht zur Sperrung und 7
Löschung von Sozialdaten zunächst aus § 79 Abs. 1 Satz 1 i.v.m. § 14 Abs. 2 und
Abs. 3 BDSG (vgl. § 79 Rz. 17, 19; außerdem *Verbandskommentar* § 84 Rz. 1). Im
Gegensatz zum BDSG sind allerdings im Sozialleistungsbereich die **Betriebs- und
Geschäftsgeheimnisse** mit einbezogen.
Nach § 14 Abs. 2 und 3 BDSG sind folgende Fälle zu unterscheiden: 8
a) Die Richtigkeit der gespeicherten Daten wird vom Betroffenen bestritten und
es lassen sich weder die Richtigkeit noch die Unrichtigkeit feststellen (**»non
liquet«-Fall**). Diese Daten sind zu sperren (Abs. 2 Satz 1); ein Löschungsanspruch des Betroffenen besteht nicht.
b) Die Speicherung bestimmter Daten war **unzulässig**. Diese Daten sind zu
löschen, und zwar von Amts wegen; eines Antrags des Betroffenen bedarf es
nicht (Abs. 3 Satz 2).
c) Die Kenntnis bestimmter Daten ist zur rechtmäßigen **Erfüllung der Aufgaben**
der speichernden Stelle **nicht mehr erforderlich**. Entsprechend zu behandeln ist
der Fall, daß der Betroffene nachträglich seine **Einwilligung widerruft** (vgl.
Auernhammer BDSG, § 14 Rz. 9, 21). Auf Verlangen des Betroffenen müssen
die Angaben gelöscht werden (Abs. 3 Satz 2). Die speichernde Stelle kann die
Daten auch von sich aus löschen, wenn kein Grund zur Annahme besteht, daß
durch die Löschung **schutzwürdige Belange** des Betroffenen beeinträchtigt
werden (Abs. 3 Satz 1) und keine **Rechtsvorschriften über die Aufbewahrung**
entgegenstehen (vgl. § 12 Abs. 2 Nr. 2 BDSG; dazu u. Rz. 12).

Nur für diesen letzten Fall c) trifft § 84 1. Halbs. eine abweichende Regelung: Bei 9
Wegfall des Speicherungszwecks (»Aufgabenerfüllung«) und fehlender Beeinträchtigung schutzwürdiger Belange besteht eine **Löschungspflicht von Amts
wegen**, ohne daß ein entsprechendes Verlangen des Betroffenen vorzuliegen
braucht. Die anderen beiden Fälle des unsicheren Wahrheitsgehalts und der
unzulässigen Speicherung von Sozialdaten bleiben also von § 84 unberührt und
sind von den Sozialleistungsträgern nach § 14 Abs. 2, 3 BDSG abzuwickeln.
Ebenso wie auf die Auskunft nach § 13 BDSG (vgl. o. § 83 Rz. 2) besteht auch auf 10
die Sperrung und Löschung in den genannten Fällen ein **Rechtsanspruch** des
einzelnen (vgl. § 4 Nrn. 3 und 4 BDSG; dazu § 79 Rz. 64f.). Da diesen **»subjektiven Gegenrechten«** (vgl. *Auernhammer* BDSG, § 4 Rz. 1) des Bürgers nach § 14
BDSG die entsprechenden **Verhaltenspflichten** der speichernden Stellen autonom
gegenüberstehen, also – mit Ausnahme der Löschung bei Wegfall der Aufgabenerfüllung – auch ohne Verlangen des Betroffenen befolgt werden müssen, können
sie auch nicht durch Rechtsgeschäft ausgeschlossen oder beschränkt werden. Ein
solches Verbot sehen die Novellierungsentwürfe zum BDSG ausdrücklich vor
(vgl. § 4 Abs. 2 BDSG-E, § 6 Abs. 1 BDSG-E '88).

III. Gegenstand und Voraussetzungen der Löschungspflicht (§ 84 1. Halbs.)

1. Dateibezug und Vorrang spezieller Rechtsvorschriften

11 Generell sind die §§ 79ff. sowie die in Bezug genommenen Vorschriften des BDSG nur auf **Datei-Daten** anwendbar, also auch die Bestimmungen über die Sperrungs- und Löschungspflicht in § 14 BDSG (vgl. § 79 Rz. 10). Zu weit geht daher die Auffassung von *Podlech*, der aus der Rechtsprechung des Bundesverfassungsgerichts zum informationellen Selbstbestimmungsrecht folgert, die Löschungsfrist nach § 84 beziehe sich auch auf »alle rechnerunterstützten, also auch unformatiert oder freitextlich gespeicherten personenbezogenen Informationen« sowie auf »stapelmäßig aufbewahrte Unterlagen« wie Rezepte usw. (vgl. *Podlech* in Grüner, SGB X, vor § 67 II 4b; für **Krankenscheine** und **Verordnungsblätter** jetzt ausdrücklich geregelt in § 304 Abs. 3 SGB V, dazu u. Rz. 12; generell gegen eine analoge Anwendung des Löschungsanspruchs nach dem BDSG auf Akten *VGH Bayern* 27. 9. 1983, abgedruckt bei *Dammann* BDSG-Dok., § 14 E 4; dagegen kann der allgemeine verwaltungsrechtliche **Folgenbeseitigungsanspruch** auf die Vernichtung einer Akte gerichtet sein, vgl. *VG Frankfurt* RDV 1988, 209 f.). Die Entwürfe zur Neufassung des BVwVfG sehen für den Fall, daß in **Akten** enthaltene Informationen für die künftige Aufgabenerfüllung der Behörde nicht mehr gebraucht werden, lediglich eine Pflicht zur **Sperrung**, jedoch keine Pflicht zur Vernichtung von Aktenstücken vor (vgl. § 3f ÄndE zum BVwVfG, BR-Drucks. 618/88, Art. 2; differenzierend § 19 Abs. 6 HDSG; zur Umdeutung eines auf Aktenteile bezogenen Löschungsverlangens in einen Widerspruch nach § 76 Abs. 2 Nr. 1 vgl. 7. TB/*BfD* S. 53).

12 Wegen § 79 Abs. 1 Satz 1 i. V. m. § 45 BDSG ist der **Vorrang spezieller Rechtsvorschriften über die Löschung, Vernichtung und Aufbewahrung** für die Sozialleistungsträger zu beachten, insofern sie auf Datei-Daten anzuwenden sind. Dazu gehören beispielsweise § 1415 RVO über die Aufbewahrung und Vernichtung von Versicherungsakten bei den **Rentenversicherungsträgern** oder § 15 Abs. 2 bis 7 DEVO i. d. F. der 2. ÄndVO vom 18. 12. 1987 (BGBl. I S. 2815) über die Vernichtung bzw. Mikroverfilmung von Versicherungsunterlagen. Eine differenzierte Sonderregelung für die **Krankenkassen** und die **Kassenärztlichen Vereinigungen** enthält § 304 Abs. 1 und 3 SGB V. Dabei ist der Hinweis auf die »entsprechende« Geltung des § 84 in **Abs. 1** irreführend, weil dort § 84 **unmittelbar** anzuwenden ist, allerdings hinter den vorrangigen Rechtsvorschriften zurücktritt. Richtig ist dagegen die Verweisung auf § 84 in **Abs. 3** des § 304 SGB V, weil die **Krankenscheine** etc. im Regelfall nicht den Dateibegriff erfüllen (richtig war daher die Regelung in § 296 SGB V-E). Rechtsvorschriften, die bestimmte Aufbewahrungszeiten bestimmen, verhindern allerdings während der in ihnen festgelegten Fristen nur die Löschung, nicht aber die Sperrung nach Wegfall der Aufgabenerfüllung; dies ergibt sich aus § 12 Abs. 2 Nr. 2 BDSG (vgl. jetzt auch § 18 Abs. 3 Nr. 1 BDSG-E '88). Anders ausgedrückt: Auch während dieser Fristen hat der Leistungsträger zu prüfen, ob die Kenntnis der Daten für die Abwicklung der Tätigkeit nach dem SGB noch notwendig ist. Ist dies zu verneinen, greift das Gebot der Sperrung nach § 14 Abs. 2 Satz 2 BDSG (so zutreffend *Pickel* ZfSH/SGB 1984, 301, 307).

2. Wegfall des Speicherungszwecks

Als erste Voraussetzung für die Löschungspflicht nennt § 84 1. Halbs., daß die **13** Kenntnis personenbezogener Daten für die speichernde Stelle **zur rechtmäßigen Erfüllung der in ihrer Zuständigkeit liegenden Aufgaben nicht mehr erforderlich** ist. Zur Auslegung dieses Tatbestandsmerkmals wird auf die ausführlichen Erläuterungen in § 79 Rz. 98 ff. verwiesen. Entscheidend ist auch im Rahmen des § 84 1. Halbs., daß zur Legitimation der Speicherung bzw. ihrer Fortdauer nicht beliebige **Aufgaben** der SGB-Stelle ausreichen, sondern auf den engeren Speicherungszweck abgestellt werden muß (vgl. § 79 Rz. 111 ff.; zu weit daher *Verbandskommentar* § 84 Rz. 2). Da die Nutzung personenbezogener Daten nur für die Zwecke erlaubt ist, zu denen sie gespeichert worden sind, ist eine weitere Aufbewahrung zu anderen Zwecken nur dann gestattet, wenn dafür eine **zusätzliche Rechtsgrundlage** entweder in Sozialgesetzen (vgl. z. B. § 6 AFG über die Datenverwendung für die Arbeitsmarkt- und Berufsforschung) oder in den allgemeinen Datenschutzgesetzen gegeben ist (zu den Zweckänderungskatalogen in § 12 Abs. 2 BDSG-E '88 und § 3c Abs. 2 ÄndE zum BVwVfG und deren sinngemäßer Anwendung bereits nach geltendem Recht vgl. § 79 Rz. 113 f.).

Allerdings entfällt die Erforderlichkeit zur Erfüllung des Speicherungszwecks **14** nicht bereits nach **Abschluß des einzelnen Verwaltungsvorgangs,** das heißt zum Beispiel nach Bearbeitung des Antrags oder nach Abschluß der Leistungsgewährung. Die Notwendigkeit der Datenspeicherung besteht auch fort, wenn erfahrungsgemäß oder auf Grund der konkreten Situation im Einzelfall die Annahme gerechtfertigt ist, daß die Angaben in absehbarer Zeit, etwa auf Grund wiederholter Antragstellung, **erneut benötigt** werden. Wegen der Unterschiedlichkeit der Aufgaben der einzelnen Sozialleistungsträger lassen sich generelle Vorgaben für den notwendigen Zeitraum der Datennutzung kaum machen. Präzise Jahresfristen für den **spätesten** Zeitpunkt der Löschung, differenziert nach Datenarten, schreibt seit dem 1. 1. 1989 § 304 Abs. 1 SGB V den **Krankenkassen** und **Kassenärztlichen Vereinigungen** vor (vgl. o. Rz. 12; allerdings besteht eine Befugnis zu **verlängerter Speicherung** bei Forschungsprojekten nach § 287 SGB V). Bei der gesetzlichen **Unfallversicherung** ebenso wie bei der **Versorgungsverwaltung** dagegen kann allein schon wegen der Häufigkeit nachfolgender Versicherungsfälle und der Berücksichtigung bei Zusammenhangsgutachten eine längere Regelaufbewahrungsfrist geboten sein (vgl. *Pickel* ZfSH/SGB 1984, 301, 307; *Verbandskommentar* § 84 Rz. 21; Zweifel an den praktischen Auswirkungen der Löschungsverpflichtung im Sozialleistungsbereich äußern *Graßl/Weigert* DSWR 1981, 186, 188). Ist dagegen ein Reha-Verfahren abgeschlossen und sind Folgemaßnahmen nicht erforderlich, greift – vorbehaltlich spezieller Aufbewahrungsbestimmungen – die Löschungspflicht des § 84 (vgl. 6. TB/*NRW-LfD* S. 62). Nicht zur gesetzlichen Aufgabenerfüllung von Leistungsträgern gehört das Vorhalten von Sozialdaten zu Beweiszwecken im Zusammenhang mit der Abwehr aller möglichen potentiellen **Schadensersatzansprüche**, die später einmal von Klienten o. ä. geltend gemacht werden könnten. Daher gehen Regelungen oder Empfehlungen fehl, die die allgemeine Dreißig-Jahres-Frist des BGB für die Verjährung zur Regelfrist für die Aufbewahrung erklären (so aber *DIV-Gutachten* vom 24. 4. 1985, DAVorm 1985, 569, für die Vormundschaftsakten des Jugendamts).

Die **Zusammenarbeitspflicht** der Leistungsträger bei der Erhebung und Verwen- **15** dung von Angaben für **ärztliche Untersuchungen** und **psychologische Eignungs-**

tests nach § 96 SGB X gibt keine Rechtfertigung für eine längere Aufbewahrung bei der SGB-Stelle, die die Maßnahme veranlaßt oder durchgeführt hat. Daß Untersuchungsergebnisse auch von anderen Sozialleistungsträgern genutzt werden sollen, gilt nur solange, wie diese von der speichernden SGB-Stelle für ihre Zwecke zulässigerweise aufgezeichnet sind, wenn die medizinische Prüfung nicht von vornherein mit Zustimmung des Betroffenen erweitert (vgl. § 96 Abs. 2 Satz 3 2. Halbs.) und auch für eine andere SGB-Stelle vorgenommen wurde. Zu prüfen ist allerdings in den Fällen des § 96, ob nicht schutzwürdige Belange des Betroffenen der Löschung entgegenstehen, etwa weil zwischen mehreren Leistungsträgern Differenzen über die Zuständigkeit bestehen und dadurch mehrfache Untersuchungen drohen.

3. Schutzwürdige Belange des Betroffenen

16 Besteht Grund zu der Annahme, daß durch die Löschung bestimmter Daten **schutzwürdige Belange des Betroffenen beeinträchtigt** werden, besteht nach § 84 1. Halbsatz nicht nur keine Pflicht zur Löschung, vielmehr **darf** dann nicht gelöscht werden. Dies bedeutet allerdings nicht, daß die Daten im laufenden Arbeitsbestand weiter vorgehalten werden dürfen. Vielmehr sind Sozialdaten nach Wegfall des Speicherungszwecks solange zu **sperren**, bis der Löschung keine schutzwürdigen Belange mehr entgegenstehen. Noch einmal: § 84 will die fakultative Löschung des § 14 Abs. 3 Satz 1 BDSG in eine obligatorische ummünzen; fehlt es an den Voraussetzungen, bleibt es bei der Sperrungspflicht des § 14 Abs. 2 Satz 2 BDSG (vgl. *Pickel* ZfSH/SGB 1984, 301, 307; *Lauterbach/Watermann* UV, § 84 Anm. 8; in diesem Sinne auch die Regelung in § 18 Abs. 3 Nr. 2 BDSG-E '88). Damit werden die Angaben ja nicht völlig unzugänglich; in Fällen **der Beweisnot** und sonstiger **überwiegender Verwendungsinteressen** der SGB-Stelle oder des Betroffenen können sie wieder herangezogen werden (§ 14 Abs. 2 Satz 3 2. Halbs. BDSG; zu diesen Möglichkeiten i. e. *Mallmann* in Simitis u. a. BDSG, § 14 Rz. 52ff.).

17 Durch die Löschung werden schutzwürdige Belange dann beeinträchtigt, wenn auf Grund von Erfahrungen des Sozialleistungsträgers anzunehmen ist, daß auch längere Zeit nach der Bearbeitung des aktuellen Falles der **Rückgriff** auf die Angaben notwendig sein kann. Dies gilt insbesondere dann, wenn die bei Löschung vom Betroffenen später erneut beizubringenden Informationen sich nur noch schwer beschaffen ließen. So liegt es beispielsweise im Interesse des Betroffenen, wenn auf die Daten **früherer Berufsunfälle** im Zusammenhang mit Anträgen auf Erwerbs- und Berufsunfähigkeitsrente Bezug genommen werden kann (zur Wiederherstellung von Rentenversicherungsunterlagen vgl. *BfA-Kommentar* § 84 Anm. 3). Der Rückgriff auf vor längerer Zeit gespeicherte Informationen kann auch im Interesse **dritter Betroffener** sein (vgl. *Verbandskommentar* § 84 Rz. 2), die Rechte aus dem Rechtsverhältnis zum Leistungsträger ableiten können, zum Beispiel die Angehörigen des Versicherten in der Rentenversicherung. Eine Löschung ist auch dann nicht angebracht, wenn die danach übrig bleibenden Daten unvollständig oder irreführend wären (vgl. *Mallmann* in Simitis u. a., BDSG, § 14 Rz. 71; ebenso *Auernhammer* BDSG, § 14 Rz. 16).

18 Allerdings rechtfertigen die in Rz. 17 genannten Belange keineswegs immer das **komplette** Datenmaterial über den Versicherten oder Klienten vorzuhalten. So

kann es z.B. ausreichen, zur Wahrung seiner Interessen **Zusammenfassungen** zu erstellen, die die versicherungsrechtlich erforderlichen Angaben (Versicherungszeiten, Werteinheiten usw.) enthalten. Für den restlichen Datenbestand greift dann wieder die Löschungspflicht (vgl. *Zeihe* SGb 1988, 315, 320, zur Löschungsmöglichkeit nach Erlaß von feststellenden Verwaltungsakten in der Sozialversicherung). Dies unterstreicht die Notwendigkeit, im Rahmen des § 84 nach **Fallgruppen** zu differenzieren und dementsprechend auch innerhalb eines Leistungsträgers für verschiedene Dateien **unterschiedliche Aufbewahrungsfristen** vorzusehen (vgl. dazu u. Rz. 24). Jedenfalls kann es, wenn man die Löschungspflicht ernst nimmt, keinen allgemeinen Grundsatz geben, wonach bei § 84 im Interesse des Betroffenen eine weite Auslegung der schutzwürdigen Belange geboten sei (so aber *Knopp* SGB-SozVers-GesKomm, § 84 Anm. 4).

Besonderheiten ergeben sich auch in den Fällen, in denen der Leistungsträger die 19 betroffenen Daten nicht ausschließlich in Dateien, insbesondere mit Hilfe automatisierter Verfahren, verarbeitet, sondern sie **gleichzeitig in Akten** aufgezeichnet hat, die noch – sei es im Original, sei es mikroverfilmt – aufbewahrt werden. Dann werden durch die Löschung des zur Person des Betroffen in Dateiform gespeicherten Datensatzes in aller Regel keine schutzwürdigen Belange tangiert. Ggf. kann ein Restdatensatz in der Datei gespeichert bleiben, der ein Auffinden der Akten ermöglicht bzw. erleichtert. Nur wenn die Löschungspflicht in diesen Konstellationen strikt realisiert wird, läßt sich das besondere **Gefährdungspotential** der verbreiteten **Langzeitspeicherung** in den Computern der Sozialleistungsträger vermindern.

Die Beispiele zeigen, daß der Begriff der »**schutzwürdigen Belange**« in § 84 20 1. Halbs. und in §§ 68 und 70 keineswegs gleich zu definieren ist (so aber offensichtlich *Pickel* ZfSH/SGB 1984, 301, 307). Die Interessenlagen des Betroffenen sind völlig unterschiedlich, wenn es um das Unterlassen einer Offenbarung oder um die Aufbewahrung seiner Daten geht. In beiden Fallsituationen besteht jedoch die Möglichkeit, Zweifel durch **Rückfrage beim Betroffenen** zu klären (vgl. *Schroeder-Printzen* § 84 Anm. 4).

IV. Konsequenzen der Löschungspflicht

Löschung bedeutet nach der Legaldefinition des § 2 Abs. 2 Nr. 4 BDSG das 21 »**Unkenntlichmachen** gespeicherter Daten ungeachtet der dabei angewendeten Verfahren« (vgl. dazu § 79 Rz. 46). Konkret heißt dies zum Beispiel die Vernichtung von Karteikarten oder das Schwärzen von Angaben dergestalt, daß sie nicht mehr lesbar sind. Bei Datenbändern gibt es die Alternativen Entmagnetisierung, Verbrennen bzw. sonstige Zerstörung oder völliges Überschreiben. Generell ist also die Beseitigung des Datenträgers selbst oder die Unkenntlichmachung der Information auf dem Datenträger gemeint. Dagegen genügt es nicht, mit organisatorischen Maßnahmen den Zugang bzw. Zugriff zu den Daten zu verhindern (vgl. *Dammann* in Simitis u. a. BDSG, § 2 Rz. 133 f.). Erst recht reicht der gelegentlich vorgeschlagene Kunstgriff nicht aus (vgl. *BfA-Kommentar* § 84 Anm. 2), Angaben aus einer Datei in eine nicht unter das BDSG fallende Form der Aufzeichnung, so zum Beispiel in eine Akte, aufzunehmen (dagegen zu Recht *Auernhammer* BDSG, § 2 Rz. 13, da der Dateibezug der Speicherung nicht Bestandteil der Definition der Löschung ist).

22 Allerdings kann eine Löschung auch dadurch bewirkt werden, daß nicht der gesamte Datensatz unkenntlich gemacht wird, sondern lediglich der Bezug auf eine bestimmte Person aufgehoben wird (vgl. *Dammann* in Simitis u. a., BDSG, § 2 Rz. 130). Dem Löschungsgebot ist mit anderen Worten auch dann genügt, wenn zunächst personenbezogene Sozialdaten als **statistisches Datenmaterial** gespeichert bleiben (zur **Anonymisierung** vgl. § 79 Rz. 38ff.). Diesem Grundsatz entspricht es, wenn § 304 Abs. 1 Satz 3 und § 287 Abs. 2 SGB V eine **Überschreitung der Aufbewahrungsfristen** für Versichertendaten in **anonymisierter** Form zulassen.

23 Die Löschung darf nicht nur die Daten im **aktuellen Arbeits- oder Hauptdatenbestand** erfassen; sie muß sich prinzipiell auch auf die Dateien erstrecken, die lediglich zu Zwecken der **Datensicherung** oder der **Datenschutzkontrolle** errichtet worden sind (vgl. *Dammann* in Simitis u. a., BDSG, § 2 Rz. 135f.; zum Auskunftsanspruch bei den Protokollierungsdaten vgl. § 83 Rz. 14). Allerdings kann der Löschungszeitpunkt in diesen Fällen später liegen, wenn die nach der Anlage zu § 6 Abs. 1 BDSG gebotenen Maßnahmen etwa der Zugriffs- (Nr. 5) oder Speicherkontrolle (Nr. 3) – die auch die **Verhinderung unbefugter Löschung** umfaßt – eine kurzfristig längere Speicherung bedingen (zu § 6 BDSG vgl. § 79 Rz. 82ff.). Allerdings muß in der Zwischenzeit die strikte **Zweckbindung der Datensicherungsangaben** beachtet werden (vgl. § 83 Rz. 14; § 13 Abs. 5 HDSG). Die Löschungspflicht darf nicht dadurch umgangen werden, daß diese Daten für die Verwendung zu Verwaltungszwecken reaktiviert werden.

24 Die Löschungspflicht nach § 84 bringt eine Verpflichtung des Leistungsträgers zur ständigen Überprüfung der Datenbestände im Hinblick darauf mit sich, ob die Angaben noch zur Erfüllung des ursprünglichen Speicherungszwecks gebraucht werden (a. A. offensichtlich *BfA-Kommentar* § 84 Anm. 3). Für jede einzelne Datei sollten **Löschungs-** oder zumindest **Prüffristen** festgelegt werden, die vom Sachbearbeiter mit der Eingabe des Datensatzes eingespeichert werden (vgl. *Wiese* ÖVD 1981, 11, 17). § 16 Abs. 2 Satz 2 Nr. 6 BDSG-E '88 verlangt von den obersten Bundesbehörden sowie bundesunmittelbaren Körperschaften und Anstalten ausdrücklich, dafür Sorge zu tragen, daß bestimmte »**Regelfristen** für die Löschung« festgesetzt werden (zur Geltung des § 16 im Sozialleistungsbereich vgl. § 79 Rz. 142ff.). SGB-Stellen auf Landes- und Kommunalebene in **Hessen** haben die festgelegten Löschungsfristen nach § 26 Abs. 1 Satz 1 i. V. m. § 6 Abs. 1 Nr. 5 HDSG zum **Dateienregister** des Hessischen Datenschutzbeauftragten zu melden. Gleiches gilt für **Nordrhein-Westfalen** nach § 23 Abs. 1 i. V. m. § 8 Abs. 1 Nr. 5 DSG NW.

25 Zur Verhinderung einer **unbefugten Löschung** im Rahmen der automatisierten Datenverarbeitung sind die in Nummern 3 und 9 der Anlage zu § 6 BDSG aufgeführten Datensicherungsmaßnahmen der **Speicher-** und **Transportkontrolle** zu treffen. Bei einer unbefugten teilweisen Löschung kann die Unrichtigkeit des restlichen Datensatzes eintreten. In diesem Fall entsteht eine Berichtigungspflicht von Amts wegen nach § 14 Abs. 1 BDSG (vgl. *Auernhammer* BDSG, § 14 Rz. 17).

26 Bei der **Datenverarbeitung im Auftrag** hat der Auftragnehmer die erhaltenen Daten dann zu löschen, wenn es der Auftraggeber bestimmt (§ 80 Abs. 4; vgl. § 80 Rz. 35). Kommt er dieser Pflicht vorsätzlich oder fahrlässig nicht nach, kann dies nach § 85 als Ordnungswidrigkeit mit einer Geldbuße geahndet werden (vgl. dazu § 85 Rz. 6ff.).

V. Verhältnis von Löschungspflicht und Abgabepflicht an Archive (§ 84 2. Halbs.)

Nach § 84 2. Halbs. berührt die Löschungspflicht nicht die Regelung des § 71 Abs. 1 Satz 2 (dazu § 71 Rz. 42 ff.). Diese Norm wiederum enthält die spezielle **Offenbarungsbefugnis**, soweit SGB-Stellen nach §§ 2 und 5 BArchG ihre Unterlagen dem **Bundesarchiv** oder dem zuständigen Landesarchiv **anbieten** und ggf., wenn es für archivwürdig befunden wird, **übergeben** müssen. § 2 BArchG gilt nur für Stellen des Bundes, im Sozialleistungsbereich also für **bundesunmittelbare** SGB-Stellen. 27

§ 71 Abs. 1 Satz 2 erlaubt die Offenbarung auch, soweit **Archivgesetze der Länder** landesunmittelbare oder kommunale (SGB-)Stellen zur Vorlage bzw. Abgabe von Unterlagen an **Landesarchive** verpflichten. Ein derartiges Gesetz gab es bis Ende 1988 jedoch nur in **Baden-Württemberg** (LandesarchivG vom 27. 7. 1987, GBl. 1987 S. 230). Mit der ausdrücklichen Regelung in § 71 ist auch klargestellt, daß die Abgabe von Sozialdatenmaterial an die Staatsarchive **keine gesetzliche Aufgabe** nach § 69 Abs. 1 Nr. 1 darstellt und daher ohne explizite gesetzliche Normierung nur anonymisiert oder mit Einwilligung des Betroffenen zulässig ist (vgl. 7. TB/ *BayLfD* S. 12; zur Unzulässigkeit der Abgabe von Adoptionsakten an ein Stadtarchiv ohne gesetzliche Grundlage vgl. *Deutscher Verein* Gutachten vom 23. 5. 1986, NDV 1986, 362 f.). 28

Das Verhältnis von Löschungs- und Archivabgabepflicht spielt mithin nur für Sozialleistungsträger auf **Bundesebene** und in **Ländern mit verabschiedetem ArchivG** eine Rolle. Eine Pflichtenkollision kann sich auch nur für **Datei-Daten** ergeben, da der Anwendungsbereich des § 84 1. Halbs. auf sie beschränkt ist. Dagegen gehören zu den »**Unterlagen**« i. S. d. BArchG auch Akten, Schriftstücke, Bild- und Tonträger (vgl. § 2 Abs. 8). 29

§ 2 Abs. 1 BArchG stellt zunächst als Voraussetzung der Anbietungspflicht auf, daß die Unterlagen von den speichernden Stellen zur Erfüllung ihrer Aufgaben »**nicht mehr benötigt**« werden (ebenso § 3 Abs. 1 LArchG-BW). Diese Formulierung entspricht dem Wegfall der Erforderlichkeit zur rechtmäßigen Aufgabenerfüllung nach § 84 1. Halbs. (dazu o. Rz. 8 f.). 30

Das Bundesarchiv oder – bei nachgeordneten Stellen und unter bestimmten weiteren Voraussetzungen (vgl. § 2 Abs. 3 BArchG) – das zuständige Landesarchiv hat zu entscheiden, ob die angebotenen Akten, Dateien usw. **archivwürdig** sind, also bleibenden historischen Wert usw. haben (§ 3 BArchG). Bis zu dieser **Entscheidung** dürfen die Daten **nicht gelöscht** werden. Sie müssen aber **gesperrt** werden, da sie ja als mögliches Archivgut definitionsgemäß (vgl. o. Rz. 30) nicht mehr zur Aufgabenerfüllung der speichernden Stelle erforderlich sind. Unmittelbar nach dieser eine Übernahme ablehnenden Entscheidung greift wieder die allgemeine Löschungspflicht des § 84 1. Halbs. Diese Bestimmung hat im übrigen, was Datei-Daten angeht, wegen § 79 Abs. 3 **Vorrang vor landesrechtlichen Vorschriften** wie etwa § 3 Abs. 2 Satz 2 LArchG-BW, der die Vernichtung von Unterlagen vorschreibt, wenn das Staatsarchiv deren Übernahme abgelehnt hat. 31

§ 85 Ordnungswidrigkeiten

(1) Ordnungswidrig handelt, wer vorsätzlich oder fahrlässig entgegen § 80 Abs. 4, auch soweit § 81 Abs. 2 Satz 2 auf diese Vorschrift verweist, personenbezogene Daten oder Betriebs- oder Geschäftsgeheimnisse anderweitig verwendet oder länger aufbewahrt, als nach diesen Vorschriften bestimmt worden ist.

(2) Die Ordnungwidrigkeit kann mit einer Geldbuße bis zu fünfzigtausend Deutsche Mark geahndet werden.

Inhaltsübersicht

		Rz.
I.	Entstehungsgeschichte	1
II.	Bedeutung der Vorschrift	2– 5
III.	Die ordnungswidrigen Handlungen (Abs. 1)	6–14
	1. Anderweitige Verwendung, längere Aufbewahrung	6–10
	2. Tätereigenschaft	11–13
	3. Vorsatz oder Fahrlässigkeit	14
IV.	Geldbuße (Abs. 2)	15, 16
V.	Verhältnis zu anderen Vorschriften	17

I. Entstehungsgeschichte

1 Zu dieser Vorschrift gab es im Gesetzgebungsverfahren keine Meinungsunterschiede zwischen Bundestag und Bundesrat. In den Beratungen des Ausschusses für Arbeit und Sozialordnung des Bundestages wurde überlegt, auch den Verstoß derjenigen Person oder Stelle, die nach § 75 Sozialdaten zu Forschungs- oder Planungszwecken erhalten hat, gegen das Gebot der zweckgebundenen Datenverwendung als Ordnungswidrigkeit in § 85 aufzunehmen (vgl. § 72 Abs. 1 = jetzt: § 85 Abs. 1 i. d. F. der Ausschußdrucks. 651 b/8. Wahlperiode). Dieser Vorschlag wurde jedoch nicht realisiert.

II. Bedeutung der Vorschrift

2 Nach dem Bericht des Ausschusses für Arbeit und Sozialordnung soll § 85 »den in Bezug genommenen Regelungen den erforderlichen **Nachdruck** verleihen« (BT-Drucks. 8/4022, S. 88, zu § 82 = jetzt § 85). § 85 erklärt zwei Fälle unzulässigen Datenumgangs des **Auftragnehmers** bzw. der **Vermittlungsstelle** für ordnungswidrig (vgl. u. Rz. 6 ff.) Unterstrichen wird damit für den Sozialleistungsbereich mit seinen in der Regel »sensitiven« Informationen die besondere **Verantwortung externer verarbeitender Stellen** bzw. deren Mitarbeiter für eine korrekte Speicherung und Verwendung des ihnen anvertrauten Datenmaterials. Aus der Beschränkung auf zwei Fallkonstellationen rechtswidriger bzw. bußgeldpflichtiger Datenverarbeitung ergibt sich, daß § 85 keine allgemeine Sanktionsnorm für Verstöße gegen das Zweckbindungsgebot des § 78 darstellt (vgl. *Hauck/Haines* § 85 Rz. 1).
3 § 85 ist nicht die einzige Sanktionsvorschrift im 2. Kapitel des SGB X. Nach § 79

Abs. 1 Satz 1 sind auch die Straf- und Ordnungswidrigkeitsbestimmungen der §§ 41 und 42 Abs. 1 Nr. 2 BDSG anzuwenden, die die unbefugte Übermittlung oder Veränderung, den unzulässigen Abruf oder die Verschaffung aus in Behältnissen verschlossenen Dateien sowie die Nichtbestellung eines behördeninternen Datenschutzbeauftragten betreffen (vgl. § 79 Rz. 197ff.). Zu beachten ist auch der Bußgeldtatbestand des § 95 Abs. 1 Nr. 1 SGB IV, der die unzulässige Verwendung der **Versicherungsnummer** betrifft (dazu u. Rz. 17).

§ 41 Abs. 1 Nr. 1 BDSG und § 85 können sich, was die **vorsätzliche** (vgl. *Dammann* in Simitis u. a., BDSG, § 41 Rz. 28), **unbefugte Übermittlung** angeht, überschneiden (vgl. *Verbandskommentar* § 85 Rz. 1). Nicht nur die bei der speichernden Stelle Beschäftigten, sondern auch die Mitarbeiter der im Auftrag verarbeitenden Stelle zählen zum möglichen Täterkreis des § 41 BDSG, insbesondere für die unrechtmäßige Übermittlung. Im Rahmen des § 41 BDSG ist allerdings gleichgültig, ob diese im Rahmen oder entgegen den Weisungen des Auftraggebers erfolgt (vgl. *Auernhammer* BDSG, § 41 Rz. 4). Insoweit also die »**anderweitige Verwendung**« (vgl. u. Rz. 6ff.) von Sozialdaten nach § 85 Abs. 1 im unzulässigen Abruf oder in unbefugter Übermittlung besteht, geht § 41 BDSG als die schwerere Sanktionsnorm dann vor, wenn ein Strafantrag (§ 41 Abs. 3 BDSG) vorliegt. Ist dies nicht der Fall, greift auch für diese Konstellationen wieder der Bußgeldtatbestand des § 85 (vgl. § 21 OWiG; Neufassung des OWiG vom 19. 2. 1987, BGBl. I S. 602). Für die Anwendbarkeit beider Normen ist jedenfalls Voraussetzung, daß es um **Datei-Daten** geht (vgl. § 79 Rz. 10).

4

§ 85 ist insoweit eine **atypische Ordnungswidrigkeitsnorm**, als hier nicht der Verstoß gegen ein staatliches Verbot, sondern die Nichteinhaltung einer vertraglichen Vereinbarung, nämlich zwischen dem auftraggebenden Leistungsträger und dem Auftragnehmer, geahndet wird (vgl. *Verbandskommentar* § 85 Rz. 4).

5

III. Die ordnungswidrigen Handlungen (Abs. 1)

1. Anderweitige Verwendung, längere Aufbewahrung

§ 85 Abs. 1 nimmt zunächst Bezug auf § 80 Abs. 4. Nach dieser Vorschrift darf der Auftragnehmer die zur Datenverarbeitung überlassenen **personenbezogenen Daten** nicht anderweitig verwenden und nicht länger aufbewahren, als der Auftraggeber bestimmt. § 85 Abs. 1 erwähnt, wegen § 79 Abs. 1 Satz 1 eigentlich überflüssigerweise (vgl. § 79 Rz. 12), ausdrücklich auch die **Betriebs- und Geschäftsgeheimnisse**. Verwiesen wird weiterhin auf § 81 Abs. 2 Satz 2, der eine entsprechende Anwendung des § 80 Abs. 4 auf Vermittlungsstellen vorsieht (vgl. § 81 Rz. 39). Diese Stellen, die von Sozialleistungsträgern zur Übermittlung von Sozialdaten auf maschinell verwertbaren Datenträgern oder im Wege der Datenfernübertragung eingeschaltet worden sind, müssen mithin in gleichem Umfang wie Auftragnehmer die erhaltenen Weisungen befolgen.

6

Ob eine **anderweitige Datenverwendung** oder eine **längere Aufbewahrung** durch den Auftragnehmer vorliegt, mißt sich an den konkreten **Weisungen** der den Verarbeitungsauftrag gebenden Stelle bzw. an den getroffenen **Abmachungen** zwischen Auftraggeber und Auftragnehmer. Die Feststellung der Tatbestandsmäßigkeit, erst recht die der Vorwerfbarkeit, ist nur möglich, wenn der Verwendungszweck und die Dauer der Befugnis zur Verarbeitung der erhaltenen Sozial-

7

daten **präzise** feststehen. § 85 unterstreicht mithin die im Hinblick auf die Verantwortlichkeit des Auftraggebers für eine ausreichende Datensicherung auch beim Auftragnehmer (§ 80 Abs. 2, dazu § 80 Rz. 28 ff.) und die Anzeigepflicht an die Aufsichtsbehörde (§ 80 Abs. 3, dazu § 80 Rz. 36 ff.) ohnehin vorhandene Notwendigkeit, die Anweisungen im Auftrag bzw. die vertraglichen Vereinbarungen hinreichend konkret auszugestalten (vgl. *Verbandskommentar* § 85 Rz. 4) und **schriftlich** abzufassen (vgl. § 80 Rz. 35).

8 Allerdings kann sich im Einzelfall auch ohne ausdrückliche Festlegung des Verwendungszwecks die Zweckbindung des Auftrags aus den Umständen seiner Erteilung ergeben. Der Sozialleistungsträger, der zum Beispiel Anschriften der Versicherten zum Versand seiner Hauszeitung an einen privaten Verlag gibt, hat damit zumindest **konkludent** den **Verwendungszweck** bestimmt. Hinsichtlich der **Aufbewahrungsfrist** dagegen ist immer eine **genaue** Bestimmung notwendig, weil klargestellt werden muß, ob der Auftraggeber auch nach Abwicklung des konkreten DV-Auftrags die Daten beim Auftragnehmer für die Abwicklung weiterer Aufträge belassen will oder nicht. Empfehlenswert ist in jedem Fall, die beauftragte Stelle auch auf die Ordnungswidrigkeit der Nichtbeachtung der Auftragsbedingungen **hinzuweisen**.

9 Die »**anderweitige Verwendung**« kann sich in verschiedenen Formen abspielen. Hierher gehört zum einen der Fall, daß der Auftragnehmer die Sozialdaten zu **eigenen**, zum Beispiel zu Werbezwecken, benutzt. In Betracht kommt weiter die Datenverwendung **für andere Stellen**, die ebenfalls personenbezogene Daten beim Auftragnehmer verarbeiten lassen, ohne Kenntnis und Zustimmung des Auftraggebers. Eine weisungswidrige Verwendung liegt auch dann vor, wenn der Auftragnehmer **eigenmächtig** aus dem verarbeiteten Datenbestand **Auswertungen** vornimmt, die der Auftraggeber nicht veranlaßt hat. Bereits genannt wurde die Fallgruppe der **unbefugten Übermittlung** (vgl. o. Rz. 4).

10 Eine **längere Aufbewahrung** entgegen den Weisungen des Auftraggebers kann zum einen dann vorliegen, wenn der Auftragnehmer die erhaltenen Sozialdaten auftragswidrig nicht löscht. Zum anderen gehören hierher die Fälle, daß der Datenbestand nicht zum vereinbarten Zeitpunkt an den Auftraggeber zurückgeliefert wird oder vorher eine Duplizierung des Datenbestandes vorgenommen wird.

2. Tätereigenschaft

11 Als Täter der in § 85 Abs. 1 genannten Ordnungswidrigkeiten kommen zunächst die beim Auftragnehmer bzw. bei der Vermittlungsstelle **beschäftigten natürlichen Personen** in Betracht. Dabei spielt keine Rolle, ob diese Mitarbeiter nach der internen Geschäftsverteilung für die Abwicklung des Verarbeitungsauftrags zuständig sind oder nicht. Wenn **mehrere** Beschäftigte sich an der unbefugten Verwertung oder der Nichteinhaltung der Löschungsfristen beteiligen, handelt auf Grund des einheitlichen Täterbegriffs des Ordnungswidrigkeitenrechts jeder von ihnen ordnungswidrig (§ 14 Abs. 1 OWiG).

12 Auch der **Inhaber** eines Sozialdaten im Auftrag verarbeitenden privaten Unternehmens (vgl. § 80 Abs. 5) kann sich nach § 85 ordnungswidrig verhalten (zur Rechtslage bei Kapital- und Personenhandelsgesellschaften vgl. u. Rz. 13). Ist er nicht selbst mit der Verarbeitung befaßt, hat es aber vorsätzlich oder fahrlässig an

der gehörigen Aufsicht über seine Mitarbeiter fehlen lassen und damit deren Verstöße gegen § 85 ermöglicht, begeht er nach § 130 OWiG eine selbständige Ordnungswidrigkeit. Gleiches gilt auch für die **Mitglieder von Vertretungsorganen** oder **gesetzlichen Vertretern** von **privaten** oder **öffentlichen** Unternehmen (§ 130 Abs. 2, 3 OWiG), also z. B. für den Geschäftsführer einer als Auftragnehmer tätigen Datenverarbeitungs-GmbH, der keine organisatorischen Vorkehrungen dagegen trifft, daß Sozialdaten nicht weisungswidrig verwendet werden bzw. gespeichert bleiben. § 130 OWiG über die **Verletzung der Aufsichtspflicht** greift dagegen nicht bei juristischen Personen des öffentlichen Rechts, die keine »**öffentlichen Unternehmen**« sind (vgl. *Göhler* OWiG, § 130 Rz. 24). Nicht anwendbar ist die Norm also auf die **Organmitglieder von Sozialversicherungsträgern**, die für andere SGB-Stellen Auftragsdatenverarbeitung betreiben (vgl. § 29 Abs. 1 SGB IV).

Davon zu unterscheiden ist die Frage, ob **gegen eine juristische Person** (z. B. GmbH) oder eine Personenhandelsgesellschaft eine **Geldbuße** festgesetzt werden kann, wenn das Organmitglied bzw. der Gesellschafter Pflichten verletzt haben, die **das Unternehmen** als Auftragnehmer für die Verarbeitung von Sozialdaten treffen (§ 30 OWiG). Da auch die Einhaltung der Datenschutzvorschriften zu den »**betriebsbezogenen**« Pflichten im Sinne des § 30 Abs. 1 Nr. 1 OWiG gehört (vgl. zur Auslegung dieses Begriffs *Göhler* OWiG, § 30 Rz. 19), ist diese Frage zu bejahen. Auch die **Verletzung der Aufsichtspflicht** nach § 130 OWiG kann – neben dem verantwortlichen Mitarbeiter (vgl. o. Rz. 11) – das private oder öffentliche Unternehmen nach § 30 OWiG bußgeldpflichtig machen (vgl. *Göhler* OWiG, § 30 Rz. 17). § 30 OWiG ist grundsätzlich auch auf juristische Personen des **öffentlichen** Rechts und damit insoweit auch auf **Sozialleistungsträger** anwendbar (vgl. *OLG Frankfurt* NJW 1976, 1276; *OLG Hamm* NJW 1979, 1312; in beiden Fällen wurden Bußgelder gegen kommunale Gebietskörperschaften verhängt; einschränkend *Göhler* OWiG § 30 Rz. 2). Eine Verletzung der Auftragspflichten etwa durch einen Landesverband gesetzlicher Krankenkassen – Körperschaft des öffentlichen Rechts nach § 207 Abs. 1 Satz 2 SGB V – könnte mithin gegenüber diesem Landesverband selbst mit einem Bußgeld sanktioniert werden. 13

3. Vorsatz oder Fahrlässigkeit

§ 85 Abs. 1 setzt voraus, daß der Täter **vorsätzlich** oder **fahrlässig** handelt, d. h. die Tatbestände der zweckwidrigen Nutzung oder überlangen Aufbewahrung der Daten durch eine eigene rechtswidrige und vorwerfbare Handlung erfüllt (für Einzelheiten zu diesen Begriffen vgl. *Dreher/Tröndle* StGB, § 15 Rz. 2 ff., 12 ff.). Ausgeschlossen ist also eine lediglich versehentliche Mißachtung der Weisungen des Auftraggebers. 14

IV. Geldbuße (Abs. 2)

Die Ordnungswidrigkeit nach Abs. 1 kann nach Abs. 2 mit einer Geldbuße bis zu 50 000 DM geahndet werden. Allerdings gilt dies nur für **vorsätzliches** Handeln; bei **Fahrlässigkeit** kann nach § 17 Abs. 2 OWiG nur eine Geldbuße von maximal der Hälfte dieses Betrages, also höchstens 25 000 DM verhängt werden. Für die 15

Bemessung der Höhe sind unter anderem maßgeblich die Schwere des Verstoßes, der Grad des Vorwurfs, der den Täter persönlich trifft, seine wirtschaftlichen Verhältnisse und ggf. der wirtschaftliche Vorteil, den er aus seinem Verhalten gezogen hat (vgl. § 17 Abs. 3 und 4 OWiG). Die Höchstgrenze von 50 000 DM gilt auch für Bußgelder an **juristische Personen** nach § 30 OWiG (vgl. o. Rz. 12), nicht jedoch die Halbierung für die fahrlässige Begehung (arg. § 30 Abs. 2 Satz 2 und Abs. 3 OWiG).

16 Die **sachliche Zuständigkeit** für die Verfolgung und Ahndung der Ordnungswidrigkeiten nach § 85 ergibt sich aus § 36 OWiG, ggf. i. V. m. den einschlägigen Rechtsverordnungen des Bundes bzw. Ausführungsgesetzen und -verordnungen der Länder zum OWiG.

V. Verhältnis zu anderen Vorschriften

17 Nach § 95 Abs. 1 Nr. 1 SGB IV (dazu Einl. Rz. 17) handelt ordnungswidrig, wer als Sozialleistungsträger oder andere öffentliche oder private Stelle die **Versicherungsnummer** vorsätzlich oder grobfahrlässig erhebt, speichert oder verwendet (vgl. § 18f SGB IV). § 18f Abs. 4 SGB IV läßt die Verwendung der Versicherungsnummer auch bei der **Datenverarbeitung im Auftrag** ausdrücklich zu (vgl. § 80 Rz. 6). Die Begründung des Regierungsentwurfs nennt dazu als Beispiel den Fall, daß eine Druckerei damit beauftragt wird, Versicherungs-Nachweishefte zu erstellen und dabei die Versicherungsnummer einzudrucken. Adressaten der Sanktionsnorm des § 95 Abs. 1 Nr. 1 SGB IV sind – weil in dieser Bestimmung nicht auf § 18f Abs. 4 SGB IV verwiesen wird – aber nur Stellen, die sich der Versicherungsnummer **als speichernde Stelle** bedienen, nicht solche, die sie bei der Abwicklung eines DV-Auftrags verarbeiten. Anders ausgedrückt: Die unbefugte »anderweitige« Verwendung der Versicherungsnummer durch den Auftragnehmer fällt nach wie vor unter § 85.

Stichwortverzeichnis

Die **fett** gedruckten Ziffern weisen auf den jeweiligen Paragraphen (bzw. die Einleitung), die normal gedruckten Ziffern auf die Randziffern der Kommentierung hin. Auf die Erläuterungen des § 35 SGB I wird mit **35 I** verwiesen, auf die Kommentierungen von Vorschriften des SGB X ohne entsprechenden Zusatz.

Abberufung
— des Datenschutzbeauftragten **79** 242
Abgabepflicht
— an Archive **71** 42 ff., **76** 82, **84** 27 ff.
Abrechnungsbetrug, -manipulationen
— durch Ärzte **76** 50, 68, 71, **73** 24, 44
Abwendung von Straftaten 71 11
Ärzte
— Berufsgeheimnis **76** 16 ff.
— Berufsordnungen **76** 16 f.
— Meldepflicht **71** 12, 17 f., 20 f.
— Schweigepflicht **76** 16 ff.
Ärztekammer 76 16
Aggregierte Daten 35 I 15 f., **75** 21, **79** 38
AIDS 69 51 ff., **76** 40, 56
Akten
— Beschlagnahme **35 I** 68, **73** 23 ff.
— Dienstaufsichtsbeschwerde bei Verweigerung der Herausgabe **73** 27
— Einsichtsrecht des Betroffenen **83** 3, 36, 42
— Herausgabe im Ermittlungsverfahren **73** 26
— Vorlagepflicht gegenüber Gerichten **35 I** 68
Aktenanalyse 75 50
Aktendokumentationssysteme 79 55
Allgemeiner Sozialdienst 35 I 32
Allgemeiner Stellvertreter 68 102
Allgemeines Personenkennzeichen 69 83
Allgemeine Verwaltungsvorschriften
— als Rechtsgrundlage **69** 36
— nach § 16 BDSG **79** 147
Amtliche Statistik 75 8
Amtsanwaltschaften 73 15
Amtsarzt 76 17, 40, **83** 44
Amtsgeheimnis
— als Offenbarungsbeschränkung **69** 19, **81** 19

— Strafbarkeit der Verletzung **76** 44, **79** 206
— und Kontrollbefugnis des Datenschutzbeauftragten **79** 170
Amtshaftung 79 67
Amtshilfe
— Einheit des Staates und – **69** 10
— Einzelfallcharakter **68** 47
— gegenüber Finanzbehörden **71** 32
— und Offenbarungsbefugnis **68** 1 ff.
— unter Leistungsträgern **35 I** 1, **68** 25, **69** 1 f., 123
— zwischen Verfassungsschutzbehörden **72** 16
Anderweitige Datenverwendung
— durch Auftragnehmer **85** 6 ff.
Anderweitige Zweckerreichung
— bei der Forschung **75** 53 ff.
Anonymisierung
— Begriff **35 I** 16, **79** 38 ff.
— faktische – **79** 40
— im Rahmen der Forschung **75** 9, 21, 46, 76
— Nichterforderlichkeit der Offenbarung **69** 75
— und Geschäftsstatistiken **69** 40
Anrufung
— des Datenschutzbeauftragten **79** 192
Anschrift
— als offenbarungsfähiges Datum **68** 43 f., **72** 38 ff.
Anstalten des öffentlichen Rechts 79 143
Anzeigenerstattung
— durch Leistungsträger **76** 68, **73** 43
Anzeigepflicht
— bei Auftragsdatenverarbeitung **80** 36 ff.
— gegenüber der Behördenleitung **79** 257

Stichwortverzeichnis

— zur Abwendung geplanter Straftaten **76** 49, **71** 10, 64
Apotheker 76 21
Arbeitgeber
— Meldepflicht des – **Einl.** 19, **79** 99
Arbeitgeberanfragen 68 86, **76** 62
Arbeitsämter
— Pflicht zur Bestellung eines Datenschutzbeauftragten **79** 221
Arbeitsdatenbestand 84 23
Arbeitsgemeinschaften
— als speichernde Stellen **79** 107
— Aufgabenerfüllung nach dem SGB **69** 47
— Begriff **35 I** 42 f.
Arbeitslosigkeit
— als offenbarungsfähiges Datum **68** 46
Arbeitsmarktforschung 71 37, **75** 35
Arbeitsschutz 69 124, **70** 2, 5, 13, 22, **76** 18, 50 f.
Arbeitsverhältnis 68 77
Arbeitsvermittlung 69 62
Arbeitsvertragsschutz 70 13
Arbeitszeitschutz 70 13
Archivgesetze 71 42 ff., **76** 82, **84** 27 ff.
Archivierte Daten
— Ausnahme von der Auskunftspflicht **81** 12, 27
Arzneimittelberatung 79 115
Arzt
— behandelnder – und Meldepflicht nach dem GeschlKrG **71** 20 f.
— Meldepflicht des – **71** 16 ff.
Arztbezogene Daten
— Einbeziehung in Sozialgeheimnisschutz **35 I** 9
— Gesundheits-Reformgesetz **Einl.** 20
Arztgeheimnis
— als Offenbarungseinschränkung **76** 16 ff.
— und Mitwirkungspflicht des Antragstellers **67** 62
Asylberechtigte 71 52
Aufbewahrungsfrist
— interne Festlegung **84** 18
— Nichtbeachtung **85** 8
— Setzung durch Auftraggeber **80** 35
Aufbewahrungsvorschriften

— und Auskunftsanspruch **83** 27
— Vorrang vor § 84 **84** 12
Aufenthaltsberechtigung 71 51
Aufenthaltsermittlung 68 9
Aufenthaltsgesetz/EWG 71 52
Auffangnorm 68 108
Aufgabe
— nach dem SGB **35 I** 24, 34, **69** 43
Aufklärung
— eines Verbrechens **73** 11 f.
— eines Vergehens **73** 11 f.
Aufklärungsverfügung des Gerichts 68 33
Auflagenvorbehalt 75 125
Aufsichtsbefugnis
— Zulässigkeit der Offenbarung **35 I** 65, **78** 19
Aufsichtsbehörde
— Anzeige bei Auftrags-DV **80** 36 ff.
— Definition **35 I** 47 f.
— nach dem BDSG **79** 251, 256
— Unterrichtung durch Sicherheitsbehörden **72** 60 ff.
Aufsichtsberechtigte Behörden
— Begriff **35 I** 47 ff.
— Bestellungspflicht **79** 222
Auftraggeber
— Stellung und Pflichten **80** 25, 28 ff.
Auftragnehmer
— Stellung und Pflichten **80** 25 ff., 41 ff.
Auftrags-Datenverarbeitung 79 49, **80** 1 ff.
— Unterwerfungsklausel bei – **80** 33
Ausforschungsersuchen 68 48, **73** 24
Ausgleichsämter 69 119
Auskünfte
— telefonische – **72** 58
Auskunft
— Gebührenpflichtigkeit **83** 53 ff.
— Umfang **83** 10 ff.
— Verständlichkeit **83** 24 ff.
Auskunftsansprüche
— gegen Sozialleistungsträger **74** 29, **79** 212, **83** 2 ff., 10 ff., 42 ff.
Auskunftsberechtigung
— bei der Auftrags-DV **80** 44, **83** 9
— im Unterhaltsverfahren **74** 10, 16 ff., 23

Auskunftsersuchen
— im Ermittlungsverfahren **73** 16
Auskunftserteilung
— Gefährdung der öffentlichen Sicherheit oder Ordnung durch – **83** 33
— Geheimhaltung aufgrund Rechtsvorschriften bei – **83** 34 ff.
Auskunftspflicht
— Ausnahmen von der – gegenüber dem Betroffenen **83** 27 ff.
— gegenüber Gerichten **35 I** 67 ff.
— im Rahmen der Amtshilfe **68** 13 f.
— im Unterhaltsverfahren **74** 10, 16 ff., 23
— nach § 161 StPO **73** 1, 3, 25 f.
— und Offenbarungsbefugnis **69** 25
Auskunftsverbot
— nach dem BDSG **83** 28
Auskunftsverfahren
— nach der AO **71** 29
Auskunftsverweigerung
— Ärzte **71** 33
— Erstreckung auf den Datenempfänger **78** 30
Ausländerbehörden
— Offenbarungen im Zusammenhang mit dem AuslG **71** 45 ff.
— Übermittlungen aufgrund des BillBG **69** 64
Auslandsbezug 77 5 ff.
Aussagegenehmigung 73 40
Ausschluß der Öffentlichkeit 73 52, **78** 24
Ausschußbericht
— Charakter **Einl.** 3
Automatisierte Datenverarbeitung
— im Rahmen des BDSG **79** 44 ff.
— und Datensicherung **79** 83, 87 ff.

BAföG-Empfänger 78 11
Beamtenversorgungsgesetz Einl. 19, **69** 119
Beantwortungspflicht
— gegenüber dem Datenschutzbeauftragten **79** 196
Beeinträchtigung der Persönlichkeitsentwicklung 83 49 f.

Beeinträchtigung schutzwürdiger Belange
— bei der Amtshilfe **68** 54 ff.
— bei der Forschung und Planung **75** 70 ff.
— bei der grenzüberschreitenden Offenbarung **77** 7
— bei der Offenbarung zur Durchführung des Arbeitsschutzes **70** 20 f.
Befähigung zum Richteramt 72 41
Befreiung
— von der Auskunftsgebühr **83** 57 ff.
Befugnisnorm nach dem BDSG 79 56 ff., 98 f.
Befugte Offenbarung
— und Zweckbindung **78** 13 ff.
Begutachtungsdaten 69 57, **76** 17, 40, 74 f.
Behandlungsdaten 69 57, **76** 17, 50, 63, 68, 70 f., 74
Behinderte
— Einrichtungen zur Eingliederung – **79** 6, 258 ff.
Behördeninterner Datenschutzbeauftragter 79 217 ff.
Behördenleiter 72 39, 48 f.
Beitragseinzug 69 121
Bekämpfung ansteckender Krankheiten 71 16
Bekanntmachung der Veröffentlichungen 82 34
Belehrung der Mitarbeiter
— über Datenschutzpflichten **79** 80
Beliehene Unternehmen 68 29
Benachrichtigungspflicht 83 15
Benachteiligungsverbot nach § 28 BDSG 79 241
Benutzungsverbot nach dem BArchG 71 43
Beratungsdienste 76 30
Beratungspflicht
— des Sozialleistungsträgers **67** 52
Bereichsspezifische Datenschutzbestimmungen
— als Kontrollgrundlage für den Bundesbeauftragten für den Datenschutz **79** 155
— als Verarbeitungsbefugnisse **79** 17, 99, 102, 211 ff.

497

Stichwortverzeichnis

— §§ 67ff. SGB X als – **67** 16
Bergämter 70 18
Berichtigungsanspruch 79 135ff.
Berufsethische Verpflichtungen 76 26
Berufsgeheimnis
— als Einschränkung der Offenbarungsbefugnisse **76** 15ff.
— ehrenamtliche Helfer und – **76** 37
— Strafbarkeit bei Geheimnisbruch **76** 14
— Strafvorschrift bei – **35 I** 79
— Übermittlungssperre bei – **72** 25
— Verhältnis zum Sozialdatenschutz **Einl.** 6
Berufsgenossenschaften
— Bestellungspflicht für interne Datenschutzbeauftragte **79** 221
— Offenbarungsbefugnisse **70** 2ff.
— Strafbarkeit bei Geheimnisbruch **79** 77, 197, 204
Berufsordnungen der Ärzte 76 16f.
Berufsvorbereitung 76 38
Beschäftigtendaten 79 96
Beschäftigungsverhältnis 69 42
Bescheinigungen 76 74
Beschlagnahme von Akten 35 I 68, **73** 27ff.
Beschuldigter 73 23
Beschwerde
— gegen richterliche Anordnung **73** 37
Besondere Amtsgeheimnisse 69 19, **81** 19
Besonders bevollmächtigter Bediensteter 68 103ff., **79** 254
Besonders schutzwürdige Daten 76 7ff., **79** 220
Besteuerungserhebliche Sachverhalte 71 27
Bestimmbarkeit der Person 35 I 15, **79** 220
Bestimmtheit der Erklärung 67 64, **76** 77
Betrieblicher Datenschutzbeauftragter 79 17, 219
Betriebskrankenkasse 35 I 42, **80** 48
Betriebsrat 70 9
Betriebsschutz 70 13
Betriebs- und Geschäftsgeheimnis
— bei Auftrags-DV **80** 5

— Definition **35 I** 19ff., **67** 39
— Einbeziehung in die §§ 79ff. **79** 12, 37
Betroffener 35 I 14, **79** 36f.
Bevollmächtigte 67 41
Bewährungshelfer 73 15
Beweisbeschluß 35 I 67ff., **68** 33, **73** 31
Beweisverwertungsverbot 35 I 77
Bundesamt für Verfassungsschutz 72 14ff.
Bundesanstalt für Arbeit
— Bestellungspflicht **79** 221
— Datenerfassung **69** 42
— Datenschutzkontrolle **79** 151
— Forschung **75** 35
Bundesarchiv 71 42ff., **75** 8, **84** 6, 27
Bundesbeauftragter für Datenschutz 79 148ff.
— Kontrollzuständigkeit **79** 155ff.
Bundes-Datenschutzgebührenordnung 83 56ff.
Bundesdatenschutzgesetz
— Rechte des Betroffenen nach dem – **79** 64ff.
— Rechtsvorschriften i. S. d. – **79** 57ff.
— Subsidiarität des – **79** 211
Bundesgrenzschutz 72 1
Bundeskriminalamt 72 26ff., **73** 15
Bundesminister für Arbeit und Sozialordnung
— Genehmigung bei Forschungsvorhaben **75** 99
— Rechtsaufsicht **35 I** 48
Bundesnachrichtendienst 72 19ff.
Bundes-Seuchengesetz 71 16ff.
Bundesstatistikgesetz 75 8
Bundesverbände der Sozialversicherungsträger
— Auftrags-DV **80** 12ff.
— Kontrolle durch den Bundesbeauftragten für den Datenschutz **79** 151
— Offenbarungsverbote **35 I** 39ff.
Bundesverfassungsschutzgesetz 72 12f.
Bundesversicherungsamt 35 I 48, **79** 173

Bundesversicherungsanstalt für Angestellte 79 151 f.
Bundesverwaltungsamt 79 221
Bundeswehr 72 23
Bußgeldbestimmungen nach dem BDSG 79 17, 208 ff.
Bußgeldverfahren
— Offenbarung nach § 69 **69** 103
— Offenbarung nach § 73 **73** 15

Datei 79 27 ff., 51 ff.
— standardisierte Formulare als – **79** 44
Datei-Daten 81 6 f.
Dateienregister 79 164, 174 ff., **82** 5, **84** 24
— Meldepflicht zum – **79** 176 ff., 275 f.
— Transparenzfunktion **79** 175
Daten
— aggregierte – **35 I** 15 f., **75** 21, **79** 38
— besonders schutzwürdige – **76** 7 ff., **79** 220
— Datei – **81** 6 f.
— Direktabruf **82** 21
— Formatierung **79** 51
— gesundheitliche – **76** 40, 44, **83** 20, 43
— Sensitivität **Einl.** 6, **75** 74
— Sperrung **79** 141, **84** 3 f.
— Umordenbarkeit **79** 51
— Verknüpfung **79** 45
Datenabgleich
— mit Sicherheitsbehörden **72** 34
— mit Stellen außerhalb des Sozialleistungsbereichs **68** 50
— mit Strafverfolgungsbehörden **73** 22
Datenauskunft
— Kostenfreiheit **79** 139, **83** 58 ff.
Datenbeschaffung
— auf andere Weise **68** 79 ff.
Datenempfänger
— regelmäßige – **79** 140, **83** 11
— Weiterübermittlung durch – **78** 15
— Zweckänderung durch – **78** 18 f.
— Zweckbindung beim – **78** 13 ff.
Datenerfassung 69 42, **79** 119
Datenerfassungs-Verordnung 69 42, **79** 99

Datenerhebung
— beim Betroffenen **67** 31, **68** 52, 69, 91 ff., **79** 124 ff.
— Einbeziehung der – in das SGB V **79** 10, 26
— Freiwilligkeit bei der – **79** 120, 127 ff.
— Phase der – **79** 25 f., 120 ff.
— Vorrang der – beim Betroffenen **67** 31, **68** 52 f., 85, **69** 91 ff., **72** 46, **79** 124 ff.
— zwangsweise – **69** 6, **79** 122
Datenfernverarbeitung 79 255, **81** 32 f.
— on-line-Verbindung als Form der – **81** 33
Datengeheimnis 79 70 ff.
— Verpflichtung auf das – **79** 79 ff., **80** 30
Datennutzung 79 29, 45, 76
Datenoffenbarung, Erforderlichkeit 68 51 ff., **69** 67 ff., **72** 44 ff., **73** 16 f., **75** 45 ff.
— an Strafverfolgungsbehörden **73** 16 f.
— bei der Erfüllung von SGB-Aufgaben **69** 67 ff.
— bei der Forschung oder Planung **75** 45 ff.
— gegenüber Sicherheitsbehörden **72** 44 ff.
— im Rahmen der Amtshilfe **68** 51 ff.
Daten, personenbezogene 69, 64
— Definition **Einl.** 7, **35 I** 14 f., **79** 36 ff.
Datensammlung
— auf Vorrat **84** 5
Datenschutz
— externer behördlicher Beauftragter für den – **79** 237
— reflexiver – **69** 4
Datenschutzbeauftragter
— Abberufung **79** 242
— Anrufung **79** 192
— Beantwortungspflicht gegenüber dem – **79** 196
— behördeninterner – **79** 217 ff.
— betrieblicher – **79** 17, 219
— Bundesbeauftragter für den Datenschutz **79** 148 ff.
— des Sozialleistungsträgers **35 I** 31, **79** 217 ff.

499

Stichwortverzeichnis

— Entscheidungsbefugnis des internen – **79** 239
— interner – **35 I** 31, **79** 217 ff.
— Konferenz der – **79** 181, 184
— Kündigungsschutz **79** 243
— Nachteilsverbot für den – **79** 241
— Pflicht zur Bestellung in den Kommunen **79** 223 f.
— Tätigkeitsbericht des – **79** 166 f., 185

Datenschutzbehörde
— Einsichtnahme der – **35 I** 65, **79** 168, 170

Datenschutzkontrolle 79 155 ff.
Datenschutzkontrollinstanzen
— Kooperation der – **79** 180 ff.

Datenschutzpflichten
— Belehrung der Mitarbeiter über – **79** 80

Datenschutzrecht
— Personenbeziehbarkeit **79** 36
— Personenbezug **79** 36

Datenschutzregisterordnung 79 178 f.
Datenschutzveröffentlichungsordnung 82 5, 11 f.

Datensicherung
— bei Auftrags-DV **80** 28 ff.
— bei Forschung **75** 75 ff.
— Datenspeicherung für die – **83** 14, **84** 23
— nach § 6 BDSG **79** 82 ff.
— organisatorische Maßnahmen der – **79** 88 f., **80** 28 ff.
— Verhältnismäßigkeit bei der – **79** 84 f.

Datenspeicherung 79 44, 98 ff.
Datenstelle
— des VDR **72** 38, **81** 16 f.

Datenträger
— maschinell verwertbare – **79** 44, **81** 31
— Vernichtung von – **84** 21

Datenübermittlung
— ins Ausland **77** 1 ff.

Datenübermittlungs-Verordnung 69 42, **79** 99, **81** 23

Datenveränderung
— Begriff **79** 45
— Zulässigkeitsvoraussetzungen **79** 98 ff.

Datenverarbeitung
— Definition **79** 43 ff.
— Eingriffscharakter der – **67** 3, **69** 14, **79** 26, 122

Datenverarbeitung im Auftrag
— Anwendbarkeit des § 69 **69** 110 f.
— Anwendbarkeit des § 78 **78** 35
— Löschungspflicht **84** 26
— Ordnungswidrigkeiten **85** 6 ff.
— Zulässigkeitsvoraussetzungen **80** 25 ff.

Datenverkehrsordnung 79 22
Datenverknüpfung 79 45
Datenverwendung 79 45
— anderweitige – durch Auftragnehmer **85** 6 ff.
— Zweckbindung bei der – **79** 111 ff.

Deanonymisierung 79 39
— Risikoanalyse bei – **35 I** 15

Deckungsgleichheit
— zwischen BDSG und bereichsspezifischen Vorschriften **79** 212, **83** 6

Deutsche Bundespost
— als SGB-Stelle **35 I** 46, **79** 221
— Rentenauskunftsverfahren **69** 79, **81** 5

Deutscher Verein für öffentliche und private Fürsorge
— als SGB-Stelle **35 I** 40
— Empfehlungen zum Berufsgeheimnis der Sozialarbeiter **76** 63

Diagnosen 76 18, 40, 48, 56, 75, **83** 47
Dienstanweisung 79 144, 253
Dienstaufsichtsbeschwerde
— bei Verweigerung der Aktenherausgabe **73** 27

Dienstleistungsunternehmen
— als Auftragnehmer **80** 48

Diplom-Psychologen 76 26
Direktabruf von Daten 82 21
s. auch *on-line-Verbindung*
Disziplinarverfahren 69 103
Drittschuldnererklärung 69 60
Durchführungspflicht nach § 15 HDSG 79 142 ff.

EG-Ausländer 71 52
Ehrenamtliche Helfer

— und Berufsgeheimnis **76** 37
Ehrenschutz 35 I 18
s. auch postmortale Geltung des Sozialgeheimnisses
Eigenforschung der Leistungsträger 69 50, **75** 33ff.
Eigenplanung 69 50, **79** 39
Eignungsvoraussetzungen
— des behördlichen Datenschutzbeauftragten **79** 227
Eingriffscharakter
— der DV **67** 3, **69** 14, **79** 26, 122
Einheit des Staates
— und Amtshilfe **69** 10
Einrichtungen
— zur Eingliederung Behinderter **79** 6, 258ff.
Einsichtnahme
— der Datenschutzbehörde **35 I** 65, **79** 168, 170
— von Rechnungshöfen **35 I** 65
Einsichtsfähigkeit
— bei Einwilligung **67** 42ff. **76** 60
Einwilligung
— des »Beforschten« **75** 57ff.
— Empfangsbedürftigkeit der – **67** 40
Einwilligung des Betroffenen
— Bedeutung und rechtliche Qualifikation **67** 23ff.
— bei Berufsgeheimnis **76** 60ff.
— nach § 3 BDSG **79** 61ff.
— Offenbarungsvoraussetzungen **67** 37ff.
— Verhältnis zur gesetzlichen Offenbarungsbefugnis **67** 20ff., **69** 122
— Zweckbestimmung **78** 19
Einwilligungsbefugnis
— nach dem Tod **35 I** 18, **67** 46
Einwilligungsfähigkeit 67 41ff. **76** 60
Einzelfallcharakter
— der Amtshilfe **68** 47
Einzugsstellen Einl. 19
Empfangsbedürftigkeit der Einwilligung 67 40
Entbindung von der Schweigepflicht
— bei Berufsgeheimnissen **76** 60ff.
— bei Offenbarung an Finanzbehörden **71** 35
Entmündigungsverfahren 69 66

Entschädigungsbehörden 69 119
Entscheidungsbefugnis
— bei Offenbarung an Sicherheitsbehörden **72** 39ff.
— des internen Datenschutzbeauftragten **79** 239
— im Rahmen der Amtshilfe **68** 95ff.
— im Rahmen der Strafverfolgung **73** 38
Enumerationsprinzip 35 I 61ff., **71** 41, **81** 4
Epidemiologie 69 53
Erben
— Einwilligungsbefugnis **35 I** 18, **67** 46ff.
Erforderlichkeit
— an Strafverfolgungsbehörden **73** 16f.
— bei der Erfüllung von SGB-Aufgaben **69** 67ff.
— bei der Forschung oder Planung **75** 45ff.
— der Datenoffenbarung **68** 51ff., **69** 67ff., **72** 44ff., **73** 16f., **75** 45ff.
— der Speicherung **79** 104ff.
— gegenüber Sicherheitsbehörden **72** 44ff.
— im Rahmen der Amtshilfe **68** 51ff.
s. auch Datenoffenbarung
Erkenntnisverfahren 73 11
Ermessen
— bei Erteilung der Datenauskunft **83** 19f.
— bei Offenbarung an Ausländerbehörden **71** 54ff.
— bei Versagung der Forschungsgenehmigung **75** 114
Ermittlungsrichter 73 14
Ermittlungsverfahren 35 I 2, **72** 11, 25, **76** 68, 71
Ersatzanspruch
— Geltendmachung als SGB-Aufgabe **69** 41
— statt Unterhaltsanspruch **74** 7
Erstattungsansprüche 69 23, 41
Erste Hilfe 70 15
Erziehungsgeld 35 I 34, **79** 99
Europäisches Fürsorgeabkommen 71 53

501

Stichwortverzeichnis

Europäisches Gemeinschaftsrecht 71 8
Europakonvention zum Datenschutz 77 10
Externer behördlicher Beauftragter für den Datenschutz 79 237
Exterritorialer Status 77 5

Fahrlässigkeit 85 14
Faktische Anonymisierung 79 40
File-Trennung 75 76
Finanzämter
— Kontrollmitteilungen an die – **71** 27
Finanzbehörden 71 2, 25 ff., **83** 41
Folgenbeseitigungsanspruch 35 I 74, **79** 140
Form
— der Auskunftserteilung **83** 15 ff.
— der Einwilligung **67** 66 ff.
— des Widerspruchs **76** 77
Formatierung von Daten 79 51
Forschung 75 25 ff.
Forschungsfreiheit 75 12 ff.
Forschungsklauseln
— in Landesdatenschutzgesetzen **75** 78, **94** 142
Freie Jugendhilfe 35 I 33
Freie Träger 35 I 33, **68** 29
Freiwilligkeit
— bei der Datenerhebung **79** 120, 127 ff.

Gebrechlichkeitspflegschaft 67 44
Gebührenpflichtigkeit
— der Auskunft **83** 53 ff.
Gefährdung der öffentlichen Sicherheit oder Ordnung
— durch Auskunftserteilung **83** 33
Gefahrenabwehr 72 28
Gefahrenschutz 70 13
Geheimhaltung
— aufgrund Rechtsvorschriften bei Auskunftserteilung **83** 34 ff.
Geheimhaltungsinteresse
— überwiegendes – eines Dritten bei Auskunftserteilung **83** 34 ff.
Geheimhaltungsinteresse des Betroffenen

— bei Durchführung des Arbeitsschutzes **70** 22 f.
— bei Forschung oder Planung **75** 86
Geheimhaltungspflicht
— des Empfängers **78** 26 ff.
— Verlängerung der – **78** 1
Geheimnisbegriff
— bei Berufsgeheimnissen **76** 43 f.
Geheimnisschutz
— Verlängerung des – **76** 3
Geheimniswahrung 35 I 57 ff., 73 ff.
Geldbuße 85 15 f.
Geldleistungen 73 19 f.
Gemeinden *s. Kommunen*
Genehmigung der Offenbarung
— bei Forschung oder Planung **75** 91 ff.
— bei Richtigstellung unwahrer Tatsachenbehauptungen **69** 114
Generalbundesanwalt 72 30
Gerichte
— als Datenempfänger bei Strafverfahren **73** 14, 31
— Amtshilfeberechtigung **68** 31 ff.
— Offenbarung im Zusammenhang mit SGB-Aufgaben **69** 66, 95 ff.
— Verfahren in Unterhaltsangelegenheiten **74** 8
— Zweckbindung nach Offenbarung **78** 12
Gesamtzweck 69 9, 12
Geschäftsgeheimnis *s. Betriebs- und Geschäftsgeheimnis*
Geschlechtskrankheitengesetz 71 20 ff., **76** 49
Gesetzesvorbehalt 69 13 ff., **79** 59, 101
Gesetzliche Aufgabe 67 27
— bei gleichgestellten Stellen **69** 121
— Erfüllung durch Auskunftserteilung **83** 35
— nach dem SGB **69** 29 ff., **79** 103
Gesetzliche Auskunftspflichten
— bei Ehegatten **74** 12
— bei nichtehelichen Kindern **74** 12
— bei Verwandten **74** 16
Gesetzliche Mitteilungsbefugnis
— bei besonderen Berufsgeheimnissen **76** 47 ff.

— nach § 71 **71** 2
Gesetzliche Mitteilungspflicht 76 47
— gegenüber Verfassungsschutzbehörden **72** 16 ff.
— nach § 35 SGB I a. F. **35 I** 1 ff., **67** 9, **73** 3
— nach § 71 **71** 1, 10 ff.
Gesetzlicher Unterhaltsanspruch 74 4
Gesetzlicher Vertreter 67 44, **76** 60
Gesundheitliche Beeinträchtigungen
— durch Datenauskunft **83** 47
Gesundheitsamt 71 20 ff.
Gesundheitsdaten 76 40, 44, **83** 20, 43
Gesundheitsforschung 75 133 ff.
Gesundheits-Reformgesetz Einl. 2, 20 f., **35 I** 32, 48, **69** 28, 82, **76** 18, **79** 26, 114, **80** 15
Gewerbeaufsichtsamt 70 3, 11, 16 f.
Gewerbeaufsichtsbehörde 69 63
Gewerbeordnung 70 12, 16
Gewerbezentralregister 69 63
Gleichgestellte Behörden 69 118 ff.
Grundrecht auf informationelle Selbstbestimmung s. *informationelles Selbstbestimmungsrecht*
Grundrechtsabwägung
— Wissenschaftsfreiheit – Sozialgeheimnis **75** 12 ff.
Grundrechtsrelevanz 69 24
Güterabwägung als Offenbarungsbefugnis 35 I 63, **76** 55 ff.
Gutachten 76 74 f.

Haftbefehl 73 36
Handlungsfähigkeit 67 42
Hauptverfahren 73 11, 31
Hausarzt 83 44
Heilpraktiker 76 24 f.
Heimarbeitsgesetz 70 12
HES-SIAS 75 47
Hilfsdateien 83 13
HIV-Virus s. *AIDS*
Hochschulen
— als forschende Stellen **75** 5, 142
Hochschulsozialwerk 35 I 36

Identifikationsdaten 68 33, 119
Individualrechte des Betroffenen 79 64 ff.
Informationelles Selbstbestimmungsrecht Einl. 5, **67** 2 ff., **75** 12, **79** 23 f., **83** 3
Informationelle Zusammenarbeit
— der Sicherheitsbehörden **78** 28
Informationsakt 67 3, **69** 24
Informationsgesellschaft 67 4
Informationsgleichgewicht Einl. 8, **75** 12
Informationshilfe 68 53, **81** 8, 13
Informationsrechtlicher Gesetzesvorbehalt 69 13 ff., **79** 59, 101
Innerbehördliche Geheimniswahrung 35 I 59 f.
Institutionelle Abgrenzung der SGB-Stellen 35 I 27
Interessenabwägung s. *Geheimhaltungsinteresse, schutzwürdige Belange des Betroffenen*
Internationaler Suchdienst 68 48
Interne Dateien 79 30 ff.
Interner Datenschutzbeauftragter 35 I 31, **79** 217 ff.
Irrtum bei Einwilligung 67 49

Jugendamt 35 I 28, 35, **78** 11
Jugendarbeitsschutzgesetz 70 12
Jugendhilfe 35 I 33
Jugendstrafsachen 73 52
Jugendwohlfahrtsausschuß 35 I 38
Juristische Personen
— als bußgeldpflichtige Stellen **85** 13
— als Schutzobjekte des SGB X **35 I** 11
Justizmitteilungsgesetz 73 53
Justizvollzugsanstalten 73 15

Kassenärztliche Vereinigungen Einl. 20, **35 I** 9, 44, **69** 23, 53, **78** 2, 16, **79** 92, 99, 144 f., **84** 12
Kassenarzt 76 18, 48, 50, 56, 68, **79** 115
Kindergärten 35 I 35
Kindergeld 35 I 26, 32, **79** 99
Kindesmißhandlung 73 44, **76** 56

Stichwortverzeichnis

Kirchen 68 30
— Sozialeinrichtungen der – **68** 30
Kommunalabgabengesetz 71 41
Kommunalaufsicht 75 98
Kommunen
— als Auftragnehmer **80** 39
— funktionale Abgrenzung **35 I** 30 f.
— Geltung der §§ 79 ff. **79** 1, 266 ff.
— Genehmigung bei Forschung **75** 98
— Pflicht zur Bestellung eines Datenschutzbeauftragten **79** 223 f.
Kommunikationsdienste der Post 81 32
Konferenz der Datenschutzbeauftragten 79 181, 184
Konkludente Einwilligung 76 63 f., **67** 68
Konkludente Entbindung
— von der Schweigepflicht **76** 63
Konkurrenz der Strafnormen 79 204 ff.
Kontaktbeamte 72 58
Kontrollmitteilungen
— an die Finanzämter **71** 27
Kontrollmittel
— des Auftraggebers **80** 34
Kontrollpflichten
— des Auftraggebers **80** 32
Kontrollzuständigkeit
— des Bundesbeauftragten für den Datenschutz **79** 155 ff.
— der Landesdatenschutzbeauftragten **79** 273 ff.
Kooperation
— der Datenschutzkontrollinstanzen **79** 180 ff.
Kooperationsverpflichtung
— mit freien Trägern **35 I** 33, **75** 24
Kostenfreiheit
— der Datenauskunft **79** 139, **83** 58 ff.
Krankenhäuser
— als Wettbewerbsunternehmen **79** 6
— Anwendbarkeit des BDSG **79** 258 ff.
— Auftrags-DV **80** 20
— Berichtigung **79** 137
— Kontrollzuständigkeit **79** 154
— Meldepflicht **71** 18
Krankenkassen Einl. 20, **67** 32, **69** 23, 42, 53, **78** 2, 16
— Beziehung zu Kassenärzten **76** 18, 48, 50

— Verbände **35 I** 39
Krankenversichertennummer 69 86
Krankheiten
— meldepflichtige – **71** 23, **76** 49
Kreditinstitute
— faktischer Einwilligungszwang **67** 51
— Leistungsgrund auf Überweisungsträgern **69** 87
— Zweckbindung der Offenbarung **78** 21
Kriminalpolizei 73 14
s. auch Bundeskriminalamt
Kündigungsschutz
— des Datenschutzbeauftragten **79** 243
Künstlersozialkasse 35 I 45

Laborberichtsverordnung 71 17
Ladungen als Amtshilfeersuchen 68 33
Landesämter für Verfassungsschutz 72 14 ff.
Landesapothekerkammer 76 21
Landesarchivgesetz 71 44, **84** 28 ff.
Landesdatenschutzbeauftragter
— Kontrollzuständigkeit **79** 273 ff.
Landesdatenschutzgesetze
— Forschungsklauseln **75** 78, 94, 142
— Nichtanwendbarkeit im Sozialleistungsbereich **79** 5, 266 ff.
Landesjustizverwaltungen 69 119
Landeskriminalämter 72 30
Landesprüfungsbehörde für die Sozialversicherung 35 I 48
Landkreise
— Bestellungspflicht für Datenschutzbeauftragten **79** 223
— Durchführungspflicht nach § 15 BDSG **79** 143
s. auch Kommunen
Langzeitspeicherung 84 19
Lehre
— Nichtanwendbarkeit des § 75 **75** 29
Leistungsempfänger als Betroffene 35 I 8
Leistungserbringer 35 I 8
Leistungsklage
— auf Auskunftserteilung **83** 26
s. auch Unterlassungsklage
Leistungsträger

— Adressat von Mitteilungspflichten **71** 14, 34
— Beratungspflicht **67** 52
— Definition **35 I** 33 ff.
— SGB-Krankenhäuser **79** 258
— statistische Auswertungen durch – **69** 38 ff.
Leiter der ersuchten Stelle **68** 100 ff., **72** 48
Löschungsfristen
— bei Auftrags-DV **80** 35
— Festlegung durch Leistungsträger **79** 146, **84** 24
Löschung von Daten
— Auskunftsanspruch **83** 12
— Begriff, Konsequenzen **79** 141, **84** 3 ff., 22 f.
— Prüffristen für – **84** 24
— Voraussetzungen **84** 11 ff.
— Vorrang der – **84** 3 ff.
Lohnfortzahlungsgesetz **69** 61

Mahnung durch Auskunftsberechtigten **74** 21 f.
Manuelle Dateien **79** 54, 176
Marketing-Forschung **75** 28
Maschinell verwertbare Datenträger **81** 31
Medienprivileg **79** 34
Medizinische Daten **76** 40
Medizinischer Dienst **35 I** 32, 42, **76** 18, 50, **78** 16, **79** 144, 145
Meinungsfreiheit **69** 112
Meldepflicht
— des Arbeitgebers **Einl.** 19, **79** 99
— des Arztes **71** 16 ff.
— nach dem GeschlKrG und behandelnder Arzt **71** 20 f.
— zum Dateienregister **79** 176 ff., 275 f.
Meldepflichtige Krankheiten **71** 23, **76** 49
Melderegister **68** 83
Mikrodaten **75** 10
Mikrofilm **79** 54
Mikroverfilmung im Auftrag **80** 52
Militärischer Abschirmdienst **72** 12, 22 ff.

Mischverbände der Leistungsträger **35 I** 40, **79** 152
Mitteilungen in Zivilsachen **73** 53
Mitteilungsbefugnis s. *gesetzliche Mitteilungsbefugnis*
Mitteilungspflicht **76** 47
s. auch *gesetzliche Mitteilungspflicht*
Mitteilungspflicht nach § 1325 RVO **79** 212
Mitwirkungspflicht
— des Leistungsberechtigten **67** 57, **69** 6
Modellversuche zur Leistungs- und Kostentransparenz **76** 48, **79** 115, 183
Mutmaßliche Einwilligung **67** 68, **76** 65

Nachlaßpfleger **67** 45
Nachteilige Maßnahmen **68** 67 ff.
Nachteilsverbot
— für den Datenschutzbeauftragten **79** 241
Natürliche Person **79** 198, **85** 11
Nebenbestimmungen **75** 125
Negativauskunft **35 I** 14, **68** 42, **83** 60
Nicht-öffentliche Stellen
— als Auftragnehmer **80** 48
Normenklarheit bei Informationsverarbeitung **Einl.** 5
Normenkongruenz **79** 212, **83** 8
Notstand **35 I** 63, **76** 55
Numerus clausus
— der Offenbarungsbefugnisse **35 I** 61 ff., **67** 13 ff., **76** 57
Nutzungsverbot
— bei Sperrung **84** 4

Oberste Bundesbehörde
— Durchführungspflicht nach § 15 BDSG **79** 142
— Forschungsgenehmigung **75** 4, 97 ff.
Oberste Landesbehörde
— Durchführungspflicht nach § 15 BDSG **79** 143
— Forschungsgenehmigung **75** 4, 97 ff.
Objektsicherung als präventivpolizeiliche Aufgabe **72** 27

Stichwortverzeichnis

Öffentliche Gesundheit 71 48
Öffentliches Interesse
— an der Durchführung des Arbeitsschutzes **70** 22f.
— an der Forschung oder Planung **75** 84ff.
Öffentlich-rechtliche Vereinigungen 35 I 44
Öffentlich-rechtliche Wettbewerbsunternehmen 79 6, 260f.
Offenbarung
— Abgrenzung zur Übermittlung **35** I 54, **67** 37f., **79** 43
— befugte – und Zweckbindung **78** 13ff.
— Definition **35** I 53ff., **79** 43
— Genehmigung der – bei Forschung oder Planung **75** 91ff.
— Genehmigung der – bei Richtigstellung unwahrer Tatsachenbehauptungen **69** 114
Offenbarungsbefugnisse
— Grundsätze **35** I 56, **67** 13ff.
— Güterabwägung als – **35** I 63, **76** 55ff.
— Numerus clausus der – **35** I 61ff., **67** 13ff., **76** 57
Offenbarungsersuchen
— bei Forschungsvorhaben **75** 92, 96
— im Rahmen der Amtshilfe **68** 15ff.
— von Sicherheitsbehörden **72** 17, 57ff.
Offenbarungserweiterung für Gutachtendaten 76 73ff.
Offenbarungspflicht
— bei der Amtshilfe **68** 13f.
— des Versorgungsträgers **74** 29
Offenbarungszweck
— und Zweckbindung beim Empfänger **78** 16ff.
On-line-Verbindung
— als Form der Datenfernverarbeitung **81** 33
— mit Stellen außerhalb des SGB-Bereichs **68** 18, 50
— zwischen SGB-Stellen **69** 77ff.
Ordnungswidrigkeit
— des Auftragnehmers **80** 42, **85** 6ff.
— Geltung des § 42 BDSG **79** 7, 208ff.
Organisationshoheit der Kommunen 79 223

Organisationsuntersuchungen 80 9
Organisatorische Maßnahmen
— der Datensicherung **79** 88f., **80** 28ff.

Passwortschutz 79 88
Pauschalerklärung
— bei der Einwilligung **67** 64
— beim Widerspruch nach § 76 Abs. 2 **76** 77
Persönlichkeitsrecht s. *informationelles Selbstbestimmungsrecht und postmortale Geltung des Sozialgeheimnisses*
Personal-Computer 79 89, 177, **80** 21
Personenbezogene Angaben 79 37
Personenbezogene Daten
— Definition **Einl.** 7, **35** I 14f., **79** 36ff.
Personenhandelsgesellschaft
— und Bußgeldpflicht **85** 16
Personenschutz
— als präventivpolizeiliche Maßnahme **72** 27
Petitionsausschuß 35 I 53, **79** 193
Pfändung 68 9, **69** 60
Pflegeeltern 78 11, 22
Pflegegeldleistungen 69 119
Pharmaforschung 75 28
Planung im Sozialleistungsbereich 75 38ff.
Polizei
— Adressat von Anzeigen **71** 13
— als Strafverfolgungsbehörde **73** 14
— Einbeziehung in § 72 **72** 1
s. auch *Bundeskriminalamt, Kriminalpolizei*
Postmortale Geltung
— der ärztlichen Schweigepflicht **76** 45
— des Sozialgeheimnisses **35** I 17, **67** 46ff., **72** 37, **75** 66
Präventivpolizeiliche Aufgaben 72 27f.
Privatpatienten 79 258
Privatpersonen
— als Adressaten des § 78 **78** 11
Privatrechtliche Rechtsform
— bei Verbänden von Leistungsträgern **35** I 39f., **79** 4
Programmentwicklung durch Verbände 80 13

Programmierbare Textverarbeitung 79 177
Programmüberwachung 79 145
Protokollierungsdaten bei Auskunftserteilung 83 14
Protokollierung von Dateizugriffen 79 88
Prozeßordnung
— Offenbarungspflichten **69** 101
— und Amtshilfe **68** 3ff.
— Verhältnis zu §§ 67ff. **35 I** 67ff.
Prüffristen für Löschung 84 24
Prüfungskompetenz des Leistungsträgers
— bei der Amtshilfe **68** 88ff.
— gegenüber Gerichten **35 I** 70, **69** 98, **73** 37
— gegenüber Sicherheitsbehörden **72** 50ff.
Publizistische Zwecke 79 34

Querschnittsgesetzliche Übermittlungsregelungen 69 15ff.

Rasterfahndung 68 50, **72** 2, 33, **73** 22
Rechenzentrum
— Dateibegriff **79** 177
— Datengeheimnis **79** 177
— Datensicherung **79** 88
Rechnungsprüfungsbehörden 35 I 50, **79** 222
Rechte des Betroffenen
— nach dem BDSG **79** 64ff.
Rechtfertigender Notstand 35 I 63, **76** 55
Rechtmäßige Aufgabenerfüllung 72 9, **79** 98
Rechtsanwalt
— Auskunftsantrag für den Betroffenen **83** 16
— Berufsgeheimnis **76** 28f.
— Einwilligung **67** 41
Rechtsbehelfsbelehrung
— bei Auskunftsverweigerung **83** 26
Rechtsmittel 35 I 76f., **73** 37, **83** 26
Rechtsschutz

— zur Wahrung des Sozialgeheimnisses **35 I** 73ff.
Rechtsverordnung
— als Verarbeitungsbefugnis **69** 35, **79** 58
Reflexiver Datenschutz 69 4
Reidentifizierung 79 39f.
Relaitivität der Privatsphäre Einl. 7
Rentenauskunftsverfahren 69 79, **81** 5, 23
Rentenversicherungsnummer Einl. 17, **69** 83, 86, **70** 15
Repräsentativuntersuchungen 75 64
Richteramt
— Befähigung **72** 41
Richterliche Anordnung 73 5, 25ff.
Risikoanalyse bei Deanonymisierung 35 I 15
Rundverfügung als Maßnahme der Datensicherung 79 247

Sachakten 75 63
Satzung
— als Verarbeitungsbefugnis **69** 32, **76** 48, **79** 58
Schadensersatzanspruch
— bei Verletzung des Sozialgeheimnisses **35 I** 75
— wegen rechtswidriger DV **79** 67
Schlüssige Einwilligung 67 68, **76** 63f.
Schlüssigkeitsprüfung des Offenbarungsersuchens 69 98
Schriftform
— der Anfragen von Sicherheitsbehörden **72** 57
— der Auftragserteilung **80** 35
— der Auskunftserteilung **83** 19
— der Einwilligung **67** 66ff.
— der Genehmigung bei Forschungsvorhaben **75** 128
— des Amtshilfeersuchens **68** 90
— des Mitteilungsersuchens der Finanzbehörde **71** 29
Schutzpflicht
— der Leistungsträger **69** 56
— des Staates für die Forschung **75** 13
Schutzwürdige Belange des Betroffenen

Stichwortverzeichnis

— als Regelungsziel des BDSG **79** 22
— bei der Abgabe an Archive **71** 42
— bei der Amtshilfe **68** 54 ff.
— bei der Forschung **75** 70 ff.
— bei der Offenbarung zur Durchführung des Arbeitsschutzes **70** 20 f.
— bei Offenbarung an Sicherheitsbehörden **72** 47
Schwarzarbeit 70 12
Schweigepflicht
— der technischen Aufsichtsbeamten **70** 27
— Entbindung von der – bei Berufsgeheimnissen **76** 60 ff.
— Entbindung von der – bei Offenbarung an Finanzbehörden **71** 35
— konkludente Entbindung von der – **76** 63
— postmortale Geltung der ärztlichen – **76** 45
s. auch Berufsgeheimnis
See-Berufsgenossenschaft 71 38 ff.
Selbstbestimmungsrecht *s. informationelles Selbstbestimmungsrecht*
Selbstbindung des Gesetzgebers 67 15
Selbstverwaltungsrecht der Leistungsträger 69 32, 48, **76** 48
s. auch Satzung
Sensitivität von Daten Einl. 6, 75 74
SGB-Stellen 35 I 25 ff.
Sicherheitsüberprüfung
— als Offenbarungsanlaß **72** 15, 55
Sicherung des Steueraufkommens 71 26
Sittlichkeit 71 48
Sitzungsöffentlichkeit 73 52, **78** 25
Sozialamt
— als SGB-Stelle **35 I** 28, 31, 36
— Aufgaben außerhalb des SGB **68** 25
— Offenbarung an Ausländerbehörden **71** 49 f., 57 ff.
Sozialarbeiter 76 3 ff.
s. auch innerbehördliche Geheimniswahrung
Sozialdaten
— Definition **35 I** 8 ff.
— Prinzip der Konstanz der – **78** 5
Sozialdatenschutz 79 10 ff.
— Verhältnis zum Berufsgeheimnis **Einl.** 6

Sozialgeheimnis
— Begriffsbestimmung **35 I** 12 ff.
— Grundrechtsabwägung zwischen – und Wissenschaftsfreiheit **75** 12 ff.
— Rechtsschutz zur Wahrung des – **35 I** 72 ff.
— Schadensersatzanspruch bei Verletzung des – **35 I** 75
— Wahrung des – **35 I** 57 ff., **79** 32
Sozialgericht 35 I 68, **69** 97, 102
Sozialgesetzbuch X
— Gesetzgebungsverfahren **Einl. 9** ff., **67** 7 ff.
Sozialhilfe-Abrechnungssystem HESSIAS 75 47
Sozialhilfebezug 71 49 f., 52 f., 57
Sozialleistungsbereich 75 23 f.
Sozialleistungsträger *s. Leistungsträger*
Sozialministerien
— als Genehmigungsbehörde bei Forschungsvorhaben **75** 97 ff.
— als planende Stellen **75** 47
Sozialpädagogen 76 32 ff.
Sozialplanung 75 38
Sozialrecht
— überstaatliches – **69** 43
Sozialrechtlicher Auftrag 80 11
Sozialrechtsverhältnis 35 I 8
Sozialversicherungsausweis Einl. 18, **69** 86
Sozialverwaltungsstelle 68 38
Speichernde Stelle(n) 79 47 ff., **80** 16, **85** 18
— Unterstützungspflicht der – gegenüber behördeninternem Datenschutzbeauftragten **79** 244 f.
— Unterstützungspflicht der – gegenüber externem Datenschutzbeauftragten **79** 168 ff.
Speichern von Daten
— Begriff **79** 44
— Erforderlichkeit **79** 104 ff.
— Zulässigkeitsvoraussetzungen **79** 98 ff.
Sperrerklärung
— der obersten Dienstbehörde **73** 30
Sperrung von Daten 79 141, **84** 3 f.
Spezialgesetzliche Offenbarungsbefugnis *s. Übermittlungsnorm*

Stichwortverzeichnis

Staatliche technische Überwachungsämter 70 19
Staatsangehörigkeit 35 I 10
Staatsanwalt s. *Ermittlungsverfahren, Generalbundesanwalt, gesetzliche Mitteilungspflicht, Abrechnungsbetrug*
Standardisierte Formulare
— als Datei **79** 44
Standesrecht 76 48, 58 f.
Statistik
— Vermischung von – und Verwaltungsvollzug **69** 38
Statistikämter
— als Datenquellen **75** 54
Statistikgeheimnis 75 9
Statistische Auswertungen
— durch Leistungsträger **69** 38 ff.
Statistische Mitteilungspflichten 71 65
Stellenbegriff
— funktionaler – **68** 38, **71** 58
Stellvertreter, allgemeiner 68 102
Steuerfahndungsbehörden 73 46
Steuergeheimnis 73 2
Steuerhinterziehung 71 36
Steuernummer 79 118
Steuerstraftat 71 36, **73** 46
Steuervollstreckung 71 26
Stichprobenprüfungen 69 23
Stiftungen 79 143
Störung des Betriebslaufs 80 49
Straftaten
— Abwendung von – **71** 11
— nach § 41 BDSG **79** 197
Strafverfahren
— als gerichtliches Verfahren i. S. des § 69 Abs. 1 Nr. 1 **69** 102 f.
— in Steuersachen **71** 62
— Konsequenzen der Zweckbindung **73** 50 ff., **78** 36
— Offenbarungsvoraussetzungen zur Durchführung **73** 11 ff.
— schutzwürdige Belange **68** 67
— Unterhaltsverletzung **74** 8, 29
Strafverfolgung
— Abgrenzung zu präventivpolizeilichen Aufgaben **72** 5, 27 ff., 66
— Erfüllung von SGB-Aufgaben **69** 65, **73** 44

Wegfall des Auskunftsrechts **83** 41
Strafvollstreckung 73 11, 15
Strafvollzug 73 15
Strafvorschrift bei Berufsgeheimnissen 35 I 79
Subsidiarität
— des BDSG **79** 211
Subsidiaritätsklausel
— Datenbeschaffung auf andere Weise bei der Amtshilfe **68** 5, **79** ff.
— des § 93 AO **71** 28

Tätigkeitsbericht
— des Datenschutzbeauftragten **79** 166 f., 185
Täuschung
— bei der Einwilligung **67** 49
— durch Ausländer **71** 47
Tarifvertrag 69 120 f.
Technischer Aufsichtsbeamter 70 27
Telefonische Auskünfte 72 58
Territorialitätsprinzip 77 17
Textverarbeitung 79 177
Transparenzfunktion
— der Veröffentlichung **82** 6, 8 f.
— des Dateienregisters **79** 175
Transportkontrolle 81 36

Übergesetzlicher Notstand 35 I 63, **76** 55
Übermittlung
— Abgrenzung zur Offenbarung **35 I** 54, **67** 37 f., **79** 43
Übermittlungskontrolle 83 14
Übermittlungsnorm
— aufgabenspezifische – **69** 23, 88, 117
Übermittlungspflicht s. *gesetzliche Mitteilungspflicht, Offenbarungspflicht*
Übermittlungsregelung
— aufgabenneutrale – **69** 15, 20 f.
Übermittlungssperre
— bei Amts- und Berufsgeheimnissen **72** 25
— für Datei-Daten **68** 87, **72** 6, **81** 6 ff.
Überschaubarkeit
— für die Betroffenen **69** 21
Überstaatliches Sozialrecht 69 43

509

Stichwortverzeichnis

Überwachung 79 145
Überwachungskompetenzen 79 276
Umordenbarkeit von Daten 79 51
Unabhängige wissenschaftliche Forschung 75 5, 28
Unbefugte Offenbarung s. Offenbarungsbefugnisse
Unfalluntersuchungen 70 4
Unfallverhütung 70 15
Unfallverhütungsvorschriften 76 18
Unfallversicherungsträger 70 14f., **71** 40, **73** 45, **76** 18, 50
Universitäten 75 26
Unkenntlichmachung von Daten 79 46, **80** 21 f.
Unterbringungsverfahren 69 66
Unterhaltsanspruch
— vertraglicher – **74** 5 f.
— gesetzlicher – **74** 4
Unterhaltsansprüche 74 4 ff.
Unterlassungsklage 35 I 76
Unterrichtungspflicht
— gegenüber Aufsichtsbehörde **68** 115, **72** 60 ff.
s. auch Anzeigepflicht
Unterstützungsaufgaben der Verbände 80 12 f.
Unterstützungspflicht der speichernden Stellen
— gegenüber behördeninternem Datenschutzbeauftragten **79** 244 f.
— gegenüber externem Datenschutzbeauftragten **79** 168 ff.
Untersuchungsgrundsatz 79 125
Unterwerfungsklausel
— bei Auftrags-DV **80** 33
Unwahre Tatsachenbehauptung 69 112 f.

Verändern von Daten
— Begriff **79** 45
— Zulässigkeitsvoraussetzungen **79** 98 ff.
Verarbeitung von Daten s. *Datenverarbeitung*
Verbände
— Unterstützungsaufgaben der – **80** 12 f.

Verbände der gesetzlichen Krankenversicherung 35 I 39, 42, **80** 12 ff.
Verbände der Leistungsträger 35 I 39 ff.
Verband Deutscher Rentenversicherungsträger 35 I 39, **68** 39, **79** 152
Verbrechen 73 12
Verbrechensvorbeugung 72 28
Verdachtsdiagnosen 79 137
Verfassungsfeindliche Bestrebungen 72 15
Verfassungsschutz
— Landesämter für – **72** 14 ff.
Verfassungsschutzbehörden 72 14 ff., **83** 41
Vergehen 73 12
Verhältnismäßigkeit
— bei der Datensicherung **79** 84 f.
— bei Eingriffen in das Recht auf informationelle Selbstbestimmung **Einl.** 5
— bei Offenbarung an Strafverfolgungsbehörden **73** 17
— bei Offenbarungsersuchen von Sicherheitsbehörden **72** 44 ff.
— und Erforderlichkeit **69** 75
Verknüpfung von Daten 79 45
Verlängerung
— der Geheimhaltungspflicht **78** 1
— des Geheimnisschutzes **76** 3
— der Zweckbindung **78** 1
Vermittlungsstelle
— Abgrenzung zur Auftrags-DV **80** 19
— Begriffsbestimmung **81** 25 ff.
— Ordnungswidrigkeiten **85** 2
Vernichtung von Datenträgern 84 21
Veröffentlichung
— unwahrer Tatsachenbehauptungen **69** 113
— von Forschungsergebnissen **75** 79
Verordnungsermächtigung
— für die Veröffentlichung **82** 37 ff.
Verpflichtung auf das Datengeheimnis 79 79 ff., **80** 30
Verpflichtungsklage 75 130
Verrechtlichung 67 1
Verschwiegenheitspflicht
— gegenüber Finanzbehörden **71** 31
— § 203 StGB **76** 14
s. auch *Amtsgeheimnis, Berufsgeheimnis*

Versichertenumfragen 80 22
Versicherungsnummer Einl. 17, **85** 3
s. auch Rentenversicherungsnummer
Versorgungsausgleich 74 11, 26 ff.
Versorgungsdienststellen der Beamten 69 119
Versorgungsverwaltung 35 I 34, **76** 19
Verständlichkeit der Auskunft 83 24 f.
Vertraglicher Unterhaltsanspruch 74 5 f.
Vertrauensärztlicher Dienst
— als SGB-Stelle **35 I** 32
— Gutachterfunktion **76** 18
— Meldepflicht **71** 21
— Mitteilungspflicht **83** 7
Verwaltungsakt
— Ablehnung der Auskunft **83** 26
— und Informationsakt **67** 3
Verwaltungsgericht 69 102
Verwaltungsgerichtliches Vorverfahren 78 25
Verwaltungsverfahren der Leistungsträger Einl. 4, **68** 19 ff.
Verwaltungsverfahrensgesetz des Bundes 68 15 ff., **79** 29
Verwaltungsvollzug
— Vermischung von Statistik und – **69** 38
Verwaltungsvorschriften
— als Verarbeitungsbefugnis **69** 36, **79** 58
— nach § 16 BDSG **79** 147
Verwendungsverbot
— bei unbefugter Offenbarung **35 I** 79, **78** 13 f.
Verwendungszweck s. Zweckbindung
Volkswagenwerk 80 48
Volkszählungsentscheidung des Bundesverfassungsgerichts Einl. 5, **67** 12, **69** 4 f., **79** 100 ff.
s. auch informationsrechtlicher Gesetzesvorbehalt
Vollmacht für Auskunftserteilung 83 22
Vollstreckung
— öffentlicher Geldforderungen **68** 72
— von Unterhaltsansprüchen **74** 9

Vorbehalt des Gesetzes s. informationsrechtlicher Gesetzesvorbehalt
Vorbeugende Unterlassungsklage 35 I 76
Vorrang der Datenerhebung
— beim Betroffenen **67** 31, **68** 52 f., 85, **69** 91 ff., **72** 46, **79** 124 ff.
Vorrang der Löschung 84 3 ff.
Vorsatz 79 202, **85** 14

Wahrnehmung berechtigter Interessen 76 67 f.
Wahrung des Sozialgeheimnisses 35 I 57 ff., **79** 32
Warnfunktion der Schriftform 67 67
Warnmeldung 71 19
Wehrbehörden
— als Stellen nach § 69 Abs. 2 **69** 119
Wehrüberwachung 71 2, 38 f.
Weisungsberechtigte Behörden 35 I 51, **79** 222
Weisungsfreiheit
— des behördlichen Datenschutzbeauftragten **79** 238 ff.
Weisungsgebundenheit
— der Staatsanwaltschaft **73** 7
Weisungsrecht
— des Bundesbeauftragten für den Datenschutz **79** 191
Weiterübermittlung
— durch Datenempfänger **78** 15
Werturteile 69 112
Wettbewerbsunternehmen 79 6, 260 f.
Widerruf
— der Einwilligung **67** 70
Widerspruch
— gegen Offenbarung **68** 70, **69** 57, **76** 77 f., **79** 66
Willenserklärung 67 35
Wirtschaftlichkeitsüberprüfung 76 48, **79** 115
Wissenschaftliche Forschung 75 25 ff.
Wissenschaftsfreiheit 75 6, 12 ff.
Wohlfahrtsverbände 68 29
Wohnsitz des Betroffenen 35 I 10
s. auch Anschrift

Stichwortverzeichnis

Zahnärzte 76 20
Zentraldateien 69 82, **76** 86, **79** 107, **81** 16ff.
Zentralstellenfunktion
— des BKA **72** 28
Zeugenvernehmung 35 I 69, **73** 26, 40
Zivilgerichte 69 102, **74** 8
Zugriffsberechtigung 35 I 58ff., **79** 88
Zumutbarkeit
— der Einholung der Einwilligung **75** 57ff.
— der Zweckerreichung auf andere Weise **75** 53ff.
Zusammenarbeit
— der Leistungsträger **Einl.** 3, **79** 107, **84** 15
— mit freien Trägern **35 I** 33, **75** 43
Zusatzversorgungseinrichtungen 69 120
Zustellung
— von Verfügungen **68** 33

Zwangsweise Datenerhebung 69 6, **79** 122
Zweckändernde Übermittlung 69 13, 19ff., **75** 37
s. auch Zweckbindung
Zweckänderung
— durch Datenempfänger **78** 18f.
Zweckbindung
— bei der Datenverwendung **79** 111ff.
— beim Auftragnehmer **80** 42f.
— beim Datenempfänger **78** 13ff.
— Grundsatz **67** 3, 12, **68** 10, **69** 28, 88ff., 117
Zweckerreichung auf andere Weise 75 53ff.
Zweitübermittlung 76 11, **81** 12
Zwischendateien 83 13
Zwischenstaatliches Sozialrecht 69 43, **77** 14
Zwischenstaatliche Verträge 77 13

22. OKT. 1991

14. AUG. 1992

11. JUN. 1993
03. DEZ. 1993